Josef Beck

Die Geschichtsbücher der Widertäufer in Österreich-Ungarn

Josef Beck

Die Geschichtsbücher der Widertäufer in Österreich-Ungarn

ISBN/EAN: 9783743328280

Hergestellt in Europa, USA, Kanada, Australien, Japan

Cover: Foto ©ninafisch / pixelio.de

Manufactured and distributed by brebook publishing software
(www.brebook.com)

Josef Beck

Die Geschichtsbücher der Widertäufer in Österreich-Ungarn

DIE GESCHICHTS-BÜCHER

DER

WIEDERTÄUFER

IN

OESTERREICH-UNGARN,

BETREFFEND

DEREN SCHICKSALE IN DER SCHWEIZ, SALZBURG, OBER- UND NIEDER-OESTERREICH, MÄHREN, TIROL, BÖHMEN, SÜD-DEUTSCHLAND, UNGARN, SIEBENBÜRGEN UND SÜD-RUSSLAND

IN DER ZEIT

VON 1526 BIS 1785.

GESAMMELT, ERLÄUTERT UND ERGÄNZT

DURCH

Dr JOSEF BECK,

HOFRATH DES K. K. OBERSTEN GERICHTS- UND CASSATIONSHOFES.

WIEN, 1883.

IN COMMISSION BEI CARL GEROLD'S SOHN

BUCHHÄNDLER DER KAIS. AKADEMIE DER WISSENSCHAFTEN.

FONTES RERUM AUSTRIACARUM.

ŒSTERREICHISCHE GESCHICHTS-QUELLEN.

HERAUSGEGEBEN

VON DER

HISTORISCHEN COMMISSION

DER

KAISERLICHEN AKADEMIE DER WISSENSCHAFTEN IN WIEN.

ZWEITE ABTHEILUNG.

DIPLOMATARIA ET ACTA.

XLIII. BAND.

WIEN, 1883.

IN COMMISSION BEI CARL GEROLD'S SOHN

BUCHHANDLER DER KAIS. AKADEMIE DER WISSENSCHAFTEN.

VORREDE DES HERAUSGEBERS.

,Unter allen Secten, die von Luther ihren Ursprung haben, (schreibt der ehemalige katholische Pfarrer von Feldsberg, Dr. Andreas Fischer, in seinem Werke „von der Wiedertäufer verfluchtem Ursprung,“ gedr. zu Bruck an der Thaya, 1604), hat keine ein schöneres Ansehen und eine grössere äusserliche Heiligkeit gehabt, als die der (mährischen) Wiedertäufer. Andere Secten sind zu dem meresten Theil fast aufrührisch, blutdürstig und fleischlichen Wollüsten ergeben, nicht so die (genannten) Wiedertäufer! Sie nennen sich unter einander Brüder und Schwestern, sie fluchen nicht, sie schelten nicht, sie schwören nicht, sie brauchen keine Wehr und im Anfange trugen sie auch keine Waffen. Sie schlemmen und prassen nicht, sie gebrauchen keine Kleider, die weltliche Pracht anzeigen, sie haben nichts Eigenes, sondern Alles in Gemein. Sie rechten nicht vor der Obrigkeit und tragen Alles in Geduld, wie sie vorgeben, in dem heiligen Geist! Wer sollte da glauben, (schliesst Fischer seine Schilderung), dass unter diesen Kleidern lauter reissende (!) Wölfe stecken!'

Dr. Fischer, der von seinem an der mährischen Grenze liegenden Amtssitze aus mit den Wiedertäufern in unmittelbare Berührung kam, trotzdem aber über ihre Verfassung und Doctrin ebenso wenig eine gründliche Kenntniss aufweist, wie sein Vorbild und Orakel, der grobe, aber ehrliche Christof Erhard in seiner gründlichen (!) Historia (gedr. 1589 zu München), schreibt die Entstehung der Wiedertäufer den Schriften zu, welche Luther über die Taufe und christliche Freiheit veröffentlicht habe, eine Ansicht, die auch Surius, Ullenberg, Hazart u. A. vertreten, insofern, als sie den Anabaptismus aus dieser Quelle ableiten.

Unseren Wiedertäufern war dieser Ursprung fremd, ja die Hinweisung auf diese Vaterschaft geradezu ein Greuel. Ihrem Geschichtsbuche zufolge wurde das Schifflein, dessen Bestimmung es war, die ‚Kinder Gottes‘ aufzunehmen und der ‚Gemeinde der Heiligen‘ zuzuführen, an den Gestaden der Limmat, und nicht in Wittenberg oder Zwickau gezimmert.

Aber auch dann, wenn von der Entstehung des Anabaptismus in der Reformationszeit überhaupt die Rede ist, kann Luther nur von jenen Historikern der Vater desselben genannt werden, die den Namen dieses Reformators mit dem Protestantismus des 16. Säculums identificiren, aus dessen Schoosse der Baptismus, ‚als ein Nachgeborner, aber natürlicher Sohn‘ desselben, hervorging und hervorgehen musste, als die Reformatoren sowohl in Deutschland als in der Schweiz hinter den Erwartungen der mit ihnen auf demselben Boden stehenden Neologen, die eine fundamentale Erneuerung der Kirche anstrebten und in den Schöpfungen der neuen kirchlichen Ordnung nur eitel Flickwerk sahen, zurückblieben und, zu Kraft und Einfluss gelangt, für ihre Satzungen und Aussprüche dieselbe Autorität zu vindiciren begannen, die sie ihrer bisherigen gemeinschaftlichen Gegnerin, der alten Kirche, nicht zugestehen wollten.

Ein Theil der Unbefriedigten kehrte deshalb in die Arme der Mutterkirche zurück; diejenigen, die sich zu einem solchen Schritte nicht entschliessen konnten und in der Opposition gegen die katholische Kirche verharren zu müssen glaubten, suchten andere Wege für ihren Trieb nach Wahrheit und Erleuchtung, für ihre Sehnsucht nach einer wahren christlichen Gemeinschaft von Heiligen auf Erden. — Von dem religiösen und politischen Aufschwung der Reformation getragen, fanden die Schwärmer dieser Richtung in den Fundgruben der älteren Mystik und in dem Nachlasse der Secten des Mittelalters, namentlich aber in der Idee der Unmittelbarkeit einer Gemeinschaft mit Gott, das Materiale zum Aufbau des Tempels, dessen Pforten sich den wahren Nachfolgern Christi, dem heiligen Israel, das sich Gott aus allen Völkern ausgesondert, erschliessen sollten.

Diese Schwärmer sind es nun, welche jene abnorme Richtung des protestantischen Geistes repräsentiren, die man in der Folge Anabaptismus (ανα3απτισμα, Wiedertaufe) nannte,

und dem auch unsere (mährischen) Taufgesinnten angehören.
Derselbe war die ursprünglichste aller Schwärmerkirchen der
Reformation, und wenn er auch von der Verwerfung der Kindertaufe, oder besser gesagt: von der Taufe der Erwachsenen, die
zumeist schon die Wassertaufe erhalten hatten, den Namen ent-
lehnte, so war dieser Taufact doch nicht das ausschliessliche
Unterscheidungsmerkmal dieser Sectirer, nicht die gemeinsame
Signatur ihrer Tendenzen, sondern nur das Kennzeichen und
die Bedingung der Mitgliedschaft der durch das Wort Gottes
nach dem Befehle Christi gesammelten Kirche. — Das eigentliche Wesen des Baptismus liegt und lag, (wie Pastor Lang,
Dr. Jörg u. A. richtig bemerken), in dem Festhalten an dem
Princip der Unmittelbarkeit zu Gott oder Christus, in dem
Begriff der Kirche und der Gemeinschaft der Heiligen.

Daher können auch nur jene protestantischen Separatisten
mit Grund Wiedertäufer genannt werden, die, an die Ueberlieferungen der Secten des Mittelalters gelehnt, der ethischen
Seite der Mystik huldigten und in Gemeinschaften gesondert,
den genannten Secten gleich, ein Urchristenthum anstrebten.

Mystiker der intellectuellen Richtung, Gnostiker, Antitrinitarier u. dgl., welche diesen Namen ebenfalls erhielten,
sobald sie sich nur an dem Kampfe gegen die Kindertaufe und
die protestantische kirchliche Auffassung der Abendmahlslehre
betheiligten, sind ebenso wenig Anabaptisten zu nennen, wie
jene frommen Eiferer nach Sittlichkeit und Religiosität, die
in den ersten Jahren der Reformation hie und da der Zügellosigkeit der ausgelaufenen Mönche und fahrenden Predicanten
mit Wort und Schrift entgegentraten.

Den mährischen Wiedertäufern ähnliche Gemeinden, nach
der Individualität ihrer Führer oder Localverhältnissen von ver-
schiedener Färbung und Bedeutung, zeigten sich schon bei dem
Beginne der Reformation ‚in vielen Landen Teutscher Nation,
wo der Herr der Turteltauben Stimm hat lassen hören vnd den
glauben vnd seine göttliche warheit wiederumb herfürbrachte‘.
— Einzelne derselben hatten prononcirte Wortführer an der
Spitze mit nachweisbaren Anfängen ihrer Entstehung, andere
schossen gleich Pilzen aus der Erde empor, ohne Leitung,
ohne Namen, ohne eine bestimmte Lehrmeinung, gleichwohl
aber die Massen des Volkes mit zauberhafter Anziehungskraft
ergreifend.

Was jedoch Alle gemeinsam hatten, war der Anstoss an der Kindertaufe, deren die Reformatoren nicht entbehren mochten, der Widerwille gegen eine jede mit weltlichen Mitteln kämpfende Kirche und der schon erwähnte Drang nach einer Neubildung der christlichen Kirche mit Formen, die zum Theil dem Urchristenthum entlehnt waren. In der Bekämpfung des Papstthums den Evangelischen alliirt, standen sie diesen in Bezug auf die Rechtfertigungslehre als Gegner gegenüber.

Wo sich unlautere weltliche Leidenschaften oder Wahnsinn, politische Bestrebungen und fleischliche Gelüste der religiösen Strömung beimengten, da entstand allerdings ein greuliches Chaos, dem ein unzüchtiger Rottengeist entsprang, der sein Vernichtungsurtheil in sich trug, ehe noch die Obrigkeiten mit Mandaten, Schwert und Feuer dem Strome der freien Gemeinde einen Damm zu bauen begannen!

Mit solchen Fanatikern und Rottirern hatten unsere ‚Frommen‘ (und jene Gemeinden der Taufgesinnten, die sich nach dem Bauernkriege in Süddeutschland und in den Bergen der Schweiz zusammenfanden, Ableger nach Tirol und Elsass treibend), nichts gemein. Sie protestirten deshalb oft und energisch gegen jede Gemeinschaft mit den ‚Münster'schen und Amsterdam'schen‘ und ähnlichen Auswüchsen des Baptismus, und erklärten eine solche Gleichstellung für eine schwere Verleumdung und Sünde. Aber auch den Zwickauer Propheten sprachen sie jede Einflussnahme auf ihre Entstehung und Entwicklung ab. Nach dem Gemeinde-Geschichtsbuche stand die Wiege ihrer geistigen Väter an den Ufern der Limmat, — und Zürich war die Stätte, wo ihre Erweckung vor sich ging.

Die Männer, welche hier von Zwingli und seinen Gehilfen eine schnellere und radicale Durchführung des begonnenen Reformationswerkes verlangten, als sie sich aber von dieser Seite im Stich gelassen sahen, ihren eigenen Weg einschlugen und in kürzester Zeit an der Spitze einer Partei standen, welche die Taufe der Erwachsenen zum sichtbaren Erkennungszeichen ihrer Gemeinschaft machte, waren a) Konrad Grebel, (Vadian's Schwager), ein Zürcher Patricier, auf den Hochschulen von Wien und Paris gebildet; b) Felix Manz, ein Schüler des Gelehrten Ceporinus; c) der Mönch Georg aus Chur, (vom Hause: Jacobs), genannt der Blaurock. — Zu ihnen gesellte sich vom Anfange an in hervorragender Weise

Simon Stumpf, Pfarrer zu Höng, Wilhelm Reublin, Pfarrer zu Wyttikon und Johann Brötlein, Pfarrer zu Zolikon; nach der Auflehnung der Stadt Waldshut endlich: Dr. Balthasar Hubmaier, der Stifter der Wiedertäufer am Schwarzwald, der eigentliche Gründer der mährischen Gemeinde.

Den uns vorliegenden Aufzeichnungen zufolge, (mit denen das Schreiben der Schweizer an die Taufgesinnten in Köln — in Jehring's Historia 1720 — übereinstimmt), war es Blaurock, der die Erneuerung der Taufe an den Erwachsenen unter seinen Parteigenossen einführte. Von wem der Gedanke ausging, darüber schweigen unsere Quellen. Derselbe war übrigens nicht neu und lag nahe für Leute, die sich der Taufe Johannis erinnerten, die Worte 1. Petri 3., c. vor Augen hatten und für die Besiegelung des Bundes der Wiedergeburt und der Gemeinschaft mit Gott eines äusseren Zeichens bedurften, das ihnen die Kindertaufe, in der sie nur ein Wasserbad erkannten, nicht zu ersetzen vermochte.

Während sich in Sachsen und Thüringen die anabaptistischen Erscheinungen noch in unklaren und formlosen Gestaltungen bewegten, krystallisirten sich diese Elemente in der Schweiz bereits zu einer mit bestimmten Satzungen und Tendenzen auftretenden Secte, die den Wortführern der Zwingli'schen Partei von Tag zu Tag mehr Raum und Boden abgewann und sie mit Besorgniss für den Bestand ihrer Autorität erfüllte. In Zürich endlich mit Gewalt erdrückt, wussten die Wiedertäufer, die sich schon 1525 bis 1526 über Schaffhausen, Basel, Waldshut, St. Gallen, Appenzell und Bünden ausgebreitet hatten, aus den benachbarten Cantonen der Schweiz auch in Schwaben und Tirol Eingang zu finden, besonders als Zürich die Wiedertäufer zu ersäufen begann und der Fall Waldshuts den Wanderboten des Baptismus neue Elemente zuführte, die sich nach einem neuen Schauplatz ihrer Thätigkeit umsahen. Blaurock, in Zürich ausgestäupt, wandte sich nach Graubünden, wo er mit Manz eine Taufgemeinde errichtet hatte, und von da nach Tirol, um auch da dem Herrn eine Heerde zu sammeln. Reublin und Mich. Satler zogen nach dem Elsass und nach Schwaben, wo sie einen durch die Augsburger vorbereiteten Boden vorfanden und in kurzer Zeit an der Spitze mehrerer Taufgemeinden standen. Lud. Hätzer gab dem Anabaptismus in Nürnberg, Augsburg und am Rhein Vorschub, Jacob Gross aus Waldshut in Strassburg und Augsburg. In Passau, Regensburg und München entstanden Gemeinden der Wiedertäufer, die mit den Brüdern in Schwaben und am Oberrhein im Verkehr standen und dem Inn und der Donau entlang propagandistisch gegen Osten vordringend, auch in Oesterreich ihre Bundesladen aufzustellen begannen. Salzburg, Steyer, Linz, Stein und selbst Wien hatten bald ihre Täuferconventikel.

Das ‚gelobte‘ Land, ein ‚neues Jerusalem‘ wurde für sie jedoch Mähren und blieb es, trotz der Heimsuchungen vom Jahre 1536 und 1548, die ihre Gemeinde an den Rand des Unterganges brachten, bis zum Jahre 1622, das dem Anabaptismus in Mähren, ebenso wie dem Protestantismus, den Todesstoss gab. Hier, in dem südlichsten Theile des Landes, am Fusse der Puliner Berge, in dem Städtchen Nikolsburg, schufen ihnen 1525 die evangelisch gesinnten, jedoch katholisch gebornen Herren von Liechtenstein eine Wohnstätte, die sich mit Einwanderern aus Oesterreich, Baiern, Schwaben und dem Schweizerlande bevölkerte und in wenigen Monden einen Umfang erreichte, der sich nur in der damaligen Verfassung des Landes, die jeder Confession die volle Religionsfreiheit gewährte, erklären lässt. Hier fand endlich 1526 auch Dr. Hubmaier, aus Zürich verwiesen, ein Asyl und ein unbestrittenes Gebiet für die Durchführung jener Ideen, deren Verwirklichung ihm in Zürich die Opposition der Zwinglianer, in Waldshut die Niederwerfung der rebellischen Partei unmöglich machte! Nachschübe aus St. Gallen und dem Appenzellerlande, durch den feurigen Ulimann gegen Nikolsburg gesandt, verstärkten die Gemeinde, die sich hier unter dem mächtigen Schutze des Leonhard von Liechtenstein zusammenschaarte und in wenigen Decennien vierzig bis fünfzig Haushaben im Lande zählte, in welchen zur Zeit ihrer Blüthe 12.000—15.000 Menschen zu finden waren. Sie bildeten den Kern der gemässigten, sittlich ernsten Partei der Wiedertäufer, die schon in der Schweiz unter dem Namen der ‚gemeinen Täufer‘ bekannt war, und deren ursprüngliches Wesen in allgemeinen Umrissen aus der ‚Verantwortung‘, deren Bullinger (in seinem bekannten Werke: ‚Der Wiedertäufer Ursprung‘, 1560) gedenkt, dann aus den VII Artikeln, welche die schweizer und schwäbischen Wiedertäufer des Ober-Neckar-Thales im Jahre 1527 zu Schlatten am Randen vereinbart hatten, zu ersehen ist.

Bei dem Uebermasse des Dranges nach Bethätigung eines neu gestaltenden Geistes, der zur Zeit der Reformation selbst in kleinen Kreisen und unter Unberufenen um sich griff, darf es nicht Wunder nehmen, dass sich auch in unserer Ecclesiola nur zu bald ein Geist der Negation und ein Läuterungs- und Sonderungstrieb kundgab, der zu Zerspaltungen führte und in gradueller Entwicklung den Austerlitzern, Gabriëlern, Huterischen und Schweizer Brüdern, die wir in den ersten Decennien ihrer Niederlassung in Mähren neben einander hausen, schliesslich aber in dem gemeinsamen Strome wieder vereinigt finden, die Entstehung gab.

Unsere Täufer, die man mit Grund ‚die Stillen‘ im Lande nennen kann, bekannten, bis auf einige wenige socinianisch gesinnte ‚falsche‘ Brüder, unabänderlich, einhellig und von allem Anfang an:

I. Die XII Artikel des apostolischen Symbolums und an dessen Spitze die Dreipersönlichkeit Gottes, womit sie sich die antitrinitarisch gesinnten Wälschen, die sich um 1562 bis 1565 in Austerlitz und Auspitz an sie machten und der Gemeinde jene Anschauungen einzuimpfen suchten, die in Polen und Graubünden so üppige Wurzeln fassten, vom Leibe hielten. Sie glaubten, gleich den Katholiken und Evangelischen, an eine christliche Kirche, ‚ein paviment und grundfeste der Wahrheit, ein ampel und luzern der Gerechtigkeit‘. — Fragte man sie jedoch, was sie unter der christlichen Kirche verstehen, so antworteten sie: ‚die Versammlung aller Gläubigen, die, durch den heiligen Geist versammelt, durch die reine Lehre Christi von der Welt abgesondert und durch die göttliche Liebe vereint, dem Herrn aus dem Herzen geistliche Opfer bringen. Wer in diese Kirche eingeführt, ein Hausgenosse Gottes werden will, muss in Gott leben und wandeln. Wer ausserhalb dieser Gemeinde ist, ist ausserhalb Christo.

Die Gemeinschaft der Heiligen, d. i. die lebendigen Glieder des Gottesbundes, ist ihnen deshalb heilig, weil sie durch das Blut Christi im Wasserbad des Wortes und im Gehorsam des Glaubens, von ihren Sünden gewaschen, durch den heiligen Geist geheiligt, Gemeinschaft haben mit Gott Vater und dem Sohne, eine göttliche Einigkeit, die sich nicht nur in heiligen Dingen, sondern auch in der äusserlichen Gemeinschaft äussert.

II. Sie bekennen auch, dass alle Menschen, Jesum Christum ausgenommen, eine sündige Art von Adam haben, die sie von ihm erben; halten aber auch dafür, dass alle neugeborenen Christen durch das Blut des Heilands gereinigt und durch das Wort Gottes ,fromb gemacht sind', trotz der Erbsünde.

Durch Reue und Busse findet der Mensch um Christi willen die verlorne Gnade wieder. Denn Christus, der Herr, ist für alle Menschen nicht nur ein Mittler, Fürsprecher und Erlöser, sondern auch ein Gnadenstuhl. Allein, so wie ausser der Arche keine Errettung war, so ist auch ausser der Kirche und Gemeine Christi keine Vergebung. Denn dieser sind die Schlüssel Davids gegeben, die Sünden aufzulösen. Kinder, die in der Jugend entschlafen, werden, um Christi willen, des ewigen Lebens theilhaftig.

III. Unter den Sacramenten anerkennen sie die Taufe (der Erwachsenen), das Abendmahl und die Ehe als solche, d. h. als Zeichen eines heiligen Dinges, (wie Mändl 1561 in Innsbruck erklärte). a) Die Taufe Christi, (die rechte christliche Taufe), war ihnen ein Bundzeichen eines heiligen innerlichen Werkes und guten Gewissens mit Gott oder in Gott (1. Petri 3). Sie wurde ertheilt durch die verordneten Diener ,im Namen Gott des Vaters, des Sohnes und des heiligen Geistes' Denjenigen, ,die dem Evangelium von Herzen glaubten, den göttlichen Willen erkannt, den sündigen Menschen abgelegt, nach dem Willen Gottes zu leben gelobt und den Bund der Taufe begehrt haben. Weil demnach, (lehren ihre Tractate), der Taufbund ein Testament der Erkenntniss, des Wissens und der Gnade Gottes ist, der Bund eines guten Gewissens mit Gott, die Erkenntniss Gottes aber aus dem gehörten Worte des Evangeliums kommt, darum sprechen wir, dass man nur die, so das Wort gehört, demselben glauben und Gott erkannt, taufen soll, und nicht die Kinder; denn „der Kindertauff" ist eine Menschenpflanzung und kein Befehl Christi'. b) Das Abendmahl Christi, (der Tisch des Herrn), ist ihnen zwar eine Einsetzung Gottes, allein ein blosses Gedächtniss- oder Erinnerungsfest des Leidens und Sterbens Jesu Christi, ein Hochfest der Danksagung für ihn, den Urheber und die Quelle aller Gnaden, und ein mahnendes Denkmal: die Gemeinschaft seines Leibes auch in einem Sinne, einem Herzen und einem Geiste zu erweisen. c) ,Die Ehe, (sprechen sie), ist eine rechtmässige

Verbindung eines Mannes mit einem Weibe zur ungetheilten und unzertrennlichen Lebensgemeinschaft, eine Anzeigung und Bedeutung auf die Vermählung Christi und seiner heiligen Gemeinde. Soll sie aber göttlich sein, so muss sie nach Gottes Art und aus Gottes Zugebung geschlossen sein! Sollen auch öffentlich von der Gemain von einem verordneten Diener des Worts zusammengegeben werden, und was Gott also zusammengefüget, soll der Mensch nit scheiden.' — Das auf wechselseitiger Bewilligung beruhende Band der Ehe wird jedoch gebrochen: durch Ehebruch. Dieser wird aber begangen nicht allein durch Werke des Fleisches, sondern auch durch andere Handlungen, die demselben gleichgehalten werden. Der Ehebruch im engeren Sinne verpflichtet den schuldlosen Theil, sich des anderen Theiles zu entschlagen und sich demselben so lange ferne zu halten, bis dieser Busse gethan und durch Auflegung der Hände eines Dieners des Wortes wieder Aufnahme in die Gemeinschaft erlangt hat. Wer dagegen handelte, wurde selbst unrein und mit der Absonderung bestraft. d) Einen sacramentalen Charakter hatte bei ihnen weiter, (obschon sie es nicht ausdrücklich zugestehen), auch die Handauflegung (χειροτονία), die den Dienern des Evangeliums für die Ausübung ihres Amtes erforderlich war. Es war dies eine Art von Ordination, die den Erwählten durch Auflegung der ,Eltesten Händ' ertheilt wurde.

IV. So wie in dem ganzen Wesen der Täufer, so zeigte sich auch in ihrem Gottesdienste eine Einfachheit und Nüchternheit, die zwar in den Tagen der religiösen Begeisterung ihre Schuldigkeit thaten, mit der Zeit jedoch das Gemüth kalt liessen, besonders als das zündende Wort gebildeter Prediger unter ihnen immer seltener wurde und eitel Wortschwall stümperhafter Schriftausleger die Ohren der Gläubigen zu erfüllen begann.

Ermahnungen an das Volk und gemeinsame Gebete eröffneten in der Regel die Feier des Herrn. Darauf geschah eine Danksagung für alle Wohlthaten, die Gott seinen auserwählten Kindern erwiesen, mit der Bitte, sie in der Wahrheit seines Wortes treu bis ans Ende zu erhalten. ,Wenn solches geschehen, (schreibt Riedemann), fängt man an des Herrn Wort auf das treulichste zu handeln, und wenn nun das alles vollendet ist, so befielt der Diener die gemain dem Herrn, und lässt sie von einander geen.' — Wenn sie aber zusammenkamen, des Herrn Gedächtniss (Brodbrechen) zu halten, so gingen ein bis zwei Tage mit Ermahnungen und Erklärungen, was des Herrn Abendmahl sei, hin, und wie man sich dazu vorzubereiten hat. Jeder Tag wurde mit einer Danksagung beschlossen. War dieses Alles geschehen, so wurde das Abendmahl selbst gehalten, ein Lobgesang gesungen und darauf das Volk mit der Ermahnung entlassen, dass es nun auch also wandle, wie es sich nun bewiesen. Musik, Bilder und jede äussere Pracht waren selbstverständlich aus ihren Betstuben ausgeschlossen. Die letzteren hatten keine Thürme, keine Glocken. ‚Das feyern, wie die Welt pflegt zu feyern, (sagen sie), ist ein gräul vor Gott. Doch haben wir auch einen Tag der Rue, darin wir das Wort des Herrn handlen — und halten derhalben den Sonntag mit.'

V. Der Welt abzustreben, Gelassenheit, Sanftmuth und Geduld in allen Lagen des Lebens zu beweisen, Sterben für Gewinn, Armuth für Reichthum zu halten und sich eines fleckenlosen Wandels zu befleissen, war unseren ‚Abgesonderten' ein heiliges Gebot. Eine Gemeinschaft, die das Prädicat der Heiligkeit in Anspruch nahm, und eine Kirche ohne Flecken und Runzeln, die der Leib Christi sein wollte, konnte füglich des Bannes nicht entbehren, welcher in ihrer Kirche Jedermann in Aussicht stand, der als ein ärgerliches Glied an dem reinen Leibe erfunden ward und sich durch gelindere Mittel, als: Ermahnung, Vorwarnung, zeitweilige Isolirung u. dgl. brüderliche Strafen der Gemeinde nicht bessern liess oder solche grobe Laster begangen hatte, die den Bann, (die Ausstossung aus der Gemeinde), unmittelbar zur Folge hatten (1. Cor. 5, b). Den Bussfertigen wurde die Aufnahme erst nach Einholung des Beschlusses der Gemeinde durch Wiederauflegung der Hände eines der Diener des Wortes zu Theil. Andere Strafen gab es unter ihnen nicht.

Die Messe, Firmung, letzte Oelung, die Gegenwart Christi in der Eucharistie, Beichte und Ablass, ‚wie sie bei den Papisten im Gebrauche', die Verehrung der Bilder und Heiligen war ihnen, gleich der Kindertaufe, ein Greuel. Von der Verdienstlichkeit der Faste und Abstinenz, der Fürbitte der Heiligen, der Einhaltung der Feiertage hielten sie nichts, verwarfen das Fegefeuer und alle Arten von Weihen und mieden jede

Berührung mit den Priestern und Predigern der alten und neuen Kirche, ,den falschen Propheten, die nur das Buchstabische wort und gesetz füren, aber die Kraft Gottes, die sy heiliget und zu solchem Amt würdiget, den heiligen Geist, nit haben'. — Gemischte Ehen waren unerlaubt, Krämereien und Kaufmannschaft unter sich zu treiben verboten, und Anfangs hatten sie in ihren Haushaben auch keine Schankhäuser und Wirthe.

VI. Die strenge Kirchenzucht, die sie, dem Principe der Heiligkeit und Reinheit gemäss, handhaben mussten, wenn ,das Ganze nicht eitel Larvenspiel und Spiegelfecht sein sollte', (wie Hubmaier sagt), musste sich, als die religiöse Begeisterung der Taufgesinnten den praktischen Anforderungen des Lebens gegenüber nach und nach zu erkalten begann, auch auf die äussere Erscheinung und Thätigkeit der Gemeinde erstrecken, als Kleidung, Wohnung, Schule, Krankenpflege, Arbeit, Missionen, Gastfreundschaft u. dgl. Alles, selbst das Grüssen und Küssen ward bei ihnen in das Bereich der ,guten Polizei' gezogen und mit Ordnungen ausgestattet, die dem Leben der Wiedertäufer einen mönchsartigen Typus gaben.

VII. Die Obrigkeit war ihnen ,eine Ordnung Gottes', dem Bösen zur Strafe, dem Frommen zum Schutz und Schirm eingesetzt, daher auch den Geboten derselben, ,so sy nit wider Gottes Willen und Gebot sind', zu gehorsamen sei. ,Wo sie aber wider Gott haissen handeln, da müsse man, (sagen wir), ir Gehaiss lassen ansteen, und Gott mehr, denn den Menschen gehorsam sein'. — In dem Bewusstsein, in diesem Punkte auf dem Boden der heiligen Schrift zu stehen, protestirten sie energisch gegen die sich kundgebenden Anschuldigungen, als ermahnten sie die Leute, die Obrigkeiten zu unterdrücken und zu vernichten. Wer unter ihnen solche böse Reden und solche Praktiken brauche, werde in ihrer Mitte nicht geduldet.

,Und dieweil, (sprechen sie weiter), nit das weltlich, sondern das geistliche Schwert regiert, des Segens Kind nit der Rache Diener sein kann, das Volk Gottes überhaupt des weltlichen Schwerts, das auf die Heiden übergieng, nit bedarf, also kann auch kein Christ eine Obrigkeit sein. — Dieweil wir endlich für alles Zeitliche fremde sind (Luc. 16, 6), so soll auch darum ein Christ nit hadern, zanken oder rechten, noch vor Gericht stehen, umsoweniger zu Gericht sitzen.' — Alles Schwören war verboten. (Matth. 5, d.)

VIII. ‚Dieweil ferner Christus, der Friedensfürst, ihm ein Reich des Friedens bereitet, so endet in demselben alles weltliche Kriegen. Derhalben wir auch als Christen weder Krieg noch weltlich Schwert führen, noch Rache gebrauchen, noch Steuern, Zinse, Robott Blutgeld willig geben zum Kriegen, Würgen und Blutvergiessen; und dieweil die Christen ihre Schwerter zu Hauen, die Gloven und Spiesse zu Rebmessern, Sicheln und Sensen verschmieden oder hinlegen sollen, machen wir weder Schwert, Spiess, Büchsen noch derlei Waffen. Was aber zum Nutz der Menschen dient, als Brodmesser, Aext, Hauen, mögen wir machen.‘

IX. An der Spitze des ganzen Völkleins stand 1. von den Dienern des Wortes, der Nothdurft und den Eltesten der Gemeinde durch das Los gewählt, und zwar aus der Mitte der erprobtesten und vorzüglichsten Diener des Evangeliums, durch Auflegung der Eltesten Hände bestätigt: ein Bischof und Hirte, der die Aufgabe hatte, die Gemain zu weiden!

Die Gewalt, zu lehren und zu taufen, theilten mit ihm: 2. die Diener des Wortes oder Evangeliums, die sich in solche gliederten, welche a) das Apostelamt bekleideten, d. i. welche in die Lande ausgesendet wurden, um dem Herrn Schäflein zu sammeln, und b) solche, welche daheim in der Gemain das Wort Gottes handelten, c) endlich die Helfer, die neben dem Hirten dienten und das Volk lehrten und ermahnten; 3. die dritte Stufe nahmen ein: die Diener der Nothdurft (Einkäufer, Fürgestellte, Haushalter, Maier), welche die Wirthschaft der Gemain oder die Verwaltung der ihnen anvertrauten Haushaben führten, ‚ein jeder an seinem Ort, auf dass das Volk versorgt werde mit zeitlicher Handreichung‘. Den Schluss fand das Gemeinderegiment 4. in den Eltesten, die zu allerlei Nothdurften der Kirche verwendet wurden, bestimmt ‚den Dienern die Bürde tragen zu helfen, um nit mit einem jeden Handel die ganze Gemain beschweren zu dürfen‘.

Fleiss, Arbeitsamkeit und Nüchternheit war den Bewohnern der ‚Haushaben‘ in hohem Grade eigen. Still, ruhig schaffend und jeder Auflehnung feindlich, in Ackerbau, Gewerben und der Cultur der Rebe wohl erfahren, waren sie den Grundherren willkommene Colonen und Unterthanen. Moore und Gestrüppe verschwanden in Kürze, wo ihre Hand zu Axt und Schaufel griff.

Ihre Producte, — namentlich Messer, Linnen und Tücher,
— zählten zu den besten ihresgleichen im Lande. Ihre Aerzte
waren geschickt und weit gesucht. Nicht ohne Grund nannte
man ihre Höfe die Honigstöcke des Landes. Armuth und Bettel
waren in ihren Hütten fremd. Ordnung, Reinlichkeit, Zucht
und Ernst zeigte sich in ihrem ganzen Wesen. Witwen und
Waisen wurden von der Gemeinde versorgt, die Kinder in
gemeinsamen Kinderstuben gepflegt, ehe sie für die Schule
heranwuchsen. — Nicht anders als gut unterrichtet betraten sie
die Werkstätten eines Handwerks, dem sie angehören sollten.
— Der Adel weilte gerne in ihren Bädern, deren sie mehrere
im Lande, als zu Pausram, Voitsbrunn und Čejč unterhielten.
Aus ihren Stallungen bezog man gute starke Pferde, aus ihren
Werkstätten die besten Sensen, Thurmuhren, die schönsten
Thon- und Riemerwaaren, die kostbarsten Messer, die feinsten
Haarsiebe und Müllerbeutel. Ob ihrer Treue und Ehrlichkeit
und ihrer praktischen Erfahrungen stellten sie die mährischen
Landherren, (Katholiken wie evangelisch Gesinnte), gerne an die
Spitze ihrer Meiereien, Keller, Höfe und Mühlen, welch' letztere
sie vortrefflich zu construiren verstanden, im Verkehre als pünkt-
liche Zahler und Leute von Wort wohl bekannt!
Als Schattenseiten ihres Wesens müssen dagegen hervor-
gehoben werden: 1. Ihr Dünkel, die einzige wahre christliche
Kirche auf Erden zu sein, ein Dünkel, der sie, in der Ueber-
schätzung des eigenen Werthes, lieblos bei der Beurtheilung
der Genossen anderer Confessionen und Stände machte und
gegen ihre vermeintlichen oder wirklichen Widersacher mit einer
Bitterkeit erfüllte, die sich nur zu häufig sogar in Lästerungen
und sträflichen Beschimpfungen der Machthaber und ihrer
Anordnungen Luft machte. 2. Die übermässige Hochhaltung
des Handwerkes auf Kosten der Wissenschaft und der höheren
Bildung, die von ihnen vernachlässigt wurde. 3. Das häufige
Eingehen von Ehen ohne wechselseitige Zuneigung und nur,
weil es die Eltesten für gut fanden. 4. Die spartanische Er-
ziehung der Kinder, welche von der Brust der Mutter in die
gemeinsamen Kinderstuben wanderten, wo sie den Eltern und
den kindlichen Gefühlen entfremdet heranwuchsen. 5. Die prin-
cipielle Seelenjägerei, mittelst welcher der Gemeinde stets neue
Zuzüge zugeführt werden sollten und wobei von den nach
Mähren ziehenden Proselyten nur zu häufig Gatten und Kinder

im Elend zurückgelassen wurden. 6. Der starre Formalismus, der sich bei ihnen bis auf Kleinigkeiten erstreckte und mit der Zeit Murren und eine Tyrannei erzeugte, die vielen Brüdern unerträglich wurde und sie zum Abfall bestimmte. 7. Ein saures, mürrisches und abstossend misstrauisches Wesen, das den meisten Bewohnern der Haushaben anklebte und denselben in Ungarn den Spitznamen ‚Habaner‘ verschaffte.

Unbegründet trifft sie dagegen die Beschuldigung, dass sie ein irdisches Reich anstreben, worin sie das leibliche Volk Israels zu bilden und die Cananiter (Heiden) mit dem Schwerte auszurotten bestimmt sind; dass sie im ‚Vater Unser‘ die Worte: Vergib uns unsere Schulden etc. auslassen, die Erbsünde der Kinder läugnen, Christum nicht aus Maria der Jungfrau geboren erklären, die Kirche verachten, politische Aufwiegelung machen und den Leuten das Brot vertheuern. Solchen und ähnlichen Anklagen traten sie wiederholt mit Widerlegungen und sogenannten Rechenschaften entgegen. ‚Man gab auch, (schreibt einer ihrer Annalisten 1530), viel grausame Lügen von uns aus, als: dass wir den Leuten aus einem Zauberfläschl. zu trinken geben, Gaiss Fuss und Ochsen Klauen, dessgleichen die Weiber gemain hätten. Man schalt uns Menschendieb und Eheschänder, Wiedertaufer, Gartenbrüder, Secten, Rotten und Schwärmer und nannte unser Leben eine Unsinnigkeit und Narrheit.‘

Den Katholiken als Ketzer, den Evangelischen als gefährliche Gegner des neuen Kirchengebäudes ein Dorn im Auge, waren die Anabaptisten überall, wo sie auftraten und nicht, wie in Mähren (und theilweise auch in einigen Reichsstädten), in der Verfassung oder Schwäche der Regierung einen Rückhalt fanden, der Gegenstand harter und blutiger Verfolgungen. In Deutschland übertrafen darin die protestantischen Stände sogar die katholischen. Vom Jahre 1529 an ergingen hier gegen dieselben die härtesten Strafgesetze, Gesetze, welche die Reformatoren, die Grundsätze der Religionsfreiheit, die sie doch für sich in Anspruch nahmen, verläugnend, nicht nur mit ihrem Beifall begrüssten, sondern auch mit Gleichmuth und innerer Befriedigung vollziehen sehen konnten.[1] Diesen

---

[1] Luther z. B. drang darauf, dass keine christliche Obrigkeit die Wiedertäufer im Lande dulden dürfe, und verlangte von jedem Unterthan als eine Pflicht des christlichen Gewissens, dass er die Winkelprediger der Obrigkeit überliefere (de Wette IV, 354. Luth. Werke, Jen. V, 491).

Gesetzen nun verfielen auch jene Sendboten, die sich aus Mähren in die Gauen Deutschlands wagten und als Wiedertäufer erkannt wurden. Nur wenige aufgeklärte Männer und Grosse gab es, die sich zu ihren Gunsten vernehmen liessen und zur Milde und Mässigung ermahnten. In der Regel wurde, wenn in ihrer Bekämpfung das Schwert des Geistes nicht ausreichte, das Schwert der Obrigkeit zu Hilfe gerufen. Galten sie doch im Allgemeinen für Leute, die den Umsturz des Glaubens, der Kirche, der christlichen Wahrheit und der Ehre Gottes anstrebten, für Feinde der Obrigkeit und des Staates, für Geschöpfe, deren Vertilgung nach göttlichen und menschlichen Satzungen geboten und verdienstlich erschien!

Die Art und Weise, wie man dieser Anforderung nachkommen zu müssen glaubte, ist schaudererregend, unzählbar die Schaar der Irrgänger, die auf diesem Wege ‚unschädlich gemacht und hingeschlachtet' wurden. ‚Etliche hat man, (schreibt der Verfasser der Vorrede des Geschichtsbuches der Martyrer, Christi, 1610), zerreckt und zerstreckt, Etliche zu Asche und Pulver verbrannt, Etliche an Säulen gebraten, Etliche mit glühenden Zangen zerrissen, Einige in Häuser versperrt und Alles miteinander verbrannt, Andere an die Bäume gehenkt, Etliche mit dem Schwerte hingerichtet, Etliche ins Wasser gestossen. Vielen wurden Knebel ins Maul gelegt, dass sie nit sollen reden und sind also zum Tode geführt worden.'

‚Wie die Schaaf und Lämmer fürt man's häufflingen zur Schlacht und Metzg. Die biblischen Bücher hat man an etlichen Orten aufs höchst verboten, an manchen Orten verbrannt. Andere sind in finstern Thürmen verhungert oder verfault; gar viele sind eh man sie tödtete, mit allerlei Plag gepeinigt, Etliche, die man zu Jung geachtet zum Richten, mit Ruthen geschwungen worden. Auch sind viele zu Jahren in Thürmen und Gefängnussen gelegen. Vielen wurden Löcher durch die Backen gebrannt und hierauf entlassen. Die Uebri-

---

Einen Rathschlag der Wittenberger Theologen: ob man die Wiedertäufer mit dem Schwerte richten solle, unterzeichnete er: ‚Placet mihi; Martino Luthero.' Wie Zwingli den Wiedertäufern gegenüber dachte und handelte, ist bekannt. Selbst der sanfte Melanchton meinte, es seien über sie ‚in singulis locis ultima supplicia constituenda'. — Sie hatten allerdings nur die wilde, fanatische Seite des Anabaptismus kennen gelernt. Dies möge die Härte ihres Urtheils in Etwas entschuldigen.

gen, die dem Allen entronnen sind, hat man verjagt von einem
Land zum Andern, von einem Ort zum Andern. Gleichwie
die Eulen und Nachtraben, die des Tags nit wandeln dürfen,
mussten sie sich oftmahls in Felsen und Steinklüften, in wilden
Wäldern, in Gruben und Löchern der Erde aufhalten und ver-
kriechen. — Man sucht sie mit Hunden und Schergen, man
stellt ihnen nach, wie den Vöglen in den Lüften — und das
ohne alle Schuld, ohne alle Uebelthat, (Leuten,) die Niemanden
Leid oder Schaden thaten noch zu thun begerten'.

,Etliche, (führt unser Geschichtsbuch weiter an), haben
ihrem Gott Lobgesäng gesungen, als sie zur Richtstatt geführt
wurden. Viele Jungfrauen haben sich, da sie auf den Platz
des Todes geen sollten, geschmückt mit Lust, wie zu einem
Freudentage. Andere sind mit lachendem Munde dahingetreten,
Gott lobend, gleich jenen, die das edle Perlen gefunden haben
und den Schatz der Untödlichkeit. Andere, mit Mannlichkeit
und Tapferkeit in Gott gewappnet, lachten das Wasser an, in
dem sie ihr Grab finden sollten, oder ermahnten das Volk zur
Busse und Besserung ehe sie mit festem Fusse an den Brand-
pfahl traten.'

Man war erstaunt über die Standhaftigkeit und Freudig-
keit, mit welcher diese Unglücklichen in den Tod gingen.
,Woher, (fragt Faber von Heilbronn und mit ihm hundert
Andere), woher entspringt es, dass die Wiederteuffer also frölich und getrost die Pein des Todes leiden? Sie tanzen und
springen in das Feuer, sehen das plitzend Schwert mit uner-
schrocknen Hertzen, reden und predigen dem Volk mit lachendem Mundt, sie singen Psalmen und anderen Gesang, biss in
die Seel ausgeet, sterben mit Freuden, als wären sie bei einer
frölichen Gesellschaft, bleiben stark, getrost und standhaft bis
in den Tod. Trutzig auf irem fürnemen (verharrend), trutzen
sie auch aller pein und marter.' Faber erklärt diese Erscheinung für ein Werk des höllischen Drachen und ebenso hat
Luther, dem die Welt voll Teufel war, diese Standhaftigkeit
(aus unbedachtem Eifer) dem Teufel zugeschrieben, sein theo-
logischer Gegner, Dr. Ek, dagegen der Verzweiflung und dem
wilden Grimme eines Ketzers, ,der da hinausgeht wie ein wilder
stier oder ein trutziger Bub, der einer Reichsstat feind ist'. —
Dass nur die innigste Ueberzeugung von der Wahrheit ihrer Sache
die Schwärmer mit dieser Standhaftigkeit und Todesverachtung

wappnete, war diesen und anderen Beurtheilern ihres Märtyrer-
thums unbegreiflich, unseren ‚Geschwistrige‛, (wie sie sich
nannten), keineswegs. Gefragt, woher es komme, dass jene so
freudig, fröhlich dem Tode entgegen gehen, wie eine Braut dem
Bräutigam auf der Hochzeit, antworteten sie einfach: ‚Sie
haben vom Wasser, das da fleusst aus dem Heiligthum Gottes,
ja aus dem Bronnen des Lebens, getrunken und davon ein
Herz bekommen, das vom Menschensinn und -Verstand nicht
vermag begriffen zu werden. Sie haben empfunden, dass ihnen
Gott das Kreutz tragen hilft und haben die Bitterkeit des Todes
überwunden. Das Feuer Gottes brann in Ihnen. Sie hatten
ir Zelt nit hie auf Erden, sondern dort in der Ewigkeit aufgeschlagen, und ihres Glaubens ein Grund und Sicherheit. —
Ihr Glaube hat eben geblüht wie eine Gilgen, ihre Treue wie
eine Rose, ihre Frömmigkeit und Redlichkeit wie die Blume
der Pflanzung Gottes. Der Engel des Herrn hat seinen Spiess
vor ihnen geschwungen, also, dass ihnen der Helm des Heils, das
goldne Schild David's nicht hat können abgeschlagen werden.
Sie haben das Horn in Sion blasen gehört und haben es wohl-
verstanden — und deswillen haben sie alle Pein und Marter
zurückgeschlagen und sich darob nit entsezt. Ihr heilig Gemüth
hat die Ding, so in der Welt fürgehen, einen Schatten gleich
geachtet, grösserer Dinge vergewisst. Sie waren also von Gott
erzogen, dass sie überall nichts kannten, nichts suchten, nichts
wollten, nichts liebten, denn das ewig himmlische Gut allein.
Deshalben haben sie mehr Geduld gehabt in ihren Leiden, als
die Feinde in ihrem Peinigen.‛

Durch wiederholte harte Schicksalsschläge in seinen Grund-
festen erschüttert, und da die Zuzüge aus anderen Staaten immer
seltener wurden, ausser Stande, den vorigen Aufschwung zu
nehmen, erhielt die Gemeinde unserer Brüder in Mähren durch
die Drangsale des beginnenden dreissigjährigen Krieges und
die der Schlacht am weissen Berge nachfolgende Reaction
den Todesstoss. Aus Mähren, ‚dem heiligen Lande, in das sie,
(ihren Traditionen zufolge), Gott brachte‛, verjagt, fristete
sie in Ungarn und Siebenbürgen noch einige Decennien lang
ihr Leben, immer mehr und mehr zusammenschrumpfend, bis
sie endlich anno 1757 bis 1762 der Energie der Regierung
gegenüber auseinanderfiel und in der katholischen Kirche
aufging.

Einzelne Familien, die den Glauben ihrer Väter nicht aufgeben wollten, zogen nach Wischenka in Russland. Zu diesen floh 1784 ein Theil der Neubekehrten, als sie die Religionsfreiheit des Toleranzpatentes auch für ihren alten Glauben in Anspruch nehmen wollten, aus den Declarationen der weltlichen und geistlichen Behörden aber entnahmen, dass ihre Confession auf Duldung keinen Anspruch machen könne. Durch diese Flüchtlinge verstärkt, zogen die Auswanderer später aus Kleinrussland in die Krim, wo sie dermalen eine Gemeinde bilden, die anno 1855 unter der Leitung eines Enkels des letzten Bischofs stand, der in Ungarn 1761 die Auflösung der Geschwistrigen erlebte und als ein kranker hilfloser Greis im Armenhause seines einstigen Kirchspiels sein müdes Haupt zur letzten Ruhe niederlegte.

Aber auch in Oesterreich scheint der Anabaptismus, wie vor dreihundert Jahren, sein Haupt wieder erheben zu wollen, wie die hie und da und namentlich in Ungarn auftauchenden ‚Nachfolger Christi‘ beurkunden. Durch zwei Schlossergesellen aus der Schweiz nach Ungarn gebracht, verbreitete sich ihre Lehre, die in der Wesenheit dem Anabaptismus entnommen ist, vor etwa achtundzwanzig Jahren in den Werkstätten der Schiff- und Eisenbahnfabrik zu Pest-Ofen, dann im Zalaër Comitate und aus diesen Pflanzschulen über die Stuhlweissenburger Gespannschaft, die Liptau, Eperjes und Wien, wo diese Secte, sowie in Pest, zahlreiche Anhänger zählt und sich einer Religionsfreiheit erfreut, die nicht einmal den Mennoniten eingeräumt war, welche Kaiser Josef II. 1784 zu Sczerczec in Galizien ansiedelte. ‚Die Aufnahme dieser Leute, (schrieb damals der freisinnige Monarch unter den Antrag des kaiserlichen Residenten von Röthlein), will Ich, wenn sie gute Ackersleute sind, gestatten.‘ — Ungarns Wiedertäufern, obgleich sie nicht schlimmer als die Mennoniten waren, wurde damals die Ausübung ihrer Confession untersagt. Wer war dagegen, die ungarische Verfassung oder die Räthe der Krone?

DIE QUELLEN,

aus welchen der Text unserer Chroniken geholt wurde,

sind:

1521—1640.
(Nr. 213 Pos.)
(Resch.)

1. Der Cod. *A.*, das ‚Resch'sche Chronikl' genannt, eine Handschrift in kl. 8⁰ mit 146 Blatt in Holzdeckeln, in welchen ‚1615' eingepreßt erscheint, gegenwärtig der Bibliothek des hochw. Domcapitels zu Pressburg Sig. Nr. 213 (230 alt) eingereiht. Es beginnt, (nach einer Vorrede des A. Resch, darin die Gründe der Entstehung des Chron. angegeben werden), mit dem Jahre 1524 und reicht bis zum Jahre 1639. Sein Titel lautet:

Ein kleines gründliches Denkbüechel,

darin wirt begriffen vnd angezaigt, was sich seit dem 1524 Jar mit den recht christ glaubigen vnd fromen menschen hat zu tragen, vnd wie sich die gemain gots, wiederumb hat angefangen vnd vermört ist worden.

A. : R.

Der Anfänger dieses Chronikl ist der am 22. December 1592 zu Schackwitz in Mähren verstorbene Ambrosi Resch. Er ist auch der Fortsetzer der von Leonhart Bauer bei Wolf Köphel a. 1530 gedruckten Wörterconcordanz der ganzen Bibel.

1521—1665
(Mannagetta.)

2. Cod. *B.*, genannt ‚Cod. Mannagetta', eine Handschrift des mähr. Landesarchivs Sig. M. IX. 46 in kl. 8⁰, 269 Blatt mit einem Namensregister und der Einleitung: ‚Nachdem die Völle der Zeit.' Seine Entstehung fällt (wie die auf dem Blatte 30 ersichtliche Jahrzahl 1610 darthut) in das Jahr 1610. Sie führt den Titel:

Ein kurze anzaigung,

wie die fromen von der Apostlen Zeiten bisher ye vnd allweg verrolgt vnd wie im gott, Inn diser letzten Zeit ein Gemain versamlet vnd wie derselbigen vil vmb glaubens willen gericht worden. Psalm. 43. — Rom. 8.

Es gehörte einst (1760) dem Freiherrn Johann Georg von Mannagetta-Lerchenau. Es beginnt, reichhaltiger als *A.*, mit 1524 und geht bis in das Jahr 1665.

1521 1682.
(I. d 4 Pest.)
(Eglauch.)

3. Cod. *C.* (genannt Cod. Eglauch), Handschrift in kl. 8⁰, 281 Blatt, in Leder gebunden, aus dem Jahre 1634, einst in der Bibliothek der S. Jesu in Skalitz, nun aber sub Sig. I. d 4 in der Universitäts-Bibliothek zu Pest. Der Deckel desselben trägt die Jahreszahl 1634. Sein Titel lautet:

Cronicl oder Denck Büchel,

darinen Begriffen vnd angezaigt wirt: Wie vnd was sich vom
1524 Jar an Bis auff disse Gegenwertige Zeit, mit den Recht
Christ glaubigen vnd fromen menschen verlauffen vnd zugetragen
vnd wie sich die gmain Gottes wiedervrmb angefangen vnd ver-
mert hat.

Es beginnt mit dem Jahre 1524 und endet mit den Er-
eignissen des Jahres 1682, (bis zum Jahre 1665 mit *B.* überein-
stimmend) und vom Jahre 1647, 6. März, von Eglauch's eigener
Hand geschrieben, daher sein Name.

1524—1694.
(Baen.)

4. **Cod.** *D.* (genannt Szenicensis), M. S. in kl. 8⁰, 275 Blatt,
Lederband (mit der Vorrede des Cod. *A.* und der Einleitung des
Cod. *B.*). Im Jahre 1832 dem Bürger Jakob Schulz in Sabatisch,
1857 dem Gutsbesitzer Kment in Szenitz gehörig, dermalen ein
Eigenthum des Herrn Pfarrers Dr. Kolatschek in Marburg. Der
Titel fehlt. Auf dem oberen Deckel steht:

M. : H.
1638.

was besagen will, dass dieses Chronikl (a. 1638 für M. H.) eingebunden wurde. Es umfasst die Ereignisse der Jahre 1525—1694.
Jene von 1666—1695 sind von Caspar Eglauch's eigener Hand geschrieben.

1524—1654.
(Hamburg.)

5. **Cod.** *E.* (genannt Hamburger Codex), 8⁰, 218 Blatt,
Lederband aus dem Jahre 1637, in der Hamburger Stadtbibliothek.
Es führt den Titel :

Chronicl oder Denckbüechel,

darinen mit kurtzen Begriffen, Was sich vom 1524 Jar Bis auff
gegenwärtige Zeit in der gmain zuegetragen, vnd wie vil trewer
Zeugen Jesu X^{ti} die warhait gottes so ritterlich mit irem bluet
bezeugt.

H. H.
1637.
Joan. 8. a. Joan. 15. b. Math. 10. b.

Die beiden H. dürften zweifelsohne Heinrich Hartmann be-
deuten, der am 29. September 1639 zu Sabatisch als ,Bischof und
Vorsteher' der Brüdergemeinden mit Tod abging. Es gehörte a. 1654
dem aus Danzig zu den Brüdern gelangten (Unitarier) Daniel
Zwicker, der es mit der Notiz vom 7. Juni 1654, dass er in
Sabatisch die Wiedertaufe genommen habe, abschloss.

Dieses ,Denckbüchel' kam nach dem Tode des am 10. November 1678 zu Amsterdam verstorbenen, der Sache der Wiedertäufer
untreu gewordenen Zwicker in den Besitz des Dr. Siegfried Baumgarten und aus seinem Nachlasse in die Hand des Hamburger
Pastors B. N. Krohn, schliesslich aber in die Hamburger Stadt-

bibliothek, wo es noch erliegt. Der mährische Conservator Graf Sylva-Tarucca besorgte 1849 eine Abschrift desselben und Dr. Wolny (O. S. B.) einen (leider vielfach incorrecten) Auszug aus dieser Abschrift und veröffentlichte den letzteren im ersten Hefte des II. Bandes, Jahrgang 1850, des von der kais. Akademie der Wissenschaften herausgegebenen Archivs für Kunde österr. Geschichtsquellen.

6. **Cod. F.** (auch Cod. *M. R.* oder ‚Rebstock‘ genannt), eine Handschrift vom Jahre 1640 in kl. 8⁰, 260 Blatt, Lederband, dessen Deckel die Signatur:

1524—1694.
M. : R.
—
(X. K. 13
Brun.)

M. : R.

1640

trägt. Im Jahre 1654 ein Eigenthum des Br. Jakob Rebstock, nunmehr dem mähr. Landesarchiv, Sig. X. K. 13 eingereiht. Derselbe bringt Daten vom Jahre 1524 bis incl. 1694 und führt den Titel:

Kurtzes denkbüechl

darinen zum tail Begriffen, Was sich von dem 1525 Jar biss auff gegenwirtig Zeit in unsserer gemain zuegetragen etc.

Joan. 16. a. — 4. Es. 5. — Apoc. b. 19.

Durch Nässe schadhaft geworden.

7. **Cod. G.** (‚Graner Chronikl‘), eine mit Cod. *C.* und *F.* fast wörtlich gleichlautende Handschrift der Graner Primat.-Bibliothek, Sig. G. J. VI, 27 in kl. 8⁰, 292 Blatt, mit Namensregister, Vorrede und Einleitung wie in *B.*, und der in dem Leder des Deckels eingepressten Bezeichnung:

1524 —1695.
(Graner :
G. J. VI. 27.)

A. 16 ∞ 48. E. P.

welche letztere auf das Entstehungsjahr des Chronikls und den damaligen Besitzer desselben: Andreas Ehrenpreis, den Vorsteher der Brüder (gestorben 1662 zu Sabatisch) hinweist. Sein Titel lautet (wie in *E.*): Chronika oder Denck Büechel etc. Es reicht von 1525—1695.

8. **Cod. H.** aus der Mitte des 17. Seculums, (genannt Breslauer Codex), eine Handschrift in 8⁰, 236 Blatt mit der Jahrzahl 16 (. .) auf dem Deckel, in der Breslauer Universitäts-Bibliothek unter der Sig. IV. duod. 8. zu finden. Betitelt ist er:

1524—1648.
(Breslau
IV. duod. 8.)

Cronica vnd kurtze Historia

gezogen aus den alten geschichten vnd glaubwürdigen Cronikhen — wie Gott von Anfang der welt mit seinen glaubigen, im selbs zum Ruem, gehandlet durch alle geschlecht von Adam biss auff Christum sich so wunderbarlich erzaigt, vnd vom Christo biss auf gegenwirtige lezte Zeit mit seinen ausserwelten gehandlet hat.

(16 . .)

Die Daten der ‚lezten Zeit der Welt‘ werden hier von 1524 bis zum Jahre 1648 erzählt.

9. **Cod. _I._** vom Jahre 1591, genannt Cod. Braitmichl, Handschrift in 8°, 312 Blatt nebst Namensverzeichniss, sub Sig. G. J. VI, 25 in der Graner Primat.-Bibliothek. In den mit Leder überzogenen Einbanddeckeln steht:

16 — I. — ∞ — L. — 50.

Dieser Cod. besteht aus zwei Theilen. Der erste (Fol. 1—109), in der vorliegenden Auflage a. 1591 geschrieben und 20. October 1591 beendigt, führt den Titel:

Beschreibung der Geschichten

mit kurtzem begriff, Wie und was Gott mit seinen glaubigen, im selbs zum Ruem, von Anfang der Welt gehandlet, vnd bis auff die yetzige zeit sich krefftig in inen bewisen vnd erzaiget hat
durch
Caspar Braitmichel oder Schneider
gestellt, vnd yetz wider, daz
1591
an St. Michaëli, angefangen zu schreiben:
C.   :   K.

Dieser Theil, mit dem Cod. _II._ und _K._ 1. gleichlautend, kommt in der Schilderung des siebenten Alters der Welt, (worin Donat Pelagius, Peter von Aragon, Waldus, Wikleff, Hieronymus, die Hussiten, Picarden, Sartori und schliesslich sogar der Taborit Rohač von Sion, als Männer und Secten einen Ehrenplatz finden, ,die einen gueten Anfang der warheit gehab‘), auf Deutschland und den Anfang des Anabaptismus (,der Gemain Gottes‘), also beginnend: Anno 1524 vnd 26te Jar nach Xti Geburt, Ist Gottes wort vnd Euangelion in das gantze teutsche landt ankomen etc., behandelt hierauf (sehr kurz) die Jahre 1524 bis 1534 incl., und schliesst mit den Worten:

soli deo gloria.
1591
den 22. Octobris scripsi:
C. K.   — · —   E. B.

Der zweite Theil (Fol. 110—312) führt den Titel des Cod. _A._ und ist mit diesem auch in Bezug auf den Inhalt bis zum Jahre 1640 gleichlautend. Er reicht jedoch bis 5. April 1668.

10. **Cod. _K._** aus dem Jahre 1650 (Cod. Dreller), im Besitze des Bürgers Johann Müller in Sabatisch, ein kleiner Quartband mit 225 Blättern Text. Auch diese äusserst schöne Handschrift zerfällt in zwei Theile.

Der erste (Fol. 1—66) ist betitelt:

Chronikl oder Denkbiechl

warhafftiger geschichten von Adam biss auff Christum den Herrn, wie auch hernach gefunden wirt, was sich zu vnsserer Zeit mit

den Fromen verloffen hat, wie sie vmb irer säligkait für die
warhait gottes gestritten haben, darnach durch feuer vnd wasser
auch schwert gericht worden, allen Fromen vnd ausserwelten
zum Trost.

M D (C) L.

Der Inhalt dieses Theiles ist gleich mit jenem des Cod. *I. 1.*
Der zweite Theil (Fol. 67—225) ist betitelt:

Cronica oder Denckbüech

auff dise yeczige vnssere letzte Zeit, wie vnd was sich hat zuegetragen von Jakob Huetter etc. vnd wie vil hernach, von Man
vnd weib, durch fewer, wasser auch schwert seindt hingericht
worden. Hinden diss buechs in ein Register gestelt. Geschrieben
durch Isacc Dreller, Buechbinder. MDCL.

Ein dem Cod. *F.* gleichlautendes Chronikl, das, so wie dieses,
bis zum Jahre 1695 reicht.

11. **Cod.** *L.* vom Jahre 1662, genannt Schad'sche Chronikl,
kl. 8⁰, Lederband, 265 Blatt, unter der Sig. G. J. X. 11 in der
Graner Primat.-Bibliothek zu finden, wohin es mit dem Nachlass
des P. Josef Heinrich gelangte. Es gehörte 1678 dem Br. Mathes
Helm, den wir im Jahre 1701 an der Spitze der Täufergemeinden
wieder finden. Sein Titel ist gleich dem des Cod. *E.* Vor dem
Titelblatte steht:

Jakob   Schad

1 Petr. 5.

I. .. 1662. .. S.

Nach dem Titel folgt die Vorrede des Cod. *A.* mit Daten von
1524—1674.

12. **Cod.** *M.* vom Jahre 16(39), i. e. Handschrift Nr. 218 des
Pressburger hochw. Domcapitels; ein dem Cod. *P. Q. R.* ähnliches
Martyrerbuch, in kl. 8⁰ mit 296 pag. Blättern ohne Titel und
Schluss und mit mehrfachen Lücken im Texte. Er reicht von
1519 (1524) bis incl. zum Jahre 1586.

13. **Cod.** *N.* aus dem Jahre 1581, auch Cod. Kremser genannt
und in der Bibliothek des Pressburger Domcapitels unter der Sig.
Nr. 163 neu (218 alt) zu finden, ein Papiercodex in kl. 8⁰ mit
620 pag. Blättern. Sebastian Kremser hat den Cod. 1581 abge-
schrieben, Peter Tryer 1582 zu Austerlitz eingebunden. Der Titel
lautet:

Etlich Tractat vnd geschrifften,

auch lieder so von etlichen Gott geleerten Liebhabern der Gütt-
lichen warhait vnd dienern auch nachvolgern Christi der Rechten
heiligen Apostolischen Kirchen gemacht durch den Geist Gottes etc.

15 WC 81 Jar.

Für die Taufer-Literatur eine reiche Fundgrube.

14. **Cod. O.**, sonst Cod. Artlof genannt; Handschrift der Graner Primat.-Bibliothek, Sig. G. J. X. 8., kl. 8⁰, 374 Blatt, einst (1581) Eigenthum des Tuchmachers Caspar Artlof. Der Titel lautet:

Epistel-Büchlein

C.   A.

M. D. LXXXI.

an historischen Daten und dogmatisch-polemischen Abhandlungen der Wiedertäufer ein reiches Materiale liefernd.

15. **Cod. P.** vom Jahre 1640, auch Cod. ‚Schreiner' benannt, eine Handschrift der Pester Universitäts-Bibliothek, Sig. VIII d. in kl. 4⁰, 212 pag. Blätter. In dem Oberdeckel steht: A. 1640. H., auf dem ersten Blatte:

Anno 16 — . — 42 Jar.

Michael Schreiner

Hebr. 13.

D   :   L

I   :   L

Dieser Codex besteht aus zwei Theilen.

Der erste Theil (Fol. 1—32) enthält:

‚Die Ankunft der Kirchen Christi zu Jerusalem bis auff disse vnsere Zeit' (incl. bis 1534), mit dem ersten Theile des Cod. *I*. 1 und *K*. 1 ganz gleichlautend.

Der zweite Theil (Fol. 33—212) heisst:

‚Geschichts Buech der Marterer Christj

welche zu disser vnsserer Zeit an allen Orten teitscher landten vmb glaubens willen durch Feuer, wasser vnd schwert hingericht worden. Math. 10, 24.'

Dieses Geschichtsbuch beginnt mit 1523 und schliesst mit dem Ueberfalle von Pribitz, 1620.

16. **Cod. Q.** vom Jahre 1616, Handschrift der Graner Primat.-Bibliothek, Sig. G. J. X. 4, kl. 4⁰, 199 Blatt, ‚ein Geschichtsbuch der Marterer Christj', und reicht vom Jahre 1523 (1519) bis 1620, gleichen Titels und Inhalts mit P. 2. K. 1.

17. **Cod. R.** vom Jahre 1647, genannt Cod. Dreller III., sub Sig. G. J. X. 5 in der Graner Primat.-Bibliothek; eine Handschrift in 4⁰, Lederband, 193 Blatt, die mit jener sub *P*. Hand in Hand geht und auch den gleichen Titel führt. Isaac Dreller, Buchbinder, hat den Cod. a. 1647 zu Sabatisch geschrieben.

18. Handschrift **S.** in der Pressburger evang. Lyc.-Bibliothek, jedoch nur in Abschrift sine Signo. Das Original hat sich im Besitze des Herrn Pfarrers Franz Jalovecky zu Krupa (Korompa) bei Tyrnau befunden. Es enthält: *a*) Verzeichnisse der in den Kriegs-

jahren 1605 und 1618—1623 getödteten und gefangen fortgeschleppten Brüder und Schwestern; *b)* zwanzig Briefe des Salomon Pöger aus Altenmarkt in Mähren, an die Brüdergemeinde und an Balthasar Göller, aus den Jahren 1607—1610, geschrieben: von Comorn, Ofen, Belgrad, Constantinopel, Altenmarkt und Levar, über die in türkische Gefangenschaft abgeführten Brüder und Schwestern und deren Schicksale und Auslösung; *c)* fünf Schreiben des Arztes Balthasar Göller von Nikolsburg in derselben Angelegenheit, datirt vom Jahre 1608 und 1609 aus Comorn, Ofen und Constantinopel; *d)* dazwischen fünf Briefe aus Pribitz, Ofen und Sabatisch vom Jahre 1607 von verschiedenen Personen in derselben Sache.

19. **Cod. T.** vom Jahre 1640, einst Eigenthum des Wiedertäufer Bischofs Andr. Ehrenpreis, nun sub Sig. G. J. VI. 26 in der Graner Primat.-Bibliothek; ein pag. Codex mit dem Hubmaier'schen bekannten Motto: 'Die warhait ist untödtlich.' Dieser für die Einsicht in die Verwaltung der Wiedertäufer wichtige Cod. führt den Titel:

Auszug etlicher der gemein Ordnungen,

Welche vor vil vnderschidlichen Jaren, In der Gemain des Herren von vnsern Lieben Altvättern geordnet vnd geschrieben worden etc.
Im monath Febr. A° 1640.

Die älteste der hier vorkommenden Ordnungen ist jene der Schuster vom Jahre 1561.

Nur eine theilweise Aufnahme ihres Inhalts konnten, des heterogenen Materials wegen, in unseren Chroniken nachstehende Handschriften finden:

I. **Cod. Nr. 235** der Pressburger Domcapitel-Bibliothek, kl. 8°, in Holzdeckeln, mit 400 beschriebenen Blättern. Diese für die Geschichte und Dogmatik der Wiedertäufer wichtige, mitunter kalligraphische Epistel-Handschrift entstand im Jahre 1571 und führt den Titel:

Ein schönes Tröstlichs Büchlein

von Frumen zeugen der göttlichen Warhait, geschrieben in iren Nöten vnd Gefänknussen.

II. **Cod. Nr. 221** der Pressburger Domcapitel-Bibliothek, kl. 8°, 382 Blatt, wovon jedoch die ersten 14 sammt dem Titel fehlen. Diesem Epistelcodex sind die 'Artickhlen' von Schlatten am Randen vom Jahre 1527 entnommen.

III. **Cod. chart. G. I. X. 9** der Graner Primat.-Bibliothek in 8°, 427 Blatt in Holzdeckeln. Auf dem Oberdeckel steht eingepresst: 1574. Er ist betitelt wie Cod. I. 235:

Ein schönes trostlichs Büchlein

von fromen Zeugen der gött. w. geschrieben in iren Nöten vnd gefencknussen.

IV. Cod. *VIII*. g. 39 der Pester Universitäts-Bibliothek, wohin er aus der Skalitzer Bibliothek der P. P. Jesuiten gelangte, kl. 8⁰, 431 Blatt, aus dem Jahre 1577, betitelt:

Ein Büechel, darin Etliche schöne Epistlen vnd sendtbrieff, geschriben von vnseren lieben Brüedern vnd Zeugen der warhait in iren gfenknussen etc.

15 : 77.

V. Cod. *G. I.* VI. 31 der Graner Primat.-Bibliothek vom Jahre 1577, in kl. 8⁰, 211 Blatt. Derselbe besteht aus drei Abtheilungen. I. (Fol. 1—237): ‚Anschlag vnd fürwenden der blinden vnd verkerten welt vnd aller gottlosen gegen die fromen' (i. e. die Taufgesinnten). Eine Schutzschrift der Wiedertäufer gegen die ihnen zur Last gelegte Missachtung der Obrigkeit und des Eigenthums etc. II. Concordanz, geschrieben 1578. III. (Fol. 289—311): ‚ein Brieff an die märberischen Herren', (eine Rechtfertigung des Glaubens der Brüder und ihrer Einrichtungen enthaltend), ddo. 1545; auch im Cod. 215 Pos. enthalten.

VI. Cod. *G. I.* X. 33 der Graner Primat.-Bibliothek vom Jahre 1615, kl. 8⁰, 176 Blatt, wovon die ersten 19 fehlen. Diese Handschrift enthält: *a)* ein offenes, (jedoch verstümmeltes) Sendschreiben der mährischen Brüdergemain ddo. aus Mährern 1601 an den Schweizer Brueder und Diener Raussenberger; *b)* Unterricht, dass die Gemeinschaft der zeitlichen Güter eine Lehre des neuen Testamentes sei und von den Gläubigen erfordert werde.

VII. Cod. *Nr. 219* der Pressburger Domcapit.-Bibliothek, kl. 8⁰, 242 Blatt, aus der Zeit von 1615—1640, enthaltend: Jakob Hueters Episteln vom Jahre 1535—1536 etc.

VIII. Ein Papiercodex in 4⁰ vom Jahre 1618 mit 531 Blättern, in Leder gebunden, durch *G. H.* 1618 geschrieben, in der Bibliothek des Evangel. Lyc. zu Pressburg. Er führt den Titel:

Episteln vnd Sendbrieff, Rechenschafft vnd glaubensbekenntnussen

viler waren Zeugen Jesu Xᵗⁱ, welche zu diser lezten aller gefürlichesten Zeit die gött. warhait mit iren Bluet Bezeuget vnd versiglet — Etliche aber auch nach vil erlittnem Trüebsal Gefenckhnussen, kampff vnd Streit wiederumb erledigt vnd bey der Gemain des herrn entschlaffen.

Ein reichhaltiger Epistolar-Codex, der in unseren Chroniken vielfache Verwendung fand, namentlich bei den Schicksalen des J. Wagner, L. Kaiser, Hans Schlaffer, Huter, Liebich, Offrus, Griesinger u. a. m. Er stammt aus Lewar.

IX. Cod. *G. I.* X. 12 der Graner Primat.-Bibliothek aus dem Jahre 1650 (129 Blätter stark). Derselbe enthält I. (Fol. 1—94):

Ein Sendbrieff an alle diejenigen, so sich berühmen vnd bedünken
lassen, dass sie ein abgesündertes Volk von der welt sein wöllen,
vnd sonderlich die sich auch Brüder vnd Schwestern nennen: als
Menisten, Schweitzer-Brüder, Polnische Brüder vnd a. m., wo
sie hie vnd wider in vil orten vnd landen, In tunckeln wolckichten,
neblichten tagen diser welt zerstreyet sein, (von Andreas Ehrenpreis). (1652 auch im Druck erschienen.) II. (Fol. 131): die 5 Articl
des grossen Streits zwischen vns vnd der welt: nümlich von der
Tauff, Abendtmahl, Gemeinschaft, Obrigkeit und der Ehescheidung,
(von demselben).

X. Cod. G. I. VI. 28 der Graner Metrop.-Bibliothek., 8⁰, vom

Jahre 1652, in Leder, 128 Blätter, enthält: I. (Fol. 1—23)
Ein kurtze Relation vom vnserem lieben Br. Hans Schmidt, über
sein Gefenknus, so er im Würtemberger Landt erduldet, (er starb
den 1. Juli 1602 zu Stignitz in Mähren). II. (Fol. 24—75.) Vom
christ-Tauf (16 fragen). III. (Fol. 77—128): An Daniel Zwicker
zu Düntzick (von Andreas Erenpreis).

XI. Cod. G. I. X. 14 der Graner Metrop.-Bibliothek vom

Jahre 1655, in kl. 8⁰, Lederband. Derselbe enthält: I. (Fol. 1—131.):
den sub IX. dezogenen Sendbrieff des Andr. Erenpreis, wider die
Mennoniten, Schweizer und polnischen Brüder zum Schutze der
Gemeinschafft, ber brüderlichen Straff und des Banns, der Sendung
in die Länder, der Kinderzucht der Huter'schen und ihres Wesens
geschrieben und 1652 veröffentlicht. II. (Fol. 131 fin.): Vom waren
Christlichen Tauff vnd wie der Kindstauff darwider ist, punktweis
gestellt, ein Artikel des Bruders Andreas Ehrenpreis, den auch der
Cod. *G. I.* X. 6 der Graner Primat.-Bibliothek (vollständig) enthält.

XII. Cod. Nr. 234 der Pressburger Domcapitel-Bibliothek vom

Jahre 1655, geschrieben durch Isaac Dreller zu Sabatisch in eben
diesem Jahre, Lederband, kl. 8⁰, 264 Blatt, sehr gut erhalten.
Für unsere Chroniken wurden aus diesem Epistolar-Codex insbesondere ausgebeutet (Fol. 1—59): die für die Jahre 1526—1533
wichtige Darstellung ,der Ankunfft der Kirchen Christy zu Jerusalem', unter welcher Aufschrift dem Leser die Geschichte der
Entstehung der Wiedertäufer in der Schweiz, die Ankunft des
Dr. Hubmaier bei Spitelmayer in Nikolsburg und dessen Streit
mit Hut und die Spaltung vom Jahre 1533 vorgeführt wird.

XIII. Cod. Epistolaris Nr. 190 der Pressburger Domcapitel-

Bibliothek aus dem Jahre 1657, gr. 8⁰, Lederband, 691 Blatt,
Sendbriefe des Offerus, Lochmaier, Käls, Dax, Raifer, Glock, Huter
u. a. m. enthaltend.

XIV. Cod. Nr. 215 (alt 231) der Pressburger Domcap.-Biblio-

thek, in kl. 8⁰, Lederband, 279 Blatt, aus der Zeit des Cod. *A.*
Derselbe beginnt: Fol. 1—43 mit der Darstellung der ,Zerspaltung'

in Auspitz, geschehen a. 1533 zwischen Huter und Philipp und Gabriel. Daran reiht sich: Wie der kindertauff sein Ursprung genommen. Die Fol. 185—222 bringen *a)* Huters Sendbrief an den Landeshauptmann in Mähren vom Jahre 1535 und *b)* den Sendbrief, den Wiedertäufer Mährens a. 1545 ‚an die Herren des Landts zu Märherrn gesandt'. Den Schluss macht (verstümmelt): ‚Die Bekenntnuss und Rechenschaft des Hans Arbeiter vor Dr. Lamprecht S. J. aus Speier, abgelegt 1568 im Gefängnisse zu Kirchweiler.'

XV. Cod. *G. I.* X. 27 der Graner Primat.-Bibliothek aus dem Anfang des 17. Seculums, in kl. 8⁰, mit 411 Blättern, ein Gesangbuch der Brüder in Sabatisch. Es enthält unter anderen zahlreichen Liedern auch jenes des Balth. Hubmaier und des Linhart Schimer: Fol. 224—232: das oft erwähnte Pribitzer Lied (von 36 Strophen) zum Jahre 1620, und Fol. 17—24: das in die Verfolgung der Jahre 1545 und 1550 einschlagende Marterlied.

XVI. Cod. *M. S.* VIII. c der Pester Universitäts-Bibliothek vom Jahre 1643, in 4⁰, 419 Blatt, von David Lachner geschrieben und der Annele Lachnerin bestimmt, mit den in Gold und Farben ausgeschmückten Titel:

Gesangbuch

darinen vill schöne trostreiche Ertrachtungen, Leere, vermannuge, lobgesang vnd glaubens Bekendnussen von vil liebhaber gottes getichtet vnd aus villen geschichten vnd historien der h. schrifft zusamengetragen

Anno : 1643.
David Lachner.

Das Blatt 335—345 bringt das bekannte Väterlied des Br. Jörg Bruckmair in 104 Strophen, zu denen ein unbekannter Bruder noch weitere dichtete.

XVII. Cod. *Nr. 203* der Pressburger Capitel-Bibliothek, in 4⁰, 531 Blatt, geschrieben von Mathisel Schmelz bei David Rost in der Schule zu Kesselsdorf a. 1662; ein Gesangbuch der Brüder mit 128 verschiedenen Liedern, unter denen insbesondere zu erwähnen sind: das Väterlied, Lieder des Oswald Glait, das Lied von den zwölf Christen zu Bruck, Hans Kräls Gefenknuss 1557, Zuckenhammers Erledigung 1579, das I. Bocskay-Lied, das II. Bocskay-Lied, die Geschichtt der verloffnen Triebsal Im Ungerlandt (1548), gesangsweis gestellt von Michel Kramer, das Steinbroner Lied (1539, auch Falkenstainer Lied genannt), das Pribitzer Lied, zwei Lieder des Hans Schlaffor etc. etc.

XVIII. Cod. *G. I.* XI. 29 der Graner Primat.-Bibliothek, in 16⁰, vom Jahre 1614, 364 Blatt, betitelt: Rechenschafft vnnserer Religion, Leer vnd Glaubens von den Briedern, so mann die huettrischen nennt, aussgangen durch Peter Riedemann.

Im Nachhange wird angegeben, dass diese Rechenschaft
a. 1565 gedruckt ist worden, was in der That stattfand, und
zwar: bei Philipp Vollandt 1565, in 16⁰ (288 Seiten). Als die
ersten verordneten Diener, denen die gemain vertraut wurde,
werden Fol. 364 angeführt: Jacob Hueter aus der Graffschafft Tirol,
Hans Amon aus dem Baierland und Peter Riedeman aus der
Schlesing (Mithelffer), Lienhart Lantzenstill aus dem Bairland vnd
Peter Walbot auch aus der Graffschafft Tirol. Als Grund, weshalb
sie diese Artikel fürtragen, wird in der Vorrede angegeben: auf
dass sich Niemand, vnd auch nicht die Obrigkeit, die schon vielleicht (verhezt) ihre hände ausstreckt und an die Friedsamen des
herrn gelegt hat, noch weiter verschulde, und dem herrn in sein
Augapfel greife, und damit ein Jeder erkennen möge, dass ,wir nit,
(wie man uns lästert und als Kätzer und Verführer ausschreyt),
von der Kirche Jesu Xᵗⁱ abgeschritten sein, keine Rottung oder
Sekt angefangen, sondern (uns) vil mehr zu ir genahet vnd vns
ir güntzlich verpflichtet haben'.

XIX. Cod. *diplomat. et epistolar. rerum Anabaptist.* Eine

reichhaltige Sammlung von Urkunden über die Zeit von 1526—1790,
bestehend: in Verträgen der Wiedertäufer, Mandaten und Rescripten,
Relationen, Protokollen, Selbstbekenntnissen, Reversalien, Frag-
stücken, gerichtlichen Bekenntnissen, historischen Liedern, Trost und
anderen Briefen, Urfehden, Steckbriefen, Streitschriften, Anträgen,
Wiedertäufer - Artikeln, Rechenschaften, Ausrottungsvorschlägen,
Instructionen, Urtheilen und Rechtssprüchen, Schmähschriften, Taglia-
ausschreibungen, Visitations-Protokollen, Widerrufen, Wiedertäufer-
zeichen u. dgl., an 1000 Stücke, zumeist von mir selbst gesammelt
und copirt: 1. in den Archiven Mährens, dann in jenen zu Wien,
Graz, Salzburg, Innsbruck, München und Nürnberg; 2. in den Comitats-
archiven zu Pressburg, Neutra und Trentschin; 3. in den Archiven
und Bibliotheken zu Gran und Ofen; 4. in dem Pfarrarchive zu
Sabatisch und aus den Reliquien der Gemeindeladen zu Lewar
und Sabatisch, insbesondere aber 5. aus den Schriften des h. Domcapitels zu Pressburg, die mir mit seltener Humanität und Liberalität zur Einsicht überlassen wurden.

Die Oekonomie des Raumes verbietet uns hier noch anderer
Handschriften zu erwähnen, die für die Geschichte der Wiedertäufer
Oesterreichs schätzenswerthe Beiträge liefern und deren wir noch
über 40 anführen können, historischen poetischen und dogma-
tisch-exegetischen Inhalts, alle auf österreichisch-ungarischem Boden
gesammelt und der Veröffentlichung bisher fern geblieben. Nicht
unerwähnt kann hier jedoch bleiben:

XX. ein Chronikl, das sich einstens im Besitze des Letzten
der Illyesházy auf dem Schlosse Dubnic bei Trentschin befunden
hat, nach dem Tode seines Herrn in das Eigenthum der Frau
Gräfin Antonia Battbiany übergegangen sein soll und nunmehr in

der ‚Schütt‘ zu suchen ist. Nach den Auszügen, die mir daraus durch die Güte des Dubnitzer Buchhalters Herrn Kerekes zukamen, dürfte es ein Simile des Chronikl *C.* sein, weil es über das Jahr 1674 hinaus, so wie dieses, keine Notiz mehr über Trentschin bringt.

Desgleichen müssen wir dankschuldig einer anderen Quelle gedenken, die uns durch die besondere Gefälligkeit des Canonicus Dualsky, damaligen Pfarrherrn in Becko an der Waag, und die Liberalität des Verfassers erschlossen wurde. Es ist:

XXI. eine Handschrift von acht Bogen, betitelt: Krátky dějepis Anabaptistův (Habánov), die den Herrn Dechant und Pfarrer von Bzince (bei Waag-Neustadtl), Josef Benes zum Verfasser hat. Derselbe war vom Jahre 1842 bis zum Jahre 1853 Curat der unter Maria Theresia katholisch gewordenen Wiedertäufer von Sabatisch, die in der Umgebung ‚Neuhöfler‘ genannt wurden, und hat in dem obigen kurzen Abriss einer Geschichte der Neubekehrten schätzenswerthe Daten aus der Zeit von 1759—1853 niedergelegt. Derselbe nahm keinen Anstand, uns sein Manuscript zur unbeschränkten Benützung zu überlassen. Er legte auch, während seiner Curatie im Neuhof zu Sabatisch, a. 1846:

XXII. das Sabatischer Gedenkbuch an (Folio), von ihm ‚Liber annotationum Ecc. German. Szobotistiensis‘ genannt, das er an der Hand seines kleinen Kirchenarchivs und mündlicher Ueberlieferungen der ältesten Pfarrkinder niederschrieb, seinen Nachfolgern, den Curaten in Neuhof die Weiterführung überlassend. Der grösste Theil seines Inhaltes findet sich in XXI wieder.

Zum Schlusse gedenken wir noch einer für die Stellung der mährischen Wiedertäufer zur Landesverwaltung wichtigen Quelle, nämlich:

XXIII. der mährischen Pamatkenbücher im mähr. Landesarchive zu Brünn, und zwar:

Tom. I. (1518—1546.) II. (1547—1570.) III. (1571—1583.)
IV. (1601—1611.) V. (1612—1630.) VI. (1584—1599.)

Supplem. II. (1526—1546.) Sie enthalten die bezüglich der Wiedertäufer in Mähren an die Landtage in dieser Zeit ergangenen königlichen Postulate, die darauf gegebenen Antworten der Stände und die verschiedenartigen über den Aufenthalt der Brüder, ihre Besteuerung und ihren Verkehr, ihr Gewerbswesen und Zusammenwohnen etc. erflossenen Landtagsbeschlüsse. (Im Auszuge: 27 Folioblätter in meiner Sammlung.)

Dagegen ist die Handschrift Nr. 131, 1 der Ceroni’schen Sammlung (7 kleine Quartblätter), im mähr. Landesarchiv, ‚Die Wiedertäufer in Mähren‘, betitelt (von Ceroni selbst verfasst und eigenhändig geschrieben), füglich mit Stillschweigen zu übergehen, weil sie den Fusstapfen des Meshovius und Cureus nachgeht, von irrigen Angaben strotzt und nur bei den Jahren 1535, 1547, 1588 und 1623, wo dem Verfasser etwas Positives aus den M. S. XXIII zu Gebote stand, ein brauchbares, wenn auch spärliches Materiale bietet. Ceroni's bekannter Fleiss hat sich in dieser Mache nicht erprobt. Er schliesst übrigens mit dem Jahre 1623 und einer vagen Hinweisung auf die Colonie in Winz.

Ueber unsere Hauptquellen (A.—R.) und die Art und Weise ihrer Benützung sind noch einige Worte zu sagen.

Die fast wörtliche Uebereinstimmung einzelner Handschriften erklärt sich einerseits durch das Abschreiben schon vorhandener Chronikel für Liebhaber der Brüdergeschichte, oder für Brüder, im Dienste des Wortes, der eine genaue Kenntniss der Leiden und Freuden des Volkes erheischte, und andererseits durch die Thatsache, dass sämmtliche Verfasser der Denkbüchlein oder Geschichtsbücher mehr oder weniger aus einer und derselben Hauptquelle, dem Hausarchive der Gemeinde, vor Allem aber aus dem leider verloren gegangenen ‚Gemeinde-Geschichtsbuche‘, (dessen namentlich Andreas Ehrenpreis wiederholt erwähnt), geschöpft haben, den aus dieser Fundgrube geholten Nachrichten weiter Notizen und Wahrnehmung ihrer Zeit anreihend oder einfügend.

Je nach dem Bildungsgrade und den Bedürfnissen des Verfassers mehr oder weniger correct, vollständig oder umfassend, verleugnen auch die in Bezug auf Alter, Inhalt und Behandlung von einander abweichenden Handschriften nicht die innere Verwandtschaft und Abstammung.

Um den gesammten historischen Vorrath der Quellen in einem Texte zusammenzufassen, habe ich:

1. dem chronologischen Gange der H. S. möglichst folgend, die einzelnen Nachrichten an einander gereiht und dieselben, der besseren Uebersicht wegen, bei jedem Jahre mit besonderen Zahlen oder Buchstaben versehen, im Texte selbst aber nicht ein Jota des eigenen Wortes zugesetzt oder eingeschoben.

2. Allenthalben erscheint die H. S., aus der geschöpft wurde, mit A. B. C. etc. bezeichnet, und auch der Codex angegeben, der etwa zur Ergänzung oder Erläuterung des Chronikentextes benützt wurde!

3. Wo mehrere H. S. Hand in Hand gehen, wurde die älteste und beste dem Texte zu Grunde gelegt, das Ergänzende angehängt oder unter den Text gestellt. Wo die Texte auseinander gingen oder minder reichlich flossen, wurde die erschöpfendste H. S. zur Basis genommen und den minder ergiebigen Nachrichten die Rolle der Ergänzung, und zwar, insofern es ohne Störung geschehen konnte, in oder neben dem Texte, sonst aber unter dem Striche zugewiesen.

4. Erhebliche Varianten wurden nach Thunlichkeit unter den Text gereiht, unerhebliche oder solche, die aus einem offenbaren Schreibfehler oder aus Missverstand entsprungen sind, dagegen im Interesse der Kürze übergangen. Letzteres gilt auch

von überflüssigen oder anstössigen Zusätzen und von den jeden historischen Interesses ermangelnden frommen Betrachtungen, in welchen sich einzelne Chroniken am Schlusse ihrer Erzählungen von dem Abscheiden eines oder des anderen Martyrers zu ergehen lieben.

5. Auf die möglichst vollständige, genaue Uebereinstimmung der Reproduction mit dem Original und Wahrung des ursprünglichen Charakters der Aufzeichnung wurde Werth gelegt, jede Correctur oder ‚Besserung' unterlassen. Was ‚die Brüder sprachen oder schrieben' erscheint wiedergegeben, die einfache Ursprünglichkeit beibehalten.

Nur in zwei Punkten ist von der diplomatischen Treue theilweise Umgang genommen worden, nämlich: a) bezüglich der Orthographie dort, wo sie in einer plumpen, das Auge geradezu beleidigenden Weise gehandhabt wurde und daher einer Nachhilfe bedurfte. Gleichförmigkeit darin herzustellen hielt ich mich jedoch nicht für berufen, noch weniger aber ermächtigt, die alten Taufbrüder in modernem Gewande auftreten zu lassen; b) bezüglich der Interpunctation, mit welcher unsere Brüder ungemein sparten und ihre Abschreiber sehr liederlich umsprangen. In dieser Richtung wurde es Pflicht der Redaction, dem gestörten Verständnisse durch correcte Zeichnung und Punctation zu Hilfe zu kommen.

6. Dem Cultus des Buchstabens zu huldigen, lag, so sehr auch Anlass hiezu vorhanden war, ausserhalb unserer Aufgabe.

7. Die Ueberschriften der diversen Abschnitte sind zumeist den Quellen selbst entnommen. Wo sie an Ort und Stelle fehlten, fanden sich die einschlägigen Worte an einer anderen Stelle derselben oder in einer verwandten H. S. der Brüder. Solche Adoptivkinder erscheinen stets mit Klammern bezeichnet.

Dr. Jos. Beck.

INHALT.

III. Buch. 1529—1533.

Schicksale der Brüder in Tirol, Oesterreich und Mähren.

VI. Buch. 1547—1554.

Die zweite grosse Verfolgung in Mähren, Oesterreich und Ungarn.

VII. Buch. 1554 — 1565.

Die gute Zeit der Gemain.

VIII. Buch. 1565—1592.

Die goldene Zeit der Brüdergemeinde.

IX. Buch. 1592 — 1618.

Des Trübsals Wiederkehr.

X. Buch. 1619—1622.

Erlebnisse der Brüder während des böhmischen Krieges.

XII. Buch. 1651—1665.

Schicksale der Gemain in dieser Zeit.

XIII. Buch. 1666—1695.

Beginnender Verfall der Gemeinde.

erstürmt. — Kriegsvolksplage. — Gräfliche Ungnade. — Ein Elend über
das andere. — Monatsgelder. — Ein Riss in die Verfassung der Gemain.
— 1686. Georg Gaysy. — Mord in Skalitz. — Deutsche Hilfstruppen. —
Ofen erstürmt. — 1687. Truppenzüge. — Spendirung. — Br. Ricker's
Abscheiden. — Johannes Milder, sein Nachfolger. — Kriegsgeld. — 1688.
Milder's Abscheiden. — Caspar Eglauch. — Wahlen. — ,Erschröcklich
Wetter.' — Cardinal Kolonics befiehlt, die neugebornen Kinder zu taufen.
— Soblahov eingezogen. — Zeug- und Monatsgeld. — 1689—1691. Ma-
thias Helm. — Monatsgelder. — 1692. Heuschrecken. — Grosswardein
eingenommen. — 1693. Wahlen. — Zinsnachlass. — Caspar Eglauch's
Abscheiden. — Heuschrecken. — 1694. Br. Jakob Bersch, Bischof. —
Ergänzung der Aemter. — Br. Gaysy wird Arianer. — Br. J. Roth nach
Wintz. — Reorganisirung daselbst. — Zwei schwere und theure Jahre
S. 523—559

XIV. Buch. 1700—1797 (1855).

Buch der Fragmente und Regesten aus dieser Zeit.

d

Chroniken oder Geschichtsbücher

darin begriffen,

was sich vom Jar 1524 biss auff die gegenwertige
Zeit in der Gemain zuegetragen, vnd wie so vil
trewer helden die warhait Gottes ritterlich mit
irem bluet bezeugt haben.

Gedenket an Eure Vorgänger, die euch
daz wort gottes gesagt habend, derselben
aussgang Ires wandels schawend an, vnd
volgendt Irem Glauben.   Hebr. 13.

Ambrosy Resch's Vorrede:

,An den Leser!'

,Gott der Allmächtige Herr, der ein anrichter ist seines heiligen werckhs, der auch seinen namen zu diesen vnsern zeiten an vns, seinen Ausserwelten, nit vnbezeugt hat wellen lassen, sondern sein heiliges guet werckh in vns einfaltigen gleich fast am end der Zeit[a] angefangen zu treiben, der wölle es auch in vns, seinen Recht Ergebenen, zu seinem preiss ausfüeren; das wünsch ich vns, Allen Fromen, von Gott durch Jesum Christum[b] Amen.

Nun[c] vil geliebten Brüeder im Herren! Ich thue euch mit disem kurtzen schreiben zu vernemen, daz mich etliche lieben Brüeder haben angesprochen vnd gebeten, ires erachtens, als wen Ich etwaz auffgezeichnet hete, Inen daselbe auch mit zu taillen, wie vnd was sich in der gemain zue tragen habe, vnd welche Brüeder in die Ämpter kumen sein, so bin Ich auch in meinem hertzen vil Jar dahin gedacht gewesen, solches etwan auffs treulichest, doch kürtzlich, on lange vmbreden, zu verzaichnen. Nachdem ich dasselbig aus der fromen Brüeder Zeugnus vnd geschrifften erfaren hab,[d] wie oder was sich seit dem 1524 Jar mit den fromen Gottliebenden in der Gemain Gottes zuetragen hat, vnd wie etliche Brüeder in den Dienst des Evangeliums vnd (der) noturfft gestelt vnd widerumb aus dem Dienst der noturfft in den Dienst des Evangelions geordnet sein worden, vnd welche aus irem mitel von disem leben mit todt abgeschaiden sein, auch etlicher Brüeder mit namen, die vmb der göttlichen warhait willen gericht sein worden, (die

---

[a] der welt *K*. — [b] vnsern Herren. *K*. — [c] ir meine *F*. — [d] in gewisso erfarung bekomen hab, *F*.

1*

dann auch die göttliche warhait mit irem bluet* bezeugt haben,
vnd andere wichtige händel mer, so hab ich solches, wie gemelt, auf's einfaltigest, nach der Jars Zeit verzaichnet. — Ich
hete wol gern die Tag vnd Monat** auch geschrieben, so hab
ich's offt nit erfaren könen, wo ich's aber erfaren hab, da
hab ich's geschrieben. Ist derhalben mein fleissig bitt an Alle
lieben Brüeder vnd guethertzigen leser, wo etwa einem oder
meren dises Denkbüechl fürkomen möcht, wo sie etwaz daran
funden zu bessern, das sie daz selbig thuen wellen, doch mit
grundt der Zeugnuss* der frommen Brüeder vnd irer geschrifften,
dieweil Ich in meiner ainfalt erkannt hab, — vnd noch* er-
kenne, (vnd auch von Andern lieben Brüedern verursacht bin
worden,) solches zu sammen zu tragen, vnd schrifftlich zu verzaichnen, auff das nit Allain wir, die wir yetzt im leben sein,
solches offt gern wissten vnd gewisst heten, sondern ich halt
auch darfür, daz es vns nit übel anstehen solle, daz wir solche*
händel in geschrifft verzaichnen, auff daz vnsere nachkömling
vnser auch darbei zum besten gedenken können. Darumb Ich
auch des willens vnd fürhabens gewesen bin, mit gottes hilff
dieses (Arbeitle auffs fleisigest zu sammen zu tragen, vnd) in
ein klaines Denckbüechel zu bringen, daz aber nit Allain darumb,
daz die-eer vnd der preiss gottes, vnsers hertzallerliebsten vaters,
darin oder dardurch gefürdert werde, sondern auch, wen wir
vnserer vorgenger zum besten gedenken, wie sie vns in leer*
vnd leben bis in den zeitlichen todt als sonderlich offt in langer
gefenckhnus, auch in feuer, wasser vnd schwert sein vorgangen,
vnd vns zu der nachvolgung vrsach geben haben, wie vns auch
der h. Apostel* leeret, daz wir Iren Ausgang** sollen anschauen,
vnd irem glauben folgen. Solches alles aber welle er selbs,
der Herr, in vns thuen vnd erstatten,* zu einem sälligen endt
aussfüeren, vnd das* durch Jesum Christum.* Amen.* — (Cod.
A. C. E. F. G. I. K. L. Im Cod D. und H. nur fragmentarisch.)

---

* ritterlich F. L. — ** alleweg L. — * mit Grund der warheit F. — * für
guett F. — * nothwendige C. D. I. K. — * vnd wandel G. L. — * Paulus G. L.
— * aus diser welt G. L. — * seinem heiligen Namen zum Preiss, vnd
vns solches helfen D. — * wünsch ich vom hertzen D. — * vnsern
Herrn. L.

Erstes Buch.

1519—1532.

Anfänge der Gemainde Christj in der Schweiz und in Deutschland.

Die Weysheit hat ir selbs ein hauss
gebawen, mit siben ausgehawnen säulen.
Prov. 9. a.

Ankunfft der Kirche Christj zu Jerusalem nach seiner Geburt vnd Himelfart a: 332 bis auf disse vnsere Zeit. 1519. *(I. K. P.)*

Nachdem die Völle der Zeit herzue komen war, vnd 4000 Jar[a] vollendet waren, gedachte Gott an seine Verhaissung: Ade[b] Isacc, Jacob, David, dem ganzen Volkh Israël durch die Propheten geschehen vnd sonderlich, wie ein Jungfraw werde empfahen vnd Einen Sun geberen, des Namens Emanuel, das ist: Gott mit vns, auch der wunderbare Ratgeb, der starckhe Gott, der Ewig vatter, der Fürst des Fridens, der kein Endt (das Reich vnd Friden zu mehren) haben wirt, vnd wirt ein Zweig vom Stammen Jeffe herfürtrucken, auff den wirt sich der Geist des Herrn niderlassen, der Geist der weissheit vnd des verstandts, der Geist des wissens vnd Forcht Gottes etc. Aber ehe er disen seinen gerechten Pflantzhirten vnd Fürsten, den Geistlichen Davidt wolt eröffnen vnd geben, schickht er seinen verhaissenen Boten Eliam, der mit Namen Johannes genannt ward, gantz wundersam als ein brennent vnd scheinent Liecht vor im her.

In solcher Zeit sendet er auch seinen Engel Gabriel in Galliläa in die Statt Nazaret, zu einer Reinen keüschen vnverseerten Magd oder Jungfrawen, mit Namen Maria, aus dem stammen David; der verkündet ir den Friden bey Gott, auch das sy als ein begnadete vnd von dem Fluech geledigte, in krafft aus der Höhe durch den heiligen Geist empfahen werde, darumb das Heilig, das aus Ir geboren, wird Gottes Sun genannt werden.[1] *(B. D. E. F. G. L. P.)*

---

[a] vast *L.* — [b] Adam *P.*

[1] Im Cod. *I. K.*: ‚Von den Engeln den Hirten verkündigt, den Waisen im Morgenlandt durch ein claren Stern gezaigt, dem Herodes vnd gantzen

Solches aber hat sich begeben vnd verloffen in der Zeit,
da Herodes zu Jerusalem ins Königreich eingesetzt worden ist,
welcher ein Fremdling war aus Idumea, durch Octavium Augustum,
den Römischen Kaiser, in 42 Jar seines Reiches, vmb Hofffart
vnd vnainigkeit willen der Jüdischen Regenten, bestellt, nach
der Weissagung des Patriarchen Jacob: Es wird der Scepter
von Juda nit entwendet werden noch ein Maister von seinen
Füessen, biss Silo kombt, ,vnd demselben werden die Völcker
zuefallen'. — Da nun die Jungfraw Maria dem Engel Gabriel
glaubet, ward dises wort zu Einem Fleisch, das ist: Menschen
vnd sun Gottes, vnd ,Jesus Christus', es — er im Muetter
Leib empfangen wardt, genennt, darumb, das er solle den
Menschen, (der in die sündt vnd Todt gefallen), wiederumb,
auffrichten, Nemlich die seel, (so) nach der gleichnuss vnd
Bildnuss Gottes geschaffen, aber durch die Sündt verfinstert,
oder die zwo fürnemsten kreffte der seelen, das ist die verfinstert vernunfft soll widerumb durch Gott, der ein Liecht ist,[a]
(aus gnaden) Erleücht werden; item der Seelen willen, im ab-
naigen von dem[b] willen gottes, in den verkerten vnd Gott
zuwider willen, in den aigenen (ainigen) willen Gottes wider
bracht soll werden, Also, das Gottes vnd des Menschen willen
ein Ainiger will sey, vnd volgends der yichisch Thierisch Cörper
mit seinen Glidern der erleüchten vernunfft, dem gerainigten

Jerusalem geoffenbart, — dem grimmen Herode, in Egypten entwichen.
Weil nun das vor langer Zeit Verhaissen — durch das Gesetz war erfordert, so tritt er, der Herr Christus in sein Ampt, dazu er vom Vater
in die welt ist komen; trägt er das Liecht aus dem duncklen Schatten,
das vergeisterte wort aus dem Buechstaben herfür, vnd thuet hiemit die
Deckh, Fürhang und Mittelwandt zerreissen, auffdeckhen vnd hinweg-
nemen, erleüchtet hiemit die Augen aller derer, so sich zu Jm bekeeren,
auf das alle solche den volkomen Rat vnd Gottes willen sehen vnd erkennen mögen. Mit sein Leiden vnd sterben hat er die Höll zerstört,
den Teuffel vnd Todt überwunden, Ist auferstanden vnd den Seinigen
(den) 40ten tag erschienen, hat einen befehl geben, sich beisamen (zu)
halten, bis sy mit Krafft von oben erfüllt wurden, mit dem heiligen Geist.
So sy den empfangen, sollen sy Fleyss haben, allen völckhern das Evangelium, die frölich Potschaft, (das die Thür, vom verderben auszzugeen
eröffnet sei), zu verkünden, in welchem sy auch beflissen waren, die
Völckher zu bezeugen, vnd auf einen Tag wurden zu der Zal der heiligen
herzugetan: 3000 seelen, die auch bestendig blieben in der Apostel Leer,
in der ,Gemeinschafft, im Brotbrechen vnd Gebeet'.
[a] dazue Niemandt zuekommen mag, auss gnaden, B. E. F. L. — [b] gerechten B. I'.

willen durch die Krafft vnd Trib des heiligen Geists auch
möchte gehorsam sein, vnd also der ganze Mensch Innerlich
auch eusserlich, durch den aussgegossenen Geist Christj vnd
das himmlisch Bildt vnd Figur restituirt vnd widerbracht werden,
Ja eben in dem Grad, vnd noch weit völliger, dan Adam der
erste Mensch, gestanden ist. — *(B. E. F. G. L. P.)*
Da nun Jesus, der eingeborne Sun Gottes, das dreissigste
Jar seines Alters erreicht, hat er den Tauff, das Zaichen des
Newen Bundt's vnd (der) vndergebung, angenommen, dem Alten
Gsatz, mit sambt seinen Figuren vnd bildern auf in, als das
Wesen gedeutet, vrlaub geben, Im 12 Jünger seiner Leer vnd
Mirakulen, auch Leidens und sterbens vrstendt vnd Himmel-
fart, als Zeugen erwület, durch die er Ime* durch die welt
hin ein kirch vnd Volckh hat wöllen samlen, das Gott hinfür
in Geist vnd Warhait, vnd nit wie Israel, in Buechstaben
vnd Ceremonien sol dienen. Darumb, da sy von Christo den
Beuelch in[b] seiner Himelfart heten empfangen: sy sollen erstlich:
die Buess,[c] darnach: den Glauben in das Bluet vnd verdienst
Christy die völckher leeren und zum dritten: Tauffen, vnd die
getaufften nit auffhören zu leeren, alles das zu halten, was —
er Inen beuolhen hat. Da haben sy[d] bis auff den pfingsttag
gewartet, an dem sy mit dem heiligen Geist seind versiglet
worden, zu Jerusalem Iren anfang genomen. — Nach der 1.
Predig Petry wurden auff die Pfingsten 3000 Selen[e] hinzu
getan. Acto. 2. Item der Herr thet hinzue täglich, die da
sälig wurden, zu der gemain. Actor. 4. Item, aber vil vnder
denen, die dem wort zuohörten, wurden gläubig, vnd ward
die Zal der Männer bey 5000. Act. 8. — *(B. E. F. G. L. P.).*[1]
Nun ist das Fundament des Christlichen Glaubens durch
die Apostel hin und wider in den Lendern gelegt worden, welches

---

* erstlich im Judenthum volgent *P.* — [b] vor seiner *P.* — [c] Buess predigen, *P.* — [d] zu Jerusalem *P.* — [e] zu der gemain *P.*

[1] Die nächstfolgenden Blätter unserer Chroniken schildern uns in Kürze
die Apostelgeschichte und die Verfolgungen, welche die ersten Christen
getroffen haben. Daran reibt sich ein Stück Kirchengeschichte von Anno 311
(Arius) bis 1519, das wir übergehen zu dürfen glauben, weil wir es hier
grösstentheils mit einem Auszuge aus Sebastian Frank's gedruckter ‚Chronika' zu thun hätten und den Umfang unserer Aufzeichnungen ungebührlich
mit einer längeren Reihe von Daten erweitern müssten, die mit der eigentlichen Geschichte der Wiedertäufer in gar keinem oder einem sehr locke-
ren Verbande stehen.

aber offt vil vnd mancherley Püff vnd Anstöss durch die
Tiranney vnd falsche Leer erlitten hat, offt eng zusamen zogen
vnd in einander geschnurfft, das man kaum hat sehen künen,
ob auch ein Kirch seye. Wie auch Elias vermaint: die Altär
weren ausgegraben, die Propheten erwürget, vnd er wäre Allein
gebliben; so hat doch Gott sein Kirch nit gantz vnd gar[a] auss-
reiten lassen. Dann es wär diser Artikel — des christlichen
Glaubens — falsch erfunden worden: ‚Ich glaub, es sey Eine
christliche Kirchen, Eine Gemeinschafft der Heiligen.‘ Ob sy
schon nit fingerzaigig gewest ist, vnd kaum zu Zeiten Auff
zwey oder drey glaubigen gestellt, so ist doch der Herr nach
laut seiner Verhaissung mit vnd bei Inen gewest, vnd hat dieselb Nie, (weil sy Trew an seinem wort bliben), verlassen,
sunder — gemeert vnd gehauffnet, bis sy auss vnauffmerken,
verfallen, verflossen, der wohlthat Christy haben vergessen.
Da hat Gott auch seine verlihne Gaben Inen widerumb entzogen, an andern Orten trewe Menschen erweckht, vnd dieselbigen mit disen begabet, durch welche sie dem Herren wider
ein Kirchen haben erbawet.[b] Also ist das Reich Christy von
den Aposteln her, (wie auch die Reich diser welt, vmb Iren
sündt willen werden verändert, wie Syrach sagt, vnd auch
Daniel spricht: der Herr setzt könig auff vnd setzt könig ab,
vmb der Undankbarkeit willen,) von einem Volkh zum andern
biss auff dise Zeit gewandert, so lang, biss es auch an vns,
vnwürdige Teutschen, in disen Letzten Zeiten[c] aus gnaden
Gottes geraicht hat. *(B. D. E. F. G. L. P.)*

(II. Abschnitt.)

Vom Anfang der Gemain Gottes im Teutschen Landt.
(Cod. *II. J. K.*)

Anno 1524 vnd 1526 nach Christy Geburt ist Gottes
wort vnd Evangelion von Jesu Christo in gantz Deutschland
ankommen, nach dem Bauernkrieg. Dann wie man in den
alten Chroniken und Historien findet, so ist Germanien oder

---

[a] verlassen vnd *G. L. P.* — [b] gesammelt. *L.* — [c] vnd Tagen *G. L.*

Teutschland, Also wildt vnd grob vnd vnerbawen vnd vn-
geleert an leuten gwessen, mit groben sitten vnd breichen, als
kaum in der welt ein Orth oder Provintz. So findt man auch
Nindert, daz Irgent ein Apostel vnd Jünger Christy wer in
diese Provintz Germanien kommen, dann sie sonst in andre
gegnen vnd veber Meer in weitte Lender zueraisen, zu predigen
vnd zu leeren. Vnd ist villeicht diess Teutschland von Gott
darzue für gesehen gwessen, also sein wort in disem letsten
Alter der Zeit der zerstürlichen welt zu entdecken, bekannt
vnd offenbar zu machen, seinen göttlichen willen,* wie dan vor
etlich 100 Jaren die heiligen Propheten prophetirt haben.

Nämlichen, das Gott der allmechtige spricht: Einem
Volckh, das mich nit erkennt, wil ich rieffen, vnd mich gegen
mitternacht in diesen letsten tagen vnd zeiten zu einem andern
volckh wenden vnd keren, die da weder zaichen noch wunder
versten, Eüsserlich (wie in Israel) nit sehen werden, aber
doch glauben werden, Welches also erfüllt worden ist. —
Nun aber, ob zu vor der erfüllung dieser Prophezyen
wol etliche Völckher entstanden, die auch einen guetten Anfang
(nach der Apostel Ler gehabt), zum tail auch ein guet endt
genommen, nämlich, daz ir vill den Namen Christy redlich mit
irem bluet versigelt. vnd bezeiigt haben, — ist also daz liecht
der warhait durch Tyrannej der Römischen Kirchen vast widerumb
gar aussgetilgt vnd also erloschen. —
Nachdem aber die vorgemeldeten Völckher[1] vast alle
verfallen, allain die Pickarten oder Waldenser genannt,
noch gar ein klainen schein der wahrhait gehabt, da hat daz
kindt des verderbnuss, der wüeste grayel mit Allerley Irrthum
gantz fürbrochen, mit pein vnd ablass eingerissen vnd veber
handt genomen, (vnd die sündt vmb gelt abgelassen), das also
die Finsternuss vnd blindhait so gross wurden, daz gleich
yedermann mainet, er stunndte wol, unbedacht, waz für ein
haidnisch abgöttisch vnd teufflisch leben er fieret. — Weil
aber got den menschen nit zum verderben, sondern, das im
wol sein solt, beschaffen hat, vnd sonderlich gross mitlaiden

---

* durch seine sendtboten vnd erwelten Diener *l. K.*
[1] Die Chroniken meinen: die Wykleffiten, Arianer, Donatisten, Pelagianer,
Nestorianer, Priscelianer u. dgl. — Bezüglich der Böhmischen Brüder
(vulgo Pikarten genannt) verweisen wir auf Gindely's ausgezeichnete Geschichte der Böhmischen Brüder.

mit den Menschen tragt, so hat der Herr den hellen schein vnd glantz göttlicher warheit ·Abermals gar fein gmälich angefangen auffzuplasen, vnd mit grosser beschaidenheit das licht aus der Finsternuss herfür tragen lassen, vnd das zu der Zeit kayser Caroli des V. im Anfang seiner Regierung. [1] *H. I. K.*

Anno 1519, da fing nemlich an zu leeren vnd zu schreiben Martin Luther, [2] ein Augustiner Münich zu Wittenberg in Sachsen,

---

[1] Die Handschrift *O.* leitet die nachfolgende Erzählung mit folgenden Worten ein: ‚Nachdem Gott durch Luther, Zwingl und andere ihres Anhangs die Babylonische H— genugsam entdeckt, die, wie mit Donnerschlägen alles niedergeschlagen, aber doch kein besseres aufgericht, sonder, als die, so nur am alten Kessel geflickt, ye mehr ye ärger gemacht, vnd ein frech volck zu sündigen gezogen, hat Gott im 1525 Jar, vnter dem Kaiser Caroli des Namens der V. daz licht seiner Gnaden eben eingefüert vnd hat die lang verdruckt Kirchen angefangen das Haupt wider empor zu heben vnd Christum rechter art zu versehen, sich von dem antichristischen Wesen zu sondern, sich durch den Tauff mit Jrem Xᵗᵒ in warer vndergebung des glaubens zu vereinbaren.‘ —

[2] Erasmus von Rotterdam, eine Zier deutscher Nacion (heisst es in *C.* 234 = *B. D. E. F. G. L.*) hat zwar des Babstes Missbrauch höfflich und artlich in seinen lateinischen Büechern gestupfft, der Luther aber hat der Römischen H— das gewändtlen hinten und fornen gar aufgedeckt; (*F.:* aber was soll man sagen!) Der Luther hat ein alt Hauss niedergebrochen, aber kein anderes an die Stelle gebaut. Mit im ist Ulrich Zwingli das Babsttum zu stürmen ankomen, aber bald sich des Sacraments halber mit dem Luther gezweyt, vnd sein aus inen zwey rohe Völker entsprungen vnd in Nichts sich gebessert; allein ein auffgeblasen vnd geschwollenes wissen hetten sy, Fleisch essen, Weiber nemen, Münich und pfaffen ausschelten (234: ausholupen), das war ir höchster Gottesdienst! Aber ein veränderung im leben (einen erneuert gebornon menschen aus irem wort: 234) sah ma bey keinem Tail.‘

In ähnlicher Weise äussern sich Cod. *M. P. Q. R.*: ‚Als Luther vnd Zwingl die tück vnd büberei des röm. Antichrist's entdeckt, vnd zum tail ein licht aufgesteckt, haben sie demselben nicht richtig nachgefolgt, sondern sich an den weltlichen Gewalt, ja an den Gewalt der Finsternuss gehenkt, darumb (sie) auch kein frömers, gottesfürchtiges volck nit aufgezogen haben.‘ —

Cod. *B. D.* + *L. P.* 234: ‚Derhalben haben Thomas Münzer, Johannes Denk, Ludwig Hetzer (vnd andere geleerte Menner mer mit inen, aus gottes trieb vnd ciffer *P.*) — anno 1525 — disen Handl tiffer nachgedacht, das auch die zwey malzeichen des vngeheuern Thiers, der Kindertauff und brotene Götz (*D.:* Brotgötz) vnchristlich seyen, die christliche Kirche müsse ein Hailig, Raines, von der welt groylen abgesindertes volk sein, man müsse sich von der welt abtailen, ein ganz abgestorben leben nach der Regel Christj füeren! denen balt Andere, aus gottes gnadt seindt zuegefallen. Zu solchen herrlichen werkh hat im Gott Männer im Schweitzer-

dessgleichen Ulrich Zwingl zu Zürich im Schweitzerlandt wider den wüsten greyel der Babylonischen *H*— vnd all ir Tück, Trunkenheit vnd Büberei zu eröffnen, vnd an den Tag zu bringen, ja gleich wie mit Donnerschlägen alles suchten niederzuschlagen, doch dargegen kainer nichts besseres aufgericht, sondern alsbald sich an den weltlichen gwalt* vnd obrigkeit gehenckt, (all da vor dem kreutz schutz vnd schirm suechten) vnd sich mer auff menschen hilff, denn auf Gott vertrösteten. Und vmb der vrsach, ob es vor wol einen gueten Anfang göttlicher Erscheinung vnd Anmuets gehabt, ist inen das licht der rechten warhait widerumb verdunklet. *H. I. K.* — Ist es mit Inen nit anders gewesen, als ob man einen alten Kessel flicket, da daz Loch nur erger wirt. Damit haben sie ein freches Volk,[b] nur zu sündigen erzogen, gleichnussweiss zu reden: dem Babst den krueg aus der Hand geschlagen, aber die Scherben selbs darinen behalten. Es muess aber also ergeen nach den Worten Christj: Wer in dem klainen nit treu ist, dem wirt das grössere nit vertraut. *B. D.* — *L.*

Nun dise Zwen, Luther vnd Zwingl, vberkamen einen seer grossen anhang, die ire leer als für die warhait auffnamen, vnd das Leben darob liessen, on allen Zweiffel, die Seligkeit da zu finden, wie wir dann 1. in einem Gsang von den 2 klosterknaben[1] Johannes vnd Heinrich zu Brüssel in Niederlandt, welche vmb ires standhafften Glaubens willen sindt verbrennt worden im Jar 1523,[c] 2. (anno 1524) an Caspar

---

landt erweckt, vnder denen ist Balthasar Huebmer, Conrad Grebl, Felix Manz vnd Georg von Chur gewesen. Auch Thomas Münzer von Altstatt in Thüringen, ein hochbegabter, (hochberedter) Man; hat gar vil fürtrefflicher Articl auss der h. geschrifft gefüert wider die römisch vnd auch die lutherisch Kirch. Er leert von Gott vnd auch von seinem lebendig machenden wort vnd seiner himlischen stimm wider alle Buchstäbler. Das Volck fiel diese Leer also schnell an, vnd zu widerstreben: den Römischen Geistlichen. Da erhub sich vnversehens die Bauernschafft im Landt, die er nicht moecht im christlichen Fridt erhalten. Diser Empörung ward im die Schuld geben, kam in inzicht diser Aufrner anfänger (Anfang *E.*) zu sein, von seinen missgünstigen. — Wardt gefangen vnd vom Herzog in Sachsen enthaupt (*L.*: der Herzog liess in enthaupten), vnd sein kopff auf ein Spiess gesteckt; aber Gott hat sein vnschuldt in vieler fromen Hertzen erklärt vnd bezeugt. *B.*—*H. K. L.*

ᵃ standt gehenkt *F.* — ᵇ wie vor Augen ist, *H. I. K.* — ᶜ 1525, *B.*

[1] Das Martyrium dieser ‚zween jungen knaben' besingt Luther in dem bekannten Liede: ‚Eyn newes Lied wir heben an' etc. (abgedruckt in Waker-

Tauber, ein reichen Kauffmann vnd Bürger zu Wien in Österreich, auf den heutigen tag finden, der vmb seines standhafftigen christlichen Glaubens willen daselbs von seinen aignen Mitbürgern gefangen vnd von den Doktorussen zum Todt verurtlet vnd verbrennt ist worden,[1] (wie dan das Liedt, das von im gemacht worden ist, ausweist.) *B. — L. P. R.*

Diese und andere mer nach der Leer Christj vnd der Apostel, preisen wir sälig, weil sy erduldet vnd einen gueten kampff gekämpfft haben. *B. D. — L. P. R.*

Doch wie schön der Anfang war, synd sy doch baldt in 2 völcker zertailt worden, daz Newe Babel damit anzuzaigen. Der Luther vnd sein Anhang leeret vnd halt des Herrn Leib wesentlich im Brot zu sein, der Zwingl vnd sein Anhang vermaint, leert vnd haltet des Herrn Brot: ein Zeichen vnd Bedeutung eines heiligen Dings, aber gar kein Vergebung oder Bezalung der sündt; dann Christus das am Creutz ausgericht het. Und solche ir Leer haben sy mit dem schwert zu glauben die Menschen nöten wollen, so doch der glaub

nagel's K. Lied. III.) Es waren Mönche des 1522 zerstörten Augustinerklosters von Antwerpen und hiessen Heinrich Voes und Johannes Esch. Sie haben eine ganze Litteratur hinter sich, als: a) Dye history, so zween Augustiner gemartert sein zu Bruxel in Prabant. o.O.u.J. (1525), 4⁰. b) Die in Weller's Report. 2319—2325 citirten ‚Actus vnd handlung‘. c) Die Historia de duobus Augustinensibus ob Evangelii doctrinam exustis Buxellae. Norimb. 1524. d) Wie Joannes vnd Hainrichus baid Augustiner Orden monache — zu Bruxell verbrent sind: in Kessler's Sabbata. 1866. e) Historische Nachrichten von dem Märtyrertode der ersten luth. Blutzeugen: Hein. Voes, Johan Esch vnd Lamp. Thorn. Halle 1755. — Sieh' weiter f) Dr. Th. Fliedner's: Buch der Märtyrer II. 1—19. g) Göbel: Geschichte des christlichen Lebens. Coblenz 1849. — h) Hagenbach: Gesch. der Reformat. 1870. (III. Bd.)

[1] ‚Man hat in (fügt Cod. *N.* hinzu) ‚vor tags ausgefüert, jn am Ersten geköpfft, darnach verprannt. Es ist auch die sag von jm gewessen, die pfaffen solten dem henkher gelt haben geben, das er jm stich hat geben, nämlich 3, als het er sich selbst erstochen.‘ — Ueber Casp. Tauber s. a) Eyn warhafftig geschicht wie Casp. Tawber, Bürger zu Wien — für ein Ketzer — zum todt verurtaylt etc. 1524. o. O. (Nürnberg) 4⁰ — b) Verantwortung Caspar Tauber's (von L. Guttmann) o. O. u. J. 6 Bltt. 4⁰. — c) Sententia lata contra Casparum Thauber etc. o. O. u. J. (Wien 1525). — d) Kessler's: Sabbata. 1866. — e) Raupach's: Erläut. Evang. Oesterr. 1736. — f) Buchholz: Gesch. Ferd. I. 1. Bd. 35. — g) Das erwähnte Lied findet sich in den H. S. der Wiedertäufer, Nr. 203 und 236, abgedruckt; in Ph. M. Körners: Histor. Volkslieder 1840 und in Wakernagel's K. Lied. III. 496.

nit gewalt der Menschen, sondern ein gab Gottes ist.
Doch schrieb der Zwingl erstlich vnd leert, daz der kinder-
tauff mit keinem hellen wort Gottes kundt erwiesen werden.
B.—L.

I. Umb die Zeit sein etliche Personen im Schweitzerlandt,
die der hebräischen, griechischen vnd deutschen Sprach vnd
der biblischen Geschrift wol erfaren gewesen, zusamen komen,
sich mit einander erspracht vnd eigentlich aus Gottes gnadt
erkenndt, wie man sich gott im Tauff ergeben mücsst, — vnd
dan miteinander angefangen, — in welchem sy nit klain kampff
erduldet haben, — in gefenknussen vnd grossen trüebsalen.
Darwider hat sich der Zwingl hart gelegt, aber sy nit hat
künen überwinden. Demnach haben sy die bemelten Personen
in daz landt aussgelassen. Cod. O.

II. Anno 1525 sein etliche Personen zu Zürich vnd anderen
orten im Schweizerlandt glaubig worden, als sonderlich Balt.
Huebmer vnd Anthonj Kirschner vnd andere mer, wie dan
derselbigen Etliche in des Baltasar Huebmer's schreiben[1] mit
Namen gemelt werden, vnd wie auch die obrigkeit zu Zürich
etliche gefäncklich angenomen haben. Da hat der Zwingl mit
seinen Predicanten zu Zürich ein vnerhört schrecklich vrtl
gefellt, daz sie in finstern thürmen hinfür weder son noch
mond sehen sollen ir leben lang, mit wasser vnd brot ir endt
beschlissen, vnd also in den finstern thürmen all, todt vnd
lebendig bei einander bleiben, sterben, verstinken vnd verfäulen,
bis ir kainer mer vbrig sey! Darunter ir Etlich in dreyen
tagen nie kain mundt voll brot versuecht, damit nur die andern
zu essen hetten. *A. I. K. 2. M.*

III. Weil aber Gott ein ainigs volkh abgesundert von
allen völkern haben wolt (in teütscher Nation), hat er[a] zu diser
Zeit (vngefär im 1525 Jar) den waren Morgenstern, das Licht
seiner warheit im völligen schein herfür wellen bringen.[b] Zu
solchem herrlichen werkh hat im Gott etliche Menner erweckt
im Schweitzerlandt, vnder denen ist Conr. Grebl, Felix Manz,
Georg von Chur vnd Balth. Huebmair gewesen. Denen hat

---

[a] *G. I. K. P.:* im letzten Alter diser welt. — [b] *Cod. K. I.* hat bei dem Jahre
1524: ‚Vmb dise Zeit ist gleich das Licht ein wenig angegangen, vnd
die wahrheit des Evangelions in Teütschland erschollen.'
[1] Nämlich: ‚Balt. Hübmörs von Fridberg: Gesprech auff Mayster Ulr. Zwinglens
Tauffbüechlen von dem Kindertauff. gedr. zu Nikolsburg 1526. (Vorrede.)

Gott ein Eiffer, muet vnd hertz gegeben, sich miteinander in
göttlicher Zeugknuss der Schrifft zu ersprechen. Dann fleisch
vnd bluet, menschlicher fürwitz, hat sy nit getriben, dann sy
wol gewisst haben, waz sy werden darum müessen erdulden.
— Weil sy auch der sprach erfaren vnd wol kundig sein
gewesen, haben sy in reiner forcht Gottes erkennt vnd gefunden, daz man aus Göttlicher Predigt einen rechten in der
Lieb thätigen glauben müeste erlernen, vnd auff erkanndten
glauben den christlichen Tauff — in Verbindung mit Gott, in
einen gueten gewissen, — empfahen, in aller Gottsälligkeit,
mit Veränderung eines heiligen, Gottseeligen Lebens, Gott zu
dienen biss an's endt, in allen triebsal beständig zu bleiben.
Weil aber dazumal kein verordneter Diener solches werkh's
zu handen war, ist einer[a] aus deren Mittel nieder gekniet,
hat an die Andern begeert einen Pundt mit Gott auf zu richten,
vnd — getaufft zu werden! Wie nun das beschehen ist, haben
die andern gleichermassen an Ihm begeert. Also haben sy
sich mit einander An den Namen des Herren ergeben, Einer
dem andern zum Dienst bestättigt, angefangen, den Glauben
zu leeren vnd zu halten!

Damit ist die Absinderung von der welt angebrochen
vnd hat sich balt die gemain gemert vnd des Herrn volk zuegenommen. Dawider der Zwingli mit aller Macht geschriben
vnd auff der Kanzel geleert, das der Tauff der Alten vnd
Glaubigen Vnrecht sey, vnd nit soll geduldtet werden, wider
sein eigne Bekanndtnuss, die er vormal bekennt: das der
kindertauff mit kainem hellen wort Gottes aus heilliger
Schrifft möge erwisen, vnd bezeugt werden.[1] Ytzt
aber, dieweil er den Menschen·mer, dann Gott, hat gefallen
wöllen, hat er wider den recht Christlichen Tauff gestritten,
vnd die Obrigkeit bewegt: die recht Gott ergebenen[b] in Gefenckhnuss zu werfen! Hat also die vnschuldigen in Hunger
vnd grosse not bracht! Sein balt ernstliche Mandat ausgangen:

---

[a] ‚Der Erste, der getaufft zu werden begeret,‘ *I. K.* Es war Georg
von Chur, der Exmönch des dortigen St. Lucius-Stiftes, gemeinhin Blaurock genannt. — [b] *I. P.*: ‚Die mit gueten verstandt einen Pundt des
gueten Gewissens mit Gott aufgerichtet haben.‘
[1] Ueber diesen ‚Bekanndtnuss‘ Zwingli's siehe: obiges ‚gespech Balth. Hübmörs auff M. Ulrichs Taufbüechlen (fol. 28). — Schreiber's: Taschenbuch
für Geschichte 1840 (fol. 155). — Zwingli: Epist. ad Vadian VII. 397.

wo yemand im Züricher gebit (weiter *P.*) wurde getaufft, der soll im wasser ertrenkht werden. — Hie sieht man, welches Geistes kindt der Zwingl gewesen vnd die Seinigen noch sindt. *I. K. P.* 234.

Weil aber das werckh, von Gott gefirdert, nit kann geändert werden, vnd Gottes Ratschlag in keines Menschen Gewalt steet, zogen die obgenannten Männer hin vnd wider in die Landt, das Evangelische wort auszukündigen vnd zu predigen. *I. P.* 234.

IV. Aber gleich zu diser Zeit,[a] weil Gott ein ainigs volkh, abgesundert von allen völkhern haben wollt, hat er den rechten, waren Morgenstern des Liechts seiner warhait in völligen Schein wider herfür wöllen bringen, — im lezten Alter diser welt, — besonders in teütschen Nationen vnd Landten, diselben mit sein wort haim zu suchen vnd den Grundt göttlicher warheit zu offenbaren. Damit sein heiligs werckh vor Jederman bekant vnd offenbar werde, hub es sich, im Schweitzerlandt, aus sonderlicher Erweckung vnd einrichtung Gottes, erstlichen also an.

Es begab sich,[b] daz Ulrich Zwingl vnd Conrad Grebl,[1] einer vom Adel, vnd Felix Mantz,[1] all drey fast erfarne vnd[c] geleerte Männer in teutscher, lateinischer, griechischer vnd auch Hebräischer sprach, zusamenkamen vnd anfingen sich mit einander zu ersprachen in Glaubenssachen, vnd haben erkannt,[d] daz der Kindertauff vnnöthig sei, (vnd der Einsatzung Christj gantz zuwider *M. P. Q.*) vnd — denselben für kein

- - - -

[a] *G. H. L. M.:* ongefär im Jar 1525. — [b] A° 1524: *C.* — [c] *D.:* hochgeleerte. — [d] befunden: *M. P. R.*

[1] Ueber Conrad Grebl, das geistige Haupt der schweizer Wiedertäufer, Felix Manz und Blaurock, den Dritten im Bunde, lese man a) Füesslin's: Beiträge zur Kirchen- und Reformat.-Geschichte der Schweiz. Zürich 1741. — b) Zwinglii Opera omnia. 1828—1842. — c) Schreiber's obgedachtes Taschenbuch. 1839—1840. — d) Emil Egli's: Die Züricher Wiedertäufer. 1878. — e) Dessen: Actensammlung zur Gesch. der Reformation. Zürich 1879. Das in den Täufer-Gesangbüchern (Aussbund etc.) vorkommende Lied: ,Mit Lust so will ich singen', (abgedruckt in Wakernagel's K. Lied. III. 514) wird ohne Widerspruch allenthalben dem Manz zugeschrieben. Als eine Trost- und Erbauungsepistel erscheint das Lied in Prosa (holländisch) in van Braght's Martelaer's Spiegel. 1685 Sein Grab, bei St. Jakob in Zürich, war für die Taufgesinnten jahrelang eine geheiligte Stätte.

Tauff erkennt. Die zween aber, Conrad vnd Felix, haben im Herrn erkannt vnd glaubt,[a] man müsse vnd solle nach Christlicher Ordnung vnd einsatzung des Herren recht getaufft werden, dieweil Christus selbs sagt: Wer glaubt vnd getaufft wird, der wirt sälig. Das hat Ulrich Zwingl, (welchem vor Christj Creutz, Schmach vnd Verfolgung grauset,) nit gewöllt, vnd fürgeben: Es wurde ein Auffruer aussgeben! Die andern Zween aber, Conradt vnd Felix sprachen: Man kundt vmb des willen, Gottes lautern[b] bevelch vnd Angeben nit vnder wegen lassen! In dem begab es sich, das ainer von Chur zu Inen kam, nemlich ein Pfaff, mit Namen Geörg von Hauss Jacob, den man sonst hat genent Blawrock.[1] Diser Geörg[2] ist —, aus sonderlichen Eifer, den er gehabt, — auch (zum Zwingel Erstlich) komen, vnd (von Glaubenssachen) vil mit im gehandelt vnd geredt, aber nichts ausgericht. Da ward im gesagt, daz andere Männer da sein, die Eifriger seien, dann der Zwingel, welchen Männern er fleissig nachgefragt, vnd ist zu Inen kommen, nemlich: Zum Conrad Grebl vnd Felix Mantz —, vnd hat mit Inen geredt vnd sich erspracht, glaubens sachen halb. Sind auch der Sachen Ains geworden mit einander, vnd haben in rainer Furcht Gottes erkennt vnd befunden,[3] dass man auss Göttlichem wort vnd Predigt einen rechten, in der Lieb thätigen Glauben müest erlernen, vnd auff den erkanndten vnd bekannten glauben den recht Christlichen Tauff, in verbündtung mit Gott, eines gueten Gewissens empfahen, in aller Gott-

---

[a] weil der kindtstauff der angebung Christj entgegen, *M. P. R.* — [b] austrücklichen *M. P. R.*

[1] ,Denn als sie einstmals ein gesprech gehabt von Glaubenssachen in einer versammlung, da redet diser Geörg vom Hauss Jacob auch darzue sein Erkanntnuss. Da fraget man: welcher ytz geredet hette? Darauf einer sprach: Der im blauen Rockh hette geredet. Also bekam er den Namen darnach von wegen, daz er einen Blauen Rockh getragen hat.' *B. — H. L.*

[2] *B. — H. L.:* ,Ein schlechter Ainfaltiger Pfaff, darfür in yedermann hielt, aber in Glaubenssachen vnd göttlichem Eifer anss Gottes Gnadt, die im gegeben waz, hat er wunderbarlich vnd mandlich gehandlet im werckh der warheit.'

[3] *M. P. Q. R.:* ,Erstlich Einen glauben muess er lernen, vmb auff den erkandten vnd bekandten glauben getaufft zu werden, sich im bund des gueten gewissens gott ergeben, in einem Christlichen leben zu wandeln verpflichten, vnd in triebsal beständig bleiben, bis ans endt.'

säligkeit eines heiligen Christlichen lebens, hie füran Gott zu dienen, auch in Trübsal beständig zu bleiben, biss an das Endt.[a]

Vnd es hat sich begeben, das sie bey einander gewesen sein, biss sie die Angst anging, vnd auf sy kam, Ja in iren Hertzen gedrungen wurden.[1] Da haben sy angefangen ire Knie zu biegen vor dem Höchsten Gott im Himel vnd in angerufft, als ein Hertzen kundtigen vnd gebeten: das er Inen wolt geben zu thuen seinen göttlichen willen, vnd daz er Inen Barmhertzigkeit wolt beweisen.[b] Denn Fleisch vnd Bluet[c] vnd Menschlicher Fürwitz hat sy gar nit getriben, weil sie wol gewisst, was sy darüber werden dulden vnd leiden müessen.

Nach dem Gebet ist der Geörg, vom Hauss Jakob, auffgestanden vnd hat vmb Gottes willen gebeten, den Conrad Grebl, daz er in wölle tauffen mit dem rechten[d] Christlichen Tauff, auff seinen Glauben vnd Erkenntnus, vnd da er nidergekniet mit solchem Bitt vnd begeeren, hat der Conradt in getaufft, weil darzumal sonst kein verordneter Diener solches werkhs zu handen war.

Wie nun das beschehen, haben die andern gleicherweiss an dem Geörgen[e] begeert, daz er sy Tauffen soll, welches ei auf ir begeeren auch also thet, vnd haben sich also in hoher Forcht Gottes mit einander — dem Herrn ergeben, (einer den Andern zum Dienst des Evangely bestättigt) vnd angefangen den Glauben zu leeren vnd zu halten.[f]

Demnach haben sich baldt andere mer zu Inen gethan, als Balthasar Huebmer von Fridberg, Ludwig Hetzer vnd andere mer,[2] wol geleerte Männer, in Teutscher, lateinischer, Griechischer vnd Hebraischer sprach, auch in der Schrifft wol

---

[a] D.: den todt. — [b] vnd den rechten weg fürgeben, onangesehen, was sie darüber leiden vnd dulden müessten. M. P. Q. R. — [c] D. F.: fleischlicher muet. — [d] G.: wahren. — [e] der vor ein Pfaff gewesen, M. P. R. — [f] Damit ist die Absünderung von der welt vnd iren bösen werkhen anbrochen vnd fortgewachsen. G. L.

[1] Cod. M. P. R. Q.: hat abweichend: ‚Und sindt also iu iren Hertzen geengstiget vnd getrungen worden, haben angefangen Ire Knie zu biegen‘ [etc. = B. — H. L.].

[2] ‚Andere mer‘: nämlich Wilh. Röubli, (Prädicant in Wytikon), Joh. Brödlin, (Prädicant in Quartern, dann zu Zollikon), Andreas von der Stülzen (aus Chur), Simon Stumpf (Pfarrer zu Höng), Wolfgang Ulmann (Schorank) von St. Gallen, Michael Sattler von Staufen u. v. a.

2*

kundig, vnd sonstens Predicanten vnd andere Leüt, die es bald mit irem Bluet bezeugt haben.

Den obgemelten **Felix Mantz**, den hat man zu Zürich* gefangen genomen vnd als er nit davon weichen wollt, zum todt vervrtailt vnd ertrenckt. Hat also bestendigclich mit seinem Leib vnd Leben die warheit bezeugt.

Nachmals **Wolfgang Ulle**, den hat man zu Waltze,[1] auch im Schweitzerlandt (?), mit Feuer verbrennt vnd hingerichtet, selb ailfften, sonderlich seine Brüeder vnd die seine gferten waren. — Bezeugten also Mannlich vnd ritterlich mit lrem Leib vnd Leben[b] biss in den Todt, das ir Glauben vnd Tauff aus der göttlichen warheit gegründet were.

Auch **Melchior Veit** —, der des Goörgen von Hauss Jacob oder Blawrockh gefert ist gewesen, ward zu Ettach[2] vmb des Glaubens willen verbrennt vnd hingericht.

Also hat es sich durch veruolgung vnd vil trüebsal ausgebraitet; die gemain (hat *P. Q. R.*) sich täglich gemeert vnd des Herrn volckh balt zuegenomen,[3] »welches der Feindt gött-

---

* vmb den waren glaubens vnd tauffs willen *M. P. Q. R.* — b mit irem bluet bis *G. L. M. P. Q. R.*

[1] In der gräflich Truchsäss'schen Stadt Waldsee iu Schwaben. — Wolfgang Ulmann oder Ulle, (sonst auch Schorank genannt), war, so wie Blaurock, ein ausgelaufener Mönch des St. Lucius-Klosters in Chur, ein Sohn des Zunftmeisters Ulmann in St. Gallen, wurde Kessler's Gesellpriester, aber, durch Grebl gewonnen, der eifrigste Propagator des Anabaptismus im Gebiete von St. Gallen und Appenzell. Aus Mähren, wohin er 1528 einen Haufen Taufgesinnter geführt hatte, zurückgekehrt, sammelte er eine neue Schaar von Gläubigen im Appenzellerlande, willens dieselben nach Mähren, ,wo man wolfeil vnd ohne verfolgung leben könne', hinab zu führen, fiel aber mit seinem Zuzug dem Truchsass Georg III. in die Hände. Zehn der Männer, Ulmann an der Spitze, wurden enthauptet, die Frauen ertränkt, die Abgefallenen heimgeschickt. Nach dem Schreiben der Schweizerbrüder in der Successio Anabapt. 1603 war unter den Verbrannten auch ein Prediger, Namens ·Pretle (Brötli?), ,so auch vnser Diener im Land gewesen'. — Ueber Ulimann sieh': Kessler's Sabbata p. 204. 266—270. 273.

[2] Bloodig Tooneel hat zu: ,Dracht'. Meshovius weiss über diesen Anabaptisten allerlei Märchen aufzutischen.

[3] Cod. *M. P. Q. R.* hat statt der Stelle * bis *: Ulrich Zwingl aber fing wider sein eigen bekanntnuss, die er vorhin geschriben vnd geleert hat, (das der kindertauff mit keinem wort gottes mög erwiesen vnd bezeugt werden,) widervmb an, nachdem er den menschen vnd der welt gefallen wolt, wider den rechten christl. Tauff zu streiten, vnd auff der Canzel

licher warhait nit mocht leiden, braucht den Zwingl als ein
Instrument, der dan auch mit Fleiss anfing zu schreiben vnd
auff der Canzel zu leeren: das der Tauff der Gläubigen vnd
der Alten vnrecht were, vnd weiter nit solt geduldet werden,
wider sein aigen bekanntnuss,[a] die er auch vorhin geschriben
vnd geleert hat: daz der kindertauff mit keinem hellen wort
möge erwiesen vnd bezeugt werden. Jezt aber, dieweil er den
Menschen vnd der Welt mer als Gott gefallen hat wöllen, hat
er wider den rechten Christlichen Tauff gestritten vnd die
Obrigkeit bewegt, die recht Gott ergeben, welche mit gueten
verstandt ein bundt des gueten Gewissens mit Gott auffgericht, das man sy als Wiedertauffer enthaubten soll in krafft
kaiserlicher Rechten. —* †Zulezt hat er's auch dazu bracht,
das man auff einmal ob 20 Menner, Witfrauen, schwangere
Frawen vnd Jungfrawen in finstere Thurm elendiglich geworffen,
daz sie füran weder Son noch Mond sehen sollten ir lebenlang,
mit wasser vnd brot ir Endt beschliessen, vnd also in den
finstern Thürmen alle, todt vnd lebendig, biss ir kainer mer
v'brig sey, bey einander bleiben, zu sterben, erstinckhen vnd
erfaulen, vervrtlet.†[1]   .

Auch seindt baldt Ernstliche Mandat durch des Zwingl
Anregung ausgegangen: Wo yemandt[b] im Zürcher Gebiet weiter
wurdt getaufft,[c] die sollen von stundt an, on weitere verhör,
verantwortung vnd vrtail in das wasser gestossen vnd ertrenkt
werden. Hie sihet man, welches geistes Kindt der Zwingl gewesen ist vnd die Seinigen sind.

Weil aber das werk, von Gott gefürdert, nit mag geändert
werden, wo Gottes Ratschlag in keines menschen gewalt steht,
zogen die obgenannten Männer aus göttlicher Anregung aus,
das Evangelische Wort vnd den grundt der warheit[d] auszukünden
vnd zu predigen. Der Geörg, vom Hauss Jacob, oder Blaw-

---

dagegen zu schreein vnd die obrigkeit zu bewegen, das man die, so sich
recht tauffen liessen, in krafft kaiserlicher Rechten als Tauffer enthaupten
soll.'

[a] *D.:* erkanntnuss. — [b] *P.:* jetzundt. — [c] *D.:* widertaufft. — [d] hie vnd
wider in die land *K.*

[1] † bis † wörtlich in Hubmaier's oberwähntem ‚Gespreche‘ 1526 aufgenommen.
Siehe in diesem Punkto: Füesslin's Beiträge II. 81, IV. 254. Egli: Acten-
sammlung 934. 936. — Mörikofer: Zwingli II. 70. — Ottii Annal. 3. 7.
— Zwinglii Opera omnia VII. 398. 473.

rock [1] zoch in die Graffschafft Tyrol. Daselb ist er gefänklich
angenomen worden, selbander zu Gufidaum ins Schloss gefüert.
Da hat man vil an Inen gehandtirt, vnd (beide) mit strenger
Frag hart gepeinigtt, darnach (daselbsten) zum Brandt[a] verurtlet
vnd zu Clausen auff der Holzschranen, auff einen Scheitterhauffen gezesezt vnd (vmb des glaubens willen *F.*) verbrennt.[b]
B.—H. L. ≃ M. P. Q. R.

(III. Abschnitt.)

Die Martyrer Christy, welche zu diser Zeit (1527—1533) in teütschen Landen vmb der göttlichen warhait willen sindt verfolgt oder hingerichtet worden. *(P. Q.)*

1527. *a)* Anno 1527, den 8. Tag Februarj, ist Geörg
Wagner von Emering im Baierlandt, zu München, vmb vier
Artikel wegen, lebendig verbrennt worden *(B. C. H. K. 1. N.)*:
zum ersten: das kain pfaff mag sündt vergeben, zum andern,
das kain pfaff mag Gott vom himmel pringen, zum dritten:
das Gott nit (laiblich *M. Q. R.*) im prot sey, zum vierten,
das der wassertauff nit sälig macht. Ist also standthafftig auff
diser Erkandtnuss bliben. *N.* Ist vmb des christlichen Glaubens
willen gefänglich angenomen worden, vnd also zu München
gefangen gelegen. Demnach, nach vil vermanens, daz er vom
Glauben absteen, vnd daz, was er erkennt hat, widerruefen
sol, ist er verbrennt worden. Hat also die gött. warheit mit
seinen bluet versiglet, vnd bezeugt, wie dasselbig seine Bekanntnuss ausweist. Dise Bekanntnuss hat ein guetherziger
Mensch, der sich bei seinem Ausfüeren (zur Richtstatt *B. E. G.*)
auf's nächst zue im gehalten, auch vast alle wort gehört,
schrifftlich verzeichnet, vnd demnach auch andern guetherzigen
menschen überantwortet. *A. D. — G. J. K. 1. L.*

Ob er gleich schwer gemartert wardt, hat er der Artikl [2]
keinen wellen wideruefen, also, daz der Fürst grosa erbarmen

---

[a] todt *L.* — [b] haben also die warhait — mit irem bluet bezeugt. *D.*

[1] Ueber Blaurock, ,den zweiten Paulus' unter den Wiedertäufern, siehe
weiter Buch III, 1. Abschnitt, a).

[2] Die obigen vier Artikel lauteten, nach *M. Q. R.*: ,I. daz er nit glaub,
das die pfaffen einem menschen die sünd vergeben können, II. das er

mit im hat, vnd selbs zu im in die gefenkbnus kommen, vnd (zu) wideruefen in auff's fleissigst ermant, im auch sein lebelang ein pfrüendt verhaissen. Deszgleichen hat in auch des Fürsten Hoffmaister zu wideruefen häfftig vermant vnd im auch vil verhaissen. Zuletzt hat man im sein weib vnd kindt für augen gestellt, in dardurch zu bewegen, zu wideruefen; aber er liess sich dardurch nit bewegen, sonder sprach: Ob Im sein Weib vnd kindt so lieb wär, daz ims der Fürst mit seinem ganzen Landt nit vermöcht abzukaufen, wöll er sy doch, vmb seines Gottes vnd herrn wegen, verlassen! Auch sein zu im kommen Münich vnd pfaffen vnd andere mer, in zu bereden; aber er war vnbeweglich vnd standhafft in dem, so im Gott zu erkennen geben hat.

Also ist er zum Feuer vnd todt verurtailt worden. Da hat in der henker zu Hand genomen, vnd hingefüert. Mitten in der Stadt sprach er: Heut will ich meinen Gott bekennen vor aller welt. — Er war voller fraidigkeit in Christo, also, daz sein Angesicht nit verblich. Seine Augen haben sich nit entsezt. Mit lachendem mundt ist er zum feuer gangen. Da hat in der henker auf die laiter bunden, vnd im ein sack mit pulver an den Hals gehenkt, zu welchem er sprach: Daz sei im Namen des Vaters, des Sones vnd des h. geistes, vnd als dan mit lachendem mundt vrlaub genomen von einem Christen. Demnach (ward er) vom Henker ins Feuer gestossen vnd (hat) sein Geist seliglich aufgeben, den 8. Februarj 1527, wie dan ein Liedt, davon gemacht, noch vorhanden ist, vnd sonst eine schrifft seiner bekanntnuss. [1] — Der Landt Richter aber,

---

nit glaub, das Gott oder Christus Leiblich in Brot sei, vnd III. das ein Mensch Gott vom Himmel bringen möge, zum letzten (IV.): das er nit glaub, daz der tauff des wassers sälig mache.'

[1] Aus den H. S. 190 und 236 Poson. sei hier beigefügt, dass Wagner gerichtet wurde, ,wie er selbst voraus gesagt, onangesehen seines züchtigen wandels, so er ye vnd ye geführt hat'. — Als er, am Freitag nach Dorothea, aus dem Falkenthurme an die Stiege des Rathhauses geführt wurde, um da sein Urtheil zu hören, drängte sich ein ,gueter Christ' in seine Nähe vnd der hatte, was nachfolgt, selbst gehört, gesehen und aufgezeichnet'. Diese Aufzeichnung besagt, dass er ,die IV Artikl nicht widerufen wollte, den Art. II und III jedoch auf löbliche Weise verstanden vnd auch sonst vnseres H. Jesu X" geistlich gegenwärtigkalt allenthalben — frey bekannt, vnd das Sacrament für ein Zeichen des gegebenen Leibes J. X" am Kreutz für vns erkannt' habe. — Ein ehrendes

mit sein Zunamen: Eisenreich von Landsperg, als er vom
Brandt haimritt, vnd vollen gewalt hat, (auch willens war,)
nach andern seines glaubens genossen mer zu greiffen, ist er
in derselbigen nacht gählings gestorben, vnd morgens im bét
todt gefunden worden. *P. Q. R.*

b) Umb dise Zeit ist auch Hans Feirer, ein Diener des
worts,[a] mit fünf seiner Brüeder, (Glaubensgenossen) zu München
vmb glaubens willen verbrennt worden. Ire 3 Weiber wurden
ertrenkt, auch zwo vom Adel, die Bergwangerin[1] (Perg-
wangerin) genannt, sambt einem Müllner geköpfft. *M. P. Q.
R.* = *B. E. G. L.*

c) Anno 1527 ist auch Oswalt Schäffler, ein Diener des
worts Gottes,[b] zu München (vmb seines Glaubens willen *F. K.)*
(zum todt verurteilt vnd) mit dem schwert gericht worden.
C. — *H. K. L.*

Zougniss christlicher Gelassenheit und Milde gibt der Erzähler dem Schulmeister von St. Peter und dem Meister Conrad Scheiter, Helfer im Unserer
Frauen Stifte, die sich viel und eindringlich mit ihm besprochen hatten.
Dagegen ‚hiess er etliche parfllesser mönich oder spitzschueher — heim-
geen'. Gebeten, den Brüdern ein Zeichen seines Glaubens zu geben, versprach er: ‚Dieweil ich den Mund auftuen kann, will ich den Namen
Jesu bekennen. Diss sei mein zaichen.' — Täufer und Lutheraner zählen
ihn zu den Ihrigen. Das oben erwähnte ‚Bekanndtnuss' ist eben nichts
Anderes, als die in Nr. 190, VIII. c. etc. vorkommende Relation. Das
Lied, dessen gedacht wurde, (29 Strophen, die Leidensgeschichte Wagner's
erzählend), bringen: die H. S. Nr. 203 und 236 Pos., VIII. c. Pestin.
512 Brun, der Aussbund. 1583, und Wakernagel's K. Lied. III. 455.
Literatur: a) Weller's Repert. 3797. b) Wunderbarliche vnd newe geschicht von aynem Wagner etc. 4°. o. O. u. J. c) Ein new warhaftig
vnd wunderbarlich geschicht oder historj von Jörg Wagner etc. 4°. o. O.
u. J. d) Winter V. A.: Bair. Wiedertäufer. 1809. e) Cornelius: Gesch.
d, Münster. Aufruhrs. 1855—1860. II.
[a] *L.:* der christlichen gemain. — [b] *D. G. L.:* in der gemain Christj.
[1] In *B. E. G. L.* heisst es: ‚Zwo weiber vom Adel mit Namen Bergwangerin,
samt einem Müller geköpfft.' — Nach Dr. Jörg (Deutschland etc. Freiburg 1851, p. 744, und der Weissenhorner Historie waren es Männer
und hiessen Augustin und Christof die Perwanger zu Guntzelhofen und
Vogach und wurden den 7. Jänner 1528 durchs Schwert gerichtet, obschon sie vorher widerrufen hatten; denn der Widerruf rettete in Baiern
nur vom Scheiterhaufen. — Nach der Weissenhorner Historie (Baumann's
Quellen 1876) liess ihnen Herzog Wilhelm 1528 am Mittwoch nach dem
Neujahr ‚der luttrischen ketzerei wegen' die Köpfe abschlagen. That-
sächlich waren die ‚Berwanger' Wiedertäufer!

d. 1) Anno 1527 ist Lienhart Kayser[1] zu Schärding im Bayerlandt durch den Bischoff von Passau zum Todt verurtailt worden vmb der göttlichen warheit willen,[2] den Freytag vor St. Lorenzentag, aber nit mocht verbrennen. Hat in also der Henker nach dem Brandt zu stücken zerhauen vnd haben die Stück in den Inn geworffen. *K. 1. N.*

2) Leonhart Kaiser, der erstlich ein Pfaff war, ist zum Glauben Christj bekert worden, vnd war demnach ein Diener des Evangelions. Ist darnach zu Schärding, im Baierlandt, gefangen, durch den Bischoff von Passau, auch andere Pfaffen vnd Thurmherrn zum fewer verurtlet vnd vberantwortet worden, am Freytag vor Laurenzj des gemelten Jars. Als er nun (zum Brand) hinaus gefüeret wardt, auff einem Karren gebundten, gingen die pfaffen nebenher, mit im zu reden; aber er wolt sie nit hören. Da griff er auff dem weg mit der Hand herab vom karren vnd brach ein blüemlein ab, nams vnd sprach zum Richter, der neben in ritte: Da brich ich ein Blüemlein ab, wofern das vnd ich verbrinnen, so sei euch das ein Zaichen, das mit mir recht ist gehandelt worden. Wo aber ich vnd das Blüemlein nit verbrinnen, sondern das Blüemlein in meiner Hand vnverbrennt behalten wirdt, so gedenkt, was ir gehandelt habt! — Darnach hat man vil Klaftern Holz mit im verbrennt, aber er ist nit verbrunen. Demnach aber hat man noch einmal so vil Holz genommen, aber man kundt in

---

[1] Ueber Linhart Kaiser (rectius: Käser), den Vicar von Waizenkirchen (im Innviertel), ,der Erlauchten Männer, Zeugen vnd kinder Gottes Einen, welcher gleich zu des Antichristischen Reichsbruchs vnd Zerspaltung zum rechten waren Christlichen glauben bekert worden ist' (H. S. ex 1618, in Pressburg), sieh': 1. Seb. Frank's Chron. III. 177. — 2. Luther's Werke. Jena 1536. III. T. — 3. de Wette: Luther's Briefe II. 616. III. 311. — 4. Histori oder warhaftig geschicht des leydens vnd sterbens Lienhart Keysers seligen, etwan Pfarrers zu Waytzenkirchen, o. J. u. O. (Münchner Bibl.) — 5. Dr. Eck's Gegenschrift: Warhafftige handlung wie es mit L. Käser — ergangen ist. (Grazer Univ.-Bibl.) 6. Winter V. A.: Gesch. der evang. Lehre in Baiern. 1809. — 7. Theod. Wiedemann: Dr. Joh. Eck. Regensburg 1865. — 8. Dr. Th. Fliedner: Buch der Märtyrer. 1859. II. Bd.

[2] ,wie im dan ein pfaff, (Wolfgang Fischer genannt: Dr. Eck) der vmb vbelthat gefangen ist gewesen, Zeugnuss gibt, sprechende: Ich hab den todt wol verschuldt, aber diser frome Christ: vnschuldiglich. Er sagt auch, das er nit wert wer, das er neben im steen solt, hiess auch den bischoff fraidig ein tyranen vnd bluthund.' Cod. *N.*

nit verbrennen, allein sein Haar verbrann vnd die negel an
den fingern wurden Etwas braun. Das Blüemlein hat er noch
so frisch in der handt, als ers abbrach. Vnd da man sein
Leib wischet, ging Ruess herab vnd war darunter noch schön
weiss. Darnach wardt er in stücken gehawen, vnd die Stück
ins Fewer geworffen. Die sindt auch nicht verbrunnen. Da
haben die Henker sie in den Fluss Inn geworffen. Den gemelten Richter vberkam dadurch ein solcher Schrecken, das
er nimmer in seinem Ampt bleiben wollt, vbergabs vnd zoch
sich weck, wie dan Einer, gebürtig von Schärding, der zur
gemain kam, ein Bruder worden, mit Namen Leonhart Mitter-
maier, welcher bei disem Richten gewesen, vnd selbst gesehen hat,
Zeugnuss gibt. *B. — L. M. P. Q. R.* Also kann Gott der Allmächtige
den Seinen krafft geben vnd sie im Glauben steif erhalten. *L.*

e) Anno 1527, den 21. Maj[a] ist Michael Satler, der
vorhin ein Münich war, ein hochgeleerter Mann, (in etlich sprachen
vnd der h. schrifft wol erfaren,[b] ein warer liebhaber Gottes,)
sampt etlichen Personen zu Rotenburg am Neckar vmb 7
Artikl seiner christlichen Bekanntnuss willen gefangen, — mit
glühenden Zangen gerissen vnd darnach verbrennt worden,
standhafftig in Gott. Nach etlichen Tagen ist auch des Michael
Satler's weib, nach vil ermanens vnd drohung, das sie absteen
soll, (blib aber in grossem bestandt,) vmb glaubens willen ertrenkt worden.[1] *B. — H. K. L.*

_____

[a] Cod. *N.:* den 26ten May anno 1528. — [b] *N.:* ein wolberedter Mann, beider
sprachen, der hebräischen vnd lateinischer erfaren'.
[1] Cod. *A.: I. K. 2.:* ‚Im Jar 1527 ist Michael Satler vmb (*A.:* zu) Rotenburg
am Neckar vmb d. g. w. w. gefangen worden. Er war in der Schrifft
ein geleerter Mann, ist aus dem Orden gangen, vnd hat ein Eeweib gnomen:
Ist in Gott gläubig vnd demnach auch Euangelischer Leerer worden, da
hat er vil seines Glaubens Genossen seine Leer mitgetailt. Ist darnach
gen Rotenburg gefäncklich gefüert worden. Alda hat er grosse Pein vnd
Marter, vil tyranej vnd schmachredt müessen erdulden, (wie man das
in seiner Rechenschafft findet). Nach allem dem ist er verbrennt vnd
sein weib nach etlichen Tagen ertrenkt worden.‘
    Sattler war von Staufen gebürtig. Dem Kloster St. Peter im
Schwarzwalde den Rücken kehrend, schlug er sich 1524/25 zu den Wiedertäufern im Züricher Gebiete. Mit Edict vom 18. November 1525 des Landes
verwiesen, zog er in seine Heimat, wo er das begonnene Werk fort-
setzte. Er wurde hier, um Horb und Rothenburg, der Gründer mehrerer
Täufergemeinden, die sich insgesammt zu den am 24. Februar 1527 zu
Schlatten am Randen vereinbarten sieben Artikeln (sieh' Beilage A

1528 *a*) Umb dise Zeit hat der König Ferdinandus
ainen (wilten, bluetdürstigen Profossen: *M. R.*), mit Namen
A i c h e l e ins Schwaben- oder Würtenberger landt geschickt, der
vil vnschuldiges bluet vergossen, vnd sie erwürgt hat, überall,

am Ende des I. Buches), dem Fondamente der Lehre der süddeutschen
Anabaptisten, bekannten. Er wird von den Schweizer und Strassburger
Prädicanten ein höchst achtbarer, stiller und gelehrter Mann genannt
und anstandslos den Martyrern der evang. Kirche beigezählt. — Was
ihm der Ankläger vor dem Malefizgerichte nach *M. P. Q. R.* und 221
Pos. zur Last legte, war 1. ‚das er vnd seine mitverwandten vngehorsam wider kays. Mandat gehandelt. 2. das sie nicht vom sacrament
halten: das es der Leib Christj vnd sein bluet sey. 3. das sie nichts
vom kindstauff halten, sonder von dem angegebenen Tauff Christj. 4. das
sie nichts vom Sacrament der Ölung halten. 5. die Mutter Gottes vnd
die heiligen nit anrieffen. 6. sagen vnd leeren man sol nit schwören
vnd 7. das die Christen nit kriegen sollen 8. das der Michael aus dem
Münchsorden gangen sei vnd ein Eheweib genommen 9. hab er gesagt,
wenn der Türck ins Landt komt, so soll man im kein widerstandt thun'.
— Sattler replicirte: die kais. Mandate hätten nur die Anhängigkeit
an Luther's Lehre verboten, mit welcher die Taufgesinnten nichts zu
schaffen hätten. Diese halten sich nur an Christi Worte. Christus sitze
zur Rechten seines Vaters und nicht im Brot und Weine. Die Taufe
sei den Kindern unförderlich. Das Öl, wovon Marcus und Jacobus
reden, sei ganz was Anderes, als die Ölung der kath. Kirche. ‚Wir
verehren die Mutter Gottes, schmähen sie vnd die heiligen nicht, lüognen
aber ire fürsprache. Den Eid verwerfen wir nach Christj Gebot.‘ Den
Krieg halte er für unerlaubt. Aus dem Orden habe er sich begeben und
ein Weib genommen, als er Paulum gelesen und den unchristlichen Stand,
darin er gelebt, betrachtet und dessen Pracht, Hoffarth etc. kennen gelernt.
— Sattler's Mitgefangene wurden von König Ferdinand zum Schwerte b e -
g n a d e t, seine Sentenz ward bestätigt. (Innsbr. Archiv.) Von seinen Schriften
erhielten sich in den *H. S.* der Wiedertäufer (190. 221. 163 Pos.) mehrere
Episteln, Sendbriefe, Artikel und Handlungen, desgleichen das oberwähnte
Bekanntnuss'. Literatur: 1. Sebast. Frank's Chron. III. 177. — 2. van
Braght's Martelaer Spiegel II. 5—7. — 3. Zeitschrift für hist. Theologie,
1860. I. 31. — 4. Weller's Repert. 3967. — 5. Füesslin's Beiträge III.
371. — 6. Ayn newes wunderbarlichs geschicht von Michel Sattler etc.
4°. o. O. 1527 (Heyse's Bücherschatz 535). — 7. Cornelius: Gesch. d.
Münster. Aufruhrs II. 39—69. — 8. Vierordt: Gesch. der evang. Kirche I.
349. — Im ‚Aussbundt' (= Wakernagel's K. Lied. III. 405) wird endlich
Sattler auch als Verfasser des Liedes ‚Als Christus mit seiner waren
Leer' aufgeführt, eines Liedes, das zum ersten Male (ohne Namen) unter
den durch M. Weiss 1531 zu Jungbunzlau herausgegebenen Liedern der
Böhmischen Brüder ans Licht getreten ist. — Das Lied Nr. 520 in
Wakernagel's K. Lied. B. III. ist dagegen nicht von ihm, sondern ein
Passauer Lied des M(ich). S(chneider).

wo ers antroffen hat; auch den Mantelhof,[1] nicht weit von
Ale (*G. L.*: Vlm), der Stadt gelegen, mit Männern, Jünglingen
vnd Jungfrawen, ongefär bej 20 Personen sambt iren Dienern
verbrennt. *B.—H. K. 1. L. M. P. Q. R.*

Dieser Aichele,[2] des Reiches Profoss, hat gar vil vnschuldiges bluet vergossen an manchen orten, in städten, märkten
vnd dörffern; aber Gott stiess im zulezt ein schrecken ein
durch die (redliche) standhafftigkeit seiner Diener, das er geschworen, keinen Brueder mer zu richten. Er ist demnach
zu Würtemberg erstochen worden, vnd schändlich vmbkomen.
M. P. Q. R.

Also ist die Zeugnuss der Schrifft im ganzen Römischen Reich erfüllt, die göttlich warheit landtprächtig
(*C. H. K.*: lautprächtig) worden: Das gott sein volk, die
Schaf seiner weidt, wolfail zur Schlachtbank vbergibt,
vnd ist des würgens vnd bluetvergiessens vmb der
göttlichen warheit willen so vil worden, in Preussen
vnd auch vnder dem Pfalzgraffen, in Niderlanden, in
der Graffschafft Tyrol, in Kärnten, in Steyermark, im
Baierlandt, in Salzburg, vnd im Landt ob der Ens.
B.—H. K. L.

b) In dem 1528 Jar, am Mitwoch nach (*C.*: vor) allerheiligen tag ist der Johannes Bair von Lichtenfelss, ein christ-
gläubiger Br. vmb der g. w. w. gefangen worden, vnd zu
Bamberg bis in die 23 Jar im thurm gelegen. (bis auf das
1551 Jar *J. K.*) Nach dem ist er (1551) in den gefenknussen
im Herrn entschlaffen, (wie den in dessen brieflen,[3] so er

---

[1] Der Überfall im Mantelhof bei Aalen geschah zu Weihnachten (1531) durch
württembergische Reiter. Aichelin nahm den Bauer und seinen Sohn und
liess sie an eine Linde in Essingen aufhängen. Einige standen ab. Die
Mehrzahl aber ‚begehrte der gnad nit und wurden (17 Personen) in dem
angezündeten Hofe verbrannt‘. (Sieh' Weissenhorner Historie.)

[2] Ueber diesen Aichele ein Mehreres: Anshelm: Berner Chronik. — Weissenhorner Historie. — Bullinger's Ref.-Gesch. 1833. — Jörg: Deutschland
(S. 634). — Dobel: Memmingen II. 15. 21.

[3] ‚Des zum Zeugnus (schreibt Braitmichl in Cod. *I.* u. *K.*) hab ich im
1550 Jar sein aigen handschrifft gelesen, die er dazumal den Eltesten
Brüdern in der Gemain zugeschriben hat.‘
Diese Schrift besteht in einem simplen Briefe (ddo. ‚Bamberg in
einem finstern Loch im J. 1547‘), der sich in den Handschriften *M. P.
Q. R.* vorfindet, und worin er den Brüdern, mit der Versicherung seiner

heraus in die gemain geschriben, vernomen wirt.) *A.—L. M. P. Q. R.*

c) Anno 1528 wart Oswalt Binder zu München im Baierlandt enthaupt. Er war ein Diener des Worts, darum man in ein Bischoff hiess der Wiedertauffer. Als er niederkniet, sprach er: Vater in deine händt bevelh ich Doinen geist, darob sich das ganz volk fast verwundert. *N.*

1529. *a)* Die Verfolgung in der Pfalz.

Umb dises 1529. Jar hat auch die erkenntnuss der warheit in der pfalz am Rainstrom angefangen zu leuchten, daz der göttlich ciffer vnd das feuer gottes auffgangen ist, dem dan die pfaffen mit anrueffung der obrigkeit gewaltig anfingen zu weren. — Es wurden erstlich, one des Churfürsten oder Pfalzgrafen bevelch, allain aus der pfaffen anhetzung vnd edelleut hilff, zu Altze in der Statt, 9 Brüeder vnd etliche Schwestern gefangen, vmb des glaubens willen. — Als man nun irr wardt, waz man mit inen handlen solt, da hat der Burggraff von Altze den Pfalzgrafen als seinen Fürsten vnd Herrn zu rat gefragt, wie er mit inen handlen solt; aber der Fürst hat im antwort: Sie haben doch das Landtgericht zu Altze, daselbs sollen sie's lassen erkennen, vnd vrtailen. Nun der Burggraff thets, vnd stellet sie für das Landtgericht, aber die wolten nit vrtailen vber sie, weil sie allain vmb des glaubens wegen gefenklich einkomen, vnd sonst kain vrsach des todes vorhanden war. In dem war ein Reichstag. Da bracht der Pfalzgraff für, wie das er gefangen hat, vmbs glaubens oder widertauffs willen, vnd wie mit inen zu handeln sei! Da wardt es auff die 4 Ketzermaister, wie man sie haist, gegeben. Dieselben haben aber auff des kaissers mandat gewisen, da wurden sie genugsam finden, was Kaisserliche konstitution, Satzung oder ordnung sey vber solche, darnach sie sich werden zu

Treue. den Empfang einer Schreibtafel, ,einer Rechenschafft unserer Religion, leer, vnd glaubens, dann der Kertzen vnd Federn bestätigt, vnd sich eine Bibel, die ihm nit worden sei', erbittet; ,denn er leide grossen Mangel an wort, vil lange Jar, vnd habe grossen durst nach dem worte des Herrn'. Seiner ,gefangenen Tag' sei ,die Sume 20 Jahr, weniger Acht wochen, am Mitwoch nach Allerheiligen' (4. Nov.). Baier nennt sich einen ,Verlassenen der verlassenen Gefangenen in Jesu Christo' und bittet die Brüder, Gott anzurufen, dass er ihn aus seiner Noth erlösen möge, die unaussprechlich sei.

halten wissen. Dann die Constitution lauter mit sich bringe, daz alle vnd yede widertauffer- vnd widergetauffte, mans- vnd weibs personen, verstendigs alters, vom natürlichen leben zum todt, mit Feuer, Schwert oder in andere weg, nach gelegenheit der personen, hingericht sollen werden, vnd wo sie sich vorfinden, daz man sie für Recht stellen, beklagen vnd vberweisen soll, vnd also, vnd nit anders vrtailen, richten vnd handlen soll mit inen, bej vermeidung hoher vngnad vnd straff!

Auff das hat man darnach disse gefaugenen Brüeder vnd schwestern zu Altze wider fürgestellt vnd inen kaisserliche Mandat fürgelesen, vnd da sie nit abstehen wolten, alsdan on weiters vrtl, nur also auff des Kaissers mandat, zum todt gefürt, die Brüeder durchs schwert gericht, die schwestern aber ertrenckht in der Rossschwem. — Als sie noch gefangen lagen, kam eine Schwester zum gefencknuss vnd tröstet die andern gefangnen Schwestern vnd redt mit inen, daz sie redlich vnd steiff sein sollten im Herrn vnd diss leiden nit ansehen! Da man des inne wardt, nam man sie alsbaldt gefangen. Sie wardt darnach verbrennt, darumben, daz sie die andern getröst vnd gesterkht hat.

Also wolten sie das liecht der warheit vnd das feuer Gottes löschen vnd dempffen, aber es ging nimmer an. So namen sie's nun an, legten gefangen man vnd weib, knecht vnd Jungfrauen, was sich dem glauben ergab. Man warff an etlichen Orten alle gefenkhnuss vol, vnd wolt man sie durch solche Engstigung erschreckhen, so sungen sie vnd waren frölich, also, das den freunden, die ausserhalb der gefenckhnuss waren, vil mer angst vnd bang wurdt, als denen in der gefenckhnuss, vnd wissen nit, was Sie mit inen anfangen solten. *M. P. Q. R.*

Der Pfalzgraff Ludwig am Rainstrom liess irer in diesem 1529 Jar in kurtzer Zeit also auff des kaissers mandat bei 350 hinrichten vmb des christlichen glaubens willen. Sonderlich sein Burggraf zu Altze, in der stat, mit Namen: Dietrich von Schönburg,* liess ir vil, zu Altzen in der stat, köpfen, ertrenkhen vnd tödten, wie irer den die so zur zeit zu Altze dahaimb gwesen, hernach (aber) zur Gemain herein (in Mähren *E. L.*) komen sein, — es gesehen haben, wie man sy geholt hat in heusern, wo man sy gewisst hat, vnd sy zur richtstatt,

---

* *D. E. F. L. P.*: Schöuberg.

wie die schlachtschaff gefirt, welche sich dan Allerdings keines
Absteens nit bereden liessen, sondern ganz frölich zum Todt
giugen.* Weiln man mit den andern vmbging, sie ertrenkht
vnd hinrichtet, so sungen dieweil die vbrigen, die noch vorhanden waren, vnd mit freuden auf den todt warteten, bis sie
der Henckher auch zur handt nam. Waren gantz beständig
in erkannter warheit vnd versichert im glauben, den sie vom
Gott haten. — Etliche, die sie nit gar richten wollten, haben
sie gestrafft am Leib, inen die Finger abgehawen, Etlichen
Creutz an die stirnen brennen lassen, vnd vil übels mit inen
angefangen, das auch der gemelte Burggraff selbs sprach: Was
soll ich thuen? Je mer ich richten vnd tödten lass, Je mer
werden irer! Diser Dietrich, Burggraff, der sich viel an vnschuldigen bluet versündigt vnd vergriffen hat, wurde dessen
auch erschrecklich innen. Es begab sich, das er einmals geen
Haidelberg zum Pfalzgrafen komen vnd mit im essen hat
sollen, vnd wie er hinder dem Tisch gesessen, ist er des gähen
Todt's gestorben. *B.—H.* + *K. L. M. P. Q. R.* — Also ward
diser Vnflat aussgemacht. *D.*

Der Lezten einen, den sie zu Creuznach, in der stat
richteten, der war von Langenlansshaim, mit Namen Philips.
Als im der Henker das Haupt abschlug, da fur dem Hencker
etwas vmb das Angesicht, also, das er mit den Händten vmbs
angesicht sich weret, welches das volckh wol sah, wussten
aber nit, was im war, oder warumb ers that! Es ging aber die
redt darnach, es wär im etwas, wie ein schwarze Henn, vmbs
Angesicht geflattert, das er also mit den händten sich gewert
hat, wiewol aber das Nimant gesehen hat, als er selbs, was
es war. Etlich sagten: Das Bluet wer Im also vnder das angesicht gespritzt. Darnach faulet disem Henker die Nasen ab,
bis in den kopff. *B.—H. K. L. M. P.—R.*

Der Pfalzgraff ward auch also durch Ains vnd anders
erschreckt vnd bewegt, dieweil er daneben ir vnschuldt erfuer,
das er[1] leztlich, gleichwol nach geschehenen Dingen, in ein
grosse späte Rew fiel, also, das er gesagt sol haben, wie ein

---

* Stunden wie ein harter Fels, alle mainster der welt vnd der hohen
Sinnen muessten zu schandten werden. *M. P. Q. R.*

[1] Cod. *M. P. Q. R.:* ,daz er hernach seine Hendt in solchem bluet nimmer
Lust het zu waschen, vnd vil darumb geben het, daz es nit geschehen
wer.'

gar grosse Summa gelt es in gestandten habe, das er so viele
richten hab lassen; aber er wolt ietz gern noch ein so grosse
Summa gelts geben, das er nie einen het richten lassen! Darumb
man auch hernach nit balt mer ainen am leben angriff, wiewol
mans verfolget, vertrib vnd nit leiden wolt, wie auff disen tag.
B.—H.+K.—M. P. Q. R.

b) Umb dise Zeit ist ein Brueder, mit Namen Geörg
Bawman zu Bauschlat im Landt zu Wirtemberg gefangen
worden, vmb Glaubens willen vnd des worts Gottes, vnd der
Juncker, vnder dem er war, hat in ein Zeit im Gefäncknuss
behalten, in grewlich gereckt vnd gemartert vnd so vil an im
gehantirt mit gefencknuss, Marter vnd Pein, auch mit allerley
zusetzen, das sie in irr machten, vnd er Inen bewilliget zu
volgen. Darnach wollten sy, er solt in der Kirchen widersprechen vnd sich bekennen, das er abstuendt, welches er
ainmal oder zwej that, in die Kirchen ging vnd sein gedrungene
bewilligung ausrichtet. Vnder dem schlug er in sich selbs,
bedacht die Ere Gottes vnd seines Namens, dessgleichen wo
er hinkommen wer, vnd fiel in ein Rew. Darum, wie er zum
dritten mal wider in die Kirchen kam, vnd widersprechen oder
widerrueffen solt, da sprach er zu den Pfaffen vnd iren bei-
stendten: (Ey ir Schälckh!) Ir habt mich vervortlet, durch
Marter vnd Not dazue gedrungen vnd dahin gebracht, das ich
euch bewilliget hab, meinen Glauben zu verlassen vnd euch
zu volgen. Nun aber wideruf vnd widersprich Ich hiemit
dasselb Alles, vnd ist mir laidt, das Ich es gethan hab; fieng
also an vnd bekennet vom Neuen, das diss die göttlich warheit
vnd der recht glaub, Ja der weg zum Leben in Christo sei. —
Dargegen der welt abgöttisch Leben vnd wesen sei ein Ver-
füerung vnd Gott zuwider, vnd auf seinem Glauben vnd Erkanntnuss will er fortfaren vnd beharren, biss zum Endt. —
Auf das namen sie in wider alsbald gefangen vnd vervrtelten
ihn zum Todt. Wie man in aussfüeret zur Richtstat, da sang
er frölich auff dem Weg hinauss. Es war ser kottig im dorff,
aber er ging strackhs für sich, also, das im die Schuech in
kott stecken bliben. Er achtets aber nit, oder thets nit war,
liss die Schuech nur stecken, eilet zur Richtstat vnd sang vor
freuden, das im Gott wider ein solchen muet vnd Hertz geben
hat. Also ward er enthaubet vnd durchs Schwert hingericht.
B.—H. K. L. M. P. Q. R.

Dem Juncker,[1] der in richten liess, dem sein hernach die Zehen von Füessen gefault, vnd hate gross vnglückh. Die im vrtel gesessen, vnd den Brueder verurtelt haben, sturben alle eines bösen Endt's, ainer ward vnsinnig, brüllet, wie eine Kue, ainer wurdt aussetzig, Suma: sy sturben alle keines rechten Todts. *B.—H. + K.—M. P. Q. R.* Also straffet sie Gott. *D.*

c) Anno 1529 ist Vigil Plattner,[2] ein Diener Jesu Christj zu Schärding im Baierlandt, vmb der göttlichen warheit willen, gefangen vnd zum Todt verurtelt vnd hingericht worden. Hat also die göttl. warheit mit seinem bluet bezeugt, (wie er dan in seinem liedt Gott in der warheit Zeugnuss gibt). *A.—F. J.—M. O. P. Q. R.* — Wolt weder zur rechten noch linken abweichen. *M. P. Q. R.*

Es ist auch ein liedt von im in der gemain vorhanden. *M. P. Q. R.*

d) 1. In disem 1529 Jar ist der Brueder Ludwig Hetzer,[3] ein diener des Evangelions,[a] ein Hochgeleerter[b] Mann, zu

---

[a] ein Diener Jesu X^u, *J. M. O. P. Q. R.* — [b] *G. L.:* ein begabter Mann. *M. P. Q. R.:* ein gelerter vnd erfarner Mann, der hebreischen, griechischen vnd lateinischen Sprach wol erfaren, auch in der h. Schrifft.

[1] Cod. *M. P. Q.* hat hier: ‚Der Junker, der in richten liess vnd alle, die im vrtl gesessen vnd vber in geurtailt heten, namen schreckliche endt; haten ire frölicbe Tag in diser Welt schon eingenommen, wie dann die, so hernach von den orten zur gemain komen, gewist haben.'

[2] Vigil Plattner war vordem Gesellpriester in Rattenberg am Inn.

[3] Ueber Ludwig Hätzer, angeblichen Antitrinitarier, mustergiltigen Bibelübersetzer und der Besten Einen unter den Dichtern der alten protestantischen Kirche, sieh' Museum helveticum VI. 100. 479. — Seb. Frank: Chron. 1531. — Zwinglii Opera omnia I. VII. VIII. — Füesslin J. C.: Kirchenhistorie. 1774. — Ersch und Gruber's Allgem. Encyklop. 1830. — Hagen Dr. C.: Deutschl. lit. und relig. Verhältnisse. 1868. III. Bd. — Trechsel F.: Protest. Antitrinitarier. 1844. -- Dr. Th. Keim: Ueber Hätzer in Liebner's Jahrb. für deutsche Theologie (erschöpfendste Abhandlung). — Weller's Repert. typ. Nr. 2448—2449. 2810. 2898. 3153. 3425. 3940—3944. — Röhrich T. W.: Strassb. Wiedertäufer, in Zeitschr. für hist. Theologie. 1860. I. Bd. — Cornelius C. A.: Gesch. d. Münster Aufruhrs. 1860. II. Bd. — Roth Friedr.: Augsb. Ref.-Gesch. 1881. — Die sub *d* erwähnten vier Lieder sind: *a)* Solltu bei Gott dein wonung han — *b)* Will sin vnd gmüet richt auf zu gott — *c)* Gedult solt han — auf gottes ban — *d)* Erzürn dich nit o fromer Christ. — Das Lied a) erliegt in der H. S. *G. H.* XI. 27 in Gran, b) in den H. S. 212 und 232 in Pressburg, c) in H. S. *C.—W. 1565* in Gran, alle vier gedruckt in diversen Gesangbüchern der Protestanten aus der Zeit von 1540 bis 1727.

Costnitz am Bodensee gefangen vnd[a] vmb der göttlichen warhait
willen zum todt vervrtelt vnd[b] mit dem schwerdt gerichtet
worden.[c] Da hat er die göttliche warhait Ritterlich mit seinem
bluet bezeugt. *A. B.—H. K. L. ≃ M. P. Q. R.* Er hat die
Propheten mit Johannes Denckh[1] verteutscht aus dem Hebräischen, auch gar schöne Articl geschrieben vnd bekennt,
wider die Päbstler vnd Buechstäbler. Er war Hoch mit dem
Geist Gottes verständiget, wie seine Schrifften melden. Er hat
ein Reim zu Costnitz angeschriben von der Gottheit, der lautet also:

> Ich bin allein der ewig Gott,
> Der one hilff alles erschaffen hat,
> Fragstu wie vil doch meiner seyn?
> Ich bins allein, mein sein nit drey.
> Sag auch darbey on allen won,
> Waiss glatt auch von kainer person.
> Ich bin auch weder dis noch das,
> Wem Ich's nit sag, der waiss nit was. *B.—D. F. K. L.*

Er hat in seinem Abschaidt vil schöner leer gethan, das
sich menigclich verwundert vnd bewegt worden mit im zu
wainen, von welchem Ludwig Hetzer noch vier **lieder** vorhanden sind, die er selbs gemacht. *M. P. Q. R.*

e) In disen 1529 Jar ist der Johannes Hut, ein trewer
Diener Jesu Christj, zu Augspurg vmb der göttlichen warhait
vnd Zeugnuss Christj willen gefangen worden. Da hat man
in in einem thurn gereckt vnd haben in also von der strengen
Frag oder vom Sail gelassen. Da ist er wie ein Todter ligen
blieben. Da sein sie von im gangen vnd haben ein Liecht in
der gfenckhnus beim stro stehen lassen. Da ist das stro von
dem Liecht angangen.[d] Wie sy nun wieder in den Thurn sein

---

[a] *M. N. O.*: nach langwiriger Gefenckhnus. — [b] *M. Q.*: selb dritt. —
[c] *N.*: am 3ten Februarj 1529. — [d] *O.*: da ist er im Thurm mit Feuer
erstickt. — Cod. *G. I. X.* 9 in Gran: ist im gefenckhnus haimlich erstickt worden.

[1] Bezüglich des Hans Denk, Hätzer's Mitarbeiters an der Uebersetzung
der Propheten, welche Zwingli's Neid erregte, genügt es hier auf das
gründliche Werk des Dr. Ludwig Keller: Ein Apostel der Wiedertäufer.
Leipzig, bei S. Hirtzel. 1882. 8°. und die demselben beigefügte erschöpfende
Literatur zu verweisen. — Ohne Grund wird von Füesslin das schöne Lied:
Der christliche Glaube: ,Wir glauben all an einen Gott — vnd lieben in
vom hertzen‘, (abgedruckt im ,Aussbundt‘ = Wakernagel's K. Lied. III.
1253), bei dem in den Gesangbüchern der Wiedertäufer Peter Riedemann
als Verfasser genannt wird, dem Hans Denk zugeschrieben.

kommen, da haben sie in also todt erfunden. Darnach haben
sy in in einem Sessel[a] für gericht gefürt,[b] da ist er vervrtelt
vnd verbrennt worden, *A.—M. P. Q. R.*, wie ich dann dasselb
von dem Philipp Hut, seinen Sun[c] gehört hab. *A. I.*[1] Dieser
Hannss Hut hat die Danckhsagung gemacht, die wir bei
des Herren Abentmal oder Gedechtnuss singen, auch sonst
noch ein oder zwey lieder gemacht. *M. P. Q. R.* — Johannes
Hut, ein Frembdling zu Augspurg, was ein vornemer Leerer
der gemain daselbst. (Er) wart von den vermainten Evangelischen Predicanten ein Bischof der widertauffer gescholten,
schriben vil wider in vnd lyssen in gefencklich annemen vnd
dieweil er hochgeleert war, vnd beredt in der h. Schrifft, wart
er im gefencknus Kotterle im Rauch erstickt, vnd darnach
verprennt. *N.*

f) Umb disse Zeit ist Hans Langenmantl,[2] ein reicher
burger vnd grossen geschlechts, zu Augsburg gefangen. Weil

---

[a] *D. F. N.:* auf ein Karren gesetzt vnd also todt etc. — [b] *N.:* die vrgicht über in verlesen, die er nit verantworten kundt, in ausgefüert vnd
verbrennt. — [c] der bey der gemain in Märbern im herren entschlaffen
ist, *M. P. Q. R.*

[1] Ueber Hans Hut, den eifrigen Propagator ‚des Widertouffs‘ in Franken,
Baiern, Schlesien, Oesterreich und Salzburg, den Gegner Hubmaier's und
seines Conservatismus in Nikolsburg, den Häuptling der Augsburger
Wiedertäufer etc. müssen wir, ausser Stande, ihm an diesem Platze eine
umständliche actenmässige Beurtheilung angedeihen zu lassen und damit
allerlei eingeschlichene Irrthümer zu widerlegen, lediglich auf die über
diese hervorragende anabaptistische Persönlichkeit bestehende Literatur
verweisen, und namentlich auf: Meyer's Abhandlung in der Zeitschrift
für Schwaben. Neuburg 1874. — Jörg: Deutschland in der Revol.-
Periode (S. 684 seq.). — Cornelius: Münster. Aufruhr. 1860. II. Bd. —
Roth Friedr.: Augsb. Ref.-Gesch. 1881. — Aeltere Nachrichten bringen
Frank's Chronica. — (Sender Clemens): Historica relatio de ortu et pro-
gressu Haeres. 1654. 4º. — Gasser: Annalen bei Menken ad 1527. —
Die Heidelberger H. S. Nr. 793 und der Cod. german. Nr. 1355 in
München.

Hut bereicherte den Schatz der (protest.) Kirchenlieder a) mit dem
in der H. S. 1039 in München, dann in den Wiedertäufer. H. S : 244
Pos., *G. H.* 27 in Gran u. m. a. vorkommenden Liede ‚Die Danksagung‘ (abgedruckt in Wakernagel's K. Lied. III. 444, wo es irrig
dem Thom. Münzer zugeschrieben wird); b) mit den in Wakernagel's
K. Lied. III. 508—511 abgedruckten und zum Theile auch in den
H. S.: 232 und 236 Pos. vorkommenden drei Liedern.

[2] Ueber Eitel Hans Langenmantel, einen Bruder des tapferen Führers des
schwarzen Schlachthaufens vor Pavia und Sohn des Augsburger Bürger-

er aber der glidsuecht halben nit gehen mocht, ist er auff einen
Sessel gesetzt, für die Stat getragen (vnd) des lants verwiessen
worden, kam geen Weissenhorn, thet, als ein trewer leerer
der warhait, das Evangelion ausskündigen, wardt widerumb
gefangen, verurtailt vnd[a] mit dem Schwert gericht. *M. Q. P. R.*
— Eitel Hans Langenmantel, ein Burger des fürnemsten Geschlechts zu Augspurg, kam zu rechter Christl. Glaubens-
Bekanntnuss, mit der Tauff in die Gemainschaft auffgenomen,
vnd darnach zu ein Diener des worts[b] ausserkoren; dann er
reichlich begabt war in der h. Schrifft vnd Göttlicher erkanntnuss, wie seine Buechlein[c] in druckh aussgangen, aussweisen,
das die vermeinten Evangelischen Predicanten daselbst zorn
thet, vnd auch wider in schriben vnd disputirten. Liessen in
einlegen. Seine widersacher vnd Feind namen Vberhandt, wolten
aber aus Scham nit zuegeben, in in Augspurg zu tödten. Als
man in (nun) in einem Sessel trueg für das Rathauss, — las
man die Vrgicht Vber in, das er enthaubt sol werden, aber
auss fürbitt seiner gewaltigen freundschafft solt er begnadet
werden. Doch soll er zur statt hinausgetragen vnd die im
verboten werden. Das geschach. — Also ward er, dann er
das Podagram hat,[d] in ein Sessel hinausgetragen, vnd wart
geen Vlm auf ein Karren gefürt, vnd von Vlm geen Weissenhorn. Da ist er im Sessel enthaubt worden vnd hat also die
warhait[e] säiglich[f] (mit seinen bluet *D. E.*) bezeugt. *B.—H.*
K. L. N.

---

meisters Hans L., sieh' die bei Haus Hut gedachte H. S. Nr. 1355 und
weiterhin: Weller's Repert. 3831—3832. — Vesenmayer's Beiträge zur
Gesch. der Literatur. Ulm 1792. — Die Weissenhorner Historie in Baumann's Dr. F. L.: Quellen zur Gesch. des Bauernkriegs. 1878. — Ulhorn:
Urban Rhegius. 1861. — Dobel: Memmingen im Ref.-Zeitalter. 1877. —
In den H. S. der Täufer, und zwar in den H. S. VIII. g. 27, und VIII.
g. 25, (beide in Pest), dann in der H. S. Michnay. Lyc. Pos. ex 1618
finden sich zwei Abhandlungen Langenmantels: a) ,Vom Nachtmal des
Herren — aus Matheo Marco Lucas vnd Paulo', b) ,Vom Sacrament,
auch durch Hannsn Langenmantl gemacht'. — Er gilt auch (irrig) für
den Verfasser des im ,Aussbundt' (und in Wakernagel's K. Lied. III. 457)
abgedruckten (Riedemann'schen) Liedes: ,Komm Gott Vater vom Himel —
Mit Krafft deines Geists.'
[a] *Q.:* daselbs zu weissenhorn. — [b] *G. L.:* des Euangelions. — [c] *C. K.:*
sein Buechl. — [d] *D. F. G. L.:* vnd nit geen khondt. — [e] *D.:* die
warhait Gottes (*L.:* Christj). — [f] *D. L.:* ritterlich.

g) Johannes Leopold was ein schneider zu Augspurg, der von Jugend auff ein guete zeugnuss hat gehabt von allen bekannten, seiner Tugend halben. Er war ein Diener (Gottes) daselbst. Als er nun war aussgefüert, verlass man die vrgicht vber in vom Rathauss, wie er solt mit dem schwert vom leben zum todt gericht werden. Darauff sprach er: ,Nit also ir Herren von Augspurg! sondern, (ob Gott will) auss dem Todt ins Leben!" Darob entsetzt sich menigclich, sambt andern seinen Reden, so er thet vor seinem Todt, da man in zur Richtstatt füert vnd enthaubtet. *B.—H. K. L. N.* [1]

h) Adolphus von Klarenbach [2] vnd Petrus von Flitstätt des Gilischen Landts. Dise zwen (Brüeder: *L.*) wurden zu Cöln am Rain gefangen, vmb des heiligen Evangelions willen. Von disen ist ein druck aussgangen, darinen ir Confession (vnd glaubenssach) wirt angezaigt, samt der gantzen Acta vnd handlung. Nach langer verhör vnd disputation, da sindt sy ausgefüert vnd verbrennt worden, als römische ketzer, aber beständig in irem glauben blieben, vnd in Gott verschieden. *B.—H. K. L.* ⪬ *N.*

1531. *a)* Anno 1531 ist der Br. Martan Malor, ein* Evangel. Diener,[b] selbs sibenter zu Schwäb. Gmündt vmb der g. w. willen[c] gefangen worden, vnd nach viel handtirens sein sy zum Todt vervrteylt vnd alle mit dem schwerdt gericht worden. Sie haben alle Gott vnd seine ewige warhait redlich bezeugt vnd mit irem bluet versieglet, wie das sein lied,[d] vnd das

---

[a] beredter *Q.* — [b] Diener des worts *M. R.* — Diener gottes *P. Q.* — [c] vmb des glaubens vnd der g. w. w. *P. Q.* — [d] seine Lieder *B. F.*

[1] Die Handschrift *N.* versetzt dieses Ereigniss in das Jahr 1531. In allen anderen Handschriften fehlt das Jahr. Die Hinrichtung hat am 25. April 1528 stattgefunden. — Ueber Lypold sieh' Sender, — Gasser, — Weissenhorner Historie. — Cod. german. 1355. — Schwenkfeld's Epistolar. I. 94. — Heidelberger H. 8. 793 und das Lied: Mein Gott dich will ich loben: Im ,Aussbundt' (= Wakernagel's K. Lied. III. 478).

[2] Cod. *N.* gedenkt des Klarenbach'schen Handels zum J. 1527. Richtiger ist: 1529. Nach Beckhaus: (Narratio brevis) † Klarenbach und Flytstäden am 28. Sept. 1529.

Ueber Clarenbach und Fliesteden sieh' die alle älteren Acta und Erzählungen entbehrlich machende Darstellung in: Dr. L. Ennen's Geschichte der Stadt Cöln. 1875 (Band III, 270—290); dann: Göbel's Gesch. des christl. Lebens. 1849, und Cornelius: Müuster. Aufruhr II. 72—78.

Liedt,[1] das von Inen allen ist gemacht worden, aussweisst.[2] *B.—M: P. Q. R.* Es sein auch die Ratsherrn, so sie vervrtlet, haben, alle eines bösen Todts gestorben. *B.—F. H. K. L.* Nach vil handtiren, wen sie absteen wollten, so sollen sie vnbekummert zu iren weib vnd kindt hingeen, antworteten sie frölich: Nain! sondern wollten willig sterben. Sie stuendten nit ab, vnd sein nachmals zum Todt vervrtailt worden, als sie nahent ein Jar gefangen lagen. Man fiert sie vnder das Rathhaus vnd las inen etliche Articl irer vrgicht, darnach führt man sie alle 7 mit glaidt vnd mit drumen zur Richtstatt hinaus. Da beualch sich der Br. Martan Gott seinem Herrn, vnd sy alle samen, das er inen ein seliges endt wöll verleihen, (vnd seine schäfflein widervmb versehen. *P. Q.*) Da man sie auf den wasen oder Anger bracht, sprach der Müllerknab, vmb die 16 Jar alt, zue dem vmbstehenden volck, daz sie von iren sündten absteen sollen vnd sich bekeeren zu Gott. Dan es sei kein anderer weg zum himel, dan durch J. Christum, der an dem Creutz gestorben ist, vnd vns erlöst hat. — Da man

---

[1] **Martan Maler** ist der Verfasser: 1. des schönen Liedes (im Cod. 203 etc.) (Tollner's Melodie) ,Mit Freuden will ich singen — loben den höchsten Gott'; — 2. theilweise auch des Liedes (Cod. Lev.): ,Aus tieffer Noth schreyen wir zu dir, — Herr Gott, hör vnsser beten — Dein heiligen Geist send her vns schir — Der uns beistee in Nöten!' ein Lied, das auch in dem Liederbuche: ,Aussbundt' mit der Bemerkung abgedruckt erscheint: ,diss Lied haben die 7 Brüeder im gfengnuss zu Gmünden gemacht, jeder ein Graatz'. — Der Abdruck weicht aber von der Handschrift Cod. Lev. ab; — 3. im ,Aussbundt' steht weiter noch ein ,ander Marterlied von den 7 Brüedern, [die] auff einen Tag zu Gmünden im Schwabenlaud bezeugt. a. 1529'(!), im Ton: Ich stuand an ainen Morgen (17 gsaz.)', in den Handschriften 203 und *G. H.* XI. 27 unter dem Namen ,der Müllerknab' mit 18 Strophen. Es beginnt hier also: ,Kürzlich hab ich mich bsunen — In meines Herzens grund' etc. — Das letzte (18.) ,gsatz' des ungenannten Sängers (Peter Riedemaun's) erzählt: ,das alles sei ergangen, da man hat angefangen zu zälen 31 Jar vnd 1500, nach Christj Geburt'; — 4. ,Sein vnd aller seiner Leidensgenossen, darunter Br. Wolf Eslinger, Br. Bamberger, Br. Pany, vnd Br. Melcher.' *(M. P. Q. R.)* ,Abscheiden' schildert endlich ein unbekanter Verfasser in dem 47-strophigen Liede der Handschrift Nr. 512 (Brünner Landesarchiv): ,Aus herzlichen Mnet vnd eüffer — kann ich nit underlan' etc.

[2] ,Apud Gemundiam Sueviae septem Anabaptistae capitibus privati sunt, (durch Aichelin) multi adhuc in vinculis tenentur', schreibt 1529, den 22. December, Conrad Sam von Ulm an Bucer. — Vgl. Keim: Schwäb. Ref.-Gesch. 293.

sy in den Ring bracht, da ritt ein edler Herr in den Ring zu
dem knaben, ermanet vnd bat in: Mein Son! Stehe du ab
von dem Irrtumb! Was zeichst du dich? Erret dein junges
Leben! Ich will dich mit mir heimfüeren. Du sollst dein leben
lang ein pfründt vnd guet sach bei mir haben, nur folg mir!
— Aber der knab sprach: das welle Gott nimer mer! Solt
ich daz zeitlich leben erhalten vnd gott darumb verlassen? Da
thet ich **v**bel daran; das thue ich nit! Disser knab, obgleich
er den Jaren nach Jünger, den die andern, seine Brüeder war,
stundt er doch, so vil das gemüt betraff, mit inen in gleichem
Alter. Also haben alle 7 Gott vnd seine warheit bis in den
todt bekannt, laut des lieds, so, von ihnen gemacht, noch vorhanden. Auch sonst 3 schöne lieder, welche disser Martan
Maler gemacht, sein in der gemain. Disser Martan, wie man
in ausfürt **v**ber die Bruckhen, sagt: ‚Dassmal die fromen **v**ber
die Bruckhen gefürt! vnd keinen mer!' Und es stuendt nit
lang an, da kam ein (gross) vngewitter (vnd wasser *R. Q.*),
das war so vngestümm, das es die bruckhen darnider riss
vnd stiss, vnd füerts sie wekh. *(M. P. Q. R.)*

b) Anno 1531[1] Ist der Jörg Zaunring, ein Diener des
Worts gottes, welcher des Jacob Hueters gehilffen einer im
dienst des worts gewessen in der Graffschafft Tirol, vnd von
dem Jacob Hueter, sambt dem volkh, herab geschiekht ist
worden zur Gemain in Mähren, seinem ampt vnd dienst nach[2]

---

[1] Cod. N., fol. 602 hat: ‚Anno 1538 Jörg Zaunried von Rattenberg, war
auch ein Diener des Worts, ist im Bamberger Bissthumb gerichtet worden.'
— Von diesem Täufer mehr: III. Buch, II. Abschnitt.

[2] Zaunring (Zannried) war nämlich mit dem sogenannten Apostelamte
betraut, d. h. er gehörte, so wie Peter Riedemann, zu jenen Dienern
der Gemain, ‚die von Gott vnd seiner kirchen mit dem beuelch des
Evangelij ausgesendet werden, die landt zu durchziehen vnd aufzurichten
die gehorsame des glaubens vnder seinem Namen, d. i. mit Wort vnd
Tauff'. (Riedemann's Rechenschaft.) — Sie werden in den Schriften unserer
Separatisten auch: Sendboten Gottes, Propheten, leuchtende Sterne zur
Erleuchtung des Firmaments, Bussprediger, Väter des Glaubens, Diener
Christi etc. genannt. Alljährlich, gewöhnlich nach dem Gedächtuisstage
(Brotbrechen), wurden Einige feierlich in die Lande ausgesendet, ‚vmb
dem Herrn Schäflein zu sammeln' oder, wie ihre Widersacher sich aus-
drückten, ‚Menschen zu fischen!' Ihre Mission war eine gefährliche,
meistens endigte sie mit Kerker und Tod. — Zaunring, in den ämtlichen
Urkunden Zaunried genannt, war von Rattenberg am Inn gebürtig. In
bleibendem Augedenken erhielt er sich bei den Brüdern durch zwei

ins Frankenlandt gesendet, vnd daselbst, nit weit von Bamberg, vmb der göttlichen warhait willen, mit den schwert hingericht worden, hat also sein Glauben vnd leer, darvon er keineswegs nit absteen wollt, mit seinem bluet bezeugt. *M. P. Q. R.* 1532—1533. 1. Umb dise Zeit kam ein diener zu der gemain (gen Auspitz), mit Namen Peter Ridemann, ein Schlesinger, von Hirschberg gebürtig, der war (am St.) Ändreas Abendt a.: 1529 zu Gmundten, im Land ob der Ens, gefangen vnd da länger denn 3 Jar gefangen gelegen. Mit Pein, grossen Hunger wardt auf mancherlej weiss an im gehandtirt, aber er wurde vnverletzt seines glaubens wider erledigt. Disen schicket die Gemain auch ins Frankenlandt; wardt aber gleich bald wider gefangen vnd ein Brueder, Sixt Braitfuess, mit im. *B.—L.*
Wurden beide geen Nürnberg gefürt. Der Sixt wurde mit Ruthen ausgestrichen. Aber den Peter von Gmunden behilten sie 4 Jar vnd etliche Wochen, in welcher Zeit der Osiander,[1] ir Obrister Predicant vnd andere mer, nit wenig gesprech mit im hatten vnd vil mit im versuechten, aber der Herr stuendt im treulich bei. *B.—L.*
2. Peter Riedemann von Hiersperg aus der schlesy, ein getreuer Diener des Herrn, hat der Gemain Gottes gedient im amt des worts: 27 Jar, sambt den gefenkhnussen, welche

---

seiner beachtenswerthen Schriften. Sie führen den Titel: 1. ‚Ain kurtz anzaigung des Abentmal Christi' oder auch: ‚Ein Gespräch vom Abentmal vnd von der Gemainschäft Christj'. Die Redenden sind die Welt und ein Christ. (Cod. 235 und Cod. VIII. g. 25, Post.) 2. ‚Wem Christus verhaissen wirt. Ein schöne Epistel vom Br. Jörg Zaunring an die Heiligen Gottes.' ‚Dise geschrifft (sagt ein Zusatz) soll sich lassen wegen auff der Goldwag der heiligen gschrifft, welicher ich meinen geist vnterwirff.'
Motto: In Gottes Lieb solst für sich gan
Im glauben keinen zweiffel han
In Hoffnung auch nit abelan,
Geduldig vnterm Creutz bestan
Vor deinem Gott in demut stan etc. Cod. 235, fol. 334.
[1] Osiander Andreas, geb. 1498 zu Guntzenhausen, war seit 1522 einer der ersten luther. Prediger zu Nürnberg (dem süddeutschen Wittenberg), eifriger Widersacher der Wiedertäufer, von welchen er — iu Nürnberg — wenigstens die Lehrer dem Tode überliefert sehen wollte, während der Stadtrath in der Behandlung der Wiedertäufer einer milderen Anschauung Raum gab und sich mit gelinderen Strafen, wie Ausstäupen, Backendurchbrennen, etc. begnügte.

betreffen 9 Jar; zu Gmunden im Landt ob der Enss: 3 Jahr,
zu Nürnberg: 4 Jar, vnd zu Marburckh in Hessen: 2 Jar.
(*N.*, fol. 201.)[1]

Beilage *A* zum Jahre 1527 (I. Buch, III. Abschnitt *e.*)

*Die VII Artikel von Schlatten am Randen, vereinbart den
24. Februar 1527.*

Aus der Handschrift 221, fol. 210—223 des hochw. Pressburger Domcapitels
(gekürzt).

Zum ersten: so merkhent von dem tauff: der tauff
sol geben werden allen denen, so gelernt seint der buess vnd
enderung des lebens, vnd glauben in der warhait, das ire sündt
durch Christum hinweckh genomen seien, vnd allen denen,
so wandlen in der aufferstehung Jesu Christi vnd mit im begraben wellen sein in todt, auf das sie mit im auffersteen
mögen, vnd allen denen, so es in solcher mainung von vns
begeren vnd fodern durch sich selbs. Mit dem werden ausgeschlossen aller kinder tauff. Solcher hat nit grundt vnd
zeucknus der schrifft vnd (ist) gen brauch der Apostel, —
des wellen wir vns ainfaltigclich, doch festigclich, halten vnd
versichert sein.

---

[1] Ueber Peter Riedemann's Gefangenschaft in Nürnberg sieh' Soden: Gesch.
der Reformation. 1855. 8⁰. — Aus Nürnberg kaum zurückgekehrt, wurde
er von der Gemain nach Hessen entsendet, wo es der Gläubigen viel,
ohne besondere Verfolgung gab. ‚Die Gemainde in Hessen (schreibt
Riedemann 1540 gegen Güglingen) mert sich täglich. Seit euren Abscheid
sein etwan bei 80—90 geschwistriget worden.' Kürzlich sei jedoch ein
Gebot ergangen, so man Einen findet, der den Wiedertäufern Unterstand
gebe, den soll man einkerkern, die Wiedertäufer aber gehen lassen. Demnach stosse man die ‚Geschwistriget' allenthalben aus und andere ge-
wärtigen täglich ‚des Austreibens'. Auch die Christine von Wetzlar sei
gefänglich in die Stadt gebracht worden, habe aber in dem Gespräche
‚die pfaffen alle zu schanden gemacht', so dass ihr Ruf an den Land-
grafen kam. Der habe sie selbst hören wollen. Man habe sie daher zu
ihm gebracht. ‚Sie ist aber gantz redlich geblieben.' — Schliesslich
wurde auch Peter von Gmunden eingezogen und dadurch seiner Thätigkeit im Solms'schen, um Laupach, Grüneberg, Freiensee, Marburg und
Wolkersdorf für 1½ Jahre entzogen. Die Frommen, die er gesammelt,
zogen in Gruppen zu 12—20 Köpfen zu der Gemain nach Mähren.

Zum andern seind wir vereinigt wordten, von dem ban also: der ban soll gebraucht werden mit allen denen, so sich dem herren ergeben vnd sich lassen brüeder vnd schwestern nennen vnd doch etwan vmschlipffen vnd fallen in ein fäl vnd sünd vnd vnwissentlich v̈bereilt werden. Dieselben sollen vermant werden, zum andern mal heimlich, vnd zum 3ᵗᵉⁿ mal öffentlich vor aller gemain gestrafft oder gebant werden, nach dem befelch Christi mat. 28. Solches sol aber geschehen nach ordnung des geists gotes, vor dem Brotbrechen, damit wir ainmuetigclich vnd in einer liebe von einem brot brechen vnd essen mögen vnd von einem kelch trinckhen!

Zum dritten: In dem brotbrechen seint wir eins worden vnd verainbart, alle, die ein brot brechen wellen zur gedechtnus des (ge)brochnen leibs Christi, vnd alle, die von einem tranckh trinkhen wellen, zu einer gedächtnus des vergossen bluet Christi, die sollen vorhin verainigt sein in einem laib Christi, das ist in die gemain gottes, auf welchem Christus das haubt ist, nemlichen durch den tauff. Dann, wie Paulus anzaigt, so mögen wir nit auf ainmal teilhafftig (sein) des Herren tisch vnd des teuffels tisch; wir mögen auch nit auf einmal teilhafftig sein vnd trinkhen von des herrn kelch vnd des teuffels kelch, das ist: alle, die gemeinschafft haben mit den todten werckhen der Finsternus, die haben kein tail am liecht. — Also auch, welcher nit hat die beruffung eines gottes zu einem tauf, zu einem geist, zu einem glauben, zu einem leib mit allen kinder gotts gemein, der mag auch nit mit in ein brot werden, wie dann sein muess, wo man das brot in der warheit nach dem befelch Xᵗⁱ brechen wil.

Zum vierden: Seint wir vereinigt worden von der absinderung von dem bösen vnd vom argen, das der teuffl in der welt gepflanzt hat, also das wir nit gemainschafft mit inen haben, vnd mit inen (nit) laufen in die gemenge irer greül. — Nun ist vns auch das gebot des herren offenbar, in welchem er vns haist abgesindert sein, wellen wir seine süne vnd töchter sein; weiter vermant er vns darumb: von babilon vnd dem Irdischen Egipto aus zu geen, das wir nicht thail-hafftig werden irer qual vnd leiden, so der herr v̈ber sie füeren wirt. Die gräuel, welche wir meiden sollen, — in den werden vermaint alle babstliche vnd widerbäbstliche werckh vnd gotes-dienste, versamlung, kürchgang, vnd heiser, burgerschafften

vnd verpflichtungen des vnglaubens, vnd andere mer dergleichen, die dan die welt für hoch helt; — von disem allem
sollen wir abgesindert werden, vnd kain tail mit solchem haben,
denn es sein eitl gräuel, die vns verhasst machen vor vnserem
Christo Jesu, welcher vns entledigt hat von der dienstbarkeit
des fleisches.

Zum fünfften seint wir vereinigt worden, von der hirten
wegen in der gemain gottes also: Der hirt in der gemain
gottes sol ainer sein, nach der ordnung pauli ganz vnd gar,
der ein guete zeuckhnus hab von den, die ausser dem glauben
seint. Solches ambt sol sein: lesen, vermanen, vnd leeren,
strafen, banen in der gemain, vnd allen brüedern vnd
schwestern zur besserung vorbeten, das brot anheben zu
brechen, vnd in allen dingen des leibs Christi acht haben, daz
er gebaut vnd gebessert werdt, vnd dem lesterer der mundt
werdte verstupfft, — diser aber sol erhalten werden, wo er
mangel haben wurd, von der gemain, welche in erwelt hat,
damit, welcher dem Evangelio dienet, von demselben auch
lebe, wie der herr verordnet hat; so aber ein hirt etwas handlen
wiert, das zu straffen were, sol mit im nichts gehandelt werden
on 2—3 zeugen vnd so sie sündigen, sollen sie vor allen gestrafft werden, damit die andern forcht haben. So aber diser
hirt vertriben, oder durch daz Creutz dem Herren hingefüert
wiert, sol von stund an ain anderer an dy stat verordnet werden,
damit das völkhlein vnd beifflein gottes nicht zerstert werdt.

Zum sechsten sein wir verainiget worden, von dem
schwert also: Das schwert ist ein gottes ordnung ausserhalb
der volkomenhait Christi, welches den bösen straffet vnd tödtet,
vnd den gueten schützet vnd schürmbt. — Dasselbige zu
brauchen sein geordnet die weltlichen obrigkaiten. — In der
volkomenhait Christi aber wirt der ban gebraucht allein, zu
einer manung vnd aussschliessung des, der gesündigt hat im
todt des fleisches. Nun wirt gefragt von vilen, die nicht erkennen den willen Christi gegen uns: Ob auch ein Christ mög
oder sol das schwert brauchen gegen den bösen, vmb des
gueten schutz vnd schierm willen, oder vmb der liebe willen.
Die Antwort ist offenbar, einmuetigclich also: Christus lert,
— das wir von im lernen solen, den er sei milt vnd vom
hertzen demüetigclich, vnd so werden wir in rue finden vnsere
seelen (Hinweisung auf X^{tos} vnd die Ehebrecherin). Zum andern

wirt gefragt des schwerts halben: Ob ein X¹ sol vrtheil sprechen in weltlichen zanckh vnd span, so die vngläubigen mit einander haben. Ist das die ainige antwort: Christus hat nit wellen entscheiden oder vrtheilen zwischen Br. vnd Br. des erbtheils halben, sondern hat sich desselben gewidert; also sollen wir auch thuen. Zum dritten wirt gefragt des schwerts halben: Sol das ein obrigkait sein, so ainer darzu erwelt wirt. Dem wirt also geantwort: Christus hat solen gemacht werden zu einem könig, vnd er ist geflohen vnd hat nit angesehen die ordnung seines vaters, — also sollen wir auch thuen, so werden wir nit in der Finsternus wandlen, — Auch verbeut er selbs den gewalt des schwerts. Also sagt weiter Paulus: welche gott versehen hat, die hat er auch verordnet, das sie gleichburtig sein sollen dem ebenbilt seines sones. — Zuletzt wirt gemerkht, das es den Christen nit mag zimen, ein obrigkeit zu sein, (dann) der Oberen Regiment ist nach dem fleisch, — der Christen, nach dem geist, — ire streit- vnd kriegswaffen sein fleischlich — der christen waffen aber seint geistlich wider die befestung des teuffels, die weltlichen werden gewappnet mit stachel vnd eisen, — die christlichen mit dem harrnisch gottes, mit warhait, mit gerechtigkait, friedt, glauben, heil, in Suma: mit dem wort gottes.

Zum sibenden seint wir verainigt worden von dem eid also: der eidt ist eine bevestigung vnder denen, die da zanckhen oder verhaissen, vnd ist im gesetz gehaissen worden, das er sol geschehen bei dem namen gottes, allein warhafftig vnd nit valsch. Christus, der die volkomenheit des gesatzes leret, verbeut den seinen alles schweren, weder recht, noch falsch, weder beim himel, noch bei dem erdreich, noch bei Jerusalem noch bei vnsern haupt, vnd das vmb der vrsach willen, wie er balt hernacher spricht Math. 5. d. Sehent, darumb ist alles schweren verboten.

Liebe brüeder vnd sch., das seint die Artickl, die etlich brüeder bissher irrig vnd — nit gleich verstanden haben vnd damit vil schwacher gewissen verwirrt, darnach der nam gottes gar grösslich verlestert ist worden, darumb dan not ist gewesen, das wir vereinigt sein worden im herrn. Got sei lob vnd preiss.

———————

Zweites Buch.

1526—1533.

Ankunfft der Kirche Christj in Märhern und Geschichten der Martyrer, welche in diser zeit sein
umb ires Glaubens willen hingericht worden, in
Märhern, Österreich, Tyrol etc.

Wer biss ans Endt beharrt, der wirt sälig.
Math. 10.

I. Abschnitt.

1. Anfang der Gemain Christj in Märhern (1526—1528).

a) *Dr. Balthasar Huebmaier.*[1] *Hans Hut. Jacob Widemann.*

1526—1528. 1. Anno (1526) ist, nach viller verfolgung, von Waltzhut geen Nikolspurg im Märherlandt, komen: Doctor

[1] H.-Literatur: Schreiber's (leider nur bis zum 5. Dec. 1525 reichende) Abhandlung: ‚Hubmaier, der Stifter der Wiedertäufer auf dem Schwarzwalde‘, in dessen Taschenb. für Geschichte 1839—1840. — Hoschek Dr. F.: Balth. Hubmaier. Brünn 1867. (Böhmisch, für die Kenntniss der in Nikolsburg gedruckten Schriften H.'s schätzenswerth.) — Herzog: Real-Encyklop. für prot. Theologie. 1850—1860. — Artikel ‚Hubmaier‘ in Ersch und Gruber's Encyklopädie. — Raupach B.: Erläut. Evang. Oesterr. 1736. — Cornelius C. A.: Gesch. d. Münster. Aufruhrs, II. Bd. — Egli Emil: Actensammlung. 1879. — Strickler Dr. J.: Eidgenoss-Abschiede. — Stäudlin und Tschirner's kirch.-histor. Archiv. 1823—1826. — Schelhorn J. G.: Acta histor. eccl. 1738. — Rotmari Val.: Almae Ingolst. Acc. Annal. 1735. — Gemeiner: Chron. von Regensburg. (IV. Bd.) 1824. — Gesch. der Kirchen-Reform. in Regensburg. 1792. — Westermeyer: Die Reform. etc. in Regensburg. 1843. — Dr. Alfred Stern: ‚Hubmayer‘ in Allg. deutsche Biographie. 1881. — Widmann L.: Regensb. Chronik in den Chroniken deutscher Städte. 1878. — Weller: Repert. typ. — Kessler: Sabbata. — Zwinglii Opera omnia II. III. VII. VIII. — Mone: Quellensammlung für Bad. Gesch. 1854. — Sohm J. B.: Gesch. der Stadtpfarre in Waldshut. 1820. — Schreiber Dr. H.: Deutsche Bauernkrieg. 1863. — Stern Alf. Dr.: Die zwölf Artikel der Bauern. 1868. — Baumann Dr. F. L.: Die oberschwäb. Bauern. 1871. — Hagen: Deutschl. lit. und relig. Verhältnisse. 1868. — Fabri: a) Orthodoxae fidei cath. defensio. 1528. — b) Dessen: Vrsach warumb der Widertauffer Patron Hubmayer zu Wien verprennt sey (Wien 1528). — Conspectus histor. Universit. Viennens. 1724. (II. Bd.) — Dudík Dr.: Geschichte des Buchdrucks in Mähren von 1486—1621. Brünn 1879 u. s. w. Die Lieder-Handschriften der Wiedertäufer und namentlich das Gesangbuch G. H. XI. 27 in Gran vindiciren dem Hubmaier auch das in den

Walthauser Huebmaier, mit einer Menig volcks vnd den herrn von Lichtenstain, vnd alda ein gemain im geyst angefangen, mit grosser müe vnd arbait. Doctor Walthauser was von Fridberg aus dem Baierlandt, Erstlich: ein Lessmaister zu Inglstatt auff der hochschuel, also zulest zu einen Doctor gemacht, vnd darnach geen Regensburg khomen vnd zu ain prediger worden. Da hat er häfftig wider die Juden prediget, das man sy aus der statt vertryben hat. Es wart auch ein grosse walfart von im auffgericht, anno 1516, ein verkhertes Lauffen etc. Nach dem ist er vom künig Ferdinando vber die 4 stet am Rayn zu ain probst gesetzt worden. Ist von Huldrich Zwingle vom Römischen glauben auff sein opinion gezogen worden, zuletzt durch ein Fromen im glauben zum rechten grundt kumen, vnd nach der Ordnung Christj vnd seiner apostel auff ain rechten Grundt des Christlichen glaubens getaufft worden, vnd also den Tauff geleert vnd angefangen mit vill seiner nachvolger. Wider in hat sich die Bäbstisch, Lutherisch vnd Zwinglisch Kirchen empert mit schreyben vnd disputiren. N.

2. Im Jare 1526 kam Balthasar Huebmär gen Nikolspurg in Mähren, fing an zu leeren vnd zu predigen (den waren tauff Christj P. 2. Q. R.). Das volck aber nam seine leer an vnd ward (in einer kurzen Zeit) vil volck getaufft. P. 1. 2. Q. R. 234. In dem kamen andere mer hin gegen Nicolspurg, des glaubens predicanten,[1] vnd andere mer. P. 2. R.

3. Anno 1526 ist Baltassar Huebmer, ein geleerter Mann vnd Johannes Hut, Oswalt Glait, zu Nikolspurg im Märherlandt gewessen, dasselbs vil volkh's getaufft. Da ist auch der Herr Leonhart von Lichtenstain, Herr auf Nikolspurg getaufft worden.[2] A. I. K. 2.

---

protest. Gesangbüchern, wie schon Wakernagel, K. Lied. III. 126 richtig bemerkt, ohne Grund und Berechtigung dem Erasmus Alber zugeschriebene Lied: Frewt euch frewt euch in diser zeyt — jr werden christen alle' etc. — Dagegen enthalten die mähr. Archive über Hubmaier, (die von Hoschek angedeuteten Drucksachen ausgenommen), so viel wie nichts. Dies zur Wissenschaft für Jene, die da eine Fundgrube suchen.

[1] Als: ‚Hans Spitelmayer, (der des Herrn von Lichtenstain Pfarrer oder Predicant geworden), Christan, Rotmäntl, Hans Werner, Jacob Widemann, Stritzel, vnd a. m.' — 234.

[2] Dem Zweifel des Ex-Jesuiten P. Heinrich, (der nach 35jähriger eifriger Seelsorge als Curat der neubekehrten Anabaptisten am 3. October 1812 zu Szobotist gestorben ist): ob Leonhart von Lichtenstain den Wiedertäufern

4. Balthasar Hubmär[1] hat den Tauff Christj in Verwerffung kreftiglich bezeugt, darneben gelert: Wer da sage,
er vermöge durch den glauben in Christo Nichts guets, vnd
vermainet, daz er Christ sei, vnd daz er den heiligen Geist
habe empfangen in Christo, nit glaubig sei! Dann in Christo
vermögen die glaubigen alles; vnd andere articl mer. O.
Das Volk aber nam die Leer an vnd ward in einer
kurtzen Zeit vil volk getaufft. Also hat Gott Erstlich durch
dise Männer,[2] in dem letzten Alter der Welt seine heilige
göttliche warhait den Menschenkindern eröffnet B.—L.

5. In dem kam Johannes Hut auch gen Nikolspurg, vnd
wurden andere Diener mer[a] bestellt, als nämlich: Oswalt Glait,
Hans Spitlmair, Christan vnd Rotmäntl,[3] Klein Utz vnd Gross
Utz,[4] Hans Werner vnd der Strützl, deren Etliche vorhin
Predicanten gewesen vnd andere mer, die allo zusamen kamen

angehörte, stellen wir den Wortlaut der Handschriften *A. I. K. 2* und
Nr. 234 entgegen, welche es unzweideutig bestätigen. Auch Hans Hut
bezengt es in seinem ,Bekenntnusse' zn Augsburg vom 5. Oct. 1527,
indem er erklärt: Die von Lichtenstain hätten einen Vorstcher ihrer
Brüederschaft, Hans Spittelmayer, für ihren Pfarrer angenommen und es
sei (zu Nikospurg) fast jedermann ihrer Mainung. (Dr. Jörg's: Deutschland 1851 (736).
   Auch Hubmaier deutet darauf hin, und zwar in der Vorrede seines
Tractätleins ,Ein Gesprech' etc. (gedruckt bei Froschauer zu Nikolsburg
1526), das er den Herren von Lichtenstein widmet.
[a] die das wort predigen solten. *I. K. P. 1.* 234.
[1] ,Johannes Hut vnd Oswalt Glait' setzt C. G. hinzu.
[2] Unter diesen Männern sind zunächst die oben genannten (Grebl, Manz,
   Blaurock u. s. w.) zu verstehen. Dies zeigt die Reihenfolge in den Chroniken *B.—L.*
[3] Ob hier nicht etwa der ausgelaufene Barfüsser ,Rothmeler' zu verstehen
   sei, der mit Pfeifer und Leuwe in Mühlhausen predigte und 1525, mit
   diesen im Bunde, die Stadtrechte ,nach Grund der Biblien bessern
   wollte' (Cyprian, Ref.-Urk. II. 340), vermag ich nicht zu entscheiden.
[4] Im Cod. *R*: ,Klain Vitz' und ,Gross Vitz', im Cod. 234: ,Klein Uhetz'
   und ,Gross Uhetz' genannt. Dass Hut bei Balthasar Hubmaier in Nikolsburg war, bezeugt er selbst in seinem Bekenntnisse vor dem Rathe zu
   Augsburg vom 5. October 1527 (Wiedertäufer-Acten in Augsburg). Seinen
   Worten zufolge hatten die Brüder damals in Mähren allein bei zehn Vorsteher und Lehrer. Seines Streites mit Hubmaier gedenkt auch Frank
   (Kätzerchronik 1536, f. 96) mit einigen Worten. Hut will den Dr. Balthasar Friedberger, wie er den Hubmaier nennt, erst in Nikolsburg
   kennen gelernt, sonst aber mit ihm und seinen Genossen ,keine Gemeinschaft gehabt vnd sich nur etlichemale mit inen besprochen haben'.

zu Nikolspurgk im Gschloss, ein gesprech zu halten, von wegen des schwerts, ob man das brauchen soll, oder tragen oder nit, auch ob man Steuer zum krieg geben sol vnd anderer Verordnung halber, darin sy aber nit vbereinkommen könen. Sindt also vnverainigt von einander abgeschaiden. Weil aber Hans Hut, der nit mit dem Herrn Leonhart von Lichtenstain, das schwert zu erhalten, hat stimmen künen, oder wellen, ist er wider seinen willen im gschloss auff Nikolspurg behalten worden. Einer aber, der dem Hut wol hat gewöllt, vnd sorg für in getragen, hat in bey nacht in einem Hasengarn durch ein Fenster vber die Mauer abgelassen. Des andern Tags hat sich ein gross gemurmel* vnd beschwärnuss in dem Volck der statt wider den Herrn Leonhart vnd sein anhang erhebt, weil sy in mit gwalt im Schloss haben behalten. Dadurch der Balthasar Hubmaier ist bewegt worden öffentlich im Spital mit seinen Gehilffen davon zu reden, weil sie vormals nit mit einander haben stimmen können, des schwerts vnd der stewer halben. *I. K. 2. P. 1. R. 234.*

6. In derselben Zeit[1] ist auch der Jacob Widemann,[2] den man auch den ainaugeten Jacob hat gehaissen, (vnd Philipp Jäger: *J. K. P. 1.*) aus dem landt ob der Ens gen Nikolspurg

---

* gerümbl *K.*

[1] Nach der Einreihung dieser Stelle in den Chroniken: ,nach der Aukunft Hut's in Nikolsburg'.

[2] Jacob Widemann von Memmingen, welchen wir später (II. Buch, II. Abschnitt, III. Buch, I. 2.) an der Spitze der Austerlitzer Gemeinde finden, weilte anno 1527 unter den Wiedertäufern zu Augsburg, wo ihn Hans Schlaffer kennen lernte, und ausserdem auch noch den Jacob Kautz, Sigmund Hoffer, Hans Hut u. m. A. (H. S. Lyc. Pos.)

Im Jahre 1530—1531 tauchte er unter den Strassburger Wiedertäufern auf, denen er ein ,Meister und Lerer' war, wurde aber in den Thurm gelegt, und musste sich die Freibeit mit dem Versprechen erkaufen, sich der Wiedertäuferei in ,Meiner Herrn Gebiete' zu entschlagen, die Stadt und das Bistbum zu meiden und bei hoher Leibesstrafe nimmermehr zurückzukehren. Doch erliess man ihm den Eid und liess es bei dem ,Ja seiner Treu' bewenden. (Strassb. Urpheden.)

Seit dem Auszuge aus Austerlitz und dem entstaudenen Zwiespalt (1530) vermeiden es die Huterischen sorgfältig, seiner zu gedenken. Nichtsdestoweniger erfahren wir aus den Briefen des Hieronymus Käls, (anno 1536 zu Wien verbrannt), dass er anno 1535—1536 in Wien hingerichtet wurde ,vmb des Taufs willen', wie Käls dafürhält, wenn es auch der Richter leugne und behaupte, ,er hab ein Anders auff der Nadel gehabt!' (Cod. VIII. g. 27. 286. Pest.)

kommen, vnd hat sich mit den Brüedern etlicher Articl halber
beredt, als sonderlich der gemainschafft halben, auch der
kriegssteuer halben, vnd der weren, büxen vnd braxen (präxen)
halben. Da ist im Johannes Hut in solchem beigestanden vnd
sein also vervrsacht worden, daz sie vmb gemelter Articl
willen zu Pergen[1] im Pfarrhof, da ietzt das schenkhauss ist,
zusamenkamen, gesprech zu halten. Haben demnach weiter
im Gschloss zu Nikolsburg gsprech gehalten, aber auch nit
Eins künen werden. *A. C. K. 2.* Da sy dan auch den Hans
Hut gefenklich angenommen haben, der demnach Vber ein
mauer vnd einem hohen thurm (*K. 1.*: an einem Hasengarn)
in die Judengassen ausgelassen worden vnd davon kommen.
A. C. K. 1.

Jacob Widemann vnd Philipp Jäger, die haben des Hans
Spitelmär's Leer gehört vnd etlich wochen ir leben gesehen,
aber nach dem wort des Herrn erkennt, grosse vnordnung in
der Brüeder Straff. Auch haben sie nit künen mitstimen, das
schwert zu erhalten, Steuer in krieg zu geben, vnd in
anderen dingen mer, welches irer Erkandtnuss entgegen war.
Da haben die zween gemelten Brüeder[a] die Gemain zu Nikolspurg angesprochen, inen solche ding verwiesen vnd was dem
Leben vnd der Leer Christi nit gemäss ist gewesen. Aus
solchem sein die Brüeder verursacht worden, nachdem ein
Geschrey ausging im 1527 (Jar), daz der Türk wölle vor
Wien in Österreich ziehen, versamleten sich die Brüeder vnd
Eltesten der Gemain zu Pergen im Pfarrhoff, yetz ein Schenkhauss, ein gspräch zu halten von der obgemelten artickhlen
wegen, haben aber nit einhellig mit ainander künen stimmen,[b]
sondern vnverainigt[c] mit getheilter Erkanntnuss[2] von einander
gangen. *I. K. P. 1.* 234.

7. Es hat sich aber das volk zu derselben Zeit imer nur
gemert vnd gesamlet. Solches ist dem König Ferdinandus an-

---

[a] vmb solcher missbreüch willen — die Brüeder vnd die Gemain *I. K.* —
[b] des schwertes halben, das zu erhalten, Steuer in den krieg geben,
Cod. 234. — [c] vervnainigt *P. 1.*

[1] Pergen, jetzt Bergen (slav. Perná oder Berná), Pfarrdorf mit 990 katholischen Einwohnern deutscher Zunge, nächst Nikolsburg.

[2] „wie auch vorher zu des Baltasar Huebmär's Zeiten!" fügen die
Handschriften *I. P.* und 234 hinzu, auf die erste Disputation in Bergen
und im Schlosse zu Nikolsburg (siehe oben 5 und 6) hinweisend, die
Hubmaier (c. Hut) veranlasst hat!

gezaigt worden. Als er solches vernommen, hat er den Herrn
Leonhart von Liechtenstain auff Nikolspurg, welcher
dazumal auch getaufft, vnd ein Brueder ist gewesen, dess-
gleichen seinen Brueder Hansen von Liechtenstain, mit sambt
Irem predicanten gen Wien (als für den Kaiser) gefordert vnd
sind auch für ihn komen. Da ist von stundt an der Balthauser
Huebmayr,[a] mit sambt seinem Weibe gefangen gen Wien vnd
von danen auff das Schloss Greützenstain[b][1] geschickt worden.
Da hat er sich in der Gefenkhnus dessen eriunert, das er dem
Hans Hutten in etlichen Artikeln vnbillich widerstandten sey,
hat sich schuldig befunden, das er (der welt, in den weltlichen
Freyheiten), das schwert zu erhalten, zu vil nachgegeben hab.
Das hat in bewegt gen Nikolspurg zu schreiben der Gemain,
sonderlich aber seinem Brueder Martin, Probst von
Kaunitz: was nit ein gueten schein hat, abzustellen! Solcher
Vrsach wegen ist Balthasar Hubmayer wider von Greutzenstain
gen Wien gefüret, (viller artickl halber ersucht, zulezt verur-
tailt: *P. Q. R.*) vnd lebendig verbrannt worden. Im Kurtzen
darnach (hat man) sein Weib ertränkht. *I. K. P. 1.* Cod. 234
Pos. *P. Q. R.*

Ist also bestendig verharret, so vill er erkennt hat, sonderlich im Tauff vnd Abendmal Christj, welches er gründlich
leeret. *P. Q. R.*

8. Ist im 1527 Jar, von des königs profossen zue Niclspurg
gefangen, auf ain wagen geschmidt vnd sampt seinem weib
gefencklich gen Wien in Essterreich gefuert worden, allda von
den geschrifft geleerten der hohen schuel für ein römischen
Kätzer verdammt, darnach aufs gepot Ferdinandj verprennt
worden; sein weib ertrenckht, alle Bayde beständig verharret
vnd gott dem Vater ire Seelen pevolhen. *N.*

9. Anno 1528 hat der Herr Lienhart von Liechtenstain, Herr
auff Nikolspurg, aus gehaiss oder beuelh des königs Ferdinandj
den Baltassar Huebmer gefencklich geen Wien in Österr. v'ber-
antwort, welcher ein hochgelerter vnd euangelischer Diener
war, (in Lateinischer, Grichischer vnd Hebräischer sprach wol

---

* Huebmür *P. 1.* — b *P. Q. R.:* Grützenstein.
[1] Graitzenstain (jetzt Krenzenstein), eine in Ruinen liegende Burg Niederösterreichs, $^3/_4$ Stunden nördlich von Kornenburg, zeitweise und so auch
1527 Staatsgefängniss. Irrig wird ,Greifenstein' als Hubmaier's Detentions-
ort angeführt.

erfaren *D.*). Ist daselbs zu Wien, vmb der göttlichen warhait
willen, zum Todt verurtailt vnd verbrennt worden. Hat also
seinen Glauben ᵃ ritterlich mit seinem bluet bezeugt. *A.* —
G. J. K. L.
Ueber 8 Tage ongefür, hat man auch dasselbs zu Wien
sein Weib ¹ ertrenckht *A.* — *G. I. K. L.* Die hat auch die
göttliche ᵇ warhait ritterlich mit irem bluet bezeugt. Des hat
man von Andre Gauper Zeugnus genommen; ² *B. C. G. I.*;
Sind standthafft blieben im glauben vnd habent also Baide der
Marterer Cron zu hoffen. *F. N. O.*

b) *Probst Martin Göschl.*

1. Zur selben Zeit ᶜ ist auch Martin Probst von Kaunitz ³
gefordert ᵈ worden geen Prag für den König Ferdinandus. Als
er erschienen, wardt er gefencklich angenomen vnd dem Bischoff zu Kremsir Vberantwortet. Daselbs haben sy ᵉ in als
dann ᶠ verhungert und im Thurm erfault. *I. M. P. Q. R.* 234.

ᵃ die göttliche warhait *A. D. E. L.* vnd so vil er von Gott erkennt hat *A. C.*
— ᵇ hellige *A.* — ᶜ halt darnach *I. P.* 234. — ᵈ gefüert *M. P. Q.* — ᵉ die
pfaffen *M. P. Q. R.* — ᶠ zu todt *I. P. R.*

¹ Hubmaier's Weib war eine Bürgerstochter von Waldshut und ihrem ‚Erwählten' mit grösster Treue und Aufopferung ergeben. Sie verliess ihn
in guten und bösen Tagen nicht und überlieferte sich mit ihm dem Tode.
Seine Wahl galt für eine glückliche. Ihre Hochzeit wurde (c. 1525)
mit grosser Feierlichkeit vollzogen. (Chronik Küssenberg und Dr. Schreiber's Taschenbuch für Süddeutschland.)

² *F:* ‚Wie dann der Andree Gauper von iror standthafftigkeit zeugnus
gibt.' Andre Gauper war auch Zeuge der Hinrichtung des Th. Walthauser (1528) in Brünn und starb 1544.

³ Göschl, ein Sohn des Iglauer Bürgers Michael Göschl, nahm um 1500 in
dem Stifte Sclau das Ordenskleid, wurde 1507 Pfarrer in seiner Vater-
stadt Iglau, anno 1509 Weihbischof zu Olmütz mit dem Titel von Nicopolis und 1521 Probst der Nonnenabtei Himmelsrose zu Kanitz in Mähren.
Der neuen Lehre, welcher Paul Sperat in Iglau Eingang bereitet hatte,
längst zugethan, warf er sich 1525 den Neuerern ganz in die Arme und
nahm, um auch in diesem Punkte nicht hinter ‚der Nachtigall von Wittenberg' zurückzubleiben, eine der Nonnen seines Stiftes zum Weibe, verblendet genug, zu glauben, sich trotzdem mit Hilfe der Gunst einiger
Landherren im Genusse der Probsteigüter zu erhalten, die er, als sein
Vorhaben scheiterte, gegen ein Leibgedinge in weltliche Hände zu bringen
suchte. Im Auftrage des Königs durch Bischof Stanislaus seiner Würden
entsetzt und dazu bedeutet, dass ihm nöthigenfalls auch an die Kehle

2. In dissem 1526 (!) Jar ist der Brueder Martin, probst von Kanitz, des Balthassar Hubmärs mitgehilff, vom Bischoff

gegriffen werden könnte, nahm er als ‚Landstand und Unterzeichner des Landfriedens' gegen diesen angeblichen Gewaltact in einem offenen, an dio Stände des Landes gerichteten Sendschreiben vom 24. April 1526 den Schutz und Beistand aller Herren Ritter und Wladyken in Anspruch. Dieser war nicht sogleich zur Hand, und da Göschl Schlimmeres besorgte, zog er sich mit seiner ‚eelichen Christlichen Hausfraw', wie sie Hubmaier nannte, nach Nikolsburg auf die seinem Stifte, das bald darauf aufgehoben wurde, zustehende Pfarre zu St. Wenzel zurück und wurde ein ‚eelicher mitwoner in christlicher Gemain' daselbst.

Sich schon vorher als Antistes der Ecclos. Reformatae, die sich in dem Städtchen herangebildet hatte, gerirend, bestimmte er die Nikolsburger Prädicanten, sich an dem Convente zu betheiligen, welchen der mährische Edelmann Dubčansky 1526 auf den 14. März nach Austerlitz, (nicht Hosterlitz, Hostěhradice), anberaumt hatte, um hier über gewisse Artikel, als: Abendmahl, Gemeinschaft, Priesterehe, Abschaffung der Ceremonien und Feiertage etc. zwischen den Utraquisten und den Evangelischen womöglich eine Einigung herbeizuführen. Den Erfolg dieses Gespräches, welchem Oswald Glaidt Namens der Nikolsburger, die noch immer für ‚Ewangelisch' galten, beiwohnte, zeigt die Schrift des Letzteren: ‚Handlung yetz den XIIII tag Marcy dis XXVI Jars, so zu Osterlutz inn Merhern etc. (43. K. 112 der kais. Hofbibl.)

Von dem in Nikolsburg angekommenen Hubmaier für ‚den ainigen Bischoff' erklärt, ‚der sich so mächtig vnd tröstlich an Gott vnd sein h. wort mit leer vnd werk gantz manlich vnd ritterlich ergeben hat auff erden', und gebeten, ‚dise hoch zu hertzen zu fassen vnd darzue als ein Christenlicher Bischoff zu raten vnd zu helffen', wurde er ein eifriger Wiedertäufer-Bischof. Ueber seine Aufforderung schrieb auch Hubmaier die ‚Christenliche Leertafel, die ein yeder Mensch, ee er im wasser getaufft wird, wissen soll (gedkt. 1527. Nicolpurg)' und widmete sie ihm, ‚dem getreuen fleissigen vnd besorgten Hirten vnd Bischoff'. Persönlich betheiligte sich Göschl an der Verantwortung im Schlosse zu Nikolsburg, welche 1527 Hut und sein Anhang zu bestehen hatten, und wobei er als Vorsitzender dem Rede und Antwort verweigernden Friedensstörer schliesslich eröffnete, dass man ihn, weil er mit seinem Anhange — während der Abwesenheit des Leonhard von Lichtenstein am Hofe in Prag — in Nikolsburg habe Aufruhr machen wollen, dem Könige überantworten werde, eine Eröffnung, die den Letzteren bestimmte, in der Nacht aus dem Thurme des Schlosses zu entweichen. Göschl hatte keine Ahnung, dass er im nächsten (1528er) Jahre selbst gegen Prag werde überliefert werden. Im Laufe der gegen ihn geführten Untersuchung siebenmal gefoltert, sollte er schliesslich ‚darum, weil er episcopatu relicto ac Sacerdotio, — virgine vestali sibi in Matrimonium copulata, aliud vitae genus elegit et ex aliis causis accedentibus' den Ketzertod erleiden. Allein die Achtung vor seiner ehemaligen Würde, nebst dem Widerrufe seiner Irzu Krembsier gefangen vnd daselbst im Thurm erhungert vnd erfeult worden, vmb des christlichen Glaubens vnd Tauffs willen. *C.*

2. Die Martyrer der gemain in Märhern, Österreich, Salzburg vnd dem Oberlandt (1527—1529).

A* 1527.

1. Anno 1527 (1528)¹ wardt **Thomann Herrman** (Hörman *C*), ein fromer Euangelischer Diener Christj, gerichtet zu

thümer, vor Allem aber die Fürbitten einiger akatholischen mährischen Barone, denen unter den damaligen Verhältnissen nicht leicht etwas abzuschlagen war, rettete ihm das Leben, aber nicht die Freiheit. Er wurde seinem Bischofe überantwortet und starb, von aller Welt vergessen, im Gefängnisse. Dass er ein Legat von 800 Goldgulden, nämlich jenes der Magdalena Krebs, Bürgersfrau von Iglau, der St. Jacobskirche daselbst vorenthalten oder gar unterschlagen habe, ist ein Irrthum, da dieses Legat mit einem späteren Codicille der Abtei Kanitz vermacht worden ist. Die Anschuldigung, dass in der Abtei mehrfache Kindsmorde vorgefallen seien, denen er nicht fremd geblieben sei, wird vom Bischofe Stanislaus selbst für ein Märchen erklärt.

Quellen: I. handschriftliche: Puhonenbücher (Libri citationum), [böhm.] 1518—1527, im mähr. Landesarchiv. — Cod. Wencesl. de Iglavia, ebendaselbst. — Die Berger'sche Chronik von Iglau, im Privatbesitze zu Iglau. — Actenstücke im Strahover Archiv. — II. gedruckte: Wolny's Kirchentopographie (Iglau, Kanitz). — d'Elvert: Geschichte der Stadt Iglau. — Leupold'sche Chronik von Iglau in den Schriften der hist.-stat. Section zu Brünn. — Balbin's Epitome, p. 463, 586. — Dr. E. Čermák: Premonstrati v Čechách a Morvě 1877 (,Kounice').

¹ Nach den an die Regierung zu Innsbruck erstatteten Berichten des Kitzbüchler Stadt- und Landrichters Mathias Langer vom 12. und 29. August 1528 ist das Jahr 1528 das richtige und der 28. August der Todestag ,Herrmanns von böhmisch Waidhofen'.

Er hatte ,am öffent. Platze, als man dem Schwaighofer vnd Aschelberger Exekution des Fehls thun wellen, vor menigclichen scharffe fräventliche wort geredt, dadurch er die Gefangen gern abwendig gemacht het' (Bericht Langer's). Er wurde mit dem Befehle vor die Geschwornen verwiesen, dass er, ,ob er gleich widerruefen wolte', nach Inhalt der Mandate vom Leben zu Tode gerichtet werden soll. Die Geschwornen verurtheilten ihn zwar zum Brande, hatten aber, wie Langer weiter meldet, ,ein entsetzen gehabt, anzugeloben, vnd sich hören lassen, daz inen solches schwer sei, dieweil sie nit wissen, ob solch vnser ordnung vnd satzung im fall der Widertauff von den Ständten der Landschafft angenomen sei'. Sie thaten zuletzt, was man verlangte, Langer erhielt aber

Kitzbüchel in Tirol. *B — L.* Nachdem etlich Person daselbs gefangen vnd von der warhait abgestanden, sein sie durch der
obrigkeit Tiranej demnach noch auf offenem Platz für eine
grosse Menig volcks gestellt worden, denen mit vil lesterworten
schmählich zuegeredet worden ist, (die andern damit klein zu
machen), vnd gesagt: ey wie fein lassen eure Leerer vnd hirten
das Leben für euch. — Da ist obgenannter Thoman Herrmann öffentlich durchs Volck herdurchgedrungen vnd herfür-
getreten, vnd gantz fraidig gesagt: Das ist die göttliche warhait, die ich euch geleert hab, das will ich mit gottes hülff mit
meinem bluet bezeugen. *A. — M. P. Q. R.*

Also ist er von stundt an gefangen, gemartert vnd zum
Feuer vervrtelt vnd verbrennt worden, *A. — M. P. Q. R.* wie dann
das liedt,[1] das er in sein Aussfüeren gedichtet vnd gesungen
hat, (vnd das noch vorhanden ist *M. P. Q. R.*) anzaigt. *A. J. K.*
Sein Hertz kunt man nit verbrennen. Sie wurffens zuletzt in
den See, der nahent bei der Richtstatt war *M. P. Q. R.* — Balt
nach im sein seine Glaubensgenossen (bei) 67 Personen gericht
worden. *A. — M. P. Q. R.* Den Richter zu Kitzbüchl, welcher
deren vil vervrtln vnd tödten liess, vnd sie für vnd für Ketzer
hiess, den liess Gott darnach so gräulich zu schandten werden,
dass er selbst ein Ketzer erfunden ward, welches aber vmb
keines glaubens willen geschah, sondern, dass in Gott in solche
handt[a] liess geraten, dass er auch hie, vor der welt, muesst zu
Schmach vnd vneer kommen. Dergleichen der gerichtsschreiber
zu Kitzbüchl, der auch vil zu solchem vnschuldigem bluetvergiessen halff vnd auch sich hören liess, er wollte sein kopff nit
sannft legen, bis er dise leit hilfft austilgen. Den ging auch die
Rach gottes an. Als er im windter auff ein schlitten in der

---

am 2. September 1528 vom Regimente die Weisung: im Falle sich ähnliche
Scrupel unter den Geschwornen wieder zeigen sollten, andere Geschworne
und Rechtssprecher, und zwar aus der Ferne heranzuziehen. (Innsbrucker
Statthaltereiarchiv.)

[a] *Q.:* schandt.

[1] Es ist das in der H. S. 236 Pos. vorkommende Lied:

O Gott ich thue dich bitten
Wol hie zu diser stundt
Mein hertz ist mir abgeschnitten
So gar von mancher sündt.

mit der Ueberschrift: ‚Gemacht von Thom. Herrman, ein Diener J. 1522 (!)
zu Kitzbüchl.‘

stadt herumfuer, vnd mit dem schlitten vmbkeren wöllen, hat in das Ross an ein Eck in der gassen geworffen, dass im die Hirnschalen herausgangen ist, hat also sein kopff nit sanft gelegt, wie der Brueder Hans Kitzbüchler, vnd Christan Häring darvon gewisst haben. *M. P. Q. R.*

2. Anno [1527][1] Jeronimus von Salzburg, Carius Binder, Wolfgang Wimmer von Steyer, — dise waren Diener im Worte gottes, gericht. *N.* — Um dise Zeit ist der Carius Binder, ein Diener der gemain gottes[a] im Salzburger landt[b] mit etlichen personen in ein hauss verschlossen vnd verbrennt worden *M. O. P. Q. R.*, in summa 38 Personen. *O.* Es ist noch ein lied vorhanden in der gemain, das diser Carius von Salzburg gemacht hat. *M. P. Q. R.*

A[*] 1528.

1. Anno 1528, in der ersten fastenwochen hat der König Ferdinandus den Prophosen in Österreich geschickt, der hat hin vnd wieder grosse Empörung, Trüebsal vnd verfolgung angerichtet. Dann er hat etlich in gefenkhnus bracht, vnd wo er Yemants im velt, auf den strassen ergriffen, den hat er enthaupten lassen, welche aber in den Dörfern vom glauben nit wolten abstehen, an die Thorsäulen gehenkht. Da ist vil volk gevrsacht worden aus Österreich geen Nikolspurg zu ziehen. Auch ist vil volkh aus den Dörffern mit weib vnd kindt auff die Berg[c] geflohen vnd hat ire Häuser verlassen. *B.—H. L. M. P. Q. R.* Da hat der Herr Lienhart vnd Herr Hans von Lichtenstain dem Prophosen zue entboten, das er über die Gränitz nit soll greiffen,

---

[a] *O.:* ein Diener Jesu Christj. *C.:* des Euangely. — [b] *O.:* in Salzburg. — [c] *F.:* wälder. —

[1] Im Cod. *N* fehlt das Jahr. Dass es 1527 geschah, zeigt aber Dr. Eck's Bericht an den Herzog Georg von Sachsen vom 27. November 1527 (in Seidemann's Thom. Münzer, 1842). Hieronymus Herrmann ,von Mansee' war ein Mönch von Ranzhofen, der in der Stadt Steyer durch Hut die Taufe erhielt; Wolfgang Wimmer (recte Winter), ein Schneider von Mistelbach. Beide wurden zu Salzburg verbrannt.

Carius (Eucharius) Binder war ein Tischler aus Coburg, wurde von Hut ebenfalls, und zwar in Steyer getauft und zum Diener des Wortes bestellt, am 25. October 1527 verbrannt. Keiner der Genannten revocirte. Das in *M. P. Q. R.* erwähnte Lied mit dem Anfange: ,Wir danken Gott vom Hertzen — Der väterlichen treu' etc. und der Aufschrift: ,von Carius von Salzburg gemacht' (im ,Ausshundt' Nr. 35 dem Jörg Steinmetz zugedacht), enthalten die H. S. VIII. *g. 45.* Pest, und H. S. ,Walch' in Gran.

oder sy wollten im etlich Kuglen schenken! Da ist der Prophos abgezogen. *B.— H. L.*

Als aber der Prophos von seinem Nachjagen in Österreich auffhörte, vnd nachliess, schickten die Herrn von Nikolspurg Boten auff die Berge vnd an die heimlichen Ort der Wälder, dahin (die Frommen: *E. G. L.*) hingeflohen waren, vnd liessen inen sagen das Yederman wider in sein Hauss vnd Herbrig ziehen sol, vnd solen sich nit (mer) scheuchen. [1] *B.— H. K. L.*

---

[1] Die Ausführung des Znaimer Landtagsbeschlusses (März 1528) trieb eine Menge Wiedertäufer nach Oesterreich, wo sie aber gleich dem gehetzten Wilde verfolgt und gefangen, summarisch hingerichtet wurden! Denn es galt da bezüglich ihrer die Ordre, ‚an welchen Orten sie ergriffen wurden, daz diselben von stundt an on ainich solemnität des Rechten laut aussgegangener generalien vnd declarationen gestrafft werden, und dass die streifende, von Ditrich von Hartitsch, dem Landprofosen, gefürte Rott gegen diselben, ihrem Befehl nach, handle'. Zahlreiche Wiedertäufer fielen in ihre Hand, Andere flüchteten über die Grenze nach Mähren, wo die Ausweisung nachgelassen hatte. Eine Schaar von 35 Köpfen wurde in einem Walde bei Lengbach ergriffen. Siebzehn davon büssten ‚ir ketzerisch fürhaben' mit dem Tode, Andere wurden durch die Backen gebrannt. In gleicher Weise wie hier verfuhr Hartitsch an anderen Orten, Herr Wilhelm von Kuenring zu Hadres und viele Landgerichtsherren Ober- und Niederösterreichs in ihren Amtsverwaltungen. Es war allenthalben ‚ain jämerliches Würgen vnd Jagen' der Neugläubigen, von dem der Ex-Franziskaner und Wiedertäufer-Bischof Leonhard Schiemer singet:

Dein heilig statt hond sie zerstört,
Dein Altar vmbgegraben,
Darzu auch deine Knecht ermördt,
wo sie's ergriffen haben,
Nur wir allein,
Dein heuflain klein,
sind wenig vherbliben,
Mit schmach vnd schand
Durch alle laud
verjagt vnd vertriben.

Wir sind zerstrewt gleich wie die
die keinen Hirten haben,   [schaf,
Verlassen vnser hauss vnd hoff
vnd sind gleich dem Nachtraben,
Der sich auch offt
helt in steinklufft. —
In Felsen vnd in klufften
Ist vnser gmach,

man stelt vns nach,
wie Vöglein in der lufften.
Wir schleichen in den Wäldea vmb,
man sucht vns mit den Hunden,
Man führt vns als die Lemlein stum
gefangen vnd gebunden.
Man zeigt vns an
vor jederman,
als weren wir Auffrürer,
Wir sind geacht,
wie Schaf zur schlacht
als Ketzer vnd verführer.
Vil sind auch in den Banden eng
an jhrem leib verdorben,
Ettliche durch die marter streng
vmbkomen vnd gestorben.
On alle schuld, hie ist gedult
der Heiligen auff erden.

2. Anno 1528 ward Leonhart Schiemer von Vöklasbruck gefangen, ein Diener der gemein Gottes* vnd ein erfarner Man der heiligen schrifft, auch in lateinischer sprach, welcher den Tauff Christj vnd seiner Aposteln, auch das ware abentmal des Herrn vnd die artikl des christlichen glaubens, ja das Wort gottes treulich gelehrt vnd wider den kindtstauff und abgöttisch sacrament auch andere gräuel des Antichristenthums zeuget.

Er ist am ersten (bei 6 Jar) parfüesser Münich gewesen, aber aus vrsach b der Münich vnainigkeit, bösen wesen, gleissnerei vnd laster, zu Judenburg (in Österreich *P. O.*) aus dem Kloster gangen vnd gen Nürnberg zogen, daselbs c das schneiderhandwerk gelernt, demnach auf demselben gewandert in Österreich, vnd gen Nikolspurg komen. Da hat er den Balthasar Huebmär gehört vnd von sein tauff, (dem er am ersten feindt gewesen: 235), als er aber vernumen, wie etlich versamelt seyen zu Wien desselben glaubens, Denen hat er nachgefragt vnd ist zu inen kommen vnd (hat) sie d gehört vnd sich allda (von Oswalt Glaidt) tauffen lassen.

Ist darnach auff dem handwerkh gen Steyer zogen. Da hat er gelehrt vnd getaufft, (nachdem er von inen zue ein leerer gebeten ist worden), vnd also fort durchs bayerlandt, bis gen Rotenburg am Inn, da er dan auch gefangen ist worden, vmb des glaubens willen, vnd (ist) vil mit im versuecht vnd gehandelt e worden. Vnder dem war sein erbieten: Wovern daz man sein Leer vnd glauben für vnrecht vnd ketzerey sein eracht, so soll man im gelehrte leut, Doktoressen, Münich vnd

Man hat sie an die bäum gehenkt,	Noch tobt die Welt vnd ruhet nicht,
erwürgt vud zerhawen,	ist gar vnsinnig worden,
Heimlich vnd öffentlich ertrenckt,	vil lügen sie auff vns erdicht,
vil Weiber vnd jungfrawen.	mit brennen vnd mit morden
Die haben frey	thut sie vns bang.
ohn alle schew	O Herr wie lang
der warhait zeugnuss geben,	wiltu dazzu doch schweigen?
dass Jesus Christ	Richt den hochmut,
die warhait ist,	der heiligen bluth
der weg vud auch das leben.	lass vor dein thron auffsteigen!

* ein Diener in der Leer X u vnd seines Tauffs *N.* — b daz er der Münich vnd pfaffen Leben vnd wandl nit göttlich sein erkennt hat, *B. I. K. L.* etc. — c mit Hilff der kauffleute *I. K.* etc. — d des Johannes Hutten Leer gehört vnd glaubig worden *B.—L.* — e gehandtirt *P.*

Pfaffen ᵃ zuebringen, mit im ᵇ zu disputiren. Befindet sichs dan mit waren grundt der schrifft, dass er vnrecht daran sei, so mög man in darumb straffen, als ein vngerechten. Vnd noch zu einem meeren grundt der warhait, so erbeut er sich vnter mer seiner reden vnd selbs schrifften: Welcher Geleerter in mit der warhait der heiligen Schrifft Vberwinde, ᶜ das sein Leer nit billich vnd nit die heilige schrifft sey, so sol man im durch den Henckher, als oft er von einem Vberwunden werdt, ein glied von seinem Leib herabreissen, vnd wen er kein glied mer hab, alsdan die Rüpen aus dem Leib (*P.* bauch) herausziehen, bis er gar sterbe. Wo er aber ye nit zum verhör vnd zum Disputiren kommen möge, sondern (man) in also vnverhört ertödten vnd richten lassen wolle, so bitte er die Gezeugen seiner vrgicht vnd alles vmbsteende volkh, das sie dessen am Jüngsten tag vnd gericht Gottes vor Gott seine zeugen sein wöllen!

Aber er ist auffs kayssers Edikt auch des künigen zu Hungern vnd böhaim ausgegangene Mandat ᴵ vervrtailet vnd dem Henkher Vbergeben vnd also am 14. Tag des Januarj gemelten Jars zu Rottenburg enthaupt vnd zu Pulver verbrennt worden, vmb der Zeugnus Christj willen, darvon er nit weichen wollt. — Nach im haben in dissem ort bis 70 personen (seine glaubensgenossen) mit irem bluet bezeugt. — Von dissen Linhart Schiemer sindt noch etlich schrifften vorhanden. *M. P. Q. R.* ²

3. In disen 28 ᵈ Jar, am Erchtag nach Liechtmess ist der Brueder: Hanss Schlaffer, der vorhin ein Römischer Pfaff gewesen, hernach aber ᵉ ein Leerer des worts vnd Euangelion Christy, ein hochbegabter man, zu Schwatz im Inntal gefangen gelegen vnd noch ein Brueder mit im, Lienhart Fryck. ᶠ Man

---

ᵃ aus allen sprachen *B.—L.* — ᵇ vom glauben *J. K. L.* — ᶜ einen FKls überwiese *B.—L.* — ᵈ Cod. *N.* hat: 1527 und eben so unrichtig: das Lied 32 im ,Ausshundt'. — ᵉ als er durch das Licht der warhait ist erleuchtet worden, ein hochbegabter Mann in der Leer Christj *K. I.* — ᶠ Cod. *P.*: Frickman. Cod. *Michn:* Frickher.

ᴵ Mandato Ferdinands I.: a) ddo. Ofen, 20. August 1527 ,gegen alle Kätzer, in sonderheit aber: die Widertäuffer erlassen'; b) das Edict vom 24. Februar 1528 ,ddo. Innspruck wider die Anabaptisten' (gedruckt), ergänzt und erläutert: 1. April 1528, 4. April 1528 und 21. April 1528. (Liber caus. dom. im Innsbrucker Statthaltereiarchiv.)

² Die Cod. *A.—L. O.* bringen hier mehr oder weniger nur einen Auszug aus *M. P. Q. R.*, der sich collectiv in folgenden Worten darstellt:

hat vil durch strenge martter mit im versuecht vnd gehandlet
des kindstauffs halber, aber er hat mit göttlicher schrifft,

,Anno 1528 ist L. Schiemer von Vöklaspruck, ein Diener Jesu X^{ti}
(ein evangel. Diener der gemain Gottes) vnd ein hochbegabter (gelerter)
Mann, der ein Mönch gewesen, den 14ten Januarj, zu Rottenburg am Inn,
vmb der gott. w. willen — auff des Kaysers Mandat — enthauptet vnd
verbrennt worden, beständig in gott, hat also die gött. warhait mit seinem
bluet bezeugt, wie das sein schrifftliche bekanntnuss aussweisst. ,Seine
Artikl seindt den frommen wol bekannt.'

Leonhart Schiemer, der erste Wiedertäufer-Bischof in Oberösterreich, war der Sohn achtbarer Eltern, von denen er, wie er selbst bekennt, ,auf die Ehr vnd Furcht Gottes erzogen vnd fleissig in die Schule
geschickt wurde.' Nachdem er etliche Jahre in Wien und anderen Orten
studirt hatte, wurde er zu einem Pfarrer in Oesterreich gegeben, wo er
aber ,nit vil göttlicher Leer vnd guten Wesens erfaren' und darum beschlossen habe, kein (weltlicher) Pfaff zu werden, sondern in den Bar-
füsser-Orden, ,dessen demüthiges vnd gutes Wesen' ihn anzog, zu treten.
Enttäuscht entfloh er nach sechs Jahren dem Kloster zu Judenburg und
trat, mit Gewand und 1 Fr. von einem Bürger des Städtchens versehen,
die in der Chronik bezeichnete Wanderung an. Mit Hubmaier zerfallen,
wusste er ,mit list in ein hauss in der Kärntnerstrasse (in Wien) zu
kommen', wo Hut nach der Flucht aus Nikolsburg heimliche Täufer-
convente abhielt uud mit Oswald Glaidt ,ir Leermeister' war. ,Da habe
ihm der Johannes durch zwey tag von dem wort gottes erzält vnd als
er nichts böses, sonder nur das Wort Gottes gehört, habe er sich auch
in ir leben begeben vnd sich durch den Oswald tauffen lassen.' Darauf,
erzählt er weiter, sei er — vor Pfingsten 1527 — gegen Steyer gezogen,
wo er viel Volk getauft habe. Dort habe man ihn zu einem Lehrmeister
gewählt und ,ausgeschickt das volk zu leeren'. Nachdem er an vielen
Orten in Oesterreich, Salzburg und Baiern gelehrt und getauft, sei er
nach Tirol und ,gegen Schwatz gekommen, willens da vil volk zu taufen',
doch auch besorgt, Br. Reinhart (Franziskaner in Schwatz), den er erkannt, könnte ihn vermuthen. Er zog deshalb in das Rothenburger Gericht, fiel aber da den 25. November 1527 dem Richter in die Hände
und wurde nach Rattenberg dem Stadt- und Landrichter Barth. Angst
überliefert. Dieser ward angewiesen, ihm das Malefizgericht anzusetzen,
,vnd, damit der gemain Mann ein Ebenbild emphahe, sich der bösen ver-
füererischen Secten vnd ketzerischen Leer desto bass zu hüeten', sein
Recht ergehen zu lassen. Den Herzogen von Baiern wurde die verlangte
Auslieferung abgeschlagen, ein Fluchtversuch des Gefangenen vereitelt.
Am 14. Jänner 1528 hatte Angst, der dem Gefangenen mancherlei Er-
leichterungen angedeihen liess, wofür ihm von Innsbruck eine Rüge
zu Theil wurde, nur noch über ,die Berichtigung weiland Lienharden
Schemers' zu berichten und anzufragen, wie es mit den übrigen Gefangenen zu halten ist. (Acten im Innsbrucker Statthaltereiarchiv.)

Von den Artikeln und Schriften dieses von den Geschwornen zwar
zum Flammentode verurtheilten, schliesslich aber nur enthaupteten und

mündlich vnd schriftlich inen dargethon, wie durchauss in testamentischer Schrifft bevolhen sey und befunden werde, das man Erstlich das wort Gottes leernen, selbs glauben, annemen vnd tauffen soll. Das sey der rechte Christliche tauff vnd kein widertauff. Die Kindlen aber hab der Herr nirgendt bevolhen zu tauffen, sie seyen vorhin des Herren, vnd so lang sie in der vnschult vnd ainfalt steen, allerdings nit zu verdamen. Vnsser glaub vnd thun oder tauff — antwortet er — stee auf nichts andern, den auff dem beuelh Christy (Mat. 28. Marc. 16.) vnd das alle sein tag kain aufstandt oder empörung zu machen in sein hertz komen sey. Ja er hab ein hauss geflohen, da man vnainig gelebt hab; auch seyen keine anschlag darunter, denn, das leben zu bessern vnd vom lasterhafften vngerechten leben der welt abzusteen. So sey vnter seiner Leer, die er füeret, nit das das Ringste gebot, das man der obrigkait soll vnderthan vnd gehorsam sein in allem gueten. Er sagt inen: er wiss auch kainen Principalen oder Anfänger seines glaubens, den allein Jesum Christum, den Son Gottes, der sey der rechte herzog vnseres glaubens. — Auch woltens von im wissen, wer In in diss landt beschaiden zu ziehen, solchen bösen samen des Widertauffs zu pflantzen. Er sagt inen, das er nit dahin beschaiden, sonder, nachdem er kain bleibende statt hab, im elend vmbher ziehen müesst, also daher komen sey, von seinen Freunden her geen Schwatz, da er nun gefangen ist, nach dem willen gottes. Er habe nichts böses füer, sonder die göttlich warheit.

_____

danu verbrannten Mönches führen wir aus den Handschriften der Wiedertäufer (Nr. 235 Pos., 1. *K*. 3 Brun, VIII. *g*. 25 und 39 Pest. etc.) an: a) die Epistl L. Schiemers: Es schwazt die gantze welt $\times$ das mark meiner pein 1527; von Gottes Gnadt, von dreyerlei Tauff und einer Erklärung des Vater vnser handelnd. b) Ein Trostbrief an einen schwachen Brueder. c) Epistel an die gemain Gottes in Rottenburg mit einer hüpschen erklärung der 12 Artikl des christ. Glaubens. d) Eine Verantwortung denen, die sagen, wir trinckhen etwas aus ein Fläschl, der teufel weiss, was darin sey. e) Epistel an die gemain zu Rottenburg d^{ie} Rottbg. pfintztag nach Andre 1527. f) Leonb. Schiemers Bekanndtnues, geschriben am 14ten Januarj 1528.

In einem alten Nürnberger Drucke o. O. und J. (siehe Gödeke's Gesch. d. d. Dichtk., I. 220), dann im ‚Aussbundt' 1583 findet sich das oberwähnte Klagelied Schiemer's über die Verfolgung der Frommen, (in van Braght's Martelaer Spiegel, holländisch): Wir bitten dich, ewiger Gott etc.

Nachdem er ein zeit lang gefangen gelegen vnd nit bewegt kundt werden, haben sie in vnd sein mitgefangnen Brueder vom Leben zum todt vervrtailt vnd allda zu Schwatz mit dem Schwert hingericht. Haben die göttlich warheit mit irem bluet bezeugt vnd ermanen vns, das wir vns an die nachfart richten sollen, wie in des Hanss Schlaffers abschaid vnd vrlaubs brief angezaigt wirt. — Nach inen sein 19 Personen allda hingericht worden. Von dem Hanss Schlaffer sindt zwej Lieder, die er gemacht, in der Gemain. [1] *M. P. Q. R.*

[1] *A. — L. N.* bringen über Schlaffer nichts mehr als: In disem 1528 (*N.*: 1527) Jar, am Erchtag nach Lichtmess ist der Br. Hanss Schlaffer, ein euangelischer Diener vnd hochbegabter Mann, vnd L. Frick, zu Schwatz mit dem Schwert gerichtet worden. Sie haben die gött. w. mit irem Bluet bezeugt vnd vermanen vns zur nachfart, wie den des Hanns Schlaffer vrlaub vnd abschaid anzaigt *A. — L. N.* Er ist vorher ein Messpfaff (röm. Pfaff) gewesen, kam zur gemain nach Mähren vnd wardt auch ein Diener des worts. Er war hochgelert vnd erfaren in der schrifft, wie seine Rechenschafft zaigt *N.*

Nach der vor dem Landrichter zu Schwatz-Freundsberg, Sigmund Capeller, anno 1527 abgelegten Rechenschaft (ddo. 15. December 1527) hat er sich 1511 ‚dem priesterlichen Berufe onterwunden‘ und zuletzt in Oberösterreich der Seelsorge gewidmet, wurde aber dem Stande abgeneigt, als ihm, der ‚das lautere Evangelium zu verkündigen bemüht gewesen sei‘, das Predigen untersagt wurde. Nach seinem Abfalle von der alten Kirche (1526) hielt er sich eine Zeitlang in Oberösterreich bei dem Herrn von Zelking auf, besuchte hierauf Augsburg, Nürnberg, Regensburg und 1527 auch Nikolsburg, wo er dem Streite zwischen Hut und Hubmaier beigewohnt hat. In Augsburg verkehrte er mit Jac. Widemann, Kautz, Hut, Sigm. Hofer u. A. m., in Nürnberg sah er ‚den Lud. Hätzer und Hans Denk, treffenliche in Gott geleerte Menner zween‘, in Regensburg den Oswald Glait und Wolfg. Brandhuber ‚Etwan Pfarrer zu Liutz‘. Im Geleite des Ulrich Moser, der dem Fugger Krüge aus Meissen zum Schmelzen nach Matzen bei Brixleg führte, besucht er daselbst seine Verwandten, dann, kaum genesen, Hall und Schwatz, wo er am 5./6. December von dem Bergrichter Gabr. Weissacher festgenommen wurde. Auf das Schloss ‚Fronsperg‘ gebracht und inquirirt, beantwortete er die Fragstücke, wie unsere Chroniken andeuten.

Seine Untersuchung schloss mit der an Sigmund Capeller ergangenen Weisung (20. Jänner 1528), ‚den Hansen Schlaffer berichten vnd demselben, wie auch dem L. Fricken, das Recht ergehen zu lassen‘. Vorher hatte C. insgeheim gegen Innsbruck zu melden, ‚wes er sich zu der vervrtailung bemelter W. T. vngeferlich versieht, nemblich, ob sie zum todt oder auf ander weg vrtailt werden‘; desgleichen was man unter den Leuten darüber rede, ‚das man die Person des Widertouffs wegen einzicht‘. Der gefällte Schuldspruch wurde, wie unsere Codices anzeigen, am Erch-

4. Im Jar 1528 am Christtag tauffte an einem Ort, genannt zu der Tieffe bei St. Gallen im Schweitzerlandt, der Brueder Tepich, ein Leerer des worts: die Agatha Campnerin ab Braidenberg im Etschlandt. Der Agatha Schwester, mit Namen Elisabeth, hat A° 1529 Brueder Jörg Blaurock am Braidenberg nach dem Beuelch des Herren getaufft. Seindt darnach gefangen worden in der Vil im Etschlandt vnd alda den Erchtag nach Martinj, den 16. November, vor dem Gerichtsherren ires glaubens halber bespracht worden. Agatha C. hat bekennt: Sie halt nichts von dem kindtstauff vnd wann schon die kinder one tauff sterben, so sterben sie in der vnschuldt vnd seyen des Herren. Von der Mess halt sie nichts. Dann Christus hat zu seinen Jüngern nit gesagt: geet hin vnd haltent die Mess, sondern: geet hin vnd prediget das Euangelion. Des Sacraments halben glaub sie keineswegs, das sich Christus in die Hostia oder in Brot verwandlen lasse. Von vnsserer Frauen sage sie: Sie glaub das Christus der Herr, der vns alle erlöst hat, in ir vermenscht vnd lebendig geworden sey, der dann für vns gelitten hat am stammen des Creutzes. Der Feyertag halber sag sie, es sey kain tag für den andern geheiliget, der Sonntag von desswegen geordnet, das man zusamenkomme, das Euangelion predige vnd davon rede. So aber missbrauche man dasselbe zu Füllerey vnd anderer Büberey, darauf will sie mit gottes hilff beständig beharren, bis in den todt.

tage 1528, und zwar zu Schwaz, wohin Schlaffer von Freundsberg überführt wurde, vollzogen. Schlaffer hinterliess nachstehende, selbst in den Handschriften der Wiedertäufer selten vorkommende Schriften: 1. Bekenntnusse vnd Verantwortungen — gegen die Regierung zu Inspruck gethan. a) schriftlich d¹ Sonntag nach Luzia 1527, b) mündlich d¹ Sonntag vor Sebast. 1528 über die 5 fragstücke. 2. Unterricht zum Anfang eines christlichen Anfangs d¹ 19. Dez. 1527. 3. Kurtze vnd ainfaltige Vermeinung vom Kindertauf, wie derselbige nit mag beibracht werden aus heiliger Schrift 1528. 4. Ein Sendtbrieff an seine Br. vnd schwestern d¹ Pfintztag vor Pauli Bekehrung. 5. Hans Schlaffers Testament vnd aigen Bekandtnuss gegen Gott d¹ Schwatz Montag nach Lichtmess. 6. Von der art vnd gestalt Christi, was er leyplich vnd geystlich sey. (163 Pos.) 7. Ein Trostbrief an ainen schwachen Brueder. — Die zwei Lieder, deren gedacht wurde, sind: a) Ungnad beger ich nit von dir, H. S. Nr. 203 Pos. (gedruckt im ‚Ausbundt‘, einem fliegenden Blatte von 1527, und Wakernagel's K. Lied. III. 479 etc.); b) Herr Vater, mein ewiger gott — hilf mir armen auss dieser not, (sein Schwanengesang) H. S. Nr. 203 Pos.

Der Agatha Schwester hat bekennt: Auff das Sacrament
vnd Mess halt sie nichts. Dan man befindet nit, das es Gott
gehaissen hat. Von vnsserer Frauen glaub sie, das sie Christum
vnsseren Erlöser geboren hab, ein Jungfrau sey, vnd, wie alle
heiligen, durch vil Trüebsal hat müessen in das Himmelreich
eingehen. Aber das sie yetzundt vnssere Fürbitterin sey, glaub
sie nit, dieweil der Herr allain Gewalt hat im Himmel vnd auf
erd vnd auch der ainig Mittler ist zwischen Gott vnd Menschen. — Der Feyertag halben halt sie kainen für den andern.
Dan man soll alle tag wachen vnd sich berait machen auf den
grossen tag des Herrn, soll alle tag vassten vnd feyern von
sündten! — Darauf well sie besteen biss an ir Endt. — Also
seindt sie — hingericht worden. Ire Namen seindt im Himmel
angeschriben. *M. P. Q. R.*

5. In dissem 28 Jar, am Freytag vor Ostern[a] ist der
Br. Thoman Waldhauser,[b] ein euangelischer Diener, selbs
Dritter[c] vmb der göttlichen warhait willen[d] zu Brün im Märherlandt[e] zum Todt verurtailt vnd verbrennt worden. Da haben
sie die göttliche[f] warhait mit irem bluet bezeugt. (Das hat man
mit des Thoman Waldhausers[1] Epistel vnd dem Andre Gauper
zu bezeugen.) *A. — L.*

---

[a] *D. G. L.:* am Karfreytag. — [b] *G. L.:* Balthauser. — [c] In *M. — Q.* heissen
die Drei: Thoman, Balthauser und Einer hiess Dominicus. — [d] *M. — Q.:*
vmb glaubens willen. — [e] *M. — Q.:* gefangen. — [f] *M. — Q.:* die hailige
warhait gottes.

[1] Thoman Waldhauser, ein Oberösterreicher, war zuerst Caplan in Grein,
trat aus dem Schoosse der alten Kirche und wurde des Herrn von Hardegg,
auf Kreuzen Pfleger, 1527 aber in der Stadt Steyr Wiedertäufer, unter
den letzteren fortan nur ‚Thoman von Grain‘ oder der ‚lange Thoman‘
geheissen. Aus Steyr flüchtig, zog er mit dem ‚Schulmeister von Wels‘
zu den ‚Brüedern‘ in Baiern und verkehrte da, (zu Regensburg, Augsburg etc.) mit den Häuptern der Brüderschaft und unter Anderen auch
mit Ludwig Hätzer. Im nächsten (1528er) Jahre finden wir ihn im Gefängnisse zu Brünn, wo er nach längerer Haft am 10. April 1528 in den Tod
ging, mit ihm zugleich die zwei oberwähnten Brüder. Nach einem
Schreiben des J. von Zwole ddo. Towaczow, 15. April 1528, an J. Hess
(Rhedigeriana in Breslau) war der Eine derselben, der uns aus Gindely's
Geschichte der Böhmischen Brüder I. 192 bekannte Johann Čížek, ein
ausgelaufener Breslauer Mönch, der sich 1525 mit zwei anderen Ex-
mönchen, als dem nachmaligen Liederübersetzer Mich. Weiss († 1534)
und dem Frater Jan in Leitomischl zu der Brüderunität geschlagen, in
derselben aber durch seine Parteinahme für Zwingli eine Aufregung erregt, die mit seiner Ausstossung endigte, worauf er nach Mähren zog,

Da sie noch gefangen waren zaigten sie dem rathe an, sie sollen schauen, daz sie sich nit am vnschuldigen bluet vergreiffen; dann gott werde es nit vngestrafft lassen. Da ist einer aus dem rath mit namen Thoman Kirschner auffgestanden vnd hat mit seinen henden gethan, als ob er sich wisch vnd gesagt: Also will ich mich mit meinen hendten in irem bluet waschen, vnd vermaint Gott einen Dienst daran zu thuen. Aber es begab sich hernach Vber etliche tag, daz in das vrtel gottes traff. Ist in seinem bett — todt gefunden worden, zur Nachts des gähen todes gestorben. Der Brueder Wastl Schlosser* hat den Thoman Kirschner wol gekannt, dessgleichen hat auch der Br. Andre Gauper darumb gewusst. Es ist noch ein Epistl vorhanden von dissem Balthausser Thoman. *M. P. Q. R.*

6. In dem 28 Jar vmb diesse Zeit hat man zu Znaimb[1] vnd Olmütz etlich diener samt andern glaubens genossen vmb der warhait willen hingerichtet. *B. — H. K. L.* — Zu Znaimb in Märhern seindt 3 Brüeder vnd 2 schwestern gefangen gelegen. Da war ein Richter, den hiess man den Herrn Lewisch, welcher war den Brüedern sehr auffsätzig. Als es sich verzug mit disser brüeder vnd schwestern gefenkhnus, da sprach disser Lewisch dem Rat zu mit strengen worten, was sie mit den taufferischen Ketzern thuen wollten, weil sie küniglich bevelh

wo er mit den Habrowanern und darauf mit den Neutäufern in Verbindung trat.

Den zweiten Tag nach oberwähnter Execution (12. April) kam von Prag ein gemessener Befehl nach Brünn: sich bezüglich der Täufer die Znaimer Landtagsbeschlüsse gegenwärtig zu halten und solche Leute nicht zu dulden. W.'s ‚Abschaid vnd Urlaub' siehe in den H. S. 163 und 190 Pos. unter dem Titel: ‚Ein sendtbrieff Thom. Waldhauser's an die, so Brüeder gewesen sein zu Brün, gesendt aus dem gefenknuss zu Brün, dto. Samstag vorm palmtag 1528.' Waldhauser ermahnt darin die Brüder, welche aus Schrecken ,vor dem wütenden Trachen die erkante warhait widerruefen vnd verlaugnet haben, vmbzukeren zu dem vorgelegten kleinot des ewigen lebens vnd Reiches, sich eylig zu bekeren, dieweyl sich Gott noch barmhertzig finden last'. Was Buchholz (Gesch. Ferd. I., Bd. IV. 476) von den Wiedertäufern in Brünn zu 1525 erzählt, ist in das Jahr 1528 und 1535 zu verlegen, entbehrt jedoch der historischen Wahrheit.

* *P. R.:* Wastl Wardeiner oder Schlosser.

[1] ‚Historia Pragensis narrat, Ferdinandum — non paucos in Austria — Styria, Carinthia et Moravia praecipue ad Znoymam jussisse interfici.' (M. S. in Raigern.)

haben vnd seine Mandath, vnd lassen's nit richten! Wöllen Sie nit darzuethuen vnd Sie richten lassen, so wölle er selbst zum könig reisen vnd im anzaigen iren vngehorsam. Wover sies aber wellen richten lassen, so wöll er mit seinen rossen das holz dazue füeren lassen. Darauff im der Rat mit gueten worten Antwort gab: Lieber Lewisch, wir wöllens euch bevelchen, thuet mit inen, wie ir wellt, es sei euch übergeben. Da hat er mit seinen furen holz lassen füeren vnd die 3 Brüeder und die 2 schwester lassen verbrennen. Sein also mit dissem kurzen Vrtl gericht worden, vnd haben Gott dem Herrn das rechte Brandopfer geleistet, das gelüebt des Tauffs getan. Dieser Lewisch, aus Einfluss der alten Schlangen hass vnd neid, ward des bluetes der frommen vnschuldigen Schefflen des Herrn noch nit satt, hat geld ausboten denen, die im anzaigen, wo die Brüeder zusammen komen. Da im nun ein Hauss ward anzaigt, da machte er sich auf sambt den Schergen vnd Scharwächtern vnd gingen über den Platz. Da trat diser Lewisch vnversehens in ein loch, darin man die weinzaiger vor den Häusern steckt, vnd verrib darinen ein Fuess, fiel nieder vnd schrie jämerlich, man soll im auffhelfen vnd die Schelmen geen lassen. Da kam das Geschrei für die brüeder vnd sie machten sich aus dem Hauss. Nachdem war diser Lewisch todt krankh — vnd hueb den gächlings zu schreien: Die Wider-Tauffer! die (Wider-) Tauffer! vnd redt nit mer. Das trieb er on zal! Zuletzt allein ein Magd, die im freundt was, blib bei im, bis er im (eigenen) Bluet erstikht.[1] Diese Magd hats auch dem bruder Wastl Wardeiner selbst gesagt, wies gangen ist. Seine gantze Freundschafft hat ser ungern, das man davuon sagt. *M. P. Q. R. ≏ B.*

7. Anno 1528 sein zu Pressburg zween Münich vom Burghgraffen auff dem schloss, Sedäle, gefangen worden am vffer, vnd auffs Schloss gefüert. Der ein münich ist aus dem Schweitzer landt gewesen, der andere ist eines Burgers Sun von Ulm gewesen. Dieser hat das Euangelion gepredigt vnd wider des pabstes mess vnd götzen, daz es nichts wäre. Hat in ein anderer Münich verraten gegen den purkgraffen. Der hat ein

---

[1] Die Cod. *M. P. Q. R.* fügen hier noch bei: Zuletzt brüllt er wie ein Ox vnd vnflat, frass seine eigene Zunge, das im der schaum vnd das Bluet zum Maul heraus ging (vnd wüetet) also, das sein Weib vnd eigene Kinder nit kundten bei im bleiben.

Fass mit Nägeln lassen ausschlagen, die Spitz hinein, vnd den Münich aus lassen ziehen, bis an die Gulgel oder Gugel, in darein getan, vnd zu der richtstatt gefürt. Haben in mit sambt dem Fass auf das Holz gelegt vnd darnach angezündt; ist aber nit verprunen. — Haben in also erstikht im rauch. Er ist standthafft gebliben, bis an sein endt. Der andere münich weiss man nit, wo er hinkhomen ist, in vielleicht heimblich vmbgebracht. *N.*

8. In dissem 28 Jar[a] sein zu Bruck an der Mur in der Steyermark 9 brüeder[b] enthauptet vnd 3 schwestern ertrenkt worden. *A.— M. P. Q. R.* Die Jüngste schwester hat noch das wasser angelacht vnd sich nicht davor entsetzt. *E. L.* Haben also die göttliche warhait ritterlich mit irem bluet bezeugt, wie dann das liedt,[1] das von inen ist gemacht worden,[c] Zeugnus gibt. *A. — K. 2. L.*

Man hat sie gebunden dem Richtplatz zuegefüert, aber sie waren fraidig vnd getröst, vnd sagten: heut wollen wir auff disem Platz leiden vmb des wortes Gottes willen, vnd im vnser opffer laisten. Sie sprachen den Herren von Pruck ernstlich zue, sie solten wissen, das sie vnschuldig Bluet auff sich laden. — Also enthaupt man die 9 Brüeder auf ein grünen anger. Sy waren vnverzagt, das es ein wunder war vnd vergossen ir bluet durch Schlach des Schwerts. Die 3 Freylein oder schwestern ertrenckh man. Das jüngst lacht das wasser an. Ettlich hieltens für verstockhung vom Teufl, Etlichen aber bewegts ir hertz. das sie erkenneten: Gott müess es thuen, es wer sunst nit müglich. *M. P. Q. R.*

3. Die Gabriëler und Philipper.
1527—1528.

In der Zeit[2] haben sich etliche Diener, samt iren volk, in Märhern eingelassen als: zu Znaim, Eibantschitz,[3] Brün vnd

---

[a] *K. 1:* 1527 Jar. — [b] *O:* Christliche personen; *A:* vmb des glaubens willen; *O:* mit schwert vnd wasser getödtet. — [c] *M. P. Q. R:* vnd noch vorhanden ist.

[1] Das Lied: ‚Nun wellen wir aber singen — yetzund zu diser frist — Von Pruck an der Mure‘, findet sich in den Wiedertäufer H. 8. 203 Pos. und Nr. 14554 der kais. Hofbibl., abgedruckt aus dem ‚Ausbundt‘ in Wakernagel's K. Lied. III. 467.

[2] Nach den Cod. *P. Q. R.* würde diese Zeit in das Jahr 1527/28 fallen.

[3] Eibantschitz = Eibenschitz, mährische Stadt an der Iglawa. Unter den Luxemburgern landesfürstlich kam sie durch die Tochter König Georgs

anderswo mer zu wonen. Balt ist einer auch gen Rossitz[1]
kommen, mit Namen Gabriel Ascherham, ein Kürschner
von Schärding aus dem Baierlandt. Der hat das volkh geleert
vnd gesamlet. In der Zeit ist Philipp Blawermel aus dem
Schwabenlandt zu im kommen. Da hat sich der Gabriel seines
Dienstes vnd Leeramts geäussert, dem Philipp vnd seinen gehilfen die Eer gelassen. Aber balt hat er wider vrsach genomen, da im der Philipp nit nach seinem Gefallen handelte,
sich wider vmb sein volk anzunemen, vnd (ist) bei seinem
volkh im Hauss bliben; Philipp aber ist mit den Seinigen (*F.*
mit seinem volck) in ein anderes Hauss gezogen. — Haben
sich mit vneinigen Herzen mit einander brueder gerüembt!
Darauss sein 2 völckher, Gabrieler und Philipper[2] erwachsen, wie es weiter gehört wird werden. *B.—H. K. L.*

(1464) an das Herrenhaus der Lipa, das hier, im 16. Säculum, allen
Secten ein Asyl eröffnete.

[1] Rossitz, mährischer Marktort in dem Kohlenreviere gleichen Namens.
Anno 1522 im Besitze der Herren von Pernstein, seit 1549 aber der Herrn
von Lipa Eigen, wurde Rossitz anno 1560 Eigenthum des Johann von
Žerotin, dessen Sohn Carl es von ihm erbte, allein 1628 an Albrecht
von Waldstein verkaufte. Neben Wiedertäufern, die hier bis 1622 ein
Haushaben hatten, hausten daselbst auch die Mährischen Brüder (Pikarten).

[2] I. ‚Gabriel von Schärding hat in der Schlesj ein Volk geleert vnd
gesamelt vnd mit sich gen Rossitz gebracht. Zu Im ist komen mit etlich
Personen Philipp aus dem Schwabenland‘ *K. 1, P. 1.* Gabriels Anabaptismus entstand jedoch nicht in Schlesien, sondern wurde aus Süddeutschland importirt und fand in Glogau, Breslau, Glatz etc. einen fruchtbaren
Boden. Gabriel selbst hat ihn unter den Schweizer Brüdern kennen gelernt und wurde bei denselben sogar in das Hirtenamt berufen, später
jedoch ‚verschuppft‘ und in Schlesien Gründer selbstständiger Gemeinden.
Als die Verfolgung im Lande eine allgemeine wurde, führte er einen
Haufen der Frommen nach dem andern nach Mähren, ‚dem Gott vor vil
andern Ländern absonderlich vil Freiheit, den glauben betreffend, gegeben hat‘. Bald wurde ihm Rossitz, wo Schlesier, Schwaben, Hessen
und Pfälzer zusammenströmten, zu enge, Philipps Abzug nach Auspitz
eine selbstverständliche Sache. Die Trennung war jedoch nur eine locale.
In der Lehre und Organisation standen sie auf gleichem Boden, und als
durch Huter's Vermittlung 1531 mit den Austerlitzern die Union eingegangen ward, bildeten alle drei Völker eine Gemeinde, in welcher Gabriel
gewissermassen der Oberhirt wurde. Es mochten um diese Zeit die beiden
Auspitzer Haushaben allein an 2000 erwachsene Personen zählen, Philipps Hof für sich 5—600, die Rossitzer an 1200 Köpfe. In Frieden
und Eintracht hausten sie bis in das Jahr 1533, da hat sich die

II. Abschnitt.

Die Zerspaltung in Nikolsburg, Auszug gegen Austerlitz.

1527—1528.

Von der Zeit an haben sich die glaubigen auss vilen
Ländern Teutscher nation, verfolgung halber, im Märher-landt
versammlet. *P. 1. K. 1.*

‚Spaltung‘ ergeben, welche die totale Auflösung der Union der drei
Völker zur Folge hatte. Gabriels Ehrgeiz und Autokratie, durch den
unbedeutenden Schützinger wenig beeinträchtigt und von Philipp willig
getragen, sah in Huter, dem energischen, auf Reformen dringenden An-
kömmlinge, einen gefährlichen Nebenbuhler und trat darum seiner Berufung in das Hirtenamt abwehrend entgegen. Unwillig hörten er und
seine Gehilfen den Vorwurf, dass sie lässig im Dienste wären und dadurch allem Uebel Thür und Thor öffnen. ‚Gabriel,‘ schreibt Mändl anno
1561 den Aeltesten, ‚hat es im Anfang den fromen wollen nachthun, auch
in der Gemeinschaft, allein lässig, wie ich verstanden hab! Wo ein
Haushaben ist gewesen, das hat die Gemeinschaft mit einander gehalten,
sonst ist es schlecht genug zugegangen, vnd sind also immer mehr von
Einem ins Andere, aber nit aus der Welt sondern darein gerunen, auch
in vngesunde Vrtl, bis sie alle sambt dem Gabriel verflossen sind‘ O.
Der erbitterte Streit, ob Schützinger im Amte zu verbleiben oder dem
Huter die Ehre des Vortritts zu gestatten habe, ein Streit, in welchem
sich Gabriel arge, in den Augen der Gläubigen unverzeihliche Blössen
gab, endigte mit der Bannung Gabriels, Philipps, Schützinger's und ihres
gesammten Anhangs aus der Gemeinschaft. Schroff gegen einander
stehend, ja sich gegenseitig verketzernd, lebten die drei Völker gleichwohl in äusserem Frieden neben einander bis zu dem Ausweisungs-
mandate des Jahres 1535. Dieses traf alle Wiedertäufer. Gabriels Völklein zog sich zum Theil nach Schlesien zurück, willens, dort den Sturm
vorübergehen zu lassen. Sie fanden auch hie und da, wie z. B. in Rauden
und Wohlau, offene Aufnahme. Ein anderer Haufe zog nach Polen und
Preussen. Viele blieben in kleine Gruppen aufgelöst und ohne ständige
Wohnsitze im Lande. Diese wurden sofort aufgerichtet und neue, wie
zu Bučowitz, Jarohnéwitz, Bisenz u. a. O. errichtet, als die Verfolgung
aufgehört hatte.

Gabriels Groll und Widerwille gegen Huter und seine Gemeinde
war aber selbst mit dem Tode des Ersteren nicht erloschen. Er verun-
glimpfte ihn noch im Grabe und hat, ‚was die Huterischen von ihm am
wenigsten gedacht hätten‘, über ihn und die Seinigen ‚ungöttliche vnd
teuffelspännige Liedlen, die einem haiden zu vil wären, gemacht‘, dazu
weiter etliche ‚vnziemliche Briefe‘ an die Gemain geschrieben, und letzlich
(1542) ein Büchlein im Druck ausgehen lassen, darin er sie des Hoch-

Weil aber vmb der vorgemelten vrsach wegen sich das
volck zu Nikolsburg mehrte, vnd ein gueter Tail dem Jacob

mutbs etc. zeihe, und sich als ein rechter verkehrter und abtrünniger
Mensch erweise, dessen Lästersucht den Bruder Jacob selbst nach seinem
Tode nicht verschone, indem er ihn einen Schalken heisst und sage, ‚dass
das Opfer eines Schalken vor Gott ein frävel sei‘ O. Diesem Gebahren
traten die Huterischen (1542) mit der ‚Beautwortung des Gabriel Brieffs‘
in scharfen, mitunter vernichtenden Worten entgegen. Um sein schwan-
kendes Ansehen bei seinem Volke zu befestigen, veröffentlichte Gabriel
1544 seine Schrift: ‚Vom Vnterschied göttlicher vnd menschlicher Weis-
beit‘ etc. (siehe H. S. 11736 der kais. Hofbibl.) und schickte sie an alle
Orte, wo sein Volk wohnte. Mit dieser Schrift verdarb er es im eigenen
Lager. Denn dass er darin ‚den wüsten Gräuel des kindstauffs‘ billigte
und überdies vorgab, dieses Büchlein mit Zustimmung aller Diener und
Aeltesten der Gemain versendet zu haben, war selbst den Seinigen zu
viel, zumal sie in diesem Punkte zu den Huterischen standen. Ein Theil
seiner Heerde nach dem andern kehrte ihm den Rücken und schlug sich
zu den bisher gemiedenen Brüdern. Gabriel war schliesslich ein Hirt
ohne Heerde. Um diese zu erneuern, zog er 1544 nach Schlesien, starb
aber 1545 in einem kleinen Städtchen (Frauenstadt?) an der polnischen
Grenze. Der lang geplanten Wiedervereinigung ‚mit denen, so vormals
ein Laib und Knochen in Christo gewesen, aber durch frechen rotterischen
Geist betrogen wurden‘, stand nun nichts mehr im Wege. Die Fusion
erfolgte am 16. Jänner 1545. Sie erfolgte auf Grundlage der bekannten
fünf Artikel der Huterischen, welche die Gabrielor unbedingt angenommen
hatten (H. S. O. und 235). Nur ein kleiner Rumpf der alten Gabrieler
hielt sich der Union fern und fristete sein Dasein zu Kreutz bei Göding
bis in das Jahr 1565. In diesem Jahre traten auch sie in den Verband
der Huterischen. Von da an gab es in Mähren und Oesterreich keine
anderen Taufgesinnten als diese und einige unbedeutende Reste der
Schweizer Brüder (um Znaim, zu Tasswitz, Polau und Eibenschitz etc.).
II. Philipper. Der Namensträger dieses Völkleins, das unseres
Wissens nach dem Abzuge von Rossitz nur in Auspitz, in einem selbst-
ständigen Hofe, neben den Huterischen hauste, begegnen wir zum ersten
Male anno 1527 in Würtemberg und Schwaben. Dort sammelte er ein
Häuflein Taufgesinnter und führte es nach Mähren. Er hiess von Haus
aus Plener, war zu Strassburg oder bei Bruchsal daheim und seines
Zeichens ein Weber, der aber ‚im Wort Gottes gearbeitet‘, daher ihn
auch seine Leute ‚Philipp von Strassburg‘, ‚Philipp Weber‘, oder, weil
er blaue Aermel trug, ‚Blauärmel‘ hiessen. Seine Gehilfen in Auspitz,
inmitten von Hessen, Schwaben und Rheinländern, waren Blasy Kuhn
von Bruchsal, der ihm die Trümmer der Bruchsaler Täufergemeinde, die
anno 1530/31 an 500 Personen zählte, allein von ihrem Vorstande Julius
schmählich verlassen wurde, zugeführt hatte, Burkhart Bämerle und
Adam Schlegel. Anno 1535 aus Mähren ausgewiesen, wandten sich die
Philipper grösstentheils wieder der alten Heimat zu. Eine Gruppe von

Widemann vnd Philipp Jäger anhing, so hat Hanss Spitlmaier öffentlich den Seinigen geboten, daz sy nichts mit inen
sollten zu schaffen haben, sondern irer müssig gehen. *C. F. G L.*
Also ist Jacob Widemann vnd Philipp Jäger vnd andere
mer mit inen, vervrsacht worden, sich von der Gemain zu Nikolsburg abzusündern. — Haben in den Häussern hin vnd
wider versamlung gehalten, die Pilgram, Gässt vnd Fremdling
aus andern Ländern aufgenommen, die Gemeinschaft angenommen. [1] Als solches Hanss Spitlmaier erfaren hat, hat er im
Spital öffentlich geredt vnd geleert, das Schwert, Krieg, Steuer
vnd anders mer zu erhalten, also, das der Herr Lienhart von
Liechtenstain auf Nicolsburg bewegt worden ist, die, so sich
Gemainschaffter nennen, zu suchen, vnd für sich zu bringen
sambt iren Dienern, dem Jacob vnd Philipp, vnd sie der vrsach
der absünderung befragt. Darauf haben sie dem Herrn Leon-

---

zwölf Personen, mit dem Vorsteher Michael Schneider an der Spitze,
wurde zu Passau angehalten und zu den dort gefangenen Schweizer
Brüdern gelegt. Gütlich und peinlich besprochen, bequemten sich die
wenigsten zum Widerrufe. ‚Wir haben,‘ erklärten sie den Inquirenten
am Oberhause, ‚kein fürnemen uns der Obrigkeit zu widersetzen, mit
den Münsterischen nichts gemain. Wir halten christlichen Ehestand,
tragen keine Waffen, wie jene. Wer den Krieg will, ist kein rechter
Bruder.‘ Gott habe sie gelehrt, man solle sanftmüthig und demüthig sein
und die Rache Gott überlassen. Ihre Gemain sei keine Secte, sondern
das Werk göttlichen Lebens! Eine Annäherung der Philipper an die
Schweizer Brüder am Oberrhein scheiterte anno 1539. Besseren Erfolg
hätte der Versuch bei den Huterischen auf dem Convente zu Steinabrunn
gehabt, wenn der Einfall des österreichischen Landesprofosen den Unter-
handlungen nicht ein Ende gemacht haben würde. Die Union blieb
darum nicht aus und vollzog sich von selbst, als die alten Widersacher
das Land verlassen und die Huterischen den Zurückgebliebenen die
Bruderhand reichten. Dieses Ereigniss wirkte so lockend, dass viele
Auswanderer, darunter Br. Burkhart († 1667 zu Tracht) aus Schwaben
zurückkehrten und sich den versöhnten Brüdern anschlossen. Philipp
war inzwischen vom Schauplatz für immer verschwunden. (Nach den
H. S. der Täufer.)

[1] Wie Hubmaier von der Gemeinschaft dachte, spricht er 1526 in dem
‚Gesprech‘ aus: ‚Ich hab ye vnd allweg also geredet von der Gemeinschaft der güter, das ye ain mensch auff den andern ein aufsehen haben
soll, damit der hungrig gespeyst, der durstig getrenkt, der nacket be-
klaydt werde. Dan wir seyent ya nit Herrn vnser güter, sunder schaffner
vnd ausstailer. Es ist gewisslich kainer, der da sag, das man dem andern das sein nemen solle, vnd gemain machen, sonder vil ee den rockh
zu dem mantel lassen.‘

hart antwort geben: Weil in vilen Dingen grosse vnordnung bei inen geschehen vnd erfunden ist, vnd das man die Gässt vnd Fremdling nit behausst oder aufgenomen habe, vnd also dem wort der warhait vngemäss gewandelt, das sey die vrsach.

— Darauf der Leonhart gesagt: Wenn ir nit zu meiner Predicanten leer wöllt geen vnd wöllet ein sondere versammlung vnd absünderung machen, so kündt er sy nit leiden! Die Brüeder aber haben geantwortet: wir wöllen in gedult mit Gottes Hilff erwarten, was der Herr über vns zuelasst; vnd haben dem Herrn Leonhart darneben zuegesprochen, das er bedenkhen soll, was er thue, weil er sich doch auch ein Brueder nennen vnd rüemen lasst!

Da hat der (Herr) Leonhart gesagt: Er möchte es woll leiden, das es also liebsam vnd gottgefällig zueging; es wurdt aber seinen Brüedern ein Nachtail sein, vnd wurdten zerspaltung vnd zertrennung daraus erfolgen. Drum kündt ers nit zuegeben! — Doch ist es denselben winter also blieben, biss auff zukunftige Fasten. *I. K. 1.*

Weil aber ein gueter Tail (des volkhs zu Nikolspurg) dem Jacob Widemann vnd Philipp Jäger anhing, so hat Hanss Spitlmaier mit seinen gehilffen vnd mitverwandten öffentlich zu Nikolspurg in seiner leer den Seinigen geboten, das sie nichts mit inen sollen zu schaffen haben, sondern irer guntz müessig gehen, weil sie ein besondere versamlung machten, hat sie [1] klain Häuffler vnd stäbler [2] geheissen. Aber die zu Nicolsburg behielten das Schwert, daher sy: die Schwertler genannt werden, ietz aber Sabather heissen, die den recht Münsterischen Geist haben!

Aus solchem ist Herr Leonhardt Lichtenstainer (*I. K. 2:* Lienhart von Liechtenstain) abermahls gevrsacht worden, den Jacob Widemann vnd Philipp Jäger sambt anderen iren Brüedern vnd hausswirten für in zu fodern vnd inen bevelch geben: Weil sie ein sondere gemain wöllen auffrichten, sollen sie seine gründt räumen [a] vnd weckh ziehen.

---

[a] Cod. *B.* und *D.:* zuestifften.

[1] Cod. *B. F. H.* haben hier: ‚hat die alle, so dem Jacob Wiedemann vnd Philipp Jäger anhingen, kleinhäuffler etc. gehaissen'.

[2] ‚Stäbler, diss geben für, ain Christ könne mit gueten gewissen vnd nach dem wort gottes kain schwert waffen noch krieg füren, sonder soll ain Stab sich genüegen lassen.' (Frank's Catal. Haerot. 1576.)

Darumb haben sie ire güeter fail boten. Etliche habens verkauft, etliche habens also stehen lassen, vnd sein mit einander davon gezogen. Was inen aber hinderstellig bliben ist, haben inen die Herrn Lichtenstainer Nachwerts volgen lassen. Solches ist geschehen zu Mit-Fasten im 1528 Jar. *B. — L.*

1528.

Nun hat sich der Jacob Widemann als ein Diener gottes vmb das volkh angenommen vnd im also anzaigt: welche mit der gemeinschafft umb vorgemelten Articl m i t einstehen, die sollten sich aufmachen mit im zu ziehen. *A. I. K.* — Also haben sie sich von Bergen, Nicolspurg vnd daselbs herumb gesamlet auswerts vor Nicolspurg bey 200 Personen, on die Kinder. "

Etliche auss der statt sein zu inen hinauss gangen, auss grossen mitleiden mit inen gewaint, etliche mit inen gezankt. Indem haben sie sich auffgemacht, zwischen Tannowitz [1] vnd Muscha, in einem öden Dorff, genannt Bogenitz [b] sich gelagert [c] vnd ein

---

[1] Tanowi$z (slav. Dunajovice), Marktort mit 2960 katholischen Einwohnern deutscher Zunge. Es gehört 1528 der Abtei Kanitz, deren Probst Göschl zu dieser Zeit unter den Täufern zu Nikolsburg lebte, 1574 den Grafen Thurn, seit 1680 den Besitzern von Dürnholz.

[a] zogen von iren hauss vnd hoff auch von iren gefreundten. *A. I. K.* —
[b] Bogeuitz, ödes Dorf (zwischen Muschau und Bergen: *A. I. K.*, zwischen Tanowitz und Muschau *D.—L.*), von den Slaven ‚Purmanice‘ genannt. Es gehörte im 14. Säculum zum Burgbanne des Waisensteins und war schon 1450 öde. — [c] Cod. *A. I. K.* hat hier weiter In Kürze: ‚Da hat der Jacob Wiedemann Brüeder in der nothdurft verordnet vnd ein mantl ausgepraitet vnd dem volk zugesprochen, sie solten ir vermögen in die gemainschafft legen, welches da geschehen ist. Von danen sein sie gen Austerlitz auf den Hafnermark zogen vnd etlich Brandstätt auffgebaut vnd da gehaust bis in das 1529 Jar. — Austerlitz (slav. Slavkov), Stadt mit 3890 Einwohnern, worunter 600 Juden. Sie gehörte im 13. und 14. Säculum (als villa mit der Burg Neusedlic — Austerlitz) dem deutschen Orden. Die Herren von Kaunitz erwarben dieselbe im 16. Säculum, und diesem Geschlechte gehört das Grossgut (ein Fideicommiss) noch jetzt. Im Jahre 1528 besassen es die Brüder Johann, Wenzel, Peter und Ulrich von Kaunitz, alle Anhänger der Reformation, namentlich aber Ulrich. Dieser hatte schon 1611 die ‚Pikarten‘ in Austerlitz eingeführt und wurde deshalb als Verächter der Landesordnung vor das Laudrecht belangt. Dieser war es nun wieder, der den Nikolsburger Separatisten seinen Schutz verlieh und wahrte, so lange er lebte. Im Anfang des 17. Säculums galt dieses kleine Landstädtchen, wo noch der Stadttheil ‚Taufarská‘ an die ehemaligen Haushaben der Täufer erinnert, für den Hauptherd der Häresie, den ‚Taubenkobl‘ aller Sectirer. Nach einer Aufzeichnung bei Středovský (Msept.), welcher Schmidl (Histor. Soc. Jes.)

nacht sich alda aufgehalten, haben sich, umb gegenwertiger
not willen im herrn berathschlagt vnd diener der zeitlichen
notdurfft geordnet, als nemlich den Franz Itzinger von Leiben
aus der steyermark, auch Jacob Mändl, der des Herrn von
Lichtenstain Rentmeister gewesen ist. Denen hat man zu gehilfen zuegeben den Thoman Arbeiter vnd Urban Bader.

Zu der Zeit haben disse Männer einen Mantel vor dem
volkh nidergebraitet vnd jederman hat sein vermögen darge-
legt, mit willigem gemüet, vngezwungen vnd vngedrungen, zur
unterhaltung der dürftigen, nach der leer der propheten vnd
apostel. *B.—H. L.* — Als sie aber von dissem ort weiter vor-
ruckhen wollten, kam Herr Leonhart Lichtenstainer zu inen
mit etlichen Reitern, vnd sprach sie an: Wo sie hinaus wollten; sie hätten wol zu Nikolspurg mögen bleiben! Darauf
gaben sie im Antwort: Warumb er sie nit hat bleiben lassen.
Aus leichtfertigkait wären sie nit weckgezogen, sondern allein
(aus) gottesforcht. Auch (hab sie) ir hertz vnd gewissen, das
wider seiner brüeder, auch seiner Predicanten leer vnd leben
zeigt hat, dahin getriben, da sie für vngöttlich erkennt haben,
das er vnd sein brueder dem Profossen mit gewalt widerstandten
sein, (der doch von der Obrigkeit geschickt ist worden!), als
in dan sein Predicant darzue angehetzt habe. *B.—L.*

Also sein sy auffbrochen vnd darvon zogen. Der Herr
Leonhart ist mit in geritten bis gen Vnter-Wisternitz, hat inen
daselbs einen Trunkh verschafft, vnd (sie) mautfrey gelassen.
— Als sie aber daselbs über die Brückhen gezogen, sein sie
zur rechten Hand beim alten Tempel, dem Einsiedlhauss,

folgte, nisteten in dieser Stadt 12 Secten, als: Luterani, Calvinistae,
Sabbatharii, Fratres flebiles, Picarditae, Hussitae, Judaei, Corneliani, Anabaptistae, Zwingliani, Adamitae etc. Desgleichen führt der böhmische
oberste Kanzler Slavata in seinen hinterlassenen Schriften zum Jahre 1608
an, dass in einigen Städten Mährens über zwölf und noch mehr Secten
zu finden wären! Nichtsdestoweniger dürfte es schwer zu erweisen sein,
dass in Austerlitz jemals Sabbather (im wahren Sinne des Wortes), Cor-
nelianer, Adamiten u. dgl. gehaust haben. Auch die Antitrinitarier, die
sich zu den Grundsätzen des Arianismus bekannten, kamen da nur spo-
radisch vor. Die Fratres flebiles (Ejulantes) waren selbst nichts Anderes
als eine Abart der Wiedertäufer, deren Erhart, Eder u. A., ganz unkritisch
vorgehend, über 40 Arten aufzählen. In Austerlitz hausten nur die
Austerlitzer und später die Huterischen Brüder, die von Ersteren be-
haupteten, dass sie nicht nach der Regel Christi wandeln.

vber Nacht bliben vnd am Morgen bis Fruestückzeit daselbs
(gelegen), dieweil vmb fueren getrachtet, damit sie mit iren
krankhen vnd Kindern haben mögen fortkomen. Sein denselben
Tag bis gegen Gross-Nemschitz bei Nusslaw zogen. Von danen
haben sie 4 Männer gen Austerlitz geschickt, an den Herrn
daselbs begert, sie aufzunemen, irem gewissen frey, vnverhin-
dert, Inen auch etlich articl anzaigt, das, was irem Gewissen
zuwider sey, als: Kriegssteuer vnd dgl. Ding mer, darin sie
vmb Gottes forcht willen nit künen bewilligen, welches die
Herrn zu thuen willig gewesen sein, vnd gesagt, wann irer
Taussent wären, so wollten sie's auffnemen. Daneben inen
3 Wägen geschickt, dass Sy desto füeglicher fortkommen
möchten. Als sie nun in die Stadt komen sein, haben inen die
Herrn öde, verbrunnen* Hoffstätt eingeben, da sie dan 3 wochen
lang vnter offenen Himmel, on Tächer, gewonet haben.

In solcher Zeit sein die Herrn zu Inen gangen, als: Herr
Jäne, Herr Wätzlav, Herr Vlrich vnd Herr Peter, die inen vil
gutes bewiesen haben, dessgleichen auch von der stadt in vil
guetthat begegnet. Haben (auch) die Brüeder angesprochen,
Ob sie willens sein auf ir volkh häusser zu bauen?

Also haben sie inen auff der Brüeder Begeren, auff dem
Haffenmarkt erlaubnus geben zu bawen. Darzue haben inen die
Herrn Holz die Notdurfft geraicht, (sy) aller roboth, zinss
vnd anderer gaben frey gesprochen, 6 Jar lang, welches sie
als ein (gross) wolthat mit dank von gott haben angenommen.

Indem hat sich das volkh vnd die gemain angefangen zu
meren. Darneben sind auch die brüeder aus dem trib vnd göttlicher Anmuet vervrsacht worden, in andere Länder zu schikken,
sonderlich in die Graffschafft Tirol. *B. — L.*

---

* verbrennte *G. H.*, abgebrannte *L.*

Drittes Buch.

1529—1533.

Blaurock in Tyrol. Die Gemainde in Austerlitz. Geschwistrige in (Inner-) Oesterreich. Jacob Huter. Spaltung in Austerlitz.

Hie ist gedult vnd glaub der Heilligen.
Apoc. 13. 6.

O mein Volck! die dich weysend, die verfuerend dich, vnd zerträttend den weg deines Fuesspfads. Isai III. c.

Sihe, er hat vnter seinen Dienern vntrew erfunden. Job. 4. b.

I. Abschnitt.

Die Vervolgung in Tyrol. Huter komt nach Austerlitz. Zuzug aus Böheim. Bluetzeugen zu Lintz vnd Salzburg.

a) Jörg Blaurock[1] vnd die Fromen in Tyrol.

1528—1529.

1. Umb disse Zeit, des 1529 jars, ist der Brueder Geörg vom Hauss Jacob, genant Blaurock (Blabrock), nachdem er vngefär bey 2 oder 3 Jar im Schweitzer landt, vnd sonderlich in der graffschafft Tyrol, dahin er selbander gezogen war, die

---

[1] **Blaurock, Exmönch des St.** Luciusklosters zu Chur, hierauf Schöpfer und Anfänger der Wiedertaufe, Gründer des Anabaptismus in Bünden und Restanrator desselben an der Etsch und Eisack, war zu Bonaduz bei Chur geboren. Der Sirenenruf der Reformation trieb ihn aus der Klosterzelle und den Gegnern der alten Kirche in die Arme. Von Zwingli und Consorten sich nicht angezogen fühlend, schloss sich der ‚beweibte Weissmäntler‘, dem Ausserordentlichen von jeher zugeneigt, den Widersachern der Zürcher Reformatoren an und wurde hier, neben Manz und Grebl, den Koryphäen der Taufgesinnten, der Dritte im Bunde, ein Liebling des Volkes und der beredte Dolmetscher der Ideen seiner gelehrten Freunde in den unteren Schichten der Bevölkerung, die sich vorzugsweise der anabaptistischen Bewegung anschloss. Er war es, der die Wiedertaufe ins Leben rief und sofort zahlreichen Brüdern und Schwestern ‚zu einem reinen sündlosen Leben‘ ertheilte. Damit war die Absonderung von der Zwingli'schen Herrschaft für immer ausgesprochen und eine neue kirchliche Gemeinde, ‚die Gemain der frommen Kinder Gottes‘ begründet. ‚Damit ist die Absonderung von der Welt vnd iren bösen Werken anbrochen‘ *I. K.* Wie sich das ergab, erzählen die Chroniken im Buch I, Abschn. II ausführlich. Das Auftreten Blaurock's in der Schweiz, seine Kämpfe mit Zwingli und dessen weltlichen und geistlichen Schleppträgern in Zürch, Basel, Appenzell, St. Gallen, Bern und Bünden in der Zeit von 1525 bis 2. Februar 1529, dem Tage seiner Abschaffung aus dem Appenzellerlande, mögen die Schriften des emsigen und gewissenhaften Forschers Emil Egli (Zürcher Wiedertäufer, 1878, und Actensammlung

Leer der warhait ausbraitet vnd verkündigt hat, (damit er sein pfundt in wucher leget, vnd als ein eifferer umbs hauss Gottes

zur Gesch. der Zürcher Reform. 1879) für uns reden. In der Heimat geächtet, kam er im Mai 1529, Müllen und Gefahren nicht achtend, in Begleitung des Tirolers Hans Langecker, eines Webers vom Ritten, nach Tirol, willens, sich der verwaisten Heerde des Michael Kirschner (2. Juni 1529 zu Innsbruck verbrannt) anzunehmen. Von Clausen bis Neumarkt reichte sein Missionsgebiet. Zu Clausen, Guffidaun, am Ritten, zu Völs, Tiers, Ab-Penon, Vils, Tramin, am Breitenberge unterhalb Bozen, hielt er Conventikel, lehrte und taufte zu Clausen zur Nachtzeit, jenseits der Brücke im Guffidauner Gerichte, inmitten von Leuten, die aus der Umgebung und namentlich aus den Bergwerken herbeiströmten. Die Regierung zu Innsbruck bekam von solchen Versammlungen Kunde und rügte dem Pfandinhaber von Guffidaun, Georg von Firmian, die Lässigkeit seines Pflegers Preu, der den 1. f. Mandaten nicht nachkomme und etlichen Wiedertäufern, flüchtigen Personen, in seiner Verwaltung Aufenthalt gestatte, ja gemaine Versamlungen derselben dulde, was hoch schädlich sei, dieweil vil erzknappen da sind'. Die Rüge der Lässigkeit war jedoch sanirt, als Hans Preu mit dem Schreiben vom 14. August 1529 anzeigte, er habe ,zwei rechte Principal-Verfüerer vnd Taufer, Georgen von Chur vnd Hansen Langegger, ein Weber ab dem Ritten, gefangen' und auf das Schloss Guffidaun in Verwahrung gebracht, die Bitte stellend, diese zwei ,bestrickten Personen', da er über Blut zu richten nicht Bann und Acht habe, anderswo ,peinlich gichtigen vnd berechten zu lassen'. Darauf bekam Preu den 26. August 1529 den Auftrag, den beiden ,,Principal-Verfüerern, da sie auf irem glauben beharren', am nächsten Montag, d. i. den 30. August 1529, das Recht ergehen und dabei den Sigmund Hagenauer, Richter auf Rodeneck, des Amtes walten zu lassen. Das Malefizverfahren schloss mit der Verurtheilung Beider und ihrer Verbrennung zu Clausen den 6. September 1529. (,An diesem Tage,' besagt der lakonische Bericht Preu's, ,sind Jörg von Chur vnd Hans Weber ires ketzerischen Glaubens halber — vervrtailt vnd gericht worden.') So endete der ,starke Jörg', der zweite Paulus unter den Täufern, seine irdische Laufbahn, neben Grebl und Manz die bedeutendste Erscheinung der Schweizer Anabaptisten, ein gefürchteter Gegner der Zürcher Reformatoren, denen er durch seine Ausdauer und Energie den Sieg und das Leben sauer machte. (Nach Urkunden in meiner Sammlung und im Tiroler Statthaltereiarchiv.)

Seine Erbschaft in Tirol übernahm Huter. Blaurock wird in der ,Geschichte des deutschen Kirchenliedes' als Verfasser zweier Lieder angeführt; a) des Liedes: ,Gott fürt ein recht gericht — vnd nimand mags ihm brechen' etc., abgedruckt aus dem ,Aussbundt' in Wakernagel's K. Lied. III. 512, holländisch in van Braght's ,Bloedig Tooneel'; b) des Liedes: ,Herr Gott dich will ich loben — von jetzt biss an mein endt' etc., abgedruckt im ,Aussbundt' und Wakernagel's K. Lied. III. 513; es war Blaurock's Sterbelied.

villen ein vrsach zum hail sein möcht), sambt seinem gferten
auff Guffidaum gfangen, vmb glaubens willen vervrtailt vnd
nit weit von Clausen auf der Holzschranen mit dem brand
gericht vnd lebendig verbrennt worden, [1] der articl halber, das
er pristerlich Ampt vnd standt, so er vorhin im Pabstthumb
gepflegt, verlassen, nichts vom kindstauff hielte, vnd die leut
von neuem tauffe, auch, daz er nichts von der mess halte,
dessgleichen nit glaub, das Christus leiblich in der hostia oder
im brot sey, so durch den pfaffen consocryrt werde, item daz er
nichts halt von der Pfaffen beicht vnd daz die muetter Christi
nit anzurieffen vnd anzubeten sey.

Umb dess willen ist er hingericht worden vnd bestendig,
als ein ritter vnd heldt des glaubens, darbei beharrt vnd leib
vnd leben darob gelassen, da er den gewaltig zum volkh geredt auff der richtstatt, vnd sie auff die schrifft gewisen hat.
M. P. Q. R.

2. N a c h (*L.:* zu) disser Zeit, als die Liebe der warhait
angefangen hat, vnter den Völkhern zu brünen (*L.:* brenen)
vnd das feuer Gottes also aufgangen ist, sein auch, vmb der
Zeugnus der warhait willen in der graffschafft Tirol vil (Diener,
auch Männer vnd weiber, dessgleichen Jünglinge vnd Junck-
frawen, *B. — K. 2.*) getödt vnd hingericht worden, sonderlich
im Guffidauner Gericht, auch zu Clausen, Brüxen, Sterzing,
Botzen, Newmarkt, Kaltern, Terlen, in Kundersweg, [a] dessgleichen
im Inntal, zu Steinach, zu Imbst, zu Petersburg, zu Stams,
Insprukh, Hall, Schwatz, Rotenburg, Kopffstain vnd Kütz-
büchel. *B. — K. 2. M. P. Q. R.*

---

[a] *E.:* Kundersberg, *F.:* Kindterberg. *L.:* Kunderburg, *G.:* Gundersweg.

[1] Die Handschriften *B. J. K. 2. L.* erzählen darüber Nachstehendes: ,Als
(wie vor gemeldt) ainer aus den 4 Männern (Grebl, Mantz, Balth. Hubmaier, Blaurock [1525—1526]), nemlich Geörg von Chur aus dem schweitzer-
land selbander in die Graffschafft Tyrol komen, daselbs die Euangelische
warhait auskündiget, damit sie dem Herrn durch seine Gaben fruchtbar
vnd vilen ein vrsach zum heil sein möchte, sein auch disse Zween auff
Guffidaun (Guffidain) vmbgeraisst, daselbs gefenklich angenommen vnd
ins Schloss Guffidaun gefuert (worden), da hat man vil an ihnen gehandtirt, vnd baide mit der strengen frag hart gepeinigt, demnach zum
Brand vervrtelt vnd zu Clausen auff der Holzschranen auff einen scheiter
haufen (gesetzt vnd) verbrennt.'

3. An dissen Orten sein ein grosse summa der glaubigen vmbracht worden,[1] so die warhait[a] beständig bezaigt haben, mit wasser, feuer vnd schwert. — Nichts desto weniger hat sich das volkh vnder solchen truebsal täglich gemeret.[b] *B.—K. M. P. Q. R.*

Derselben vorsteher vnd leerer einer in der graffschafft Tyrol war der **Jakob Hueter**, welcher sich sambt seinem volkh nit über lang hernach mit der gemain, die in Märhern versamlet war, verainigt, als das volkh aus der graffschafft vnd

---

[a] mit irem bluet — bezeugt *D. E. L.* — [b] Cod. *M. P. Q. R.* haben hier : ‚An dissen orten hat ein grosse summa — bezeugt — das volk gottes sich täglich gemeret, unter allen grossen truebsal.‘

[1] ‚Grosse Summa — vmbracht!‘ In dem von der Innsbrucker Regierung über die zur Ausrottung der Secten im Lande einzuschlagenden Wege an königl. Maj. gegen Prag erstatteten Vortrage vom 9. Februar 1530 betheuert die Regierung, dem Vorwurfe der Lässigkeit oder unberechtigter Nachsicht begegnend, den Wiedertäufern nichts weniger als ‚günstig‘ zu sein. Wie wenig sie darin Ernst und Fleiss spare, möge Se. königl. Maj. daraus entnehmen, dass seit zwei Jahren selten ein Tag vergeht, ‚dass nit widertaufferische Sachen in den Rat kommen weren, vnd sind nunmer ob VII.C Manns- vnd weibspersonen in diser Graffschaft Tirol an mer ortton zum todt gericht, theils des Landes verwysen vnd noch mer in das Ellend flüchtig worden, die Ire gueter, ains tails auch Ire kjinder waisslos verlassen haben. Wir künnen aber Ew. kön. Maj. nit verhehlen — die verstopffung vnd vnsinnigkait, (so) bej den Leuten jez gemainiglich gefunden wirdt, dass sj an der Andern grausam vilfältig straff nit allein kainen entsetzen haben, sondern sj geen, wo sj des statt haben mügen oder begeren, selbs zu den gefangenen vnd zaigen sich für Ihre Brüeder vnd Schwestern an, vnd wo Inen die Gerichtsobrigkaiten nachstellen vnd sj betreten, bekenen sy on Marter gern vnd willig, wollen kain vnderwaisung hören, selten lasst sich ains — bekeren, begeren meren tayls nur bald zu sterben, vnd obgleich etwan einer wiederruefft, so ist Im doch nit vil zu vertrauen, also, dass weder guete leer noch ernstliche straff schier an den leuten helffen will, so sj an alten vnd jungen, Manns vnd Weibspersonen, deren etlich noch nit recht zu Iren tagen komen, schier alle wochen vor Augen haben‘. (Innsbrucker Statthaltereiarchiv.) Neun Jahre später, den 11. November 1539, berichtet die Regierung an königl. Maj.: ‚Uns hat für nottürfftig angesehen Ew. Maj. — Mandata wider erneuern zu lassen, fürnemblich darumben, dieweil in etlich jaren die bisher gevolgt streng straff der widertaufferischen personen, deren ob sechshundert in disem landt, inhalts des Kais. Edicts vnd Ew. Maj. ausgegangen Mandaten, gericht worden sein, wenig erschossen, sonder diselb sect des widertauffs von tag zu tag nur mer dardurch entzündt und entstanden ist.‘ (Ebenda.)

der Jakob Hueter sambt inen, herabzoch in Märhern, zum Tail durch grosse Verfolgung gedrungen vnd geursacht. Denn in der graffschafft Tyrol hat sich die Tyrannei täglich vnd häfftig gemert, also, dass die Frommen wenig platz haben gehabt, vnd irer vil gfangen vnd auch vmb glaubens willen auff allerlai weg sindt getödtet worden.

Darzu denn die Pfaffen auff den Kanzeln gewaltig vnd grimig gschrien, dass man acht hab, sie herneme vnd mit feuer vnd schwert vertilge. Auch hat man hin vnd wider oftmals geld ausboten,[a] wer sie anzaigt, daher sie oftmals sind ausgespecht worden. — Man hat sie allenthalben gesucht, in Wäldern vnd heussern, da ein verdacht war, in allen gemachen, auch in verschlossenen Truchen. Die muesst man aufsperen oder sie brachens auff vnd besuechtens. *M. P. Q. R.*

Es war ein Judaskindt, hiess der Praviger,[b] der brauchet einen bössen list, maint vil zu erlangen. Lief hin zur obrigkeit vnd verriet sie alle, bracht mit im die schergen vnd Pilatuskinder, mit Schwert, Spiessen vnd stangen vnd ginge vor inen her, nit anders, als Judas, der verräter. Da sie dan ir vil fiengen vnd die andern zersträten vnd verjagten. Demnach nit lang, als sie sich wider samleten, fand sich aber ein Iskarioth, hiess Geörg Frey,[c] der lief zu den pfaffen; so sie im den lohn geben wolten, so well er geen, vnd soll sich kein Brueder vor im verbergen! Da gaben im die pfaffen, das geschlecht der Schrifftgeleerten vnd Pharisäer, balt ein gelt vnd gueten lon, darneben auch ein brieff. Da gieng der Schalk aus, verbarg sich in Engelsgestalt vnd Heuchelcy, gieng hin vnd wider zu leuten, die er verdacht, das sie wissens haten, fragt im Pussterthal überall, wo doch die Brüeder wären, vnd wo er disse leut finden möcht; man soll im doch zu inen helfen, vnd frei mit weinen, hats der Schalk begehrt, mit fürgeben, er hätt ee kein Rue, bis er bei inen were. Also betrog er sie. Zulest, da er zu inen kam, da stellt er sich gantz traurig, demuetig guet, als einer der bness suchet vnd sprach darnach balt: Meine Brueder vergunct mir[d] ein klaines, so will Ich hingeen vnd mein Weib vnd kindt holen daheimb. Den Bruedern[e] fielen wol gedankhen ein, vnd redeten im zu: Werde er eines fal-

---

[a] vnd verhaissen *M. R.* — [b] *Q. R.*: Prabeiger, *P.*: Praweiger. — [c] *R.*: Freue, *P.*: Frieder. — [d] vnd verziehet *P. Q.* — [e] den Dienern *P. Q.*

schen hertzens sein, vnd böss in Sin haben, Gott werd in gewisslich darumb finden!

Aber er sprach: O nein, da behuet mich Gott vor, kombt mit mir heim, in mein hauss! Also ging er davuon vnd lieff zum richter, obrigkeit vnd pfaffen. Die kamen mit gewalt, vnd Namen die Brueder vnd schwestern gefangen. *M. P. Q. R.* Dergleichen Schälkh erfanden sich mer, sonderlich auch Ainer, hiess Peter Lantz, vnd ainer, der Branger.[a] Etlich gingen bey nacht umbher mit stäblen, wie Brueder, redeten vnd stellten sich auch also, vnd kammen zu den orten vnd heussern, da sie mainten, man wurdt inen, als Bruedern, aufthuen, damit sies also finden möchten; welchen aber Gott ihren verdienten lon auch geben hat, dass sie solten gewöllt haben, sie wären nie geboren. *M. P. Q. R.*

b) Jacob Hueter kommt geen Austerlitz vnd verainigt sich mit dem ainaugeten Jacob daselbs.

1529.

1. Im 1529 Jar, da ist der Jacob Hueter sambt Andern Bruedern, aus der Graffschafft Tyrol geen Austerlitz komen, vnd haben sich mit dem vorgemelten Ainaugeten Jacob (Widemann), der dazumal ir Hirt vnd fürnemster Diener war, sambt andern Bruedern daselbs zu Austerlitz verainigt. Nachdem ist der Jacob Hueter wider in die Graffschafft gezogen. *A. K. 1.*

2. In disser Zeit kam ainer, mit Namen Jacob, seines Handtwercks ein Huetter,[b] gebürtig von Maass,[c] [1] eine halbe Meil von Praunockhen[d] im Pustertal gelegen. Der nam den gnaden Bundt eines gueten Gewissens im Christlichen Tauff an, mit rechter ergebung, nach göttlicher art zu wandlen. Als aber in mittler Zeit die gaben Gottes bei im reichlich wurden gespüret, ward er zum euangelischen Dienst

---

[a] Pranger. *P. R.* — [b] *C.:* Hueter. — [c] *C. D. E. L.:* Mass. — [d] Braunecken *C.*

[1] Mass, d. i. Moos, ein Weiler im Sprengel der Pfarre St. Laurenzen im Pusterthal, einst zum Landgericht Michelsburg gehörig, fünfviertel Stunden von Bruneck entlegen. Professor v. Kripp (im Progr. des Innsbr. Gymnas. 1857) nennt Welsperg im Pusterthal seinen Geburtsort, wozu ihn wohl die Andeutung in den Brixner Reg.-Acten bestimmten, dass Huter eine Zeit lang von den Täufern Jacob von Welsperg genannt wurde.

erwelt vnd bestätigt, vnd weil die gemain Gottes am selben
ort vernamb, dass Gott der Herr im Markgrafthumb Märhern,
in der statt zu Austerlitz, ein volkh an seinen Namen gesammlet, in ainem hertzen, Sinn vnd gemuet zu wandlen, dass sich
ye ains vmb das ander mit trewen solle annehmen, wurden sie
daraus geursacht, den Jacob Hueter vnd Sigmund Schitzinger [1] mit sambt iren geferten zu der gemain geen Austerlitz zu
schickhen, sich aller Handlung zu erkundigen (*D. F. G.* zu
ersprachen), vnd als sy mit dem Eltesten der gemain zu Austerlitz ein beredtnus gehabt, vnd auff beider tail einerley gemuet,
Gott zu förchten, befunden, haben sie sich, anstatt der gemain
in der graffschafft Tyroll,[a] mit der gemain zu Austerlitz verainigt. — In kurzer Zeit darnach ist Jakob Hueter, samt seinen
Gefährten, mit friedlichem Hertzen, in ainigkeit des geists abgefertigt, vnd, der gnade gottes beuolhen, wider an das ort,
von dannen er geschickht worden ist, — gezohen. Der für-
nembst leerer aber zu Austerlitz war Jakob Wideman, den man
sonst den Ainaugeten Jakob nennete, seine Gehilffen aber
waren: Frantz Intzinger, Jakob Mändl vnd Kilian, — vnd Andere mer, die zu Austerlitz in dienst (des worts) sein geordnet
worden. *B. — K. 2. L. N.*

Als aber der Jakob Hueter in die Graffschafft zu ziehen
abgefertigt war, vnd (bey) den glaubigen im Landt wider ankommen ist, hat er dem volkh mit Freuden angezaigt, wie er
zu Austerlitz die gemain der Heiligen gesehen vnd erfaren
hat, sich auch in Irer aller Namen mit inen verainigt, auch in
Fried vnd ainigkeit des gemüets vnd gaists wider von inen [b]
abgefertigt wurde, in die graffschafft Tyrol zu ziehen, vnd (sy)
also im Frieden verlassen habe; daraus alle fromen hoch er-
freydt waren vnd Gott von Hertzen darumb gelobt haben.
B. — K. 2. L. — Demnach (alle *L.*), welche oben in der Graffschafft nit platz oder statt hetten zu wonen, die hat Jakob
Hueter vnd (Sigmund) Schitzinger abgefertigt zu der gemain
geen Austerlitz zu ziehen. *B. — K. 2. L.*

---

[a] *D.:* der Tyroler gemain. — [b] *E.:* denen in Austerlitz.

[1] Von dem Wirken dieses Mannes später. Es ist derselbe Sigmund
Schitzinger von Rattenberg, welcher in den Inventarien des Gerichts-
bezirkes ,Ratenberg‘ vom Jahre 1530 neben Georg Gschall und ,der
alten Silberprennerin‘ als flüchtig und ausgewandert angeführt wird.

Auch hat er einen Diener im wort, (Georg) Zaunring genandt, mit inen geschikht vnd also nacher werts Immer ein
volckh nach dem andern geschickht, mit sambt all iren Vermögen, mit den gläubigen gemainschafft zu halten. — *B.* — *K. 2. L.*
In solcher Zeit ist auch einer geen Austerlitz kommen, mit
Namen Wilhelm Räbl, [1] der sich für einen Diener anzaigt,
doch aber, weil man sein noch kein Erfarung het, wurdt im zu
leeren nit zuegelassen, noch vergundt. *B.* — *K. 2. L.*

c) Die Brüeder von Böhmisch Kromau.

1529.

Im Jar 1529, gleich vmb die Zeit haben auch ein guet
Tail Brüeder zu Böhmischen Kromau gewont, die sich dann
aus der vrsach, die ainigkeit im geist zu halten, gesamelt
hatten. Vnd weil sy auch von solcher verainigung des Jakob
Hueter vnd Jakob Wideman, sambt der Gemain zu Austerlitz
gehört hetten, wurden sie auch bewegt.

Nachdem es sich in allen Creaturen (*K.* Dingen) erzaigt,
dass sich gleich vnd gleich gern zusammen gesellt, also helt
sich auch der Fromb zu denen, die im gleich sind. Haben sich
auch dermassen aufgemacht vnd Immer begert dem vollkomnern
nach zu jagen. Seindt irer bey achtzig Personen zu der gemain
geen Austerlitz komen, vnder deren Mittel sein gewesen:
Hans Amon, [2] den man sonst Hanss Tuechmacher nent; vnd

---

[1] Ueber Räbl (von Rothenburg am Necker), von den Schweizern Röubli,
sonst aber Reublin genannt, den ersten (reformirten) Geistlichen, welcher
sich (anno 1523, den 28. April) im Zürcher Gebiete, und, so viel uns
bekannt ist, in der Schweiz überhaupt verehelichte, siehe: Füesslin's Beiträge II. 374, III. 241, IV. 45, 83; Dr. Schreiber's Taschenbuch 1840,
p. 160; Jörg's Deutschland 1851; Zwinglii Opera omnia; Ochs: Gesch.
von Basel, V. 357; Gayer's Histor. Denkwürdigkeiten von Reutlingen,
1840; Hartmann J.: Matth. Albert. Tübingen 1863; Röhrich's Strassb.
Wiedertäufer in Niedner's Zeitschr. für histor. Theol. 1860; Cornelius:
Münster. Aufruhr, II. Bd. (suo loco); Emil Egli: Actensammlung und
Zürcher Wiedertäufer; Notizen im Tirol. Statthaltereiarchiv (aus den
Vorlanden).

[2] Hans Amon war aus Baiern gebürtig und wird anno 1530—1534 unter
denjenigen genannt, die mit Huter in Tirol wirkten. Als dieser anno
1535 vor der Gefahr, die ihm in Mähren drohte, nach Tirol entwich, hat

Linhart Lanzenstill oder Sailer genennt, vnd Christoph Gschäll, vnd andere mer. Die sein bei der Gemain zu Auster-litz bliebe, deren Diener ist gewesen der Hans Fasser. [1] *B. — L.*

---

er ihm die ‚Gemainde' in Auspitz und anderen Ortes empfohlen. Er wurde nach Huter's Tode ihr Vorsteher (Hirte, Bischof) und blieb es bis zu seinem Tode, welcher ihn 1542 zu Schackwitz ereilte. Die Notiz (in Kripp's Beitrag 1857), er sei 1533 am Götzenberge in Tirol gefangen und zu Michelsburg mit zehn Brüdern hingerichtet worden, ist daher irrig. Er hinterliess mehrere Lieder und gegen siebzehn Sendschreiben, die sich in den in der Vorrede (Quellen) angeführten Handschriften vor-finden. Der Wiedertäufer Jörg Bruckmayer, welcher 1583 zu Ried in Oberösterreich verbrannt wurde, widmet seinem Andenken nachstehende Verse:

Gott hat den Fromen geben —	Mit gross verstendtnus g'füret
Aus seiner gnade reich,	Des Herrn kleine schaar.
Ain, der mit werk vnd leben	Ist seliglich verschieden
Dem Vorigen ware gleich.	(Hat) wol versch'n sein standt
Hanss Amon war er gnennet,	Sucht allezeit den Friden,
Begabt mit billigkeit,	· Bot dürftigen die Handt,
Daz, welchor in erkennet	Und wo sie lagen gfangen,
Im des das Zeugnuss geit.	Schrib er in tröstlich brieff.
Er hat die gmain regiret	Krankheit thet an in glangen —
Biss in das siebent Jar,	Zu Schäckwitz er entschlief.
	(Vaterlied.)

Die Sendbriefe, die sich in der Gemeinde erhalten haben und seinen Namen führen, sind gerichtet: an L. Schmerbacher in Auspitz, datirt aus Tirol; an die Gemeinde auf Flass; an die Gemeinde in Tirol, gesandt aus Oesterreich; an die Brüder in Böhm.-Krumau; an die Gefangenen auf Schloss Falkenstein; an die Ueberbliebenen zu Steinabrunn; an die Brüder zu Genua, Triest oder auf dem Meere; der Gemain in Hessen; der Gemain im Land ob der Enns, datirt aus Mähren; ‚einem Volkh ins Schweitzerlandt' etc. — Ueber Lanzenstill siehe VII. Buch.

[1] Mit dem Abzuge der achtzig Taufgesiunten von Krumau war das Täufer-thum daselbst keineswegs erloschen. Dies zeigen die beiden Send-schreiben Amon's aus dem Jahre 1537: ‚an die Gemain in Böhm. Kromau seine Brüeder im Herrn' (Cod. VIII. g. 27). Der Prager Landtagsbeschluss vom Jahre 1534, dass die Wiedertäufer nicht geduldet, wenn sie nicht abstehen, an Leib und Leben gestraft, und falls sie zurückkehren, auf die Burg nach Prag zur Strafe überliefert werden sollen (Gindely's H. S.), hatte sonach in Krumau keine Wirkung. Gleichwohl bot Böhmen dem Anabaptismus keinen gedeihlichen Boden, warum, deutet die alte Chronik *H. i. 10* in Raigern mit den Worten an: Anabaptistae in Bohemia non modo Catholicorum sed ipsorum etiam Hussitarum vigilantia nunquam progressus magnos fecere, ut in Moravia potuerunt.

88

d) Brüeder vnd schwestern, so im Jar 1529 im landt ob der Enss, in Salzburg und Tyrol, die g. w. mit irem Bluet bezeugt.

A° 1529.

1. In diesen 1529 Jar ist der Brueder Wolfgang Brant-hueber,[a] ein Euangelischer leerer (vnd Hans Nidermayer, auch ein Diener des worts), mit etlichen Christgläubigen, bei 70[b] Personen, zu Lintz (an der Tonau), im Landt ob der Enss gefangen, vnd vmb der göttlichen warhait willen vervrtailt vnd[c] gericht worden. Da haben sie die g. w. Ritterlich mit irem bluet bezeugt.[1] *B. — L.*

Vom obgenannten Wolfgang Brandthueber seindt noch schrifften in der gemain, wie er die Christlich gemainschafft so treulich geleert hat, vnd daz in der gemain nit ein jeder selbst Hausshalter oder Secklmaister sein soll, sonder des armen vnd reichen vermögen soll austailen der, so von der gemain

---

[a] von Passau *N.* — [b] vber die 70 *A. P. Q.;* 77 Personen *R.* — [c] mit feuer vnd schwert *M. P. Q. R.*

[1] Nach der Sprengung der durch Hut in der Stadt Steyr gegründeten Täufer-Brüderschaft wurde Linz die Hauptgemeinde derselben in Oberösterreich, ,die Gemain im Land der Ens' genannt. Zu den hervorragendsten Lehrern derselben gehörte Br. Linhart, der Schulmeister von Wels, Hans Fischer, ,einst des Herrn von Strahemberg Schreiber', Thoman von Grein und Br. Jacob, ein Meissner, der bei Freistadt ,das Apostelamt' übte, u. m. A. Ausserdem bildeten sich Conventikel zu Wels, Enns, Ried, Gallneukirchen, Grein, Gmunden, Lambach, Mauthausen, Schärding, Vöcklabruck, im Hausruck, Püchl und an mehreren anderen Orten des Attergau. Die hart bedrängten Brüder in Linz zu trösten und aufzurichten erschien W. Brandhuber, von seinem Aufenthalte zu Passau, wo er viele Gläubige getauft und nebenbei (im Kirchspiel von St. Nicola) das Schneiderhandwerk betrieben hatte, (auf dem reisend er auch 1528 zu Iglau den Tiroler Christ Schauer taufte) in Linz und im Lande an der Enns, wo nach dem Erlasse König Ferdinands vom 11. Mai 1530 die Secte der Wiedertäufer, wie in keinem andern Fürstenthume, überhand genommen hat. Gefangen, starb er nach langer Haft und Untersuchung, die in seiner Heerde zahlreiche Widerrufe herbeiführte, den mandatmässigen Tod aller ,Vorsteher und Rädelsführer der verfüerischen Secte'. Seine Erbschaft und Mission übernahm im Herbste 1529 Peter Riedemann, der Märtyrer von Gmunden. Hans Schlaffer lernte ihn 1527 in Gesellschaft des Oswald Glaidt zu Regensburg kennen und gibt ihm das Zeugniss, ,nichts anderes, als einen hitzigen Eyfer nach einem gottseligen christlichen leben' bei ihm gefunden zu haben. (Nach Urkunden im Münchner R.-Archiv, in der Tiroler Statth. und in den H. S. der Täufer.)

darzue verordnet ist, oder erwelt; vnd also alle Ding, so zum
Preiss Gottes dienen, soll man gemain halten, so Gott ort vnd
statt gibt, vergunt vnd zuelast. Auch stellt er bei den seinen
den Pracht der welt gar ab, götzenwerk, kaufmanschafft (vnd
wucher *M. P. Q.*), auch, nit Rach zu vben, noch zum krieg
zu helffen; aber doch in Allem dem, das nit wider Gott ist,
damit soll man der obrigkait gehorsam leisten, vnd hielt steiff
den rechten Tauff Christy vnd waren Abentmal des Herrn mit
verwerffung des kindstauffs Sakrament — vnd anderer anti-
christischer (Gräuel vnd) Malzaichen, wie den sein schreiben, [1]
noch vorhanden, ausweist. *M. P. Q. R.*

2. Unter dem ist auch der Peter Riedemann von Hirschberg, zu Gmunden am St. Andreasabendt, in 29. Jar gefangen
worden. Ist treu vnd beständig bliben, (wie wol sie in die
höchste angst des todes auff allerlei weg versuecht. *P. Q.*), zuletzt aus anschickung Gottes wider ledig worden, nachdem er
über 3 Jar da gefangen gelegen war. *M. P. Q. R.*

3. Anno 1529 seindt 4 Brueder, mit namen: Wolffgang
von Moss,[a] ab Teutsch-Noffen, Thoman im Waldt, auff Aldain,
Georg Frik von Wirtsburg[b] vnd Mang Karger von Füessen,
auch 4 schwestern als Christina Tollinger ab Penon, ein Wittib,
Barbara aus Thirs, (eine eheliche Hausfrau Hans Portzens),
Agatha Kampnerin ab Braitenberg, vnd Elisabeth ein (ledig)
Schwester, gfangen worden in der Fill, [2] im Etschland vnd auf
das schloss gefürrt, allda am Erichtag nach Martini (16. Tag

---

[a] *R.*: Mass, *Q.*: Muss. — [b] *G. P. Q.*: Wirtsberg.

[1] Dieses Schreiben (Cod. *N.* fol. 658), ddo. Linz 1529, hat die Bestimmung,
die hart bedrängte Gemeinde zu Rothenburg in Tirol aufzurichten. Brandhuber nennt sich darin ,einen unwürdigen Diener Jesu Christj'. Zu dieser
Zeit stand er an der Spitze ,der fromen Kindlein zu Lintz', deren Grüsse
er den Rothenburger Täufern entbietet mit der Bitte: für ihn und seine
Genossen zu beten, mit der Bemerkung, dass er ihnen das ,Taufbüchlein'
demnächst senden werde! Eine zweite Hand setzte am Schlusse hinzu:
,Also hat nun auch auss hass vnd ungunst der alten schlangen, diser
liebe brueder vnd Diener vnd zeug Jesu Christj zue Lintz, im Landt ob
der Ens, seinen Geist im feuer gott aufgegeben im Jar Christj 1529'.

[2] Fill = Vill, Dorf unweit von Neumarkt. Hier hat insbesondere der ehemalige Gesellpriester (Cooperator) von Bruneck, P. Benedict, im Hause
des Philipp Koffler Viele getauft, darunter auch den obigen Mang Karger.
Zu Tramin am Moos taufte er die Barbara Tiers u. A. m. Koffler wurde
1530 eingezogen. (Mscpt. in meiner Sammlung.)

November: *M. P. Q.*) vor dem gerichtsherrn (und seinen neuen geschworenen) ires glaubens wegen (ein jedliches besonder) bespracht[a] — vnd demnach als die liebhaber Gottes vnd unschuldige Schäfflein des Herrn hingericht worden. —Ire namen sindt im Himmel angeschrieben. *C. M. P. Q. R.*

4. Anno 1529 seindt zwo schwestern, nemlich: Anna (Anelle) Malerin vnd Vrschl (Ursula) Oxentreiberin zu Hall im Intal (vmb der g. w. w.) zum todt vervrtailt vnd im wasser ertrenkht worden. Haben also (ir weiblich gemuet mit manlichen gedankhen[b] in Gott gewappnet vnd dargestellt: *A. — M. P. Q. R.*), die göttl. Warhait (manlich) mit irem bluet (vnd leben bis in den todt) bezeugt, wie auch deren lieder, [1] so von inen gemacht worden, (vnd noch vorhanden sind *P. Q.*) Zeugnuss geben. *A. — M. P. Q. R.*

5. A[nno] 1529 am Freitag nach Nicolaj ist der Br. Balzer Vest, ein Buechfüerer, zu Inspruck sambt seiner Hawsfrawen umb des glaubens willen, den sie bestendigclich mit irem bluett bezeugt, vom leben zum todt gericht worden. *Cod. XIX.*

6. A[nno] 1529 ist der Br. Michel Kürschner zu Inspruck mit dem Prandt vom leben zum todt gebracht worden, Mitwoch nach dem Petronellen Tag (2./6) vnd beständig im glauben bliben. Diser Bruder ist vordem Gerichtsschreiber in Völls gewesen vnd durch Jörgen Zaunring am Erchtag vor vnseres herren Fronleichnam im Etschlandt getaufft vnd in den Dienst des wortes gestellt worden 1528. *Cod. XIX.*

---

[a] *C.:* befragt. — [b] *P.:* mit manligkait vnd dapferkait.

[1] Dieser Lieder eines bringt Cod. Pos. Nr. 236, fol. 24—25. Es hat zehn Strophen und beginnt also:

‚Am vnsrer Frauentag das geschah,
Da Christus seine schlüfflein zusammenbracht,
Er versamelt sie balt — er versamelt sie balt,
Zu Milss, wol in dem grünen waldt‘ —

Der weitere verworrene Inhalt des Liedes besagt, es sei da der Wolf gekommen und habe sie zerstreut. Doch es erscheint ihr Hirt, der lehrt sie Gottes Wort. Das Evangelium, um kein Geld feil, sei den Pfaffen ein Greuel. Diese scheeren die Schäflein, wo sie können; sie sagen auch, die Taufe ist falsch, die Christus angeordnet, während sie die Kindertaufe erfanden etc. etc. Aus diesen Expectorationen ist zu ersehen, dass auch Mils bei Hall ein Herd des Anabaptismus war.

II. Abschnitt.

Die Zerspaltung[1] in Austerlitz, Ausszug gen Auspitz.
Verainigung mit Philipp vnd Gabriel. Hueters Rückkehr.
1530—1533, 11./8.

1. Cor. 11. Cap.

In mittler Zeit aber hat es sich zuegetragen, nachdem der
Teufel nit feyert, sunder wie ein brüllender Löw vmb das
Hauss Gottes vmbher geht, (suechent allenthalben gelegenheit, [a]
wo er möcht zertrennung anrichten vnd die ainigkeit im geist
zerstören, damit er das Göttliche vertilge), hat es derhalben
am gnädigsten[b] ort angriffen, — als nämlich an den Eltesten

---

[a] *C. L.:* Mittel. — [b] *D.* — *G. L.:* nötigsten.

[1] Kürzer als die Handschriften *B.* — *H.* und *L.* erzählen hievon die Handschriften *A. I. K. I.*, und zwar wie folgt:

„Nachdem Jakob Hueter wider in die graffschafft Tyrol gezogen,
— nach demselben hat sich ain vnainigkait vnder den Dienern zu Austerlitz erhebt. In demselben ist der Jörg Zaunring — mit etlichen Dienern
aus der graffschafft herabgeschickt worden, vnd ist auch noch mer volkh
herab zu im komen. (*A. J.:* ist im auch mer volkh nachkomen.) Da
sein dem Bruder Jörgen, als ein Diener Gottes, vnd andern mer, etliche
Händel schwär gewesen, als sonderlich in den vrteln vnd auch in der
leer. Da hat sich der Wilhelm Räbl vuderstanden, wider den willen der
andern Brüeder zu Austerlitz, im Abwesen des ainaugeten Jakob vor
dem volkh iren beschwär anzuzaigen vnd zu widersprechen. Wie aber
der ainauget Jakob haimb ist komen, hat er sambt andern Dienern den
Wilhalm angeredet: warumb er solche widerredt getan habe. — Da hat
inen der Wilhalm seinen vnd der andern beschwär augezaigt, wie sie
nit Recht leeren, vnd in händeln nit recht vrtl füeren, hat inen darumb
etliche Artikel angezaigt, daz ers mit der gschrifft vberweisen wölle,
welches auch dem Zaunring, sambt den Brüedern, die bey im gestanden
sein, vormals auch schwär gewessen ist, als nämlich: dem Burkhart
von Ofen, Adam Schlegel vnd David Behem. Da haben die Diener,
ausserhalb der gemain, im gehaim, mit einander geredt, haben aber nit
kundt vbereinkomen. Vmb der vrsach wegen, hat man die Eltesten
Brüeder der Gemain zusamen gefodert, sambt dem gantzen volkh! —
Da hat der ainauget Jakob, als ir fürnemster Diener, ein Redt getan
wider den Wilhalm vnd in beschuldigt. Da hat sich der Willhalm wöllen
verantworten. Da hat in der ainauget Jakob sampt seinen mitgehilffen
zu keiner verantwortung wellen kumen lassen, sondern hat zu dem
gantzen volkh geredt: Wer sein Leer aus Gott erkenet, der soll mit im
auf ein ort treten. Da ist der Wilhalm vnd Jörg Zaunring mit etlichen
wenigen Personen dagestanden. Da hat der Willhalm begeert vnd gesagt:

der Gemain, weil das Leben des gantzen volkhs an Inen stet, wie die frome Judith in irem buech bezeugt. *B. — L.*

Man soll in sich lassen verantworten vnd auch der Zaunring, sambt andern Brüdern hat gesagt, man soll in lassen zur Verantwortung kumen.'

,Darnach hat der ainaugot Jakob etliche männer zu dem Wilhalm vnd zu denen, die bei Im gestanden sein, geschickt, vnd hat sie lassen fragen: Aus was vrsach sie da stehen bleiben.'

,Da hat der Zaunring, sambt den andern Brüedern antwort geben: Wir stehen da vnd haben die Klag wider den Wilhalm von Jakob gehört. Nun wollen wir auch die Verantwortung von Wilhalm hören, vnd darnach soll die gemain vrtailen!'

,Der Zaunring vnd andere bei Im bittendt sy: Tretendt her zue vns — vnd hörendt die Verantwortung oder wir wollen zu euch treten darnach vrtail die gemain!'

,Sy — aber haben nit gewelt, sondern das volkh vor uns gewarnt vnd uns, die (wir) mit dem Zaunring sein gewesen, gemiden. Vmb der vrsach wegen, haben die Brüeder, als nämlich der Zaunring vnd Wilhalm mitsambt den völkhl, das dazumal mit Ihnen ist gestanden, mueessen von Inen ziehen. — Da sie aber aus dem Hause sein zogen, da hat der Wilhalm den staub über die Diener im wort zu Austerlitz abgeschidtet vnd sie mit namen genennt. Da sie nun von inen aus sein zogen, haben sie ainander vermant: Wer mit Inen will ziehen, der soll sich in die Armuet richten. Dann sie haben wenig zerung. Da sein sie zogen biss geen Auspitz vnd sich alda mit grosser Armuet vnd vil mangel mueessen behelffen.'

,Mittler Zeit hatte sich aber befunden (*K.:* begeben), das der Wilhalm Räbl noch haimlich Gelt behalten, vnangesehen die not, die sie erdulden haben müssen.'

,In derselben Zeit haben die Bruedern, als nämlich: dem Jakob Hueter, vnd Sigmund Schitzinger in die graffschafft Tyrol geschrieben, das sie on verzug herabkomen sollen. Dessgleichen haben auch die Brüeder von Auspitz Inen geschrieben, wies zueget.'

,Da ist der Jakob Hueter samt dem Schitzinger komen, vnd haben den handel auf beiden teilen erkundiget vnd wol besehen, vnd erwogen.

,In demselben haben sie wol erkent, dass die Austerlitzer Irer sach nit Recht haben. — Wie aber der Räbl offenbar ist worden mit dem gelt, das er haimlich behalten hat, vnd andere vrsachen (*K.:* sachen) mer, die man zu im gehabt hat, ist er von Jakob Hueter vnd Sigmund Schitzinger zu Auspitz von der Gemain ausgeschlossen worden vnd dem Jörg Zaunring hat man das Volkh bevolhen zu versorgen, der dan auch darumb mit dem volkh auss der Graffschafft herabgeschickt ist worden.'

,Da sein der Davidt Behem vnd Burkhart von Ofen, vnd Adam Schlegel, die mit im von Austerlitz sein zogen, seine (mit-) gehilffen gewessen, wiewol sie auch hernach, vmb ires vnaufmerkbens willen, von der gemain sein ausgeschlossen worden.' *A. l. K. l.*

Als sie nun dazumal nit Orth vnd Platz hatten, vmb der winterlichen Zeit vnd grossen Kelten willen, das si hetten alle an ein Ort zusamen zu der leere komen mögen, darumb an dreien orten das volkh gesamlet vnd einem jeden Volkh ein Diener zugeordnet, der sy vnderweisen, ermanen vnd trösten solle.

Nachdem aber die Leer vnter Inen vngleich war, vnd ainer diss, der andere ein anders fürbracht vnd leeret, (sonderlich ainer hat gemeldet, dass Christus ein Burger zu Capernaum gewesen sey, darumb man auch noch wol burgerliche Pflicht vnd aidt in ainer statt thuen möge), dessgleichen Jakob Wideman zu etlichen Jungen schwestern gesagt hatte: Wann sy Im zum heiraten nit wolten volgen, so müesst er den Brüedern haidnische weiber geben.

Auch hat er vnd andere seiner Mitgehilffen also die Schwestern geängstiget mit seltzamen Fragen, auch sprüch auffgeben zu lernen, vnd welche behältig, die Sprüch zu lernen, gewesen, vnd die Fragen wol geschickt verantwort haben, sein hoch gepriesen, die einfaltigen vnd schlechten (aber doch trew vnd fromb,) sein dardurch zu Spott vnd Schanden gemacht worden. Weil sie aber auch, vmb völle des volcks willen, nit in einem Hauss haben wonen künnen, haben etliche Diener, welche mer als einer Sprach kündtig gewesen, Als sonderlich Frantz Intzinger, Jakob Mändl, Kilian vnd andre mer, vil von Inen selbs gehalten, vnd ainander Speis vnd Tranck zugeschickht, gantz vnordentlich, auch etlich der Irigen, die den aignen nutz noch geliebt vnd gelt im Beutel behalten, auff den Markt sind gangen zu Kauffen, nach irem gefallen, was sy gelustet hat. Solches Alles vnd Anders mer haben die andern gesehen, vnd ist darauss vil seufftzen, klagen vnd Murmlen vnder dem volkh entstanden vnd augericht worden. B. — L.

Auch haben sich, sonderlich die Auss der graffschafft Tirol beklagt, wie das die leer nit so tröstlich vnd Erbawlich [*] sey, wie in der graffschafft. Desgleichen haben sich auch vil im vrtl vnd der Kinderzucht halben beklagt vnd beschwürt, das in solchen vnd dergleichen Dingen kein rechtes genuogen geschehe. Solches hat das Tiroler volkh Irem verwandten Diener, dem Zaunring anzaigt, welches seinem Gemüet auch

---

[*] D.: aufferbawlich.

beschwärlich gewesen, hat derhalben angefangen, sich mit etlichen andern seinen Gehülffen vnd Dienern zu ersprechen, die alle mit im gestimbt haben, Als sonderlich mit dem Burckhart von Ofen, dem Behmischen David von der Schweinitz[a] und Adam Schlegel. *B.—L.*

1530.

Es hat sich aber auff einen Abend begeben, im Anfang des 30 Jars, das Wilhälm Räbl[b] in ainer stuben angefangen hat laut zu lesen, vnd dieweil sich daz volkh zu im verfüegte, zu losen vnd zuezuhören, hat er auch angefangen die Schrifft auszzulegen, wiewol im daz Leerampt nit beuolhen was. *B.—L.*

Weil aber Gott der vnordnung vnder seinem volkh nit zuesehen mag noch leiden kan, suechet er Mittel, wol auch durch vnsälige menschen, wie hie geschen vnd nachher auch weiter gemelt wird. Dann der Wilhälm Räbl fing Oeffentlich an wider alle ergerliche Missbräuch der Diener in der Gemain zu reden. *B.—L.* — Weil aber der ainauget Jakob Wideman nit anhaim gewesen ist, der dann der gantzen gemain dazumal fürgestellt war, sy zu versorgen, theten Im seine Mitgehilffen, on verzug, Botschafft. Als er nun anhaimb kam, beruefft er alle Eltesten im[c] landt, wo sie dann hin vnd wider ir wonung vnd Auffenthaltung[d] hetten, hielt Inen allen den ganzen Handl für, im Beiwesen des Geörg Zaunring vnd der andern Diener, die bei im stuendten, vnd daz Erstlich wol in gehaim. Aber der Räbl bestuend auf seiner redt, das er den Jakob, vnd alle, die im anhingen, wolle überweisen mit der geschrifft, daz sie nit recht stundten noch leereten. Aber der Jakob vnd die seinigen namen solches nit an, sondern versamlet die gemain, zaiget dem volkh an, wie der Räbl in seinem Abwesen sich eingedrungen hett zu leeren, sein vnd seiner gehilffen leer zuwider, welches dann nit zu dulten war. — Vnd nach langer Redt, die er vor der Gemain thet sprach er: Welche sein leer für recht erkennten (vnd sich darauss gebessert hetten), die solten zu im auff ein Orth[e] tretten! Der Wilhälm Räbl aber hat sy vmb Gottes willen gebeten, daz sie im statt geben sollen zu seiner verantwortung. Dessgleichen der Geörg Zaunring, David Böhm,

---

[a] *L.:* David Böhem. — [b] *D.:* Räbel, *K.:* Räpl. — [c] *D.:* gantzen landt. — [d] *D.:* aufenthalt. — [e] *D.:* seiten.

Burkhart von Ofen, vnd Adam Schlegel begeerten auch ain-
helligklich an daz volkh, weil sy die klag hetten gehöret, man
solte die Antwort des Räbl auch hören, auff daz die Gemain
ein vrtl möcht schöpffen, welcher Tail recht oder vnrecht habe,
wie es dann vor Gott vnd den Menschen billich sey. Aber es
ward Inen solches ir Begeeren auch abgeschlagen. *B.—L.*

Nun seindt aber die Maisten auff des Jakobs seiten getretten, vil haben nit verstandten, warumb, nachdem sie nit alle
gehört haben des Jakoben Rodt vnd Anklag.

Aber die bej dem Zaunring vnd Räbl, (sein Ongfär bei
40 oder 50 Personen), stehn blieben, deren Bitt vnd Begeer
war: die Verantwortung des Räbl nach der Billigkeit zu hören.
Die andern aber wolltens nit zuegeben. *B.—L.*

Vber daz hat Jakob etlich Brueder vnter seinem Mittel
gefodert, vnd zu den andern gesendet, die vrsach zu erfragen:
warvmb sy also von im besonder auff ein ort* abtretten?
So haben sy geantwort: sie hetten des Jakoben anklag wider
den Räbel gehört. Nun sey auch, wie vor ir Bitt vmb Gottes
willen, daz des Räbels Antwort auch vorhört werde, damit die
gemain ein vrtl, (wie es vor Gott recht sey,) möcht empfahen.
Aber es ward Inen, wie vorhin, wider alle Billigkeit abgeschlagen.
Daz haisst wol mit hörnern in die herdt gestossen! *B. — L.*

Also hat Jakob Wideman seine Anhänger gewarnet, daz
sy nichtz mit den solten zu schaffen haben. Daraus vile, die
vor dem Jakob anhingen, gevrsacht wurden, zu dem Zaunring
vnd Räbel zu tretten. Vnd als man nun, zu gelegener Zeit,
des Jakoben volkh zum essen fodert, — hielt man die andern,
gleich wie abgesünderte, (vnd gab Inen besonder zu essen).
Wiewol sy ir Armuet, so uil sie gehabt haben, dahin bracht
hetten, vnd gern, der Billigkeit nach, gehandelt hetten, vnd
bliben wären, so haben sy doch mit lären henden davuon
ziehen muessen. — Als sich aber der Zaunring vnd Räbl,
sambt dem volkh, vor dem Hauss samleten, mit gantz traurigem gemuet, da schluog der Räbl den staub von seinen
Schuchen[b] ab, vber alle, die bey dem Jakob bliben, zu einer
Zeugnuss Ires falschen vnd vngerechten vrtels. *B. — L.*

Also zogen sie davuon. Doch haben sie ire kranken vnd
kinder in der statt bei den Leuten hin vnd wider vnderbracht

---

* *D.: selten. —* [b] *L.: von seinen füessen.*

vnd liessen Einon Diener, den Burkhart von Ofen, bei Inen,
der sy soll trösten vnd versorgen. Der Zaunring aber vnd der
Rübl, auch der Behmisch Dauid, vnd Adam Schlegl vnd mit
Inen ongefär bey 150 Personen, haben sich gerichtet auff Auspitz zu ziehen. Als sie nun zu Austerlitz für die statt hinauss
sein komeu, haben gemeldte Diener dem volkh mit Ernst zuegesprochen auff solche weis: Wer mit Inen wolte, der soll
sich nun in die Armuet richten. Dann sy wissten nit, wie uil
sy müessten leiden, oder zuletzt gar verderben. Denn all Ir
Zeerung* war auff ain Person: ain Kreutzer; darvmb wer im
nit trauet, allen kuemmer, [b] Elend vnd Armuet zu erdulten, der
möchte noch wol dahinden bleiben, vnd wider in die statt
ins Hauss gehen. Aber Niemant wolt wider zum Jakob ins
Hauss. B. — L.

Also hat Gott abermal ein Absinderung vnd Leuterung
gemacht, die frommen von den vnfrommen ausszufüeren. Daher
haben die, so bei dem Jakob Widemann im Hauss bliben,
den Namen bekommen, daz sy bissher: die Austerlitzer Brüeder
genannt werden. [1] B. — L.

---

[a] Narrung E. F. — [b] grosse Not, Elend vnd grosse Armuet D.

[1] Fünf Jahre später wurden mehrere der ‚Austerlitzer Brüeder‘, darunter
Jakob Widemann selbst, in Wien hingerichtet. Sie wurden nach der
Trennung von den Huterischen zu den ‚vnreinen Brüedern‘ gerechnet.
Der huterische Schulmeister Hieronymus Käls schreibt über sie aus seinem
Gefängnisse in Wien an Hans Amon anno 1536: ‚Die Austerlitzer kenne
ich durch Gottes Gnad wol, das sy nit nach der Regel Christj wandlen.
Gleichwohl müsse er ihm melden, dass die Gefangenen, Brüder vnd
schwestern, wie er höre, dem herrn ritterlich die warhait bezeugt haben,
wiewol man inen vilfältig zuegesetzt, sie abzutreiben, mit schönen vnd
listigen worten, mit droen, mit Pein vnd marter, bis daz man sie gleich
gerichtet. Ja wir hören nur überaus vil gueten von inen. Von dem ainaugeten Jacob wissen wir nichts zu sagen. Der Richter sagt vns aber
von ihm: Er hab in nit vmb der tauff willen gerichtet, er habe ein
anderes auf der Nadl gehabt. Wir glauben im aber nit — vnd glauben
daz dieselben, die den herrn so treulich bekannt, auch vom Reich gottes
sein werden, am Tag des herrn, sie seien aus den Austerlitzern oder aus
der Gemain Christi.‘ (Cod. 190 und 163) Von der Answeisung des Jahres
1535/36 gleich den Rossitzern und Huterischen getroffen, zog sich ein
Theil der Austerlitzer in die Slovakei, ein Theil gegen Krasnikov in
Lodomerien zurück. Nur ein spärlicher Rest blieb in Mähren zurück
und erhielt sich im Lande, namentlich zu Bučovic, wo der Tiroler Ulrich
Stadler ihr Vorsteher war. Dieser vereinigte sich aber 1537 sammt
seinem Anhange und den Slovaken mit den Huterischen. Also vereinigt

Die aber alle, so sich mit dem Zaunring vnd dem Räbl auf den Weg gemacht, sind Irem Fürnemen nach, (doch mit grossen Schreckh, der Rauber halben,) geen Auspitz kommen. Da haben sie die leut desselben Orts behaust vnd zu Herber *ᵃ* auffgenummen. Sy aber haben grosse Not vnd Hunger da erdulten muessen; dann sy waren der Arbeit des Landts vnd der Weingarten *ᵇ* nit berichtet, hatten auch kein Zerung, derhalben sy offt mit wasser vnd einem kleinen stücklein brot den ganzen Tag an der Arbeit muessten für guet haben.

Dennoch theten sy sich *ᶜ* vmb die Kranken vnd kinder annemen, nach iren Vermögen vnd theten auch die Irigen von Austerlitz holen, geen Starowitz, bey Auspitz gelegen. Da brachten sy dieselbigen vnder, in Hoffnung, daz sie solten bewart sein. Aber bald kamen die Rauber bei nächtlicher weil, namen Inen, was sy hatten, vnd schluegen Etliche also, daz auch ein Brueder daran muesst sterben. Hier ist erfüllt der Spruch im Psalmen: Ein tieffe rüefft der andern. B. — L.

Zu der Zeit ist ainer, mit Namen Caspar, zu Auspitz mit wonung gewesen, welcher vor ainer zeit von der gemain zu Austerlitz ist weckh komen. Der dan fürgab, mit buessfertigen Hertzen sich wider mit dem Zaunring vnd Räbl zu verainigen, welches aber im falschen schein geschah. Nam sie mit Freuden in sein Hauss auff, vnd gab inen Herbrig, liess sie mit grosser Mangel seine weingarten arbeiten bis zum Lesen. Do gab er die Brüederschafft ab, vnd beschaidt sie mit lären Händen auss dem Hauss. — Haben sich auch zu irer Zeit vmb die schwachen vnd not dürfftigen mit treuen Hertzen angenomen vnd sy wider geen Auspitz gebracht. K. 1. l. In diser obgemeldten Zeit schickt die Gemain von Auspitz zween Brüeder in die Graffschafft Tyrol zu den Eltesten der Gemain daselbs. Dergleichen schickten

und ausgesöhnt, fiengen die Täufer wieder in Austerlitz zu hausen an und errichteten 1538 daselbst auf dem Hafnermarkte ihr neues Haushaben. Von da wohnten in Austerlitz nur noch Wiedertäufer; die alten Austerlitzer hatten zu existiren aufgehört.

Die Abtrennung geschah am 8. Jänner 1531. Reublin selbst berichtet darüber und über die Ursachen derselben in einem umständlichen, an seinen Freund, den Tiroler Pilgram Marpeckh, in das Elsass bestimmten Schreiben ddo. Auspitz 26. Jänner 1531 (siehe Cornelius, Gesch. des Münster. Aufruhrs, II. Bd., Beilage; Jörg, Deutschland in der Revol. S. 680).

ᵃ Herbrig *D.* — ᵇ der Waingärten arbait vnd des landts *D.* — ᶜ fleissig *D.*

die von Austerlitz auss zween Brüeder in die Graffschafft
Tyrol, Inen die gantz Handlung zu eröffnen, der Zertrennung
halber, vnd begeerten an sy, daz sie solten zween Brüeder
schicken, die solche Handlung ersuechten.* B.—L.

Vnder solcher Zeit aber geschah, (weil Gott sein volkh
zu ainigen lust hat, vnd die sündter in der Gemain der gerechten nit bestehen mögen), daz ainer geen Auspitz kam, der
ein Völckl im Schwabenlandt hatte, deren Diener er war.
Wolt sich des Glaubens, der Ordnung vnd Leer der Gemain
Gottes zu Auspitz erkundigen, Dero wegen er sich etlicher
Artikl halber, (den Glauben betreffend), mit Wilhälm Räbl er-
sprachet. Aber in einem Artikel kundten sie nit Vbereinkomen, Also, daz auch derselbig Diener, der sein volkh im
Schwabenlandt hatte, nit wolte bleiben. — Ward derhalben von
den Andern Eltesten vnd Brüedern angesprochen, vnd befragt:
Was die vrsach wer, daz er wider hinweg wolte? Do zaigt er
(inen) an, daz er in einem Articl, den im der Räbl hete fürgehalten, nit kundte bewilligen. Als er aber den Artikl meldet,
gaben im die Eltesten Antwort, die Gemain stündte nit also;
er werde es villeicht nit verstanden haben. Aber der Man
stundt vest darauff: Er habe es von irem Leerer, dem Räbl,
also gehört! Darauf haben die Eltesten der Gemain den Räbl
angesprochen: Ob er im den also diesen Artikl habe fürgehalten? Welches aber der Räbl leugnet vnd verneinet. Der
Man aber aus dem Schwabenlandt bestundt (D. vest) auff seiner
Redt, wie vor, vnd zoch sich hoch auff Gott. — Do ward auch
dem Räbl auffs höchst zuegesprochen. Er aber sich auch hoch
auff Gott bezogen. Doch zuletzt ist der Räbl mit Andern, die
es auch von im gehört haben, Vberwisen worden, darvmb hat
er sich in die schuld geben, vnd bekennt, das er ja also geredt hat, wie der von im anzaigt hat. Die Eltesten aber haben
dem Räbl gesagt: Es sey Inen der Handl zu schwer, daas sy
ein solchen mit im hinlegen solten. B.—L.

In dem ist der Räbl in ein grosse Krankhait kommen.
Der hat, on wissen der Eltesten, vnd Aller in Gemain, (vngeachtet, daz er den grossen Mangel vnd die Not des volkhs
gewisst), noch 40 Gulden bey im verhalten, die er mit im auss
seiner Heimat bracht hat und in seiner Krankhait ainer Schwester,

---

der Lainin (*F.* Lamin) auffzubehalten vertraut, die es den alsbalt den Eltesten hat angezaigt; welches Inen dann noch
schwerer war, den Handl mit im hinzulegen. [a] *B.—L.*
In der weil [b] ist Jakob Hueter vnd Sigmund Schützinger
aus der Tyroler graffschafft khommen. Die haben solche Handlung an dem Räbl fleissig ersucht (vnd gantz wol verhört),
vnd den Räbl für die Gemain beschaidten. Do ist er [c] als ein
lugenhaftiger, vntreuer tückischer Ananias aussgeschlossen
worden, welches er auch selbs [d] hat erkennt vnd bekennt,
daz solches vrtail billig vber im kommen sei. *B. C. D. E.*
G.—L.
Weil nun der Jakob Hueter vnd Sigmund Schützinger
von baiden gemainden, nemlich von denen zu Auspitz vnd
Austerlitz auss der Graffschafft Tirol herab sein beruefft worden, sich zu erkundtigen, wo doch der Fäl solcher Zerspaltung [e]
seyn, darumb haben sie solches mit Fleiss vnd Ernst ersuecht,
mit auffmerckn in Gottes Forcht erwogen, haben aber die zu
Austerlitz am Maisten sträfflich erkennt, vnd als Jakob
Hueter Inen ire fäl hat verwiesen, haben sy in auch weiter
nit hören wöllen. 'Er aber hat Inen nichts destweniger iren
Irrsal vnd Abschritt angezaigt vnd erstlich Inen ir falsch vnd
vnerkannt vrtl verwisen, daz sy die vnschuldigen also ver-
schupfft, vnd von sich gesundert haben! Zum andern, daz sy
fleischliche Freyheiten haben geben auff vilerley weiss, einem
Yeden nach seinem gefallen, ins Aigenthumb sich wider (ein: *F.*)
zu richten, Zum dritten: vnder die vnglaubigen sich zu uer-
heiraten! Vnd solcher sachen waren vil, darein sy angefangen
haben zu kommen, vnd kein warnung noch straff wolt an Inen
helfen. Sindt also von Einer fleischlichen Freiheit in die Andre
gewachsen, damit der welt ganz gleich worden, das sy Nie-
mants von den weltmenschen mer kondt vnderschaiden noch
kennen; vnd ruembten sich doch Ires ersten Berueffs, wissen
aber nichts (mer *D. F.*) daruon. *B.—L.*
Als aber Jakob Hueter vnd Sigmundt Schützinger solche
Handlung, (darumb sy dann gefodert waren,) aussgericht, vnd
an ein Ort gebracht hatten, haben sie dem Geörg Zaunring

---

[a] hinznrichten *D.* — [b] vnder diser Zeit *D.* — [c] mit einhelligem vrtl für
ain vngetrewen tückischen Ananias erklärt vnd aussgeschlossen. *D.*
— [d] für billich hat erkennt *D.* — [e] Zertrennung *D.*

die Gemain anstatt des Räbl volkomenlich beuolhen vnd vertraut. Weil aber Gott ein grosses Werckh hate in der graffschafft Tirol angerichtet, zoch Jakob Hueter vnd Schützinger widerumb hinauff. *B.—L.*

In mittler Zeit — — — wardt Adam Schlegl, da er fleischliche Freyheit in etliche in der Gemain (ein *D.*) pflantzet, dazue sich anstössig vnd ergerlich beweist, sobald es an Tag kam, gestrafft, das Ambt von im auffgehebt,[a] vnd weitter zu leeren im verboten. Doch gesellet sich bald seines gleichen zu im, als nämlich: der Burkhart von Ofen. Dise beide suechten manicherley vrsach, fingen an die Gemain zu tadlen, (wie alle, so sich von iren Freunden schaiden wöllen), kundten aber mit warhait nichts beibringen. Wurden derhalben, als die Widerstreiter der warhait, von der Gemain, (alle beide) abgesündert vnd aussgeschlossen. — Nach solchen ward auch Offenbar der Behmisch Dauid, wie daz er auch nit eines rechtgeschaffenen Hertzens wer. Dazue hat er, im Ausszug von Austerlitz, den Richter von Nikolschitz[1] mit etzlichen belaits[b] leuten bestellt, gelt verhaissen vnd geben, sy auff dem weg geen Auspitz vor den Raubern zu beschirmen, vnd das on wissen der andern, seiner gehilffen vnd Brüeder. Dazue, als er Trewlich ward angeredet, vnd vmb alle seine Fäll vnd Mängel ersucht, kundt er Gott die Eer mit rechter Demuet nit geben, sondern wolt seinen sinn erhalten. Da empfieng er auch sein straff vor öffentlicher gemain, als ein Eigensinniger. *B.—L.*

Weil aber Gott sein volkh auff die höchst Prob wolt stellen, zu erforschen, Ob sie mer auff menschen, denn auff in wolten sehen, Richtet er es an, daz in der Gemain ein Redt, vnd nit ein kleins Murmlen, sich erhueb, ward lantbrecht,[c] wie das der Behemisch Dauid vnd der Geörg Zaunring sich mit einander vmb einen lasterblnnigen Handel haben angenumen, den in der gehaim hinzulegen vnd zu straffen, das billich Öffentlich vor der gantzen Gemain solt sein gehandelt werden.

---

[a] des Ampts entsetzt *D.* — [b] geleitsleuten *D.* — [c] lautprechtig *D.*
[1] Nikolschitz, ein Pfarrdorf mit 970 Seelen slavischer Zunge (katholischer und evangelischer Religion) bei Auspitz, slav. Mikulčice (unrichtig Nikolčice) genannt.

Als nämlich ainer, mit Namen Thoman Lindl, mit des
Geörg Zaunrings Weib die Ehe gebrochen hat, so haben sy,
dise Zway nur heimlich in vnfrieden gestellt, vnd der Geörg
hat sich die Zeit der straff seines weibs geäussert vnd Irer
enthalten. Aber so bald sy den Zwayen den Friden vnd verzeihung irer sündt verkündeten, namb sich der Zaunring wider
vmb sein weib, wie vorhin, an, vnd als solches offenbar ward,
kundt die gemain dises Lasters des Ehebruches vnd des
Huerenwercks, mit so ringer* straff, nit leiden, vnd daz nach
dem wort des Herren; dan es Besser ist ainauget, lam, oder
ein Krüpel ins Reich Gottes zu gehn, dan mit verderblichen ᵇ
glidern in die Hell.ᶜ Nachdem aber der Linhart Schmerbacher,
ein Diener der zeitlichen Notturfft, des Geörg Zaunrings handl
der gemain anzaigt hat, wie er sich der Hueren hab tailhafftig
gemacht, do hat die Gemain ainhellig erkennt: Weil Christj
Glider nit Huerenglider sein sollen, dass sy billich aussgeschlossen vnd von der Gmain hinauss gethan werden.

Also hat die gemain zu disser Zeit keinen Hirten, leerer
oder anweiser (des worts) mer gehabt, als allein die Diener
der Zeitlichen Notturfft. Aber on allen Verzug haben sy es
der gmain in die Graffschafft Tirol schrifftlich vnd mundlich
entbotten, daz sy Inen mit Dienern selten zu Hilff komen,
damit sie mit dem wort des Herrn möchten versorgt werden.
B. — L.

1531.

Als baldt ist der Jakob Hueter vnd Sigmund Schützinger,
ongefär vmb die Ostern ¹ des 1531 ² Jares kommen, die gemain getröstet mit vil herzlicher vermanung, dabej auch gelobt, daz sy wider das vnrecht ein solchen ernst braucht,
daran der Jakob ein gross wolgefallen gehabt hat. Wie wol er
gesagt: Es hett g'mocht ᵈ ein Mittel gfundten werden, so sey
er doch Also auch wol zufriedten, vnd ist recht gehandelt!
Aber an des Geörg Zaunrings statt ist der Sigmundt Schützinger der gemain vorzustehe verordnet worden. B. — L.

Auch haben sich der Jakob vnd Sigmundt demnach bald mit dem Gabriel Ascherham vnd Philip

---

ª geringer F. — ᵇ verdorben F. — ᶜ in die verdamnus L. — ᵈ mögen L.
¹ Ostern fiel im Jahre 1531 auf den 9. April.
² Cod. L. hat (irrig): 1533.

Blawermel vnd irem volkh zu Rossitz vnd Auspitz verainigt, auff daz, hinfüran sich kein Tail für sich selbst vmb einen schweren Handl solt annemen, sonder ein Jeder mit des andern Radt sollt handlen, als wie einem ainigen volkh [a] zuesteht. *B. — L.*

Nachdem aber alle sachen, der Gemain Not betreffend, gericht sind worden, ist der Jakob Hueter wider an sein ort in die Graffschafft Tirol zogen, zu der Gemain, vnd der Sigmundt, Gabriel vnd Philipp haben sich mit ainander vmb die drei gemainden angenommen, doch ain Yeder ist in seinem Ort [1] vnd Hauss, bei seinem Volckh blieben. *B. — L.*

Als aber der Zaunring sein Vnrecht erkennt, vilfaltig vnd lang angehalten, mit hertzlichen Begeeren, sich zu bessern erbotten, ist er von der gemain auffgenummen, vnd wie er sich wol vnd auffrecht gehalten in seinem ganzen Leben, ist im wider der Dienst des Euangeli vertraut [b] worden, (wurde) alsbaldt ins Frankenlandt geschikht. (Da ist er) nit weit von Bamberg vmb der Göttlichen warhait willen mit dem Schwert gericht worden. *B. — L.*

Es hat sich aber zu diser Zeit das volkh an allen Orten in der Gemain täglich gemert. Auss der Schlesing sind geen Rossitz, aus dem Schwabenlandt vnd der Pfalz zum Philippen kommen. Auss der Graffschafft Tirol hat der Jakob Hueter vil volkh zum Schützinger geschickht *B. — L.*

Vmb diese Zeit kam ein Diener zu der gemain mit Namen Peter Riedeman, ain Schlesinger, von Hirschberg gebürtig, der war zu Gmundten im landt Ob der Enns lenger als 3 Jar gefangen gelegen. *B. — L.*

· **1532.**

a) In dem 32 Jar ist ein Kriegsvolkh von Prag in Hungarn gezogen. Die haben in der gemain zu Rossitz vnd Auspitz geraubt. *C.*

b) Anno 1532 erhueb sich ein grosser Lärmen von den gottlosen vnd freventlichen Kriegern über die frommen, als ir

---

[a] ansteet. *L.* — [b] aufgeladen worden *D.*

[1] „Vnd seind drei grosse Gemainden worden, zwo zu Auspitz: die Philipper vnd Hueterischen genant; zu Rossitz der Gabriel mit seiner gemain (Cod. 234) vnd haben in ainigkait vnd friden mit einander gehausset bis vms Jar 1533 (Cod. *P. Q. R.* 234). Da hat sich ein Spaltung erhebt!" (Cod. 234.)

ain gute Suma von Prag aus Behem ins Ungarlandt ziehen
sollte. Erstlich zu Rossitz des Gabriels volkh beraubten sie,
(mit grossem Frevel, *I.*) namen, waz sy bekamen. Nachdem
kamen sy geen Auspitz, griffen das Schützinger volckh an vnd
namen, nach iren muetwillen, was sie kundten. Brüeder vnd
schwestern sassen an ainem ort, vnd musten zucsehn. Der
muetwillig gottlos Pöffel handtirt mit grossem Fröfel an den
Eltesten der Gemain, wolt gelt haben, des sy wenig hatten,
fingen indem an die Brüeder zu schlagen vnd inen ir Gewandt
auszuziehen, der schwestern, als der Weibsbilder, gar nit
schonten. Dennoch fanden sy ain kleines Häferle mit ein wenig
Gelt darin (Esai. 61. b). Als sy sich vmb discs gelt theten
raissen, indem erschoss einer einen gesellen zu todt. Dem wardt
der Raub, wie Job sagt, in seinem Bauch zu einer Nattergallen, vnd kam also ein schröcken vber sie alle, das sic davon liefen. Doch liessen sie den Philipp vnd sein volkh nit
gar vnangerennt, theten aber bey sein volkh nit gar so
grossen schaden, wie bey den ander zwey gemain. *J. K.*
1533.

Nachdem aber der Jakob Hueter ain Häuffl volkh nach
dem andern zum Schützinger vnd der gemain schickhet, (dann
vor grosser Tyrannej kundten sy in der graffschafft Tyroll nit
bleiben), so kam der Jakob auch nachher mit etlichen Personen nach Auspitz, den 11ten des Augustmonates im 1533 Jar.
Der ward von den Eltesten vnd der gantzen gemain mit Friden
auffgenommen vnd empfangen. Er selbst war auch erfreut in
seinem Hertzen, daz in Gott mit glück vnd hail zu der Gemain der frommen gefürt hat. Sagt zu dem Sigmundt, auch zu
den andern Eltesten vnd Geschwistrigeten: er wär nit komen
als zu Fremdlingen, sondern als zu seinen lieben Bruedern,
den wol bekannten vnd kindlen, dem dann der Schützinger
vnd alle andern recht theten geben vnd sprachen, es wär also
recht vnd wahr. Auch baten sy in, den Jakob, darbei: er solt
inen helfen das volkh treulich versorgen mit dem höchsten
Fleiss. Das verhaisst er in vnd saget inen zue, das er's thuen
wollte. ¹ Von dem yez genug. *B. — L.*

---

¹ ‚Dieser Jakob bracht auch ein Gab Im Zeitlichen, ein Opfer der Süessig-
kait, ja ein klein wenig Zerung, damit sy die schuldt, was Inen in der
Zeit der Not, die Nunn zu Brünn (vnd) die Auspitzer betten fürgestrekbt,

In dem 1533 Jar hat man zu Schäkowitz¹⁰ das erstemal angefangen zu haussen. *C.*

III. Abschnitt.

Anzaigung von Brüedern vnd schwestern, die in Tyrol vnd Kärnten seindt hingericht worden v. d. g. w. willen. 1530—1533.

1530.

Anno 1530 ist der Brueder G e o r g G r ü e n w a l d, ein Schuester (vnd) ein in Gott gar eiffriger Brueder vnd Diener des Herrn Jesu Christj,ᵃ zu Kopfstain am Inn, vmb der göttlichen warhait willen gefangen vnd zum Tod vorurtailt vnd verbrennt worden, (gantz beständig in Gott vnd in glauben).ᵇ

Nach etlich Tagen ist aber(mals: *D.*) ein Brueder daselbs zu Kopfstain, vmb der göttlichen warhait willen gericht worden.ᶜ *A.—L. M. P. Q. R.* — Mer an disem ort 15 christliche person gericht. *O.*

Dess hat manᵈ vom Peter Veit ein Zeugnuss genumen, der den dieselben Brüeder gekennt hat, vnd ist dabei gewesen, wie der Grünwaldt ein Brueder ist worden, vnd da man im das Predigamt aufgeladen vnd bevolhen hat. *A.—L.*

Dieser Grünwaldt hat das (alt) Lied, (so vast in allen landten bekannt ist, *F. G. L.*) ‚Kombt her zu mir, spricht Gottes Sohn' — neu gesungen² vnd gedichtet.ᵉ *D. E. F. G. L.*

---

ahzalcten.' *I. K. I.* [Die Nonnenabtei Maria⁻Saal oder ‚Königskloster' in Altbrünn war zu dieser Zeit Grundherrschaft in Auspitz und Steurowitz, wo sich unsere Täufer niedergelassen hatten.]

ᵃ *M. P. Q. R.*: ein Diener des worts gottes vnd seiner Kindlein. — ᵇ hat also, was er mit seinem mundt erkennt vnd gelert, auch ritterlich mit seinem Bluet bezeugt. *M. P. Q. R.* — ᶜ vmb glaubens willen, darvon er nit weichen wolt *Q. R.* — ᵈ *A. I.*: das hab ich von Peter Vaiten erfaren. — ᵉ gemacht *M. P. Q. R.*

¹ Schäckowicz = Schákwic (slav. Šakowice, einst Čečovice, auch Čičovice genannt), Pfarrort mit 945 katholischen Einwohnern, ½ Meile südlich von Auspitz. Anno 1533 den Herren von Lipa-Kromau gehörig, wurde ‚Schäckowicz' später ein Hauptsitz der huterischen Wiedertäufer oder Brüder und blieb es bis 1622.

² Mit diesem Zeugnisse ist der Verfasser eines Liedes sichergestellt, das aus Einzeldrucken der Jahre 1530 und 1531 in die Gesangbücher der

1531.

a) Im Jar 1531 ist der Brueder Walser (Baltasar) Mayer, .
(ein Binder vnd) Diener der euangelischen Leer zu Wolfsperg[a] in Kärnthen, vmb der göttlichen warhait willen, selbst
dritter[b] gefangen vnd zum tod vervrtailt vnd mit dem schwerdt
gericht worden. Sie haben alle die warhait mit irem bluet bis
in den Tod bezeugt, *A. B. — D. H. L. M. P. Q. R.*, vnd ir leben
dargegeben für das Testament Gottes, für sein heiliges wort.
P. Q. R.

b) A^{nno} 1531 ist Ulrich Müllner von Clausen, (so den
Leuten gantz treulich vnd wol gefallen), seines Glaubens wegen,
zu Clausen gericht worden. *N. † G. J. X. 9.*

1532.

1. Anno 1532[c] sein 6 Brüeder als nemlich: Lamprecht
Grueber;[d] Hans Beckh; Lorenz Schuester; Peter Planer;[e]
Peter,[f] des Planer sein (gewesener) knecht; vnd Hans Thaler:
zu Sterzing im Etschlandt vmb der göttlichen warhait willen
gefangen,[g] zum Tod verurtlet vnd mit dem schwert hingericht
worden. Da haben die (gemeldten) Brüeder (Alle 6) die göttliche warhait bestendiglich[h] mit irem bluet bezeugt. *A. — L.
M. P. Q. R.* (wie dan in iren Episteln,[1] so sie aus der ge-

---

Lutheraner und Reformirten (hie und da ,verbessert‘ [?] und erweitert)
überging und frischweg bald dem Hans Witzstadt, bald dem Jörg Berkemayer, ja sogar dem Bartholomäus Ringwald, welcher erst anno 1531
geboren ward, zugeschrieben wurde. Auch in den Gesangbüchern der
Wiedertäufer, wie H. S. 203. 232. 236 Pos., H. S. *G. H.* 27 und *G. J.* VI.
32 Strigon., wird Jörg Grünwald (in der H. S. Nr. 14554 der kais. Hofbibl.
mit *J. G.* angedeutet) als Verfasser genannt. Denn es heisst bei diesem
Liede von 16 Strophen in diesen Gesangbüchern: ,Ein schönes Liedt —
Ist gemacht — durch den lieben Br. Jörg Grienwaldt. Ist demnach zu
kopffstain verbrennt worden vmb der göttlichen warhait willen 1530, im
thon seiner aigen weiss (*G. H.* 27 und *G. J.* VI. 32 im Ton: von Pavia).
[a] *O.:* Welsperg. — [b] mit ihm noch zween brüeder *A. L.* — [c] *M.:* 1531
oder 1532. — [d] Lamprecht von Fieless *N.* — [e] *Q.:* Plawer. — [f] Peter
Hungerl. *C.* — [g] ,auch übel gemartert vnd gereckt worden. Man hat sie
treiben wollen abzusteen. Sie seindt aber redlich vnd steiff beharrt in
dem, so inen got in christlicher touff verhaissen. Darnach sein sie zum
todt vervrtelt worden‘ etc. *M. P. Q. R.* — [h] ritterlich *P. Q. R.*
[1] Diese Episteln finden sich in den Handschriften der Täufer, und zwar
die erste im Cod. Pos. Nr. 163, gesandt von Sterzing anno 1532 an die
Diener Gottes im Etschland, worin Lambrecht von Filess seine Reue
über den Abfall ausspricht, dessen er sich schuldig machte! Er hoffe
jedoch die Wunde, die er dem Volke durch seine Schwäche verursacht,

fencknuss der gemain haben zue geschrieben, vnd so noch vorhanden sind, gefunden wird. *M. P.*).

2. Anno 1532[a] ist der Brueder Kuentz Fichter,[b] mit etlichen christglaubigen Personen zu Sterzing vmb der g. w. w. gefangen vnd zum tod verurtailt vnd gericht worden. — Sie haben aber die ewige warhait beständiglich mit irem bluet bezeugt. *A.*— *L.*

Kuentz Fiechter ist zu Sterzing gereckht vnd gestreckt worden, das die gottlosen Henker vnd Pilatuskinder mainten, er möchts nit ertragen, sondern müsst zerbrechen. Auch sein etlich mer mit im allda gefangen gwest, welche alle vil vervrsacht worden sind, von Münichen vnd andern mit verkerter weiss der Schrifft, sie zu fällen, auch mit Hauss, Hoff, weib, kindt, leibs vnd lebens Fürhaltung. Als sies aber nit mochten abwenden, haben sies geurtlet vnd gericht. — Diser Kuentz Fiechter hat auch eine Epistel aus seiner gfencknuss der gmain zuegeschrieben, welche noch vorhanden. [1] *M. P. Q. R.*

wieder zu heilen, und versieht sich hiebei des Beistandes Gottes. Es wäre sonst nicht möglich, solche strenge Marter zu überstehen, die ihm aufgelegt wurden! Er nimmt Abschied von den Brüdern und rühmt die Redlichkeit der Schwestern, die bei ihm sind. — Die zweite ebenda: ein Schreiben Lambrechts und seiner Mitgefangenen ddo. Sterzing 1532 an die Obigen, beurkundet ihre Freude über die Nachricht, der Austerlitzer wegen, und meldet, dass sie den nächsten Mittwoch ‚die hungrig fleischliche Hülle‘ ablegen werden! Sie nehmen deshalb Urlaub ‚vnd warnen vor Schläfrigkait‘. Zum Schlusse Grüsse an die Gemeinde in Mähren, an Lambrechts Gattin, den Lienhart und Jörg Zaunring, an Hans Koller's Eltern und Planer's Eheweib. Sie freuen sich, dass der Herr so reichlich seine Kinder ‚hinauszeucht allenthalben‘ und melden: ‚Zwey Geschwistriget habe man gericht, zwei sind gestorben. Auch der Jörg (Grünwaldt) sei gericht worden.‘

[a] *M. Q.:* 1531. — [b] Conrad Füchter *N. O. P.*, Cunz Füechterer *F. M. P. Q. O.:* Cunratus *F.*

[1] Von Kuents Fichter bringt 1. der Cod. Pos. 190 (fol. 679) einen Sendbrief, an die ‚Gemain in Etschlandt‘ gerichtet und datirt ‚von Sterzing aus dem Gefenknuss anno 1533‘, ein Schreiben voll der Tröstungen, mit Grüssen an ‚Jakob Hueter, den Hans Tuechmacher, Brueder Kuentz‘ und seine eigene eheliche Schwester (Weib), die Bitte einschliessend, ihn und seine Leidensgenossen für den bevorstehenden Kampf mit Gebet zu unterstützen. 2. Einen weiteren Sendbrief enthält eine Handschrift vom Jahre 1618 (fol. 165) des Pressburger evangelischen Lyceums ddo. Sterzing anno 1532, worin er den Frommen im Etschland eröffnet, wie er die Tyrannei der Bosheit wohl empfunden, aber auch die Gnade Gottes verspürt, durch

1533.

1. Anno 1533 ist der Brueder **Ludwig Fest;**[a] ein beständiger zeug der göttlichen warhait zu Schwatz im Inntal, vmb der Zeugnuss Christj willen, gefangen vnd zum todt verurtailt vnd mit dem schwert gerichtet worden. Da hat er die Göttliche warhait (zeugnuss Christj) mit seinem bluet ritterlich bezeugt. *A. — M. P. Q. R. (N.)*

Es ist noch eine Epistel[1] von im vorhanden, darin er uns ermanet, dass wir nit aigenützig sein solten vnder ainander, denn der geitz sei ein wurzl vnd anfang alles Übels. Er bitt auch vmb der barmherzigkeit Gottes, wir sollen einander nit belaidigen, noch bekriegen. Man soll ein guets vertrauen zu im haben. Er verhoff, mit der Hilff Gottes, Trew zu sein, welches er auch gethan hat. *M. P. Q. R.*

2. In disem 1533 Jar ist die Christina Hairingin (*P.* Häring), ein schwester, gefangen genommen vnd geen Kitzbühl gefüert (worden), alda (sie) an ein ketten verschlossen gwest, (vnd im glauben sich beständig gehalten. *P. Q.*) Nachdem sie aber gross leibs gewesen, vnd schier kindts liegen het sollen, haben sy's haimb gelassen, (bis sie das kindt ausliege *P. Q.*) vnd wie wol sie zehnmal vnd öffter hat entweichen mögen in der weil, ist sie doch nit gewichen. Haben sie also widervmb geen Kitzpühl in die Stadt gefuert vnd balt, vmb des glaubens willen, in dem sie vest bestundt, mit dem schwert gericht, daz doch nit gewönlich ist, mit einem weibsbildt, vnd

dessen Hilfe er die falschen Propheten erkannt und den Gall überwunden habe. Am Schlusse Bestätigung des Empfanges ihres Schreibens und der Ermahnung, ‚vest zu bleiben‘.

[a] *Q.:* Ludwig Vest, Cod. 190: Ludwig Fast.

[1] Zu finden im Cod. Pos. Nr. 163, fol. 381 und Nr. 190, fol. 684, datirt ‚Schwatz aus dem gefenkhnuss anno 1533 vnd an die Gemain Gottes in Rotenburg am Inn‘ gerichtet, erfüllt mit Grüssen ‚an den Brueder Offrus, Br. Matthes, Br. Hans, die Brechlin, die Marbeckin, die Gredl von Mittenwald, den Hänsl Taurer, Christl Grebner, Martin Sparber, Erbardt Niderhofer vnd alle Heiligen (!!) im Etschlandt, sonderlich aber den Diener Gottes: Hans, vnd sein gemain‘. Ludwig Fest war, (nach den Amtsacten in Caus. domin. IV. 104—109) von Pinnegg und hat namentlich am Berg und bei den Gruben um Schwaz Proselyten gemacht. Zu Frundsberg gefangen, blieb er jeder Unterweisung unzugänglich. Durch Regierungsbefehl vom 3. Juli 1533 vor das Malefizgericht gestellt, wurde er secundum maudata verurtheilt und sofort hingerichtet.

sie hernach verprent, wie ire (leiblichen: *R.*) Brueder, Christan vnd Thoman Hairing,[1] so hernach lang bei der gemain glebt, dessen ein wissen haben. *M. P. Q. R.*

3. Anno 1533 sein 7 (christglaubige) Brüeder, als nemlich: Hans Bekh; Valser Schneider, Christl Alseider, Waltan Gsäl, Wölfl ausn Götzenberg;[a] Hans Maurer aus Flass,[b] vnd Peter Kranawitter,[c] auff (das Schloss) Guffidaum im Etschlandt gefenkhlich gefuert[2] zum Todt vervrtailt vnd gerichtet worden. In

---

[a] Götzenberg, ein zum ehemaligen Landgericht Schöneck gehöriger Berg mit vielen zerstreuten Huben, bei Nieder-Vintl, Bezirk Bruneck. —
[b] Flass = Flaas, ein Dorf und ehemalige Landgerichtsherrschaft im Bezirke von Bozen. = [c] *F.:* Krameter, *G. L.:* Kramer.

[1] Christl Häring war 1550 Diener der Nothdurft in der Gemain in Mähren. Das gleiche Amt versah in Mähren 1567 Thoman Häring. Dieser wurde 1572 probeweise zum Diener des Wortes erwählt, 1575 als solcher bestätigt und starb 1593 zu Altenmarkt bei Lundenburg, nachdem er 53 Jahre ein ,Brueder' (Wiedertäufer) gewesen. (Mscpt.)

[2] Die Handschriften *P. Q. R.* lauten hier weiter also: ,Vil mit inen gehandtirt sie zu Fellen. Als sie aber nichts schaffen kundten, sind sie zum Todt vervrtelt worden, von den Pilatuskindern, welche iren hohen Priester, den Henker über sie richteten; der musst die sach zu endt fueren. Haben das volk gewaltig zur buess ermaut, vnd auss iren gefenkhnuss etliche Epistel geschrieben mit anzaig, das kein unreines, träges vnd hinlässiges Hertz in der prob nit kundt noch mag besteen.'
[Zwei Episteln bringen die Handschriften Nr. 190 (fol. 686) und Nr. 219 (fol. 92) des Pressburger H. Domcapitels, die erste ,an Brueder Jakob Hueter vnd die Gemain in Märhern (rectius: im Etschland), gesandt von Guffidaun, aus der Gefenkhuuss im J. 1533'. Sie enthält die Ermahnung, 1. dass jene Brüder, welche Kinder unter den ,Gottlosen' haben, dieselben nach Hause nehmen sollen, damit sie nicht verderben; 2. dass sie sich auch ,vmb das schwangere weib des Hans Maurer' umsehen mögen; 3. ,Grüsse an Br. Jakob, Hans, Velten, Hänsel Mayer, Paul Rumer, Bartl Schneider, und die Geschwistriget, „do das Aichhorn zum Fenster ausslief", an Justina Gasserin, auch andern Kinder Gottes, wo sie zu inen komen im Innthal, sowie an Jörg Brey'. Das zweite Schreiben, ebenfalls ,an die gemain Gottes im Etschlandt' gerichtet und von Guffidaun 1533 datirt, berichtet, ,dass ihrer noch 10 im Gefängnuss liegen', die alle den Herrn mit ihrem Blute bezeugen wollen. Zur Marter geführt, habe der Wölfl, als er aufgezogen wurde, um Gnade gebeten und abzustehen verheissen. Er sei auch in den ,Götzentempel' gegangen und habe den Eid abgelegt, worauf er zu den übrigen Brüdern gelegt worden sei; hier zeigte er ihnen an, wie es um ihn stehe, erhielt aber Unrecht. Da habe er ,vast gewaint vnd geheult, demnach für den Pfleger begert vnd den Herrn wider bekannt'. Er habe aber einen unstäten wankelmüthigen Sinn! Am Schlusse: Grüsse an die obigen Brüder und

irer letzten Epistel zaigen sie an, wie der Wölfl ein strauchler (Strauchl)*) hab gethan, vnd wie er vnstät sei; die andern 6 Brüeder seindt aber beschlossen, bis in den Todt treu zu bleiben. Sie laden also den Jakob Hueter vnd Hans Tuchmacher auf ir Hochzeit, zum Richten.ᵃ Sie haben also daselbs zu Guffidaun die göttliche warhait ganz redlich mit irem bluet bezeugt. *A. — L.* ≃ *M. P. Q. R.*

die Bitte, ihnen, so es sein kann, kund zu thun, ,wie es um die Schwestern in Botzen stehen vnd vmb den Gallen'. Postscriptum: ,Der Wänkelmüetige halt sich tapfer.']

*) ,Der Wölfl hab ein Strauchl gethan vnd den gottlosen bewilligt, darnach aber widerrvmb bewainet, vnd für den Pfleger begeert, vnd den Herrn widervmb bekennt: der Teufel hab in betrogen! Darnach hat man in wider zu den Andern In den Turm gelegt vnd ist mit den andern gericht worden. In iren letzten schreiben loben sie den Herrn grösslich, der sie so lieb hab, vnd inen zue der Rue helfen well. *M. P. Q. R.*

ᵃ *P.:* zur Nachfart.

Viertes Buch.

1533 — 24./2. 1536.

Die Hucterischen Brüeder.

Ich will euch hirten geben nach
meinem willen, die werden euch mit leer
vnd weyssheit weyden.   Jerem. 3. c.

Habend sy mich vervolgt, so werdend
sy euch auch vervolgen.   Jerem. 15. b.

(I.) Hueter komt gen Auspitz. Trennung von Gabriel und Philipp (1533—1534).

1533.

a) Anno 1533, am 12ten (*D.*: 11ten August) ist der Brueder Jakob Hueter, ein fürtrefflicher Diener im Wort des Euangelions (Gottes *D.*) aus der Graffschafft Tirol heraus gen Auspitz in Märherlandt kumen. Da hat er den Sigmund Schützinger vnd andere mer, vmb ires eigenutzes wegen, von der gemain aussgeschlossen, welches er, der Schützinger, auch für Recht erkennt hat. Doch hat Gabriel zu Rossitz vnd der Philipp zu Auspitz, mit iren Anhengern sich darvmb eingelegt vnd sich erst nach dem Ausschliessen vmb den Schützinger begeert anzunemen, vnd haben den Jakob einen Götzen vnd Abgott gehaissen, den doch die gemain des Herrn, nach vil bittens zu Gott, zu einem Hirten vnd leerer angenomen hat, der den auch seinen Dienst in Evangelischen ampt treulich nach der warhait aussgericht hat. *A.* — *L.*

In disem erhueb sich eine grosse vnainigkait zwischen dem Jakob Hueter, Philipp vnd Gabriel, die der Jakob in vilerley weg vnd weiss suechet zu mitteln, welches sie aber nit annemen wolten, sondern fielen nach viler Handlung, ye lenger ye weiter, in lugen vnd greuliche lesterung, das der Jakob darnach (*K. 1.*: dardurch) vervrsacht wardt, sie für keine Brüeder zu halten, vnd hat auch andere Geschwistriget vor inen gewarnt, wie dan alle vrsach vnd reden, die sich in demselben handel verloffen vnd zuegetragen haben, an sein ort schrifftlich verzeichnet sein. [1] *A.* — *L.*

Nach demselben hat der Brueder Jakob Hueter die ware Gemainschafft durch die Hilff vnd Gnadt

---

[1] Wie im Cod. 231 und 215 Pos., im Cod. *D.*, im Cod. *I. G. X. 8.* zu Gran, im Cod. *K. 1.*, *P. 1.* und anderen Handschriften.

Gottes in ein ziemliche ordnung bracht, daher man uns noch (heut *K. 2.*) die Huetrischen (nennt vnd) heisst. *A. — L.*

b) Es war auch zu der Zeit ein Diener des Worts (da), der mit im ein völkl auss dem Landt zu Hessen gebracht hett, der hiess B o t t H a n s,[1] derselbig hett auch in Sinn, .er wolt dem Herrn etwas auss seiner handt zwackhen, aber er vermocht es nit, dan die gemain sah auf den Herrn, vnd nit auf In, oder einen menschen. Weil nun der Bott Hans einen verkerten sinn vor im hat, als ob kein Engel noch Teuffl noch dergleichen wer, vnd sich nit wolt weisen lassen, wardt er vnd alle, die Im anhingen, nach dem wort des Herrn aussgeschlossen. Wie wol er offt vnd vil bekennt vnd sprach, er erkenn wol, das der Philipp vnd Gabriel vnrecht gehandelt hetten, (vnd solten derhalben seine Brüeder nit sein), ging er dennoch, als er auch sein vrtl empfing, zu dem Philipp. Der war im ein gar lieber Brueder. Auss solchem wardt sein schalkhafftigkeit nur noch mer offenbar. Hett er ein Riss können thun in die gemain, daz wäre Im ein Freudt gewesen. Also hat Gott die seinigen auch vor diesem argen Wolff behuetet. *I. K. 1.*: Cod. 215 & 234 Pos.

c) (A° 1533) am Freytag, nachdem der Br. Michael von vns gezogen ist, (24./10), haben wir (zu Auspitz) geschen 3 Sonnen an dem Himel eine guete zeit lang, Etwan bei einer stundt, auch zwen regenbogen, dj haben iren ruckhen gegen einander kert, aber dj spitz kerten sy von einander, vnd das hab ich, Jacob selber gesehen vnd vil geschwistriget mit mir, was der Herr hiermit anzaigt hat, das waiss er allein. (Huters 2te Epist. an die Br. in Tyrol. Cod. 235.)

1534.

a) In disem 34 Jar hat der Jakob Hueter vnd sein gemain grossen Truebsal von den Abtrünnigen mit vil schmach vnd lästerworten erlitten, auch sonderlich vom Philipp vnd seinem volckh. Dann, so ein Herr, Burger, oder Bauer, — Brüeder oder schwestern, von beiden Gemainden, nach notdurfft zu seiner arbeit hett auffgenomen, so haben die Philippischen

---

[1] Ueber diesen Hans Both und dessen in Mähren ausgestreute Irrlehren, denen die Brüder energisch entgegentraten, dafür aber von Both in Hessen geschmäht wurden, vide: Zeitschrift für histor. Theologie, 29. Bd. 1859.

bei den Hueterischen weder arbeiten, sitzen, essen noch trincken wöllen, vngeachtet daz es inen die Herrn gaben, denen sie gearbait haben, was ein sonderlich grosse Lesterung hat ausgeben. Wiewol die Hueterischen lieber an irer Arbeit allein mit Ruc wären gewest, haben sie die Arbeit, darzue speiss vnd tranck, wer in's geben hat, mit grossen Dank von Gott angenommen, vnd haben an der Zal der glaubigen täglich zuegenommen. *I. K. 1. O.* [1]

b) Anno 1534 ist der Br. Daniel Kropff, ein evangelischer Bruder, selb dritter zu Bärischen (Bairischen) Grätz in der Steiermark (vmb des g. w.) gefangen vnd mit dem schwert gericht worden. Zu diser Zeit sein auch 4 schwestern (daselbst) vmb der göttlichen warhait willen ertrenckht worden. Da haben sie alle 7 die himlische (göttliche) warhait (mit irem bluet versiglet vnd) ritterlich bezeugt. *A.—L. ≥ M. P. Q. R.*

Von disem Daniel seindt auch noch Schrifften [2] in der gemain, vom Tauff vnd andern Punkten, auch 4 christliche lieder, die er gemacht hat. *M. P. Q. R.*

---

[1] Cod. *I.* schliesst hier mit den Worten: σολὶ ὅτο γλορια. 1591. Scripsit *C. K.* Cod. *O.* bemerkt hier: ‚Also ist die gemain Christj vnter disem Trüebsal erwachsen vnd hat zuegenommen in der erkenntuiss, warhait vnd lieb, auch an der zal. Den Gott fuert die seinigen herzue.‘

[2] Von diesen Schriften ermittelte ich blos (im Cod. Nr. 190 zu Pressburg): ‚sein Bekenntniss des glaubens, das er anstatt sein vnd seiner mitgefangenen Brüeder dem Rathe zu Gratz überantwortet hat, a. 1534, Artikl benannt‘ — ‚darvmb wir, — vnser Eegemal, Kinder, Gileter, Hauss vnd Hoff verlassen, vnd von euch als vbelthäter eingesetzt, nun lange zeit im gefenckhnuss gesteckt vnd gemartert sein.‘ — Kropf verwirft hier die Wasser- und Kindertaufe. Vom heiligen Abendmal sagt er: ‚Wir glauben dass Christus leibhaftig aufgestanden vnd aufgefaren zu den himeln, da er sitzt noch; wir glauben auch, das er noch täglich vnd immer dar, bey allen denen sey, die in lieben vnd fürchten, aber nit laiblich, sunder geistlich. — Die da essen vom brot des herrn vnd trinken von dem kelch, vnd verkundigen des Herren todt mit demüetiger Danksagung vnd glauben, etc., die essen vnd trinken geistlich im glauben vom Fleisch und bluet Christj.‘ — In der Wassertaufe sieht er nur ein Zeichen des Bundes, welchen Gott durch Christum mit den Menschen geschlossen hat. Dass die ‚Säligkeit‘ darin liege, glaube er nicht; ‚diese steet: im Glauben in den, so Gott gesendet. Darin habe aber der Antichrist des Herrn wort mit gifft vermischt‘. — Welche von den vielen namenlosen geistlichen Liedern, die ich aufgefunden, Ihm ihre Entstehung verdanken, konnte ich nicht ermitteln.

c) Anno 1534 ist auch der Brueder Bastl Glasser,[1] mit ein volkh auss dem Oberlandt, zu Hohenwart[2] in Österreich gefangen, darnach geen Eggenburg gefiert worden. Da hat man inen durch die Backhen brennt vnd sie geen lassen.

Es lag auch in der Stadt Egenburg ein Brueder gefangen, Peter Veit mit Namen, dem haben sie baide schenkhl in ein stockh so hart geklemmt, daz sie im gefault, also, daz die Maiss seine Zehen von Füessen Ime vor seinen augen hinweckh getragen haben. Nachdem sie in gantz verderbt, haben sie in auss der gefenkhnuss gelassen. Da ist er zur gemain komen, welche auch dazuemal (1535) in grosser trüebsal war, von häussern vertrieben, vnd lagen also auff weitem veldt. Da seindt im baide schenkhl abgeschnitten worden. Ist hernach bei der gemain im Herrn entschlaffen. *M. P. Q. R.*

d) Anno 1534 zu Pfingsten ist zu Egenpurg in Österreich gefangen gelegen der Hanss Peck von Gredins, wollte mit mehreren Andern zur gemain gen Auspitz ziehen, seindt aber in Hohenwart angehalten vnd nach Egenpurg ins gefänknus gebracht worden. Nachdem sie lange Zeit daselbst gefangen gelegen, hat man sy alle ausgelassen vnd durch die Pack geprennt. Der Hanss ist darnach zu der Gemain in Auspitz komen. Cod. *XIX.*

II. Erste grosse vervolgung im Märherlandt.

1535.

Anno 1535 ist ein grosse vervolgung im Märherlandt über die fromen vnd recht Christglaubigen angangen, (daz sie zu Schäckwitz, auf des Herrn von Mährischen-Kromau grundt, da sie wonung vnd herbrig bauten, vnd etliche wenige wochen da

---

[1] Ueber diese Blutzeugen des Täuferthums siehe anno 1537 ein Mehreres.

[2] Hohenwart, ein Pfarrdorf in Niederösterreich, zwischen Krems und Meissau, an der Linie gelegen, welche die Wiedertäufer des Oberlandes (Tirol etc.), wenn sie nach Mähren zogen, von Stein aus, wo sie die Donauschiffe zu verlassen pflegten, einzuhalten gewohnt waren. Hier sassen anno 1534 mehrere Täufer gefangen. An diese ist Jakob Huter's Schreiben gen Hohenwart vom Jahre 1534 gerichtet, und nicht an die Täufer von ‚Hohenwart in Baiern', wie Winter in seiner Geschichte der bairischen Wiedertäufer dafür hält

gewont, *M. P. Q. R.*) mit gewalt auss iren häussern vnd wonungen sein vertriben worden. Da sein sie auf der Haidt vnter heiterem freien Himmel gelegen,[1] (mit Kranken, Schwachen vnd kleinen Kindern).

In demselben haben inen die märherischen Herrn auch, aus bewelh des Künigs Ferdinandj,[2] mit ernst geboten, auss dem landt zu ziehen, in welches Gebot sy, on den gehaiss vnd bevelh Gottes, nit haben künen oder wöllen willigen. Daraus dann der Jakob Hueter verursacht ist worden für sich vnd anstatt aller Brüeder (dem Hauptman in Märhern *A. B. D. G. J. L.*) seinen vnd der gantzen gemain Sinn mit ernst, doch vnderthäniger, demüetiger weiss zu schreiben. Wie dann dasselbig auch geschehen ist,[3] so hat doch der Trüebsal die frommen hart gedrängt, vnd die obrigkait hat dem Br. Jakob ernstlich nachgestellt, vnd sich offt hören lassen, wenn sie nur den Jakob Hueter heten, als wolten sie sagen, es wurdt darnach Alles in das alte stillschweigen kumen. *A.—L.*

Daraus sein die Brueder vnd die gantze gemain vervrsacht worden, den Br. Jakob, (weil er, vmb grosser gefärlichkeit willen, in Märhern der gemain öffentlich nimmer dienen kundt, *M. P. Q. R.*), in die graffschafft Tyrol ziehen zu lassen,[a] (dem Herrn seine Heiligen zu samlen vnd daselbs ein Zeit

---

[a] zu schicken *B.*

[1] Die längste Zeit bei dem schon damals öden Dorfe ,Starnitz unter dem Lassling' bei Tracht, nächst der Taya, auf Liechtenstein'schem Gebiete. *(M. P. Q. R.)*

[2] ,Bewelh Ferdinandj': Solcher Befehle und Postulate ergingen an die mährischen Stände mehrere; die letzten auf dem Landtage, der anno 1535 am ersten Fastensonntage in Znaim zusammentrat. Es wurde hier endlich beschlossen, den Willen und Befehl ,seiner königlichen Gnaden' zu erfüllen (,vůle a rozkáz gᵏᵒ král. milosti, aby vyplnien byl'. Landtags-Památk. Buch).

[3] Das Schreiben Huter's an den Landeshauptmann Johann Kuna von Kunstadt, Herrn auf Lukow, bringen mehrere Handschriften der Täufer, wie Nr. 215, 219 Pos. und VIII. *g. 39.* Pestin. Einen Abdruck, allein sehr uncorrect, mit Glossen des Herausgebers versehen, enthält: Christ. Erhardt's Gründliche Historia der Münster. Wiedertäufer. 1589. p. 20. — Ohne Glossen bringen ihn: Ottii: Annales. Basil. 1672. p. 75; Meshovii: Historiae Anabapt. L. VII. Colou. 1617 (latein.); — mit den Erhardt'schen Glossen: Dr. Fischer's: 54 Ursachen etc. Ingolstadt 1607. — Den besten Abdruck bringt noch Ott.

lang des Herren werkh zu treiben, zu dem er ymmer einen rechten eyffer vnd muet het. *M. P. Q. R.*)

Da hat er dem Hans Amon oder Tuechmaher die gemain gottes bevolhen* zu versorgen, vnd ist in Friden hingezogen, (mit vil wainen vnd grossem hertzenlaidt, das die gemain vmb in hat, der gnadt Gottes bevolhen, also würdlich, mit ernstlichem Gebet der Heiligen abgefertigt. *P. Q. R.*) Da hat er auch dem Herrn vnd der gemain Gottes vnd dem Wort Gottes gedient, vnd vile, die Gott angehört haben, mit dem wort Gottes bezeugt. *b A.* — *L.*

Nachdem sie sich (aber) on vrsach nicht leichtlich von einander wolten schaiden, zogen sie von ainem ort (in Märhern) in das andere, wuessten nit, wo hinauss! Als man in aber alle profiant, auch das wasser verbot, musst es doch zuletst sein, vnd wurden je 8 oder 10 personen zusammen geordnet vnd ainem yeden Brueder, sambt seinem verordneten vertrauten heifflein ernstlich bewolhen, das sich ains vmb das ander solt annemen, so vil es gnadt von Gott hat, kains vom andern die Handt abziehn, im zu helffen, auch kains on Rat aus dem landt in die Ferne ziehen.

Also wardt dise austailung gantz erbärmblich. Zogen also mit vil nassen augen vnd trähnen von einander, vnwissend, wo in Gott ein ort zu wonen wird vergunen oder anzaigen. In dem ist das volkh also vnder vil trüebsal fast ein Jar elendiglich im Landt herumgezogen, vnd weil in Märhern nit vil bleibens, ort oder platz war zu hoffen, liess sich ein Tail in Österreich, gen Steinabrun. [1] *M. P. R. Q.*

In der Zeit, da sie auf der Haidt lagen, hat man zum andern mahl geschickt ein ernstlichen bevelh vnd den Jakob Hueter, Diener vnd Vorstcher, suechen lassen, in ins gefenkhnuss zu nemen. Als sie in aber im läger auff der Haidt, auch

---

* mit dem wort gottes zu regieren vnd *P. Q. R.* — b vnd zum glauben gebracht. *F.*

[1] Steinabrunn, Pfarrdorf und ehemalige Herrschaft, mit der Veste Fünfkirchen in Niederösterreich, nächst der mährischen Grenze, unweit von Nikolsburg gelegen und durch die 1539 erfolgte Aufhebung des dortigen Täufer-Conventes, aus dem achtzig Personen auf die Galeeren geschickt wurden, bei den Wiedertäufern in traurigem Andenken. Anno 1539 gehörte Steinabrunn den Freiherren von Fünfkirchen, 1637 kauft es der Cardinal von Dietrichstein.

zu Schäckowitz im Hauss nit fanden, namen sie den Wilhelm
Griessbacher [1] von Kitzbühl, ein Diener der zeitlichen notturfft

[1] Die Handschriften *A.* — *L.* haben blos: ‚Anno 1535 ist der Brueder Wilhelm Griessbacher, ein Diener in der (zeitlichen *L.*) notturfft, vmb der
göttl. warhait willen (gefenkhlich *D. L.*) geen Brünn (in Märhern *D. L.*)
gefüret vnd vberantwortet worden, daselbs ist er zum Tod vervrtailt vnd
gericht worden, (da) hat er die (heilige) warhait (Gottes) ritterlich mit
seinem leben (*D. L.:* bluet, *F.:* todt) bezeugt, wie man das aus seiner
Epistel (gar wol) erkennen mag.‘
[Diese Epistel findet sich im Cod. Nr. 190, fol. 675 des Pressb.
H. Domcapitels, ‚Geschrieben zu Brün, In der gefenkhnus vnd gesenndt
— den hertzlieben mitgliedern In dem Leib Jesu Christj, durch den Hans
Donner von Wels. 1535.‘ — Darin meldet er, wie er ‚täglich auff den
Herrn warte, das er in well erledigen vnd zu der ewigen Rue nemen,
denn (er) stee dem Herrn bis in den Todt, fromm vnd treu‘. — Dabei
ermahnt er sie: ‚unbrünstige Liebe vnter ainander zu haben, ainander zu
erbauen, vnd sich die schwachen im Glauben befohlen sein zu lassen,
auch all zeit zu beten vnd zu wacheu‘ Zum Schlusse die Bitte: Je-
manden zu ihm zu schicken und für den ‚Layen‘, (welcher abfiel), zu beten,
‚daz ihm Gott die Augen seines Hertzens aufthuen vnd ihn wider zu
Gnaden aufnemen wolle‘. — Dieser ‚Lay‘ ist jener Wiedertäufer, den in
Folge seines Widerrufes König Ferdinand mit Befehl vom 18. August
1535 gegen Erlag einer Bürgschaft von 100 Schock und Angelobung,
Brünn nicht zu verlassen und sich auf Verlangen bei Gericht stets ein-
zufinden, auf freien Fuss setzen liess. Weniger gut erging es den übrigen
Mitgefangenen Griessbacher's in Brünn. Denn König Ferdinand, von den
Ergebnissen der Untersuchung nicht befriedigt, (welche in Folge seines
Befehles vom 14. Juni 1535 die Gerichte nur über nachstehende Fragestücke führten: a) ‚warum sie die verfürerische leere an sich genommen,
da sie doch sehen, daz sie nindert gelitten werde;‘ b) ob sie auch Ein-
vernehmungen mit anderen Secten haben, und ob sie, wenn auf sie gegriffen würde, bei ihnen Hilfe und Beistand suchen würden; c) warum
sie von der Obrigkeit gar nichts halten und wider dieselbe predigen,
während sie doch unter sich selbst Obrigkeiten halten und haben wollen;
d) warum sie den König in der Antwort (Hueters) an den Landeshauptmann so böslich antasten, ihn einen Tyrannen, Mörder und Blutvergiesser
nennen etc.) — erklärte der Untersuchungs-Commission mit Rescript vom
9. Juli 1535 geradezu, dass sie sich den Wiedertäufern gegenüber schlecht
genug gehalten, und verlangte, ‚daz die Gefangenen auch noch über andere Articl, so diesen Handlungen anhängig sind, mit Strenge (der Folter)
befragt vnd dabei ausgeholt werden sollen, ob sie zum Widerrufe geneigt
wären? Bleiben sie verstockt vnd hartnäckig, so soll man mit den
Rechten wider sie nach den Mandaten verfahren. (Ms.) Vgl. Buchholz,
IV. 478.]
Cod. *N.* nennt ihn: Wilhelm von Kützbüchl, Cod. *Q.* (irrig): Michael
Griessbacher.

an sein Statt (gefangen *P. Q.*) vnd füerten in geen Brün, befragten in mit reckhen vnd brennen vmb der ellenden (bekummerten *P.*) vnd verjagten Armuet oder gelt willen, denen er aber frei bekennt, daz sie vmb des glaubens willen von iren Vaterlandt vnd erblichen Guet weren verjagt, wie auch noch yezundt im Landt hie von dem iren vertrieben werden. (Sie) weren nit vmb des zeitlichen guetts vnd gelts, sondern vmb des glaubens vnd der göttlichen warhait willen in diss landt kommen! — Demnach wardt er also on alle schuldt vervrtailt zum todt, Lebendig dem Feuer *v*berantwortet vnd zu Brün verbrennt, wie demnach ein schreiben so er aus seinem gefenknus geschickht noch vorhanden. *M. P. Q. R.*

(III.) Vervolgung in Tirol. Jacob Hueter gefangen vnd verprennt. 1535—1536 24./2.

1535.

a) Als der Jacob Hueter nun in der graffschafft Tirol in vil grosser not vnd bekummernus seiner seel umbherzoch, irer vil ain vrsach der sälligkait zu sein, nach seinem Fleiss, vnd die Eiffrigen, nach Gott fragenden, mit dem wort Gottes besuecht vnd samlet vnd das vnder grosser Truebsal, — liess man oben, hin vnd wider, Ernstliche Mandat ausgeen (vnd verlesen *M. R.*), also, daz auch der Richter von Brixen hineingeritten ist in Lisen [1] (*R. Q.* Lüssen), vnd zusammen gefodert weib vnd man vnd kinder, was nur geen hat mögen, vnd inen ein grausamb mandat verlessen vnd darneben verboten, wie man sie nit behaussen vnd beherbrigen solt, wer es aber thuet, den welle man graussamer straffen, (denn vor ye. *P. O.*), derselben heusser aus dem grundt verbrennen, denn sein Herr von Brixen welt solches nit luiden, sondern kurzumb ausraiten! Nach welchem er auch baldt etlich Brüeder vnd Schwestern gefangen vnd geen Brüxen gefürt hat. [2] *M. P. Q. R.*

---

[1] Lisen = Lüsen, Pfarrgemeinde mit 1900 Seelen im Lüsnerthale, Balthasar Dossen's Geburtsort und 1525 Karlstadt's Aufenthalt, 1536 aber ein Hauptherd der Tiroler Wiedertäufer, unter denen Hans Grünfelder († 1537 zu Imbst), Diener und Säckelmeister, grossen Anhang hatte. (Font, rer. Austr. I. 49.)

[2] Jakob Huter selbst berichtet darüber in seiner Epistel, die er 1535 aus Tirol durch Br. Jeronimus nach Mähren sandte und deren Inhalt grössten-

b) Anno 1535 hat auch der gottlos richter, der Peter Mair zu Findlen (Vintl) gefangen seine eigene leibliche Tochter vnd sein aiden vnd ir dirn, drej liebe geschwistriget! Der grausame walfisch vnd meertrach hat den Rachen weit aufgethan. Die dirn aber, die lieb schwoster, ist ausskommen von Scheneck aus dem gschloss, aber mit vnbeflockter seelen; dan sie hat den Herrn Treulich bekannt vnd mit einem wort nit

---

theils in unsere Chronik überging, über das obige Ereignis Nachstehendes:

,Wir haben auch sonst grosse schwäre verfolchung einserlich (hie zu landt). Der grausam wiletend Trackh hat sein schlund vnd rachen weit auffgethan, will das weib, das mit der sonnen angethan ist, verschluckhen, welche ist die gemain vnd die braut vnsers Herrn Jesu Christi. Balt nach der Gemain, den ersten Tag, hat man vns einen lieben Brueder in Tauffers gefangen, wie er von der gemain heimkummen ist. Balt hernach ist der Richter von Brixen hineingeritten in Lisen, vnd hat zusammengefodert weib, man vnd kinder, was nur hat geen megen (folgt die obige Schilderung von Wort zu Wort bis ,ausraiten'). Der war uemlich heimkommen (F. Bischof Georg) vnd trutzt nun das volkh mit vil worten, vnd verbeut inen das guet vnd das recht, vnd gebeut inen das bös vnd das vnrecht. Die fromen aber waren wol getrost, kerten sich nit an iren trotz, sondern dienten Gott. Der Richter aber wolt noch ein weil harren, vnd wolt sehen, ob sie sich wolten lassen schrecken vnd in iren götzentempel wolten geen, vnd het in seinem sin gern durch die Finger geschn. Aber die verräter liessen im kein rue oder stifft; dann die lieben geschwistriget waren allen menschen schon offenbar, die im Tal waren, vnd vil Andere vmb vnd vmb. Da der Richter sach, das sein Gebot nit galt vor den frumen, machet er sich balt darnach auf vnd fing vns 5 oder 6 geschwistriget vnd fuert sie geen Prixen. Die andern hat der Herr dissmal erhalten vnd verhüetet. Aber yetzundt, gleich zu disser stundt, ist vns bottschafft kommen von einem gottlossen Man, man habe abermals 5 herauff gefuert aus Lisen geen Prixen! Ich habe eilends Brueder hingeschickht in Lisen, vmb allenthalben die lieben geschwistriget zu besuechen vnd zu sehen, wie es stect. Sie sind noch nit widerkommen. Das ist aber genuegsam zu bedenken vnd zu wissen, daz sie alle verjagt vnd vertriben seindt vnd allenthalben steen in grosser gfärlichkait. Wir haben aber von den gefaugenen vnd den andern allenthalben nichts anders gehört, denn als Redlichkeit vnd Frömbigkeit. Gott tröst vnd stärk sie. Was aber mer zu sagen, vnd wie es hie stect, wirdt euch der lieb Brueder Jeronime mündtlich anzaigen, der wirt vnser lebendige Brieff sein. Wir aber warten des Herren in geduld' (Cod. 190 und 219 Pos.). Von den zu Lüsen aufgehobenen Wiedertäufern wurden 7 freigelassen, als sie widerriefen, benützten jedoch ihre Freilassung nur zur Flucht nach Mähren. (Schreiben an Bischof Georg ddo. 28. April 1536 in der stift Regist.)

verwilligt, wiewol sie alle vast Jung vnd noch vnerbaut sein.
Es hat auch des Peter Mairs tochter gesagt: Ee sie von der
warhait wollt absteen, Ee wolt sie neun Todt leiden! — Wer
biss ans Endt verharret, der wird seelig. — Es ist auch vast
die versuchung des Teufels vast gross Vber sie. Er liegt noch
auf Schöneck, sj aber hat der Paul, der selbs schalk, ir Fleisch-
brueder, hinab gefuert, in Kärnten, geen Greiffenwerkh, daselbs hat in der Teuffel zu einem Pfleger gemacht. — Weiter
thue ich euch zu wissen, dass Gott der lieben Ändl ausgeholffen, vnd sie durch den Br. Walser zu vns gefuert hat, die
ein zeitlang vmb des Herrn willen gefangen ist gewesen. (Huters
Epist. in Cod. 190 vnd 219.)

c) Nicht lange darnach begab es sich in gemelten 35. Jar,
das — der lieb Bruecder Jacob Hueter zu Claussen am Eisack
in Etschland, (in ains alten Mans Hauss), durch Betrug vnd
Verräterei, aus verhänkhnus Gottes gefangen wardt, am Sand
Andreasabent in der nacht, (demnach auff Brandzoll in das
gschloss gefuert.) M. P. Q. R. (N.)

Balt darnach bunden sie im ein knebel in's maul, auf
daz er nit reden solt künen vnd fuerten in (auf einem Ross)
geen Insprukh zu des Königs Ferdinandts Regierung. Da
haben sie im grosse marter vnd pein angelegt vnd allerley mit
im angefangen. Als sie im aber nit mochten sein gemuet ver-
ruckhen oder in vom glauben vnd der warhait Gottes kundten
abfällig machen, auch, da sie sich in der schrifft mit im versuechten, geen in gar nit besteen kundten, (sonder zu Schanden
worden P. Q.), da vermainten sie, (sie solten) den Teuffel aus
im bannen; liessen in in Eiskaltes wasser setzen vnd nachdem
in ein heisse stuben fueren, vnd mit ruetten schlagen. — Auch
habens im sein leib verwundt, branntwein in die wundten
gossen vnd an im angezündt vnd brennen lassen, sie bunden
im Hendt vnd Fuess, auch (habens im) abermal ein knebel ins
Maul (gethan), damit er sich nit verantworten kundt vor dem
volckh, vnd ire schälkhaiten nit anzaigen* sollt. Sie setzten im
ainen huet mit einem Federbusch auff sein haupt, fuerten in in
ir götzenhauss, weil sie wussten, daz im solches ein greyel[b]
war, vnd heten auff allerlei (weiss) ir narren vnd affenspill mit
im. Da er aber bestendig vnd redlich, als ein Christlicher heldt,

---

* P.: noch offenbaren. — [b] vnd stracks zuwider P.

in sein glauben beharrt,ᵃ wardt er nach vill erduldeter Tyranney, von den Pilatuskindern zum Todt vervrtailt. Wie man in
zum Feuer füert, sprach Er: ‚Nun kombt her ir widersprecher!
lasset vns den glauben im Feuer probiren. Disses Feuer schadt
meiner Seel so wenig, als der brünedt offen dem Sadrah,
Messach vnd Abednego!' — Also ist er lebendig in den
schaidterhauffen gesetzt vnd verbrennt worden. Darbey trefflich
vil volkhs gewesen, vnd sein redlichkait, geduld vnd beständigkeit gesehen hat. Daz geschah vmb lichtmess am Freytag
vor der (Ersten) vastwochen des Sechs vnd dreissigsten Jars.[1]
M. P. Q. R.

Disser Jacob Hueter, ein Man eines herrlichen gemüets
gegen Gott, Ein im Feuer wol bewärter man,ᵇ ein trewer
Diener Jesu Christj, hat die gemain Gottes bis in daz 3ᵗᵉ Jar
geregiret vnd mit dem wort Gottes versehen in dissem landt
Märhern, vnd dem Herrn sein volckh gesamlet vnd erbaut vnd
hinder im gelassen, von welchem die gemain den namen ererbt
hat, daz man vns die **hueterischen Brueder** genennt hat,
dessen sich die gemainᶜ auff den heutigen Tag nit schämbt,
denn er hat, wie seine hinterlassenen schrifften vnd Episteln
auffweisen, als ein in Gott gar eiffriger, ernsthafter vnd be-
herzter Man, Ja ein warer liebhaber Gottes, der warhait mit
aller Fraidigkait bis in den Tod beigestanden, — vnd hat
seinen glauben vnd leer mit seinem Bluet bezeugt, wie's den
gemeiniglich allen knechten Gottes gegangen ist bei der welt,
vnd den Aposteln Jesu Christj.ᵈ *M. P. Q. R.*[2]

ᵃ vnd weil sie noch so vil gefangen hatten *P.* — ᵇ *P.:* ein eyfferer vnd
wol bewärter man. — ᶜ vmb seiner treuen manndligkait vnd staiffhait
seines glaubens, den er in aller marter vnd pein bekennt, Cod. *I.* —
ᵈ hat vns im nachzuvolgen ein guet exempel hinder sich gelassen. *I.*

[1] Die erste Fastwoche (Invocavit) fiel 1536 auf den 5. März, der Freitag
vor derselben auf den 3. März und nicht den 18. Februar (1536), der
mitunter (z. B. bei Kripp) als Huter's Todestag angegeben wird, und
selbst dann unrichtig wäre, wenn man statt ‚Fastwoche' ‚Fastnachtwoche'
(‚Esto mihi') setzen wollte, weil dann der 25. Februar der Todestag wäre.

[2] Die Handschriften *A.—L.* schildern den ‚Abscheid' Huter's mit nachstehenden Worten: ‚Weiter hat es sich im selben Jar (1535) durch ver-
henckhnus Gottes zuegetragen, daz der Br. Jakob bei dem alten Messner
zu Klausen im Etschlandt ist gefenkhlich angenommen worden, und demnach, auff ein Ross geen Inspruck, gefuert, (mit grossem gespött seiner
feindt,) im ein Federbuschen auf den Huet gesteckt, vnd ein knebel ins

Darnach ist dem Hans Amon oder Tuechmacher die gemain bevolhen worden. *O.*

---

maul gebunden, vnd in also zum spott durch stett (*D.*: Dörffer) vnd
Gericht bis geen Inspruck gefuert, In auch in ein kaltes gefrorenes
wasser gesetzt vnd aus demselben in ein wärme (*D.*: warme stuben)
gethan, auch seinen leib verwundt, branntwein in die wunden gossen, an
im angezündt vnd brennen lassen. Darnach hat man in, nach viler
Tyrannej, vnd grosser pein vnd (schrecklicher) Marter, im 1536 Jar am
Freytag v o r der ersten Fastwoche, vmb der Zeugnus des Herrn Jesu
Christj willen, mit dem Feuer gericht vnd verbrennt, da hat er Gott vnd
seine heil'ge warhait in aller pein vnd marter bis in den Todt bekennt,
vnd (gantz ritterlich, one wanken *F.*) bezeugt, wie dan dazselbig nach
laut seiner leer (vnd schrifften) mäniglichen wissent ist. Er hat die gemain Gottes in das 3te Jar (*Q.*: 3 Jar) geregirt.' *A.— L.*

Ueber H u t e r und die A n f ä n g e des A n a b a p t i s m u s in
T i r o l etc. ausführlicher zu sprechen, muss einem anderen Orte vorbehalten bleiben.

Fünftes Buch.

1536—1547.

[Wachsthum und Ausbreitung der Gemain trotz
schwerer Haimbsuchung.]

Wer mir dienen will, der volge mir nach.
Joan. 12. c.

1. Abschnitt.

1. Was für Brueder vnd schwestern iren glauben mit irem bluet bezeugt, a. 1536—1539. Zuwcchs der gemain. Neue Haushaben in Mährern.

1536.

a) Anno 1536, gleich balt im Anfang des Jars, war der Br. Jeronimus Käls von Kopfstain, der Gemain Gottes schuelmaister (in Mähren), vnd mit im Michl Säfensioder,* von Waller aus Behem, vnd Hans Oberrecker von Affers aussn Etschlandt, von der gemain abgefertigt in die graffschafft Tyrol zu ziehn. Als sie aber geen Wien in Österreich kamen, wurden sie am 8. Tag Januarj gemeldten Jars gefangen. Als sie bej einem wirt, da die Neustädter wagen zuekeren, angeherbrigt vnd zue nacht assen, wolten die leut mit iren zuetrinken an inen handtiren, wie dan ir teufflische gottlose gewonheit ist. Da zeigten die Brueder an, dass sie mit solchen gräuel kein Tail haben wöllen. Als sie das vermerkhen, vnd dabei sie erkenneten, hueben sie an zu lästern über die gemain, als sies aber widersprachen, sagte einer am tisch, als sie geessen hatten: Man sollt im dinten vnd Papyr herlangen vnd schrieb ein lateinischen brieff, der lautet teutsch: Hie seindt 3 Personen, welche mich dünkhen, Widertäuffer zu sein. Er wusst aber nit, das der Br. Jeronimus lateinisch kundt. Der redt mit den Bruedern, vnd sie wurden Ains: sie wolten warten, vnd gee es, wie Gott wöll. — Nach zwey stunden kamen des Richters knecht, vnd fuerten sy gebunden für in, vnd als er erkundiget, das sie aus des Hueters gemain weren, sagt er, sie

---

* Hauss Böham *N.*, *A.* — *L.:* Michl Böhem (Beham).

wären wol die Rechten vnd liss sie in ein gemaine gefenkhnus legen. Nach 8 Tagen fordert sie der Richter für sich vnd seine Beisitzer, vermant einen jeden insonderheit abzusteen, aber sie sagten durch Gottes gnad bei der Warhait wolten sie bleiben bis an das Endt. Also wurden sie wider in die gefenkhnus gelegt. Abermals nach 8 Tagen fordert sie der Richter alle 3, vnd hat zu im genommen 3 ausserlessene Pfaffen. Als die nun mit inen reden wolten, vnd vnsere Berueffung verachten, vnd vnsseren glauben lestern, vnd fürgaben, sie wären geschickt, sie zu vnderweissen von iren Irrtumb, sagt Jeronimus freudig:

,Wir sein auff dem rechten Weeg vnd vnsser Sendung ist von Gott! So hat vns Christus geleernt: Wir sollen kein frembte stimm hören.'

Darnach hat er inen der erbsündt halber, der Kindertauff halber, der sendung vnd des abgöttischen Sakraments halber Antwort geben, genötiget $2\frac{1}{4}$ stundt. — Nach vil Bittens, er soll doch bedenken, sein Leib, Leben, Weib, kindt vnd dazue ir treue ansuechung behertzigen, vnd solt zu Gott biten, sie wolten auch biten, — sagt er inen die warhait vnd dabei wöllen sie bleiben. Vnd nachdem sie die andern Brueder auch nit kundten Vberwinden, liess sie der Richter wieder ins gefenkhnus legen, darin sie dan tröstliche lieder [1] gedichtet, so noch vorhanden, auch etliche liebreiche treffentliche Epistlen vnd brieff einander zuegeschrieben, die noch in der gemain sindt. Sy haben auch ires Glaubens Bekanntnus vnd Verantwortung, die noch vorhanden, schrifflich den Herrn zu Wien vnd dem Richter Vberantwort mit genuegsamer ausführung der heiligen schrifft. Dem gemeldten Br. Hans Oberecker ist des Herrn tag dreimal erschienen, wie er auss seiner gefenkhnus herausgeschrieben. — Nach mancherlej Handtirung, so man an disen Brüedern versucht, sie aber, wie gewaltige rittersman

---

[1] Von diesen Schriften a) drei Lieder (in meiner Sammlung): Ich ren vnd klag, den gantzen Tag — Ich will dich Herr vnd mein Gott loben — Ich fren mich dein, o vater mein (auch im Cod. 203 nnd 236 Pos. zu finden); b) die Rechenschaft vnd bekauntnuss im Cod. 190 Pos. etc.; c) mehrere Epistel: Jeronimi Käls nnd seiner Mitgefangenen an die gemain in Märhern, an Hanns Amon, ire Eeegemal etc. im Cod. 190 nnd VIII. g. 27 und 39; d) ein Kindergebet in der Olmütz, Unv. Bibel. und in G. J. X. 10 zu Gran.

vnd liebhaber Gottes bstanden, sindt sie von den Pilatuskindern zum todt verurtelt vnd am Freytag vor Judica in der
Fastwochen gemeldten Jars zu Wien zu Pulver verbrennt
worden. *M. P. Q. R.* [1]

b) Im 1536 Jar wurden auch andere völker oder ver-
samlungen, die sich (auch) Brueder nennen, als sonderlich
Schweitzer-(Brueder), Austerlitzer vnd Gabrieler (durch der
obrigkeit gewalt, vnd Tyrannei) vervolgt. Da ist der Vlrich
Stadler vnd Leonhart Lochmayer (sambt andern) in Schlowäcken
(*G. L:* Slowacken) komen, da sein etliche durch ir Predigen
bezeugt, vnd in Gott glaubig wordon, als sonderlich: Jäno
(Jan) vnd Peter Holba, welcher darnach sammt andern mer,
mäner vnd weiber, mit iren kindern, bei 60 Personen zue der
Gemain des herrn kumen sein. *A. — L.*

c) In disem 36 Jar hat man zu Pudespitz[2] ein Hauss
haben angefangen. *C.*

d) Im 1536 Jar ward Geörg Fasser, ein Diener des
Herren, vnd seiner gemain sambt dem Brueder Leonhart
Sailer,[3] seinem gefärten in Österreich, zu Newdorff, da sie
durchzogen, gefangen vnd allda zu Newdorff in stockh gelegt.
Den andern Tag kam der Richter von Mödling, vnd der gantze

---

[1] Die Handschriften *A. — L.* fassen sich darüber kürzer: ‚Anno 1536 ist
der Brueder Jeronimo Käls von Koppstain am Inn, ein fürnemer geleerter
Schulmaister der gemain In Märhern, der dann den kindern vil guete
Leer vnd das kindergebet fürgeschrieben, vmb der göttlichen warhait
willen, mit dem Brueder Michl Böhem vnd Hans Oberräcker zu Wien in
Oesterreich gefangen, vnd (am Freitag vor Iudica in der vasten) zum
Todt verurtailt vnd verbrennt worden. Da haben sie auch die göttliche
warhait ritterlich mit irem bluet bezeugt, wie dan das selbig ire Episteln
vnd geschrifften anzaigen.‘ Mit *A. —. L* = lautet Cod. 190 Pos.

[2] Pudespitz (Budespitz, Podespitz, Potschovitz) Bučovic, ein Marktort
dieses Namens, eine Meile östlich von Austerlitz, mit 2700 Einwohnern
slavischer Zunge und 600 Juden. Im Jahre 1536 gehörte Ort und Herrschaft Bučovic der Frau Anna von Ojnic, die ihrem Gatten Wenzel von
Boskovic-Černahora darauf das Miteigenthum einräumte, welches nach
seinem Tode an seine Söhne Albrecht und Šembera überging. Von hier
aus fanden in den nächsten Decennien die Wiedertäufer auch in Bohuslavic, Urschitz, Milonic etc. Eingang. Etwas später wurde Bučovic
auch der Sitz einer Picardengemeinde. Ulrich Stadler war anfangs der
Vorstand und Diener des Worts bei den Bučovicer Täufern († 1540).

[3] Leonhart Sailer, oder richtiger Leonhart Lanzenstil, und nur nach
seinem Gewerbe Sailer genannt, war aus Baiern gebürtig. Ueber ihn ein
Mehreres bei 1565.

Rath vnd auch ander volckh mit inen, vnd haben sie gefragt, von wesswegen sie gefangen ligen. Sie haben im geantwort: des glaubens Christj vnd der göttlichen warhait willen! — Da haben Sie's genomen vnd eine halbe veltwegs von Newdorff, in den Markt Mödling, zwo Meilen von Wien gelegen, gefiert auf welchen gantzen weg, bis in die gefenkhnus, haben sie von der warhait Zeugnuss geben vnd inen anzaigt, das gericht vnd vrtl Gottes mit vil worten. Darnach haben sie's alda in ein gemain gefenknuss gelegt, da man allerlej gottlosse schändliche Leut' zu inen vnd neben sie gelegt, durch welche sie täglich mit grossen Laidt bekomert worden, vnd lieber in einem stinketen Loch gelegen sein, das sie nur ir gottloss wesen nit dörften hören. In welcher Zeit irer Gefenknus vil vnd grosse ansuechung an Sie geschehen ist, des Kindtstauffs vnd des Sakraments halben, vnd das wir sie alle gottloss (vnd vngläubig *P. R.*) haissen. Aber sie zaigten inen an, das sie es ganz wol verstuendten, vnd sagten inen, wie sie sich Christen neneton, den Namen Christj aber fälschlich fuerten, darvmb sollen sie wissen, das sie des Teuffels sein vnd so sie nit buess thuen, so wirt gott iren falschen ruem austilgen.

Nachdem sie nun vast ein gantzes Jar im gefenknus behalten worden, vnd sich gantz dahin gericht hetten zum todt, (wie dan ire epistelu, [1] so sie geschriben, ausweissen, darin sie melden, wie frölich vnd guets muets vnd getrost sie seien, wie die jungen Lewen, vnd wellen durch die hilff Gottes mänlich vnd dapffer sterben), sindt sie demnach auss sonderlicher anschickung Gottes wunderbarlich, vnverletzt ires gewissens, erledigt worden vnd kamen mit frieden zu der gemain geen Trässenhofen, [2] wurden auch als gar (wirdige) liebe gest empfangen, vnd mit grossem frolocken aufgenommen. *M. P. Q. R.*

e) (Anno 1536) guete botschafft aus dem Etschlandt. — Dan der **Offrus** [3] ist hinauff komen, vnd es werden wol

[1] ‚Jörg Fasser's vnd Lanzenstil's Episteln, ddo. Mödling aus dem Gefenknus anno 1536, zwischen Philippi vnd Jacobi, — vnd dem Auffarts Tage entstanden, 5 an der Zal, an die Gemainde in Mähren vnd Österreich gerichtet', am vollständigsten im Cod. VII. *g.* 27 zu Pest.

[2] Trässenhofen, das jetzige, zur ehemaligen Herrschaft Stainabrunn gehörige Dorf Trasenhofen, am Trasenbach nächst der mährischen Grentze in Niederösterreich gelegen.

[3] Ueber diesen Wiedertäufer siehe anno 1538.

Christen oben. Den Kränzler hat man gericht vnd die Martanin aus dem Jauffental. Des Jakoben Treundl ist auskomen auff Guffidaun vnd die schwester ab Michelspurck, vnd seindt baide frumb bliben. Des Offrus halben steet es also: Man hat in gefangen ghabt, auch sein Ändl vnd den Hänsel. Man hat sie aber von einander gethan oder gelegt, vnd sie haben ritterlich bekennt; aber sie seindt ausskomen, als wir hoffen ganz redlich. Dem Hänsel vnd der Ändel hat die Köchin aussgeholffen, der Offrus ist auskomen durch ein Loch, das hat vorhin ein Dieb gemacht, vnd wir hoffen, Gott hab es geschickht. Die Tyrannej ist Gross oben, aber vil eiffriges volkh. — Den Stoffel Haller hat man geen Inspruck gefuert. (Hans Amon's Nachrichten an die Gefangenen zu Mödling im Cod. 190 Pos.

f) 1536. Hans Amon an die Gefangenen in Mödling: ,Es grüssen euch die kindlen Gottes aus dem Dorf, da der Oswalt hausshaltet vnd die Martl kocht (Tischlawitz), — aus der Stadt, da die kuchl im Keller ist, vnd Walser hausshaltet (Gostl), — die im Dorf, da der arme wirth ist; aus dem Dorf, wo der Leonhart zulezt haussgehalten hat. (H. Amon's Epist.)

1537.

a) In dem 37 Jar fing man wieder an zu Austerlitz zu haussen; dessgleichen zu Popitz,[1] vnd — zu Steinabrun — in Österreich.

b) In dissem 37 Jar sein 4 Brueder alss: Mathes Legeder, Gutenhenn Hanns, Michl Planer, ein Schuester, vnd Michl Kramer von Günkhofen, zu Stainabrun im Dinste der Notturfft erwält vnd der gemain angezaigt worden. *C.*

c. 1) In disem Jar ist der Br. Bastl Glaser vnd Hans Grünfeld (vnd der alte Osvalt *B.* — *L.*) zu Imbst im Inntal vmb der g. w. w. gefangen vnd zum Todt vervrtailt vnd mit dem schwert gericht vnd darnach verbrennt worden. Sie haben mit grosser Fraidigkeit dem Herrn sein heilig's Wort vnd warhait bekennt. Da man sie hat gericht, seindt vast 1000 Personen dabei gewesen. Der Hanss hat vast laut geschrien vnd

---

[1] Eine Stunde südwestlich von Auspitz, jetzt ein Pfarrdorf mit 1580 Einwohnern deutscher Zunge, im 14. Säculum durch seinen Weinbau rühmlich bekannt, anno 1537 Eigen der Herren von Lomnic, später Zugehör der Herrschaft Nikolsburg.

9*

das volkh zur buess vermant vnd gewarnt vnd der Bastl auch
bis in den Todt, (vnd das volkh hat sich vast ob in entsetzt.
P. Q. R.) Man hat ire gebain nit gar verbrennen können. Man
hat sie darnach in's wasser geworfen. Dess einen hertz ist
nit verbrunnen, on zweifl, zu einer göttlichen Zeugnus. [1]
M. P. Q. R.

2) Anno . . . Wastl Glaser zu Imbst im Oberintal ge-
richt, sambt dem Hänsel Grienfelder, seinem Brueder im
Herrn im Ötztal. — Jakob Zängerle ist auch gericht worden zu
Imbst. *N.*

d. 1) Anno 1537[a] ist der Br. Bernhard Schneider, der
das Lidt[2] O Herr Gott! mein Not thu ich dir klagen gemacht
hat, zu Passaw in der gefenkhnus mit fridlichen Hertzen im
Herrn entschlaffen. Cod. *VIII.* c. 286.

2) Im 1537[a] Jar ist der Br. Hans Petz, ein Euangelischer
leerer vnd Diener, mit etlichen Christglaubigen personen[b] zu
Passaw an der Thonaw, vmb der göttl. warheit willen, (eine
guete Zeit: *M. P. Q. R.*) gefangen gelegen. Da ist er vnd andere, (die iren glauben vnd die warhait bekannt haben,) in
der gefenknus im Herrn entschlaffen (nach grosser Beständigkeit vnd redlichkeit). — Das hat man mit iren liedern[3] (deren
der Hans Petz vil in seinen Banden gedichtet hat. *M. P. Q. R.*)
zu bezeugen. *B. — M. P. Q. R.*

---

[a] Cod. *O* hat hier: 1536. — [b] *M. P. Q. R.*: seinen glaubensgenossen.

[1] Im Cod. *B. — L.* heisst es dagegen: 1. ‚Anno 1537 ist der Br. Bastl Glaser
vnd Hans Grüenfelder vnd der alte Oswalt zu Imbst verprennt worden.
Man hat des einen Herz nit verbrunnen können.‘ 2. ‚Von irer freidigkeit‘
findet man in des Offrus Griesinger's erster Epistel ‚an die gemain in
Märhern Zeugnuss‘. Damit stimmt überein Cod. *A.* Osvalt wird jedoch
in *A.* nicht genannt. Hans Gruenfelder war von Lüsen gebürtig und
Säckelmeister (Diener der Nothdurft), dann des Wortes bei den Taufgesinnten zu Lüsen und in der Umgebung von Michelsburg und Schöneck.
Von Bastl Glaser sind die beiden Lieder (Cod. 236 Pos.): ‚Herr Gott im
höchsten Thron‘ und ‚O Herr, wend' mir mein Schmerzen.‘ — Glaser hiess
sonst: Hubmayer. Dr. Gall versuchte vergebens, die Gefangenen zu bekehren.

[2] Ein Lied von sechzehn Strophen, zu denen ein Fortsetzer noch zwei
machte, im Ton: ‚Geen Tag hört man die Hanen kräen‘ zu singen.
(Cod. 203 und 236 Pos.) Im ‚Aussbundt‘ abgedruckt.

[3] Einige der Petz'schen Lieder, deren ich vierzehn in meiner Sammlung
habe, bringt Cod. *G. J.* VI. 32 Strigou. und Cod. 212 Pos. Einige, mit
H. B. (Hans Betz) bezeichnet, sind auch in der Liedersammlung ‚Auss-

e) In disem 1537 Jar hat sich Vlrich Stadler mit etlichen Bruedern, die bei im gestanden sein, am Sankt Martans (Martins-) Tag zu Butschowitz * in Märhern mit dem Hans Amon vnd der hueterischen gemain verainiget, etliche Articl betreffend, wie man des in seinem Schreiben (in seinen Schrifften) Zeugnus hat. Er war vorhin bei den Austerlitzern ein Diener (des Worts *F.*) Nach seiner Verainigung hat er auch der gemain des Herrn mit dem Wort Gottes biss an sein endt gedient. *A.—L.*

f) In disen 1537 [1] Jar ist der Hanss Wucherer, der vorhin ein Eltester bei den Austerlitzer Bruedern war, aber sich hernach mit uns verainigt, demnach gefangen (worden) im Baierlandt, vnd noch ein Br. mit im, hiess Bärtl Sinbeckh oder Weber (ein Kaufbaier: *N.*), vnd sindt geen Mermoss gefuert worden. Da lagen sie 16 Tag vnd sind 2 mal verhört worden; das einmal vnter strenger marter; vnd haben sie gefragt vom Sacrament halten, welchem sie dann gewaltig widersprachen; das abentmal Christj sei ein gedächtnuss seines Leidens vnd sterbens vnd bluetvergissens, dadurch er vns erlöst von ewigen Todt (vnd gegen seinen himmlischen vater versühnt vnd sälig gemacht *Q. R.*) hat. — Also sollens die Glaubigen halten, welche glider seines leibs oder seiner gemain sind, vnd dabei hertzlich dank sagen. Darnach habens vmb iren Kindstauff gefragt vnd was sie von irer kirchen, von Eestandt, vnd den 10 Geboten halten. Auf welches sie inen Antwort gethan haben. Darnach fueret man sie geen Burckhaussen, also gebundten, vnd daselbst ainen jeden besonders in die gewölber an die ketten gelegt, vnd sie 6 mal fuergefuert vnd verhört, sie sollen absteen, sie wollen inen gnadt beweisen. Zum 7 mal sindt die pfaffen zu inen in die gefenknus komen; aber sie sindt in Gott vest bestandten, haben nichts an inen gewonnen. Zum 8ten ist der Richter komen selbdritter vnd hat inen das leben ab, vnd

---

bundt' abgedruckt. Von der vorstehenden Gefangenschaft der Wiedertäufer zu Passau in dem Schlosse handelt das ‚liedt' (Cod. *G. J.* X. 13 in Gran): ‚Lobet Gott mit schalle.' Petz war von Eger gebürtig und seines Zeichens ein Tuchmacher. Andeutungen darüber bringt: Ottius in seinen Annalibus, p. 233, Basil. 1672; Winter in Gesch. der bair. Wiedertäufer, p. 34. 1809; Schrödl's Passavia Sacra etc.

* *A.*: zu Budespitz, *C.*: zu Potschowitz, *L.*: zu Botschowitz.
[1] Auch der Cod. *C.* hat: anno 1537, Cod. *A.—L. N.* (irrig): 1538.

den Todt zue gesagt mit dem Brandt, nachdem sie vorher grausam mit inen gehandlet, wie noch ein Epistel[1] vorhanden ist, die diser Hans Wuecherer[2] (aus der gefenknus zur Gemain *P. R.*) zuegeschrieben hat. Demnach sindt sie also verbrennt worden, vnd haben die Kron der Marterer Christj erlangt. *M. P. Q. R.*

g) Im Jar 1537 ward Brueder Geörg Fasser, ein Diener der Gemain Gottes, aus etlicher der eiffrigen Begehren in Österreich geen Peckstal geschickt, da er den das Wort des Herrn frölich angriffen, vngeachtet, dass er erst von Mödling aus der gefänknus war komen, samlet die glaubigen vnd richtet ein gemain ein, nach göttlichem Befelch. Aber der feindt mochte nit dulden, vnd erweckt ein schalk, der war pfleger daselbst, welcher mit falschen schein, grundt vnd Bericht der warhait von im, als dem Diener, zu erlernen firwendet, aber darneben vil schergen bestelt, mit bevelch, wenn es im gelegen wär, dissen Georg Fasser (zu) faben, welches sie auch treulich gethan haben. Darnach vil an im gehandtirt, aber er blib gantz standhafft bis in den Todt. Also hat er den glauben vnd die warhait Gottes, durchs schwert gericht,[3] mit seinem bluet bezeugt, aber die von im Bezeugten vnd Versamleten haben sich auffgemacht vnd seindt zur gemain· herein (nach Märhern) gezogen. *M. P. Q. R.*

h) Anno 1537 taufte Offrus in einem tal vnd walt, genannt Weissenbach, 2 meilen wegs unterhalb Sterzing den Hans

---

[1] ,ddo. Burghausen im gefänknuss, am 8ten Tag nach Margaret, des Abends vor dem Richtag' (im Cod. VIII. *g.* 27). Aus diesem Briefe ist die Erzählung *M. P. Q. R.* entnommen. Wuecherer nimmt darin von seinem Weibe Abschied, ermahnt sie, ,bei der Gemainde vnd Gott treu zu bleiben'. Zum Schlusse empfiehlt er sie ,vnd seine Waislein' den Brüdern uud gibt, ,den Br. Vlrich, Michl Kramer · und Br. Hanss grüssend', Rathschläge, wie man es mit den Austerlitzern halten soll, ,deren sich Gott erbarmen möge!'

[2] *A. – L.:* ,Anno 1538 (!) ist der Br. Hanss Wuecherer vnd Bärt Sinbeck zu Burghausen im Baierlandt vmb der g. w. w. gefangen gelegen, vnd hart gepainigt worden, sie seindt darnach daselbsten zum Todt verurtailt vnd mit feuer verbrennt worden.'

[3] Die Handschriften *A. — L. N.* lassen ihn anno 1538 ,vbel gemartert, nach grosser pein vnd martor' am Scheiterhaufen enden. Fasser ,knudt weder lesen noch schreiben'.

Mändl,[1] der gleich darauf in Sterzing einkomen, aber wider auskomen ist. Cod. *G. I.* X. 9. Gran.

1538.

a) Im 1538 Jar: zu Pulgram[2] vnd Pausram angefangen zu haussen, vnd zu Austerlitz hat man ein Hauss auf grünen wasen gebaut. *C.*

b) Anno 1538 ist der Br. Martin aus Villgraten[a] vnd Caspar Schuster, zween christglaubige Brüeder auf Michelspurck[b] im Pustertal, vmb d. g. w. w. gefangen gelegen. Da seind sie zum todt verurtailt[c] vnd mit dem schwert gericht. *A.* — *M. P. Q. R.* Da haben sie iren glauben in gott bekennt vnd mit irem bluet bezeugt. *A.* — *L.* Das haben wir in iren Liedern[3] zu bedenken. *A.* — *M. P. Q. R.*

c) Im Jar 1538 (*R.*: 1537) wardt der Br. Lienhart Lochmayer, ein D. d. Euang. worts,[d] in der graffschafft Tirol (vmb d. g. w. w.)[e] gefangen vnd gen Brixen geführt, [daselbst ein gross Rott (der Pilatuskinder) mit mancherlei arglistigkait mit im gehandtirt, bis er zu Fall ist gebracht worden]. Darnach haben sie im fürgehalten: er soll ain gantz Jar mit dem D[or.] Gall im Landt vmbherziehen vnd wider die göttl. warhait predigen (vnd zeugen). Daz hat er aber nit wellen thuen. Da haben sie in wider im gefenknuss bewart. Den er war ein pfaff

---

[a] *Q.*: auss Kärnden. — [b] *Q. A.*: Michlberg. — [c] *Q.*: zum Feuer verurtailt vnd mit dem schwert gericht. — [d] *N.*: wardt ein Diener, nachdem er zum Christlichen glauben gekomen. Er handelt auch den Christlichen Tauff. — [e] vnd vmb der Zeugnuss Christj *Q.*

[1] Ueber Hans Mändl (Kleinhänsel) siehe anno 1544, 1551, 1553, 1560.

[2] Pulgram, Pfarrdorf mit 1073 Einwohnern deutscher Zunge in Mähren, 3/4 Meilen von Eisgrub. Es gehörte 1538 mit Nikolsburg den Herren von Liechtenstein. — Pausram, Marktort mit 1300 Einwohnern deutscher Zunge, 1 Meile von Auspitz, 1538 ebenfalls Liechtensteinisch, anno 1556 dem Landesprocurator Ambros von Uppersdorf gehörig, 1574 — 1630 Zerotinisch, von da an im Hause Dietrichstein.

[3] ,Lieder' (,so noch vorhanden sind' *M. P. Q. R.*) Ich fand nur eines (im Cod. 232 und 236) zu Pressburg, nämlich das Lied (sechsstrophig): ,Merkht auf vnd nemt zu hertzen: — Wen Gott will suechen heim' etc.; nach 236 im ,Tolners Ton', nach 232 im ,aignen Ton' zu singen. Es erscheint: 1. (siebenstrophig) im ,Aussbundt' mit der Aufschrift: ,Ein Marterlied von Vilgarden vnd Caspar von Schöneck, beyde enthaupt zu Riess im Fluckthal bey Brixen'; 2. holländisch im: Bloodig Tooneel. II. fol. 19, und 3. abgedruckt aus dem ,Aussbundt' in Wackernagel's K. Lied. V. 787.

gewesen, ee er ein Br. ist worden (vnd zum christlichen glauben komen). Im selben hat in ain Reu seines Falls* vberkomen. Dan das gericht vnd vrtel Gottes hat in gedruckt. *M. P. Q. R.* ⋍ *A. — L.*

Nachdem aber Gott sein treues gemüet erkannt, begab es sich das im wider geholfen ward. *M. P. Q. R.*

In disem 1538 Jar ward nämlich auch der Br. Offrus Griessinger, [1] auch ein D. d. W. gefangen in der graffschafft

---

* Abfalls *Q.*

[1] Offrus Griesinger, von Frassdorf in Baiern gebürtig, hiess sonst auch Onufrius Griessstätter und war vor seinem Eintritte in die Täufergemeinde (1532) salzburgischer Bergschreiber. ‚Hat in diesem landt Tyrol etlich vil personen getoufft' (Reg.-Erlass). Sein Revier war zuerst Sarentthal, später das Innthal und Pusterthal. Wiederholt eingefangen, wusste er stets zu entkommen. Zu Hopfgarten im Schloss entkam er ‚durch ein Loch das vorhin ein Dieb gemacht, seiner Ändel hat die Köchin ausgeholfen'. Um seiner habhaft zu werden, wurde eine Taglia von 80—100 fl. ausgeschrieben, eine Schaar von Spähern unterhalten und allerlei Streifungen vorgenommen. Gleichwohl gelang es ihm, ein Häuflein der Auserwählten nach dem andern nach Mähren zu bringen und hie und da zahlreiche ‚Gemainden' abzuhalten. Das Volk stand zu ihm und liess zur rechten Zeit den Warnungsruf ergehen. In Folge seiner Thätigkeit konnte Huter anno 1534 den Gefangenen auf Hohenwart melden: ‚Es sein nit vil geschwistriget mer oben im Landt.' Huter's Tod schreckte ihn nicht, noch in demselben Jahre im Pusterthal zu erscheinen und das Werk der Bekehrung fortzusetzen. Mit knapper Noth entging er am Götzenberge den Häschern des Landrichters Ochs von der Michelsburg und des Ulrich Gerlinger, Pflegers auf Schöneck. Zwar gelang es diesem, ihn im April 1537 zu Lüsen festzunehmen und nach Brixen zu bringen. Er wusste aber auch hier aus dem Gefängnisse zu entkommen, worüber die Regierung, da ihr ‚ain gross vorsteher' entrann, sehr ungehalten war und auf seinen Kopf einen Preis von 40 fl. setzte. Trotzdem erschien Offrus in der Fastwoche 1538 in Begleitung des Br. Leonhard Lochmayer und des Bergknappen Uebel wieder im Land und zog, nachdem er den Br. Leonhard bei Imbst und im Pitzthal zurückliess, über den Brenner, allenthalben lehrend und taufend. Im Sommer desselben Jahres feierte er auf einer Alpe sogar durch volle drei Tage das Fest der ‚Gedachtnuss des Herrn' mit 72 erwachsenen Personen. Aber auch ihm nahte die Entscheidung. Sie traf ihn mit einigen Gefährten am Auffahrtstage desselben Jahres in einer Sennhütte des Gerichtssprengels Schöneck. Verrathen und von zahlreichen Leuten der aufgebotenen Gerichte des Pusterthales, unter Führung des Landrichters Ochs, zur Nachtzeit überfallen, musste er sich in sein Geschick fügen. Vom Schlosse Schöneck, ‚da er nicht sattsam bewahrt vnd verstrickt erschien', nach Brixen gebracht und daselbst auf das Strengste überwacht, wurde er sofort gütlich und peinlich

Tirol, den man suecht sie zu Berg vnd Tal vnd spehet heftig
auf den bruckhen, strassen (vnd bergen: *P.*) vnd an andern

besprochen und unter andern auch befragt, ,ob sie nicht einen pundt-
schuh ainer neuen empörung vnter den gemainen Man zu erwecken be-
absichtigen?' Das Ereigniss der ,gefencklichen Bestrickung' des Offrus
wurde sogar (6. September 1538) Sr. königl. Majestät angezeigt und, um
den Process zu kürzen, der Kammerprocurator Dr. Schmotzer nach Brixen
abgefertigt. Das Urtheil ward endlich gefällt, allein ,der Prandt' erregte
Bedenken. Der Hauptmann und die Räthe von Brixen stellten der Regierung vor, wie rathsam es wäre, den Onofer und Lochmayer früh vor
Tags und in aller Stille mit dem Schwerte zu richten. Der Antrag fand
jedoch in Innsbruck keinen Anklang. Der Befehl lautete, sie nach Inhalt
der Mandate mit dem Feuer und öffentlich richten zu lassen. So wurde
denn am 31. October (nach den Chroniken 1. November) Offerus hinaus-
geführt. (Lib. caus. dom., Lib. von königl. Maj. und an königl. Maj., im
Innsbr. Statthaltereiarchiv.) In der Nacht war ein starker Regen gefallen,
der Holzstoss nass und wollte nicht brennen. Da verlangte Stoffl von
Villach und ein junger Mörl nebst sieben bis acht Kriegsleuten vom
Richter, dass er den Wiedertäufer köpfen lasse! Die Strafart zu ändern
stand aber nicht in seiner, nicht in des Hauptmanns oder Rathes Gewalt.
Herbeigeholtes trockenes Holz fing rasch Feuer und Offerus war bald
eine Leiche. ,Etlich aus den kriegsknechten aber,' berichtete der Stadt-
richter nach Innsbruck, ,haben sich mit vnziemlichen worten merken
lassen, vnd den Onufrius für ein fromm Man erkent' (vgl. Sinnacher
VII. 323). Von den oberwähnten Schriften desselben finden sich in den
Handschriften der Täufer: 1. fünf Episteln an die Gemain Gottes in
Mähren, gesandt aus Tirol 1537—1538; die letzten drei aus dem Gefängniss zu Brixen (Cod. 190. 212. 219 Pos. etc.). 2. Die Epistel, die er
im Namen Lochmayer's an dessen Gattin Bärbl nach Mähren schrieb
(Cod. 190). 3. Sechs Lieder unter seinem vollen Namen oder mit dem
bekannten O. G. versehen in den Cod. 212. 219. 232 und 236 Pos. und
Cod. Walch in Gran.

II. L. Lochmayer war zu Freisingen geboren und vor 1526 durch
acht Jahre katholischer Priester. Durch Jörg Krautschlögl, den man 1527
zu Mölk sammt seinem Weibe verbrannte, wieder getauft, kam er 1528
zu der Gemeinde nach Mähren und hat fortan im Lande, sowie in Oesterreich und Ungarn (Slovakei) durch zwei Jahre ,denen, die des vom
hertzen begerten, das Wort Gottes gepredigt'. In der gleichen Mission
kam er 1538 in das Oberinnthal, sammelte da und im Pitzenthale ein
,Völkl', wurde aber vor Philippi und Jacobi entdeckt und mit acht Genossen, darunter Ursula Hellrigl, gefangen auf St. Petersburg gebracht.
Landrichter Eitelhans Gienger meldete dies der Regierung. Er erhielt
die Weisung, ,den Vorsteer Lochmayer, dieweil er ain priester, vnd im
Bissthum Brixen begriffen wurde, samt seiner Bekantnuss, dem geistlichen
Gerichte zu Brixen zuzuschicken. Zur Bekehrung der übrigen Gefangen
werde der Hofprädicant Dr. Gall (Müllner) nach Petersburg komen'. Zu

orten auff sie. Haben auch vil gelt auff den Offrus gelegt, wer
in fürbrechte, dessgleichen speher u. verräther ausgeschickt,
die sich stellten, als wolten sie fromb werden. Da sie in nun

Brixen säumte man nicht, gegen ihn ‚zu handeln‘, vor Allem aber mit
ihm den Bekehrungsversuch zu machen. Es gelang den vereinten Bemühungen Gall's und des Weihbischofs Kraus, nach harter Müh' und
Arbeit ihn ‚umzustimmen, und diese Nachgiebigkeit bestimmte sie, für
ihn den 18. Juli 1538 die Begnadigung anzusuchen. Der Vice-Statthalter
und Kanzler von Brixen meinten sogar die Bitte stellen zu dürfen, ‚ihn
wiederumb zu priesterlichen handlungen kommen zu lassen‘, nachdem
derselbe in ihrem Beisein ‚seinen öffentlichen Widerruf in der Pfarr-
kirchen so hertziglich vnd andechtiglich getan‘. König Ferdinand gewährte in der Anhoffung, ‚dass sie zur Bekehrung gross Ursach geben
werde‘, die Begnadigung, doch unter der Bedingung, dass er genugsam
verstrickt werde und ein Jahr lang unter Aufsicht in Brixen bleibe.
Dieser Gnadenact wurde von der Regierung gegen Brixen gemeldet,
dabei aber die Absicht ausgesprochen, den Lochmayer in das Peters-
burger Gericht, wo Gall an der Bekehrung der Sectirer mit wenig Erfolg
arbeitete, zu entsenden und zu versuchen, ob der sie nicht abwendig
machen könnte! Reue über seinen Abfall hat inzwischen Lochmayer in
das Herz geschlagen, und als man ihm die Begnadigung mit der Intention der Regierung eröffnete, entgegnete er gereizt dem Dr. Gall in
Gegenwart der Räthe, er wisse ihm für die Begnadigung keinen Dank,
und habe er aus Schrecken und toller Weise die vorgehaltene Revocation
gethan, so habe ihn das schon so oft gereut, als er Haare auf dem Kopfe
habe. Die Gefangenen auf Petersburg werde er nicht abwendig machen
und selbst bei der erkannten Wahrheit verharren und koste es auch sein
Leben! Mit Entsetzen vernahm das Regiment zu Innsbruck die Kunde des
Rückfalls des Begnadigten. Es beantragte nunmehr selbst, wider denselben ‚mit dem Prande vorzugehen‘ und wies auch die Vorschläge einer
Hinrichtung mit dem Schwerte und im Absein des Volkes mit Unwillen
zurück. (Caus. dom. L. V. An kön. Maj. L. VI. Von kön. Maj. L. VI in
dem Innsbrucker Statthaltereiarchiv.) Der am 3. October 1538 eingetretene
Tod des Weihbischofs und die Abwesenheit des Fürstbischofs Georg ver-
schob die vorgeschriebene Degradirung und in Folge dessen die Hinrichtung des Abtrünnigen, welche nach unserer Chronik gleichwohl nicht
mit dem ‚Prandt‘, sondern mit dem Schwert, nach Sinacher's unverbürgten
Nachrichten (VII. 325) gar nicht vollzogen wurde, indem Lochmayer
schliesslich abermals widerrufen, und begnadigt, blos des Landes verwiesen worden sein soll! Seine beiden Briefe a) ‚an sein Eegemal Bärbl‘
und b) ‚an die Gemain in Österreich vnd Mähren dto. Brixen nach Martinj
1538 aus dem gefenckhnuss‘, siehe im Cod. 190.
Auch vom Lochmayer haben sich (im Cod. 236 Pos. und G. H.
XI. 27 zu Gran) zwei Lieder erhalten, 1. ‚Lobt Gott den herren ir frome
kindt‘; 2. ‚Verlass' mich nit o herr mein Gott‘.

bekamen, hat man in auch gen Brixen gefiert, alda nit weit
von Lochmayer in ain gefenknuss gelegt, also das sie miteinander haben künen reden. Da hat sich diser Linhart seines
Fäls halber gegen den Offrus beklagt, vnd wie er gross herzenlaid darumb trag. Da ist im der Offrus wider ein hoher
Trost worden, als er im, nach rechter Reu vnd Buess, im
Namen des Herren vergebung seiner sünden hat verkündigt,
ja in im glauben auffgericht, vnd zu ainem Br. wider aufgenommen.

Nit lang darnach, als sie den Br. Offrus vil versuecht vnd
in vast dreueten zu martern, er soll inen anzaigen seine Brueder, die noch nit vertriben seindt, vnd sonderlich die in beherbrigt, da hat er inen gesagt: Ich hab mich dahin begeben
alle pein vnd marter zu erdulden, die ein Mensch erdulden
kann, bis in Todt, ee daz ich's euch sag vnd ein verräter sein
solt. Ich habs vor wol gewist, daz es mir also ergeen werde.
Ich weiss Euch nichts zu sagen noch anzuzaigen! — Sie haben
in auch angesprochen: Ob wir nit, wen vnser vil wurden,
wider sie aufsteen vnd sie erwürgeten, wen sie nit auff vnsserer
seiten sein wolten. Da hat er inen gesagt: Wenn wir das
theten, so wären wir nit Christen, wie Ir! den wan Ir Christen
wäret, so wurdt Ir niemandt peinigen noch martern noch umbringen! — Also haben's in gelestert vnd auffgezogen, aber
balt wider herabgelassen vnd im gedroet vnd gesagt: Warumb
er welle seine glider zerreissen lassen? Da hat er gesagt: Ir
werdet mir nit mer nemen, als das leben! — Also sind sie
verzagt an im worden. Über 8 Tag habens in wider zweymal
aufgezogen doch lär, in aber gleich lassen bleiben vnd in nit
weiter gemartert. Es kamen auch Über acht tag zu im die
Münich von Botzen vnd fürten in 2 mal für sie, aber sie
bliben nit lang bei im, wie er inen ire schalkheit vmb die
oren rib.

Nach vil erlittenen triebsal ist er alda zu Brixen von den
Pilatuskindern zum todt verurtailt, lebendig ins Fouer gestürzt
vnd da zu pulver verbrannt worden, hat also seinen glauben
vnd leer als ein Christlicher Heldt mit seinem bluet bezeugt
vnd besiglet* am Allerheiligen abendt, (zwischen 10 vnd 11 Uhr)

---

* *N.:* ,ist also beständig in Gott verschieden, — als er im Dienst des
Euangelions 2 Jare gestanden'. Nach Cod. Lyc. Pos. hat er ,im Hinausfueren gar sanft vnd lindt zum volk geredt'.

140

des 38ᵗᵉⁿ Jars. ¹ — Wiewol er darvor erlich gerungen vnd
gekempfft hat mit dem todt, aber zue der stundt, da er
in den todt gegangen ist, ist er gar frölichen Hertzens gewessen. Es seindt von dissem Offrus noch herrliche schöne
Epistl vorhanden, aus der Gefenknuss der gemain zuegesandt.
M. P. Q. R.

Der Lienhart Lochmaier aber, die weil er vorhin ein pfaff
gewesen, war damals mit dem Offrus zu sterben verhindert;
den sie waren willens im ire weih vorhin abzunemen, in welchem Gott iren Ratschlag zu hindern anschickt, das in selben
der Weihbischoff starb.

Also wardt er vber etliche Tag, nachdem Offrus, ² mit
dem schwert gericht vnd hat sich damit als ein rechter

---

¹ Die Handschriften *A.—L.* fassen sich über Griesinger kürzer also: ,Anno
1538 am Allerheiligen Abent (vormittag zwischen 10—11 Uhr *N.*) ist
der B. Offrus Griessinger, ein (fürnemer) Euang. Diener der gemain
gottes zu Prixen im Etschlandt, nach vil erlitnen trüebsal vnd kuemer,
vmb d. g. w. w. zum todt verurtailt vnd (durch Aichele des Reichs-
Prophosen) im Feuer verbrannt worden. (Er ist wie ein Schaf zur Schlachtbank gefäert worden.) Also hat er Gott vnd sein wort im leben biss in
todt bekennt vnd ritterlich mit seinem bluet versiglet vnd bezeugt, wie
dan die epistlen, so er den fromen zum trost geschriben hat vnd seine
Lieder von seinem fromen leben Zeugnüss geben.'

[,Gott der Herr aber hat dem Aichele ein schrecken eingestossen durch
die standthafftigkeit des Offrus, das er sein Handt hat auffgereckht vnd
geschworen, sein Lebenlang Nimer mer kain Brueder zu richten. Er ist
zulest im Würtemberger landt erstochen worden.' (*N.* fol. 601.) Die Handschriften *B. — H. K. L.* lassen den Aichele dagegen blos eines plötzlichen
Todes sterben mit den Worten: ,Ob seiner (des Offrus) standhaffte vnd
gedult hat sich der Aichele entsetzt, der dan sonst vil vnschuldig bluet
vergossen hat, vnd hat gesagt, daz er kainen mer richten wölle. Ist auch
balt darauff eines gähen todts gestorben.' — Dieser Aichele ist nicht zu
verwechseln mit Josef Lauscher, genannt Aichele, welcher 1585 Land-
und Bannrichter der Herrschaft Lienz in Tirol war, und als solcher mit
den Wiedertäufern gleichfalls seine Noth hatte.]

² Eine Handschrift des Pressburger evang. Lyceums vom Jahre 1618 in 4⁰,
die aus Levár (Grossschützen) stammt, besagt fol. 185: ,Lochmayer sei
zuvor in den vermainten Christeuthum ein Pfaff, nach erkannter warhait:
ein Diener des Euangelions der gemain Gottes gewesen, aus grossen
Drang, langwiriger gefänknuss vnd arglistigkait der schlangen aber aus
seinem glauben verruckt worden; hab jedoch widerruff geton, dem feindt
der göttlichen warhait wider abgesagt, vnd sein schmerz vnd jamer dem
Offrus schriftlich übersendet, der in wider auffgericht.' Er sei später, so
wie jener, zu Brixen mit dem Schwerte hingerichtet worden!

priester zu ainer angenemen gab auffgeopffert. Es ist noch ein epistl [1] von im vorhanden oder zwo. *M. P. Q. R.*

Ob seines Fäls[a] hat in das vrtl gottes gedruckt. Da hat er dem Offrus sein anligen vnd bitt auff ein schüsselboden geschriben. Da haben sie in iren gefenknussen zusamen geschryen, da hat der Offrus sich im glauben vmb in angenomen (vnd in durch sein gebet zu gott in glauben auffgerichtet vnd zu einem Brueder auffgenommen). Nach demselben ist Gott mit seiner krafft dem Leonhart beygestanden, daz er der göttlichen warhait zeugnuss geben hat. Er ist etliche Tag nach dem Offerus mit dem schwert gericht worden. *A. — L.*

d) Anno 1538 ist der Br. Paul Reder aus dem Pytzental, (vor seinem Abschaidt durch den Br. Offrus zu einem Brueder aufgenomen), zue Brixen im thurm entschlaffen. (Cod. 190 Poson.)

e) Um disse Zeit ist auch der Br. Michael Wideman [b] oder Beckh zu Reüten[c] im Algay gefangen worden mit ainem völkhl, welches man wider haimb geschickht hat, den Brueder aber in die gefenknuss gelegt vnd vil an im gehandtirt vmb des glaubens willen, in auch vermant, daz er soll absteen, aber er hat guete sicherhait seines glaubens in Christo vnd sprach: Ich hab mich einmal schon bekert vnd bin abgestanden von allem vnrecht, in solcher bekehrung will ich beharren bis ans Endt. Den es ist der rechte grundt darin ich stee. — Als er nun bei ainem halben jar gefangen glegen, hat man in darnach (zu Erenwerg *N.*) enthaupt vnd verbrennt.[d] *M. P. Q. R. ≈ N.*

f) Im 1538 Jar, vmb Allerheiligen, sein 5 Br. als: Hans Klampferer, Andr. Gauper, Jörg Hain, Caspar Braitmichl vnd Lorz. Schuster im Dienst der Notturfft erwält vnd zu Schäckwitz fürgestelt worden. *C.*

g) Anno 1538 am Mitwoch vor weinachten sein 2 Br. als: Hans Seidl (von Muraw), vnd Hans Donner (von Wels) zu St. Veit in Kärnten vmb der Zeugnuss Christj willen gefangen

---

[a] *L.:* abfalls. — [b] *N.:* Wittmann. — [c] *R.:* Rüet, *Q.:* Reuten. — [d] vmb der göttl. warheit willen mit schwert ghricht, Cod. *N.* fol. 604.

[1] „Darin er alle kinder Gottes, die er durch seinen fal betrüebt hat, bittet, sie soltens im verzeihen vnd vergeben vnd sich guetts zue im versehen; dan er verhoff nun bis in todt dem Herren fromm zu bleiben, dan der Herr im widerum seine krafft reichlich mitgetailt hab.‘ *Q.*

gelegen. Sie sein auch daselbs zum todt verurtailt vnd mit dem
schwert gericht worden, wie dan das lied (epistel [1] so sie aus
irer gefenknuss herausgeschrieben haben *M. P. Q. R.*) von inen
Zeugnuss gibt. *A. B. D. — L.* Da haben sie die warhait ritterlich bis in den todt bezeugt, vnd darvon nit weichen wöllen,
so lange in ire Augen offen standten vnd das schnauffen in iren
Nasen gewesen. *M. P. Q. R.*

1539.

a) In disem Jar haben die Herren des Landts kurtz nach
Bartelme einen Landt Tag in der Stadt Brün abgehalten. Auf
disem Landtage hat der König Ferdinandus durch seine Commissary die Ausweisung vnd Abschaffung der Brüeder bevolhen. [2] Der Herr gab aber den Seinen noch immer ein gnädig
Auskomen. Cod. *XIX.*

---

[1] ,Darin sie vns vermanen — vns vom hertzen zu lieben vnd das wir
sollen die zeit wol anlegen, da vns yetzund der Herr also beisamen lasst
wonen; dan es wirt die zeit komen, das wir vns nach einander werden
sehnen.' *M. P. Q. R.* — Donner's Epistel, ,geschrieben zu St. Veit in
meinen Bandten, Im Jar 1538' (ohne historische Daten), fand ich im
Cod. 190 des Pressburger Capit.-Archivs, dann im Cod. VIII, *g.* 27 Pest.
— Ein Lied von H. D. bringt der Cod. 236 Pos., nämlich: ,Ich dank
dir lieber herr, mein gott — In disser not daraus du uns kannst helffen' etc.
[2] Abgesehen davon, dass die Stände gegen die Abschaffung der Wiedertäufer remonstrirten und königl. Majestät durch die Deputirten bitten
liessen: die Grundherren und deren Unterthanen bei den Rechten und
Freiheiten zu lassen, die ihnen die Vorfahrer königl. Majestät gewähr-
leisteten (Pamatk.-Bücher), verstiegen sich einzelne Grundherren, wie Jaroš
von Pernstein selbst zu dem Schritte, dem Könige, da der Glaube ein
Geschenk Gottes sei, das von Menschen nicht gegeben werden mag, eine
allgemeine Toleranz und Schonung der sogenannten Secten zu empfehlen.
König Ferdinand erwiderte ihm, es habe in Böhmen und Mähren des
Glaubens sub utraque wegen Niemand etwas von der Krone zu leiden
gehabt. Die Secten seien aber als irrig in keiner Weise zu dulden.
Denn es sei gewiss, dass es in Mähren solche gibt, welche weder von
Gott, noch von Sacramenten etwas wissen, noch an die Auferstehung
glauben, gleich den Thieren. Und solche sollte Se. Majestät dulden?
Leute, welche selbst von Lutheranern und Zwinglianern nicht geduldet
werden? Solches verbiete das alte und neue Testament! (S. Buchholz IV.
456.) Den mährischen Ständen liess aber Ferdinand entbieten: er habe
mit grosser Verwunderung vernommen, dass die Stände (1539) über die
aufrührerische und in Irrthümern verfangene Secte der Wiedertäufer, obgleich diese gegen Gott und die christliche Ordnung freveln, ihre schir-
mende Hand halten und den Znaimer Landtagsbeschluss und was sie da
Sr. Majestät zugesagt, nämlich ,že jich trpieti nechtij', ignoriren. Königl.

b) Anno 1539 (im Monat Dez.) ist der l. Br. Peter von Gmundten, nachdem er durch den gnädigen willen Gottes zu Nürmberg auss der Gefäncknus aussgelassen worden, bei vns im herrn ankomen. (Amons Episteln.)

c) In diesem 1539 Jar sein 4 Br. als: Leonhart Sailer, Jakob Seckler, Walser Maierhofer der alt, vnd Michel Mädschidl im Dienst der Notturfft geordnet. *C.*

d) In dem 1539 Jar ist der Br. Leonhart Sailer im Dienst des Euangelj erwält vnd bestättigt worden. [1] *C.*

In dem 1539 Jar ist auch die schwester Apollonia, des Leonhart Sailers eelich weib, nachdem sie mit oben im Land gewesen, in der grafschafft Tyrol, gefänglich einkomen vnd geen Prixen gefüert worden. Als sie aber beständig war im glauben vnd in dem, was Gott im Bund der christlichen Tauff verhaissen, steiff beharrt, ist sie darnach zum Tod verurtailt vnd ertränkt worden, vnd hat die Cron der Marterer erlangt. [2] *M. P. Q. R.*

Majestät müsse thun, was einem gerechten christlichen Könige laut des Eides, den er dem Lande gethan, geziemt, und befehle deshalb, dass die Grundherrn, welche Wiedertäufer behausen, dieselben sofort abschaffen und nicht ferner im Lande dulden. Gegen die Dawiderhandelnden werde man wissen, sich zu benehmen! Nach diesem Bescheide beschlossen die anf dem Dreikönigs-Landtage zu Olmütz 1540 tagenden Stände mit grosser Majorität: dass ihnen fortan in Gemeinschaft, wie bisher, zu leben nicht gestattet sein soll und dass sie bis zu Pfingsten d. J. von allen Gründen, wo sie dermalen hausen, abgeschafft und ausgewiesen werden müssten. Die ansässigen Brüder dagegen sollen, wenn sie Gehorsam angelobt und die Obrigkeit anerkannt, von der Ausweisung unberührt bleiben. (Mähr. Landesarchiv.)

[1] In Folge dieser Berufung zog Sailer als Missionär ins Etschland (Meran) und nach der Schweiz. Seine Reise wurde dem Verwalter der Herrschaft Itter, Hans Tugentlich, verrathen. Späher wurden aufgestellt, um ihn abzufangen. Eine Personsbeschreibung ging ihm an die Etsch, nach Taufers und gegen Rottenstein voraus, allein alle Wachsamkeit war umsonst. (Caus. dom. L. V. 215—217.)

[2] Die Handschriften *C. — H. K. L.* lauten hier also: ‚Anno 39 Ist die Schwester Appolonia des Leonhart Saillers weib, vmbs glauben Jesu Christi willen, Auf freyen weg (aus Lüsen *D. F.*) auff Brixen zue, gefencklich angenommen vnd im Wasser ertrenckt worden. Da hat sie auch die Wahrhait Gottes mit irem leben (Ritterlich versiglet vnd) bezeugt (bis in dem Tod).'

2. Der Uiberfall von Steinabrunn.

1539—1540.

a) Anno 1539, den 6ten (*M. Q.*: 16ten) Tag Dezembris sein vil frome Christglaubige Menschen (Personen) zu Steinabrunn in Österreich, (da die gemain ein klain Zeit gewonet hat, vnd anfieng sich allda zu samlen), zusamen komen, sich im glauben zu erbawen vnd zu **verainigen**.[1] Da ist des Königs Profoss von Wien mit viel Leuten, die er darzue bestellt hat, in Steinabrunn bej der Nacht eingefallen vnd hat vil der Fromen (150 Personen *C. Q.*) gefencklich angenumen vnd dieselbigen gebundten auff das Schloss Falkenstain[2] fueren lassen. — Da sein sy vmb der göttlichen Warheit willen biss in die Sechst wochen gefangen gelegen. *M. P. Q. R.* ≈ *A.* — *L.* Es war am maisten Fürsatz: die Eltesten oder Diener der gemain zu greiffen, in der Hoffnung, vil Gelt bey inen zu bekomen, damit den Armen die Narung zu entfrembden; aber gott erretet Sie durch sein Fürsichtigkait, das Sie kainen Diener fürbrachten. *M. P. Q. R.*

In der Zeit, als Sie noch zu Falkenstain waren, hat der König Ferdinandus seinen Marschalckh vnd etliche Docktoress, auch Pfaffen,[3] dessgleichen den Henckher mitgeschickht, jenen

---

[1] ‚Verainigen'. An diesem verhängnissvollen Abend kamen nämlich auch mehrere Schweizer Brüder und Philipper nach Steinabrunn, um sich des Grundes der Gemain und ihres Lebens zu erkundigen und eine Vereinigung anzubahnen. Sie wurden gleichfalls gefangen und gegen Falkenstein gebracht. (Mscpt.) Es waren der Gefangenen 136. (Aschlberger's Epistel.)

[2] ‚Falkenstain' (Valchenstain), eine uralte Bergveste und ehemalige Herrschaft in Niederösterreich (V. U. M. B.), südöstlich von Nikolsburg, bekannt durch guten Weinbau. Im 15. Säculum ‚eine Grafschaft und im Besitze der Eynzinger, gehörte Falkenstain 1529—1571 den Herren von Fünfkirchen, 1582—1626 den Grafen von Trautson, von denen Paul Sixt von Trautson, Graf von Falkenstain, der verungnadete Hofmarschall Kaiser Rudolfs II., anno 1600 auf Falkenstain residirte. Falkenstain war zugleich ein ansehnliches Landgericht.

[3] ‚Ich (Aschlberger), Oswalt, Nikl vnd Jobst von Vilach liegen besunder gefangen. Die gottlosen pfaffen von Wien haben vns alle verhört aber nichts daran gehabt.' (Falkst. Epist.) Man eröffnete den Gefangenen, ‚man wölle sy gern lassen, So sy Inen bewilligen, nit so gar auf ain hauffen zu sein, 5, 6 oder 8 wölle man bei einander dulden vnd sy möchten dennoch from sein!' Die Antwort der Gemeinde auf diese

zu einem gehilffen. Die haben in den weinachtfeyertagen, da doch in allen landten gewenlich ist zu feiern, an den gefangen Zeugen der warheit mit vil Arglistigkait zu handtiren angefangen, auch etliche mit strenger Frag besprochen, was ir grundt vnd Hoffnung, vnd wo ir schatz oder gelt seie! Darauff sie ainhellig bekanten Christus, ir Herr vnd Hailandt, wer ainig vnd allain ir Trost, Hoffnung vnd ir liebster Schatz, Hort vnd bester Tail, in dem sie gottes hult vnd gnadt erlangt haben! Auch handlen sie mit inen andere artickl vnd wollten sie berichten, leeren vnderweissen vnd widerkeren, zogen sonderlich an ir Sakrament, vnd wollten, sie sollten glauben, das das Fleisch vnd bluet Christi da vorhanden vnd das es ‚vnser herr Gott sey‘, wie sie sagten, aber die Brüder antworteten inen, daz es ein stumeter (stumender) götz wer, vnd vil ein andere Mainung hetten vmb des Herren Abentmal. Mit dissem vnd vil andern bekanndtnuss sein des Königs gesandte wider hin gen Wien zogen, vnd disse gefangen brüeder sein im Schloss Falkenstain wol bewart bliben. *M. P. Q. R.*

Es verzog sich bis ins angehendt 1540 Jar. Do ist des königs Marschalckh sambt ainem Ainspäniger komen vnd der Regierungsproffoss mit andern reitern vnd in Rüstung. Die haben disse gefangnen brüeder, ein yeden insonderhait, weitergefragt, vnd welche inen nit bewilligt, sondern an der erkannten warhait gehalten, die haben sie gleich bald in eissene ketten vnd bandt geschlossen, ye par vnd par mit den hendten zusammen. In dem sein vil schwestern ins schloss komen, die knieten nider, ainmütig mit einander, mit ernstlichen gebet zu dem Allerhöchsten, irem gott, anhaltende, daz er sie alle well bewaren vor allem vnrechten vnd den sünden vnd welle, sowol auff dem mör, als auff dem landt, mit vnd bei Inen sein! Nach solchem gebet hat sie der Ainspainiger (ainspainer) aufgemant, daz sich ein yeder zur wegfart soll richten. Also haben sie angefangen mit weineten Augen ye ains vom andern vrlaub zu nemen, ains das andere gott dem Allmächtigen in seinen schutz vnd schirm beuolhen. Muesten also, man vnd weib, sich scheiden vnd ire onerzognen kinder verlassen.

Eröffnung war aber: ‚Das hiesse die Gemeinschaft Christi verläugnen, die sein, vnd nicht vnser werckh ist vnd daran mögen sie (die Gefangenen) nichts verrücken. Die der Herr znsammen gefüert, die sollen bej einander wonen!‘ (Cod. Lyc. Pos.)

Fontes. Abthlg. II. Bd. XLIII   10

Als nun alle Ding geordnet vnd die gelaitsleit entgegen waren, zoch das fromb hör, auf Gott vertrauent, er werdt inen beisteen vnd ein ausskomen machen, zum Thor hinaus, irer wol 90, ye zwen vnd zwen mit einander, nachdem sie sechsthalb wochen auff Falkenstain gelegen waren. Die schwestern aber muesten im schloss bleiben vnd sahen auf den mauern den yrigen nach, mit vil seuffzen vnd grossen Hertzen Laid, so lang sies sehen kundten. Nach solchem wurden sie alle wider abgeschafft an ire ort zu ziehen, wo sie da ir Haimwesen hetten; aber die Brüeder, so schwachhait vnd krankhait halber, dessgleichen, welche sie Jugendt halber nit mitnemen wolten aufs mör, die behielten sie gefencklich im schloss. Etliche junge Knaben gaben sie hin vnd wider den österreichischen Herren für aigen! Sie sindt aber vast alle wider zur gemain komen, die Andern seindt im schloss bliben, bis inen Gott auch ein gnädig ausskomen gemacht hat. [1] *M. P. Q. R.*

Etwanen bej 90 [2] Mannspersonen hat man, (wie gemeldet), gebunden vnd gefangen vom Schloss Falkenstain auf Wien, über Neustatt, den Semering geen Bruck, auf Bärisch-Gratz, auf Leyvnitz vnd Marburg, auf Cille, auf Stain im Krainlandt, über die Sau geen Läbach, demnach bis geen Triest an das Mer gefürt, dem André Dory (Doria), des Kaisers obristen Hauptmann, auf dem Meer zu überantworten, auff die Galern wider den Türken vnd andern Feindt zu brauchen. [3] *M. P. Q. R.*

Da sein sy aber, im 40er Jar, biss auff den 11 Tag Februarj gefangen gelegen, da haben sy vil hunger vnd kumer erdulten müessen. Es hat aber gott ir Gebeet erhört vnd Inen

---

[1] Viel kürzer erzählen die Geschichte von Stainabrunn die Cod. *A.* — *L.*: ,Anno 1539, den 6ten Dezember sein vil Frome u. s. w. auf schloss Falkenstain gefangen gelegen. Demnach hat man etwan bei 80 Mannspersonen gebunden vnd gefangen bis geen Triest an das Meer gefuert, da sein sy etc.

[2] Cod. *C.* hat ebenfalls (= *M. P. Q. R.*): 90 Personen.

[3] Von Triest aus schrieben die Gefangenen an die Gemain nach Mähren: ,Man hat vns gleich balb pettelnd gen Trilest bracht, in Trübsal vnd Mangel; dann es war ser theuer im windischen laudt. Es seindt befelh vom Küng Ferd. vorhandten, daz man vns hin vnd her auff die geschlösser vertheil vnd verschenk. Unser seiudt noch 81.' (Ascholberger's Epistel.) Diese ermahnt Amon zur Standhaftigkeit, ihnen zu Gemüthe führend, wie der ,lieb Brueder Libich' und eine Schwester (Hellrigl) nun schon in das dritte Jahr zu Innsbruck gefangen liegen, gleichwohl aber dem Herrn treu ergeben seien. (Amon's Epistel.)

Allen in einer Nacht auss der gefencknus geholffen. Da haben
sy die sail, damit man sy gebunden hinein gefüert hat, an
ainander gemacht, vnd sich daran über die Mauer, die gegen
dem Mer gewessen ist, hinabgelassen vnd sein demnach haim-
zue zogen. In demselben sein Etlich, etwan bei 20 (*C.:* 12) [1]
Brüeder zu Laibach im Krainerlandt (Kränerlandt, *L.:* in Kürn-
ten) wider gefangen worden. Die hat man hernach widerumb auffs
Meer gefuert (und dem Andre Dory überantwortet. *M. P. Q. R.*),
Da haben sy ir Leben biss an das endt mit grossen Trüebsal
müessen beschliessen vnd zuebringen, wie man dasselbig von
dem Geörg Mairhoffer zum guetten Tail erfaren hat. Die andern Brüeder sind, nach dem gueten willen gottes, (vmb Mit-
vasten des 40sten Jars von Triest *M. P. Q. R.*) widerumb in das
Märherlandt zu der gemain gottes komen, wie den die Lieder, [2]
so von Iretwegen (von Inen *F. G. I. K. L.*) gemacht sein worden, Zeugnus geben. Gott im Himmel sey der Preiss, der
seinen Ausserwelten zu seiner Zeit ein Ausskomen macht.
A. — L. M. P. Q. R.

1540.

b) Liebe geschwistriget. Wir heten wol gern gesehen, das
ir het mögen (vom Falkenstein) weckhkumen, aber es freut vns
doch euere redlichkait vnd standthafftigkait. Es ist war, das
wir sein gleich überall (der Ausweisung) gewartend. Dan man
auch zu Gostal vnd Pulgramb abweckh geboten hat, vnd stosst
die krankhen vnd kindlen on alle barmhertzigkait herauss;
dann sy zu Gostal sturm über Sy geleit haben, wenn sy nit
abweckh ziehen. Gott der Herr welle darein sehen vnd sich

[1] Nach Amon's Epistel: zwölf; fünf der Hinweggeführten sind abtrünnig geworden. Zwei davon kamen wieder nach Mähren, willens Busse zu thun.
Die zwölf Verschollenen aufzusuchen wurde Jörg Meyerhofer nach Triest
entsandt.

[2] ,Lieder', nämlich 1. Antoni Erdforter's ,Geschicht der Vervolgung zu
Stainabrun' benannt (14 Strophen), 2. Leonhard Roth's ähnliches Lied
(15 Strophen), 3. ein Lied ,auf die gefangenen Brüeder auf dem Falkenstain (29 gsatz.)'. Alle im Cod. 194 Pos., dann im Cod. *C.* 1565 *W.* zu
Gran. — Roth und Aschelberger hinterliessen auch mehrere ,Sendtbrieff'
ddo. Falkenstein und Triest. (Cod. 190 und 163 Pos.) Leonhard Roth
ist endlich auch der Verfasser zweier geistlicher Lieder, nämlich des
Liedes: ,Herr Gott Vater vom Himmelreich — wir bitten dich gemain'
und des Gesanges: ,Ach Gott im höchsten reiche — du starker schirm
vnd schild' (beide im Cod. *C.* 1565 *W.*)

seiner khindlein annemen. Ach Herr du mein Gott! Die haiden versamlen sich vnd ratschlagen wider dein volkh. Mach dich auff vnd hilff deinem Israël, zerstraie die gottlosen in irem fürnemen vnd erlös die gemain, die du Dir gehailigt hast, zum Preiss deines Namens. Liebe Schwestern, ob man etwan mit euch handlen wurd, vnd euch austhailen wolt, hin vnd her auff die gschlösser, vnd verlangt, daz ir solt sagen nit hinweckh zu geen, thuet es nit, sondern sagt: wenn sie euch gefangen halten, so welt ir gefangen sein, wo euch aber Gott darvon hilff, wolt irs auch annemen, dann sunst wurden sie euch zu Dirnen machen. (Amon's Epistel an die Zurückgebliebenen auf Falkenstein.)

c) (A° 1540) nach Mittervasten.) Wir wonen in Märher-landt wie vor, aber auff Pfingsten, ist beschlossen, alle die, so die gemeinschafft halten wöllen, zu vertreiben. So seindt'wir ye gesinnt mit Gottes hilff, ee zu sterben, ee die gemeinschafft zu verlassen. Es sein auch die meresten Brüeder von Trüest wider zu vns komen nach dem willen Gottes. — Jörg von Salzburg, Wastl Beckh vnd der alte Ruep seint bei vns entschlaffen, nachdem sie kumen sein. Der l. Brueder L. Sailer ist an sein vorigen Ort (Etschlandt), der Br. Peter (Riedemann) in Hessen gezogen zu dem werkh des Herren. (Amon's Epistel an die ausgebliebenen Brüder zu Triest.)

(3.) Hans Zimmerauers, Ulr. Stadlers, Antonj Erdforters und H. Amons: Abscheiden.

1540.

a) Anno 1540 ist der Brueder Hans Zimerauer zu Schwatz im Inntal vmb der g. w. willen gefangen gelegen.[1] Da ist er auch zum Todt verurtailt vnd mit dem schwert gericht worden. *A.* — *M. P. Q. R.* Da hat er seinen glauben (vnd die wahrhait *L.*) in Gott mit seinem bluet bezeugt, wie dan auch seine lieder,[2]

---

[1] ,Als sie in aber mit nichten kundten abfellig machen, auch nit über-zeugen mit heiliger schrifft, haben sie iren hohen priester, den henkher über in gestellt, der muesst es ausfüeren vnd in überwinden. Darumb wirt er auch auf dem Berg Sion vnter der grossen schaar derer, die den namen Gottes so redlich bekannt haben, das Palmen Reiss empfangen, vnd gekrönt werden mit der unverwelcklichen Cron des Lebens.' *M. P. Q. R.*

[2] Als: ,In Gottes Namen heben wir an', im Cod. 236 Pos., fol. 167 etc.

(so noch vorhanden *F.*), zeugnus geben, wie er mit gott im glauben gestanden ist. *A. — L.*

b) Anno 1540 ist der Br. Vlrich Stadler,[1] ein evangelischer Diener, zu Butschowitz[a] im Märherlandt, nach vil erlittenen kampff vnd streit, mit friedlichem hertzen im Herrn entschlaffen. *A.—L.*

c) In dem 40 Jar hat man zu Räckowitz vnd Saitz[2] heisser kaufft vnd allda in christlicher versamlung gewont. *C.*

1541.

a) Anno 1541 ist der Br. Leonhart Roth (*E. L.:* Rath), ein recht gottesförchtiger (hochbegabter) Man, von dem man noch geschrifft[3] vnd zeugnuss hat, zu Schäckowitz im Märhenlandt im H. entschlaffen. *A. — L.*

b) In dissem 41 Jar sein 2 Brüeder: Wolff Räschl und Blasy Tischler, Diener des Noturfft, im Herrn entschlaffen. *C.*

c) (Anno 1541 im April.) Wir wonen an den orten, wie vorhin, vnd sunderlich die Versamblung zu Schäckowitz im haus, wie wol man teglich v̈ber vns schreyt vnd droët mit vervolgung vnd sunderlich yetz ein reichstag zuo Regenspurg ist, vnd wie etliche sagen, auch ein Conzilj sol werden, da sy denn mainen, man werd vns dann gar nimmer laiden. Wir steen aber in der handt Gottes. Br. Peter (Riedemann) ligt im landt zue Hessen gefangen, der auch wol 8 Jar in fencknus gelegen ist, vnd nun schir ein Jar. In Gratz ligt nur

---

[a] *C.:* pudespitz, *D.:* Budespitz, *II.:* potschowitz.

[1] Ueber diesen Wiedertäufer, der anno 1528 in Tirol als Lutheraner auftauchte und später bei den Austerlitzern war, siehe 1536 c) und 1537 e). Er hinterliess mehrere Abhandlungen (im Macpt.) theologischen Inhaltes, wie: Von der Erbsünde, — vom Tauff, — vom äusserlichen vnd innerlichen Wort, — von der Gemainschaft vnd vom Ausschluss; ferner: vier Episteln ‚an die Brüeder in Krasnikaw in Polen‘, datirt aus Ladomir in Podolien vom Jahre 1535—1536, die sich in den Cod. Pos 163, 190 und 235 finden. Stadler war von Brixen gebürtig und eine Zeit lang Bergbeamte zu Sterzing.

[2] Räckowitz = Rakvic, Pfarrdorf mit 1630 slavischen Einwohnern, ³/₄ Meilen nordöstlich von Eisgrub in Mähren; eine Stunde Wegs davon ist Saitz (slav. Zaječi), ein uraltes Pfarrdorf mit 1500 deutschen Einwohnern. An beiden Orten überliess Johann von Lipa den Täufern Grundbesitz und Pachthöfe.

[3] Geschrift: Das Stainabrunner Lied mit zwei anderen Liedern, dann drei Episteln ddo. Falkenstein 1539—1540 ‚an die Geschwistriget‘, in mehreren Handschriften. (163, 190, 203. VIII. *g.* 27.)

der Andre Keller, zu Inspruck der Georg Libich vnd ain
schwester. (Amon an die ausgebliebenen Falkensteiner Brüder,
Cod. VIII. *g.* 27.)

d) Im 1541 Jar ist vnser liebe guete Brueder Antonj
Erdforter[1] im Herren entschlaffen. Cod. 236.

1542.

Anno 1542 vmb Liechtmess ist der Brueder Hans Amon
oder Tuechmacher, ein bewärter Euangelischer Diener Christy,
vnd der gantzen gemain gottes vorsteher, nach vil seinem
erlitnen kampff vnd streit, nachdem er vns, seines glaubens
genossen, vil heilsamer leer mitgetailt, zu Schäckowitz im
Mährerlandt, mit fridlichem hertzen im herrn entschlaffen. Er
hat die gemain gottes (ganz trewlich *B.*) bis in daz sibent Jar
mit dem wort gottes versorgt vnd geregiret vnd den gefangnen
brüedern zu seiner Zeit gar tröstliche sendtbrieff[2] zue geschriben vnd sy in Irem Trüebsal damit getröstet vnd haimbgesuecht, (dabei man seinen Eifer vnd Lieb noch heut erkenen

---

[1] Ueber Antoni Erdforter, den bedeutendsten der Taufgesinnten, die
aus Kärnten zu der Gemain nach Mähren kamen, vorzüglichen Diener des
Wortes und besten Liederdichter unter den Brüdern, sieh' meinen Beitrag etc. in der Zeitschrift: Archiv des histor. Vereins für Kärnten 1867.
Die Schriften, die er hinterliess, sind: 1. der in seinem Hause zu Klagen-
furt im September 1538 (vor seiner Vertreibung) geschriebene ,Urlaubs-
brief' (Cod. 234 und 190 etc.); 2. das Lied: ,Ich armes Brüederlein klag
mich sehr', seine eigenen Drangsale schildernd (Cod. 232); 3. das Lied:
,Susanna war in eugsten gross' (Cod. 203); 4. das herrliche Lied: ,Wol
auf, wol auf von hinnen, in kampf ir brüeder wert' (Cod. VIII. c. 340
Pest.); 5. das sogenannte Stainabrunner Lied: ,Von trüebsal, schmertzen,
elend gross' (Cod. 212. 232), und 6. die Epistel, die er mit diesem Liede
1540 den Gefangenen von Stainabrunn zur Tröstung und Erbauung auf
den Falkenstein gesendet hat (Cod. 190).

[2] Solcher Sendbriefe fand ich 17, die meisten im Cod. VIII. *g.* 27 der Pest.
Bibl. Die hier gemeinten sind: a) an die Gefangenen in Mödling, 1537;
b) an die Brüeder in Banden auf dem Falkenstain, 1539; c) an die aus-
geblibnen in Triest, 1540; d) an die Brüeder zu Genua oder auf dem
Mör, 1540. Ausserdem erhielten sich zwei Lieder Amon's:

1. ,O! ir hertzlieben brüeder mein	2. ,Der ewig Gott der mächtig, hat
Ein gfärlich zeit thut es iez sein,	Sich geben zu erkennen
Wie wir's vor augen sehen.'	Durch seine krafft,
(Cod. 232 und 236 Pos.)	All Ding geschafft,
	Die Himmel sind werkhe seiner
	hende.'
	(Cod. G. J. XI. 27.)

mag, *B. E.*), vnd hat vor seinem Abschaidt dem Leonhart Lantzenstil oder Sailer die gemain gottes bevolhen zu versorgen, der waz ein fromer redlicher man, vnd hat die gemain gottes trewlich versorgt. *A.—L.*

Zur selben Zeit ist der Br. Peter Ridemann vmb der götlichen warhait willen zu Walkersdorff in Hessen gefangen gelegen. Ist mittler Zeit durch gottes anrichten ledig gelassen worden. Da ist er zu der gemain gottes kumen vnd (hat) dem Leonhart Lanzenstil den last der gemain helfen tragen (vnd Regieren). *A.—L.*

Zur selben Zeit (*C. L.:* vnter diesem) meret sich daz volckh gottes täglich vnd got gab seinem wort, daz durch seine sendtboten gepredigt wardt, zeugnuss (vnd krafft). *A.—L.*

(II. Abschnitt.)

Die Gemain dem Leonh. Lanzenstil (Sailer) und Peter Ridemann vertraut (1542—1547).

1542.

a. 1) Anno 1542 ist der Leonhart Bernkopff zu Saltzburg (*R.:* Schatzburg) vmb des glaubens willen gefangen vnd vil an im versucht worden, ob sie in abfällen möchten. Als er aber auf dem engen vnd schmalen weg der warhait gottes standhafftig behart, vnd kein abstehen bei im zu versehen war, habens in demnach zum todt verurtlet, ausgefuert zur Richtstatt vnd ein fewer vmb in gemacht; aber er blib herzhafft im herren vnd sprach noch zu den Henckersknaben: Disse Seiten ist genug gebraten, keerent mich um, vnd bratent die andere seiten auch. Hat also den Sieg behalten. Darumb wirt er auch in Jener Zeit in seinen Henden haben gottes Harpffen, vnd mit allen Vberwindern im glauben singen das Liedt Mosy, des knechtes gottes, vnd das Liedt des Lambs. *M. P. Q. R.*

a. 2) Cod. *N.* (s. a.): „Jerg vom stain, Leonhard Bernkopff von Salzburg zu Salcza gericht worden.‘

b) A° 1542 ist der Burckhart Bämrl zu vns komen, vnd sich im Herren mit vns verainigt. Er ist erstlich zu Auspitz bey den Philippischen gewesen, demnach mit denselben hindan komen, welche wider hinauss ins land zohen, sich mit

den Schweitzern[1] verainigten, bey welchen dieser Burckhart
ein Diener im wort gewesen, vnd als er sich mit vnserer Gemain verainigt, hat man ihn auch bey vns im ampt des worts
dienen lassen. Hernach vmbs glaubens wegen, im 1557 jar
gefangen, gereckt vnd gemartert worden, dass die Sonn hat
mögen durch in scheinen, ist wider auss der gefanknuss zu der
gemain komen vnd im herren entschlaffen, 1567. (Erenpreiss
im Cod. Mscpt. *G. J.* X. 14 zu Gran.)

   c) In dissem 1542 Jar ist der (Brueder *C.*) Hanss Hueber
oder schuester,[a] zu Wasserburg im bairlandt[b] gfangen glegen
vnter dem Graffen von Öttingen. Als sie vil mit im angefangen,
in abzutreiben vom glauben, er aber ganz beständig verhart
vnd bezeugt, das diss der recht grundt der warhait Gottes sey,

---

[a] von Braunöcken, Cod. *N.* — [b] in bären *C.*

[1] ‚Schweizer Brüeder.‘ Unter dieser Benennung sind in Mähren 1. die
nach Hubmaier's Abscheiden verwaisten Nikolsburger Brüder, 2. die
Schweizer Taufgesinnten, namentlich jene, die sich in der Pfalz und bei
Kreutznach niedergelassen hatten, zu verstehen. Die Ersteren, obschon
nach Hubmaier's Tode ohne Haupt und in Folge des Auszuges der
Austerlitzer aus dem neuen Zion auf ein Minimum zusammengeschrumpft,
dazu von dem katholisch gewordenen Grundherrn Jan von Liechtenstein
preisgegeben, erhielten sich nichtsdestoweniger unter dem Schutze des
Herrn Leonhard von Liechtenstein auf dessen Dominien, wie zu Bergen,
Polau, Wisternitz, Voitsbrunn, ausserdem aber, des Schutzes der Grundherren versichert, in Tasswitz, Urbau, Seletitz und in der Bergstadt
Jamnitz, wo Oswald Glait bis zu seinem 1545 in Wien erfolgten Wasser-
tode, ihr Vorsteher war. Nach den ‚Bekenntnussen‘ der Passauer Gefangenen hatten sie 1534 zu Urbau einen Vorsteher Namens Ulrich
und zu Tasswitz abermals einen Vorsteher, den Hans Kellermann, mit
etwa 50 Brüdern, ‚denen die zu Auspitz widerwärtig waren‘. Als anno
1535 ein Häuflein der Jamnitzer Brüder bei Passau den bischöflichen
Spähern in die Hände fiel, sandte ihr Grund- und Schirmherr, der Landrichter Heinrich von Lomnic, seinen Burggrafen nach Passau, um gegen
Selbstbürgschaft für Schaden und Atzungskosten die Freilassung der
Gefangenen zu fordern. Sie wurde bewilligt. Durch die Verfolgung des
Jahres 1535 waren die Schweizer Brüder auf Null reducirt, allein keineswegs vernichtet oder ‚ausgerodet‘, wie man gewöhnlich meint. Mit Zu-
zügen aus Deutschland verstärkt, sammelten sie sich wieder in Poblau,
Muschau, Znaim, Tasswitz und mehreren anderen Orten des Landes, verloren sich aber allmälig in den Huterischen. Den Anfang machte 1543
Klopfer in Poblau mit seinem Anhange. Dass sie jedoch auch noch
1591 in und um Znaim existirten, zeigen die Aufzeichnungen der ehemaligen Abtei Bruck. (Mscpt.) In Eibenschitz, dem Asyl aller Confession, hatten sie noch 1618 in der Vorstadt eine kleine Gemeinde.

darin er stee, ist er* zum Todt verurtlet vnd ausgefüert worden. Als im das feuer vnders angesicht gstossen, das im haar
und Bart abgesengt hat, fragten sie in noch, ob er absteen
wolt, so wolten sie im das leben fristen; aber er wolt nit absteen. Also wardt er Lebendig[b] verbrannt. Hat dem herrn sein
tauffglübt Trewlich bezalt. *M. P. Q. R.*

d) In dissem 42 Jar sein 5 Brüeder, als Peter Walpot,
ein tucchscheror, Caspar Behamb oder Seidelman, ein messeror,
Michel Madschidl, ein schuester, Jacob Kircher vnd Simon
Wändl, in Dienst des Euangelions erwölt vnd' fürgestelt. Da-
mahls wurden auch 5 Brüeder in Dienst der Notdurfft ge-
orndet, als: Christan Häring, Andreas Stuckh, Peter Hagen,
Clauss Dreutzel vnd Paul Zimerman. *C.*

In dem 42 hat man auch 4 Brueder, als: Vlrich Hoffer,
Hans Gregkenhoffer, Stoffl Niedermär oder spengler vnd wastl
Schmidt zu schäckhowitz in Dienst der Nothdurfft erwölt vnd
fürgestellt. *C.*

1543.

a) Anno 1543 hat sich der Hanss Klopffer[c] von Fewer-
bach, selb fünfter, mit den hueterischen Brüedern zu Schäckowitz im herrn verainiget. Er ist vorhin bey den schweitzer
Bruedern ein Diener (*G. J.* X. 14: Leerer) gewessen, ist demnach auch bei den hueterischen Brüedern in Dienst des Euangelions verordnet worden. Dez hab ich (*B.:* hat man) von
Görig Starcken zeugnus, dan er ist mit dem Hansen Klopffer
her zue (der Gemain) komen. *A.—L.*

Hans Klopffer (hat) zu Polaw an dem Magdeberg, in
Märhern gehaust vnd ist von den Schweitzer Brüedern
aussgangen vmb folgender vrsachen vnd articlen wegen, die
er inen auch zuvor oben in Tasswitz, da sie versamlet waren,
hat angezaigt, vnd darneben zu inen gesagt, dass er sich nit
frey wisse vor Gott, so ers inen nit zuvor het anzaigt:

Erstlich: dass sie die recht Christliche gemainschafft verlassen, darnach sie denn Gott verlassen, dass sie auss einem
vnrechten in das ander komen seyn.

2. dass sie blutsteuer geben vnd helffen damit zum krieg
vnd bluetvergiessen.

- - -

* Cod. *C.:* alss man in nach vil handtirens vom weg der warhait nit ab-
fellen kundt, hingericht worden. — [b] zu Wasserburg *N.* — [c] Klopfler *B.*

3. dass ihro ältesten oder leerer an iren ämptern gezweiffelt, haben den dienst verlassen vnd sein davon gelaufen, darnach sich selbst wiedervmb angestellt, damit auss dem werck des Herren ein gespött trieben.

4. Haben sie einen grewel erdicht, auss des fleisches anschickung, dass sie zugeben haben, dass alle sünd zwischen brüedern vnd brüedern sol hingelegt werden, — es sey ehebrechen, dieberey vnd was dergleichen ist, mit welchem sie vnraine geister vnd vnraine hertzen vnder sich gesammlet vnd irer sünden sich theilhaftig vnd gemain gemacht haben. — So hab er bey 10 oder 12 händel inen anzaigt vnd die personen mit namen genennt, auch wo es beschehen ist vnder inen. Darauf er sich von inen gewendet vnd mit vns, da ers besser befunden vnd erkennt, sich verainiget. Demnach bey vns auch in dienst des Euangelions verordnet worden (1550), in die landt hinauss geschickt zum werck des herrn vnd vil menschen zur warheit bezeugt, letzlich bei der gemain im herren entschlaffen. (Erenpreiss im Cod. *G. J. X.* 14 und Cod. 235.)

b) In dem 43 Jar haben die Brueder zu Lundenburg [1] ein Hauss kaufft, dasselb zuegericht vnd da gewont, auch das schuesterhauss, da daz bad ist. *C.*

c) Umb disse Zeit des 1543 Jar ist ein Brueder, mit Namen: Damian (*M. N. Q.:* Thaman), aus dem Allgay, zu Ingolstat gefangen worden, am herabziehen. Als er sich vom glauben keineswegs nit wolt abfieren lassen, ist er verurtailt worden zum Todt. Am hinausfueren redt er zum volckh, also, das ein student sprach: ,Ains muess sein. Disser Mensch hat entweder den lebendigen teuffl, oder aber den geist gottes, das er so vil waiss, nachdem er sonst, dem ansehen nach, ein ainfältiger mensch geschienen hat.' Es sprach in auch einer an vnd fragt: Ob er sterben wolt, wie ein fromer Christ? Er sprach: „Ja.' Da fragt er weiter: ,Was gibst du vns dan für ein zaichen, da bej wirs erkennen?' Der Brueder sprach:

---

[1] Lundenburg (slav. Břetislava, auch Břeclav), ein Markt in Mähren, nächst der österreichischen Grentze am Thayaflusse. Im 13. Säculum der Mittelpunkt einer eigenen Provinz, gehört dieser Ort zu den ältesten im Lande. Im Jahre 1426 setzten sich hier die Hussiten fest, 1543 die Wiedertäufer, aufgenommen von den Herren von Žerotin, denen Lundenburg damals (1543) gehörte und bis 1620 eigen blieb.

‚Schau auf! wan man mich verbrent, so wirt der rauch geradt auf gen Himmel geen!‘ Vnd es geschah also. Wie er hingerichtet war, fragt der Henckher nach seinem brauch: Ob er recht gerichtet. Da sprach der Richter: ‚Hab' gerichtet, wie Du wilt; ich hab nit geurtailt!‘ Also hat disser Zeug gottes vnd Christi die Cron der Martyrer erstritten. *M. P. Q. R.*

1544.

a) Anno 1544 ist der Brueder Hänsel Mändl oder klain Hänsel auf Landeckh im obern Inthal, vmb der götlichen warhait willen gefangen glegen; ist aber aus anschickung gottes vnverletzt an seinem gewissen erledigt worden.[1] *A. — L.*

b) In dissem 1544 Jar (*A.:* zur selben Zeit) ist auch der Brueder Jörg Libich (Lübich) vmb der götlichen warhait willen auff Fellenburg (Vellenburg) bey Innspruck gefangen glegen vnd durch das anrichten des allmechtigen Gottes vnverlezt an seinem gewissen erledigt worden. *A. L.*

Nachdem aber dises sonderlich ein böser thurn[2] ist, von vngcheuer der Geister (oder bösen Feinds), wie man wol waiss, hat der lieb Brueder darinnen vil vberstandten, vnd versuecht müessen werdon, vom bösen feindt, der in, in sichtbarlicher gstalt versuecht hat, sonderlich des ersten Jars vil mit im an-

---

[1] Hans Mändl, eine der bedeutendsten Persönlichkeiten unter den Wiedertäufern seiner Zeit, welcher über 400 Personen wiedertaufte, war gebürtig von Albeins bei Guffidaun in Tirol. Er wurde anno 1537 im Herbst durch Offrus Grissinger getauft ‚zwo meil wegs von Stertzing In einem Tal vnd walt, genannt: der weissen pach'. Allein schon im ersten Jahr, ‚wie er den glauben angenomen, ist er zu Störzing gfencklich einkomen vnd bis in die 26 Wochen gfencklich gelegen, aber Gott hat im wider davon gholffen'. Zum anderen ist er (laut seines Verhörs zu Innsbruck anno 1561) ‚vor 18 Jaren (also 1543) zu Landek gfencklichen einkomen, vnd bis in die 22 Wochen gelegen, daselbst auch hart peinlich gemartert worden, aber mit gottes Hilff zum Turn auskomen'. Auch das dritte Mal entkam er anno 1548 aus der Haft zu Rodonek. Das vierte Mal, zu Rosenheim in Baiern 1560 gefangen, endete er 1561 zu Innsbruck auf dem Scheiterhaufen. Siehe 1560.

[2] Hans Mändel, der 1561 ebenfalls darin lag, beschreibt ihn also: ‚Er ist zimlich tüeff. Ich hab von 6 klafftern gehört; aber er hat Fensterle in der Höh — vnd die sonn scheint ein weil herein, das es licht ist.‘ (Mändel's ‚Sendtbrieff an seine Mitgefangenen', 1561, im Cod. 234 Pressb. Cap.-Archiv.) Die ‚Vellenburg', durch die Gefangenschaft des Sängers Oswald von Wolkenstein bekannt, ist dermalen eine unbedeutende Thurmruine.

gehebt. Er kam zu im in gestalt einer Jungfrawen, vnd wan
er betet, legt er sich im etwa die weil ins Bett, in weibes-
gestalt, das er in mit müeh kaum herauss kundt bringen oder
davuon kuglen. Er versuecht in auch zu heben, als ob er in
wolt darvon füeren; aber er vermocht es nit. Er kam etwa
in eines Jünglings gestalt, auch in kriegsknechtischer gestalt,
vnd hueb vil vnd mancherlej an. Wenn er dan nichts schaffen
kundt, oder aussrichten, fuer er oben aus zum Thurn, (mit
einem so graussamben gestanckh, den er hinder im liess, das
der Brueder onmechtig möcht worden sein). Er sagt im auch
vil, was bej der gemain im Landt geschicht vnd geschehen
wer, vnd solche Brüeder hette er! vnd dergleichen; hielt im
auch für, was er gethan hett, vil schlechter Ding, da er im
gern auss einer Mucken ein Kamel gemacht hett, auss einem
kleinen ein grosses; (aber er liess sich nit schrecken). Er hielt
im auch vor, wie das er sich ausgeben, er liebe seinen Nächsten,
wie sich selbs; aber er hett die Rünfftl vmbs brot, (da ers am
liebsten gessen), abgeschniten, der nächst hätte das andere
schneiden müessen, vnd dergleichen mer fantasey, (die er im für
rupfft.) Wen ims aber der Libich wider sagt, wie im seine
Brüeder, vmb solche Ding angeredt vndt gestrafft, er sich
darnach habe gebessert vnd derhalben sich nit liess kleinmüetig machen, da kundt der feindt nichts schaffen, das er in
leztlich zufriden liess, vnd nit mer mit im anhueb. Hier (aus)
sieht man, was der Teuffel mit seiner versuechung kan. Damit
es aber der Teuffel genueg versuechet, vnd nit allein durch
sich selbs, sunder auch durch seine Kinder, so was ainer, genannt der Docktor Weber,[1] der verklaidet sich vnd kam zu
im ins gefenckhnus. Einsmals kam er, wie ein Brueder be-
klaidt zu dem Libich, vnd stelt sich, wie ein Brueder, bot im
den Frieden vnd sprach: Der Herr sey mit uns mein Brueder,
in, vnder solcher schalckhait also zueverfüeren vnd zue be-
triegen. Der Libich aber fragt in, wer er wer? vnd wo er her
komb? Er sprach: Er käme aus Märhern von der gemain
gottes. Da fragt in der Libich: Wass er den für Potschafft
brecht? vnd wie es stuendt vnd gieng in der gemain? Er
sprach, die gemain vnd Brüeder weren all verjagt vnd zerstrait

---

[1] Unter diesem Namen besuchte ihn Dr. Gall Müllner, Hofprediger zu
Innsbruck.

vnd kainer mer beim andern vnd wer auss mit lnen! Do
merckht der Libich, das es ein betrueger war, verwiss im sein
schalckhait, die er wol verstuendt, vnd fertiget in ab mit ernstlichen Zuereden, das er ein weil daran het gedenckhen mögen.
Vber das alles, damit nur alle Versuechung vollendt vnd
keine vnderlassen wurde, so haben die gottlossen vnd Kinder
des sathans, ein schwester, die auch vmb glaubens willen gefangen lag, mit Namen Vrschel Hellriglin, ein schöns jungs
mensch, zu im ins gefenckhnus glegt, vnd dem Libich an sein
Fuess gehenckht, (vnd vil Zeit also bey ein ander gelassen).
Was der Teüffel vnd seine Kinder gern gesehen hetten, ist
guet zu denckhen. Aber sie waren redlich vnd gotesforchtig
vnd liessen sich durch keinerley versuechung bewegen oder
zue Fal bringen, (wider den Herren zu sündigen B.). Das ist
die Vrschl Hellriglin, von der noch ein liedt [1] vorhanden, das
sie gemacht hat. Auch der Geörg Libich hat etliche Lieder [2]
gemacht in seinem gefencknus, die man noch in der gemain
hat vnd singt. Dieser Libich wisst den Tag ein Jar lang
vorhin, an welchem er ledig würde werden; aber das Jar
wusste er nit. Wenn dieser Tag fürvber kam, wusst er wol,
das er noch ein Jar liegen mueste. Ist auch hernach am selben
Tag ledig worden vnd zur gemain herein gezogen, demnach
im Herren entschlaffen (zu Puslawitz [3]) vnd die Vrschel Hellriglin, die (dazumal zue Inspruck, C. I.) bei im gefangen gelegen, ist auch durch gottes anschickung, vnverlezt ires glaubens
(vnd gewissens), erledigt worden vnd zur gemain herein komen
(vnd darbey im Herren entschlaffen). [4] A.—M. P. Q. R.

---

[1] Ursula's Lied: ,Ewiger vatter im Himmelreich — Ich rüef zu Dir gar
innigkleich' findet sich in mehreren Handschriften, z. B. Cod. 194, 236
Pressb. Dom-Cap.

[2] Libich's Lieder finde ich unter seinem Namen nicht, wohl aber Erzählungen über seine Haft, z. B. im Cod. 234, fol. 182 des Pressb. Dom-Cap.

[3] Puslawitz (Poslawitz), das jetzige Pfarrdorf Bohuslavic bei Gaya in Mähren,
gehörte zur Herrschaft Bučovic und mit dieser 1544 dem Oberstland-
richter Wenzel Černohorský von Boskovic, 1558 seinen Söhnen Albrecht
und Šembera. Neben Wiedertäufern wohnten hier im 16. Säculum
meist Picarden.

[4] Libich und Hellrigl machten dem Innsbrucker Regimente viel Sorge.
Libich wurde 1538 von der Gemain in Mähren ,vmb göttlichen geschäfts
willen' nach Tirol entsendet, allein in einem Dorfe im Innthal gefangen und in den Thurm des Vellenbergs gelegt. Nachdem er, allen

c) Anno 1544 ist vns vom Landtag verboten worden, die Woll für vnsere Werkstätten anders wo, als in den königl. Stetten oder auf den Schlössern und Höfen der Grundherren zu kaufen. (Cod. XIX.)

Bekehrungsversuchen des Dr. Gall unzugänglich, zwei Jahre in diesem Kerker gelegen war, zeigte dies die Regierung dem Könige an, begehrte Bescheid, was mit ihm geschehen soll, und ob er nicht etwa, da er sich als verstockt erwiesen, mit Anderen seines Schlages dem Andre Doria auf die Galeeren überschickt werden möge. König Ferdinand liess sich den Antrag gefallen, allein die Absendung unterblieb aus dem Grunde, weil es der Regierung, laut Berichts vom 16. December 1540, nicht opportun erschien, Eines Gefangenen wegen sich in Unkosten zu versetzen. Libich blieb daher auf ,dem Schloss' Vellenberg und lag da noch zwei weitere Jahre. Aus uns unbekannten Gründen wurde er schliesslich vor ein Schwurgericht gestellt und dieses half ihm zur Freiheit. Denn die Rechtssprecher des Landgerichts Sonnenburg waren nicht gewillt, ihren Wahrspruch den Satzungen der ausgegangenen Mandate zu unterordnen und erkannten zu Recht: Libich sei lediglich des Landes zu verweisen. Dieses ,Urtl' wurde mit Regierungsberichte vom 24. September 1542 Sr. königlichen Majestät vorgelegt, mit der Bemerkung, Libich sei zwar ein Wiedertäufer, aber kein Rückfälliger, auch kein Vorsteher, dazu nur auf dem Durchzuge durchs Land festgenommen worden und habe Wenige verführt. Dazu sei er mittlerweile ,von seinem Irrsal abgestanden vnd habe sich bekehrt'. Frage, was hat nun mit ihm zu geschehen? Des Königs Bescheid (ddo. Wien, 21. December 1542) lautete: Ihn bis auf den Frühling im Gefängnisse zu behalten, dann aber gegen Wien zu überliefern, ,um auf die schiffung wider die vnglaubigen geschickt zu werden. Damit sich aber die Rechtssprecher hinfür in dergleichen Fällen den ausgegangen mandaten gemäss halten, vnd nit, Irem guetansehen nach, erkhenen, so ist es vnser bevelch, das Ir solche Rechtsprecher in pflicht nemen lasset, das Sy gestracks nach anwaisung solcher Mandat, vnd nit anders vrtlen wollen'. Der nächste Frühling verstrich und Libich blieb noch immer, wo er war. Erst über neuerliches Einschreiten der Regierung kam die allerhöchste Entschliessung: ,Es bei dem Vrtl bewenden zu lassen' und die Weisung: ,wo sich dergleichen vbersehen zuetragt, den Obrigkniten durch die Finger zu sehen'. Demgemäss wurde Libich nun, den 24. April 1544, des Landes verwiesen, mit der Warnung, sich bei Verlust von Leib und Leben darin nicht wieder betreten zu lassen!

Mit ihm kam 1544 zur Gemeinde Ursula Hellrigl, eine Bauerstochter aus dem Petersberger Gerichte. Sie wurde, kaum 17 Jahre alt, ,als mit dem Widertauff befleckt', eingezogen und auf Petersberg eingekerkert. Fünf Quatember hindurch lag sie hier ,herticlich verstrickt, mit geringer speis enthalten'. Darauf wurde sie auf den Vellenberg, dann nach Innsbruck in den Kräuterthurm gebracht und ,aus Erbarmdtniss weiplichen geschlechts vnd irer jugendt' durch Dr. Gall und Andere gütlich besprochen, um sie von dem Irrsal abzubringen. ,Der schrifft

1545.

a) Anno 1545 am 6ten Tag (*A.:* 16ten) Januarj hat sich der Bärtl Riedemär (Riedemair oder, wie man In genent' hat: Schlessinger), selbs vierter, nämlich: der Fabian Fütz vnd Merten Weit (*F. I.:* veit) vnd Jacob Heusler zu schäckowitz (*A.:* schaickowitz) mit den huetrischen Brüedern (im Herren) vereiniget. Der oben genante Bärtl hat vorhin bey den Gabrielischen Brüedern (nach dem willen Gottes vnd bewelh der gemain), dem Herren vnd seiner (heiligen) gemain mit dem wort gottes gedient. *A.—L.*

b) Es ist aber zu derselben Zeit vnd hernach vil volckh (nach dem willen gottes), von den Gabrielischen Brüedern zu der gemain gottes komen. *A.—L.*

wenig belesen setzte sie Iren grund allein auf die vormaint frumbigkait irer sect vnd der welt gemain leichtfertig wesen vnd war nit abzubringen.' Ihre Mutter, ebenfalls taufgesinnt, starb im Kerker; ihr Bruder, der in Mähren bei den Täufern gewesen, fiel ab. Dieser und seine Geschwister baten um ihre ,Erledigung'. König Ferdinand war nicht abgeneigt, sie ,zu begnaden', trug jedoch Bedenken, dass, im Falle sie ,unwiderrueffen' ledig würde, dies ,andere Vnverständige' in ihrem Irrsal bestärken möchte, und verordnete ihre weitere ,güetliche Unterweisung!' Im Jahre 1540 wiederholten ihre Angehörigen ihre Bitte mit dem Beisatze, sie im schlimmsten Falle des Landes zu verweisen, und die Regierung befürwortete das Majestätsgesuch, auf die grossen Atzungskosten, die den Verwandten unerschwinglich sind, hinweisend. Die Resolution ddo. Wien, 13. August 1540 lautete, die Gefangene solle ,in die wälsche landt, da sy der sprach nit kundig', verschickt werden. In Folge dessen wurde sie 29. Jänner 1541 dem Pfleger anf der Haselburg mit dem Befehle zugeschickt, sie auf Sigmundskron ,gefäncklich einzulegen vnd mit ziemlicher speiss vnd trank, on wein, auch ziemlicher leibskleidung zu unterhalten'. Die Kosten werde man vergüten. Auf wiederholte Anfragen am Hofe, was endlich mit der in Vergessenheit gerathenen Gefangenen zu geschehen habe, kam für sie anno 1543 ,vmb des weiplichen geschlechts blödigkait willen auch von wegen irer jugendt vnd fürpitten' die ersehnte Begnadigung und für den Untermarschalk Offenhauser der Auftrag vom 9. October, sie in Freiheit zu setzen, ihr aber vorher geschriebene Urfehde abzunehmen und sie anzuweisen, ,auf nimmer wiederkehren das landt zu räumen, sonst verliere sie leib vnd leben'. Die Freundschaft hatte die Kosten der Atzung zu tragen, und darum war mit der Entlassung nicht eher vorzugehen, als bis diese bezahlt sind. Da erbot sich der Gerhab, Peter Müller von Silz, für die Kosten zu bürgen, und sie selbst gelobte, ,von Stnudt an aus dem Lande zu ziehen'. Erst da erschlossen sich ihr, nach fünfjähriger Haft, die Kerkerthüren! (Lib. caus. dom. An küng. vnd Von kön. Maj. ad 1539 -43 im Innsbr. Statth.-Arch.)

c) Anno 1545 ist der Brueder O s w a l t G l a i t ª zu Wien in Österreich vmb der göttlichen warhait willen gefangen glegen, vnd daselbs ᵇ in der Thonaw ertränkht worden. Da hat er die göttliche warhait ᶜ Redlich ᵈ mit seinem bluet (vnd leben) versieglet vnd bezeugt, wie den das lie d t, das von Im gemacht ist worden, (von seinem glauben vnd ritterlichen kampff) zeugnus gibt. ¹ *A.—L.*

ª *A. C. G. K. L.:* Brueder Oswalt. — ᵇ zum todt verurtailt *E. L*, vnd umb mitnacht *N.* — ᶜ *D.:* den glauben. — ᵈ *L.:* ritterlich.

¹ O s w a l d u s Glayt, von den Täufern auch Oswald von Jamnitz genannt, war von Cham in der bairischen Oberpfalz gebürtig. Nachdem er den priesterlichen Stand verlassen, kam er, nach vielen Kreuz- und Querzügen, mit den Zugvögeln der Reformation nach Oesterreich und wurde ‚Predicant‘ zu Leyben. Von da ‚umb des wortes gottes‘ wegen, wie er angibt, vertrieben, wandte er sich anno 1525 gegen Nikolsburg und wurde daselbst des Hansen Spittelmayer’s Gehilfe. Als im März 1526 zu Austerlitz der durch Dubčansky und Andere veranlasste Convent der utraquistischen und anderer ‚Priesterschaft‘ abgehalten wurde, um da über gewisse Artikel und Fragen ‚in christlicher Liebe und Einigkeit‘ heilsame Beschlüsse zu fassen, stand Oswald mit den Nikolsburgern, durch Probst Göschl von Kanitz dahin abgesendet, in den Reihen der Evangelischen, ‚den behaimischen, d. i. den von baider gestalt‘, gegenüber. Glayt beschreibt die Versammlung und das Ergebniss derselben in seinem Büchlein ‚Handlung yetz den XIIII tag Marcy dis XXVI iars, so zu Osterlitz etc. beschehen vnd in Syben Artickel beschlossen‘. [Sie mögen in 43. *K.* 112 der kais. Hofbibl. oder in dem Nachdruck zu Zürich (Stadtbibl.) und Freiburg i. Br. nachgelesen werden.] Die Nikolsburger galten bisher einfach für lutherisch und wollten selbst dann noch für Evangelische gelten, als Hubmaier’s Anabaptismus in ihrer Mitte bereits das Scepter führte. Hubmaier’s literarische Thätigkeit war für Glayt ein Sporn zur Herausgabe des Büchleins: ‚Entschuldigung Oswald Glaydt von Chamb, Etwan zu Leyben jn Osterr. yetzt prädicant zu Nicolspurg Etlicher Artikel verklerung. Nicolspurg 1527 ged. durch Simprecht Sorg, genannt Froschauer.‘ Das Schelten und Verdammen ‚der Feinde der ewigen Warhait, der Widersacher des Wortes Gottes‘, darunter namentlich die Barfüsser von Feldsberg, gegen welche schon Spittelmayer in seiner Schrift: ‚Entschuldigung Joannis Spitelmayer prediger ‘ zu Nicolspurg, von wegen ‘ etlicher artickeln, jme von dem Closter der stat Veld sperg sunderlich feindt des creutz Christi, ‖ on alle vrsach ⸾ zuegemessen (o. O. u. J. 4⁰, 4 Bog.; höchst selten, in meiner Sammlung) zu Felde gezogen war, zum Schweigen zu bringen, war der Zweck dieses Büchleins, in welchem er sagt: ‚Sy schreyen auf der Kanzel: hütet euch vor der neuen Lutherischen Lehr, es ist kätzerei! Lauft nicht gen Nicolspurg zur Predigt, es sind lauter Kätzer da! Sie essen freytags fleisch, halten keine feyertage, die pfaffen haben Eheweibor u. d. m.‘

d) In dissem 45 Jar, lst der Br. Hannss Blüetl zu Riedt im Baierlandt (durch ein gottlos Judaskindt) gefencklich eingezogen worden, alda er dan (in seinem gefencknus vom Teuffel) auff manicherlej weg versuecht wurde, in kleinmütetig zu machen. Als er aber (weder durch solchen teufflischen list, noch) durch keinerlej Tyrannaj oder marter, deren er vil Vborsteen muest, nicht mocht abfällig gemacht werden, sondern gantz treu vnd beständig blib, (vnd vor dem, was im Gott zu erkennen geben hat, nit weichen wolt, wardt er zum Todt verurtlet vnd lebendig verbrennt. Er ging mit lachendem mundt zur Richtstatt hinaus,

Solchen Klagen folgt eine Abhandlung, (aus welcher Hubmaier's und Zwingli's Thesen, in massenhafte Schriftcitate eingeschnürt, deutlich herunstreten), über den Glauben und seine Bethätigung durch gute Werke, über Aurufung der Heiligen, Almosen geben, Priesterehe, Bilder, Sacramente, freien Willen etc.

In dem Streite Hubmaier's contra Hut stand Oswald auf Seite des Letzteren und folgte ihm nach der Flucht aus dem Schlosse nach Wien in den Kreis der Taufgesinnten, die sich in der Kärntnerstrasse zu versammeln pflegten. Hier taufte er zu Pfingsten 1527 den L. Schiemer. Hans Schlaffer traf ihn darauf in Regensburg und gibt ihm das Zeugniss eines gottseligen christlichen Lebens. Ueber sein Lebensende melden die Cod. *M. P. Q. R.:* ,Im Jar 1545 ist der Br. Oswalt Glait zu Wien in Osterr v. d. g. w. gefangen gelegen vnd vil versucht worden in abzuwenden. Die Bürger kamen zu im ins gefenknus, redeten mit im vnd baten in freuntlich vnd ernstlich, er sol absteen, sie muessten in sunst richten. Aber sie kundten in nit abfüllen. Es kamen auch 2 Br. (Antonj Keim vnd Hanss Staudach, Cod. 190) zu im, welche in trösteten, denen er auch sein Weib vnd kindt benolhen. Nachdem er ein Jar vnd sechs wochen gefangen gewessen, haben in, als umb mitternacht, aus der Statt geführt vnd — ins wasser geworffen vnd also ertreukht in der Thanaw (anno 1546, Cod. 190). Also hat er geduldig vnd trostlich bis ans endt beharrt, darumben in Gott bekröuen wirt. Von dissem Oswalt ist auch ein Lied gemacht worden.' Katharina, seine Gattin, wieder getauft, lebte in dieser Zeit zu Jamnitz in Mähren. Das Lied, dessen erwähnt wurde, ist im Cod. 203 etc. zu finden und beginnt: ,Ir Juugen und ir Alten — Nun höret das gedicht' etc. Der Verfasser ist unbekannt. Von Glayt selbst stammt dagegen das seit 1550 für andere Lieder der Wiedertäufer tonangebend gewordene Lied: ,O suu Davidt erhör mein bitt — Vnd lass dich des erbarmen' etc. (Cod. 203); dann das Lied: Die 10 Gebote: ,Es redet Gott mit Mose — Ich bin der herre dein; — gedr. 1530 und 1563 abgedr. in Wakernagel's K. Lied. III. 524 (s. Gödcke I. 177, Weller's Annal. II. 165). Hubmaier spendet ihm und Spittelmayer die Anerkennung, dass sie 1526,27 ,manlich vnd tröstlich das Licht der Euangel. Warhait anzaigten vnd auf den kirchenstock steckten, dessgleichen er noch an keinem Ort wüste'.

vnd war sein hertzliches begeren, das die steiffhait seines
glaubens, vnd mit was (für ein) todt er Gott gepriessen hat,
der gemain gottes in Mähren kundt gethan möcht werden. Wie
sich dan auch baldt ein eiffriger man fand, der verhiess ein
solches der gemain in Märhen anzuzeigen, das er zu Riedt
(in Baierlandt) verbrannt [1] sey worden, vmbs glaubens willen,
welches den Brueder Hanss muetig vnd fraidig macht. Das
volck, das gegenwärtig war, sein endt zu sehen, ermanet (er),
das sie Buess thun vnd vom bösen (vngerechten) vnd lasterhafften leben absteen sollen, sonst werdt sy gott mit seinem
gericht haimb suechen vnd (sie vmb irer sündt mit ewiger
pein) strafen. *B. C. P.* Da nun das Feuer wardt angezündt,
sagt er: Ich nimb zu zeugen himel vnd erdt, dass diss die
warhait vnd der weg zum ewigen leben sey, auch die recht
gemain gottes. Dess wirdt Gott heut ein Zaichen geben am
Himmel! Es geschah auch also. Die sonn am Himel entferbt
sich, vnd verbleichet also, als wenn sy kain schein mer geben
wolt. Wie wol der Himel sonst schön hell war, so hat doch
die sonne ein schatten auff die erden geben, einer gelben vnd
blaichen gestalt. Er sang auch im Feuer vnd lobet gott, so
lang er lebet. Sein rauch gieng gradt Vber sich geen himel,
wie ers vorhin bei seinem leben gsagt vnd zum zaichen geben
hat, vnd hat sich auch, wie etliche, die darbey gewesen, gsagt,

---

[1] Aus den Handschriften *M. P. Q. R.* erfahren wir aber, dass Bluetl ‚von
der gemain gesendet‘, d. h. auf einer Missionsreise im Hause eines Schein-
bruders, der den Ergreiferlohn verdienen wollte, festgenommen worden
ist. Ein unbekannter Bruder machte seine Leidensgeschichte zum Objecte
eines 44strophigen Liedes, das sich in den Handschriften 203 und 194
Pos., 512 Brunnens., VIII. c. Pest. und *G. J.* XI. 27 Strigon. etc. vorfindet
und also beginnt:

> 1. Aus Eiffer vnd göttlicher Eeer
>   Ir gläubigen vnd fromen,
>   Bring ich gsangs weis die gschicht daher,
>   (Lassts in eure hertzen komen!)

> 5. — — von ein christlichen helden
>   Denkwürdig vnd gar wert des Ruems,
>   Das wir es also melden!
>   Damit maus bhalt in bedächtigkait,
>   Zum Nutz vnd Trost der Fromen,
>   Sein mandlich that vnd redlichkait,
>   Füergestelt In kurzer sumen u. s. w.

ein Schnee weisse Tauben im Feuer auff gedräet vnd vber sich geen himel geschwungen. *B. C. D. ∽ M. P. Q. R.* Also ist im gott gwaltig beigestanden. *B. C. P. Q. R.* Also hat er im Jar, wie obsteet, vmb St. Johannes Taufferstag, sein leben in grosser Standthafftigkait ritterlich vollendt vnd die warhait mit seinem bluet bezeugt. *D.*

e) Anno 1545 ist der Brueder Anderl Koffler[a] aus dem Etschlandt, zu Ips an der Thonaw vmb der göttlichen warhait willen gefangen gelegen, (vnd als er nit absteen noch verlaugnen wolt, vnd sich durch die falschen Propheten nit liess abfüeren *M. P. Q. R.*), da ist er auch zum todt verurtailt vnd mit dem schwert gerichtet worden. *A. — M. P. Q. R.* Da hat er die ewig warhait, die got selber ist, ritterlich bis in den todt bezeugt. *A. G. H. I. K.* Ist nun fürhin im thau des ewigen lichts vnd lebens. *M. P. Q. R.*

f) Anno 1545 im herbst hat der (Rauber *K.*) Anderl von Fillach den Brüedern zu Schäckowitz vnd Pulgram vil guts geraubt, als sonderlich vich, Ross vnd oxen vnd wein, indem er also der gemain, durch zuelassung gottes vnd verhänknus der Obrigkait, nit einen klainen schaden zuegefüegt hat. *A. — L.*

g) Anno 1545 den Montag nach Letare kam abermals bevelch von Prag, daz man vns an kein ort im landt mer dulden noch behausen, sunder hinaus jagen vnd nimmer einziehen lassen sollt. Auff das hin haben die Herren des Landts den Künig mer als Gott gefürchtet, vnd haben bewilligt, daz die Brüeder bis zum Kunegunden tag ire Haushaben verlassen vnd die gemainschafft auffgeben müssen, ist aber mit Gottes hilffe nit darzue komen. [1] (Cod. XIX.)

---

[a] *L.:* Klopfer, *Q.:* Kopffler.

[1] An diesen die Gemeinschaft der Brüder bedrohenden Landtagsbeschluss reiht sich ihr ,Sendbrief, an die Herren des landts zu Mährern gesandt Im Jar 1545'. (Cod. 215 Pos. und Cod. *G. J.* VI. fol. 298 in Gran.) Darin geben sie Rechenschaft über einige Artikel ihrer Lehren und Einrichtungen, als: Versammlungen, Steuern, Wohnungen, Obrigkeit, Gewerbe, protestiren gegen die ihnen gemachten Anschuldigungen, rügen die Bereitwilligkeit, mit welcher die ,märher'schen Herren' zum Abbruch der Autonomie des von Gott mit Freiheiten ,den Glauben betreffend sunderlich' gesegneten Landes, ,darin yeglicher seines glaubens geleben mag', auf die Postulate des Königs eingegangen sind, und bitten schliesslich um nichts Anderes, als dass sie sich mit ihren Kindern, alten und

h) In dissem 45 Jar hat man ein hauss kaufft mit aller Zuegehör zu Räckschitz [1] zunägst bei Cromaw, [2] dasselbe zuegericht vnd da gewont. *B. C.*

i) In dissem 45 Jar hat man zu Gobschitz [3] (Gubschitz), Eibanschitz, Pysentz, [4] Napayerle, [5] Paulowitz, [6] Altenmarkht, [7] Lundenburg, Göding, [8] Billowitz, Schaickowitz [9] vnd Paraditz [10] hausshaben angefangen vnd da gewonet. *B. C.*

---

kranken Leuten in ihren Hausshaben so lange aufhalten dürfen, als sie hienieden im Fleische zu leben haben. (*B.* im Anhang zum V. Buche.)

[1] **Räckschitz** =: Rakschitz im Rokytnathale. Im Jahre 1546 gehörte das Dorf dem Herrn von Lipa-Kromau. Johann von Lipa nahm die Täufer hier in seinem Hofe auf.

[2] **Kromau**, mähr. Stadt, der Mittelpunkt einer ausgedehnten Herrschaft, die seit 1320 bis 1620, (mit kurzen Unterbrechungen durch die Krawaře), dem Herrenhause Lipa gehörte, dessen Agnaten hier, sowie in dem benachbarten ,Eibantschitz' (Eibenschitz) den Hussitismus und später das Picarden- und Sectenwesen begünstigten, dagegen das dortige Augustinerkloster seinem Verfalle überliessen.

[3] **Gobschitz** = Gubschitz (Kopčice), im Pfarrsprengel Wolframitz, zu Kromau gehörig.

[4] **Pysentz** Bisentz (Bzenec), mähr. Stadt, bekannt durch seinen Weinbau, der schon 1223 blühte. Der Ort ist uralt und gehörte mit der Herrschaft gleichen Namens und Wessely während der Hussitenkriege dem bekannten Wojwoden Stibor von Stibořic (,totius Vagi domino'), im Jahre 1545 zur Hälfte den ungarischen Edelleuten Šarkan, zur Hälfte den Herren (Paul Johann und Wenzel) von Žerotin.

[5] **Napayerle** Marktort Napajedl an der March, mit 2800 slavischen Einwohnern, im 16. Säculum picarditisch. Auch hier waren es die Žerotine, die den Täufern Aufenthalt gaben.

[6] **Paulowitz** — Pawlovice bei Kostl, zur obigen Zeit (mit Göding) den Herren von Lipa gehörig.

[7] **Altenmarkt** (slav. Stará Břetislava, d. i. Alt-Lundenburg genannt), unter den Žerotinen und selbst noch 1636 war es ein Marktort. Die Wiedertäufer hatten hier ihre Lederfabriken und Gärbereien.

[8] **Göding**, Stadt an der March, seit 1522—1594 im Besitze der Herren von Lipa.

[9] **Schaikowitz** (zu unterscheiden von Schäckowitz — Schákwitz) ist das heutige Čajkowic, das im 13. Säculum Scheykowitz geschrieben wurde; ein Markt nordöstlich von Kostel, zur obigen Zeit grösstentheils picarditisch und im Besitze des Záviš von Wičkow, bei dessen Familie es bis 1620 blieb.

[10] **Paraditz** (auch Paroditz, Baraditz), das jetzige Dorf Bořetic bei Čajkowic.

1546.

a) In dissem 1546 Jar (hat man) zu Pochtitz, [1] Rupschitz, [2]
Wessele, [3] Puslawitz, vnd Sabatisch [4] zu haussen angefangen. *B. C.*

b) Im Jar 1546 sein 4 Brüeder, [5] nemlich der Hanns
Staudach von Kauffbeiern; Anthonj Kaim von Guntzenhausen,
ein Schneider; Blasy Beckh; vnd Leonhart Schneider, auch
beide von Kauffbaiern, als sie mit iren waib vnd kindern herein
zur gemain wolten ziehen, gefangen (worden) in Österreich,
vnd an dem 3ten (4.) tag des august Monats hat man sie geen
Wien gefüert vnd ye zween vnd zween gebunden mit grossen
ketten an die Füess, vnd sie durch die statt gefüert, vnd ir
weib vnd kindt nach inen daher, wie die Vbelthäter, vnd man
hat sie ins gefenknus gefüert, vnd 4 Tage bei weib vnd kindt
gelassen. In denselben 4 Tag hat man sie verhört vnd starck
an sie gesetzt: Ob sie bei solchem glauben bleiben wollten?
Da haben sie: Ja! bekennt. Darauff sie die 4 Brueder in ein
andre gefenckhnus gelegt, die waiber vnd kinder (aber) in des

---

[1] **Pochtitz** — Bochtitz (Bohutice), Centrum eines Gutes, das von 1500 bis
1620 dem Rittergeschlechte der Kusy von Mukoděl gehörte.

[2] **Rupschitz** Hrubčic, ein Dorf am Flusse Iglawa bei Eibenschitz, einst
ein eigenes Gut, 1545 im Besitze des Wenzel von Hodic, seit 1550 mit
Kromau vereinigt.

[3] **Wessele,** Stadt Weseli an der March, zur obigen Zeit dem Ritter Hynek
Bilik von Kornic, einem eifrigen Picarditen, gehörig. Die Wiedertäufer
wohnten hier in der Vorstadt Břeh, gegen Milokost zu, an dem herrschaftlichen Thiergarten.

[4] **Sabatisch** — Sobotišt, ein Marktort in Ungarn (Neutraer Comitats) an
der mährischen Grenze. Er gehört zur Herrschaft Berencs (Branč). Die
einstigen Wiedertäufer, seit 1784 katholisch, bewohnen hier (circa
200 Seelen) einen besonderen Markttheil, den sogenannten Habanerhof,
der aus 40—50 Häuschen besteht. Die hier sesshaften ‚Habaner‘ (auch
Neuhöfler genannt) sind nunmehr grösstentheils slavisirt, denn nur die
älteren unter ihnen sprechen noch deutsch. Sie haben ihren eigenen Seel-
sorger, ihr abgesondertes Gemeindevermögen und hatten auch bis in die
neueste Zeit ihre eigene Schule. Allein ihr früherer Wohlstand ist dahin,
die Gewerbe, die sie ausübten, liegen darnieder.

[5] Cod. *N. F.* 81 a): ‚Anno 1546 hat man in Wien 4 Brüeder mit samt dem
sag auff dem hohen markht gefüert vnd sy enthauptet, zu besorgen einer
auffruer; hatten also die warhait ritterlich bekhent vnd mit irem bluet
bezeugt oder versiglet.‘ b) Cod. *N. F.* 604: ‚Bartelme Weber; Anthonj
Schneider, von Guntzhaussen; Blasy Beck, alle drei Kaufbaiern vnd Hans
Beckh, Lienhart Schmidt zu Wien in Österreich mit dem schwert gericht im 1546 Jar.‘ — Auch *A.* hat ‚Leonhart Schmidt‘.

richters hauss gefüert, vnd die brüeder verhüet, nit vil mit
inen zu reden. Am Sonntag dem 16ten tag augustj, ist vil
volckhs zu inen komen ins gefencknus vnd mit den brüedern
geredt, auch irer waiber halber. Aber sie waren dapffer vnd
beständig, wie wol man inen droët, inon ire Kinder zu nemen.
Doch sein die Weiber mittler Zeit ausglassen worden, vnd zur
gemain herein komen.

Demnach hat man vil arglist mit den brüedern angefangen,
sie zu schrecken, Irre zu machen vnd abzuwenden, vnd sie
4 mal für die obrigkait alda zu Wien gefüert vnd für Münichen
vnd Docktornssen, (die Christus nit vergeblich reissent wölff
nennt,) vor denen man sich fürsehen solle! Den gleich wie die
wölff, so in ainen Pferich komen, wöllen am ersten alles erwürgen vnd todt haben, also ist den falschen propheten laidt,
wo ein frombs onverfüert blieb. Also haben sie an dissen
Liebhabern gottes auch versuecht, aber Nichts gewunen. Sie
haben inen auch des königs Mandath verlesen, vnd inen mit
Feuer vnd wasser vnd schwert gedroët, auch darneben (berathen), das man inen nur wasser vnd brot soll zu essen geben,
vnd sie von einander thuen. Darzue haben sie den Brueder
Oswalt von Jamaitz ertrenckht bej der nacht, wie hievon vorn
steet, [1] vnd haben sie damit erschreckhen wöllen, aber es war
kain erschrecken bej dissen rittern vnd helden der warhait.
M. P. Q. R.

Am pfingstag nach St. Michael hat man Sie abermahls
verhört, ob sie wölten von irem glauben absteen, wo nit, so
haben sie bevelh, das sie's vom leben zum todt bringen mit
Feuer, wasser vnd schwert! Das sei die letste Manung! Da
sie aber mit iren Droën nichts erlangen kundten, haben sies
alle 4 wieder in ein gefencknus gelegt, yeden besonder, den
Antonj Kaim in ein Joppen, welches gefencknus den also haisst,
den Staudach in dem alten gefencknus gelassen, den Blasy in
die holzkammer, vnd den Leonhart sunsten in ein kleine gefencknus. Hernach aber, am aller Seelenabent hat man sie
wider zusamen gethan. Nach dem allen, da sie beständig verhart sein, vnd fort bekent, das sej der rechte weg der götlichen warhait, welches sie mit irem bluete versiglen wöllen,

---

[1] Das ist Oswalt Glait von Chamb, von dem oben beim Jahre 1545 c) die
Rede war.

hat man sie kürzlich nach St. Martinstag, (den 22ten Novembris,) zum Tod verurtlet vnd dem Henckher vberantwortet. Der band sie vnd füret sie morgens, da der tag erst herging, hinaus auf den Richtplatz, damit es nit lautbrecht wurde. Da mans hinaus fuert zur Schlachtbank, so sungen sie frisch vnd frölich. Es war ein Ring gemacht, das sind die Brüeder niederkniet, allda herzlich gebetet vnd dem Herren das brandopfer bracht, vor irem abschaiden. Der Henckher war traurig, thäts ungern vnd mit schwerem Gemuet. Auch die andern Pilatuskinder wolten unschuldig seyn vnd sprachen: Sie müesstens tuen, vmb irer hohen Obrigkeit vnd vmb ires amts wegen. Sie wolten lieber das sy weit hintan wären! Der erste vnter inen gesegnet die andern vnd ermanet, sy sollten nur getrost vnd herzhaft sein. heut wöllen wir bej einander seyn im Reich des himlischen Vaters. *M. P. Q. R.*

Also hat man sy alle 4 enthaubt vnd mit dem schwert gericht, wie dann das lied [1] so brueder Wolf Sailer von inen gemacht, zeugnus gibt, desgleichen das lied, so Hans Gurzhaim, welcher diezeit auch alda gefangen lag, von inen gemacht hat. Auch seind sonst etliche lieder von diesem Hans Staudach vnd sein Mitgefangnen noch vorhanden. *M. P. Q. R.*

c) In dissem 1546 Jar ist auch der brueder, Michel Madschidl oder Kleinmichel genannt, ein Diener Jesu Christi vnd seiner gmain selb dritter, nämlich mit seyn elichen waib, namens Lisabeth, vnd Hans Gurzhaim, ein schuester zu Ortenburg in Oberkärnten gfangen worden, da man sy dan verhört hat. Vnd war vorhanden ein Dechant vnd der Pfarrer von Villach, die hantirten mit ime; aber die brueder gaben inen Antwort, das sy mit Schanden darvon ziehen muesten. Darnach

---

[1] Dieses Lied findet sich unter den 24 Liedern Sailer's, die ich gesammelt, nicht, und ebensowenig jenes, welches Gurzhaim gemacht haben soll. Wolfgang Sailer, ein Diener des Wortes, seines Zeichens aber ein Tischler, hat auch die Psalmen ,gesangsweis' gestellt. Er starb 1550 zu Saitz in Mähren.

An ihn ist die Epistel Antoni Schneider's vom 12. October 1546 gerichtet, datirt aus dem Gefängnisse zu Wien. Von Gurzhaim (vulgo Hans Schuster genannt) entdeckte ich nur zwei Lieder: 1. ,die Harpffen', 2. das Ortenburger Lied (über seine und Madschidl's Gefangenschaft). Cod. 232 und 236 Pos.

fuert mans in eisnen Ketten durch die Steiermark vnd vberantwortet sy gen Wien in das Amthaus, dem Huetstock. Der
sprach: Kombt, ich wil euch in ein Gewölb füeren, da euer
brüeder mer sein, welches war: der vorgemelte Hans Staudach
vnd seine drei Mitgefangene.[1] Da sy zusamen kamen, vm-
fingens vnd kusstens einander vnd lobten Gott, der sy zusamen
het gebracht. Darnach hat man den Hans Staudach selb vierten
gericht, dise aber länger im gefänckhnus, fast bei 3 Jaren,
nemlich bis 1549te Jar behalten. *M. P. Q. R.*

1547.

a) In dissem 1547 Jar ist der brueder Hans Gregenhofer,
Wolf Sailer, vnd Peter Hagen zu Gurda[2] in dinst des wort
erwält vnd in die Versuechung gestellt worden. *B. C.*

b) In dem 1547 Jar haben die brueder zu Frätz[3] gehaust,
vnd auch noch ein hauss zu Pusslavitz kaufft. *B. C.*

---

[1] Ihr Mitgefangener Madschidl (Madscheider) schreibt darüber der Gemeinde
nach Mähren ddo. Wien, 5. December 1546: ‚Wisset auch, das man die
lieben brüeder vnd frommen zeugen gottes am Montag vor Katrina
(21. November) zur Schlachtbank hat gefuert.‘ Cod. 190 Pos.

[2] Gurda = Gurdau (slav. Kurdějov), jetzt ein Pfarrdorf bei Auspitz, uralten Ursprungs, bekannt durch sein harmonisches Glockengeläute und
seine befestigte Kirche. Grundherren von Gurdau waren zu jener Zeit
die Herren von Lipa. Nach dem Gurdauer Gedenkbuch im mährischen
Landesarchiv sollen (?) die Wiedertäufer anno 1616 von hier vertrieben
werden sein, bei welcher Gelegenheit ihnen die Gemeinde drei Weingärten nebst einer Badstube um 340 Schock Groschen abkaufte. Die Aufzeichnungen unserer Täufer erwähnen bei 1616 dieser Vertreibung mit
keinem Worte. Sie ist eben nicht in das Jahr 1616, sondern in das Jahr
1622 zu setzen.

[3] Frätz, der jetzige Marktort Wrácow bei Gaya. Zur obigen Zeit gehörte
Wrácow zu Bisentz und mit diesem den Herren von Žerotin, die es 1547
dem Franz Niáry von Bedek, Compossessor von Berencs-Sobotisch, ver-
kauften, und dieser führte hier die Wiedertäufer ein. Die Ueberreste
deutscher Gewohnheiten und Anklänge, welche unsere älteren vater-
ländischen Schriftsteller hier fanden und in Bezug auf ihren Ursprung
verschiedentlich deuteten, sind eben in der obigen Ansiedlung der Wiedertäufer zu suchen, die hier durch mehrere Decennien hausten. Dass endlich unter Pusslavitz Bohuslavice bei Gaya zu verstehen sei, ist schon
bei 1544 angedeutet worden.

Bellage *B* zum V. Buche, anno 1545.

An die Märherischen Herren gesanndt: im Jar 1545.

(Gekürzt.)

Wir Brüeder vnd ware Nachvolger v. h. J. Christj, die
wir aus grosser gnadt vnd barmhertzigkait, von vilen vnd
manicherlej orten, sunderlich teutscher Nation berueffen sindt
zu dem wunderparen liecht göttlicher erkenntnus, das diser zeit
aufgangen vnd allen menschen erschinen ist, vnd jetz in seinem
heiligen namen versamlet seind: wünschen Euch die ware erkenntnuss Gottes vnd seiner owigen warhait vnd gerechtigkait.
Amen.

Liebe Herren des Landts zu Märhern! Euch ist zum
tail guet wissen, wie wir aus manicherley ort vnd landten in
das landt zu Märhern komen sindt aus kainer vrsach, dann,
daz wir nach erkanter warhait Gott frumblich vnd wolgefellig
begeren zu dienen, welches vns sonst in vilen landen nit
hat gedeien wöllen, vmb der Tiranney der obrigkaiten willen,
die vns das vnsre mit gewalt gnumen, vns ins Ellendt gestossen vnd verjagt, vil der vnsern in langwiriger Gefengnus
gehalten vnd ein guetten tail erwürgt haben.

Weil aber Gott der Herr seinem Volk sunderlich diss ort
ausgespeht hat vnd vergunt, daz sie sich da versamleten, haben
wir solches mit dank angenumen vnd vns fürgenumen Ime zu
dienen vnd vor im vnsträfflich zu wandlen. Wie vil wir vns
aber dess beflissen haben vnd noch befleissen, ist dennoch von
den Leichtfertigen vnd sunderlich von denen, die aus vnserem
Mittel ausgegangen, die warhait verlassen vnd sich mit der welt
befreundet haben, vil böses geschrey ausgangen vnd solcher
klag vil an Euch gelangt, darin wir vns in allen dingen vnschuldig wissen.

Dieweil aber auch vile aus Euch vmb vnser thun wenig
wissen oder durch das verleümden an vns irr werden, wurden
wir bewegt: Euch vnseros Thuens, Leer vnd Lebens vrkundt
vnd Rechenschafft zu geben, sunderlich etlicher Artikl halber,
als nämlich a) der obrigkait b) steuer vnd c) der versamlung,
weliche, wie wir bericht seindt, Euch sunderlich sollten angelegen sein.

Erstlich, des Fundaments vnd grundts vnseres glaubens halber fügen wir Euch zu wissen, daz Wir glauben an den Ainigen, Ewigen lebendigen Gott, — der himel vnd erd vnd was darin ist erschaffen hat vnd erhaltet, — der aller menschlichen hertzen gewaltig ist vnd vns durch das wort der warhait wider geboren vnd zu seinen kindern gemacht hat durch Jesum X^{tum}, der mit Gott dem Vater ains im wesen, — In Maria der Jungfrau vermenscht, die sünder, die sich zu Gott bekeren selig zu machen, — der nach seinen todt wider geen himel aufgestigen ist, vns zu vertretten vnd hat ausgossen die verhaissung des vaters im heiligen Geist auf vns seine glaubigen, welcher Geist von dem vater vnd son ausgangen vnd mit dem son vnd vater in der krafft vnd wesen ain Gott, der noch heut die kirchen Christy oder sein gemain versamlet, vnd das wort der warhait darin lebendig macht, auf das die selben, die Gott im hertzen dienen, nachdem sie iren lauf vollendet haben, im ewigen leben sich im friden mit im erfreuen mögen.

Der Obrigkait wegen vnd ires gehorsams halber, den wir Ir zu leisten schuldig sein, sagen wir erstlich, daz ja in der welt obrigkaiten sein müssen, dann sie auch von Gott geordnet sein. Derhalben, so Jemandt der obrigkait in billichen sachen sich widersetzt, der widersetzt sich der Ordnung Gottes. Doch sagen wir mit Petro, daz man Gott mer, dann den menschen gehorsamen soll, wie auch vil aus Euch selbs wissent, vnd anfangs, da wir in diss landt komen sein, in der that bewisen, die gefürchtet hatten, vns Etwas, dem gewissen zuwider anzumueten.

Der Steuer halben sagen wir, daz, so sich jemandt widern wirt, der obrigkait Steuer, Zins oder Rent, (auf) das sie ir ambt füeren mag, zu geben, der wurd erfunden, daz er sich wider die ordnung Gottes legt. Darum wir auch, dess die obrigkaiten, vnder denen wir vns aufhalten vnd gewont, selb zeugnus geben muss, vns der gebürenden järlichen steuer oder zins, Rent, Zoll vnd billich Robot nie gewert haben. Wo man aber Etwas, das von Gott nit geordnet, (an vns) suchen wolt, als steuer in krieg vnd henkhergelt oder andere sachen, die einen Christen nit gebüren vnd in der gschrifft kein grundt haben, die mügen wir keinswegs nit bewilligen.

Das wir aber in dem allen von vilen den Münsterischen vergleicht vnd irer Art bescholten werden, ist allen Menschen, die vns kennen wissentdlich, das keiner der münsterrischen Art weniger an sich habe, dann wir, die wir derselbigen weiss auffs allerhöchst hassen, vnd bezeugen, das es ein Werk aus dem teuffl sey.

Der Gemainschafft halber, darin man vns, wie wir vernomen haben, nit dulden will, vnd die dem künig vnd seinen Regenten zuwider ist, ist villeicht zu ain tail, (wie man vns täglich fürheldt), das die vrsach, daz, so vnser vil beisamen wären, wir nit etwan wie die Münsterischen handlen; das aber wir nie im sinn gehabt vnd auch in Ewigkait nit fürzuenemen verhoffen; zum andern tayl ist die vrsach vnd die aller meiste dj, das wir in der warhait wandlen, die welt aber dieselbige nie hat aufnemen wellen, darumb es vns auch nit ein frembts ist, das wir vmb solche lieb vnd ainigkeit verhasst werden. Wir aber wissen nichts destweniger, das dises unser fürnemen vnd versamlung aus Gott ist, der vns auch, wie der ersten Kirchen, einen Sinn vnd gemüet nach X⁰ Jesu geben hat.

Weil aber vil bewegt werden, die Gott täglich herzuethuet, so mischen sich auch vil leichtfertige seelen darunter, die von zerstörten sinnen sein. Nachdem sie sich in einem falschen schein hereingemacht vnd die warhait wider ϯbergeben haben, lestern sie vnverschembt, was sie noch nie erkennt, was sie aber erkennen, darin verkeren sie die warhait. Sie sagen: man habe sie vmb das Ire gebracht, so sie doch etwan nichts gehabt haben, ya nit so vil zerung, das sie herein in diss Landt hetten ziehen mögen, wo man inen nit hilff gethon hett; vnd ob auch etlich etwas gehabt, so haben sie dasselbige freiwillig von inen gegeben zur vnderhaltung der Witwen vnd Waysen oder Notturfftigen. Ist deshalben vnser begeren vnd bitt an Euch, das ir solchen vnbekanndten Tadlern auf ihr klag nit wellet zuefallen, sunder auch vnsere verantwortung verhören.

Desgleichen der Stett halber, die sich, wie wir hören, ϯber vns beschweren vnd beklagen, als ob wir den landthandtwerkern daz brot vorm muendt abschnitten, wissen wir nit, dann, das wir vns in allem treuer arbait befleissen, einem yeden seinen pfennig zu vergelten, welche vnsere treue nun fast vnder alles volkh auskomen ist. Gott sey allein die Eer, das vns das volkh nun seer zu leufft. So sich nun yemandt vnbillich beschwert, können wir darumb vnser arbait nit

ringern, sunder begeren mit treuen zu handlen vnd yedermann
vnbeschwerlich zu sein.

So Yemandt auch andere Artikl vnsers glaubens vnd
Religion besehen wolt, schicken wir Euch hiemit: ein Rechenschafft vnd die gantz Hauptsuma vnsers glaubens vnd thuns in
deutscher sprach verfasst, [1] nach welcher Regel wir dem herren
mit rainem gewissen zu dienen begeren in disem Landt vnd
mit treuer Arbait Jederman nützlich vnd fürderlich zu sein,
vnd begeren nit mer, den das wir vns mit vnseren kindlen,
alten vnd krankhen auffhalten mügen dise kurtze zeit, die wir
noch hie im fleische zu leben haben. Dann wir achten, das
vns Gott nit on vrsach in dises Landt gefliert hab, dem
er sonderlich vil Freyheit, den glauben betreffend, für
vil andere landt geben hat, also, das weder Künig noch
Kaiser yetzt macht hat demselbigen Regel vnd Ordnung zu geben, sunder ein yedlicher seins glaubens geleben
mag, vnd wie er waiss auff das treulichest Gott zu dienen.
So aber yemandt dise Freyheit missbraucht, vnd Gott nit
gäntzlich gehorcht, wirt (er) auch seinen Richter haben. Vnangesehen solcher freyheit (habt ir nun Vber) stätes anhalten
vnd handtiren des Künig, die frumen zu zerstören vnd von
einander zu treiben, eure handt an die friedsamen des herren
gelegt [2] vnd euch an Gott vergriffen. Daher euch yetz ein zagheit überfallen vnd (ir) njt mer so vil ernst habt mit tapffer-
keit oder küenheit solchem seinem begeren oder anmuetung
zu widersteen vnd yetzund geneygt seidt, vom neuen an das
volkh des herren Handt zu legen vnd sie von einander zu
verstriien nach anmuetung des Künigs.

Der Vile aber des volks (halben), wie vnser so ein
grosser hauffen solt beisamen sein, wie dann etlich von etlich
Tausent sagen, So müessen wir ye sagen das vnser, der alten,
on die kinder, im Landt vnd vmb vnd vmb etwan bey 2000

---

[1] Die schon oft erwähnte (1565 gedruckte) ‚Rechenschafft vnserer Religion,
Leer vnd glaubens aussgangen durch Peter Riedemann‘.
[2] Durch den Brünner Lactare-Landtagsbeschluss 1545, durch welchen der
Wiedertäufer-Artikel des Olmützer 1540er Landtages renovirt nnd dazu
decretirt wurde, dass die Wiedertäufer allenthalben, wo sie bisher in
Gemeinschaft bei einander wohnten oder hausten, nicht weiter geduldet
und bis zum Kunigundentag (9. September) 1545 ausgewiesen werden
sollen.

ongfär sein vnd etwan an 21 orten wonung haben, vnd ye an einem ort mer heüser dann am andern haben, ye nachdem das ort zur arbait gelegen ist. Zu Schäckowitz aber, das sunderlich im gschraj ist, sein wol vnser etliche, (allein) vil krankher, Alter vnd khinder, die gar wenig oder gar nichts aussrichten künen. Das haben wir also bei vns bedacht, Euch zu eröffnen vnd wöllen vns damit in den schutz vnd schirm des Allmächtigen befelhen, vnd damit Euch vnd alle menschen gewarnt haben, das keiner durch anlegung seiner handt an die fromen im selbst das vrtel Gottes hole!

Dann es ye vnd ye gewesen, das wo Mitleiden mit dem volk Gottes ist getragen worden, da hat Gott denselbigen ort vmb seines volkes willen verschont, wie auch disem Landt geschehen ist, wie der Türkh vmb vnd vmb Osterreich durchstraifft aber in diss Landt (Märbern) nit kumen ist. (Cod. 215 Pos. und Cod. *G. J.* VI. fol. 298 seq. in Gran.)

Sechstes Buch.

1547—1554.

Die Zeit der grossen Verfolgung in Märhern, Österreich vnd Ungarn.

Du machst vns gleich, wie eine Herd
schaaffe, die man z'metzgen führt, vnd
zerströwst vns vnder die Hayden.

Psal. 43.

Schwere vervolgung, creutz und trüebsal in der gemain (1547—1554).

Es liess der Herr komen.
Im 1547ten Jar.
Trüebsal vber die Fromen.
Vertilgen wolt man's gar.

Der Herr hueb an zu reitten.
Sein Waitzenhauffen schon.
Gar vile thaten scheitern.
Kundten die prob nit baton.

(Brockmaier. 1585.)

1. Die zweite vervolgung.

1547—1551.

a) Im Jar 1547, do die gemain an der Zal wol zuegenomen hatte, der Herr die Seinigen samlet, auch platz darzue
hat geben, daz man wonet an vilen orten, hie vnd wider im
landt mit den versamleten,[1] da mocht es der Satan nimer zu-
sehen, sonder schirrt stets an, durch das Schlangen- vnd
Natterngezücht. Die Pfaffen wolten den könig Ferdinandus
imer zue anlangen, vnd klagten vnd trieben samt andern Abtrünigen, die auch imerzue grosse Sorgen für den König
brachten, bis sie in doch grimig machten, das er gantz scharffe
mandat vnd bevelh[2] liess ausgehen, man solt keinen Bruecder

---

[1] ,Quorum undecunque frequens numerus, maxime vero in Moravia multa
degunt millia', heisst es in den Act. univers. Vindob. Lib. III ad 1546.

[2] Solche Mandate und Postulate Ferdinands I. kamen seit 1539 beinahe
bei jedem Landtage zur Sprache. Die mährischen Stände antworteten
meist ausweichend, und die Grundherren schirmten ihre Wiedertäufer, die
ihr Einkommen mehrten, mehr wie zuvor. Gleichwohl beschloss man
schon 1545 auf dem Laetare-Landtage zu Brünn, (im Einklange mit
dem Olmützer Landtagsbeschlusse vom Jahre 1540): ,dass die Wiedertäufer dort, wo sie in Gemeinschaften leben, nicht geduldet und von
den Grundherren bis zum Kunigundentage (9. September) abgeschafft
werden sollen. Diejenigen dagegen, welche die Gemeinschaft aufgeben,
sich gehorsam erweisen und die Obrigkeit anerkennen oder gar in herrschaftliche Dienste treten würden, die sollen geduldet werden'. Damit
war jedoch König Ferdinand nicht befriedigt und liess auf dem Landtage
zu Brünn, welcher am 19. Mai 1545 abgehalten wurde, den Ständen

dulden noch laiden, vnd alle samen aus dem landt vertreiben, bei verlierung seiner huldt vnd vorwirklung seiner schweren vngnadt vnd straff. *M. P. Q. R.*

Dieweil den die Herrn des Landts Freyhait vergeben heten, die gott dem landt zum gueten hat verliehen, vnd das vmb seiner glaubigen willen, denen ers fürgesehen, mochten sie dem künig und kaiser nit widersteen, vnd beschlossen in dem landtag zu Brün, zu Mitervasten des 1545 Jars: Ob wir vnsser versamlung vnd gemainschafft nit wöllen verlassen, die wir im landt heten, so solt man vns des landts verweisen, vnd war ir mainung, daz nur 4 oder 5 (*P. R.*: 5 oder 7) in ainem Hauss sein solten, vnd daz kundten die fromen vmb irer

---

durch die abgeschickten Commissarien seinen Wunsch und Willen eröffnen: die Wiedertäufer, welche der Kaiser weder im Reiche, noch sonst wo dulden wolle, gleich den Böhmen, sammt und sonders von ihren Gütern abzuschaffen und ohne Verzug aus dem Lande zu weisen. Allein die ‚Herrn‘ antworteten auf diese Botschaft mit der Bitte: es bei dem ‚Artiel‘ des Olmützer Landtages von 1540 zu belassen, die Zusicherung beifügend, dass alle Wiedertäufer, wo sie in Gemeinschaft (‚in Haushaben‘) leben, bis zum Kunigundentage abgeschafft sein werden. Aber König Ferdinand war nicht geneigt, darauf einzugehen, und stellte an die versammelten Stände durch Johann von Pernstein das Begehren, die Neutäufer ohne Verzug und für immer aus dem Lande zu weisen (‚beze všeho dálšiho prodleváni ze země ven vypovědeti a vice jich napotom v Markrabsvi netrpěti‘). Die Antwort des Landtages lautete ablehnend bezüglich der gänzlichen Abschaffung der Täufer, deren Abgang den Grundherren und dem Lande grossen Schaden bringen würde! Der nächste Landtag zeigte sich zwar nachgiebiger, blieb jedoch nichtsdestoweniger bei dem Beschlusse von 1545, was den König und Markgrafen schliesslich veranlasste, mittelst Rescripts ddo. Augsburg, Mittwoch nach der Auferstehung 1548, allen denjenigen, die sich der Wiedertäufer noch nicht entledigt hätten, die Verpflichtung aufzulegen, es sofort zu thun und sie nicht einmal an der Landesgrenze zu dulden. Dem Landeshauptmann Wenzel von Ludanic wurde die Vollziehung dieses Mandats aufgetragen. Die Wiedertäufer wichen nun vor der Gewalt nach Ungarn, kehrten aber schon 1549 haufenweise nach Mähren zurück, was um Judica 1549 die Republicirung der Ausweisung zur Folge hatte. Doch wurde ihnen, beziehungsweise ihren Grundherren, die Auszugsfrist bis Johanni 1550 erweitert. Trotzdem blieben sehr viele im Lande.‘ (Mähr. Landesarchiv.) Glücklicher war König Ferdinand in Oesterreich, wo sein Mandat vom 5. Mai 1548 die Täufer aus dem Lande schaffte. Wenig oder gar nichts bewirkte dagegen der Diät. Art. 11 (14) vom Jahre 1548 in Ungarn: ‚ne amplius illos recipiendos‘.

Erkandnuss vnd Bekanntnuss des glaubens wegen nit thuen,[1] dieweil sie inen gesatz vnd gebot machen wolten, (vnd inen also heimlich das herz stelen vnd sie zu knechten machten). *M. P. Q. R.*

Es stuendt aber still bei ainem Jar oder darüber, bis in das 1547te Jar, daz sie nit vil Ernst mit vns brauchten, bis daz der kaiser Carl, könig Ferd. Brueder, das reich, mit dem er streit hat, übersiegt vnd Herzog Hans gefangen wardt, (der dazumal ein Curfürst in Sachsen war). Da wardt es nun auss! nur auss mit vns! Da geboten die mürherischen Herrn im landt allenthalben auszziehen, vnd gaben vns vrlaub, vnd das wir vns solten hinweck machen mit jung vnd alt, mit schwachen vnd krankhen. Es war keines bleibens mer, vnd muessten nun fort, jetzt hir, dan da, von ain Ort zum andern, ob sie gleich nit wusten, wo auss, oder wo an. Da stuendt nun grosser kumer vnd trüebsal zu handen, ja vil elendt stiess inen vnter die augen. Man ruefft zu gott: so es sein wille, daz man noch möcht bejsamen sein, er wöll inen zaigen, wo sie hinaus solten in diser zeit (not), vnd sich vmb die, die auff in trauen vnd hoffen, sonst aber von allen menschen verlassen, verschmecht vnd verjagt sein, annemen.

Nun der Herr gab noch aus gnaden ain auskomen, vnd schickets also, daz man vns in Hungarn, welches vns dazumal zum tail noch ain vnbekant landt war, auffnam, sonderlich der Herr Niáry Franz von Pründtsch,[2] unter welchem man bei-gemählig hinabzog, gen Sabatisch, auch unter den Herrn Peter Bäkhith[3] zu Holitsch vnd Schossberg (vnd über das vngrisch

---

[1] Die Gemeinschaft war den „Neutäufern" (Novokřtenci) eine ihrer Funda-mentalsatzungen, für die sie in Joan. 17 d), Röm. 8. 6, Joan. 1 d), Ephes 4 a) etc. die nöthigen Befehle fanden.

[2] Pründtsch (Bránisch), Burg (jetzt Ruine) und Dominium Berencs, slav. Branč im Neutraёr Comitat. Am Fusse der Burg liegt Szobotišt. Die Wiedertäufer liessen sich hier am Vrbovabache nieder. Sie kauften anno 1546 daselbst die Mühle mit Hofstatt und Gründen. Ihr Grundherr Graf Niary besass in Mähren die Herrschaft Bysenc. Hier lernte er die Täufer kennen.

[3] Bäkhith = Peter Bakich de Lák, vermält mit Ursula Sarkan, Witwe nach Caspar Czobor, Nachfolger des Grafen Schlick im Besitze von Holitsch (Weissenkirchen) und Sassin (Schossberg). Diesen Besitz theilte er 1554 mit den Erben Czobor's und starb bald darauf, bei den Wiedertäufern im schlimmen Angedenken.

12*

gebürg gen deutsch Nussdorf [1] vnd das mit kranken vnd kindern, vnd was man hat. Richten vns ein, mit Hausshaben vnd wonung an etlichen Orten. Alda mussten sie erst bawen vnd zuerichten, manche wilde öde Fleck zuackern, ausraiten vnd vmbraissen, wolten sie da wonen vnd ire kranken vnd kinder unterbringen. Dise Herrn waren fro, vnd sahens gern, daz man also arbaitet, raitet, hawet, vnd baut, vnd erboten sich für guets, aber es weret nit lang. *M. P. Q. R.*

Den es kam für den könig Ferdinandus, das man sich in's Hungerlandt hinabgelassen hat mit unserer versamlung vnd volk. Da schickt der könig auch bald seine bewelch vnd strenge gebot, [2] wol zwejmal an die hungarischen Herrn, mit grossen ernst: man sol sie nit behalten, sondern des landts verweissen, daher sie auch aus forcht vor des königs vngnaden bewegt waren, die fromen nit lenger zu dulden, (noch aufzuhalten); sonderlich der Herr Peter Bäckhith erzaiget sein grimiges wüten. Es galt kein schonens bei im. Man setzt inen ain kurtzes zil vnd in drey Tagen solten sie alle aus. Wurde jemand sich lenger finden lassen, der solt sehen, wie's im ergeen werdt. [3] *M. P. Q. R.*

---

[1] Heute: Unter-Nussdorf, magyar. Alsó Dios, slovak. Oresany genannt, ein Dorf unterhalb des weissen („ungrischen‘) Gebirges, 1 Meile nordwestlich von Tyrnau.

[2] Mandat ddo. 15. Juni 1548 u. a. m.

[3] Cod. *A.—L.:* ‚Anno 1547 hat sich durch den gewalt könig Ferd., (vnd verhengnus gottes *L.*) der trüebsal der gemain gottes in Märhern wiederumb erhebt. Da sein die Fromen verursacht worden gemach in's Ungarlaudt zu ziehen. Im J. 1548 ist die vervolgung gewaltig angangen im Märhen, da die obrigkait die hand vast allenthalben abgezogen hat von den fromen vnd inen geboten, auss dem landt zu ziehen. Also ist des königs bevelch: welcher Herr euch lenger wurd auffhalten, der wirt in des königs vngnad fallen! Da sein sie aus Märherlandt vertriben worden vnd in's Ungerlandt gezogen, vnd haben alda hensser kaufft und auffgebaut, auch äcker ausagereut. Da haben die fromen verhofft, sich mit irer harten arbait zu neren.‘ Damit sie sich nicht in Oesterreich ‚einschlaipffen‘, erliess das österreichische Regiment an die mährisch-österreichischen Grenzobrigkeiten gemessene Befehle, die aus Mähren ausgewiesenen Wiedertäufer keineswegs zu dulden oder aufzunehmen, sondern, und zwar nöthigenfalls mit Gewalt, abzuschaffen und zurückzuweisen. Trotzdem wurden sie hie und da aufgenommen. Gegen diese und ihre Günner erging nun unter Ferdinands Namen das Mandat ddo. Wien, den 8. Mai 1548: die Wiedertäufer weder aufzunehmen, noch zu behausen, noch zu atzen oder zu tränken, noch sonst wie zu fördern, vielmehr dieselben

Sie stellten Wächter auf, die der fromen hüeten solten,
das sie nur nit vil hinweckh brächten. Das waren gottlose
leut, die hatten tag vnd nacht iren bösen fleiss den fromen
Narung vnd was inen gefiel, mit gewalt zu rauben. Es war
kein gnad bej inen vorhanden. *Q.*
1548—1549.
Im Herbst des 1548ten Jars (balt nach Michaels Tag *P.Q.R.*)
war es, das man in allen gebot auss dem hungerlandt zu
ziehen. *Q.* Da hat sich der gewalt vnd die Tyranney der vngrischen Herrn gewaltig vber die Fromen erhebt vnd auffge-
bäumt. Man hat inen ir hab vnd guet mit gewalt genomen
vnd sie mit weib vnd kleinen kindtern auss den häussern gestossen, sambt alten vnd krankhen, Inen Galgen für die Häusser
gebaut, wer nit schnell auss den Heussern gehen wolt, denselben dran zu henken. Da war kein erbarmen, sonder nur
auss, nur auss. (Sie muessten hinauss in den wilden wald, darzue in kalter winterzeit. Gleich wie die wilden thier muesstens
in den wäldern wonen. Wen man inen nur das vberall vergunt het, sie weren fro gewesen, aber es war kein verschonen
noch mitleiden. Man raubt vnd stal inen allenthalben. Sie
muessten all irer häusser, weingärt vnd äcker vnd was sie zu
veldt hetten, auf des Bäckhit grundt beraubt sein. Es hat niemandt kein scheyen zu rauben. Zudem liess man inen speiss
vnd trankh nit volgen. *Q.*) Die kinder waren zu Tisch gesessen, das volk solt gleich zu Abent essen; aber man wolts
so lang nit lassen. Die speiss blieb auff dem Herd steen, das
Brot im Offen liegen, der Teig im Troge, die schwachen muessten aus den betten. Man bat sie drungentlich vnd herzlich,
sie solten doch ein mitleiden haben mit den kindern nur bis
auf den morgen; aber es half kein bitten. Der beschluss war:

---

stracks abziehen zu lassen, und wenn sie sich dessen weigern sollten,
wider sie Gowalt zu brauchen und nach Weisung der früher ausgegangenen Mandate vorzugehen. (Mandat im niederösterr. Landesarchiv.)
Ebenso wurde mit königl. Erlasse vom 16. Mai 1548 den ungarischen
Dominien aufgetragen, die aus Mähren dahin flüchtenden Wiedertäufer
abzuschaffen. Es geschah zum Theile. Die Ausgewiesenen suchten nun
diesseits der March eine Unterkunft. In Oesterreich gewährten sie ihnen
namentlich die Herren von Liechtenstein und Hans von Füufkirchen an
der mährischen Grenze, unbekümmert um das Drängen des Landprofosen,
der die Vertreibung der geächteten und hin- und hergejagten ‚Fremd-
linge‘ urgirte und, wo er kounte, auch ins Werk setzte. (XIX.)

nur auss, hinweck auss dem hauss. Es ist des Herrn Bäckhit's beuelch!»

Sie hatten so wenig mitlaiden als die wilten vnvernünfftigen thier, mit inen. Sie vergassen schier gar irer menschlichen natur. *M. P. Q. R.* Wolten inen auch ir fleisch vnd bluet, ire kinder rauben, liessen sie verhüeten, damit man kains hinweckhfüere; aber die Brüeder hatten fleiss, das sies hinweckbrachten. Luden zway schiff mit klainen kindern vnd füertens bey finster nacht vber das wasser. Wie sie ein kleine weil fueren, kamen der gottlosen vil vnd wendeten die schiff an das landt. Da muessten die armen kinder gross kelt dulden. Sie liessens am gestad sitzen, vnd sprachen, sie solten schwitzen! Den kindern war die nacht ser streng vnd kalt, froren gwaltig vbel, sassen bey einander zitternt, vnd schnatterten mit den zenen vor grossen frost. Der Bäckhit schickt auch Hussären vnd liess etliche Brüeder im Hauss gefangen nemen. Füertens dahin ins schloss: schossberg. Die Ding seindt nit zu erzelen, was vnd wie es sich alles verloffen hat — durch den Bäckhit vnd sein gottlos gesindt. *Q.*

Also zogen die Fromen mit schmerzen aus in das elendt[b] (vber die March *P. Q. R.*) vnd theten sich zu Rohacz[1] im Waldt versamlen vnd lagern.

Da kamen balt die Rauber, gingen im Lager auf vnd nider, schauten, vnd was inen gefüeget vnd gefiel, das namens davon. Die fromen muessten zuesehen, vnd es geschehen lassen; dan sie waren frey vnd dem raub erlaubt, wie der vogel in der lufft. Da brachen sie darnach wider auf, vnd zogen weiter, nur eine halbe meile im waldt, so kombt der Richter auch schnell vnd hat sie von danen beschaiden vnd weckh geschafft. Den sein Herr wills nit leiden. Also haten sie weder platz noch statt, kein ort noch wonung, sonder allein trüebsal, drang vnd gewalt, yedermans schabab vnd keraus vnd schuhhuder! Sie muesten fort, vnwissent wohin, vnd setzten allein ir hoffnung auf Gott. *M. P. Q. R.*

---

[a] *Q.* hat: ,Der Peter Bäckhit schicket bauern aus, die holz abhauen solten vnd füertens füer der Brüeder heusser vnd bauten galgen füer die haussthüren.' — [b] *Q.*: zogen davon, kamen die nacht bis an das wasser der March, da schiffteus vber vnd lagerten sich im waldt.

[1] Rohacz, das jetzige mährische Dorf Rohatec an der March, zwischen Göding und Strážnic, gehörte 1548 zu Strážnic und mit diesem den Herren von Žerotin.

Dessgleichen schicket der Herr Niary Ferencz auf Bräntsch
sein Hauptman auch mit ernstlichen beuelch, das er auf all
sein gründen die Brüeder soll abschaffen, nach dem mandat
des königs Ferdinandus. Der Hauptman beruefft on verzug
die Brüeder, zaigt inen an solche botschafft, vnd es sey nun
nit anders dran, dan sie müessten alle aus vnd hinweck. Er
wöll aber das thuen an inen, vnd welle sie lassen begläden zu
Ross vnd Fuess bis an die gränitz hinauf, damit inen kein laid
beschehe auf der strassen. Da brachen sie alle samen auf vnd
begaben sich gleicherweis ins elendt.
Man liess inen auch weder weil noch zeit. Zogen also
herauf bis an die March. Da legten sie sich bey Strässnitz
auf den freyen platz vnter dem liechten Himel vnd lagen da
dieselbige nacht biss auf den andern Tag.
Da zogen sie vber die March zu iren Brüedern, ein meil
wegs von Strässnitz an der mährischen gränitz, vnd legten sich
zu inen. Waren da vil tag vnd nacht, gleich wie die thier,
welche ir wonung im wilden waldt müessen haben, vnd lagen
im waldt 5 wochen lang, mit weib, kindt, wittwen vnd waisen,
gsunten vnd kranken, Jungen vnd alten, in welcher zeit sie
vil zwang vnd laid anstiess. Die Rauber zogen vile nackent
aus, sie ermördetten auch ainen Brueder im waldt. *M. P. Q. R.*
Von danen schickten sy vier Brüeder, als: Hanss Plattner,
Thomas Schmidt, den alten Ott vnd Liendl Stuckh ins Polen,
das sie den fromen vmb platz vnd herberg sollen schawen.
Sie zugen bis in die Wallachay vnd kundten kein ort erkundigen. das für die fromen gewesen wer. [1] *A. –L.*
Der Gewalt der obrigkait mocht die fromen im waldt
auch nit (lenger) leiden. Muesten sich also kutenweiss austailen, ye 10 oder 12 personen in ain haüflein oder kuten, (die
man vngefär in ain Hauss aufnemen oder beherbergen khonte.
E. L. Q.)
Da bevalhen die Eltesten Diener (allweg ain) solches
völkhlen oder kuten einem Brueder, der mit inen zoch, sie

---

[1] *M. P. Q. R.:* ,Die winterkält trib sie, das sie gelegenhait vnd statt
muessten suechen, wie sie vnderkämen. Da ermanten die Eltesten das
volkh vnd sprachen inen trost zue an Gott vnd seiner warhait zu halten,
bis in den todt, wie die heiligen Gottes gethan in iren vervolgung, trüebsalen vnd nöten.'

zu versorgen, (vnd inen vmb arboit vnd vnterhalt zu schawen. [1]
E. F. L.) Da solches geschah, kamen die (vorgemelten) 4 Brüeder vnd zaigten an, wie sie nichtz hetten könen aussrichten.
Da schickten sie aber 4 Brlieder, als: den Caspar Behämb,
Andre Gauper, den alten Hanss Münich von Rotenburg vnd
den Liendl Stuck in die Bergstett, ob sie etwan ein auffenthalt
für die fromen erkundigen. Sie kondten aber auch nichtz aussrichten. *A. — L.*

In demselben sein die fromen also kutenwaiss bis in das
1554 Jar in trüebsal vnd in Wäldern vnd auch in Löchern [2]
der Erden vmbzogen. (Das Elendt war ir Eigen.) Sie muessten
von ainem Ort zum andern ziehen vnd fliehen, mit Kranken,
mit Alten, Lamen, Blinden, mit kleinen Kindern, suechten
herbrig vnd kundten sie nit finden, waren eine Nacht hie, die
andere dort, mit hunger vnd abgang an speiss vnd trankh.
Denoch dienten sie Gott vnd lobten Gott. *M. P. Q. R.* Die
Diener gottes aber waren bcflicssen die fromen imerdar zu besuechen vnd bay tag vnd nacht zu vermanen, an der erkanten
warheit zu halten, (vnd den trüebsal hie zu dulden, vmb der
ewigen Freud willen. *D.*) *A. — L.* Es haben etliche Übernacht
im schnee, hinter den zäunen müessen bleiben. Sie hetten gern
mit den küen oder bej den schweinen im stall vor guet genomen, het mans inen nur vergunt vnd zuegelassen. Sie hetten
die hendt aufgereckt vnd Gott darumb gedanckt! Aber sie
hatten weder platz noch statt, weder zu Feldt noch zu Dorf.
Denoch hielten sie an der Warheit vnd Frömigkait vnd wurden nit kleinmüetig. *M. P. Q. R.*

---

[1] ,Muessten also von ainander schaiden vnd sich zersträen. Das war inen
erst das schwerste Trüebsal. Sie hetten lieber, weil es Gottes wil wer
gewesen, den zeitlichen todt erlitten, — aber es kundt anderst nit sein!
Darumb gaben sie sich willig dahin, namen vrlaub von ainander, boten
mit nassen augen ains dem andern die handt vnd bevalhen sich Gott.
Zogen also von ainander, ains da, das andere dorthin. Sie zogen herauf
in Mährern, daraus sie hinab getrieben wurden, da muestens in Mährern
in Elendt vmbziehen. Es stiess in da grosse gefärligkait zu handten.'
M. P. Q. R.

[2] Insbesondere ,auf vnd vmb den Maidberg' bei Polau, einem Gebirge,
dessen Felsenwände und Höhlen den Täufern häufig ein Versteck boten.
Den östlichsten Endpunkt dieser Hügel und Berggruppe nimmt die Burgruine Maidburg ein.

. Das werent dissen winter lang hindauss, das man sie thet vertreiben. Man verbat inen hauss vnd herbrig aus bevelb des Landeshauptmans in Märhern: das man keinen soll aufhalten; dan der kunig Ferdinand hielt an mit vil trotzen (*D.:* droën). Dardurch macht er die landtherrn forchtsam, vnd yederman, deren hertzen sunst zum mitlaiden genaigt waren, vnd erbärmt truegen vber die not der Armen. Vber das alles muessten wir auch gar vil handtirens erdulden von der welt vnd den falschen Brüedern, welche dargegen in iren gueten posessionen waren, bey hauss vnd hof, ob sie vns kundten zaghaft machen. Einer sprach: Ir elendten leut, was zeücht ir euch, thuet, wie andere leut, so lasst man euch bleiben. Andre sprachen: Das geschiecht euch nur vmb euer aigensinnigkait willen. Ir leidt solches nit vmb Gottes willen! Etliche sprachen: Es ist nichts mit euch oder euer sach, sonder nur ain aigens fürnemen. Ir seit verfüert! Etliche schalten vns Ketzer vnd schelme, vnd sprachen: es ist recht auf euch, also soll man mit inen vmbgeen, sie hettens lengst gern gesehen. Man soll sie nur bej den köpfen nehmen, henken, trenkhen, brennen vnd vber die klingen springen lassen.

Etliche spotteten ir, da sy sie in grossen elendt sahen, vnd sprachen: Wo ist den euer Gott, das er sich nit vmb euch animbt! Lasst in euch yetzundt helffen vnd ain gnädigs ausskommen machen. Andere sprachen: Seidt ir nit narren? Maint ir, wan ewer sach recht wer, der kaysser, künig vnd ire doctores, sambt vil geleerten leut wurden es auch versteen! In Summa: allerlaj lesterungen vnd vnbill muessten sie hören vnd einnemen zu irer Not, vnder welcher auch vile maitertailig worden, vnd mit der weil die hendt sinken liessen, zu grundt gingen, erlagen vnd erschmachten, vnd wurden abtrünig an Gott vnd seiner warhait, kundten den rauhen vnd harten weg in diser wüesten nit beharren, wurden mit den kindern Israels vngeduldig, namen an der welt glück vnd freundschafft antail, erwälten ineu vil lieber die ergötzung der sünder mit der welt zu haben, dan mit dem volk gottes vbles (vnd die schmach Christj) zu laiden. Das waren diejenigen, die liederlich, leichtfertig, vnd schläfrig, ja vnaufmerkig im Hauss des Herrn gewandlet in der gueten zeit. Vile aber bliben beständig, vnd wan gleich der trüebsal noch so streng gewesen wär, mochts sie nichts bewegen vom weg der warheit, obgleich die

not vberall herdrang, mit mancherlej bewerung. Man beraubt
vnd schlug sie on zal, man zog sie aus hin vnd wider, man
nam inen, was sie hatten. Es hat alle sicherhait auffgehört,
oft bei vertrauten leuten, denen man was verwartes vnd ver-
spertes zu behalten gab, sie griffens an, vnd namen daraus,
was sie gelust, obgleich die Brüeder bej inen herbrigten.
Solch' gantze trüebsälligkait weret etliche Jar. M. P. Q. R.

1550.

Anno 1550 ist der könig Ferdinandus von Wien in Österr.
gen Brünn in das Märherlandt gezogen vnd hat den märherischen Herrn mit ernst bevolhen: die Brüeder aus Märhern zu
vertreiben. Er hat inen aber doch biss auff sanct Johannes tag
frist geben, daz sie sich solten richten aus dem landt zu ziehen.
Balt aber, zur bestimten zeit vnd darnach ist die vervolgung
in Märhern vnd Hungern (vber die fromen) gewaltig angangen.
Da sein die fromen also kutenweiss in das Osterreich gezogen.
A. — L. ≅ M. P. Q. R.

Under des war ein fräffler mensch da, ein Müller, der
vor ein zeit in dis landt (Märhern) komen, des weib fromb
worden ist vnd zu vns in diss landt gezogen. Als er nun sah,
das yederman macht hat, die Brüeder anzugreiffen, da namb
er sein weib zur vrsach, vnd wo er ein frombs ankam, muest
es herhalten. Er (be)raubts vnd schlug's on alles mitleiden
also, das der Satan an im gantz ein füegliches Werkzeug bekomen. Er zoch auch auf vnd ab im landt, hin vnd her, zu
rauben, er spant die ross von wägen aus. Er vbernam sich
so, da im nimandt widerstuendt, darumb schenet er sich nit
zu muetwillen. Dan yederman hat die hendt abgezogen von
den fromen. Sie ertruegen alles vnd sahen zue. (Ja) sie waren
noch so gottloss, das sie frey erlanbten, das er dessen macht
solt haben! Das treibt er ein guete zeit, bis auch sein endt
kam, vnd im der Raub in seinem banch zur Nattergallen wardt.
M. P. Q. R.

Weil nun des Feindts gebot den Fürgang het, wolt man
auch nit leiden, das so vil sein solten in ainer kutten; sie
solten sich bass noch tailen, welches zulest geschehen muest,
wie wol mit grossem laidt vnd kvmer. Ein yeder wirt, der
sie etwan herbrigt, der thet's nit, er wusst den irer gar gueten
nutz zu haben. Man verbot den leuten hart, das sie keinen
nit behalten. Man legte etliche gefangen darum, das sie's

beherbrigt hetten vnd strafft's vmb gelt, damit der fromb nur
kain platz het. Daher volgt's, dass die fromen sich gar von
den heussern enthalten muesten vnd in die wälder vnd berg
fliehen, wie wol es ser kalt war vnd winterszeit. Sie machten
grueben vnd löcher in die erd, wie die Füchs, zu irer wonung.
Noch hetten sie's mit grossen Dank angenomen, wen man's
imer nur gunt het, aber sie kundten in die leng auch nit
bleiben. Man spehet sie aus vnd stellet inen nach. *M. P. Q. R.*

So kamen einmal die gottlosen menschen vnd machten
ein Fewer vor dem loch, darin sie sich vnder der Erden aufgehalten, vnd wolten sie durch rauch erstickhen oder aus-
rauchen. Doch wurden sie darvon vertriben. Der Rauber hauff
suecht sie offt in den stauden vnd wäldern vnd vertreibts, daz
sie weiter muesten. Sonderlich vmb den Maydberg hatten sie
an vil orten vnd stauden grueben vnd löcher, darin sie sich
ain zeit lang aufhielten, auch in den stainklufften, in den
klaussen vnd in den holen velsen des Bergs, dessgleichen an
andern orten im landt mer, wo sie kundten. *M. P. Q. R.*

Es waren noch zu Gäta [1] in Ungarn in ain hauss bej
dritthalbhundert kinder, auch kranke, lahme vnd blinde. Die
empfingen ir narung von iren Brüedern hin vnd her. Dise
schickten inen brot zue, nach Christlicher Gemainschafft. Da
kam der Hauptman desselben orts vnd trib sie wider zurück
vnd verbot alsbalt, man solt sie nit hinwegfüeren lassen, weder
auf dem wasser noch zu landt, vnd solten des Marschalks [2]
Grundt müessig gehen. Man ruefft's auch aus auf offener strass,
das nimandt mit vns solt zue schaffen haben. Man stellt wächter
vnter die thor, kain Brueder nit ainzulassen. Welcher sich als
ain Brueder meldet, der muss heraussbleiben. Herbrig, Hauss,
Hoff wardt in verspert, niemandt soll sich irer annemen noch
erbarmen. *M. P. Q. R.*

Es legt sich ain Hauffen an das gestadt des wassers vnd
schlugen zelt auf. Da kamen des Marschalks Leut vnd verjagten sie, zündeten das Läger an vnd zerbrachen inen auch

---

[1] Gäta („Göda‘), das heutige ungarische Pfarrdorf Kuty in der Nähe des
Taya- und Marchdeltas, zur obigen Zeit ein Zugehör des Dominiums
Holics.

[2] Marschalk, damals Berthold von Lipa, Herr auf Kromau und Göding, zu
welch' letzterem Schackwitz, Rackwitz, Saitz, Gurdau, Kobily, Pawlowic
und andere Ansiedlungen der Wiedertäufer gehörten.

ire bakhöffen daselbs. Noch hets kein endt der angst vnd not
des armen häufflcins. Gleichwie die Eylen vnd Nachtraben
durfftens baj Tag nit wandlen. Wer sie sach, schüttlet den
kopf vnd rüempfft die nasen. Sie muesten sein yederman ein
schauspiel, hon vnd spott, yederman schric auf sie, ja die
kinder auf den Gassen. *M. P. Q. R.*

Solches geschah im 50ᵗᵉⁿ Jar! Also war in Ungern vnd
Märhern allenthalben trüebsal vnd schwere vervolgung vber
das volk Gottes. [1] Denn der Teuffl, ein feindt der wahrhait
vnd frömbigkait, erwecket diejenigen, die seines geistes voll
waren, vnd fand so füegliche, tyranische, wütende, vnbarm-
herzige werkzeug, das er bessere nit wünschen hat mögen.
M. P. Q. R.

Es war ein Brueder, der wolt zu seinem weib schauen
gen Nielspurg. Als er da kam zum schloss, in welchem sie
ainer Frauen, nemlich des Hauptmans weib gedient het, so
füert man in bald für dem Herrn. Der fuer in zornig an: ‚es
sej vmbsonst mit irer sach; er sol sain glauben vnd bruederschafft verlassen‘. Sie droëten im mit pein vnd marter. Aber
er liess sich nit abkeren. Da wurffen sie in nider, banden im
die Füess vnd henkten in, gar hoch, zu einem Fenster heraus,
mit dem kopff vnder sich. (So) muesst er henklen, bis im
sein menschlich gestalt vnd farb verging. Da zug man in
hinein, ee er starb! Da es für disen wüeterich kam, das die
Brüeder in den hölen vnd löchern der erden seiner gründe

---

[1] ‚Im J. 1550 hielten die in Märhern einen gemainen Landtag. Auf den
kam könig Ferd. selbs mit vil Raitern gen Brün. Als er vernam, das
die Br. im landt herumbzogen, wie Pilgram vnd gest, war sein bevelh
mit ernst: daz man sie aus dem landt soll vertreiben. Es halff kein
bitten. Sie müesten im dise Secten ausraiten! Doch stelt er inen ein
kurtze Frist bis auf sand Johanestag. Darnach ging der schal aus im
Landt. Man schlug den bevelh hin vnd wider an die Ratheusser, das
nemlich den Neugetäufften kundt getan wurde, das sie sich allo rüsten
auf zuekünfftigen Johannes-Tag des Taufers, ans dem Laudt zu weichen,
vermög Röm. kayss. Mayest. ernstlichen beuelh. Als nun die Zeit ver-
lieff, hueben die Herrn an, vrlaubtons, vnd geboten inen gar auss, wo
sie zur Herbrig waren. Vnd ist also die vervolgung gewaltig
augangen, daz man weniger als vor ye Platz, Rue vnd Herbrig hat,
fandt, noch bekam, so schon die Füchs gruehen haben, vnd die vögel
vnter dem Himel nester, aber den fromen wardt dazumal kains vergaut.‘
P. Q. R.

sich aufhielten, nam er im schröcklich ding für, er wöll die Brüeder erstechen etc., aber der starke gott halff ineu, bewart noch sein volkh, vnd macht des Tyranen rath vnd fürnemen zu nichte. *M. P. Q. R.*

1551.

Im Jar 1551 verbot man auch in Märhern den Brüedern die Arbait, vnd das inen Niemandt zu kauffen [1] solt geben, auff das sie desto ee solten von danen weichen. Under dem muessten sie ymerdar füerstrecken, was in gueten zeiten gewonen war worden vnd hatten nichts zu erwerben. Darzue kam ein theuerung, das ein metzen trät ain Taler galt, an etlich orten noch mer. Da muessten vil mit Mangel, Hunger vnd Kumer bewärt vnd probirt werden, also das Ettlich inerhalb 14 tagen oder lenger kaum ainmal etwas warmes überkommen, vnd das trockhen brot nit wol fürbringen konten. Dennoch waren sie gott dankbar. Es gab vil leut, die baten freundlich: man solt inen arbaiten. zulezt aber, wen die arbait verricht war, hiltens inen den verdienten lon für vnd liessens lär hinziehen! Zu Pulgram, in Niclspurger Herrschafft, thaten sie ain wenig ein örtl vnd herbrig bekomen ain zeit lang. Darumb flohen sie hin, was gar arm am Laib war, lämig vnd aussetzig, vnd sonsten mangel het, darzue kindtbetterin vnd klaine kinder, mit welchen doch sonst in gemain alle Menschen mitlaiden haben. Aber das mocht auch nimer also bleiben. Dan im gemelten 51 Jar kam einer, genant Konther[a] auss Österr.[b] vnd dessen weib. Der wolt auch vil an den Brüedern suechen, von wegen seines weibes, welche vor ainen Man hat gehabt (bej vns). Er nam ain Rott zu sich, die seines gleichen war, vnd on alles menschliches erbarmen. Der wolt nun auch recht reich werden, an denen, die selbst arm waren. Er hat kein redlich vrsach. Allein der Hass seines gemüets vnd die begiert zu frembten guet treibt in, daz er übles füernamb. Er liess am ersten für die Herrschaft mit luegen vnd gab für, dem nicht also war. kam mit seinen gesellen in der Brüeder hauss zu

---

[a] *M.:* Kombter, *R.:* Komher, *B.:* Kontheim, *A. C. — L.:* Kunther. —
[b] *A. — L.:* ein abtrüniger fleischhacker auss Öst.
[1] *A. D. F. G. H. L.:* ,In disem 1551 Jar haben etlich Märherische Herrn iren vnterthanen bej hoher straff verboten, daz sie die fromen weder behausen, noch beherbergen solten, vnd zu kainer arbeit befördern, sonder irer aller dingen müssig gehn.'

Pulgram vnd fueren für in irem fürnemen. Da galt kein schonen. Sie raubten vnd namen was inen gefiel. Auch der kindtbetterin schonten sie nit. Es halff weder güete noch bitten an inen. Sie haben die kranken bei finsterer Nacht aus den betten geworffen vnd inen das gewandt genomen, darin sie lagen, auch schwein, brot vnd andere farende hab vnd triebens vnd füertens hin mit gewalt. So galt inen kein göttlicher ernst nichts.[1] Sie trieben auch das arme volk] in kurtzer zeit als hinaus, daz es ein zeit im waldt ligen muest. *M. P. Q. R.*

Balt funden sich der schälck mer, die auch trachteten zu rauben, wen die nacht herankam. Den Niemand mocht in Eintrag thuen oder weren. Sie hielten sich (des Tags) in stauden auf. *M. Q. P. R.*

Es war auch ein Brueder (mit Namen Jacob Binder) nit gar weit vom läger hindan. Den traffen die räuber an, vnd gingen ÿbel mit im vmb. Den braubten sie, vnd warffen in in das wasser der Taya.[2]

Kamen darnach an die andern, die beraubten sie auch. Also gings alda den armen, siechen, kranken, kindtsbetterin vnd presshafften. *M. P. Q. R.*

In disser Not vnd schweren trüebsal liessen sich vil frome (kuttenweiss) also heraus ins Österreich, vnd etliche weiter oberhalb Retz (*Q.*: Steez) nahent an die Thonaw hinauss, arbeit vnd narung zu suechen, auch herbrig. Sie zogen an manches ort, ein heufflein da, das andere dort. Man gab inen auch platz, arbait vnd aufenthalt hin vnd wider in Österreich. Es mocht inen aber nit lang gedeien, aus neidt des Feindts, der alten schlangen. Den man richtet Einen auf, welches geschah im 51sten Jar, der kam im Namen vnd bevelh des königs als ein Profoss, ritt herumb in Österreich vnd het ain anfrag, wo die Brueder weren. Er suecht in vilen Dörfern, er schrieb

---

[1] *A.--L.*: ,In disem 1551 J. hat der Knnther, ein abtriniger Fleischhacker sambt andern, die sich zu im gesellten, die fromen aus irem hauss zu Pulgram vertriben. Sie haben inen geraubt, was sie bekamen (mochten), au vich vnd anderer farender hab. Sie haben auch die siechen vnd kindtbetterin vnd andern kranken bei finsterer nacht aus den betten herausgeworfen vnd inen das gewandt genomen.'

[2] *P.* hat (irrig): Thonaw. ,In derselben zeit haben Rauber ain Br. mit Namen Jacob Binder beraubt vnd in der Thaya, nit weit von Pulgram ertrenkht.' *A. — L.*

etliche wirt auff, bej denen sie herbrig gehabt, droet inen für
mit dem könig, vnd wolt sie gen Wien beschaiden, was er damit heraussschröcket, (vnd) sie im schrecken (anzaigen), das
war sein gewinn. Also wurdens balt aus Österreich widerumb
in Mähren gejagt. Dan kainer wolt vmb der fromen willen in
Gefar komen. *M. P. Q. R.*

Im Jar 1551 ist der Lang Hans im Namen des Profossen
von Wien in Österreich vmbzogen vnd den fromen vil grosse
vervolgung vnd trüebsal zuegefügt.

Da sein die fromen wider aus Österreich in das Märherlandt zogen. Da sein sie auch in wäldern vnd Löchern der
Erden vmbzogen vnd haben also vmb des Herrn willen, vil
vnd grosse trüebsal erdulden müessen, mit hunger vnd kumer.
Dan es kam ein Teuerung ins landt, das ein Metzen Traid ein
Taler (Gulden) galt vnd an etlichen Orten mer als ein Taler
(Gulden). (Da muessten auch vil mit Maugl, Hunger vnd kviner
versuocht vnd probirt werden, also das etlich kaum innerhalb
8 oder 14 Tagen einmal etwas warmes v̈berkamen, auch das
trokhen brot nit wol kundten füerbringen. *P. Q. R.*) Es wardt
aber Im Jahr darnach wider wolfail. *A.—L.*

Dises 1551 Jar kamen auch sonst (zween *l'.*) von feren,
auss dem landt ob der Enss, welche vorhin Brüeder haben
wellen werden. Die zogen hin vnd her vnd begerten die fromen
zu berauben, vnd zaigten einen brieff ires gewalts, (der wer)
inen vom könig gegeben; namen zu wien (*P. Q.:* zween) gesellen zu sich, die inen helfen solten. Kamen für den Richter,
vnd da er ir begeren wilfaret, waren sie in irer begierd zu
rauben* allsammt fro.[1] Man hat zu Schäckowitz bej einem
man, (dem Festel *A.—L.*) in seinem Hauss vil zeug behalten
geben, das es sicher möcht bleiben in solcher Zeit. Da fielen
die Schälck, (des alten Hans Baders Sohn vnd seine gesellen *A.*)
ein, vnd namens hin bej lichtem tag vnd füertens daruon. Niemandt war, der inen werte. Der Richter war mit ineu. Sie
stellten das maiste in sein Hauss[b] ein, alda v̈ber nacht zu behalten; aber es kam ein verbot darein; den gott mocht es nit
zuesehen vnd erweckht an andern orten Leut, die solchem
vnbill fürkamen, vnd namen sich des handels an. Man setzet

---

* *P.:* in iren raubgierigen gemüet. — [b] *P.:* ins Gerichtshauss.
[1] Cod. *R.* hat: „waren sie — schandt frej‘ — *M. Q.*

irer etlich ein, ainer entlieff, die andern füert man gefangen, vmb solcher vermessenheit vnd fräffel, geen Göding auffs Schloss vnd wurden alda behalten, welches sie wol vbel verdruss, hattens aber wol verdient. [1] *M. P. Q. R.*

Nach dissem muessten die fromen noch ein guete Zeit in truebsal vnd elendt vmbschwaiffen. Es wurden noch vil landtag gehalten, darinen man die sach trieb. Ein iedlicher Herr schauet, das sie von seinen gründen kämen, vmb des königs beuelh vnd droëns willen, das sie nit in vngnadt kämeten, vnd welche es schon erkenneten, vnd oft selbst sagten: Es wer ein frombs volkh, vnd ir sach wer die warhait, doch richten sie des königs Mandat vnd willen auss, den man fürchtet allein den könig, aber gott im Himel sahen Sie nit an; der galt inen nichts! Je mer nun solches der frech püffel sach, ye bass stuendten sie nach Rauben (vnd muetwillen). Man trieb sie aus Märhern in Hungern, aus Hungern in Märhern, aus Märhern in Österreich, aus Österreich wider in Märhern. Der fromb hat in Summa kein platz! Sie muessten auf vnd abziehen. Dennoch gab man villen nit herbrig, so doch der grösst bueb vnd schalkh im landt sein einker vnd herbrig hat, on alle sorg. Dennoch, in allen dissen trüebsal vnd drang, der lang weret, wankhten sie nit, vnd wichen nit ab vom Herrn, dankhten im noch, das sie wirdig wären vmb seines Namens willen (zu leiden). Obwol (auch) vil aus irer zal abfielen wider zu disser welt, welches inen der grössten schmertzen ainer war, so hielten die fromen desto steiffer an gott vnd baten nur, das er sie well bewaren (vnbefleckt) vor dem bössen, vnd sie fromb erhalten, auch inen gedult vnd sterkh verleihen, welches inen der Herr auch gab, das sie alles vberwunden, durch den glauben, welcher der Sig ist, in dem wir die welt vbermögen. *M. P. Q. R.*

Vnder solchen schwüren Triebsal thet gott aber vil herzue, vnd kamen vil zue gemain, hin vnd wider, die fromb worden, Ir Leben besserten vnd das Kreutz auf sich Namen; mer als offt hernach, in der gueten Zeit. Sie kerten

---

[1] Cod. *A. — L.* bringen diesen Vorfall mit nachstehenden Worten: ,Anno 1551 haben die fromen etlich Zeug zu Schückowitz bei dem Festel zu behalten geben. Da ist des alten Hans Bader's Sohn aus dem Landt o. d. Ens komen, mit lugen der fromen gut an sich zu ziehen. Ist inen aber nit gelungen. Sind um solcher vermessenhait willen gefangen gen Göding ins schloss gefüert vnd vberautwort worden.'

sich an den Triebsal nit, den es waren rechte Eifferer gottes.
M. P. Q. R.

Nach gemeldtem triebsal, der bis ins fünffte Jar an einander gewert hat, hat sich die gemain aus gottes gnadt versamlet, vnd die Christliche gemeinschafft mit aller gottes ordnung vnd angeben, so fleissig gehalten, als vor ye, Gott lob vnd dankh, der die Zeit vnd gelegenheit widervmb geben hat, zum Preiss seines Namens. Amen. M. P. Q. R.

(2.) Was sich in disser zeit (von 1548 bis auff 1553) sonst bei der gemain Gottes zuegetragen.

1548.

a) Anno 1548 ist der Brueder Hanss Gentner, ein treuer Euangelischer Diener Christj, nach vil seinen erlitenen tribsal vnd mancherlay kampff vnd streit, so er vmb des Herrn willen hat erdulden müessen, zu Schäckowitz im Märherlandt entschlaffen. A.—L.

b) In dem 48 Jar Ist der Brueder Caspar Braitmichl,[1] Hannss Schmidt, Hannss Plattner vnd Caspar Schmidt: in Dienst des Euangeliums erwilt vnd zu Holitsch fürgestellt worden. Auch (seindt) daselbs 13 (14) Brüeder in Dienst der Notturfft erwilt vnd fürgestellt (worden) als: Matthes Gasser, Christof Lenk, Caspar Ebner, Geörg Ladendorfer, Thoman Schmidt, Bastl Wardeiner, Andreas Gauper, zum Andermal Caspar Tischler, Paul Schuster, Chrisant Schuester, Abraham Schneider, Hannss Seckler, Ruep Hess (vnd Valtan Schmidt C.) B. C.

1549.

a) Anno 1549 ist der Brueder Michl Martschiller,[a] Ein Euangelischer Diener vnd Apostel Jesu Christj, selb dritter, als nemlich: Lisel sein Eegemahel, vnd Hanss Schuester[b] zu

---

[a] Q.: Madschädl oder Kleinmichl, A. D. J.: Madschidl, B.: Mätschidl, F.: Madschidler. — [b] M. P. Q. R.: Hans Gurtzhaim, ein Schuster. — Ueber Martschiller und Gurtzheim siehe oben das Jahr 1546 b) und c), dann bei dem Jahre 1553 f). — Martschiller ist der Verfasser der beiden ‚Sendschreiben an die gemain gottes in Mähren‘ vom Jahre 1546, die sich im Cod. 190 Pos. finden. Das erste (Wien, 5. December) bringt auch Cod. J. G. X. 8 der Graner Met. Bibl. (fol. 43).

[1] **Caspar Braitmichl** (oder Schneider) starb anno 1573 zu Austerlitz als Diener des Wortes bei den dortigen Wiedertäufern. Siehe bei 1573 über diesen Bruder und Chronisten.

Wien vmb der götlichen warhait willen gefangen gelegen. *A.—L.*
Zu derselben Zeit ist ein feuer in der Stadt ausgangen vnd
ausskumen. Da hat man die stadtthor zuegeschlossen, wie es
dann in der stadt brauchlich ist, (wenn ein feuer ausskumbt).
Da hat man auch die Gefangenen ledig gelassen. Da man das
feuer gelescht hat, ist der Kleinmichl vnd sein (Weib) Lissel
durch gottes anrichten, vnd hilff eines Bürgers, zu der Stadt
hinauskumen vnd zu der gemain zogen. Also hat Im Gott,
vnverletzt an seinem gewissen, ein auskommen gemacht* der
Hannss Schuester (oder Gurtzhaim) ist aber wider in die gefenkhnus gangen; da ist er noch bej ein Jar gefangen gewessen,
bis in daz 1550 Jar; da hat man in,ᵇ den 27. Juni 1550, (an
einem Freitag Früh *M. P. Q. R.*) in der Thonaw ertrenkht.
A.—L. M. O. P. Q. R.

Etliche haben gesagt, wie man in hab wellen ertrenkhen,
vnd in in ein warme stuben gefüert, da sei er hinter dem ofen
gsessen, also entschlaffen, vnd im Herrn verschieden. Darnach
hat man in ins wasser geworffen. Es ist auch noch ein Liedt
oder zwey, so er in gefenkhnus gemacht, vorhanden. *M. P. Q. R.*

Die obgemeldten Personen sein zu Traburg ¹ in (Ober-)
Kärnten gefangen gewessen. Von danen hat man sie gefenkhlich geen Wien gefüert vnd vberantwort. Da sein sie fast bei
dreien Jaren gefangen gewessen bis auf dies obgemeldte 1549
Jar. *A. — L.*

1550.

a) Anno 1550 ist der Brueder Hanss Gurtzhaim (*G.*:
Kurtzhaim), ein schuester, zu Wien in Österreich, ongefär (seit)
4 Jar, vmb der göttlichen warhait willen gefangen gelegen bis
in das 50ᵉʳ Jar. Da bin ich² selbs siebenter am 28. Juni
(1550) zu Wien füerzogen. Da hat vns ein Austerlitzer Brueder
bei den rothen Thurm gesagt, man habe den Hannss schuester.
als gestern, den 27. Tag (Juni), am Frejtag frue, in der Thonaw
ertrenkht. Darnach hat man aber zum Conradt Schuester, ³
wie er zu Wien gefangen ist gewesen, gesagt, wie man in hat

---

* *B.:* ausgeholffen. — ᵇ *Q.:* vngefär.
¹ Traburg (Draburg) Ober-Drauburg, altes Hergschloss, Markt und che-
malige Landesgerichtsherrschaft in Kärnten.
² ,Ich', d. i. Caspar Braitmichl, der Chronist.
³ Conrad Schuester, alias Conrad Haintzemann, seines Zeichens ein Schuster,
von dem bei 1558 die Rede sein wird.

ertrenkhen wöllen, da sei er in einer warmen stuben, hinter den Ofen verschaiden. Darnach hab man in (also todter *D.*) ertrenkht. *A. D.—L. K.*

b) Zu derselben Zeit sein 17 Diener des worts bei der ganzen Gemain gewesen, die dan mit namen sollen genannt werden, wie folgt:

Leonhardt Lanzenstil oder Sailer
Peter Riedmann [1]
Peter Walbot oder Scheerer [2]
Michl Martschiller oder Kleinmichl
Bärtl Riedemeier oder Schlesinger
Caspar Braitmichl oder Schneider
Hauss Gregenhoffer,
Wolff Sailer oder Tischler
Hanss Wimer oder Plattner
Caspar Behm (Böhm)
Jakob Kircher
Hanss Klopfer von Feuerbach
Burckhart Bäuerl
Peter Hagen oder Schnester [3]
Caspar Klaintopff oder Schmidt [1]
Hänsl Raiffer oder Schmidt
Simon Wändl.

Es sein auch zu derselben Zeit 31 Diener der Notturfft in der ganzen gemain gewesen, mit namen gemeldt: Mathes Legeder, Walser Maier, Andre Gassper, Christl Lenk, Wastl Wardeiner, Michl Kramer etc. *A.—L.*

c) Anno 1550 ist der Brueder Wolff Sailer [5] oder Tischler, ein Euangelischer Diener, nachdem er vns, sein glaubensgenossen,

---

[1] ‚Dinser ward a. 1529 im landt ob der Ens, in Dienst gewelt, seines alters 23 Jar.‘ *E.*

[2] ‚Dinser kam in Dienst seines Alters 24 Jar.‘ *E.*

[3] ‚Diser hat den Brueder Claus Braidl getaufft a. 1550.‘ *E.*

[4] ‚Ridemanns geferdt.‘ *E.*

[5] Wolff Sailer ist ein höchst fruchtbarer Liedermacher gewesen. Ich fand in verschiedenen Handschriften gegen 24 Lieder, die seinen Namen oder das bekannte W. S. an der Stirne tragen, darunter mehrere von wahrhaft poetischer Schönheit. Seine (vortrefflich übersetzten) ‚Psalmen‘ enthält am vollständigsten der leider verstümmelte Codex *G. H.* IX. 26 in Gran und meine Sammlung.

vil heilsamer leer mitgethailt hat, [er hat alle (150 *F.*) psalmen gesangsweiss gestellt vnd sunst vil schüne Lobgesang vnd tröstliche lieder gemacht] zu Sayts im märherlandt mit fridlichen hertzen entschlaffen. *A. — L.*

d) In disen 1550 Jar hat man daz Hausshaben zu Dämberschitz (*A.:* Dämerschitz, *D.:* Dämborschitz) [1] angefangen (zu bauwen *E. F. L.*) vnd aufgericht. *A. — L.*

1551.

a) Anno 1551 sein 5 Brüeder in Dienst des Euangelions erwelt vnd füergestellt worden. Als nemlich: Jakob Seckhler, Mathes Legeder, Hänssl Mändl oder Kleinhänsel, Paul Schuster vnd Hanss Spindler. Dem Br. Hanss Spindler ist (aber) das amt oder dienst des worts wider auffgehebt worden. Er ist darnach balt im Herrn entschlaffen. Zur selben Zeit sein auch fünf Brüeder, als nemlich: Thoman Eppensteiner (Ebensteiner), Michl Kern (*B. D.:* Körn), Greger Behem, Gabriel Aichhorn, in Dienst der Notturfft erwelt vnd fürgestellt worden. Thoman Kenn auch dessgleichen. *A. — L.*

b) In dissen 51 Jar ist auch der Brueder Peter Hagen, ein Diener im wort (gottes), nach vil erlittenem trüebsal zu Pulgram (*E. L.:* Pausram) in Märherlandt mit friedlichen Hertzen im Herrn entschlaffen. *A. — L.*

c) In dissen 51 Jar ist auch Brueder Caspar Kleintopff oder schmidt, ein Diener im wort, doch nur in der versuechung, zu Freyschütz [2] im Ungarlandt, der Brueder Gabriel Aichhorn, ein Diener der Notturfft, zu Popitz bei Tracht in Märhern, (vnd der Brueder Michael Kramer, ein Diener der notturfft, zu Popadin [3] im Ungarlandt im Herrn entschlaffen. *A. — L.*

---

[1] Dämberschitz = der Marktort Damboric (slav. Damborice, einst: Domaborice genannt), 1³/₅ Meilen südöstlich von ˙Austerlitz, mit 2200 Einwohnern, darunter 350 Juden und 146 Helveten. Anno 1552 ein Dorf, den minderjährigen Erben des Peter von Kaunitz gehörig.

[2] ,Freischütz in Ungarn' hiess bei den deutschen Wiedertäufern im 16. Säculum: Sobotist oder Sabatisch. Wahrscheinlich dachte man dabei an das magyarische ,Szabad' Freiheit (slav. svoboda), also an ein ,Freiheitsrode', was Sobotist auch für sie war. Dass jedoch der Ableitung das slavische Chobot oder Sobota (Samstagsmarkt?) näher läge, liegt an der Hand.

[3] Popadin, ein Dorf mit 445 Einwohnern slovakischer Zunge in Ungarn, das nach Holitsch eingepfarrt ist und gegenwärtig Pobudin genannt wird.

d) In disem 51 Jar haben sich etliche, als nemlich: der Ott vnd Antonj Kirschner vnd Hanss Kirschner wider die eltesten Brüeder vnd Diener in der gemain mit muren (vnd tadlen *L.*) auffgelaindt. Sie sein deswegen von der gemain, als vntüchtige leut (vnd glider *L.*) aussgeschlossen worden; sie sein auch zu keiner Buess nie (mer *L.*) kommen. *A. — L.*

e) In disem 51 Jar ist der Brueder Wastl Schmidt, ein Diener in der notturfft, zu Frätz im Märherlandt mit friedlichem Hertzen im Herrn entschlaffen. *A. — L.*

1552.

a) Anno 1552 ist der Hänsel Schmidt (*I. K.:* Hänsel Raiffer) vnd Simon Wändl zu Gäta im Ungerlandt mit Auflegung der eltesten hendt in dem Dienst des Euangelions bestätigt worden. *A. L.* Zu derselben Zeit, an demselbigen Tag, sein (zu Gäta) auch fünf Brüeder als, nämlich: der Christel Lenkh, Christl Häring, Caspar Ehner, Andre Stukh (Stockh) vnd Vhl Hoffer im Dienst der notturfft mit auflegen der eltesten hendt bestätigt worden. *A. C. — L.*

b) In disem 52 Jar hat sich der Schluchter Hanss mit murren wider die eltesten brüeder vnd Diener aufgelaint; er hat auch mit seinen schmächelworten etliche gemeine Brüeder in dem Haushaben, da er (daheim) gewessen ist, zu Rupschitz, (*G. L.:* Hrubschitz) Im anhängig gemacht. Er ist vmb der vrsach wegen, (samt sein Anhängern *D.*) von der gemain ausgeschlossen worden. Mit den andern seinen Anhängern (*D.:* mit ein tail), hat man nach gelegenheit der vrsach gehandlet. Da sein die Maisten (wider) zurecht komen; aber der Hauss Schmidt ist im Handel zu weit geraten, daz er von der gemain des Herrn komen ist; da ist weder er, noch der Schluchter Hanss zu keiner Buess nicht komen. *A. — L.*

c) In disem 52 Jar ist der Brueder Mathes Logeder, ein Diener im wort, aber doch (nur) in der versuechung, nach vil seinem erlittenen tribsal,[1] den er vmb der göttlichen warhait

---

Im Jahre 1551 gehörte es mit Lopašov der Witwe des Peter Bakich de Lák, geb. Ursula von Šárkan. (Pressb. Cap. Archiv.)

[1] Legeder war anno 1542 in Sterzing in Banden, wollte nicht widerrufen und sollte über Auftrag des Königs Ferdinand ddo. 21. December 1542 mit dem nächsten Frühling ,auf die Schiffung wider den Türken' gebracht werden, entkam aber noch vor der Zeit nach Mähren.

willen erduldet hat, zu Pergen (am Maidenberge [1] *D*.) im Märherlandt, im Herrn entschlaffen. Er hat die Hoffnung seiner erledigung von diser irdischen Hüten acht Tag vor seinem endt oder abschaidt, angezaigt. *A. — L.*

d) In disem 1552 Jar ist der Brueder Melcher Kloger, ein Diener der notturfft, zu Alecowitz [2] im Herrn entschlaffen. *C.* In disem 52 Jar ist (auch) der Brueder Wolfer Maierhoffer, oder Maier, ein Diener der Notturfft, zu Altenmarkt; der Brueder Hanss Wimmer oder Plattner, ein euangelischer Diener, nach vil seinem erlittenen Triebsal: zu Austerlitz im Mayerhoffe etlich Tag nach dem neuen Jar; der Brueder Jakob Seckler, ein Diener des worts, doch nur in der versuechung, zu Freyschitz im vngarlandt; der Brueder Hanss Schneider (*L.*: schmidt) oder Hess, ein Diener der notturfft, zu Oleckowitz im Märherlandt; der Brueder Melcher Keller (Kellner *II. L.*) oder Zimmermann, ein Diener der notturfft, zu Freischitz im vngarlandt; vnd Thoman Renn, ein Zimmerman, vnd auch ein Diener in der notturfft, zu Schäkwitz im Märherlandt, mit friedlichem Hertzen im Herrn entschlaffen. *A. — L.*

1553.

a) Anno 1553 ist der Brueder Bärtl Ringl (von Gindlbach *II.*) in Dienst des Euangelions erwelt vnd füergestellt worden. *A. — L.*

b) In dissem 53 Jar seindt 2 Brüeder, als nämlich: der Hänssl Mändl [3] oder klain Hänssl, vnd der Bärtl Ringl von Gindlbach zu Freyschitz im Ungarlandt, mit Auflegen der Eltesten Hendt im Dienst des Evangelions bestätigt worden. Am selben Tag ist auch der Brueder Linhart Klemp vnd Peter Dietrich (daselbst) zu Freyschitz in Dienst der notturfft erwelt vnd füergestellt worden. *A. — L.*

c) In dissem 53 Jar ist der Brueder Simon Wändl, ein Diener des Evangelions, zu Popadin im Ungarlandt im Herrn entschlaffen. *A. — L.*

---

[1] Maidberg (Maydenberg), der östlichste Vorsprung des Polauer Gebirges mit der Burgruine Maidstein oder Maidburg (Děvči hrad), nordöstlich von Nikolsburg.

[2] Alecowitz, jetzt Alexowitz (slav. Oleksovice), ein mährisches Dorf bei Eibenschitz, anno 1552 dem Heinrich Doupovsky von Doupowa gehörig. Die Brüder hausten hier bis zum Jahre 1623.

[3] Von diesem unermüdlichen WiedertKufer s. bei 1544a, 1551a, 1553g u. 1560.

d) In disem 53 Jar haben die Brüeder das Hausshaben zu Schädawitz [1] (*D. L.:* Schaidowitz) angefangen vnd aufgericht. *A. — L.*

e) In disem 53 Jar haben die Brüeder auch das Hausshaben zu Gupschitz (*D. L.:* Gopschitz) angefangen. *A.—H. L.*

f) In disem 53 Jar ist der Brueder Michl Martschiller (Madschidler, Matschiller, Madschidl) oder klain Michl, ein Euangelischer Diener (vnd Apostel Jesu Christj vnd der gantzen gemain gottes), nach vil seinen erlittenen truebsal vnd Gfänkhnussen: zu Altenmarkht im Märherlandt im Herrn entschlaffen. *A. — L.*

g) In disem 53 Jar ist der Jilg Federspil vnd Jörg Rader vnd (auch sonst) vil volkhs aus der graffschafft durch den klain Hänsel (zum christlichen Glauben) bezeugt (vnd zu der gemain des Herrn gebracht *D.*) worden. *A.— L.*

---

[1] Schädowitz (Schaidowitz), das heutige Žádowice, ein mährisches Dorf mit 640 katholischen Einwohnern, bei Gaya, anno 1554 im Besitze des Sigmund v. Zástřizl.

Siebentes Buch.

1554—1565.

Die guote Zeit der Gemain.

Durch viel trüebsal müessen wir in's
Reich gottes geen.   Acto. 14.

I. Abschnitt.

Die Gemain samelt sich. Hans Pürchner. Riedemanns Tod (1554—1556).

„Ist duch bei disen Zeitten
Wider komen darzue.
Das man mit Dankbarkeit
Wonet in gueten Rueb.'
(Pruckmaier.)

1554.

a) Anno 1554 ist der Br. Geörg Ladendorffer, ein Diener der Notturfft, zu Protzga [1] im Ungerlandt im Herren entschlaffen. *A.—L.*

b) In disem Jar sein zu Freyschitz (im Ungerlandt) auff einmal bey 70 Personen mit der christlichen tauff nach dem beuelh Jesu Christy getaufft worden. *A.—L.*

c) In disem Jar gleich nach Jeronime, kam abermal ein ernster bevelh des Künig Ferdinandus an die märherschen Herren, nit zu dulden, noch zu gstatten, das sich die verfüererische Sect der Widertauffer, die man weder im Reich noch in andern landen dulden mag, im Landt niederlasse, häuffe vnd ersterke. (Cod. XIX.)

1555.

a) Anno 1555 ist der Brueder Hanss Klampfferer oder schlag in die pfan zu Freyschitz (im vngarlandt *C. K.*) in Dienst des Euangelions erwelt vnd fürgestelt vnd mit Aufflegen der Eltesten hendt bestätigt worden. *A.—L.*

b) In disem 55 (Jar) ist der Brueder Abraham Schneider oder Öhlstüber, in Dienst des Euangelions erwelt vnd fürgestelt worden. Er ist aber balt darnach im selben Jar in dem ampt mit auflegen der eltesten hendt bestätiget worden. *A.—L.*

---

[1] Protzga (Brotzka), das heutige Brodská, slovak. Brodskó (i. e. Furt), ein ungarisches Pfarrdorf mit 1420 slovakischen Einwohnern nächst der südlichsten Landspitze Mährens und der March, die 1551 knapp am Dorfe vorbeifloss.

c) In dissem 1555 Jar ward in Bairlandt ein Brueder gefangen, mit Namen Christan, vnd gen Mermoss gefiert. Wie wol er noch nie bej der gemain gewessen war, dennoch hat er die warhait gottes, die er angenomen vnd erkannt hat, Treulich bewart vnd was er verheissen hat im Bundt des christlichen tauffs, steif gehalten bis in den todt. Er ist durchs schwert gerichtet worden zu Mermoss. Hat also ein gueten kampff gekempfft, sein Lauff seelig vollendt vnd kein erlessung angenomen, sonder lieber redlich sterben wollen dem schändlichen Leben. Darumb ist im hiefür behalten die Cron der Gerechtigkeit, welche im geben wirt der Herr an Jenem Tag, sambt allen denen, dj sein erscheinung lieb haben. [1] *M. P. Q. R.*

d) In disem 55 Jar ist der Brueder Hänsel Pürchner [2] zu Kortsch [3] im Etschlandt (oder Fintschgaw *M. P. Q. R.*) vmb der göttlichen warhait willen gefangen, [4] vnd gefänklich gen Schlanders (für den pfleger, [5] welcher ein greulicher Tyran war, vnd den Brueder in seinem grimen wolt erstechen, *M. P. Q. R.*) gefiert worden. Da hat man in von stuendt an an die strenge frag geworffen vnd auffgezogen vnd gar hart gemartert, [daz er anzaigen vnd verraten sol, wer in beherbrigt hat. Als er aber das gar nit thuen wolt, hielten sie mit der marter an. Aber es war alles vmbsonst, welches inen bitter wee (vnd

---

[1] *A. — L.:* ,In disen 55 Jar ist ein gemainer Brueder, der Christl gehaissen, zu Mermoss im Baierlandt vmb der g. w. w. gefangen worden. Er ist allda zum Tod verurtailt vnd mit dem schwert gericht worden. Er ist (zwar) nie bej der gemain in Märherlandt gewessen, er hat aber die warhait gottes mit seinem bluet bezeugt.'

[2] Hanns Pürchner (Pirchner, Birchner) ,von Saal' *(M. N. P. Q. R.),* d. i. von Saalen, 2 Stunden von Brunecken, im ehemaligen Landgerichte Michelsburg in Tirol.

[3] Kortsch, ein zur ehemaligen Herrschaft Schlanders gehöriges Pfarrdorf in der Vintschgau, ¼ Stunde von Schlanders entlegen.

[4] Sein Geführte Gilg (Foderspiel) und ein dritter Bruder entkamen; Gilg durch einen Sprung auf eine Mauer, an deren Rebengelände er sich hinab. liess. (Lied im Cod. 136.)

[5] Der Pfleger, Caspar v. Monthanj, hatte die Weisung (vom 31. October 1555), den der Folter trotzenden Pürchner durch den Vicar von Mals und den Pfarrer von Latsch in Schlanders eindringlich unterweisen, falls er aber ,über allen angekherten fleiss der Priester auf seiner seel verharrt vnd nit absteen wolt', ihm das Recht ergehen zu lassen. (c. d. VII. 385.)

zoren) thet, das sies nit aus im bringen kundten. Es war da ein schreiber, der war so grünig, [1] daz er sich vnterstundt den brueder selbst zu reckhen vnd zug den Brueder auff, welches doch nur einem Henkher ziempt. Man hat in etlichmal vnd oft aufgezogen vnd in etlich stundt am seil hängen lassen, also sie in zerrissen haben, *M. P. Q. R.*] das er (nit ainen ainigen Tritt) auf seinen Füessen weder steen oder geen kundt, auch seine Hendt nit zum Mundt hat bringen könen. *A.—L.* ≊ *M. P. Q. R.*

Noch liess er sich nit abtreiben, sonder blieb gantz standthaft im Herrn. *(M. P. Q. R.)* Nach dem Allen haben sie In härtiglich in einem stockh, [2] in einer füenstern gefünkhnus oder keichen lenger, dan ein halbes Jar, bis in das 1556 Jar gefangen bewart. *A.—L.* ≊ *M. P. Q. R.* Sie brachten auch vil weltgeleerte Leut zu im, pfaffen, münich vnd edelleut, vnd andere, ob sie in doch möchten abfüeren. Die setzten gewaltig an in, zween tag vnd ein gantze Nacht; aber sie wurden zu schanden; den er überwiss sie vnd war kekh, vnd liess sich nit erschreckhen. *M. P. Q. R.* Darnach ist er daselbs zu Schlanders zum Todt verurthailt vnd mit dem schwert gerichtet worden. [3] Da hat er die göttliche warhait (ritterlich *D.*) mit seinem bluet versiglet vnd bezeugt, wie dan das liedt, [4] (so die lieben Brüeder) von ihm gemacht (haben, von seinem leiden vnd sterben,) zeugnuss gibt. [5] *A.—L.*

---

[1] Cod. *P. R.* hat hier abweichend von *M. Q.:* ,ein schreiber, welcher hiess der Grün, der reckht vnd streckht den Brueder, wie der Henkher, welches im nit gebiert hat'.

[2] *M. P. Q. R.:* ,Darnach habens in mit Hendt vnd Füessen in den stock geschlagen.'

[3] *M. P. Q. R.:* ,Darnach habens in allda (auff einem Ross [Lied im Cod. 136]) zur Richtstatt gefüert, da er dau die Buess ausgeschrieen zum volckh, das sich vil versamlet het. Also habens in mit seinem Ruckhen an ain holtz gelaint vnd in daran enthaubt, dan er kundt nit knien, so jämerlich hetens in gereckht, gestreckht vnd gemartert.'

[4] Das Lied findet sich in zwei Bearbeitungen vor. Beide behandeln die Gefangennehmung und Hinrichtung Pürchner's; das erste verfasst von Sigmund Hosauer (Cod. 236 und 194), das zweite von Claus Felbinger (Cod. 203).

[5] ,Fürhin wirdt im kain laidt mer geschehen, das ewig feuer wirt er nit sehen, sonder wirt eingehen zu (dem Abentmal vnd) der Hochzeit des Lambs, angetan mit rainer vnd heller seiden.' *M. P. Q. R.*

1556.

a) Anno 1556 ist der Brueder Valtan Schneider oder Hess, ein Diener der Notturfft, zu Schaidowitz* im Märherlandt mit fridlichem Hertzen im Herrn entschlaffen. *A. — L.*

b) In disem 56 Jar ist der Brueder Leonhart Schuester, ein Diener in der notturfft, zu Gostl¹ (Gosstal) im Märherlandt im Herrn entschlaffen. *A. — L.*

c) In disem 56 Jar haben die Brüeder daz Hausshaben zu Nicolspurg² angefangen vnd aufgerichtet. *A. — L.*

d) In disem 56 Jar Ist ein kometstern mit einem seer langen Besen ᵇ gesehen worden. *A. — L.*

e. 1) In disem 56 Jar ist der Brueder Peter Ridemann, gebürtig aus Hirschberg aus Schlesien, ein von gott erleichteter (hochbegabter *L.*) man vnd rechter euangelischer Diener vnd vorsteer der gantzen Gemain Gottes, nachdem er vns, seins glaubens genossen, vil heilsame leer vnd tröstliche Gschrifften (hinterlassen) vnd (vil) schöne geistliche lieder vnd lobgesang, auch die Rechenschafft vnseres glaubens, sambt andern tröstlichen vnd nützlichen erklärungen der hailigen gschrifft mitgethailt hat, nach vil erlittenen triebsal, den er in gefainkhnussen vmb der göttlichen warhait wegen erdulden hat müessen, (wie oben gemeldet,) im 56 Jar, am 1. Tag December zu Protzga im ungarlandt mit friedlichen Hertzen im Herrn entschlaffen. *A.—L.* Die Zeit seiner Gfänkhnuss, sambt den orten, da er gefangen gelegen, hie soll gemeldet werden, als nämlich: erstlich zu Gemunden im landt ob der Ens, drei Jar vnd vier Wochen gfangen gelegen, da hat er den Namen Peter von Gmunden ererbt; zum andern: ist er zu Nürnberg gefangen gelegen, 4 Jar vnd 10 wochen; zum 3ᵗᵉⁿ mal ist er gefangen glegen zu

---

* *H.:* zu Schäckowitz. — ᵇ *C. K. L.:* stral.

¹ Gostl (Gostal, Gossthal), das heutige Kostl (slav. Podivin), im südlichsten Mähren, anno 1550 dem Landeshauptmann Wenzel von Ludanic gehörig; anno 1559 kaufte es Johann von Žerotin und vereinigte Stadt und Gut mit Lundenburg.

² Dahin zogen denn auch 1556 sehr viele Leute aus Oesterreich und namentlich aus der Umgebung von Laa und Falkenstein. Hans Gayer, niederösterreichischer Landuntermarschalk, führte deshalb Beschwerde bei der Statthalterei über die Menschenfischerei und über die mährische Landschaft, welche ihm die Auslieferung der entflohenen Holden verweigere; wie die Folge zeigte, — ohne Erfolg. (Act. im niederösterr. Landesarchiv.)

Marburg (Martburg) vnd **Walkersdorf** in Hessen, vngefär bej anderthalb Jar. Aber aus disen Banden allen, die er vmb der göttlichen warhait willen erduldet, hat im Gott der Herr, on alle Heuchelej, mit standthafften vnd vnbefleckten Hertzen geholffen. *A. — L.*

2) ‚Geet hin, vnd esset das New : Trinkhont das süoss, vnd gebend gaben denen, die Nichts haben. 2. Esdre. 8. c., 3. Esdre. 9. 8.‘ Disen Spruch hat der Bruedor Riedeman von Hirsperg aus der schläsy zu seinen Mithelffern im Dienst der Gemain (im Euangelj oder wort) an seinem letzten Endt, welches geschah am 1ten tag Decembris 1556 Jars) gesagt, Ein getreuer Diener des Herrn, vnd ist also in Gott verschaiden, da er der Gemain gottes gedient hat in ampt des Wortes Gottes: 27 Jar, sambt den gefänkhnussen, welche betreffen 9 Jar, zu Gmunden im Landt ob der Enss: 3 Jar, zu Nürnberg: 4 Jar, vnd zu Marburckh in Hessen: 2 Jar. Er war reich an allen göttlichen gehaimbnussen vnd Erkentnussen vnd floss von im heraus, wie ein wasserquel, der überlaufft, vnd hetten alle seelen freudt, die in höreten. Vnd seines gantzen Alters was bej 50 Jar. O! wie köstlich ist der Todt im Angesicht des Herrn, seiner Heiligen, sagt David. Ps. 116.[1] *N.*

II. Abschnitt.

Was sich nach Riedemans Abschaiden bis zum J. 1565 in der gemain des Herrn zuegetragen, vnd zwar:

1. In Mährern vnd Vngerlandt.

1557.

a) Anno 1557 hat man 4 Brüeder, nämblich den Caspar Hueber, Andre Arnold oder Beckh, Hänsel Gerber oder Zwinger,

---

[1] Ueber Peter Riedemann, (vulgo Peter von Gmunden oder der grosse Peter genannt), siehe Schluss des ersten Buches. Von den zahlreichen Schriften dieses hervorragenden Wiedertäufers erhielten sich: 1. die ‚Rechenschafft vnnserr Religion, Leer vnd glaubens, von den Brüedern. so mann die Huettrischen nent, ausgangen: durch Petter Riedeman, gedruckt auf ein neues, durch Philips Vollandt, 1565, in 16°. (Abgedruckt in Calvari's Mittheilungen aus dem Antiqnariate, 1870.) — 2. ‚Ein Rechenschafft vnd

vnd Sigmund (Sigl) Hosauer[1] in Dienst des Euangelions erwelt vnd füergestellt. *A.—L.*

In derselben Zeit, vnd an demselben Tage hat man auch 4 Brüeder, als nämlich den Carius Treitzl, Peter Härich, Paul Schneider oder Schnitzer vnd Christof Achtsnit in Dienst der Notturfft erwelt vnd füergestellt. *A.—L.*

b) In disem 57 Jar haben die Brüeder das grosse Hausshaben zu Gostl (auffzurichten) angefangen, (vnd zuegericht *B.*)[a] *A.—L.*

c) In disem 57 Jar ist der Lorenz Hueff am Reinstrom von den schweitzer Brüedern zu[b] den hueterischen Brüedern komen, vnd hat sich mit Inen[c] im Herrn verainigt. Er war vorhin bei den schweitzer Brüedern ein Diener. Da haben in die Brüeder im Dienst des Euangelions, aber doch nur in der versuechung dienen lassen. *A.—L.*

d) In dissem 1557 Jar ist der Brueder Caspar Tischler, ein Diener der Notturfft vmb seines vnaufmerkhens willen, ausgeschlossen worden. Er hat aber Buess gethan. *C.*

e) In disem 57 Jar hat Peter Diackh die Geschwistriget zu Freyschitz im Ungarlandt ausgetrieben vnd in vil guets in farender habe vnd andern Dingen, mit gewalt genommen vnd vorbehalten. *A.—L.*

f) In disem 57 Jar haben die Brüeder daz Hausshaben zu Pergen vnd Voitelsbrun[2] (aufzurichten *K.*) angefangen vnd aufgericht. *A.—L.*

Bekandtnuss des glaubens, geschrieben (1529) zu Gmunden Im Landt an der Enss im Gefänkhnuss' [darin die Abhandlungen: a) wie man das Hauss Gottes bauen soll, b) von den 7 Peilern an dissen Hauss]. Cod. *G. H.* X. 9, fol. 91. Strig. — 3. Seine Epistel an die Gefangenen in Güglíng, geschrieben in Hessen. (Cod. 212 Pos.) — 4. Ueber zwanzig mitunter ausgezeichnete Lieder geistlichen Inhalts in diversen Handschriften (zu Gran, Pest, Pressburg). — 5. Mehrere Episteln an die Gefangenen auf dem Falkenstein (1539—1540) im Cod. Lyc. Pos.

[a] *D.:* das gross Hauss zu Gostl — Hauss häblich angefangen. — [b] *D.:* zu vns. — [c] *D.:* mit vns.

[1] Sigmund Hosauer, gestorben 1564 zu Kostl als Diener des Wortes, ein gern gelesener Dichter, Verfasser a) des Pürchner Liedes (44 Strophen): ,Frölich wellen wir singen jetzundt' (203. VIII. c. 233 etc.), b) des Liedes: ,Mein sinn dahin stet alle zeit' (Cod. Walch in Gran).

[2] Voitelsbrunn (slav. Selec), Pfarrdorf mit 950 katholischen Einwohnern deutscher Zunge, an der Thaya in Mähren, zwischen Nikolsburg und

1558.

a) In disem 1558 Jar hat der scheikowitzer (Herr), (der Herr Säbisch *C.*) die Brüeder zu Scheikowitz vertrieben. Da sein sie geen Baraditz gezogen, da haben sie das Hausshaben daselbs angefangen (aufzurichten *I. K.*) vnd zuegerichtet. [1] *A. B. D. — L.*

b) In disem 58 Jar hat man zu Neumül [2] vnd Tracht [3] angefangen zu haussen. [4] *C.*

c) In disem 58 Jar im Herbst seindt zween Brüeder, als nämlich Caspar Hueber vnd Hänsel Zwinger, (seines Handwerkhs ein gürber), zu Gostl mit aufflegen der Eltesten hendt im Dienst des Euangelions bestätigt worden.

An demselben Tag hat man auch zween Brüeder, als nämblich den Mathes Gasser vnd Leonhardt Klemp, mit aufflegen der Eltesten hendt im Dienst der notturfft bestätigt. Weiter hat man auch am selbigen Tag zween Brüeder, als nemlich: den Christl Lenkh, mit seinem rechten Namen Gärber, vnd Clauss Felbinger, seines Handwerkhs ein Schlosser, im Dienste des Euangelions erwelt vnd fürgestelt. Am selbigen Tag hat man auch 5 Brüeder, als nämlich den Walser Mair oder Maierhoffer vnd Lorenz von Schwatz, Liendl Lungauer,

---

Feldsberg gelegen, und 1558, sowie vorher und nachher zu Nikolsburg gehörig. Die Täufer hatten hier auch das Badhaus inne.

[1] Cod. *C.* lautet hier: ‚In disem 1558 Jar hat der Herr Säbisch die Brüeder zu Scheikowitz vertrieben, dan sein sie geen Paraditz gezogen.‘ Dass unter ‚Scheikowitz‘ Cejkowic, unter ‚Baraditz‘ Bořetic zu verstehen sei, wurde oben angeführt. ‚Herr Säbisch‘ ist Záwiš von Wičkow, der damalige Grundherr.

[2] Neumühl, jetzt ein Dorf mit 335 deutschen Einwohnern, einst blos Mühle, aber von bedeutendem Umfange, Hauptsitz der Wiedertäufer, die sie gepachtet hatten. Sie gehörte den Besitzern von Eisgrub (Liechtenstein) und stand an derselben Stelle des linken Taya-Ufers, wo die jetzige Neumühle steht.

[3] Tracht, mährischer Marktort (slav. Strachotin genannt), mit 1040 deutschen Einwohnern an der Einmündung der Schwarzawa in die Taya, gehörte 1558 mit dem ehemaligen Burgbanngebiete der Maidburg, in dem es lag, zu dem Dominium Nikolsburg.

[4] Anno 1558 schreibt Vergerius, (aus Oesterreich zurückgekehrt), dem Herzoge Christof: ‚Moravia abundat Anabaptistis magis, quam unquam antea.‘ Leider durfte er hinzufügen, dass auch an 30 flüchtige Wälsche dahin kamen, die es unternahmen, ‚defendere articulum illum de trinitate, propter quem Gribaldus fuit condemnatus‘.

Bartl Gutscher, vnd Kuentz Herlich in Dienst der notturfft erwelt vnd fürgestelt. *A.—L.*

d) In disen 58 Jar ist der Brueder Greger Behem, ein Diener in der notturfft, zu Bilowitz im Märherlandt mit fridlichem hertzen im Herrn entschlaffen. *A.—L.*

e) In disen 58 Jar sein die Brüeder vom Teutschen-Nussdorff enhalb* des vngrischen Gebirgs (wider *F.*) auszogen. *A.—L.*

1559.

a) Anno 1559 sein die Brüeder von klein Nembschitz (*F.: Nembschiczka, E. F. L.:* bej Panowitz) [1] vertrieben worden; da sein sie geen Bellerditz [2] zogen vnd haben daselbs (ein) Hausshaben [b] zuegerichtet. *A.—L.*

b) In disem 59 Jar sein 6 Brüeder, als nämlich der Hänsel Kräl, Gilg Federspil, Blasj Harer oder Etztaler, Görg Rack, Görg Grueber vnd Wendl Münchner in Dienst der Notturfft erwelt vnd füergestellt worden. *A.—L.*

In disem 59 Jar [c] sein (auch) die Brüeder Andree Mairhoffer vnd Jobst Secklhler in Dienst der Notturfft erwelt vnd füergestelt worden. *A.—L.*

1560.

a) Anno 1560 (*L.:* 1559) sein 3 Brüeder, als nämlich: Hänsel Kräl, Michl Veltthaler vnd Konrad Heintzman oder schuester in Dienst des Euangelions erwelt vnd füergestelt worden. *A.—L.*

b) In disen 60 Jar ist der Brueder Abraham Schneider oder Öhlstübler, ein Diener im wort (*E. L.:* des Euangelions) auf der Neumül mit friedlichem Hertzen im Herrn entschlaffen. *A.—L.*

c) In disem 60 Jar ist der Brueder Thoman Epensteiner (*B.:* Ebensteiner), ein Diener des Euangelions erwelt vnd bestätigt worden. *A.—L.*

---

* *B. E.:* eunthalb, *D. F.:* jenseits. — [b] *D.:* Hausshübl. — [c] *E. F.:* Balt darnach sein auch die BB.

[1] ,Nembschitz bej Panowitz' = Klein-Němčic bei Ober-Bojanowic (Němčičky), östlich von Auspitz, ein Pfarrdorf mit 740 katholischen Einwohnern slavischer Zunge, hatte schon im 14. Säculum guten Weinbau und anno 1559 den Zdenko Zoubek von Kornic zum Grundherrn.

[2] ,Bellerditz' (Pellerditz), der mährische Marktort Polehradic, in der Vorzeit (weniger richtig) auch Boleradice genannt; nördlich von Němčic gelegen, zählt Polehradic 1080 katholische Einwohner slavischer Zunge. Anno 1559 gehörte es dem Záwiš von Wičkow.

d) In disen 60 Jar ist der Brueder Lorenz Hueff ein Diener im wort, zu Stigonitz [1] im Märherlandt im Herrn entschlaffen. *A. — L.*

e) In disen 60 Jar haben die Brüeder das Hausshaben zu Pochtitz widervmb (angenomen vnd *C. D. G.*) aufgerichtet, *A. — L.*, auch ein Hausshaben zu Nembscha, [2] hinter Austerlitz angefangen vnd aufgerichtet. *C.*

f) In disen 60 Jar sein 3 Brüeder, als nämlich Stofſl Hüge, Johann (Joachim) Schuester vnd Hänsel Schneider von Kauffbaiern in den Dienst der notturfft erwelt vnd fürgestelt worden. *A. C. D. F. H.*

g) [Vmb dise Zeit] [3] ist ein Volkh in Welschlandt, im Venediger Landt gewest, das hat vmb gott geeifert. Ir Leerer ist gewesen Franciscus von der Sag vnd haben wider die Abgötterej vnd wider das gottlos Wessen geredt. Darumb sein sie vervolgt worden, vnd da sie nit gewisst haben Wohin, So sein irer etliche zu Rat worden vnd sein Ÿbers mer gezogen geen Tessalonicka, da haben sie gewonet unter dem türkhischen Bäsche. Aber der Franciscus ist in Wälschlandt blieben. Mit der Zeit, da er von disser gemaindt in Märhern gehört, die da bejainander wonen vnd christlich gemainschafft halten, [1] hat er sich aufgemacht mit etlichen der Seinen, vnd ist zukomen, die Sach gesehen vnd erfaren, vnd auss demselben erkennt, daz dies Volkh im rechten Apostolischen

---

[1] Stigonitz (Stiganitz), das mährische Pfarrdorf Stignitz, zwischen Hosterlitz und Wischenau (Znaimer Kreis), im 13. Säculum slav. Stihnice, später Třtěnice, jetzt unrichtig Křtěnice genannt. Zur obigen Zeit (1560) war der Besitzer von Kanitz, Sigmund von Zástřizl, auch Herr auf Stignitz.

[2] Nembscha, das heutige Dorf Němtschan (slav. Němčany), mit 670 slavischen Einwohnern. Anno 1570 starb hier der Dichter Christof Hueter oder Schiffmann. Anno 1560 gehörte es dem Johann von Kaunitz.

[3] [Vmb dise Zeit] ist vom Herausgeber der Anknüpfung wegen beigesetzt, in Folge der Angabe des Manuscripts, (aus dem die vorstehende Mittheilung ‚ddo. Mähren 1601‘ herrührt), dass ‚ongefer Bej 40 Jaren‘, d. i. von 1601 zurückgerechnet, der Zuwachs, von dem hier erzählt wird, stattgefunden habe. Die Aeltesten der Gemeinde schreiben dies dem Vorsteher der Schweizer Brüder, Raussenberger, 1601, mit dem Beisatze: ‚das wissen wir!‘

[4] Mit diesen Worten ist einer der Hauptunterschiede der Huterischen und der Wiedertäufer, die sich Schweizer Brüder nannten, bezeichnet.

grundt stet. Nachdem hat er sich aufgemacht vnd ist wider ins Wälschlandt gezogen vnd dasselb volkh haimbgesucht. Die sein mit inen zu vnserer gemain komen. Er hat auch aus Wälschlandt geen Tessalonich geschrieben, vnd demselben volkh kundt gethan: Er hab das recht volkh fuenden, das im apostolischen grundt stet; sie sollen nur frelich herauszichen! Also haben Sie sich wider aufgemacht von Tessalonicha vnd sein her zu vns in Märhern komen vnd vnsere Brüeder worden.[1] Disser Franciscus, welcher bei vnserer gemain auch in Dienst des Wortes Gottes gestelt worden vnd in Teutscher vnd welischer sprach gepredigt hat, ist letstlich wider ins Welschlandt gezogen, dj selben völkher besuecht, vnd mit seinen geferten im Venedigerlandt gefangen worden. (Cod. G. J. X. 33, fol. 68—70.) **1561.**

a) Anno 1561 sein 2 Brüeder, als nämlich: Melcher (Melchior) Wal, seines Handwerkhs ein schuester, vnd Ambrosj Pfeiffer zu Baraditz in Dienst des Euangelions (in versuechung *G. L.*) erwelt vnd fücrgestelt worden. Der Melcher schuester ist vorhin bei den schweitzer Brüedern auch ein Diener (*L.* Leerer) gewesen; er hat sich aber mit (vns *D. L.*), den huetrischen Brüedern, im Herrn verainiget.

An demselben Tag hat man auch 2 Brüeder, als nämlich: Simon Butz (Putz) vnd Adam Ebenstainer (Eppenstainer) in Dienst der Notturfft erwelt vnd fürgestelt. *A.— L.*

b) In disen 61 Jar ist der Bruecder Francisco von der Sag aus dem Wälschlandt in Dienst des Euangeliums erwelt vnd fürgestelt worden. *A.— L.*

c) In disen 61 Jar seindt 14 Brüeder zu Gostl (*D. E.:* Gosathal) in Märhern, in Dienst der Notturfft erwelt vnd fücrgestelt worden als, nämlich: der

Wendl Holba, ein Müller,
Häusel Kircher, ein Hess,
Jobst Westenburger, ein Schneider,
Christl Sandtaler, ein Zimmermann,
Lorenz Pirchner (Bircher),
Waltan Mair,

---

[1] Von einem früheren Vereinigungsversuche der Thessalonicher, der in das Jahr 1534 fallen dürfte, erzählt Tilm. van Braght im ‚het Bloedig Tooneel‘, 1 pag. 400—401.

Melcher Oberecker (oder Gasseroller),
Veit Teuufel (Teinffel),
Melcher Ruecker,
Wastl Hueber,
Peter Klemp,
(Hänsel Klemp),
Hanss von Köln, ein Maurer,
Wastl Rausch, ein Hess, *A.* — *L.*,
Martin N., *E. G. L.*

d) In disen 61 Jar ist der Brueder Jakob Kircher, ein alter Diener des euangelischen worts zu Schädowitz in Märherlandt, der Brueder Thoman Schmidt, ein Diener in der notturfft, zu Dämerschitz; der Brueder Lorenz schuester, ein Diener der notturfft, zu Urschitz [1] bej Dämerschitz, der Brueder Michl Planer, (seines Handwerkhs ein schuoster), ein Diener der notturfft, zu Olleckowitz (bej Eibenschitz *A. L.*) im Herrn entschlaffen. *A.* — *L.*

e) In disen 61 Jar ist der Brueder Michl Kern, ein Diener in der notturfft, zu Pausram im Märherlandt, *A. B. C.*, (vnd) der Brueder Hanss Gutenhenn, ein alter Diener in der notturfft, zu Protzga im Ungarlandt im Herrn entschlaffen. *A. B. C. E.* — *L.*

f) Anno 1561 den 9ten Dezembris von den Eltesten Brüodern des Worts vnd der Notturfft: die Schuester Ordnung erkennt (vnd demnach a. 1570 widerumb ernewert). *Cod. G. J.* VI. 26 in Gran.

1562.

a) Anno 1562 sind 2 Brüeder, als nämlich der Valtan Hörl, seines Handwerkhs ein seckler, vnd Hanss Langenbach (ein Tischler) in Dienst des Euangelions erwelt vnd füergestellt worden. *A.* — *L.*

b) In disen 62 Jar [2] ist (auch) der (Brueder) Hanss Arbaiter (von Ach *E.*) in Dienst des Evangelions erwelt vnd fürgestelt worden. *A.* — *L.*

---

[1] Urschitz, das jetzige Dorf Uhřic (slav. Uhřice), bei Austerlitz. Nach Dambořitz eingepfarrt, zählt es 750 katholische Einwohner slavischer Zunge. Der Hof, in welchem die Täufer 1562 wohnton, (durch Ulrich von Kaunitz eingeführt), hiess ‚Taufarsky‘. Anna von Podstadsky verkaufte ihn 1630 an den Besitzer von Steinitz.

[2] Cod. *C.* hat: ‚Im 1561 Jar.‘

c) In disen 62 Jar haben die Brüeder das Hausshaben zu klein Nemschitz[1] bey Prälitz angefangen vnd zuegerichtet. *A. — E. G. — L.*

d) In disen Jar sein 2 Brüeder, als Hannss Gregenhoffer, seines Handwerkhs ein Tischler, vnd Hannss Klopffer (klampfferer) von Feuerbach, zween alte (füerneme) euangelische Diener (im wort), bait nach einander, zu Nikolspurg (in Mürherlandt) im Herrn entschlaffen. *A. — L.*

e) In disen 62 Jar ist der Brueder Valtan Mayer[a] in Dienst der notturfft erwelt worden. *A. — L.*

f) In disem 62 Jar (*C.:* 1561) sein 2 Brüeder, als nämlich der Hänsel Kräl vnd Konrad Haintzeman mit Auflegen der Eltesten hendt im Dienst des Euangelions bestätiget worden. *A. — L.*

1563.

a) Anno 1563 (am heiligen 3 Königstag *H.*) sein 4 Brüeder, als nämlich Caspar Ebner, Andreo Maierhoffer, Clauss Braidl[b] ein schuester, vnd Gilg Federspil in Dienst des Euangelions erwelt vnd (der gemain *D.*) füergestelt worden. *A.—L.*

An demselben Tag sein auch 4 Brüeder als nämlich der Vhl Plattner, (seines handwerkhs ein Zimmermann), Nikl Geyersbüchler, seines handwerkhs ein Müller, Erhardt Satler vnd Hannss Huidlberger, (seines handwerkhs) ein Bekh, in Dienst der notturfft erwelt vnd füergestelt worden. *A. — L.*

b) In disen 63 Jar hat der Herr Sabisch[2] (Säbisch *F.H.*) die geschwistriget zu Bellerditz geurlaubt vnd vertrieben. *A.—L.*

c) In disen 63 Jar haben die Brüeder das Hausshaben zu Gullitz[3] auf der Haiden (Haidt) angefangen vnd zuegericht. *A.—L.*

---

[a] Valtan Mager *A. — F.* — [b] *K.:* Claus Schuster, *L.:* Clauss Brätl.

[1] Klein-Němčic bei Pralitz, am rechten Ufer der Iglawa, mit 385 deutsch-slavischen Einwohnern, guter Wein- und Obstcultur, die schon im 16. Säculum blühte. Sigmund von Zástřizel, Herr auf Kanitz, überliess den Täufern anno 1562 hier seinen Hof, die Mühle und mehrere Gärten. Von den Brüdern Max und Zdenko von Rožmital erwarben sie 1588 weitere Zinsäcker. (Mscpt.)

[2] Herr Sabisch = Záwiš von Wičkow, Herr auf Polebradic etc.

[3] Gullitz = Skalitz, mährisches Dorf und Rittergut, zwischen Hosterlitz und Stignitz, das gegenwärtig 490 katholische Einwohner slavischer Zunge zählt. Die Ansiedlung, welche die Wiedertäufer anno 1563 hier gründeten

1564.

a) Anno 1564 haben sich etliche Brüeder, als nämlich: der Christl Schmidt, Hanss Neuhöfl vnd Jörg Knofloch (Knobloch) vnd andere mer, wider der gemain sin, der Eeschaidung [1] halber, wider die Diener vnd Eltesten Brüeder auffgelaindt, sie sein desswegen von der gemain aussgeschlossen worden. Etlich haben wider Buess gethan, die ander tragen ir vrtail. *A.—L.*

b) In disen 64 Jar ist der Brueder Andree Stukh, ein Diener in der Notturfft, auff der Neumül, — der Brueder Mathes Gasser, ein Diener in der Notturfft, zu Altenmarkt im Märherlandt, — der Brueder Hanss von Köln, (seines handwerkhs) ein Maurer, ein Diener in der Notturfft, zu Göding, — der Brueder Häusel Schneider von Kauffbayern, ein Diener der Notturfft, zu Stiganitz (Stignitz) in Märherlandt im Herrn entschlaffen. *A.—L.*

c) In disen 64 Jar ist (auch) der Brueder Sigmund Hosauer, ein Diener des Euangelischen worts, zu Gostl (im Märherlandt) im Herrn entschlaffen. *A.—E. G. I.—L.*

d) In disen (64) Jar ist der Brueder Hanss Langenbach zu Nemschitz (bei Prälitz) mit auflegen der Eltesten hendt, im Dienst des Euangelions bestätigt worden. *A.—L.*

---

und vom grünen Rasen auf errichteten, gehörte mit den Wirthschaften derselben in Cermákowic, Wisehenau, Taykowic und Alexowic zu den sogenannten ‚Oberen Haushaben‘, von denen unten die Rede sein wird.

[1] ‚Der Ehescheidung halber‘ hielten die huterischen Brüder an dem Grundsatze fest: ‚daz die Ee nichts scheidet, dann der oebruch. So aber ein Brueder ein vnglaubig weib hat, vnd sy liess es ir gefallen, bei im zu wonen, der schaidt sich nit von ir (et vice versa). Doch wo sie für iren glauben gefar lief, oder ire Kinder im rechten glauben zu erziehen vom Unglaubigen man gehindert wurde, kann sie sich schaiden, muss aber ledig bleiben, so lang der man lebt. Einen Abtrünnigen vom glauben vnd der gemain, ist der glaubig nicht schuldig anzuhangen, vmb des gewissens willen. Gesellt er sich gleichwohl zu im, wird er unrain vnd hört auf ein geschwistriget zu sein.‘ Ein solches Zusammenleben des gläubigen mit dem ungläubigen Ehetheile war jedoch nur ‚ausser vnd vmb die Gemain‘, nicht in dieser selbst gestattet, und nur so lange, als die Aeltesten erkannten, dass es dem Gläubigen an seinem Seelenheile keinen Eintrag bringt. Wo sie merkten, dass es mehr schade, denn nützte, wiesen die Hirten vnd Wächter ‚der schäfflen Christj‘ den gefährdeten Theil zur Gemainde. (Cod. 235 in Pressb. *G. J.* XI. 29 und *G. J.* X. 6 in Grau.)

e) In disen 64 Jar ist der Brueder Michl Veldthaler,[1] den man auch ‚Pfleger‘ heisst, mit auflegen der Eltesten hendt im Dienst des Euangelions bestätigt worden. *A.—G. I. K. L.*

f) In disen 64 Jar ist der Brueder Leonhart Dax[2] zu Nemschitz bej Prälitz (*E.:* zu Klein-Nemschitz) in Dienst des Euangelions erwelt vnd fürgestelt worden. *A. —G. I.—L.*

g) In disem 64 Jar, (*A. B.:* 1565) sein 2 Brüeder als nämlich Claus Brädl vnd Valtan Hörl, ein Seckler, zu Nembschitz (bei Prälitz) (vmb die weynachten) mit auflegen der Eltesten hendt im Dienst des Euangelions bestätigt worden. *A.—L.*

1565.

a) Im 1565 Jar am 3ten Tag des monats Martj, ist der Brueder Leonhart Lanzenstil, aber nach seinem Handwerkh: Leonhart Sailer genannt, ein Euangelischer Diener vnd der gantzen Gemain Gottes Vorsteher, welchem der Hanss Amon im Jar 1542 die gemain zu versorgen beuolhen hat, nachdem er vns, seinen glaubensgenossen, vil heilsame leer vnd tröstlich sendtbrieff vnd erklärungen der heiligen gschrifft mitgethailt, vnd vil trüebsal, kampff vnd streit, vmb der göttlichen warhait willen, erduldet hat, zu Nemschitz (bei Prälitz) mit fridlichem Hertzen im Herrn entschlaffen. Er hat die gemain des Herrn mit dem wort Gottes vnd anderer Fürsorg treulich versehen in die 23 (bis in das 65) Jar.[3] *A.—L.*

---

[1] M. Veldthaler (aus Baiern), war vorher Pfleger und einer ‚vom Adel‘. In der Gemeinde lernte er das Tuchscheererhandwerk. Er wohnte meist auf der Neumühl. Christof Eberhard in seiner wahrhaftigen (?) Historia (München 1589) nennt ihn einen verschmitzten, alten, verschlageuen, geschwollenen und hochtrabenden Mann, der kein Wort Latein verstanden habe, gleichwohl aber bei den Huterischen in hohem Ansehen gestanden sei und den Ruf eines der gelehrtesten Vorsteher und Prädicanten genossen habe. Ueber seinen Tod siehe bei 1587.

[2] Ueber Leonhard Dax, einstigen Pfarrer zu Tschengels in Tirol, siehe 1560, VII. B. II. Ab. 2; VIII. B. 1567. f; 1574 b.

[3] Cod. O.: ‚Leonhort Sailer ist zu Klein-Nembschitz bei Kanitz entschlaffen in 1565 Jar, nachdem er die Gemain mit sambt dem Peter Riedeman 15 Jar vnd hernach noch 9 Jar, das sein 24 Jar regiert hat.‘ Lanzenstil war, so wie sein Landsmann Hans Amon, ‚aus dem Baierlaudt‘ und kam mit diesem 1529 aus Böhmisch-Krumau gegen Austerlitz zu der Gemeinde, bei der er ein Diener des Worts wurde. Im Jahre 1536 und 1537 sass er mit Görg Fasser in Mödling gefangen. Hier seiner Bande glücklich

(2. In Tyrol, Oesterreich vnd Salzburg, 1557—1565.)

1557.

In disen 1557 Jar ist der Brueder Hanss Kräl, den man
sonst Kitzbühler haisst, etliche Tage vor dem auffartstag zu
Tauffers im Pusstertal, vmb der göttlichen warhait willen gefangen worden. Da ist er 2 Jar weniger 5 Wochen hart gefangen gelegen. In derselben Zeit hat man vil auff manicherlaj

erledigt, zog er eine Zeit lang in Tirol auf Missionen herum und wurde
nach Amons Tode (1542) ,Vorsteher und Bischoff‘ der gesammten
(hinterischen) Brüder, erhielt aber in der Person des Peter Riedemann
einen Coadjutor, der ihn an geistiger Begabung weit überragte.

Unter den Schriften der Wiedertäufer erhielten sich von ihm blos:
a) sechs Briefe, die er und Görg Fasser anno 1536 aus dem Gefängnisse
zu Mödling an die Gemeinde in Mähren schrieb (Cod. 190 in Pressb. und
Cod. VIII. g. 27 Pest); b) die obige Schusterordnung vom Jahre 1561
und die durch Riedemann zusammengestellte ,Rechenschafft', (gedruckt
1565). Um so ausgiebiger war sein Wirken in der Organisirung der Gemeinde und in der Förderung ihrer materiellen Wohlfahrt. Bruckmayer's
,Väterlied‘ widmet seinem Andenken nachstehende Verse:

1. Christus, der ertzhirt ghrechte, — hat widerumb sein gemain
   Mit einem trewen knechte — trewlich versorget thaiu,
   War sins rechtschaffen Hertzens, — begabt mit weisshait vil,
   Achtet sich wenig achertzens, — hiess Leonhart Lanzenstil.
2. Auch war es wol von Nötten, — das wir zur selben Zeit,
   Ein solchen helden hetten, — der Israïl zum streit
   Wider die Feindt aufmanet, — obwol dissmal ein Zeit
   Gott seines volkhs verschonet, — doch war trüebsal nit weit.
3. Von solchem trüebsalslaide, — als gmelt in kurtzer summ,
   Han sich nit abgeschaiden — vnsere Hirten frumb,
   Vhels vnd guets eingnomen, — ir leben für vns gwagt,
   Das wirt in von den Frommen — mit warhait nach gesagt.
4. Getrewe ghilffen hat er, — als man erkennen kan,
   Souderlich den gross Peter, — ein hochbegabten Man,
   In vil gfenknus probiret, — des han wir zeugnus klar,
   Sein leben zum end gefueret, — im sechs- vnd fünfzigsten Jar.
5. Ist doch bei seinen Zeiten — wider kumen darzue,
   Daz man mit Dankbarkeiten — wonet in gueter Ruch,
   Aber der Linhart, Frombe, — regiert noch lang die gmain,
   Bis vnser ein guete Summe, — aus gnaden worden sein.
6. Richtet zu gottes Preisse — vil schöner Ordnung an;
   Mit sein müglichen Fleisse, — die gmain regieret schon,
   Ins drej vnd zwanzigste Jar — mit verstandtnus vnd witz,
   Im fünf vnd sechezigsten Jare: — entschlaffen zu Nemschitz.

weg vnd weiss mit Im gehandtirt, (in vom glauben abzufellen.
D. F.) Nach demselben hat man In, im schein, als wen man
in auffs meer wolt schicken, mit einem schergen hingeschickht.
Da ist er zu Niederdorff im Pusstertal, mit vnbefleckten Gewissen ª erledigt worden vnd im frieden des Herrn (wider *D. F.*)
zu der gemain kommen. *A. — L.* Der scherg war ein gottloser
Mensch, der Brueder muesst allweg nur sein schelm sein, so
offt er in nennt. Als er nun zween tag mit im zoch, da hat
sich der scherg zu Niderdorff im Wirtshauss mit Wein Vber-
fült; dan die Beysitzer haben in so vol antrenkht, daz er Vber
Tisch hinder sich Vber die Bankh abgefallen ist. Als man sie
beede schlaffen fiert, ist der scherg nach der zwerch aufs bet
hingefallen wie ein Bloch. Da hat der Brueder die kamerthür
vnd haussthür aufthon vnd wider zuegeschlagen vnd (ist) darvon gangen. Also hat im Gott in diser nacht darvon geholffen,
welches geschah im 59ten Jar, der mindern Zal, vnd ist also
mit freidt vnd fridt zue der gemain des Herrn komen, wie dan
sein liedt, welches er selbst gemacht [1] Zeugnuss gibt. Er ist
nachherwerts noch etlichmal hinaufzogen ins landt, als im
das Ampt des Worts gottes [2] beuolhen ist worden. Als er noch
gefangen lag, starb der Herr im Schloss, [3] vnd auch der schreiber
eines schrecklichen todes. Der scherg, der in auffs meer solt
fieren, starb auch elendigelich, ee der Brueder Hanss aus dem
Landt herabzoch. Der Richter starb in zweyen Jaren darnach,
darzue keines rechten todts. Also macht gott seine feindt aus,
vnd demüetigt seine widersacher, die sich an im vnd den
seinigen verschuldtigen, wen mans nur Im haim stelt, er weiss
sie wol zu finden. *M. P. Q. R.*

---

* mit vnbefleckter seelen vnd guetem gewissen *L.*
[1] Cod. *P.* und *R.* haben: ‚sein Lied, so hievon gemacht, Zeugnuss gibt‘.
Er ist aber wirklich der Verfasser. Das Object desselben sind Krāl's
Erlebnisse während der obigen Gefangenschaft, die er auch in Prosa
(höchst anziehend) beschrieben. Das Lied: ‚Hörendt ir allerliebsten mein
— Die ir seit in gottes gmain‘ (45 Strophen, Ton: ‚Es sind doch sälig
alle‘) bringen die Cod. 163, 194, 203, 232 Pos.; *G. H.* XI. 27, *G. J.* VI.
32 Strig.; VIII. e. Pest; die pros. Erzählung: *M. P. Q. R.*
[2] Er wurde dazu anno 1560 gewählt und sofort nach Tirol entsendet, ‚vmb
dem Herrn seine schäfflein zu sammeln‘. Anno 1561 war er in Kitzbüchl. Von dort aus berichtet er (am St. Veitstag) nach Mähren über
den Tod Mändl's, Rack's und Kotter's. (Cod. 235.)
[3] Hans Flieger, Pfandherr der Herrschaft Tauffers.

1558.

In disen 58 Jar ist der (Brueder) Conrad Haintzeman,
ein iunger Brueder (*A. M.:* mensch), seines Handwerkhs ein
schuester, mit einem völkhl aus dem Schwabenlandt herabgezogen [1] vnd zu stain bej krems an der Thonaw gefangen
worden. Etliche tag darvor sein 2 Brüeder, namlich der Wastl
Binder [2] vnd Christel (*D.:* Christof) Kircher mit einem völkhel
aus dem Etschlandt herabgezogen vnd zu Stain gefenkhlich
angenomen worden. Da ist der Wastl Binder durch der Obrigkait tyrannej vom Glauben abgestanden. Wie aber der Chuenradt gefangen ist worden, hat er von den andern zweien nichts
gewusst, bis man In für (die) gesetzte Obrigkait geftiert hat.
Da haben die Pfaffen ein erst geborenes Kind vor der Obrigkeit mit iren vnützen (verfürerischen) kindstauff getaufft.

Da hat der Richter den abtrünigen Wastl gefragt: Ob
das der recht Christliche Tauff sey? Da hat der Wastl gesagt: Ja es sey der recht Christlich Tauff. Da hat Ims der
Brueder Chuenradt vor der Obrigkait widersprochen, vnd zu
Im gesagt: Wastl! Du redst wider gott vnd dein Aigenes gewissen. Da ist der Richter schellig (*D. F.:* zornig) vber den
Chuenradt worden, vnd hat in vbel ausgehandlet.

Nach demselben hat der Wastl noch ein erschrecklichen
widerruef wider die göttliche warhait gethan, daz die Obrigkeit
gesagt hat, desselben nimermer zu vergessen. Der Wastl ist
also ledig gelassen worden. Da ist er, in dem füernemen, als
wen er wolt Buess thun, geen Pergen, in das Märherlandt
zogen, da ist er balt an der Pestilenz gestorben. *A. — L.*

Den Christl Kircher vnd den Conradt hat man darnach
(auch) gefenkhlich geen Wien gefüert, vnd der obrigkait zu
Wien vberantwort. (Da haben sie auch den Christl mit irem

---

[1] Diesen Wiedertäufern soll sich der Altarist Veit Mayerle in Krems angeschlossen haben. (Wiedemann's Gesch. d. Reform.)

[2] Wastl Binder aus dem Etschland hiess: Sebastian Leutner und war ein
Biuder; Christof Kircher († 1583 in Pruschanky in Mähren als ,Diener
der Notturfft') war von Lass im Vintschgau, ,wo die Leer vnd seckt des
W. Tauffs am meisten eingewachsen war', gebürtig. (,Relation an König.
Maj. vom 19./7ᵇʳ 558 aus der Inspr. Regierung'.) ,Nachdem Leutner sich
zum fünften male in die Grafschaft Tyrol getan und allemal etliche Personen nach Mähren mitgeführt hatte', hohlte die Insbrucker Regg. die
Entscheidung könig. Majestät ein: ob die Gefangenen in Krems bleiben
oder nach Tyrol ausgeliefert werden solten. (Statthaltereiarchiv.)

Handtieren abfällig gemacht im glauben. Er ist aber balt zur
gemain [herein *F. G. L.*] gezogen vnd hat wider Buess gethan.
D. E. F. G. L.) Der Brueder Cuenradt ist aber ein Jar vnd
etliche wochen (vmb der göttlichen warhait willen,) gefangen
gelegen. Da hat er (im ampthauss *M. P. Q. R.*) bej den gottlosen Dieben vnd Vbelthätern, (der Etwan bej 60 bej im gelegen, *Q.*) vil vnd grossen Hunger (vnd Kumer)ᵃ erdulden
müessen, samt der tyrannej vnd gfänckhnuss, (dan man hat
inen sonst nichts geben, als, was inen andere leut zuetrugen
M. Q.) *A. — M. P. Q. R.*

Zu derselben Zeit ist der Kaisser Ferdinandus zu Augsburg auff dem grossen Reichstag[1] gewessen. Da hat der Bischoff
zu Wien[2] den Cuenradt bei nächtlicher weil, des Morgens vor
tags, zwajmal für sich bringen lassen vnd ist des willens vnd
füerhabens gewesen, in also in gehaim hinzurichten. Es hat
ims aber gott nit zuegelassen; dan sie der Tag beidemal Vberfallen hat, (daz sie nit nach iren füernemen haben handeln
können). In demselben hat des künigs Maximilians hoffbeckh
des bischoffs böss füernemen vernomen, vnd hats dem Pfau-
singer, des künigs Maximilians (Luterischen *P. Q.*) predicanten ᵇ
angezaigt, der hats demnach dem künig angezaigt. ᶜ Da hat
der künig geschafft, in on weitere tyranney ledig zu lassen,
welches dan auch geschehen ist. (Da ist er hingangen zu den
Mänern, die im bej dem künig ein guet wort verlihen vnd hat
sich höflich bedankhet. *M. Q.*) Darnach ist er balt mit vnbe-
fleckhten Hertzen vnd guetem gewissen im frieden des Herrn
zu der gemain gottes in das Märherlandt gezogen ᵈ *A. — L.*,
die sich dan sein hoch erfreut vnd den Allmächtigen höchlich
darumb lobte.[3] *Q.*

ᵃ vnd abgang *F.* — ᵇ pfarrherrn *D.* — ᶜ da ists an den könig gebracht
worden. *D.* — ᵈ komen *D. P. Q.*

[1] Grosser Reichstag, d. i. zu Frankfurt, wo in der Versammlung der
Churfürsten König Ferdinand den 8. März 1558 die zwei Jahre zuvor
von seinem Bruder niedergelegte Kaiserkrone feierlich annahm.

[2] Anno 1558 war der (1528) zu Müglitz in Mähren gebürtige Anton
Brus Bischof von Wien. Er sprach fünf Sprachen und war als ein
eifriger beredter Mann und Defensor fidei bekannt. Er starb 1580 zu
Prag. Der Müglitzer Stadtkirche legirte er 1000 Thaler.

[3] Cod. *M. P. Q. R.* stimmen im Wesentlichen mit *A. — L.* überein und enthalten überdies: ‚Erstlich habens an im kurtz begeert, er soll sagen,
ob er von sein glauben wolt absteen, welches er gethan vnd gesagt:

1559.

In disem 59 Jar sein zwey gemaine Brüeder nämlich Wolff Mair vnd Wolff Hueber zu Tipmaning[a] im Salzburgerlandt[b] vmb der göttlichen warhait willen gefangen gelegen[1] vnd von danen hat man sie gefäncklich geen salzburg gefüert vnd vberantwort. Da haben die fromen Brüeder an beiden Orten vil vnd grosse Marter vnd pein, samt der Tirannej erdulden müessen.[2] Von salzburg hat man sie widerumb geen Tipmaning[c] gefüert vnd daselbs zum tod verurtailt vnd mit dem schwert gerichtet vnd darnach verbrennt. Da haben sie die göttliche warhait ritterlich vnd beständiglich mit irem bluet versiglet vnd bezeugt, wie dan auch daz liedt, so von inen ist gemacht worden,[d] Zeugnuss gibt. *A. — L.* Etlich, die an iren gefenkhnuss vnd todt sonderlich schuldig waren, hat das vrtl Gottes troffen, das etlich wenig Zeit mer gelebt, andre sonst keines rechten Tods gestorben sein, sondern also ausgemacht worden von Gott, daz man erkennt hat, das der zorn gottes sie haimgesuecht hat. *P. Q. R.*

sie dürften mit nichten auf solches warten. Darnach hat man in wider ins gefenkhnuss gelegt vnd zu im gesagt, er solt sich noch 3 Tag bedenken. Also ist es geschehen, dass sie vber 3 Tage in widervmb fllergefüert haben vor Tags, bei nächtlicher Zeit, für den Bischof, daselbst er die warhait gar treulich vertädiget. Darnach hat man im zuegedroöt, man well in in Fäulthurn legen, darin in 8 Jaren kein mensch gelegen, welches er aber erwart, vnd war vnvezagt, das sich vil darob entsetzen vnd sagten sie wolten, sie hetten in Nie gesehen!'

[a] Tittmaningen *B. E.—G., A.:* Tipmaring. — [b] oder Bisthum *M. P. Q. R.* — [c] Tipmaring *A.* — [d] so sie gemacht *M. P. Q. R.*

[1] Cod. *N.* bringt dieses Ereigniss mit nachstehender kurzen Notiz: ,Anno 1559: Wolff Mair nnd Wolff Hueber sind zu Tittmaning mit dem Schwert gerichtet worden am Freitag vor Martinj' (10. November).

[2] ,Der Wolff Mair ist zwejmal an die strenge Frag gfüert vnd allweg auffgezogen worden, aber er liess sich nit bewegen zu sagen etwaz, das wider sein glauben wer. Auf dem Richtplatz schrie Br. Wolff zum Volkh: Da will ich heut meinem Gott das recht brandopffer auffopffern, das glübdt bezalen.' *P. Q. R.* Das Lied, dessen oben gedacht wird, findet sich in den mir bekannten schriftlichen Reliquien der Wiedertäufer nicht, wohl aber fand ich im Cod. Macpt. Nr. 219, fol. 72 des Pressb. Dom-Cap. ein Sendschreiben des Bruder Wolff Mair ,an sein Eegemahel (Gründl)', worin er ihr den Verlauf seiner zweifachen Folterung und sein Gespräch mit dem Landschreiber mit der Bitte eröffnet, Christof Achznit möge sich ihrer annehmen.

1560.

Anno 1560ᵃ sein 3 Brüeder als nümlich Hänsel Mändl,
Jörg Rack vnd Stachius Kotter,ᵇ im Baierlandt ob Rosenhaim,
am Frejtag nach (*B.:* vor) St. Martenstag (Martini) vmb der
göttlichen warbait willen gefangen worden. Von danen hat man
sie gefainkhlich hinauf geen Insprukh gefüert (vnd vberantwortet). Daselbs hat man den gemeldten Hänsel Mändl, dieweil
er ein Euangelischer Dienerᶜ war, (welcher vil vnd offt in die
landt gesendt worden ist zum werkh des Herren, *M. P. Q. R.*)
hin auff Fellenburg, in einen tieffen thurm [1] gelegt, (der voll
würm vnd vngeziffer war. *M. P. Q. R.*) Die Andern zween, als
nämlich den Jörgen, ein Diener der notturfft, vnd Eustachius,
ein gemainen Brueder, (ein Hawer *P. Q. R.*), hat man zu
Inspruckh in den kreuterthurmᵈ gelegt. Da sein sie alle 3 bis
in das 61 Jar (gefangen) gelegen (bis) auf den andern tag des
monats Januarj, (da) hat die obrigkait mit dem genanten
Mändl güetlich vnd peinlich gehandlet, demnach am 22. 23.
24. Tag des gemeldten Monats mit dem Eustachius Kotter, darnach am 27. vnd 28. Tag obgenannten Januarj mit dem Jörg
Maier, genannt: Rakh, ires glaubens halber, durch guetliche
Besprechungen vnd peinliche marter gehandlet; da haben sie
etliche Articl, (darvmb sie sein befragt worden, *D. G.*) verantwort, wie dan dasselbig in irer (schriftlichen *G. L.*) verantwortung von wort zu wort gefunden wird. [2] Demnach sein sie

---

ᵃ *N.* hat 1561. — ᵇ Eustachius Kotter *G. K. L. R.* — ᶜ leerer *C. K.* —
ᵈ Kreyterthurm *M. Q. R.*

[1] ,Im tieffen thurn, der voll gewürm vnd vngeziffer war. Die Fleder-
meiss sind, (wie er selbst herausgeschrieben hat,) bei im vmbgeflogen,
das es schnurret, die Meiss haben im die speiss hinweggetragen, dan derselben waren gar vil darinen. Die geister, welche den gottlosen zum
schreckhen sein, die haben im zu gnetten müessen dienen. Wen die
Herrschafft hat sollen komen, mit im zu handlen, so hats im der Herr
durch solche kund gethan vnd geoffenbart. Das hat im bej seinen Namen
gerüefft, das er sich beraite vnd rüste, in welchem Thurn auch vor etlich
vil Jaren der Brueder Georg Libich gelegen ist, vnd vil vom feindt
erduldet.' *M. P. Q. R.* Von diesem Thurme steht nur noch ein Stück,
der letzte Rest der ,Vellenburg'.

[2] ,Solche bekanntnuss ist darnach gen Wien vnd anderstwo hingeschickt
worden, füer etwas Neues zu hören oder zu wissen, wie dan dieselb ir
bekandtnuss, das gnedigest vnd nutzlichest, den glauben belangend,
herausgezogen, von wort zu wort auch schrifftlich bei vns in der gemain.' *Q.*

wider in vorgenannte Gefenkhnuss gethan worden. Da haben
sie gefangen gelegen, bis auf den Freytag vor St. Veitstag, daz
ist den 13ᵗᵉⁿ Tag des monats Junj. ¹ (Da) hat man daselbs zu
Inspruckh den Eustachius Koter vnd Jörg Racken (erstlich D.)
enthaupt (vnd darnach verbrennt D.) vnd den Hänsel (Mändl)
lebendig ins feuer geworffen vnd die vorgenannten 2 Brüeder
samt dem Hänsel (also) zu aschen verbrennt. Also haben sie
die göttliche warhait mit (iren worten, leben vnd tod vnd mit)
irem bluet versiglet vnd redlich bezeugt. (Dabei sein gewesen
der Leonhart Dax vnd der Stoffel Schneider; die haben gesehen vnd gehört, wie sie so mandlich vnd vnbewegt* die
göttliche warhait bezeugt haben. A. — L. Wie man sie richtetᵇ
war eine mechtige Sume volkhs dabei. Da haben sie denen
Herren in der Regierung vnd den geschworenen starkh zuegesprochen vnd inen ir vrtel, welches sie vor gott vber sich
einfüeren, angezaigt, daz sie also das vnschuldig bluet richten,
zur Zeugknus irer verdamnus. Wie (wol) sie sagten, sie
müessens nach des kaissers benelh vnd mandat aussrichten,
sprach der Hanss Mändel: Du blinde welt, es soll ein jett-
licher richten nach seinen aignen hertzen vnd gewissen, wie
ers vor Gott verantworten kundt. So vrtailt vnd richt ir nach
des kaysers mandath. (Wie wölt irs verantworten vor Gott?)
Auch sprach der Brueder Eustachius: Was geet vns des kayssers
mandath an, das ir vns verlest? Verlessend vnsere bekanntnus,
die wir mit heiliger Biblischer Schrifft bezeugt haben.

Wie man den Brueder Geörg Rack vnd den Eustachius
aus dem gerichtshauss gefüert hat, hueb der Geörg zu schrejen,
die Gassen aus bis auf den Platz zu dem volkh, vnd schreit:
Sie solten Buess thun, von sünden absteen vnd auch auf dissen

Sie findet sich in der That in den H. S. 163 Pos.; G. J. X. 9 zu Gran; VIII. g. 25 Pest. u. a. O.
* standthafftig D. — ᵇ vervrtailt D.
¹ Cod. N. hat dagegen: ,Man hat den Jörg Rack vnd Stächerle Kotter mit dem schwert gerichtet, den Hanss Mändl, ein diener des worts, der bonum intellectnm et memoriam gehabt, lebendig verbrennt zu Inspruckh: an dem 10ᵗᵉⁿ tag brachmonts 1561' — und damit stimmt überein der Bericht der Regierung vom 14. Juni 1561 an königl. Majestät über die drei Wiedertäufer und die mit Mühe gebrochene Renitenz der Rechtsprecher, worin es heisst: ,dass das Vrtel vollzogen vnd die drey widertouffer auf obgemelten 10ᵗᵉⁿ tag hujus vom natürlichen leben zum todt gericht worden'. (An k. Maj. LXV. fol. 682.)

weg der warhait treten; dan das sei die warhait, darumb er heut gericht werde.

Darnach füerten sie den Hanss Mändl, den Diener heraus. Da sie auf dem Platz zusamen kamen mit grossen Freuden vnd Gott lobten, da ging auch der Leonhart Dax zu inen, bot inen die hand, grüest sie vnd namen vrlaub von einander. Dardurch wurden sie gar hoch erfreut, vnd preisten gott, das sie ein fromen gesehen hatten, durch welchen ir endt der gemain zu Kundt werd gethan.

Da hub der Hanss Mändl an dem Volkh zue zusprechen, das sie sich solten bekeren, vnd der warhait gottes nachuolgen, auf daz sie nicht verdampt, sondern seelig werden in Christo Jesu; ja gantz Manlich hat er sein stim erhebt vnd gesagt: Was ich geleeret vnd bekent hab, ist die göttliche warhait, das will ich mit meinem bluet bezeugen, vnd hört nit auf buess zu verkündigen, also, daz der Richter etlich mal sagt: Mein Hanss! her doch ein wenig auf! so hilt er ein wenig stil, darnach Nur weiter geredt, daz er schir haiser wardt, vnd gar bis in iren todt haben sie zum Volkh geredt; dan sie wurden nit verkürtzt, man liess sie genug reden!

Auch lasst man sie miteinander reden, da sie dan ein hertzlich gebet zu gott gethan, in gelobt vnd gepreist, das er sie bisher fromb vnd treu vnd steif erhalten hab, (vnd) auch bis in den Todt, der yezund gleich vorhanden sei, erhalten wölle. Man lass inen die vrgicht. Da waren füernemlich dise articl gemeldet:

Der Erste: Sie glauben nit, das der zart, fromb Leichnam Jesu Christj im Sakrament sey, sonder glauben vnd halten daz Abentmal, wies Christus mit seinen Jungern gehalten hat etc.

Zum andern: Sie halten nichts vom kindstauff sonder von dem waren christlichen Tauff, wie in Christus eingesetzt vnd seine Junger gebraucht.

Zum dritten: So halten sie auch den ehestandt; den haben sie bekennt vnd nit widersprochen, vnd andere Articl mer wurden verlesen, wies die Römischen Kirchen helt, vnd darauf, wie sies hielten oder erkenten.

Darnach füert man Sie auf die richtstatt auf den schweinanger bei der schiesshütten, vnd allda wardt der Eustachius, welcher am fleisch schwach oder kraukh war, am ersten

enthauptet, darnach ging der Br. Geörg Rack frölich zum
Henkher vnd schwang oder draët sich auf dem einen Fuess
herumb vnd schrie mit frohen muet: ‚Hier verlass ich weib vnd
kindt, Haus vnd Hoff, leib vnd Leben vmb des glaubens vnd
der warhait willen,‘ vnd kniet nider vnd der Henkher enthauptet in auch.

Der Hanss Mändl wardt zletzt behalten, welcher, da er
die zwei enthauptet da liegen sah, sprach er zu im selbs:
‚Meine Brüeder! wer vberwindt, wird alles erben.‘ Darnach
namb in der Henkher, bandt in auf die Laiter, zündet das
feuer an vnd schupffet in Lebendig hinein. Die andern zwej
enthaupten Körper leget er auch auf den schaiterhauffen vnd
verbrennt sie zu aschen vnd pullver. Aus iren gefenklhnus
haben sie uns geschrieben, sonderlich der Hanss Mändl, vnd
hat vns ermant in der waren göttlichen lieb zu beharren, vnd
das wir nit aufhören sollen die waro ainigkait vnd gemainschaft
zu halten vnd zu beweissen, dieweil einer auf erdten sej, vnd
solang ein lebendiger Athem in vnsern leib sej. Sind wol getröst aus diser welt gezogen in das ewige vaterlandt, dem
Herrn sei Lob.¹ M. P. Q. R.

3. Brüeder am Rhein, in Baiern vnd an der Saale.

**Brüederliche Verainigung zwischen vns vnd etlichen
Schweitzer Brüedern.‘**

1556.

Anno 1556 hat es sich begeben am Rheinstrom in der
Churfürstlichen Pfalz, das etliche Schweitzer Brüeder, mit
Namen Lorenz Hueff von Sprendling, ein Diener, Ruep Gellner
oder Kern, Stroh Mathes vnd Wilhelm Henchen, samt etlichen
andern iren Brüedern vnd schwestern von der gemain vmb
Creutznacht, welche man die Schweitzer nent, aussgangen, vmb
irer sündt vnd vbertretung willen, so sich bei selbiger Gemain

---

¹ Ueber Hans Mändl und seine Rechtssprecher (1560—1561), die nur
nach langen Verhandlungen und eindringlichen Drohungen und Strafen
das ‚Schuldig‘ zu sprechen bestimmt werden konnten, (ihre Ueberzeugung
wahrend), ein Mehreres, (auf Grund der Wiedertäufer- und der Innsbrucker
Regierungsacten), an einem anderen Orte. Die besagten Schriften und
Lieder sind in H. S. vorhanden.

erfunden hat, vnd anderer vrsachen mer, darumb sio sich von
inen abgesundert haben vnd mit vnsern brüedern, als Hanss
Schmidt, ein Diener des worts, vnd seinen gefarten, so aus
Märhern hinauss sein gesendt worden, geredet vnd grundt des
glaubens von inen erfordert. Wie aber vnd was gestalt vnd
weiss die beredtnus vnd Handlung geschehen sei, vnd wie
wunderbarlich gott den falschen schein des Gottesdienstes zer-
straien thut vnd die seinigen absündert, in nachfolgender geschicht gar klärlich ersehen wird : Als Gott seinem werkh ein
weg gemacht hat, sein volkh ausszuführen, hat es sich auch zu
diser zeit des 1556 Jars solche zertrennung vnter den schweitzer
Brüedern zu Worms vnd Creutznacht zuegetragen, sonderlich
bei iren Eltesten vnd Vorstehern : Theobald vnd Farwendel,
(der auch nach etlichen Jaren sich mit vnser Gemain verainigt
hat,) der erbsündt halber, darumb sie demnach zu Strassburg [1] im offenen wirtshauss zusammenkamen, darinen zu
handeln, etlich hundert gulden darüber verzehrt vnd darunter
ires brauchs nit vergessen. So hart drang sie der Articl von
der erbsündt, deshalb nit wenig vnainigkeit vnd zanks zwischen
inen entstanden, also, dass Theobald den Farwendl einen falschen Propheten gescholten hat, vnd er mit den Seinen aus der
Leer Christj treten; darumb haben sie keinen Gott!

Auch hat er vnd die Seinigen den Farwendl zum öftern-
mal ein lugner gescholten. Darnach haben sie, ohne Buess zu
thuen, sich vor dem volkh wider mit einander verainiget vnd
bekennt, dass sie jetzund gantz rain sein. Aber Theobald vnd
Farwendel wurden wider gantz vnainig; dan ain jeder auf
seine vnd menschliche ehr mer, dann auf Gott vnd seine göttliche warhait gesehen hat, wie dan solche Handlung auch ein
solch end nam, dass sie dadurch vnd auch das Volkh zertrennt
worden sein vnd sich von ainander gesundert haben.

Als aber etlich des volkhs, so vmb Creutznach gewesen,
ire Handlungen gemerkt haben, seien sie vervrsacht worden
dem rechten grund Christlichen glaubens nachzufragen, vnd
dem volck, das darinen wandlet. Zu welchem inen Gott au-

---

[1] Anno 1555. Bei diesem Convente waren auch Brüder aus Mähren. Man
stritt sich hier viel über die Incarnation Christi. Die mährischen Brüder
standen da auf Seite der Reformirten. Die Disputation endete mit einer
wechselseitigen Verketzerung.

laitung geben hat durch ainen, Namens Thoman Neuman von
Wolfshaim, ein Schuester, der durch solche zwispalt von inen
gezogen ist. Nachdem er gehört, dass in Mähren ein volk sey,
das bruederlich lebe, in ainigkeit vnd in Christlicher gemainschafft, hat er im fuergenommen, nit nachzulassen, biss er ein
solches volk finde vnd ist also in der frembde daher zogen,
bis er zu der gemain Gottes in Mähren komen ist, den grund
der warhait erfaren vnd solches seinen Freunden widervmb
entboten hat, bei welchen boten oder brueder die Eltesten, als:
Lorentz Hueff, Ruepl, Mathes vnd Henchen, so von den
Schweitzerischen sind ausgangen, gefragt haben, christlichen
glaubens bei inen zu erkundigen beflissen. Als aber durch
reden vnd widerreden nichts gericht war, haben sie nit nachgelassen, sonderlich ir Diener, zu fragen vnd grund zu erkundigen, vnd als sie nun göttlichen Grund bei inen vermerkt,
haben sie dem volk, so mit inen aussgangen, anzaigt, dass sie
sammtlich mit einander die Brueder aus Mähren, so man die
Hueterischen nennt, hören wolten, wie dan geschehen ist.

Da haben sie nach den Brüedern, die draussen waren,
geschickt, nemlich dem Haus Schmid, ein Diener des worts,
der auf Bamberg, im Wirtenbergerlandt, vnd in Hessen (raiset,
vnd sampt seinen geferten in des Herren werck) vmbzohen, vnd
als sie auf ir beschickung kamen, haben sie begeert, dass sie
inen solchen grund göttlicher warhait sollen anzaigen, sonderlich etliche Articl, in denen sie an inen irr waren, das auch
die Brueder auss Mähren willig gethan, sonderlich: von der
erwehlung vnd sendung der Diener vnd iren ämptern, von der
gemainschafft, ordnung im Hauss gottes, kinderzucht, von der
ehr vnd absünderung von allen völckern. Als sie nun solches
vernomen, haben sie, vmb mehrer sicherheit willen, irem Eltesten,
Lorentz Hueff, sambt seinen gehülffen, verordnet, dass sie noch
weitere rechenschafft von den Mährischen Brüedern erfaren
sollen, sonderlich diser artickeln halber als:

1. Von der ehe,
2. Von der steuer oder bluetgelt,
3. Von der absünderung von andern völkern, die sich
   auch Brueder nennen lassen,
4. Der Diener vnd irer erhaltung halber,
5. Des götzenopfers (halber),

15*

6. Dass man auf die gemain wider häuser kauft,

7. Warumb einer in das Mährerlandt ziehen soll.

Wie nun das beschehen, vnd sie sich mit allen Fleiss der bemeldten Artickel halber weiter mit inen beredt, da haben sie an die vnsern mährischen Brüeder begeert, dass sie inen solches schriftlich geben wolten, damit sie es dem volk klärlich darthun möchten. Als sie nun solches empfangen, haben sie das volk gesammlet vnd inen die Artickel anzaigt vnd vorgelesen, die inen Hanss Schmidt, ein Diener des worts Gottes, beschriben hat.

Als nun Lorenz Hueff gemeldte Artickel seinem volk fuergelesen hat, ist darauf ein jedes auf sein eigene bekenntnuss gefragt worden, ob sie auch solches verstehen vnd zufriden seien, vnd nichts haben wider dise artickel oder sonst etwas wider die hueterischen Brüeder. Da sie nun nichts dawider zu reden gehabt, haben sie widerumb nach vnsern Brüedern geschickht, dass sie die Antwort des volks selbst anhören, Vor solchem Beschluss haben vnsere Brüeder aus Mähren, sonderlich der Hanss Schmidt, erstlich sie alle miteinander vermanet, dass jedes den irthumb, darin es gefueret worden, wol erkennen, bereuen vnd davon absteen vnd sich vor gott demuetigen solle, da den ein jedes sein Fehl vnd Vergreiffung am Herrn bekennet, vnd verhaissen, davon abzusteen, vnd sich gott vnd seinem Volckh in gehorsam begeben, mit inen hinfueran ein Hertz vnd sinn zu sein, vnd sich brauchen lassen, wozu sie der Geist Gottes in seiner Gemain haben wölle.

Hierauf hat Hanss Schmidt erstlich gehandelt mit dem Lorenz Hueff, des volks leerer, vnd den andern Eltesten, die sonderlich den handel der verainigung fuerten, vnd nachdem er dise aufgenomen, fueret er sie auf ein seiten vnd zeiget inen an: Nachdem im, (als der da in einem fremden land wer,) das volk nit bekannt sei, vnd er kein wissen habe, wie es vmb ein jeden stee, so sollen sie, als die es wol kenneten, was mit einem zu handeln sey, oder bleiben zu lassen, (es) anzaigen vnd melden. Darnach sein sie wider zum volk gangen vnd gehandlet, mit denen zu handlen erkennt ward, vnd die es begerten, haben sie aufgenommen in die gemain des Herrn, ein gut theil.

Auf solche ire bekenntnuss haben die vnsern mit inen gehandlet, auf eines jedlichen absondern bekanntnus mit

ernstlichen gebet vor Gott, vnd mit auflegung der Hände zum
zeichen des bunds vnd annemung in die Gemainschafft der
Heiligen, vnd in den leib Christj, welches geschah den 26ten Tag
Novembris des 1556 Jars. Demnach seynd sie herein in Mähren
zur Gemain gottes gezogen, der Lorentz Hueff dessgleichen,
den haben die Brueder vnd die gemain bei vns im Dienst des
Evangelions vnd worts gottes dienen lassen. (Ex Mscpt. Cod.
G. J. X. 12 und Cod. G. J. X. 14 in Grau.)

1557.

Anno 1557, da der Brueder Hanss Schmidt oder Raiffer,
ein Diener Jesu Christj vnd seiner gemain, am Rheinstrom
vnd im Niderland des Herrn werk ausrichtet vnd triebe, dem
Herrn seine heiligen zu samlen, ist auch Hanss Arbeiter von
Aach, ein Schweitzer-Brueder vnd Eltester der notturfft vnter
inen, herzuekomen, sich mit dem Hanss Schmid vnd den vnsern,
etlicher Artickel halber, beredt als:

1. Von der ergebung halber,
2. Der Gmainschaft,
3. Der Ämpter in der Gmain,
4. Der Erbsünd,
5. Von der ehe,
6. Von der absunderung,
7. Von der Menschwerdung Christj,
8. Des Götzenopfers vnd der pfaffen halber,
9. Straff in der Gemain,
10. Der Diener vnterhaltung,
11. Von der Kinderzucht,
12. Von der steuer,
13. Vom grüssen,
14. Des geloben vnd handbietens halber,
15. Wie man die kranken haltet,
16. Von wittiben,
17. Von handwerkern, wie man sie haltet.

Als er nun mit den vnsern hierin zufrieden ward nach
dem wort Gottes, verainigt er sich, vnd ist also in die Gemain
des Herrn aufgenommen worden. Er hat aber daselbs in Niderland in der elften mit dem gantzen volk der Schweitzer geredt vnd inen anzaigt, was es für fähl vnd mängel an inen
hab, vnd warvmb er sich von inen wende.

Nachdem ist er in Mähren zur Gemain gezogen. (*G. J.*
X. 12¹ und *G. J.* X. 14 in Gran.)

1558.

a) Im 1558 Jar ist der Hanss Schmid, oder Raiffer,ᵃ ein
Diener des worts Gottes, so von der gemain ist gesendet gewesen zum werk des Herrn, die eyffrigen nach der warhait zu
suechen vnd zu samlen, als er derhalben auch göttliche vrsach
bekam ins Niederland zu ziehen, zu Ach in der stattᵇ gefangen
worden, den 9ᵗᵉⁿ tag des Monats Januarj, selbs zwölfter, als sie
in einem Hauss versamlet waren, das wort Gottes zu handlen
vnd zu hören. Da sie einhellig im gebeet waren, seindt dazuemal bej der nacht durch verräterej die schergen, Öhlberger
vnd Pilatuskinder komen, mit spiess vnd hellepartten, mit
strick vnd panden, auch mit lichtern, (haben) das Haus vmbgeben, sie bunden vnd gefangen (weckh) gefuert. Auch namen
sie ein muetter sambt irem kindlen, (das in der wigen lag,)
gefangen. Aber sie waren mandlich, trösteten ainander vnd
hueben also an freudenreich zu singen, wurden aber balt von
ainander geschieden vnd in gefenkhuus gelegt.² Balt am
Morgen fodert sie der Richter vnd redet mit ein yeden besonder; aber am andern tag war der Diener (Hanss Raiffer)
für die Herrn beruefft, das er inen anzaigen sollt, wie vil er
taufft hat, wo sie weren vnd wo sich die gemain (zu Aach)
versamlet. Aber er sagt: Sie solten wissen, das er ee sein leib
vnd leben dran setzen wölle, denn solches anzaigen vnd ein
verräter werden! Auf das reckhten vnd streckten sie in bei
einer virttel stundt. Doch habens in erstlich lär auffgezogen.
Als sie aber nichts gewunen, lieszens in wider herab. Sie
fragten in auch: Was er vom kindstauff hielt. Er sagt: Der
kindstauff wer von menschen eingesetzt, vnd dafür hielt er in
nicht für den rechten christlichen Tauff. Sie fragten auch vom
Sacrament, was er darvon hielt. Er sprach: Es ist gar nit

ᵃ *A. — L.:* Hänsel Raiffer, seines handtwerkhs ein schmidt, ein Euangelischer Diener und Apostel Jesu Christj. — ᵇ *A. — L.:* zu Ach in Niederlandt vmb d. g. w. willen.

¹ Mscpt. *G. J.* X. 12 scheint die Originalhandschrift des ,Sendtbrieffs' zu
sein: ,An alle diejenigen, so sich berühmen, das sie ein abgesündert volk
von der welt sein wollen, als Mennisten, Schweitzer-Brueder' etc. (gedruckt 1652 s. l.), verfasst von Andreas Erdenpreyss.

² ,Die schwestern auf ein Thor, vnd vns Brueder auf ein Thor.' (Cod. 219 Pos.)

das rechte abentmal Christj, wies die pfaffen halten, sondern
ein abgöttisch wesen. Da kamen mit den stattherrn zween
pfaffen, welche fragten vmb seine sendung. Er aber sagte:
Er het sich nit selbs zu dissem ampt gestellt, sondern Gott
vnd sein geist in seiner gemain. Sie fragten in auch der obrigkait halber, ob er sie fuer Christen halt, oder nit. Er sagt
inen, Erstlich halt ichs fuer geschöpff Gottes, darnach aber, das
sie von den pfaffen (vnd falschen profeten, Cod. 212) verfuert vnd
vnrecht geleert vnd noch nie in die rechte christliche Kirchen
eingeleibt seyen. Auch fragtens in vom schwören. Er sagt
inen aber, dass es Christus verboten hett, vnd noch vil mer.
Sie fragten in auch der Menschenwerdung Christj halber. Er
sagt inen, wie er glaub, das Christus warer Gott vnd mensch
sej, allein die sündt ausgenommen. M. P. Q. R. (≙ Cod. 212
und 219 Pos.)

Zuletzt sagten sie zu im, wenn er noch von seinem Tauff
wolt absteon, vnd bekennen, das er geirrt hab, so woltens im
gnadt beweisen. Aber er sagt: Wie er die lautere Warhait
Gottes geleeret hab, darbey well er bleiben. Also sagten sie,
es sei inen laidt, aber wenn sie solches nit straffeten, so wurdt
sie der künig am leib straffen oder der neue kaysser. Man
fodert sie offtmals fuer vnd fragt sie, aber Gott gab inen alle
zeit frädigkait, muet vnd weisshait zu reden also, das sie kein
vnrecht vnd kein vrsach des todts an in finden kundten. M. P.
Q. R. 212. 219 Pos.

Man hat sie (die Br.) vnd schwestern ainsmals zusamen
glassen, alle 12, von vire morgens bis auf 10 Uhr in die nacht
in einer gefenkhuus, da sie den frölich, getrost miteinander
anfiengen Gott zu loben. Der Br. Hanss betet inen also laut,
als ers aus seinem Hals bringen mocht, also, das die leit zuegeloffen sein. Als man sie widervmben voneinander füert
haben sie durch die Statt den glauben mit einander gesungen. [1]
M. P. Q. P.

Etlich Rathsherren waren bluetgierig, sie zu tödten, ettlichen aber wars zuwider; den sie erfueren vnd erkenneten
ire vnschult. Den 13ten tag des Augustmonats wolt man den

---

[1] ,den glauben gesungen', d. h. das Lied: ,Wir glauben an den ainen Gott
vnd lieben in von Hertzen.' Die zwölf Artikel des Glaubens, in dem Liederbuche Cod. G. H. 27 zu finden. Verfasser: Peter Riedemann.

Diener vnd auch den Br. Hainrich, (die inen am meisten
widerspruch gaben,) richten. Da man den Diener fuer gericht
bracht, fuert man zulest den Br. Hainrich auch zu im in das
gewölb, bej dem Pranger auf dem Platz, da sich den eine grosse
Menig volkhs versamlet. Etliche die wol an inen waren, vnd
inen zu zeitten speiss vnd Traukh hetten zuegeschickht, kamen
vnd boten inen die Handt, die gab Er mit lachenden mundt.
Er ist auch durchs volks mit lachenden mundt herdurch gedrungen oder gangen, da man in fuer gericht füeret, also, das
er sprach: Wie hab ich nun ein schöne Hochzeit, darauf so
vil volks kombt. *M. P. Q. R.*

Es hat sich auch vil volks versamlet auf der Richtstatt,
Ir endt zuschaun. Nun verzog sich (aber) die sach, den die
Siben schöpffen kundten im vrtl nit zusamenstimen. Derhalben sprachen die Herrn: Wir wöllen noch vmb einen geleerten Man schauen. Ob sie sich wolten weissen lassen, so
wolten sie länger verziehen, sunsten müessen wir euch tödten
(lassen), wie wol wirs vngern thuen. Aber der Diener vnd
Br. Hainrich sagten frei vnd keck, das sie bestendig wöllen
bleiben, irethalben dörff man nit verziehen! Da stiessen die
Herrn die köpff zusamen, vnd liessen das volkh abziehen.
Also zog die Menig volckhs wider ab, als ein volckh, das ein
schlacht verloren. Wie nun der abent kam, da muessten sie
widerumb ins gefenklhnus geen. Man fuert sie ledig hinein
durch die stat, welches dem volckh vil bedenkhens gab. So
lagen sie noch im gefenklhnus bis zum Herbst hin. Da hat
mans vervrtailt vnd gericht. *M. P. Q. R.*

Den Hanss Schmidt, als den Diener, richtet man am
Ersten. Als er ausgefüert ward, hat er durch die statt hinaus
frölich gesungen. Nach demselben hat er nit vil mer geredt,
sondern gleich mit eyl der Richtstatt zuegangen, als ein ge-
duldigs schweigends lämblein. Da hat man in alsdan mit
einem strikh an einer seyl erwürgt vnd mit einer ketten an
die seyl gebunden vnd mit Feuer besengt. Diss sein endt hat
er füerhin gewusst, vnd ist demnach gericht worden am
19ten Tag des monats October Im 1558ten Jar. *M. P. Q R.*

Vber drey tag füert man dye Andern auch füer, Nemlich
den Hainrich Adam vnd den Hanss Welkh,[*] seinen schwäher,

---

[*] Cod. *A. — L.* haben statt Hans Welck: ,den alten Werner'.

vnd vervrtailt sie zum todt. Es war einer aus den Rathsherrn
zue Aach, der legt sich imer zue ein, wider die Brüeder. Ainmal, als sie sonderlich handtirten mit dem Br. Hainrich, vnd er
sich nicht bewegen liess, sprach disser Rathsherr zu im aus
Zorn: Hai! ins Feuer vnd zum todt mit inen. Es ist verlorn.
Man soll inen kein gnadt mer erzaigen. Aber der Br. Hainrich sprach zu im: Du wirst denselben tag nicht erleben, vnd
mein todt nit sehen. Vnd das geschah also. Drey tag vor des
Br. Hainrichs endt ist er gestorben.

Man hat dise 2 Brüeder, gleichwie den Diener zuuor, mit
stricklhen an ainer seyl erwürgt, auch mit eisenketten an die
seyl gebunden vnd mit Feuer besengt, welches geschah im gemeldten 1558ten Jar, den virvndzwanzigsten October. Es war
eine gewaltige Menig volckhs darbei. M. P. Q. R.

Gleicherweiss, ist auch der Mathes Schmidt vnd Tielman
Schneider* hernach gericht worden allda zu Aach, vngever den
4ten Januarj im 1559ten Jar. Also haben sie die göttliche warhait ritterlich bezeugt, wiewol ein thail noch nie hinen bei der
gemain gewessen ist. M. P. Q. R.

Gemeldter Hanss Schmidt hat in solcher seiner gefenkhnus gar vil schöne Episteln[b] vnd trostbrief[1] geschriben an die
gemain herein vnd auch an seine mitgefangne, dessgleichen
auch vil hultselige vnd geistliche lieder[c] aus anregen des heiligen
geistes gestellt. Auch seindt von seinen Mitgefangenen Bruedern (lieder), so sie in iren Bandten gedicht vnd gestelt, vorhanden. Der eine Brueder,[d] als der sechst, so mit inen gefangen lag, ist durch vil handtirens der gottlosen, abgestanden,

---

* vnd der alte Werner A.—L. — [b] schöne trostlieder vnd episteln A.—L.
— [c] vil schöne lieder vnd lobgesang A.—L. — [d] Hanss Welk. Cod. 190.
[1] ,Episteln vnd Trostbrief'; davon finden sich noch vor: 1. zwei ,an die
Brueder vnd schwestern in Mähren' ddo. Ach 1558; 2. einer ,an die Geschwistriget in den Haushaben vnd schulen' ddo. Ach 1558; 3. drei ,an
die Gemain Gottes', ebenfalls aus Ach 1558; 4. fünfzehn ,an seine eheliche schwester Magdalena' ddo. Ach 1558; 5. vierzehn ,an seine mitgefangenen Br. vnd Schwestern in Ach'; 6. an Hans Arbaiter ddo. Ach,
den 27. März 1558. Ausserdem bringen die Wiedertäufer-Schriften eine
Rechenschaft desselben: ,vom Abentmal Christj vnd seiner rechten Bedeutung'; dann Lieder, (wovon 15 in meiner Sammlung), meist religiösen
Inhalts. Einige behandeln seine Haft in Ach. Auch Heinrich Adam
und Mathes Schmidt hinterliessen Lieder, die sich in den Gesangbüchern
der Brüder vorfinden. (Cod. 163. 190. 194. 203. 212. 219 Pos.)

aber balt zur gemain hereinkomen (vnd hat) ernstliche vnd rechtschaffene buess gethan. *M. P. Q. R.*

Die 6 schwestern hat man nach langer gefenkhnus vnd viler versuechung, mit Ruetten aussgestrichen vnd sie ires weges ziehen lassen. Da sein sie in Früden gottes vnd beständig im glauben zur gemain des Herrn (herein) kommen.[1] *M. P. Q. R.*

b) Anno 1558 haben die zu Köln, den 5ten Martij, den Thomas, (ain) schweitzer Brueder, köppfen lassen. (Cod. 190 Pos.) **1559.**

In disem 59 ist der Br. Paul schuester, ein Diener des Euangelischen worts, im Reich, im hallischen[a] Landt, mit friedlichen Hertzen entschlaffen. *A. — L.*

1560.

Im 1560 Jar ist der Brueder Clauss Felbinger oder Schlosser, ein erwelter Diener des wortes (Gottes), der noch in der versuechung stuendt, gefangen worden, sampt noch einem Brueder, hiess Hanss Leitner, nit weit von Neumarkt im Bairlandt, am ersten tag nach Judica in der vasten, gemeldten Jars, vmb des glaubens willen. Sein geen Neumarkt gefuert worden. Da hat sie der Pfleger mit seinen Beysitzern zweymal verhört, sonderlich des Kindtstauffs halber. (Wie sie nun der pfleger verhört,) haben sies darnach, am Palmsonntag frue, auff einen Karen geschmidet, vnd mit Reitern vnd Trabanten geen Landshuet geschicklht vnd jeden besonder ins gefenkhnus gelegt vnd den Claussen auch an ein ketten (geschlossen). In derselbigen wochen sindt die Herren zu Landshuet, der Haubtman, der alte Pfleger, vnd Kantzler, mit denen, die bej inen waren, komen vnd mit inen geredt, aber Nichts schaffen künen nach irem willen. Darnach haben sie zween Dechanton aus der stadt (hinaus) zu inen geschickht vnd 2 Prediger, die haben sie des Sacraments halber vnd des kindtauffs, vnd warum sie von der Pabstischen Kirchen abgstanden sein, bespracht, aber die Br. gaben inen Antwort: Aus göttlicher zeugnus! Darnach haben sies auch mit der Marter versuecht vnd sie vbel gereckht, ein yeglichen 2mal, vnd sonderlich das am

---

[a] *A. — G. I. K. L.:* im hellischen Landt.

[1] Nur einen mageren Auszug aus den Handschriften *M. P. Q. R.* bringen über Hans Raiffer die Cod. *A. — L.*

strengsten von inen wollen wissen, wo sie zue herbrig gewessen
seien, vnd wo sie haben hingewölt; aber der Br. Clauss sprach:
‚Wir sein euch solch ding nit schuldig anzuzaigen. Es ist auch
nit guet, das irs wisset! Ir stelt inen nach, das irs peinigt
vnd vmb das Irige bringt. Sollen wir die verraten, die uns
guets thuen? Das sei fern von vns! Wir verraten vnsern Feind
nit, geschweige die Freundt!‘ Sie sprachen: ‚Ey, so lassen
wir von deiner haut nit!‘ vnd liessen in ein guete weil hangen,
bis der henkher zuletzt selber für in bat. Nachdem hat man
gar von München, wol 9 Meil wegs, 2 Dechanten zu inen
geschickht, die vill vnd mancherley fuerbrachten (vnd die Br.
wunderbarlich angriffen), vnd haben gesuecht, sie vom (rechten)
weg irr zuemachen, vnd abzuwenden; aber sie habens nit vermöcht. Dessgleichen der Kanzler vnd die Regimentsherrn zu
Landshuet sind oftmals zu inen komen vnd an sie gesetzt, inen
aber nichts abgewinen künen. Widerum sindt zu inen komen
2 Pfaffen vnd 1 Doctor der Geschrifft vnd häfftig, des Kindstauffs halber, an inen gehandtirt, aber der Br. Clauss hats Inen
mit der geschrifft widerlegt, vnd sie von im abtriben. Nachdem ist der Viczthumb mit etlichen Canzleyherren zu inen
komen vnd sie mit freundlichkeit gesuecht zu erwaichen. Sie
sindt aber redlich bestanden vnd sprachen: Sie wolten in der
ainfalt Christi bleiben. Drauf der Kanzler zum Br. Clauss
sagte: Bistu ainfaltig, so kann ichs nit glauben; ich denk es
solten ir wol hundert herauf komen, die sich nit also verantworten könen, wie Du! Dan ich halt dich für keinen Schwer-
mer, wie man ir findt, die da vmblauffen on Grundt!‘ Das
hat in gott genöttigt (*M.:* gewürdigt,) zu erkennen. Denn der
Herr gab im . mundt vnd waissheit, das sie nit widersteen
mochten, wie dan solches wol zu seen ist in seinen brieffen, [1]
so der Clauss aus seiner gfenkhnus an die gemain herein-
geschriben hat. Er hat auch eine schrifftlich verantwortung
(des glaubens) an die Herrn zu Landshuet gestellt vnd ein-

---

[1] ‚In seinen brieffen‘ (Cod. 219. 163 und 221 etc. Pos.), als: a) in dessen
‚Sendtbrieff‘ an Leonhart Sailer, den Diener des Herrn (in Mähren), ddo.
im Thurm zu Landshut in Baiern am St. Johannestag 1560, womit theilweise das Materiale zu der obigen Chronik *M. P. Q. R.* gegeben wird;
b) dessen ‚Sendtbrieff‘ (vnd Rechenschafft) an die gemain in Mähren‘, geschriben anno 1560 aus seinem Gefängniss, worin die Erlebnisse seiner
Haft, dann seine Abhörung dargestellt werden.

geschickht, deren abschrifft [1] noch vorhanden ist in der gemain. *P. Q. R.*

Nachdem allen sindt sie von den Pilatuskindern zu Todt vervrtelt vnd dem Br. Clauss die Zunge verbundten worden, das (er) auf dem platz nit zum volkh reden kundt. Doch ward im die zung zulest so vil entlöst, daz die zwei Brueder dennoch mit einander reden kundten. Der Br. Hannss Leitner, der am ersten vnder das schwert hinging, sprach zum Claussen: Nun Br. Clauss, wen du dich ob meinem todt entsetzen soltest, so gee du am ersten her, so will ich warten. Der Br. Clauss aber sprach: O nit, ich entsetze mich nit. Also gab der Hanss sein Hals dar, vnd der Clauss schauet zue vnentsetzt, mit gueter schöner Farb. Darnach ging er auch darzue, kniet nider vnd gab sein haupt her, vmb des glaubens vnd der göttlichen warhait willen, die sie manlich mit irem bluet bezeugten.

Das geschah den 19ten Tag des Monats Juli des gemeldten 60sten Jars. *M. P. Q. R.*

1565.

Anno 1565 hat sich der Farwendel, ein alter leerer der Schweitzer bruederischen gemain bei der Neustatt an der Hart, am Rheinstrom, mit vns verainigt, welches ging also zue. Da er in gefenkhnus einkomen war, seines schweitzer bruederischen glaubens halber, vnd zu Obersheim, in ein Flecken, zwei Meil ober Worms gefangen lag, da hat ihn gott im gefänkhnus ein kumer sehen lassen, das, (wie er anzaigt), nit wol davon zu

---

[1] ,Schrifftliche Verantwortung', sie findet sich in den Cod. 163. 219. 221 Pos. und mehreren anderen Manuscripten (in Gran vnd Olmütz) unter der Aufschrift: ,Abgeschrifft des Glaubens, welche Ich, Clauss Felbinger, zu Landshuet, den Herrn daselbs, für mich vnd statt meines mitgefangenen Br. Hansen Leytner Geschrifftlich zuegestellt hab.' Ausserdem ,machte' Claus Felbinger auch drei geistliche Lieder, die noch vorhanden sind, z. B. in Cod. 203 Pos., Cod. 163. ,Clauss Felbinger war (nach Cod. N.) ein Diener des Worts, hat vil schöner Leeren ausgesprengt, vnd etliche Artikel des glaubens than, die geschrifftlich aufgezeichnet sein. Ist zu Landshut im Bayerlandt mit dem Haus Leytner, mit dem schwert gerichtet, in Gottseligkait verschieden a. 1567' (!). Ungefähr eben so viel bringen A.—L. mit ,anno 1560'. Ueber Claus Felbinger's Doctrin sieh' das durch Dr. Fischer, Pfarrer zu Feldsberg, anno 1607 herausgegebene Werk (in 8", Ingolstadt): ,Der hueterischen W. Täufer Taubenkobel.' Fischer und auch Winter, (baierische Wiedertäufer), kennt nur die erste Rechenschaft Felbinger's.

reden sey. Wie er etlich wochen ist gelegen, da hat man in
fur die predicanten gefordert, da hat er sich gantz wol verantwort. Darnach hat man in wider in Thurn gelegt. Da ist
im ein schrecklhen vnd zagen ankomen vnd ein solcher schmertz
in seinen leib in vberfallen, das er in 3 tagen weder gessen,
getrunkhen noch geschlaffen, sondern tag vnd nacht gerufft
zum Herrn, eins bittens vnd betens. Da aber alles nit hat
helfen wöllen, da ist er verzagt worden, vnd vermeint, es sej
schon aus mit im, vnd gestanden, wen die predicanten kämen,
so muesste er die warhait verläugnen. In dem ist er in sich
selbst gegangen, vnd sein gantz leben durchschawet, ob vielleicht etwas sein möcht, das im solchen Kummer bringe, damit
er sich an Gott, dem Herrn vergriffen habe. Da hat er zum
Herrn gebeten, ob er den ein mann wöll jämerlich lassen verderben, das er seinen namen muesse verlästern vnd die warhait
verlaugnen, welches im der grösste schmertz sey, den er haben
könt, vnd hat ein solchen schmertzen vmb dasselbe gehabt,
das er vermeint, menschlicher weiss zu reden, wenns noch ein
tag oder zween het sollen weren, er muesst dessen gestorben sein.

Vnd als er gebeten hat, sej ein Fähl an im, Gott sols im
doch zu erkennen geben, da sei es im zuegefallen, nit anders,
als ob jemandt mit im redet: Er hab sein eigen willen noch
zu sehr; auch sitze er noch in dem Seinen vnd seye desswegen
im selbs noch nit abgestorben! Darüber er sich entsetzt vnd
gleich gedacht, diss wer der hueterischen gemain oder Brueder
meinung vnd darob erstunet vnd gedacht: Nun hab ich doch
vmb etliche artikl willen vorhin nie können vberainkomen,
vnd denselben stücken nachgesunen vnd mit gott erwogen.
Da habe im Gott ein solch auskomen darinen geben, das er
nit mer wider vnsorn glauben hat haben können, Vnd nam im
für, sobald im gott aushelffe, on allen verzug, zu keinen seiner
Brueder zu geen, bis er vnsere Brueder finde, vnd nit nachlassen wölle, bis er mit vns verainigt werde. (*G. J.* X. 12 und
G. J. X. 14.)

Diss Jar ist nun ein Br., mit namen Clauss Schuster,[1]
ein Diener des worts Gottes vnd seiner gmain, hinaus geschickht

---

[1] Claus Braidl, ,den man nach seinem handwerkh den Claus Schuster genennt', wurde 1564 zu Němčic im Dienst des Evangeliums bestätigt und

gewesen, am Rheinstrom; auch Ludwig Dörker vnd Bastl
Rausch oder Hess, seine geferten vnd mitbrueder, waren auch
draussen. Eben wie sie herauskomen waren, den ersten Tag,
hat gemeldter Farwendel vnd etlich seiner Brueder, zween von
inen gesendet, vnsere Brueder zu ersuechen, der meinung, das
der Farwendel irer gar ernstlich begeere, welche boten vnsere
brueder balt funden haben. Auf dises ist bemeldter Clauss
Schuster mit seinen gefärten zum Farwendel in die gefenkhnus gangen. Der hat im entdecket, wie hievon beschrieben,
vnd ernstlich begeeret: Könne es sein, das er mit vns möchte
verainigt werde, so bitte er treulich. Da haben sie im nit
wöllen verwilligen, sondern angefangen in ernstlich zu fragen,
vnd im ains vnd anders fuergehalten, wie sie gehört hetten,
das er vnsern Bruedern sehr widerstandt gethan; es wär ein
schwerer Handel, er wisse wol, wie er nit ein klain lasst auf
im habe, vnd mer notwendiger Ding. Da hat er angefangen
ein solche bekenntnus zu thuen, das er mit gueten gwissen
wol sagen könne, das er nie muetwillig widerstanden seye;
den er habs je nit anderst erkennt, bis auf die jetzige stundt,
hab auch kein grössere klag, dan, das er in seiner blindhait
so vil abgewert, da er vns vnwissend für ein vermaledaytes
volkh geachtet habe, das nit im rechten grundt der Apostel [1]
stehe, dass er so blind darin gewesen sei, vnd vns für ein irrig
volkh gehalten, dass er auch zu der zeit, als Lorenz Hueff von
Sprendling, auch ein Schweitzerischer Diener, samt andern, zu
vns komen ist, sich selber aussgestellt vnd ausgeschlossen habe.
(*G. J.* X. 12 und 14.)

Nach allen Fragen, so der Br. Claus, nachdem er fast
die ganze nacht mit im geredt, hat der Farwendel ernstlich
gebeten: (könne es seyn), das er mit vns möchte verainigt
werden; dan er in grossen sorgen stehe, sie werden in an ein
ander orten fueren, (das dan auch bald geschehen,) vnd darumb

---

sofort in Missionsgeschäften an den Rhein entsandt. Nach Hanns Kräl's
Tode wurde er, den 19. November 1585, Vorsteher und Bischof der
ganzen Gemeinde und blieb es bis zu seinem Tode, welcher den 82jährigen, äusserst thätigen und umsichtigen Mann am 21. Jänner 1611 auf
der Neumühl (bei Polau) ereilte.

[1] „Als sonderlich: der Steuer halben vnd auch der maidung (Ehescheidung)
halber vnd der Diener essen vnd trinken (halber).' *G. J* X. 12 und 14.

nit wisse, ob er vnser einen mit leiblichen Augen mer werde
anschawen, seynd sie fast sorgsamb gewesen vnd haben sich
mit einander (bey im im thurn) beredt, vnd seynd im Herrn
raths worden mit im in der gefenkhnus, auf sein wol erbieten,
zu handlen. Dann er zaigt an, dass er fast bei die 8 wochen
sich geängstiget vnd gott gebeten habe, das er's im nach seinen
willen schicken wölle. Also ist er vnd sein weib aufgenomen
worden, demnach auch vil brueder vnd schwestern auss seiner
gemain, darzue seine zween söhne vnd andern mer, nachdem
die vnsern vor seiner gemain red vnd predig gethan, aus des
Farwendels anschicken vnd begehren, darauss ein gueter tail
bewegt, sich mit vns zu verainigen, mit denen auch nach irem
begehren gehandlet, vnd alssdan herein zur gemain gezogen.
Etliche aber blieben bei irer Schweitzerischen bruederschaft,
da sie dessen nit bedörften. (*G. J.* X. 12 + 14.)

Der Farwendel aber ist hernach aus der gefenkhnus ledig
worden, zur gemain in Mähren gezogen, vnd über etlich Jar
bei vns im Herrn entschlaffen, auch andere mer, so mit im
hezue komen vnd beständig blieben, biss in ihren todt, vnd
Gott dem Herrn, die Zeit ires Lebens fleissig gedankt, der sie
erleuchtet hat. (Aus Cod. *G. J.* X. 12 + *G. J.* X. 14 Strig.,
jedoch gekürzt.)

4. In Wälschlandt, 1561—1562.

1561.

Im 1561 Jar ist der Julius Klampferer [1] aus Wälschlandt,
zu Venedig vmb des glaubens (vnd der göttlichen Warhait)

---

[1] Wer sollte glauben, dass wir es hier vnd mit dem bei 1562 genannten
Franz Wälsch (oder Franz von der Sagh), mit Genossen der sogenannten
‚Collegia Vicentina' zu thun haben, denen die Unitarier die Anfänge
der antitrinitarischen Lehren der Reformationszeit zuschreiben? Julius
Klampferer hiess richtiger: Gulio Guirlando von Treviso (Julius Trevi-
sanus), Franz Wälsch: Francesco Saga von Rovigo. Guirlando und Saga
wurden, nach den Angaben Wissovazi's, eines Tochtersohnes des Faustus
Sozin, im Venezianischen gefangen und in Venedig ertränkt. ‚Caeteri,
ob discrimen Italia excedentes, partim sub Turcarum se imperium con-
tulerunt, Thessalonicam ac Damascum profecti, partim in Helvetiam'
(Bünden). Zu denjenigen, die in Graubündten ein Asyl suchten und um

willen gefangen gelegen, da sy in dan vilmals fuergenomen,
verhört vnd gefragt vnd mit im gehandlet haben, abzusteen, aber er hat sich allzeit redlich verantwort vnd, von des
Pabstes gewönlichen oder verordneten Comissarien gefragt, daz
er mit seiner aigenen Handschrift die Rechenschaft seines
glaubens darthuen mög, (welches auch beschehen ist,) seines
glaubens halber gerechtfertigt, Vnd als er darauf beständiglich
verharet, haben sie in letztlich vervrtlet, das er in die Tieffe
des Meeres soll geworffen werden. Zu dem er geantwortet:
Das ist mir Nichts seltsams; das ist anfangs meiner ergebung
bei mir gewessen, daz ich Vber die zeugnus der warhait sterben
werde muessen. Aber es ist mir das gröst, das die Herrn von
Venedig ein solch sach* consentiren[b] vnd bewilligen, vnd nit
erwegen, das sie vor gott darumb am jüngsten Tag werden
Rechenschafft geben muessen. Darauf sie zur antwort gaben:
sy förchten sich dessen nit vmb kein Nadelspitz! Vnd nachdem sie an seiner redlichkeit kein gefallen hatten, darumb im
auch nit vil zu reden erlaubten, haben sie in widerumb in das
gefenkhnus gefuert vnd nachdem sy irem ausgesprochenen vrtl
gedachten ein genügen zu thuen, haben sy im, irer gewonhait
nach, weil er ein halber messpfaff gewesen, die weich abgenomen, vnd also auf einen abendt, im schein, als ob sie im
fuer die Herrn fueren wolten, hinauss gefuert vnd in der tieffe
des Mers ertrenckht,[c] also vnversehens. Er ist immer frölich
gewesen vnd hat alzeit gesungen, vnd mit solchem Gott gelobt,
bis er die Cron der Martyrer erlangt, wie in dem brief des
Francesco,[1] den er von Venedig herausgeschrieben, gefunden
wirt.[2] *M. P. Q. R.*

1562—1565 zeitweise auch in Mähren auftauchten, z. B. in Austerlitz, gehörten: Alciati, Paruta, Francesco Negri, Ochin, Gentilis und
auch Sozin.

* *P.*: Mainung. — [b] conferiren. *M. Q.* — [c] Nach Cod. *A.* – *L.*: A° 1564.

[1] „Des lieben Brueders vnd Dieners Franzen Welschen Schreiben, aus
seinen panden von Venedig her gen Märhern an die hueterischen Brueder,
seine Glaubensgenossen gesandt: 1563, aus wälscher sprach aufs treulichst
verdeutscht.' (Cod. *G. J.* X. 8 und *G. J.* X. 9.)

[2] Die Cod. *A.* — *L.* gedenken des Bruders Julius Klampferer bei dem Jahre
1564, jedoch blos mit den Worten, dass er 1564 zu Venedig ertränkt
wurde („nm der g. w. willen') und ein gemeiner Bruder war.

1562.

Anno 1562 (den 17ᵗᵉⁿ Aug.) ist der Br. Francisco von der Sagh, ein geborner Wälscher von Rovigo, ein Diener des worts, aber noch in versuechung, vnd mit im sein gefärt: Antonius Wälsch, ein gemeiner Brueder, gefangen [1] worden, vnd ein völkhl, zu Capodistria, bei 10 Ml. von Venedig, als (sie) wider zur gemain haben wöllen ziehen mit einem völckhl. Das völkhl aber hat man nit angenomen, sonder geen lassen. [2] Da haben sie dem Francisco Fuesseisen angeschlagen vnd ein jeden besonder gelegt, alda zu Capodistria, da sie den vil Anfechtung vom Sathan hatten, der zu solcher Zeitt (aus einem Floh ein Ross Q.), aus etwas Klainem ein gross machen will, ob er ainem ain Brügl des falls kundt vnterwerfen, damit der mensch strauchlet vnd zag- oder klainmuetig an gott wurde. Aber sie haben einen gueten kampff bestanden. M. P. Q. R.

Als man sie nun zu Capodistria aller Sachen halber gehört, vnd (ir mainung) vernomen, hat man Sie [3] nach 3 Tagen, an hendt vnd fuess in eisen geschlagen, geen Venedig geschickt, auf welcher raiss sie 3 nacht gesaumbt haben, ob der vngestüme des mers. In dem haben Sie einer dem andern tröstlich zuegesprochen. Als sie vmb den 1ᵗᵉⁿ September des 62 Jars zu Venedig ankamen, hat man sie balt in (der X. fuernemesten Rathsherrn) gar finstere gefenkhnus daselbs gelegt, ein ieden besonder. Als sie bei ein Monat lang da gelegen, hat man sie fuergefuert für 3 venedische Herrn, weltliche vnd geistliche, welche da sassen in grosser vnd herrlicher würde aufs herrlichste beklaidet vnd fragten den Br. Francisco, ob er noch also stundt, wie er den Examinatoren vnd Herren,

---

[1] Laut Cod. G. J. X. 33 (in Gran) zog Francesco 1562 aus Mähren, wohin er vorher einen Zuzug der ‚Thessalonichen' aus Italien gebracht hatte, über ‚Glockenhausen' (Glognitz?) nach Italien, oder, besser gesagt, ins ‚Venedigerland', um der kleinen Truppe der Wälschen, die sich den mährischen Wiedertäufern angeschlossen hatte, eine Verstärkung zuzuführen. (Die Brüder nannten es: ‚die Völker besuechen'.)

[2] Man verfolgte sie zwar wieder bis Triest, ohne sie jedoch einzuholen. Sie kamen wohlbehalten nach Mähren. (Mscpt. G. J. X. in Gran.)

[3] Francesco's Genossen waren: Br. Antonio Vesentio (Wälsch), der Arzt Nikolaus, ein Sohn des Antonio, und Alexius, ein Schweizer von ‚Bellnitzen', der sie in Capodistria verrathen. (Mscpt. G. J. X.)

die in seines Irrthumbs halber zu Capodistria besprach, Antwort gethan hab, vnd ob ers noch, die warhait zu sein, bestätige? Da hat er gsagt: Ja, ich halt es für die warhait, vnd sie ist die warhait! Da habens in gefragt: Ob er in Märhern gewessen sei! Auch gefragt: Ob er glaub, was die heilige, allgemeine, Apostolische vnd Christliche, vnd römische Kirch glaub. Darauf er inen geantwort: So vil den glauben belangt, glaub er Alle Articl des (apostolischen) christlichen glaubens. Darnach sie des Tauffs, Sacraments, vnd Beichts halben gefragt, auch andere vil Frag. Als er inen aber drauf sein Bschaid gethan, haben sie in vilfältig ein abtrünigen, Teuffel-bannigen (pännigen) Sophisten gescholten vnd wider in gefenkhnus fueren lassen. Dan haben sie den Br. Antonio auch fuergenomen, der inen auch ein guete bekanndtnus thon hat. Darnach haben sie in noch etlich mal fuergefordert, auch Münichen zu im geschickht, welche nit anders gethan, den, daz sie in alle weg ein ketzer gscholten vnd ein widersprecher so vieler Concilien! Balt nachdem haben die Herrn ein Münch, der ein Inquisitor (oder Besprecher in Glaubenssachen zu Vitzenca *R*.) war, zu im geschickht, (das er in auch befragen soll, wegen seiner ketzerej. *Q*.) Der hat in gefragt: Ob er aus der Mährischen Kirch wer? Da sagt Franzisco: Ja! Da sprach der Münich: Das ist der erst Irrthumb! Weiter fragt er: Hastu mit inen das brot gebrochen? Wie er bejaht: Ja, sprach der Münich, das ist auch ein Irrthumb. Auch fragt der Münich: sag mir nur wer ist das Haupt der Kirche? Da sagt der Br. Francisco: Christus ists! Da sprach der Münich: Das ist auch ein Irrthumb! Da sagt Br. Franzisco: Ir seit ein ketzer vnd nicht ich; dan Christus ist das Haupt seiner gemain! Ir aber wolt, der Pabst sei es hie auf erden. Vnd es war nur: Ketzer! Ketzer! vnd er soll absteen. Br. Francisco aber sprach: er stee nit ab, weil er durch die heilig schrifft nit vberwissen sey (eines ainigen Irrthumbs!) Da sprachen sy: Wir sindt dir daz nit schuldig mit der schrifft zu beweisen. Auch hat er inen seine Bekanntnus vnd verantwortung [1] schrifftlich verzeichnet vnd zuegeschickht. *M. P. Q. R.*

---

[1] Bruder Francesco selbst meldet in seinem Sendschreiben von 1563: Er habe ihnen zwar seine Meinung niederschreiben wollen, sich aber

Nach viler Handlung, nachdem sie ongefär bei 2 Jaren
da gefangen lagen, vnd beständig in erkannter warhait ver-
hareten, ist er vnd sein mitgefangener, Br. Antonius, vervrtlet
worden zum todt, vnd alda zu Venedig im mer ertrenckht
vnd versenckht worden, im 65 Jar; aber das mer wirt seine
Todten widergeben am Gerichtstag Gottes. *M. P. Q. R.*

eines Anderen bedacht, und, um ihnen keine Ursache wider ihn zu geben,
nichts Anderes aufgezeichnet, als was die Propheten und die Apostel
verkündigt.

Achtes Buch.

1565—1592.

[Die goldene Zeit der Brueder-Gemainde.]

Niemandt wirdt sy mir auss meiner handt reyssen. Der vater, der mir sy gegeben hat, ist grösser dann alles.

Joan. 10. c.

Der Glaub ist vnser Sieg — Vnschuld ein stark Pastey, Lieb ein gewunens Schloss. (Cod. P.)

Br. Peter Walpot's Regiment. 1565 1578.

1565.

a) In disem 65 Jar, nach des Leonhart Sailers (friedlichen) abschaid, haben die (Eltesten) Brueder (der Gemain
des Herrn in Gottesforcht berathschlagt, vnd *E. G. L.*) dem
Brueder Peter Walpot, (den man nach seinem Handwerkh
Peter Scherer genannt hat, *A.*) die gemain beuolhen zu versorgen, (wie dan noch zu seinem abschaidt weiter von im soll
gemeldet werden. *D. E.*) *A. — L.*

b) In dem 65 Jar ist der Br. Valtan Hörl, seines Handwerkhs ein Seckler, zu Nemschitz mit Auflegen der Eltesten
hendt, im Dienst des Euangelions bestätigt worden. *A. B.*

c) In disem 65 Jar haben die Brueder das Hausshaben zu
Landshuet¹ angefangen vnd zuegericht. *A. — L.*

d) In disem 65 Jar haben die Brueder das Hausshaben
zu Priwitz (*L.:* Prübitz)² angefangen vnd auffgericht. *A. — L.*

---

¹ Landshut, ein Marktflecken an der südlichsten Spitze Mährens, zwischen
den Flüssen Thaya und March, mit 2500 slavischen Einwohnern. Anno
1563 gehörte Landshut dem Johann von Žerotin-Lundenburg und bil-
dete mit † Burg Tynec und den anstossenden Dörfern ein selbständ-
iges Gut. Neben den Wiedertäufern hausten hier zu obiger Zeit auch
Evangelische mit eigenen Pastoren.

² ‚Priwitz‘ = Pribitz (slav. Přibice nad táborem), ein Pfarrdorf mit 770 katholischen und 112 evangelischen Einwohnern slavischer Zunge, südöstlich
von Porlitz, nächst der Iglawa. Uralten Ursprungs, gehörte Pribitz im
13. Säculum dem Johanniterorden, 1565 (mit der Herrschaft Selowitz)
factisch dem nachmaligen Landeshauptmanne Friedrich von Žerotin, obgleich es ihm erst anno 1569 landtäflich zugeschrieben wurde. Friedrich
von Žerotin war, gleich seinen Agnaten und den Vorbesitzern von Selowitz,
Joh. und Jaroš. von Žástřizl, ein grosser Gönner der Täufer. Pribitz
wurde fortan eine ihrer vorzüglichsten Haushaben und blieb es bis 1623.

e) In disem 65 Jar haben sich etliche Gabrielische Brueder, als nämlich: der alte Jörg Weber vnd seine söhne vnd andere mer von Creutz[1] (bei Göding *E. G. L.*) mit[a] den hueterischen Brüdern im Herrn verainigt. Da sein die hueterischen Brueder zu Creutz eingezogen vnd das Hausshaben nach rechter, (christlicher *B.*) gemainschaft angerichtet. *A. — L.*

f) In disem 65 Jar ist der Br. Peter Dietrich, seines Handwerkhs ein schneider, ein Diener der noturfft, zu Austerlitz im Märherlandt im Herrn entschlaffen. *A. — L.*

1566.

a) Anno 1566 sein 3 Brueder als: der Blasy Harer, den man Etztaler nennt, vnd Liendl Schneider[b] vnd Jörg Wiser, seines Handwerchs ein Rädermacher (Rader), im Dienst des Euangelions erwelt vnd fuergestellt worden. *A. — L.*

b) In disem 66 Jar haben die Brueder das Hausshaben zu Scheikowitz[c] vnd das Hausshaben zu Pruschän[d][2] angefangen vnd aufgerichtet. *A. — L.*

c) In disem 66 Jar ist gar vil (*L.*: Teutsches) kriegsvolkh in das Vngerlandt gezogen.[3] Die haben die fromen[e] in Märhern (durchs landt hin vnd wider) in den Hausshaben nit wenig belaidigt,[f] wie dan auch etliche Herrn im Märherlandt den Brüedern vil Ross hinab genumen haben vnd andere Ding mer. *A. — L.* Widerumb auch etliche Hausshaben durch die Herrn vnd graffen, so von weiten vnd fremden landten herkomen, beschützt vnd verhüetet worden vor dem Drang des Kriegsvolkhs. *C.*

d) In disem 1566 J. sein 4 Br. als Christl Lenk, sunst Christl Gerber genennt, Caspar Ebner, Andree Maierhofer vnd

---

[a] *D.*: mit vns. — [b] Liendl Raiss *H.*, Liendl Raisser oder schneider *C.*, Leonhart Raisner *J.* — [c] *L.*: Tscheikowitz. — [d] *L.*: Bruschain, *D.*: Prutschän. — [e] die Gemain *C.* — [f] beschwert *C. L.*, bekümert *D.*

[1] Creutz, ein längst eingegangenes Dorf in der Nähe von Göding. Es gehörte 1566 mit der Herrschaft Göding dem Berchthold von Lipa, der 1561 bis 1567 Landeshauptmann war.

[2] Pruschän, jetzt Pruschanek (Prušánky), Pfarrdorf zwischen Göding und Kostel mit 1250 katholischen Einwohnern slavischer Zunge, 1566 dem Záviš von Vičkov gehörig.

[3] Diese Züge galten den Türken und ihrem Schützlinge Joh. Sigm. Zápolya, Fürsten von Siebenbürgen, den die kaiserlichen Feldhauptleute Laz. Schwendi und Andr. Batbory hart bedrängten. Im Heere Schwendi's befand sich auch Friedrich von Žerotin und die Blüthe des mährischen Adels.

Leonhart Dax mit Auflegen der Hendt i. d. d. E. bestätigt
worden. *A. — L.*

e) Anno 1566 (*P. Q.:* vmb dises 1566 Jar,) ist auch der
Br. Hans Geörg, ein graff aus Wälschlandt, von grossen stammen, als er etlich Jar bei der gemain gewesen vnd sich gar
niderträchtigelich (*M.:* nidertrachtig), vnd wol geschickht ins
Christenthumb, hinunter zogen, dieweil er sein weib noch drausst
gehabt in Wälschlandt. Da ist er verraten vnd angeben worden, vnd sein gesandte Leut von Venedig komen, die haben
in (gefenkhlich angenomen vnd *P. R.*) ins meer versenkt vnd
ertrenkht vnd in also vertuscht, auf daz es in der stil hingehe
vnd nit vil hendl geb, so sie in geen Venedig brächten, weil
er aines hohen stames gewesen. Vmb des glaubens willen ver-
leugnet (vnd entschlug) er sich des Adels diser welt vnd er-
wollet im lieber mit dem volkh gottes Vbel zu laiden, dan die
zeitlich ergötzung der Sünden zu haben vnd achtet die schmach
Christj für grösseren Reichthumb, den die schätz egypty; den
er sah auf künfftig Zeit vnd auf die ewige belonung. *M. P. Q. R.*

f) In disem 1566 Jar (*A. — L.:* 1567!) ist der Br. Niel
Geyersbühler (Niklas Geyerbichler), seines Handwerkhs ein
Müller, ein Diener der notturfft, (im Klinger Gericht mit 7 Br.
gefangen worden, vnd Msept. Pos.) zu Inspruckh vmb der
göttlichen warhait willen gefangen gelegen. Da haben die
Jesuwiter[2] vnd andere mer lindt vnd rauh mit im gehandtirt;
er aber hat sich mit nichten vom Glauben bewegen lassen.
Da hat man in daselbs zum Todt vervrteilt, (mit dem schwert
gerichtet) vnd darnach verbrennt.[3] *A. — L.* (≥ *M. P. Q. R.*)

---

[1] Cod. *E.:* ,A° 1566 ist Hans Georg, ein Graff aus Wälschlandt, der eine
weile in der gemain gewesen war, bei Venedig ertrenkht worden.'

[2] Diese eröffneten schon anno 1563 von Innsbruck aus, wohin sie kurz
vor dem Tode des Kaisers (25. Juli 1563) berufen wurden, die Bekämpfung des Sectenwesens in Tirol, und zwar mit einer Energie und
Geschicklichkeit, dass es die Täufer nicht für gerathen hielten, mit ihnen
in Conflict zu kommen, und darum an sich hielten. Die Regierung unter-
stützte die P. P. bei dem Bekehrungswerke mit ihrem Arm und mit
Ketzermandaten, wie jenem vom 16. September 1566, welches Erzherzog
Ferdinand wider die einreissenden Secten zur Erhaltung der alten katholischen Religion erlassen hat. (Gedr. Patent in meiner Sammlung.)

[3] Ueber Nic. Geyerspühler, der von Geyersbühel im Gerichte Kitzbühel
gebürtig und zu St. Johann ansässig war, existirt eine datenreiche Schrift
(in einem Msept. des Pressburger evang. Lyceums vom Jahre 1618),

1567.

a) In disem Jar haben etliche märherische Herren, vnter denen wir hausten, bei Kunig Maximilian ernstlich fürbeten,

betitelt: ‚Br. Nic. Geyerspichlers Verantwortung vor besetzten gericht zu Iuabruckh, güetlich vnd peinliche bosprechung; verfasst 1567 29ten tag Aprilis.‘ Der Landrichter von Sonnenburg, Jacob Sauerwein, besorgte bei seinen Rechtssprechern eine Wiederholung der Anstände, die sich 1561 bei der Verurtheilung Mändl's ergaben, und meldete deshalb der Regierung, dass er in seinem Gerichte zur Besetzung des Malefizrechtstages mit Geschwornen ‚nit genugsam der notdurfft nach versehen sei‘. In Folge dessen erging unter Erzherzog Ferdinands Namen am 18. Juni 1567 an den Landrichter und Rath zu Sterzing, an den Richter zu Steinach, an den Richter und Rath zu Matrey, den Landrichter zu Freundsberg, den Bürgermeister zu Hall und den Pfleger zu Hertenberg die Weisung, ‚auf des von Sonnenburg Ersuchen verständige, geschickte und taugliche Personen zu solchem Rechtstage zu stellen und diesen im l. f. Namen aufzulegen, darin schuldigen Gehorsam zu leisten‘. (c. d. L. IX. 546.) Niclas wurde sammt Gattin durch seinen Bruder Wolf zu der Gemeinde nach Mähren gebracht, wo er des Müllerhandwerks ‚fürgestellter‘ wurde, nachdem er durch Peter Riedomau vor 10—11 Jahren ‚zu Froischlitz an der vngrischen Grüntz‘ (Sabatisch) nebst vielen Anderen getauft worden ist. In Mähren sass er, bevor er heraufzog, auf dem Grunde des königlichen Geheimschreibers Sigmund Helt von Kement, Herrn auf Gross-Mezřič und Němčie (bei Selowitz). In Němčie liess er Weib und Kinder zurück, als er, obschon des Lesens und Schreibens unkundig und kein Vorsteher oder Lehrer, von der Gemain in die alte Heimat geschickt wurde, Taufgesinnte herbeizuführen. Unterstand hatte er in St. Johann, sonst in Stadeln, Wäldern und Staudon gefunden, sein Brot auf der Strasse gekauft und, wo man ihn nicht kannte, öffentlich in den Wirthshäusern um seine Pfennige gezehrt. Mit sieben Taufgesinnten im Klinger Gerichte 1566 angehalten und ‚eingekert‘, ist er gegen Innsbruck ausgeliefert worden. Als man sie festnahm, hatten sie 13 Fr. bei sich. Diese wurden ihnen zurückgestellt, bis auf einige Kreuzer, ‚die Einer, so widerruofen hat, mit sich nam‘. An eine Rückkehr nach Tirol habe er nicht mehr gedacht. Er kenne die Orte nicht alle mit Namen, wo sich seine Brüder in Mähren niederliessen, denn der Orte sind viele, ‚da sie ire hausshaben angerichtet, vngeverlich in die 20 Meil wegs die weitesten von einander. So werden sie offt von ain Ort zu dem andern verjagt‘.

Diejenigen, so herabzogen, wurden von den Schifflenten (am Inn) im Vorbeifahren aufgenommen. ‚So man ihnen den Fahrtlon zahlt, fragen sie nicht nach Stand‘ etc. Mit Erlass der Regierung vom 19. April 1566 erhielt der Landrichter zu Sonnenburg (Vellenberg), nachdem Niclas geraume Zeit im ‚Kreuterhause‘ gelegen und von seinem Irrsal abzustehen zum öfteren Male vergebens unterwiesen worden ist, den Auftrag, ‚zu einem abscheulichen Exempel‘ gegen ihn auf 47 in der Regierungs-

vnd fürgestellt, die Brüeder, so man Widertauffer nennt, im
Landt vnd bei iren Glauben, Handtwerk vnd Arbeiten zu belassen. [1] Es war vns aber nur noch auff ein Jar bewilligt, Gott
gab jedoch ein Auskommen vnd wir bliben, wo wir waren,
vnbeschwert. (Cod. XIX.)

kanzlei formulirte Fragestücke, (44 = jenen, über die Hans Mändl 1561
examinirt wurde), mit gütlicher und peinlicher Frage vorzugehen. (Caussar.
dom. L. IX. 348. 350.) Er bekannte hiebei: a) dass man der Obrigkeit
in Allem Gehorsam schulde, was nicht gegen Gottes Gebot ist; er bekenne, was die christliche Kirche durch den heiligen Geist zur Zeit der
Apostel geordnet habe und wie es die Apostel geschrieben und gelehrt,
das sei man schuldig zu halten, das übrige nicht. b) Von der Kindertaufe halte er nichts, sondern nur von der rechten christlichen. c) Seine
Religionsgenossen sind keine Secte. d) Er glaube, dass, wie der Mensch
ohne seine Schuld, durch Adams Fall, in die Sünde kam, dass er auch
durch das Verdienst Jesu Christi von Sünden erlediget worden ist, glaube
darum nicht an eine Erbsünde und meine, dass auch ungetaufte Kinder
mögen selig werden. e) Für Sacramente, d. i. ,ein Zeichen eines heiligen
Dings', halte er nur die Taufe, das Abendmahl und die Ehe. f) Er verwirft: die Ohrenbeichte, den Gebrauch der Bilder, halte nichts von der
Fürbitte der heiligen abgestorbenen Seelen, sondern nur von der Fürbitte
der lebendigen heiligen Gemein Gottes. g) Er feiere den Sonntag, wie alle
Brüder. h) Das Abendmahl werde in Mähren in den grossen Haushaben
gehalten, wobei eine grosse Anzahl Personen sich einfindet. In Tirol
beschränke man sich derzeit auf das Predigen bei Versammlungen in
Wäldern und Feldern. i) Des Eides begehren sie nicht und leisten auch
keinen. ,Dabei lasse er es bleibn.'

[1] Findet seine Bestätigung in den Dreikönigs-Landtagsverhandlungen desselben Jahres. Herren und Ritter liessen dem Könige vorstellen, welcher
Mangel an tüchtigen Handwerkern und Arbeitern, deren die Brüder im
Ueberfluss hätten, und deren Leistungen dem Lande zum Vortheil gereichen,
allenthalben herrsche, und dass der Abgang dieser Leute schwer empfunden
würde. Sie baten daher um deren Belassung. Maximilian liess sich nur
zu einer Frist von einem Jahre herbei. Ueber die weitere Vorstellung
des Herren- und Ritterstandes: Es sei unmöglich, die Brüder innerhalb
eines Jahres aus dem Lande zu schaffen; auch hätte man Wissen, dass
sie keineswegs abziehen würden, da sie nicht wissen, wohin sie sich
wenden könnten, und sich lieber werden todtschlagen lassen, als zum
Wanderstab zu greifen; königl. Majestät werde einsehen, dass sich die
Grundherren mit ihnen nicht schlagen werden, und deshalb um Bescheid
bitten, wie sie sich ihnen gegenüber zu verhalten hätten, wenn sie den
Abzug verweigern, resolvirte Maximilian: Er wolle die Sache in Erwägung
nehmen und seine Entschliessung seinerzeit den Ständen bekannt geben.
(Landtags-Gedenkbuch II. 249.)

b) Anno 1567 ist der Brueder Burkhart Bämerle, ein Diener im wort, nach vil erlittener trüebsal, kampff vnd streit zu Tracht in Mähren m. f. h. im H. entschlaffen. *A. — L.*

c) In disem 67 Jar ist der Br. Häusel Mang, seines Handwerkhs ein Hueter, zu Sindthoffen (sundthoffen, sendhoffen) in Schwabenlandt, im Spital vmb d. g. w. w. (eine guete zeit) gefangen gelegen vnd daselbs im Spital, in der gefenkhnus, beständig im Herrn, entschlaffen. *A. — M. P. Q. R.*

Muesst auch die Winterszeit vil kelt erdulden; dan die ketten am Fuess im vil kelt gab, das im die Fuess nit erwarmten, oft die gantze nacht, wie er schreibt in seinem Brieff, der noch vorhanden ist. Da er schreibt: Er hoff die ketten werden im noch schier eine guete wärme geben vnd werd in bass zieren an jenem tag, als der gottlosen gülden ketten. *M. P. Q. R.*

d) In disem 67 Jar haben die Br. das Hausshaben zu Wasstiez*[1] angefangen vnd zuegericht. *A. — L.*

e) Anno 1567 am Suntag vor Martini ist der liebe Brueder vnd Diener Christj Leonhart Dax[2] (mit dem Ludwig Zimmerman, Jakob Gabriel Binder vnd Jörg schneider), samt seiner Eelichen schwester Anna, vnd der Bärbel von Teykowitz[3] gefangen worden zu Altzen, aufs schloss gefuert, liegent am Reinstrom.

Bej 14 Tagen, nemlich den 27. Tag Monats Novembris, ist der Superintendens vnd prediger der statt Altzen, samt etlichen komen, vnd haben den Br. Leonhart verhört. Den 25. Februarj folgenden 1568 Jars, sindt sie alle wider aus Gottes gnadt ledig gelassen. (Gott allain die Eer! Soli deo gloria.) Cod. Pos. 190 und 235, *G. J.* X. 9 in Gran und 1. VIII. 1 Olomuc.

---

* Wassertitz *G. L.*
[1] Wastitz, jetzt Wostitz (slav. Wazatice, Vlasatice), Marktflecken bei Dürrenholz. Anno 1568 Eigen des Grafen Franz von Thurn, dessen Erben es bis 1622 besassen.
[2] Ueber L. Dax siehe Chron. 1574 c).
[3] Tajkowitz (slav. Tawikovice), Gut und Dorf in Mähren (Znaimer Kreis), 2 Meilen nordwestlich von Kromau gelegen. Die Wiedertäufer hatten hier schon 1558 ein Haushaben. In Tajkowitz bewohnten die Brüder „den neuen Hof, welcher „Křtenský" oder „Taufarský" genannt wurde. Zur obigen Zeit (1558—1569) war Anna von Wrchowišť und ihr Gatte Wenzel von Wrchowišť die Grundherrschaft.

1568.

a) Anno 1568 am neuen Jarstag ist der Brueder Ambrosy Pfeiffer, ein Diener des Evangelions, zu Nemschitz bei Prälitz im Märherlandt im Herrn entschlaffen. *A. — L.*

b) In disem 68 Jar am 25. Januar sind 3 Brueder als nämlich: der Blasj Harrer, (Etzthalor), Jörg Wieser (ein Rader) vnd Lindl Reiss (ein Schneider,) mit auflegen der Eltesten hendt im Dienst des Evangelions bestätigt worden. An demselben Tag hat man auch (zu Nemschitz) 4 Brueder als: nämlich: Balser Maierhoffer, Peter Hörich, Vhl. Platner (oder Zimerman), Hänsel Schlegel, ein schneider, im Dienst des Euangelions erwelt vnd fuergestelt. Weiter hat man auch an demselben Tage 11 Br. als nämlich: Gal. Perger, Kuentz Kervelder, Lindl Stuckh, Valtan Breundl (Bräudl), Veit Hagenbühler,* den man auch laffenthaler[b] nennt, Christl Lärch, Thömel Häring, Hänsel Schneider von Rotenburg, Wastel Folz, Remias[c] Hüge vnd Simon Bentzel, im Dienst der Notturfft erwelt vnd fuergestellt. *A. — L.*

c) In disem 68 Jar ist der Brueder Cuenradt Haintzeman (oder schuester), ein Euangel. Diener, krankhait halber über das vngrisch gebürg in das warme Bad[1] gezogen, von danen wider herüber geen Sabatisch geraist, vnd daselbs ist er nach vil erlittenem triebsal im Herrn entschlaffen. *A. — L.*

d) In diesem 68 Jar ist auch der Br. Hänsel Zwinger, nach seinem Handwerk Hänsel Gärber genant, ein Diener des Euang. worts zu Wasstitz im Herrn entschlaffen. *A. — L.*

e) In disem 68 Jar haben die Brueder das Hauss (-häbl) zu Vrschitz, das vorhin auch ir ist gewessen, widerum angenomen vnd zuegericht. *A. — L.*

1569.

a) Anno 1569 am 9ten Tag des Monats Januarj sein 4 Br. als nämlich: Ludwig Torker, ein Zimerman, Mathos Binder, den man auch nach seinem Handwerkh Mathes Schneider nennt, vnd Wendel Holba, nach seinem Handwerkh Wendel

---

* Hänsl Hagenbühler *E. G.* — [b] *L.:* Ladenthaler, andere Cod. auch: Lentaler und Taffentaler. — [c] Ieronimus Hüge *G. L.*

[1] Das Bad Teplicc bei Trenchin-Dubnice gemeint, wohin man ans Sobotišt und dem Levärer Haushaben über die weissen Berge (montes albi, ,vngrisch gebürg') gelangte.

Müller genennt, vnd Ruep Gellner, ein Rainströmer, im Dienst des Euang. erwelt vnd zu Nembschitz füergestolt (worden). *A. — L.*

b) In disem 69 Jar ist der Br. Jörg Han (Hän.), ein alter Diener in der Notturfft, zu Pergen (im Märherlandt), vnd der Br. Remiass Hüge, ein Diener in der Notturfft, zu Gross Selowitz, (bei Nusslav *B.*) im Märherlandt, im Herrn entschlaffen. *A. — L.*

c) In disem 69 Jar ist die gross teuerung angangen, daz im 1570 Jar ein laib brot zu Nicolspurg (im Märherlandt, vnd daselbs herumb *L.*): 45 kreitzer golten hat. Dise teurung hat im 71 Jar ein wenig nachgelassen vnd im 72 Jar ist daz traidt widerumb in ein ziemlichen kauff komen. In derselben langwirigen teurung hat gott den fromen (doch durch den Fleiss vnd grosse Fürsichtigkait der eltesten) ein gnädiges Auskomen gemacht, daz Niemandt (in gemain hin) keinen Mangel, das doch ein Mangel hiess, gelitten hat. *A. — L.*

Anno 1569 hat das getraidt in Märhern golten wie volgt:

Waitzen, der Metzen: 24 auch 26 weisse groschen.

Korn, der Metzen: 22, 23 auch 24 groschen.

Gersten, der Metzen: 15, 16 auch 17 groschen.

Arbess, der Metzen: bey 30 groschen.

Breyn, der Metzen: bey 15 groschen.

Haber, der Metzen: bey 6 groschen.

Schmalz, die Mass zu 4 gr. auch 10 kr.

Küss, der Centen zu 2 fr. 60 kr. auch 3 fr.

Woll, der Centen zu 17, 18 fr., In Lang. β. per 16 fr.

Das Getraidt hat seer aufgeschlagen, vnd vor weynachten

der Metzen weitz: 30. 31. 33. 34 gr.

das Korn: 29 vnd 30 gr.

die Gerste: 20 gr.

der Haber: 8 vnd 8½ gr. golten.

Auf solches ist anno 1569, den 19. Septembris zu Altenmarkt erkennt vnd durch die Eltesten der gemain entschlossen worden, wie die gemain zu vnderhalten sey,[1] in diser ein-

---

[1] ,Diese Ordnung' hatte den Zweck, während der eingetretenen Theuerung Ersparnisse im Haushalte einzuführen. Aus diesem Grunde wurden die Ausgaben in Küche, Keller und im Speicher beschränkt, die Arbeitsstunden dagegen ausgedehnt, unnütze Reisen u. dgl. abgestellt (vide Cod. G. J. VI. 16, S. 67).

fallenden teurung, damit man in die Weite gelangen möge.
(Cod. *G. J.* VI. 16. f. 66 in Gran.)

1750.

a) Anno 1570 ist der Brueder Peter Hörrich zu Nemschitz mit aufflegen der Eltesten hendt im Dienst des Evangelions bestättiget worden. *A. — L.*

b) In disem Jar ist der Br. Thoman Ebenstainer (Epensteiner), ein Diener des Euangelions zu Altenmarkt, vnd Hanss
schlach in die Pfann, nach seinem Handwerkh: Hanss Klampfferer
genannt, ein (alter) Euangelischer Diener, ein vil begabter Man,
zu Paraditz im Märherlandt im Herrn entschlaffen. *A. — L.*

c) In disem 1570 Jar sein auch 3 Br. als: Walser Mairhoffer vnd Vhl (Plattner oder) Zimmerman vnd Hänsel Schlegel,
mit aufflegen der Eltesten hendt in dem Dienst des Euangelions
bestättigt worden. *A. — L.*

d) In dem 70 Jar hat man dem Simon Butz das Ampt
oder Dienst der Notturfft von der gemain wider aufgehebt.
D. E. F. G. H.

e) In dem 70 Jar hat man das Hausshaben zu Nicolschütz [1] vnd Neudorf [2] angefangen vnd aufgericht. *C.*

f) Anno 1570 Ist der Br. Veit Grünberger, ein Vrn-
macher, [3] in Waldt, im Pintzgau, als er da durchzogen,

---

[1] Nicolschütz, das jetzige Pfarrdorf Nicolčic (slav. Nicolčice, einst Mikulčice) bei Selowitz, 1569 dem Friedrich von Žerotin gehörig. Es zählt
gegenwärtig 680 katholische und 290 helvetische Einwohner slavischer
Zunge. Dass hier, und nicht in dem bei Lundenburg gelegenen Miculčice,
das anno 1629 (deutsch) auch Nikolčitz genannt wurde, die Wiedertäufer
1570 — 1571 ein Haushaben gründeten, zeigen die Rechtsgangbücher
(Puhoný) des alten mährischen Landrechts vom Jahre 1573. Denn in
diesem Jahre klagte der Nicolčicer Pastor den Selowitzer Grundherrn
Herrn Friedrich von Žerotin wegen Vorenthaltung des Zehents, den er
den anno 1571 in Nicolčic angesiedelten Täufern überlassen habe!

[2] Neudorf (nova ves, einst Walteradorf genannt), bei Lundenburg und mit
diesem im Jahre 1569 dem reichen Dynasten Johann von Žerotin gehörig.
Es hat jetzt 1900 katholische Einwohner slavischer Zunge.

[3] Grünberger ,aus dem Pinzgaw' hat, in das Apostelamt gestellt, seit 1565
Tirol fast alle Jahre besucht, ,ein verfüerischer W. T. Vorsteher, der
maisttails bey Imbst vnd rumb dasselb sein Refier gehabt' (c. d. IX. 614).
Im Jahre 1584 (und 1587) ist er abermals mit Znckenhammer, Gilles,
Peter von Titmaning, Cramer u. A. nach Tirol entsandt worden, um, wie
der Regierungserlass vom 18. Juli 1584 sagt, ,den armen ainfeltigen
vnterthanen Leib vnd seel sammpt irem Guet abzupracticiren'. Die

gefangen worden. Dan man hat spech gehalten vnd gelt verhaissen auf in, vnd sonderlich auf seinen Geferten Veit Schelch.
Wie er nun in das wirtshauss daselbs gangen, vnd die bawern
sein wargenomen, aber doch in nit gekennt, sein sie im nach-
gangen in das wirtshauss vnd wie sie gesehen, daz er zum
essen betet, da haben sie die köpff zusamen gestossen vnd
sagten, das wäre wol der rechten ainer, gleich als ob beten
vnrecht wer, vnd also habens in im wirtshauss verwart, Bottschafft geen Nidersol[1] auffs schloss zum pfleger geschickht,
der ist komen mit den Öhlbergern,[a] ime die hendt auf den
rucken bunden, vnd in in gefencknus aufs schloss Nidersol
gefiert, darnach in balt verhört vnd wider in gefenkhnus gelegt. Vber 5 Wochen ist der landtschreiber von Saltzburg
komen vnd in mit Im geen Saltzburg gefüert aufs schloss vnd
in die gefenknus (an ein ketten M. Q. R.) gelegt. Vber ein
gute Zeit, erst vber dritthalb Jar,[b] sein die Pfaffen komen, der
thumbprediger zu saltzburg, auch der Pfaffenrichter vnd andere,
die in vierecketen Hüeten, sein dort gesessen vnd den Br.
Veiten füergenommen vnd zur verantwortung vermant. Als
nun der Br. Veit bis in das siebent Jar alda zu Saltzburg gefangen gelegen ist, vil elendt vnd trüebsal erdultet, ist er in
sechs vnd siebenzigsten Jar mit gottes Hilff auskomen, zum
Fenster seiner Gefenkhnus hinaus. Das schlossvolk darnach
gesagt, er sey doch vbermenschlich auskommen; aber Gott ist
alles möglich. Ist also den 9ten Tag des Monats Augustj obgemelten Jars widerumb zur gemain hereinkomen.[2] M.P.Q.R.

<hr>

Regierung befahl daher, ,solchem bösen fürnemen zeitlich zu begegnen'
und auf diese Sendboten fleissig zu fahnden. Der Uhrmacher trage einen
rothen Bart und sei bei drei Jahre Prädicant in Nikolsburg gewesen!
(c. d. L. 13. fol. 57. 368).

[a] den Schergen vnd Trabanten P. Q. — [b] vber ain halb jar M. Q.

[1] Nidersol ist das jetzige Niedersill, Bezirk Mittersill im Salzburgischen.
In diesem Bezirke liegen auch die Gemeinden ,Wald vnd Stuhlfelden'.
Bruder Veit war damals aus dem oberen Innthale auf dem Wege nach
Mähren.

[2] In seinem Briefe ddo. Salzburg auf dem Schloss, den 16. Hornung 1573,
adressirt an Peter Walpot, erzählt er die Art und Weise seiner Gefangennehmung in Wald, sowie seine Erlebnisse und seine Verantwortung um-
ständlicher. Seinen Angaben zufolge sind sie, (er und sein Gefährte), nach
dem Aufbruche von Niedersill die erste Nacht ,zu Zell gelegen'. ,Zu
Stuelfelten ist vil volks zugelauffen, als obs ein Meerwunder wär.

g) A° 1570 hat man auch beschlossen vnsere Häuser
Gärten, Vieh etc. zu schützen vnd vns von je 1000 fr. werth,
10 fr. abzunemen. Ist aber nit darzu komen. (Cod. XIX.)

1571.

a) Anno 1571 Ist der Brueder Bärtl Riedemair, sunst in gemain hin Bärtel schlessinger genennt, ein alter Diener vnd hochbegabter eiffriger euangelischer prediger der gemain, wie dan
auch vile durch das wort gottes, so er (bei 26 Jar *J. K.*) gepredigt hat, glaubig worden sindt, am 10ten tag Aprilis im
gemelten 71 Jar zu Tracht (im Märherlandt) im Herren entschlaffen. *A. — L.*

b) In disem 71 Jar sein 2 Br. als nämlich: Mathes
Schneider vnd Ludwig Törcker, (ein zimerman,) im Dienst des
Euangeliums bestättigt worden. *A. — L.*

c) In disem 71 Jar ist der Br. Wolff Binder, (ein gemainer Brueder), zu Schärding im Baierlandt, vmb des glaubens
willen gefangen worden durch veräterei. Der Cantzler von Burghaussen war gleich da zu Schärdingen, vnd nam den Brueder
gefenklich an vnd füerten in von danen geen Burghaussen, da
er vil anrenens vnd versuechung vbersteen muesst von dem
hauffen der falschen Propheten vnd andern, die im höfftig anlagen, daz er von seinem glauben absteen solte vnd sich berichten lassen; aber er liess sich kurtzvmb nit bewegen von
dem erkandten weg der warhait. Als die pfaffen nichtz kundten
ausrichten, war der Henkher der nechst nach inen; der muest
in angreiffen, vnd haben in gewaltig gereckht vnd gestreckht,
das die Sonn het mögen durch in scheinen, vnd er nindert auff
seinen Füessen wol mer steen oder gehn kundt. Zuletzt haben
sie in von Burghaussen widerumb geen Schärding geschickt.
Sie hatten sein an beiden Orten genueg. Da er sich nun nicht
bewegen liess, da muest er sein leben lassen. (Da hat er die

Also sindt wir für stuelfelten vber den Hirschbühel geen perckhtesgaten
gefüert worden, da sindt wir ein Nacht gewessen, darnach, am nächsten
nach pfingsten, sind wir geen Salzburg komen, gleich wie das volck in
den Götzentempel gangen ist. Da hat man vns auffs Schloss gefüeret,
yeden besonder in ein gefenkhnus, das wir einander seit (dem) nie gesehen haben. Sie haben vns aber hie bis in das drey vnd 70 Jar, nämlich des 3ten Jars vnserer gefenkhnus nicht verhört, weder gütig noch
peinlich. Aber den 19 tag Jenner anno 1573, da haben sie mein mitgefangenen füergelabt, darnach mich.' (Seine Verantwortung bringt Cod.
Ms. I. VIII. 1 in Olmütz vnd *J. G.* X. 8 in Gran. Siehe auch ad 1576 d.)

warhait mit seinem bluet versiglet vnd bezeugt, wie dan das
liedt, so von im gemacht worden ist, von seinem Leiden vnd
sterben zeugnuss gibt. *B. C. D. E. G. K. L.*) Dem Henkher
aber giengs Ybel mit im; er kundt in nit recht treffen; muest
im erst auf der Erden das Haupt abhauen, also, das er selbst
in angst vnd schier in lebensgefar komen vom volkh. Diss
geschah balt nach der Lichtmess des gemelten 71ten Jars, nachdem er bey einem halben Jar gefangen gelegen ist. Ist hinyber
gefaren zu dem Haufen, der da ruet vnd feyert.[1] Dem Verräter, der in in gefenckhnus bracht hat, ging es darnach gar
Ybel; dessgleichen den Cantzler, der In hat angenomen, gieng
auch alles vnglückh an. (Gekürzt aus Cod. *M. P. Q. R.*)

d) In disem 71 Jar ist der Br. Hänsel Missel, ein weber,
noch ein junger Man, im Schwabenlandt zu Langenscheiner,
in ein Dorf in Warthausser herrschafft, gefangen worden, nachdem er mit den leuten, die in auffgenumen vnd in begeerten
zu hören, geredt, gelesen vnd gesungen vnd gezeugt hat von
der warhait. Da ist er verraten worden vnd angeben zu Warthaussen. Die Frau daselbs, dazuemal witib, schicket einen
schreiber, der ist komen mit den schergen, den Br. allda Yber-
fallen, das schwert auszogen vnd in mit dem knopf etlich mal
ans hertz oder prust gestossen, in auch mit der Flachen des
schwerts geschlagen vnd grausam gescholten. Da band in der
schreiber selbs vnd füerten in bey der nacht hin geen Warthaussen, da verwartens in daselbs die Nacht in ainem Hauss,
frassen vnd suffen, waren frölich darbej vnd hatten iren spott
vnd schmach mit dem Brueder. Da es tags wurde, fuerten sie
in ins schloss vnd legten in in ein thurn vnd handtirten an im;
muessten aber alleweg lär abziehen. Der Henkher muest das
sein auch verrichten, vnd haben in Ybel gereckht. Da sie nun
alle versuechung vollendet hetten, vnd er kain tritt vom weg
des glaubens nit weichen wolt, hat darnach die Witfraw im
schloss die pfaffen gefragt, wie darinen zu handlen sey, darumben
solten sie ir rathen. Die sagten ir balt: die kaisserlichen recht

---

[1] ‚Dass Liedt so von im ist gemacht worden‘, d. h. über ihn, von anderen
Brüdern. Es findet sich fast in allen mir bekannten Handschriften und
wurde ‚in ainer pickharten‘, d. i. mährischen Brüderweise gesungen und
beginnt: ‚Ach Gott wir thun dirs klagen — Wies get in disen tagen.‘
Die Cod. *A. — L.* melden vom Wolff. Binder mit wenigen Worten nur
seine Festnehmung und seinen Tod.

vnd mandat, (die tödten in!) Haben im also den Todt zue-
getailt, nach irer väter art. Etlich im gericht wolten wol nit
mitstimen; es galt aber nit; den der Teuffel ist Herr in disem
korb.[a] Wie man in am morgen hat richten wellen, kamen in
der nacht seine freundt, vnd wolten im aushelfen aus dem thurn,
haben graben, bis sie schier zu im sein komen, das ers gehört
hat. Da hat er sie gewarnt, den er wöll zu dem Loch hinauss, da
er hereingekomen ist. Also haben sies muessen sein lassen.
Der pfarrherr von Warthaussen gieng mit im, als man in ausfüert, vnd wolt noch, er solt absteen. Der Henkher, als er in
an den Platz bracht, sprach auch zu im: Wen er absteen wöll,
er hab noch macht, In des zu entlassen; aber er wolt nit!
Also ist er enthaupt worden, vnd darnach verprennt. Wie er
nit flux verbrennen wolt, habens in zu stucken zerhawen. Als
im der Henkher das Haupt abgeschlagen, blib er dennoch auf
der stett mit aufgehobenen (betenden) Henden also knieen,
das in der Henkher mit dem Fuess vmstossen muesst. Da fiel
er erst dahin. Solches geschah den 13ten tag Dezember im gemelten 71ten Jar. Wie man in richten wolt, sagt er: Man wurdt
sein bluet noch an der sonne sehen, vnd es geschah am 3ten tag
hernach, zue Mittagszeit, daz die Sonnen bluet rott wurdt,
schien den leuten zum Fenster hinein in die gemach so rott,
das vil mainten, es sej eine Feuersbrunst aufgangen, liessen
hinaus auf die Gassen, wie den die Personen, die bei seinem
richten sind gewesen, die solches geschen, vns anzaigt haben.
(Aus Cod. *M. P. Q. R.*, gekürzt.) Auch das Lied,[1] so von im
gemacht, gibt von seiner beständigkeit zeugnuss. *A. — L.*

e) In disem 71 Jar ist der Br. Christian (Chrisant) Schuester,
ein alter Diener der Notturfft, zu Wätzenobis[2] im Mährerlandt,
im Herrn entschlaffen. *A.—L.*

f) In disem 71 Jar ist (auch) der Br. Christl Lenk oder
Gärber, ein alter Diener des euangelischen worts, zu Wätzenobis
im Herrn entschlaffen. *A. B. C. E. — L.*

---

[a] *P.:* in disen spil.

[1] Die Cod. *A. — L.* widmen dem Hans Missel nur einige Worte. Das Lied
findet sich häufig in den Handschriften der Wiedertäufer. Es beginnt: ,Merkht
auff ir lieben Brüeder main' etc. etc., wurde in ,des Jörg Wagners thon' gesungen und gibt in geschraubten Versen, was wir oben in schlichter Prosa lesen.

[2] ,Wätzenobiss' = das im Pfarrsprengel von Milotitz, südlich von Gaja,
gelegene Dorf Wacenowic, zur obigen Zeit Žerotinisches Erbe.

g) Anno 1571 alle fuergestellten Millner zusamengefodert vnd irer Ordnung halber mit inen geredt. [1] (*G. J. VI. 26.*)

1572.

a) Anno 1572 am 17ten Tag Februarj sein 2 Br. als nämlich: der Wendel Holba oder Müller, vnd Ruep Göllner, (ein Reinströmer,) zu Priwitz [a] mit Auflegen der Eltesten hendt im Dienst des Euangelions bestättigt worden. An demselben tag sein auch 4 Brüeder, als nämlich: Thömel Häring, seines Handwerchs ein Seckler, Josef Topelhammer, den man nach seinem Handwerkh Josef Schuester nennt, Anderl Wälsch, auch ein Schuester vnd Hänsel Hueber,[b] ein Rader[c] aus dem Zillersthal, im Dienst des Euangelions erwält (vnd füergestellt worden.) *A. — L.*

b) In disem 72 (*H.:* 1571) Jar den 8. tag Dezembris ist der Br. Bärtl Ringel von Gindelbach, welcher vorhin auch mit dem obgemelten Burkhart Bämerl seer hart gemartert vnd gereckht ist worden, nach seinem vil erlittenen trüebsal auff der Neumil (im Märherlandt) im Herrn entschlaffen. *A. — L.*

c) In disen 1572 Jar ist (auch) der Br. Wastel Rausch, den man auch Wastl Hess genent, ein Diener der Notturfft, zu Tracht, vnd der Br. Stoffel Spängler,[d] ein Diener der notturfft, zu Gostl (im Märherlandt) im Herrn entschlaffen. *A.—G., J. — L.*

d) Es hat sich begeben im 72 Jar, daz die Räth, Cantzleyherren vnd der Fürst sein von Stuttgart geen Vrach gezogen vnd sein aus vrsach der sterbet geflohen. Es ist auch ein solch not a. 1572 im Wirtembergerlandt gewesen vnter dem gemain man, daz nit zu sagen ist, was sie hunger muessten leiden. Es galt [2] 1 scheffel waitzen 7—8 fr., ein sumern gersten ½ fr. vnd auch 7—8 batzen, ein mass wein 3 schilling vnd 5 kreitzer. Mancher man mit weib vnd 5—6 kindern muesst etwan 3 tage one brot sein. Es hat diess 72 Jar [3] der scheffel Dünckels golten: 3½ fr., ein sümern korns: 1 taller, 1 fuder

---

[a] Trübitz *D.* — [b] Häns. Hueber oder Zillerer *I. K* — [c] ain wagner. *G. L.* — [d] *I. K.:* Späner.

[1] Die bei dieser Zusammentretung verabredete Müllerordnung wurde 1581 und 1591, sowie 1610 und 1640 revidirt und ergänzt. Sie findet sich in Cod. *G. J. VI. 26* in Gran und in meiner Sammlung.

[2] Um Urach im Frühjahr 1572. (*M. S.*)

[3] Um Wittling im Herbst 1572. (*M. S.*)

wein: 120 fr., 1 mass wein auch zween batzen vnd 4 schilling. (Cod. Pos. 190 vnd *I. K.* 10 Brunn.)

1573.

a) Anno 1573 den 3ten Februarj* ist der Brueder **Caspar Braitmichel,**[1] nach seinem Handtwerckh **Caspar Schneider** genannt, ein alter Diener des worts (Euangelions), zu Austerlitz im Herrn entschlaffen. *A. — L.*

b) In disem 1573 Jar ist der Br. **Jobst Lackhorn,** (ein seckler,) ein Diener der notturfft, zu Tracht im Märherlandt im H. entschlaffen. *A. — G. J. — L.*

c) In disem 73 Jar ist (auch) der Br. **Hänsel Schneider** von Rotenburg, auch ein Diener der N. zu Nembscha, hinter[b] Austerlitz; am 18ten (*H.:* 11ten) tag des Monats Julius: der Brueder **Caspar Hueber,** ein fürtrefflicher Diener des worts (Euangelions), zu Ollekowitz im Märherlandt im H. entschlaffen. *A. — L.*

d) Anno 1573 sindt v. l. Brüeder **Marx** vnd **Bernhart Klampferer,** als sy in Geschäfften der Gemain am Freytag, den lezten Tag July gen Wien kommen seindt, daselbs vmb der göttlichen warheit willen gefangen worden. Man hat sy erstlich zu dem herrn landtmarschalk[2] gefüert. Der fragt sy, ob sy aus Merhern seien von den Brüedern, die man die stäbler, allein billicher widertauffer vnd ein secten, die im finstern schleiche, nent. Darauff **Marx** gsagt: Wir müesstens mit geduldt tragen, daz man vns also haisst, aber wir sindt nit solche,

---

* *H.:* 17. Febr., *A. C. I. K.:* 27ten Febr. — [b] *H.:* zu Austerlitz.

[1] **Caspar Braitmichl** wurde 1530 auf dem Convente zu Schakwitz zum Diener der N. erwählt und erscheint 1550 unter den ältesten Dienern des Wortes. Als Dichter durch das schöne Liedt: ,Die Nachtraben‘, das um 1548—1551 entstanden sein mag, bekannt, ist er auch der Verfasser des Liedes: ,Rebeka‘ (,30 gsatz. im ton der Elephanten zu singen‘), dann der Epistel an die Gefangenen zu Altzen in der Pfalz (Dax und Consorten) ,dto. Gostl, Pfintztag nach der Fastnacht 1568‘. (Cod. *J. G.* X. 8 in Grau.) **Caspar Braitmichl,** und nicht Ambros Resch, ist auch der Anfänger des Chronicls *E.,* das sich in der Hamburger Stadtbibliothek vorfindet. Ambros Resch lieferte zu demselben nur die Vorrede, dann Ergänzungen, wobei er bis zum Jahre 1533 Braitmichl's Geschichten (Cod. I) und das (verlorene) Gemeinde-Geschichtsbuch ausbeutete. Cod. *A.* ist seine ausschliessliche Arbeit. Die Einleitung in Cod. *E.* floss aus Braitmichl's Feder.

[2] **Haus Wilhelm Freiherr von Roggendorf,** ein eifriger Lutheraner.

darfür man vns helt. Da hat er angefangen: Es sey doch
sündt vnd schand, daz sy den jungen menschen, der mit gezogen, also schändtlich verfüert haben. Er habe in ein wenig
examinirt, so kennt er weder den Catechismy noch das vater
vnser, noch die X gebot, vnd fragt, was wir vnsere Jugent
leernen vnd hat nach etlich fragen hin, vnd sonder aine vnd
des andern halben, getan, welche Br. Marx mit grundt vnd
zeugnus der schrifft verantwort hat. Dann hat er angehebt
vom kindtstauff zu reden vnd warum wir in den kindern abschlagen, da hat der Marx gesagt: Darumb thun wirs, dieweil
wir in der gantzen bibel nit ein buchstaben finden, das ye ein
kindt getaufft wär worden, daher wirs auch nit thun. Nach
vilen hin vnd widerreden sagt er zu seinem hofmaister: Geh
hin flux vnd bring die bibl, ich glaub nit, daz es also geschriben stee. Als der die Bibel bracht, legt ims der landtmarschalk füer vnd spricht: Nun mein Mann, so zeig mirs,
wos steet, da hat er ims zaigt vnd als es der marschalk aus-
gelesen, hat er weiter mit Marxen geredet vom kindertauff
vnd dafür allerley schrifft angezogen, worin im Br. Marx
tapffer widerstanden, vnd wie der marschalk gesehen hat, daz
er nichts richten hat künen, hat er den Marx gefragt, was er
in seinem hauss zu suchen gehabt, da hat Marx gsagt, er sei
nicht im hauss mit gewesen, sondern in dem hoff, vnd hat
nach seinen jungen gferten vnd brueder gfragt, der bei seiner
schwester war, ob der schier fertig sey oder nit. Da spricht
der marschalk: Ja ich kenn euch wol, was ir für leut seit,
daz ir mit schleichenden worten die leut verfüert. Mein Man,
du machst dich verdächtig. Ich het macht, daz ich dich beim
gründt liss nemen, ich wils aber nit thuen. Gee itz also hin
vnd kom morgen wieder. Ich wil mit dem jungen menschen
noch weiter reden, dan sein schwester wil in bei ir behalten,
ich hoff er wert sich bekeren vnd weisen lassen, wo nit, mag
er mit euch hinzihen. So sein sy am Samstag wider erschinen,
haben sich aber seer besorgt, Er werdt etwa andere grosse
hausen oder ein predicanten zu sich nemen, aber auch gedacht,
er wurdt, wenn sy nit kämen, etwo sein spech am thor vnd
an der maut auff vns haben vnd vns dann gefängclich an-
nämen. Als er sy für sich beruoffen, ist sein predicant neben
im gesessen, auch sein Hofmaister was dabey vnd hat angefangen die vorigen reden zu repetiren, worauf Marx (erwiderte):

Was ich gestern vor euch gesagt vnd bekennt hab, Also bin
ich noch gesinnt vnd bschlossen dabey zu bleiben, bis an mein
endt, vnd bat, er wölle sy passiren lassen vnd in irem geschäfft
nit aufhalten. Wie er nun merkht, daz sy sich nit mer in ein
gspräch wolten einlassen, hat er selbst angfangt vom kindertauff zu reden vnd damit dem predicanten einen eingang zu
machen vnd gesagt, er wöll in hierinnen handelsman sein lassen
zwischen im vnd den Brüdern. Darauff hat der predicant angfangen, erstlich vom glauben, den mit hohen vnd prächtigen
worten zu preisen, die werkh vnd frücht alle dahint gesetzt.
Die Brüder haben in reden lassen, vnd als er fragt, wie den
ir glaub sey, vnd sy das 13 Cap. der ersten Epist. zu den
Corinthern angezogen, da hat er sich zum landtmarschalk gewendt vnd gsagt: daz sey auch der Jesuitter mainung, vnd hat
nun flux vom verdienst Christj auch eine lange red gethan,
was Br. Marx mit dem verantwort, daz kein mensch on den
verdienst Christj zu gnaden kombt! Da haben sie die köpff
zusamen gstossen vnd gsagt: das ist der papistisch grundt.
Da fragt der Predicant weiter: warumb wir den nit öffentlich
predigen, sondern nur in winkhlen, hat Marx gsagt: Vnsere
Leerer predigen auch öffentlich, dass sie aber nit vberall öffentlich predigen dörffen, daran sey das die vrsach, daz man sie
nit dulden mag. Darnach kam der predicant auf den kindtstauff zu reden vnd den zu vertheidigen, es war aber all ir ding
ein blinds lärs geschwätz vnd als die Brüder abermals anfingen
zu bitten, daz man sie passiren liess, ist der landtmarschalkh
hinaus gangen, kumbt aber zu handt wider vnd bringt den
Profosen mit vnd spricht zu im: Da, füer mir dise zween in
die verwarung. In der gefängcknus hat man sy in die eisen
geschlagen, den 1ten tag Augustj. Also ist es angstanden bis
auf den 26. tag Augusti, da hat der Marschalk einen predicanten gar von Krems[1] herab vber sy geschickt, ein vberaus

---

[1] Es war der Mag. Gangolf Wanger, anno 1568 von dem protestantisch
gesinnten Theile der Bürgerschaft als ‚Prediger des Euangeliums' nach
Krems berufen. Seiner Niederlassung trat jedoch die katholische Partei
mit dem kaiserlichen Befehle vom 22. Jänner 1569 entgegen, dass derselbe sofort abzuschaffen sei und seine Benefizien dem Stadtpfarrer zu
überlassen sind. Der Magistrat schützte jedoch seinen Stadtprediger, der
sich inzwischen mit einem Schreiben des Chytraeus, welcher zu dieser
Zeit im Schlosse Kirchberg bei Spitz verweilte, auch bei dem Land-

264

geschwinden kopf, der schon grau im bart war. Diser ist mit
etlich personen in die gefenkhnus komen vnd hat fragt: wo
sy her sein nach der geburt, durch was mittel sy in die sect
komen sein etc. vnd begehrte ir bekanntnus, des kindstauffs
halben, zu wissen. Darauf im Marx, wie dem Marschalk Antwort hat geben. Der Rede vnd Widerrede war vil, so der
kürtz wegen nit zu schreiben. Der Predicant hiess letzlich
den Marxen ein halsstörigen kopf vnd war auch sonst in seinen
worten spöttisch, rauch vnd vnbescheiden, so ̤daz es selbst
dem Profosen seer vbel gefallen. Mit Unwillen im hertzen ist
er abgezogen. Darauf wurden sy noch einigemale versucht
vnd besprochen, endlich aber den 23ten tag octobris dess 73 Jars
hat man sie wider ledig geben vnd ausgelassen. Sind alle, mit
vnverlezten gewissen zur Gemain zurückgekhert. Apoc. 2.
(Cod. I. VIII. 1 Olomuc, 1. K. 3 Brun. und Cod. Michnay. Pos.
gekürzt.)

e) In disem 73 Jar, am 9. April" seindt 3 Br. nämlich Stoffel Gärber, Christian Zwickh, den man Christian
Dietel, vnd Hänsel Landman, den man auch Kitzbüchler nennt,
(zu Priwitz) im Dienst des Euang. erwelt vnd füergestelt worden. A.—L.

f) In disem 73 Jar haben die Brüeder zu Popitz widerumb
angefangen zu haussen. C.

g) In dem 73 Jar (am 15. April C.) wardt der Br.
Mathes Binder, ein Diener des worts, (ein schneider C.),

marschall von Roggendorf zu insinuiren wusste. Dieser empfahl ihn
1570 dem Stadtrathe auf das Eindringlichste, und der Rath nahm keinen
Anstand, ihn in seinem Amte zu bestätigen, ihm die Spital- und Marien-
kirche für seinen Gottesdienst einzuräumen und die Stadtbenefizien nebst
dem Floriani- und Sebastiani-Stiftshause zum Genusse zu überlassen.
Der lutherisch gewordene Magistrat nahm sogar keinen Anstand, ihn
1572 dem Kaiser für die erledigte Pfarre zu präsentiren, wurde aber
mit der Erklärung abgefertigt: dass Se. Majestät der Vogtherr, der Bischof
von Passau der Lehensherr der Pfarre sei. Wanger blieb so eine Persona ingrata, und da es ihm mit der Zeit in Krems nicht behagte, gab
er 1574 seinen Abschied und ging auf die Pfarre Rossatz. Von da an
wird er nicht weiter genannt, lebte aber noch anno 1580 im Lande,
allein, gemieden von seinen eigenen Collegen und selbst von seinem einstigen Gönner Chytraeus, der dem Reformator Dr. Backmeister nahe legte,
sich vor ihm zu hüten. (Vergl. Raupach, Presbyter. fol. 201, und Kinzl's
Chronik von Krems, 1565—1574.)

* A. I. K.: 19ten April.

gefangen[1] zu Neuffen im Würtembergerlandt, vmbs glaubens willen. Darnach hat man in geen Stuckhart gefuert vnd darnach geen Maulbrun,[a] vnd legten in an ein ketten in der gefenknus, an welchem ort vil an im gehandtirt vnd versuecht worden von des Fürsten obersten Visitirer,[b] von Pfaffen, vögten, Doctoren, dem Abten zu Maulbrun, von Edelleuten vnd von des Fürsten Hofgesindt. Als sie aber nichts kundten an im richten, haben sie in zulest geen Hohen Wittlingen ins schloss gefiert, da der Br. Paul Glockh lange Zeit lag. Alda lagen sie bei 2 Jaren. Im 76. Jar aber schickt Gott ein Mittel irer erledigung. Es kam ein Feuer aus, durch des schlossvolkhs verwarlossung, also, das das schloss abbrannt. Die zween gefangenen Br. wurden ledig aus dem gefenkhnus gelassen. Die haben mit allem Fleiss geholffen löschen vnd retten, vnd wichen nit von danen. Darauf wardt balt ein Bericht an den Fürsten geschickht. Da gab man sie ledig vnd bevelh, man sol sie ziehen lassen vnd inen ein zerung geben. Also sindt sie baide, Mathes vnd Paul, (vmb den Neujarstag a. 1576 C.) mit gueten gewissen, mit friedt vnd freuden herein zur gemain komen. *M. P. Q. R.*

1574.

a) Anno 1574 am 15. May ist der Br. Wendel Münicher[c] ein Diener in der Notturfft, zu Tajkowitz[d] im Märherlandt im Herren entschlaffen. *A. — L.*

b) In disem Jar, am 4ten Tage[e] Augustj ist (auch) der Brueder Leonhart Dax,[2] ein rechter Euangelischer Diener

---

[a] *M.:* Heilbrnn. — [b] *M.:* Visitoren. — [c] Münich *B. C.*, Müncher *D. F.*, Münchner *E.* — [d] *C.:* Daykowitz. — [e] *A. I. K.:* 14ten August.

[1] Mathes Binder kam damals, in der Erfüllung seiner Mission, ,in die Lande zu ziehen vnd dem Herrn seine Pottschafft zu werben', nach Würtemberg, sein Heimatsland, und zwar gegen Feuchthausen, in Begleitung des Bruders Paul Pretten. Binder war Diener des Wortes und auch Dichter, wie die zwei Lieder: ,So wellen wir jetzt heben an' und ,Merkh auff du ware christliche gemain', beide auf seine und Bruder Paul Glock's Erledigung gestellt, den Beleg geben. (Cod. Pos. 203. 212. 213.) Ausserdem sind vier Briefe von ihm vorhanden, datirt von Neuffen 1574, von Maulbron 1574. 1575 und von Wittlingen 1575 an Peter Walpot und die Gemain in Mähren, seine Hafterlebnisse schildernd. (Cod. Pos. 212. 219.)

[2] Leonhart Dax, den wir 1561 unter den Zuschauern bei der Hinrichtung des Hans Mändl in Innsbruck finden, war nach seiner eigenen Angabe, von München in Baiern gebürtig und hat ,daselbs vnd anderswo in der Graffschafft Tyrol, (als in Tschängels, wo er 1557 Pfarrer war), priesterlich

der gemain Gottes, zu Dämerschitz im Märherlandt im Herren entschlaffen. Er ist vorhin, (ee er zum glauben kam *B.*), ein greulicher tyranischer messpfaff gewesen, wie mans den in seiner verantwortung, die er vor der Obrigkeit zu Altze (mit dem Superintendenten) getan, finden mag. *A.* — *L.*

c) In disem 1574 Jar Ist der Brueder Hanns Plattner oder Passeyer zu Rotenholz im Inntal, vmb des glaubens willen gefangen gelegen, vnd als an im vil gehandirt vnd versuech wardt, wardt er daselb zum todt verurtailt vnd aussgefüert zur Richtstatt. Alda hat er das volk zur buess ermannet vnd daz sie von sündt absteen sollen, kniet nider vnd kert sein angesicht geen morgen, vnd hueb seine Hendt empor, geen Himel vnd hat zu Gott, seinem himlischen Vater, ein herzlich gebett gethan. Dem Henkher wardt sein gebett zu lang vnd wolt, er solt schir aufhören, aber die gerichtsmänner sagten: er soll in genueg nach seinem willen betten lassen. Nachdem er sein leztes gebet aussgericht, da stuendt er wider auff, vnd ging hin mit Freuden zum Henkher, vnd wie im der Henkher die Pfaidt vom Halss hinabsträfft, fragt er in zuuor, ob er nit absteen wollt; aber er wolt mit nichten. Darauf fuer der Henkher fort, vnd enthaubt in, darnach hat er in verbrannt. Also hat er als ein Christlicher holt die warhait mit seinem bluet bezeugt. [1] *M. P. Q. R.*

ampt gepflegt, in der Kirchen des Babstumbs'. Er wurde, ‚nachdem er 15 Jare ein Prediger vnd Messpfaff gewesen', circa 1558 Apostat und ging zu den Wiedertäufern, unter denen wir ihn 1558 finden. Seine Mission nach der Pfalz endete anno 1567 mit seiner Verhaftung zu Alzey, wo er mit dem dortigen Superintendenten Disputationen hatte, worin er sich als ein bibelfester, allein auch als ein eigensinniger und grober Streiter bewies. Seine diesfällige ‚Bekanntnus vnd Rechenschaft' schliesst er mit den Worten: ‚Am Sonntag vor Martinj bin Ich mit dem Ludwig Zimerman, Jakob Gabriel Binder, vnd Jörg Schneider, samt meiner Eelichen schwester Anna, vnd der Bärbl von Taykowitz gefangen worden zu Altzen, aufs Schloss gefüllt, Liegend am Rheinstrom, anno 1567, vnd den 25ten Tag Februarj anno 1568 wider ledig gelassen.' Sein ‚Gespräch oder Verhör' findet sich unter dem Titel: ‚Bekenntnus vnd Rechenschafft des Leonhart Daxen, etliche Articl betreffend etc.; erste Red vnd verhör A° 1567 den 27. Tag Novembris' in mehreren Handschriften, wie z. B. in *G. J.* X. 8 in Gran, in Nr. 190 und 235 zu Pressburg; in dem Olmützer Cod. I. VIII. 1; in dem Pester Cod. V. d. u. m. a.

[1] Die Cod. *A.* — *L.* enthalten blos, dass Hänsel Plattner, genannt Passayer, 1574 zu Rothholz geköpft und verbrannt worden ist. Plattner war vorher

d) Anno 1574 am Ostermontag geordnet worden, wie mit
den Zimerleuten soll gehalten werden. (Zimerleutordnung.)
Cod. *G. J.* VI. 26.

e) Anno 1574 ist (vmb Witling) in Würtembergerlandt
ein gross teurung gewessen. Es galt ein scheffel Dinghkel:
3 fr., ein sumern waitzen 1 fr. ein Sumern gerste 9 Batzen,
ein Esslinger fuder wein 150 fr., die mass zu 10 kreitzer,
1 mass sauron, den man schir nit geniessen kont: 8 pfennig,
vnd hatte korn vnd wein fast nit ein guet ansehen. (M. S. Gloc-
cianum zum J. 1573—1576 in meiner Sammlung.)

1575.

a) 1575 ist der Br. Leonhart Klemp,[a] ein alter Diener
im Dienst der notturfft, zu Priwitz im Herrn entschlaffen.
A. — *L.*

b) In disem 75 Jar am 17. April[b] sein 3 Br. als nämlich
Christel Stainer, (den man auch Christl Passeier nennt), vnd
Johannes Rath, ein Sichelschmidt vnd Thoman Schuester, in
Dienst des Euang. erwelt vnd füergestellet worden. *A.* — *L.*

c) In disem 65 Jar, den 23. Maj sein auch 5 Br. als
nämlich: Stoffel Gärber, Thömel Häring, Josef Toppelhamer
ein Schuester, Christian Dietl vnd Hänsel Hueber oder Zillerer
zu Priwitz mit auflegen der Eltesten Hendt im Dienst des
Euangelions bestätiget worden. *A.* — *L.*

d) A° 1575, die wochen nach Elspet, hatten die märherischen Herren einen landtag zu Brünn vnd haben beschlossen,

noch der Gegenstand eines Competenzstreites zwischen dem Gerichte
Rattenberg, wo er im Juni 1574 betreten wurde, und dem Gerichte
Rottenburg. Rattenberg, (Verwalter Rud. Wuest), hatte die hohe Obrigkeit
nicht und war angewiesen, den Gefangenen gegen Rottenburg zu Handen
des Richters Erhard Schiedenhofer zu antworten. Dieser verweigerte
jedoch die Annahme und Judicatur und musste hiezu erst durch den
Regierungsbefehl vom 7. August 1574 und Verweisung auf einen zwischen
Rattenberg und Rottenburg im Jahre 1511 und 1561 geschlossenen Vertrag bemüssigt werden. (Causar. dom. L. XI. 272—276.) Hans Plattner ist
auch der Held des Liedes: ‚Hört zu was wir euch singen thuen, ir gottes
Hausgenossen‘ (in Cod. Pos. 203 [fol. 84]. 194 und 232); dann Verfasser des Erbauungsliedes (in Cod. 203, f. 355): ‚Hilff Herr in diser
not — sich‘ Herr die schwere pein‘ (16 Strophen). Rothenholz ist das
unter der † Burgruine Rottenburg im Unter-Innthal liegende Dorf
Rothholz.

[a] *H.:* Leonhart Klampferer. — [b] *J. K.:* 15ten April.

das wir von ein jeden Person, so vber 10 jar alt ist, 4 weisse groschen steuern muessen, vnd das vns das Bierprawen in vnseren Haushaben verboten wurdt. (Cod. XIX.)

e) In disem 1575 ist der Br. Hanss Arbeiter, [1] ein (gar eifriger *I. K.*) Diener des worts, von Wessele gegen Sabatisch in das Ungarlandt gereist, daselbs ist er (erkrankht vnd *B.*) am 21ten tag Judj entschlaffen. *A. — L.*

f) In disem 75 Jar ist der Brueder Caspar Ebner, ein alter euangel. Diener, am 21. October auf einer wiesen zu Gostal im rauch erstickht, als er daz alt gras hat wollen [a] abbrennen. *A. — L.*

In disem 75 Jar ist (auch) der Br. Peter Klemp, ein Diener der N. zu Tracht im Märherlandt im Herrn entschlaffen. *A. — L.*

1576.

a) Anno 1576 ist der Br. Valtan Breindl, ein Diener der N., zu Priwitz (Prübitz) vnd Br. Hänsel Klemp, ein Diener der N. zu Rämpersdorf [2] im Märherlandt im H. entschlaffen. *A.—L.*

b) In disem 76 Jar ist der Br. Hänsel Landman (oder Kützbüchler *K.*) zu Priwitz mit auflegen der Eltesten hendt im Dienst des Euang. bestätigt worden. *A. — L.*

---

[a] *D.:* hat angezündt.

[1] ‚Hans Arbaiter‘. Ueber diesen Bruder, der ursprünglich den Schweizer Brüdern um Worms und Kreuznach herum angehörte, siehe oben anno 1557. Im Jahre 1568 ausgesendet, ‚die völkher zu bekeren vnd inen den rechten glauben zu leeren‘, wurde er mit seinem Gefährten Heinrich Schuster den 18. Juli 1568 zu Hainbach im Bisthum Speier aufgegriffen und auf das Schloss Kirchweiler gebracht. Hier sassen sie 29 Wochen gefangen und disputirten mehrere Male mit dem Domprediger zu Speier, Dr. Lamprecht, ‚ein Jesuiter‘, wurden aber, obschon sie ‚verstockt‘ blieben, gut behandelt und endlich auf höheren Befehl mit dem Bedeuten in Freiheit gesetzt, dass sie sich bei hoher Strafe nicht wieder im Lande betreten lassen mögen. Dies der Inhalt ‚der Rechenschafft oder Bekanntnus‘ des Hans Arbaiter vom Jahre 1568, die dem Bruder Hans Gärber den Stoff zu drei Liedern gab, die in den Gesangsbüchern als ‚schöne Lieder‘ angeführt werden, ohne auf dieses Epitheton einen gerechten Anspruch machen zu können. (Cod. 194. 203.)

[2] Rämpersdorf, jetzt Rampersdorf, (in der Vorzeit Reinprechtsdorf genannt), mährisches Dorf, zwischen Kostel und Eisgrub gelegen, mit 749 slavischen katholischen Einwohnern, gehörte anno 1576 zur Herrschaft Luudenburg und mit dieser den Herren von Žerotin. Die Wiedertäufer hatten hier die Mühle und den Maierhof inne.

c) In dem 1576 Jar sein bäde Hausshaben zu Altenmarkt vnd Durdenitz [1] balt nach einander abbrunen, durchs Feuer, so in diesen Dörfern bei andern Leuten ist ausskomen. C.

d) In disen 1576 Jar sein 3 Brüeder (durch gottes anschickhung C.) auss iren langwirigen gefenkhnussen erledigt vnd zu der gemain des Herrn komen, als sonderlich (C.: nämlich) der Br. Paul Glockh, den man auch Jung Paul nennt, der im Wirtembergerlandt (zu hohen Wittling C.) in die 19 Jar gefangen gewesen ist, vnd der Mathes Binder, (seines Handwerkhs) ein schneider, (ein Diener des worts Gottes C.), der in daz 4. Jar gefangen gewesen ist. Sie sein demnach, vnverletzt an iren gewissen, (an einem tag C.) ledig gelassen worden, (daz sy vmb den Neuen Jarstag gedachten Jars friedlich zu der gemain komen sein. C.) Dessgleichen ist auch der Veit Vrmacher (C.: Veit Grünberger, ein vrmacher, der mit dem Veit Schelch zu waldt in Pintzgaw vmbs glaubens willen gefangen, vnd geen Nidersol aufs schloss, von danen aber geen salzburg ist gefüert worden C.) zu Salzburg im gschloss, in das sibent Jar, vmb des glaubens wegen, gefangen gelegen. *A.—G., I. — L.* Er ist aber durch Gottes Hilff (in einer Nacht C.) vnverletzt an seinem gewissen, ledig worden, (vnd ist also im 1576 Jar, den 9. Augustj, zu der gmain kommen, C.), wie den das liedt,[2] so von inen gemacht ist worden, von irer gefenkhnuss vnd erledigung zeugnuss gibt. *A. B. D. — G. I. — L.* Ire redlichkeit, vnd wass mit inen allen 3 versucht ist worden, ist aus iren schrifften [3] zu vernemen. Der Veit Schelch ist

---

[1] Durdenitz, der heutige Markt Turnitz, slavisch Tvrdonice, östlich von Lundenburg gelegen, wohin der Ort 1576 u. s. f. bis 1848 unterthänig war.

[2] ,Das Liedt, so von inen gemacht ist worden.' Es ist das in den Cod. Pos. 193 und 203, Cod. V. 9 der Pester, Cod. G. J. VI. 32 der Grauer Bibliothek vorkommende Lied ,von 46 gsatz': ,Merkh auff du ware christliche gemain, ein liedt: von dreien Br. Mathes Binder, Paul Glockh und Veit Vrmacher, wie in Gott aus irem gefenkhnus geholffen hat.' Der Verfasser ist nicht bekannt. Aber auch Glockh und Binder waren Versemacher und vertrieben sich in ihrer Haft die Zeit mit dieser Kunst. Von solchen poetischen Erzeugnissen Glockh's aus den Jahren 1563—1576 fand ich neun Lieder (in Cod. Pos. 163. 203. 232), wovon einige gelungen zu nennen sind. Ueber Binder siehe oben bei 1573 f.

[3] Die Schriften, die hier gemeint sind, sind die oben anno 1570 (bei Veit Uhrmacher) citirten, dann a. die Rechenschaft des Jung Paul, genannt

aber mittler Zeit, durch list des feindts gefällt worden, daz er abgestandten ist; aber halt wider zur gemain zogen, buess gethan vnd im Herrn entschlaffen. *C.*

1577.

a) Anno 1577 (den 1ten Januarj *H.*)ᵃ ist der Br. Vhl. (Plattner oder *C.*) Zimerman, ein gar fromer Diener im wort, zu Stignitz im Märherlandt, im Herrn entschlaffen. *A. — L.*

b) In disem 77 Jar (den 12. Februarj *C.*) sein (die) 2 Br. Jung Paul vnd Veit Vrmacher (oder Grünberger *J. K.*) in Dienst des Euangelions erwelt vnd füergestellt (worden). *A. — L.*

c) In disem Jar ist ein Kometstern am Himel ein Zeit lang gesehen worden mit langen stralᵇ oder besen; er ist aber nit still gestanden, sondern je länger, je höher gangen (vnd klarer worden), bis er sich verendert oder verloren hat. *A. — G. J. — L.* (Er ist bej 6 wochen lang erschienen.) Am Frejtag vor Martinj hat er sich erzaigt vnd bis auf weynachten sehen lassen. *B. E. F. G. I. L.*

d) In disem 77 Jar am 4ten Dez. ist der Br. Andre Arnold, den man aber nach seinem Handwerkh Änderle Bäck genannt, ein alter fromer Diener des Euangel. worts zu Stignitz im Herrn entschlaffen. *A. — D. F. H. — L.*

1578.

Anno 1578 ist der lieb Brueder Peter Walpot, den man nach seinem Handwerkh Peter Scherer nennt, ein gar fürtrefflicher Diener des worts,ᶜ der mit dem Geist Gottes hochbegabt vnd ein zier der gantzen gemain war, (des im vil hohe der welt zeugnus geben *E. G. L.*), vnd dem die gemain des Herrn im 65. Jar, nach des Br. Leonhart Sailers abschaidt von diser Erde, ist beuolhen worden, am 30ten tag des monats Januarj ᵈ

Glockh, die er und sein Mitgefangener Adam Horneck 1562 vor dem Gerichte zu Wittlingen abgelegt; b) seine ‚andere Glaubensbekenntnus‘ ddo. Wittlingen 1573, und c) ‚20 Sendbrieffe‘, datirt von Wittlingen und Urach in Würtemberg aus den Jahren 1563—1576, zumeist an Peter Walpot und die gemain in Mähren gerichtet, zum Theil an seine Gattin Else, seine Schwäger, den Christl Achtznitt und die Schwestern in der Baumwollstuben (in Mähren), nicht ohne Einfluss auf die Beschlüsse der Gemainde. (Cod. Pos. 190, dann *J. K.* 10 im mährischen Landesarchive und in meiner Sammlung.)

ᵃ *C.:* 3ten Febr. — ᵇ *E.:* schwantz, *H.:* seer langen besen. — ᶜ Euangelions *L.* — ᵈ den pfintztag vor Lichtmess *O.*

zu Priwitz im Märherlandt mit fridlichem Hertzen im H. entschlaffen. Er ist ein treuer hirt, leerer vnd vorsteher^a der gantzen gemain gewesen: 13 Jar, vnd ist im Leeramt^b gestanden: 36 Jar. Sein Alter ist gewesen (vmb): 60 Jar, wie man dan in seiner letzten red, so er mit den Dienern, die dazumal bej im gewesen sein, getan hat, finden mag. [1] *A.—L.*

---

^a regierer *J. K. O.* — ^b *D. J. K.:* Predigeramt.

[1] Peter Walpot, gebürtig aus Tirol, gehörte bereits anno 1550 zu den drei ersten Aeltesten der Gemeinde und wurde 1565 zum Vorsteher oder Regierer derselben erwählt. Die Zeit seiner Leitung fällt in die glücklichste Periode der Brüdergeschichte. Seinen Namen führen nachstehende Schriften: 1. ,Ein kurtzer Auszug etlicher Articl vnsers christlichen Glaubens' (,vom Tauff, abentmal, der waren gemainschafft, Obrigkeit vnd Ehescheidung'). 2. Die Epistel an Leonhart Dax, gefangenen Bruder zu Altzei, ddo. Němčitz am Sonntag nach dem neuen Jahr 1568. 3. ,Ein Sendtbrief an die schweitzer Brüder zu Modenbach am Rheinstrom' vom Jahre 1577 über die Ehescheidung etc. 4. Ein Schreiben (vom Jahre 1546) an die Gefangenen in Wien. 5. Die Schulmeister-Instruction und Schulordnung ddo. Němčitz, den 15. November 1568. 6. Das (schöne) Lied: ,Bedenk vnd lenk — Dein gemüet dahin.' Auch erhielt sich 7. seine letzte Rede an die Aeltesten vom 19. Jänner 1578. Ottius (in seinen Annalen) citirt pag. 160 auch noch ,seine Bezeugnus aus der hl. Schrift, fünf Articlen halber', die aber mit dem oben erwähnten Auszug 1) identisch sein dürften. (Cod. *G. J.* X. 12 Strig.)

Bruder Jörg Bruckmaier gedenkt seiner mit nachstehenden Worten:

,Mit vil Tugend gezieret, — ein sanftmuetiger man,
Ein schöns Regment gefueret. — Da er im ampt thet stan,
War gueter Friedt im landte, — nur allein Theuerung gross
Stiess den Frommen zu handte, — doch hielt Gott rechte Mass,
Gab im ein gneigtes gmüete, — sambt seinen ghilffen mer,
Das wir durch solche güete — nit Mangel litten seer,
Gott macht ein auskomen — den seinen in der Not,
Also daz auch die Fromen — nit dörfften geen nach Brodt.'

Mit Lust und Liebe hingen die Frommen, erzählt Bruckmaier weiter. ,an disem ihren hirten, von dessen Leffzen holdselige worte zu fliessen pflegten'. Anders dagegen äusserte sich über ihn sein Gegner Christoph Erhard und der in seinen Fusstapfen einhergehende Dr. Andr. Fischer. Bei dem Frankenthaler Gespräche (1571) vertrat Walpot mit dem Bruder Peter Hut und dem Leonhart Summer die Gemeinde. Er gilt auch mitunter für den Verfasser des Liedes: ,Das Lob der Ruthen', das sonst in der Geschichte der Literatur dem Alexander Heldt (Goedeke, Gesch. d. deutsch. Dicht. I. 242) zugeschrieben wird.

[II. Abschnitt.]

Hänsel Kräl's Regiment. Wohlstand der Gemainde.
1578—1583.

1578.

a) Anno 1578, balt nach des Peter Scherers todt oder abgang (aus disem jamertal *G.*), hat die gantze gemain gottes treulich zu gott im Himel gebeten, daz er inen durch ainhellige Zeugnus einen fromen treuen man zu einem hirten vnd Regierer vber sein volckh zeige. Balt hernach, an dem 5ten Tag Februarj, haben sich fast alle Diener vnd Haushalter vnd auch sunst vil gemainer Brüeder (aus allen Haushhaben *G. L.*) in der Gemain Gottes auf der Neumühl (in Mährern) versamlet. Daselbs haben sich die Brüeder mit einander in guetem wol bedacht, (vnd sich mit Gott beraten vmb ein andern treuen Bischoff vnd Hirten *D.*). Da hat inen Gott nach irem bitten vnd begeeren den Br. Hänsel Kräl, den man sonst Kützbüchler nennt, durch einhellige Zeugnus angezaigt. Da haben im die Br. die gemain Gottes beuolhen zu versorgen vnd zu regieren, (sich auch entboten, im auch nach dem willen Gottes gehorsam zu sein.) *A.—L.*

b) In disem 78 Jar den 10. Februarj ist der Br. Carius Treuzel, ein alter füernemer Diener der Notturfft, auf der Neumühl Im Herrn entschlaffen. *A.—L.*

c) In disem 78 Jar am 23. tag Februarj,[a] sein 4 Br. als nämlich: Christl Stainer, Johannes Rath, ein Sichelschmidt, Thoman Neuman oder Schuester vnd Anderle Wälsch, (auch ein Schuester) zu Gostl, mit Auflegen der Eltesten Hendt im dienst des Euang. bestättiget worden. *A.—L.*

d) In disem 78 Jar den 13ten tag Mertz ist der Br. Caspar Böhm (Behem), ein alter fromer Euang. Diener des Worts, nach vil seiner erlittenen trüebsal, Kampff vnd streit zu Nemschitz (bej Prälitz),[b] im Herrn entschlaffen. Er ist mit dem Br. Peter Scherer ins Predigampt komen vnd ist auch bei 36 Jar im predig Ampt gestanden. *A.—L.*

---

[a] *H.:* 24ten Febr. — [b] *A. H.:* Bräles.

e) In disem 78 Jar am Ostertag, sein 3 Br. als nämlich: Sigmundt Bühler vnd Wenisch Köllner,[a] seines Handwerkhs ein schmidt, vnd Christl Gschwendtner,[b] ein Huetter, auf der Neumül im Dienst des Euangelions erwelt vnd füergestellt worden. An demselben tag sein auch 7[c] Br. als nämlich der Christof Rigl, Hänsel Baldauff, Merten Hönig, (Walser Hasenfelder, seines Handwerkhs ein weber), Hänsel Lickl, Mathes Geyersbüchler vnd Wölfl Gasteiger in Dienst der N. erwelt vnd füergestellt worden. *A.—L.*

f) In disem 78 Jar (am 13. April) ist der Br. Christof Rigl, ein Diener der N. zu Protzga im Ungarlandt im Herrn entschlaffen. *A. — G. J. — L.*

g) In disem 78 Jar am 3ten November ist auch der Br. Melcher Waal, nach seinem Handwerkh Melcher schuester gehaissen, ein füertrefflicher, hochbegabter Diener des Euangel. zu Schaidowitz (in Märhern) im Herrn entschlaffen. *A.—L.*

1579.

a) In dem 79 Jar hat vnss der herr Johan v. Scherotin, herr auff lundenburg, auff all sein gründen aussgeboten; do man aber vast alles hinweckh, vnd die heisser geraumbt hat, hiess vns der herr wider bleiben vnd nit verrucklen.[1] *C.*

b) In disen Jar haben auch die Landtherren beschlossen, die Brüeder abermals zu besteuern, vnd haben auf ain jede Person in den Haushaben, so vber 18 Jar, 4 weisse Groschen gelegt. (Cod. XIX.)

c) Anno 1579, vngefär vmb[d] St. Gallentag, ist der Br. Martan Hönig, Diener d. N. zu Dämerschitz im H. entschlaffen. *A.— L.*

---

[a] *C.:* Benesch Keler. — [b] Christl Gschäl *A.* — [c] 6 Brueder *H. I. K.* — [d] am St. Gallentag *C. K.*

[1] Dieser Ausweisung, die sich auch auf die Güter der benachbarten Grundherren ausdehnen sollte, im Falle sich die Wiedertäufer zur Entrichtung der auf jeden Kopf derselben, wenn er 18 Jahre alt ist, mit 4 Groschen weiss gelegten Landessteuer nicht herbeilassen sollten, gedenkt auch der gegen das Sectenwesen in Nikolsburg kämpfende P. Michael Cardanus ex S. J. in seinem Schreiben ddo. Nikolsburg 29. October 1579 an Adam von Dietrichstein: ,Quae antea scripsi de expulsis fratribus, hunc habuerunt exitum. Audio etiam post triduum revocatos esse — a domino Scherotin. Nescio, qui apud enm generosi. Fuit commotus cupiditate, — non religione!" (Lemker's Nachrichten.)

d) Im 1579 Jar ist der Br. Hans Zuckenhammer, ein Schmidt, vnd mit im der Wölfl Rauffer, * ein schneider, in das Baierlandt von der gemain Gottes geschickt worden. Da sein sie in der woch vor St. Gallentag gefenkhlich angenomen vnd zu Tipmaning 16 Wochen gefangen gelegen; doch aber widerumben durch Gottes Anschickhung, wiewol es ires lebens halber gferlich stundt, freywillig von der Obrigkait ausgelassen worden, vnd sein also in Frieden zur gmain komen. *A.—G. J.- - L.*

Was sich dann mit Inen verloffen, daz kan man finden in den zweyen liedern, [1] so der gemelte Zukenhamer gemacht hat. *A.*

1580.

a) Anno 1580 am 6. Tag Martius hat man auff der Neumül 5 Br. als nämlich: den Paul Glockh (oder Jung Paul), Veit Grüenberger, (ein Vrmacher), Sigmundt Bühler, Christl Gschwendter, (ein Hueter), vnd den Wenisch Keller (ein Schmidt) im Dienst des Euang. mit aufflegen der Eltesten hendt bestettigt. Am selben Tag hat man (zu Neumühl) 4 Br. als nämlich: den Walser Weber, vnd Hanss Zuckenhamer vnd den Paul Itzmüller, ein schuester, vnd den Gilg Moldt im Dienst des Euang. erwelt vnd fuergestelt. *A. — L.*

b) Anno 1580 (am 8ten Tag Januarj) ist der Vlrich Hofer, (den man auch Vhl Gschäll gehaissen hat), ein alter Diener der N. auf der Neumühl; den 9ten tag April 1580 der Br. Peter Hörich, ein Diener des W. zu Klein Nemschitz (bej Bräles): am 18. tag [b] Sept. der Christian Dietel, ein von Gott wol-

---

* *A. B. C. H. I. K.:* Wolff Raiffer. — [b] *B. D. E. G. L.:* 8ten tag Sept.

[1] Beide handeln von ihrer Gefangenschaft zu Tipmaning und auf Hohensalzburg, das sie auf Befehl des Bischofs Samstag vor Lichtmess 1580 frei und ledig verliessen, zur Gemeinde zurückkehrend. Die genannten Lieder finden sich nebst einem dritten Liede Zuckenhammer's (‚Wol dem der Lust zu winen hat', 59 gsätz.), in den Handschriften 194 und 203 Pos. Zuckerhammer, wegen seines rothen Bartes ‚Rothbart' genannt, war von Genkhofen in Baiern gebürtig und da behaust, ein kühner Mann, der aller Gefahren ungeachtet stets wieder nach Baiern und Tirol kam, um ‚die Eifrigen zu suchen'. Ueber das Auftreten desselben in Baiern und sein ruhmloses Ende sieh' diese Chroniken bei 1584 c), 1598 i), dann Winter's Gesch. der bair. Wiedertäufer, München 1809, Seite 124. 143 und 183, wo seiner gedacht wird; item Christ. Erhard's: ‚Warhaftige Historia', München 1589, Seite 44, 2.

begabter Diener im wort des Herrn, zu Pausram im Märherlandt; am 1. July[a] der Br. Thoman Neuman[b] oder Schuester,
ein Diener in der N. am Reinstrom zu Oppenhain, (in einer
Müle); im Augustj, den 28ten Tag; der Hänsel Landtman, den
man auch Kitzbüchler gehaissen, ein Diener im wort des Herrn,
in der Neumül mit friedlichen Hertzen im Herrn entschlaffen.
A. — L.

c) Im obgemeldten 1580 Jar, (in Dezember den 24. tag),
ist auch der Br. Josef Toppelhamer, ein euangelischer Diener
im W. des H., zu Priwitz (Prübitz) im Märherlandt; vnd der
Br. Veit Tennfel, ein D. der N. zu Wassticz; am 24. Mai[c] der
Br. Hänsel Hueber oder Zillerer, ein Diener in Wort des H.
zu Wischenau[1] im Herrn entschlaffen. *A. — L.*

1581.

a) Anno 1581 am 26ten tag Februarj sind 5 Brüeder, als
nämlich: Hänsel Baldauff vnd David Hasel vnd Heinrich Sumer,
ein Müller, Wastel Anfang,[2] ein Schmidt,[d] vnd Balthauser
Grueber, Schmidt von Kanitz[3e] auf der Neumül im Dienst des
Euang. erwelt vnd fürgestellt worden. *A. — L.*

---

[a] vmb St. Johanestag *D. I. K.* — [b] Anthonj Neuman *H.* — [c] *I. K.:*
24ten März. — [d] *C. E. G.:* ein Sengsenschmidt. — [e] von Kanitz *K.*

[1] Wischenau, ein mährisches Dorf mit einem Schlosse des Grafen Spiegel
und 760 katholischen slavischen Einwohnern, 2 Meilen nordöstlich von
Znaim gelegen. Bis zum Jahre 1849 Hauptort der gleichnamigen Herrschaft, gehörte dieses Dorf und Gut anno 1580 dem Johann Zahradecky
von Zahrádek, dessen Sohn den Wiedertäufern anno 1621 die Niederlassung im Trenchiner Comitate durch sein Empfehlungsschreiben er-
leichterte. Um Wischenau und das benachbarte Stignitz und Skalitz
machten sich die Neugetanften (Taufaři) durch die Cultur der Rebe sehr
verdient.

[2] Wastl Anfang, ein Sensenschmidt, 1581 in den Dienst des Wortes gewählt und 1584 auf der Neumühl bestätigt, starb 1602 den 3. December
in Nikolsburg. Er wurde zumeist in Tirol in Missionen verwendet.

[3] Kanitz (slav. Kounice), mährische Stadt mit 2500 katholischen Einwohnern
slavischer Zunge und 600 Juden und interessanten Ruinen des anno 1183
daselbst gestifteten, anno 1526 aber aufgehobenen Nonnenstiftes ,Himmels-
rose'. Ueber den letzten Probst desselben, Martin Göschl, Bischof von
Nicopolis, einen gebürtigen Iglauer, sieh' Chronik II. B., I. Abschn., 1. In
Kanitz und dem dazugehörigen Dorfe Neměic wurden die Täufer von
Sigmund von Zástřizl eingeführt. Sein Sohn Johann verkaufte das Gut
1578 an den Landeshauptmann Zdeněk Löw von Rožmital, bei dessen
Söhnen es bis 1588 blieb. Die Zástřizl und Rožmital's waren besondere
Gönner der Täufer.

In demselben Jar ist dem Br. Wastl Grueber das Ampt auff sein Bitt vnd begeren wider abgenomen worden. *I. K.*

In dem 81 Jar, am obgemelten 26ten tag Februarj, hat man auch 4 Br. als nämlich: Jörg Mair, Adam Pruckmayr (Pruckmer), Hänsel Frank, Bärtl Schuester (vnd Mathes Maier) auff der Neumül im Dienst der N. erwelt vnd fürgestellt. *A. — L.*

b) In disem 81 Jar, den 1ten tag Martius, ist der Hanss Maister, ein alter Brueder, der in die 40 Jar im rechten christlichen glauben gestanden vnd verharrt, nach vil erlittener Trübsal, kampff vnd streit zu Turdonitz in Märhern im Herrn entschlaffen. *A. — L.*

c) In disem 1581 Jar, den 7ten Maj, ist der Br. Hänsel Kircher (oder Hess), ein Diener der N. zu Wätzenobis im Märherlandt (*A. — L.*), den 4ten Dezember: der Simon Butz (Putz), ein alter Diener in der N. zu Nikolsburg in Märhern im Herrn entschlaffen. *A. — G. I. — L.*

d) In disem 81 Jar, im Herbst, scindt die geschwistriget (Brüeder) von Sabatisch im Ungarlandt auszogen, (von wegen irer Herrschaft; dann sie haben verdienter Arbeit nit mögen zur bezalung komen, auch hat dazuemal (die Herrschaft), Herr Niary Istwan, * tyranischer weiss) etliche Brüeder gefenkhlich angenomen, (hin, auff das schloss Brünisch gefüert), vnd da, auf dem schloss bis auff die 20 wochen gefangen gehalten, auch ein tail Brüeder (mit Prüglen) hart schlagen lassen. *A. — L.*

Demnach, aus Fuerbitt etlicher hungarischer Herren sein sie ledig gelassen vnd mit Freiden zue der gemain wider komen. *B. — L.*

e) In disem 81 Jar haben die Br. zu Wasstitz auszichen muessen. *B. C. E. J.*

f) In disem 1581 Jar haben die Brüeder zu Frischaw[1] auff ein freien Anger ein hausshaben gebawt vnd alda angefangen zu haussen. *B. C. E. J.*

---

* *H.:* Niary Jän, *J. K.:* Niary der brünische Herr.

[1] Frischau, mährisches Pfarrdorf (und ehemalige Herrschaft d. N.), drei Stunden östlich von Znaim, mit deutscher Bevölkerung. Die vielen Oedungen um Frischau, Stätten der einst hier gestandenen Dörfer Rohoteř, Rochtic, Libic, Držkovic, bestimmten den Besitzer von Frischau, Peter Čertorejsky von Čertorej, die Wiedertäufer herbeizurufen und auf den Oedungen anzusiedeln. Minder freundlich benahm sich gegen sie sein Sohn Bernhart anno 1597 und 1598.

g) Iu disem 1581 Jar haben die Brüeder auch das Hauss-haben zu Pohrlitz [1] (angefangen vnd) zuegericht. *B. C. E. J.*

h) In disem 1581 Jar erfordert kaisser Ruedolf vnsern arzt, den Geörg Zobel auf Prag. Ist im auch vermittelst göttlichen segens durch in zur gesundheit geholffen worden. *C.*

i) Kürtzlich volget

wie vill vnser glaubens Gmaine Mit-Brüeder vnd Schwestern an manichen orten vmb der Zeuckhnuss der göttlichen warhait willen getödt vnd erwürgt worden.

(Aus dem H. S. Cod. [vom Jahro 1581] *J. G. 8.* fol. 285—286 d. Gran. Metrop.-Bibliothek.)

I. Im Behemer Land:		zue Grein	1
Zue Prag	11	„ Lembach	45
II. In Vngern [2]	(2)	„ Medling	4
		„ Peckstal	1
III. In Märhern:		„ Otental	3
zue Brün	4	„ Feldtsperckh	4
„ Znaim	7	„ Yps	(1)
„ Olmütz	4	„ Behemkirchen	2
an der Schwartz (Fluss)	1	„ Wolkersdorf	1
IV. In Österreich (unter		„ Rätz	18
der Ens):		V. Im Baierlandt: [3]	
zue Wien	23	zue Landshuet	5
„ Kirchschlag	3	„ Münichen	8
„ Newstatt	2	„ Mühldorf	5
„ Graitzinsteinn	6	„ Öttingen	7
„ Krembs	3	„ Filzhofen	1
„ Melkh	3	„ Burckhausen	6

[1] Pohrlitz (slav. Pohořelice), mährischer Marktort an der Iglawa, mit 1560 katholischen slavischen Einwohnern und 800 Juden; uralten Ursprungs, einst Stadt und ein starker Waffenplatz, 1581 Zugehör der Herrschaft Selowitz. Die Wiedertäufer hatten hier einen Hof inne, der in der Waitzenstrasse stand, später ,alte Post' genannt.

[2] Die geographischen Verstösse des Verfassers dieses Summariums zu berichtigen überlassen wir dem geneigten Leser; einige grobe Verstösse wurden von uns beseitigt.

[3] ,Lorenz Schweigl von Kitzbühl zu Rosenhein im Baierlandt gericht'. Cod. N. (o. J.).

---

[1] ,Hans Schütz, ein Baier, ist zu Ried am Haussrnck gericht worden'. Cod. N. (o. J.).

[2] Cod. N. (o. J.) bringt hiezu: ,Ulrich Pauer, Hans Schmidt, Simon Silberperg sein zu Hag am Haussruckh gericht worden.'

[3] ,Hans Pranthueber, ein Diener, er vnd sein weib sein zu Griesbach gricht worden'. Cod. N. (o. J.).

[4] ,Ändle Sackmannin von Ritten, zu Tauffers im Ötschland gericht.' Cod. N. Pos. Der Gerichtssprengel Tauffers war ein Hauptherd des Anabaptismus. Unter den gefangenen Täufern, die im Schlosse Tauffers eine lange Haft zu bestehen hatten, war namentlich Hans Kräl und Elise von Wolkenstein.

[5] ,Jakob Schäffel von St. Laurenzen, Valtan sein knecht, Paul Rumer von St. Jörgen, sein Brueder, Tilge Lugmaierin: zu St. Laurenzen gerichtet.' Cod. N. (o. J.).

[6] ,Conrad Maier von Sterzingen, Madlen Stainerin von St. Jörgen sein zu Potzen in Ötschlaudt gericht.' Cod. N. (o. J.).

---

[1] ‚Bittet gott für vnsern Br. Tischler aus der prixlegg, der ligt samt sein weib, vnser schwester zu loffer gefangen vnd vil andre mer, wo sie der Herr hin verordnet, in gefencknus, oder in das elendt oder in den todt.' (Leonh. Schiemer an die Gemain Gottes zu Rottenburg 1527. Cod. I. K. 3 Brun.)

[2] ‚Friedrich schuster von Brette, Wendel Maurer, sind zu Brette gericht worden.' Cod. N. (o. J.).

a) Anno 1582 den 15[ten] Augusty hat uns Herr Maxymilian Lew von Rosenthal auf der Kaunitzer Burg den paum-

---

[1] ‚Mathes Glasser von Salzburg, ein Diener (im Wort) ist zu Ens gericht worden, item Julian von Gmund ob der Breyel, von Lintz, zu Ens gricht.‘ Cod. N. (o. J.).

[2] Dabei nach Cod. N. (o. J.): ‚Hans schuester von steyer vnd Wolfgang Frankh, ein schuehknecht, beide zu Steyer gericht.‘

[3] ‚Zween schuohknecht, baide Wastl genannt, sein zu Wels gericht worden.‘ Cod. N. (o. J.). Ausser diesen zwei sind ‚Freitags nach Pfingsten 1528 zu Wels mit d. schwert gericht vnd dan verbrannt worden: Maister Hs. Neumaier, Lebzelter, Maister L. Haslinger, Kürschner, M. Hs. Steinpeckh, Maurer, Jörg Zacherle, Kürschner von Krems, M. Perger, Urberknapp, Jörg Kreutzinger, Peckenknecht, desgleichen des Montags darnach zwo frauen trünken vnd begraben lassen: Barb. des Haslinger's und Barbara des Zacherlen's Hausfrauen.‘ (Bericht des Rathes von Wels 8. Juni 1528 an den Landeshauptmann im öst. Hof- und Staatsarchive.)

[4] Dabei nach Cod. N. (o. J.): ‚Hans Weinberger aus Freystatt. Madlen Frelich von Ens, Madlen von steyer, (sein in der Freystatt gericht)‘.

[5] ‚Hans Tischler, ein Diener des Worts Gottes, vnd Lienhart, Laistschneider von Salzburg, ein D. d. W. ist zu Feckspurg (Vöklabruk) gericht worden.‘ Cod. N. (o. J.).

[6] Zu Linz oder Steyer wurden auch (1527—1530?) gerichtet: ‚Hans schuester von Lintz, sein Eewoib vnd 2 schuohknecht Hans mit Namen, anno (fehlt); Mathes schuester, Madlena sein Weib von Steyer, Steffan Scherer von

garten, so zu Niemtschitz vber dem dorff gelegen, für ein frey-
guet verkaufft vnd vberantwort vmb 300 fr. vnd solche Summa
paar empfangen, auch dem Richter vnd Geschwornen zu Niemtschitz befolhen solchen kauff in ir gemainbuch nach Lands-
brauch einzuschreyben. (Cod. XIX.)

b) In disen 82 Jar hat man das Hausshaben zu schäckwitz widorumb zum drittenmal kaufft. *C.*

c) Anno 1582 soindt 2 Br. als: Hainrich Summer* oder
Müller, ein erwälter Diener im Wort, (doch nur in der Versuchung,) vnd der Br. Jakob Mändl, zu Zurzach im Schweitzerlandt gefangen [1] worden. Von danon hat man sie (gefangen) in
die statt Baden gefüert vnd (alda) (zv Baden) vmb d. g. w. w.
(vor ainer grossen Menge volks *A.*) ertränkt, den 9. October,[b]
(vnd demnach sein sie begraben worden. *A.*) Haben Also
die g. w. mit irem bluet redlich[c] bezeugt *(A.—L.)*, wie dan
das Liedt,[2] so man von inen gemacht hat, zeugnuss gibt. *B. — L.*

Wels, Barbara Moserin von Wels, Margareth Rasterin von Lintz, Madlena,
Ir mueter von Rattemberk ...' (Lücke.) — Cod. *N.* (o. J.).
* *H.:* Hainrich Somer. — [b] *A. D. E. G. L.:* 19ten Oktober. — [c] *D.:* stundt-
haftig.
[1] Nach der Handschrift *M. Q. R.:* ,in der ersten Wochen des Monats September', nach Cod. *P.:* ,in der ersten vastwocho'.
[2] Betitelt: ,Liedt von vnserem lieben Br. Hainrich Snmer und Jak. Mändel'
in Cod. 203, 232, 236. Die Cod. 203 und 232 bringen auch noch zwei
andere Lieder über das Martyrium der genannten Täufer. Was darin in
Versen erzählt wird, ist den Handschriften *M. P. Q. R.* entnommen. Diesen
zufolge wurden unsere Proselytenmacher im September 1582 zu Zurzach
gefangen, nach Baden gebracht und dem Landrichter übergeben, der sie
auf dem Rathhause öffentlich verhören liess. Bei dem Verhör sollen
24 Prädicanten anwesend gewesen sein, die ihre Ueberredungskunst an
den mährischen Sendlingen versuchten, als aber diese Letzteren nicht
weichen wollten, zu den Herren sprachen, ,sie möchten an inen handlen,
wie sie wollten. Die Richter aber kundten nit gleich stimmen, den etliche
Gerichtsherrn wollten iren Todt nit auf sich laden'. Durch Stimmen-
mehrheit zum Ertränken verurtheilt, giengen sie singend in den Tod und
ermahnten das herbeiströmende Volk zur Busse. ,Diss ging vilen zu
Hertzen vnd sie huben an zu wainen. Die Br. sangen aber bis hinaus
an das Wasser. Br. Jakob mussto am 1sten dran. Der Henker band ihn
vnd senkte ihn in die Fluthen bis er todt war. Da zog er ihn wider
heraus vnd legt ihn dem Br. Heinrich vor die Augen vnd fodert ihn auf
abzustehen. Dessgleichen that ein pfaff. Der bat in vast seer: Stee doch
ab von diser Secten! Da er aber unbewegt blieben war, nam in der
Henkher vnd ertrenkht in, gleich dem andern. Solches geschah den
9. October 1582 in Baden, als sie bei 4½ Wochen gefangen waren.' —

d) In disem Jar ist vns von jeder Person, so zwanzig Jar alt ist 2 weisse groschen zu zahlen aufgetragen vnd der Ankauff von Getraid in den Dörfern, ausserhalb der Markttage, verboten worden. (Cod. XIX.)

e) Anno 1582, 13ten Januarj ist der Br. Bastl Folz, ein Diener der N. vnd aller Zimerleut vorsteer* in der gemain, zu Pribitz; den 4ten Febr. der Br. Liendl Stuck (Stock), ein D. d. N. zu St. Georgen, nit weit von Sccola, [1] im Herrn entschlaffen. *A.—L.*

f) In disem 1582 Jar den 1. Dez. ist der Br. Christian Härring, ein alter Diener der Notturfft, zu Pribitz im H. entschlaffen. *A.—L.*

g) In disem 82 J. ist auch der Br. Jakob Klemp, ein D. d. N. zu Wessele im Herrn entschlaffen. *C.*

1583.

a) Anno 1583, den 3ten Martj, sind 5 Br. als: Hänsel Baldauf, Balser Weber (Hasenfelder), Paul Schuster, (Itzenmüller), Gilg Mold vnd David Hasel im Dienst des Euang. bestättigt worden. *A. — L.*

b) In disem 583 J. den 14. April, sind 2 Br. als: Mathes Porst, (den man nach seinem Handwerkh ,Heuss Zimerman' gehaissen hat), vnd Stoffel Riemer, (Kuenhueber) im D. d. Euang. erwelt vnd auf der Neumühl fürgestellt worden. *A. — L.*

c) In disem 583 Jar sein die Brüeder zu Selowitz abgezogen vnd haben das Hausshaben zu Nusla [2] aufgericht. *J. K.*

Bekannte, (besagen *M. P. Q. R.* weiter), meldeten ihren Tod nach Mähren und brachten Gruss, Urlaub und den Wunsch der Irrgänger in die Gemeinde, ,sich ihre eheliche Weiber und Kinder befohlen lassen zu sein.' Heinrich Sumer, gewöhnlich Heinrich Müller genannt, war von Maschwanden gebürtig und wollte eben einen Haufen nach Mähren führen, wohin er in früheren Jahren, wie das Thurmbuch V. fol. 98 in Luzern zeigt, gar viel Volk geführt hatte.

* fürgestellter *D. J. K.*

[1] Dorf in Ungarn, eine Stunde östlich von der Einmündung der Thaya in die March.

[2] Nusla, der Markt Nuslan (Nosislava) bei Selowitz, mit 1260 slavischen Einwohnern, wovon 617 helvetischer Confession, mit einem eigenen Pastorate. Was die Täufer bestimmte, von Selowitz, wo sie das Haus Nr. 37 (jetziger Bezeichnung), zwei Gärten bei der Mühle und bei der Obora, dann einen Podsedekgrund (Kleinhube, Hintersassengrund) innehatten, wegzuziehen, mögen die grösseren Freiheiten gewesen sein, die ihnen die Grundherrschaft in Nuslau bezüglich des Weinbaues etc. ge-

d) In disem Jar, in der wochen nach Philippi vnd Jakobi^a ist der Br. Melcher (Melchior) Platzer oder Apotheker, zu Ranckwill, (veltkircher Vogtey, vnter dem Grafen Hannibal, [1] doch geen Inspruckh gehörig *M. P. Q. K.*) vmb der göttlichen warhait willen gefangen, vnd geen Veltkirchen ins schloss gefüert worden, vnd (alda) 26 wochen gefangen gelegen. (Darnach hat man in, nach vil handtirens, in abfällig zu machen, alda hinweckh gefüert geen Raukhwill. Da hat sich der Graf Hannibal vmb die sach augenomen, durch die Erlaubniss des Fürsten von Inspruck, daz man in solt mit der prandt richten. *A.*) Demnach hat man in den 6ten tag November^b daselbs zu Rankwill zum Todt vervrtlet, (zuvor) mit dem schwert gerichtet vnd dem nach (zu pulver) verbrennt. Hat also die göttliche warhait Ritterlich mit seinem Bluet bezeugt, (wie dan das liedt, [2]

---

währte, den sie hier, sowie den Hopfenbau schwunghaft zu betreiben anfingen. In Nuslau waren ,irer bej 12 Tisch voll' in ihrem Haushaben.

^a *M. P. Q.:* am Freitag nach pfingsten. — ^b *I. K.:* 16ten November, *H. L.:* 6ten Dezb.

[1] Graf Hannibal von Hohenembs, 1568 oberster Hauptmann der vier vorarlbergischen Herrschaften, war ein Sohn der Clara von Medici, somit Neffe des Papstes und durch seine Gattin Hortensia Schwager des heil. Carl Borromäus, der ihn 1570 auf Hohenems besuchte. Der nicht weit davon (eine Stunde von Feldkirch) gelegene Flecken Rankweil ist uralt. Er hatte ein kaiserlich freies Landgericht, das bis in das 10. Säculum zurückgeführt wird, sich über die rhätischen Lande erstreckt haben soll und zur Zeit der Herrschaft def Grafen von Montfort, deren Stammburg in Ruinen auf Rankweil herabsieht, mit 16 gräflichen Beisitzern besetzt war. (Stumpf; Sinacher VII. 780; Allgem. biogr. Lexikon, XIII. B., 509; Bergmann: Die Reichsgrafen von H. in Denkschriften der kais. Akad. der Wiss., hist. Cl., XI. Bd., 1861.)

[2] Auch dieses Lied hat sich in den Cod. 194. 203. 232. 236 u. a. m. erhalten. Den Inhalt desselben bildet die obige Erzählung.

In der Person des Melchior Platzer tritt uns die bedeutendste Erscheinung des Anabaptismus in den vier Herrschaften vor dem Arlberg entgegen. Sein Auftreten in diesem Gebiete hat eine interessante Vor- und Nachgeschichte, welche uns von Josef Bergmann in der Abhandlung: ,Die Wiedertäufer zu Au im inneren Bregenzerwalde und ihre Auswanderung nach Mähren im Jahre 1585' (gedr. im 3. Hefte der Sitzungsberichte der kais. Akad. der Wiss. 1843) mitgetheilt wird. Es sei gestattet, derselben weiter Nachstehendes beizufügen: Namen der 1585 aus der Au nach Mähren hinweggezogenen Taufgesinnten, wie Seiler, Koler, Albrecht, Rusch und Mosbrucker sind unter den mährischen Wiedertäufern nach 1585 bis 1623 und auch später nicht selten. Anno 1621 wird ein

treue Zeugnuss gibt.) *A.* — *L.* ≅ *M. P. Q. R.*

Hans Mosbrugger als Besitzer der Wied. Tauf. II. S. I. VIII in der Bibl.
zu Olmütz angeführt.

Dem unwiderstehlichen Auswanderungstriebe der Erweckten vermochte nichts zu steuern, weder die erneuerten Mandate weiland Ferdinand I., noch das Mandat seines Sohnes Erzherzog Ferdinand vom
21. Jänner 1569: dass Niemand ohne Vorwissen der Regierung Hab und
Gut verkaufen und aus dem Lande ziehen dürfe, noch die Verordnung
vom 16. October 1577, dass die Güter der entwichenen und entweichenden
Wiedertäufer fortan der l. f. Kammer zu verfallen haben und nicht weiter,
wie seit 1541 her, zum Unterhalte der zurückgelassenen schuldlosen
Kinder zu administriren und zu verwenden sind, noch die erhöhte Wachsamkeit der Behörden, geweckt durch das ,gantz vngnädige Missfallen',
das ihnen mit dem l. f. Erlasse vom 8. October 1578 ob der bei der
Handhabung der Wiedertäufer-Mandate gezeigten Unlust und Fahrlässig-
keit kundgemacht wurde. Die Taufgesinnten verliessen mitunter Haus
und Hof, Weib und Kind und zogen zu der ,Gemain der Heiligen' in
Mähren. Zur Ehre der Regierung sei erwähnt, dass sio sich, allerdings
ohne Erfolg, mit der Vorstellung vom 4. Juli 1583 um die Widerrufung
der Verordnung vom 16. October 1577 bei Sr. Durchlaucht bemühte, derselben nahelegend, dass es unbillig sei, ,dass einem vnschuldigen Kindt
seines Vaters erbgnet vnd dem rechten vnd nechsten Erben sein Erb-
gebürnuss, eines andern Misshandlung wegen, entzogen werden soll'.

Das weitaus grösste Contingent lieferte seit 1581—1585 jedenfalls
der hintere Bregenzerwald und die gedachte Parochie Au. Schon mit
dem Berichte vom 14./22. März 1581 zeigte der Landammann und Rath
des hintern Bregenzerwaldes der Regierung an, dass der Wiedertäufer
bei 40 Personen mit Weib und Kind zu den Täufern nach Mähren gezogen sind, und dass noch viel mehr zum Abzuge rüsten, denen man
allerlei sectische Büchlein abgenommen habe, und bat um Weisung, wie
sich in dieser Sache weiter zu benehmen wäre. Er erhielt die Weisung:
die Verdächtigen zu überwachen, die sectischen Bücher zu verbrennen,
die Güter der Entwichenen einzuziehen und von Constanz taugliche
Priester zur Bekehrung der Irrgänger zu berufen. Gleichwohl wiederholten sich die Auswanderungen auch im Jahre 1582 und 1583. In diesem
Jahre war die Bewegung besonders im Gange. An ihrer Spitze stand
Platzer, einstens Apotheker, bei den Brüdern in Mähren Schulmeister.
Laut des am 12. Juni 1583 gegen Innsbruck abgegangenen Berichtes des
Georg von Altmaunshausen, Hubmeisters zu Feldkirchen, wurde Platzer
kurz vorher zu Feldkirchen eingezogen und von den Amtsleuten und dem
Pfarrer daselbst besprochen, ,darin er aber am wenigsten zu weichen gedacht vnd bekennt, das er von sein Obristen (Hans Kräl) ausgesandt
wurde, mer volkh an sich zu bringen, vnd das er wenig wochen vor,
16 Personen, jung vnd alt aus dem Bregenzerwald zu seinem glauben
bekhert vnd allbereit hinweggfüret hat'. Auch begehrte Altmaunshausen
Bescheid, wie sich in der Sache zu halten. Die Regierung verwies ihn vor-

e) Anno 1583 den 28ten Martius ist der Br. Andree Maier hofer, ein fromer (füernemer) Diener des worts, zu (Klein) Nemtschitz (bej Prälitz) im Herrn entschlaffen. *A. — L.*

derhand auf die Ordonnanz von 1581 und verordnete, mit dem Gefangenen, falls er sich nach gütlichem und peinlichem Examen nicht weisen lasse, ,zu ainem abscheulichen Exempel' nach den Mandaten vorzugehen, referirte aber in Folge weiterer Berichte und Anfragen den 4. October an Se. fürstliche Durchlaucht den Erzherzog: Was Platzer auf die Interrogata ausgesagt, werde er durch den Cardinal von Oesterreich vernehmen. Aus dem Berichte der Amtleute zu Feldkirch ergebe sich, dass alle Persuasion bei Platzer vergebens war, dass er aber ,grosse Schwach vnd plödigkait des haubts, von wegen der langwirigen gfeuckhnus des thurms merklicher beclagt, vnd begert: In erstens auss dem bösen thurn herauf in ein ander gefenknus, da er den hellen tag besser sehen müege, zu lassen, vnd darnach zu vergunnen, das er die Fragstuck durch aigne handschrifft beantworten möge. Er verhoff solche seine verantwortung dermassen zu thun, das er bej menigclichen entschuldigt sein wurde, wolt auch darüber erwarten, wie es der liebe gott mit ime haben wollt, deshalb auch alles in gedult annemen vnd laiden'.

Wenn aber auch, meint die Regierung, der gedachte Platzer, vonwegen seiner langwirigen vnd schweren Gefencknus' etwas schwach und blöd sei, so ergebe sich doch aus seinem ,Bekanntnus' keineswegs, dass er, an Verstand krankhait oder mangel habe'. Da er sich weiter als ein Lehrer und Aufwiegler dieser Secte kaum eines Besseren bedenken dürfte, rathet die Regierung Sr. fürstlichen Durchlaucht: a) den Vogt und die Amtleute auf seinen Befehl vom 14. August zu verweisen, b) Platzer's Gefängniss ,aus christlichem Mitleid' zu mildern, c) nochmals den Versuch anzuordnen, ihn durch Unterweisung von seinem Irrthum abzubringen; falls es aber unfruchtbar bliebe, anzuordnen, dass sie, dem Mandate vom 5. Juli 1561 und der Reichs-Halsgerichtsordnung gemäss, mit Heranziehung eines Rechtsgelehrten, erkennen: ,was Rechtens ist und das Urtl auch exequiren'. (An fürstl. Durchl., L. 17, fol. 286. 419; L. 19, fol. 447, 535 und 868 in Innsbruck.) Welchen Erfolg dies Gutachten hatte, zeigt der Verlauf des Processes. Sein Vermögen fiel der landesfürstlichen Kammer zu. Den Handschriften *P. Q. R.* zufolge wurde Platzer von Rankweil gegen Feldkirchen gebracht und hier auf dem Schlosse in einen Thurm gelegt. Von Bregenz aus wurde ein katholischer Theolog zu ihm geschickt, ,welchen sie für gar weiss und geleert hielten; allein den hut der Teufel, wie er selbs sprach, mit dem Widertaufer betrogen. Da haben sie vmb Lutherische Pfaffen geschickt, ob die in möchten berichten, aber er überzeugte sie, das sie in der vngerechtigkeit vnd vnwarheit stuenden, vnd die gantze welt mit irer falschen Leer in Vnrechten aufhalten vnd verderben, auss welcher vrsach es heutigs tags so vbel in der welt steet'. Man bot ihm Gnade und freien Abzug an, wenn er sie begehren und schwören würde, Land und Gericht zu meiden. Dessen weigerte er sich und wurde daher nach Rankweil zurückgeschickt und

f) In disem 83 Jar, den 8. Tag Mai,[a] ist der Br. Paul Schnitzer (oder Schneider *I. K.*), ein Diener der Notturfft, zu Gostl (in Mähren) im Herrn entschlaffen. *B. L.*

g) In disem 1583 Jar, ist der Br. Hans Kräl, den man auch Kützbüchler hat gehaissen, ein füertrefflicher fromer Diener des Euangelions (vnd ein Hirt der gantzen gemain Gottes *C. K.*), dem (nach des Peter scherers abgang *A.*) die gantze gemain im 1578 Jar, am 5ten Februarj, zu regieren ist beuolhen worden, vnd die er auch trewlich vnd friedlich geregieret biss auf das obgemelte 583 Jar, am (9ten tag November erkrankt vnd am) 14ten Tag November auff der Neunmül, (nach vil erlittenen kampff vnd Triebsal, friedlich) im Herrn entschlaffen. *B. — L.*

Er hat die Eltesten Brueder, so in dazumal in seiner krankhait besuecht, zu sich beruffen vnd inen friedlich zuegesprochen vnd sie ermant, wie sie Inen die gemain treulich sollen anglegen sein; wie dan dieselben seine Reden in der gemain geschichtsbuch [1] vermerkt vnd begriffen sein. Nach solchem hat er von Inen Vrlaub genommen vnd auch von der gantzen gemain Vrlaub nemen lassen. Seines Alters war er im 63. Jar; im Dienst des Euangelions ist er gestanden 23 Jar; die gemain hat er geregiert in das 6te Jar, wie es den alles in dem Gemain-Geschichtbuch von im geschrieben vnd verzaichnet ist (worden). [2] *A. — L.*

---

dem Grafen Hannibal übergeben. Der hatte ‚vom Fürsten zu Inspruck Macht‘, mit ihm zu handeln nach seinem Willen. Man hielt Gericht über ihn und verurtheilte ihn zum Tode, dem er singend und das Volk zur Busse aufmahnend entgegenging. Noch auf der Richtstätte wies er die ihm angebotene Gnade zurück, wenn sie nicht unbedingt eintritt, und bot sein Haupt dem Schwerte hin. Seine Leiche wurde verbrannt. ‚Diess geschah Mittwoch vor Martinj des 1583 Jar, nachdem er bei 26 Wochen im gefenknus gelegen war.‘ Sind diese 26 Wochen richtig, so fällt seine Gefangennehmung auf Freitag nach Philippi (und Jacobi) und nicht nach Pfingsten.

[a] *K.:* 11ten Mai.

[1] Das Gemeinde-Geschichtbuch ist leider als verloren zu betrachten. Die eifrigsten Nachforschungen vermochten mir keine Spur davon zu bieten. Wahrscheinlich wird es von den anno 1762 und 1782/83 aus Ungarn nach Russland geflüchteten Wiedertäufern mitgenommen worden und nun in Taurien zu suchen sein.

[2] Ueber Hans Kräl siehe anno 1557, II und 1559 der Chroniken. Hans Kräl war nach den Untersuchungsacten aus dem ‚Brixnertal‘, nach den

[III. Abschnitt.]

Claus Braidl. Missionen. Zuzüge aus der Schweiz. Niderlassung in Ungarn (1583–1592).

1583.

a) Anno 1583, bald nach des Hanss Kräfen (friedlichen) Abschaidt, (nämlich den 19. November [a]), hat die gantze Gemain Gott im Himel fleissig gebeten, das er Inen durch ainhellige Zeugnuss einen treuen fromen man zu ainem Hirten vnd vorsteer zaigen wölle. *B. C. E.—L.* Da seindt an bemelten 19. tag Nouembris [a] alle Diener des worts [b] vnd der Notturfft, auch (sonst) vil gemaine (vertraute *E.*) Brüeder (vast) aus allen Hausshaben aus der gantzen gemain, zu Newmül versamblet worden. Da haben die versambleten Br. nach vil Rueffen zu Gott, in Rainer forcht Gottes, mit guetem wohlbedachtem gemüet, durch ainhellig Zeugnus den lieben Brueder Clauss Braidl, den man nach seinem Handtwerk den Claus Schuster genennt

---

Tauferschriften aus dem ‚Kitzbühler Gerichte' gebürtig. Während seiner Haft auf dem Schlosse Taufers 1557–1559, wo ‚weder die lange scharfe gefenknus, noch die tro der peinlichen Frag, noch vil mer weg' seinen Trotz zu brechen vermochten, erwarb er sich die Gunst der Schlossfrau und ihres Gatten Hans Fürger, Pfandinhabers von Taufers. Diese schilderten ihn der Regierung im günstigen Lichte und bestimmten sie, bei Sr. Majestät zu intercediren: mit dem Gefangenen nicht nach dem Malefizrechte vorgehen zu dürfen, sondern denselben gegen Venedig auf die Galeeren zu senden. Darüber erfloss die königliche Entscheidung vom 15. Jänner 1559 ddo. Augsburg: ‚Dieweil wir befunden das Er kein Vorsteer oder Anstifter, sondern nier eines geringen, denn gueten, verstandes sein soll, derwegen vnd in ansehung seiner ainfalt auch zur hinlegung der unnötigen kosten, wollen wir bewilligen, das er auf seiner freundt oder der Gerichtsinhaber vnkosten zu ainer straf auf ain gallern verschickt werden möge.' Auf dem Schube dahin entwich er — zu Niederdorf — um erst im Jahre 1561 wieder in Tirol aufzutauchen, wo er um Kitzbühl, in Götzens und darauf bei Schwaz in einem Stadel lehrte und taufte. (Innsbr. Statthaltereiarchiv.) Bruckmayer's ‚Väterlied' heisst ihn ‚vast gütig, von friedlicher geberd, sanftmüthig, auch mildgenaigt, in stock vnd banden wol bewert, darin er lag ain lange zeit, ain man, bej dem allweg ein gueter rat zu finden, begabt mit Bescheidenhait'. Weniger freundlich beurtheilen ihn Erhard und Dr. Fischer.

[a] *G. L.:* Dezember. — [b] *B.:* alle Eltesten Brüeder in Wort vnd in der N.

hat, die gemain Gottes beuolhen zu versorgen, vnd in allen gueten zu der Eer Gottes zu regieren, so soll vnd will im auch die gemain mit Gottes hilff, volgen vnd gehorsam sein, wie dan dises auch in dem gemaingeschichtsbuch ordentlich verzaichuet ist. *B.—L.*

b) In disem 83 Jar ist der Br. Christl Lerch, ein Diener der N., zu Nicolspurg, (ongefer 14 Tage vor Weinachten) im Herren entschlaffen. *B.—L.*

1584.

a) Anno 1584, den 23ten (*A.:* 15ten) Februarj, hat man den Bastl (Anfang, ein Sengsen) schmidt, mit auflegen der Eltesten Hendt im Dienst des Euangelions auff der Neumül bestätigt. Item am gemelten tag seindt mer 3 Br. im Dienst des Euangelions (in versuechung,) erwält vnd auf der Neumül fuergestellt worden; als nämlich: Wölfl (Schönberger oder) Hungermüller, Jörg (Planer oder) Vrmacher, vnd Adam (Neuffer, ein) Bader. *A.—L.*

b) Anno 1584 den 23. Februar, seindt (auch) 10 Brüeder in den Dienst der N. erwelt vnd auf der Neumül fuergestelt worden, wie: der Jörg Leicke oder Hess, Martan Wolff, Bärtl Rebner, (ein) Reinströmer, Paul Hörer, Hänsel Seidler, (ein Schweitzer), Wolf Wenzel von Znaim, Hänsel Schneider, genannt Hän, Leonhart Maurer, Mathes Bühler, (ein Schwab,) Christl Kirchner. *A.—L.*

c) In disem 584 Jar hat die gemain 7 Euangelische Brüeder (Br. des Worts) in die landt aussgeschickht, (auf daz die Völkher wol durchsuecht wurden),

Erstlich:

    Wenisch Köller (Keller): ins Schweitzerlandt,
    David Hasel: ins Würtembergerlandt,
    Gilg Moldt: in Reinstrom,
    Hanss Zuckenhammer: ins Baierlandt,
    Walser Hasenfelder (Schlesinger): in die Schlesing,
    Wendel Holba (Müllner): in Schlowäcken,
    Bastl (Anfang) Schmidt: ins Oberlandt (*K.:* ins Tyrol).

                       E. G. K. L.

d) Anno 1584, den 12ten tag Octobris, ist der Br. Stoffel Bach (oder Gärber), ein (fuernemer) Diener im Wort, zu Protzga (im vngarlandt) im Herren entschlaffen. *A.—L.*

e) In disem 84 Jar ist auch der Br. Anderl Lorenzi, [a] ein Wälsch, ein Diener im Wort, kürzlich vor Weihnachten [b] zu Gostl im Herrn entschlaffen. *A.—L.*

f) Anno 1584 ist auch der Br. Wastl Hueber, ein Diener der Notturfft, zu Kanitz in Märhern im H. entschlaffen. *K.*

g) Anno 1584 den 26. Maj ist der Br. A n d r e a s Pürchner, seines Handwerkhs ein Ziegler, (ein gemainer Brueder), zu Laitsch, [1] [c] ein Dorff im Fintschgaw, in seinem Vaterlandt, gefenkhlich angenomen worden vnd demnach geen Gold-

---

[a] *L : Lorengy.* — [b] *K.:* 23 Dezember. — [c] *Q.: Lontsch.*

[1] Pfarrdorf Latsch an der Etsch, ½ Stunde von Schlanders entlegen. Im Kirchspiel dieses Dorfes liegen auch die Gemeinden Goldrain und Schnantzen, von denen weiter unten die Rede ist; alle drei gehörten zum Landgericht (jetzt Bezirk) Schlanders. Aus dem Berichte der Innsbrucker Regierung ddo. 20. August 1584 an So. fürstl. Durchlaucht (Lib. XX, f. 603) ist zu ersehen, dass Pürchner, geb. von Sterzing, wohnhaft zu Scharlach im Engadin, im Gerichte Schlanders am 5. Juni eingekerkert wurde. Der landesfürstliche Rath und Verwalter der Landeshauptmannschaft an der Etsch und Pfleger zu Schlanders, Franz Händl, begehrte dessen Ablieferung nach Innsbruck, was die Regierung mit dem Befehle abschlug, den Gefangenen durch gelehrte geistliche Personen unterweisen, und wenn er nicht absteht, nach den Mandaten behandeln zu lassen. Pürchner war aber ‚von seiner falschen Opinion nit abzuweisen‘ und erklärte, dabei zu bleiben, Gott gebe ihm deshalb was immer zu überstehen. ‚Auf solches ist gleichwol durch Richter vnd Gerichtszwölffer zu Schlanders ein vrtl des Inhalts ausgesprochen worden: das Er, zu offener Schandt am Pranger gestelt, von danen zum Dorff Schlanders hinaus mit Ruten gestrichen werden, vnd über diss aller Sc. Fürst D. Fürstenthumb, Graf- vnd Herrschafften auf Ewige Zeit verwiesen sein soll.‘ Darüber war in der Regierung die Minorität der Räthe der Meinung: nachdem Pürchner einmal ‚das Recht vberstanden‘ und über ihn gerichtlich erkannt worden sei, es bei dem Erkenntnisse zu belassen und selbes exequiren zu lassen. Die Majorität (‚der merer tail‘) war dagegen der Meinung: das Urtl, ‚so etwas zerspalten vnd nit einhellig, die Richter vnd Rechtsprecher auch, eh sy zu Rechten nidergesessen, nit beeidigt worden, vnd auch dem A° 1567, den 12./8. publizirten Mandat nit gemess — gesprochen‘, als null und nichtig anzusehen und Sr. fürstl. Durchlaucht zu empfehlen, ‚dem Pfleger zu Schlanders Fz. Händl zu befehlen, das er seine Richter vnd Urtlsprecher dahin halten soll, das sy nochmalen, ongeacht beschehener Erkenntnus, nach Inhalt obberürten Mandats, vnd nit anders vber den Pürchner richten vnd vrtlen, vnd was erkennt (wird), anderen zu ainem abscheulichen Exempel exequiren vnd vollziehen sollen‘. Im Sinne der Majorität ergiengen sofort Befehle gegen Schlanders und fanden bei den ‚Gerichtszwölfen‘ den erforderlichen Gehorsam, wie die Erzählung in den Chroniken zeigt.

rain gefüert, alda nach der streng gerekht vnd gemartert worden dreymal. (Haben) von im vernemen wöllen, wo vnd bei wem er sein Herbrig vnd einkeer gehabt hat, aber er hat von stuendt an geantwort, er wöll nit Judas sein an denjenigen, die im guetes gethan haben. Darzue soi es auch kein glaubens Artikhel, noch demselbigen anhängig. Was aber den glauben betrifft, das wöll er gern vnd willig anzaigen. Er hab Gott ein gelübd gethan im Christlichen Tauff, bei dem wöll er bleiben. Er wolt auch nit mer begeren, wen er durch sein bluet nur ein arme seel verursachen möcht zur erkenntnus der warhait. Da hat man die pfaffen zu im geschickt, das sie mit im disputiren vnd handlen; die aber halt mit im fertig sein worden vnd gar nichts ausgericht. Er ist auch sonst von vilen hoch ermant worden vnd gebeten, in gehaim, allain vnd öffentlich, er soll doch absteen von seinem glauben, dan er sehe, daz es ye nit anders sein kan, sonder das er sterben müsse! Er soll widerruefen, alsdan soll er gleich wol wider hinziehen; aber er antwort Inen: Das kundt vnd mög nit sein. Er wolt vor Gott kein Luegner sein. Er wöll ehe sterben! Darnach hat man in von Goldrain geen Schlanders gefuert vnd in daselbs auff die ausgangen füerstlichen vnd alten kaisserlichen bevelch vnd Mandath zum todt vervrtlet vnd dem Henkher vberantwort. Der hat in geen Schantzen an die Richtstatt gefüert. Als man in aussfuert, hat er mit frölichen Hertzen geredt: Gott sej gelobt, das es so nahendt komen ist! vnd freut sich seines Endts mit vil Danksagungen vnd christlichen reden zum Volckh. Darnach ist er nidergekniet. Nachdem es am selben tag gar trüeb ist gewessen, ist gleich ein schöner heller, klarer Sonnenglantz komen, vnd im ins angesicht geschienen, darob er sich gefreut vnd gesagt: Sey Gott Gelobt, du liebe Sonnen, das ich dich noch vor meinem ende siehe! Als der Henkher das schwert auszoh, da schrye man noch, er soll doch stillhalten, vnd setzten erst häfftig an den Brueder, er soll doch absteen vnd sein leben retten; aber er wolt durchauss nit, vnd hat sein haubt ritterlich dargeboten. Also hat in der Henkher enthaubt, darnach den leib mit stro vnd fewer was wenigs (besengt vnd) gezischget, nur zu einem Brandtzaichen. Also hat er geduldig, standthafftig vnd mit lachendem Mundt seinen Lauff vollendet, am 19 tag October des gemelten 4 vnd achtzigsten Jars, als er bei 22 wochen gfangen gelegen war. M. P. Q. R., (wie dan das

liedt,[1] so man von im gemacht [hat], alle seine Handlungen
aussweisst. *B.—L.*)

1585.

a) Anno 1585 nahent vmb Lichtmess,[a] ist der Br. Paul
Glock oder Jung Paul, ein Diener im W. nach vil erlittener
triebsal vnd gfenkhnus, (so er ins 19te Jar erdult hat,) zu Schädowitz in Märhern im H. entschlaffen. *A.—L.*

b) Anno 1585 im Monat Februarj[b] ist der Brueder Paul
Hörer, ein Diener der N. zu Olekhowitz in Märhern im Herrn
entschlaffen. *B.—K.*

c) In disem 85 Jar im Mertzen ist der Br. Christl Kircher,
ein Diener der N. zu Prutschän im Herrn entschlaffen. *B.—L.*

d) Anno 1585 den 25ten Februarj[c] sindt 3 Br. als nämlich:
der Hanss Zuckenhamer, Heuss Porst[d] (oder Zimermann,) vnd
Stofl Riemer (oder Kienhuber) mit aufflegen der Eltesten Hendt
im Dienst des Euangelions bestättigt worden auff der Neumül.
Am obgenannten Tag sindt auch weiter 3 Br., als nämlich:
der Abel Okershauser, ein schneider, Daniel Hellrigl ein Sattler,
vnd Hanss Neumaier,[e] (ein barchentweber), im Dienst des Worts
verordnet, auf der Neumül füergestellt vnd angezaigt worden.
A.—L.

e) Anno 1584, vngever 8 tag vor Martinj, ist der Br.
Leonhart Sumerauer[f] aus dem Salzburgerlandt, gefangen
worden, als er herabgezogen ist vnd zu Tipmaning auffs wasser
gesessen. Da sein die schiffleut voll bezecht gewessen vnd zu
Burghaussen[g] an der Bruck angefaren, da es on ein schaden
kaum hinging. Da hat man in ain Laiter hinabgeben (gereckht).
Dardurch ist er ausskomen vnd die schiffleut haben in auff-
geschrieben, dabei gestanden: Sie haben ein Widertäuffer!
Der Schreiber, der ist hingangen zum Cantzler, vnd hat im anzaigt: Draust an der Lendt[h] sey ein widertauffer. Nach solchem
in der Cantzler gefenkhlich annemen liess, vnd man hat in balt

---

[a] den 30ten Januarj *D.—I. L.* — [b] *B. C. H. K.*: den 10ten Februarj. —
[c] *B. C. H.*: 24ten, *A.*: 26ten Febr. — [d] *L.*: Matheus Burst. — [e] *L.*: Hanss
Closs Neumaier. — [f] *L.*: Somerauer. — [g] Bruckhausen im Baierlandt *L.*
— [h] Landt *P.*, Laindt *B.*

[1] Das Lied: ‚Singen wollen wir vnsern gott — Der den Fromen in irer
not' etc., 35 Strophen, im Ton: ‚Vater vnser im Himelreich', ist in den
Cod. 194. 203. 232 zu Pressburg, VIII. c. zu Pest und *G. J.* VI zu Gran
zu finden.

zur strengen frag gefüert vnd fünffmal gereckht vnd zwaymal
in die laiter gespannt, aber nichts an im gewinen könen. Als
er nun mer dan ein halbs Jar gefangen lag, hat man in aussgefüert zur Richtstatt. Es giengen 4 Pfaffen mit im, die hielten
streng an, er solle absteen! Da hat er gesagt, er sej schon abgestanden vor 20 Jaren vom vnrechten leben! Da er durch's Stat-
thor herauss gefüertt wardt, habens in abermals angesprochen,
er soll absteen. Da hat er geantwort: Soll ich den von Gott
abweichen? Hat doch Christus gesagt: Wer mich verläugnet
vor den menschen, den will ich auch verlaugnen. Da hat man
in heraussgefüert füer ein Stamen oder götzenwerkh. Da haben
sie zu im gesagt: Da steet vnsers Herren Bildtnus! vnd wollten, er soll sich dargegen buckhen; aber er antwort: Er dörffs
nit, sie sollen fortfaren! Da sie nun zu der Richtstatt sindt
komen, sprach im der Kirchen-Herr zue, vnd hat in gebeten
dreymal, durch Gottes willen, er soll absteen! Aber er wolt
nit. So hat der Henkher hinwider gebeten durch das jüngste
Gericht vnd auffs höchst, aber der Br. Leonhart sprach: Man!
Schweig still, bitt nit solche Ding, ich stee im rechten glauben
vnd im rechten grundt; ich weich nit von Gott, noch von
Christo meinem Herrn! Als sie nun sahen, das nichts mer hilfft,
hat im der Henkher die Pfaiden vom Halss herabgesträufft.
Da hat der Kirchen-Herr abermal an in gesezt: Nur von den
2 Artikhel[1] soll er absteen, so wöllen sie in ledig lassen! Aber
er sprach: Lasst mich zufriden, fart nur fort, ists euer willen!
Auf meinen glauben will ich redlich sterben! Darauf der
Henkher sprach: Ich richt dich nit gern; thue ichs nit, so
thuets ein anderer vnd hat das schwert vor im aussgezuckht,
auf das er sich darob entsetzen solt. Aber es schröckht in
nicht. Also ist er enthaubt worden vnd auf der Richtstatt begraben. Dises geschah zu Burghausen[a] den 5ten tag des Monats
Julj im 1585 Jar, das disses Schüfflein des Herrn also vnter
die reissenden Wölff kam.[2] M. P. Q. R.

[a] Bruckhausen, an einem Freytag Frue, etwas vor 8 Vhr Q.

[1] ‚Zwey Articl‘, d. i. von der Taufe und dem Abendmahl. Denn was er
widerrufen sollte, war der anabaptistische Lehrsatz: ‚Das der Tauff des
Wassers nit seelig mache‘ und dass ‚Gott oder Christus im Altarsacramente
nit gegenwärtig seie, sondern es sey nur ein Brot des Herren‘. M.P.Q.R.

[2] Im Cod. B.—K.: ‚In disem 85 Jar, den 5ten Julj hat man den Br. Leonhart Sumerauer zu Burghausen im Baierlandt vmb d. g. w. w. enthaubtet.

f) Im 1585 Jar, Mittwoch nach Ostern, sein 3 gemaine Brüeder nemlich: Wolff Rauffer, ein schneider, Geörg Pruckmair,[*] ein Haffner, vnd Hanss Aichner am hinaufziehen, vmbs glaubens willen, gefenkhlich einkomen am Geyersperg in der obern tafern[b] eine halbe Meil wegs vnterhalb Riedt, so dem Bair. Fürsten gehörig. Als sie in bemelten wirtshauss ein Suppen gessen vnd ein trunkh than, vor. vnd nach dem essen gebeet, (hat) alsbalt der Wirth selbs hin nach den schorgen geschickht: Es seyen solche leut, als Widertauffer, bei im. Dieweil er nun das gelt zält vnd nimbt von den Brüedern, da kam das gottlos gesindt vnd nam sie alle 3 gefangen vnd füert sie hin geen Rieth, von Rieth füert man sie (Vber etliche tag) geen Burghausen auf das schloss, daselbs man den Stadt-Pfarrer vnd andere vermainte hochgeleerte Doctores Vber sie schickht, ob man sie kundt Vberwinden vnd von Iren glauben abwenden, aber sie haben nichts könen schaffen vnd mit Disputiren dem Br. Geörgen keiner nichts können abgewinnen. *M. P. Q. R.*

Indem haben sie den vorgemelten Br. Leonhart Sumerauer an einem Freytag frue hinaussgefuert vnd in mit dem schwert gerichtet. Darnach der Pfarrer vnd andere Herrn hinein in das schloss gangen vnd dissen Brüedern solches angezaigt vnd wen sie nit wöllen absteen, so werde man inen auch also mitfaren. Darauf sie antworten: Sie seien schon zu sterben bereit. *M. P. Q. R.*

Als sie nun bej 14 wochen zu Burckhausen gefangen lagen, hat man sie, (am Mittwoch vor Laurentzj *M. R.*), einen yeden besonder auf einen Karren gesetzt vnd wider hin auf Rieth gefüert, am negst volgenden Erchtag, nemlich den 13. Augustj (früe vor tags) auss dem gefenkhnus gefuert vnd vmb 4 Vhr fuer das Rathhaus gebracht. Da hat man inen den fürstlichen Beuelh verlessen, wie mit inen zu handlen sej. Da ruefft der Richter den Henkher vnd beualh ine: Er soll dise

---

Also hat er die göttl. Warheit (sein glauben) redlich mit seinem bluet bezeugt.' Nicht mehr enthält Cod. *A. L.* Sein Ende ist auch Gegenstand des Liedes: ,Von den 5 Brüedern, die man im Baierlandt gerichtet' (in Cod. 203 Pos., 512 Brun. u. a. m.): ,Himlischer Gott vnd Herrn — lass dich erbarmen schier, 44 gsatz, im Hildebrand's thon zu singen.'
[*] *A.:* Pruckhmer, *B. K.:* Pruckmaier. *L.:* Bruckmaier. Die Cod. *A. — L.* bringen über Bruckmaier und seine Genossen nur einen mageren Anszug aus *M. P. Q. R.* — [b] *Q. R.:* in den obern dörffern.

3 Personen zu seinen Handten vnd Banden nemen vnd sie hinaussfüeren zu der gewöhnlichen Richtstatt, daselbst vom leben zum todt richten mit dem schwert, nachmals auf den scheiterhauffen legen, vnd mit Feuer verbrennen! Darnach sprach der Br. Geörg: ‚Nun dieweil wir sterben müessen, so sterben wir allein vmb der göttlichen warhait willen; dan wir haben niemandt nichts vbls oder vnrechts gethan. Stee ein ainiger mensch herfüer, dem wir arges gethan haben!‘ Auff der Richtstatt haben sie alle 3 zuletzt von einander vrlaub genomen vnd theten ir gebeet mit einander.

Darnach, als sie das verichtet heten, enthaupt man erst- lich den Geörg, darnach den Hansen, zuletzt den Wolffen, als- dan sie auf den scheiterhauffen gelegt vnd angezündt. Wie der Henkher nun solches vollendet, sprach er: ‚Disse leute haben einen sterkeren glauben, weder ich, oder alle, die hier sein! Ich wolt lieber 30 Räuber gericht haben, den disse, Gott erbarms!‘ Also haben dise lieben Br. die göttliche warhait mit irem bluet bezeugt. [1] *M. P. Q. R.*

In disem 85 Jar ist ein Brueder mit Namen Jakob, (ein) Weber, zu Bothweiler (Boweiler) am Rainstrom, gefenkhlich

<hr />

[1] Die bairische Regierung nahm es mit den Wiedertäufern strenger, wie
die salzburgische, die den Rauffer 1580 frei ziehen liess. Rauffer war
auch Dichter. Von ihm stammt das schöne Lied: ‚Weil ich so arm vnd
elendt bin‘. (Cod. 191. 203. 244 Pos.) Desgleichen mag er an den bei 1579
citirten beiden Liedern den wesentlichsten Antheil gehabt haben. Georg
Bruckmaier dagegen ist Verfasser des ‚Väterliedts‘: ‚Gott du gewaltiger
Herr‘ (Cod. 194. 203 Pos.), des Jonasliedes (Cod. 194) und zweier weiterer Lieder, von denen das eine dem Sigmund Bühler, (Diener des W.,
† 1613), bei dessen Abgange ins Schweizerland gewidmet ist. Sein ‚Väter-
liedt‘, bis zur 75. Strophe (Wahl Braidels zum Regierer und Bischof) von
seiner Hand verfasst, fand mehrere Fortsetzer, die es bis zum Jahre
1734 führten. Sein nächster Nachfolger widmet ihm darin nachstehende
Zeilen:

,Der diess liedt hat gsungen, Georg Pruckmär wart genannt,
Hat für die warhait grungen, zu Riedt im Baierlandt,
Durchs schwert den todt erlitten, vmb Christj glauben guet,
Hat Ritterlich gestritten, Bezeugt mit seinem bluet!‘

G. Bruckmaier, Wolf Rauffer, Hans Aichner, Leonhart Sommerauer und
der 1586 zu München enthauptete Christian Gasteiger sind die ‚5 Brueder‘, die in dem ‚liedt von den 5 Brüedern, die man in Baiern vmb des
glaubens willen gericht hat‘, (im Hildebrandtston zu singen), verherrlicht
werden. (Cod. 194. 203 Pos. und O. J. VI. 32 Gran, VIII. c. in Pest.)

eingezogen worden vmb der gött. w. w. vnd hat also 13 Wochen in einem (nassen) Thurn müessen liegen. (Sie haben in auch mit vil Drohworten gesuecht von dem weg der warhait Gottes abzuschreckhen, er ist aber gantz steiff vnd redlich im Herrn vnd der warhait blieben. *K*.) Darnach haben sie in, (durch Gottes Anschickung), widervmb ledig gelassen zwischen Martinj vnd weynachten. Er ist demnach (mit vnverletzten gewissen *A*.) zur gemain Gottes gezogen. *A. K.*

h) In disem 1585 Jar kam so vil volkhs aus dem Schweitzerlandt, [1] also, daz man an etlichen orten die thor muest zuesperren; dan man kundt sy nit alle an vnd auffnemen; doch aber wurde irer ein guetter tail angenommen. *K.*

i) In disem 585 Jar sein 3 Brüeder, (als nämlich: der Wastl Schmidt, ein Diener des worts, Heinrich Schweitzer, ein hawer, vnd Vhl Schuester *K*.) zu Bern im Schweitzerlandt vmb der g. w. w. gefenkhlich einkomen vnd sind also biss in die 22 Wochen gefangen behalten worden, nachdem vil mit Inen ist geredt vnd gehandirt worden. Sie sein aber beständig im glauben verharrt. Aber die zween Brüeder, (als nämlich: Heinrich vnd Vhl *K*.) seindt an die Marter gebracht vnd gereckht worden, als sie aber beständig blieben, seindt sie wider in gefenkhnus gefüert worden. Darnach vber etliche wochen hat man sie füergfodert, weiter mit inen zu handlen oder sie gar zu verurtailen; dan sie haben disen Br. das beste Todtenmal zu essen geben, wie sies den zu thuen pflegen, ee sie Ainen richten wollen. In dem aber, weil vermelte Br. sich also mit ein Ander beredt, vnd sich nit anders, den zu sterben verwegen haten, haben die Raths-Personen, deren dan nit wenig bey einander versamlet waren, das vrtl vnd Ausspruch des todts vber die Br. zu fellen, nit mitainander vbereinkomen mögen, das man sie richten soll. Dieweil aber der mertail darwider ist gewessen, sie zu richten, aus Forcht, daz sie sich nit theilhaftig machen des vnschuldigen Bluetes der fromen, haben sie erkennt vnd beschlossen, die Brueder ledig zu lassen, welches sie den auch durch Gottes Anschickung gethan haben. Doch

---

[1] In Folge des zu Zürich 1585 erlassenen Edictes: ,wie sich jeder Vnderthan gegen den Wiedertauff zu verhalten hat' und der in Bern, Basel u. s. w. gegen die Dissidenten ergangenen Unterdrückungsmandate. Dass unter den Zuzüglern auch Vorarlberger waren, zeigt die Note bei 1583.

haben sie die zween mit Ruetten ausgestrichen vnd yeden mit ein glüenden oder haissen eissen durch die oren gebrennt. Darnach also widervmb alle drey mit vnverletzten Gewissen zu der gemain gottes gezogen. *A. K.*

1586.

a) Anno 1586, den 3ten tag Februarj, ist der Br. Walser Maierhofer, ein füernemer alter Diener im wort des Herrn, zu Altenmarkt im Märherlandt, im H. entschlaffen. *A. — L.*

b) In disem 86 Jar (den 24ten Februar) ist der Br. Leonhart Gayersbühler oder Maurer, ein Diener der N. zu Lundenburg im H. entschlaffen. *A. — C. E. — G. K. L.*

c) In disem 86 Jar, den 17. Tag des Monats Mertz,* ist der Br. Veit Grünberger oder Vrmacher, (gebürtig von Stubach[b] in Tyrol), ein Diener im W., (welcher den auch bis ins 7te Jar vorhin zu Salzburg vmb der göttlichen warhait willen ist gefangen glegen, nach vil erlittener triebsal vnd kampff) zu Schädowitz im Herrn entschlaffen. *A. — L.*

d) In disem 86 Jar den 1ten Tag Oktober ist der Br. Veit Hagenbüchler, ein Diener der N. zu Dämerschitz (Damborschitz) im Herrn entschlaffen. *A. — G. K. L.*

e) In disem 86[c] Jar, (den 2ten tag November) ist der Br. Wolff Gastaiger, einer Diener der Notturfft, zu Gostl im H. entschlaffen. *A. — G. K. L.*

f) In disem 1586 Ist vil volkhs aus dem Schweitzerlandt[1] zue der gemain zogen. *B. C. D.*

g) Anno 1586 am Freitag nach Pfingsten, d. i. den 30ten Tag Maj[d] ist der Br. Christian Gastaiger, ein Schmidt, gefenkhlich einkomen zu Ingolstadt in Baiern. Als den nächsten Sonntag kamen zu im zween Jesuwitter vnd der Stadtpfarrer, mit im zu reden, von wegen seines glaubens. Aber sie wurden balt fertig mit einander, weil inen die sach nit glingen wollt. Vber 3 wochen sindt mer zu im komen Zween Jesuwiter vnd wolten in vnterweissen. Als er aber ir Liedlen nit hat wöllen

* C.: 21ten März. — [b] Innsbr. Archivacten: „aus dem Pinzgaw!" — [c] I. K.: 1587. — [d] P. hat: „3ter tag Junj", allein irrig, weil Pfingsten 1586 auf den 25. Mai fiel.

[1] Erhard versetzt diese Zuzüge in das Jahr 1587 und sagt: „Es ist nit ein kleines, dass sie a. 1587 von Ostern bis auf Michäelis 1600 Personen, wie glaubwürdige Kundschafft lautet, von Teutsch- vnd Oberländischen Landvolk in Mähern gebracht." (Gründl. Hist. 1589, p. 41, 2.)

singen, da sein sie wider dahin gezogen. Nach 2 tagen kamen
wider zu im der Pfarrer vnd ein Doktor der schrifft, redeten
mit im vom kindtstauff vnd sagten, dass kindt sej verdammbt,
wenn es nit zu der Tauff kombt. Darauf der Br. antwort, es
sej nit verdambt, vnd hat inen die schrifft anzogen, darauf sie
in ein ketzer gscholten. Auf den nächsten Tag hernach kam
zu im der Ober-Richter mit sein Rat vnd sprach zu im: Du
weist warumb Du bist einzogen worden! du ligst nun ein Zeit
hie, vnd es sein zu Dir die Prister gangen, allein es hat wenig
an Dir ersprossen. Nun aber hab ich von deinetwegen müessen
berichten geen hoff vnd der beuelh ist komen, Ich soll mit Dir
reden! Wirst du dich nicht bekeren zu dem, wie deine Eltern
glaubt haben, so wirdt man dich auf einen scheitterhauffen
setzen. Lass sehen, wie Du Gott ein Eer sein wirst! Er antwortete im aber: Ich bin schon allberaitt alle tag zu sterben.
Von der warhait will ich nit weichen. Es gescheh Gottes willen.
M. P. Q. R.

Er hat auch von Ingolstatt, auss seiner gefenkhnus, der
gemain zuegeschriben: dieweil er sej einkomen vmb der göttlichen warhait willen, so wöll er auch bej der warhait bleiben,
es kost leib oder leben. Man soll nur ein guets vertrauen zu
im haben, er wölle ritterlich kempffen vmb die ewige Cron,
vnd hat vns dan allensamen den h. christlichen Gruess zuegeschriben. *M. P. Q. R.*

Darnach, als er etlich tag vber die 12 wochen zu Ingolstatt gefangen war, da hat man in an dem 25ten tag Augustj
auf ein Karren geschmidet, vnd von Ingolstatt geen München
gefüert.ª Da hat man auf dem 13ten Tag Septemberᵇ das vrtl
vber in angestelt. Der Fürst ist nit anheimb gewessen vnd
der Oberrichter ist davor gestorben. Der Unterrichter hat
sollen das Recht sprechen. Er aber wolt nit vnd sagt, Es sej
seines ampts nit. Der Bürgermeister vnd andere im Rath
haben auch nit wöllen mitstimen, aber die Jesuwitter haben hart
darauf gedrungen. Also ist es fortgangen. Man füert in auf
die stigen vor dem Rathauss vnd vervrtlet in zum schwert. Als

---

ª vnd als die Pfaffen daselbst vil an im gehandtirt vnd versucht haben,
ob sie in vom glauben möchten abfellig machen, da er sich nit liess bewegen, haben sie in daselbst zum tode vervrtailt vnd mit dem schwert
gericht. *A. — L.* — ᵇ *B. — G. L.:* 13ten November, *Q.:* 13 Dezombr.

er nun auf die Richtstett kam, da hat er, als ein wol getröster in Gott, ein dapffern Fraidensprung herumb gethan, weil er gesehen hat, das er dy Cron nun gar nahent erstritten het. Der Henkher ist mit dem aussgezogen, blossen schwert vor im gestanden, vnd samt den Jesuwittern noch angehalten: Er solt absteen! Er sprach aber zum Henkher er sol im sein recht thuen vnd zum Jesuwitter sagt er: Wen euer 1000 vnd noch so vil taussend weren, Ir solt an mir nichts gewinnen. Darnach ist er nidergekniet, hat den Hals dargerckht vnd der Henkher hat in mit dem schwert hingericht. *M. P. Q. R.* (gekürzt).

Das ist geschehen den 13ten Septembris,[a] wie dan das liedt,[1] so von Inen (allen 5) gemacht ist worden, (von seiner vnd irer aller Fraidigkait vnd bestendigkait) zeugnus gibt.[2] *A. — L.*

1587.

a) In disem 1587 Jar, den 2ten Februarj,[b] ist der Br. Georg Planer (oder Vrmacher), ein Diener im Wort, doch nur in versuechung, zu Pribitz im II. entschlaffen. *A. — L.*

b) Anno 1587, am Suntag Oculi (den 1. März) seindt 5 Br. als nämlich: der Wolff Schönberger, (den man Hungermüller nennt,) Adam Neiffer, (ein Bader), Daniel Hellrigl, Abel Okershauser, (ein schneider), vnd Hanss Neumaier, (ein barchentweber), im Dienst des Worts (auf der Neumül) bestättigt worden. *A. — L.*

Dazuemal seindt auch die 4 Brüeder: Andree Kleesattl, ein Tischler, Peter Trier, ein Buchbinder, vnd Jakob Kisse (Küss), ein Rotgärber, (ein Schweitzer,) vnd Georg Lackhorn oder Seckler, im Dienst des Wortes in versuechung gestelt worden. *A. — L.*

Disem Lackhorn ist aber das ampt (der Notturfft) vber etliche Tag wider, (vmb vrsach willen E. G. L.) abgenomen worden. *C. — K.*

---

[a] *B. — G. L.*: 13 Nov., *Q.*: 13 Dez. — [b] *A. B. C.*: 30 Dezb 1586, *H. J. K.*: 2ten Januarj 1587.

[1] Es ist das oben bei Wolf Rauffer 1585 in der Note citirte Lied.

[2] Die Cod. *A. — L.* widmen dem Ch. Gasteiger nur wenige, aus *M. P. Q. R.* entnommene Worte mit dem hier angedeuteten Schlusse.

c) In disem 87 Jar, den 25ᵗᵉⁿ October,ᵃ hat man 5 (6)
Brüeder,ᵇ als nämlich: Nicolasch Holba, ein Müller, Hanss
Eberle, ein Sailer, Bastl Dietrich, ein Bader, Lamprecht Jänko,
ein Schuester, Andree Lehner, ein Schlosser (vnd Stoffel
Schuester, Einkauffer *K.*) im Dienst des Evangelions erwelt,
(aber in versuechung *G. L.*), vnd zu Neumül füergestelt. *A. — L.*
Diser Stoffel ist aber auf sein Bitt vnd Begeren des
Dienstes wieder entlediget worden. *K.*

d) Im Jar 1587 vmb Pfingsten ist der Br. Michl Fischer
zu Ingolstatt in Baiern gefangen worden vmb glaubens willen.
Als er nun bej 12 wochen lang in Banden lag vnd die Münich,
Jesuwitter vnd andre vil mit im angehebt, er aber auf dem
weg der warhait, darauf er stee, stoiff beharren wöllen, ist im
letztlich das Leben abkündigt vnd der todt zuegesagt worden,
das man in auf den Freitag den 7. Augustj hinrichten werde,
so er nit absteen wölle. Aber er ist vnbeweglich im glauben
gestanden. Also hat man in am gemeldten Freitag den 7. Augustj zu Ingolstatt aus der gefenkhuus gefüert, für das Rathauss, Morgens vm 8 Vhr, vnd haben im alda die Vrgicht verlessen: Nachdem er bey die 20 Jar im Widertauff, (wie sie es
nennen), gestanden, vnd dazue auch etlich andere darein verfuert, vber diss yetz sich keineswegs davon nit wöllen ab-
weisen lassen, so müess er darumb sterben. Den die kaisserlichen Mandath also seyen, das mans weder dulden noch leiden,
sondern mit feuer vnd schwert hinrichten soll. Also ist er darauf
hingefuert worden zur Richtstatt. Ein Jesuwitter vnd ein Münich giengen mit vnd wolten im bericht geben. Aber er hört
sie nit vnd hiess sie von danen gehen. Hielten im ein Crucifix
füer, da soll er sehen, der sej für vns gestorben! vnd hetten
also ir phantascy! Aber der Br., der Christum seinen Erlösser
im Himel wisste, schüttelt den Kopf vnd sprach zum Henkher:
Geh her, es ist nit anders, dran will ich redlich halten vnd
sterben auf meinen glauben. Gieng also dar, vnd kniet nider,
vnentsetzt vnd vnbeweglich. Sein Tapfferkait nam dem Henkher
sein Hertz vnd kundt in nit recht richten; schnitt im gleich
das Haubt ab, wie er kundt, also, das er nit in klainer gfar
darumben stuendt. Man belaidet den Henkher darnach mit
gewerter Handt in die statt, wie dan einer, der selber bei diser

---

ᵃ *I. K.:* 20ᵗᵉⁿ October. — ᵇ *K.:* sechs Brüeder.

Handlung gewessen, das gesehen vnd gehört vnd vns anzaigt hat. [1] *P. Q. R.*

e) Anno 1587 den 20. Februarj [a] ist der Br. Hanss Schlegel, ein Diener des worts, zu Maskowitz, [2] den 26. [b] Marty der Br. Hänsel Baldauff, ein Diener der N. zu Schädowitz im Herrn entschlaffen. *A.—G. I.—L.*

In disem 87 Jahr, [c] ist der Br. Wendl Holba (Müller,) ein Diener des worts, (in deutscher vnd böhmischer sprach *J. K.*) von Maskowitz geen Stiganitz zu des Herren Gedächtnus geraist vnd daselbs, zu Stiganitz, im Herrn entschlaffen am 11. Maj. *A.—L.*

In disem 1587 Jar, den 19. Augustj, [d] ist auch der Br. Michael Feldthaler, [3] ein alter fürnemer Diener des worts, zu Tracht im Herrn entschlaffen. *A.—L.*

---

[a] *A.:* 21ten Febr., *B. C.:* 14ten Febr. — [b] *J. K.:* 27ten März. — [c] den 8ten Mai *H. J. K.* — [d] *B. C. L.:* 20ten Aug., *A.:* 21ten Aug.

[1] Fischer's Tod besingt auch ein unbekannter Dichter in dem Liede: ,Mich vraacht euch zu singen' (im Cod. 203. 236 Pos. und *G. J.* 32 Strigon., dann VIII. c. Pestin.). Die Cod. *A.—L.* schöpfen ihre Notiz aus *P. Q. R.*

[2] Máskowitz, das nach Frischau eingepfarrte mährische Dorf Moskowitz (slav. Máčkowice, auch Moskovice genannt) bei Znaim. Im Jahre 1587 war Moskowitz eine Filiale der Frischauer Wiedertäufer, die hier auf den Gründen der verödeten Dörfer Rohotef und Bransudic angesiedelt wurden.

[3] Von diesem Bruder, einem gebornen Baier und gewesenen Pfleger der niederösterreichischen Herrschaft und Veste Falkenstein, (anno 1560 in das Predigeramt gewählt), siehe Note bei dem Jahre 1564.

Was Meshovius (in seiner Historia Anabapt. Colon. 1670, lib. VII, p. 116) über Feldthaler erzählt, ist bis auf den Umstand, dass er ,nobili loco natus et latinae linguae ignarus et multos annos inter fratres cum laude versatus' war, durch seine Erfahrungen und Talente auch viel zur Hebung des Wohlstandes der Gemeinde beigetragen hat, und dass ihn die Brüder ,velut Dei virum' verehrten und sein Sterbebett weinend umgaben, pure Dichtung und Faselei, wobei ihm Magister Christof Erhard's ,gründliche (?) Historia' wieder als Quelle diente, die er dazu mitunter gar nicht verstand, wie die Stelle: ,Es ist uit ein klaines, das sie, (die Wiedertäufer), anno 1587 von Ostern bis auf Michaelis 1600 Personen in Märhern gebracht', beweist; eine Stelle, welche Meshovius (dem Br. Feldthaler den Zuzug anrechnend) also übersetzt: ,Paulo mensium spatio 1600 personas in Moraviam atraxit.' Meshovius macht ihn auch zum Nachfolger des Gabriel in praesulatu, und diesen zum Nachfolger des Jakob Hueter (!), ein Irrthum, den auch der Sammler Ceroni niederschrieb mit allen historischen Verstössen des Meshovius, dem er nachbetete.

1588.

a) Anno 1588, am Sonntag Oculj,[a] seindt 3 Br., der Nicoläsch Holba, Andree Kleesattl vnd Hanss Eberle, (ein Sailer), mit auflegen der Eltesten Hendt zu Neunnül im Dienst des Euangelions bestättigt worden. *A.—L.* Der Hanss Eberle hat in deutscher vnd böhmischer sprach gepredigt. *E. J. K.*

b) In disem 88 Jar, den 3ten tag July, ist der Br. Nicoläsch Holba (oder Müllner), ein Diener des worts, (doch in der versuchung,) der zuvor des gantzen Mülhandwerkhs füergestellter ist gewessen, zu (Klein)-Nemschitz (bej Prälitz) im Herrn entschlaffen. *A.—L.*

c) Im 1588 Jar wardt der Br. Peter Sämer,[b] zu Freyburg in einem Markt im Baierlandt gefangen. Nachdem er alda bej einem Wirt vber nacht geherberigt, vnd des morgens weiter hat ziehen wöllen, hat in der scherg antroffen vnd gfangen genomen. Darnach hat man in geen Burckhaussen gefüert. Wie sie in alda verhört vnd gemerkht, das er bestendig sein werde, haben sie in wider geen Freiburg geschickht. Am 3ten Tag hat in der Pfleger daselbs aus der gfenkhnus holen lassen vnd mit im gredt, das er absteen soll. Aber er hat im geantwort: Ich stee nit ab, dan wen ich abstundt, so stündt ich von meinem Gott ab vnd den 10 geboten! Wie man im sein Endt verkündiget, vnd der stab vber im brochen wardt, da hat er einen Freudenschray vnd sprung gethan, vnd hat gsagt: Er hab nur ein kopff, vnd wen er zween vnd drey hett, so wolt ers darstreckhen, ee er vom glauben wolt absteen. Es war seer vil volkh darbej, wie man in richten wolt vnd das volkh hat seer vmb in gewaint. Er aber hat zu inen gesagt: Sie dürfften vmb in nit wainen. Als man in ausfüert, hat er aus frölichen Hertzen gesungen. Es ging ein füernemer man zu im vnd sprach: Mein Peter! Stee ab! Er aber sagt: Schweig still! Du weisst nichts darumb. Darnach kniet er nider, vnd wie er also kniet vnd im gebet war, da hat im der Henkher das Häupt abgeschlagen. Als dasselbig auf die Erden gefallen ist, hat es sich wunderbärlich verträet vnd das angesicht am ligen vber sich kert. Darob sich das volkh seer verwundert,

---

welches ist geschehen [1] den 8ten Tag des Monats Julj des 88 Jars.
P. Q. R.

d) In disem 88 Jar haben die Brüeder das Hausshaben zu Lewär [2] (in Ungern) angefangen vnd aufgerichtet. *B. C. G. J. K. L.*

1589.

a) Anno 1589, den 16. Octobris, ist der Br. Valtan Hörl, ein (alter) Diener des Euangelions (worts) vnd ein hochbegabter eifriger Brueder, zu Nemschitz (bei Prählitz) im H. entschlaffen. *A. — L.*

b) In disem 89 Jar, (vmb Ostern)* sein die Brüeder zu Paraditz auszogen. *B. — G. I. L.* Da hat man das völkhel geen Kobelitz geordnet. *D. F.*

c) In disem 89 Jar haben die Brüeder das Hausshaben zu Kobelitz [3] angefangen vnd zuegerichtet. *B. — K. L.*

———

* haben die Br. zu P. abziehon müessen vnd sein gegen Kobelitz gezogen. *B. C. L.*

[1] *A. — L.* enthalten hier nur einen mageren Auszug aus *P. Q. R.* Die Cod. *C. K.* lassen die Hinrichtung jedoch in Burghausen vor sich geben. Von ihm erhielt sich sein Urlaubslied (8 Strophen, in Cod. 194. 203. 232 Pos.) und auch seine ,Leidensgeschichte', gesangsweise gestellt; die letztere von einem Unbekannten. (Ebenda.)

[2] **Lewär** = Levár (Leváry, deutsch: Gross-Schützen, magyarisch: Nagy-Lévárd), ein Markt mit 2560 katholischen Einwohnern, nächst der March im Pressburger Comitate, mit einem gräflich Kollonich'schen Schlosse und der deutschen ,Habáner- Gemeinde, einem der letzten Reste der Wiedertäufer in Ungarn, die sich nach ihrem Uebertritte zum Katholicismus hier, in St. Johann und in Sobotisch in geschlossenen Gemeinden erhalten haben. In Levár besitzen sie ungefähr 50 Häuser mit ebenso viel Familien und einigem Gemeindevermögen. Ihre Niederlassung in Levár verdanken ihre Voreltern dem kaiserlichen Mundschenk Herrn Hans Bernhard von Lembach, Herrn auf Gross-Schützen, der sie aus Protzka und Mähren (1588) herbeirief und ihnen Zins- und Pachtgründe anwies, sich vertragsmässig gewisse Giebigkeiten und Leistungen vorbehaltend. Der betreffende Stiftungsbrief ddo. Levár am Tage Johann Baptist 1588 findet sich im Pressburger Cap.-Archiv und in Abschrift in der Lade der ,Habáner' in Levár. Ueber Levár und die Colonia Anabaptist. sieh' Bel, Notitia hungar. novae, tom. II, p. 273 (1735).

[3] **Kobelitz** (Gobelicz), das zwischen Auspitz und Čajkovic, am einstigen Kobylier See gelegene Pfarrdorf Kobyli (Stuttenfeld); Bořetic, von den Brüdern Paraditz genannt, lag ½ Stunde südwestlich. Die Ursache des Abzuges dürfte in der mit dem Tode der Grundfrau, (einer geb. Žerotin), eingetretenen Besitzveränderung zu suchen sein. Kobyli gehörte damals

1590.

a) Anno 1590, am Suntag (Invocavit), den 11. Märtz, sind
5 Br. als nämlich: der Jakob Kise,ᵃ Peter Trüer, Lamprecht
Jänko, Bastl Dietrich vnd Andre Lehner im Dienst des worts
bestätigt worden zu Neumül. An disem tag sind auch 3 Br.
im Dienst des worts in versuechung gewellt vnd zu Neumül ᵇ
füergestellt worden, nämlich: Caspar Ylle, (ein schuester), Seyfried Geyss, (ein vassbindter), vnd Jörg Ackher, (ein buchbinder). *A. — L.*

b) In dem 90 Jar, den 15. September,ᶜ auf einen samstag
abent, haben sich die Erdbiden erhebt. Darnach in der nacht,
zwischen 12 vnd 1 Vhr, Ist gar ein trefflicher grosser Erdt-
bidem geschehen, welcher in gantz Märhern, Österreich, Behem
vnd schlesing, samt ander vmbliegenden Lendern durchgangen
vnd an vilen Orten grossen schaden gethan hat. *K.*

c) Anno 1590, den 1ᵗᵉⁿ Tag Martius,ᵈ ist der Br. Blasj
Etztaler oder Harrer,ᵉ ein (alter) Diener im wort, zu Olleckowitz, den 1. tag Augustj: der Br. Walser Haseufelder, ein
Diener des worts, zu Maskowitz in Märhern im Herrn entschlaffen. *A. — L.*

d) In dem 90 Jar, den ersten tag Dezb. (Christmon.), ist
der Br. Bärtl Gebler,ᶠ einkauffer, ein alter Diener in der N. zu
Priwitz in Märhern im H. entschlaffen. *A. — C. F. — H. K. L.*

e) Anno 1590 Ist der getreue Br. Hanss Schmidt aus
der gefenkhnus im Wirtembergerlandt widerumb zu der gemain
des Herrn komen vnd hernach im 1591 Jar im Dienst des
Euang. gestellt worden, der Gemain allda gedient, bis er zu
Stignitz seinen Lauff vollendet a. 1602. ¹ (Cod. *G. J. X.* 28
in Gran.)

---

zu Göding und dem den Brüdern wohlwollenden Landmarschall Johann
von Lipa.

ᵃ *B. C. K.:* Jakob Küss, *D. E. F.:* Jakob Hinnen. — ᵇ *B. C. K.:* zu Pribitz. — ᶜ *B. C. G. L.:* ‚In dem 1590 Jar, den 15 Dez. ist in der nacht
ein grosses Erdbiden gewessen.' — ᵈ *H.:* 1ᵗᵉⁿ Maj. — ᵉ *D. E. F.:* Hörer.
— ᶠ *L.:* Bärtl schusster.

¹ Eine umständliche interessante Schilderung seiner Erlebnisse in Würtem-
berg aus dem Jahre 1590 (eigene Aufzeichnung) ist in dem obigen Lyc.
Cod., in meiner Sammlung und im Cod. Erenpreiss II in Gran zu finden.
Schmidt war von Rumershausen gebürtig, sein Missionsgebiet hauptsäch-
lich das Territorium von Schorndorf, Beutelsbach und Aichelburg. Zu
Reinharts bei Welzheim erkannt und gefangen und gegen Lorch gebracht,

1591.

a) Anno 1591, den 8ten Januarj, seindt alle füergestellten
zu Neumül versamlet gewesen vnd im Beisein aller Diener des
worts vnd der Haushalter die Punkte mit inen beredt, was die
Schuester, die Zueschneider, Flicker vnd die Einkauffer sollen
nit zuelassen oder aufkomen. *J. G. VI. 26.*

b) Anno 1591 den 18. Januarj hat Herr Hynek Schlach
die Brüeder aus seinem Schenkhof, bei Tscheitsch [1] gelegen,
welchen er inen vmb ein beweglichen [2] Zins etlich Jahr verlassen, ausgetrieben vnd inen vil guets geraubt vnd grossen
schaden zugefügt, welches über die 500 ჳჳ. (*G. L.:* 5000 fl.) ist
geschätzt worden. Habens also dulden müessen vnd gott be-
uohlen. *B. C. G. L.*

c) Im 1591 Jar (am Freytag in der 1ten vastwochen,) den
8ten tag Marty [b] ist der Br. Leonhart Polzinger, ein vrmacher, [c]

disputirte er da mit dem Abte, in Schorndorf mit dem Dechant, in Stuttgart mit dem Kanzler und Probste, ohne sich irgendwo ‚vnderweisen zu
lassen oder die Warheit zu verlangnen'. Nachdem er allenthalben, namentt-
lich aber in Sindelfingen und im Schlosse Reichenberg längere Zeit im
Thurm gelegen, da gütlich und peinlich besprochen wurde, gleichwohl
aber nicht einmal angeloben wollte, nach Würtemberg nicht wieder zurückzukehren, ist er schliesslich in Folge hoher Weisung und über die Bürgschaft seines Vaters nach Backmang überführt und daselbst seinen Ge-
schwistern übergeben worden, die ihn den 4. December 1590 seines Weges
ziehen liessen.
[a] benantlichen *L.* — [b] im April *J.* — [c] Liendl Vhrmacher *J.*
[1] Tscheitsch (Cajë) mährisches Dorf mit 740 katholischen Einwohnern
und einem Mineralbade, 1 Stunde weit von Kobyli, einst ein Rittergut,
anno 1591 ein verödetes Städtchen (oppidum) und dem Johann von Lipa
gehörig. Den benachbarten Schenkhof, nächst Kobyli, besass damals
Hynek Šlach von Hřivic. Es ist derselbe Hof, welchen Zdeněk Žampach
von Pottenstein, (Besitzer von Bořetic), anno 1595 von Hynek Šlach erkaufte. Er bot dafür, seiner Wildbahn wegen, einen grösseren Kaufpreis,
als Johann Prakšický von Zástřizl, der ihn ebenfalls erwerben wollte,
und gerieth deshalb mit diesem in einen Ehrenhandel, der anno 1596 vor
dem Landrechte dahin entschieden wurde, dass Žampach dem Kläger in
den Schranken der Herrenstube Abbitte zu leisten, ein Strafgeld von
400 fl. zu erlegen und überdies eine Zeit lang auf dem Rathhause in
Olmütz zu sitzen habe. Žampach, ein Sohn der Bohunka v. Žerotin,
that zwar die Abbitte, allein so geringschätzend und trotzig, dass man
ihn kaum die Lippen bewegen sah, sich ungebärdig betragend, wie Einer,
bemerkt Carl v. Žerotin, der ein Dorf anzünden will. (Puhonen-Buch von
1596 und Carl v. Žerotin's Aufzeichnungen. Ms.)

vnd ein gemeiner Brueder, zu Ylba,[1] in ein Hofmark, nit weit von Braunau[a] im Baierlandt, vmbs glaubens willen gericht[b] worden. *A.* — *L. P. Q. R.*; nachdem er in die 23 wochen gefangen ist gelegen. *P. Q. R.*

Als er (am Erchtag vor Michaelj) im verschienen 1590 Jar zu Ylba gefangen wurde, hat man in darnach geen Brauna in die statt gefüert, vnd daselbs in ein finstern gefenkhnus gelegt. Man hat in auch mit der Marter versuecht abzutreiben, von sein glauben, vnd haben in einmal lär auffzogen, zum andermal ein stain im angehänkht, aber er hat in die antwort geben: Absteen thue er nit. Zuletzt haben sie in wider von Brauna weggefüert geen Ylba. Daselbs haben sie in am obgmelten Freytag aussgefüert zur Richtstatt. Seines Endts hat er sich erfreyt. Da hat in der Henkher mit dem schwert hingericht vnd also dan verbrennt.[2] *P. Q. R.*

d) Anno 1591 (den Sontag Oculj, das ist den 17ten Märtj[c]) sein 6 Br., als nämlich: Hans Schmidt, ein Hawer, Lienhart Schmidt, (von Eisingen *E.*), ein zimmermann, Stoffel Rath, ein schuester, Stoffel Schenk, (welcher vorhin bej den schweitzer Brüedern auch ein Diener war *D. E. F. G.*), (ein schuester *A. B. C.*), Conradt Glaser, ein (Lein-) Weber, vnd Frantz Moritz, ein Corduaner oder Weissgärber, zu Neumül im Dienst des Euangelions füergestellt vnd anzaigt worden. *A.* — *L.*

e. 1) In disem 91 Jar (den 7. Maj) haben die Br. zu Pergen vnd Veitelsbrun (in den beiden Hausshaben), da sie vber die 30 Jar gehausst, vmb·glaubens willen ausziehen muessen. Dessgleichen zu Pulgram vom Maierhof. *B.* — *H. L.*

2) Anno 1591 hat der Herr Sigmundt von Dietrichstein die Brüeder zu Pergen vnd Veitelsbrun ausgetriben. Da sein sie geen Wasstitz ausgezogen vnd geen Sabatisch *A. J. K.*, vnd haben dyselbigen Hausshaben angefangen aufrichten. *J. K.*

---

[a] *L.:* Braune, *P. Q. R.:* Brauna. — [b] enthaupt worden. *L.* — [c] *H.:* Samstag den 1ten July.

[1] Ylba, recte Julbach, Marktort, 1 Stunde südwestlich von Braunau in Baiern.

[2] *L.:* ‚hat also die göttlich warhait ritterlich mit seinem bluet bezeugt.‘ Auch seine Leidensgeschichte begeisterte einen unbekannten Bruder zu dem Liede (Cod. 203): ‚Lasst vns von gautzor vnsrer seel — Lob singen dem Gott Israel — Sein güet thuet ewig weren‘ etc. (in der H. S.: *G. H.* XI. 27 Strig. zu finden).

f) In disem Jar sein sie (wir) zu Wasstiz in Märhern, vnd zu Sabatisch (vnter dem Bränisch. *II.*) in Vngarn, da wir vorhin (im 581 Jar *II.*) auch vertriben worden, vnd bei 10 Jaren niner gewont, auff der Herrn vilfältig Begeer vnd anhalten wider einzogen. *B. — II. L.* Dessgleichen auch in Tanowitz. *B. C. G. II. L.*

g) In dem 91 Jar ist ein treffentliche schwere vnd harte Teuerung gewesen, vnd sonderlich in Böhem, vnd dieweil sie das getraidt auffkaufften vnd auss dem landt füerten, hat dises landt auch balt ein grosse Not angelangt, Also, das in der Wochen vor St. Johannestag, ein Metzen Waitzenmel zu Auspitz 2 ßß 4 gro.[a] vnd ein Metzen Korn zu 2 ßß[b] golten hat. In diser schweren Zeit hat Gott, dem allain die Eer sey, durch den Fleiss vnd grosse Füersichtigkeit der trewen Eltesten vor villen Andern völkhern sein volkh also gesegnet vnd versorgt, das die fromen dise Tewrung wenig empfunden vnd Niemandt ein Mangel, das doch ein Mangel zu halten wer, nit gelitten hat. Nach der Erndt, weil das getraidt allenthalben zu velt wol stuendt, ist es widervmb besser worden, vnd das Traidt in ein ziemlichen Kauff komen. *B. C. H. I. K.*

h) Im J. 1591, den 5. tag Augustj, ist der Br. Ge ö rg We ng er, ein schneider, vmb des glaubens willen mit dem schwert gerichtet worden, zu Lorentzen im Pussterthal, in der graffschafft Tyrol (*B. — L. P. Q. R.*), nachdem er übers Jar gelegen. (*P. Q. R.*) Da hat er sein Glauben in Christo standhafftig mit seinem bluet bezeugt. *B. C. E. — L.* Als er den Abent vor St. Jakobustag im 90ten Jar gefangen worden, hat man in geen Lorentzen ins Ampthauss gefüert, in ein gemaine gefenkhnus. Den nächsten tag hat in der Anwalt, der Pfleger, der Schreiber vnd ein pfaff für sich fodert vnd wissen wöllen, wer mit im hinaufzogen, wo sie sich aufgehalten oder zu Herbrig gewessen seyen. Er aber sprach: Wir verraten vnsern feindt nit, solte ich den die verraten, die vns guets thuen? Nachdem haben sie in hefftig ermant, er soll absteen, (vnd darumb Eysen gefodert), vnd spricht der Pfleger: Willstu nit mit güeten, so ist das Instrument da! Der Br. sprach: So bin ich auch da. Ich habe meine gsunden glieder von Gott empfangen; dem will ich's auch wider aufopfern. Kann ich nit mit gueten gewissen

---

[a] *J.:* 2 Taler. — [b] *II.:* 2 fir., *J.:* 2 Taler.

dauon komen, so will ich mit befleckten gwissen auch nit
dauon ziehen. Als er 1 Monat lang in St. Lorentzen glegen,
vnd 3mal füer die obrigkeit gfüert worden, hat man in darnach
aufs Schloss Michelsburg gefüert, an die Martter, vnd da er
Inen ir böss begeeren nit anzaigen wolt, haben sie in 2mal gereckht, das letztemal im den grössten stain, den sie gehabt,
angehängt, vnd in gereckht, das man die schnier oder bandt
13 wochen an seinen Hendten gesehen hat. *P. Q. R.*

Als er über die 14 Tag auf dem Schloss Michelsburg gelegen, habens in, den 15ten Tag Herbstmonaths, geen Brüxen
gefüert vnd daselbs in ein Thurn an ein ketten gelegt, in
welchen gemeuer vil vnzieffer gewessen; auch sein im die Scor-
pionen beim Haupt vnd beth an der Mauer vmbkrochen vnd
im vil grausen gemacht, das er sein Haupt müessen verdecken!
In der 9ten wochen seiner gefenknus zu Brüxen habens im 2mal
den Todt verkündigt, darneben ermant, er soll absteen; aber
er sprach: Es hat mich kein fürwitz zu disem volkh geraizt;
weil ich aber bej inen mein Leben in Besserung gebracht, darzue auch bej Anderen Ihres Lebens besserung gesehen, die
vorhin niemandt bessern hat künen, so erkenn ich das für ein
werkh Gottes vnd kein Secten. Die pfaffen zu Brixen haben
in vilmal überloffen in der gefänkhnus, auch hinaus gefodert,
der Vicarj viermal, der Tumprost zwejmal, der pfarrer ob die
10 mal; auch Münich, Edelleut vnd andere, vnd haben in wöllen
widerumb zu der rechten Kirchen weissen. Er aber sprach:
Er hab die rechte Leer vnd kirchen Christj nit verlassen. Dabei woll er bleiben. *P. Q. R.*

Als er 10 wochen zu Brixen gelegen, habens in wider
geen Lorentzen gefüert vnd war der anschlag, als solt er noch
vor Weynachten gericht werden. Ist aber verhindert worden.
Haben in vor Weynachten widerumb aufs schloss Michelspurk
gefüert, darnach am 1ten Tag Märtz habens in wöllen richten:
ist aber durch den Todt des Bischofs zu Brixen, der 4 tag
darvor gestorben, verhindert worden. Ist also im schloss gelegen bis auf den 5ten Tag Augustj. Darnach hat man in
widerumb geen Lorentzen ins Richthauss gebracht, alda auf
kaisserliche Mandath verurtelt zum Todt vnd sein vrgicht oder
vermeinte vrsachen des tods verlessen, nemlich: Daz er von
der Katholischen, Römischen Kirchen sej abgestanden (getretten)
vnd sich anders hab tauffen lassen, auch darnach andere hab

20*

gesuecht (dahin) zu bringen in die ketzerische Secten. Aber
der Br. Geörg sprach: Es sej nit ein ketzerische Secten, wie
sys haissen, sondern die göttliche warheit vnd der rechte weg
zum reich Gottes. *P. Q. R.* Darnach hat man in aussgefüert
zuer Richtstatt. Daselbs der pfarrer von Lorentzen noch häfftig
an in setzet, mit guetten Worten, er soll absteen; er wölle im
helffen, das er sein Leben lang genueg soll haben, vnd bürge
fuer in sein am jüngsten Gericht, so er vnrecht daran thue.
Aber der Br. sprach: Wen ich das thet, vnd dich zu ein Bürgen
anäm vnd fuerct darnach der Teuffel den Bürgen am ersten
hin, wo wolt ich mein Bürgen oder 'Pfand suechen? Es war
vil volkh vorhanden. Etlich wainten. Er aber sprach, sie sollen
vber sich selbst wainen. Man hat im die Hendt so vil losge-
lassen am ausfüeren, daz er sie hat mögen aufheben. Da hat
er Gott gelobt, der im Gnadt geben hat vnd krafft bisher.
Darnach hat er sein Geist in seine Hendt beuolhen vnd ist
also enthaupt worden. [1] *P. Q. R.*

i) Im Jar 1591, den 19ᵗᵉⁿ Tag Julj," ist der Br. Jakob
Platzer, ein Schlosser, gefangen worden zu Silgen,[2] im Puesster-

---

* *P.:* 19ᵗᵉⁿ Augustj.

[1] Cod. *B.* — *L.* haben hier: ‚Anno 1591, den 5ᵗᵉⁿ Tag Augustj ist der Br.
Geörg Wenger, ein schneider, zu St. Lorentzen im Pustertal in Tyrol
vmb gl. Christj willen mit dem schwert gericht worden.‘ Die Aufzeichnungen in *P. Q. R.* sind den Briefen entnommen, die er im November
und December 1590, dann am 13. April 1591 aus seinem Gefängnisse zu
Brixen und Michaelsburg an den Stoffel Künhuber und Claus (Braidl),
dann an sein Weib Ändl nach Mähren geschrieben. (M. S.) Demselben
ist auch ein Abschiedslied an die Letztere, (in Jörg Wagner's Ton zu
singen), beigefügt.

[2] Silgen (und nicht Selzen), der jetzige Pfarr- und Marktflecken Silian an
der Drau, wo, sowie in dem nahen Villgraten, die Indolenz des damaligen
Clerus dem Anabaptismus einen guten Tummelplatz bot.
    Dass hier Silian gemeint sei, zeigt der Zusatz: ‚Im Pussterthal'
und das gleichzeitige Lied (Cod. 203):

> Zu Silgen in dem Markt,
> Noch ein Brueder gefangen lag,
> Im glauben auch gantz stark
> Jacob Platzer heisst er mit nam.

Nach Cod. *A.* geschah die Hinrichtung im September; nach *B. D. E.:*
am 7. August 1591 (zu Silgen im Pusterthal). Was uns *P. Q. R.* von
Jacob Platzer und Jörg Wenger erzählen, bringt auch das ‚Liedl' (Cod. 203
und *G. J.* XI. 27): ‚Ir liebhaber der warhait guet.‘ Weniger standhaft
erwies sich Platzer anno 1585 in Lienz. Seine Bekenntnisse vor dem

tal, in der graffschafft Tyrol. Ist also bei 8 wochen in Banden
gelegen bis auf don 7ten Tag Augustj.* Als sie Nichts an im
haben richten künncn, vnd er nit abweichen hat wöllen von
der warhait, da hat man in auf kaisserliche mandath zum Todt
verurtlet zum schwerdt. Auf der Richtstatt, zu welchor Er
gantz wol getröst gewessen, hat er sein gebet zu Gott gethan.

Landrichter Joss Tausch (genannt Aichele) und dessen Geschwornen und
seinen endlichen Widerruf, zu dem er sich, als er daselbst ,auff giltlichen
vnd peinlichen Wege' nochmals inquirirt werden sollte, am 18. August
1585 in der St. Andreaskircho zu Lienz herbeiliess, bringt der Bericht
Tausch's in Caus. dom. L. 13, fol. 260 des Innsbr. Statthalteroiarchivs
und Dr. Kripp's VIII. Gymn.-Programm 1857. Platzer, von Prad (am
Stilfser Joch) geblirtig, ist, seinem Schlosserhandwerk nachziehend, zu
Kempten in Schwaben durch den Bruder Jacob Schuster bestimmt worden,
zu der Gemain nach Mähren zu ziehen und sich da ,anderst tauffen zu
lassen'. Er erzählte den Geschwornen, dass die Brüderschaft in Mähren
die Gemeinschaft halte ,nach der Apostel leben vnd bevelch'. Keiner
könne sagen, das Haus, der Becher oder Kasten ist mein, denn Alles ist
ein Gemeingut. Als er mit den drei mitgefangenen Brüdern aus Mähren
heraufzog, um diejenigen, die sich gutwillig zu ihnen schlagen, mit sich
hinabzuführen, hat die Gemain auch vier Brüder zu gleichem Zwecke
nach Polen geschickt, über Aulangen ,ains Polnischen Herrn, der
zuvor ein Pader under Inen gewest'. Die Brüder seien laut Gottes Befehl schuldig, ,in Alle Welt auszzuziechen'. Sie halten allein das Abendmahl, wie es Christus der Herr eingesetzt, und kennen sonst kein Sacrament; der Ehestand sei wohl eine reine christliche Ordnung, aber kein
Sacrament; die Priesterweihe, Absolution, letzte Oelung, Messe: nichts
werth. Kinder bedürfen der Taufe nicht; diese soll nur Erwachsenen, so
sie zum Verstande kommen, zu Theil werden. Ihr obrister Bischof oder
Vorsteher sei Claus (Braidl). In ihrem Hause zu Schaidowitz (Žadovic
bei Gaja) ist Veit Urmacher (Grünberger) der Haushalter, ein Tiroler.
Es sei ihnen befohlen worden, sich, wenn sie nach Tirol kommen, bei
Tag und Nacht in den Wäldern aufzuhalten und fürzusehen, dass sie
nicht gefangen werden.

Der ,Kirch- und Pfarrherr' von Lienz, Jonas Nürnberger, hat an
der Bekehrung Platzer's und seiner drei Gefährten ,vill Tag, Zeit, Müe
vnd Arbeit zuegebracht, aber wenig Fruchtbars ausgericht', bis sich
endlich nach zweimonatlicher Haft (im Schlosse zu Lienz) Platzer und
zwei Genossen zum Widerruf geneigt zeigten. Der vierte Bruder, Ru-
precht Sier, war inzwischen entlaufen. (L. XIII. caus. dom. a. 1584—1585.)
Die Cod. B. — L. melden von J. Platzer nur: ,In dem 1591 Jar
(B. D. L.: am 7ten Aug.) ist der Br. Jacob Platzer, ein Schlosser, zu
Silgen im Pusterthal v. d. g. vnd der zeugnuss Jesu Christj willen mit
dem schwert gericht worden.'
* bis auf den 15ten Octob. P.

Im selben hat in der Henkher enthaupt, vnd darnach vergraben. Hat also die göttl. warhait redlich bekannt vnd bezeugt. *P. Q. R.*

h) In disem 91 Jar, den 15. Februarj,[a] ist der Br. Paul Iltzmüller (oder schuester), ein Diener des worts, zu Maskowitz in Märhern, *A.—L.*; den 22ten Februarj: der Br. Martan (Martin) Wolff, ein Diener in der N. zu Wessele in Märhern, *B.C. G. K. L.*; den 9ten Tag[b] Martj: der Br. Jörg Mair, ein Diener der N. zu Altenmarkt *A.—L.*; den 18ten September:[c] der Br. Gall Perger, ein alter Diener in der N. zu Neumül (in Märhern) *A.—L.*; den 4ten October[d] Br. Hanss Berel,[e] (ein vorsteer des gantzen kirschuer Handwerks), zu Gostl in Märhern, *B. J. K.*; den 20. Nov. 591: der Br. Leonhart Reuss[f] (oder Schneider), ein Diener des Euangelions, zu Maskowitz in Märhern, mit friedlichem Hertzen im Herrn entschlaffen. *A.—L.*

Beilage *C* zum VIII. Buche anno 1581 und Ergänzung des Verzeichnisses der von 1527—1581 getödteten Brüder und Schwestern.

[1527—1531.]

Die brueder, die bezigt haben mit irem blut, dass ir gott warhafftig sey vnd ir glaub gerecht.

Die stet an der thunaw:

zu vlm . . . ussgehawen

„ lawingen 1 mit dem schwert (gericht)

„ aügspürg 12 mit wasser feir vnd schwert

„ lanspürg 6 mit schwert

„ nienbürg an der tunaw 6 mit waser vnd schwert

„ ingelstat 2 mit schwert

„ regnspürg 1 mit dem schwert

„ minchen 3 mit feir vnd schwert

„ denkendorf 2 mit schwert

„ basaw 14 mit feir, mit waser vnd schwert

„ lincz 25 mit waser vnd schwert

„ krems 2 mit dem schwert

„ wien 2 mit feir vnd schwert

---

[a] *A.:* 16 Febr. — [b] *E.:* 8ten Marty. — [c] 17ten Septbr. *I.* — [d] *J. K.:* 14ten Oct. — [e] *J. K.:* Berle. — [f] Reiss *L.*

zu vlmicz 3 mit feir verbrent

„ brin 2 mit dem schwert.

Die stet am rin, was bezigt hat vmb des glaubens willen:

zu bür[a] 1 mit dem schwert

„ kostnicz 1 mit waser

„ walse 14 mit waser vnd schwert

„ zuerich 4 mit waser vnd schwert

„ schaffhüsen 1 mit schwert

„ lüczernn 2 mit waser

„ bern 2 mit waser

„ schwiez 1 mit waser

„ vry 1 mit waser

„ zug 2 mit waser

„ vnderwalden 1 mit waser

„ baden 3 mit waser

„ basal (!) 1 mit waser

„ eisen[b] 8 mit waser vnd feir vnd schwert

„ amerschwil 1 mit schwert

„ horb 14 durch backen brent vnd die finger abgehawen

„ margraffen baden 3 mit schwert

„ brusel 5 mit schwert

„ zabern 1 mit schwert

„ heidelberg 3 mit schwert

„ alczen 14 mit waser vnd schwert

„ eslingen 7 mit feir vnd schwert

in dem mandelhof 23 verbrent

zu landaw 3 mit schwert

„ rotenberg im indal 66 mit waser, feir vnd schwert

„ kitzbiel 66 mit feir, waser vnd schwert

„ kopstein 22 mit feir, vnd waser vnd schwert

„ rottenburg am necker 5 mit feir vnd waser, schwert

„ wirtzburg 15 mit feir, waser, schwert

„ haszfürt 1 mit feir verbrent

„ bambürg 10 mit feir, waser vnd schwert

„ neirnberg 1 mit schwert

„ stüchart 2 mit schwert

„ nivenstat am Kocker 4 mit feir schwert

---

[a] Wohl: Wier in der Schweiz. — [b] Wohl: Eisenach.

zu largenezen (!) 1 mit schwert

„ bariss in franckrich 12 mit feir

„ brach 4 mit schwert

„ kinspyrch 4 mit schwert.

(Ein bei dem Wiedertäufer-Vorsteher Julius Lober, einem Schweizer, der, von Rossitz in Mähren an den Rhein ziehend, 1531 zu Anspach angehalten und inquirirt wurde, vorgefundenes Verzeichniss, dermal in Tom. 39 der Anspach'schen Religionsacten im Nürnberger k. Archiv erliegend.)

―――――――

Neuntes Buch.

1592—1618.

**Trübsals Wiederkehr. Botschkai'sche Verheerungen.
Ausbruch der böheimischen Rebellion.**

Alle die gottselig leben wöllen in
Christo, die müessen verrolgung leiden.
2. Timo 3.

I. Abschnitt.

Wiederbeginn der Drangsale und Anläufe (1592—1605).

1592.

a) Anno 1592 hat sich der kriegslauff in Crabaten erhebt. Demnach im 1593 Jar hat es sich im Vngarlandt auch angefangen.[a] *B. D. E. I.*

b) Anno 1592 den 12ten tag Maj ist der Br. Thoman Haan[b] von Nikolspurg, zu Freyburg in Baierlandt gefenkhlich angenomen vnd einzogen worden, vmb glaubens willen. Haben in auch balt mit der Marter haimbgesuecht vnd vbel gereckht, das er soll anzaigen, was sie begeeren, vnd absteen. Haben in vom 8 Vhr an, bis auf Eilffe an der Marter[c] hangen lassen. So hat er inen die antwort geben: Da habt Ir meinen Leib, thuet im, wie Ir wolt. Ich verrat niemand. Wen ir mir gleich ein ader nach der andern aus dem leib ziehend, vnd alltag ein Riemen aus meiner Haut schneidet, so stee ich doch nit ab, vnd wil nit weichen von der göttlichen warhait. Sie haben im mit vil schmachworten zuegeredt, er sej ein verfüerer vnd hab vil leut zu der Secten des widertauffs gefüert; aber er hat inen gesagt: Es sej die recht Christlich Tauff, vnd kein widertauff.

Als er nun die 6te wochen gefangen gelegen, da hat man, weil kein absteen bei im gewessen, vmb die pfingsten, als den 18ten Tag Junj, den stab vber in brochen. Da solches geschahe, hat er sich vmbkert geen dem Volkh vnd drejmal mit lauter stimm geschrieen: So sej Gott Lob vnd Eer vnd Dankh gesagt, das es einmal zu dem komen ist. Da hat in der Henkher gebunden vnd in auf den wagen wöllen setzen, er aber hat gesagt: Er wölle in den todt geen, wie auch Christus in den todt sej gangen, vnd hat darauf angefangen zu singen. Der scherg

---

[a] in vngarn gezogen. *D.* — [b] *L. O.:* Haun. — [c] *P.:* Frag.

hat in haissen schweigen, aber der Henkher hat gesagt: Er soll in singen lassen!

Als sie zur Richtstatt kamen in den kraiss, fragt in der Henkher: Ob er beten wölle. Der Brueder sprach: Ich hab mein Gebet schon vollendet, fort, nur fort, vnd hat im ein ort ausserwelt, da ist er hingekniet, der Henkher hat das schwert vor im ausszogen vnd hat vmb Gottes willen drejmal betten, er sol absteen, so wöll er in geen lassen, Er richt in doch nit gern! Aber der Brueder antwort: Nur dran! es muess sein. Also hat in der Henkher enthaupt, darnach fürwerts auffs Holz hingelegt vnd im die Hendt ins Holz gesteckt vnd das feuer angezündt. Hat also die göttlich warhait Ritterlich bezeugt zu Freyburg im Baierlandt. [1] *P. Q. R.*

c) Dieses 1592 Jar ist der Br. Michl Hassel, (ein Weber), nachdem er vber 4 Jar vmb g. Christj willen gefangen glegen zu Wittling im Wirtenberger Land, in der gefenkhnus, entschlaffen, [2] den 1ten tag Julj, wol getröst im Herrn, wie wol er vil Ellendt vnd trüebsal die zeit seiner gefenkhnus erdulden muesst, wie er vns zuegeschrieben hat. Auch haben im die Vnglaubigen muessen dessen zeugnus geben. Ja der vogt in schloss sagt: Er sej ein fromer man gewessen, vnd wen diser Br. nit in Himel kommt, so wöll er sich gar nit vndersteen anzuklopfen. Ja wenn er wisst, das er ein solches endt nehmen solt, er wolt sich desselben yecz freuen. *P. Q. R.*

---

[1] *A. — L.:* ,Anno 1592 ist der Br. Thoman Haan (Han) ein gemainer Br. zu Freyburg in Baiern v. d. g. w. w. 6 wochen gefangen glegen vnd nach vil Handtirens den 18ten Junj (*A.:* 12ten Junj) enthaupt vnd verbrent (worden).'

Haan wurde gefangen: ,Als er wardt gsandt — von gottes gmain — nach gottes rat vnd willen — die Eiffrigen heim zu suechen.' Seine letzten Tage bilden den Gegenstand eines Liedes, das sich im Cod. 194, f. 267 und 203, f. 520 Pos. findet (38 Strophen): ,Thuet losen was ich singen wil — den fromen zu trost vnd mueto' etc. (im Ton: ,Wir bitten dich ewiger Gott' zu singen).

[2] Er hinterliess zwei Lieder, das eine (1590 neu gesungen) ,Die Danksagung': ,O edler gott vnd höchster hort — der du mich hast angnomen' etc., und das schöne geistliche Lied: ,Merkt auf ir fromen gotteskindt', beido zu Hohen-Wittling ,im gefenkhnus' gemacht. Beide bringt der Cod. 203 Pos., das letztere auch H. S.: *G. H.* XI. 27 in Gran. — *A. — L.* besagen hier blos, dass Hassel nach vierjähriger Haft zu Wittling am 1. Juli 1592 im Gefängniss entschlafen ist.

d) Iu disen Jar kam wider bevelch, das wir von den Bauern in den Dörffern getraid weder kauffen noch vns zufüeren dörffen lassen, bei hoher straff vnd nur auf offenen markt einkauffen, item das wir in vnseren haushaben keinen wein ausschänken solten. Cod. XIX.

e) In disem 1592 Jar, Am tag Maria Magdalena, Ist der Br. Mathäus Mair zu Wier, im Badnergebiet (*G. H.* XI. 27: im schweitzerlandt) gefangen worden durch einen pfaffen.* Als derselbe aus der kürchen gangen ist, vnd des Bruedern gewar ist worden, hat er sein Köchin nachgeschickht hinaus fürs dorff, sie soll mit im reden, als ob sie auch gern mit im hinab ins landt were vnd es werden irer noch mer komen, die mit im reden wöllen. Mit solchen worten hat sie in aufgehalten bis das der pfaff bauern hinach geschickht hat. Die haben in gefangen vnd alsbald geen Baden in die statt gefüert. Vber 6 tag, nemlich den 27. Julj, ist der gottlos Hauff der Pfaffen mit im zum endt gefaren, als er inen nit folgen hat wöllen vom glauben absteen. Wie man in hat ausgefüert zum todt seindt seine Schwäger vnd freundt etlich dabej gwest, die vorhin vmb in gebeten vnd auch gelt geboten vnd bewilligt haben für in zu geben. Aber es ist inen ir bitt nit gewert vnd auch nit vergunt worden allein zu im zu geen vnd mit im zu reden.

Wie er zum todt gangen ist, hat er gefragt, wo seine Schwäger vnd freundt sein, vnd wie sie zu im kamen, hat er inen bevolhen, sie solten seinen Brüedern vnd schwestern sagen, daz sie Inen sein weib vnd kindt lassen bevolhen sein. Dan sie seien bei einem fromen volkh. Es hat in seiner freundt einer vnder dem volkh getröst, er soll nur dapffer sein, er werde balt vberwunden haben. Da hat ainer denselben Freundt hinder im geschlagen vnd gsagt, Er sej auch ein ketzer, man solt im thuen wie dem andern. Das hat vns der selbs gesagt, dem es widerfaren ist. Wie nun der Henkher dissen Br. Mathäus hat ins wasser gstossen, hat er in 3 oder 4mal wider herausgezogen vnd gefragt: Ob er wöll absteen. Dazue hat er allweg gesagt: Nein, so lang als er reden hat künen. Also ist er ertrenkht worden, den 27ten tag des Monats Julj, als er nur 6 tag gefangen gelegen ist. Vnder den volkh geschahen vil reden vber sein todt vnd sagten öffentlich, das sie ein mord-

---

* *R.:* predicanten.

stuckh an im begangen hetten vnd schreyen Rach vber den verrätcrischen Judas vnd vber die statt Baden. Dan diser Br. Mathäus war ein vast woll bekannter, gar gueter fromer man. [1]

P. Q. R.

f) In den 1592 Jar in der Wochen Mathej ist der Br. Hänsel Pfäntzl zu Prutschän im Herrn entschlaffen. *B. C.*

g) Anno 1592 den 26ten October mit den füergestelten Brüedern geredt, etlicher Articl vnd vnordnung wegen. (*G. J. VI. 26.*)

h) In disem 92 Jar den 3ten November ist (auch) der Br. Hannss Franck, ein Diener in der N. zu Gostl (in Märhern) im Herrn entschlaffen. *A. — L.*

i) Anno 1592, den 22ten Dezember, Ist der Br. Ambrosi Resch, (Anfänger dises Büechleins [2]), zu Schäckowitz (*D. E. F.:* Schädowitz) im Herrn entschlaffen. *A. — I. L.*

1593.

a) Anno 1593 den 21ten Martj, sind 4 Br. nemlich: Seyfridt Geiss, Jörg Ackher, Casperle Ylle vnd Franz Moritz im Dienst d. Worts bestättigt worden zu Neumül. An demselben Tag sind 24 Br. im Dienst der Notturfft erwelt vnd füergestellt vnd der gemain anzaigt worden: darunter Jörg Zobel (Bader). *B. — L.*

b) In disem Jar, bald nach dem Frauentag im Merzen, haben die Landtherren getagt vnd beschlossen, das wir von jedweden Haus, darin wir wonen, ob vil oder wenig, es sey in Stütten Markt oder Dorf, ingleichen von jeder Mül, die vns aigen, 12 fl. durch 3 Jar zu steuern haben. (Cod. XIX.)

c) In disem 93 Jar haben die Br. vom Herrn Marschalckh ein Hauss zu Göding kaufft vnd allda angefangen zu haussen. *B. C. G. — L.*

d) In disem 93 Jar den 4ten April ist der Br. Hans Lickel, ein fromer Diener in der N. zu Neumül, den 6ten Maj der Br.

---

[1] Der Verfasser des Liedes: ‚Trost Fried vnd Freud‘ (Cod. 203, fol. 134), in welchem er den Tod des Thom. Hau besingt, widmet darin unter Einem ein Gedenkblatt seinem Leidensgenossen Math. Mair, setzt den Tag seines Ertränkens in der Limmat jedoch auf den 23. Tag Heumonats. M. S.: *G. H. XI. 27.*

[2] Sieh' Vorrede zu diesen Chroniken, dann Resch's eigene Ansprache an den Leser!

Wenisch Kellner,[a] ein D. des Worts zu Lewär (in Vngarlandt); den 17. Maj der Br. Thoman Häring, ein D. d. W. (welcher 53 Jar ein Br. gewesen), zu Altenmarkht; den 22ten Maj[b] der Br. Abel Ockershausser, ein D. d. W. zu Austerlitz; den 21ten September der Br. Mathes Binder, ein alter D. des W. zu Altenmarkt im Herrn entschlaffen. *A.—L.*

e) In disem 93 ist der Br. Jobst Westenburger oder schneider, ein Diener der N. zu Tracht im Herrn entschlaffen. *B. C. G. H. I 2. L.*

1594.

a) Anno 1594, den 9ten Tag Martj, seindt 3 Br. nemlich: Stoffel Schenk, Conrad Glaser vnd Leonhart Schmidt im Dienst des Euangelions bestättigt worden zu Neumül. Dessgleichen ist dazuemal mit Inen der Br. Hauptrecht Zopff (oder schreiber), ein Diener des Euang. erwelt vnd bestättigt worden. Am selben Tag sind auch 3 (4) Br. nemlich Merten Gotsman, ein tuechmacher, Josef Hauser, (Jörg Hann, ein Bader) vnd Rudolf Hirtzl, ein sattler,[c] im Dienst des Wortes, in versuechung, erwelt vnd (der gemain) füergestelt worden (zu Neumül). *A. — L.*

In dem 94 Jar hat sich (aber) der Br. Geörg Haan, Bader, des Euangelischen Dienstes widerumb ledig gebetten. *D. E. F.*

b) In disem 94 Jar ist Raab in Hungern durch Verrätherej verloren vnd durch einen Türken, den man Simon Bäscha[1] genannt, eingenommen worden, den man hat ims aufgeben. *D. E. F.*

c) In disem 1594 Jar, den 8. Tag Januarj, ist der Br. Jacob Hinen oder Kiss, (Küse), ein Diener des W. zu Priwitz im Herrn entschlaffen. *A. — L.*

---

[a] *K.:* Benesch Keller, *L.:* Benesch Köler. — [b] *D. E. F.:* 23ten Mai. — [c] *D. E.:* Riemer.

[1] Unter Simon Pascha ist der Grossvezier Sinan gemeint. Was hier Verrath genannt wird, (und an einen solchen glaubte man damals), ist die Capitulation des Befehlshabers von Raab, Grafen Hardegg, der nach zwanzigtägiger Belagerung, an jedem Entsatze und der Möglichkeit einer Abwehr verzweifelnd, die Festung durch Accord den Türken überliess. Hardegg und sein Unterbefehlshaber wurden dafür auf dem Hohen Markte in Wien in Folge kriegsrechtlichen Ausspruches enthauptet. (H. S. in der kais. Hofbibl. Nr. 8459. 9218. 9334 und 9729. 4°.)

d) In disem Jare ist weiter im landtag beredt worden, das wir, dieweil wir des landts sattsam geniessen, allein wenig kontribuiren, vberdiss von jeder behausung, darin eine kuchel, 8 fl. an die grundherrn zu entrichten haben; ist aber nicht dazu komen. (Cod. XIX.)

e) In disem 94 Jar,[a] (den 11ten tag Martj), ist der Niel Stain,[b] ein Diener der N. zu Creutz in Märhern im Herren entschlaffen. *A. H. J. K.*

f) In disem 94 Jar, den 2ten tag April, ist der Br. Mathes Gejerspüchler, ein Diener der N. zu Nemschitz bej Prälitz in Märhern; den 24ten tag April der Br. Andreas Gauper, ein Diener der N., seines Alters 92 Jar, zu Protzga im Vngerlandt im Herren entschlaffen. *A.—L.*

g) In disem Jar 94, den 14ten Sept. ist der Br. Merten Kirsch, ein Diener der N., zu Altenmarkt (*A.—G. J. K. L.*) vnd in eben disem 94 Jar,[1] in der wochen nach dem Christag, der Br. Wolf Steudl, ein D. der Notturfft, zu Gosstal[1] in Märhern im Herrn entschlaffen. *H. K.*

1595.

a) Anno 1595, am Suntag Letare, ist der Br. Waltan Miglitzer, ein Diener d. W. in versuechung, füergestellt worden. *A.—F. H. J. K.* Er hat sich aber hernach widerumb (von solchen Dienst) ausgebeten. *D. E. F.*

b) In disem 95 Jar, den 22ten Julj, ist der Br. Bastel Vorher, ein Diener in der N. zu Protzka in der March sammt noch 4 Br. ertrunken, (als ein Schiff mit inen vndersank. *E. L.*) *A.—L.*

c) In disem 95 Jar haben die Br. zu Hulka[2] ausziehen müssen. (*A.—H. I. K.*) Habens also gott bevolhen vnd haben vil hab[c] dahinten lassen muessen. *D. E. F. L.*

---

[a] *A. I.:* 1595. — [b] *I.:* Nic. Steiner.

[1] *A.* hat: ,Im J. 1595 ist der Br. Wolff Steindl am Neujarstage zu Billovitz im Herren entschlaffen.' — [c] *D.:* vil guets, *E.:* vil dings.

[2] *G. E. F. L.:* ,In disem 1595 Jar hat man vns zu Hulka ausgeboten.' Hulka (Holka) = der heutige Markt Welká in Mähren, 2 Meilen östlich von Stráżnic. Der Ort zählt jetzt 1596 katholische und 250 helvetische Einwohner, wovon die letzteren dem Pastorato zu Jawornik zugewiesen sind. Den Wiedertäufern, welche hier circa 1560 angesiedelt wurden, verdankte die dortige Mühle ihre für die damaligen Zeiten sinnreiche und kunstvolle Einrichtung. Welká gehörte 1596 zu Stráżnic und mit

d) Anno 1595 ist im haberschnitt zu Billowitz in der schuel im Dach ein Feuer eingelegt worden beim hellen tag; da ist vnser Hauss sambt dem Dorff ein ziemlichen tail abgebrunnen. *K.*

e) Anno 1595 den 5ten tag Februarj ist der Br. Heüss Purst,[a] ein D. d. W. zu Wätzenobis; den 30ten tag Marty der Br. Andree Lehner[b] oder schlosser, ein Diener des worts, zu Austerlitz im Herren entschlaffen. *A. — L.*

1596.

a) Anno 1596 den 18ten Februarj sein 5 (4) Brüeder, als nemlich: Hanss Schmidt. Stoffel Rath, Merten Gotsmann, Josef Hauser (vnd Rudolf Hirtzl) im Dienst des Euang. mit auflegen der Eltesten Hendt bestätigt worden zu Neumül. *A. — L.* An demselben tag hat man auch den Br. Philipp Küenast, ein tucchmacher, vnd den (Hainrich) Mentzl füergestelt. Der Küenast hat sich hernach wider ausgebeten vnd dem Mentzl ist das Ampt wider aufgehobt worden. *E. F.*

b) In disem 96 Jar, wie auch in verschinen 95 Jar, vnd von dem 93 Jar her, da der Krieg abermals wider die Türken angefangen, hat die gemain (gottes) vil Drang, vnbill vnd anlauffens erlitten wegen der kriegsleut, so in Hungern gezogen, vnd sonderlich von denen, so öftermals ein Zeit lang im landt gelegen sein. (Stelten sich zu zeiten gar wilt, vnangesehen, das Inen die gemain nach iren vermögen genugsam begegnet.) Noch vber das alles haben sie (in denen Jaren), hin vnd wider in hausshaben, (auf strassen vnd velt), genommen vnd geraubt, vil Ross, Ochsen, Schaaf vnd anderes, vnd hat die gemain gottes vil kost, nachdem sie (alle) nur auf der Brüeder Häusser getracht vnd bej inen eingekeert haben. *A. — L.*

c) In disem 96 Jar, den 26 tag Augustj, gegen Abent vmb 6 Vhr, sind die Brüeder (im hausshaben) zu Neumül, von einer bösen zusammengeschlagenen Rott, (deren, sambt dem Gutscher, bej 30 gewesen, wol gerüst mit vil Pixen vnd wehren,) vberfallen (vnd plündert) worden. Die haben alsbalt alle Thor

---

diesem dem Herrn Johann Dietrich von Žerotin. Der Auszug der Brüder muss jedoch nicht lange gedauert haben, weil wir sie anno 1610, und zwar im Vollgenusse der Gnade seines Erben Johann Friderich von Žerotin in Welká wieder finden. (Puhon. Bücher.)

[a] Mathes Porst *B. E.* — [b] *H:* Leonhart Lochmayer.

verstelt vnd die ausgeng verhüetet, darnach von den 3 Ross-
ställen Schloss vnd Ketten herabgeschlagen, den Brüedern alle
ire Wagenross heraussgenommen vnd hingeraubt. Sie seindt
mit blossen lichtern aufn Boden, zu Stüllen vnd im hoff her-
umbgelauffen. Im hoff habens ottliche Br. erwischt, geprügelt,
beim Bart geraufft, vnd seer vbel geschlagen. Auch einen
Brueder durch den Arm geschossen. Neben dem auch angefangen einzubrechen in stueben vnd kammern, vnd ander verschlossenen orth, ettliche thüren mit gewalt aufgestossen, truhen
vnd almern aufbrochen vnd genommen, was Inen gefallen hat.
Wie sie nun bej zwo stundt lang in der Nacht also gehandlet,
sind sie zulest, (da sie gehört in [Zwei] negst vmbliegenden
Dörffern sturm schlagen), in Forcht vnd schrecken gefallen, aus
den gemach geloffen vnd mit (vnsern), der Br. Rossen dauon,
(als wen mans jaget), vnd sein damit hinauss gen Wien komen.
Da sind sie, (vmb solchen iren Freffols vnd muetwils willen,
gefangen vnd) als öffentliche Räuber einzogen worden. Die
Brüeder aber haben all ir Ross wider zue wegen gebracht. [1]
A. — L.

---

[1] Dieser Ueberfall kam durch Bericht der kaiserlichen Commissarien vom
20. September 1596 zur Kenntniss Rudolfs II. Der Anführer der Rotte,
welche an 30 Köpfe zählte, hiess Alexander Ciconia und galt für einen
Grafen. Als sie, von Krakau gegen Wien ziehend, vor Neumühl ankamen,
Ciconia mit 8 Personen in einer Kutsche seinen ‚Rugiern‘ vorauseilend,
haben sie sofort das Hausthor des Haushabens eingeschlagen, den Brüderhof geplündert, die Bewohner gemisshandelt und namentlich die Herausgabe des Schatzes, auf den es abgesehen war, zu erpressen gesucht. Mit
14 geraubten Rossen und namhafter sonstiger Beute flohen sie vor dem
sich sammelnden Landsturm gegen Wien und Vösendorf, wo ihrer etliche
sammt dem Pseudografen ergriffen und dem peinlichen Examen unter-
zogen wurden. Die Kunde, dass die Brüder zu Neumühl eine ansehnliche
Barschaft im Vorrath hätten, kam hiedurch auch zur Kenntniss der
Kammerräthe und wurde Veranlassung, dem Kaiser, ‚da der Kammer-
säckl an geld fast erschöpf sei‘, nahe zu legen, den Landeshauptmann
Friedrich v. Žerotin mit der Aufnahme eines Darlehens bei den Wiedertäufern zu betrauen. Žerotin zerstörte jedoch mit Bericht ddo. Selowitz,
14. October die Illusionen der Kammer, erklärend: Es nehme ihn Wunder,
wer Sr. Majestät einen solchen Reichthum der Täufer angezeigt habe!
Er selbst sei ihres Vermögens wohl kundig, habe mit ihnen selbst wegen
eines Darlehens, und zwar gegen genügende Sicherheit öfters unterhan-
delt, allein nichts erhalten können, indem sie sich mit ihrer Armuth und
ihrem Unvermögen entschuldigten, und dem auch also sei, da unter ihnen
ein ‚gross Spital‘ herrsche, und Einer, der arbeiten kann, 6—7 Andere,

d) In diesem 1596 Jar, den 19ᵗᵉⁿ November, ist der Br. Franz Moritz, ein Diener des Worts, zu Gostl im H. entschlaffen. *A.* — *L.*

---

die ihr Brot nicht erschwingen können, erhalten müsse! Weil aber die Commissäre (Joachim v. Boskowic und Niklas v. Hrádek) wussten, dass den Täufern ,ire profession, zum Kriegswesen behilfflich zu sein', verbiete, schützten sie vor, Ihre Majestät benöthige der 10.000 Thaler zur Abzahlung ,hochbeschwerlicher Schulden'. Die Täufer beharrten jedoch bei ihrer Weigerung und entschuldigten sie mit ihrer ,grossen Beschwernuss vnd irem vnvermögen'. Damit war die Hofkammer nicht znfrieden und veranlasste den Landes-Unterkämmerer Niklas v. Hrádek zu der Erklärung vom 4. April 1597: dass seines Erachtens die Täufer keineswegs so unvermöglich sind, als sie vorgeben, und immerhin eine billige Hilfe thun könnten. Die Sache ruhte nun bis Ende 1598. Mit Erlass ddo. Prag, 3. December 1598 gab nämlich die Hofcommission Namens des Kaisers dem Rentdiener in Mähren, Andreas Seidl, in Anbetracht dessen, dass die Wiedertäufer in Mähren mit etlichen stattlichen paar Höfen versehen sein sollen, ,vnd Ihr Maj. gemaint wäre', von ihnen ,ain frey Anlehen begehren zu lassen', den Befehl. ,der Sach nachzudenken, auch wie diess anzustellen vnd wie hoch die summa zu setzen'. Seidl meinte (2. Jänner 1601), es wäre bei dem nächsten Landtage eine Hauptsteuer auf die Täufer zu legen, was jedoch höheren Orts keinen Anklang fand. Im Jahre 1604 vermeinte man wieder, dass die Wiedertäufer ,sich besser angreiffen sollten'. und Kaiser Rudolf trug dem Landeshauptmanne Carl v. Liechtenstein auf, dieselben zum Erlage einer Summe Geldes oder zur Stellung einer Anzahl Rosse und Wagen für die Armee anzuhalten. Liechtenstein fand aber bei den Brüdern die gleiche Entschuldigung, wie sein Amtsvorgänger. ,Mit Entsetzen vnd Bekümmernuss' vernahmen diese die Zumuthung, Hilfe zum Krieg zu thun! Auf ihre Armuth hinweisend führten sie an, dass sie ohnehin der Landschaft alljährlich von jedem Hause 100 fl., von jedem Fässlein Bier 5 weisse Groschen stenern mussten, und in den anderen Giebigkeiten den übrigen Unterthanen gleich gehalten werden. In Prag fand ihre Klage wenig Glauben, und als man daselbst erfuhr, dass sie an 37 Häuser haben, in deren jedem, (ohne die Kinder), bei 200 Personen wohnen, erging an Carl v. Liechtenstein die Weisung ddo. Prag, 5. December 1604, in Erwägung zu ziehen, ,ob nit ain Hauss, so 100 Personen hat, 500 fl., und das, so 200 hat, 1000 fl. pro semel et semper kontribuiren könnte'. Liechtenstein antwortete (19. Jänner 1605): Die Armuth der Brüder sei nicht ohne, da der meiste Theil der Leute mit Wasser und geringer Speise unterhalten werde und daher sehr viele täglich von ihnen anstreten. Auch sei nicht ohne, dass sie ausser der Ordinaristeuer jährlich von jedem Hause 100 fl. contribuiren, von ihren Grundherren streng gehalten und durch das Kriegsvolk hart mitgenommen werden! In Anbetracht dessen, meint Liechtenstein, sei bei ihnen nichts Ergiebiges zu holen. [Nach den mir durch Dr. Kürschner mitgetheilten Acten des k. k. Hofkammer-

21*

1597.

a) Anno 1597, den 19ten Januarj, sind 6 Br. nämlich Hanss Steindle, ein sattlor, Georg Weller, ein weber, Hanss Jacob (*B. D. E.*: Hanss Jacob Wolff), ein schuester, Franz Walter, ein Bader, Geörg Riedl, ein Hawer, vnd Augustin Graf, ein Segesenschmidt, (Sengsenschmidt), im Dienst des Worts (in Versuechung) erwelt vnd füergestelt worden (zu Pribitz). *A.—L.* Der Riedl kamb leztlich zur straff, wurde ausgeschlossen vnd als er in seinem hochmuet sein vnrecht nit erkennt, khondt er nit zur Buess komen; starb also. *F.*

b) In dem 97. Jar, den 5. tag Februarj (vmb 8 vhr vor-mittags,) hat der Herr (Bernhart Tschertorejský, Herr) auf Frischaw, alles volckh, gesund vnd krankh, kindtbetterin zu 8 vnd 14 tagen, alte vnd schwangere weiber, die kinder in den wiegen (sambt iren Müettern), (on all irem leib vnd bett-gewandt,) mit (Püxen, blossen weeren, Prüglen vnd Peitschen, mit grossem geschrej, fluechen vnd) grossen gewalt aus dem Bruederhauss daselbs geschlagen, ausgestossen vnd vertrieben, (auch ein armen schneider, wie ein Hundt, zu boden ge-schlagen); haben (all ir hab vnd guet), (alles) verlassen vnd es gott (dem gerechten Richter) bevelhen müessen. *A.—L.*

c) In disem 97 Jar, den 14. tag Aprils, sein die Br. auss irem Hauss vnd Hof zu Pochtitz, in welchem sy in die 40 Jar gewont, durch den Herrn Hans Kusy, dazuemal Herrn auf Pochtitz, mit grossem frevel vnd gwalt ausgetrieben vnd ver-volgt worden von all dem Irigen. Ja alle fahrende hab vnd gueter, zu hauss vnd veld, was vorhanden gwesen, dazue auch die Mül zu Klein Selowitz,[1] die ir erkaufft guet war, hat er inen abgedrungen vnd genomen,[2] welches sy alles (also)

---

archives.] In welcher Form sich die Wünsche der Finanzkammer 1605 und 1622 wiederholten, zeigen die Chroniken dieser Jahre.

[2] *B. D. L.:* vnd vns von seinen gründen vertrieben. *B. D. L.* haben stets ,wir, vns, vnser'.

[1] Klein-Selowitz, ein Dorf in Mähren, slav. Želovice, in der Vorzeit Zelovice genannt, im Kirchspiel von Wolframitz und unweit von Bochtitz, das zur obigen Zeit dem Kusy von Mukoděl gehörte. Die vom Quell-wasser betriebene Mühle in Selowitz besteht noch. Sie war 1597 mit einer Ochsenmühle verbunden. Die Täufer betrieben hier und in Bochtitz überdies den Obst- und Weinbau in rationeller Weise.

dulden vnd gott dem gerechten Richter heimbstellen vnd beuelhen müessten, (der waiss allen vnbill zu straffen. E.) A.—L.

d) In dem 97 Jar auf Petri vnd Pauli haben die Br. zu
Budkaw[1] zwei Häusser khaufft, allda ein Hausshaben (D. E.:
Hausshäbl) zuegericht vnd angefangen zu haussen. A. — L.

e) In dem 97 Jar war die gemain gottes abermals, (mer
als vor nie), gar hart bedrengt vnd heimbgesuecht von den
kriegsleuten, so in Hungarn gezogen. Dann es kamen den
27. Julj[a] 4 Fanen Reiter aus Franken, die legten sich zu
Pausram, Popitz, Tracht, Schäckowitz vnd Neumül in die Hauss-
haltung, lagen da still bis auf den 5. Tag mit grossen beschwer
vnd vnkosten. Dessgleichen balt hernach, den 23. Augustj,
kamen zween Fürsten von Lüneburg auch durch Märhern gezogen. Die legten sich mit iren volkh, nemlich 1000 Reiter,
die sie bej sich hatten, in die Hausshaben ein (zu Waitzenobis
vnd Schädowitz), lagen da still 10 tag lang, verzerten also der
gemain ein gross guet vnd nahmen Inen Ire Nahrung hin, on
was sie anderen Hausshaben für beschwernus angethan vnd
sonderlich zu Sabatisch, da sie vmb die 80 ffr. vich genomen
vnd hingeraubt haben.[2] A. — D. F. H. J. K.

f) Anno 1597 den 7 Januarj ist der Br. Hanss Dorn,
ein Diener der N., zu Lundenburg; den 5 Junj der Br. Geörg
Wieser oder Rader (Radmacher),[b] ein alter füernemer (getreuer)
Diener des worts gottes, (der der gemain bis in die 31 Jar[c]
in disem ampte gedient, zu Gostl; den 17. November der Br.
Gilg Federspil, ein alter Diener des Euang., (der bis in die
34 Jar der gemain in disem ampt gedient), zu Nickolsburg;

---

[a] *H.:* 22. Juli. — [b] *A.:* Geörg Wagner. — [c] *D.:* 41 Jar.

[1] Budkau, mährisches Pfarrdorf mit 830 katholischen Einwohnern und
Hauptort der ehemaligen Herrschaft dieses Namens, zwischen Jamnitz
und Budwitz. Anno 1597 war Ritter Wenzel Hrubčicky von Čechtin,
Herr auf Budkau, ein eifriger Gönner der Picarden, die hier ein Bethaus
und eine Schule hatten.

[2] Die vier Fahnen fränkischer Reiter, von denen oben die Rede ist, führte
Obrist Georg Friedrich Graf von Hollach. Sie kamen von Iglau, wo sie
am 23. Juli Rast hielten und sich ziemlich unbescheiden verhielten, weshalb auch, (meint Leupold in seiner Chronik), ‚ihr maas in Vngarn erfüllt
worden ist, den der mehrer tail allda durchs schwert vmbkomen'. Die
lüneburgischen Reiter standen unter dem Obristen Herzog August von
Braunschweig-Lüneburg und bildeten den Zuzug der Lüneburger Ritter-
schaft.

den 3 December der Br. Marx* Elle, ein Diener in der N., zu
Gobschitz in Mährern; den 13. December der Br. Peter Hasel,
ein Diener der N., dem alle Maierhöfe beuolhen weren, zue
Neumül im Herrn entschlaffen. *A. L.* ·

1598.

a) Anno 1598 im Frücling sein die Br. zu Frischaw vnd
zu, Pochtitz, auf der Herren vilfältig Begeeren, widerumb in
ire Häuser einzogen. *A. — L.*

b) In disem 98 Jar, den 30 tag Junj hat Herr Maximilian
von Dietrichstein, Herr auf Nikolspurg, die Brueder auff seinen
Gründen zu Nicolspurg vnd Tracht, (als man in sein [schwärs
l. K.] begeeren, das er thet, nit willigen wollt,) aussgebotten:
(in 18 Wochen vnd 3 Tagen die Häuser zu räumen vnd abzuziehen *G. H.*) Ist aber doch zulest in sich selber gangen,
die sach wider dahin gehandlet vnd kommen lassen; (als man
schon im hinwegfüren gewesen *E.*), daz man blieben vnd nit
wekhzogen ist. [1] *A. C. D. F. G. I. K. L. ≈ B. E. H.*

c) In disem 98 Jar hat die gemain des Herrn vil vnd
grosse Vberlauff, vnbill vnd Drang von den kriegsleuten, deren
ein gantz Regiment Fussvolkh [2] in diss landt auf den musterplatz bescheiden worden, die länger den 8 Wochen im landt
vmbzogen vnd gelegen sein, erdulten vnd einehmen müessen.
Dann sie lagen die zeit auch in vilen vnser hausshaltungen
mit grossen beschwer vnd vnkosten, on was sie für allerlej
frevel vnd muetwillen geübt vnd bewiesen, von den vil zu
schreiben wär, (aber on not). *A.—L.*

d) So sein auch der gemain in disem 98 Jar durch die
kriegsleut vnd vmbstreifenden rauber bej 18 Ross vnd durch
andere, so in Kayssers namen (im landt) vmbzogen, bei 26 Ross

---

* *H. L.:* Markus.

[1] Anlass zu der Ausweisung gab zweifelsohne die Weigerung der Wiedertäufer, zu der vom Lande bewilligten Kriegssteuer das auf ihre Mühlen
und Häuser gelegte Contingent beizutragen, welches von jedem Rade der
eigenen Mühlen mit 1 fl., von jedem Rade der gepachteten Mühlen mit
7 groschen, von jedem Hause mit einer Küche mit 10 fl. entrichtet
werden sollte, was ihren Grundsätzen über Krieg und Blutvergiessen
widersprach. Wahrscheinlich übernahm Herr v. Dietrichstein die Steuer-
zahlung selbst und entschädigte sich auf eine andere, die Gewissens-
scrupel der Täufer, („seiner besten Vnterthanen"), befriedigende Weise.

[2] Des Herrn von Pernstein Regiment, bestehend aus zehn Fahnen Fuss-
knechte.

mit gwalt genomen vnd hingeraubt worden, auch vil wägen
vnd andere Ding. *A. — L.*

e) In disem 598 Jar ist ein trefflicher grosser Schnee
gefallen, davon die wasser allenthalben vber die mass gross
worden sein, vnd hat den ganzen sommer gar vil geregnet, die
wasser bej 6 mal gar mächtig gross worden, vnd die Wiesen
sambt der weidt dem Vich verderbt. *C.*

f) In diesem 1598 Jahr war ein wunderbarliches, selt-
zames vnd fast vnerhörtes Jar. Es fielen disen winter 41 schnee
aufeinander. Im sommer, vmb die Ernt, vnd gegen den Herbst
regnet es offt vnd vilfeltig, das wol bei 16 wochen lang nit
balt ein tag ungeregnet blieb, also, das in disem Jar die wasser
zum 6ten mal angeloffen sein; theten auch grossen merklichen
schaden im nidern getraid, veldern vnd wiesen, daz vil meil
wegs nach einander (der gemain vnd auch andern leuten) alles
verderbt vnd verwüstet wurdt. *E. G. L.*

g) In disem 1598 Jar kham auf dises, nemlich im Monat
Octobris, ein treffentlicher (mechtiger, grosser) sterb [1] vnter das
Rindvich, dessgleichen noch nie erhört worden, welches sich
auch ins nachfolgend 99 Jar erstreckt vnd im Sommer an vilen
Orten seer streng angehalten hat. Es sturben in vilen vnsern
Hausshaben die küe vnd ochsen fast alle dahin, zu 40, 50
vnd 60 stuck, auch mer vnd weniger an ein Ort, vnd solches
vichsterben war nit allein in Märhern, sunder auch in Siebenbürgen, Hungern, Österreich, Beheim vnd andern vmbliegenden
ländern mer, also, daz an ein Theil (an ettlich orten) zu ettlich
100 stucken, (ganze Halten *E.*) dahingefallen sein, welches dan
balt ein grosse Teurung an fleisch, schmalz, käss vnd dergleichen mit sich bracht hat, *A. — L.*, also das im 99 Jar ein
mass schmalz zu 8, 9 vnd 10 groschen vnd mer, ein Centen
käss zu 4 vnd 5 Thaler, ein pfund Rindfleisch zu 2 groschen
vnd auch mer golten hat. *A. — D. F. — L.*

h) Ich eracht es auch nit vnbillich hiezumelden vnd gedenken, nachdem vilen Fromen wol wissend, wie der Herr

---

[1] Dieses „sterb‘ gedenkt auch die durch Dr. Dudik publicirte Olmützer
Chronik, indem sie meldet: ‚Hoc anno (1598) multum boves et vaccae cre-
pabant. Quidam ex Hustopecz versus Pragam volens ducere CC, non-
nisi XXV vivos conservavit, alius Augustam cum D. bobus pergens, non-
nisi XVII ad terminum deduxit.‘

Friedrich von Žerotin, Herr auf Selowitz, dazuemal Landeshauptmann in Märhern, ein guete lange Zeit vbor die Fromen auss sonder gueten wissen vnd Erkanntnus hat schutz gehalten, deren vil auf seinen Gründen wonen lassen, sie beschützt, wie ein vater seine kinder, desswegen auch die gemain nit vergebens in gefärden ein sondere zueflucht zu Ime gehabt. So ist aber, das 1598ste Jar, auch sein endt komen, das im gott der Allmechtige auss disem Jamorthal abgefordert hat. Wie er ime nun die wolthaten, die er den fromen bewiesen, vergelten will, das stehet alles in gottes allmechtigem Ratschlag vnd willen. Er wölle im geben das Ewig himmelreich. [1] *E. G. L.*

i) In disem 598 Jar, in der Wochen nach 3 königentag, ist der Br. Hänsel Adam (Adamer, ein sattler), ein Diener der N., zu Wastitz (in Märhern); den 29. April der Br. Hanss Zuckenhammer zu Protzka im Herren entschlaffen. *A. — L.* Er (Zuckenhammer) war vorhin ein Diener des worts, im ist aber das Ampt im 597 Jar, den 4. Martj, (von wegen, das er seinem Ampt nach nit gemäss gelebt, in vrtlen vnd Händlen)

---

[1] Sowie die Wiedertäufer, unter denen Friedrich von Žerotin gerne weilte, so lobten ihn auch in ihren Annalen die Jesuiten in Brünn, die er gegen die Zügellosigkeit der protestantischen Soldateska vertheidigte. Aber auch sonst bewies er sich, obschon der Brüderunität angehörig (Picardit), gegen die Katholiken freundlich und gerecht, unter allen Verhältnissen ein milder und edler Grundherr, ‚Maximus Promarchio Moraviae et IIIus Imperatorum a consiliis, Mag. equitum germanorum praefectus‘, wie seine Grabschrift zeigt. Erbauer der Festung Neuhäusel an der Waag (Nové zámky), wo die Bastion (Fort) ‚Fridrischin‘ seinen Namen erhielt, starb Friedrich von Žerotin ohne leibliche Descendenz den letzten Mai 1598, nachdem er vom Jahre 1591—1598 an der Spitze der Verwaltung Mährens gestanden war und sich während dieser Zeit als ein vortrefflicher Staatsmann und Organisator bewährt hatte. Selowitz fiel nach seinem Tode einem Sohne seiner dritten Gemalin (Magdalena Slavata von Chlum) zu, nämlich dem Johann Dionys von Žerotin, einem Halbbruder des gefeierten Carl des Älteren von Žerotin. Die Wiedertäufer hausten zur Zeit des Verstorbenen nicht nur in Selowitz selbst, sondern auch in Pohrlitz, Nusslau, Nikoltschitz, Prybitz vnd Pausram. In Pausram besassen sie einen ansehnlichen Hof mit Gärten und Feldern, eine Walke, Schleifmühle, eine Ledergärberei und ein Bad, das der Adel gern besuchte. Ihre Anzahl mochte sich in diesen Haushaben zusammen auf 3000 Seelen belaufen. Der Todestag Friedrich's von Žerotin wird verschiedentlich angegeben. Aus den Aufzeichnungen Carl's von Žerotin geht jedoch hervor, dass er am 31. Mai 1598 verschieden ist. Sein Tod wurde durch einen eigenen Courier dem kaiserlichen Hofe angezeigt.

vngleiche gericht geführt, vnd in seinen Reden vnrichtig ist
erfunden worden, von der gemain zu Lebär (*F. G. L.*: zu
Protzka) aufgehebt, vnd da er vor der gemain aufgebrochen,
(sich wider geseezt *G. L.*) vnd sich erbäumt, (aufgeluint *G. L.*),
gar ausgeschlossen worden. Hat hernach buess gethan vnd ist
also in Frieden abgescheiden. *D. E. F. G. L.*

1599.

a) Anno 1599 balt im Anfang des Jars, war der Brueder
Geörg Zobel geen Prag an des kayssers Hof erfordert, wegen
der Infection, so derselbigen Zeit häuftig in Behem geregirt,
gueter Hoffnung vnd vertrauens, daz er für diselbige krankheit
In des kayssers Burg werde Rath schaffen mögen. *K.*

b) Anno 1599 auf Pauli Bekehrung sein die Br. zu Paraditz, da man Inen vorhin wekhbotten, vnd da sie vast bej
10 Jaren nimer gewonet, widerumb in Ir Hauss eingezogen
vnd alda angefangen zu haussen. *A. — L.*

c) In disem 99 Jar den 14ᵗᵉⁿ Martj, sein 6 Br. nemlich
Hanss Staindl,[a] Augustin Graf, Georg Weller, Geörg Riedl,
Franz Walter vnd Hanss Jacob[b] mit Auflegen der Ältesten
Hendt im Dienst des Euang. bestettigt worden zu Neumül. Am
selben Tag hat man auch 3 Br. nemlich Darius Hein, (ein
hauer), Hänsel Sumer, (ein kirschner vnd schreiber), vnd Vlrich
Jaussling,[c] ein kupferschmidt, im Dienst des Wortes in ver-
suechung erwölt vnd fürgestellt zu Neumül. *A. — L.*

d) In dem 1599 Jar, den 31ᵗᵉⁿ Julj, ist das Dorf Kreutz
durch Behemische Reuter, deren zween fanen daselbs, in Creutz,
vnd zu Boyanowitz[1 d] herumbgelegen (mit einem schnoss) angezündt worden, dadurch das merer tail des Dorffs vnd das
gantze Bruederhaus abgebrunen vnd der gemain ein grosser
Schaden geschehen an traidt, mel vnd andern, das alles auff
5000 ℔. geschatzt worden.

Zudem war die gemain des Herrn in disem Jar von den
kriegsleuten, Reutern vnd fuessvolkh abermals hart heimbgesuecht, wie dan zu Nicolspurk vnd zu Auspitz 2000 (märherische *I. L.*) Reuter gemustert worden, welche 4 Wochen

---

[a] *L.*: Hänsel Steinle. — [b] *B. E.*: Hanss Jakob Wolff. — [c] *L.*: Vhl Jaussle.
[d] Poyanowitz *I.*
[1] Boyanowitz, Pfarrdorf Unter-Bojanowitz, 3', Meilen westlich von Göding
gelegen.

lung in demselben kreiss herumbgelegen. Dessgleichen zog
auch Herr Osterhausen [1] mit 1000, Herr Graf von Thurn mit
1000 Reutern vnd Herr Graf Schlikh mit 15 fanen Reuter (aus
Böhmen) durch das landt herab, die von Oleckowitz biss auf
Lundenburg vnd Göding vber die 12 (14) Tag gezogen. [2] Lagen
an einem ort zu 3 vnd 4 tagen still. (Wen ein fanen auszug,
zug ein anderer ein.) Die gemain muesste öfftermals zu dem,
daz man inen mit speis, trank, füeterung, nach besten Vermögen begegnet, an etlichen orten in grosser gefar vnd sorgen
steen. Es wurden auch der gemain in disem Jar hin vnd wider
von den kriegsleuten vnd vmbstreifenden Raubern bei 14 Ross
aussgespannt vnd mit gewalt genomen; welches alles die fromen
gott bevelhen vnd heimbstellen muessten. A. — C. E. — L.

e) In disem 1599 Jar ist gar ein vberauss haisser sumer
gewesen, vnd ist ein trefflicher, gueter vnd starkher wein gewachsen, [3] daz er bei Manns gedenken nit so guet worden ist.
Hat im Herbst das Fass 20 ₰. golten. K.

f) In dem 99 Jar im Monat Martj, ist der Br. Thoman
Bruckner (Pruckner), ein Diener im Dienst der N., zu Popitz
in Märhern im H. entschlaffen. A. — L.

g) In disem 99 Jar den 2ten Augustj ist auch der Br. Bärtl
Rebner, ein Diener der N., zu Landshuet in Märhern; den
2ten Sept.: der Br. David Hasel, ein treuer Diener des Euang.
zu Prybitz (A. B. C. E. — L.); den 3ten October: der Br. Wolff
Schönberger oder Hungermüller, ein Diener des Euangelion,
zu Austerlitz im H. entschlaffen. A. — L.

1600.

a) Anno 1600 (vmb die Ostern) haben die Brüeder ir
Hauss vnd Hoff [a] zu Nembscha (hinter Austerlitz), verkaufft
vnd sein daselbs gar aussgezogen. A. — L.

--

[a] G.: ir Haussliaben.

[1] Im Juli zog dieser Oberst Osterhausen mit seinen 1000 Reitern in Iglau
zur Musterung ein, Herr Otto von Stosch war Musterherr. (Leupolds
Chronik.)

[2] Alle diese Durchzüge wurden herbeigeführt durch die Rüstungen gegen
die Türken und Tataren, die damals das Land zwischen der Eipel und
Waag bis zum weissen Gebirge auf das Furchtbarste verheerten und bereits Mähren, das seine Kriegsbereitschaft aufbot und an die Grenze
schickte, mit ihrem Besuche bedrohten.

[3] Der vorzüglichen Güte dieses Jahrganges gedenkt auch Leupolds und
Ludwigs Chronik zum Jahre 1599, die erstere mit dem Beisatze, dass

b) In disem Jar ist von vnsern Widersachern gross geschrey angangen in Märhern, wie sich die Brüeder vber die massen im landt hauffen vnd mit iren handwerk den Städten vnd Flecken nicht geringen schaden vnd Abpruch an irer Narung thuon. Die Landtherren haben derohalben beschlossen, vns die Aufrichtung neuer Haushaben zu vndersagen, den Grundherren aber auch fernerhin zu gestatten, sich der Arbeiten der Brüeder zu bedienen. Cod. XIX.

c) In disem Jar, bald nach dem Neujar ist vns weiter verkündet worden, das wir von jedweden Haus, darin wir kochen, 80 fr. vnd von jedem Bierbraw in vnseren Haushaben 1 fr. zu schossen haben. Cod. XIX.

d) In disem 1600 Jar ist ein treffentliche, schwere vnd harte teurung gleich vnversehens in Märhern eingefallen, welche balt nach Ostern angefangen, vnd ye lenger, ye schwerer worden, daz hernach, (nach Johannj), ein Metzen Waitz: zu 4 vnd 5 fr.,ª ein Metzen korn zu 4 fr. vnd mer, ein Metzen Gerste: auch zu 4 fr. golten hat. In Vngarn, vmb Schlossberg vnd Bränisch hat ein Metzen Traidt zu 7 fr.ª golten, daz bej 8 oder 9 Wochen lang, von Pfingsten biss auff Jacobi, eine seer grosse vnd jamerliche Not, dessgleichen (bei Mannesgedenken) in disem landt nie erhöret vnder den leuten gewesen; dann vast allenthalben, bej Reich vnd Arm, weder Traidt noch brot nit zu bekommen gwest. In diser vberaus grossen Tewrung hat gott sein gemain durch den Fleiss der frumen Eltesten vor villen andern völckern also gesegnet, daz die Frumen dise Tewrung wenig empfunden, vnd Niemandt kein Mangel gelitten hat, vnd haben noch dazue villen vmb vns her handtreichung ᵇ getan vnd geholffen in Irer Not, wie auch vil bekannt haben: Wen vns yetz die Brüeder nit geholffen, es muessten vil verhungern. *A. — L.* Es hat aber solche Tewrung nach dem Schnitt widervmb nachgelassen. *E. F.*

e) In disem 1600 Jar muest die Gemain des Herrn von den kriegsleuten abermals so hart, als vorhin ye, beschwernuss vnd Drang leiden. Dan es lagen zu Gostl, Pilowitz, Scheykowitz vnd Baraditz 400 Reuter vom 10ᵗᵉⁿ April biss auf den

---

ein Fassel dieses Weines anno 1602 150 Thaler, das Seitel 10 Kreuzer kostete.
ª *L.*: Taler. — ᵇ mit brodt *E. L.*

16ᵗᵉⁿ Juli, das ist 14 gantze wochen. Zu Hrádisch wurden 500 Reuter vnd zu Iglaw 3000 Fuessknecht gemuestert, welche vor der Muesterung bej 4 Wochen im landt vmbzogen vnd die Hausshaben schwerlich heimbsuechten. A. — L.

Dessgleichen zog den 21ᵗᵉⁿ Tag Julj Herr Graf von Thurn[1] mit 1000 Reuter durch diss Landt vnd sonderlich auf die Hausshaben: Nussla, Popitz, Tracht, Schäckowitz, Neumül, Gostl, Altenmarkt vnd Lundenburg. Die lagen an meisten orten zwei Nacht still, (welches alles in der teuersten zeit geschah, da sonst schier Nindert nichts zu bekomen war), (so) daz Also der Gemain, wies villen bewust, vil mit Inen auffging. Auch sind den Br. in disem Jar durch die kriegsleut vnd vmbstraiffende Rauber bej 25 Ross aussgespannt vnd genumen worden. In was sy sonst für Freffel vnd muetwillen gebraucht, das alles zu beschreiben zu lang wär. A. — L.

e) Anno 1600, den 6ᵗᵉⁿ April, ist der Br. Christan Gschwender oder Hueter, ein Diener des Wortes, zu Nembschitz, (bej Prälitz *C. K.*); den 14ᵗᵉⁿ Tag Junj der Br. Peter Trier (Tryer), ein D. des W. zu Wätzenobitz (in Märhern); den 4ᵗᵉⁿ Augustj der Br. Hanss Newmair (oder Barchentweber), ein Diener des W. zu Nicolspurg; den 25. November der Br. Adam Pruckmaier, ein Diener der N., zu Tracht im Herrn entschlaffen. *A. — L.*

1601.

a) Anno 1601, in der fasten, ist im namen Ir. Röm. Kay. May. Rudolphus des Andern, ein Mandat vnd beuelh zu Wien In Österreich aussgangen,[2] das die Landtherren in Österreich die Brüeder, wo sie in Mülen, oder andern orten vnder Inen wonen, vrlauben solten, vnd wo ein Herr sie über das weiter aufhalten wurde, soll er in Kais. straff vnd hohe vngnad fallen. Auch sein in gantz österreich in stetten vnd Märkten Prophosen gesetzt vnd geordnet worden, wo sie ein Brueder antreffen, der

---

[1] D. i. Mathes Graf von Thurn, der kurz vorher mit sechs Fahnen Reiter bei Brünn gelegen war, berufen, in der Folge (1618—1621) eine seinem Vaterlande verhängnissvolle Rolle zu spielen.

[2] Das Mandat Rudolfs II. ddo. Wien, 23. März anno 1601 bringt gedruckt: ‚Dr. Christ. Fischer in seinen 54 erheblichen Vrsachen‘ etc., Ingolstadt 1607, in 4°, und aus diesem Werke: ‚Ottius, Annal. Anabaptistici‘, Basil. 1672, p. 193; item Codex Austriacus und die Mandatensammlung im niederösterr. Landesarchiv.

nicht beuelch oder gute kundtschafft von der Obrigkeit hat,
den sollen sie gefenkhlich einziehen. Diss Mandat, auss angeben der Jesuiten, weret nit lang, (Gott dem Herren sej
die Eer), jedoch haben die Herren aus Forcht vnd schreckhen
vnsere Müler vnd Dienstleut geurlaubt vnd ziehen lassen.
E. G. L.

b) In disem 1601 Jar ist die Gemain abermals hart bedrengt vnd schwerlich heimbgesuecht worden. Den es wardt
ein Regiment Fuessknecht bej 8000 geen Hradisch bescheiden,
(auf den Muesterplatz zu ziehen), die meisttails alle durchs
landt herab gezogen, biss vast geen Hradisch. Demnach ist
derselb Musterplatz auf Znaim gelegt worden, daz diselben
Kriegsleut alle wider zurück auf Znaim ziehen muessten, die
also, bej 6 wochen lang, (im landt, auf den Hausshaben) vmbzogen vnd gelegen sein. Zu Teutsch-Brod in Pehaimb, sein
5000 fuessknecht gemuestert worden, die alsdan alle miteinander
auf Olekowitz, Nembschitz, (Seelowitz), Paussram, (Nussla *L.*)
vnd Tracht gezogen. Darnach etliche tag auff Nickolsburger
Herrschafft still gelegen. Herr Hodický ist mit 1000 Reutern
zu Olmütz (vnd Herr Kolonitsch mit 1500 Reutern zu Mistelbach), dessgleichen Herr Graf von Thurn zu Eger bej Prag
mit 1000 (1500) Reutern gemuestert worden, derer vnd anderer
vil Reuter, so auff die Musterplatz zogen, vil durchs landt auf
vnd abwärts gezogen, vnd die Br. vilfach haimbgesuecht haben.
Also auch im herbst, da des Herrn Hodický 1000 Reuter (aus
Vngarn *G. L.*) herauf zogen vnd zu Bilowitz abgedankt worden,
welche 3 gantze wochen vor der Abdankung in dem kreiss, als
zu Neumül, Schäckowitz, (Tracht, Kobilitz), Paraditz vnd Bilowitz, vnd in vmbliegenden Orten gelegen, welche auch durchs
Jar die gemain vil gestanden sein. *A. — L.*

So sein auch den Brüedern (der Gemain) in disem Jar
durch die kriegsleut vnd streifenden Rauber hin vnd wider bej
10 Ross vnd Stutten genomen vnd ausgespannt worden. *A.—L.*

c) Anno 1601 Samstag den 14ᵗᵉⁿ Julj, in der Nacht zwischen 12 vnd 1 vhr, ist der Br. Andreas Kleesattl, ein Diener
des W. zu Neumül; den 26ᵗᵉⁿ October: der Br. Jacob Märckl,
ein Diener der N., zu Prybitz im H. entschlaffen. *A.—L.*

d) Anno 1601 am St. Georgi-Tag hat Herr Seyfriedt von
Kolonitsch, zu Burg schleinitz, Haindorf vnd Ydenspeigen, Herr
auf Gross Schützen, Pfandinhaber der Herrschafft Levenz,

vnseren hawsbrieff, den die Gemein mit dem Herrn Bernhart
von Lempach im Jahre 1588 errichtet hatte, bestättigt.
wider neu aufgericht vnd in etlich punkten erweitert. (Cod.
epist. XIX.)

1602.

a) Anno 1602 den 24ten tag Februarj sein 3 Br., nemlich
Darius Hein, Hänsel Sumer vnd Vhl Jaussling (*L.:* Jausle).
im Dienst des Euang. mit auflegen der Eltesten Hendt bestättigt worden (zu Neumül). An demselben tag hat man auch
3 Br., nemlich Heinrich Schalcher, ein tuechmacher, Nicl Kuentz.
ein Hawer, vnd Hänsel Metzker, (fleischhawer), ein Schuester,
in Dienst des W. in versuechung erwelt vnd zu Neumül füergestellt. *A. — L.*

b) In disem 1602 Jar sein abermals vil kriegsleut hinab
in Vngarn gezogen (für Ofen). Es wurden in Märhern zu
Wemslitz:[1] 500, zu Gaya: 500 Reuter gemuestert. Dessgleichen
zogen auch 2 Regiment, in die 6000 Fuessknecht, in diss landt
auf die Musterplatz, welche 4 (vil) wochen nach einander im
landt vmbzogen sein. Darnach erst das eine, nemlich das
Schönberger'sche Regiment, so zu Strassnitz gemuestert wurde,
in den kreiss eingelegt worden. Da sein sie mit grossen be-
schwerd vnd vnkosten gelegen 5 wochen lang, sonderlich in
den Hausshaben, als zu Neumül, Schäckowitz, Gobelitz, Paraditz, Creutz, Gostal, Bilowitz, Prutschän, Schaikowitz, Rampersdorf, Altenmarkt, Dordenitz, (Lundenburg), Wätzenobis, Schaidowitz, Dämerschitz vnd Niklschitz; auch im Vngarlandt: zu
Sobotisch, Gopschän vnd zu Bell (Gbell) in (den) 2 Mayer-
höffen. Hernach sein des Herrn Graffen von Thurn 1000 Reuter
aus Behem auch durch diss landt zogen, von Znaim auf die
Hausshaben herab, als: auf die Neumül, Gostal, Bilowitz,
Prutschän, Rampersdorff, Altenmarkt, Kobelitz, Paraditz, Creutz
vnd Göding. Darnach zogen auch des Herrn von Rossalovský
1000 Reuter aus Behem herab (durch Märhern), als auf Oleckowitz, Nembschitz, Nielspurg darnach wider auf Schäckowitz,
Gostal, Bilowitz, Prutschän, Kobelitz, Creutz vnd Wätzenobis.
an ein tail orten zu 2, 3 vnd 5 Nächt vnd mer gelegen vnd
offt in einen Hausshaben zu 20, 30, 40 vnd sonderlich zu
Nembschitz mit 60 Rossen biss auf den 5ten tag gelegen sein.

---

[1] Wemslitz = Wejmyslitz bei Mährisch-Kronau.

Letztlich wardt auch zu Brün vnd Strässnitz das landtvolckh in die 3000 Man gemuestert vnd hinab (in Vngern) geschickt. Also ist in disem Jar sonderlich mer, dan vorhin nie, die gemain des Herrn hart vnd schwerlich gedrengt vnd geängstiget worden, vnd in speiss vnd Trank vnd andern ein grosses aufgangen ist. *A.*—*L.*

Darzu ist vnder dem, als die Schönbergerschen kriegsleut zu Landshuet gelegen, ein feuer ausskumen, das das guntze Dorff (sambt dem Bruederhauss) vast gar abbrunen ist, vnd der gemain, sonderlich den schuestern allda, ein grosser schaden geschehen. So seindt auch in disem Jar durch die kriegsleut in Hausshaben hin vnd wider bej 18 (*H.:* 80) Ross mit gewalt genommen vnd hingeraubt worden. *A.*—*L.*

c) In disem 1602 Jar, den 1ten Julj, ist der Br. Hanss Schmidt, ein Diener des W., zu Stignitz *A.*—*L.*; den 22ten September der Br. Hänsel Janes (Jann), ein Schneider vnd Diener der N. (ebenda), zu Stignitz; den 3ten Dezember der Br. Bastl Anfang, ein Diener des Worts, zu Nicolspurg im Herren entschlaffen. *A. B. C. E.*—*L.*

d) In disem 1602 Jar sein die Br. zu Gobschitz, da sy 49 Jar gewonet, mit des Herrn gueten willen aussgezogen, vnd dessgleichen auch zu Budkaw wider abgezogen, wegen der grossen Schatzungen vnd beschwernuss der kriegsleut. *A.*—*L.*

1603.

a) Anno 1603 haben sich die Br. zu Austerlitz, Dämerschitz vnd Gerspitz[1] vmb allerlej vrsachen gäntzlich dahin gericht, auszuziehen; ist aber doch zulest widerumb (bej dem Herrn Vlrich von Kaunitz guetlich vertragen vnd (*G. L.*) dahin gehandlet worden, das man zu Austerlitz vnd Dämerschitz noch blieben; aber zu Gerspitz ist man aussgezogen, biss auff etliche wenige Personen, die noch im Hauss blieben sein *A.*—*L.*, merertails vmb der siechen willen. *D.*

b) Anno 1603 den 1ten Maj ist der Br. Stoffel Rath zu Gostl; den 26ten Maj den Br. Wolff Wenzel, ein Diener der N., zu St. Jörgen in Vngarlandt im Herrn entschlaffen. *A.* — *L.*

---

[1] Gerspitz, das jetzige Dorf Herspitz (slav. Heršice) bei Ansterlitz, in der Vorzeit auch Gerspitz und Herrspitz genannt, mit 950 Einwohnern, wovon 250 der reformirten Confession angehören. Die Weingärten, deren Spuren noch 1830 in dem Thale gegen Osten gesehen wurden, sind Ueberreste der Anlagen der Täufer.

c) In disem 1603 Jar, den 27ten Junj, vmb 1 vhr nachmittags ist der Brueder Geörg Zobel, ein Diener der N.
vnd fürnemer alter Arzt, dem das gantze Baderhandwerk in
der gemain beuolhen war, (vnd der auch von vil anschentlichen
Herrn *B. D.*, vnd von Kaysser selbs ist gebraucht worden *D.*)
zu Nicolspurg mit friedlichen Hertzen im Herren entschlaffen.
A. — L.

1604.

a) Anno 1604, den 1ten Februarj, sein 3 Br., nemlich Nicolaus Kuentze, Hainrich Schalcher vnd Hänsel Metzger mit auflegen der Eltesten Hendt im Dienst des Euang. bestättigt
worden zu Neumül. *A. — L.* Der Schalcher wardt nochmals
ausgeschlossen vnd des Diensts entsetzt, aber nach gethaner
Buess im Herrn entschlaffen. *G. — L.*

An demselben (1ten tag Februarj) hat man auch den Br.
Michel Grossman, ein Schuester, (vnd den Br. Simon Stadl-
mann, auch ein Schuester,) in Dienst des Worts (in Versuechung) erwelt vnd zu Neumül füergestelt. *A. — L.* Aber hernach, im Herbst, ist der Simon Stadelmann auf sein hohes
Bitten des Diensts wider entlassen worden. *B. L.*

b) In disem 1604 Jar, wie auch in dem nägst verschinen
1603 Jar, hat die gemain des H. abermals vil anlauff vnd
überdrangs von kriegsleuten erlitten, nit allein von denen, die
im lande gemuestert worden, sondern auch von andern, die
gemuestert vnd vngemuestert nach lengs vnd breits auff der
Brüeder Häusser getrachtet haben, das also der gemain, (von
Reutern vnd fuessvolckh, deren die 2 Jar seer vil herab in
Vngarn gezogen,) in speiss, Trank vnd andern abermals vil
auffgangen vnd verzert worden. *A. — L.* Dazue sein den Br.
dise genannten 2 Jar durch vmbstreifende kriegsleut bej 13 Ross
genomen vnd ausgespannt worden. *B. L.*

c) In disem Jar haben vnsere Beschützer im landtag den
königl. Commissarien, als sie vns zu einer höhern steuer herau-
ziehen wolten, entbieten lassen, es sei landprächtig, das wir
steuern geben, wie andere vndertanen im landt, vnd man nit
gestatten kunnte, vns mer zu beschweren. Dennoch wurde
verordnet, das wir von jedem Rad in vnsern Mülen 1 fr. vnd
von jedem Eimer gepressten Weines 2 weisse Groschen steuern
sollen. Cod. XIX.

d) In dem 1604 Jar, den 29ᵗᵉⁿ Sept. morgens vmb 3 bis auf 5 Vhr, ist am Himmel ein gross, strömendes Licht (Zaichen) mit rot vnd weissen strichen wie ein Zelt gesehen worden. *E. G. L.*

e) In dem 1604 Jar, im Monat Decembris, ist ein grosser Cometstern mit einem ziemlich langen stral gegen mitternachtwerts erschienen; ist aber gar nidergangen, das man in nit lang hat sehen können (vnd hat sich balt wider verloren). *E. G. H.*

f) In disem 1604 Jar den 5ᵗᵉⁿ Julj, ist der Br. Clauss Zwieffel, ein gar alter Br. Vber 90 Jar alt, der bej 40 Jar im Schloss zu Paussram gedient, zu Paussram im Herrn entschlaffen. *E. G. L.*

g) In disem 1604 Jar, den 29ᵗᵉⁿ Septembris, ist der Br. Geörg Leyke (Leuke), (ein Diener der N., zu Prübitz *A. — L.*) den 15ᵗᵉⁿ Novembris: der Br. Leonhart Maurer, ein Diener der Not., zu Nembschitz (bei Prälitz *C. K.*) im Herren entschlaffen. *A. B. C. E. — L.*

h) In disem 1604 Jar wardt der Br. Josef Hauser,[1] ein Diener des Worts, (wie auch vormals im 1602 Jar) widerumb in Preissen geschickt, diselben landt mit dem Euangelion auch zu durchsuechen. *K.* Darnach, auff den Herbst wardt noch ein Br. des Worts hineingeschickt, mit namen Darius Hein, welcher Vbern winter drinen geblieben ist. *K.*

(II. Abschnitt.)

1. Beschreibung des zu vorhin vnerhörten, schröcklichen Trüebsals, welcher neben andern leitten auch vber die Rebellischen Vngarn sich zuegetragen.

Im 16 - * - 05 Jar.

(Aus der Handschrift *P.* [gekürzt].)

1605.

Es begab sich, als ein welscher Herr, mit namen Jörg Basta, (der war Obrister Vber des Kayssers Kriegsvolckh in

---

[1] Josef Hauser, anno 1594 mit Rudolf Hirtzl ,in den Dienst des Euangeliouß' gewählt vnd 1594 zu Neumühl bestätigt, starb den 3. September

Vngern,) wider den Türckhen sollt ziehen, mit welchen der
Krieg schon 12 Jar gewehrt hat, da ist diser Jörg Basta mit
seinen Kriegsleuten wider die Vngern zogen, Sie auf den katholischen glauben zu zwingen, vnd auch vil andere vnträgliche
ding an sie begeert. Als aber die Vngern in dissem Kains
nit wollten eingehn, da hat inen Jorg Basta vil Dörfer auch
Märkht vond stett vnd seer vil Kirchen geplündert vnd verbrennt, auch schändlich Sodomisch mit Frauen vnd Jungfrauen
gehandlet. Durch welchen Drang, zwang vnd vnbill vnd seer
grossen Übermuet, So, von des Kayssers Kriegsvolckh den
Vnger Begegnet ist, etlich vngarische Herrn verursacht worden,
in diss land zu streiffen vnd solchen vnbill zu rechen. Dieweil
aber nit daz gantze landt Vngarn dazumal von dem Kaysser
abgefallen, disse ort aber, welche solchen drang erlitten haben,
zu schwach waren, da haben sie den Türckhen vnd Tattern
zu Hilff genomen vnd haben den Herrn Stephanus Botschgay
zu einem obristen auffgeworffen, welcher dan, wie es ein ansehen gehabt hat, villeicht vermaint hat, vngerischer König zu
werden.

Demnach, als die Vngarn wider den Jorg Basta sein gezogen, habent Sie im vil kriegsvolckh abgeschlagen, daz man
gsagt hat, Ja nur 8 Taussent von 5 vnd 20 Taussent sein dauon komen. Da muesst er also aus dem Vngarlandt weichen,
den die Vngarn waren seer starckh hernach gezogen, vnd mit
seer grosser Macht herauf gerucket, haben mit Raub, mordt, vnd
grossen Brandt seer Übel vnd jämmerlich gehandlet vnd merck-
lichen Schaden gethan, darneben seer vil volckhs in das Elendt
hinweghgefiert vnd hin vnd wider zersträt vnd verkaufft in
verne Landt, vnder Türckhen vnd Tatern. Neben dissen da
muessten die Fromen vil vnd grossen Komer erfahren vnd
einnemen.

1616 zu Pribitz in Mähren. ‚Er war ein hochbegabter Mann, in Ebräi-
scher, griechischer, lateinischer vnd französischer vnd deutscher sprach
wol erfaren.‘ Von ihm rührt her: 1. die Abhandlung: ‚Vnder-Richtung,
das die gemainschafft der zeitlichen güeter ein Leer des neuen Testaments sej vnd von allen gläubigen erfordert werde, geschrieben auf
Wenglen in Preussen von Josef Hausser aus Mähren den 12ten Aug. 1605‘
(M. S. Cod. V. d. in Pest); 2. das Lied ‚der Abschaid‘ (in M. S. Cod. VIII.
g. 24 und VIII. e. f. in Pest): ‚Jezt ist die Zeit beykomen — Das es
muness gschaiden sein u. s. w., im Ton: wie man die schöne Magdalena singt ‘

Da gleich, als man nun in der gemain des Herren die gedachtnus vnseres Herren vnd erlösers Jesu Christj gehalten hat, da hat sich gleich alsbalt der grosse Triebsall angefangen vnd ein bösse botschaft der Andern die Handt geboten, (wie): das die Vnger vnd Türckhen vnd auch Tattern seer starkh vberhandt namen, Ja vil der vngrischen Herren, (auch vnder denen, da die Brieder gewont haben), dessgleichen die stät Skallicz vnd Tirnau sich inen ergeben haben, vnd (das) der Feindt dissem landt Mürhern, ye lenger, ye nllher, zuekomen vnd angefangen habe zu rauben vnd zu brennen, Auch vil vnd grosses Mörden vnd hinfierung des volckhs geschehen ist, desgleichen vor disser Zeit nie gehört ist worden, als dise ort vnd gschichten nacheinander werden benamset, wie es sich nacheinander verloffen hat: [1]

Den 3ten tag des monats May hat der Feindt in der Nacht Sabatisch Vberfallen vnd geblindert, dann gleich durch anschickung gottes vnsser Volckh davor ist in waldt geflohen, aber neben dissem noch 2 brieder, die sich im Hauss verspät(et), gräulich gemartert sein worden, sonderlich den ainen Br. Vbel vnd jämerlich gebrant vnd im die Zungen hinden zum Nackhen ausszogen vnd dan sie alle Baide zerhawt vnd ermördet. Dessgleichen auch hernach, als vnsser volckh widerumb aus dem walt muest, (da es Nimer Sicher vor dem Feindt war), vnd in das Schloss Bränitsch geflohen, sein in dissem auch 3 Br. vnd schwestern von dem Feindt ereilt vnd nidergehaut

---

[1] Cod. A. — L.: Anno 1605, vom Anfang des Jars vnd seit dem negst verschinen Sumer, als die Kriegsleut in Hnngern gezogen vnd vbern winter vnden bliben sein, hatte die Gemain der Kriegsleut halben zimlich guete Rue, biss auf den Monat May, da man znuor hin an allen orten die gedeclitnus des Herren Jesu Christj mit Fried vnd Freuden gehalten. Nach demselben aber hat sich neben andern leuten auch über die gemain des Herrn ein treffliche grosser trilebsal erhebt, welches durch die Rebelischen Hungern, deren oberster der Boczkay war, der dan auch Türken vnd Tartaren zn Hilff genomen (D.: mit herauf gebracht) hat, znegangen, die als sie vber hand genomen vnd herauf geruckht, auch vnssere Haunshaben angriffen, mit Raub, Mord vnd Brandt jämerlich gehandlet vnd seer grossen vnsäglichen schaden gethan haben. Also sonderlich erstlich: den 3ten Tag May In der Nacht Sobotisch (vberfallen D.). Den 4ten tag Maj gegen abent Lewäry (Lebär) vnd vollgents diselbe Nacht Protzka vberfallen, (das Haunshaben an allen 3 orten) geplündert, das volckh vertrieben vnd vervolgt, A. — L.

22*

worden vnd auch 3 Personen hinweckh in das Elendt gefiert
worden.

Den 4ᵗᵉⁿ tag monats Maj, da kam ein seer grosser
Hauffen hejduckhen auf Lewär, welche vnser Hauss mit grossem
Schrecken haben vberfallen, vil Br. Schwestern hart geschedigt vnd etliche vast Bis auff den Todt verwundt, demnach,
geschedigte vnd vngeschedigte, alte vnd junge, was nit entrunen ist, bej 2 vnd 40 Personen, sambt dem Brueder Mathäus
Pichler, irem Hausshalter zu Lewär, auf die Wägen geworffen
vnd ins Elend gefiert, die vbrigen aber, die dem Feindt entrunen sein, die wurden zersträt in die wäld(er), wasser vnd
gemöss, also das Niemandt Recht wissen kundt, welches hin-
gefiert oder noch vorhanden war. [1]

Den 5ᵗᵉⁿ tag May, in der Nacht, da hat der Feindt
auch Proczka vberfallen, vnd ob vnsser volk dissmal noch im
Hauss war, da hinderts doch gott, das der Feindt nit in das
Hauss Kundt, bis daz das Maiste volckh aus dem Hauss hinauss
kam. Darnach, als sich die gschwistriget an dj March glegert
haben, bis man sich gerichtet het, mit den schiffen das Volckh
hinüber zu fieren, in dissen hat es der Feindt wargenommen

_____

[1] ‚Denen aber, die hin sein gefiert worden, schickt gott der Herr (ein)
wunderbarliches Mittel, das sie also sein one Schatzung alle widerumb
Ledig worden vnd zu der gemain kumen. Dann es begab sich zu diser
Zeit, das der Hanss Zwickelberger, ein Bader, vnser Brüeder Einer, der
zu Tirnau in der stat war, von einer Schwester, welche aus den gefangenen dem obersten in der statt ist geschenkht worden, vernomen hat,
wohin vnser volckh ist gfiert worden, Da hat er mit Bitt an die Herrn
zu Tirnau angelangt, das sie seinen brüedern vnd schwestern behilflich
sein sollen, damit sie widerumb Ledig möchten werden. Also sein sie
alsdan one verzug sambt dem Bader, vnsern Brueder, zu dem Veltobristen.
Radej Ferencz in das lager hinaus gereisst vnd brieff vnd Siegel von
im erbeten. Diser lautet: Alle solche leut on schätzung Ledig zu lassen.
Darnach als die Herrn zu Tirnau alle vnsere Leith mit einander vberkomen vnd zusamengebracht, haben sie es alsdan mit starkhem glaidt
bis an das wasser der March gen Protzga herauf fieren lassen, für welche
wol beschehene wolthat die Br. den Herrn zu Tirnaw, zuvor aber dem
Allmechtigen, Barmherzigen Gott nicht gennegsam danken kundten. Ist
also alles volckh (45 Person. Cod. S., die von Levär vnd St. Jörgen wegh-
kamen, VIII. c.) widerumb zu der gemain Komen (den 20. Maj, VIII. c.)
biss auf einen Br., der verhoffte vor dem ander volckh zu der gemain zu
komen, der hat sich von inen gelassen, diser ist auf der strassen erschlagen vnd niedergehaut worden.‛ P.

vnd wöllen hinach eilen, da hat aber Gott der Herr Ir böses
fürnemen gehindert, also: Wie Sie wolten hinach vber die
pruckhen, khonden sie Kain Ross hinvberbringen (vnd) muessten mit grossen Zorn vnd vnwillen ablassen; zween Br. aber,
die noch im Hauss waren vnd sich zu lang aufgehalten haben,
die haben sie hart verwundet, dessgleichen ainen alten Br.
(Geörg Pinder, VIII. c.) gar zerhauen vnd auch mit etlichen
schwestern vnd sonderlich mit einer kindtbetterin, die erst bej
2 Stunden gnesen, seer vbel vmgangen sein, welches doch
vberaus vichisch vnd nit menschlich war.

Den 5ten tag may straiffet der Feindt gar starckh, vnd
hat dazuemal St. Geörgen, St. Johannes, Gopschain, Neusorg
vnd Böll, auch etlich Mayerhöff vnd Mülen, da vnsser volckh
gwessen ist, vnd vil andere vmbligente ort vberfallen, geblindert vnd verbrennt. Zu St. Geörgen den Matheas Pichler, der
Zeit hausshalter, vnd sonst noch zwei Br. mit im, gefangen,
welche dan zu Tirnaw seind ledig gemacht worden vnd mit
gottes Hilff zu der gemain des Herren kommen. [1]

Den 7ten tag May, da hat sich der Feindt zum ersten
Mal herüber in Märhern glassen vnd hat Landhuet geplündert
vnd Pillowitz in Grund verbrent, vnd seindt an denen baiden
orten vnsere Häusser gar abgebrent worden vnd ist der gemain
dadurch ein seer grosser schaden gschehen. Es wurden dazuemal zu Pillowitz 4 Br. nidergehaut.

Den 9ten tag May, als der Feindt zum andern Mal in
Märhern gestreifft ist, vnd Strässnitz geplündert vnd gar verbrent, so seindt dazue Mal auch 3 Br. nidergehaut worden.

Den 27ten vnd 28ten tag May, als sich der Feindt in
das Österreich gelassen hat, vnd daselbs mit Raub, mordt
jämerlich gehandlet, das man auf einmal bej 24 Prunsten gsehen
hat, da sein dazuemal zu Rabenspurg auch 3 Br. nidergehaut
vnd ermördt worden, sonderlich mit dem ainen sein (sie) jämerlich vmbgangen.

Den 30ten tag Maj da hat sich der Feindt zum 3ten mal in
Märhern gelassen, Neudorf vnd die vmbligenten orte verbrennt. [2]

[1] Cod. A.—L.: Den 5ten Maj St. Jörgen, St. Johannes, Göpschan, Newsorge, Beel (Gbell D.); den 7ten Maj, in der Nacht Landshuet vnd Pillowitz in Grund verbrennt.
[2] Den 30ten Maj Newdorff verbrennt, die statt Wesseli gestürmbt vnd vnsere schmidten daselbs verbrent. (A.—L.)

In disen Seindt auch 4 Personen vnseres volckhs nidergehaut worden, vnd 3 Personen gfangen hinwekh gtiert. Dissen
tag hat sich der Feindt auch für die statt Wessele gmacht die
Selb zu bestürmen. In demselben ist der brieder schmidten
abgebrent durch den Feindt. In dissen streiffen sein auch 2 Br.
zu Hulcka vnd auch einer zum Zwetlaw[1] nidergehaut vnd ermördt worden, vnd auch 3 Personen in das Elendt hinweckh
gefirt worden.

Den 2ten Junj, da ist der Feindt in Märhern gesträfft
vnd daselbs zu Wützenobis vnsser Hauss sambt dem Dorff
vberfallen vnd abgebrennt vnd seindt allda 8 Br. nidergehaut
worden. (Ist) dissen tag (auch) auf Schaidowitz komen vnd
gen Creutz, Göding, Jermeritz,[2] vnd diselbigen ort geplindert,
vnd sein dazuemal zu Creutz 4 Brüeder, zu Mesderschin 4 Br.
vnd zu Miloditz[3] 2 Br. ermördt vnd zu Grünwiss: 4 Personen
in das Ellendt gefangen hinweckh gefiert worden.[4] Disen Tag
hat sich der Feindt bej die 2000 starkh ausserhalb Rohäcz
gsamelt vnd also mit Macht herauf in Märhern zu streiffen
willons gwessen; gott aber liess ir füernemen nit gelingen;
wurden erstlich mit grossen schreckhen abgetrieben. Als sie
wolten vber den Luschitzer Dam[5] hervberziehen, waren sie

---

[1] Zwetlaw = Světlau, slav. Světlov, ist nicht die öde Burg Alt-Světlau
(südlich von Bojkowic) in Mähren, (von den Deutschen im 15. Säculum
Leuchtenburg genannt), die der Herrschaft Světlau den Namen gab, noch
das neue Schloss Světlau, das mit der † Burg anno 1605 dem Herrn
Johann Dietrich von Kunovic gehörte, sondern ein † Hof der Wiedertäufer,
der zwischen Tscheitsch und Mutenitz lag. Der hier niedergebaute
Wiedertäufer hiess Hans Gürtner. (M. S.)

[2] Jermeritz, jetzt Jarouovic genannt, ein Maierhof mit einer Zuckerfabrik,
zwischen Gaja und Göding, auf dem Boden des eingegangenen Dorfes
Jarohněvice, dessen schon im 12. Säculum gedacht wird. Eine halbe
Stunde nördlich liegt Mistřín (Mezderschin), und eine halbe Stunde östlich
von Klobouk, gegen den Kobylersee zu, Crumvíř, (in unseren Chroniken,
und so auch in den mährischen Rechtsgangbüchern des alten Landrechts
,Grünwies' geheissen).

[3] Miloditz = Schloss und Herrschaft Milotic, zu welcher Mistřín, Svatobořic
und Vacenovic, wo allenthalben Wiedertäufer hausten, gehörten.

[4] A. — L.: Den 2ten Junj Wützenobitz verbrennt, Schädowitz, Creutz, Göding,
Jarmeritz (C. K.: Jermernitz), Tscheutsch geplündert.

[5] Luschitzer Damm; auf diesem Damme ging der Weg dazumal, unterhalb des Sandteichs, über den alten Graben (Stará struha), von Göding
(aus der Marchniederung) gegen Luschitz und Bojanowitz.

dazumal von 300 Teutschen Reutern in Flucht gschlagen, vnd muessten also weichen.

Nach disen ist der Feindt in die 4000 starkh mit vilen Sturm Laitern kumen vnd füer Vngrisch-Brod gezogen; sind aber alsbalt durch den Hodiczky widerumb von danen hinweg getrieben worden, vnd hat dem Feindt bej 300 Man erschlagen vnd 2 gschütz gnomen vnd alle Sturmlaitern abgejagt. Also hat gott der Herr, dem das lob zuegehört, den Feindt widerumb hinweghgetrieben. [1]

Den 28ten tag Junj kam der Feindt abermal vber die March herüber zwischen Hobenaw vnd Rabenspurg, daselbs hat er die österreichische wacht in irer Sorglosse vberfallen vnd bei die 100 Man. erschlagen. Demnach ist er am Marchwalt heraufgestreift. Daselbs hat er Durdenitz [2] vnd andere Dörffer mer geblindert vnd verbrennt. Alda ist es am komerlichsten zuegangen mit vnserm volckh, vnd sein das Mal zu Durdenitz allein bej die 16 Personen jämerlich nidergehawen worden vnd bei die 100 vnd 12 Personen, Br. vnd schwestern, ellendiglich vnd erbärmlich ins ellendt vnter die Heidenschaft gefangen hingfiert worden, vber welches die gmain gottes grossen Komer vnd herzeleidt hat, als eine treue Mutter für ire Kinder. Dissen obgemelten Tag hat der Feindt (den) Birnbaumerhof [3] abgebrennt vnd demnach ist er auf Altenmarkt gestreift. Daselbs hat er vnserem volckh 15 Personen vnd zu Birnbaum 10 Personen in das elendt gfangen hinweghgfiert vnd 4 personen an dissen beiden orten nidergehawt vnd ermördt, auch seer vil geschädiget. In dissem streiffen ist bej Rampersdorf ein Br. nidergehauen worden vnd 3 Personen in das elendt hinweckhgfiert vnder die gottlosen Tyranen vnd heidnischen Völckher.

Den 12ten tag Julj ist der Feindt widerumb bej Luschitz herüber komen vnd vber die 8 Dörffer im brandt gesteckht, darunter vnsere zwej Haussbaben auch abgebrent sein, als nemlich Prutschän vnd Schäckowitz. Da sein dissmal zu Prutschän 4 Br. nidergehaut worden vnd zu Schäckowitz 2, vnd wurden dazuemal zu Prutschän 25 Personen elendiglich hinweghgefiert. [4]

---

[1] Ueber die versuchte Eroberung Ungarisch-Brods s. Dobner's Mon. I. 288.
[2] A.—L.: Den 28ten Junj Durdenitz abgebrent.
[3] Birnbaumerhof, in dem jetzigen Dorfe Birnbaum, bei Landenburg.
[4] Den 12ten Julj Prutschän vnd Scheikowitz verbrent. A.—L.

Den 14ten tag Julj hat der Feindt Göding, Jermeritz
vnd Tscheitsch geblindert vnd abgebrent vnd sein dissmal zu
Jermeritz 2 Br. nidergehawen worden. [1]

Den 15ten Tag Julj ist ein grosse suma haiducken vnd
Tateren herüber in das Märherische komen, vnd das Schloss
Milloditz eingnomen vnd zu Pissentz bej die 50 personen hinweckhgfiert; aber es war nit vnser volckh. Als sie auf Schädowitz auch wolten komen, seindt sie daselbs von den Kosäck-
chen, die dissmal gleich vor inen geen Schädowitz kamen, abgetrieben worden. Damals ist vnsser volckh errettet worden;
dan es waren noch etliche Br. vnd schwestern daheimb im
Hauss.

Den 16ten Julj, da ist der Feindt bis geen Dämerschitz
hinzuegestreift, doch aber ist er von den Bauern selbs abgetrieben worden. Dissmal hat der Feindt zwej Br., die sie im
Veldt ereilt haben seer hart verwundt; der ain Brueder ist
baldt mit todt abgangen. Dissmal hat der Feindt auch einen
Br. bej Wätzenobis vbereilt im Veldt vnd erschlagen.

Den 17ten Julj rucket der Feindt mit einem grossen
Volckh herauf in Märhern vnd streifet dissmal geen Ausspitz
hinzue, bis auf den Oxenberg vnd auch bis zur Newmül an
den garten hinzue; dan sie Lange Zeit gezielet haben, vnd der
Newmül hart getroet, wie man gsagt hat, vngarische Herren,
vnter denen auch Brüeder gewonet haben; dahin sie dan grosse
Begierd ghabt haben, aber gott der allmechtige ist inen entgegen gwessen, wie dan vns dises die Vnger nachherwerts, da
es zu einen Frieden geraten, gsagt haben, die darbej gwest
sein. Sie haben die Brüeder berichtet, daz sie auf die Neumül
wollen hineinreiten, da sei die gassen voll volckhs zu Fuess
vnd zu Ross gwessen, so doch yedes wol waiss, daz diser Zeit
kein Mensch nit auf der gassen war! Der allmechtige Gott
der inen also die Augen verblendet, der hat den Feindt zurück-
getrieben. Dissen obgemelten tag hat der Feindt Gobelitz,
dessgleichen Paraditz vnd Gostel, sammt etlichen vmbliegenden
Dörffern abgebrennt, vnd ist dissmal Niemandt vnsers volckhs
gfangen, on allein damals seindt drej Knaben ins elendt hin-
gefiert worden. Zu Räckowitz ist ein Brueder jämerlich

---

[1] Den 14ten Julj Göding, Jermeritz (Järmernitz) vnd Tscheutsch (G.: Creutz)
verbrennt. A. — E. G. — L.

ghaut vnd ermördt worden vnd zu Gostel ein Br. vbel verwundt.[1]

Zu disser Zeit vnd eben an dissem tag ward grosser Jamer vnd Not in dissem landt. Dan der Feindt samlet sich bej Pillowitz vber die 4 tausent stark vnd war willens Märhern durchzustreiffen. Wen es inen dissmal nach irem Fürnemen gangen wer, so hetten sie mit Raub, Mordt vnd Brandt Mechtigen schaden thuen künen. Dan es gab fast yedermann die Flucht, die kriegsleut, sowol als das laudtvolckh. Allein der Herr Ladislav, welcher Herr auf Lundenburg war,[2] der thet sein Bestes, durch wolchen dan der gnädig Gott im Himel, zu dem die Fromen Tag vnd nacht vmb Hilff anrieft, ein sonderlichs Mitl vnd Sig geben hat, das disser grosse Hauffen Feindt von acht halb hundert reitern, welche gemelter Herr auff Lundenburg mit im auf ein Gsellenritt orbetten hat, in die Flucht getrieben vnd bej 3 hundert Man erschlagen vnd (inen) auch bej 200 Ross genomen, wie dan der Ritmeister solches den Brüedern Selbs gsagt hat, der vber die Raiter gestelt vnd ir Obrister war; dan er lag zu Altenmarkh zur selben Zeit im Brüederhauss. Der sagt: das er es für ein vnmüglichs Ding angsehen hab, aber gott Selbs hab für sie gestritten, sprach er. Ingleichen waren die Kriegsleut, (Lücke in P.) vnd in vnsern heissern lagen, mit grosser beschwert, welche dan alle Zeit, wenn der Feindt ins landt gfallen ist, am ersten geflohen sein vnd also den leit auf der strassen hin vnd wider, was sie vor dem Feindt in die Flucht gebracht haben, inen dasselbig geraubt vnd nit allein den Brüedern mit rauben auf der strassen, sondern auch in heissern seer grossen Schaden gethan haben vnd sonderlich des Herrn Teuffels 1000 Reiter die gemain seer beschwert, so auch andere Leit hart gedrengt, aber auch ains mals vber die 100 Bauern erschlagen, ein halbe Meil wegs von Selowitz, die also den Vnbill rechen wolten, so inen durch sie geschehen ist, vnd irer auch seer vil geschedigt haben vnd verwundt sein worden.

Also wardt Jamer Angst vnd Not in dissem landt, hinder vns: der Feindt, der da alles verderbt hat, vnd erwirgt, vor

---

[1] Die Cod. A.—L. bringen statt des Vorstehenden: ‚Den 16ten Julj Kobilitz, Paradlitz, vnd Gostl verbrennt.'

[2] Ladislav Velen von Žerotin, 1619—1621 Landeshauptmann in Mähren.

vns vnd buj vns: die kriegsleut, die das Landt beschützen
solten, vnd doch aber gleichfalls grossen muetwillen geiebt
habon. Auch ist daz landtvolckh vnd die Nachpauern hin vnd
wider, wen die Brieder vor dem Feindt geflohen sein, offent-
lich in vnsere heisser gfallen vnd dieselbigen geblindert. Desgleichen wurden die Br. an etlichen orten seer hart getrengt,
das man den Witwen vnd waisslein, weib vnd kindt, Speiss
vnd Trankh nit durchpassiren wolt lasson. Lesterten darneben
die gemain gottes, als ob der Feind nur vmb iretwillon ins
landt gfallen wer; man solt vns in den Feindt hineinjagen,
oder bej den Köpffen hernennen vnd alle erwürgen! so doch
Meniglichen wol waiss, das die Kriegsleut durch iren Fröffel
die Vngarn bewegt vnd verursacht haben, herauf in disse landt
zu sträffen, zu rauben vnd zu brennen!

Darnach, als der Feindt nit mer in diss landt Märhern
gfallen, sondern in daz Österreich vnd Steiermarkh sich ge-
lasson, da hat sich die alte Schlangen widerumb durch die Kinder auf die pann bracht, als ob es die Brüeder mit dem Feindt
hielten vnd im gelt geben, das er nimmer in disse landt streiffe
solte! Diss alles damit nur die fromen gnueg veracht, verhasst vnd gelestert werden von den falschen propheten vnd
Schwindelgeistern. Demnach haben auch zum dritten pfaffen
auff den Cantzlen daruon geschryen in andern landen, als ob
solcher jamer nur allein ironthalben gschehen sej, so doch diser
Jamer nit allein vns, noch dises landt Märhern betroffen hat,
sondern auch Österreich vnd Steiermarkh, vnd sonderlich vmb
die Stat Wien, wie man gsagt, auch vmb die 2000 personen
sind hinweghgfiert worden, dessgleichen auch in Vngern vmb
die stat Tirnaw, (die sich doch dem Feindt vndergeben ghabt),
auch vmb die 1000 personen sein wekhgfiert von dem Feindt,
dessgleichen auch in Steiermarkh ein seer grosse Menge volkhs
ist hinweckgfiert worden.

Es ist nit alles zu erzellen, was nur für vnwarhafftige
Beschuldigungen die Missgünstigen vber vns auf die Ban bracht
haben, die wir doch keinem Menschen Kein leidt begeeren zu
thuen, auch allem krieg vnd aufruer von hertzen feindt sein
vnd vil mer frieden suechen, denn vnfriedt!

Deron aber, welche vns durch disen Jamer vnd Ellendt
so jämerlich durch den Feindt sein hingfiert worden, derselben
sollen wir Nimer mer vergessen vnd vor gott dem Herren für

Sie bitten Tag vnd Nacht. Welche, vnd wie vil irer aber
seindt gfangen worden, Br. vnd schwester vnd Kinder, deren
waren vngufär bej 238 Personen, aus disen aber durch wunderbarliche Anschickung gottes, widerumb erledigt worden, (wie
vorne gemeldt ist), alte vnd junge, bej 67 personon. Nach disen
ist der Feindt noch zweimal in Märhern herüber gestreifft,
nemlich den 28ten Julius,[1] vnd dissmal vnser Hauss zu Altenmarkt verbrent, vnd alles, was vorhin in der Gegend ist stehen
bliben, vollends abgebrennt. Von vnsern leuten dissmal Niemandts vmbkomen noch gfangen worden, on allein 1 Br., der
war von den Herrn zu Tirnaw erledigt worden, wie auch das
Lewärer Volckh, vnd zu der gemain komen.

Den 1ten tag Augustj da kam der Feindt widerumb
herüber in Märhern, vnd diss war daz zwölft vnd das Letste
Mal, das er in Märhern streifft, vnd hat dissmal zu Pisentz die
leit vberfallen vnd geplündert, den kriegsleuten, welche zu diser
zeit zu Pisentz gelegen sein, bej die 80 personen (Lücke).
Nach disen ist der Feindt nit mehr herüber in Märhern komen,
sondern sich ins Österreich vnd Steyermarkh gelassen vnd
allda, wie in Märhern, mit Raub, Mordt, Brand vnd Hinfürung
des volckhs jämerlich gehandlet. Under dissen Drang, ja Triebsal, welcher bej 3 Monat lang gewert hat, ist die gemain gottes
vmb 16 Klaine vnd grosse Hausshaben Komen, vnder welchen
dan auch 11 Schulen gewesen seindt, die alle von dem Feindt
beraubt, zerschlaitzt vnd abgebrent sein worden, darnach dan
der gmain ein gross guet aufgangen vnd verhert ist worden.
Auch sein in diser vorue hin vnd wider der gmain durch den
Feindt bej 56 Ross gummen worden, dessgleichen ein onzal
ander vich mer. Durch die vmbstreiffenden Kriegsleut wurden
der gmain in dissen landt Vber die 40 ross mit gwalt geraubt
(Lücke) vnd seindt also deren noch, die wir nit wissen, ob Sie
lebendig oder Tod sein, ausstendig: ongefär bej 158 personen.
Ermördt vnd nidergehaut worden sind: bei die 87 personen;
vnder dissen sindt auch 3 Hausshalter, nemlich Bärtl Hend-
taller zu Schäckowitz vnd Jakob Köpl zu Neudorf vnd Hänsel

---

[1] *A. — L.:* Den 28ten Julj: Altenmarkt vnd den Birnbaumer hof verbrennt,
vnd seindt allwegen auch andere vmbligende Dörffer, Märkt vnd Stett
auch angezündt vnd blindert worden, also, das man oft eins Tags zu 10,
15, 20 Pruusten auch mer In Märhern vnd Österreich gesehen hat.

Widoman zu Wätzenobis. Der Conrad Ritter, Hausshalter zu
Durdenitz ist ins ollendt gfangen hingfürt worden. [1]

Also ist nun in kurtze beschriben, vnd verzaichnet auffs
Nähest, wie schröckhlich vnd erbärmlich es ist zuegangen, ja
welches dan auch den lieben Br. Clauss Brädl, als im ein böse
botschaft nach der andern zuekomen ist, ein seer gross Hertz-
laidt, Komer, Schmertzen vnd weinens erweckht, sowie auch bej
den eltesten der gemain, in Suma: bei allen fromen wardt seer
grosses Ellendt vnd traurigkeit vber solche Tiranische Handlung, vnd in sonderheit vber solches erbärmliches Hinfieren der
klainen Kindlein, deren dan man etliche mit den fiessen zusamen gebunden, vnd die Köpff vnder sich gekehrt, demnach
also auff die Ross geworfen vnd hin gfiert, welches dan manche
Muetor muest zuesehen. Nun aber lieben Br. vnd alle ausserwelten des Herrn, die euch gott in disser letzten vnd bösen
Zeit aus vilen orten der welt zsamen gebracht vnd zu seinem

---

[1] Vnder disen sein an obgemelten orten vil feine nutzbare vnd (ge)brauch-
same Br. auch vil Eeliche vnd ledige Schwestern, Knaben vnd kinder,
Jung vnd alt, nidergehauen, übel geschädigt vnd (laider) ein guet tail
Jämerlich ins Elendt hinwegh (in Mohametische dienstbarkeit *G. L.*) gefüert worden. Nemblich:

vmbkomen Jung vnd alt, so vil man bissher in erfarung bekomen, ongefär bey die 85 (*A.:* 86) Personen,

gefangen (sindt) hinweghgefüret allenthalben, ongefär vmb 221
(*A.:* 321) Personen. Ausserdem sind durch sonderbare Mittel gottes
widervmb

erledigt worden vnd zue gemain komen bey 60 (*A.:* 90) Personen, das also dissmals noch in jamer vnd Ellendt, (da man nicht wissen
kann, ob sie lebendig oder todt seindt *G. H.*)

ausständig sein bej die 161 (C. 162, *A.:* 135) Personen, aber
wol zu achten, das die wenigsten noch vnder solchen zwang vnd triebsal
noch bej leben sein werden. Der Br. Bärtl Henntaler, Hausshalter zu
Schaickowitz, Jacob Küppel (*H.:* Käbl) Hausshalter zu Newdorff, so baide
Diener der Notturfft gewesen, (auch Hänsel Wideman, Hausshalter zu
Watzenobitz), sein in disser auffruer vmbkomen, vnd nidergehauen worden.
(Dessgleichen der Conrad Ritter, Hausshalter zu Durdenitz, gefangen hin-
weghgefürt worden.) Auch sein vil (erlicher) weltleut vom feindt hin-
weghgefüert worden.

Diser Trübsal vnd grosser Jamer, so vnsere Hausshaben getroffen,
hat gewert 3 Monat, nemblich im Maj, Junj vnd Julj, vnd als man hernach die gränitzen (*G. L.:* Päss) an der March mit Teutschen Kriegsvolckh besetzt, ist es auf disser Seiten wider still worden. Gott wolle es
weiter zum Besten wenden. *A. — L.*

volckh beruefft hat, lass im doch ein yedes dise edle vnd ruige
Zeit, die vns gott verliehen hat, hoch vnd teuer angelegen sein,
ja die liebreiche bej ainanderwonung nit muessig firvbergehen
lassen, damit ein iedes darnach, wen er aller fromen beraubt
sein muess, etwas herfir zu ziehen hab vnd vber den bach des
Triebsals schreiten mög mit allen fromen vnd ausserwelten!

D. ∼ *L.* [1]

Wer vberwindt, wirt alles erben.

(Esa. c. 54. 8. 9.)

I. : L.

2. Kaiserliche Kriegsvölker in den Haushaben. Brände. Hinrichtungen. Friede.

1605.

a) Das Kriegsvolck aber, so vergangenes 1604 Jar In
Hungern gezogen vnd vber winter vnden bliben, Ist dises

---

[1] *D. L.* wahrscheinlich David Lachner, der im Jahre 1636 ‚in den Dienst
des Euang. gewelt wurde'. Unter *I. L.* mag der Abschreiber (Josef
Lürcher, Schulmeister der Brüder) gemeint sein. Den Stoff, den unsere
Chroniken bringen, machten unbekannte Brüder zum Gegenstand dreier
Lieder, die sich unter dem Namen ‚Botschkay-Lieder' in mehreren
Handschriften erhielten. (Cod. 191. 203 Pos.; VIII. c. Pestin.) Das erste
derselben (Cod. 203. 239): ‚Gott gib mir zu betrachten', zählt 66 Strophen; das zweite (‚vom trüebsal der sich verloffen hat im 1605 Jar'):
‚Herr Gott Vator im Himmelreich' hat 40 Strophen (Cod. 203, f. 247);
das dritte (Cod. 191, f 237 = VIII. c. 387): ‚Von dem erschröcklichen
Einfall der Hunger, Türkhen vnd Tattern In disa landt Märhern, Österreich vnd Steyermarkht', welches also beginnt: ‚Nun hörend zue all in
gemain', zählt gar 159 Strophen.

Nach der Handschrift *S.*, deren Original sich in den Händen des
Herrn Pfarrers *F.* Joloverky in Krupa (bei Tyrnau) befindet, wurden
anno 1605 den Brüdern entführt: 150 Personen, umgekommen sind: 84,
zurückkamen: 49. Den grössten Verlust hatte Tvrdonic, nämlich 59 Hin-
weggeführte und 34 Todte.

Ein wesentliches Verdienst um die Befreiung der Gefangenen ge-
bührt dem Salomon Beger (Pöger), einem Müller von Altenmarkt in
Mähren, dem die Tataren sein Weib und Kind geraubt hatten. Diese zu
finden und nebst anderen Geschwistrigen auszulösen, durchzog er 1608
bis 1610 Ungarn und die Türkei. Gute Dienste leistete ihm 1608 in
Constantinopel und an anderen Orten sein Mitbruder, der Nikolsburger
Arzt Balthasar Goller, der damals der kaiserlichen Gesandtschaft zu-

1605 Jars vor dem Feindt herauff Ein Tail durchs Landt gezogen, Ein Tail aber in Österreich vnd Märhern sich gelegert,
vnd sonderlich des Herrn Teuffels 1000 Reuter vnd des Herren
Grafen von Thurn 1000 Reuter. Beide Parteyen lang in dissem
Landt vnd auff den Hausshaben gelegen vnd auff ire Bezalung
gewartet. *A. — L.*

Vnderdessen hat man auch im Landt (auf ein Newes
Reuter vnd Fuessvolckh) geworben; sonderlich (im Znaimber
Kreiss) das Althaimbische Regiment in die 18 oder 19 wochen
lang auf dem Musterplatz (gewart *F. L.*), sein zu Mastkowitz,
Skallitz, Stignitz, Pochtitz in den Hausshaben (vnd in vmbliegenden Orten) gelegen, mit seer grosser beschwert vnd Vnkosten. *A. — L.*

b) Zu Raussnitz wurden des Herrn Hodicky 500 Reuter,
vnd zu Coritschan des Herrn Maxmilian von Lichtenstain Regiment fuessvolckh, dessgleichen zu Brün das Böheimische landtvolckh zu Ross vnd Fuess in die 10,000 Man gemuestert, deren
vil auf vnsere Hausshaben komen sein. Also auch, do sie hernach gegen den winter heraufgezogen sein, des Herrn Hodicky
Reiter, auch etliche Fahn Cosäcken, (die sonderlich im landt
seer grossen Schaden gethan), von Anfang des Monats December, biss in das nachvolgend 1606 Jar, den 8ten April, im
landt vnd auf den Hausshaben gelegen. Dessgleichen auch des
Herrn Max. von Lichtenstain Regiment Fuessvolk von obge-
melter zeit an biss nach pfingsten, auch im landt gelegen vnd
etliche Hausshaben, sonderlich Dämerschitz, (da er sein Haupt-
quartir hatte *F.*), mit iren vberflussigen Weinsauffen seer hart
bedrengt. Zudem sein dem Br. hin vnd wider, zu veldt vnd
strassen, durch die vmbstreiffenden kriegsleut 40 Ross vnd
durch den feindt 56 ross genomen worden. *A. — L.*

c) In disem Jar hat der Kaiser durch seine Commissary
im Landttag begeren lassen, das wir vnangesehen der 100 fr,
die wir von jedem haus järlich zu zahlen hetten, von jeder

Person in vnseren Haushaben, so vber 10 Jar alt ist, ain halben Taler steuern solten, dieweil wir im landt geduldet werden, in den fruchtbarsten Kreisen woneten, vnd allerlei Gewerb, zum Abbruch der stet vnd flecken frei ausüben vnd darumb auss dankbarkeit ausser dem ordinario etwas mer leisten solten. Ist aber von den landtherren in Anbetracht der noth, armut vnd beschwernuss der gemain, nit bewilligt worden. (Cod. XIX.)

d) In disem 605 Jar, den 6ten tag April, kamen 6 Reiter geon Nickolschitz (ins Brüederhauss *G. L.*), deren einer on alle vrsach einen Br. mit namen Christl Schneider daselbs erstochen, auch einen schuester, (Namens Jephtahel) durch den Arm geschossen. *A. — L.*

e) Anno 605, den 12ten tag Maj, Ist der Br. Lamprecht Jänko, ein D. des worts, zu Stiegnicz im II. entschlaffen. *A.—L.*

f) In disen 605 Jar, den 12 Juny, Ist zu Creutz im Dorff ein Feur Eingelegt worden, dessgleichen (am 20ten Junj) zu Wischenaw im Dorff mit ainem Schuss angezündt, dardurch auch vnsser Hausshaben an beeden orthen gar abgebrennt sein vnd der gemain ein grosser schaden geschehen. *A. — L.*

g) In dem 605 Jar, den 24ten Aprillis, seindt zween Br. Nemlich Marx Eder, seines Handwerchs ein Wagmacher vnd Hanss Polzinger, ein Schneider, vmb des gl. vnd der gött. warheit willen zu Mörenbach (*P.: Nimbach*) im Baierlandt gefenklich einkomen, als sie, irer raiss nach, da durchzogen vnd verraten sein worden. Am Morgen Frue, den 25 April, füert man sie alle beede gefenklich in den Markht geon Rieth, alda sie biss in die 15 wochen gfangen glegen. In der Zeit hat man vil vnd manicherlej weiss mit inen gehandlet.[a] Man hat auch 2 Jesuwitter von Öttingen zu inen bracht, die solten sie vnderweisen;[b] aber sie bliben bestendig vnd fest im glauben vnd wollten Ire fremde stim nit hören. Der Pfaff zu Rieth ist Sonderlich vilmal zu inen gangen vnd wolt sie bereden zu seinem glauben; aber sie haben gar im keinem weg sich nit bewegen lassen. Wie alle Leer an inen nicht helfen wolt, haben sie den Henkher sein kunst auch lassen versuechen vnd haben sie 2 mal hertiglich lassen recklen vnd martern, haben von inen wissen wollen, wer sie beherbrigt hab, vnd wer die

---

[a] vnd sie gsucht abzufellen. *Q.* — [b] annderst weisen; *Q.*

Leit seien, zu denen sie gewolt haben, aber die Br. wolten inen solches nit anzaigen vnd sagten, es sej inen nit not zu wissen. Wie sie nun nichts mit inen haben künen richten, ist auss der Regierung von Burghaussen beuelh komen, das man sie mit dem schwert hinrichten, vnd darnach mit dem Fewer verbrenen soll.

Als sie (nun) auf die Richtstatt kamen, hat der Br. Marx den Henkher gebeten, das er den Br. Hanss am ersten soll richten. Das that er auch vnd da es beschehen wass, sprach der Br. Marx vor allem volk: Gott sej gelobt, mein Br. hats vberstanden. Nach disem hat er den Br. Marxen auch enthauptet, vnd sie darnach beede verbrennt. Das ist geschehen den 5 Tag des monats Augustj, des obgemelten Jars. Gott, der inen krafft vnd sterkh geben hat, dem sej lob in Ewigkeit. Es ist dem Henkher beuolhen gewest, so er vermerkh, das irer einer wolt absteen, soll er in nit richten, aber ir Hoffnung hat inen gefällt. [1] *P. Q. R.*

h) In disem 1605 Jar, den 12ten September, ist der Br. Hänsel Seydler, ein Diener der N., welcher der ersten schweitzer ainer war, so in die gmain komen, zu Oleckowitz im Herrn entschlaffen. *A. — L.*

In disem 605 Jar, den 19ten October, ist auch der Br. Caspar Ille, ein Diener des W., zu Oleckowitz; 24ten Octobris: der Br. Wilhelm Molt, ein Diener der N., zu Nembschitz; den 30ten October: der Br. Stoffel Hüge, (ein alter Diener der N., welcher in die 45 Jar im Dienst der N. gestanden), zu Neumül; den 21. Nouember: der Br. Hennoch Westphal, ein Diener der N., zu Oleckowitz im Herrn entschlaffen. *A.—L.*

i) In dem 1605 Jar vmb die Wejnachten, als die Br. von Nickolschitz iren Herren (*L.:* irer Herrschafft Selowitz) an der Roboth nach Olmütz gefahren, ist durch die vmbstreiffenden Reuter ein Brueder, so bej der Fuer gewesen, mit Namen Isak Kaufman, on alle vrsach, aus Fröffel vnd muetwill erschossen worden. *B.—L.*

---

[1] Ein unbekannter Verneschmied brachte die vorstehende Geschichte in ein Lied, das in den Handschriften *G. H.* XI. 27 und *G. J.* VI. 32 zu Grau zu finden ist, und mit den Worten anfängt:

,Hört, hört vnd merkt ir Gottes kindt,
Die ir Liebhaber Gottes sind,
Wie Gott noch hilfft den Fromen' etc.

1606.

a) Anno 1606, den 10ᵗᵉⁿ Januarj,* ist der Br. Johannes
Rath,ᵇ ein füernemer alter Diener des Worts vnd hochbegabter
Mann, zu Pribitz; den 30ᵗᵉⁿ Martj: der Br. Noa Weiss, ein
Diener der N., zu Pausramb in Märhern; den 2ᵗᵉⁿ April: der Br.
Geörg Acker, ein Diener des W. zu Maskowitz; den 4ᵗᵉⁿ Oc-
tober: der Br. Geörg Schachtner, ein D. d. N., der das Schmidt-
handwerkh in der Gemain etlich Jar lang versehen, (vnd den
Eisenkauf verricht, *G. L.*) zu Gostel im Herren entschlaffen.
A.—L.

b) In disem 1605 Jar, den 5ᵗᵉⁿ Febr., ist der Br. Michael
Grossmann mit auflegen der Eltesten Hendt im dienst des
Euang. bestättigt worden zu Pribitz. An dem obgemelten tag
hat man auch 22 Br. im Dienst der N., zu Pribitz fürgestelt
vnd der Gemain angezaigt. *A.—L.*

c) In disem 606 Jar ist die Gemain des Herren abermals,
(sowol als die Jar vor), von den kriegsleuten, die (zur Friedens-
handlung) in Hungarn vnd (in herbst vnd früling des folgenden 1607), widerumb von danen heraufzogen vnd lang im
landt, sonderlich in vnsern Hausshaben, lagen, seer hart beschwert (vnd heimbgesnecht) worden. *A.—L.*

Dan es zog Herr Graff von Hohenloh ᶜ mit 1000 Reitern,
vnd Herzog Carolus von Ölss mit 1000 Reitern, dessgleichen
auch das Gaissbergerische Regiment Fuessvolckh gedachten
(1606) Jars hinab in vngern, (wegen den Friedenshandlungen
mit den Rebellischen Vngern, die dem Landt vnd Österreich
grossen schaden zuefüegten vnd kamen des nachfolgenden Jars
1607 widerumb herauff), welche dan in iren auff vnd abziehen
der Merentail auf vnsere Häuser trachteten (kamen), als geen
Maskowitz, Nemschitz, Pribitz, Danowitz, Tracht, Paussram,
Nuslau, Nielschitz, Austerlitz, auch hinab auf ᵈ Schaidowitz,
(Wätzenobitz) vnd Wessele; deren ein Tails, sonderlich die
Gaissbergerischen knecht, lang im Landt lagen, grossen muetwillen brauchten vnd der gemain ᵉ grossen Schaden zuefüigten.
Es wurden auch der gemain in dissem Jar 1606: 31 Ross vnd
im 1607 Jar: 9 Ross von den kriegsleuten geraubt, (one was

---

* 10 Febr. *C.* — ᵇ oder Sichelschmidt *F.* — ᶜ Hohenlohe *D. F.*, Holach
H. — ᵈ Dämborschitz etc. *G. L.* — ᵉ gross guet verzehrten. *C. G. L.*

sic sonst für grossen Freffel brauchten, sonderlich zu Klain-Nembschitz. *D.*) *B.—L.*

d) In disem 1606 Jar, den 14ᵗᵉⁿ Sept., ist mit den Rebellischen Hungern, die der Gemain Gottes mit Raub, Mordt vnd Brandt vnd Hinweghfüren vnerhörten schaden vnd Kumer zuefüegten, (nachdem der krieg schon in das 15ᵗᵉ Jar gewert *II.*), ein Vertrag vnd auch hernach, den 11ᵗᵉⁿ Nouember diss Jars, mit den Türken auf 20 Jar Friden gmacht worden. *A. C. D. E. F. G. J. K. L.* ª

(III. Abschnitt.)

Was sich nach dem Türkenkrieg bis zum Ausbruch der böhaim. Rebellion in der Gemainde zugetragen.
1607—1618.

1607.

a) Anno 1607, den 13ᵗᵉⁿ Julj, ist der Br. Hanss Langenbach, ein alter Diener des E., welcher In das 45ᵗᵉ Jar im Dienst des Wortes gestanden, zu Dämerschitz (in Märhern); den 11ᵗᵉⁿ Nuvember der Br. Bastl Haan, Eisenschreiber, (*G. L.*: der das Schmidthandwerkh mit Eisen verlegt), ein Diener der N., zu Gostel im H. entschlaffen. *A.—L.*

b) In diesem 607 Jar wurde die gemain des Herren mermals von den Kriegsleuten, welche, negst verschines Jar zur Fridenshandlung hinab in Hungarn geschickt, wider herauf zugen, nit wenig beschwert, sonderlich von dem Gaissbergerischen Regiment Fuessvolkh, die vns vnser Hauss zu Austerlitz geblündert, alle gemach aufgebrochen vnd was inen gefallen von tuech vnd Leinwath, Kleidern, auch Leib vnd Bettgewandt, bej 200 fr. wert geraubt. *A.*

ª Cod. *B. H.* haben hier: ‚In disem 1606 Jar den 14ᵗᵉⁿ Sept. wardt durch den Erzherzog Mathiass vnd den kaiserlichen Comissarien mit den Hungern vmb Frieden traktirt vnd gemelten Tag zu Wien bestättigt vnd beschlossen. Demnach durch Gottes anschickung wurde auch ein Vertrag mit den Türken zu machen fürgenomen. Nachdem der krieg schon 15 Jar gewert, wardt solcher friden mit den Türken den 11ᵗᵉⁿ November 1606 zwischen der Thonaw vnd dem Wasser Sitva bestättigt vnd beschlossen. Gott, der disos ein anrichter war, dem sej allein das Lob vnd Preiss.‘

c) In disem 607 Jar, den 24 Nov., ist am Himel ein Cometstern mit ein laugen spitzigen stral erschinen, welcher starkh seinen lauff von Mitternacht gegen Mittag genomen, vnd ist also 4 wochen lang geschen worden. *B. — L.*

d) In disem Jar hat man vns auferlegt, das wir von jeder Kuchel für das komende Jar 20 fr, von jeden Mühlrad 7½ Groschen, von jedem Eimer in der Weinlese 1 groschen, von jeder Mass gebrannten Wassers 1 Groschen, von jedem Stein Wolle in der Schur 3 Groschen vnd von jedem Schock Garben im Geträd ½ groschen beisteuern solten. Cod. XIX.

1608.

a) Anno 608, den 24ten tag Marty, *(A. C. J. K.: 24 Febr)* hat man 4 Br. nemlich: Michl Kocher, ein Messerer, Simon Lercher, ein Buechbinder, Albrecht Seyl, ein Schuester, vnd Burckhart Braitenstainer, ein Bader, In Dienst des Euangelions erwält vnd zu Newmül fürgestelt. An disem Tag hat man auch 12 Br. In der N. geordnet vnd der gemain angezaigt. *A. — L.*

b) In dem 1608 Jar hat die gemain des Herrn abermals von den kriegsleüten vil Drang, gewalt vnd vnbill erdulden müessen vnd das nit allein von dem Hungarischen kriegsvolckh, dessen diss Jar im Monat April vnd Maj bei die 10,000 man zu Ross vnd Fuess durch diss landt in Behem nach der hungrische Kron gezogen vnd der merer tail vast auff vnsere Häusser zuekomen sein, sondern auch von denen, die dazuemal im Landt angenomen wurden, als dem Lichtenstainischen Regiment Fuessvolckh vnd des Herren von Teuffenpach 500 Reitern [1] *D. — H. L.*, die dan, zu zwo vnd drej wochen lang, in etlichen Hausshaben gelegen seindt, als zu Neumil, Nicolspurg, Schäckowitz, Tracht, Paussram, Nusslau, Prybitz, Pohrlitz, Wastitz, vnd der gemain an dern orten, wie auch das vngarische kriegsvolckh, ein guet tail ire Narung verzehrt (vnd dahin genomen) haben.

---

[1] ,Es warb der Herr Tieffenbach im Landt 500 Reiter vnd Herr Maximilian von Liechtenstain Ein Regiment Fuessvolckh.' *B.*

,Dassgleichen wurden auch 500 Reütter vnd ein Regiment Fuessvolckh im Landt geworben vnd hin vnd wider in die Hausshaben gelegt. *A. J. K.*

Es scindt auch der Gemain von den vmbstreifenden kriegsleuten Etliche Ross genomen worden. [1] *B. D. — II. L.*

c) Anno 1608, den 17ten Martj, ist der Br. Ruep Göllner,
ein alter Diener d. W., welcher etliche Jar Nimer vermahnen
künen, zu Frischaw *(A. C. D. E. — G. J. L.)*; den 27ten April:
der Br. Michl Klueg, Einkauffer vnd Diener der N., zu Stignitz
(A. — L.); den 13ten tag Maj: der Br. Friedrich Samson, ein
Diener der N., zu Gostl *(A. — L.)*; den 20ten Dezember: der
Br. Jacob Schlegol, ein Diener der N., zu Neumül *(A. — F. H.
J. K.)*; den 24ten December: der Br. Johannes Haan, ein Diener
der N., zu Schückowitz in Märhern *(E. G. L.:* zu Neumül) im
Herren entschlaffen. *A. — L.*

d) Anno 1608 in der wochen zu St. Georgen sind die
(Vngern vnd) Rützen durch Märhern vnd auff vnsere Hausshaben gezogen, sonderlich zu Moskovic im Dorf vnd in vnserem
Hauss 2 *(D.:* 1) Tag vnd 2 Nächte (auf einmal) 3 Fanen
Rützen gelegen; nach inen: 2 Fanen Vugarn (Reiter) auch
2 Tage vnd 2 Nacht alda gelegen mit seer grosser beschwert
vnd der gemain vil verzert; auch zu Frischaw im Bruederhauss gelegen *(C. D. E. G. L.)*, vnd demnach auf Znaim vnd
hinauf in Böheim gezogen. *D.*

1609.

a) Anno 1609, den 17ten tag Februarj, ist der Br. Mathes
Pühler, ein Diener d. N., zu Prybitz; den 26ten tag Octobris,
der Br. Gilg Molt, ein alter Diener des W., zu Gostel; den
21ten tag Novembris *(H.:* 25 Nov.) der Br. Hänsel Hofman,
ein Diener d. N., zu Rämpersdorff im Herren entschlaffen.
A. — L.

b) In dem 1609 Jar, ist man mit der Schuel von Schaikowitz *(L.:* Tschaikowitz) geen Gostl zogen *A. D. — F. H. — L.,*

---

[1] ‚In dem 1608 Jar, als Erzherzog Mathias von Österreich (im Monat
April) von Wien mit einem grossen kriegsheer (auf Prag) nach der Hungerischen kron gezogen, (vnd die Hungerische kron sambt den zween
landt Österreich vnd Märhern in seine gwalt bekomen hat, *C.*), mochte
es der gemain des H. auch nit gar one schaden abgehen. Dan es zogen
etliche tausendt *(C.:* bej 10,000) man zu Ross vnd Fuess allein aus vu-
gern durch diss landt, welche die meisten, (dessgleichen auch von denen,
die im landt angenomen wurden, als des Lichtensteinischen Regiment's
vnd Herren von Tieffenbachs 500 Reiter, *C.*) auf vnsere Häusser zue-
kamen, denen man speiss, Trankh vnd Füeterung vnd anders ein gnügen
geben muesst oder sie namens selb mit gewalt dahin.' *A. C. I. K.*

(vnd) haben sich die Br. auch ganz vnd gar zum aussziehen zu Schaikowitz gericht, vmb vilerlei beschwerlicher auflagen willen; Ist aber doch in der sach gehandlet worden, das man noch dabliben vnd nit aussgangen ist. *A. — L.*

c) In disem 1609 Jar hat man das (abgebrannte *E. G. L.*) Hausshaben zu Levär wider (aufzubauen) angefangen [1] (vnd angefangen allda zu hausen, *E. F. L.*), vnd sich auch in dem Jar vmb die Brandstatt zu Pruschän [2] wider angenomen (vnd da angefangen zu hausen. *F. H.*) *A. — L.*

d) Vnd dieweil man nun vorhin vil Jar, in denen die gemain von den kriegsleuten vil gwalt, drang, vnbill vnd grosse Beschwernus erdulten müessen, beschrieben vnd verzaichnet hat, so will sich auch gebühren vnd ist billich, das man dises 1609 gueten fridsamen Jars, das gott sonderlich disem Landt verliehen hat, auch sol gedenken vnd nit vergessen, indem wir dan ein feine stille rueige zeit ghabt, vnd keinen sonderlichen schaden erlitten, (ausgenomen, das von den vmbstreifenden Kriegsleuten, die zu Österreich lagen, hin vnd wider in der gemain 4 Ross geraubt worden. *A. — F. H. J. K.*

1610.

a) Anno 1610, den 21ten (*H.:* 20ten) Febr. seindt 4 Br., nemlich: Simon Lercher, Michl Kocher, Albrecht Seyl vnd Burckhardt Braitenstainer im Dienst des Euang. mit auflegen der Eltesten Hendt bestättigt worden zu Neumül.

An demselben tag hat man auch drei Br. als: Conrad Blösy,[a] ein Prewer, Hänsel Hartmayer, ein Hawer, vnd Valtin Winter, ein schneider, im Dienst d. W. (in versuechung) er-

---

[a] ein Welsch *F.*

[1] Auf Grund des erneuerten Hausbriefes vom 18. Sept. 1609, geschlossen zwischen ,Herrn Seyfried von Kolonitsch (auf Burg Schleinitz, Heindorf und Jedenspeigen), Herrn auf Gross-Schützen, Pfandinhaber der Herrschaft Levenz, kais. Obristen und Commandanten jenseits der Tunaw vnd in den Bergstättischen Granitzen'; dann ,den Hueterischen Brüedern' zumeist auf der Basis der Hausbriefe vom Jahre 1588 und 1601, (alle beide in Abschrift in der Gemeindelade zu Levár).

[2] Diese Wiederannahme geschah in Folge der durch den Verwalter des Gutes Čajkovic, Veit Truka von Triñau bei dem Landrechte gegen die Wiedertäufer angestrengten Klage, dass sie das Gemeindehaus in ,Prussan' nicht herstellen wollen, vorschützend, es aus Mangel an Leuten ausser Stande zu sein. (Rechtsgang- oder Puhonenbücher des mährischen Landrechts, B. 71, f. 188.)

welt vnd zu Newmül fürgestelt. Dessgleichen hat man auch damals 8 Br. in den Dienst der N. geordnet vnd der gemain angezaigt. *A. — L.*

b) Anno 1610, den 16ᵗᵉⁿ tag Augustj,[1] im Bejsein aller Brüeder des Worts vnd aller Haussshalter in grossen vnd kleinen Hausshaben, auch der Einkauffer vnd Ausgeber, abermals alle füergestelte Müller vnd ire Gehülfen zu Newmül gesamlet gehabt, mit inen auf traulichste geredet vnd darnach die gantze Mülerordnung verlesen. (Cod. *G. J.* VI. 26.)

c) In dem 1610 Jar, den 4ᵗᵉⁿ December, ist der Br. Bastl Mayer, ein Diener d. N., dem das gantze Müllerhandwerk in der gemain etliche Jar vertraut vnd bevolhen gewesen, zu Schäckowitz im Herren entschlaffen. *A. — L.*

d) In dem 1610 Jar, da Kaysser Rudolphus, des Namens der Andere, im Märhern vnd Österreich mit dem Schwert wider vnderthänig machen wolte, vnd zu solchem insgehaimb etliche tausendt man im bissthumb Passau werben liess, wurden in dissem landt auch bej 5000 Man zu Ross vnd zu Fuess angenomen, doch merertail in die stätt vnd auf die Gränitz eingelegt, so das es der Gemain des H. one sonderlichen schaden abgieng vnd (es) verhüets auch der Allmechtige Gott, daz solch Kayserisch vnd Passawer Kriegssvolckh, welches Im Ländl ober der Enss, auch in Böheimb, zu Prag vnd andern orten mer, seer übel gehausst, vnd grossen schaden gethan, nit in diss landt komen, sondern ein andern Weg, den sie nit vermeinten, muessten ziehen, vmb welches wir dan den Herrn trewlich zu loben haben. *(A. C. I.)*

e) In dem 1610 Jar, balt zu Anfang des Jars, liess es sich ansehen, als ob die gemain des Herren der kriegssleut halber Abermals ein grossen Kumer würde überstehen müessen. Dan der Kaiser Rudolphus, der Andere des Namens, (hat) die zwej Lender Märhern vnd Österreich von seinem Br. Mathias König in Hungern, wider haben, vnd sie im mit dem Schwert wider vnderthänig machen wollen, wie dan zu solchen etliche 1000 Man zu Ross vnd Fuess im Baierlandt, im Bissthum Passaw angenomen wurden, deren Obrister des kaysers Vetter, Erzherzog Leopoldus von Passaw selbs war, desswegen man

---

[1] ,Hat Br. Clauss Braidl', wäre nach dem Inhalt der Verhandlung einzustellen.

in disem landt in seer grosser gefar gestanden vnd sich Täglich eines schnellen Einfalls besorget, welches aber Gott so gnädigclich vermittlet, das es nit geschah vnd seinem volckh one sondern grossen schaden, wie etwan in andern Landen, als: im Landt ob der Enss vnd im königreich Böhmen durch bemeltes Passawerisches kriegsvolckh beschehen, abgangen ist, allein, das man zuo beschirmung diss landts bej 4000 Reiter angenomen, so von dem Monat Martj an, biss auf den Monat Dezembris diss 1610 Jars, zu Znaimb lagen, denen man von den obern Hausshaben, die gantze zeit vber, mit Füeterung hew- vnd strew-zuefüeren ein Hilff thuen muesst, welches man aber nit für ein seer grosse Beschwerdt hielte, sondern dissfalls gern auch ein vbriges thete, weil nur die kriegsleut nit also mit Hauffen, wie andere Jar beschah, in vnsere Häuser eingelegt wurden. *B. D.—H. L.*

Es wurde Inen auch durch Ernstlich Verbot vnd strenge Ordnung des Herrn Landeshauptman, Herrn Carl von Žierotin, Aller gewalt vnd muetwillen abgestreckht (*F.:* abgestrickt), also, das man Irethalben auf weg vnd strassen, zu Ross vnd Fuess, bej Tag vnd nacht, sicherlich Raisen vnd wandlen mochte, (das, zu rechnen gegen die vorigen Jare, gleich schier so ruhig vnd still gewessen, als ob keine kriegsleut im landt wären, deren doch bej die 5000 Man hin vnd wider im landt lagen.) In einer solchen Forcht vnd strengen ordnung sein sie gehalten worden, welche guete polizej vnd ordnung nit für ein menschenwerkh, sondern vilmer für ein anrichten von Gott ist zu erkenen gewesen, welcher der obrigkeit solchen Verstandt geben, vnd ire Hertzen so vil zu Billigkeit genaigt, seinem volckh zum gueten! Darumb auch sein heiliger Nam in alle ewigkeit gelobt sei. *B. D. — G. L.*

1611.

a) Anno 1611, den 21ten tag Januarj, am Frejtag vor Pauli Bekerung morgens zwischen 7 vnd 8 Vhr, ist der Lieb vnd getrewe Br. Clauss Braidl, ein Diener des Worts vnd Rechter vorsteher der gantzen gemain, im Herrn entschlaffen zu Newmül, seines Alters im 82ten Jar.

Er ist vber die 60 Jar ein Bruecder gewesen, die gantze gemain ist im benolhen gewesen: ins 28te (*G. L.:* 27te) Jar; im Dienst des Wortes ist er gestanden ins 49te Jar vnd vil

in die Land gebraucht worden zum Werk des Herren.[1]
A. — L.

Bald nach des lieben Br. Clausen Abschaid, den 27ten tag
Januarj, ist dem lieben Br. Sebastian Dietrich von allen
Eltesten Br. im Dienst des W. vnd der N. vnd auch sonst

---

[1] Br. Claus war einer der umsichtigsten Brüder-Vorsteher, standhaft, gerecht, massvoll im Glück und unbeugsam im Unglück. Seinem schöpfe-
rischen Geiste verdankt die Gemeinde unter Anderem die Baderordnung
von 1592, die Schusterordnung von 1591, die Kleiderordnung vom Jahre
1603 und die Ergänzungen der Ordnungen der Färber (1585), der Müller
von 1588 und 1610 etc. An ihn sind die Briefe Böger's vom Jahre 1607
bis 1610 und Balthasar Gollers (im M. S. S.) gerichtet, wo sich auch
eine Epistel Braidl's an den Ersteren ddo. Pribitz 1607 findet. Er liess
auch zur Widerlegung der famosen Schrift des Feldsberger Pfarrers
Dr. Christof Fischer, die anno 1603 aus der Druckerei des Klosters
Bruck hervorging und den Titel führt: ,Von der Wiedertaufer verfluchten
Ursprung' etc., eine Gegenschrift ausgehen, deren Titel lautet: ,Ein
Widerlegung vnd warhaffte Verantwortung der alten grausamesten ab-
schewlichen vnd vnverschamisten Gotteslesterung, schmach vnd vnwar-
hafftigen Beschuldigungen, so Christof Andr. Fischer, Pfarrherr zu Feldsberg, über vns Brüeder erdacht' (1604). Fischer replicirte darauf mit
der ,Antwort auff die Widerlegung, so Claus Breutel, der Widertauffer
König oder Oberste, sambt seinen Spiessgesellen hat gethan' etc., gedruckt (in 8°) im Kloster Bruck an der Thaya anno 1604, worin er sich
in gewohnter polternder und schmähsüchtiger Weise 37 Punkte der
Braidl'schen Schrift zu widerlegen abmüht.

Der unbekannte Fortsetzer des Bruckmaier'schen ,Väterliedts'
widmet dem Bruder Braidl nachstehende Gedenkverse, mit seiner Wahl
(1583) beginnend:

75) ,Durch vil zeucknuss vnd stime
Hat in gott antwort thun,
Das solches ampt gezieme
Dem Brueder Claussen schon,
Den hat der Herr begabet
Mit grosser bstendigkeit,
Sein volckh zu Regieren eben,
Zu warer gerechtigkait.

76) Sein Fleiss thet er beweisen
Mit Ernst vnd Eiffer schon,
Was dient zu gottes preisse,
Dass griff er ernstlich an.
Gantz trew vnd redlich steiffe
Die gmain geregiret zwar,
Erlich vnd tugendtreiche
Gantzer sieben vnd 20 Jar!

von vilen vertrauten Brüedern aus der Gemain, die vm solcher
vrsach damals in hoher Forcht gottes zu Neumül versamlet
waren, die gantze Gemain des H. zu Regieren vnd trewlich
für sie zu sorgen beuolhen worden. *A. — L.*

b) In dem 611 Jar, den 20ten Marty, seind 3 Br. als: Josef
Würtz, ein Schneider, Jörg Biberstein, ein Satler, vnd Heinrich
Hartman, ein Riemer, im Dienst des E. erwält vnd zu Newmül
fürgestolt worden. *A. — L.*

c) In disem 1611 Jar, den 8ten Juny, ist der Br. Ludwig
Törker, ein alter Diener des W. G. vnd seiner Gemain, der
bej 40 Jar im Dienst des W. gestandten (vnd vil in die landt
gezogen im werkh des Herrn), zu Nicolschitz, (seines Alters im
80ten Jar,) im Herrn entschlaffen. *A. — L.* Er hat aber bei 6 Jar
nit mer gedient, sondern ist noch des Dienstes entsezt worden.
E. F. G. L.

d) Anno 1611 (den letzten Monats Augustj) ist der Br.
Stoffel Küenhueber, ein alter Br., (nachdem er der Gemein des
Herrn bej 28 Jar im Ampt des Worts Gottes mit frumen gedient,) zu Nicolspurg, seines Alters vber (bei) 70 Jar; den
23ten Sept.: der Br. Hanss Pomersumer, ein alter Haushalter,
ein Diener der N., zu Pausram; den 5ten Novemb. (*L.:* 5ten Oktob.):
der Br. Christan Stainer, der bej 30 Jar im Euangelischen Dienst
gestandten, zu Maskowitz in Märhern im Herrn entschlaffen.
A. — L.

e) In disem 1611 Jar mueste die gemain des Herren
abermal von kriegsleuten, deren dan diss Jar widerumb, obgemelten Passawerischen Kriegsvolckhs willen, bej 5000 Man
im Landt angenohmen wurden vnd ein zeit lang im landt
lagen, ir Armuet vnd geringes vermögen darstreckhen. *A. J. K.*

Den es wurden vmb gedachten Passawrischen kriegsvolckhs
willen, welches im monat Februar mit einem grossen Raub aus
dem landt ob der Enns gezogen, mit Macht in Böhmen vnd
gar in die Hauptstatt Prag eingefallen, vnd daselbsten, wie
auch in andern Stetten mer, seer vbel gehandlet, in disem landt
bei 5000 Man Reiter vnd Fuessvolckh geworben, die in irem
auf vnd abziehen ein gueten Teil, vnd sonderlich auf die oberen
Hausshaben, als geen: Maskowitz, Stigenitz, Oleckowitz, Nembschitz zuckamen, vnd (diselben ort) etwas hart haimbsuechten.
Doch ergab es sich, das sie nit lang im landt lagen, sondern
balt mit dem Mathias, König zu Hungarn, in Böhmen ziehen

muesten, welcher dan diss Jar nit allein Märhern vnd Österreich erhalten, sondern auch noch darzue das Königreich Böhaimb vnd Fürstenthumb Schlesion one bluetvergiessen vnder seine gewalt brachte vnd bekomon hat. *B. — H. L.*

Also hat Gott der Allmechtige, (one zweiffel vmb seines volckhs bitten vnd flehen willen), die sach, welche ein gantz Böss ansehen gehabt, dahingewendet vnd kert, das es wider zu einem Frieden komen ist. *B. — H. L.*

1612.

a) Anno 1612, den 19ten Februarj, sein 3 Br. nemlich: Hänsel Hartmayer, Conrad Blösj vnd Valentin Winter mit auflegen der Eltesten Hendt im Dienst des Euang. bestättigt worden zu Neumül. An disem tag hat man auch 3 Br. als: Josef Nägerle, ein Schuester, Lorentz Butz, ein Müllner, vnd Hänsel Hueber, ein Hawor, In Dienst des Worts in versuechung erwelt vnd zu Newmül fürgestelt. *A. — L.*

b) In disem 1612 Jar hat man das Schuesterhauss zu Landsshuet vnd das Convent zu Göding zu bawen vnd zu bewonen angefangen (*E. G.:* wider angenomen vnd anfangen zu bawen). *A. — K.*

c) In disem 1612 Jar hat vns auch Herr Graf Hyronimus Wenzeslaus von Thurn vnd auf Wasstitz sein Hauss vnd hof zu Weissstetten bei Muschaw, sambt den zuegehörigen Gerten, Äckern vnd wiesen, ein hausshaben alda einzurichten, vmb ein Järlichen Zinss verlassen. *A. — L.*

d) In disem 1612 Jar, den 10ten Februarj, ist der Br. Hänsel Scharm, ein Diener der N., zu Wätzenobitz, (in Märhern); den 8ten April der Br. Abraham Laub, ein D. d. N., zu Pellerditz; den 1ten Julj: der Br. Christan Mang, ein D. d. N., dem das gantze Zimerhandwerkh in der gemain etliche Jar beuolhen war, zu Schückhwitz; den letzton tag Dezember: der Br. Tobias Lackborn, ein D. d. N., zu Lundenburg im Herren entschlaffen. *A. — L.*

e) In disem 1612 Jar, den 9ten October, sind vil notwendige Punkten vnd Artikl in der grossen Versamlung zu Neumül von den eltesten Brüedern Erkennt worden, den fürnemsten Brüedern vnd allen fürgestelten in der Gemain Järlich einmal zu verlesen. In disem 1612, den 9ten October, ist auch zu Neumül vor der gantzen Versamlung, neben andern Ordnungen auch diss beschlossen vnd erkennt worden: das man

nit so uil tuech auf vnsere leit ferben sol, schwartz vnd anders, dieweil die Farben souil kosten vnd daz geferbte tuech,
sonderlich daz schwartz, nit so lang wert, als daz vngeferbte.
G. J. VI. 26.

f) Anno 1612, den letzten Decembris, (hat) der Br. Bastl
Dietrich, in beisein etlicher Eltesten Brüeder mit den fürnemsten Messerern, klingenschmidten vnd Schaidenmachern zu
Pribitz, darzue auch die fürgestelten Messeror vnd Klingenschmidt von Tejkowitz, dessgleichen die Messeror von Nicolspurg beruefen worden, eine ernstliche red gethan vnd inen
neben vorlesung irer Handtwercks-Ordnung, auch folgende [1]
Punkten fleissig fürgehalten vnd allo vnordnung abgeschafft.
G. J. VI. 26.

1613.

a) Anno 1613, den 17ten Martj, seindt 3 Br. als: Josef
Würtz, Georg Biberstein vnd Heinrich Hardtman, mit auflegen der Eltesten Hendt im Dienst des Euang. bestättigt
worden zu Newmül. *A. — L.*

b) In dem 1613 Jar auff St. Michaelj, den 29ten September,
sindt 4 Br. als: David Steiner, ein Schneider, Stoffel Reyker
(*H.*: Rieger), ein Schneider, Isaak Bauman, ein Schneider, vnd
Jonas Bössler, ein Schlosser, im Dienst des Euang. erwelt vnd
fürgestelt worden zu Neumül. *A. — L.*

c) In disem 1613 Jar, am St. Geörgetag (*H.*: im frücling),
Ist man auf der Herren von Brätnisch hohes begeeren vnd
guete erbieten, nachdem sie auch im schrecklichen einfall des
Feindts Anno 1605, vor anderen vngerischen Herren ein grosse
Trew an den vnsern bewiesen, widerum hinein geen Sabatisch
Ins Vngarlandt, da wir dan dissmal schon bej 8 Jar Nimer
gehaust, gezogen vnd das Hausshaben daselbsten wider an-
gerichtet. [2] *A. — L.*

---

[1] Als: ,besser auf Fleiss und saubere Arbeit zu halten, neue, seltsame
Formen, (die nur zur Hoffahrt dienen), zu unterlassen, Feuerabende nicht
auszudehnen, Verschwendung im Materiale und Schleuderhaftigkeit nicht
zu dulden, unerlaubter Arbeit und dem Auslaufen zu steuern, den Arbeitern fleissig nachsehen, keine Privatarbeiten zu dulden, und wo sie
gestattet werden, sich des köstlichen Materials, (Perlmutter, Sandel, Elfen-
bein etc.) zu enthalten, fertige Waaren wohl zu prüfen und die Mängel
sofort verbessern zu lassen u. dgl. m. (*G. J. VI. 26.*)

[2] Die Herren der Herrschaft Berencs (slav. Bránč) waren damals: Johann
von St. Georgy, Stefan Hederváry, Ludwig von Niary, Sara Niary, Georg

d) In disem 1613 Jar, den 10ᵗᵉⁿ tag Febr, ist der Br.
Adam Neisser, ein D. d. W., der vmb die 60 Jar In der gemain
des Herrn gewesen, vnd bej 29 Jar ᵃ im Euang. Dienst ᵇ

Maytheny, Stefan Amady, Franz Nagy-Michaly. Sie gingen mit den
Aeltesten der Brüder: Sebastian Dietrich, Josef Hauser und Daniel Hell-
riegel, Namens der Gemeinde, einen neuen ,Hausabrief' ein, ddo. Schloss
Bränisch am St. Georgitag 1613, worin die beiderseitigen Rechte und
Obliegenheiten festgesetzt wurden, als: a) wird den Brüdern das Haus
und der Hof zu Sobotisch, wie sie es vorhin inne hatten, der dritte Theil
der Mühle (,ir eigen erkaufftes guet'), das Bräuhaus, die Schmiede, so
viel als davon noch vorhanden, sammt den dazu gehörigen Aeckern,
Wiesen und Gründen, kurz Alles, was sie vor 1605 besassen, überlassen
und eingeantwortet; b) wird den Brüdern auf drei Jahre ,Freiung' ertheilt ,von jeder Zins- Zehent- vnd Robothleistung'; c) sollen die
Brüder von Sobotisch aus den herrschaftlichen Wäldern nach ihrem Bedarf das Brenn-, Bau-, Räder- und Kohlenholz umsonst beziehen dürfen;
sollten sie jedoch den Brüdern in Mähren mit Zeug- oder Kohlenholz
aushelfen wollen, soll es nur mit Vorwissen der Herrschaft geschehen;
d) sollen die Brüder bei allen herrschaftlichen Mautben gebührenfrei,
e) nach ihrer Nothdurft Bier zu brauen, und in Oesterreich, Mähren und
Ungarn frei und frank Handel und Wandel zu treiben berechtigt sein;
f) soll ihnen gestattet bleiben, ihr Vieh abgesondert, (doch ohne Schaden
für gehegte Wiesen und Felder), hüten zu lassen; g) ,sie sollen auch
in allen Dingen, die Irem Glauben vnd Irem gewissen zuwider, frej gelassen werden vnd onbedrängt, on aller beschwer, es sei steckengeld, Husärengelt, anschnid, steuer In krig,
bluetgelt, oder wie es genendt mag werden, das wider Ir Religion ist';
dergleichen Abgaben, ,es sej auf die Gränitz-Häusser oder kais.
Steuer', will die Herrschaft auf sich nehmen; h) übernimmt es die Herrschaft, die Brüder vor dem Stuhlgerichte und sonstigen Orts zu vertreten
und zu schützen; i) sollten die Brüder Urlaub von den Gründen der
Herrschaft nehmen oder zu nehmen gezwungen sein, sollen sie ihre
Habe frei mitzunehmen und ihre eigenthümlichen Gründe und Häuser
zu verkaufen berechtigt sein; dagegen sollen sie k) nach Ausgang der
Freijahre der Herrschaft jährlich einen Grundzins von 70 fl. (à 100 un-
garische Pfennige) zu erlegen, das Paar Mannsstiefel um 1 fl., ein Paar
Weiberstiefel um 16 ung. Pfennige, ein Paar Niederschuh um 31 ung.
Pfennig zu liefern verhalten sein, doch nur für die Herrschaft und deren
Hofgesinde ,vmb solchen wolfailen kauff'; l) die Schmiede zu Sobotisch
haben ihr ein neues Hufeisen um 5 ung. Pfennige, ein altes um 2 ung.
Pfennige anzuschlagen; m) soll die Herrschaft nur bis zu dem Betrage
von 25 fl. Arbeiten auf Borg verlangen dürfen und erst nach Bezahlung
dieser Summe weitere Leistungen begehren. (Vidim. Abschrift des ,Hauss-
briefts' in meiner Sammlung.)

ᵃ 26 Jar *H. I.* — ᵇ im Dienst des Worts *D.*

gestanden, zu Nicolschitz (in Märhern); den 25ten Maj der Br.
Geörg Wöller, ein Diener des W. zu Nembschitz (*H.*: bej
Brälles); den 12ten Tag Septembris: der Br. Sigmundt Pühler,
ein alter Diener der W. Gottes vnd seiner gemain, welcher
bej 35 Jar im Euang. Dienst gestanden, (zu Altenmarkt); den
23ten Sept: der Br. Philipp Färber, ein Diener der N. zu
Paussram Im Herren entschlaffen. *A.* — *L.*

1614.

a) Anno 1614, den 8ten tag Augustj, Ist der Br. Conrad
Glaser, ein trewer D. d. W., zu Altenmarkt; den 23ten tag Augustj
der Br. Mathes Sucker, ein D. d. N., zu Nicolspurg; den
29ten Augustj: der Br. Hänsel Metzker, ein D. d. W., zu Wätzenobitz Im Herren entschlaffen. *A.* — *L.*

b) In den 1614 Jar, den 12ten October, sind 3 Br. als:
Joseph Nägele, Lorentz Putz vnd Hänsel Hueber, mit auflegen
der Eltesten Hendt Im Dienst des Euangelions bestättigt worden zu Newmül. *A.* — *L.*

1615.

a) Anno 1615 in der nacht zwischen 3 vnd 4 hats Ein
Erdtbüden gehabt. Im Hornung den 20ten tag. (Cod. *G. J. X. 9.*)

b) In disem 1615 Jar, den 27ten Februarj, ist der Br.
Michl Ritter, ein D. d. N., zu Prybitz; den 3ten April der Br.
Daniel Hellrigl, ein alter Br. vnd D. d. W., als er bej 30 Jar
ein D. d. Euang. gestanden, zu Nicolspurg; den 2ten Maj: der
Br. Mathes Husler oder Fintschger, ein alter Hausshalter, der
lange Zeit in der Gemain des Herrn vnd vber die 50 Jar ein
Br. gewesen (*E.*: vnd auch vber die 50 Jar mit ainem weib
in der Ee gestanden), zu Dämborschitz (in Märhern); den
4ten Octo. Br. Leonhart Baume, ein Diener der N., zu Scher-
mankowitz (in Märhern) im H. entschlaffen. *A.* — *L.*

c) In disem 1615 Jar, den 13ten tag Augustj,* Ist (auch)
der Br. Stoffel Schenck von Rohagk im schweitzerlandt, ein
Diener des Worts, der zuuor auch bei der Schwejtzer-Brüede-
rischen Gemain ein Diener gewesen, aber vmb vil irer missbräuch willen, sambt etlichen personen von inen aussgangen,
(sich mit vns verainiget) vnd demnach bej vns, der Gmain des
Herrn, auch in die 24 Jar im Euangelischen Dienst gestanden,

---

* *F.* hat (irrig): 30ten Aug.

zu Frischaw[a] im Herrn entschlaffen, seines alters bei 70 Jaren.
A. — L. = G. J. X. 12 in Gran.[1]

1616.

a) Anno 1616 den 13ᵗᵉⁿ Januarj ist der Br. Carl Goller,[b] ein Zimerman vnd ein D. d. N., der das gantze Zimerhandwerkh in der gemain versehen, zu Schäckowitz in Märhern; den ersten Maj der Br. Märten Hedrich, ein alter Br. vnd D. d. N., zu Prybitz; den 3ᵗᵉⁿ Sept.: der Br. Josef Hauser, ein D. des Worts vnd von gott hochbegabten Man, der in etlich sprachen, (als in Hebräisch. griechisch. Lateinischer, französisch. vnd deutscher sprach wol erfaren[c] gewesen,) zu Prybitz; den 1ᵗᵉⁿ December Br. Hanss Stamm, ein D. d. N., zu Prybitz; den 2ᵗᵉⁿ Dezember: der Br. Ruedl[d] Kueser, ein D. d. N., zu Göding im H. entschlaffen. *A. — L.*

b) In dem 1616 Jar, am Sontag Oculi, den 4ᵗᵉⁿ Martj, seindt 4 Br. als: David Stainer, Jacob Bessler, Stoffel Rücker[e] vnd Isack Bauman mit auflegung der Eltesten Hendt im Dienst des Euang. bestettigt worden zu Newmül. Am obgemelten Tag hat man auch 3 Br. Christl Kisselbruner, ein Schneider, Kuentz Port, ein schuester, vnd Kilian Wolch, ein Schneider, Im D. d. W. in die versuechung erwelt, vnd zu Newmül fürgestelt. Damalen sind auch 5 Br. In den Dienst d. N. fürgestelt vnd der Gemain angezaigt worden. *A. — L.*

c) In disem 1616 Jar, den 4 Junj, hat man sich zue Protzka im Vngarlandt vmb die Brandstatt auf des Herren Czobor Michaëls Grundt, auf sein, des Herrn Ernstlich begeren vnd verfertigung eines Newen Haussbrieffs, wider angenomen vnd ein wenig daselbs zu bawen angefangen. *A. — L.*

1617.

a) Anno 1617, Mitwoch den 29 April, hat vns Herr Graf Veit Hainrich von Thurn, (Herr auff Wasstiz), vnsser aigen hauss vnd hoff zu Wasstitz, welches wir von seinem Herrn Vater, Grafen Hyronimus Wenzeslaus anno 1591 vmb pares gelt erkaufft, sambt den angesäiten Äckern, auch wisen, Gärten, Weingärten vnd vil faronder Hab, etlich 1000 fr.[f] werth, gantz

---

[a] *I. K.:* Frischa. — [b] Geller *F.* — [c] gestudirt *F.* — [d] Rendolff Küeser *L.* — [e] Rieger *H. K.* — [f] taler *G. L.*

[1] ,Solches hab ich, Andr. Ehrenpreiss aus vnserer Gemeinde Geschichtsbuech ausschreiben lassen.' (Cod. *G. J.* X. 12. 14 in Gran.)

gwaltsamigelich genomen vnd der vnserigen 46 Personen, (one 4 Br., so damals, vnschuldiger weiss, In gefenknus lagen,) daselbs auss vnserem Hauss vertrieben. Dessgleichen den vnsern zu Weissstetten, alda man das Hauss von seinem Herren Vater vmb ein järlichen zinss angenomen, auch all ir Vieh nemen lassen, welchen grossen gwaltsamen vnd vnbillichen schaden aber wir one alle Rach Gott dem gerechten Richter heimstellen vnd beuelhen. *A. — L.*

b) In dem 1617 Jar, den 9 Octob., Ist der Br. Hänsel Nägele, Ein D. d. N., zu Tanowitz in Märhern; den 22 Dez. [a] der Br. Prosig Schmidt, ein alter Br. vnd D. d. N., zu Nicolschitz in Märhern im H. entschlaffen. *A. — L.*

1618.

a) Anno 1618, den 6 Tag Febr., Ist der Br. Darius Heyn, ein D. d. W., zu Schädowitz im H. entschlaffen. *A. — L.*

b) In dem 1618 Jar, den 13[b] tag April, ist der Br. Martin Gottsman, der ein D. d. W. gewesen, zu Dämerschitz (Dämborschitz) entschlaffen. *D. — G. L.*

c) In disem 1618 Jar, am Sontag oculj, den 18ten Martj, seindt 4 Br., als: Bärtl Kengl, ein Satler, Geörg Geer, ein Weissgärber, Thoman Wilhelm[c] aus Pregentz, [1] vnd Hanss Lang, ein Pinder, Im Dienst d. E. erwält vnd füergestelt worden zu Newmül. *A. — L.*

d) In dem 1618 Jar, den 4ten Nouember, seindt 3 Br., als: Christl Kisselbruner, Kuentz Porth vnd Kilian Wolch im D. d. E. bestätigt worden zu Newmül. Damalen ist der Bärtel Kengel oder Satler, (als er bej einem halben Jar [biss in Herbst] in der versuechung gestanden), auf sein hohes bitten, weil er auch an der sprach nicht vermöcht, des Dienstes wider entlassen werden. *A. — L.*

e) In disem 1618 Jar, den 29 Nouember, Morgens vmb 4 Vhr, Ist ein Cometstern mit einem seer langen stral, desgleichen man nit balt gsehen, am Himmel erschienen, hat sein lauf von Morgen geen Mitternacht genomen, vnd ist also bei

---

[a] 22ten Octob. *D. H. I. L.* — [b] 17ten Apr. *F.* — [c] Th. Wil. Pregitzer, ein Prewer *F.*

[1] *D.:* ‚Disser Thoman Wilhelm Ist zu Straff komen, hat die gmain verlassen, Ist ins Schweitzerlandt gezogen vnd sich draussen zu den Schweitzer-Brüedern begeben.‘ (Mehr über ihn siehe bei dem Jahre 1621.)

4 wochen lang, doch alle nacht früer, mit grosser verwundernus (vnd entsetzen) geschen worden. *A.* — *L.*

f) In disem 1618 Jar, den 24 tag May, ist der Jost Wilhelm, ein fromer Gottesfürchtiger, auch an zeitlichen güetern (gar) ein wolhabender* Man, (welcher einen Leiblichen Sohn bei der gemain hie zu landt in Märhern gehabt, der im vil von der gemain gsagt, also, daz er erkant hat das vnrecht leben disser welt, *P. Q. R.*) in ein Dorf, an der Eck genant, zwo meilen von Pregentz (in Pregentzer Aw), vmb seines göttlich Eiffers vnd Christlichen glaubens willen nach langwieriger gefencknus, auch grosser Pein vnd Marter, (von den Pilatuskindern vnd Feindten göttlicher warhait *P.*) zum Todt ve: urtailt vnd mit dem schwert hingerichtet worden. *A.* — *L.* Das geschah den 14. Tag des Monats Maj des 1618 Jars. *P. Q. R.*

Er ist sambt seinem Eelichen Weib, die auch eiffrig gwesen vnd gern zu der gemain des Herrn zogen wer, nahent bej ein Jar hertiglich gfangen glegen, vnd solcher Zeit haben die verfierischen falschen propheten auf vil weg vnd weiss mit inen gehandlet, sie irr zu machen vnd von dem engen schmalen weg des Lebens wider auf den breiten weg der Höllen, drauf den die gantze welt geet, zu fieren. Als sie aber mit irer Kunst vnd Müh Nichts ausrichten können, haben sie iren hohen Priester, den Henkher, auch zu Hilff genomen, vnd dem Br. Jost zweimal gantz hertiglicher recken vnd martern lassen, vnd in das eine Mal bej einer stundt an der Marter lassen hangen, vnd wie sie in darnach herab gelassen, haben sie in auff ein stock in der gefencknus hingeworffen vnd sein erst des andern tags wider zu im komen. Sie haben im seine glieder zerrissen, das er die Hendt selber nit mer zum mundt Bringen kunde, vnd haben von im zu wissen begert, wer noch weiter in Pregentz seiner Meinung vnd Glaubens sej. Das hat er inen Keineswegs anzaigen wöllen. Er hat alle Pein vnd Marter willig vnd mit grosser gedult glitten vnd gsagt: Christus habe noch mer für das menschlich Geschlecht glitten. Hat inen auch gesagt, er glaub, wen Christus der Herr noch einmal in voriger Gestalt auf Erden küm, das sie arger mit im vmbgiengen, als die Juden, hat auch öffentlich bekennt, wen sie

---

* ein halbhaffter vnd wolbegabter Man im Pregitzer Landt. *Q. R.*

in schon wider ledig lassen, das er mer als je, wider ir falsche leer, sündt vnd grayel, zeugen wölle. *P.* ≌ *Q.*

Nachdem er nun den winter im gfenknus glegen, da haben sy in aus lauter Neid vnd Hass der alten schlangen zum Todt verurtlet vnd den stab Vber in gebrochen. Da hat sich vnversehens ein gross vnd erschrecklichs[a] (Hagel)wetter erhebt, das menniglich gemeint, der jüngst tag sey vorhanden, (aber es halff so wenig bei inen, wie bey König Pharao. *Q. R.*) Er aber ist als ein rechter christlicher heldt, gantz mannlich gwessen, hat darneben das volckh vermant, sie sollen sich auch zu einem solchen Endt schicken. Wie er auf die Richtstatt komen, hat er dem Henkher zuegesprochen, er soll sich zum Handel schickhen, er sej gar wol gericht. *P.* Der pfaff aus der Pregentzer Aw, so den Br. Jost Wilhelm in gefenknus bracht, vnd auch bei dem Richten gwessen, ist balt, wie er haimbkomen, Krankh worden vnd in 10 tagen hernach[b] gestorben. *P.* ≌ *Q. R.* Zulezt bedachten sie sich, wo man in hinbegraben soll; da hat ein (andrer) pfaff (in der pfarr an der Eck, der offtmals zu im in die gefencknus komen, seines grundts erfaren, vnd für den Jost[c] gebeten *P.*), gesagt: Ir solt in Mitten in mein Kürchhof begraben, ich hab doch keinen frömern darin! *Q. R.* ≌ *P.*

Ob er wol die gemain des Herrn (mit leiblichen Augen nit gesehen), in die er geeiffert, vnd den wassertauff nit erlangen könen, hat er doch zu der Tauff des bluets geeilt, vnd dardurch die Kron der Marterer vnd treuen Zeugen Jesu erlangt vnd ein sälig endt erstritten. *A.—L.* ≌ *P.*

g) In disem 1618 Jar, balt nach des Br. Jost Wilhelm ritterlichen Todt, ist auch gar ein eiffrig vnd wol betagtes Weib,[d] die Christine Brünerin in Pregentzer-Aw, als sie sich in die Gemain des Herrn[e] zu ziehen gericht vnd (wegfertig gemacht vnd, wie der Ertzvater Abraham, von den abgöttischen Caldeeren aussgehen wollen,) von den Schergen vnd Henckhersknechten ereilt, gefenklich angenomen vnd auch in das obgemelte Dorf an der Eckh in Pregentzer Landgericht gefürt

---

[a] kam so ein vngestümbes wetter, das yederman dacht, es werde alles vndergeen *Q.* — [b] wie ein Ischariot *Q. R.* — [c] man solt in nit richten *P.* — [d] *Q. R.*: ein arme wittfrauw mit Namen Christina. — [e] zu irer laiblichen Tochter *P.*

worden, alda man sie (*Q. R.:* bei 3 wochen lang in gefenknus behalten vnd) zue sechsmal gantz hertiglich gereckt vnd begert, daz sie von iren glauben absteen vnd die (leit), so die fromen beherbergt vnd inen guets gethan, verraten solt. Da sie aber solches keineswegs nit thuen wolte, sondern gantz trew vnd steiff an dem, was ir gott in ir Hertz geben hat, hielt, ist sie auch, vnschuldiger weiss, zum todt verurtailt vnd mit dem schwert gerichtet worden, den 8ten Augustj[*] des obgemelten 1618 Jars. Sie hat ir weibliches gemüet mit männlichen Gedanken gewapnet. *A. — L.* ≅ *P. Q. R.* Wie wol (sy) den wassertauff noch nit empfangen, zur gemain nie komen, so hat ir gott die gnadt vnd krafft geben, das sy den tauff des h. Geistes vnd tauff des bluets erlangt, an welchem am meisten gelegen ist. *Q. R.* Darumb wird sy auch Christus Jesus, der himlische Braitigam, mit den klugen Jungfrawen auf die ewige hochzeit einfüeren. *B. C. E. G. L.* ≅ *P. Q. R.*

---

[*] *P.:* 1ten Augustj.

Zehntes Buch.

1619—1622.

Schicksale der Gemain während und nach der böhai-
mischen Rebellion. Ausweisung aus Mähren.

Es kumbt die Zeit, das wer euch tödt,
wirt mainen, er thue gott ein dienst daran.
(Joan. 16. a.)

24*

I. Abschnitt.

(Haimbsuechungen von Seite der Soldateska. Der Überfall von Prybitz.) 1619—1620.

Anno 1619.

Anno 1619 hat der Allmechtige Gott abermal ein seer grossen erschröcklichen jamer vnd trüebsal in disen landen Vber sein volckh vnd gemain komen lassen, vnd es begab sich aufs kürzest zu melden also: Nachdem sich verschinens Jar ein krieg zwischen dem Röm. Kays. Mathias, des Namens der Ander, vnd den lutherischen Ständten in Böhaim erhueb, welcher krieg sich auch in das 1619 Jar erstreckt, da unterdess der Kayser zeitlichen Todts verschieden vnd sich König Ferdinandt vmb den hinterlassenen böhmischen krieg annam, auch durch sein kriegsvolckh in Böheimb gantz Vbel gehandlet wurde, suechten die Böhem gelegenheit diss Landt Märhern auch an sich zu bringen, wie es den auch mittlerweil durch Herrn Grafen Hainrich Mathes von Thurn, der Zeit der Chron Böhaimb Obrist Lieutenant, (doch zwar nit one grosse widerwertigkeit vnd verenderung), beschehen. Durch welches Alles aber das Landt Märhern bei dem könig Ferdinandt in grosse vngunst vnd feindschaft gefallen. Schicket dero wegen nach unlanger Zeit seinen Obristen, Graff Tampierre, mit etlich 1000 Man ins landt, diejenigen, so von im abgetreten, vnd nit widerkeren vnd gnadt begeren, mit feuer vnd schwert haimbzusuechen, vnd ihm das landt Märhern wider unterthänig zu machen, welche schreckliche straff vnd haimbsuechung aber schier am meisten die Gemain des Herrn, die doch an allem handel gantz vnschuldig war, betraff, Erstlich:

Vom 22ten July bis 15 Octobr.: Moskowitz von Tampier-(schen kriegsvolckh) bej 42 (*H. K.*: 24) mal Vberfallen vnd geplündert.

Den 1ten Augustj: Bochtitz geplündert;

Den 2ten Augustj: Frischau abgebrent, zuvor zweimal [a] geplündert.

Den 2ten Augustj: Stignitz geplündert, hernach noch einmal. [b]

Den 6ten August: Tracht abgebrent, (dazumal die Wisternitzer Schlacht geschehen. C.).

Den 9ten Aug.: Weissstetten vnd die Eibeser Mül [1] geplündert.

Den 10. Aug.: Tanovitz abgebrennt.

Den 19. Aug.: Pelerditz zum ersten vnd demnach noch 10mal geplündert.

Den 28. Aug.: vnser Hawerhauss zu Billowitz abgebrennt.

Den 18ten vnd 24ten Sept.: Dämerschitz vnd Urschitz vnd Nicolschitz hart geplündert, auch zu Dämerschitz etliche gebäw, (vnd sonderlich das Hafnerhaws, E.) abgebrennt. A. — L.

Den 19ten Sept.: Gostl vnd Rämpersdorff verbrennt. A. — G. J. L.

Den 20ten Sept.: Altenmarkt, Lundenburg vnd Landshuet abgebrennt.

Den 20ten Sept.: Scheikowitz vnd Pruschän abgebrennt.

Den 24ten Sept.: das Prybitzer (vnd ander vnser) volck mit beiden schuelen vnd 22 Fueren, den Tampierischen (bei Mönitz) in die Hendt komen, die inen 40 Ross sambt den Wägen vnd allen Zeug, so auf den Wägen gewesen, dahin genomen vnd Vbel mit ein tail der vnsern gehandlet, (auch 3 Brüeder nidergeschossen. D. — G. L.)

Den 25ten Sept.: Gerspitzer vnd Trachter volck im Gerspitzer Wald (von Tampierschen Vberfallen) vnd geplündert.

Den 30ten Sept.: Wätzenobitzer hauss abgebrennt, zuvor on Zal [c] geplündert.

Den 3ten Oct.: Trachter volk den Tampierischen mit 3 geladen Fueren in die Hendt geraten, die inen alle Ross, Wägen vnd Zeug gnomen.

Den 10ten Oct.: Schaidowitz zum 5ten mal von Tampierischen (volck) vnd (hernach auch) von Bauern hart geplündert.

---

[a] C. K.: etlichemal. — [b] B. C. K.: zweimal. — [c] D.: oft, K.: etlichemal.

[1] Eibis, slav. Eivany, Ivany, ein mährisches Dorf mit einer Mühle nächst der Einmündung der Iglawa in die Schwarzawa. Die Wiedertäufer hatten hier ein Haushaben, dessen Hauptstock die Mühle war; für die Fischerei zahlten sie (1590) nach Selowitz einen Pachtzins von 40 Groschen!

Den 11ten Oct. vnd 12ten Oct.: Kobelitz zum 3ten mal von
Tampierischen geplündert, ein gross guet hinwekgefürt vnd die
schuel inwendig angezündt vnd zum Tail verbrennt.

Den 14ten Oct.: Wischenaw geplündert.

Den 19ten Oct.: Nicolspurger hauss hart geplündert, auch
die Kranken vnd Kindsbetterinen beraubt.

Den 23ten Oct. vnd 3ten Novemb.: Levürer hauss gantz, bis
aufs abbrennen, aussgeleert vnd geplündert, (auch ist das
Protzger hauss von den Hungern geplündert worden.) Zu Neumül vnd Schäckowitz ist der gmain vast all ir Narung zu Hauss,
Feldt vnd weingarten aufgangen vnd, (neben täglicher gfar des
Tampiers, der, sonderlich von Pulgarn), vnserem Hauss zu Neumül mit Schüssen treffentlich (mechtiglich) zuegesetzt, ein seer
grosser schaden beschehen.

Und also ist die Gemain des Herren diss 1619 Jar vmb
12 seiner Hausshaben, (one das, waz zu Kobilitz vnd Dämerschitz abgebrunnen), darunter auch 6 schuelen gewesen, komen,
welche 12 Hausshaben die Tampierischen gantz in Grundt verbrennt vnd verderbt haben. Dessgleichen 17ᵃ Hausshaben
jamerlich verderbt vnd geplündert. Auch seindt vns hin vnd
wider in den Häussern vnd auf den strassen one die ochsen,
Küe, schwein vnd Schaafvich, das auch ein grosse Suma an-
trifft, bei 200 Ross von Tampierischen kriegsleuten genomen
worden vnd, welches vns das aller Kumerlichst vnd grösst
Elendt vnd Hertzenslaidt ist, sein vns in solchen schröcklichen
Jamer vnd grossen Trüebsal bej 40ᵇ Man vnd Weibspersonen,
vnsere lieben mitglider, gantz Jämerlich vnd erbärmlich von
Tampierischen ermördt vnd ein tails mit vnmenschlicher vnd
vnerhörter marter gepeinigt worden vnd ist Endlich ein solch
grosser Jamer, Angst vnd Not in disem landt gewesen, dessgleichen kein mensch gedenken mag. Es war schier nindert
kein sicherheit noch schutz zu finden. Einmal fielen die Tampierischen oben, balt unten, vnd dan mitten ins landt ein. Wo
wir von Häussern fliehen muesten, waren wir auf weg vnd
strassen noch in wäldern nit sicher nit allein vor den Tampierischen, sondern auch vor den benachbarten Landleuten, die
vnss an etlich orten, wen die Tampierischen hinweck waren,
erst den grössten schaden thaten. In suma es ist nit gnueg

ᵃ 12 *D. E. G. L.* — ᵇ *B. C.* (irrig): 4.

zu erzälen, was für ein trüebselige Zeit es gewesen, das sich viel frome den todt gewünscht, daz sie nur den grossen Jamer an den vnsern nit sehen müesten. Ja vil haben gesagt, daz sie gern mit Wasser vnd brot verguet nemen vnd gott treulich drumb danken wolten, wan sie nur mit Frieden vnterm Dach zu bleiben hetten. Dan es gäntzlich das Ansehen ghabt, als ob Gott der Herr den schlätzer* vnd verderber Vber diss landt grueüfen het.

Aber wie der Allmechtige Gott Je vnd allweg gepflegt hat zu thuen, den seinen in der grossen not, wen aller menschlicher Trost dahin ist, zu Hilff zu komen, Also hat ers auch dissmal treulich gethan vnd den verderber, (one zweifel vmb des vnablässigen gebets willen der Fromen,) mer dan einmal in ein grosse Forcht vnd zagheit fallen lassen, das er geflohen, ee dan man in jagte, vnd hat in auch durch ein wunderbares mittel von disem landt so vil hintan trieben, das wir mit vnseren armen vnd dürftigen Haufen in der kalten winterlichen Zeit noch mit Friden in den Vberbliebenen Häussern haben wonen könen, (für welche Gnadt, Lieb vnd wolthat Gottes wir gott dem H. vnser Lebelang dankbar sein vnd treulich bitten sollen, das er vns fürhin vor solchem Jamer vnd Herzenlaidt gnädiglich bewaren wölle.) A. — L.

2. In dem 1619 Jar, den 13ten Maj, ist: der Beniam Elssässer, ein D. d. N. zu Wischenaw; den 14ten Maj b der Caspar Hassl,c ein D. d. N., zu Scheikowitz; den 1ten Septbr: der Hanss Holganss, Einkauffer von Pybitz, ein D. d. N., zu Pohrlitz; den 20ten Nouember: der Br. Caspar Brecht, ein D. d. N., zu Neumül im Herrn entschlaffen. A. — L.

3. In dem 1619 Jar, Sonntags den 8. December, vormittags zwischen 8 vnd 9 Vhr, Ist der lieb vnd getrewe Brueder Sebastian Dietrich, ein trewer Vorsteher der Gantzen Gemain, mit fridlichem hertzen vnd gueten gwissen Im Herren entschlaffen zu Dämerschitz (K.: in Märhern), seines Alters 66 Jar, im Dienst des Wortes ist er gstanden 32 Jar, die gantze gemainde des Herren ist im bevolhen gewesen 9 Jar.

Als nun der Allmechtige Gott nach seinem gueten willen den lieben Br. Sebastian Dietrich in Frieden hingenomen, haben sich drauf, den 16 tag December diss 1619 Jars, Alle

---

* Schleitzer F. G. L. — b 24ten Maj H. — c Hasel L.

eltesten Br. im Dienst des worts, vnd der N., In Suma alle Haussbalter, Einkauffer, Aussgeber vnd sonst vil vertrauter Br. auss allen Hausshaben der gantzen gemeind, zu Dämerschitz versamlet vnd sich ernstlich mit Gott bekumert vnd beraten vmb ein andern trewen Hirten vnd Bischoff vber die Gemaind des Herrn. So ist durch ainhellige vnd frölliche Zeugnus vnd stimm der gantzen Versamlung dem lieben Br. Vhlrich Jaussling (*G.*: Jaussle) mit grossem Ernst vnd göttlichem Eiffer, die gantze gemain gottes zu Regiren vnd in allweg trewlich für sie sorg zu tragen, beuolhen vnd aufgladen worden. *A.—L.*

4. In disem 1619 Jar den 10 tag December ist der Michl Oberacker, ein Diener der Notturfft, zu Wessele; den 16ten Dec. der Dietrich Pfingsthorn, ein D. d. N., zu Pohrlitz im H. entschlaffen. *A.—L.*

1619.

Verzeichniss (I)

vnser Leut, alt vnd Jung, vmb welche die Gemain des h. in dem laidigen teuflischen krieg, so sich im J. 1618 in Böhaim angefangen, etc. komen ist:

A° 1619.

a) Anno 1619 im Herbst, als Kaysers Mathias General Graf Dampier, mit etlich 1000 Man zu Ross vnd Fuess in Märhern zogen vnd etliche Monat darin gelegen, seindt dise Personen vmbkomen wie folgt:

1. Christof Duzenhaimer, fürgestelter Müllner von Wisternitz, ward nach vil Pein vnd Marter durchs Haupt geschossen vnd vmbracht, den 5ten Augusty. [1]

2. Georg Zimerman von Schaikowitz, auf der strassen nidergehauen.

3. Peter Klein, Schuhkamrer zu Maskowitz, ein alter Br., war nidergehauen.

4. Conrad Spör, hawer von Muscowitz, ward erschossen.

---

[1] Wahrscheinlich derselbe Bruder, von dem es in dem Druckwerke ,Mähr. Fegfewer' (Prag 1619, 4.) heisst: ,Gf. Tampier hat einen W. Tauffer, welcher ihnen den Weg zeigen sollte, in stucken hawen lassen, mit vorwendung, wie er ihn fälschlich verführt habe, da doch der arme Mensch von dem Tieffenbachscheu Volkh nichts gewusst.'

5. Georg Meyer von Stignitz, ein alter Br., ward zerhackt.
6. David Schäfer, ein vbel hörender Man, wurde zu Kobilitz bei den Schafen niedergehawen.
7. Georg Klingenschmidt, ein Schlesinger, zu Watzenobitz niedergehawen.
8. Josef Schäfer, von Prutschän, auf dem Felde erschlagen.
9. Hanss Schwab, Hauer von Gostl, in der Brunst vom Feindt verbrannt.
10. Walthauser Goller, Arzt von Nicolsburg,[1] zu Nicolspurg schändlich ermördt.
11. Heinrich, füergestellter tuechmacher von Pribitz.
12. Georg Furman von Pribitz, dann
13. Christoph, Hauer von Pribitz, vnd
14. Franz Furman vom Pribitzer Hof:
wurden alle vier bej Steinitz, in haimziehen des Pribitzer Volks, erschossen; Graf Tampier war selbst dabei.
15. Hänsel Mayer von Prawitz (Probitz) nidergehauen.
16. Mendel, Furman vom Neuhof bey Grussbach, nidergehauen.
17. Jackl, Hawer von Damborschitz, wurde erschossen.
18. Blasy, ein Furjung von Schaickowitz, vom Ross geschossen.
19. Hainrich Rader, Kellner von Landshuet, wurde in der Fluecht zu Sobotisch im Wald erschlagen.

Das seindt 19 Personen. Cod. *S.*

b) Anno 1619 den 19 tag September, als Graf von Tampier das Schloss Lundenburg mit gewalt eingenomen, sein hernach benannte Personen von seinem Kriegsvolk, doch der meiste tail von seinen Vngarn, wider seinen willen nidergehaut worden, nämlich:
1. Jacob, Oxen-Mäster, von Altenmarkt.
2. Hanssl, Kornfurman, „   „
3. Mathes, Küchalter, „   „
4. Adam, Schäfer, „   „

---

[1] Derselbe, welcher 1607 die kaiserliche Gesandtschaft als Arzt nach Constantinopel begleitete und den Bruder Salomon Böger als Tafeldecker bei derselben unterbrachte. S. 1605. *a.*

5. Wastl, Hauer, von Altenmarkt.
6. Heinrich Hess, Hauer, von Altenmarkt.
7. Jacob Preuer, von Altenmarkt.
8. Wolf, Hausshalter, von Lundenburg.
9. Hans, Kellner,　　　,,　　　,,
· 10. Philipp, Essentrager, von　　　,,
11. Hanssl, füergestelter Gärber, von Lundenburg.
12. Clauss, fürgestelter Schmidt,　　,,　　　,,
13. Alt Hanss Schweitzer, Brantweiner, von Lundenburg.
14. Heinrich Hess, Färber-Bueb,　　　,,　　　,,
15. Mathes, lediger Schmidt,　　　　,,　　　,,
16. Caspar, Zimerman, von Birnbaum.
17. Wolf Schäfer's Weib　,,　　　,,
18. Lorentz, Strohschneider, von Teinitz.
19. Walser, Gartner,　　　　,,　　　,,

　　　　　Das seindt auch 19 Personen.

Die von Tampierischen volk, so vil vns wissent, vmbkomen a. 1619, Suma: 38. (Cod. *S*.)

1619.

c) ,Also aber ergings in der Zeit,
　　Es erhueb sich im landt krieg vnd streit,
　　Thet an die Fromen g'laogen
　　Mit Raub vnd brandt gar hertigclich,
　　In ain Jar: 12 haushaben hingericht,
　　In grundt vnd boden verbrennet,
　　Vnser hab vnd guet gieng in den Rauch,
　　Das Vnrecht war yederman erlaubt,
　　Der Fromb war nindert sicher,
　　Kein schutz noch platz man nindert fundt,
　　Das man sich da erhalten kundt,
　　Muest sich ins Trüebsal richten!

　　Vnder solcher tyranischer Zeit,
　　Durch des sathans hass vnd neidt,
　　Waren auch ermördet eben,
　　In dem sechshundert 19ten Jar,
　　Bey vierzig personen offenbar,
　　Mit vnmenschlicher Marter vnd pein,
　　Vnsere lieben Brüeder werth,
　　Welches von Türkhen gnueg möcht sein,
　　Setztens mit blossem leib
　　Aufs Feuer in ein gluet hinein!
　　Was das für ein bittrer todt mag sein,
　　Das kan vernunft ermessen.

Ein Tail mit andrer Marter mer,
Mit aufhencken vnd reckhen seer,
Mit Jungling vnd mit Junkfrawen,
Vnd war allen vmb gelt zu than,
Welches man solte sagen an,
Schonten nit des alten vnd grauen!
Man kau es alles erzellen nit,
Wie abscheulich es gangen ist,
Ein Christlich hertz muest wainen,
Ob der vnmenschlich Tyranej.
Die sich doch Christen rüemen frej,
Die waren Erger als Türken vnd haiden,
Wie dan zu Pribitz auch geschah,
Des Morgens Früe.'

(Pribitzer Lied im Cod. VIII. c. ex 1645, Pest,
und im Cod. 203 und 194 Pos.)

d) Darneben ist vns in disem 1619 Jar, vnangesehn der grossen not vnd armut der gemain, von der landtschafft aufferlegt worden, das wir von yedem hauss mit ainer kuchen, so nit vom Feindt ist verprennt oder ausgeplündert worden, zu den 100 fr., die wir die Jar her gegeben, noch 50 fr. zu legen vnd schossen müssten. (Cod. XIX.)

1620.

a) Anno 1620 den 7ten Febr., da Fridericus, Kurfürst vnd Pfalzgraf bej Rein, (den die Behem mit Hilf der Vngarn, Märher vnd Schlesier, Ober vnd Niderlaussitzer 1619 Jars, den 4ten Novemb., zu Prag zu ainem [*D. L.:* böhmischen] König krönten,) gleich zu Brün war, die huldigung von den Märherischen Landtständten anzunemen, kamen vnversehens etlich 1000 Poleken, die dem Kaiser Ferdinandt, (der dan vil böser Völker auss fremden [fernen] landten, als Poleken, Crabaten, Zenger, Franzosen, Wallonen, Spanier vnd Neapolitaner aufbrachte,) zu hilff geschickt worden, in Märhern, vnd zogen so schnell mit grossem haab vnd guet, so sie im Landt raubten, hindurch in Österreich, daz inen in solcher Eil gleich Niemandt widersteen konndte, plünderten vns in disem schnellen onverschenen Durchzug auch 3 Haushaben: Schädowitz, Wätzenobitz vnd Göding. Zu Schädowitz erschossen sie auch einen Brueder, schädigten daselbst, wie auch an den andern 2 orten vber die 20 Personen hart, vnd namen der Gemain 4 Ross dahin. *A. — L.*

b) In dem 1620 Jar, den 7ten tag febrj, ist der Br. Hanss Kleger, ein D. d. N., zu Neumül; den 12ten Febrj: der Br. Hänsel Riecker, ein D. d. N., zu Stignitz; den 5ten Martj: der Br. Melcher Brecht, ein D. d. N., zu Levär im Vngerlandt (*F.*: zu Neumül); den 16ten Martj: der Br. Michl Albrecht, ein D. d. N., der bej 30 Jar Hausshalter gewesen, zu Kobelitz; den 21ten Martj der Br. Bastl Gilg, ein D. d. N., zu Schäckowitz (in Märhern) im Herrn entschlaffen. *A.—L.*

c) In disem 620 Jar, den 24ten Martj, Morgens Früe vmb 3 Vhr, hat die Kayserische Besatzung aus Laa, bej 200 zu Ross vnd Fuess, vnser Hauss zu Maskowitz v̇berfallen, das gantze Haus geplündert vnd ein gross guet sambt allen vich dahingenomen, demnach das Hauss in Prandt gesteckt vnd den meisten Tail in Aschen gelegt. *B. L.*

d) Den 25ten Marty streiften bei 300 (kaiserische) Poläcken, die dem Kaiser dienten, aus Österreich in Mürhern, plünderten erstlich Pruschän vnd Kobelitz, streiften demnach bis gegen Lettnitz,[1] daselbs handleten sie in vnserm Hauss v̇ber die massen Tyranisch vnd Gottloss, ermördeten 5 Brüeder, erschossen auch einer Mutter ir jungs Kind am Arm, schädigten vil Br. vnd Schwestern, plünderten das Hauss vnd raubten der Gemain in dissen streiffen auch 15 Ross dahin. *A. — L.*

e) In dem 1620 Jar, den 17. Julj,[a] fielen die Polecken aus Österreich in vnser Hauss Levärj in Vngarn ein, plünderten dasselbe vnd marterten die Brüeder mit Aufhenken, Recken vnd Brennen seer v̇bel vmb gelt, das auch ein Tail derselben mit grossen schmiertzen ir Leben drüber hat muessen lassen, zerhauten auch einem Brueder, (dem füergestelten schneider), sein kindt am Arm, vnd war da keines schonens, weder des Jungen noch des Alten. *A. — L.*

f) Den 22ten Julj 1620 hub man das Trachterhauss, auf Nicolspurger Herrschaft, (die damals dem Fridericus[b] geschworen, vnd in für ein Herrn angenomen,) widerumb an auff zubawen. *A.—L.*

---

[a] *D. G. L.:* 11ten Julj. — [b] *D. G. L.:* dem König Frid., *D.:* zu Böhmen.

[1] Lettnitz, richtiger Letonitz, ein Dorf der ehemaligen Herrschaft Austerlitz, 1 Meile nordöstlich der Stadt Austerlitz gelegen.

g) **Der Überfall von Pribitz.** [1]

In disem 1620 Jar, Erichstags, den 28ᵗᵉⁿ Julj, hat sich zu Prybitz, da die fromen vil Jar in gueten Frieden gehaust, vnd auch vile daselbs (on zweiffel) ein seliges endt erlangt, ein grausame, abscheyliche vnd aller Menschlichen Natur entsetzliche gschicht ergeben, dessgleichen der gmaind gottes, so lange diselb in Märhern gewont, nit widerfaren vnd das verlief sich also:

Am bemelten Erichtag [2] früe vm 3 vhr, da noch alles zu Bett lag, kamen in der Still bej 1500 kaiserisch Kriegsvolck, Reitor vnd Muskatirer, (doch merertails Poläcken), auf Pribitz vnd ⱱberfielen [3] das Hauss vnversehens mit grossem geschrej vnd schrekken. Wen sie antroffen, hawten sie, stachen vnd schossen sie nider, oder plagten's sonst mit vnmenschlicher Marter, das sie gelt zaigen solten, (wie sie dan auch etlich namhafte Brüeder mit grösster Pein vmbs Leben brachten). Brentens mit haissem Eisen vnd glüenden pfanen, gussen inen haiss schmalz ⱱbern blossen Laib hinab, schnitten inen tiefe wunden, darin sie pulver schütteten vnd darnach anzündeten, zwickten inen die finger ab, hawten in sie, wie in ein Krautkopff. Einem Brueder träeten sie den Hals gantz vmb, das im das Angesicht zurück stundt, vnd dergleichen schrecklichen Muetwillen vnd Henckhersstuckh mer begingen sie, vnd kamen in solcher Tyranej vnd grausamer gottlosigkeit in 2 oder 3 stundten 52 Brüeder, (darunter auch Jörg Biberstain, ein Diener des worts), vnd zu Porlitz auch 3 Brüeder gantz elendt

---

[1] Ist auch Gegenstand des sogenannten ‚Pribitzer Liedes‘, eines ungenannten Bruders.

[2] Cod. *D.* — *G. L. P. Q. R.* haben (unrichtig): ‚den 8ᵗᵉⁿ Julj‘, eines Erichtags, weil anno 1620 der 8. Juli auf einen Mittwoch fiel, der 28. Juli dagegen in der That ein Erchtag war. Die Richtigkeit des 28. Juli bestätigt auch das Verzeichniss in *G. K.* und das ‚Pribitzer Lied‘ mit den Eingangsworten: ‚Solches geschah — wie ich euch sag — im Julj den 28ᵗᵉⁿ tag. Im 1600 vnd 20sten Jar.

[3] Die fielen wie die Löwen ein, — ein yeder gern der erste wolt sein,
Da sah man grossen jamer — daz's einen stein erbarmen möcht.
Ein yeder hat gewalt vnd recht, — zu würgen vnd zu hawen,
Vnd was dissmal nit wardt ermördt, — das fürtens gfangen mit hinweck,
Ein ziemlich grosse Suma, — da fing das beulen vnd klagen an,
Viel witwen vnd weisen würden sein, — das Leidt war gross, die Freude klein.
Klagten Gott iren Jamer! (Pribitzer Lied.)

vmb ir leben. Gar vil Br. vnd schwestern wurden auf den Todt verwundt vnd geschädigt, deren auch in 4 tagen 17 mit Todt abgiengen. *A. — L. P. Q. R.*

Also kam die Gemain an disem tag durch solchen schrecklichen Muetwillen vm 72 Brüeder, welche mit grosser traurigkeit gleich hauffig zusamen begraben wurden. *P. Q. R.*

Brueder Hanss Jacob Wolff, (ein Diener des Worts), welcher damals Eltester zu Pribitz war, wurde auch hart gerädelt (geraidlet, geraitelt) vnd seer am haupt verwundt, demnach samt 70 Personen meistentails schwestern, neben ein grossen Raub an vich vnd allerlej farend hab, hinweckgefürt. Es ist vmb scham vnd erbarkeit willen nit zu sagen, noch zu schreiben, wie abscheulich vnd vnmenschlich die Teufels besessene Leut mit Jungen vnd Alten, Frawen vnd jungen Müdlein ghandelt, das kein wunder gwesen wäre, die erden hett sich aufgethan, vnd solch gottlose, verruchte Menschen, die sich noch Christen sein rüemen dürffen, lebendig zur Höllen verschlungen! Es wolt aber auch Gott solche Tyranej, die sie mit vnschuldigen Leuten Öbten, nit lang ongestraft lassen. Denn als sie nach irem vollbrachten Muetwillen mit iren Gefangenen vnd irem Raub wider auf Laa, von danen sie herkamen, ziehen wolten, (*P.:* vnd schon ein Tail wegs gereist waren), wurden sie von den Märherischen Reitern vnd den Vngern, so damals der Märherischen Landschafft dienten, ergriffen vnd schändlich geschlagen, vnd war ein solches niderhawen [1] vnd niderschiessen der Polücken vnd kaiserischen Muskatirer, das die gefangenen Gschwistriget, deren in solchem scharmützel bej 50 ledig wurden, nicht genug davon zu sagen wussten, vnd hielten dafür, daz sie damals zimlicher massen iren wolverdienten lohn empfingen. Es legte ein Tail die geraubten Brüeder Röck an, sich damit zu erhalten, (als ob sie Brüeder wären *G. L.*), huben die Hendt auf vnd baten vmb ir leben, aber sie wurden bej

---

[1]
> Ward in bezalt denselben Tag,
> Mit gleichem mass gemessen,
> Ire Feindt trafen sie zu Handt,
> Vngern vnd Märheren,
> Stiessen auf sie mit grimmen,
> Mit schwertern vnd mit zoren gross,
> Hautens darnider auf der strass,
> Über 600 sein vmbkomen.   (Pribitzer Lied.)

den langen Haaren vnd irer kriegsmänischen gestalt erkannt
vnd on alle Barmherzigkeit nidergehaut, also, das diser bösen
Leut, (wie wir von glaubwürdigen Personen bericht wurden,)
in wenig stundten etlich 100 vmbkamen vnd inen noch vor
vntergang der Sonnen das Vbel auf iren Kopf vergolten wurde.
Den bej gott ist es recht, Trüebsal zu geben denen, so den
fromen Trüebsal anlegen.

Die Vbrigen Poläcken vnd Muskatirer, bei denen der Br.
H. Jacob mit 20 schwestern war, machten sich in die Stadt
Laa. Der Obrist Polätck, dem es im streit (scharmützl) auch
nit wol gieng, liess den Br. Hanss Jacob, onangesehen, das er
am haupt verwundet vnd vom starken blueten ziemlich schwach
war, denselben Abent, wie sie geen Laa kamen, mit Rädlen
vnd Recken gantz Vbel vmb gelt martern, vnd wolt weniger
nit, als 1000 (harter) Reichs-Thaler Ranzion von im haben. Da
aber diser Oberste vnd der Stadt Kriegshauptman zu Laa, des
Gelts vnd einer jungen schwester halber vnainig wurden, reiset
der Polätk im Zorn von Laa hinweck, vnd namb den Brueder
Hanss Jacob, den er auf ein Ross binden liess, sampt der
jungen schwester, Namens Susana, mit sich ins Poläckenlager
bej Krems. Alda mueste der Br. vil elendt erdulden, auch
grossen Hunger vnd Mangel laiden, dan die Gemain kundt vnd
mocht im, wie vil man sich auch darumben bemüet, kein Hilff
oder Handt reichen thuen, durch welchen Mangel er auch in
ein sichende* schwere krankhait fiel, vnd da seines aufkomens
kein hoffnung war, wurde er durch der Poläcken veldprediger
zu einem gueten Freund geen Wien gebracht, da er den, am
19ten Sept. 1620, im Herren entschlaffen vnd auch zur erden be-
stättet worden.

Die obgemelten 19 Schwestern, die auch geen Laa kamen,
wurden durch die Müllner zu Laa, b mit hilffe der Burgerschafft,
balt ledig gemacht vnd zur gemain gefürt. Aber die schwester
Susana kam erst den 5ten Nouember 1620 durch ein sonderbares Mittel von Gott wider zur Gemain, vnd blieb also der
gemain von den 70 hinweckgefürten Personen Niemandt ausstendig, als der Brueder Hanss Jacob, den der Herr aus allen
Jamer vnd Trüebsal erlöst hat. A. — L. P. Q. R.

---

* L.: süchtige. — b durch vnsere Müller P. Q. R.

h) Es lagen vmb dise Zeit, wie auch den gantzen Sumer, beide starke Kriegsarmaden, des Kaisers Ferdinandj, vnd auch des Friedericus, in Österreich geen eiuander biss auf den herbst. Da rückten sie mit einander in Böhaimb vnd hielten den 8. Nouember auf dem weissen Berg bej Prag ein starkhe Schlacht, vnd (da) wurde des Fridericus Armada schendtlich geschlagen vnd (sein) gantzes Kriegsheer zertrennt vnd flüchtig gemacht, also, das sich der Fridericus selbsten sambt seiner Gemälin vnd hoffgesindt aus Böhemb begab, vnd bekam .der Kaiser durch disen Syg in wenig Tagen vast das gantze König- reich Behemb wider, vnd ergab sich auch hernach das Mar- graffenthumb Märhern balt wider an den Kaiser (vnd begeeret gnadt. *G. L.*)

Darauf zog nun die gantze kaiserische Armada, deren General Conte Boquoi,[1] ein Spanier,[*] war, in kalter winter- licher Zeit aus Böhemb in Märhern mit allerlei bösen leut. Da erhueb sich allererst wider gross Jamer, Angst vnd Noth vber die Gemain (vnd das gantze Märherlandt. *D. G. L.*)

Den 14ten Decemb. 1620 Jars fielen die kaiserischen das erstemal zu Taikowitz ein, plünderten das Hauss vnd legtens ein Tails in Aschen, schlugen vnd verwundeten etliche Brüeder hart, mit den schwestern, die sie erwischten, handleten sie Ires gefallens, (vnd fürten neben dem Raub ain Maidl bej 12 Jaren, welches mit der Zeit durch gueten Fleiss der fromen auch wider in die gemain des Herren kam, gefangen mit ineu fort. *L.*)

Den 17ten Dec. kamen sie zum andernmal nach Taikowitz, wie auch geen Wischenau, Stignitz vnd Schermakowitz, streiff- ten etlich tag auff vnd zue, plünderten nit allein gemelte Häusser, sondern handleten auch Tyranisch vnd Gottlos mit

---

[*] spanischer Graf *G. L.*

[1]   Der krieg aus Märhern in Böhmen kam,
    Der Veldtherr der Bockbaw war,
    Der hat bei im vil gottlos schaar,
    Aus vilen frembden landen,
    Als obs der Schaum der Höllen war,
    Die waren wie besessen gar,
    Mit allen lastern vnd schanden.
    Die kamen wider mit Heereskrafft
    Aus Böhm in Märhern mit aller Macht,
    Da wardt der Jamer Nowe.   (Pribitzer Lied.)

den Brüedern vnd schwestern, jungon Knaben vnd Mädlen,
peinigten vnd marterten die Br. aufs allergrausamste, deren sie
dan auch 3ᵃ gar vmbs leben brachten vnd den Ule, haussshalter
von Wischenau, mit Brenen vnd Recken so ỽbel verderbten,
das er soin Leben mit grossen Schmorzen enden mueste.

Den 19ᵗᵉⁿ Dec. plünderten sie die 2 Haushaben zu Ole-
cowitz vnd Pochtitz, den 28ᵗᵉⁿ Dezember vnser Hauss zu Nembschitz vnd stecktens darauff in Brandt. Waz die Kriegsleutᵇ
in der erden liegen liessen, grueb der Hauptman von Kanitz
mit den Bawern an dem Robot aus, daz die gemain alda gleich
vmb alles komen mueste. Den 29ᵗᵉⁿ Dez. ward vnser Hauss zu Porlitz geplündert
vnd demnach angezündet. Disen 29ᵗᵉⁿ Dez., früe vor Tags,
ỽberfielen auch etlich 100 kais. Reuter vnser Hauss zu Austerlitz, plünderten in der eil, was sie kondten. Das Volck lieff
aus grosser Forcht und schröcken dem geröricht vnd Teich
zuo vnd ertranken in solcher Flucht zwo schwestern samt
ainem kindt, aber die Reuter wurden mit starken schüessen
aus der Statt abgetrieben, das sie in irem muetwillen nit
genugsam ausrichten kundten.

Und ob es vns wol Anfangs, da die kaiserlich Armada,
deren General der Conte Boquoi war, aus Böhämb herabge-
ruckt, ganz für unmüglich ansah, in kalter winterlicher Zeit,
mit so vil klainen kindern, kranken vnd Alten von Hauss zu
ziehen, vnd wir auch, neben aller Forcht, noch ein wenig ein
Trost schöpfften, es werde, weilen sich Märhern auf kaiserliche
gnadt ergeben, so ỽbel nit zuegeen, so wich man doch, da wir
des kaiserischen volcks Gottlosigkeit vnd Tyranaj, die sie nit
allein mit den vnserigen, sondern auch mit andern (eerlichen)
landtleuten ỽbten, hörten vnd erfueren, aus allen obern Hausshaben in die untern, leztlich auch ỽber die March auf Sobotisch, vnd von danen gar übers Ungrisch gebürg auf Echtelnitz vnd Schächtitzer¹ Herrschaft; dan das kaiserisch Kriegs-

ᵃ E.: etliche. — ᵇ D. G. L.: in der erden nit funden vnd liegen liessen.

¹ Schächtitz — Markt und Herrschaft Čáchtic, slav. Čechtice, magyar.
Csejte an der Dudwaag, eine Meile südlich von Wag-Neustadtl. Ethel-
nitz das jetzige Telnitz, slav. Chtelnice, magyar. Vitenz, zwei Stunden
westlich von Pýštau.

volck in Märhern mit Rauben [1] vnd Niderhawen vnd allerlej Gottlosigkeit so arg vnd übel handelt, als ein Feindt nur imer thun kan, vnd war bej Niemandt weder hilff noch Rath zu finden, wir muesstens nur Gott beuelhen vnd sein hilff erwarten, der vns dan auch noch Imer, wan die Noth am grössten war, ein Ausskomen machte. *A.—L.*

i) In disem 620 Jar, den 8ten tag Dez. ist der Br. Valtan Kallenbach, ain Diener der N., zu Austerlitz im Herren entschlaffen. *A.—L.*

Verzeichniss (II)

der Brüeder vnd Schwestern die zu Pribitz in Märhern vom Feindt ermördt worden sein Im 1620 gisten Jar, den 28ten (*D. K.: 29ten*) Julij.

Erstlich:

1. Görg Biberstein, (ein Diener d. W.).
2. Hans (Frank), Ausgeber.
3. Waltan (Früe), Weinkellner.
4. Caspar, Bierkellner.
5. Felix, (Würth von Weissstetten), haushaltergehilf.
6. Hänsel Braitenstainer, schuelmaister.
7. Lorenz (Böhm), kastner.
8. Simändel, kamrer.
9. Hainrich, (fürgestelter) schuester, (zueschneider).

---

[1] Das ofterwähnte Pribitzer Lied berichtet darüber:

> Sie waren wie die wilden schwein,
> Fielen in weinberg gottes ein,
> Mit grossem Freffel vnd gwalte,
> Brauchten schreckliche Tyranay,
> Vil vnbill, muetwill mancherlej,
>   An Jungen vud an Alton.

> Mit Marter, Pein vnd grossem Zwang
> Machteus den Fromen Angst vnd Bang,
> Die wussten nit, wo aus wo ein,
> Vnd flohn im lande hin vnd her,
> Irs Bleibens war schier nindert mer,
>   Das landt war in zu enge.

Begaben sich in wildem waldt, — im rauhen harten winter kalt,
Liten vil grosse note. — Es war bei in kains schonens nit;
Etlich wurden hingericht, — durchzogen also das ganzo landt
Und steckten Dörffer vnd Märkt in Brand, — Was vorhin erhalten war,
    Das muest iezund herhalten.

10. Mert (*S.*: Haas) schuester, sein gehilff.
11. Hans Hess, schuester.
12. Christof, schuester (d. ä.).
13. † Geörg (Weisskopf), schuester.
14. Christoff, schuester (d. j.).
15. † Tobias, schuester.
16. Conradt, schuester.
17. Michl, schmirer.
18. Hans, Cordowaner, (*D. K.*: Hans Conradt).
19. Uhl, fürgestelter schneider.
20. Peter, schneider.
21. † Hans Baier, (schneider oder potenlaufer).
22. † Josef Kilian, schneider.
23. Hans (Schwab), Weber.
24. Hänsl, Weber.
25. Hans Huber, Weber.
26. Aron (Preiss), Tuchscheerer.
27. Moses, Tuchscheerer (Tuchmacher).
28. Jacob, Tuchmacher.
29. Jäckl, Tuchmacher.
30. Clauss, Tuchmacher.
31. Urban, (fürgestelter) klingenschmidt.
32. † Ventur, klingenschmidt.
33. † Elias (Esaias, Jeremias), klingenschmidt.
34. Peter, fürgestelter hueffschmidt.
35. Peter, (lediger) Uhrmacher, (ein Schweitzer).
36. † Adam, Messerer, (im wasser todt gefunden).
37. Abraham, Messerer, (oder Goltschmidt).
38. † Andreas, fürgestelter weissgärber.
39. Christian, weissgärber.
40. Jan, fürgest. Rotgärber.
41. Lorenz, Rotgärber.
42. Ruedl, Rotgärber.
43. Johannes, Rotgärber.
44. Sadrach, Hawer (von Scheickowitz).
45. † Geörg (Ziegler), Hawer.
46. Clauss, hawer.
47. Andreas, hawer.
48. Geörg Zenz (Zenkh), hawer.
49. Hans Schwab, hawer.

50. † Hans, thorhüeter (thorwartl).
51. Hans, Zimerman.
52. (Jung) Hans, furman.
53. † Geörg, Oxenfüeterer.
54. Geörg, stallknecht.
55. Uhle, stallknecht.
56. Christl, Holzmann.
57. Melcher, wachter.
58. Lucas (Laux), Haymann.
59. † Noah, Essentrager.

Folgen nun die frembten Gschwistriget (Leüt), die dazumal über
nacht dort sein gewesen.

Erstlich:

60. Mertel Schultes, von der Newmül.
61. Joseph Miller, von Dirnholz.
62. Salomon Prewer, von Dürnholz.
63. Hainrich (Fux, ein alter) Weinzirl.

Dan die Schwestern:

64—65 Annamaidl Gartnerin (vnd ir sun).
66. † Elisabet (*S.*: Margareth Reichgarten), eine alte
schwester.
67. † Maria, Naterin, (Simon des einkaufers tochter, im
wasser gefunden).
68. † Geörg Messers Töchterl: Esterle.
69. Michl, Flickers sun.
70. Hans Prewers Töchterl.
71. † Jänne, Rothgärbers Tochter: Deborah.
72. † Jaserle, Noah Schneiders sun.

Sällig sein die todten, die in dem Herrn sterben, von
yetzund an etc. Apoc. 14. *C. D. I. K. S.* VIII. c.

a) der Nidergehauten zu Pribitz: . . 54 Personen.
b) der am 28ᵗᵉⁿ Julj daselbs auf den Todt
verwundeten [1] vnd nach wenigen tagen
entschlaffenen: 17   *"*

Summarium . . 71 Personen. *S.*

---

[1] Als verwundet führt die Handschrift *S.* an die mit einem † bezeichneten
Personen. Die unter 4. 24. 28. 41. 55 und 70 angeführten Personen
fehlen im Cod. *S.*

Verzeichnis (III)
vnser Leut, vm welche die Gemain im Jare 1620 komen ist.
1620.

a) Anno 1620, 25ten Martj, streiften bej 300 Polacken aus Österreich bis auf Lettnitz hinter Austerlitz, blinderten daselbs vnser Hauss vnd brachten auch vms leben 1. den Moses Schlachtner, Schuelmeister zu Lettonitz. Wardt vbel gepeinigt vnd geradlet, im die Haut vmb den Hals mit einem Messer abgeschnitten, nach langen Martern im die Gurgel abgehackt worden. 2. Vhl, fürgestelter Weber; ist in sein Leinwatkämerl ergriffen vnd elendiglich erwürgt vnd vmbgebracht worden. 3. Benjamin Schneider, wurde im Hof nidergehaut. 4. Hanss Schwab, Schuester, der für die Kinder in der Schuel gebeten, ward nidergehaut. 5. Märtin, des Grafen Gärtner, wurde im Garten ereilt vnd nidergehaut. 6. Dem Hanns Jackel's, Leder gutscher's Weib von Gostl, ward ir Kindt, ein Bübl bej 3 Jaren, auf der Schoss erschossen. S.

b) Den 16 (recte 11ten) Julj 1620 Jars plünderten die Poliicken zu Levär, marterten den Märt. Tuechscherer vnd (haben) in gebrant, das er mit grossen schmerz sein Leben geendet, dem Stoffel, Zueschneider, sein kindt am Arm zerhauen. S.

Den 16. October a. 1620 ist Jeremias Hauer zu Schädowitz im Weingarten vmgebracht worden. S.

c) Im Monat Novembris 1620 Jars ist ein junger Br. Namens Daniel Schäfer von Birnbaum, so damals vnsere Schafe zu Schaikowitz hütete, von Tampierischer Besatzung auf dem Maidberg samt den schafen genomen, vnd auf das Schloss Maidberg gefürt worden, vnd als er nach den Soldaten begeren nit thuen wolte, haben sie in im schloss, zu einem Fenster aus, vber die Höhe des Berges gestürtzt, der demnach vbel zerfallen von ainem Nachbar zu Polau begraben. Latus: 10 Personen. (S)

d) Anno 1620, den 8ten Novemb., ist die Schlacht auf dem waissenberg vor Prag geschehen, dadurch der Kais. Ferdin. in kurtzer Zeit Böhmen, Schlesien, Märhern wider in sein Gewalt bracht vnd mit seiner kriegsarmade in Mähren ruckete, da auch der vnsrigen vil vmbs Leben kamen:

Den 15ten, 16. vnd 17. Decembris 1620 ist des Conde Buquoi des Kaiser. Generals Vortrab, Wallonen, Franzosen vnd

Poläkhen zu Tajkowitz, Wischenau vnd Stignitz eingefallen vnd neben andern bösen Taten auch etliche Personen vmb ir Leben gebracht, wie folgt:

1. Dem Moses Seckler zu Stignitz den Kopf zerhauen,
2. den Adam Schuester zu Stignitz nidergehauen,
3. den Peter Schuester, Weinzirl zu Stignitz, vnmenschlich vmb Geld gerädlet vnd gepeinigt, in beim gemächt aufgehengt vnd aufhangender 2 Säckh auf in gelegt vnd in also gemartert bis er den Geist aufgab.
4. Hanss Kellners Weib zu Stignitz, ein alte Schwester, warfen sie ein Stigen ab, das sie ein Arm brach, schlugen ir etlich Löcher in Kopf, vber das schändeten sie sie auch vnd branten sie, (weil sie des Kellners Weib war), vmb Geld, das sie nach wenig Tagen entschliefe.
5. Den Uhl, hausshalter zu Wischenau, ergriffen die Wallonen, rädelten, reckten vnd branten in dermassen, das er weder stehen noch gehen konte, vnd mit grossen schmerzen sein leben enden mueste. *(S.)*

II. Abschnitt.

Tyranney der kaiserlichen vnd anderer Kriegsvölker. Rud. Hirtzl abgesetzt. Niederlassung in Siebenburgen.

(1621—1622).

1621.

a) Anno 1621. Wie sich nun das nächst verschinen 1620 igst Jar mit vil Trüebsal, Jamer vnd Schaden der Gemain geendet, Also fing sich diss Jar auch wider an, vnd war abermals ein Zeit, voll alles Vbels vnd der Tyrannej, (vnd des Raubens *L.*) des kaiserichen kriegsvolcks noch gar kein aufhörens, *(D.:* sonder gelangt nur weiter). Den 5ten Januarj wurden vnsere 2 Haushaben Pribitz und Nussla, nach vilen Rauben vnd Blündern, in Brandt gesteckt vnd beide gar in die Aschen gelegt, vnd geschah sonderlich zu Prybitz der gemain des Herrn Treffentlicher (grosser) Schaden.[1]

---

[1] Bei diesem Anlasse wurde in Pribitz der Pfarrer Elias Severin (akatholisch) von den kaiserlichen Truppen am Nacken schwer verwundet, von dem anabaptistischen Wundarzte zwar geheilt, blieb jedoch siech und starb zwei Jahre darauf. (Peschek II. 24.)

Den 6ten Januarj[1] Plünderten sie vnser Hauss zu Kobelitz widor zum erstenmal, vnd demnach on zal, vnd namen in auch all ir vych dahin.

Den 8ten Januaj ist das Wätzenobitzer hauss, das mit grossen vnkosten wider wol erbaut war, Im grundt verbrent worden.

Den 12ten Januarj ist Roth Hanss, hausshalter zu Prutschün, von Poläcken zerhaut vnd das Hauss daselbs von den Kriegsleuten vnd Bawern gantz ausspündert worden. *A. — L.*

Anno 1621, den 12ten Januarj, ist Elias Steiner, Bader-Bübl von Gostl, von Poläcken hinweggefürt worden. *S.*

Den 23ten Januarj wurden vnsoro 2 Häusser, Wessele vnd Newdorf, mit vil Hab vnd guet in grundt verbrent vnd kamen zu Wessele auch etliche der vnsrigen vmb ir Leben.

Den 24ten Januarj wurde das Schädowitzer Hauss gar ausplündert.

Den 26ten Januarj plünderten sie vnser hauss zu Nicolschitz vnd demnach so oft, bis nichts mer vorhanden war. *A. — L.*

b) In dem 1621 Jar, den 31ten Januarj, ist der Br. Leonhart Schmidt, ein Diener des worts, zu Nicosburg; den 4ten Februar, der Br. Augustin Graff, ein D. d. W., zu Stignitz; den 15ten Martj: der Br. Stoffol Rickher, ein D. d. W., zu Sobatisch in Ungern; den 20ten Martj: der Br. Hanss Steindl, ein D. d. W. zu Paussramb; den 29ten Martj der Br. Josef Sayer,[a] ein Diener der N. zu Dämerschitz; den 25ten April: dor Br. Niclas Kuentze, ein D. d. W. zu Nicolspurg im Herren entschlaffen. *A. — L.*

c) In disem 1621 Jar, den 26ten Aug., ist der Br. Conrad Blösy, ein D. d. W. zu Pochtitz im Herron entschlaffen. *D. E. G. L.*

d) Anno 1621, den 2ten Tag Monats Februarj, plünderten die Poläcken Gerspitz vnd Dämerschitz. Zu Gerspitz wurde der Haussshalter, Namens Jörg Fickl, erschossen, der Gärtner daselbs, wie auch ein alter weissgrawer Br.[b] zu Dämerschitz zu todt gemartert und gebrannt.

Den 6ten Februarj wurde vnser Hauss zu Protzka von den Poläcken, dessgleichen Levar vnd St. Johannes von der kaiserischen Besatzung aus Marcheck, geplündert.

<hr>

[a] *A. E. L.:* Sauer.— [b] Hänsel genant *H. G.*, ein alter tuchschcherer *D.*
[1] Die Handschriften *D. E. F. G. L.* haben hier (unrichtig): 16ten Januarj.

Den 8ten Februarj plünderten sie, (die Sachsischen Reuter, so dem Kaiser dienten), das Pelerditzer Hauss vnd namen neben andern Raub auch 20 Vass köstlichen weins dahin. Den 19ten diss wurde das hauss gar in brandt gesteckt. Den 14ten Febr. [a] streifften bey 2000 Vngern zu Protzga vber die gefrorne March in Mährern, die plünderten Gostl vnd Altenmarkt, namen inen 24 Ross vnd fürten 5 Personen, die aber ain tails balt wiederkamen, gefangen hinweck. Zu Gostl wurde auch ein Br. von inen erschossen.

Den 22ten Februarj wurde das Oleckowitzer hausshaben abermals hart geplündert vnd inen auch 4 Ross, (deren sie nit mer hatten,) genomen.

Den 13ten Martj, da man sich zu Nembschitz in der Brandstatt wider etwas zu haussen eingericht, fielen die kriegsleut daselbs ein vnd plünderten sie in iror armuet hart, vnd brauchten auch sonst grossen Frevel vnd muetwillen. *A. — L.*

e) In dem 621 Jar, den ersten April, ist der Br. Franz Walter, ein Diener des Worts, auch Br. Conrad Hirtzl, hausshalter, vnd mit inen 183 Personen, Brüeder vnd Schwestern vnd kinder, von der Echtelnitzer vnd Schächtitzer Herrschafft in Ungarn, [1] dahin sie, (wie obgemelt), vor der grossen Tyrannej des kaiserischen Volcks gewichen waren, durch Betlehem Gabor's gewalt in Siebenbürgen [2] gefürt worden. *A. — L.*

---

[a] *H.:* 8ten Febr.
[1] Cod. *D. E. F. G. L.* haben hier: ‚Von Schächtitz, Gostolän vnd Wädowitz, Schächtiger Herrschafft in Vngern.' Ueber Schächtitz und Echtelnitz s. bei 1620. Gostolän ist das jetzige Dorf Kostelná, Wädowitz = das Dorf Wadovce, beide anf dem Territorium von Čechtic. Das durch die Niederlage der Brüderrotten 1466 bekannt gewordene Kostolan ist Gross-Kostelan im Waagthale, 1½ Stunden nördlich von Leopoldstadt.
[2] Sie wurden in Wintz, (magyar. Alvincz), angesiedelt (vgl. Chroniken ad 1625). Der Siebenbürger Annalist Georg Kraus versetzt diese Uebersiedlung in seiner Chronik (Font. Rer. Austr. III. Bd.) irrig in das Jahr 1624, sprechend: Anno 1624 nahm der Betlehem Gabor bei Nicolspurg (?) einen widertauferischen Bruederhoff ein, bej denen er grosses guet bekam, bracht diselben, den armen sächsischen Handwerksleuten zu grossen schaden, mit allen dem, was sie hatten, vnd daz zum Bruederhoff gehörte, in Siebenbürgen, gab inen zum Sitz Wintz ein, alda sie baweten vnd iren Sect vnd Handel pflegten, ja auch jezt zur Stund (*C.:* 1665) alda hausen, vnd sich von der Zeit, widertäuferischer Art nach, in vil taussendt (?) vermehret.'

f) In disem 621 Jar, den 8ᵗᵉⁿ tag April, abends vm
6 Vhr ist der lieb Br. Vhlrich Jaussling (D. d. W.) ein
fromer, eifriger vnd Gottesfürchtiger Man vnd trewer Vorstcher
der gantzen Gemain, nach vielen kommer vnd trüebsal, so im
vnd die gemaind des Herrn diser Zeit betroffen, auf dem Schloss
Bränitsch in Vngern, als er (sich aus der Flucht von Schächtitz
wider zuruck dahin begeben, D. E. F. G. L.) vns auch vil hail-
samer Leer hinterlassen, mit friedlichem Hertzen vnd gueten
gewissen Im H. entschlaffen vnd aus disem Jamertal verschieden,
(vnd ist demnach zu Sobotisch zur erden bestättigt worden. F.)
A. — L.

Er hat vor seinem Endt offtmals gewünscht vnd gebeten,
das im doch Gott der Herr sein volckh vnd Gemain in diser
lezten bösen (vnd kümerlichsten) Zeit, da es am allergefär-
lichsten mit vns stuendt, trewlich wöll lassen beuolhen sein.
Seines Alters ist er gewesen boj 48. Jar, in Dienst des Worts
ist er gewesen 22 Jar, die Gemain des Herren hat er geregirt
ins andere Jar. ¹ A. — L.

g) Den 17ᵗᵉⁿ Apr. fielen die Polácken, so damals zu
Strüssnitz lagen, vnverschens zu Sobotisch (in vnser Hauss)

---

¹   Vlrich Jaussle war sein Nam.
    Des durfft man sich nit schämen.
    Dem stuendt des Elendts vil zu handt,
    Durch grossen krieg vnd strait.
    Zu seiner Regierungszeit
    Thet hart an die gemainde langen,
    Vil Raub vnd schwerts gefar!
    Wart im offt angst vnd bange,
    Dieweil die gmain im Flüchten war.
    Sein gmiet aber thet er richten
    Mit Ernst vnd Eiffer schon,
    Zu Gott dem höchsten bitten,
    Vnd rüefft in ernstlich an,
    Das er sein gmain bedenke,
    In solcher trüebsals zeit,
    Vnd in auch selbs erlöse,
    Aus disen kampf vnd strait.
    Gott hat sein g'bot erhöret,
    Hat sein vergessen nit,
    Vnd seiner Bitt gewehret,
    In ain vnd 20sten Jar.
    Regiert 2. Jar nit gar.   (Väterlied.)

ein, plünderten vnser Hauss daselbs vnd bracht 12 Br., (deren
flux 6 todt blieben), erbärmlich vm ir leben. A. — L.

h) Den 23ten Apr. zog die gantze polnische Armada von
Strässnitz geen Schäckowitz, legeten sich daselbs in vnserem
hauss vnd im dorff alle ein; lagen auch bis auf den 10ten tag [a]
Allo da still, vnd verzerten Alles, was im hauss war. Doch
hielt ir Obrister, (dem wir all erst ein wenig bekannt worden),
so vil schutz, das sie den vnsern zu Schäckwitz kein Leidt
thuen dorfften, wie wildt vnd Tyrannisch sie sonst waren.
Aber zu Goßtl blünderten sie vnser hauss ganz vnd gar aus,
namen inen alles vich, waz sie nemen kundten, ertrenkhten
auch aus grossen Fröffel vnd muetwillen Zween Br., die sie
Vber die Bruck in See warffen vnd mit stangen vnterstiessen, [b]
bis sie den geist aufgaben. A. — L.

i) In disem 621 Jar, den 6ten Maj, liess der Cardinal
Franz Dietrichstain den Schuelmeister (aus vnserer schuel)
zu Nicolspurg, sambt ainem knaben, bei 10 Jar alt, wegen
einer schrifft wider das Pabsttumb, welche (voriger) schuelmaister vnnötiger Ding[c] (aus einen gedruckten weltractät) ab-
schreyben liess vnd dem knaben[d] füergab, in die Scherg-
stuben zu Nicolspurg legen vnd auch darinen behalten, biss
auf den 24ten September diss Jars, vnd da sich gantz keine
Schuld, weder am Schuelmaister, noch knaben erfandt, liess
man in gemelten Tags wider Ledig. A. — L.

k) In disem 1621 Jar, Am Sontag Cantate, das den 9ten
Tag des Monats Maj ist, Ist dem Br. Ruedolf Hirtzl, (alss
die gemain des Herren, weilen sich die Eltesten, wegen der
gefar der kriegs-Leuth, nit ehender versamlen kundten, bej 4
wochen on ein Eltesten gewesen), durch ein ainhelige stimm
vnd Zeugnus der gantzen Versamlung die Gemain Gottes zu
Regieren vnd Trewlich für sie Sorg zu tragen, ernstlich beuolhen vnd aufgladen worden. [1] Was aber alsdan der Gemain
des herrn für schaden, Kumer vnd grosse Traurigkeit darauss
entstanden, ist hernach leider mit kurtzen zu vernemen. A.—L.

---

[a] *D.:* andern tag. — [b] *D. F. G.:* vnterducketen, *L.:* vntertruckten. — [c] *L.:*
vnbedächtiger weiss. — [d] zu lernen fürgab, *L.*

[1]   Da hat man auch gewüllet,
          Den Rudolf Hiertzl schlecht,
          Durch List der schlangen gfelet
          Darumb balt ledig glassen recht.   (Väterlied.)

l) Den 16. Maj hat man 3 Br., als Geörg Geer, Thoman Wilhelm, vnd Hanss Lang mit Auflegen der Eltesten hendt in Dienst des Euangelions bestättiget zu Newmül. An disem 16ten Maj scindt auch 5 Br. im D. d. W. erwält vnd zur Newmül der Gemain fürgestelt worden, Nemlich Jacob Lützebuecher, ein Hawer, Andress Erenpreiss, ein Müller, Albrecht Grob, ein schneider, Vhl Ambssler, ein Messerer, vnd Vhl Müller, seiner hantwerkhs ein Riemer. *A.—L.*

Der gemelte Thoman Wilhelm, der ist in versuechung der Gemain, aus Märhern mit dem Oleckowitzer vnd Moskowitzer volckh hinab in Siebenbürgen, gen Alwintz gezogen. Als er sich aber nit seinem Dienst nach, wie es einem Br. gebürt, verhalten hat, sondern ausgeschlossen worden, hat er buess gethan, vnd darnach, (als er) in seinen witberstandt wider heraus zur gemain geen Sabatisch gezogen, hat er begert, daz man in soll lassen in sein heimat, ins Pregenzerlandt, ziehen, welches man im bewilliget vnd in auch als einen Br. abgeferttigt. Als er nun hinauskomen, hat er sich wider verheyratet, den glauben verlassen, vnd an die Schweitzer Brüeder begeben, vnd (ist) draussen gestorben. *F. G.*

m) In dem 1621 Jar, Mittwoch nach Pfingsten, das war der 2. Junj, erstuendt der gemain des Herrn wegen des Bruder's Ruedolf Hirtzl, dem unlängst die gantze Gemaindt beuolhen wardt, ein seer trawriger, schmerzhafter vnd gantz bekumerlicher händl.

Das verlief sich also:

Der Fürst vnd Herr Franz Cardinal von Dietrichstain liess den Ruedolff sambt noch zwayen Brüedern, (deren einer der Christof Hirtzl, (ein Diener d. N.), des Ruedolfs Vetter war) lisstiglich mit Kriegsgewalt, Im Namen der Röm. Kay. Mayt. zu Newmül, auf des Füraten Carl's von Liechtenstain Grundt abholen, vnd mit vil verachtung (vnd schmach) gefencklich gen Nicolspurg ins schloss füren. Alss sie nun etlich wochen zu Nicolspurg gefangen lagen, wurde vom Cardinal, Herrn Seyfriedt Christoff Breuner, vnd ein welschen Graffen an Ruedolff, dieweil er Eltester war, scharff vnd Ernstlich begert: der Gemain Gelt zu offenbaren vnd daz mit vil scharffen entsetzlichen schreckhlichen Droworten, wan ers nit guetwillig thue, wie vbel man mit ime vnd allen Eltesten handlen, auch vnser gantze Gemain In grundt vertilgen vnd dessen, morgen des Tags, zu Nicolspurg vnd Newül den anfang machen werde! Im Gegentail aber, so er's gelt offenbare, werde vnss der Kaiser als Trewe Leuth auch in sein Schutz nemmen vnd mit freyheiten begaben.

Mit solchen vnd dergleichen mer entsetzlichen, harten Droworten, auch mit vil hohen vnd grossen Eer versprechlichen verhaissungen, wie Ir. Röm. Kay. Mayt. vns das gelt keineswegs entziehen, sondern dessen ein Mitwissen, (wo, was vnd wievil das sej), zu haben begehrt, vnd so vil in verwarung nemen lassen wölle, da es den Rebellern, Irer Mayt. widersachern, zu storkhung Ires kriegs nit in die Hendt kome, brachten, vnd beredeten Sy den Ruedolff dahin, das er inen der gmain Geldt, vnd viler fromen harten sauren schweiss, (souil im vertraut war), in der Mainung, dess Volckhs leben damit zu erretten vnd zu erhalten, offenbarte vnd anzaigete, auss welchem dan nit allein bei der welt, hoch vnd Niderstandts Personen, auch bei den fremden Brüederschafften vill grosser schmach vnd Lesterung, sondern auch in der Gemain des Herrn, neben dem grossen schaden, vil widerwärtigkeit, Anstandt (*D:* aufstandt), vnruhe vnd Entpörung entstuendt,[1] derowegen er, Ruedolff dan, nach erkenntnus der gantzen Gemaindt, seines ambts vnd diensts entsetzt vnd von der gmain des Herrn ausgeschlossen wurde.

Er gab sich aber selbst gantz demüetiglich in die Schuldt vnd suechet die Buess mit Tränen, die er gleichwol nit gar erlangen kundt, sunder den 27ten April des nachfolgenden 1622sten Jars zu Göding, da er schon ins hauss genomen wardt, an der Gelbsuechtigen krankheit mit Todt abgieng. *A.—L.*

n. 1) In disem 1621 Jar, den 15ten Julj wurde das Schaidowitzer hauss (von den Wallonen), vnd vnser hauss zu Neinbschitz (von den Breünerischen Muskatieren) aussgeplündert. *A. — F. H. — K.*

n. 2) In disem 621 Jar, den 6ten August, ist der Br. Conradt Hirtzl von der gemain zu Alvintz im Dienst des E.

---

[1] Dux illorum (Rud. Hirzl), ac tres ejusdem sectae antesignani in carcerem dati, grandem pecuniam, quam infoderunt, et quae ad stipendia militi Caesariano opportuna veniret, prodiderunt, quae res ceterorum animos ita exacerbavit, ut alii solum verterent, alii ad aliarum sectarum gregulas se reciperent, alii (decem!) cathol. ecclesiae accederent. (Schmidl, Hist. Soc. Jes. T. III. L. II. 281—282.)

crwält vnd auch damals von dem Br. Franz Walter, Iren Eltesten, mit Auflegung der Hendt bestättigt worden. *A. — L.*

o) Den 7ten Aug. setzten die Vngern zu Protzka vber die March vnd streifften bis nahendt auf Auspitz, plünderten vnsere Häuser zu Gostl vnd Altenmarkt hart, namen alles vich dahin, sambt den Rossen, füreten auch etliche Personen mit Inen gefangen hinweckh, welche aber die meisten, durch sonderbare Anschickung gottes, balt wider zur gemain kamen. Den 8ten Augustj plünderten die Walloner vnser Hauss zu Göding. Den 10ten Augustj wurde Kobelnitz vnd Schädowitz geplündert vnd an disen beiden Orten 19 Ross, 12 (*H. :* 20) ochsen genomen, auch sonst grosser muetwillen gebraucht. *A. — L.*

p) Den 18ten Augustj 1621 plünderten die Wallonen Dämerschitz vnd verbrannten vns das Oberhauss, sambt der Ochsenmüll. *A. — H. L.*

Den 27ten Aug.[a] vberfielen die Wallonen abermals vnser Hauss zu Schädowitz, plünderten dasselbe vnd begiengen solch grausame freffel mit jungen und alten Weibspersonen, das es scham halber hier nit zu melden. *A. — L.*

q) In disem 1621 Jar, vmb Michaelj, ist Hänsel Wartpurger, ein D. der N. zu Newmül im H. entschlaffen. *E.*

r) Den 8ten tag Octobris 1621 Jars, als die kais. Armada von Newheusel in Vngarn abzohe, vnd wider in Märhern kam, plünderten sie vnser hauss zu Gostl auf's äusserst, erschossen ein Br. vnd notpeinigten[b] auch gar ein alte schwester, das sie des andern Tags entschlaffen ist. *A. — L.*

Den 9ten Oct. plünderten die kaiserischen beide hausshaben zu Koblitz vnd Schäckwitz vnd namen zu Koblitz Ross vnd Ochsen vnd alles vich hinweck, zu Schäckowitz auch 8 Ross vnd machten an disem Tag auch zu Neumül ein anfang mit plündern. Gieng doch noch laidlich ab. Vber etlich tag wurde Schäckwitz abermals geplündert vnd inen auch aller wein, so sie diss jar gebaut (gefechset), genomen, *A. — L.*

Den 11ten Octob. plünderten sie Dämerschitz, erschossen ein Bueben, dessgleichen (ermörderten sie) ein kindt bej drei Jaren (ein 3järiges knäblein), welches kindt dem Mörder sein Röckl fürs Leben geben wolt. Es half aber nichts, das vn-

---

[a] 18ten Aug. *I. K.* — [b] notzugen *G.,* notzwungen *L.*

schuldig kindt mueste sterben. (Er stach das kindt ab, wie ein lämblein.) [1] *A. — L.*

Nach disem plünderten sie Dämerschitz noch etlichemal vnd handleten Vber die massen schändlich, (vnd brauchten mit den schwester einen seer grossen mutwillen, wo sie eine bekamen). *A. — L.*

Den 12ten Oct. plünderten sie Kobelitz abermals, vnd wurde auch ein Br. erschossen, vnd diss plündern geschah hernach noch etliche mal (on zal), das sich in vil Tagen kein Br. daselbs durffte sehen lassen. *A. — L.*

s) In disem 1621 Jar, den (6) Oct., ist der Br. Franz Walter, ein euang. Diener, zu Alwintz in Siebenburgen mit friedlichem Hertzen im Herren entschlaffen, hat sich vor seinem Endt erklärt, daz er wol stee vor dem Herrn vnd mit allen fromen wol zufrieden sey. Hat auch vns für alle Guetthat fleissig gedankt vnd von der gantzen gemain des Herren treulich Urlaub nehmen lassen. *A. — L.*

t) In disem 1621 Jar, den 5ten Tag* Novemb., erhueb sich in vnserem hauss zu Austerlitz durch ein Cornet Spanier ein schneller Lärm, vnd wardt in solchen Aufruer, der doch durch den Obristen balt wider gestillt war, auch ein Brueder, der Sadrach Ochsenmüller, erschossen. Also namb diss 1621 Jar mit vil leidt, Kumer, (grossen Schaden) vnd Traurigkeit ein Endt. *A. — L.*

u) Die gemain begab sich ins Vngarlandt
Mit Armen, alten, kleinen kindt,
In bösen wegen schnee vnd windt.
Daselbst begegnet ineu abermal
Gross angst vnd schrecken Vberall,
Es wurden da gefangen
Der Brüeder schwestern, kinder klein,
Wol hundert drei vnd achtzig,
Man füert sie von danen
In Siebenbürgen hinein.
In disen Trüebsals zeiten,
Doch gott es guet mit inen maint,
Füret sie an ain guet's orte.

---

* 15ten Novemb. *F.*

[1] *F.* setzt hinzu: ‚Es hat demnach der Mörder zu Austerlitz geklagt, sagende: Mich reut in meiner gantzen kriegshandlung Nichts mer, dan, daz ich zu Dämerschitz ein junges knäblein so vnschuldig ermördt hab! Aber die Reu war zu spat. Gott wirts rechen.‘

Das war noch vnser glück zu handt,
Vnd hernach in der teuren Zeit,
Von gott vns fürgesehen,
Richten vns wider gemächlich ein,
Dachten, es wird einmal genueg sein,
Vnd wurden bessre zeite,
Doch dise Hoffnung war vmsonst,
Der Satan braucht sein alte konst
Aus seinem Hass vnd Neide.
Dan über all erzelten Zwang,
Den wir erlitten vil vnd lang,
Kam die Verfolgung erst daher:
Im Jar 600 zwej vnd zwanzig. (Pribitzer Lied.)

v) Verzeichniss (IV)

der Leut, alt vnd jung, vmb welche die Gemain des Herrn im
Jar 1621 komen ist:

1. Anno 1621, als daz kaiserische Volckh weiter in Mär-
hern gerückt, kamen folgende Personen vmbs leben:
Den 2ten Januarj wurden in Nembschitz 2 Br. von den
Buquojschen Kriegsleuten nidergehawen.

Den 4ten Januarj: ein alte schwester, Gredel Tobiesin
zu Nussla vmbkomen.

Den 5ten Jauuarj:
Da der Buquoj mit seiner Armada zu Auspitz gelegen,
ein schwester von Pribitz nidergehawen; vnd zu Pribitz nidergehawt worden: Hanss Hawer, Clauss Meyer, vnd Hainrich
Bartner.

Den 10ten Jänner:
Seindt die kaiserlichen Morgens früe zu Austerlitz eingefallen, da das Volckh in grossen Schröcken ausser hauss
dem geröricht Teucht zuegeloffen, vnd seindt in selben vnwesen
3 Personen, 1 Schwester vnd auch 2 Kinder von Pribitz, ertrunken.

Den 12ten Jäner:
Rot Hanss, Hausshalter von Pruschän, von den Poläcken
gefangen vnd bej Kreutz nidergehaut worden.

Den 13ten Jäner:
Hänsel, Einkauffer von Wützenobitz, von den Poläcken
ergriffen, vbel vmb gelt gepeinigt, vnd zu todt gemartert worden.

Den 15ten Jäner: kam eine Schwester von Tschnikowitz
in der Flucht zu Ostra, die den bösen leuten schon einmal in

iren Händen gewesen, in eine solche zagheit, das sie ir saugends kindt zu Ostra vber die Brucken in die March worfen, das sie flux auch hinabspringen wolte, der grossen Tyrannej zu entfliehen, die aber durch tröstliches zuesprechen vnd abhalten davor verhütet worden.

Den 23ten Jäner: Als die Buquojschen Ostra vnd Wessele eingenomen, vnd vnser Hauss zu Wessele alsbalt in Brandt gesteckt, sein der vnsrigen, (wie man maint), bei 20 Personen, meistentails Elendt vnd Krank, den niemandt helfen kundte, nachdem man schnell vberfallen worden, Verbrunen vnd elendt vmbkomen.

Den 30ten Jäner:
Haben die Poläcken den alten Hänsel Scherer zu Dämerschitz zu todt gebrant.

Den 2ten Februarj:
Der Haushalter Georg Hückl, zu Gerspitz im hauss von Poläcken erschossen, auch der Gertner daselbst zu todt gereckt vnd gebrant.

Den 14ten Februarj:
Sein die Ungern zu Gostl eingefallen, geplündert; haben auch den Hanss Schuester daselbst erschossen.

Macht 37 Personen (S.).

w) Den 30ten Martj 1621 sein 3 Br. als Valtin Säliger, Müller zu Schaickowitz, Jacob Trossler, fürgestelter Müller zu Nussla, sambt einem ledigen Müller, auf der strassen bej Billowitz von den Poläcken jämerlich nidergehaut worden.

Den 17ten April:
Sein die Poläcken zu Sabatisch eingefallen, das hauss geplündert vnd 12 Br., deren 6 alsbalt todt blieben, mit grosser Marter ertödt, als: Sadrach Hueber, fürgestelten Bador; Caspar, fürgestelten Müller; Hänsel Kellner; Anderle Weber; Michl Holzman; Hans Gärber, vnd Peter, Schweinhalter, dan ein Hafner von Dämerschitz, samt noch 4 Br., die in der Flucht zu Sabatisch waren.

Den 17ten April:
Ist auch der Lorenz Hauer, des Fürsten von Liechtenstain Weinzirl zu Stárowitz, in Weingarten von den Walonen, die zu Auspitz lagen, erschossen worden.

Den 29ten April:

Haben die Polücken Gostl geplündert, 2 Br. in See geworfen vnd mit Gewalt ertrenckt.

Den 7ten October:

Ist der feine gschirrmaister zu Gostl von den Kaiserlichen erschossen worden.

Den 8ten Octobris:

Ist des Caspars, fürgestelten Müllers Weib, zu Kämpersdorf vinbracht, erst vber etliche Tag todt in wasser funden worden.

Den 11ten Octobris:

Als die Wallonen Dämerschitz plünderten, haben sie einen Jungen vnd ein Bübl bej 5 Jaren, welches sein Röckl fürs Leben geben wolt, erschossen.

Den 12ten October:

Der Clauss Preuer zu Kobelitz von den Wallonen erschossen worden.

Den 9ten Novembris:

Ward der Sadrach, Müller zu Austerlitz, von den Spaniern, die mit gwalt in die Herbrig eindrangen, erschossen.

Den 7ten August anno 1621 als die Vngern Gostl vnd Altenmarkt blünderten, ist die Andel Hafnerin, so in Sechswochen gelegen, sambt irem Jungen Kindt, zu Altenmarkt vor Angst vnd Schrecken ins wasser geloffen vnd mit irem Kindt ertrunken.

Thut der vmkomenen diss 1621 Jar: 64 Personen *(S.)*.

1622.

a) Anno 1622 Monats, den 3ten Januarj, wurde der Fridt zwischen dem (römischen *F.*) Kaisser vnd * den Vngern, darinen man zu Nicolspurg bei 3 Monaten tractiert, geschlossen. Ob wir wol verhofften, die gmain des Herrn solte dessen auch genissen, so gieng darauf die gross not vnd angst, sowol als verwichens Jar, erst auf ein Neues wider an; dan das Kaiserische kriegsvolck, so zu Kremsier vnd deroselben orthen gegen die Vngarische vnd Markgräffische ¹ Armada lagen, Ruckhten alssbaldt wider herauss auf vnsere häusser.

---

* dem Betlehem Gabor *D. E. G. L.*

¹ ,Markgräffischen', d. i. des Markgrafen Johann Georg von Brandenburg - Jägerndorf Kriegsvolk. (Vergl. ,Die Dänen in Neutitschein' von Dr. Beck in den Schriften der historischen Section, Brünn 1853.)

Den 5ten Januarj plünderten sie vnser Oberhauss zu Nemschitz, dessgleichen vnser hauss zu Pochtitz vnd steckhten
dasselbe in Brandt.

Den 6ten Januarj fielen die Spanier, Walloner, Fuckerischen,
Schwaben, vnd allerlej böse Leuth zu Maskowitz ein, zugen
Brüeder vnd Schwestern vnd die kinder bis auf die Pfaiden,
auch ein tails gar Nackent aus, vnd jagtens Bloser in kalter
winterlicher Zeit aus dem hauss, peinigten vnd marterten einige
Brüeder gar Vbel, vnd plünderten das Hauss etliche Tag nacheinander.

Bemelten 6ten vnd 7ten Februarj handleten sie, die bösen
Leuth, in vnsern häussern zu Stignitz, Wischnaw vnd Teiko-
witz auch Vber die Massen Türannisch vnd gottloss; sonderlich zu Stignitz. Wo sie ein Br. ergriffen, den recklten vnd
brenten sie vmb gelt, Ainen henckhten sie, der aber durch
ein Quardj Soldaten wider abgeschniden wurde. Ainen Alten
Br. zu Stignitz setzten sie mit blossem Leib auf fewrige Kolen,
das er mit grossen schmertzen sein leben enden mueste, den
3ten haweten sie im hauss Nider, mit den Weibs-Personen [a]
handleten sy[b] ires[c] gefallens. Sie Jagten alles volk, kranke,
Alte vnd kinder, aus dem Hauss, die durch grossen Hunger,
Frost vnd Kelte vil Ellendt vnd Jamer erlitten, wie dan auch
4 Personen, die, Leibsschwachheit halber, nit weit fliehen
könnten, im schnee erfriren muesten.

Nach allen verbrachten gottlosen muetwillen steckhten
sy das hauss zue Stignitz in Brandt vnd zugen mit Allem
Raub darvon. A. — L.

Es war eine seer traurige Zeit (F. G. L.), das man nit
wisset, wo aus vnd wo ain, wie man sich verstecken oder ver-
kriechen solte. Offt (ist) geredt worden, wen man nur eine
Nacht sicher were vor der vnsäglichen angst vnd Forcht, die
Tag vnd nacht nie aufhört in der kalten winterszeit! E.

Den 15ten January wurde vnser Hauss zu Altenmarkt
durch 2 Corneth Reutter, die aus Österreich kamen, abermals
geblündert vnd inen ire Ross vnd Oxen dahingenomen.

Den 30ten Januarj, da man gleich zue Stignitz wider ein
wenig zu hauss gezogen, filen die Neapolitäner (von Znaimb)

---

[a] E.: weibsbildern. — [b] D. L.: abscheulich vnd gottlos. — [c] ires schel-
mischen gefallens. D.

26*

bej nächtlicher weil daselbs ein, plünderten das Arme abgebrennte hauss abermals hart, brauchten mit Brüedern vnd Schwestern vil muetwillen, das getraidt im Stro träschten sie auss, vnd Namens sambt den (Rossen), Oxen vnd andere farende haab dahin. *A.* — *L.*

b) In disem 1622 Jar, den Andern Februarj, ist der Br. Hänssl Seenhammer, ein D. d. N. zu Nemschitz (in Märhern), den 5ten Aprilis, der Br. Conrad Gerbig, ein D. d. N., zu Altenmarkt im H. entschlaffen. *A.* — *L.*

c) In dem 1622 Jar, den 22ten Februarj, nachdem die Gemainde Gottes in diser aller geferlichsten vnd (betrüebtesten) Zeit bej 3 fiertl Jaren one ein hirten vnd Eltesten gewesen, haben sich alle Eltesten (Brüeder, auch Diener der N., Einkauffer vnd Ausgeber,) vnd sonst vil vertrauter Brüeder aus der gantzen gemain zu Pausramb versamlet vnd sich dises wichtigen handels halber mit Gott beraten vnd Bekümert. So Ist durch ainhellige, fröliche (stimb vnd) Zeugnus der gantzen versamlung dem (lieben) Br. Valten Winter die gemain Gottes zu Regieren vnd in Allweg Treylich für sie sorg zu tragen, bevolhen vnd aufgeladen worden. *A.* — *L.*

d) Den 22ten April 1622 wurde vnser hauss zu Maskowitz von den Löblischen (Löwlischen) Reutern von Crumaw, denen man doch wochentlich ein grosse Contribution geben mueste, geplindert, vnd der Raub mit 18 Wägen nach Crumaw gefürt worden.

Es lagen aber nit allein dise Löblischen Reutter, sondern sunst noch etlich tausendt man kaiserisches volckh, allerlej Nationen, hin vnd wider in Märhern vnd auch in vnsern häussern, denen wir durchs Jahr im Paren vnd Trank vnd füeterung auss des Cardinals verordnung ein schwere Contribution erlegen muesten, vnangesehen, das vil vnserer häusser verbrennt, die übrigen ausplündert vnd vnsere Parschaft auch ziemlicher massen dahin war.

Es half beim Cardinalen, der dazuemal das Gubernement* im landt hatte, weder unterthänigstes biten, noch klagen. Man droet vns balt die kriegsleut alle einzulegen vnd inen vnsere häusser preiszzugeben. Es war in Summa ein seer angsthaffte. kumerliche böse Zeit, ja ein Zeit voll alles Laidt's, Jamer's vnd

---

* *G. L.*: Comando.

Vbels vnd ist weder mit worten noch feder zu erzälen, was für grausamer vnmenschlicher Tyrannej vnd Gottlosigkeit in disem verfluchten Teuflischen Krieg mit vnsern Landleuten, mit Man vnd Weibs-Personen, Kindsbetterinen, schwangeren Frauen, jungen Knaben vnd Mädlen, von den Spaniern, Neopolitänern, Wallonen, Crabaten, Polacken (Hungern) vnd dergleichen [a] Kaiserischen Kriegsvolckh geübt ist worden. *A.—L.*

Ja es ist [b] abscheulich zuegangen, so vnmenschlich, das sich ein erbares christliches gemüet entsetzt, solches zu reden oder schreiben. [c]

Aber wee! wee! vnd aber wee! denen, die solchen grausamen muetwillen vollbracht haben, vnd dennoch (guete) Christen sein wellen, (trutzdem, der Nein dazue sagt), ja es wäre kein wunder gewest, das sich der himel darüber entfärbt, die Erden erbidmet, vnd alle Element erzittert hetten. *A. — L. P. Q. R.*

Es solte sich auch wol der Teuffel selbsten vor der grossen herrlichkeit vnd Majestät Gottes merers entsetzt haben, als solche Teuffels besessene Menschen gethan haben. Gott gebe es Inen zu erkenen, deme wirs auch in sein gerechtes Vrtl beuelhen vnd haimbstellen wellen. *A.—E. G.—L.* ≅ *P. Q. R.*

Vnd seindt der Gemainde des Herrn vnter solcher böhmischer kriegszeit inerhalb 4 Jaren hin vnd wider in Märhern vnd Vngern durch das Kriegsvolk, von Man vnd Weibs-Personen vnd Kindern, jämerlich vmbkomen vnd ermordt worden: 196 Person. Darunter auch 2 Br. des Worts vnd 4 haussshalter daraufgangen, vnd von denen, die vns sein entfürt worden, da wir nit von inen hören, noch wissen, sein vns noch ausständig: 6 Personen, deren Erlöser vnd Bewarer: der Allmechtige Gott sein wölle, der Aller fromen Trost vnd Hoffnung ist. *A.—L.*

---

[a] *L.:* dergleichen nationen. — [b] ist so schröcklich, abscheulich, tyrauisch vnd vnmenschlich zuegangen *L.* — [c] *P. Q. R.:* Es ist vnmüglich Alles zu beschreiben, was für muetwillen, Tirauej vnd gwalt die teuffels besessen Leut an den Fromen gebraucht haben, vnd das mit Frenden, vnd wolten dennoch guete Christen sein.

III. Abschnitt.

Die Brüeder aus Mähren vertrieben vnd ausgewiesen
(1622.)

Über allen oben erzälten erlittenen grossen Schaden, Jamer
vnd Trüebsal, da wir immer ein wenig auf Besserung hofften,
schlug allererst der Cardinal von Dietrichstain im Monat Julj
des 1622igsten Jars ein gantz schwere, unmügliche vnd auch
vnerhörte Schatzung auf die Gemain, nemlich, das wir von vnser
gantzen Bruederschaft fünff Monat nach einander jeden Monat
1500 mähr. Taler par gelt, vnd auch 12 Muth Korn vnd 12
Muth Habern zur Aushaltung des im Landt liegenden Kriegsvolcks geben sollen, welches aber ime, Herrn Cardinalen, als
ein vnmüglich begeren in grosser Demuet vnd vnterthänigkeit
schrifftlich abgeschlagen vnd, neben Erzälung vnser seer grossen
armuet und erbermde, vmb billiges Mitleiden gebeten wurde.
Es fand aber vnser hochgetrungentliches klagen vnd bitten
beim Herrn Cardinal wenig statt, sunder die Feindschafft wider
vns nam, ye länger, je mer zue, vnd war bej Ime kein Rue
noch Rast, biss (dem Vass der Boden ausgieng, vnd) er die
Gemaind (nach seinem Aid, so er vor disem zue Wien thete),
auch gar aus Märhern verfolget, dazue er dan mittlerweil durch
sein emsige bemühung (mit der vngrundlichen Fürbringung, als
ob wir der Röm. Kais. Majestät gantz widerwertige vnd schädliche Leut seien), völligen Macht vnd gewalt vom Kaiser Ferdinandt (II.) empfing, vns aus gantz Märhern zu vertreiben,[1]
welches er nun on verzug balt ins werckh setzte, vnd ain-

---

[1]   Da Franz Cardinal von Dietrichstain
    Von seiner Flucht kam wider haimb
    Gen Nicolspurg, mit verlangen,
    Und hat erlaugt das Regiment,
    Sucht er's zu bringen zu solchem Endt,
    Uns ausm Landt zu bannen,
    Wie er's zuvor geschworen hat,
    Zu Wien bej ainem treuen Aidt,
    Daz hat er balt angfangen,
    Und liess Mandath getruckt ausgeen:
    Wer sich Brueder oder Schwester nennt,
    Der soll räumen daz Landte!

mal die vnserigen in 3 hausshaben auf sein gründen, als zu
Nicolspurg, Tracht, Nombschitz (bei Prälitz), sambt den Dienst-
Personen (in Mühlen vnd Maierhöfen), auf einem Tag mit lären
hendten von iren heyssern, hab vnd güotern verstiesse.
Vnd demnach im Namen der Röm. Kais. Majestät, vnterm
Datum: Brün von dem 28ten Sept. 1622, ein offenes Patent [1]
in Märhern ergehen liesse: Dass all diejenigen, so der Hueterischen Brüederschafft zugethan, es sein man oder weibsper-
sohnen, von gemeltem dato an vber 4 wochen, bej hoher Leibs
vnd Lebensstraff, sich nit weiter in Märhern sollen finden vnd
betreten lassen.

Darauf muesten wir vns nun, onangesehen, das die kalte
winterliche Zeit schon vorhanden war, ins Triebsal richten.
Doch sparet man, bej Tag vnd Nacht, mit Suppliciren vnd bot-
schafften an den Cardinalen, dessgleichen an andere Fürsten vnd
grosse Herren, wie auch letztlich an des Röm. Kais. Majestät
vnd die Kayserin selbsten, kain Flaiss, ob man doch nur den
Winter mit den kranken vnd alten in 2 oder 3 hausshaben
(haussbaltungen) in Mähren bleiben könnte, mit dem Erbieten,
das man auf den früeling, vermög des kayserlichen Mandats,

All dringent bitt waren umsunst,
Sie fundten weder gnadt noch gunst,
Es half nichts zu der Zeite.
Der Cardinal der erste war,
Vnd schicket seine Leute,
Die speron den fromen alle ort,
Sowol den wein als auch das brot,
Ir Hab vnd Guet blieb all im Hauss,
Mnesten mit lärn Handten naus,
Mit weib vnd kleinen kindern.   (Pribitzer Lied.)

[1] ‚Caesar stimulante Pontificio Oratore Caraffa, die XVII. Aug. ad Cardi-
nalem Dietrichsteinium, supremum Moraviae Pastorem et Gubernatorem,
mandata dedit: ut, Annabaptistis ante omnia relegatis, Reformationis opus,
quod laudate coepisset, omni ope prosequuntur ac perficiat.‘ (Schmidl, Hist.
Soc. Jes. P. III. 340.) Solche Mandate ergingen schon den 8. und
17. September 1622, und da die Täufer unter dem Vorwande, katholisch
werden zu wollen, haufenweise zurückkehrten und, begünstigt von ihren
gewesenen Grundherren, ihre alten Sitze wieder einznnehmen begannen,
erfloss gegen sie der Erlass des Cardinals ddo. 27. November 1622 (gedruckt), welchem das Mandat vom 12. April 1623, (gegeben im Schlosse
zu Nikolsburg), nachfolgte, beide auf die gänzliche Unterdrückung der
Täufer im Lande abzielend.

das landt räumen wolle! Es wardt vns aber alle gnadt abgeschlagen. Also wurden wir Im Monat October diss 1622 Jars aus gebot des Kaisers Ferdinand, durch Trieb des Cardinals von Dietrichstein, aus XXIV hausshaltungen in Märhern, (wie auch aus vielen Maierhöffen, Mühlen, Prewhaussern, Keller- vnd Kastnerdiensten E. G. L.) vnd zwar aus den allermaisten gleichsam mit lüren henden, vmbs glaubens willen, vervolgt vnd vertrieben, als (von den Hausshaben) zu:

1. Newmül	13. Nembschitz
2. Schäckowitz	14. Oleckowitz
3. Kobelitz	15. Stigonitz
4. Tracht	16. Wischenaw
5. Pausram	17. Teikowitz
6. Prybitz	18. Schermakowitz
7. Poherlitz	19. Mascowitz
8. Nusslaw	20. Altenmarkt
9. Austerlitz	21. Göding
10. Dümerschitz	22. Schaidowitz
11. Gerspitz	23. Vrschitz
12. Nicolspurg [a]	24. Gostl.

In disen jetztgemelten (24) Orten blieb der gemain des Herren von allerlej getraidt, so man durch den Sumer gebawt vnd eingefexnet, vnd auch auf den winter schon wider ausgeseet hatte, dessgleichen an wein, den man diss Jar mit grossen vnkosten erbawt, item an Tuch, Leinwat, Salz, Schmalz, Woll, Kupfergeschirr, Leib vnd Bettgewandt, wie auch an allerlej vich, Ross, oxen, küe, schaff, schwein, one die gebauten häusser vnd alle liegende güeter, (dan kostbarliche handtwerkzeug), ein seer grosses guet dahinten, vnd war nunmer der trüebsal vnd das Elendt mit vnsern witwen vnd waisen ausser des Landts, darin wir bej 80 Jar[b] in aller Erbrigkeit vnd Redlichkeit, Jederman on schaden gewont, vnser beschaidner tail, vnd wurden vnss vnsere trewen dienst, die wir dem Herren Cardinalen vnd seinen Vorfaren, wie auch andern Herren in Märhern, vile Jar redlich erwiesen, mit grossen vndankh bezalt, welches wir alles aber one Rach dem gerechten Richter, der

---

* Die Cod. II. — K. haben statt „Nicolspurg‘: „Nicolschitz‘; die übrigen Handschriften insgesammt: „Nicolspurg‘. — b Nach D. E. F. G. L.: 100 Jar.

des Todts vnd Lebens ein Herr ist, vnd ainem jeden ouange-
sehen der Person, nach seinen werken vergolten wird, haimstellen, der weiss auch die Seinigen zur rechten Zeit aus aller
Trüebsal gar wol zu erlösen. *A. — L.*

Doch hat vns gott ein ort bereit,
In diser wüest, wie alle zeit,
Der seinen nit vergessen,
Obgleich er fing zu raittern an,
Sein Waitzenhauff so schon.

Das Leicht mag auf der Prob nit bstan,
Der Windt thut es hinuemen,
Der Herr aber wird den Waitzen sein,
In seine scheuer samlen fein,
Die Spreu wird er verbrennen,

Sowie auch die, so solches thuen,
Der fromen schwaiss hie nemen hin,
Gott lassts nit vngerochen!
Vnd wer den Armen nimbt sein brot,
Ist so vil, als schlueg er in todt,
Hat gott in seinem wort gesprochen!

Vnd wer den Durftigen braubt der hab,
Wirt g'richt, als der in gmördet hat,
Vor Gottes angesichte,
Sover sie nit abstеen davou,
Vnd rechte buss hie werden thon,
Ir gwalt wird helffen nichte!

(Schluss des Pribitzer Liedes.)

Wir begaben vns aus Märhern in Vngern, alda die Gemain auch noch 3 hausshaltungen hatte, als: zu Sabatisch,
Protzka vnd Levär, wiewol man sunst dissmals (zu Levär)
Kriegssgefärlichkeit halber bej anderthalb Jar (*L:* ein weil)
nit wonte; aber in diesen Trüebsals Tagen kam es vns seer wol.

Dem andern volckh, was man an gedachten Orten nit
vnterbringen kundte, muoste man sonsten hin vnd wider bei
den Herren in Vngern, deren vns ein Tail gern vnd willich
aufnam, vnterschlaiff vnd winterherbrig suechen. *A.—L.*

Das Nicolspurger volckh wurde: gen Schächtitz, das
Dümborschitzer: gen Echtelnitz, das Gostaler: gen Gesselsdorf,[1]

---

[1] Gesselsdorf = Kesselsdorf (slav. Kostolna), ein Dorf mit 580 Einwohnern, 1½ Stunden nordwestl. von Tyrnau, am Fusse der weissen Berge.

das Nembschitzer: gen Farkeschin [1] vntergebracht. Die Maskowitzer vnd Ollckowitzer zugen hinein zu den vnsrigen in
Siebenbürgen, die Stiganitzer, sambt iren Zugehörigen: auf die
Trentschiner Herrschafft, auf Dubnitz [2] vnd Soblahoff, [2] vnd wo
man konndte vnderkomen.

Es druckht aber die seer grosse vuerhörte schreckliche
Tewrung die Gemaindt des Herrn treffentlich hart, vnd es
kam ein Jamer, Trüebsal vnd elendt zu dem andern; dan es
galt diser Zeit (in Vngarn) ein Metzen waitz: 10 Taler, ein
Metzen Korn 8 Taler, ein Metzen Gerste: 8 Taler, (ein Metzen
Hafer 2 Taler), ein Metzen Arbes: 10 Taler, 1 Metzen Preyn:
9 Taler, ein Metzen Haiden: 5 Taler; ein Laib Brot: 1 Taler;
1 Küeffel Salz: 2 Taler, 1 ℔ Fleisch: 21 Kreutzer; ein Pindt
Bier: 18 Kr.; ein Pindt Wein: 1 Taler, [a] 1 (vngrisch) halbe
schmalz: 1 Taler, 1 Centen Insslet: 70 [b] Taler. 1 Centen Woll:
150 Taler, ein Centen Hanff: 10 Taler, ein Centen Eisen: 30 [c]
Taler, ein Centen Stahl: 50 Taler, 1 Paar rohe Oxenhäute:
24 T., alleweg ein Taler für 75 kr. gerechnet.[3] A. — L.

Du solst aber Lieber Leser auch wissen, daz zu diser
Zeit das guete gelt gar in einem seer hohen wert gewesen,
vnd hat ein Ducaten [d] 10 fr. Reinisch vnd ein Reichs-Taler:
5 fr. Reinisch gulten. D. — E. I. — L.

Was aber das klein gelt gewesen, das war in kern vnd
gewicht gar schlecht, [4] vnd da es wider gefallen, vnd man

---

[1] Farkeschin ≈ Farkasin (magyar. Farkashida), ein Dorf an der Dudwaag, 1½ Stunden südöstlich von Tyrnau, anno 1622 dem Palatin Thurzo
gehörig, der den Brüdern hier einen Hof sammt Mühle auf drei Jahre
in Pacht gab.

[2] Dubnitz, Markt mit 1540 slavischen Einwohnern, grossem Parke vnd
einem Schlosse, der Hauptsitz der ehemaligen Trentschiner Herrschaft.
Anno 1622 Illésházisch. Es war Caspar Illésházi, der die flüchtigen
Täufer, die, mit Empfehlungen ihres Grundherrn Carl Zahradecky, Herrn
auf Wischenau, versehen ankamen, aufnahm und in Dubnitz, Teplá,
dann in dem eine halbe Stunde unterhalb Trentschin gelegenen Soblahov
behauste. Den Hof in Soblahov kauften die Brüder von Hieronymus
Thaus um 150 Thaler den 6. December 1622.

[3] ,Alles nach langem gelt, da ein Ducaten 10 fr. vnd ein Reichstaler 5 fr.
galten' G. Die Cod. H. und L. haben allenthalben statt Thaler: Gulden.

[4] ,Auch ist ander guet klein geld durch die Juden, so damals die Münz
hatten, aufgewexelt vnd gering schlecht gelt daraus geschlagen worden,

bessere Münz geschlagen, Ist nit allein der gemeine man, sondern auch Herren, hoch vnd nidrigs stands, dadurch zu grossen Schaden komen; den was zuvor 10 Kreuzer golten, hat man hernach vmb 1 Kr. aussgeben vnd wurde das gering gelt: das Lang gelt genannt; daher alle Ding so tewer gewesen. *D. E. F. I. K.*

In Suma alles, was der Mensch zu seiner Notturfft haben soll vnd muess, war in einem treffentlich hohen gelt, dergleichen Niemandt gedenken mag, (vnd war daneben in disen vnd andern Landen, der geringen vnd vnrichtigen Münz halber, auch ein seer grosse beschwert,) doch machet vnss der Allmechtig Gott Neben andern Landleuten auch noch imer ein Ausskomen; der wölle im sein gemain noch weiter in gnaden lassen beuolhen sein, zu seines Namens Lob Eer vnd Preis. *A. — L.*

f) In disem 1622 Jar, den 8ten Augustj, Ist der Br. Thoman Hasl, ein D. d. N. zu Schäckowitz in Märhern im H. entschlaffen. *C. H. I. K.*

g) In dem 1622 Jar, den 2ten Sept. Ist der B. Conrad Hirtzl auf sein ernstliches Bitten vnd öfteres anhalten des euangelischen Dienstes, (in den er verschinenes Jar von der gemain in Siebenbürgen erwält vnd auch durch den Br. Franz Walter, iren Eltesten, bestüttiget wurde), widerumb erlassen worden. *A. — L.*

h) In disem 1622 Jar, den 9ten Dezember, Ist der Br. Michl Kocher, ein D. d. W. Gottes vnd seiner gemain,[a] auf der Raiss nach Siebenbürgen, (da er mit dem Maskowitzer vnd Olekowitzer[b] volck aus Märhern nach Siebenbürgen raisst *D. — G.*), zu Gross-Wardein in Ober-Ungarn im Herren entschlaffen. Hat sich vor seinem endt eines gueten gewissens erklert, darneben vmb alle guetthaten, so im in der gemain beschehen, fleissig gedankt, vnd zum beschluss von allen Fromen vrlaub nemen lassen. *A. — L.*

---

welches am gewicht gar gering war, vnd hat mans das lang golt gehaissen, welches in kürtzem wider verboten worden. Daher sind alle Dinge so theuer gewesen wegen des schlechten Gelts. *L.*

[a] gewesener Eltester in dem Haushhaben zu Maskovitz *F. I. L.* — [b] *F.:* mit dem Taikowitzer volk.

i) Verzeichniss (V)

der Personen, die Anno 1622 durch das schädliche kriegswesen vmb ir Leben kamen:

Den 6ten Jäner:

Sein die Walloner, Spanier vnd Fuggerischen Musquatier
zu Stignitz, Maskowitz, Wischenau vnd Thaikowitz eingefallen
vnd sein dise Personen vmbkomen:

1. Walsser Maier, ein alter Br. ist nach vilen Pein vnd
Martern mit blossem Leib auf ein Gluet gesetzt vnd also
schmerzlich vmbracht worden.

2. Clauss, ein alter Br. auf dem Krankenstübl zu Stignitz,
wurde im hauss nidergehauen.

3. Jobst, ein alter Br. zu Stignitz, ist auf dem Felde erfroren.

5. Auch ein alte Schwester aus dem Krankenstübl, sambt
einem Dirndl auf dem Feld erfroren.

Nach ausgang der Mandath, das wir aus Märhern ziehen
sollten, im bemeldten 1622 Jar, seindt vmbkomen:

6. David Fuerman, zu Stignitz von Kriegsleuten erschossen.

7. Johanes, ein lediger Seckler, zwischen Altenmarkt
vnd Lundenburg erschossen worden.

8. Peter Schäfler von Neumül zwischen Gostl vnd Altenmarkt von ein Kaiserischen Reiter aus Vnachtsamkeit zu Todt
gerennt.

Thuet diss Jar 1622.

8 (9) Personen. *(S.)*

Eilftes Buch.

1623—1649 (50).

Was sich mit den Brüedern in Vngern und Siebenbürgen begeben.

I. Abschnitt.

(Die Ansiedlungen der Brüeder in Vngern vnd zu Wintz während der Betlemschen Kriege 1623—1629.)

1623.

a) Anno 1623, den 7ten Jannarj,[a] ist der Br. Hanss Jacob Hegerle,[b] seines handtwerkhs ein Tuchmacher, durch ein ainhellige Zeugnus der Gemaindt zu Alvincz in Siebenbürgen, (weilen der Br. Albrech Seyl, ir diener, tödtlich krankh vnd seines aufkomens keine Hoffnung war), In dienst des Worts erwelt, vnd auch alsbalt durch den Br. Albrecht Seyl, in seiner krankheit, (an der er auch nach wenig tagen entschlieffe), mit auflegen (der Eltesten) hendt, bestättiget worden. *A.—L.*

Weil sich aber gedachter Hanss Jacob nit seinem dienst gemäss verhalten, (sonder vor disem schon aus Siebenbürgen in die gemain gezogen gewesen), ist er zu Lebär vor der gemain (zur Straff komen vnd) des Dinstes entsetzt worden, des Monats Dezember anno 1631. (Als er aber wider buess gethan, ist er) zu Forchtenstain[c] dem Fürsten Herrn Palatino in Kellnerdienst geben worden, vnd demnach anno 1637 daselbsten Im Herren entschlaffen. *D.—G. I. K. L.*

b) In dem 1623 Jar, den 12ten Jannarj, ist gemelter Albrecht Seyl, ein D. d. W. (vnd Eltester der Gemain zu Alwintz *F. G I. K.*), als er sich zuvor eines gueten gewissens orklärt, vnd die Br. (der Worts), die gleich (in irer Vervolgung *D. L.*) aus Mähren zu seinem Abschaidt kamen, Treulich vermant, (mit leeren vnd straffen) steiff zu halten,[d] (vnd von allen fromen vrlaub genomen *D.*), zu Alwintz im H. entschlaffen. *A.—L.*

[a] *H.:* 7ten Dez. — [b] *F.:* Hegler, *G.:* ein Tuchscherer. — [c] *E. I. K.:* Forchtenau. — [d] zu beharren im Trüebsal *D. E. L.*

Vnd ist gleich das mährische Völckl von Maskowitz alldort angekomen. [1] *L.*

c) In disem 1623 Jar, den 28ten April, vmb 2 Uhr nachmittag, Ist zu Protzka in der Brueder Schmidten ein Fewer ausskomen, dadurch nit allein die Schmidten, sondern auch der halbe Tail vnsers hausses daselbs, sambt 3 Personen vnd etlich stukh Rindt- vnd schwein vich, neben andern guet, verbrunen vnd der gemain des H. in irer (grossen) Armuet (vnd da sie zuvor nit vil herbrig vnd wonung hatten, ein grosser schaden beschehen. *A.—L.*

d) In dem 1623 Jar, den 10ten Februarj, [a] ist der Br. Jacob Rosenberger, ein D. d. N., zu Veltsperg [b] im Herren entschlaffen. *A. — E. G. — K.*

e) In dem 1623 Jar, den 10ten Febr., ist: der Br. Felix Bilead, ein D. d. N., zu Alwintz In Siebenbürgen; den 7ten October: der Martin (Mertl) Hagen oder Fischer genannt, ein D. d. N., zu Echtelnitz, (im Kastel *D.*), im H. entschlaffen. *A.—L.*

f) In disem 1623er Jar, den 13 Aprilis, ist abermals in Märhern ein grausams Mandat aussgangen durch den Cardinal Dietrichstain im Namen vnd anstatt des Kaysers: das alle Brüeder, so im Landt noch sein, vnd allda im dienst bliben oder sonst ir Aufhaltung haben, zur bezeugung ires waren glaubens, (wie sie es nenen), on allen aufschub alle bishero noch vngetaufften Kinder tauffen lassen, vnd das Niemand, sey was Stands er wolle, solche Brueder, so von ihrem glauben nit abtreten wöllen, bei Vermaidung hoher straf vnd vngnadt, auf seinen Gründ vnd boden keineswegs gedulden oder aufhalten solt. [2] (Cod. XIX.)

---

[a] *B.:* 20ten Apr., *E. G. I. K.:* 30ten Apr. — [b] *E.:* Velspurg.

[1] Den 12ten Jänner 1623, laut Notul im Trenchiner Archiv.

[2] Das Patent, ‚geben auff vnserem Erbschloss Nicolspurg den 13./4. 1623‘, lautet (in Kürze wörtlich) also: ‚Wir Franz von Gottes Gnaden der h. röm. Kirchen des Tituls St. Sylvestrj Cardinal von Dietrichstain, Bischof zu Olmütz, Fürst, der k. Böhambischen Capellen Graf, R. K. M. gehaimben Rath, vnd deroselben königreiche vnd Erbländer Protector, des Margrafthum Mähren vollmächtiger Gubernator vnd Comissarius generalis, etc. geben hiemit zu vernehmen, wie vnlängst verwichener zeit auf der Röm. K. auch zu Hungern vnd Böheimb kön. Maj. gantz gemessene bevnelch aus sonderbar hocherheblichen vrsachen die abscheulich vnd in gantzen röm. Reich banisirte widertauforscho Sect aus disem Margr. Mähren ausgerottet worden, sich aber anjetzo im werck orzaigt, daz sich

g) In dem 1623 Jar Sonntags, den 11ten Juni, sindt 5 Br. Andreas Erenpreiss, Jacob Litzelburger, Vhl Amssler, Albrecht Grob vnd Vhl Müller im dienst des E. mit auflegen der Eltesten hendt bestättigt worden zu Sobotisch. *A. — L.*

h) In disem 1623 Jar, den 16ten (10ten *D.*) October, ist der Br. Albr. Grob, ein D. d. Worts, zu Alwintz in Siebenbürgen im H. entschlaffen. *B. — L.*

i) In dem 1623 Jar, im Monat October vnd November, als die kais. vnd betlemische Armada feindlicher weiss gegen einander in Vngarn ruckhten, traff es neben andern Landtsleuten in Vngarn die Gemaindt des Herrn auch seer hart, vnd wurden etlich höff vnd haüsser, da die vnsrigen woneten, von den Betlemischen Vngarn, auch Türken vnd Tartern in grundt verbrennt, die andern mertails aussplündert, vnd was vns noch

<hr>

nicht allein vill derselben wiederumb zurück aber ins landt begeben, sondern unter dem Prätext, als wollten sie von ihren Irrthum absteben, sich für vnterthanen niederlassen vnd unsere Religion annehmen und hin und wider aufhalten. Dieweilen aber sie in solcher verdambter Sect halsstarrig verharren vnd ihre kinder mit den h. Sacrament der christlichen tauf nicht versehen lassen, daraus genuegsam abzusehen, dass disce allein zur Bemantelung irer Intent (geschicht), vns aber dergleichen keineswegs zu verstatten obliegen will: Also wollen wir die wider obgedachte W. Tauferische Sectisten publizirten Patente hiemit in allen Artikeln vnd klausuln nicht allein widerhohlt vnd renovirt, sondern abermals, im Namen und anstatt Ihrer k. M. gantz ernstlich anbevolhen haben: dass alle vnd jede, sowol im Land vor verbliebene, als wiederumb zurück an(ge)komene W. Taufer, Manns als weibspersonen, welche in disem Margrafthumb sich bis dato aufhalten, in Dienst verblieben, oder sonsten ihre Hanthir- vnd Narung treiben, zu(r) bezaigung, dass sie allbereit entweder zu vnserem glauben getretten oder aber denselben anzunehmen gewilligt, nach vernehmnug dieses offenen Patents ohne allen langeren Aufschiob alle vnd jede ihrer bishero noch vngetaufte kinder zu der h. Tauf bringen vnd halten sollen. Damit (aber) herin kein Betrug gebraucht werde, (wollen) wir allen vier löblichen Stünden dieses Margr. Mähren abermals ernstlich vnd gemessen anbevohlen haben, dass keiner, sey er was Standes er wolle, dergleichen eingeschlichene Widertaufer, so von ihrem Irrthumb nicht ab- vnd zu vns tretten wolten, bei vermaidung hoher straf vnd vngnad auf ihren gründ und Boden gedulden und aufhalten oder befordern, diejenigen aber, so allberait ihren Irrthumb erkhenot vnd sich bekhert, oder noch zu bekheren willens, dahin anhalten (sollen,) damit sie alle ihre Kinder ohne Dilation taufen lassen. Diejenigen W. Taufer, die über so vielfaltiges Verbot sich widerspenstig erzaigen, (sollen) an Laib abgestraft werden.' (Gedr. Patent in meiner Sammlung.)

vor solch bösen Volk vbrig blieb, wurde vns demnach von
dem Landtvolk zu hauss Veldt vnd waldt, (auch auf strassen).
Räuberischer weiss (vnd mit gewalt) dahin genomen, auch vil
der vnserigen von den frembden völkern in das grösste Elendt
gefürt oder nidergehawt, auch kamen ein tail durchs fewer
vmbs leben, wie hirmit kurtzen zu vernemen:

Den 14ten October, als der Fürst Betlem mit seiner
Armada zu Tirnaw vnd derselben Orten (Revier) gelegen, ist
des Herrn Palatinus (L.: Thurso Stanislaus [a]) Hoff vnd Mül zu
Farkeschin, so er vns vmb einen Zins auf 3 Jar verlassen,
abgebrennt worden vnd der Gemain sachen auch nit wenig zu
grundt gangen.

Den 15ten October seindt bej nacht die haiducken zu
Tschässkowitz [1][b] eingefallen, haben vnser hauss daselbst geplündert vnd neben andern Raub auch 6 Ross dahingenomen.

Den 19ten October ist ein zusamengeschlagene Rott
Landt Rauber zu Levár eingefallen, vnser hauss ziemlicher
massen geplündert vnd nebst Andern auch 7 Ross dahingeraubt.

Den 21ten October vberfielen des Herrn Czobor János,
Herrn von Schossberg (Diener vnd) Hussärer vnd auch die benachbarten Edelleut vnsere haus zu Levár vnd erschossen im
Augriff 4 Brüeder, die dem frevel, im schrecken, vermainten
zu widersteen, schädigten auch 4 (3) Brüeder hart, wie dan
der eine auch nach wenig tagen entschlieffe. Als der Handl
am ärgsten werden wolt, fand sich einer, der den Fürnemsten
vnter disem hauffen kennt, vnd sprach in aus beuelch seines
Oberherrn also zu, das sie von irem bösen Fürnemen abliessen.
Nichts destoweniger kostet es den gemelten 5 Brüedern ir leben.
A. — L.

k) Den 21ten October 1623 vor Mittag vmb 10 Vhr ist
der Gemaindt des H. auch ein kumerlicher vnd betrüebter
handl zuegestossen.

Nachdem man zue Sobotisch mit allem Volk, wegen der
grossen Menge Türken vnd Tartern, so disen Tag von Senitz
auf Gallitz [c] gezogen, aus dem hauss auf den Berg vnter das

---

[a] G.: Thurso Stänzl. — [b] D.: Tschastkowitz, K.: Täschkowitz. — [c] Skalitz D. K. L.

[1] Tschässkowitz das jetzige Častkovce, Častkovec, ein slovakisches Dorf
an der Dudwaag, 3 Stunden südlich von Čechtic in Ungarn. Die hiesigen
Wiedertäufer wurden 1645 durch Rákóczy nach Sárospaták übersiedelt

Schloss Bränitsch geflohen, alda man ein Läger mit hütten für
Leut vnd Vich zuegericht, welches Lager vns demnach durch
eines Nachbarn (Sun) von Sabatisch, (der sein hütten zunächst
an die vnsern gebaut), Verwarlosung angezündet worden, dadurch der Gemaindt allerlej sachen von Tuch, Leinwandt, wol,
traidt, schmalz, Leib vnd Bett gewandt, so man aus dem Hauss
geflochnet, etliche 1000 fr.[a] zu grundt gaugen, sonder auch,
laider, (gott erbarme sich solches vnglücks): 31 Personen, da
sie nit eilig entweichen konnten, Elendt vmbs Leben kamen
vnd verbrennt. Den es hat wegen des vberaus starken windts
ains dem andern nit helffen künnen, (vnd wurden die verbrun-
nenen 31 Personen zusamen in ein grub [grab] gelegt, in beisein viler nachbarschafft. *D. — G. I. L.*) *A. — L.*

l) Mer gemelten 21ten Oktobr. ist der Freyhoff zu Senitz,
darauff die vnsern hausshablich gewonet, sowie des Czobor
Emerichs Kastel zu Bell,[b] die wir auf 3 Jar bestandtweiss angenomen hatten, abgebrennt vnd der Gemeinde dadurch ein
grosser Schaden beschehen. *A. — L.*

m) Anno 1623, den 23ten Oktobr. gab Herr Graf Caspar
von Illesházy den Brüedern, so aus Märhern geen Trenchin
kamen, die Erlaubniss, sich in Soblahof einen Hof nach ihrem
Bedarf einzurichten und schenkte den Brüedern zu irem Haushaben, das sie daselbst erkauft hatten, einen öden Bauern-
grundt mit allerlei Freyung vnd Rechten. Ingleichen gestatte
er ihnen anno A° 1623 in Dubnitz vnd Teplitz zu wohnen.
(Msp. im Illyésh. Arch. in Dubnitz.)

n) Den 24ten Octob. haben die Türken (vnd Tartern), den
Hoff zu St. Johann geplündert vnd eine elende Schwester aus
dem Krankenstüebl daselbs hinweckgenomen. *A. — L.*

o) Den 25ten Oct. 1623 ist vnser hauss zu Protzka nach
vil Plündern vnd Beraubung ires vichs in Brandt gesteckt.
Den 1ten Novembris kam wider ein grosser hauffen Türken
vnd Tartern auf Sobotisch. Die zündeten das dorff nit weit
vom Bruederhauss an, vnd brachten mit dem Fewer vnd irem
grausamen geschrej ein solche angst vnd Forcht in vnser volk,
das vil aus grossen schrecken aus dem hauss vnd dem feindt
in die Hendt lieffen. Derselben vil wurden aussezogen vnd
plündert, vnd, (was das kumerlichste sein thuet), 2 Mädlein bej

---

[a] *H.:* Taler. — [b] *G. I.:* Gbell.

14 Jaren sambt 3 Rossen entfürt. Sonsten geschah im hauss Niemandt kein Schadt, so ein ♦bles ansehen es hatte.

Der Herr erhörte one Zeiffl das angstgeschrej vnd Ruefen seines volcks vnd kam im zu Hilff. Im sej allein der preiss. Den 4 Nuov. ♦berfielen die Türken vnd Tartern vnser volck zu St. Johann im waldt, da sie ir läger hatten, vnd gar sicher sein vermainten, (plünderten das Läger vnd) fürten 26 Personen, (Schwestern vnd Kinder), mit inen davon, vnd ob man sich wol vmb ire Erledigung mit grosser leib vnd lebensgefar bemühet, kondte man doch nichts schaffen. Zwen Schwestern halff der Herr wunderbarlich aus des Feindes Hendten. Ein Br. wurde damals nidergehawt vnd etliche hart geschädigt, die sich der irigen annamen vnd sie vor dem hinweckfüren schützen wolten. A. — L.

p) In diser Zeit lag die Betlemsche Armada stark vor Göding, da streifften die Türken vnd Tartern auch in Märhern, sonderlich gen Neumül, Wisternitz, (*D.* : Gurdau) vnd Wasstitz, * an welchen 3 Ort sie den vnserigen auch 6 Personen hinweckfürten, von denen nur 3 wider ledig wurden.

Under dem muessten, Gott sej es geklagt, vil 1000 seelen aus Märhern in Mohametanische Dienstbarkeit gefürt werden. Den 21ten Novemb., im Betlemischen Armada Abzug von Göding, wurde der Frejhoff Rabenska, [1] den wir auch auf 3 Jar in Bestandt ungenomen, in grundt verbrennt, vnd beschahe also der Gemeindt in disen 2 Monat Oct. vnd Novemb. 1623 in Ungarn ein grosser schaden, vnd kam die Gemaindt in diser Kriegszeit durch Unglück des Feindes auch Fewer vmb 69 ᵇ Seelen.

Und damit nun des Trüebsals gnueg werde, kam auf disen krieg, (da wir nur wenig häusser vnd Narung mer für Leut vnd vich hatten), ein solcher ♦beraus strenger kalter winter, [mit etlichen 40 schnee], dergleichen Niemandt gedenken mag.

Der erste schnee blieb länger als 3 Monat liegen, vnd war ein solcher grosser schnee, das vil tieffe gräben vnd hole-

---

* *F. K.:* Rasticz, *D. I. L.:* Rostitz, *B. E. G.* gar: Rossitz. — ᵇ *I.:* 96 Seelen.

[1] Rabenskahof (Rabensky, Rovensky) ist der Hof in dem jetzigen Dorfe Rovensko, zwischen Sobotist und Senitz, wohl zu unterscheiden von dem Hofe Rovinka (jetzt Crnmvir) bei Klobouk in Mähren, am ehemaligen Kobylier See.

weg ausgefüllt, vnd die Zeun auf ebenen landt zuegedeckt wurden, das man eine Zeit lang schier nit reisen konndt, vnd die Teuerung drucket vns hart. Doch machet vns der Herr in disem allen Jamer noch ein gnädiges Auskomen, dafür wir im nit genuegsam Dank sagen. *A. — L.*

q) Verzeichnuss (VI) der Brueder vnd Schwestern, vmb welche die gemain des h. in dem 1623 Jar komen ist:

a) Im Herbst des 1623 Jares, als die kais. vnd Betlem. Armada gegen einander zogen, den 21 October, als Herr Czobor János mit vil Edelleut vnd Hussaren zu Leváry eingefallen, sindt in solchem Tumult vmbkomen vnd erschossen worden: 1. Heinrich Fuchs, Preuer; 2. Nicl, Tuchmacher; 3. Michl, Tuchmacher; 4. des Michl Schlesingers Schwester. Dise 4 sein flux todt bliben. 5. Peter Pinder, ist nach etlich Tagen an dem schuss entschlaffen. 6. Johannes Schneider von Bel, ist auf dem Weg nach Göding von Kriegsleuten nidergehaut worden.

b) Den 21 Oktobris seindt Im Sobotischen Läger, dahin man vor den bösen kais. Kriegsleuten geflohen, unter dem Schloss Bränitsch, durch eines Bauern Verwahrlosung verbrunen 31 Personen.

c) Den 4 Septembris diss 1623 Jars, als die Türcken zu St. Johannes 26 Seelen hinweggefüert, Ist der Felix Pinter daselbst, vmb seines kindts willen, nidergehauen worden, thut der umkommnen diss Jar 1623: 38 Personen. Cod. *S.*

Verzeichnuss (VII) der Personen, die vns in der Zeit des währenden Kriegs vom 1618 Jar bis dato entfürt worden, von allerlej Leuten, Wallonen, Spaniern, Türken vnd Tataren.

a) Anno 1620, den 28 July, im schröcklichen Einfall der Poläcken (in Pribitz), ist der Br. Hanss Wolff, Eltester in Pribitz vnd mit im bei 70 Personen, jung vnd alt, hinweggefüeret worden, die aber aus sonderbarer anschickung Gottes alle wider zur Gemain des Herren gekomen, ohne den Br. Hanss Jacob, welcher den 19 September 1620 zu Wien im Herrn entschlaffen ist. Den 15 und 16 Dezember 1620:

Fielen die Wallonen in Thaikowitz vnd Stignitz vnd auch zu Wisch(en)au ein vnd füerten diese Personen hinweck: Benjamin Rückers, Messerers Töchterle, bej 12 Jar alt, Judith, ledige Wolspinerin, Assenath Gärber, ledige Wolspinerin, Assenath Schoglin, ledige „ Marcy Laierin, ledige „ Trina Schweitzerin, Ledig, alle von Taikowitz. Sara Stoffl, Müllerstochter, Bartl, ein Feuerjung, beide von Wisch(en)au.

b) Anno 1621, den 19ten Jänner: Elias Steiner, Baderbübl von Gostl, von Poläcken hinweggefüert.

c) Anno 1623, von den Bethlemischen Türken vnd Tartaren in mohametische Dienstbarkeit gefüret worden, die vns noch ausständig sind,

den 30ten Octobris A° 1623:

Zu St. Johannes: ein kranke Schwoster, die Eva, Hainrich, Schusters weib, auff ein Ross bunden vnd mitgenomen.

Den 1ten Novembris scindt ein hauffen Türken vnd Tartaren zu Sabatisch eingefallen vnd neben andern Raub hinweckgefürt: Die Susanna Gibolitz, Tuchscherers Tochter, bej 14 Jar alt, die Sara, ein Wais aus der Schuel, auch bej 14 Jar alt.

Den 4ten Novombris

Haben die Türken vnd Tataren zu St. Johannes im Lager der vnsrigen weckgefürt 26 Seelen, als:

Hester, Köchin, Hänsel Schneiders Weib, vnd ir Bässl, Judith Mertl, Müllers Weib vnd ir kindt: Abraham, Trautl, Oxenfurmans Weib, vnd ir Kindt: Mariele, Margretl, Leonhart Oxenfurmans Weib, Elssle Stoffel, hauers weib, Bärbl, Naterin, Hans Baders weib zu Türnau, Krumpf Sara, Naterin, Krumpf Judith, ledig, Naterin, Gretl, Josef Schilling's Töchterl, Sara vnd Mariele, Wober's Töchterlen, Johannesl, Ulrich Haussbalters Kindt, Joseph, Hanss Ruedl's Kindt, Assenatl, Hans Wisingers Tochterle,

Maray, Poläcken Dirn,
Margretl, Vbelhörend. Schmidts Töchterl,
Davidl, Niel Müllers Sohn,
Johanesl, Hans Oberländers Schwesterkindt,
Assonatl: Aron Schneiders Kindt,
Elssl Schmidin vnd ir Kindt,
Elssbet Valtin, Thorhüters Tochter

das sein: 26 Personen,

Von denen seindt Ledig worden Zwey Personen:
Elsslo Schmidtin oder Schaufelbergerin, die ir kindt dahinder hat lassen müessen, vnd

Elssbetl, Thorhüters Tochter;

Seindt beide den Türken ausgerissen vnd mit guetem gewissen zur gemain komen.

Den 20. Novemb. A° 1623:

Haben die Türken vnd Tartaren, sambt den Betlemischen Vngern in Märhern auf die Newmül vnd wol gar bis Wasstitz gestraifft vnd der vnsrigen hinweggefürt zu Neumül:

Benjamin Müllner, ein Eheligen,
Hansel Fischers Tochter, ein Ledige.

Zue Wisternitz:

Mariam, des abgefallenen Preuers Weib.

Zu Wasstitz:

Josef, fürgestolten Ziegler, sambt 2 ledigen Zieglern.

Hanss, Oxenfüetterer, von Brün, hat sich in disem wesen auch verloren, das niemandt wais, wo er hinkomen.

Summa deren, die vns ausständig: 31. Also sein wir diss 1623 Jar durch den laidigen Krieg komen vmb 69 Personen.

Summa:

a) Aller vmbkomnen von anfang des böhemischen kriegs bis auf weynachten des 1623 Jars:

Anno 1619 38
Anno 1620 86
Anno 1621 64
Anno 1622 8
Anno 1623 38

Thuet: 234 Person.

b) Der hinweggefürten vom kais. kriegsvolck vnd auch von Ungarn Türken vnd Tartern:

```
Anno 1620 . . . . . . . .  10 Personen
Anno 1623 . . . . . . . .   38    „
             Thuet: 41 Personen.
```

Summarium des Abgangs vnseres volks (während) des
5järigen kriegs: 275 Pers. (Cod. S.)

1624.

a) Anno 1624. Dises Jar ist nun das Sechste in der Zal
dess (seer) bössen vnd schädlichen * kriegs, so sich, (wie hievor
in dissen Büechlen gemelt), Im 1618 Jar im königreich Böhem
angefangen vnd sich im vill königreich vnd lennder erstrekht
hat. Vnd obwol etliche geleerte, Astronomi (vnd weltweissen *L*),
von Ainer seer grossen verenderung des weltlichen Regiments,
so in dissem 1624 Jar beschen worde, propheceit ᵇ haben, Ist
es doch in dissen landen, Kriegss halber, also ein still vnd
guettes Jar gewessen, dass, wan der poläckische einfal auss
Märhorn, als den 5ᵗᵉⁿ Junj u. 1624 zue vngerischen Neustat
bei Schächtitz gelegen, (Alda sie in wenig Stunden über die
400 Personen Jämerlich vmb gebracht), vnd den 12. Juni (zue
mitternacht im läger) vnder dem Bränitsch, (dadurch die vnssrigen zue Sabatisch, denen die gfar am nägsten war, disser
gottlossen Pollackhen halber in der besten früelingszeit bei
9 wochen lang von hauss sein muessten, auch etlichen schaden
an vich neben dem seer grossen schröckhen von dem entsetzlichen
graussamen g'schrey, schiessen vnd lärmen der polläckhen erlitten), nit beschehen were, man dess kriegss halber, ᶜ diss Jar
wol gar geschweigen könte.

Es mochte aber die gmain des Herrn dennoch in andere
weeg nit vnangefochten bleiben. Dan dem Herren (*L.:* Fürsten)
Cardinal von Dietrichstain war es noch nit gnueg, dass
er vnss ainmal auss gantz Märhern (von hauss vnd hoff *F.*)
veruolgt (vnd vertrieben *D.*) vnd sich an dem guet der Frommen versindigt hatte, sondern er mueste der schuldt noch mer
auff sich laden, vnd liess diss Jar, im Monath Marty, nachdem
etliche märherische Herren die vnssrigen alss mairleut, ᵈ Müllner,
kellner, Zimerleut vnd Ziegler wider in ire Dienst genomen

ᵃ *D. E. F. L.:* schädlichen, *H.:* verfluchten. — ᵇ *C. K. L.:* profetirt. —
ᶜ *D. E. F. G. L.:* nit vil (sonderbares) zu klagen gehabt hette. — ᵈ *K.:*
märleith.

hatten, Abermals, im Namen des Kaissers Ferdinandj, ein
ernstliches gebot* aussgehn: dass sich Innerhalb 14 Tagen von
dato An seines aussgangnen Beuelchs, Niemandt, so der hueterischen Bruederschafft zue gethan, weiters in Mürhern
finden oder betretten lassen solle, vnd wo man hierüber Je-
mandten ergreiffen werde, sollen diselben Ohne weiters vrtl
vnd recht, Nidergehauet, an die nägsten Bäum aufgehenkht,
oder mit feuer verbrennt werden. (Hie secht, ob sich daz der
Euangelischen Leer gleicht. *F.*) Auff welches nun etlich märherische heren, die vnssertwegen des kaissers vnd Cardinals
vngunsst nit auff sich nemen wolten, die vnsrigen in iren Diensten
wider vrlaubten, deren ain Tail aber mals, wie in voriger
veruolgung, vast mit lären hennden dauon ziehen muesten ; den
andern wurde das Irige auff der strassen von den (kaisserischen) kriegssleuthen (mit gewalt geraubt vnd) dahin genomen.

Es war solcher kussbot gleich wol auch wider ein prob
der frumben vnd vnfrumben. Dan etliche, die nit aines rich-
tigen herzens waren, verliessen ee den herren vnd die warhait,[b]
ee sie wider zu der gmain (in Vngarn *L.*) zugen vnd mit irer
Armuet verguet nemen wolten. Es schickhet aber der All-
mochtig gott dennoch durch etliche guete herren noch
ein mitl, dass die vnssern dissmals, wie hart auch das
gebot war, nit alle aus Mährhern vertriben wurden,
(sondern ain tails bliben.[1] *D.*) *A.—L.*

---

* *D. L.:* Patent. — [b] *L.:* ,Die gemain vnd den glauben.'

[1] Die aus Mähren abziehenden Brüder fanden zum Theil Aufnahme und
Unterstand bei einzelnen Landsassen und Herrschaften in Niederösterreich, und dies gab Veranlassung zu dem Generalmandate Kaiser Ferdinands II. ddo. Wien den 3. März 1625, worin es heisst, dass, obwohl
schon unter Kaiser Ferdinands I. Regierung mit den offenen General-
mandaten von 1529 und 1548 statuirt worden sei, dass die ,ergerliche,
abscheuliche vnd Gottes lästerliche Sect der Widertauffer' weder im
römischen Reich, noch in den Erbkönigreichen und Ländern gelitten oder
geduldet, vielmehr mit Fenor und Schwert verfolgt und ausgerottet werden
solle, obgleich weiter die Ausschaffung derselben aus den Landen ob und
unter der Enns auch anno 1601 durch Kaiser Rudolf continuirt wurde,
so ,khomb vns doch anjetzo glaubwürdig für, das sonderlich im Erzhg.
Österr unter der Enns solche höchst ärgerliche Sect von etlichen Landt-
sassen vnd vnderthanen an vnderschiedlichen Orthen auff dem Landt
wider eingelassen, vnd derselben vngebürlicher vnd hochverbotner vorschub vnd vnderschlaiff gegeben werde. Weillen wir (aber) angedeutete,

b) Es drucklhet aber auch diss mer gemelte 1624 Jar die grosse vnd schwöre Teuerung die gmain des herren seer hart. Dan wegen des gar strengen kalten winters vnd lang glegnen grossen schnee, dessgleichen zuuor in vil Jare, (dessen Auch zum endt des 1623igsten Jars in dissen Büecheln gedacht), nit gewosen, ist das liebe winter getraidt, vnd sonderlich das khorn in dissen vnd andern landen dermassen verdorben, (dass man An villen orten den Ausgesäeten samen nit wider bekomen vnd schöne grosse angesäete Felder gleichsam gar öd glegen. Dahero dan auch das Winter getraidt in ein hohes gelt komen, dass an etlich orten diser Zeit ein Metzen waiz (in gueten alten gelt) 4 ßß. (Reichstaller oder Ducaten) vnd ein mezen korn vierthalbe ßß. golten hat.

Vnd wann der Allmechtig gott, der den seinigen in allen nöthen zu helffen weiss, nit dagegen ein solche gnüege Aller sumerfrüchten, deren wir dan allerlej, als: gersten, habern, Prein, Haiden, Arbess vnd linssen (vnd wicklhen *D. E. K. L.*) durch ein Ander gemahlen vnd zu Brod gebachen, hette wachsen lassen, heten die frumen aus mangel des Brots, weiln die gmain das Teure khorn zu Kauffen nit vermöcht, grossen hunger einnemen vnd erdulden mücssen. Dieweilen Aber Allain der raich, starkh vnd gwaltige gott das beste an vnss gethan, vnd vns in solcher grossen Teurung noch bissher ein gnedigs ausskomen gmacht hat, dass wir nit andren leiten vmbs brot füer die Thüren gehen törffen, seindt wir auch schuldig, Imc vnsser leben lang gross lob vnd dankh da für zu sagen. *B. — L.*

1625.

Anno 1625, den 5ᵗᵉⁿ Sept. ist der Br. Hänsel Sumer (Somer), ein D. d. W., zu Leväry; den 17ᵗᵉⁿ October der Br. Josef Negele, ein D. d. W. (vnd Eltester der Gemain in Siebenburgen), zu Alwintz ¹ (mit friedlichen Hertzen, vnd gueten gewissen) im Herren entschlaffen. *A. — L.*

An seiner Statt ist der Brueder Isaack Bawmann, der zu Dechtitz ² neben im Im Dienst war, der Gemain des Herrn zu Alwintz zu einem Eltesten geordnet (vnd hineingeben worden) ³ *A. — G. I. K.*

---

¹ In dem Schutzbrief ddo. Alba Julia XXVᵗᵒ mens. Augusti 1625, welchen Bethlen Gabor den Brüdern, die er in Winz ansiedelte, ertheilte, heisst es: ‚Benignitate nostra Anabaptistae moti, elapsis superioribus expeditionibus, pro libertate Legum Patriarum feliciter per nos susceptis, ex Marchionatu Moraviae in hoc regnum Transylvaniae commignavere, ac loco e speciali Munificentia nostra illis assignato in oppido nostro, Alvinez (vulgo) nuncupato, sedes fixere, mechanicis, quas optime colunt, artibus grata Regnicolis obsequia exhibentes. Ut vero securius ibi commorari, et ubique Regno servitia praestare ac quaestu gratias peragere valeant, eosdem in benignam nostram recipimus tutelam.' (Vide Abschrift in dem Siebenb. Hofkanzlei-Archiv.) Fürst Gabriel verlieh ihnen 1625 den 4. Juli zum erblichen Eigenthum Häuser und Grundstücke in Winz: ‚his intervenientibus conditionibus 1) ut decimam solum et nihil aliud pendant 2) ut res, quae artificio eorum parantur, Nobis et successoribus nostris dimidiato praetio vendant 3) ut, demum Nos et successores Nostros laboribus eorundem secundum artem ipsorum consuetam, uti voluerimus vel voluerint, ea quoque omnia pro dimidio stipendio praestare sint astricti.' Kurz vorher hat auch der Landtag vom 1. Mai die ihnen zugesicherten Freiheiten und Gerechtsame auerkannt und beschlossen: ‚Anabaptistae in Alvinez et artes suas et religiones libere exerceant, a Contributione sint immunes, et privilegia serventur.' Dem Landtagsartikel vom Jahre 1627 zufolge waren unter ihnen ausgezeichnete: ‚pannifices, Cultrifices, coriarii, fabri ferrarii, serarii, cerdones, funifices, textores, pelliones, doliatores et figuli (Krügelmacher vnd hafner)'.

² Dechtitz, slav. Děchtice, magyar. Dejte, ein slovakisches Pfarrdorf mit 800 Einwohnern bei Chtělnic im (Ober-) Neutraer Comitat. Noch jetzt finden sich daselbst Nachkömmlinge der alten Wiedertäufer (katholisch!).

³ Cod. *D. E. F.*: ‚An seiner Statt wurde der Br. Isaak Bawman hineingegeben', ein Mann, dessen tactloses Benehmen daselbst anno 1632 der Gemeinde viel Kummer und Noth brachte. (Siehe 1632 der Chroniken.)

In dem 1625 Jar, den 8ten Nov., ist (auch) der Br. Claus Wetzler, ein Diener der N., zu Sobotisch im Vngerlandt im Herren entschlaffen. *A. — L.*

1626.

a) Anno 1626, durch den früeling vnd sumer (hindurch), hate die gmain des herren, kriegssgfar vnd anderer vngelegenheiten halber, zimlich guete rue; wuchss auch ein feine notdurfft, allerley geträd, früchte biss in den herbst, als in den Monat september. Da kam vnversehens der kaiserische General Herzog Albrecht von Friedtlandt, [1] (sonst von Wallstein genant), mit einer seer grossen Armada, bej 50.000 (man) starkh zu Ross vnd fuss, auch mit vil grossen stuecken (groben geschütz) in diss königreich Hungern, vnd lagerten sich (auf etlich meil wegs lang) disser seiten des Flusses der Wag, nemlich von der vngerischen Neustadt an, bis vnter Schella [2] hinab. Auf der andern Seiten der Wag lag der Fürst Betlehem (Gabor), auch mit einer (grossen) kriegssmacht, mit Vngern, Türken, Tataren, auch Teutschen Mansfeldischen [3] vnd Weimarischen volckh. Es wurdt aber (durch diss gegen einander Liegen,) ausser dem straiffen des Betlemischen Volks, gar wenig ausgericht. Es erstreckhet sich aber solches gegen einander Liegen bis in den 4ten Monat vnd gar bis in den kalten Winter hinein.

Under solcher Zeit wurden vns abermals vnssere heüsser in Vngern, diser vnd jehner seiten des gebürgs, von dem kaisserischen volckh des maisten aussgeplündert. Was man durchs Jar mit (harter vnd) saurer Arbait erworben vnd zusamen gebracht, wurde zimlicher massen geraubt vnd mit gwalt dahingenomen.

---

[1] *E. K.*: ‚Herzog Albrecht v. Waldstain, Fürst zu Friedtlandt.‘

[2] ‚Schella, Schelle‘ = Séllye, Markt an der Waag, südöstlich von Neutra, einst den P. P. Jesniten, nun dem Religionsfonde gehörig.

[3] Mansfeld stand, von Wallensteins Reiterei verfolgt, am 6. September 1626 in Trentschin, wo er das Bethlen'sche Kriegsvolk und die Türken erwartete. Ihnen gegenüber lagerte sich Ende September Wallenstein (bei Freistadt), wo Eszterházy und der Ban Zriný zu ihm stiessen. Bei Pýstian nahm Graf Heinrich Schlick feste Stellung. Allein Kälte, Hunger, Aufstände unter den Türken und Revolten unter den Deutschen gaben dem schlauen Siebenbürger nur zu bald Anlass, den Pressburger Frieden zu schliessen (1627). Herzog Ernst starb vor dessen Abschluss zu St. Martin in der Thurocz, noch früher (20. November 1626) Mansfeld zu Rakovica bei Serajevo (s. Dr. Beck: Die Dänen etc., in den hist.-stat. Schriften, V. Bd., Brün 1853).

Den 9ᵗᵉⁿ September,* Im durchziehen der kaisserischen Armada, betraff es erstlich vnsser hauss zu Tschasskowitz;ᵇ das wurde genuegsam ausgeplündert vnd vil(en) vnsserigen die klaider vom laib abgezogen.

Den 11ᵗᵉⁿ September sträffet ein grosser hauffen kaisserisch Volk auff Dechtitz, (Techtitz), welche vnsser hauss daselbsten gar aussgeplündert vnd fürnemlich 12 Muth habern, Türnauermass, dahingenomen, Auch vill Brüedern, (so sy haben erdapt), die kleider aussgezogen.

Den 12. September kamen abermals bej etlich 100 kaisserische Reitter gen Dechtitz, vnsser hauss daselbs abermals gantz durchsuecht vnd, was sie gfunden, alles gnumen. Weilen Aber vnsser volkh merertails zum schloss Gutwasser¹ entwichen gwesen, vnd neben anderen Landtvolckh, [dessen bei etlich 1000 man, mit weib vnd kündt vnd ander irer farenden haab vmbs schloss glegen], sich [da] auffghalten, haben sie der vnssrigen dissmals kein beim hauss erdapt noch gfunden.

Es seind Aber auch dissen Tag von abgemelten kaisserischen volckh Bey etlich hunder Reuter (mit vil Tragonernn) hinauff ins Dorff Guetenwasser vnd auch gar zum schloss gesträfft, Erstlich (im Dorff) das bestandt hauss, darinen vnsser volckh von Dechtitz vil Zeugs ghabt, gantz aussgeplündert, sambt dem gantzen Dorff, vnd ist fürnämlich den vnssrigen In gemeltem hauss 12 vass Meel, Neben vill anderm Zeug, Als: tuech, Leinwath, Leib- vnd bethgewandt, geraubt vnd dahin genomen worden.

Als Sie aber des raubenns noch nit satt waren, sein sie aus dem Dorff fürs schloss komen, dasselbig vermeint zu erobern vnd zu Plündern; weillen sie aber nur auff einen sträff ausgerütten, vnd ohne (grosse) geschütz waren, kundtens dem schloss nichts abgewinnen, [sonder sindt von den Bauern, (welche ir Läger mit weib vnd kindt, vich vnd allerley irer hab vmbs schloss hatten, abgetriben worden. F. L.]

Leztlich kamens Nachmittags sterkher, sein mit schröcklichen schiessen, schreyen vnd lärmen In obgemelten Landt-

* L.: 19ᵐ Septbr. — ¹ L.: Tschäckowitz, K.: Tschäskowitz.
¹ Gutwasser, slav. Dobrá voda. magyar Jókö, deutsch auch Gutenstein genannt war dem Jókö entspricht, alte Burg mit einem Marktflecken der 1360 Einwohner zählt, im Ober- Neutraer Comitate gelegen.

uolckhs leger eingefallen, (haben truhen vnd kästen aufgeschlagen *I. K. L.*), alles genomen, was Jedlichem gfallen, auch
6 Personen ermördt vnd nidergeschossen, vil Weiber vnd
Jungfrawen gantz one scheyen geschendt, (welches etliche von
den vnsserigen gesehen), Also, das es gleich schad ist vmb
den Namen, das solche leut noch sollen Christen genannt
werden.

Als Nun vnsser volckh, wie gemelt, von Dechtitz ir flucht
auch zum schloss vnd landtvolckh genomen, vnd Im alten gemäuer, Sonsten die alte Burckh genannt, sich aufhielten, hat
sich disser gottloss hauffen auch mit seer grossem geschrey
vnd schreckhen an sie gmacht, vnd sie Vberfallen, da sich
dan auch merertail der vnsrigen nichts anderst, dan des todts
versehen hatte; so (hat) aber ohne zweiffel gott der allmechtig
ir ernstliches gebet erhört, vnd inen davon geholffen, das sie
alle bej leben vnd die schwestern bej Eeren bliben sein, wie
man dan die hilff des Herren Reichlich gespüert hat, indem
da sovil schwestern, vmb irer eeren willen, sambt iren kleinen
kindern Vber so hoche mauern abgesprungen, ohn allen schaden
ires leibs, dessen sich ire feindt selbs verwundert.

Aber es ist den vnsserigen im gedachten alten gemäuer
all Ir sach, was sie dahin geflehnet (*B.*: geflicht), von disem
kriegsvolck genomen worden; Auch sonderlich 9 ochsen vnd
3 Ross.

Vber solches ist Inen vom land volkh auch grosser schaden
beschehen, welches güntzlich glaubt vnd fürgeben, solches
kriegsvolkh sey, vmb der Br. willen dahin komen!

So hat sie aber das vnglückh zum ersten vnd noch herter,
dan die Br. betroffen, wie es dan ein Br. selbs mit augen gesehen, das ein weib einen kriegssman gerüefft vnd gezaigt:
Da ligen die Brüeder! Da hat sich der kriegssman gewenndt,
vnd das weib erschossen! Sie hat vermaint Andere in vnglükh
zu bringen, so ist sie aber selbs in vnglückh vnd gar vmb ir
leben komen. (Der himel waiss die seinigen In der höchsten
Not zu erretten. *L.*)

Den 21ten Sept. kamen bej 50* kaisserliche Reiter von
Nicolspurg auss Mähren gen Brotzka Ins Brueder hauss, denen
gab man sspeiss vnd Trankh, was im vermögen war. Nach

---

* *B.:* 52, *H.:* 25 kais. Reiter.

Empfahung desselben brauchten sie gwalt, Namen den vnssrigen alda neben andern Raub all Ir Rindtvich, (khüe vnd kelber), bey vill stuckhen dahin.

Den 17ten October wurde das Dechtitzer hauss abermals geplündert vnd die Ställ, ein gantz neues gebey, welches sie In grosser armuet erbauet, gantz abgebrennt. Es dorffte sich auch lange Zeit kein Br. dort sehen lassen, wegen des täglich Ab vnd auffsträffenden kriegsvolckhs. Das haus wurde seer vbel zuegericht, die (Kachel-) Öfen, Thüeren, Fensterläden, Tisch, Bänk vnd anderer haussrath wurdt alles zerschlagen vnd verbrennt.

Zu Kesselsdorff vnd Färkeschin, da sie auch bej 3 Monath lang nit bej hauss sein kundten, da gieng es gleichfals auch alles nur dem verderben zue; den Br. zu Kesselsdorff wurden 8 (6) Ochsen vnd 2 Ross genomen, Inen auch der stadl abgebrennt vnd ire gantze wonung seer vbel verderbt.

Dessgleich kamen die Färkeschiener auch vmb 4 Ochsen, etliche kelber vnd schwein, sambt etlich Muth geträidt vnd andere farende hab.

1626 den 20 Octobris, vor mittags vmb 8 oder 9 Vhr, fiellen etlich hundert Türckhen zu Schächtitz vnd Tschasskowitz ein, die brachten, neben vill kaisserischen Soldaten, auch 2 Brüeder, Als: den Hanss Sutter, weinzirl, vnd Joseph (Nägele), ein ledigen schneider zu Tschässkowitz, vmbs leben, (füerten auch neben gar vil andern leuten Ein schwester mit hinweckh, welche aber durch sonderbare mitl von gott, ohne alle geltschätzung, widerumb ledig worden vnd auss der Türkhen hendt erlöst, auch mit guettem Frieden wider zu der gemain gebracht worden).

Den 9ten tag Nouembris Abents vmb 7 Vhr seindt Bey 300 kaisserische Reuter, krobaten, Franzosen (Walloner) vnd, allerley bösses gesindt mit gwalt in vnsser hauss zu Lebär eingefallen, das hauss die gantz Nacht durchsuecht vnd geplündert, gefressen vnd gesolfen, vnd alles gnomen, was sie bekomen, vnd, welches noch das kumerlichste sein thuet, haben sie läider auch vill schwestern in irre henndt bekomen vnd nach iren gottlossen willen mit inen gehandtirt (gehandlet). A.—L.

Des Morgens nach irem verbrachten Raub vnd muetwillen, seindt sie von Lebär auff St. Johannes, daselbsten vnsser Hauss auch geplündert, vnd alles genomen, was sie bekumen künen, dem hausshalter die taumen eingeschraufft vnd gelt von im haben wöllen, auch ein tail Brüeder scer vbel geschlagen. *A. — E. G. — L.*

b) In disem 626 Jar, Monaths Dezembris, wurde zue Pressburg zwischen Irr. Röm. Kay. Mt. vnd dem fürsten Betlehem (Gabor), durch baidertheilige Abgesandten ein stillstandt gemacht vnd beschlossen, (biss) auff St. Georgj dess 1627 Jars, darauff wurde das kaissersche Volckh wider auss Vngern gefürt, vnd zuge der Betlehem mit seinem Volckh widerumb ab. Also hat die gemain in dem Abzug dess kaisserischen Volckhs abermals vil schreckhen eingenomen. Doch schickhts gott, das sie zimlich still auss dem landt zugen vnd namen iren weg merertails auf Lebär, Schossberg vnd Senitz vnd fürhin weiter hinauff in Märhern [1] vnd gieng vns In solchem Abzug an speiss, Tranckh, Füeterung vnd anderen dingen vnssre narung zimlicher massen dahin.

Das Bauersvolckh war vast in allen dörffern entloffen, also muesten wir mit den vnssrigen desto mer daran. *A. — L.*

Es war disser herbst vnd winter (1626), von Anfang des monaths September, biss zum endt des Jars abermal ein angsthafft bösse vnd kumerliche Zeit, vnd mueste vast die gantze gmaindt bej 4 Monath lang mit weib kündt alten vnd krankhen In flüchten sein, auch vill kält, Mangel vnd abgang darunter erdulden, Ja auch an speiss vnd Tranckh grossen mangl leiden. Doch waren wir fro, vnd danketen gott, das er vnss die häusser hat lassen vberbleiben, vnd wir im kalten winter Noch ein herbrig haben kondten.

Wir spürten auch sonst die hilff des Herren reichlich, da, wie Tiranisch das kriegsvolckh sonsten war, vnd sich an vil orten weder herren noch edelleut dörfften sehen lassen,

---

[1] Wallensteins Armee zog die Woche vor Weihnachten, siegesleer und in einem desperaten Zustande, über Skalitz gegen Hradischt, um an der March Winterquartiere zu beziehen. Von dem schönen Heere, das den Mansfelder im Sommer über Leipnik, Prerau, Holleschau und Ung.-Brod nach Ungarn verfolgte, kehrto kaum ein Drittel zurück. Regengüsse, Kälte und Krankheiten rafften ganze Geschwader hinweg. Manches Cornet zählte kaum 30 Pferde. Bei Hradischt starben viele Hunderte an den Strapazen. Die Prager Rüstungen ergänzten jedoch die Lücken, und einige Monate später stand Wallenstein mit 40.000 kampffähigen Truppen schlagfertig in Schlesien. (Pesina M. S.)

wurden sie offmals gegen vns freundlich vnd hielten vns noch vor andern leuten in schutz, (dem Herren im himel sey der Preiss vnd ruem in alle ewigkeit dafür gegeben). A.—L.

c) Anno 1626 erwarben die Br. mit Bewilligung des Graffen Caspar Illeshazy in Soblahoff zwei öde Bauerngründe für vnser Haushaben daselbst. (Archiv in Dubnitz.)

1627.

a) Anno 1627, den 6. Tag Januarj, ist der Br. Vhl Müller, [a] Ein D. d. W. zu Färckhetschin; den 23ten Februarj [b] der Br. Jacob Bässler, Ein D. d. W. zu Soblahaff (bei Trentschin); den 27. Februarj der Br. Hainrich Boxler, [c] (der bei 18 Jar der eltesten Brüeder schreiber gewessen), zu Sabatisch; den 11. Tag Martius der Br: Seyfridt Geüss, (*F.* ein Binder), zu Sabatisch, als er im Dienst des Euangelions standt 37 Jar, vnd seines Alters im 78isten Jar war; den 11ten Aprilis der Br. Hänsl Schnüerl, ein D. d. N. zu Tschäskowitz; den 10ten Juny: der Br. Walser Fübich, ein D. d. N. zu Aichhorn [1] in Märhern im berren entschlaffen. *L.*

b) Anno 1627, den 20 Tag Februarj, Ist das Protzker Brüederhauss durch 40 vmbsträffende Crobaten vberfallen vnd, neben villen schreckhen des volckhs, geplündert worden; haben Inen sonderlich 6 ochsen hinweckh getrieben vnd bey schneidern vnd schuestern grossen schaden gethan. A.—L.

c) In disem 627 Jar, den 21ten Tag Marty, seindt 3 Br. Als: Geörg Leopoldt, ein schuester, (ein) wirtenberger, Abraham schäffer, ein schneider, (ein) hess, vnd Jacob Mathraner, ein Müllner, ein Tiroler, Im Dienst dess Euangellions erwölt vnd der gemain zu Sabatisch (in versuechung) gestelt worden. A.—L.

d) Den 6ten Aprilis diss 627 Jars, Abents, ongefär vmb 10 Vhr, seindt bey 40 Reütter, Crabaten vnd dergleichen böss gesindt, so dazuemal in Märhern gelegen, (herüber In Vngern gesträfft), in vnser hauss zu St. Johannes eingefallen vnd einen grossen Raub gethan, Tuech, Leinwath vnd alles, was sie bekomen, hinweckhgenomen, den füergestelten schuester seer vbl

---

[a] oder Riemer *F.* — [b] *L.:* 28ten Febr. — [c] *D.:* Bopler.

[1] Aichhorn, mährische Burg an der Schwarzawa, 1¾ Meilen nordwestlich von Brünn, 1627 im Besitze des Sigmund von Teuffenbach. Die Brüder, die sich hier und anderwärts noch einzeln oder in kleineren Gruppen aufhielten, wurden erst 1650 gänzlich ausgewiesen.

verwundt, das er Letstlich daran entschlaffen ist, (vnd zogen also mit dem Raub dauon). *A. — L.*

e) Den 15ten tag Aprilis seindt etliche kaisserischen reiters heryber auf Gätta[a] gesträfft, vnsser häussl daselbs vberfallen vnd geplündert, inen auch neben andern Raub ire 4 Ross vnd ein järiges Füllen dahingenomen. *A. — L.*

f) In disem 627 Jar, den 14ten May,[b] ist vnversehens in vnserem hauss zu Tschäskowitz, welches man in Grosser Armuet Ein wenig erbawet, ein fewer ausskomen, dadurch nit allain das gantze Brüederhauss, Neben 8 Vass Meel vnd einem gueten Ross, (vnd vil nutzerlichen Ding *L.*) verbrunen, sonder auch 24 Hüusser Im dorff verbrennt, Also, das die gemain wegen der Bauernhäussl mer kumer hat tragen müessen, dan vmb Ir eigenes hauss, Neben dem seer grossen schaden, so man drunter erlitten hat. *A. — L.*

g) Als nun, wie oben gemelt, das kaisserische kriegsvolckh Alles wider auss Vngern gezogen vnd durch den sumer diss 1627 Jars in Märhern vnd ein tails in Schlessien gelegen, Nemlich bis zu Anfang des Monats Septembris, da hat sich abermals ein gueter Tail an die Hungarische Gränitz glegt, als sonderlich vmb Lundenburg, Landsshuet, Strassnitz vnd andere ort (der March *D.*), daher die gemain abermals In grossen engsten gstandten, (vnd sich täglich eines einfalls besorgt *L.*), wie man dan zu Sabatisch bei die 9 oder 10 wochen lang Etlich teutsche Muskatierer (vom Obristen zu Strässnitz erlangt, vnd diselben *L.*) in grossen vnkosten hat müessen zu einer salva guardia in vnsserem hauss ausshalten.

Dessgleichen seindt die Protzker Brüeder, denen auch die gfar am nächsten gwessen, in grossen engsten gstanden: daher sie auch mit weib vnd kündern bej etlich wochen lang zu schossperg im flüchten gwessen sein.

Ist aber solches kaiserisches kriegsvolckh vmb der vrsach willen an der märherischen vnd österreichischen (*L.* vngerischen) gränitz glegen, weillen man im Monath September mit den Türkhen durch hilff der Herren Vngern vnd der kaisserlichen Comissarien frieden tracktirte, wie dan auch die hungerische gsspanschafft vnd der Adl merertails sein darzue versamlet

---

[a] *L.:* Ghäle (jetzt Kuty). — [b] *B.:* 15ten Marty.

gwessen, vnd ir Feldt läger bej Schintau[1] geschlagen hatten;
daher es dem hauss zu Färckheschin auch nit gar on schaden
abgangen. Weillen man aber in der Tractation zimlicher massen
ist ains worden, ist beider Seits (das) kriegssvolckh wider abzogen, also, das es (Gott sey lob!) der gemain noch one sonderbaren schaden ist abgangen. *A. — L.*

1628.

a) Den 2ten February ist ein grosses Zaichen am Himel
gewesen, das hat angefangen vmb 8 Vhr zu Abent, da die leit
schlaffen gehen wolten, hat gewert bis morgen vmb 3 Vhr.
Ist entsetzlich gewesen zu schauen, gleich als wen 2 kriegss-
her gegen ein Ander zochen, vnd hat geschnaltzt, als wen
man mit einem leylach schnaltzet; also hat es im lufft gethan,
vnd haben vill daraus gevrtelt: es wirt einen grossen krieg
bedeiten. Wie dan demnach, in einer kurtzen Zeit, die Schweden sein auff den deutschen Boden komen. (Einlageblatt Eg-
lach's in Cod. *C.*)

b) Anno 1628, den 12ten tag Februarj, als Herr Czobor
Jannusch, (Herr auf Schossberg), im vorgehenden Jar In Ober-
Vngern gestorben, hat seine fraw oder hinterlassene wittib
an die Brüeder zu Protzka 40 ßß. (*L.:* 40 fr.) zu ires Herrn
begräbnus begeeren lassen, da es aber die Brüeder (gewissens-
halber) nit geben wolten, hat sie inen durch iren Hoffrichter,
welcher auch ein guete hilff darzue war, 4 ochsen gleich mit
gewalt nemen lassen. *A. — L.*

c) In disem 1628 Jar, (vnterm datum Crembsier, des
17ten Decembris), liess fürst Cardinal Franz von Dietrichstain
(als) vollmächtigter (Herr vnd) Gubernator des Markgraffthumbs
Märhern, Abermals im Namen Ihr. kön. Kay. Myt. ein offenes
Patent in Märhern aussgehen, des Inhalts: das alle Herren,
welche noch Brüeder vnder Inen im Dienst haben, disselben
Innerhalb 6 Wochen abschaffen sollen, bej vermeidung Ihr:
Röm: Kay. Mt. hocher straff vnd vngnadt. Auf solches sein
die vnsrigen säntlich, souil deren noch in Märhern

[1] Schintau, slovak. Šintava, magyar. Sempthe, ein uralter Marktort des
Neutraer Comitats an der Waag, die Verbindungsstrassen zwischen Tyrnau
und Neuhäusel beherrschend. Im 15. Säculum ein bedeutender Waffenplatz gegen die Hussiten.

28*

gewesen, abgeschafft worden vnd merertails herab zu
der Gemain In Vngern zogen.[1] *A. — L.*

1629.

a) Anno 1629, In der wochen nach dem Neuenjars Tag,
hat sich zu Levür ein söltsamer handl, so zuuor (in der gemain *L.*) nit erhört worden, eröffnet, welcher bei 9 oder 10
Maus vnd Weibspersonen getroffen hat. Die haben gar ein
sonderbaren Form Im beeten an sich genomen, nemblich Inen
absonderliche stuendt darzue erwält, auch solches haimblich
in winkhlen oder im waldt (oder stauden *L.*) aussgericht, von
welchen vil zu schreiben were. Weilen Aber ir seltsame weiss
gantz kein gottesdienst, (sonder vilmer ein gleissnerei) gewesseu
ist, auch händl vnd zerrüttungen In den werckstätten geben,
hat Man solche 9 Personen, weilen ir Sach gantz kein grundt
hat gehabt, sie auch kein trewen Rat oder bericht nit annemen
wolten,[2] (sondern nur hochmüetig auf iren vnwesen beharrten,
F. L.) der gemain zu Lebär angezaigt, aussgschlossen vnd
hinaussgethan. (Dan wer Nit mit vnss ist, der ist wider vnss,
sagt Paullus.) *A. — L.* Da sie inen selbsten muesten vmb brot
schauen, endet sich ir Beten. *F.*

b) In disem 629 Jar, den 1ten tag April, seindt 3 Br. als:
Geörg Leopoldt, Abraham Schäffer vnd Jacob Materner (Mathraner) durch Auflegung der Eltesten hendt im Dienst des
Euangelions zu Sabatisch bestätttigt worden. Es seindt auch
an disem tag zween andre Br. als: Geörg Gaul, ein weber,
vnd Hanss Albrecht, ein schuester, beide auss dem Schweitzer-

---

[1] Der Erzbischof von Gran, gegen diese Einwanderung ankämpfend, bemerkt darüber in einem an die königliche Hofkanzlei gerichteten Schreiben
ddo. Tyrnavia 14. Januaris 1629: ‚Nunc ex Helvetia et Suecia simplicem
populum tanta summa ad se alliciunt (Anabaptistae), ut proximo mense
turmatim plus quam octuaginta ad ipsos confluxere,‘ allen Mandaten zu
Trotz, die gegen sie erlassen worden seien, das letzte aus dem kürzlich
(1625) abgehaltenen Oedenburger Congresso. Als Mittel, dem zu steuern,
schlägt er vor: 1. ein Edict, ut summa vigilantia in Austria et Moravia
custodiant, ne aliqui Anab. ad ditiones S. Majestatis inire valeant, et
plebem seducant; 2. per Comissarios lustrari, et ad confinii aedificia
(Grenzhäuser) ad certum tempus mortificandi; 3. per mandata praecipere,
nullum christianum ut recipere praesumant, nec baptismum sua Sacri-
lega iteratione foedare audeant etc. (Ungar. Statthaltereiarchiv.)

[2] ‚Wie dan auch ainer gsagt: Er wolt sich ee lassen verbrennen, ee er
davon wolt absteen.‘ *F. L.*

landt, Im Dienst des Euangelions erwält vnd in die versuechung gstelt (vnd der gemain angezaigt *C.*) worden. *A.—L.*

II. Abschnitt.

**Was den Brüedern seit dem Tode Betlem Gabors bis zur Wahl
des Andr. Ehrenpreis zuegestossen, vnd was die vngrischen
recht vermögen. 1630—1639.**

1630.

a) Anno 1630, den 5. Februarj, hat es ein grosses
zaichen am Himel geben. Es hat also laut gesausst vnd ge-
rauscht, daz ich, der Schreiber disses Blatels,[1] mein Tag
vorher vnd seidt her Nie kein solches gereisch vnd lautes
saussen gehört hab. Ist zu Morgens vmb 5 Vhr, an ein Samstag
gewesen, hat ainer den andern angeschaut, aus Forcht vnd
schrecken kainer nichts geredt. Es hat zwar nit lang gewert,
ist geschwindt für Vber gewesen. Ich für mich hab krefftig
glaubt, der Jüngste Tag sey vor Handen, wie es dan zu Sabatisch den schlosser-kemet hat eingeworfen in dem Gereisch
(Eglauch's eigenhändiger Denkzettel in *C.*)

b) Anno 1630, den 15ten Tag Apprilis, vmb Mittags Zeit,
da gleich das maiste volckh von Sabatisch bey des Herren
Gedächtnuss Vber Feldt aussgewesen, da ist durch ein schnelles
Regenwetter ein solches grosses gewässer angeloffen, das es
zu Sabatisch vnsser sailler, haffner, binder vnd Hueter hauss,
so maistentails Newgebäw gewessen, im (grundt) eingewaicht
vnd gantz nidergefellt (gewaschen) hat. Dessgleichen andere
gebew seer Vbel verdorbt, vnd die gemayer vnderwaschen, also,
das der gemain für etlich 100 fr. werth schaden dadurch beschehen ist, vnd ist auch ein alter Br., auff welchen ein gebäw
gefallen, drunter vmbs leben komen, vnd sover solches Gewässer bey der Nacht also angeloffen vnd komen were, hete
es noch mehren daz Leben gekost vnd grossen Schaden gethan.
A. — L. Dan man kondt im kainen widerstandt thuen. *L.*

b) In disem 630 Jar, den 25a Maj, morgens (vmb 6 Uhr),
ist der Br. Hauptrecht Zapff, ein alter getreuer Diener des

---

* *K.:* 15ten Mai.

[1] D. i. der nachherige Brüdervorsteher Caspar Eglauch († 18. Dec. 1693).

Euaugelions, mit fromen Hertzen im H. entschlaffen zu Sabatisch. Scines Alters ist er gewesen im 84ten Jar, im Dienst des Worts ist er gestanden im 37ten Jar. (*A. — L.*) Er ist auch vber die 30 Jar der Eltesten Brüeder Schreiber gwessen. (*E. G. I. K.*) Er war ein vberaus guetter schreiber.[1]

c) In disem 630 Jar, den 1ten Tag Sept., am Sontag Morgens, da gleich vnser volkh bey der Leer gewessen, ist zu Dechtitz in der Herrnmül, darauff vnssre Müllner gewessen, (da vnsere müller der herrschafft gedient), ein Feuer ausskomen, darnach die gantze Mül[a] sambt den dazue gehörigen Ställen abgebrunnen, welches alles der gemain zu grossen schaden geraten ist; dan es hat die gemain der herrschafft solche Mül mit grossen vnkosten widerumb auffbawen müessen, auch den Böhmischen (*F. L.:* Schlobäckischen) Tuechmachern, so etliche Stück Tuech in der Mühl zu walchen gehabt, vnd die auch verbrunnen sein, solche bezahlen müessen.

Dessgleichen ist einem Müller sein kindt verbrunen; daher man endlich (*F. L.:* billich) mit dem Feuer gross sorg zu tragen hat. *A. — L.*

d) Anno 1630 befreyte Herr Caspar Illeshazy vnser Haushaben vnd die Brüeder in Soblahoff von den Giebigkeiten, die sie dem luterischen Predicanten leisten mussten. (Dubnizer Archiv.)

1631.

a) Anno 1631, den 16ten Tag Martius,[b] sindt zween Br. als: Geörg Gaul vnd Hanss Albrecht durch Auflegung der Eltesten hendt zu Sabatisch bestättigt worden.

Auch hat man an dissem Tag 3 Br. als: den Walser Rost, ein Schuester (auss Meichsen), Davidt Lachner, ein Kupferschmidt (auss Märhern), vnd Andreas Hiller, ein Schneider

---

[a] *F.:* das gantze Dachwerkh von der Mühl. — [b] *B. F. H. L.:* 15ten Marty 1630.

[1] **Hauptrecht Zapff** versuchte sich auch auf dem Gebiete des geistlichen Gesanges. Erhalten hat sich 1. sein Lied (von 10 Strophen): ,Ich klag dir o herr mein elendt' (im Cod. 232 und 236 Pos.); 2. das Lied (16 Strophen): ,So wil ich heben an — von gottes lob vnd preiss' (im Cod. 236 Pos.); 3. das Lied (20 Strophen): ,Hörendt ir gelibten alle — die ir in gott ergeben seidt', ,zu ain gut abschnidt aus diser welt gemacht a. 1630' im Ton: ,Es wolt guet jäger jagen' zu singen. (Cod. 194 und 203 Pos. VIII. c. Pest.)

(auss dem Schweitzerlandt,) im dienst des Euangelions erwält,
vnd in die versuechung gestellt.

Item hat man an dissem Tag, 6 Br. in den dienst der
Notturfft gestelt vnd der gemain zu Sabatisch (angezaigt, vnd)
fürgestellt.

Aber der Geörg Träss ist bald darnach (vmb seines vn-
aufmerkens) zu straff komen, ist des Dienstes entsetzt vnd
ausgeschlossen worden (*A.—L.*), that aber wider buess (*F. L.*)
vnd ist entschlaffen. (*L.*)

b) In disem 631 Jar, den 29ten Tag Nouembris, Morgens
vmb 4 Vhr, Ist der lieb. Br. Valtin Winter, Ein treuer
Dиener des Worts vnd vorsteher der gantzen gemain gottes,
(als er sich zuuor gegen die Eltesten seines gueten gewissens
erkleert, vnd fleissig vmb alle wolthaten gedankt, so im von
der gemain beschehen), mit fridlichem Hertzen im Herren entschlaffen zu Sabatisch. Seines alters ist er gwossen im 53 Jar,
im dienst des worts ist er gstanden: ins 21te Jar, die gemain
des H. hat er versehen vnd geregiert ins 10te Jar, Was er In
dem, das die gmain auss Märhern veruolgt ist worden, vnd
auch in der seer schwören Teurung vnd bösen kriegszeit,
neben andern fromen hat erlitten vnd aussgstanden, Ist nit
allein hir, ferner in disem Büchl, zu vernemen, sondern es kan
es ein yeder verstendiger auch selbst muetmassen. [1]

Als nun Gott der Allmechtige nach seinen gueten willen
den lieben Br. Valtin Im frieden auss dissem Jamertal hat hingenomen, haben sich alsbaldt nach seinem abschaidt Alle diener
des worts vnd der N. wie auch alle Hausshalter, Einkäuffer,
aussgeber vnd sonst vil alte vertraute Br. (zu Sabatisch) versamlet, sich ernstlich mit gott berathen, vnd bekümert vmb
ein andern getreuen hirten vnd bischoff Vber sein gemain. So

---

[1] Er erzählt dies zum Theil selbst in seinem ‚Abschaidtliedt' (Cod. 194.
203 Pos., *O. J.* X. 10 und *O. J.* VI. 32 Strigon.), darin er der Gemeinde
wünscht, dass ihr der Herr ‚einen guten Hirten beschaiden wölle', der
sie mit Lehr und Weisheit weide, sich selbst aber, dass ihn der Herr
bald erlösen möge, und will hiemit ‚vrlaub nemen'. Das oft genannte
‚Väterlied' gibt ihm das Zeugniss eines treuen, redlichen Helden, der sich
sein Amt mit Ernst liess angelegen sein, und dem es sauer wurde in
dem Kampf und Streit, den die Gemeinde, von Haus und Hof vertrieben,
und von Feinden und Missjahren heimgesucht, durchzumachen hatte
(Cod. VIII c.). ‚Zu Sobotisch geendet — auch daselbst begraben' (Lied
in 194 etc.).

ist solcher dienst nach genuegsamer beratschlagung durch ainhellig* vnd frölichc zeucknuss dem lieben Br. Hainrich Hartman, den 3ten Dezembris gemelten 1631 Jars, beuolhen vnd aufgeladen worden. A.—L.

1632.

a) Anno 1632, den 5ten Tag Marty, Ist der Br. Josef Würtz,
ein D. d. w. zu Sabatisch; den 16ten July der lieb. Br. Lorenz
Butz, ein D. d. W., als er der gemain, (sonderlich) in Crabaten, bej 9 Jar lang, (mit dem wort des Herrn D.) gedient,
zu Güssing; den 6. Augustj der Br. Hännssl Hartmayer, Ein
d. d. w., (zu Lebär); den 17 Tag Dezemb.b zu Sabatisch: der
Br. Hanss Egel, Ein d. d. N. vnd fürnemer alter getrewer
Hausshalter, Ein seer eiffriger Man, im Herren entschlaffen.
A.—L.

b) In disem 632 Jar, den 5ten Tag Marty Abents, da gleich
das volckh im besten schlaf gewesen, seindt vnverschens ein
hauffen (neugeworbener) Vngern (vnd Crobaten) in vnsser hauss
zu Protzka eingefallen, vnd ein grossen Raub gethan, doch
liess inen der alte Herr Czobor Emerich, (dem man es nach
Schossberg berichtet F., durch seine Husären vnd Edelleut
D. E. F. K.) nachjagen vnd ist inen der Raub zum Tail ab-
genumen vnd den Brüedern zum Tail wider geben worden,
(doch haben die Husären vnd Edelleut irer auch nit vergessen.
F. L.) A.—L.

c) In dem 632 Jar, den 7ten tag Novembris, Seindt 3 Br.
Walsser Rosst, Dauidt Lachner, vnd Andreas Hüller im dienst
des Euangelions mit aufflegen der Eltesten hendt bestättigt
worden zu Sabatisch. An disem Tag seindt auch 2 Br. in d.
d. N. erwelt vnd in die versuechung gestelt worden, Als nemlich: Johannes Born, ein hawer, (ein hess), vnd Hanss Meyer,
auch ein hawer, (ein schweitzer), vnd sein alle an gemelten
Tag der gemain zu Sabatisch fürgestelt worden. A.—L.

1633.

a) Anno 1633, den 16ten Augusty, zu Levär mit den Badern geredt.1 G. J. VI. 26.

---

* ‚Durch Mayste stinnen', sagt des Väterlieds Fortsetzer. — b F.: 17 September.
1 D. i. die alte Bader-Ordnung ernewert und den Genossen zu Gemüthe
geführt, die sie ausser Acht gelassen, so dass ‚da ainer gemainschafft

b) Anno 1633, (zur Frülingszeit), Entstuendt der Gemaindt zue Alwintz In Siebenbirgen (durch iren Eltesten) ein seer Trauriger vnd komerlicher Handl. Es schrieb der Br. Isacc Bauman, damals Eltester zu Alwintz in Siebenbürgen, einen brieff an der Vnsserigon ainen (In Crawaten), darinen er Neben anderen* Ires Landtfürsten auch gedacht. Disser brieff wurde in einem dorff, (Nit weit von Alwintz), zue einem Richter gegeben in Hoffnung, in mit einer glegenhait forth zu schickhen. Er blib aber wider verhoffen ein lange weil daselbst ligen, biss daz endtlich ein teütscher hoffdiener (zum Richter kam *D.*), den Brieff fundt, auffbrach, vnd lasse; vnd als er verhoffet, ein vrsach an die Br. zu haben, (ihme dardurch Gunst, den Brüedern aber Vngunst zue stifften), bracht er den Brief geen hoff, das er letstlich auch für den Landesfüersten, Geörgius Ragoczy kam. Vnd als er den liess lesen, vnd vernomen, daz seiner vnd seiner Regierung auch darinen gedacht worden, Hat er sich mächtig erzürnet, Liess alsbaldt die Fürnembsten Br. gefangen nemen, vnd in die Eissen schlagen, vnd als die Armen vnd vnschuldigen Brüeder ein zeit lang in Eisen banden vnd in hafftung glegen, liess der Landesfürst ein Recht Vber sie vnd die gantze gemaindt zu Alwintz besetzen vnd zwar, da kein Mensch nit schuldig war, ohne allein der (guete) Isacc, der den Brieff vnbedächtig geschriben hat, wurde dennoch die gantze gemaindt zu Alwintz zuem todt erkenndt, vnd die sach dahingezogen, Als ob sy nit allein am Fürsten, Sondern auch am landt zu verräthern worden seyen, auss welichen der gemaindt zu Alwintz vil komer, Wainens vnd wee klagens entstuendte, vnd Rüeffeten mit vil haissen Thränen zu Gott, vnd Baten gegen dem Landtsfürsten vnd seinen Rechtsbeysitzern vmb gnadt, das man doch der vnschuldigen verschonen wolle! Die sach wurde dahin gehandlet: Man soll Innen allen das leben schenckhen, Allein sie sollen ein straff an gelt erlegen, vnd wurde die Suma auf . . . . . .[1] gestelt, welches sie Endtlich one vorzug erlegen mucsten, vnd wurde solche handlung noch Vber solche straff Auch ins schwartze Buech, (wie sie es nennen), geschrieben, welches das komerlichste war. *A.* ⪥ *B.* — *L.*

Nichts gleich war und die Jugend so verderbt frech, ungehorsam vnd maisterlos wurdt!' (M. S.)

* Rakoczys Regierung *D.*, *B.*: seines Fürsten Regierung.

[1] Lücke in der Handschrift *A.*

Die Gemain zu Alvincz schicket botschafft heraus zur Gemaindt in Hungern, dem Brueder Hartman vnd seinen Mit-Eltesten, solchen Iren Kumer zu berichten, ob welchen nit allein der lieb Br. Hainrich, Sonder auch alle Eltesten der Gemaindt höfftig Erschrockhen. Schickheten als baldt zwen Br. d. W. zur Gemain in Siebenbürgen, Sie zu besuechen vnd zu trösten, haben auch die holdtsällige gedächtnus des Herren hochvestlich begangen vnd mit Inen gehalten. Der guete Isacc Bauman wurde wegen seines vnbedächtigen schreibens, dardurch er der gemaindt Souil komer vnd schaden hate zuegefüegt, der gemaindt angezaigt (¸ernstlich ersuecht'), Seines dienstes ent-setzt vnd aussgeschlossen. Als er aber als baldt widerumben ernstlich buess gethan, vnd von der gemain wider befreydiget vnd auffgenomen worden, Ist er, vngefär nach einom Jar, In seinem kumer erkrankt vnd zu Alwintz im Herren entschlaffen. Es war dazuemal des Br. Isaccs mitEltester, (als er in den Vnglückfälligen handl kam), der Br. Geörg Geer, dem wurde demnach, als der Isacc des dienstes entsezt worden, die ge-maindt zu Alwintz beuollen, Sie mit dem wort des Herren zue versorgen, vnd in Rechter Ordnung vnd Christlicher Gemain-schafft zue erhalten, (dem welle nun der Herr vil verstandt vnd weisshait geben, sein gemain wol zue Regieren, zum Preiss gottes vnd allen Fromen zum trost.) *A. ≃ B. — L.*

Es wurde auch da zuemal, (den 5ten Juny 1633 E.), vnd neben solcher handlung, der Esias Weih, seines handtwerckhs ein schneider (ein Mährer), In dienst des E. (in die Versue-chung erwehlt vnd der gemaindt zu Alwintz fürgestelt, welches sich alles im Monath Junj gemelten 1633 Jars hat zuegetragen. *A. ≃ B. — L.*

c) In disem 1633 Jar entstuendte der gemaindt des h. (sonderlich zu Sabatisch) abermals ein seer

Grosser Kummer,

wie volgt: Im vorgehenden 1632 Jar, den 18 Dezember, als der Herr Niagy Michaly Ferencz, ein tail-Inhaber der Herrschafft Bränich vnd des Brüederhoffs zu Sabatisch, An die Brüeder be-geret, Sie solten in mit 6 Rossen ybers gebürg hinab auff Ziffer¹ füeren, Haben Im die Br. solches abgeschlagen, sintemal

---

¹ Ziffer = Cziffer, ein Marktort mit 1238 Einwohnern und einem Schlosse, eine Meile südwestlich von Tyrnau.

sie kainem Herren, (weil sie derselbigen Zeit bei 13 Herren hatten,) zu roboten nit schuldig waren, Sondern järlich ein genante Suma gelts für die Robot vnd Hausszins erlegen muesten. [1] Auf welchen abschlag sich erwenter Herr seer erzürnet, vnd kam am bemelten tag, (das war auff einen Sambstag), früe geen Sabatisch mit ettlich seiner Hussären, wolt mit Hilff der Hussären vnd Forschtnern den Brüedern die Rosss mit Gwalt aus dem hauss nemen, vnd weilen gleich in selbiger vergangenen nacht der hausshalter, Als: der Br. Hanss Eglj, im Herren entschlaffen, auch der lieb Br. Hainrich Hartmau krankh zu beth lag, vnd sich kein Br. des handels gnuegsam annamb, wurde im hauss ein geschray vnd aufflauff mit vermeltung, man wolle vnss die Rosss auss dem stall nemen! Auff welches die handtwerkhs leyt Sowol als auch die Trescher, mit steckhen, hackhen, gabel, Trischel vnd was ein yeglicher in die handt bekam, seindt zuegeloffen, haben aber die wenigsten den Herren erkennt. Als in aber ein tails erkennt, vnd die Brüeder wider abgeschafft, das kain handt, am wenigsten an den Herren ist gelegt worden, Ist er (zwar im Zorn), da er zuvor auch etlich Brüeder auch ybel geschlagen, wider mit den hussaren dauon geritten, demnach, über 2 oder 3 stundt, schickhet er aber seinen Tworský [2] sambt etlich Hussaren, die solten den Br. Ire schwein von der waidt hinweckhnemen. Die halter brachten daz geschray Ins hauss: Man wölle vnss die schwein weckhtreiben! Da liefen die Br. sowol, auch nachtbaren, vnd zum Thail des Niarj Loyschen [3] diener hinauss, haben Inen die schwein wider abgenomen vnd sie der Massen Empfangen, daz sie mit bluedtigen köpffen die Flucht geben vnd die schwein doch wider lassen müessen.

Als nun des Herren Niagy-Michal Ferenczen diener mit Iren bluedtigen köpffen wider zue Irem Herren geen Rabniczky [4] komen, Erzürnet er sich höfftig über die Br. vnd schwuer solches hoch vnd thewer zu rechen, welches auch hernach

---

[1] Vergl. den Hausbrief vom Jahre 1613 oben bei dem Jahre 1613, den Franz von Nagy - Mihaly, als Composessor von Bereucs, mit unterzeichnet hat.

[2] Tworsky =: Dvorský (von dem slav. dvůr = Hof) = der Maier (villicus), in Ungarn = der Hofrichter, (dvorský sudi, udvár biró).

[3] Niary Lajos (Ludwig), Mitbesitzer der Herrschaft Berenes.

[4] Rovensko bei Sobotisch.

geschach. Der lieb Br. Hainrich erschrack ser ob solcher handlung, (obwol die Br. kain Handt an den Herren gelegt, auch
nur ir aigenes guet begerten zue schützen), Liess derhalben
die gantze Handlung von anfang biss zum endt In schrifft ver-
zaichnenn vnd Vberschickht es nit allain allen Tärtischen
herren, ¹ Sondern auch baiden herren Niary Ludwig vnd Bern-
hardus, vnd Klagte Inen den gwalt, den (er) mit vnss Brüedern gebraucht hate. Sie gaben baiderseits gueton trost, wir
sollen vns nicht förchten, wir haben nit vnrecht gethan, das
man solchen gwalt widerstanden sey.

Also blib es nun ansteen, biss in daz andere Jar, Nemlich biss auff den 22ten Augusty des 1633 Jars. Da kamen
alle Tärtischen Herren zu Senitz zusamen vnd liess obgedachter
Herr Niagy Michalj Ferrencz mit hilff seine Fraw Muetter,
vnd aller Tärtischen Herren durch zwelff Adels Persohnen Ein
recht Vber die Brüeder besetzen, zue welchen zwar die Herren
Niary auch berueffen wurden, aber sie wolten nit darzukomen.
Der L. Brueder Hainrich vnd seine Mit-Br. wurden, (als vnschuldig), auch für recht erfordert. Als sich aber der Br. Hainrich dessen enteissert, vnd sagt, wie wier vns kainer weltlichen
recht gebrauchen, (auch vermöge vnssers haussbrüeffs keinem
Herren noch einem von Adel, wer er auch seye, Nit schuldig
seyen, Im Stuel oder Rechten zue erscheinen, habe man ein
billich vrsache an vns, So kenne es wol, [vns recht], zwischen
den Herren verglichen werde. Es halff aber kein bitten oder
verantworten, Sonder wurdt der Br. Hainrich Sampt noch 4 Br.
mit gwalt durch hussaren für die rechtsbesitzer geschlöpfft,
vnd gezogen, (darbey· alle Tartischen Herren, Neben den
12 Adels-Persohnen, So daz recht füeren solten, sassen). Der
Herr Niagj Ferrentz stuendt auff, trat für die Taffel, daran die
rechts besitzer sassen, Klagt die Br. durch einen Procurator In
Lateinischer sprach an, (die anklag wurde auch lateinisch beschrieben,) nemlich des Inhalts, wie die Brüeder mit Trischlen,
Hackhen, Gablen vnd stangen Vber Iren grundtherrn geloffen
vnd in zue todt hetten schlagen wöllen! Die rechtbesitzer ver-
tolmetschten den Br. die anklag vnd bewilligten Inen antwort

---

¹ Caspar von Tardy und seine Agnaten, ebenfalls Antheilsbesitzer von
Berencs. Von dem Ersteren hatten die Brüder eine öde Hofstatt inne,
auf der sie in Sobotišt ihre Gemeindeschmiede errichteten, die noch steht!

darauff zu geben, wie wol sy vorhin der Br. Antwort vnd vnschuld wol wisten. Der L. Br. Hainrich fing an mit gantz
Erbaren worten, sprechende: Ir meine lieben Herren alle! Es
ist sampt vnd sonders wol wissent, wie ich vnd meine Br.
auffs höchste beklagt vnd vnderthenig gebeten haben, vns des
Rechts zu vberheben, Sintemal wier der weltlichen recht nit
bericht, es auch wider vnsser gwissen vnd wider vnssere haussbrüeff ist, vns darein zu begeben. Weil aber ich vnd meine
Mit Br. wider alles vnderthenige bitten vnd demuetiges Flehen
Mit gwalt herein für recht geschlöpft sindt worden, vnd ich
mich zu verantworten gedrungen werde, so bite ich, da ich es
etwan mit einem wort nit treffen möchte, vnd dem Recht gar
baldt was zu widerreden kundte, so wolle man mirs nit zue
vnguet haben, dan ich die hungerischen recht nit weiss, In
gleichen habe ich Rethorisch zue reden nit glerndt.

Man bewilliget im er solt nur reden.

Da fing er an vnd sprach: Ir lieben Herren! Euch ist
wol wissent, wie wier bej 12 oder 13 grundtherren haben, da
vast ein yeglicher der Fürnembste sein will, daher wir mit Inen
In einen Contract gangen, vnd denen für die Roboth, Neben
dem Hauss Zinss, ein genannte Suma geldts bewilliget Zue
geben, nachdeme es vns vnmüglich were, Souil Herren zue
Robaten, dessen sich alle Herren bewilliget vnd einen Contract
oder haussbrüeff mit vnss auffgericht, Wie die Herren Rechtsbesitzer hie mit gegenwertiger Abschrifft des Haussbrüeffs vnd
anderer Freyhayten, So vnss die Herren geben haben, gnuegsam sehen können.

Nun aber seindt wier durch gegenwerdigen Herren Niagj
Michalj Ferenczen wider die Billigkait vnd des haussbriefs
Fryhait zu Robothen getrungen worden. Er hat vnss auch
noch die Ross mit gewalt auss dem Hauss Nemen wöllen, Auch
mit schlagen vnd schröckhen selbs erregt, das durch die
vnssrigen ein solcher auffstandt sich gegen in erhäbt hat, vnangesehen, daz man Im gesagt, das heut die nacht der hauss-
wirt gestorben vnd noch vnbegraben im hauss liegt, vnd vber
solches bin ich auch krankh zu beth gelegen vnd hab an
solchen auffstandt gantz kein schuldt; hab auch die Jenigen,
die solchen auffstandt gemacht, mit ernstlicher straff darumb
ersuecht. Ist aber in allen dem Herren etwas zuem Verdruess
beschchen, so bith ich anstatt mein vnd meiner Mitbrüeder

gantz vnderthenig vmb verzeihung vnd befremdtet mich abermals, daz ich wider des haussbrüeffs Freyhait Also für recht
geschlöpfft bin worden, da doch ausstrickblich im Haussbrieff
vermeldt ist: Wen sich vnder den Br. yemandts sträfflich er-
funde, so wöllens die Herren selbs nit straffen, sondern es den
Eltosten Br. vertrawen, vnd haimstellen.

Was soll man aber sagen!

Es galt da weder haussbrieff, Frayhait, noch ander verantwortung nichts, Sonder es muest der ghrecht nur vn-
ghrecht sein!

Die Rechtbesitzer liessen nit allein die Br., Sonder auch
den herren Ferrencz, sampt seiner Muetter, vnd die andern
Tartischen Herren abtretten, es wurden aber die Br. vleissig
verwacht, das kainer bej seit konde. Nach langer berath-
schlagung liessens die Br. allein wider für sich komen. Sie
sprachen zum Br. Hainrich: das vngerisch Recht habe ein
solche gewonhait, ee daz man dasselbige aussaprech, vnd forth-
geen lasse, suech man die Perteyen zu vergleichen! Also sey
ir Rath: Man soll es nit lassen darzuekomen, daz man Recht
aussaprech, Sonder man soll auf mittel gedacht sein, Sich mit
dem Herren Ferenczen zue vergleichen.

Der Br. Hainrich sprach: Ist doch daz allweg vnser begeren gwessen, vns des rechts zu entlassen. Es sei nit allein
wider vnser gwissen, Sonder sey auch einem armen vnderthanen ein schandt, mit seiner grundtobrigkeit zu rechten!
Weilen wir vns auch vnschuldig befunden vnd der handl durch
Jenen herren erregt ist worden, Er auch der vnsserigen etliche
geschlagen, Ist es vns schwer etwan ein straff zue geben, Sintemal wier solcher Junger herren mer haben vnd sie auch demnach vrsach an vns suechen möchten, damit sie vns zue straff
brechten. Damit aber die sach beim Nähendern bleybe, weillen
er, Herr Ferrenz, In solchen Handl Etwaz zu schanden ist
worden, wil ich gleichwol zuem vergleich schreidten vnd im
etwaz ein ergötzlichkait thuen, weilln aber die herren Niary
gleich so vil tail an vnss Br. haben Als sie, die Tärtischen
herren, Kan ich one Iren Rath nichts thuen, vmb einem abtridt bitende, Mich mit den herren Niary zu vnderreden.

Der Abtridt wurde im bewilligt.

Also gieng der Br. selbander zue baiden bemelten herren
Niary, die gleich auch zu Sennitz waren, zu sehen, wie es mit

dem recht hinauss wolte vnd zaiget Inen an, was der Rechts-
bejsitzer begeron sej. Die Herren Niary wolten nit bewilligen,
das man etwaz geben solte, sprechend: Ir seyt vnschuldig im
handl vnd solt noch geldt geben? Doch bewilligten sie letzst-
lich noch, damit es frid zwischen den Herren vnd Br. wurde,
die Br. solten dem Herrn Ferrenczen 40 Reichstaller zue ver-
gleichung anerbüeten! Der Br. Hainrich sampt den Andern
Br. traten wider für die Rechtsbesitzer vnd bewilligten 40 Reichstaller zue geben. Sie warens zue frieden vnd liessen die Br.
wider abtretten, forderten die Tartischen herren Sampt dem
Herren Ferrencz vnd seiner Muetter für sich, zaigten Inen der
Br. bewilligung an, Sie aber wolten nit (da)mit zue friden
sein, Sondern trugen darauf: man solle daz recht geen lassen
vnd aussprechen. Die Br. wurden für recht erfordert, In gegen-
wärtigkeit aller Tartischen Herren, vnd Man zaigt Inen an daz
man Inen daz recht vorlessen werde. Da stundt der Procurator
auf, vnd verlass es den Brüedern in latainischer sprach. Man
verdolmetschte es den Br. Der Inhalt war: daz in gegenwär-
tigem vn-Parteyschen recht Erkenndt vnd beschlossen vnd zue
recht erkendt sey worden: Weiln die Br. Ire Obrigkait vnd
grundtherren In Irem hauss wölten zue Todt schlagen, So haben
sy alle, Klein vnd gross, das Leben verfallen. Doch wölle sie
daz recht so uil begnaden, vnd nur 12 der fürnembsten Br.
hernemmen vnd Inen die köpff lassen abschlagen, die andern
mögen bej Leben bleiben!
   Item, daz Recht wölle noch mehr gnadt erzaigen vnd
auch den 12 Br. das Leben schenkhen; Allein bej dem soll
es verbleiben, daz die Br. von yeglicher Manss-Person, welche
yber 12 Jar alt ist, Sollen 40 gulden erlegen! Wurde auch
daz beschribene recht von allen Rechtbesitzern versigelt vnd
must sich ein yeglicher mit aigener handt (Neben seinem sigl,)
vnderschriben vnd wurde solch beschribenes Recht dem Niagy
Michaly Ferrenczen zue gestelt.
   Also hatte daz recht seinen aussspruch, vnd stuendten die
Rechtsbesitzer auff.
   Die Br. gedachten auch gegen die Rechtsbesitzer, das
vns der Herr Ferrencz die schwein hat wöllen nemen lassen.
Sie wolten aber nichts dauon hören, Sondern sprachen: Man
hätt den Husslken recht gethan, daz man's Inen hab abgenomen; Man hab sich hiemit nit versündigt. Man sej der gwalt

mit gwalt widerstanden; Aber ainer grundt Obrigkait soll man
nit widersteen! In dem habe man sich verschuldigt, daz man
handt an die grundtobrigkait hab legen wellen!

Die Tartischen Herren, sampt dem Herren Ferrentzen
vnd seiner Muetter, waren Fräydig, das Inen daz recht ge-
hörter massen zuegesprochen wurde. Aber der L. Brueder
Hainrich, samt den andern Br., waren biss in den Todt betrüebt vnd wurde auch der Br. Hainrich sampt noch 2 Br.
Alsbaldt vorm recht, (welches man billicher weiss vnrecht
nennen solte), gefenklich angenomen, dem richter yberantwort
vnd als ybelthäter bej tag vnd nacht starckh bewacht, Aber
die andern 2 Br., so auch vor recht gestanden, liess man
ledig. Sie wolten aber von dem Br. Hainrich vnd den andern
Br. auch nit weichen, bis es Letzlich dahin kam, das man sie
auch zue den Andern in die gefenckhnus legete.

Des andern Tags, nach ausgesprochenem recht, schickhten
die Tärtischen herren geen Sobotisch ins Br. Hauss, liessen
alle mans-Persohnen, So yber 12 Jar alt waren, In allen Handt-
werckhsstuben vnd im gantzen Hauss beschreiben vnd verzaichnen, vnd da sy auff yegliche Persohn 40 fr. rechneten,
lueff es in der Summa auff etlich 1000 fr. Aber die Br.
wolten sich Keinswegs bewilligen, etwas zu geben, vnd war
die gantze gemain in grossen komer, Angst vnd Traurigkeit
vber dissen betrüebten handl. Man thet auch täglich gemaine
fürgebeth zu Gott dem h., das er doch sein volkh nit verlassen
wölle!

Die Herren Niarj waren auch betrüebt yber der Br. gefenckhnus vnd Raisseten gleich in vnwillen von Senitz wider
geen Sabatisch vnd trösteten die Br., sie Irer gefenkhnus Baldt
wider zu erledigen, vnd schriben zwar an die Tartischen
herren, Aber sie vormechten nichts an Inen, Also, daz es dahin gerith, daz die herren Niary vnd Tartischen herren gegen
einander zue Feinden wurden, wegen der Brueder.

Die Tartischen besorgten, die Herren Niary möchten
inen (mit hilff des Herrn Lonay Sigmunden, (des Herrn Niary
Bernhard's Schwager), welcher gleich aus Ober-Vngarn herauff
komen vnd vber die 40 hussären bej sich hate, (Auch ernstlich
an die Tartischen Herren schribe), die Br. mit gewalt auss
der gefänckhnus nemen; wurden derhalben zu rath, die gefangnen Br. von Senitz weckhzuführen, welches auch also

geschah. Denn als die Br. 4 Tag zu Senitz gefangen lagen, stellte man Inen früe Morgen vor Tags ein Wagen fürs Hauss, darinen sie gefangen lagen. Man nam sie in eil aus der gefenckhnus, setzte sy auff den wagen, als Nemlich: den Br. Hainrich Hartman, Jacob Materaner, auch ein D. d. W., Hanss Schryffel, schreiber, Paul Wenzl, fürgestelten Haffner, vnd Elias Otwenowskhy fürgestelten sayler, vnd füert sy yber das gebürg geen Gotzknova, [1] ins herren Niagy Ferencz Mühl. Der herr Ferencz vnd die andern Tartischen herren, die Reisseten mit hinab.

In bemelter Mühl legte man die 5 Br. In ein gwelb gefangen vnd verschloss sie alle nacht. In wehrender Zeit kommt der Herr Ferencz offtmahls zu den Br. mit andern Fremden herren, denen er die Br. zaiget, mit spottworten: Da habe er den Br. König gefangen! Die Br. heten in wellen zue Todt schlagen, daher sie im durch das recht zuegesprochen sein vnd vberantwort worden! Muesten also die Armen Br. zu Irer gefenkhnus vil Angst, spot vnd schmach erdulden. Ein weil droet man sie zu prügln, das andermal, man wölle sie auf ein vngrisch granitzhauss verkauffen, wen sy sich nit werden auslösen, oder mit Irem herren vergleichen. Die Br. aber liten alles mit geduld vnd bewilligten nimals einen pfennig zue geben.

Die herren Niary bemüehten sich zwar seer vmb der Br. Erledigung, wollten ein Neues recht schöpffen vnd mit den Tartischen herren halten, wurde aber wenig ausgericht. Raissten auch zum Landes Fürsten, Herren Pallatinus. Der gab zwar schreiben vnd beuelch an den Herren Ferrencz: die Br. Ledig zu geben, Aber es wolte auch nit helffen, sondern er sprach: Es habe Ime weder der Herr Pallatinus oder Ja auch der hungerische König In dem nichts zue gebüeten, was im einmal in dem vngerischen Recht zuerkenndt sei worden! Vnd als die Br. bej 3 wochen lang in der Mühl gfangen lagen, kam er eins Morgens früe, (er hete beysorg, es mechten im die Br. mit gwalt gnonen werden,) mit dem Richter zue den Br. in die gefenckhnus, fragt den Br. Hainrich: Was wöllt Ir thuen? Wöllt Ir euch mit mir vergleichen? Der Br. Hainrich

---

[1] Gotzknowa das jetzige Dorf Goeznód, slav. Coenova, deutsch Gottesgnad, zwischen Ziffer und Modern (Pressburger Comitat).

antwortet im: Hab ich's doch dem Herren vil mal gsagt,
daz ich nichts zue geben hab, dan ich hab nichts zue geben,
weil ich nit mer hab, als mein girtl beschleusst. Der Richter
hatte 2 Ketten mit schloss in henden, damit man die Ross
auf die waidt spanndt. Der Herr benalch den Richter: Er solls
dem Br. Hainrich vnd Jacob anlegen. Der Br. Jacob vnd
Hanss Schriffel baten ernstlich für den Br. Hainrich, der Herr
soll doch des Alten Manes schonen: Also wurden die ketten
dem Br. Jacob vnd Hanss angelegt, (vnd) der Herr liess sie
alle 3 auff einen gutschwagen setzen, füert sie eillendts hinweckh in ein dorff, haiss Wisteckh,[1] da thet man sie zum
richter, der versperret sie bei 4 stundt lang in ein finstre
kamer. Den armen 3 Br. war gar angst, wussten nit, wo man
sy werde hinfüeren, Besorgten man wurde sie weit weckh von
der gemain, vber die Thonaw oder gar auff Wien füeren, wie
Inen zuvor gedroet worden.

Der Herr Ferrencz liess die Br. bej dem Richter ligen,
liess eins tails hussaren bei Inen, sie zu verhieten, Er aber
Ritt auffs Schloss Bibersspurg[2] vnd ersucchet den Herren
Kraissobristen, Herren Steffan Palfj, dass er im die gfangenen
Br. ins schloss in verwarung nemen solle, welches im bewilliget
wurde. Die Br. fragten vnderdessen den Richter im vertrauen,
wo man sy werde hinfüeren. Er sagte, er wisse es nicht, kundt
es auch von den hussaren nit erfahren, dan sy es villeicht
auch nit gewist haben. Der herr kam wider vom schloss, saget
dem richter, er werde die Br. aufs schloss Bibersspurg füeren
lassen! Der Richter saget's den Br. in geheim, dessen die Br.
sich Letstlich erfrayten, das sy nur nit weiter gefüert wurdten.

Nachdem der Herr den Rossen liess ein wenig Fuetter
geben, bevalch er dem Richter, er sol die gfangen Br., widerumb auf den Wagen setzen. Wurden alsbald aufs Schloss gefüert, dahin sie vom gemelten dorff ein klein meyl haten.
Der Herr sampt sein hussären ritt mit Inen.

[1] Wisteck   das jetzige Dorf Visztuk, slav. Viztok, ½ Stunde östlicher
von Gottesgnad oder Cornova; eine croatische Colonie.
[2] Bibersburg, magyar. Vörös-Kö, slav. Cerveny Kamen   Röthelstein, eine
uralte Felsenveste, noch wohl erhalten, eine Stunde nördlich von Modern,
am südöstlichen Abhange des weissen Gebirges, seit 17 Säculo in ununterbrochenem Besitze der Magnatenfamilie Pálfy.

Als die Br. ins Schloss kamen, da liess man sie ein guet
weil vnder dem Thor steen, yederman im schloss lueff zue,
vnd wollt daz wunder sehen. Die Br. schämbten sich seer,
trösteten sich doch darneben, das sy solches alles vmb vnschuldt leyden. Vnderdessen kam der Burckgraff des schlosses
daher, schnauzet die Br. mit gantz rauhen worten an, warff
ein yeden ein Paar schwere Fesseleyssen für die Füess,
Sprechende: Ir miest Nun vnder meiner handt als gefangene
sein! Ich hab von mein gnädigen Horrn den beuelch, das ich
euch soll lassen in disse Eissen schlagen. Darinen müest Ir
arbaiten, Stain füeren, Wasser, Holtz vnd andere Notturfft
im schloss zur handt tragen! Die Br. erschracken Abermals
seer, das man sie also ybel empfieng. Der Burckgraff nam die
schlüssel vnd hiess die Br. mit im geen. Er sperret ein finstre
stinkhendt vnd vnsauber gefenckhnus auff, steckhet die Armen
Br. hinein, vnd sperret wider zue. Den Brn. füeng an in dem
gefenckhnus zu gschwanden, vor dem graussamen gestankh,
da sy dan gantz Niechtern waren vnd denselben gantzen Tag
biss gar auff den Abent weder gessen noch getrunckhen haten.
      Es begab sich gleich, daz der Hawsshalter von Gessels-
dorff vmb vrsach willen auffm schlosse war, vnd als er der
armen Br. Angst vnd noth sahe, gieng er zum Herren Obristen,
Herrn Steffan Palfj sowol, auch zum Herren Ferrenczen, vnd
bath sie getrungentlich, Sie solten den Brn. ein gnadt erweissen
vnd sie der stinckhenden gefenckhnus entlassen. Aber es wurd
im alle gnadt abgeschlagen. Er liess aber nit nach, Sondern
gieng Zuem Andern vnd dritten mahl für bemelte Herren, vnd
als sy sein vnablässiges vnd demüetiges bitten sahen, bewilligten
sy, man mag Letstlich den Br. Hainrich, vmb seines Alters
willen, herausslassen, auff welches auch der Burckgraff baldt
den Br. Hainrich heraussliess, vnd als der Burckgraff der Br.
vnschuldt zuem Theil vernam, sprach er zue den Andern 2 Brüedern: Er welle Inen die Thür der gefenkhuus offen lassen.
Sie solten sich darunder setzen, damit sie ein Lufft angee vnd
sie aussen gstanckh komen. Der hausshalter bemühet sich auch,
daz er dem Br. einen Tranckh Wein vnd ein Bissen Brodt
zu wegen brachte, daz sie sich wider ein wenig erlabten. Auf
den abendt wurden die Andern 2 auch auss der gfenckhnus
glassen vnd lagen Also alle 3 yber nacht auff blosser erden
vor dem gfenckhnus. Der hausshalter namb mit nassen augen

vrlaub von den Br., gieng haim geen Gesselsdorff vnd saget,
wie es den bemelten Br. ergieng, yber welches alle fromen
hochbetrüebt wurden. Des andern tags that der Burgkgraff
die Br. in die Trabantenstuben, darin sie Ledig, doch die 2
in des spannketten herumbgüengen. Ich eracht aber es sey
des Herren beuelch gewessen. Vmb Mittags Zeit kam der
burckhgraff in die stuben, bracht 2 Par schwere eissen, auch
den schmidt sambt seinem werckhzeug mit sich, vnd sprach
zu den 2 Br.: Kombt her, ich muess euch in disse eissen
schlagen lassen, vnd sperrt dem Ainen die Spannketten auff.
Da aber er den andern auch wolt ablössen, hat er den rechten
schlüssel nicht vnd kondte nit auff sperren. Da sprach er: Ich
will euch in denen Eissen lassen, Ir werdt mir darin nit entlauffen, vnd leget dem andern die sein ketten wider an die Füess.
Die andern 2 Br., als nemlich Paul vnd Elias liess der
Herr Ferrenz noch Lenger in der Mühl zu Kotzknowa. Die
gueten 2 Br. hofften belder ledig zu werden, als der Br. Hainrich
vnd die andern Brüeder; aber es was bej dem Herrn Ferrenczen kein gnadt. Da, als bemelte Zween Br. mit vnwarheit
gegen in seindt angeben worden, als ob sy dem Herren Niary
geschrieben hetten, daz er sy in Irer gefenkhnus zum Dantzen
vnd andern vntugenten gezwungen hete, (was er aber nit gethan, es auch die Br. keineswegs nit von im aussgeben hatten,)
wolt er dennach Irer warhafftigen verantwortung nit glauben,
Sonder liess sy hernemen, auff die Erden niderlegen, vnd mit
3 Priglen vbel schlagen, vnd in ein bösse vnsaubere gfenckhnus legen, vnd ob sein Fraw der Br. vnschuldt erkennet vnd
ernstlich für sie badt, wollt es doch nit helffen, welches endtlich dem Br. Hainrich vnd den andern 2 Br. ein Forcht erregt,
er mecht sy auch priglen lassen, wie er die andern gethan
hatte. Aber es wurde vermittelt, dem Herrn sey der Preiss!
Der Br. Simon Lörcher, Eltester zu Gesselsdorff, bemühet
sich vil bej seinem Herren, Graffen Hanss Palfy, dass er dem
herrn Ferrenczen schrib, daz er die 2 Br. aus den Eissen
lasse vnd auch die andern 2, den Paul vnd Elias, auffs schloss
Bibersspurg zu den andern Br. schickhen solle, welches auch
alsbaldt geschah, vnd wurden die 2 der Eissen entledigt vnd also
alle 5 ins schloss Bibersspurg gebracht, vnd obwol noch kein
trost der Erledigung nit vorhanden war, So waren sy dennoch
fro, daz Inen Gott der Allmechtig zusammen geholffen hat.

Es bemüheten sich die Eltesten Br. Zwar seer mit Raisssen
vnd Potschafften, wo sy hoffeten etwas auszucrichten, vmb der
Br. erledigung, wurde aber wenig aussgericht, sintemal die
herren Niary nit bewilligen wollten, daz sich die Br. mit den
Tartischen Herren In ein vergleich geben solten vnd vertrösteten die Br. alle Zeit: Sie wolten Inen Ire sach mit Recht
aussfüren, daz es sie Nichts kosten solte.

Sie vermochtens aber nit, vnd was kein anders mitl, dan
der Vergleich mit den Tartischen herren vnd herren Ferrenczen.
Die herren Niary bemüheten sich zwar seer, sampt
den Eltesten Br., biss daz sie es Letstlich dahin brachten,
daz der Landts Fürst, Herr Pallatinus, den herren kraiss Obristen, Herren Graffen Steffan Palvy, darzue verordnet vnd
vermöcht, die Sach zwischen den Tartischen vnd den Br. zu
uergleichen. Also schicklet er vmb den Herren Ferrenczen
vnd sein Muetter vnd trüb sie dahin, daz sie zum vergleich
schreyten solten. Er begeret an die Br. ein zimlich Summa geldts,
der Br. Hainrich schlug es truckhen ab, mit fürwendung: Er
für sein Persohn gebe nichts. Er habe auch nichts aigens, Ja
nichts mer, als sein gürtl beschlüesst!

Die Frawe Graffin Steffan Palvin, die nam sich der Br.
auch nach vermögen an, vnd redet in allem daz Beste. Auch
stuendten etliche Eltesten Br. ins Mitl, weil sie sahen, das kein
anderer weg nit sein wolt in der Br. Erledigung, dan, daz dem
Herren Ferrenczen ein wenig Ergötzlichkait müest geschehen!
Dan er es seer angezogen, daz im gar vil auffs Recht vnd
Ausshaillung der gschlagenen Hussaren gaugen seye! Haben
sich die Br. verwilligt die schulden, die er den handtwerckhsleuten aussstendig gewessen, (welches nit gar vil angetroffen),
nachzulassen, vnd darneben noch mit etlich Reichstallern ein
ergötzlichkait zu thuen, dessen er auch nun sampt den andern
herren zufriden wurde, vnd wardt also, Gott sey lob, der
kumerlich handl eimal verglichen, vnd zween vertragsbrieff
auffgericht, welche der Herr Graff Steffan Palvy mit seinem
Petschafft vnd eigen handt-vnderschrifft bekrefftiget. Auch
mueste der H. Ferrencz sein Petschafft auftruckhen vnd sich
vnderschreiben, welches beschehen den 8ten Octobris des 1633
Jars. Die Brüeder wurden darauf ledig gelassen vnd kamen
mit freyden vnd vnbeflecklhten gewissen wider zu der gmaindt.
Der Herr Im Himel wöll fürthin die gmaindt vor solchen

kumer gnädig bewaren. Es ist auch der Nachkomenden
Zuer Nachrichtung verzaichnet darbey sie zue sehen
haben, wie ein grosse sach es sej, handt gegen einen
herren aufzuheben, vnd was dj vngrischen.recht vermögen!!¹ A.

1634.

a) Anno 1634, den 4ᵗᵉⁿ Aprilis, ist der (lieb) Br. Michl
Grossman, ein Alter Diener des W., Morgens vmb 5 Vhr zu
Sabatisch; den 22ᵗᵉⁿ Augustj: der Br. Simon Lercher, ein
alter Diener des W. zu Techtiz im Herren entschlaffen, (seines
Alters im 71 Jar). *A. — L.*

b) Anno 1634 mit den Naterin(en) zu reden, vnd zu Levār
mit Inen geredt.² *G. J.* VI. 27.

---

¹ Cod. *K.* fasst die vorstehenden Aufzeichnungen in nachstehenden Worten
zusammen: ‚In disem 1633 (1632!) Jar den 18ᵗᵉⁿ Dez. begert ein Bre-
nischer Herr N. M. Fercucz an die Br. zu Sobotisch, sie solten in mit
6 Rossen Vhern weissen Berg füren. Weillen aber die Br. dazumalen
die Robot abgekanfft hatten, schlug man es im freundtlich ab. Da wolt
er die Ross mit gewalt nemen. Das gab ein böss handl, das er den
Br. Hainrich Hartman, Eltesten der Gemain, sampt 4 Br. gefangen namb,
vnd fürt sie gefenkhlich hinweg auff Gottsguowa in sein Mil letstlich
auffs geschloss Biberspurgen vnd nach 5 Wochen wurdte der Handl verglichen.' Die übrigen Cod. *B. — I. L.* enthalten nicht viel mehr als *K.*

² Was denselben und ihren Vorsteherinnen in dieser Versammlung eingeschärft wurde, bestand (in Kürze) in nachstehenden Weisungen:
‚1. dass die Zueschneiderin redlich, fleissig vnd Embsig sej, auch ge-
schmeydig mit der gmain sach vmgeh, auf ire Leut fleissig achtung habe
vnd sorge, dass guete Arbeit gemacht werde, vnd das es bej Inen frid-
lich, Erbaulich vnd zichtig zuegeo; 2. die Zueschneiderin soll sich keineswegs vnderstehen Leines-gewandt zu vergeben, in allen Dingen den
Ausgeber zu Rat haben, mit den draussigen Leuten, so ir zu Näen
bringen, freundlich sein, sich, wen ein zwietrach vnder den Naterin
entstet, schnell ins mittl legen; 3. die jungen Nater-dirnen sollen nit die
Hoffart lernen, vnd nit der Buelschafft pflegen, es dan sy die arbait
lernen, vnd ir Tagwerk machen können; 4. nit Im Hof vmblauffen, one
hüet, mit blosen stirnen; 5. wenn man sie anredt, nit schnalzen vnd
widerpefflzen; 6. keinswegs verbotten arbait machen, als: weite Ermel,
hohe Krägen, Nätel, in Suma alle hoffart meiden vnd auch den Aigennutz; 7. der Zueschneiderin nit nachreden; 8. Abents nit so lang vmb
die Thüren stehen vnd schwätzen, (sondern) fein zur rechten Zeit
schlaffengehen vnd zur rechten Zeit aufstehen; 9. nit alle ding, was im
Hauss fürgeht, in der Naterstuben ausrichten; 10. die Gespunst kostet
vil Müh vnd Arbait, Solches in allen Dingen bedenken.' (*G. J.* VI. 27.)

1635.

a) Anno 1635 den 18ᵗᵉⁿ Januarj mit den Badern abermals geredt. *G. J. VI.* 26.

b) Anno 1635 am 2ᵗᵉⁿ Febr. in der lichtmess ist durch ein vnvorsichtige schwester, der Naterinen zueschneidorin, ein Feuer auskumen, auf solche weiss. Als sie ein Lichtbotzen auf die Naterbrucken geworffen, ist derselbige durch · die klufften der Brucken auf die Flecken gefallen, welche sich demnach, da sie ins bett ging, entzündet vnd daz ansenlich gebäy, zwei gemach hoch, abgebrannt, wie auch ir Mel vnd Trät das Meist in Rauch aufgangen.

Ich aber C. E. (C. Eglauch) habs anders verstanden. Da sie etwas vber die Zeit aufgwesen, hat sie gefürcht, der Hausshalter sicht daz licht, vnd stelt es vnter die brucken, bis sie ir gebet verricht, vnd die laden sein glüendig geworden, vnd da sie schlaffen ging, hat sichs ye mer entzündet. *(C.)*

c) Anno 1635, den 14ᵗᵉⁿ April, ist der Br. Felix Schweitzer, ein D. d. Notturfft, dem auch das gantze Müllner- vnd Zimmerhandtwerckh in der gemain etlich Jar lang benolhen gewessen zu Sabatisch im H. entschlaffen. *A. — L.*

d) In disem 1635 Jar, (vmb die Schnitt oder Erndte Zeit), den 5ᵗᵉⁿ Tag Junj,ᵃ ist der Br. Esaias Weyh (Weih), (von der gemain in Siebenbürgen in Dienst des worts in versuechung gestelt), von Alwintz in Siebenbürgen herauff in die gemain komen. Da ist er (am bemelten Tage zu Sabatisch) mit auflegen der Eltesten Hendt im Dienst des E. bestättiget worden. *A. — L.* (vnd demnach mit einem völckhl wider hinab nach Wintzᵇ gezogen.) *B. — L.*

e) In dem 1635 Jar den 16ᵗᵉⁿ Majᶜ ist der Br. Johannes Born vnd Hanss Mayer im dienst des E. bestättigt worden zu Sabatisch.

An disem Tag wurde auch der Br. Clauss Messner, seines Handtwerckhs ein schuester (aus dem schweitzerlandt: *B. D. F. H.*), im Dienst des E. erwelt vnd der gemain (zu Sabatisch) in die versuechung fürgestelt. *A. — L.*

ᵃ *C.:* 20ᵗᵉⁿ Mai. — ᵇ *L.:* Alwintz. — ᶜ Cod. *C. D. F. K. L.:* Den 2ᵗᵉⁿ Maj. Cod. *A.* nennt keinen Tag.

1636.

a) Anno 1636, den 27. Martius,* Ist der gemeindt abermals vil schaden zue handen gestossen, Nachdem vormittag
(vmb 8 Vhr) zue Sabatisch im Marklit gegenüber vnserm hauss,
in der gassen gegen vnsern Treschhoff vnd Saylerhauss, doch
Jenseits des Bachs, beim Thomas Misslik genandt, (durch einen
schmidt), ein Feuer ausskomen, dardurch in dem Markht vber die
60 Heüsser abgebrunnen, vnd weilln denselbigen Tag ein seer
grosser windt gangen, vnd das Feuer yber den bach auff die
andere Seiten der gassen gegen (vnsere Träschhoffhüten vnd)
das Br. Hauss getragen, hat es erstlichen vnssere strohtrischten
vnd Heyhütten betroffen. *A.*

Und ob man zwar mit höchsten Fleiss dem Fewer widerstandt gethan, hat man es doch nit erhalten können, sonder
ist in einer viertell stundt vnsser gantzes Hauss in völligen
brandt gestanden vnd alles in Aschen gelegt worden, vnd nit
sovil Dach bliben, daz ein einige seel het drunter wonen
können. Dan es waz ein so schröcklicher windt, daz man
gleichsam dem Feuer nit hat entfliehen könen, wie dan auch
9 Persohnen Ir leben drunter lassen muesten vnd ein tails
sogar verbrunnen, daz man nichts mer von Inen finden können.
(Man eilet, daz man nur die Kinder möchte erretten. Sonst
wolt kein widerstandt nit helffen, wie häfftig man sich [auch]
bemühet. *L.*) Also ist der Gemain an getraidt, Mel, Tuch,
Woll, Leinwadt, Hanff, vil köstlichen Handtwerckhs-Zeug, auch
an vich vnd Haussrat, one die wolgebauten Heysser, so alle
zue grundt gingen, ein seer grosser schaden beschehen, also,
daz alles volckh zu Sabatisch im hauss nit einen Bissen Brodt
noch einiges stayblein mel erhalten vnd also in die Eisserste
Armuet gerathen ist. Daher die Eltesten Br. daz Sabatischer
Völckhl in andere hausshabung einzutailen, vnd die Brandt-
statt zu verlassen vermeinten. Der Bruder Hainrich schikht
auch balt zu allen Branischen herren, (deren ein Tail weit,
Jenseits der Thonaw wohneten,) liess Inen solchen schröckh-
lichen Zuestandt vnd schaden anmelden vnd begeret, vns
Ledig zue geben, sintemahl vns vnmiglich, das Sabatischer
hauss wider zue erbawen vnd in vorigen standt zue bringen.
Die Herren truegen sämentlicher gross mitleiden mit vns, Er-

---

* *G.:* 26¹ᵉⁿ Martj.

boten sich vil guets vnd wolten vns nit weckhlassen, wie dan
der Herr Niary Ludwig alsbaldt einen Diener ins veldt schickht
zu schawen, wo etwa vnsere kinder, oder schwestern, so vor
der Brunst entloffen, im veldt zersträyet vmbhergingen, daz
er sy solt haim ins herrenhauss bringen, darinen er auch den
vnsrigen, so vil er doch vermecht vnder zu bringen, etliche
wochen (in seiner Castell vnd andern orten mer, wo ers vermöcht,
B. D. F. L.) herbrig gab (vnd vns vil guetthaten vnd Freundlichkeit erzeuget. *D. L.*)

Es erzaigten sich auch die Edlleyt vnd dj ganz Nachbarschafft zue Sabatisch gantz mitleidig gegen die vnsrigen, namen
sie zue Hauss (zu herbrig) vnd theten inen hilff, so lange es
die Noth erforderte; dessgleichen auch die benachbarten (Ort
vnd) dörffer, sonderlich die Senitzer (trugen gross mitleiden
mit vns), schickhten vns auch brot vnd andere Kuchelspeiss,
welches wir alles für ein sonderbare gnadt von Gott erkennen,
das wir Neben vnseren grossen schaden dennoch ein zuefluecht
zue der Nachbarschafft hatten.

Da nun die Eltesten Br. der herren guetes erbieten (*D:*
Guetwilligkait), da sie vns mit holz vnd andern dingen versprochen zu helffen, auch der Nachbarschafft freundlichkait
spürten vnd hoch betrachtet, auch darneben betrachtet, wie
man bej 90 Jaren zu Sabatisch gewohnet,[1] vnd ob es auch
Nit one müesälligkait ist abgangen, vns doch auch vil guets,
vnd sonderlich in der kriegsflucht vnd in vnserem Ausszug
auss Märhern auff der Bränischen herrschafft vnd zue Sabatisch
widerfaren, richteten wir mit den Bränischen herren widerumb
einen neuen Haussbrieff[2] auff. Die herren gaben vns auff 2 Jar

---

[1] Die erste Ansiedelung der Brüder fällt in das Jahr 1546, durch Ankauf
der Pap'schen Mühle, auf deren Gründen sie ihr Haushaben errichteten,
das sie mit einer öden Hofstatt, die sie dem Herrn von Tardy, und mit
Grundstücken, die sie dem Herrn von Niary abkauften, erweiterten.

[2] ddo. Sabatisch den 28. Juni 1636, geschlossen zwischen den Besitzern
der Herrschaft Berenes: Hans Pálfy von Erdöd, Ludwig und Bernhard
Niary, Leonhart Amady, Georg Majtheuyi, Stefan Hederváry, Andreas
Kerekesy, Nagy-Mihály Ferencz und Frau Katharina Zichy etc. einerseits und den Aeltesten der Brüderschaft (H. Hartmann, Hans Huber,
Christel Kissenbrunner, Lorenz Porth, Andreas Ehrenpreis und Hans
Schlitz) andererseits. Die Freiheiten, die sie erlangten, bestanden a) in
der obigen Befreiung auf zwei Jahre, nach deren Ablauf sie für alle
herrschaftlichen Anforderungen (Robot, Zins, Zehente, Lämer etc.) jähr-

freyet, (Freyung, daz wir Nimants kein hausszinss, Robot oder Zehent leisten sollen, *C.*) vnd also nam man sich der Brandstatt wider an, vnd fing an zu bawen. Der herr geb seinen segen. [1] *A. C.*

1637.

a) Anno 1637, den 8 Tag Martius, ist der Br. Claus Messner mit Auflegung der Eltesten hendt ein D. d. E. bestättigt worden zu Sabatisch. *A.*

b) In disem 1637 Jar war ein solch truckener Somer, daz gleichsam alle Somer Frücht, (als Gersten, Habern, Arbes, Linsen, Haiden, vnd andere Gartenfrüchte) aussgebrannt seindt, welches ein zimliche Theuerung erregte. *A. — L.*

c) Es ist disen Somer auch der Kobolitzer See, welches man für ein vnerschöpfliches Wasser geachtet, gantz ausgetrucknet, daz (zue rechnen, nit ein Löffel voll wassers darinen bliben, sonder) man nach lang vnd zwerch dadurch geen, fahren vnd reiten hat konnen. *A. — C. E. — K.*

Es spll auch, (solcher dürre halber,) der Kobilitzer See, in Herrschafft Göding, bey einer halben Meyl lang vnd zimlich brait, aussgetrucknet sein. Doch, wie die Fischer selbiger Zeit daselbs berichtet haben, seyen auch andere Vrsachen darbey gewesen, daz nemlich Herr Zdenko (Graf v. Schambach, damalen regierenter *L.*) Herr auf Göding, aus Angeben seiner Amptleut, den Dam (bei Kobilitz *L.*) habe abgraben vnd das wasser abrinnen lassen, vnd vermaint ain grosse suma gelts da zu Fischen. Also sej der see bej 7 Wochen abgeloffen (abgerunnen), vnd da die Fisch im Mor (koth, stecken gebliben vnd *L.*) verdorben. *D. L.*

lich 200 fl., (1 fl. zu 100 ungar. Pfennige gerechnet), an die gutsherrlichen Renten zu entrichten übernahmen, ohne dass je eine Erhöhung zulässig wäre; b) ward ihnen gestattet, in alle ihre früheren Rechte zu treten, ihre Häuser aufzubauen, die gehabten Gründe in Besitz zu nehmen. (Original in Sobotischt.)

[1] ,Anno 1636, den 27 Martj kam zu Sabatisch im Markt, gegenüber vnserem Hauss Fewer aus, also, das 60 Hausser abgebrennt, vnd ist (auch) vnser Hauss in brant geraten vnd in ¹/₄ stunde abgebrennt, also, das Njchts vber ist gebliben. Auch (sindt) 9 Personen im Fener verbrunen, (so daz) man nit vermainte, daz man mer bawen könne. Doch auf der Bränischer Herrn guetes erbieten das Hauss widerumb erbawt.' Cod. *I. K.*

Zu dem seyen auch in obern Herrschafften der kontinuir-
lichen Dürre wegen bej etlichen Jaren die Teich vnd zuofluss
aussgetrücknet vnd öde gestandten, davon bemelter See sein
Qualiteten (vnd zuflüess) gehabt. Also ist ein vrsach auf die
andere gevolgt, dardurch diser See sich verloren vnd in Abgang
komen. *D. L.*

1638.

a) Anno 1638, den 1ᵗᵉⁿ Octobris, ist der Br. Simon Stadl-
mann, ein D. d. N. (vnd ein fromer man), zu Levär im h. entschlaffen. *A.—L.*

b) In disem 1638 Jar war ein vberaus truckner somer,
also daz gar wenig getrayt gewachsen vnd vast kein Somer-
frucht auch schir kein obst (oder Futterey) gerathen, (also daz
vil leüt ir vich muesten hinwecklthun), welches ein seer grosse
teurung erregt vnd in villen landen grosser hunger vnder den
leüten gewessen, nachdem vor dem schnitt Im 1639 Jar der
Metz korn auff 5 Gulden golten hat, (vnd war entlich eine
seer grosse not). Entgegen ¹ aber wuchs in dissem 1638 Jar
ein solche genugsame völle wein, daz man in Vngarn vnd
sonderlich Jenseits (*I. K.:* enthalben) des gebirgs den Eimer zu
8 schilling (β.) vnd die vngrische halbe vmb 1 Kr. kaufft
hat. Man hat auch dem, der 2 leere vasss gebracht, eins vmb
das andere gefüllt. *A. - - K.*

1639 (I).

a) Anno 1639 vmb die Zeit, daz man schir schneiden
solt, volget, in Mangel des geträidts vnd andern früchten, ein
grosse teurung. Ein Metzen Korn Senitzer Mass, kostet 5 vnd
6 fr. vnd war ein solche grosse not, das vil leut, als sie den
Früeling erraichten, grüene Kreüter vnd wurczeln vnderein-
ander gehackt vnd gekocht, vnd sampt iren kindern ein guete
Zeit sich damit ausgehalten haben.

Neben solchen aber hat Gott der Allmechtige durch die
Fürsorg der Trouen Eltesten sein gemain so vil gesegnet, das
die Fromen vast keinen Mangel erlitten haben. Im sey der
Preiss darumb geben. (*D. C.*)

---

¹ ,Entgegen ist der wein so wol gerathen, daz ein solch genuege wein-
Fechsung ward, daz ein Eimer 14 vnd 16 Groschen kostet. Vber dem
Gebirg bekam man für ein lärs vasss ein vasss voll wein. *C. D. L.*

b) Anno 1639, 29'en Septembris,* Morgens Früe vmb 6 Vhr,
Ist der lieb Br. Hainrich Hartmann, ein treuer Diener des
Euang. vnd vorsteher der gantzen gemain, mit fridlichen Hertzen (zu Sabatisch) im H. entschlaffen, [1] seines Alter im 63. Jar.
Im dienst des W. ist er gestanden in 28 Jar, die gemaindt
des H. hat er geregiert vnd verschen: 8 Jar lang, weniger
zween Monat.[h] *A. — L.*

III. Abschnitt.

(Wechselfälle während der Rákóczy'schen Unruhen. Die Colonie
zu Sáros-Paták. Gänzliche Räumung Mährens.)
1639—1649 (50).

1639 (II).

a) Als nun der Br. Hainrich abgescheiden, haben sich
drauf alle diener d. W. vnd der N., auch alle Haussbalter,
Einkauffer, Ausgeber vnd sonst vil vertraute Br. auss der gemaindt (den 3 tag Octobris) zu Sabatisch versamlet vnd sich
vmb ein andern treuen hirten vnd Bischoff vber sein gemain
beraten. Da ist durch ein ainhellige vnd fröliche Zeugnuss
der gantzen versamlung solcher dienst dem Lieben Br. Andreas Erenpreiss aufgeladen vnd beuolhen worden zu Sabatisch, (den 4 Tag Octobris). *A. — L.*

b) Anno 1639 den 31 Octobris mit den Einkauffern geredt [2] in der grossen versamblung, so in den alten Ordnungen
nit begriffen, aber notwendig. *G. J.* VI. 26.

---

* *B. H.:* 26ten Septembris. — [h] *D. G. L.:* 7 Jar vnd 10 Monat.

[1] Das oft erwähnte ‚Väterlied‘, (sonst in Lobeserhebungen nicht zu sparsam),
weiss von ihm nichts weiter zu melden, als:

> ‚Der ist in Ampt gestanden
> Biss nahent ins achte Jar,
> Guets vnd böss's stiess im zu handten
> Mit der Herren kleiner schaar.
> Hat auch sein lauf beendet
> Nach menschlicher beschaffenheit,
> Vnd im Frieden geendet,
> Wie es mit sich bringt die Zeit.‘

[2] Ueber nachstehende Punkte: ‚1. mit dem anvertrauten guet in hoher
Furcht Gottes vnd treuem Fleiss zu handlen; 2. mit dem Einkauffen nit

c) Anno 1639, den 2 Novembris, in der grossen versamblung zu Sabatisch von allen Br. d. W. vnd der N., auch im
Beysein aller Hausshalter vnd andern vertrauten Brueder Erkennt vnd mit grossem Ernst beschlossen nachfolgende Punkten,[1]
allen gemainden zu melden, welches auch Beschehen vnd durch
den Br. Andreas Erenpreiss mit vil Leerhafften worten vnd
Exemplen in allen Hausshaltungen ist gemelt worden. *G. J.*
VI. 26.

d) In disem 1639 Jar, den 1ten Novemb. seindt zween
Br. als: Geörg Schultes,[a] ein schuester, (seines Landts: ein
Böhm), vnd Moises Rapertshausser,[b] ein Glaser, (seines landts:
ein Märher) In den d. d. E. erwält vnd zu Sabatisch in die
versuechung gestelt worden. *A. — L.*

e) In dem 1639 Jar, den 13.[c] Decembr., ist der Br. Abraham Schäffer, Ein D. d. Euang. zu Gesselsdorff im Herren entschlaffen. *A. — L.*

---

liederlich vmbzugeen, den Juden vnd handelsleiiten, Fleischhackern
nit wol zu trauen; 3. nit eigensinnig nach irem gefallen zu haudlen,
sondern vnter einander Raths Fragen, sonderlich in grossen Käuffen;
4. das gelt vnd der gemain Armuet nit bej seinem Weib, sondern bei
einem haussbalter oder vertrauten Br. aufbewahren; 5. Fleisch, wein,
gewürtz vnd andere ding wider der gemain Sinn nit kauffen, die kinder-
Stiefeln, vnd andere, mit Macht wider aufkomende vnordnungen, nit
dulden; 6. auf guete arbait zu halten, damit der gemain gueter vnd Erlicher Name nit verloren vnd verlästert werde; 7. auf Hanff vnd gespunst fleissig achten, das die Weiber vnd Spinerinen weder Hanff, Garn
oder Zwirn vergeben, dessgleichen auf die Tradtsträmer, das sie nit so
lang gelassen vnd vergeben werden, vnd den schuestern wein, Obst, etc.
herzuethuen müessen; 8. das Trinkgelt soll man nach alten brauch
fleissig abfodern; 9. Zweymal oder auf Ramen genayte Schueh, so wie
alle Hoffart sollen abgestelt blaiben' etc. *G. J.* VI. 26.

[a] *A.:* Schultheiss. — [b] *E.:* Rupertshauser. — [c] *D.:* 3ten Dezemb.

[1] 1. Ist das eigen gelt vnder dem volk in der gantzen gemain bej Jedem
eingestelt vnd verboten; 2. soll auch alles Fleisch, wein- vnd anderes
vnordentliche kauffen, (so in Schwank komen), keineswegs mer gedult
werden; 3. soll kein fürgestelter oder Ausgeber Gelt zuruckklegen, noch
auf seinen Fortail sparen oder behalten, sondern alles zur rechten verordneten Zeit an das gebürliche Ort mit trewen zuestellen; 4. ob solchem
sollen alle hirten vnd wächter Israels treulich hüeten vnd wachen, damit
solches schädliches vnkraut vnd bittere wurzl nicht mer aufwachse vnd
dagegen alle Früchte der Gerechtigkait in der Gemain des herren auf-
gepflanzt werden, wie die vnderredung, so vor der gemain verlesen
worden, reichlicher aussweist.' *G. J.* VI. 26.

1640.

a) Im Monat Februarj anno 1640 für nutz vnd notwendig
Erkennt: auss etlich gemain ordnungen, welche vor vil
vnderschidlichen Jaren In der gemain des H. von vnsern lieben Altvätern, christlich vnd väterlicher Fürsorg nach, geordnet
vnd geschriben worden, die Notwendigsten Punkten herauss-
zuziehen [1] vnd jede Gattung zusamen zu setzen, damit solche
füglich den Brüedern möge fürgetragen werden zu der gemain
Besserung. *G. J.* VI. 26.

b) Anno 1640, den 13. Martj, zu Levär von der gantzen
versamlung der Br. des W. der Notturfft vnd aller Einkauffer
Erkennt: dieweil vil Feyertag sein, das, wo man in der
wochen Ain Feyertag feyern muess, So soll man am Samstag
Ein gantzes tagwerkh zuelegen. Auch wen ein schuester vmb
seines Aigen geschäffts wegen Aussgeen will, So soll ers einbringen oder soll dahaimb bleiben. Das endtlich die Einkauffer
auf alle ire Leüt, sonderlich Gärber, sckler, sattler, rüemer
achtung geben, wie sy hausen; Ist nit gnueg zu sagen: Er
ist ein Brueder!

Alle die Wochen Werck haben, können leichtlich ein
Feyertag einbringen vnd die veldarbaiter desto früher vnd
später anhalten vnd sunderlich am Samstag den gantzen, wie
ein andern tag, an der Arbait bleiben, es sej dan Badtag. Dan
mit miessig geen ists vnmöglich, vnsere weiber, kinder, alte
vnd dürfftige zu ernehren, wie man one diz nit arbaitet wie
in Mähren. Spat geht man zur Arbait vnd bej gueter Zeit
wider dauon, daher hat man nindert leut gnueg. *G. J.* VI. 26.

c) Anno 1640, den 13ten Martj, die fürgestelten Müllner-
zusammengefordert vnd irer Ordnung halber mit inen geredt,
was man diser Zeit Notwendig erkhendt hat. *G. J.* VI. 26.

---

[1] Dieser Auszug erscheint unter folgenden Titeln im M. S.: *G. J.* VI. 26:
„Erstlich: mit den dienern des Worts zu reden (9 Soiten); 2. den Dienern draussen im landt (1 Seite); 3. mit den Br. so ins landt ziehen,
zu reden (3 Seiten); 4. mit den haussshaltern zu reden' (19 Seiten); dabei
eingelegte Blättchen, Glossen und Notizen von eigener Hand des Andreas
Ehrenpreis. Angereiht sind Fol. 18—142: ,die Schuster-Ordnung, Ausgeber-
Ordnung, Müller-Ordnung, Weinzirl-Satzung, die Ordnungen der Zimmer-
leute, Hufschmiede, Messerer, Scheidemacher, Hafner, Maierleute, Bader,
Fuhrleute, Einkaufer, der Naterinnen, der Kellner'.

d) Anno 1640 den 14ten Martius zu Lebär in der grossen versamlung, von allen Brüedern des Worts, In Beisein aller Haussbalter, Einkauffer vnd Aussgeber Erkenndt vnd Eigentlich beschlossen: Erstlicher, das alle Haussbalter, Müllner, Mair, Kellner, Bader vnd wer in der gemain Kupffergeschirr braucht, solches alles nit in den Stetten, Märkten oder anderstwo kauffen sollen oder machen lassen, sondern bej vnsern Kupfferschmidten. Der Kupfferschmidt soll aber inen guet vnd bewärte arbait machen, vnd alle geschirr zuuor mit wasser probiren, ob sie auch halten vnd bewürt seien. 2. Das die kupfferschmidt allen denen, so das neue geschirr von inen kauffen, in allen hausshabungen nach vorigem gebrauch das alte geschirr wider verbessern vnd das newe in einem billichen Werth verkauffen. 3. Das man alle Fenster nit bej den Juden oder andern glasern soll machen lassen, sondern bej vnsern glasern in der gemain, damit man nit den Juden etc. das gelt hinaussgeb. Khönen sich die Juden darmit erneren, so ist es Ja besser, das solche arbait in der gemain gemacht werde. Dan wen der glaser im Jar nur ainmal in der gemain herumb zeuch, muess er vorher Zecker vnd vässel vol scheiben vnd Pley schicken vnd hat alsdan 1 woch, oder Lenger zu thuen. 4. Den Kupfferschmiden vnd glasern soll man auch beuelhen, vnsern leuten, denen es nit erlaubt ist, weder kupffergeschüer oder Fenster zu machen, noch zu verkauffen, damit dem gaitz vnd aigennutz gewert werde. *G. J. VI. 26.*

e) Anno 1640, den 12. Sept., kam in der nacht vnversehens zu St. Johann in vnsserem hauss ein Fewersprunst aus, dardurch vnsser Schuel, Tuechmacher-, kindts vnd muetterhauss vnd andere geböy abgebrennt vnd der gemain grosser schrecken, neben Iren schaden, zuegefüegt worden. Dan das Fewer ist auch in das dorf gelangt vnd über 20 Heysser abgebrennt, daher man wegen der Nachbarschaft zu grossen sorgen stuendt. Es wurde aber zimlicher massen vermitlet, daz jeder Thail sein schaden tragen muest. *A.* (Excipit: Cod. *A.*)

1641.

a) Den 20ten Mertz: den Brüedern des Worts ernstlich gsagt: 1. sich mit lesen vnd trachtungen im gsatz gottes fleyssig (zu) üben, die Zeit nit vergebens oder mit andern Dingen zuzubringen, damit vnser ampt nit verlestert werde, wie bisweilen geschicht, daz mancher im anfang seines diensts

ein gueten anfang gehabt, sich darnach selbs besteen lassen,
in seinem Fleiss nachgelassen, das mans an der leer reichlich
gemerkht hat. Ist ye nit fein!

2. Dessgleichen auch, das sy die Predigen nit so gmain
in schuelen oder in werkhstetten schreiben lassen sollen, wie
klag fürkumbt.

3. Auch ist fürkumen, das Etlich aussgeschlossene, vn-
abgesündert bey iren weibern in iren beten ligen, daz ist zu
wenig gehüet, vnd gewacht.

4. Auch frembder Hausspostillen vnd lestrbüecher halber,
daz man sy abfodre, wo man sie waiss. Was wird für gifft,
zweifl vnd argwon drauss! Ist gleich, als wen Man in die
kirchen gienge, Erbt, wie die pestillentz.

5. Das man die Büecher nit aus dem Dienst den freunden
oder kindern vorgebe, wie sich vil findet.

6. Das sich die jungen Brüeder nit an das gar lang beeten
vnd predigen gewöhnen, sunder wie Jungen gebürt. Beim Beth
mag im ainer gnueg beten. (Ehrenpreis in Cod. G. J. VI. 26.)

b) Anno 1641 Am Ostertag Bericht mich der alte Cornelj,
der bej die 83 Jar alt ist, wie es zu seiner Zeit gewessen,
da er bej der Hawen war. Erstlich ein Zug Tröschler Alle
wochen Auf dj 3 Muth getroschen, wie Ers den selbsten vilmal mit 3 Bueben verricht hat, Auch mit disen Bueben in
ainem Tag 19 Muth abgewunden.

Hat auch auf ein Zeit mit 3 Zügen 30 Muth habern,
vnd 20 Muth Korn abgewunden, darnach den Hausshalter gebetten vmb ein Trinckhl wein, es aber hat nit sein können,
weil es kein Ordnung gewessen!

Drey Züg Tröscher haben in 13 wochen mit einander
auff iren Thail bekommen 15 Muth 16 Metzen, Also, daz der hausshalter gsagt hat, er wolt nit 300 Gulden für iren Tail nemen.

Daz Pruschainer hauss hat Einmal 3 Fass wein gebaut,
der Hausshalter hat gott gedankht vnd sagt: Er hofft ein
gantz Jar auf sein Hauss gnueg zu haben, vngfer bej 40
tisch. G. J. VI. 26.

c) Anno 1641, den 13 April ist der Br. Jacob Matraner,
ein D. d. E. zu Farkeschin (in Vngern) im herren entschlaffen.
B. — L.

d) Anno 1641 den 7 Tag May zu Dechtitz, im Beysein
aller Br. des Worts vnd der hausshalter mit allen fürgestelten

Messerern nachvolgende punkten geredt: Erstlich daz vnser volck, (vnd sonderlich die schwestern), anfangen so hoffertige messer tragen, wider alle ordnung der gemain, nit allein mit grünen knöpflen, sonder auch von perlmutter schalen, vnd ander New hoffart bringt man auf.

2. Auch solche vber die mass hoffertige güerttl beschläge, sonderlich an den Schwestern, die es mit fleiss als einen spiegel auf den Rucken richten. Ist die Frag, warumb die fürgestelten den allerschönsten Messing, der so dick vnd lang ist, inen dazue geben, so sie doch alle tag, (laut irer ordnung), in der werkstatt vmbschawen sollen, wie vnd was sie für arbait machen.

3. Das die füergestelten vast auf allen märckten in Stetten zusamenkommen vnd einander füerlauffen, welches gar vnordentlich ist, so doch die märckt verbotten! Jetzt reisst es mit macht wider ein; werden demnach auf der Strassen beraubt!

4. Die werkstett macht man so gross, daz man sie nimer besetzen kan, vnd wen sie besetzt sind, kan man die monige messer nit verkauffen, dargegen bleibt andere haussarbait ligen, oder man muess es verlohnen vmb Pares gelt, vnd an dem allen khönen sich die fürgestellten nit entschuldigen. *G. J.* VI. 26.

Hernach, den 15 May, alle Messerer zu Sobotisch gefordert vnd inen ir ordnung ernstlich verlesen. *G. J.* VI. 26.

e) Anno 1641 den 7. May zu Dechtitz, im Beysein aller Br. d. W. vnd der hausshalter, alle füergestelten Haffner beysamen gehabt, innen ir ordnung gelesen vnd darneben mit inen geredt.

Erstlich: sie befragt, wer inen erlaubt, so offt sie brennen, aigens geschüer zuelassen, zum krämlen, teischlen, aigennutz vnd gelt drauss zu samlen.

2. Auch das irer etliche so vil gelt zurücklegen vnd behalten, welches keinem gebüert, weillen es der gemain ordnung ist, das die fürgestelten alle 14 tag das gelt hingeben sollen.

3. Auch kombt füer, das die Jungen füergestelten Haffner so grob sein (ein tuils); wöllen der alten füergestelten freyheiten an sich nemen, vnd ire weiber köstlich halten, auch nit wöllen, das ire weiber der gemain arbaiten oder spinnen, welches nit sein soll.

4. Solches vnd dergleichen raisset bej den Handtwerkern ein, darnach sollen wir es wider abstellen, vmb nit vndauk beim Volk zu verdienen. *G. J.* VI. 26.

f) In disem 641 Jar, (den 8 tag May), sein 3 Br. als: Hanss Friedrich Kuentsch, ein Messerer, (ein Wirtenberger), Hanss Blösing, Schnelmeister, (ein schweitzer, *K.:* ein schwab), vnd Joseph Forher (Forer), ein Tuchmacher, im D. d. W. erwölt vnd zu Sobotisch der gemain fürgestelt worden.

Der Joseph Forher ist aber vmb seiner bitt vnd fürwendung seines blöden gesichts wider des dienstes ledig gelassen (worden). *B. — L.*

g) Anno 1641 hat Herr Caspar Graff Illeshazj vnseren Brüedern in Soblahoff weitere Grundstücke vnd Freiheiten verliehen. (Illesh. Archiv.)

1642.

a) Den 18ᵗᵉⁿ Martzi, den Ausgebern, haushaltern vnd der gantzen gemain Ernstlich gsagt worden:

Das man besser hücten vnd wachen soll wider die hoffart, dan die schwestern wider gar zu gemain werden mit den glitzenten leinern schürtzen, damit sie daher rauschen, sowol als mit den schönen röckhen, so köstlichen Betgewandt, vnd andern dingen Mer, welches man Alles haimlich wider alle ordnung gewiss vmb gelt kaufen muess!

Ist aber Ein grosser Fäl vnd mangl in der gemain, daz man die kramer, Frätschler vnd Juden, on alles aufmerkhen Iu vnsern heysern auss vnd Einschlieffen lässt, dardurch vnser volk Ein gewünschte gelegenheit hat zu kauffen, was sy Nur wollen. Darumb solchem Allen mit Ernst sol gewert werden!

Die Aussgeber sollen auch bessern Hleiss anwenden, das die leinen schwesterschürtz, leine Hosen vnd strimpf, zu rechter zeit gemacht vnd teure wullen gewandt gespart werden. *G. J.* VI. 26.

b) Zu Levär Alle zueschneider zur grossen versamlung gefodert, Ernstlich mit inen geredt wegen des zueschneidens vnd der verbotnen arbait vnd hoffart. *G. J.* VI. 26.

c) Anno 1642, den 22 Juny sein die 2 Br. Jörg Schultes vnd Moses Rapertshauser (Moses Glaser *E.*) durch auflegung der Eltesten hendt im D. d. E. bestättigt worden zu Sabatisch. *B. — L.*

d) Anno 1642, den 30 Juny, den Eltesten Brüedern gen Wintz (Alwintz) neben andern vrsachen geschriben, wie wirs mit speiss vnd traukh ob (vber) vnserem tisch halten:

Fleisch haben wir alle (Tag vbers) Nachtessen, Morgens:
die woch Ein zwey, drey (oder vier) mal, (nach gelegenheit
der Zeit); anderst nemen wir mit gemüess fürlieb.

Alle Tag vber Essen zweymal Ein geschmeidigs Trinkl
wein, sunst weder mittag, marend oder Abent nichts, aussge-
numen, wen wir Abents zum gebet gehn, Nemen wir Ein Trinkl
an, (weiln man auch Bier hat).

Mit dem Brot, wie mans im Hauss in gemain hat, Nemen
wir gern fürlieb, lassen vns auch das gantze Jar Nichts be-
sunders auflegen (bachen). Es hab dan sunder vrsach (als) zu
des herren gedächtnus oder andere Feyertag, Ostern, Pfingsten
vnd Weynachten. *G. J.* VI. 26. f. 1 und Einlageblatt.

d) In disem 1642 Jar vmb die Pfingsten kam abermals
grosse Furcht in dises landt, nachdem der kaiserlich Obrist
(*G.:* General) Herzog Franz Albrecht von Sachsen vnd der
schwedische General (*G.:* Feldmarschall) Leonhart Torstensun
in schlesien aufeinanderstiessen, vnd ein ernstlich Schlacht er-
regten, Herzog Franz Albrecht tödtlich verwundet vnd endlich
verschieden. (Da ist) die kaiserlich Armada zu Hungern
flüchtig zogen in grosser Eil bej Hrädisch vber die March,
auf der hungarischen Seiten hinab. Kamen vnversehens geen
Levär, vnserem volk zu grossen schrecken, lagen zween tag
daselbsten, bis Graff Picolomini dahinkam, (das volk vnd) die
Generalschafft annamb, vnd sie bej Drössing vber die March
fürt, vnd geschahe diz mal zu Levär kein sonder gewalt, one
waz auffgangen ist. Und weil nun die Schwedischen in Märhern Platz hatten Ires gefallens zu hausen, zogen sie eilends
weiter für Olmütz, vnd als Jederman Forchtsam vnd erschrocken
war, ergaben sich die in der statt one sondern Ernst an die
Schweden, welche alsdan die statt noch mer befestigten, setzten
sich fest, vnd fürten merklich schätz vnd Raub aus der statt
in ire vortell. Nach disem begaben sich boide völkher in
Meissen (Meichsen) vnd bemechtigten sich die schwedischen
der Statt Leipzig mit grosser gewalt, brachten (irer) seer vil
bluetige köpff dauon. *B. L.*

1643.

a) Anno 1643 den 19 April sein zween Brüeder Hanss
Friedrich Kuensche vnd Hanss Blössing, mit Auflegung der
Eltesten hendt im dienst des Euangelions bestättigt worden zu
Sabatisch. *B. L.*

b) In disem 643 Jar, den 29ten Maj Nachmittag vmb 1 Vhr, kam in einem erschröcklichen (mittnächtischen) windt zu Sabatisch ein Fewer aus, durch welches der gantze markt, das herren Casstel vnd abermals das Bruederhauss (mit allen gebay) in brandt geraten. Alles in grundt verbrannt. Blib allenthalben nichts vbrig, als die kirchen vnd etlich kleine heüssel * darbey. Es halff kein erretten noch löschen, war alles nur staub vnd rauch in solchen vngehewren vnd vngestimmen windt. Was der gemain abermals für ein merklicher schaden dardurch beschehen ist, Ist nit zu schreiben. Verständig leüth können es selbs bemessen. Nun muesten wir es (Gott beuelhen) vnd mit gedult annemen. *B. — L.*

c) In disem 643 Jar In Monat Juny rucket das kaisserische volkh widervmben zu Märhern für Ollmüz, solche statt widervmben von Schwedischen zu erledigen, zogen entlich die Schwedischen wider herzu, da wurde das vbel erger. Denn die schwedischen entsetzten nit allein Ollmütz vnd ire eroberten örter, sondern bemächtigten sich noch darzue der stätt: Kremsier, Prossniz, Wischaw, Raussnitz (vnd Tobitschaw) vnd des festen schlosss Eullnberg, da sie an Allen Orten Merklichen raub vnd güetter funden vnd hinwekh fierten. *B. — L.*

d) In disem 643 Jar, den 2. September, kam Ir. Röm. kais. Majt. geen hungerischen Scalitz sambt dem Herren Palatinus Nicolaus Esterhazy (vnd den vngerischen stenden), vnd vil taussent hungerischer Manschafft. Macheten ein ausschusss, den Schwedischen, (dem Feindt), in Märhern zu widerstehn. Es gieng abermal der gemain on (sonder) schaden ab, durch gottes gnädige Hilff vnd trewen beistandt. *B. — L.*

1644.

a) Anno 1644 im Februarj kam abermals grosse angst ins landt vnd vber die gantze gmain, Da Herr Graff von Buechhaimb mit der kaiserischen Armada auff hungrischen Skallicz, Schossberg vnd Senitz ankomen. Durch Gottes Hilff vnd Trewe fürsorg ist in Sabatisch zimlich gueter schutz gehalten worden.

---

* *K.:* Pozzenhäussl, i. e. Batzen- oder Lehmhäuschen, wie sie in den slovakischen Theilen Mährens und Ungarns häufig vorkommen. *I.* hat Podseckerhäusel, von dem böhmischen podsedek, d. i. Hintersass, Kleinbauer, Häusler.

Den 19. Martj⁺ zogen sie mit gantzer Macht vber den
weissen Berg. Seindt Irer vil in schnee vnd soer bösen wetter
erfrorn (vnd vmkomen). Es kam ein Obrister mit etlich hundert Reittern vnversehens geen Dechtiz, lagen daselbs bis am
dritten tag. Ist in vnsern hauss vil aufgangen, haben die zwey
besten Rosss hingeben müessen, dardurch das ausplündern ab-
gelainet. Seindt demnach hinab in Hungern dem Fürsten Rákoczy entgegengezogen. B. — L.

Den 9. Aprill raiseten bej 4000 Man kaisserisch volkh
von Freistatt hinauff nach Buchow,¹ fielen zu Soblahoff in
Vnsser hauss ein, zogen vil leüthen die kleider ab, namen, waz
sie funden, sampt allen iren 13 Rosssen dahin. B. — L.

Den 6. Augustj fiellen die sibenbürgischen hungern zu
Schächtitz ein, plünderten den Markt vnd Castell, wie auch
das Tschässkowitzer hauss gar auss, erschossen auch einen
Brueder. Von danen raissseten sie widervmb zuruck vnd verbrennten zu Beczkow² die Vorstatt. War grosse forcht schrecken
vnd flihens zu den Schlössern. Demnach war es ein wenig
still vnd zohe das Levärer Volkh von Sabatisch vnd Bränitsch
meistens widerumb anhaimb zu hauss. B. — L.

1645.

a) Anno 1645 vmb den 8 Martj,ᵇ nachdem der schwedische General Tostensun ein treffliche Victori bej Tschass-
lawᶜ in Behöm wider die kaisserischen erhalten, vnd Generalᵈ
Götzy todt bliben, wendeten sich die Schwedischen widerumb
in Märhern, kamen herab an die March, vnd breiteten sich
weit aus.

Den 7 April oilleten sie zu Angern vber die Brucken
den kaysserischen Crawaten nach, vmb 10 Vhr in der nacht
fielen sie zu Levär in vnser hauss, Raubten vnd namen, waz

ᵃ D. E. H.: 18ᵗᵉⁿ. — ᵇ D. F. G.: Gᵏᵉⁿ Martj. — ᶜ B.: Täschlaw. — ᵈ E. G.:
Obrister Götzy.
¹ Buchow (Bochaw, Bochuva, Bochuwe) = Púcho (slov. Puchov), ein Städtchen (Markt) an der Waag, Trentschiner Comitat, mit 1650 Einwohnern.
² Beczkó (slov. Beckov), ein Städtchen im Süden des Trentschiner Comitates, am linken Ufer der Waag; es zählt 1700 slovakische Einwohner.
Mitten im Orte erhebt sich ein Felskegel, den die uralte Burg Becko
(Bolandoz), der berühmte Sitz der Stiborice, der Herren des Waagthales,
jetzt eine Ruine, schmückt.

sie funden.[1] Von dem an kam das meiste volckh von Levär widerumb geen Sabatisch geflohen, mit grosser angst vnd schrecken.

Von dem 15ten biss auf den 20ten Aprills kam: Nicolspurg, Göding, hungerisch Skallitz, Strässnitz, Ostra vnd andere Orth mer in der schwedischen gwalt.

Vmb den 30 Aprill kamen die sibenbürgischen hungarn an der wag herab, plünderten Schächtitz vnd Newstatt abermal, Namen zu Täschskowiz 2 Rosss sambt den wagen hinwekh. War grosse angst vnd forcht. Den 30 Aprill zoge die gantze schwedische Armee für das schloss Rabensspurg[2] vnd dasselbe mit grossem Ernst eingenomen.

Den 10. Maj kam der sibenbürgische General Bakoss Gabor[3] vnd zoge mit 86 Compagnien hungern zu Trentschin vber die Brucken zu dem schwedischen General-Major: Duclass.

Den 19 Maj kamen vnversehens vmb Mitternacht etlich taussent Man schwedisch volkh auff Sabatisch. Das volkh lag auff den wisen, die Obristen waren im hauss. Zogen vor tags ohne sondern schaden wider hinwekh. Man kundt nit erfaren, woher sie kamen, oder wohin ir fürhaben war.

Zu diser Zeit zogen die schweden vbern weissenberg vnd namen Thürnaw[4] mit leichter müeh ein. War grosse not im landt. Muesten Stett, schlösser, Märkt schwedische Salua quardi annemen, die gestunden die gemain ein Merklichen vnkosten.

[1] ‚Die Schweden sein zum erstenmal vber die March in der Osterwochen, haben Levär zum 1ten mal ausblindert, vilen leiten, die aus Österreich ir sachen geflicht, (Ross vnd waz sie hatten), ist inen da Im raub aufgangen.‘ (Eglauch im Cod. C. ad Jahr 1645.)

[2] Rabensburg, Dorf mit einem Liechtenstein'schen Schlosse in Niederösterreich, nicht weit von der Einmündung der Taya in die March.

[3] Bakoš Gabriel; er wurde mit 6000 Mann von Rákóczy an die mährische Grenze beordert, um sich mit dem schwedischen Feldhauptmann zu vereinigen.

[4] ‚Mit leichter Müeh‘, weil die Kaiserlichen die Stadt noch vor der Ankunft des Feindes geräumt, nur eine kleine Besatzung zurückgelassen und sich nach Pressburg zurückgezogen hatten. Die Schweden wollten die Stadt plündern. Duglas trieb aber die Freibeuter mit gezücktem Schwerte zurück und drohte jeden Plünderer niederzuhauen. Dadurch wurde die Stadt erhalten, allein enorme Requisitionen hielten die Schweden schadlos. (M. S.)

Den 20 May füelen die kaisserischen zu Lewär ein, namen ein schwedische vnd hungerische Salua quardi hinweckh. Kostet abermals ein gross geldt vnd muesten dem Obristen Botschkay für den hungern vnd sein Rosss vnd gewehr: 6 Rosss vnd einen wagen (newen Calesch) geben, vnd sonst kostet es vil an Messern, Tuech vnd andern sachen, biss es verglichen wurd.

In Anfang des Monats Juny bemächtigen sich die Rauberischen Bawern vnsserer heusser zu Lewär, Johannes vnd Prozka, öffneten die grueben, wo etwaz verborgen war. Namen alles hinweckh, waz sie funden. Solches rauben weret etlich wochen, dorffte sich in wehrender Zeit kein Brueder in den Orten mer sehen lassen, wie sie dan zu S. Johannes 2 Brüeder schändlich ermördeten. Auch zu Lewär daz schneider- schuester- vnd Messerer-hauss sambt den zwo schulen verbrennten. *B.—L.*

b) Den 20. Juny 1645 Ist vnser hauss zu Dechticz durch die Rauberischen Bawern geplündert worden. *C.*

c) In disem 645 Jar, den 25 Juny, ist der Brueder Christl Kesselbruner, Ein alter Euangelischer Diener, zu Sabatisch im herren entschlaffen. *B.— L.*

d) Den 29. Juny zog General Mayor Duglas mit 5000 Man schwedisch volkh durch Sabatisch, bliben vbernacht auff der wisen Am Schwebelbach, zwischen Bräuisch vnd Sabatisch herwärts. Geschahe, durch Gottes Allmechtigen schutz, dem wir's Trewlich zu danken haben, vns kein sonderlicher schaden. *B.— L.*

e) Den 2ten oder 3. July fielen die zusamengeschlagenen Bawern zu Dechtitz in vnser hauss ein, namen was sie funden, zohen vilen Brüedern die kleider vom Leib, ein tail gar nackent auss. Ein vasss wein, welches man erst gebracht, in dem rauben vnd plündern auss gesoffen, daz Malz aus dem Brewhauss alles wegk' genomen. *C.*

f) Den 23 Jully zoge Fürst Rakoczy vbers gebürg herüber. Lagerten sich bei Karlat [1] mit ganzer macht auf den wisen. Da war abermals grosse angst vnd gefar vnd vnsser hauss zu Sabatisch mit Kriegsvolckh vmbgeben, welches Allent-

---

[1] Karlat, richtiger magyar. Korlátkö, deutsch ‚Konradstein‘, eine in Ruinen liegende Burg des nördlichen Abhanges des weissen Gebirges, im Pressburger Comitate, zwischen Szenitz und Sandorf, Eigenthum des Fürsten Windischgrätz, im 15. Skeulam eine gewaltige Zwingburg und zumeist im Besitze mährischer und österreichischer Freischaarenführer.

halben vber die Zeün vnd Mauern mit gewalt hinein wollte.
Noch war es durch Gottes gnad vnd allerley fürsorg gnädig-
licher abgewendt, wie wol es vil brot Bier vnd wein kostet.
B. — L.

g) In disem 645 Jar, den 26 July, Ist der Br. Dauid
Lachner, ein Diener des Euangelions, zu Sabatisch im herren
entschlaffen. *B. — L.*

h) In disem 1645 Jar den 27 Jully ist Prozka, nach vil
Raubens vnd plündern, ganz abgebrennt, bis auff die Müll vnd
gärbhauss. Vnder dessen ist auch ein Brueder Namens Con-
radl, fürgestelter gärber, daselbst Jämerlich ermördet worden.
Den 1. Augusty sträffet ein starkhe kaisserische Trupp
von Pressburg herauff, fiellen zu Täschkowitz ein, raubten
alles, was vorhin erhalten vnd vberbliben, vnd alle Rosse, so
man, nach der vorigen plinderung, gestewert vnd zu wegen
bracht, sambt etlichen Ochsen vnd waz sie funden, vnd zogen
damit dauon. *B. — L.*

i) Den 13 Augusty Anno 1645 Ist der Br. Vhl Tobel, ein
alter diener der Notturfft, zu Sabatisch im herren entschlaffen.
B. — L.

k) Den 14 Augustj 1645, haben die Rauberischen bauern
den Dechtizer Brüedern ire Melkschaaf vnd Schwein, vieh,
alles auf dem velt hinweggetrieben, bey der Nacht ins hauss
eingefallen vnd genomen, was sie funden, das kühvich gesuecht, war aber nit anhaimb! Die Brüeder, so sie antroffen,
gar nackent ausszogen, letstlich kein Brueder sich mer dorfft
sehen lassen, biss man vom Palatinus ein Salva quardi bekam. *C.*

l) Vmb dise Zeit hat sich Fürst Rákoczy widerumb zum
abzug begeben, vnd mit seinem volckh zu Senitz, Bakoss Gabor
zu Sabatisch auf den wisen vbernacht verbliben. Wir haben
sie baidt mit speiss vnd trankh in iren Zelten besuocht. Also
haben sie uns schutz gehalten, das vns neben grosser Forcht
kein gewalt beschehen, vnd zogen also widerumb vbers gebirg
haimen zuo. *B. — L.*

Vnd nach dem offt gedachter Fürst Rákozy die ganze Zeit
seiner Regierung zum öffteren mal begert hat, zu Bodockh,[1]

---

[1] Bodockh (Bodock, Bodtock) -- slav. Potok Šarišsky, magyar. Sáros-
Paták, Stadt im Zempliner Comitat mit den bekannten Schulen der

auf seiner herrschafft, ein Bruederhauss ein zu richten, die
eltesten Brüeder aber mit allen Fleiss vnd auff alle weg
solches ab zu bitten vnd ab zu lähnen sich seer bemüchet, so
mueste es doch yezt zu diser Zeit sein. Dan der Fürst inen
fürgeschlagen: Wöllen sie es guetwillig thuen, wol vnd guet;
wo nit, so hab er iez mitl gnueg darzue. Damit aber nit die
ganze gmain in vnglückh zersträt werde, ist das ganze Tschäskowitzer volkh* geen Bodockh zu ziehen erkent worden, vnd
kamen des Fürsten diener mit genuegsamen fueren vnd gelait.

Also lued man auff vnd zohen den 25. Augustj in Gottes
Namen mit kumer vnd vil ausgegossenen Thränen fort. Der
allmechtige Gott wöll ir hilff vnd trewer Bejstandt sein, dass
man im gutes hauss vnd wonung alldorten anrichte. B. — L.

m) In disem 645 Jar, den 17 Oktober,b sein 2 Brüeder:
Hartman Bauman von Allwincz aus Sibenbürgen, ein bader,
vnd Asmus (Erasmus) Strauss, ein wirtenberger, ein schuester,
in Dienst des Euangelions erwölt vnd zu sabatisch vor der
gmain in versuechung gestelt worden. (B. — L.) Aber der Hartman, als er ein zeit lang in der Versuechung gestanden, vmb
seiner presten vnd mängel willen, die er fürgewendet, auf
sein hohes bitten des dinsts wider ledig gelassen, Ist demnach
1653 zu Wintz im herren entschlaffen. C.

n) In disem 645 Jar, den 26 Octobor,c ist der Br. Hanss
Hueber, ein alter Diener des Euangelions, zu Täschkowicz
(Tschässkowitz) im herren entschlaffen. B. — L.

o) In disem 645 Jar ist weit vnd breit, in stetten vnd
fleckhen, grosses sterben eingefallen, endlich im Nouember
vnd December auch an vns gelangt vnd zu Sabatisch vnd auch
anderer Orten, vil feiner Nützlicher vnd guter leuth entschlaffen,

---

Reformirten, einst nebst Munkács und Fogaras die Hauptbesitzung der
Rákóczy. Hier verwahrten sie ihro Schätze. So lange Georg Rákóczy
der Aeltere und sein Nachfolger Georg II. († 1660), Beide eifrige Cal-
viner, lebten, erfreute sich auch die Potoker Brüdergemeinde eines ziemlichen Gedeihens. Dieses hörte auf, als Franz Rákóczy katholisch wurde,
die Potoker Kirche den P. P. Jesuiten übergab, die calvinische Schule verbrannte und die Bibel seines Grossvaters an einem Spiess im Feuer
schmoren liess. Denn seit dieser Zeit hört man von der Colonie der
Brüder nichts mehr, während sich Alvincz noch lange behauptete.

* l. K.: aus dem Tschäskowitzer Hauss. — b l.: 11ten October. — c l.:
28ten October.

(B. — L.) wie auch sonderlich Conrad Dietrich, der lange Zeit Schuelmaister gewessen, zu Sabatisch entschlaffen. *(K.)*

Also hat dises 645 Jar geendet mit vil Jamer vnd schröcken, ellend, verderbung (an) leuth vnd vich, vnd waz nit in Raub auf gangen ist, Ist man anderwerts darumb komen. Also ist die gemain des herren abermals in höchste Armuth gerathen, da man der veldt vnd gärten frücht wenig geniessen mochte. Es ist vnmöglich alles zu beschreiben. Nur auff vnssere Nachkomen ein wenig in kürze zue bericht eingetragen. Gott der allmächtige verleihe es uns künfftig besser. *B. — L.*

1646.

a) Anno 1646 den 25. April ist der Br. Andreas Hiller, ein Diener des worts, zu Tüschkowicz (im vngerlandt *K.*) im herren entschlaffen. *B. — L.*

b) Denn 15 Maj sein die Brüeder Felix Stribe, ein messerer, (ein schweitzer), Josef Lercher, schuelmeister,ᵃ vnd Moses Sigl, ein seiler,ᵇ zu Sabatisch in Dienst des Euangelions erwelt vnd in die versuechung gestelt worden. *B. — L.* Aber der Moses Sigl ist, als er bei ³/₁ Jar in der versuechung gestanden, des dienst's entlassen worden. *L.*

c) Den 22. Augustj ist das schlosss Rabensspurg widerumb durch die Kaysserischen erobret vnd eingenomen worden, wie auch vmb disse Zeit Chornewburg,ᶜ Stütz vnd Falkenstain, vnd der orten mer. *B. — L.*

d) Den 11 September kam Ihr. Röm. Kay. Mtt. auf dem vngerischen landttag gen Prespurg, da auch Graff Johann Trässkowicz zum ungarischen Pallatinus ist erwelt worden. *(B. — L.)*

e) In disem Jar 1646ᵈ Ist der B. Paul Artner, ein alter D. d. N. zu Tschäskowitz Im h. entschlaffen. *(C. I. L.)*

f) Diss Jar ist auch ein mächtig nasser herbst, bis auf weynachten gewesen, dass man fast nicht raisen kundte. *B. — L.*

g) Anno 1646 am New-Jars-Tag haben die Eltesten Brüeder der Gemainde vnd an derselben aller statt, Georg Leopolt, Eltester, Hanss Meyer vnd Hannss Schütz, Hausshalter zu Gross-Schützen, einen newen Haussbrieff auffgerichtet mit den Herrn Christoff Ferdinandt, Ulrich vnd Heinrich Carl

---

ᵃ *C. E. L.:* ein Märher, *D. K. L.:* ein schneider. — ᵇ *L.:* aus Märhern. — ᶜ *D. I. K. L.:* Nicolspurg (statt Chornenburg). — ᵈ *L.:* Aᵒ 1645.

Gebrüedern vnd Graffen von Kolonitsch, Herrn auff Gross-
Schützen vmb vnsere Behaussung zu Levär mit irem gautzen
Begriff vnd Einfang aller voriger gebewen, Ställen Städlen,
Schmidten, Hammer, Schleiff, Walch, Mül, Ziegelstadl, Gärten,
Akern, Wiesen Waiden vnd den bisherigen Frayheiten vnd
Rechten. (XIX, Hausbrief in der Levarer Gemeindelade.)

1647.

a) Anno 1647 den 8 Jully ist der Br. Valtin Fischer, ein
Satler, zu Alwincz in Dienst des Euangelions erwölt vnd in
die versuechung gestelt worden. *B. — L.*

b) In disem Monath July hat es in Märhern vmb To-
bitschau ein erschröckliches hagelwetter geben, stain geworfen
zu 15 pfundt schwör, dass dan nit allein vögel, hassen, sonder
auch hirschen vnd wölff erschlagen. *B. — L.*

c) Den 10 September* ist der Br. Jacob Litzlbucher, ein
alter Diener des worts, zu Bodockh (in vngern *D.*) im herren
entschlaffen. *B. — L.*

d) Anno 1647 den 25 Sept. bin ich Caspar Eglauch
in Dienst komen. *C.*

e) Den 25 Septemb. sein 3 Brüeder, als Asmus (Erasmus)
Strauss, Felix Stribe, vnd Joseph Lercher im Dienst des Euangelions mit auflegung der Eltesten hendt zu Sabatisch bestättiget worden, Hartman bawman aber des Diensts wider
entlassen. *B. — L.*

An disen tag seind auch 2 Brüeder: Moses Bruckner (ein
Märher *C. K.*) vnd Caspar Eglauch, (ein Wirtenberger *C. I. K.*),
beide schuester, in Dienst des Euangelions erwölt vnd in die
versuechung gestelt worden. Auch hat man 9 Brüed. in Dienst
der Notturfft erwölt vnd fürgestelt. *B. — L.*

f) In disem 1647 Jar ist ein schwäre schätzung in disem
vngerlandt auf die gmain geschlagen worden vnd über die
700 flr. erlegen müessen. *B. — L.*

1648.

a) Anno 1648 den 14. January seindt vns (*C. D. K.*: den
Sabatischern) zwischen holitsch vnd Sabatisch Siben guete
Rosss von kaysserischen krawatischen kriegsleüthen genomen
worden. *B. — L.*

---

* *D K. L.:* 16ten Septemb.

b) Den 17 Februarj ist der Br. Hauss Albrecht, ein
Diener des worts, zu Farkeschin im herren entschlaffen.
B. — L.

c) Den 11ten Martj* sein zu Sabatisch in der grossen versamlung 3 Brüeder, als: Michel Milter, Zimmerman vnd desselben handtwerchs fürgestelter, (ein schwab *C. K.*), Johannes
Rieger,[b] ein schneider, vnd Tobias Breundl, ein Millner, (beide
aus Mähren *C.*), in Dienst des Euangelions erwölt, vnd (zu
Sabatisch *L.*) in die versuechung gestelt worden. *B. — L.*

d) Den 28 Martj ist der Walsser Rost, ein Diener des
worts, zu Färketschin im herren entschlaffen. *B. — L.* (Finis
Cod. *H.*)

e) In disem 648 Jar, den 8ten Martj, Ist der Brd. Hanss
Pheller, ein Diener der Notturfft, zu Kesselsdorff im herren
entschlaffen. *B. — D. F. I. — L.*

f) In disem 648 Jar, den 2 Aprill,[c] ist der Brd. Dietrich
Weynitz (oder einkauffer), ein Diener der Notturfft, zu Sabatisch im heren entschlaffen. *B. C. I. K. L.*

g) Anno 1648, den 11 Aprilis, starb Herr Graff Caspar
Illeshazj mit frid. Herzen in Trenchin. (M. S.)

h) In disem 648 Jar vmb den Monath Augustj kam ainer
von Danzig[1] aus Preussen, Namens Hannss Martin, zaigt an,
als ob vil Eiffrige leüt darnider[d] weren, vnnd nach vil berath-
schlagung seind, den 3. Septemb., 3 brüeder dahin zu ziehen,
abgefertiget, vnd balt hernach widerumb 2 hineingeschickt.
Aber biss her nicht fruchtbarliches ausgericht worden. *B. — F.
I. K. L.*

i) Anno 1648 erwarben die Br. in Sabatisch von der
edlen Frau Ewa Forgacs einige Grundstücke und den Wein-
schank im Brüederhoff. (Hausbriefe d. B.)

1649.

a) Anno 1649, den 22. Januarj, Ist der Br. Cuencz Porth,
ein Alter Diener des worts, mit fridlichen hertzen zu Dechticz
im herren entschlaffen. *B. — G. I. K. L.*

---

[a] *L.:* 12ten Martj. — [b] Rücker *L.* — [c] *L.:* 12ten Apr. — [d] *L.:* darinen.

[1] Anabaptistarum (?) magna est circa Dantiscum, ut et in suburbiis,
nec non in Silesiae finibus, item in Palatinatu Siradensi et circa Cracc-
viam multido. Lublini vero iidem publice religionis suae exercitio gau-
dent. (Flor. Raemondi Synops. Colon. 1717.)

b) In disem 649 Jar, den 28. Janury ist der Br. Hauss Nutz, des Müllhandtwerchs fürgestelter vnd Diener der Notturfft, zu Sabatisch im herren entschlaffen. *B.* — *G. I. K. L.*

c) In disem 649 Jar, den 18 Martj, sind 5 Brüeder, Als: Moses Bruckner, Caspar Eglauch, Michl Milder, (Wirtenberger *L.*), Johannes Rieger, vnd Tobias Breundl mit auflegung der Eltesten hendt in Dienst des Euangelions bestätigt worden zu Sabatisch. Auch hat man 3 Br.: Als Jacob Rebstockh, bader, (ein Märher), Andreas Rosenberger, Tuchmacher, ein Schwab,[a] vnd Jacob Amsler, ein schmidt (aus dem schweitzerlandt), in Dienst des Euangelions erwölt vnd der gmain zu Sabatish in die versuechung gestelt. *B.* — *G. I. K. L.*

d) In disem 649 Jar, Im Monath May, 1st der Br. Samuel Tobler,[b] ein diener der Notturfft, zu Zobelhoff in herren entschlaffen. *B.* — *D. F. G. I. L.*

e) In disem 649 Jar den 18 Juny 1st der Brd. Hanss Lang ein alter Diener des Euangelions im herren entschlaffen zu Tächskowicz. *B.* — *F. I. K. L.*

f) In disem 649 Jar den 27 Juny ist der Brd. Valtin Fischer von Allwintz mit aufflegung der Eltesten hendt im Dienst des Euangelions bestättigt worden zu Sabatisch. *B.* — *G. I.* — *L.*

g) In disem 649 Jar den 27 Augusty in der nacht vmb 10 vhr schlueg das (*I.:* hagel) wetter zu Zobelhoff in das gross stuben-gebej, doch wurde es ohne grossen schaden erhalten. *B. C. E. F. G. I. L.*

h) In disem 649 Jar den 8 Septemb.[c] Ist der Br. Felix Striby, ein diener des worts, (Als er sambt andern Brüedern auf Allwintz in Siebenbürgen abgefertigt vnd verschickt worden,) auff der Reiss erkrankt, zu Alwintz im herren entschlaffen. *B.* — *G. I.* — *L.*

i) In disem 649 Jar den 10 Dezember, Ist der Br. vlrich Amsler, ein alter Diener des worts, zu Kesselsdorff im herren entschlaffen. *B.* — *G. I.* — *I.*

k) In disem 649 Jar war es seer Tewer. Der Metzen korn vmb 1½ fr.,[d] der Mezen waiz: zu 2 fl.[e] Es sein auch vnssere kinder zu Sabatisch an blattern vnd flecken über die 50 entschlaffen. *B.* — *G. I.* — *L.*

---

[a] ein Märher *G.* — [b] *D. I.:* Hobler. — [c] *D.:* 27ten Aug. — [d] *D.:* ½ fr. — [e] *E.:* 3 fr.

1650.

a) Anno 1650 den 14 Martj Ist der Brd. Görg Gaul, ein diener des worts, zu Zobelhoff im herren entschlaffen. *B. — G. I. — L.*

b) Anno 1650, den 16. Martj, mit den Weinzierlen [1] nachvolgende Punkten geredt, In der grossen versamlung zu Sabatisch: Erstlich: sollen sie in allen dingen mit Rath des haushalters handlen, kein Arbait für sich selbs auff oder fürnemen, sich nit von der Arbait abziehen, vnd sehen, daz man auch den gebierlich Fleiss beweisse, dieweil man wol weisst, wie die Herd gehet, wen kein hirt darbej ist; zweitens: Wie man gewisslich hört, daz auch die Nachbarn vnd bauern über den vnfleiss klagen, wie vnsere leüt so langsam an die Arbait komen vnd die ersten etwa noch Nidersitzen, biss die hintersten komen. Man trägt Inen das Essen nach ins velt vnd weingarten, vnd (sie) thuen wenig vor essen's, darnach sitzt man balt wider ein stuendt! Darumb solten die weinzirl Embsig trew vnd fleissig sein, auch sehen, daz die Arbait recht vnd guet gemacht werde, damit der gemain guet Namen durch vnfleiss nit verloren werde. Die nachlässigen sollen sie anreden, daz sie schamrot werden, die so seer hinden nachbergehen. 3tens Wo sich etwa ein Zank oder streit wil erheben, vnd wo man zu frech vnd laut sein will, sollen sie balt einreden, vnd wo man nit will darumb geben, soll man diselben Fordern vnd Fürbringen, sonst haben (sy) tails kain Forcht. 4. Sie sollen auch nit selbs tadelhafftig vnd vnvermüeglich sein, 5. daz dreschen vnd alle Arbait fleissig nachschawen vnd Achtung geben, das nit vil traidt im stroh bleibe, 6. auch Achtung geben, das man in weingarten nit so vil vertragt, Obst oder Weinbeer, vnd auch im Pressen mit dem Most redlich vmbgehn. 7. Es haben sich die alten Hawer auch beflissen, iren Zeug fein sauber vnd guet zu machen, so wie auch irer vil im gueten vnd Göttlichen sich beflissen, Im winter mit lesen, schreiben und Singen, offt die besten Singer im hauss gewesen, daher auch irer vil in der gmain dienst gebraucht wurden. 8. Im Schnitt, dreschen, Kraut-Einschneiden

---

[1] Den Weinzirln wurde jährlich die „Kuchel-Ordnung" vorgelesen. Gleichwohl kamen immer Unordnungen und Beschwerden vor, „so das man nit aus der arbait komen kan", setzt Ehrenpreis, dem die Abstellung der Missbräuche sehr zu Herzen ging, hinzu. (Mscpt. *G. J.* VI. 26.)

etc. sollen sie neben den hausshaltern, mit allen Fleiss zu sehen, daz es schleunig vnd guet gemacht werde vnd daz man nit etwan in 3—4 Tagen thuet, was in 1—2 tagen verricht werden köndte. 9. Auff die Schwoster-Weinzierl vnd dero Arbeit achtung geben, Inen auch rathen, helffen vnd angeben, wie man alle Arbait anstellen soll. 10. Sy solten auch keine anheng machen, billich vnd vnpartheyisch handlen. Eine gemaine liebe soll gebraucht werden. 11. Auff die Jungen vnd Newkomenden Achtung geben, daz man nit so grob vnd vngeschickt mit inen fare, (das Niemant bey Inen bleiben kan), sonder freundlich vnd geduldig sein, sie vnderweisen. 12. vnd diweil es in disem landt so vil Feyertag gibt, sollen die Arbaiter in veld desto früer vnd später anhalten, damit sie die versaumnus mit irer Arbait etwas einbringen vnd sonderlich an Sambstagen den gantzen tag an der Arbeit bleiben, es sey den Badtag. G. J. VI. 26.

c) In disem 650 Jar Am Sonntag Oculj, das ist den 20 Martj, sein 2 Brueder, Als: Andreas Binder, sichlschmidt, (ein schweitzer), vnd Moses Würz, ein binder, (ein Märher), in dienst des Euangelions erwölt vnd in die versuechung gestelt worden zu Sabatisch. B. — G. I. — L.

d) In disem 650 Jar, da man sich vil Jar bemiehet zwischen ir Röm. kay. Mtt. vnd der schwedischen Kron Fried zu machen, Ist es endlich im Monath Juny vnd Jully zum Frieden komen vnd der langwirige laidige krieg, von welchen vorhin vil gemeltet, verglichen worden, vnd seind die Schwedischen aus Olmüz vnd andern vestungen wider ausgezogen den 8 July, nach dem sie 8 Jar vnd 4 Tag darinen gewesen, vnd merkliche schätz vnd güetter daraus gefüert haben, wie an seinen Orth weiter davon gemelt. B. —G. I. — L.

e) In dem 1650 Jar den 24 July Ist der Br. Valenten Fischer, ein diener des Worts, zu Allwintz in Sibenbürgen im Herren entschlaffen. B. — G. I. — L.

f) Anno 1650 den 4. Augustj, In Beysein aller Brüeder des w., die fürgestelten Messerer versamlet zu Sabatisch, Inen ir Handtwerks Ordnung, sambt nachvolgenden Puncten mit Ernst verlesen. 1. Das die fürgestelten sorg vnd Müe besser auf sich nemen, fleissiger achtung geben, nit nach gewonheit, sonder nach Notturff den Handwerks Zeug ausstailen, vnd wen sie neue feilen geben, die Alten allwegen abfordern; 2. das

die Messerer nit beim tag müessig oder andern dingen nach-
gehen, vnd darnach die kertzen verbrenen; 3. wenn ein Messerer ein wochen werk oder etwas zum besten macht, das
mans Im mit barem gelt bezahlen muess, ist ein grosser Vbel-
standt, sol gar nit sein, ist auch Nie gewesen.[1] (Gekürzt aus
Mscpt.: *G. J.* VI. 27.)

g) In disem 650 Jar im Monat November, auf dem Brü-
ner Landtag sindt alle die vnssrigen im Herrendienst in (aus)
Mähren widerumb (auf ein Newes) abgeschafft worden. *B. G. I. K.*

[1] Ehreupreis klagt hier bitter und scharf über die Unordnungen, welche
in den Werkstätten und sonderlich bei den Messerern eingerissen sind.
Denn etliche hätten sich unterfangen, Gemeindegut anzugreifen, ihren
Privatnutzen suchend. Man geht dem Wein und ‚schliffern‘ nach!
Einer habe in neun Wochen 8 fl. in einer Schenke vertrunken, bei einem
zweiten hätte man bei 17 Paar Messer, 45 neue Scheiden, 100 Klingen,
33 Gabeln, Hornspitzen, 15 fl. Geld und anderes vertragenes Gemeindegut gefunden. Ihre Habsucht bringe sie dahin, dass sie bundbrüchig
werden und die Gemeinde verlassen. ‚Sie bilden sich da gnete Tage,
den sie haben Zeug genueg‘, (wie bei etlichen in Trentschin geschah).
Es sei aber unmöglich, die Gemeinde zu ernähren, wenn die Fürgestellten
sich alle Freiheiten herausnehmen, sich und die Ihrigen wohl pflegen
und kleiden. ‚Klingenschmiede, Scheidemacher vnd Messerer,
alle seien solchen verrats theilhaftig. Sie nähren sich mit dem, was der
gemain vnredlich entzogen wurde.‘ Manche behalten sogar das gute
Materiale, das sie vorgelegt erhalten, für sich zu schönen Messern und
verwenden ihren schlechten Zeug zu den Gemeinde-Feilschaften. ‚Wenn
einer den Zeug entwendet, kann er (freylich) die schönsten Messer wolfeil geben!‘ Ein Theil laufe aus den Werkstätten fort, besuche fleissig
alle Märkte, so dass sie oft die ganze Woche nicht daheim sind. ‚Die
fürgestelten müssen auf solchen Fahrten auch noch einen Nachtretter
haben! Brauche jedoch der Haushalter ainen oder den Andern zur Haus-
arbeit, da heisse es: das könne nit sein, da versäumt man so vil, da hat
man so vil arbait, daz es vast vnmüglich!‘ *G. J.* VI 26.

Zwölftes Buch.

1651—1664 (5).

(Ereignisse in der Gemeinde während der zweiten Rákóczy'schen Schilderhebung bis zum ersten Türkenkriege.)

Sihe ich sendt euch, wie die schaaf, mitten vnter die wölff.   Luc. 10. a.
Math. 10. b.

1651.

a) Anno 1651, den 15. Martj, seindt 3 Brüeder, Als: Jacobus Rebstockh, Andreas Rosenberger, vnd Jacob Ambsler mit Auflegung der Eltesten hendt in Dienst des Euangelions bestättiget worden zu Sabatisch. *B. — E. I.*

Am obgemelten tag hat man auch 4. Brüeder, Als: Christl (D.: Christoff) Adler, (mühlhandwerks fürgestelten), Tobias Bertsch, (weber), Jacobus Kettenacker, (ein schneider) aüs Märhern, vnd Christoph Baumhauer, (schuester), ein schlessinger, in Dienst des worts erwölt vnd von der gemain zu Sabatisch in die Versuechung gestelt. *B. G. I. — L.*

b) In disem 651 Jar, den 11 May, Ist der Brueder Görg Geer: Ein Alter Diener des Euangelions, (zu Alwintz) in 7-bürgen im herren entschlaffen, seines alters 72 Jar, in Dienst ist er gestanden 33 Jar. *B. — G., I. — L.*

c) In disem 651 Jar, den 17 May, Ist der Brued. Joseph Stamler, (weber, ein Märher), in Dienst des worts erwölt vnd der gmain zu Alwintz in die Versuechung gestelt worden. Auch hat Man disen tag 2 Brd., Als: Vhl Schauffelberger vnd Melcher Kleger in dienst der Notturfft erwölt vnd der gemain zu All-wintz für gestelt. *B. — G. I. — L.*

d) In disem 651 Jar, biss in das Volgent 652 Jar, Ist in Ober Vngern (vmb Bodtok) ein Mezen traidt zu 8 vnd 9 ff: (fr.) in kauff gewesen.

Die gemain heraussen vnd auch von Wintz muesten den Vnsrigen auff Bodtockh die hand raichen, vnd souil stewern, dass die gmain sambt inen verarmet. *B. — G., I. — L.*

e) Anno 1651 erneuerten vnd bestättigten die Graffen Gabriel vnd Geörg Illeshazy den Brüedern im Soblahoff alle

31*

Haussbrieff vnd Freyheiten, die inen Herr Graff Caspar verliehen. (Dubnitzer Arch.)

1652.

a) Anno 1652, den 14ᵗᵉⁿ Martj, Sein 2 Brüeder, Als: Andreas Binder vnd Moses Würz mit Auflegung der Eltesten Hendt in Dienst des Euangelions bestättiget worden zu Levär. *B. — G. I. — L.*

b) In disem 652 Jar, Im Monath Julj, sein vast vnerhörte schröckliche wasserguss in vngern vnd Märheren komen, dass vil leut vnd vieh auch vil Traidt vnd hew im veldt verdorben. Traid, wein vnd Obst ist alles seer wol geraten, der Eimer wein vmb 1 ₰. (Taler) zu kaufen gewesen, vnd war auch ein seer truckner herbst bist auff weynachten. *B. — G. I. — L.*

c) In disem 652 Jar, Im Novembris, Ist der Br. Melcher Kleger, ein Diener der Notturfft, zu Allwintz im Herren entschlaffen. *B. D. G. I. K. L.*

d) In disem 652 Jar, von 10 biss auff den 16. Decembris, Ist ein Cometstern mit einem dunklen hoff (stral) zwischen morgen vnd Mittag entstanden, vnd sein lauff zwischen Abent vnd Mitternacht hindurch gangen, dessen bedeitung wirt die Zeit eröffnen. *B. — G. I. — L.*

e) Anno 1652, vberliess Graff Geörg Illeshazy den Brüedern in Soblahoff, im Weg der Donation, die Halbe Session Holgašovska daselbst. (Dubnitzer Arch.)

1653.

a) Anno 1653, den 16 martj, sein 4 Brüeder, Als: Christl Adler, Tobias Bersch, Jacobus Ketenakker, (Alle 3 Mährer *L.*), vnd Christoff Baumhauer mit auflegung der Alten hendt in Dienst des Euangelions bestättiget worden zu Sabatisch. *B. — G. I. K. L.*

b) In disem 653 Jar, (2 Juny), Ist der Brd. Joseph Stamler, mit Auflegung der Eltesten hendt in dienst des Euangelions bestättiget worden zu Allwintz in Sibenburgen. *B. — D. F. I. L.*

c) In disem 653 Jar den 7 Augusti Morgens zwischen 2 vnd 3 Vhr, ist der Br. Görg Leopoldt, ein alter Diener des Euangelions, zu Dechtiz; den 26 December ist der Moses Rapelshausser, ein Diener des Euangelions, zu Zobelhoff im herren entschlaffen. *B. — D. F. G. I. K. L.*

1654.

a) Anno 1654, den 19 Februar, die Bader Ordnung [1] verlesen zu Sabatisch vnd mit den Badern geredt. *G. J.* VI. 26.

—

[1] Was hier den Badern ernstlich zu Gemüthe geführt und vorgelesen
wurde, zeigt vom tiefen Verfalle dieser Zunft und dem Eifer des Ehrenpreis, den guten Namen derselben wieder herzustellen. Denn es wird
ihnen vorgehalten, sie sollen

,1. iren Beruff, irer seelen hail, vnd der Gemain Nutz vnd wol-
stand fleissiger warnemen,

,2. iren Berueff vnd glauben zieren, vnd in der gemain vnd
ausserhalb bei allen stenden ire Redlichkeit, trew, fleiss vnd Nüechter-
kait sehen lassen,

,3. mit fleissigem gebeet sich zu Gott halten, das er Inen gnad
vnd segen geben wölle vnd irer artzney,

,4. fleissig lesen, vnd sich üben in h. Schrifft, vnd in Artzney
Büechern,

,5. Morgens, wen man weckt, fleissig aufstehen, Abends zu rechter
Zeit schlaffen gehn, vnd alle vnordnung meiden,

,6. Es soll keiner von der „werkstatt" zu gehen macht haben, one
vorwissen,

,7. Ein Jeder, wo er hingeschickt wird, vnd was Im der fürgestelte
beuilht, ordentlich ausrichten,

,8. Im kreüter samlen vnd wurtzen graben nit vnendt vnd fürwitz
treiben, zu wein gehn, vnd keine kreüter oder wurtzen haim bringen!

,9. im hauss vnd handtwerkstüben nit vmbherziehen, schwätzen,
anheng vnd gesellschafften machen, vnd ergernus geben, bey den welt-
leüten nit sitzen, zuetrinken, zaigen oder gesegnen, wie etliche ein weiss
haben. Es ist nit recht solche gleissnerey zu treiben!

,10. Sollen sich der Freündlichkeit gegen Jederman fleissen, Niemant stoltzen vnd trutzigen beschaid geben. Es stehet vns treffentlich
übel an.

,11. NB. NB. Auch nit weltlich klaiden, das man bissweilen ainen
nit gekennt, Ain gegrüest, oder ghaissen wilkom sein. (NB. Schändliche
hauben vnd har!) Da man in die gmain komen, hat man sich der weltlichen kleider geschämt, Jeezt schämen sich ein tail der gemain klaidung,
muess vast alles anderst sein, huet, die Schnuer, der Rock, der gürtl
aintweder ein gewaltig Schloss oder nur ein bandt, den knopff hinden
auffen Rucken. Obs nit gar weltlich, muess es doch halb vnd halb sein.

,12. Auch die geberd in worten: weltlich vnd prächtig, das Har
über sich, wie die Bursten, mit füessen scharren, vnd andere laperey,
da man sein nur zu spotten hat, So doch die herren hofleüt genueg
haben. (Das die Bader den Brüedern das haar Abschnaiden, wie es recht
ist, vnd nit, wie es Ein yedtlicher begert, bis halb auf die Ächseln vnd
fornen Ein schnaidl, nach kriegsmanischem Brauch sich der welt gleich
stellen, wie sich yetzt Etliche vngeschickt stellen vnd erzeigen.)

b) Anno 1654, den 31 tag May kam Hannss Martin (von Danzig *G. L.*), welcher Anno 648 auch gen Sabatisch kommen vnd sich (nacher, ongefär boj einen Jar,) mit vns vorainiget vnd

,13. Das die Jungen die hoffart nit am ersten lernen, im Pracht vnd andern dingen, darnach aber ein Bauern kaum recht putzen oder zwagen können!

,14. Den Zeug sollen sy fein sauber vnd scharff halten, das den Bauern nit die Augen vborgehen im Scheren, Aderlassen vnd Schrepffen.

,15. Im Bad sich auch fein freundlich vnd fleissig vmb die lent annemen, Inen fleissig aufwarten, (sy) Nit lang sitzen, auf ein ander warten lassen, sich nit ausser des Bads oder iu der Scherstuben aufhalten vnd schwätzen, das die leüt mit vuwillen auss dem bad gehen müessen, wie yeziger Zeit geschicht.

,16. Auch sich nit von der Arbait abziehen, als wen sy zu köstlich oder zu guet darzue wären, oder nit zur Arbait geschaffen.

,17. Sollen auch nit aigene Artzneyen haben, Iren gewinn vnd aigenutz damit zu schaffen.

,18. Aigene Hennen, Tauben v. d. g. sollen keinem gestattet sein.

,19. Alles gelt, es sey geschenkt oder trinckgelt, sambt allem verdienst, soll mit trewer handt dem fürgestelten zue gestelt werden.

,20. Alles kauffen, Teüscheln vnd krämerey soll abgeschafft vnd keinem gestattet sein, wie es allweg in der gemain gewesen ist,

,21. Auch soll man von vnsern leiiten, die irer Dienst bedürffen, weder gelt noch gaben nemen. Dan es ist nit recht.

,22. Mit vnsern alten kranken vnd Presshafften gueten Fleiss haben, daz sie nit klagen vnd seüfftzen müessen.

,23. Die füergestelten nit beim Volk vermuglimpffen oder hinder reden, als wen ainem offt zu helffen wär, wenn der fürgestelte nur die artzney hergäbe.

,24. Insbesondere soll man mit Artzney eiugeben gueten fleiss vnd sorg haben, das man nit bluet auf sich lade!

,25. Es soll im auch keiner selbs sein Bestallung machen, vnd keiner bey den Herrschafften sich anhengen.

,26. Es soll auch keiner vmb schlechter vrsach willen sich von des herrn wort abziehen.

,27. Sollen auch fleissig in die grosse stuben zum essen gehn, wie andere fromen, wie auch zu Nickelspurg den Alchimisten ist geordnet worden, vnd erkennt gewesen dem Stophel Eckstain vnd Nathaniel Hamer. Sie sollen sich auch nit gar so an das Reitten vnd Faren gewönen, was noch Jung vnd gesundt ist.

,28. Sollen auch nit seer vmb Mandln vnd Mandegk trachten, Inen vnd iren weibern alles zu wegen bringen.

,29. Die Elteren Bader sollen die Jungen fleissig vnderweisen, in der zucht vnd Forcht halten, die Bueben nit schlagen, Rauffen, noch sonst mit groben schmachworten schelten, auch nit vil mit Inen fürwitzen

ein Brueder worden. Der bracht mit sich noch 3 andere Mener von Danzick, Sonderlicher Daniel Zwicker, [1] ein Doctor der (schrifft vnd) Arzney, mit dem vorhin gar vil durch schreiben (vnd brieffwechslen) von glaubenssachen ist gehandlet worden.

Als sie nun bej 10 Tagen bey vns waren, vnd vil gespräch vnd vnderredung mit Ime, Daniel, vergangen sein, Er auch allen handel vnd wandl in der gmain selbs besichtiget vnd erkundigt, der gmain Rechenschafft sambt den 5 Artiklen durchsehen vnd gelesen, vnd da er solches alles für recht vnd Christlich erkent, glaubt vnd angenomen, Ist er, (den 8ten tag Juny), durch Auflegung der Eltesten hendt auffgenommen vnd vnsser Brueder worden. Weil er aber ein Eiffriger vnd gelerter Man war, Ist im auch der Dienst des Euangelions beuolhen vnd auffgeladen, vnd (auch dazue) bestättiget worden, den 8. Juny, daz er in Preussen, Polen, vnd wo im Gott der Herr gelegenheit zeigen wirt, die Eiffrigen besuechen vnd dem herren die Seinigen samlen vnd sich des Euangelischen dienstes, als ein getrewer Arbaiter, zu der menschen hail völlig gebrauchen soll. [1] *B. — D. G. I. K. L.*

noch schertzen. Dessgleichen soll es mit den Newkomenden gehalten werden.

,30. Wen man einem, der doch ein Brueder ist, sein vnweiss begert abzuziehen vnd Ims nit will gelten lassen, soll er nit als halt wandern wöllen, sondern gueten bericht annemen.

,31. Nit auss ruom vil vberflissigen zeug samlen, daz man die wanderfueren kaum füeren kan. Die Bader haben ir Ordnuug von alters her! Ist nur ein gespet vnd verachtung irer Erlichen vorfaren vnd altväter, welche die ordnung gemacht, vnd erkennt, daz man mit Wandern nit so vil mit von einen ort in's andere füeren soll, das man mit Einer fuer wandern kan. Wo bleibt es, wo kumbt es hin? Ist aus der weiss! Wen ein Einkaufer, haushalter, Mair, Millner also wandern solte, wie vil fueren müesten sy haben? Vnd was sy noch nit mit füeren vnd schlepffen können, verkauffen sy einander, auch wol das vich! Ey, Ey, wo bleibt da der elende Ruem der Gemainschafft?

,32. Wen sie nun dünkt, das sy wol sitzen, wollen sy nit wandern, henken sich an die herrschafft, erhalten damit gewalt, den eignen willen, irem berueff vnd ergebung gantz zuewider! Nit wenig ist das die vrsach, daz die Jugendt so verdürbt, frech vnd vngehorsam vnd maisterloss wirt!' (Cod. G. J. VI. 26 [gekürzt].)

[1] Dr. Daniel Zwicker, ein Socinianer, wurde anno 1648—1650 in Preussen durch Hans Martin, Jobst von Stain. Leonhart Nadler, die anno 1648 im Missionsgeschäfte dahin entsandten Brüder mit der Lehre der Huterischen bekannt und trat mit ihrem Aeltesten, Andreas Ehrenpreis, in

Der Hanss Martin ist wider aussgeloschen vnd mit Lesterung vnd schmachworten sich abgewendt *G. L.* Es ist auch am obgemelten Tag Johannes Tennes, ein Wagmacher von Däntzig, welcher auch mit dem Brueder Hanss Martin komen, auffgenomen vnd vnsser Brueder worden. *B.*

c) Anno 1654, 7 Juni bin ich Daniel Zwicker[1] von dem Johannes Riegker vnd Jacobus Rebstock, auf begehren

---

brieflichen Verkehr. Aus diesem Verkehr nun stammt ,der ander Brieff· des Letzteren an ,Daniel Zwicker zu Däntzick', geschrieben im September 1650 (im Cod. Mscpt. *G. J.* VI. 28 zu Gran, und in einer Handschrift des Herrn Pfarrers Beck im Blumenthal zu Pressburg). Er beginnt mit den Worten: ,Gnad friedt vnd göttlichen Segen durch Jesum Christum vnsern Herren vnd Hailandt ewiglichen Amen.' Ehrenpreis bestätigt darin den Empfang des Schreibens seines geliebten Freundes Hans Martin ddo. 16. August 1650, sowie des Zwicker'schen, und bedauert, dass dieser ob etlicher Worte des letzten Sendbriefs gekränkt war. Gerne hätte er sie weggelassen, wenn er die ,subtille' Empfindlichkeit seines insbesonders angenehmen und geliebten Freundes geahnt und gewusst hätte, dass er ,das saltz alles auf einen Hauffen bringen werde'. Was ihn wundere, sei, dass sie die heilige Schrift so ungleich verstehen. In eine Widerlegung der aufgeworfenen Ansicht eingehend, erklärt Ehrenpreis für hochnöthig, dass man in die heilige Schrift nichts aus eigenem Gehirn bringen soll. Die Hauptaufgabe des Briefes, die nicht ohne Geschick durchgeführt erscheint, ist die Vertretung der Gütergemeinschaft, wie sie in der Gemeinde besteht. Zugleich beglückwünscht er ihn, dass er die groben Fehler und Uebelstände seiner ,bisherigen Religion' zu bessern, das Licht auf den Leuchter stecken und eine Vereinigung mit der Gemain des Herrn bewirken will. ,Denn so man die Frucht Eurer Religion ansieht, (fährt Ehrenpreis fort), so wirt man gar vil lust der augen, lust des Fleisches, hoffartiges leben, Reichthumb vnd weltliche wollust finden, auch bei vilen die Muetter aller sünde, als: die ellende Hoffart, Pracht vnd übermuet, wie auch die wurtzl alles übels: den gaitz, der da ist ein Eer vnd Dienst der Götzen; bei etlichen auch den wucher, wol auch an den glaubensgenossen verübt vnd getrieben; auch hertigkeit vnd vntrew gegen den Armen, auch schwert, wehr vnd waffen. Das haisst ja aigentlich der welt sich gleichgestelt, welches ich selbs mit Augen, mer als gennueg, zu Claussenburg gesehen hab.' (*G. J.* VI. 28.)

[1] Dan. Zwicker, der Sohn eines reformirten Prädicanten, war am 12. Jänner 1612 zu Danzig geboren, studirte zu Königsberg, wurde Doctor der Medicin und durch Florian Crusins ein Unitarier. Durch seine Schriften dem Magistrate zu Danzig missliebig geworden und abgeschafft, zog er nach Gnesen, wo er, wie der dortige Senat behauptet, die Ausübung seiner Arzneikunde zur Ausbreitung der verketzerten Lehre der polnischen Brüder, d. i. der Anti-Trinitarier, ausnützte. Er stand mit dem aus Gnesen ausgewiesenen Prädicanten Martin Ruarius, der sich in dem

der versamleten Eltesten, gefragt worden, ob ich die 5 punkte, als : vom Tauff, vom Abendtmahl, von der Gemeinschaft, von

benachbarten Strassin aufhielt, in ununterbrochenem Verkehre. Anno 1643 wurde er selbst, als Arianer ,et conscientiae ac religiosae tranquilitatis civium turbator' aus Gnesen ausgewiesen. Von nun an wanderte er hin und her, trennte sich anno 1650 von den Socinianern und wurde ein eifriger Vertheidiger der Wiedertäufer, (die er stets Fratres Moravorum nennt), gegen die Angriffe der Unitarier: Schmalz, Ostorode u. A. m. Der anno 1612 angeregte, allein misslungene Versuch des Moscorovius, die in und um Danzig sesshaften Mennoniten mit der polnischen Kirche zu vereinigen, weckte in ihm die Idee, eine Vereinigung mit den Wiedertäufern in Mähren-Ungarn zu vermitteln. Er erschien zu diesem Ende 1654 in Sabatisch, mit welchem Erfolge, zeigen die Chroniken, zeigt die eigenhändige Aufzeichnung Zwicker's in dem von ihm zu Sabatisch acquirirten und gegenwärtig in der Hamburger Stadtbibliothek befindlichen Denkbüchlein E. Mit der vorstehenden Aufzeichnung stimmt zum Theil überein, was er, nach Polen zurückgekehrt, ,dto. Gedani XVIII Juli 1654' seinem alten Freunde Ruarius nach Strassin meldet; ich sage zum Theile, denn von einer Gutheissung seines Reservates: ,der Freiheit seiner bisherigen Bekänntniss' wird darin eben so wenig erwähnt, wie in der schlichten Erzählung b) der Brüder. Bei diesen galt als Fundamentalsatzung: ,Wir bekennen, das Herr Jesus Xᵗᵘˢ von Ewigkeit her sei, sein fleisch und bluet aber erst durch den englischen Gruss vnd durch die Kraft des Allmächtigen Gottes vnd die mitwirkung des h. Geistes in dem jungfrawlichen Leib Marias genommen. Darum bekenen vnd sagen wir, dass Christus der herr von Ewigkeit sey, vnd das er mit dem vater gleich ein wesen.' (Ehrenpreis, 1652.) ,Wir bekennen auch, (so lautete ihre Rechenschaft), Jesum Xᵗᵘᵐ den eingebornen Gottes Sun sein, so bekennen wir auch, daz er im Vater war, ehe dem die welt gemacht wardt, Nun aber nit zween sonder einen gott, den sy beide nit zwey, sonder eins sein (Joan. 14, 6). Jesus, vom vater ausgangen, auf das der fall Ade wider zu recht gebracht wurde, hat menschliche art vnd natur an sich genomen, ist vermenscht vnd fleisch geworden.' Und diesen Glaubensartikel, an dem in der Gemeinde unverbrüchlich gehalten, für den Hab und Leben geopfert wurde, soll man um den Preis der Acquisition eines zweideutigen Mitstreiters im Dienste des Wortes hinweggeworfen haben? So weit war es mit den Täufern noch nicht gekommen, und wir haben es hier offenbar mit einem jener Phantasiegebilde zu thun, die dem rubelosen Manne den Namen eines ,Mirabilis monstri' zuzogen!

Von der Gemeinschaft, Eintracht und Frömmigkeit der mährischen Brüder entzückt, führte er, seiner Mission eingedenk, dem alten schlauen Ruar zu Gemüthe, wie angezeigt es sei, zu einer Vereinigung der mährischen Brüder mit der polnischen Kirche die Hand zu bieten. Ruar bezweifelte dagegen, dass es den Täufern mit der Vereinigung Ernst sei, bezweifelte, dass ihre Frömmigkeit und ihr Wandel ohne Makel sei, nannte deren Gemeinschaft eine imaginäre, in keinem Gesetze der Schrift

der Obrigkeit vnd von der Ehe annehme? darauf ich mit Ja geantwortet, doch also, dass ich die Nothwendigkeit der Gemeinschaft noch nicht sähe oder billigte. Bald hernach bin ich abermahl durch die vorigen Abgesandten, auff begehren der Eltesten befraget worden: Ob ich neben den 5 Punkten auch die Rechenschaft annehme? denn wenn ich dieses annehme, würde man mich ohne ferneres Bedenken in die Brüederschafft an- vnd auffnehmen, worauf ich gesaget, dass ich alles für gültig hielte, ausgenomen den Punkt von 2 Naturen in Christo köndte ich nicht annehmen, gleichwie ich ihn auch zuvor nicht angenomen, sondern widersprochen hette, vnd müsste demnach mir hierinn die Freyheit der bekänntniss, so wir vns einigen sollten, gelassen werden, Gleichwie auch in diesem anderen hochwichtigen vnd nöthigen punkte, dass ich nämlich alle vnd jede frome Christen, ob sie auch gleich noch die Gemeinschaft nicht annehmen möchten, vor Brüder vnd Gliedtmassen Christj halten, auch mit solchen bey gegebener gelegenheit das Abendtmahl halten möchte. Vndt da ich auch dieses beybrachte, dass ich mich auch in keine Knechtschafft, etwan weit von der

gegründete. Nicht willens, das Sondereigenthum in seiner Ecclesiola aufzugeben, wies er mit unverblümten Worten jeden Unionsversuch des Zwicker zurück. Unmuthig wandte dieser hierauf seiner Heimat den Rücken und zog 1657 nach Holland. Hier trat er mit den ansehnlichsten Gelehrten in Verbindung, betrieb die Arzneikunst und schrieb zahlreiche Bücher und Tractate. Mit seinem 'Irenicum-Ironicorum' (gedruckt 1658) provocirte er die Gegenschrift des Amos Comenius: 'Admonitio de Irenico-Irenicorum' (1660), worauf Zwicker wieder mit seinem 'Irenico Mastix' (1661) replicirte. Gleichwohl dedicirte ihm Comenius anno 1661, 3. Februar, die neue Auflage seiner 'Theologia naturalis'. Zwicker hielt es sozusagen mit allen Confessionen. Von den böhmischen Brüdern und den Lutheranern will er den Anfang der Reformation und die christliche Freiheit, von den Römischkatholischen die Nothwendigkeit der guten Werke, von den 'Mennonisten' (Taufgesinnten) das Leben Christi empfangen haben. Seine literarischen Klopffechtereien mit Martin Schock Maukisch, Sandius, Paul Felgenbauer etc. sind bekannt. Osiander fällt über ihn ein vernichtendes Urtheil, dem Fabricius dagegen ist er ein 'vir pius et integer, nec talis, qui malo curaret animo'. Jedenfalls war er, mit Zeltner zu reden, ein 'homo ambiguae, ut vitae, sedis et fortunae, ita quoque religionis'. Er starb 1678 zu Amsterdam in seinem 70. Jahre. (Sieh' Martini Ruarii Epistol. select. Centur I a. II a. Amst. 1677—1681. — Sandii Chr. Ch.: Biblioth. Antitrinitar. 1684. — Bock Fr. S.: Historia Antitrinit. Lips. 1754.)

Gemain ab, zu leben verstehen könndte, gleichwie solches mit
etlichen vorgenomen würde, vnd sie dieses als vor vnnöthig
beizubringen hielten: Da haben sich die Eltesten auff das
vorige, als auf einen schweren Punkt, zu bedenken Zeit genomen, vndt mich des folgenden Tages fodern lassen (den
8ten Juny). Da der Br. Ehrenpreiss, nach Erzehlung vnserer
bis daher gehabten Vnterredungen, vndt auf seine fernere rede
vndt meine wiederrede, entlich gesagt hat, das, ob dieses gleich
ein frembdes vnd vngewöhnliches Ding in der Gemaine were,
man dennoch mir, als den man vertrauete, das er es behuttsam
gebrauchen würde, meine meinung von dem einigen Gotte,
vndt von auffnehmung der fromen Christen zu Brüdern vndt
zu Mitgenossen am Tische des Herrn, insonderheit, wan anderswo eine Gemeine köndte angerichtet werden, frey lassen möchte,
damit also niemandt leicht vor den Kopff gestossen, sondern
jederman auss der Welt vnd zu Christo geführet werden
möchte. Er hat auch alsobaldt mir hierauff der Brüeder Schluss
vndt willen angedeutet, nemlich, das sie mich zu einem Bruder
vnd Diener des worts anzunehmen beschlossen hetten. Worauff
ich mich zwar geweigert, anmerkend, das ich zu solchem
Ampte zu blöde were, vnd derowegen gerne sehen möchte,
das aus ihrem mittl etliche zu solchem Ampte in Preussen ab-
geschickt würden. Aber, da sie auf ihre meinung vnd Schluss
bestunden, vnd hierin den ersten Gehorsam von mir forderten,
da habe ichs im Nahmen Gottes entlich geschehen lassen, das,
nachdem ich nidergekniet, der Br. Ehrenpreiss neben anderen
Eltesten, die Hände auf mich geleget, vndt (nach meiner erklärung vnd bekanntniss, das ich die 5 Punkte sampt der
Rechenschaft, doch ohne Nachtheil meiner vorbehaltenen Punkte
vnd meiner abrede, annehme vnd gültig sein lasse, vndt das
ich der Gemeine biss ans ende getreu sein vndt ihr bestes
suchen wolle,) mich also zum Diener des worts mit anver-
trawung alles gewalts (in die Gemaine aufzunehmen, zu binden,
zu lösen, vnd zu verstossen, zu lehren, zu tauffen, etc.) bestellet,
erkläret, vnd mit baldt folgender Bewilligung der Gemaine
auffgenomen hat. Der ewige vndt Allmächtige Gott aber wolle
mich, seinen unwürdigen Diener, ansehen mit seinen Gnaden-
augen, wolle ihm dieses Thun der Eltesten gefällig sein lassen,
mich ausrüsten mit seinem Geiste vnd krafft, damit ich seinen
willen thun, ihm recht dienen, vndt heilig vor ihm leben vndt

endlich die Krone des Lebens ererben möge. Amen. Geschehen in Sabatisch, im Beysein Hans Martins. *E.* (Finis Cod. *E.*)

d) In disem 1654 Jar, den 10. July Morgens, zwischen 4 vnd 5 Vhr, ist zu Alvincz in Sibenbürgen ein seer schedliches hagelwetter gewesen, in weingärten grossen schaden gethan vnd bald darauf ein grosser Erdbiden geuolgt. *G. L.*

e) In disem 654 Jar, im Octobris, haben wir aus der Pfalz bericht vnd anlass empfangen, daz wir gelegenheit haben köndten, allda ein gemain auffzurichten, dieweilen vns in Vngern nit aller dingen wolte gestattet sein, leüt auffzunemen. Also sein 2 Br. (als: Johannes Rücker vnd Hainrich Haberreiter *C. F.*) gen Haidelberg gesendet worden zum Churfürsten, (wie auch mermals 1655 den 8ten September 2 Brüeder [1] geschickt worden), der vns gar guetwillig auff vnd angenommen hat. Also hat man zu Manhaim [1] in der statt ein Ort vnd stett

---

[1] Die am 8. September 1655 in die Pfalz abgeschickten Brüder Jacob Amssler und Christof Baumbauer von Sabatisch erhielten von dem Kurfürsten und Pfalzgrafen Carl Ludwig für die Gemeinde die Bewilligung, sich in Mannheim niederlassen und daselbst ein Haushaben gründen zu dürfen. Laut des mit ihnen darüber geschlossenen Hausbriefs ddo. Residenz Heidelberg den 8./18. October anno 1655 (Abschrift in meiner Sammlung) wurde ihnen zu obigem Ende 1. in Mannheim nächst des Rheinthors, linker Hand vom vorderen Eck der hintersten Gasse an dem Wall, ein Platz von 100 Schuh Länge und 200 Schuh Breite überlassen, um darauf ein oder mehrere Häuser zu erbauen, die jedoch wenigstens zwei Stockwerke hoch, von Stein, mit Ziegeln gedeckt und feuersicher sein müssten; 2. sollten sie aller Privilegien der Stadtbürgerschaft theilhaftig sein, Fremde in ihre Versammlung aufnehmen können, Einheimische (Stadtangehörige) jedoch nur mit Vorwissen der Regierung und respective des Rathes zu Mannheim; 3. an den Ihrigen mögen sie, ihrer Gewohnheit nach, die Strafgerichtsbarkeit ausüben; 4. sollen sie mit aller Handanlegung, sei es zu Militär-, Gerichts-, Malefizoder sonstigen Sachen, die zum weltlichen Schwert gehörig, sammt und sonders verschont bleiben; dagegen sollen sie 5. schuldig sein, den auf jedwede Ruthen geschlagenen Grundzins von 4 Pfennigen jährlich an den kurfürstlichen Zollschreiber zu Mannheim willig abzustatten und die entfallenden Zölle und Schatzungen und andere ,mer Gebüren‘, wie es die städtischen Privilegien bestimmen, zu entrichten; 6. bleiben sie die ersten fünf Jahre von allem Schutzgeld frei, vom Jahre 1661 an zahlen sie jährlich 50 fl. (à 60 Kreuzer gerechnet) für den Schutz an den besagten Zollschreiber; 7. bezüglich der bürgerlichen Schuldigkeiten in der Stadt mögen sie sich mit dem Director, Schultheiss und Rath der Stadt abfinden; 8. jedem der Paciscenten soll freistehen, den Vertrag ein halbes

angenomen vnd (A° 1656: B. D. F.) angefangen bawen. Gott der Herr verleyhe glück vnd segen zu einem glücklichen vnd fruchtbarlichen werk. B. — D. F. G. I. K. L.

f) In disem 654 Jar, den 9. Decembris, (G. I. L. 11. Novembr.) Ist der Br. Hanss Kern, ein alter D. d. N. zu Lewür im II. entschlaffen. B. — D. F. G. I. K. L.

1655.

a) Anno 1655, den 3. Januarj, Ist der Brueder Hanss Gebhart, ein alter diener dor Notturfft, (der vbor die 25 Jar hausshalter gewesen), zu kesselsdorff im herren entschlaffen. B. — D. F. G. I. K. L.

b) In dissem Jar, den 27. January, sein den Dechtitzer Brüedern von den gränitz Hussären Ire gutschen Ross ausgespanut vnd weckhgenomen worden. C.

c) In dem 1655 Jar, den 25. Februarj, raissoten die vngerischen herren gen Pressburg, einen landtag zu halten vnd ist Ir Röm. kays. May. auch alda ankomen, demselben beizuwonen. C.

d) Den 15. Martius 1655 Ist Graff Franciscus Wesseleny zum Palatinus erwält worden. C.

e) In disem 1655 Jar, den 18. Marty, ist der Br. Johannes Born, ein diener des Enangelions, zu Dechtitz im herren entschlaffen. B. — D. I. K.

f) In disem 655 Jar, den 21 Martius, ist der Br. Johannes Hilscher, des Mühlhandtwerchs fürgestelter, (ein Märher), in dienst des worts erwölt vnd fürgestelt worden zu Sabatisch. B. — D. F. G. I. K.

g) Anno 1655, den 20ten April, hat man 2 Br. Als: Andreas Winter vnd Hainrich Wisser, beede schneider vnd Märher, (C. F.: in Vngern gebürtig), in dienst des worts

---

Jahr zuvor zu kündigen; den Brüdern ist in diesem Falle gestattet, dasjenige, was ihr Eigen ist, frei zu verkaufen und mit sich hinweg zu führen. (Abschrift des Hausbriefs in der Lade der Gemeinde zu Sobotist.) Heinrich Clingner, Gubernator von Manuheim, spricht sich über diese Niederlassung der mährischen Wiedertäufer höchst günstig aus (Ottii, Annal. Anab.), desgleichen Göbel's Geschichte des christlichen Lebens der rheinischen Kirche, 1849 (Bd. I, S. 591), und Vierordt's Geschichte der evangelischen Kirche im Grossherzogthum Baden, 1856 (II. Bd., 507), nur dass Letzterer zwischen Mennoniten und den mährischen Taufgesinnten keinen Unterschied macht!

erwölt vnd in die versuechung gestelt zu sabatisch. *B. — D. F.
G. I. K. L.* item: Alexander Denger, weber, ein schweitzer. *I.*

h) Anno 1655, den 17 Juny, ist Leopoldus Ignatius der I^{te} zum vngrischen konig erwölt worden vnd den 27ten Juny gekrent worden zu pressburg. *C.*

i) In disem 655 Jar, im Monath Septemb., ist hin vnd wider ein grosser sterben eingefallen, vnd zu Lewär, aus dem Markt, in vnsser hauss komen. Da vns auch mit grossem Laidt vnd Ellendt bey 270 seelen (*C. F. I.:* 276) erbärmlich dahingangen vnd entschlaffen sein. *B. — D. F. G. I. — L.*

Indem ist auch der Br. Clauss Mössner, ein diener des worts, den 20. October zu Lewär im herren entschlaffen. *B.—D. F. G. I. — L.*

1656.

a) Anno 1656, den 12 Martius, Ist der Br. Claus Schulthess, ein schneider vnd Märher, in dienst des worts erwölt vnd in die Versuechung gestelt worden zu Sabatisch. *B. D. F. L.*

b) (In disem Jar) Ist dem Hänsel Rot vnd Alexander Denger, als sie in Versuechung gestanden biss in das 1656 Jar, den 10ten Juny, ir Ampt auf ir hohes bitten zu Kesselsdorff wider abgenomen worden. *B. D. I.*

c) In disem 656 Jar, am Tag Simon Juda, das ist der 28. Octobris, Ist zu Bodstock ein grosses Erdbiden gewesen. *F. I.*

d) In disem 656 Jar, den 5ten November, sein 3 Brüeder: Johannes Hilscher, Andreas Winter, vnd Hainrich Wisser mit auflegung der Eltesten hendt in dienst des Euangelions bestättiget worden zu Sabatisch. *B. — D. F. G. I. L.*

e) Dise 2 Jar 55 vnd 56 ist gueter Fried vnd wollfälle Zeit gewesen. Gott dem herren sey Lob vnd dankh gesagt! *B. D. K.*

1657.

a) Anno 1657, den 6ten JanuAry, ist der Br. Vhl Schauffelberger, ein diener der Notturfft, zu Alwintz in sibenbürgen im herren entschlaffen. *B. — D. F. G. I. K.*

b) In disem 657 Jar, (den 11 April,) Ist der Br. Johannes Egl, ein diener der Notturfft, zu S. Johannes im herren entschlaffen. *B. — D. F. G. I. K. L.*

c) In disem 657 Jar, (vmb New-Jarszeit,) zoge fürst Rákóczy mit einer seer grossen Kriegsmacht aus Sibenbürgen der Kron schweden zu hilff wider die Polen. Aber der König in

Dennemark kam ins spill; den die schweden von Polen muessten ablassen, begaben sich in Dennemarkt zu kriegen. Fürst Rakoczy wardt von Polläcken vnd Tatern geschlagen, das meist volkh sambt dem Generalen Komony (*D.*: Kemeni, *G. L.*: Kémeny) János in die Tattarey gefangen gefürt. Also muesst Fürst Rákóczy mit grossem verlust (aus Polen) wider haimb ziehen. *D. F. G. L.*

1658.

a) Anno 1658, den 13 February, ist der Br. Christoph Adler, ein diener des worts, (von Broczka *D. I.*), zu Sabatisch im Herren entschlaffen. *B. — D. F. G. I. K. L.*

b) Anno 1658, am 31 Martj, Ist der Br. Claus Schultes, ein D. d. Euang. bestättigt worden zu Sabatisch. *D. F. I.*

c) Den 31 Martj An. 1658, sein 2 (3) Br. Als: Benjam. Bolay (Poley), ein haffner, Christl Lerch, ein schneider, (beide in der gmain geboren,) dan der Balzer Wallner, ein schneider: zu Sabatisch, vnd den 7 May: Jacob Weiss, ein Haffner, ein Märher, zu Alwintz in Sibenbürgen, in Dienst des Euangelions erwölt vnd in die versuechung gestelt worden. *B. — D. F. G. I. K. L.* Aber der Balzer ist, als er bey ½ Jar in der versuechung gestanden, auf sein hohes Bitten zu Tschäskowitz des dienstes wider enthoben worden. *I.*

d) In disem 658 Jar vmb die pfingsten zogen herr Graff von Starnberg (*D.*: Sternberg), ein kaiserlicher Obrister, mit 5000 Man kaiserlicher Teutscher völkher in vngern in die Schütt, theten grossen schaden, verderben an selbigen Orten vil traidt im veldt, das man nit erndten, auch im herbst nit anbauen kundt. Gegen den Winter zogen sie wider (herauff) in Märhern, worauff diser Zug in vngern angesehen war, kondt man nit Eigentlich erfaren. *B. — D. F. G. I. K. L.*

e) In disem 658 Jar Ist das Fürstenthum in Sibenbürgen mit Türken vnd Tatern Vberfallen worden. Theten mit Rauben brennen vnd mörden grossen schaden, brachten vil 1000 menschen vmbs leben, füerten ein vnzalbarliche (vnzehliche) Summe leuth vnd vih hinwekh, versengten (vnd verwüsteten) das landt.

Vnder dem war auch Allwintz, (da vnssere leüth wonen, mit brandt) angestekht, vnd das hauss maisten tails verbreunt. Ir getraidt, welches sie gleich vor dem einfall zu haus gebracht, vnd in eill ein wenig ausgetroschen vnd auffgehoben, das Vbrig sambt dem hew vnd stro ist alles in rauch auffgangen.

Unssere leuth sein aillents mit grosser furcht in die Vestung entrunnen. Gott dem herren sey Ewig lob vnd dankh, der sie so gnediglich behüet vnd bewaret hat vnd bey einander erhalten, dass keines von den bössen leüthen gefangen vnd weckhgefüert ist worden. Neben solcher Angst vnd grosser not, mit deren sie vmbgeben waren, muesten sie 115 fl. schatzung erlegen. *B. — D. F. G. I. K. L.*

1659.

a) Anno 1659, d^to Wien den 29ten Januarii, hat Kaiser Leopoldus die Brüeder mittelst eines Protektionalschreibens vnd Privilegiums, so er ihnen am obigen Tage ertheilen liess, in den 3 Gespannschafften Neitra, Pressburg vnd Trenchin vnter seinen Schutz vnd Schirm gestellt, vnd ernstlichen bevehl erlassen an das Regiment vnd die Gespanschafften: vnserer Gemainde vnd allen Brüedern gegen alle Gewaltäter, Schädiger vnd Vnterdrücker den gebürenden Schutz zukomen zu lassen. (Cop. eccels. canc. Regiae.)

b) Anno 1659, den 10. Dezember, *(L.:* 16. Dez.) ist der Br. Hanss Friedrich Kuentsch (Kintsch), ein fürnemer (fromer) diener des Euangelions, nachdem er ins Neinzehent Jar in dienst gestanden, (vnd der gmain trewlich gedient), zu Kesselsdorf im herren entschlaffen. *B. — D. F. G. I. K. L.*

c) In disem 659 Jar hat Fürst Rákoczy grossen krieg mit seinen Feinden im Landt vnd auch mit Türkhen vnd Tattern, die in Sibenbürgen einfüellen. Barcagosch [1] wolt sich mit hülff der Türken ins Fürstenthumb wider den Fürsten Rákoczy mit gwalt eindringen. Stuendt seer vbel vnd gefärlich im landt. Bartzagosch ward geschlagen, vnd entrann in die Türkey, kam wider mit etlich 100 Türken, mit welchen er sich in die hermstadt *(L.:* Hermannstatt) setzet, sich daselbst zu wehren.

Fürst Rákóczy belegert die statt von weinachten biss hinaus in Früehling mit einem grossen heer. Da kamen die Türken mit grosser Macht, Also, dass er mit der Belagerung von Hermstatt muest ablassen. Wehrent der Zeit ist das hausshaben zu Allwintz von den vngerischen kriegsvölkern zum

---

[1] *D. F. L.:* ,Bartschay Augustin'; allein unrichtig, weil Barcsay, der von der Pforte zum Fürsten ernannte und von den Ständen adoptirte türkische Schützling, Achatius hiess.

etlichenmal ϋberfallen, aussgeraubt, geplindert, vnd 10 Ross weckh genommen, (vnd) das getraidt sambt dem hew verfuerdert (worden). Wie wol etliche Brüeder im hauss geblieben, ist keinem sonst nichts widerfaren. Das volkh war alles in die Vestung geflohen. Ϋber das alles muesten die Brüeder (den 12ten Augustj in der Herrmanstatt *C. I.*) 500 Reichstaller erlegen. *B. — D. F. G. I. K. L.*

1660.

a) Anno 1660, den 4 Martj, seind 2 Brüeder: Christl Lerch vnd Beniam Polay (Poley) mit Auflegung der Eltesten hendt in Dienst des Euangelions zu Sabatisch bestättiget worden. Auch hat man an dem Tag den Br. Johannes Milder, (in Vngern, in der gmain geborn *D.*), ein schneider, erwölt vnd (in den dienst des Worts) in die Versuechung gestelt zu Sabatisch. Den 2. May den Br. Jacob Weiss von Allwintz mit Aufflegen der Eltesten hendt in dienst des Euangelions bestättiget, zu Sabatisch. *B. — D. F. G. I. K. L.*

b) Im Monath May An. 1660, zoge Herr General de Suse, (de Souches, Suches) mit der kaiserlichen Kriegs Armada in vngern. Waren villerley reden vnd mainungen von irem herab Zug, wurde aber nichts offenbarlichs, was ir aigentliches vorhaben wäre. Lagen nit weit von Togay (Tukay) ϋber den gantzen Sommer vnd herbst an dem Fluess der Teyss in Schanzen. Sein irer vil Ellendiglich vmb kommen, wie die reden in gemain vnder dem Volkh gangen, dass sie von bössen schlangen, die vnder sie kommen sein, vnd von grossen Bremen, die als heiflig von der Teyss daher geflogen, bey lebendigen leib zu todt sein gebissen worden. Die ϋbrigen sein gegen den winter Ellendt vnd krankh widerumb herauff in Märhern gezogen. *B — D. F. G. I. K. L.*

Im Juni, als der Fürst Rákózy dem Türken bei Claussenburg ein Ernstliche schlacht gelüffert, hässtig gefochten vnd als ein Ritterlicher Heldt für das Vaterlandt gestritten, ob er wol selbs als ein heldt Etliche Türken nider gehaut, hat er doch sein leben darüber ein gebüest, ist vom Bascha von Ofen tödtlich verwundt worden, vnd den 7ten Juny zu Grosswardein verschiden. *C. D. F. I.*

Baldt nach des Rákozj todt, zogen die Türken mit einer grossen macht, bej 50.000 Man, für Grosswartein, belagerten die Vestung vnd verluren vil sturm darvor. Als aber die in der vestung keiner hilff noch entsezung vor der grossen menige der Feinde sich zu vertrösten hatten, die Türken sich immer noch mer heüffeten vnd sterketen, Auch mit unablässigen schiessen aus den groben geschützen anhielten, wurden die in der Vestung gezwungen zu Accordirn vnd die Vestung zu vbergeben. Die Türken Convoirten sie mit 300 beladenen wägen den 27 Augusty bis auff Debriz (Deberitz). Also kam die Vestung Grosswartein in der Türken händt. *B. C. D. F. G. I. K. L.*

c) Anno 1660, den 3 Augustj, ist der Br. Hainrich Wiser, ein diener des worts, von Kesselsdorff herüber auff Sabatisch geraisst, vnd im heimbreissen von einem Rauber im Gebirg vbel geschlagen worden, desswegen er den 8 diss, in der nacht vmb 1 Uhr, zu kesselsdorff im herren entschlaffen. *B. C. D. F. G. I. K. L.*

d) In disem 1660 Jar, den 8ten Augusty, kamen die 2 Br.: Georg Schultes vnd Moses Würtz, vrsach halben, von Manheim aus der vntern Pfalz in die gemain, sich raths zu erholen. Den 18ten diss wurden sie wider abgefertigt. In heimreisen wurden sie zu Filtzhofen im Baierlandt, vmb glaubenswillen, gefenklich angenomen vnd ziemlich hart gehalten, Haben sie wöllen an die strenge Frag füeren, dieweil sie aber iren pass von Ihrer Churfürst. Durchlaucht von Haidelberg hetten, schickt man gen München in die Regierung. Da kam beuelch, nachdem sie 10 tag gefenklich gehalten, sie ledig zu lassen.

Also halff inen Gott wider aus irer gefenknus. Sie wurden aber durch den Schergen bey 12 meil durchs Baierlandt belaitet, welchen sy Allenthalben muessten aushalten. *C. D. F. G. I. K.*

e) Anno 1660, den 5 September, ist der Br. Johannes Spengler, ein Diener der Notturfft, zu Täschakowicz; den 6 September (*D. L.*: 6 Dezemb.): der Br. Michl. Milder, ein diener des worts, zu kesselsdorff im herren entschlaffen. *B. C. D. F. G. I. K. L.*

1661.

a) Anno 1661. Den 23. Jänuärj ist ein Cometstern mit einem dunklen spizigen stral (biss auf den 10ten February *L.*) gesehen worden. Gieng vor dem morgen stern her. Alle morgen, vmb 4 vhr, ist er bey vnss zu Sabatisch biss auff den tag gesehen worden. *B. C. D. F. G. I. — L.*

b) Anno 1661, den 2. Merz: Br. Johannes Wäbl's Abschaidt vnd leztes endt zu Lewär (Cod. 203).

c) Den 13. Martj ist der Br. Johannes Milder im dienst des Euangelions mit aufflegung der Eltesten hendt bestättiget worden zu Sabatisch. *B. C. D. F. G. I. L.*

An disem tag hat man zu Sabatisch auch 2 (3) Br., Als: Hänsel Esdras, ein schreiber aus Märhern, vnd Andreas Kuen, ein Messerer, (dan den Johannes Kuen, ein Zimmerman, beide *D. F.*) in vngarn gebürtig, in Dienst des Euangelions in die Versuechung gestelt. *B. C. D. F. G. I. K. L.*

d) Den 6. May Anno 1661 zogen 16.000 Mann Teutsche Kaiserliche Kriegsvölker vbern weissen Berg hinab in vngern, kostet die gmain sehr vil brot, wein, bier, salz, habern vnd Spendirung, sowie die Salva quardi.

Den 29 diss zogen widerumb 2 Regiment Tragoner vbern weissen Berg, den vorigen nach, gieng der gmain abermals ohne schaden nit ab.

Den 7 Juny zoge abermals ein seer grosses heer bei etlich 1000 stark, teutsch. kais. kriegsvolkh vbern weisen berg hinab in vngern. Kostet die gmain abermal mit Bier, wein, brot, habern vnd andern kuchlspeiss mächtig vil, Ohne die Spendirung, vnd waz die Officierer, welche in vnssere höff kamen, verzerten, wie dan disse 3 züg der völker das sabatischer hauss nur die Salua quardj 78 fl. bar gelt, vnd die Spendirung in Messern vber die 70 fr. kostet, one das haffner geschier vnd andere sachen. *B. C. D. F. G. I. K. L.*

e) In disem 661 Jar, Im Monath July, zoge ein Türkischer Bäschy (Bascha) mit einem grossen heer in Sibenbürgen. Lägerten sich zu Allwincz auff der Brüeder Acker nit weit von hauss. Die vnsserigen aber sein durch Gottes hilff sambt irer maisten hab in die vestung entrunen. Etlich Brüeder seindt noch im hauss gewesen mit 3 wägen, do der feindt daher kam, so schicket inen aber Gott der Allmächtig Mitel, dass sie mit 3 beladenen wägen auff die Brucken komen. Da der feindt inen nach Jagen wolt, war es ein hindernuss hinüber zu komen. Vnder dessen sein die Brüeder entrunen, biss der feindt das vich ausspant vnd die beladenen wägen, mit aller hab in die Marich (Marisch) stürzet. In dem zindeten sie vnser hauss an Etlichen orten an, welches sie gleich aller erst wider erbaut haben. Nit allein gieng hauss vnd hoff in brandt dahin, sonder

32*

auch ir liebes getraidt, welches schon das meiste geschnidten vnd ein gueter Tail, bey 400 schockh, schon vom Veldt eingefieret wardt Vber das wasser gegen die Vestung, (die weil sie im hauss nit traueten, in hoffnung, es werde da sicher sein), wurde auch alles verbrent vnd verderbt, Im veldt vnd allenthalben. Also dass sie nit ein handtvol Traidt erhielten. In dem wurden auch 2 Brüeder gefangen vnd ainer nider gehaut. Der eine ist aber wider.Ledig worden, vnd zur gmain komen. Also ist durch Gottes hilff nit mer, dann ein Seel, von den vnssrigen entfiert worden. Dem sey allein das lob Ewiglich geben, der vns noch also beschüzet. Die vnserigen muesten sich aber mit gedult in der vestung halten, mit kvmer vnd Armuth, dardurch auch ein sterben eingerissen, vnd vnssere besten handtwerksleüt drauff gangen, wie dann in werender zeit Anderhalb hundert Person mit todt abgangen sein. *B. C. D. F. G. I. K. L.*

Im Monath October zogen die Türkischen kriegsvölker wider haimb. Theten abermals grossen schaden allenthalben. Vnseren leüthen Ir Vich, als khüe vnd schaff, so inen vorhin bliben, haben sie nit weit von der Vestung erspecht vnd auch hinweckhgenomen. Also kamen sy vmb all ir vich, dass sie gar nichts erhielten. Kundten auch denselben herbst nit ein handtvol anbauen, sondern muesten in der vestung bleiben, welches Ellent herzlich zu beklagen vnd zu bedauern ist. Darneben aber haben wir Gott zu danken, das sie nit voneinander entfiert worden sein. *B. C. D. F. G. I. K. L.*

f) In disem 661 Jar, den 31. October, zogen abermal 1000 Man Teütsch. kay. kriegsvolkh das Gözische Regiment, welche wider aus vngern kamen, Vbern weissen Berg. Namen iren weg nach Skallitz, aladan in Märhern vnd schlessing. Kostet die gmain Abermals sehr vil die Spendirung vnd prophiant. *B. C. D. F. G. I. K. L.*

g) Den 21. Dezember Anno 1661 zeucht Obrister Spurkh (Spurk, Spork), welcher 3000 Man starkh in's Landt zogen, mit 180 Man wider her, (auss dem Landt), Vbern Weissenberg Ellendiglich. Sinnd irer vil in schnee erfroren vnd erbärmlich verdorben. Es gieng abermal die gmain, mit prophiant zu geben, nit lär ab.

Also hat sich diss 661 Jar mit vil kvmer, sorg vnd angst geendet. Da die gmain offt in sorgen vnd forchten stuendt, ist vns doch Gott der allmechtig bey gestanden vnd vns beschitzt, dem sei allein der preiss vnd die Eer gegeben. *B. C. D. F. G. I. K. L.*

1662.

a) Anno 1662, den 10 Februarj, ist der Br. Hans Schütz, ein alter haussshalter vnd Diener der Notturfft, zu Protzka, *C. D. F. I. K. L.;* den 7. Märtz (*B.:* 10. Febr.): der Br. Josef Lercher (*B.:* Lerch), ein D. d. Not., zu Dechtiez; den 19 Mertz der Br. Andreas Binder, ein Diener des worts, zu Farkeschin mit fridlichen hertzen im herren entschlaffen. *B. C. D. F. G. I. K. L.*

b) Anno 1662 den 20 Mertz hat es zu Wien ein erschröcklichen Erdtbiden gehabt, früe morgens vmb 4 Vhr, weret ¹⁄₂ stundt lang. Eben disen tag hat es auch ein erschröcklich wetter gehabt, zu Corneuburkh erschluegs den Mesner im thurm, der gegen den wetter leiten sollte. Die bedeutung ist gott bekandt. *B. C. D. F. G. I. K. L.*

c) Den 15. (*G. L.:* 16) May fiel ein grosse kelt ein, mit grossen winden, schnee vnd Reiffen, vnd wehret biss auff den 23, Also, dass aller wein, Obst, vndt andere frücht, welche sich treffentlich schön erzaigten, auch das liebe getraidt, welches sehr schön im veldt, als man es wünschen kunde, das maiste in der blüe stuendt, an vilen Orten in grundt verderbt vnd erfroren. Wie schön das ansehen war, zu einem wolfeilen Jar, also Volget auf disc Keldt hernach ein Teurung vnd muoste man den wayz, Senitzer Mass, zu 3 fl. 3 gr. (*G.:* 3 fr. 15 d.) das korn 2 fl. 12 gr. die gersten 2 fl., den habern zu 15 gr. auch drüeber zalen, den Eimer wein zu 5 fr. vnd höher. Dardurch kam die gmain auch in die höchste Armuth, dan zu Lewär, Brozga vnd Johannes haben sie nur lär stro zu schneiden gehabt. *B C. D. F. G. I. K. L.*

d) In disem 662 Jar, Im Monath May, kamen die vngerischen herren zu Prespurg zusammen, einen Landtag zu halten. Ihr kön. kais. Mlt. kamen den 23. auch allda an, denselben beizuwohnen. *B. C. D. F. G. I. K. L.*

e) In disem Monath May hat es zu Bodock zween grosse erdtbiden gehabt, Also, dass sich die gebey erschitterten, welche Gott auch nit Ohne sonderbarer vrsach geschickt hat. *B. C. D. F. G. I. K. L.*

502

f) Den 14. Juny hat es zu Sabatisch ein seer grosses Hagelwetter gehabt, warff ganze grosse stain, wie ein tauben Ay, schlug bey ein Nachbaren in sein Mill ein, verbrandt die Mill sambt hauss vnd ställ. *B. C. D. F. G. I. K. L.*

g) Im Juny vnd Jullj zogen abermals vil teutsche Kaisserliche kriegs Völkher aus vngarn herauff, legten sich auff baiden seiten des gebirgs in die Dörffer. Man muest sie lange Zeit mit prophiant versehen, zu welchen die gmain auch helffen muest. Thäten dennocht zimlich grossen schaden. *B. C. D. F. G. I. K. L.*

h) In disem 662 Jar, den ersten Augustj morgens, ein viertl nach 9 Vhr, (*D.:* 8) ist der lieb vnd getreue Brueder Andreas Ehrenpreiss, ein fromer Eiffriger Diener des Euangelions vnd Vorsteher der gmain Gottes, mit friedlichen Hertzen (zu Sabatisch *F. G. I.*) im Herren entschlaffen. Der gmain hat er im wort Gottes redlich gedient 41 Jar, die gmain des herren hat er als ein rechter frommer Trewer hirt vnd Bischoff mit höchsten Eiffer vnd fleiss mit lehren, straffen vnd vermanen geregiert: 23 Jar; seines Alters ist er gewesen 73 Jar. Er hat vor seinem Abschaidt alle eltesten Brüeder vnd Diener des worts, die dazumal gegenwerdig waren, vnd In in seiner krankheit besuecht haben, zu sich berueffen, Inen die gmain des herren beuolhen, von inen vrlab genomen vnd auch beuolhen den gruess des herren an alle fromen auszurichten. Demnach ist er, mit gueten verstandt, wie gemeldt abgeschaiden, vnd zu seinem Vatter schlaffen gangen. ' *B. C. D. F. G. I. K. L.*

<hr>

' Andreas Ehrenpreis, ein Müller, wurde 1621 zu Neumühl in Mähren in den Dienst des Evangeliums gewählt, 1623 darin auf dem grossen Convente zu Sabatisch bestätigt, und 1639 Vorsteher und ‚Bischof‘ der gesammten Brüderschaft.

> ‚Der liess sein angelegen
> Im seinen Dienst gar ser,
> Mit leeren vnd vermannen,
> Mit schreiben hin vnd her,
> Wy wir es gnuegsam finden
> In seinen schrifften klar.‘

(Der Fortsetzer des ‚Väterlieds‘.)

Zu den erwähnten Schriften dieses den Verfall der Gemeinde energisch hintanhaltenden, belesonen und umsichtigen Mannes gehört 1. das Lied: ‚Von der zukünfftigen Herrlichkeit‘ (30 Strophen): ‚Aus Freudt vnd grosser lieb‘ etc. (Cod. 203). 2. Das Lied: ‚Vom hail in Christo seiner

Als nun der lieb Brueder abgeschaiden vnd die gmain
des herren nit lang On ein hirten sein kundte, haben sich
alle Brüeder des worts vnd Diener der Notturfft, hausshalter,
einkauffer vnd sonst vil vertraute Brüeder zu sabatisch in
forchten Gottes versambt vnd gott den allmechtigen gebeten,
das er vns wider ein fromen getreuen hirten zeigen vnd geben
wölle.

Also ist durch ainhellige stim vnd zeugnus der versamleten Brüeder, den 8. Augustj, solcher Dienst dem Br. Johannes Rieger, (Ricker, Rücker), beuolhen vudt auffgeladen
worden, dass er der gmain als ein trewer hirt vnd Bischoff
vorstehen vnd dienen soll. *B. C. D. F. G. I. K. L.*

i) Den 14. Augustj hat es in Mährern zu Auspitz ein
erschröckliches hagelwetter gehabt, dass es denn reh, hasen,
schaaf vnd dergleichen vieh vil erschlagen hat. *B. C. D. F. G.
I. K. L.*

k) In disem Monath Augustj wurde es in Sibenbürgen
widerumb ein wenig raum vnd still wegen der Türken, Also,
dass auch vnsser leut zu Wintz lufft bekamen, vnd den 21ten
diss widerumb aus der Vestung herab ins hauss zogen vnd
woneten also in hütten, welche sie inen zwischen die verbrennten gemayer macheten. Der türkische Bäschy (Bäschä)
gab inen einen brieff, dass sie von den sträffenden Türken

Geburt': ,Ein lobgesang, das sing ich nun' (Cod. 191). 3. ,Ausszug Etlicher der gemain Ordnungen, geordnet vnd geschriben zu der gemain
Besserung vnd Auf-Erbawung im Monat Febr. 1610' etc. (Cod. G. J.
VI. 26 Strigon.). 4. Der Sendbrief an Daniel Zwicker zu Danzig auf
sein Schreiben ddo. September anno 1650 (M. S.). 5. ,Ein Sendbrief
an alle diejenigen, die sich berüemen lassen, dass sie ein abgesinderts
Volk vor der welt sein wollen, vnd sonderlich auch Br. vnd sch. nennen,
als Mon(on)isten, Schweitzerbrüeder, polnische Brüeder.' Gedruckt 1652
s. l. (II. S. Cod. G. J. X. 12. und X. 14 zu Gran). 6. ,Ein schön lustig
Büechlein: Etliche Haupt Artici vnsers Christ. glaubens auch wie die
die welt verkert hat, vnd dawider lebt vnd strebt' (Abhandlung über die
fünf Artikel: von der Taufe, Abendmahl, Gemeinschaft, Schwert, Ehescheidung). 7. Drei andere Abhandlungen über diese Materie, dann die
Lehre vom Gehorsam, Predigen, Beten, Märtyrerthum, dem Bruche des
Bundes etc. (in den genannten Graner Handschriften).

Gegen die Schrift 6 schrieb Melchior Nicolai seine ,Gründliche
Widerlegung eines Wiedertauffer büchleins, handlend 1. vom Kinder-
tauff etc. Wider die hnetterschen oder mährischen Brueder per Melch.
Nicolai Th. D. vnd Probst zu Stuttgard. A. 1659. 4to.

onangefochten bliben vnd sicher waren. Also halff inen Gott biss daher noch gnädiglich, dem soy allein der Preiss geben. *B. C. D. F. G. I. K. L.*

l) Den 18. Augusty endet sich der Landtag zu Presburg. Die herren raisoten vnverrichteter sachen vnd die Abgesandten aus Sibenbürgen in grossen vnwillen heim. Also wurde nichts geschlossen, noch Ausgericht. *B. C. D. F. G. I. K. L.*

m) In disem 662 Jar, den 3ten Octobr., zogen 1000 man toutscher kays. kriegsvölkher Vbern weissen berg. Die kamen aus vngern, namen iren weg nach Skalitz. Theten allenthalben grossen schaden, lärten den Armen leuton vil grueben aus, zindeten auch, an vnderschiedlichen Orten in dörffern, an, wo man nicht nach irem gefallen geben wolt. Kostet die gmain abermals seer vil. *B. C. D. F. G. I. K. L.*

n) Den 10 Nouember frue, Morgens vmb 3 Vhr, wurde zu Sabatisch vnd den vmbligenden Orten ein bluet-rots schwert am himmel von vilen vnsern geschen, welches den spitz gegen Abent, vnd das hefft gegen den Morgen gekeret. Die bedeutung ist Gott bekannt. *B. C. D. F. G. I. K. L.*

o) In disem Monath Nouember zogen abermals 1000 Teütsche kay. kriegsvölkher aus Sibenbürgen heraus. Namen iren weg vbern weissen berg, kamen irer vil Ellendiglich vmb. Theten dennoch allenthalben grossen schaden.

Also hat sich diss 662 Jar auch mit vil schröcken der völkher, auf vnd abzug, geendet. Hat also den schein gehabt, sie ziehen wider den Türken. Haben Aber nichts ausgericht, als das landt verderbt, dardurch grosser Hunger vnd Tewrung vnder dem armen landtvolckh entstanden, Also, dass man vmb Bodokh den Mezen Traidt zu 7 vnd 8 fr. zallen muesste. *B. C. D. F. G. I. K. L.*

1663.

a) Anno 1663, den 6. Januarj, zogen 1500 Man Teutsche kay. kriegsvölker In der grösten kelt Vbern weissenberg nach Skalliz. Seindt iror sehr vil im schnee erfroren, wie dan im Tyrnawer voldt, bej ½ meil an der strassen, bej die 40 seindt todt gefunden worden. Thaten dennoch grossen schaden, wo sie hinkamen. *B. C. D. F. G. I. K. L.*

b) Den 25 February sein 2 Brüeder, Als: Hänsl Esdras vnd Andreas Kuen mit auflegung der Eltesten hendt im Dienst des Euangelions bestättigt worden zu Sabatisch. *B. C. D. F. G. I. K. L.*

Auch ist damals der Br. Johannes Ram des Dienstes wider entlassen vnd freigesprochen worden. *D. F. I.* Ist demnach 664 Jars den 13. Martj zu Landsee Im herren entschlaffen. *F. I.*

c) In disem 663 Jar, den 18 May, morgens frue vor der Sonnen auffgang, (vor der Sonnen her), sahe man am himel, gleich wie ein seül, die stuendt Vber die Sonnen mit dreyerley farben, Als: roth, grien vnd gelb. Also war dises schon ein vorbildt, (*C. D.*: vorbot), künfftiges vnglückhs. In disem gemelten Monath May fieng man an zu Wien mit befestigung der statt fort zu faren. Wurden vil schöne Gärten vnd schöne lust-heusser nider gerissen. Ein bixenschuss weit von der stattmawer mueste plaz sein. Darumb wardt abgebrochen. Auch liess man ausrieffen: Alle Inwohner sollen sich auff Jar vnd tag mit lebens-Notturfft versehen! Wer das nit kundt, solle die statt raumen, vnd in andern Orth ziehen. An die Burgerschafft wurde begeert ein grosse Summe gelts, Auff 100.000 fr. Auch, ein besazung auff 60.000 Man in der statt mit Quartier vnd vnderhaltung zuuerpflegen, wie in gleichen 5000 Malter korn vnd habern herbey zu schaffen. Den 7. Juny liessen Ir kön. kay. Mtt. an die sämbtlichen vngerischen stendt ein General aufbot ergeen, wider den erbfeindt, fierten inen dasselbig zu gmüet, wie dises königreich das erste wär, so in gefahr stuendt, dem graussamen Erbfeindt am Nägsten glegen. Weylen sie schon bei 200 Jaren her sich vnd die gantze Christenheit zu beschüzen vnd herzhafft vnd dapffer herumgschlagen, auch leib vnd leben daran geseczt, zweyffleten also Ihr kay. Mtt. nit, dass sy dergleichen für das liebe Vatterlandt, für ir hauss vnd hoff, weib vnd kinder, ja für ir eigen leib vnd leben, vnd für die freyheit thuen, vnd alle mögliche Mitel vnd Eisserste macht dran wenden wurden. *B. C. D. F. G. I. K. L.*

d) In disem 663 Jar, den 8. Juny, von 12 Vhr biss vmb nach 3, ward mermals vmb die Sonnen ein vmbkreiss, mit mancherley farben, gesehen. Innerhalb des rings, zwischen der Sonn vnd des vmbkreisses, war es wie ein trübe wolken, als ob es regnen wollte. Ob welchem gesicht sich menniglich verwundert hat, vnd für ein sonderbares Zeichen hielten, weilen

es an der Sonn vnd am hohen mittag gesehen ward. War
sehr entsetzlich, dass vnst kein Mensch gedenken kan. Sein
bedeutung ist Gott bekannt. *B. C. D. F. G. I. K. L.*

e) Den 7. Jully muesten alle herren vnd Edelleüth, so
wie alle stuel im landt auff sein, von 20 Man: ein Man zu
fuess wider den Erbfeindt, den Türken. Zogen hinab geen
Neytra zur Musterung. Es kostet die gmain auch nit wenig.
Der liebe Gott erbarme sich der fromen Christenhait vnd aller
bedrenkten seelen. *B. C. D. F. G. I. K. L.*

Den 8. Jully, Als die vngerischen stendt von der Bränit-
schen herrschafft auf die Seretor oder Schintauer Muesterung
gezogen, vnd in vnsser hauss geen Dechtiz komen, haben sie
sich im hoff bey deu vnsserigen gewaltig vnutz gemacht, vnd
angfangen Thüren auffzuschlagen, Also, dass es einen völligen
Raub gleich gesehen. Da hat Gott der herr schnel ein entsez-
liches wetter geschickt, ob welchen solche muetwiller sich
gleich entsezt, vnd abgelassen haben. *B. C. D. F. G. I. K. L.*

f) In disem 663 Jar, Im Monath Augustj, als die kaysserlichen kriegsvölker geen Schintaw auf vnd abgezogen, hat sich
vnsser volckh von Färkeschin auch in die Flucht begeben,
Tails geen Tyrnaw vnd die andern gegen Biberspurg ins
schlosss. Haben also das haus ganz ausgelert vnd verlassen
müossen, vnd sein mit iren Ochsen, schaafen vnd khuoen geen
kesselsdorff in die Fluecht. Alda sein sie verbliben, biss der
feindt eingefallen vnd es sambt andern vich dahin geraubt hat.
Also ist das Färkeschiner Hauss nach villen erlittnen Rauben
vnd plündern auch abgebrennt, vnd haben sich die vnsserigen
in wehrender Kriegszeit verloren, dass nun fasst Niemands
mer von dem Färkeschiner volkh vorhanden ist, vnd sein die
maisten in wehrender flucht mit Todt abgangen. Also ist man
des Hauses zu Färkeschin ledig worden! Das volk haab vnd
guet vnd alles verloren! *B. C. D. F. G. I. K. L.*

g) Den 7 Augustj fielen die vngern bey Barckan in das
Türckische leger, wurden aber von Türcken vbel geschlagen
vnd der ganzo verluest bey 4000 Man geschäzt.

Als nun die Türken den Graffen Forkatsch vnd seinen
hauffen aus dem weg geraumbt vnd in dem Bärckaner veldt
maistentails begraben, war inen der weg auf die vestung
Newheüsl, darauff sie längst gesehen, gladt geraumbt, vnd
wol gebahnt worden; (ruckten derowegen mit der gantzen

Armee, die auff etlich vnd 70.000 gerechnet worden), darunder 10.000 Tattern, 6000 wallachen vnd 4000 Moldawer gewest, darauf zue, ein Artillerey von 130 stucken mit sich fürrende. Als nun den 17 (*B.:* 7) Augustj die ganze Türkische Armee der vestung Newheussl in gesicht komen vnd belegert worden, haben sie als baldt angefangen der Vestung starkh zue zu sezen, mit stucken gespilt, ein Battery aufzuwerfen angefangen. Desto erger aber wieteten die Tyranische Tartteren in dem Newheüssler kreiss vnd gegend vnd in der anstossenden Nachbarschafft, äscherten alle dörffer vnd flecken ein, biss an die waag, vnd erwürgten alles, was sie antraffen, ausgenomen die weiber, so zur gfäuklichen dienstbarkeit behalten wurden. Solches geschahe alles bei irer ersten ankunfft! Vnd weil die Türken vmb Newheussl herumb Alles, auf vil meil wegs, kahl gemacht, vnd selbsten wenig mer zu leben hatten, suechten sy ein bequemen Passs Vber die wag vnd den Marchstrom in Märhern.

Den 2. September fiel der feindt zu Freystatt (*B. C. K.:* zu Färketschin) ein, mit Rauben mörden vnd brennen, vnd nachdem die Mörderischen Tyrannen von irer langwirigen Raiss im leger etwas ausgeruet, trib der hunger dise Tartterischen horden balt auff, vnd nach den wagstrom zue, vnd zu versuecchen, wie iren Madon-secken das grass in Märhern schmecken wurde. Es fand sich aber ein verräther, [1] der inen ein saicht ort zaiget, da sy mit iren Rossen durchschwimmen kunden, darauff sie als baldt mit vollen hauffen vnd dücken schwarm alda den 3 Septembrs, durchgesetzt.

Was für forcht, angst, Jamer, flehen, schröcken, flucht Not vnd todt diser Einfall der Tartern darauf in Vngern vnd Österreich, vnd sonderlich in Märhern verursacht, Ist vast vnbeschraiblich.

Man sach Anders nichts von fernen, als allenthalben fewer. Die Mörderischen schälk vnd bössewicht Vberschütten das ganze landt mit Aschen vnd bluet, hauten alte vnd Junge menschen nider, zerschmetterten die vnmündigen an den Mauern, schendeten fürneme vnd gemaine waibspersonen, vnd fierten sie in

---

[1] ,Vnd soll diese feyndt ein bösswicht, Ein Tynawer vnd Grüntz Husar so zu einem Türken worden, Nitzni Jakob mit Namen, in Mähren gefüert vnd alle pass, wege vnd stege gezaigt haben.' (Kraus' Chronik.)

grosser menige gefangen, Nackend vnd bloss dahin, warffen
sie hinder sich auff die pferdt vnd sträfften so lang weit vnd
breit, biss inen widerstandt geschehen, vnd nichts desto weniger,
durch einen Andern weg, vil 1000 Christenseelen in erbärmb-
liche Dienstbarkeit fiereten, vnd aus denen landen mit inen
namen.[1]

Solche schröckliche angst, Jamer not vnd todt traff die
gmain des herrn auch sehr hart vnd wurden vnssere höff vnd
häusser Eenothalb des gebirgs schnell vnd vnuersehens vberfallen vnd geplündert.

Erstlich den 3. September, da die Türken vnd Tart-
nern das landt herwärts der Wag vrplözlich vberfallen, kamen
sie auch in schneller eil vor mittag vmb halb 11 Vhr geen
Dechtiz. Darunder aus vnserer gmain zu Dechtiz sindt gefangen weck gefiert worden, Man vnd weibs personen (Jüngling
vnd Jungfrawen), 35 seelen, darunder auch Br.: Christl Lerch,
ein diener des worts, sambt seiner eelichen schwester, Catha-
rina (Rupertshausser F.), ins Ellendt gefüert worden, vnd zween
Br.: Christof Engelhart (D. F.: Englert), fürgestellter weber,
vnd Salomon Stander, haffner, ermördt vnd nidergehawt, demnach das hauss in brandt gestekht, da aller haussrath, handt-
werkszeug, sambt allen getraidt, was im hauss ist gewessen,
verbrennt, das vbrig traidt im veldt verdorben, Alles vich von
Rindern, schaafen vnd schweinen geraubt vnd weg getriben,
Rindtvich bei 25 stuckh, schaaf bey 250, schwein bey 40,
auch 6 rosss. Ein tails von kaisserischen Crabathen, die andern von Türken genomen wurden durch disen herbst.

Das vber bliben volkh, auf dem Schloss Gutwasser,
grosse not vnd angst erlitten. Durch disse zeit bey 18 personen, Jung vnd alt, im schloss guetwasser Ellendichlich entschlaffen, biss vns die winterlich kelt von schloss hin auss in
die vberblibnen hütten vnd brandtstätt getriben, da wir abermals, durch den winter, von den vmbsträffenden Heyducken
vnd hussären vil not vnd angst, Fräffel vnd Raub haben dulden
müessen. Nirgend kein schutz gehabt, vnd litte das volkh
grossen hunger vnd kumer, Mangl vnd abgang.

---

[1] Ueber diese verheerenden Türken- und Tatareneinfälle s. D'Elvert's
äusserst fleissige Zusammenstellung im XV. Bande der Schriften der
hist.-statistischen Section 1866 und die Chronik des Schässburger Stadt-
schreibers Georg Kraus (Font. rer. Austr. Script. IV. 2).

Desgleichen gieng es auch an gemeltem (3ten) Tag (Sept.) mit vnsserer gmain zu Kesselsdorff, da die vnsserigen in hof vormittag zwischen 10 vnd 11 Vhr von den Türken vnd Tarttern schnel vnd vnuersehens vberfallen worden, da das volk maistentails dahaimb im hauss gewesen ist, In Hoffnung, das vbrig getraidt vnd Anders noch ins schloss zu bringen. Da haben sy alsbaldt den Stoffl, füergestellten Rader, sambt einer alten schwester, vnd den Johannes Lochmayr, fürgestellten haffner von Färkeschin, nidergehauen vnd ermördt.

Da hat daz volkh, so im hauss gewesen ist, In den teucht gesuecht sich zu ereten. Ein tail aber, aus grosser forcht, hat nit gewist, wo hinauss, sich in das veldt gelassen, in Hoffnung, dem schloss zue zukomen, sich vor dem erschröcklichen Feindt zu erretten. welches aber so schnell vnmöglich gewesen ist, wie dan den gemelten heidnischen Tyrannen in ainer viertl stundt von Man vnd weib vnd der Jugent bej 43 personen in die Handt komen, vnd Ellendiglich hinweckh gefiert sein worden, sambt dem vich, so sie im hoff geraubt haben, als: 8 Ross, Rindtvich 24 stuck, schaaf 450, sambt andern gueten Haussrath, der nit alles mag benennt werden, on das getraidt, so auff den böden, tails in stadl gelegen ist.

Welches alles, so sie nit kundten weck rauben, hernach den 6. Septembers sambt den ganzen hof verbrendt haben, damit allein die gmain mermals, zu dem grossen Hertzenlaidt der entfierten geschwistriget halben, an vich vnd anderer fahrender haab ein märklichen schaden erleiden müessen.

Wie dan gleich auch vor dem einfal, den 1ten Septembr, vns von den vmbstraiffenden kaysserlichen Soldaten sind 3 Ross ausgespandt vnd hinweck genomen worden.

Also wardt vnsser hof zu kesselsdorff ganz zerstört vnd verlassen, wie dan das vberblibene völckhl im schloss Biberspurg ein ganzes Jar vnd etlich wochen in flühten sein vnd sich sehr erbärmelich erhalten mueste.

Darumb dan aus erkandtnus der Eltesten Brüeder, dieweill kein gemeine Narung mer vorhanden war, das volkh sich in die nahenden Orth, vmb die Narung vmbsehen lassen mueste. Da in werender Zeit, bej die 26 personen entschlaffen, Ein tails alte, wie auch witwen vnd waissen, geen Sabatisch zur gmain in das almussen gezogen, Etliche aber in wehrender (Triebsals) Zeit gar abgefallen sein, und die gmain

verlassen haben, biss in das nachfolgende 1665 Jar, da die
vnsserigen wider zusamen gezogen, wie nacher gemelt wird.
Vnd dieweil sich der Feindt, obgemelten 3. September
diss 663 Jar, auff vil weg vnd strassen hat ausgebrait, fiel er
auch in vnsern hauss in Tschäskowitz ein. Alda er auch
handelt, nach seinem gefallen, mit rauben vnd plindern, was
noch vorhanden, vnd gieng all ir vich, sambt den Rossen, in
raub dahin.

Weil aber die vnsserigen schon im schloss vnd in der
Flucht waren, wurden sie erettet vnd kam Niemanndt in des
Feindes hendt, als ein Bueb aus der schuel, welcher sich ver-
spät hat. In dem er wasser (bei dem bründl) holet, kam er
in das ellendt, Gott erbarms, (Und der Baierle Müllner, der
ist auch weckhkomen, es weiss keiner wohin. Gleich vor dem
einfall, da er nit recht bei sinnen ist gewesen, haben sie in
desshalb müessen in ein trädtgrueben stecken, da Nimants
sicher ist vor im gewesen. Ist nach dem ein Fall verloren
worden! Wie es im gangen ist, ist Gott bekant. L.) Sonst ist
von vnssern leuten Niemand in des feinds hendt komen. Dem
Herren im himmel sey der Preiss, der die seinigen also errett
vnd erhalten hat, vnd nach vilen Rauben vnd plindern wurde
dass hauss den 6 September auch in brandt gesteckt biss auf
die Mil vnd weschhauss, Vnd muessten die vnsserigen, weilen
sie wegen grosser Vnsicherheit nit dort wohnen kunden, das
hauss gar verlassen, vnd sich auff der herrschafft hin vnd her
auffhalten vnd sich Nehren, wie sie kundten vnd wissen. (Br.
Caspar Eglauch muest sich mit seinen weib vnd kindern auch
Armueticlich behelffen, von dem 1663, 3 Septembris, bis auf
daz 1665. Mit erlaubnus des H. Grafen Nädäschy,[1] da er zu
im rässet gen Botendorff, gab er im brief an den Hoffrichter,
er sol in Passieren lassen. Also ist er in gemelten 65 Jar
den 23 July vom schächtitzer schloss mit seinem weib vnd
kindern gen Sabatisch gewandert. L.)

[1] Graf Nádasdy, in die Zrinyi-Frangepan'sche Verschwörnng verwickelt
und den 30. April 1671 in Wien mit dem Schwerte gerichtet. Ausser
dem oberwähnten Pottendorf (Niederösterreich) gehörte ihm Csejte (Čach-
tice, im Trentschiner Comitat), ein Theil von Becko, Sárvár, Kapuvár
und andere Güter, die zusammen ein Einkommen von 189.568 fl. ab-
warfen. (Verzeichniss im k. k. Staatsarchiv.)

Nit allein hat disser erschreckliche erbfeindt vnsserc heüsser enthalb (*L.:* jenseits) des gebirgs sambt andern marktflecken vnd dörffer in die Aschen gelegt, verderbt vnd zu nichten gemacht, Sonder sy kamen noch denselben Tag von der Freystatt vnd Wag vber das gebürg herüber bis geen Seniz, Skallitz vnd gar biss an die March, vnd hausten vnd handleten, wo sie hinkamen, Erschröcklich vnd entsetzlich mit Rauben vnd plündern, mördten vnd brennen.

Also betraff solche schrekliche angst vnd not auch vnssere hausshaben, herwerts des Gebirgs, als sondorlich: Sabatisch, Brozga vnd S. Johannes.

Den 4. September Morgens frue fiel der feindt in vnsser hauss zu Sabatisch ein, raubten vnd plünderten nach iren gefallen vnd geschahe also der gmain des herrn ein grosser merklicher schaden vnd vber das, waz noch das Ellendeste vnd kumerlichste sein thuet, wurden der vnsserigen von dem Erbfeindt: 17 (*B.:* 12) personen erdapt, darunter ein Tail nider gehaut, die andern weckgefiert, (vnd ain tail sunst haben müessen in dieser schnellen aufrur ir leben enden vnd vmbkommen. *K. L.*

Gemelten 4. September fiel der Feindt auch in vnsser hauss zu Prozga ein, mit Rauben vnd blindern, vnd nach geschehenen Raub namen sy Iren weg durch die March geen Landthuet in Märhern.

Vnderwegs in landtshueter walt traffen sie auch bej 6 Personen vnsser leüth an, die vermaindt haben, dem feind zu entrinnen, kamen in erst in die Hendt, vnd wurden also ins Ellend entfüert. Br. Hannss Blössings Tochter, Mariele Baderin von Schosssberg, wolt sich geen Gallitz reteriren, wurde nit weit von der statt erdapt vnd weckgefüert. Also kam der Feindt geen Landtshuet vnd von dannen strailften sy biss geen Auspitz, haussten vnd handleten nach iren gefallen.

Vnd weil sich der feindt auf vil weg vnd strassen hat aus gebreit, kam solche angst, forcht, vnd schrecken den 4. September in vnsser hauss zu Levär, vnd muesten sich vnssere leüth auch von hauss vnd hof begeben, vnd sich eillends in die Fluecht richten. Zogen also geen Blassenstain (Plassenstein), [1]

---

[1] Plassenstein, magyar. Detrekü — Dietrichstein, slav. Plarecký zámek. Arx Detrecö, quam Germani Plassenstein vocant, in confinio Austriae et

in der Bauern leger, vnder dem schloss. Waren crstlich
17 Tisch vol leüth, darnach in gmain hin, 12 Tisch voll.
Da muessten sie sich auch 9 Wochen lang gedulden vnd
sehr Armälig behelfen. Was sy für angst, not vnd schröcken
aldorten haben müessen einnemen, das ist wol zu gedenken.
Dan weil sy auf einer frömbden herrschaft waren, gieng es inen
Auch nit gar zum beston, sonder kamen in ser grossen schaden.
Also, dass sy über die 200 schaaf eingebüess, vnd vasst vmb
aller schweinvich daselbs kommen sein.

Das übrig volkh hat sich nach Schossberg vnd auf dem
Brünisch in die Fluecht begeben, (da sy auch in grosses vnglück kamen G.).

Weiln sy ire sachen vnd ein grosses guet mit vil fueren
nach sabatisch gefüert vnd das vnglück so schnell vnd vn-
uerschens kam, so gieng (zu Sabatist im Hauss L.) auch alles
in Raub vnd rauch dahin, vnd es geschah also der gmain zu
lewär (sampt den Sobotischern) hierdurch ein grosser schaden.
Dem herren aber sey das lob, der sy sonst vor weiteren vnglückh vnd hertzenleidt erhalten hat; dan der feindt nit geen
Lewär komen ist.

Den 5. Septembr kam abermals ein hauffen Türken
vnd Tarttern geen Sabatisch, zündeton am ersten vnssere stadln
an. Darnach wurde das ganze hauss in brandt gesteckht,
Also, dass nit mer, dan ein gebey im ganzen hof ist stehen
bliben, (nemlich daz Tuchmacher hauss. L.) Was der gmain
des herrn für ein grosser schaden Abermals geschehen, kan
man wol gedenken. Nemlich von allerley getraidt im stadl vnd
auf der Müll, auch Mel vnd allerley kuchl speiss vnd vil Tuech,
leinwanth, hanff, leib vnd bethgewandt, neben vil köstlichen
Handwerchszeug, sambt den wolgebawten heüssern, für vil
1000 fr. werth, zu grundt gangen. Ob man gleich etwas erretten vnd erhalten kundt, dörffte man sich vor den Feindt, der
on Vnderlass sich sehen liess, nit merken oder blicken lassen.

Moraviae a Marco et Johanne Fuccaris (Fugger), quibus locata erat (per
Ferdinandum I.), redempta liberalitate Caesaris accessit Melchiori Balassae.
Hier barg dieser in Zeiten der Gefahr Weib und Kind und was ihm
sonst theuer war. Aus dem Besitze der Balassa überging die Burg und
Grafschaft an Ferdinand III., dann an die Familie Pálfy. Anno 1707
von den Rákóczy'schen erstürmt, wurde die Burg 1707 von Gnido von
Starhemberg wieder erobert. Sie liegt jetzt in Ruinen.

Den 6. Septemb., als die Türken vnd Tarttern mit
einom grossen raub von Auspitz aus Märhern wider zueruckh
kamen, wurde vnsser Hauss zu Brozga nach vilen raub vnd
plündern auch angezündt vnd verbrennt, auch all ir Rindtvich
samt den schaafen geraubt vnd hinweckgetriben. Ochsen waren
12 stuck, (*G.:* 14) khüe (vnd galdtvich 80 stuck), schaaf alt
vnd Jung 330 (*G.:* 350), vnd zogen also mit einen grossen raub
darvon.

Vnder disen kamen sie auch in vnsser hauss geen St. Johannes, plinderten vnd raubten nach irem gefallen, vnd namen,
was sy fundten, vnd wurden der vnsserigen auch 4 personen
von dem feindt erdapt, als nemlich: Leonhart, fürgestelter
weber, vnd Michl, füergestelter schneider, ermördt vnd nidergehawt vnd 2 haffner Jungen weck gefüeret.

Vnd weil sy ir Nahrung, ein tails traidt vnd mehl, geen
Sabatisch in die Fluecht gefiert, In hoffnung, zur Zeit der
noth zu geniessen, nun aber das vnglückh so schnell vnd vnuersehens kam, das es nit kundt in die verwarung gebracht
werden, gieng ir Armuth, sambt andern der gmain guet, auch
in Raub vnd rauch dahin, welches vnssere Arme leuth zu St.
Johannes sehr hart manglen vnd entrathen vnd grossen hunger,
not vnd abgang drunder leiden muesten. *B. C. F. G. I. K. L.*

Den 18. September kamen die Türcken vnd Tarttern
Abermal vnd thuen widerumb sehr grossen schaden mit brennen,
Niederhauen vnd leuth weckh fieren. *B. C. D. F. G. I. K.*

Den 26 (*L.:* 18) Septemb. Nachmittags vmb 4 vhr ist
die vestung Newheüssel mit Accort dem Türken vbergeben
worden, der sie, mit 1000 Janitscharen vnd einer starken partej
Reiter geconvoirt, abziehen lassen auf die Vestung Comoren
zue. 2472 gesunde vnd wol mundirte Teutschen zogen heraus mit
zimlich (vil) gequetschten vnd krancken, mit sackh vnd pakh,
vnd 4 stucken geschützes vnd der ganzen Bagage. Liessen in
der vestung hingegen 30.000 aus zün vnd fensterbley gegossne
Musketten kugeln, 70 Zentner puluer, Etlich vnd 60 der schönsten stuckh, 700 vass mehls, 300 Eimer wein, 100 ballen Tuech
zur Klaidung.

Der vngern seindt ein guete Anzahl gegen angebotnes
gelt vnd kriegsdienst in der Vestung gebliben, aber hernach,
als vnfähige eines gueten, redlichen vertrauens, in die Türkey
hinab geschickt worden.

514

Der Christen aussag nach solle die belagerung Newheüssls
12.000 Man gfressen haben, dauon dise vber ein par 1000 nit
gesteen wollen. Also gewan dise sibenwochige Belagerung solchen ausgang, darauff schier ganz Asien vnd Europa mit verlangen
die Ohren gespitzt, vnd fiel abermal ein grosser grundt
vnd Eckstain von der christlichen Vormauer dahin!
Also hat der feindt bej seinem ersten Überfall in Märhern durch den Wagstrom, wie auch den Fluess March, bey
Nickolspurg, Rabenspurg, Göding, (Brün ¹), Ostra, Holleschaw
vnd ander orten mer, biss auff 3 Meil gegen Olmüz gesträfft,
Alles auff dem landt abgebrennt, was vber 40 Jar: erwürgt,
vil junge weibspersonen auf den pferden, deren ein yeder
vnderschiedliche mit sich gefiert, die kleinen kinder in löcher-
richten säcken hinder sich, als einen haber sakh, geworffen,
vnd dauon gerafft, Solcher gestalt bei 12,000 menschen entweder vmbs leben oder vmb die dem leben gleich giltige Freyheit gebracht. Waren allerdings die wälder vnd gebirg durchgangen vnd die armen dahin verschlossenen leüth wenig alda
sicher vor inen, weil sie selbige entweder mit teutscher, bö-
mischer, vngerischer vnd Slovákischer sprach durch ire veräte-
rischen Tolmetscher vnd wegweisser verleitheten vnd betrogen.
Es kunden auch keine pass diss verhindern, weil durch
bemelte verräter Alle schlich, steg vnd nebenweg inen gezaigt.
Fieng man der Tartern etliche, so kundt man kein wort aus
inen bringen. Sie erzaigten sich wie die stumen, liessen sich
lieber würgen als erforschen, Auch gar selten gefangen nemen,
sondern tauchten sich lieber vnters wasser vnd ersoffen. Bey
einem yeden fandt man gmainlich ein fewerzeug vnd allerley
anzündente Matery, die flecken vnd Dörffer damit geschwindt
in die brunst zu sezen. Die gefangenen wurden von inen wie
ein herdt vichs dahin getriben, vnd war Niemandt so beherzt,
der die armen seufzenden Christenleuth erretten thet, wie wol
es leicht mit ein par 1000 (B.: 100) Raittern hete geschehen
mögen, in Massen der rauberischen, nackenden Tyranischen
Leuth wenig vber 4000, darzuo liederlich bewerdt gewest, Also,
das der hundertste kein pistol, ja bissweillen kaum Einer einen
kleinen rostigen Säbl, diesser etwan ein spiesslen, Jener etwan

¹ ‚Brün' kommt nur im Cod. K. und L. vor.

ein pfeil gehabt. Wie leicht man sie hette abtreiben kennen, kan man hieraus vrtaillen, dass irer 500 bey Dressing[1] von 20 wol beschossnen Bawern mit verluest 80 Man abgewissen worden.

Den 5. Octobris sein die Türkhen vnd Tarttürn in vnsser hauss zu Zobelhoff eingefallen, daselbst geplindert, angezindt vndt in grundt verbrennt, Khü, schaaf vnd rosss, gieng alles in Raub dahin, vnd wurden der vnsserigen auch 12 personen erbärmlich nidergehawt vnd wek gefüert.

Den 9. Octobris vmb mitagszeit ist zu Guetwasser im schlosss ein erdtbiden gewest, der die Mauern vnd Felsen erschüttert hat. *B. C. D. F. G. I. K. L.*

Als nun Newheüssl vorüber vnd, wie gedacht, der Winter vor der thür war, vermeinten sie zu guter lezt von den Christen noch eine Ritterzerung zu erjagen, schwumen derowegen abermal durch die wag (vnd gingen auf den Raub aus *D. G. L.*), biss an die schlessing. Raubten etlich 1000 menschen vnd kerten damit wider nach dem leger. Viele wöllen, dass sie in dreyen einfällen, ohne die erschlagenen, vber 40,000 Christen seelen dauon in ewige gefangenschafft hingerafft haben. *B. C. D. F. G. K. L.*

Den 17. Oktober trachteten die Türken in die Insel Schütt zu komen vnd den alda versamleten kaisserlichen Generalspersonen iren radtschlag zu zerstören. Aber aus disem iren rath vnd anschlag wurde nichts. Das Unglück kam auf iren kopf.

Den 17. Nouember dises 1663 Jars kamen 4 Companien kaysserlicher Reitter geen Lewär, lagen in markt, der Obrist wachtmaister vnd ein Rittmaister mit 50 pferden lagen in vnssern Hauss zu Lewär in quartier, hatten bej die 30 personen bei inen. Kostet der gmain vber die 30 fl., ohne was haimlich entwendt ist worden. Zu dem vnsser volkh selber in grosser Armuth, hunger vnd Kvmer lebte. Noch wurden sy von den kriegsleüten hart getrieben, sich in schulden einzulassen.

---

[1] ,Sie sein bej Dresing von einer grossen Rott Pauern in einem sehr engen Ohrt dermassen gewillkommt worden, dass sie mit verlust von 120 Mann zuruck weichen müessen. Es haben ihnen anch die pauern zu Landshut, welche sich in einen Kirchhof retirirt, vnd eingeschantzt gehabt, vil gefangene vnd Vich abgejagt. Diese Pauerschafft hatto die Not fechten lehren beuten zn suchen.' (Krans'sche Chronik.)

Den 1. December kam abermals 1 Regiment Teütscher Kriegsvölker, die von der vestung Newheüssl abgezogen sein, geen Lewär, lagen 2 nacht daselbst, hatten vber die 50 stuk Ochsen vnd Rosss bey sich, kostet mermal dise einquartierung der gmain zu Lewär auf die 60 fl.

Also hat sich dises 663 Jar geendet mit vil Jamer, schröcken, Angst, ellendt, not vnd todt vnd mit vil grossem hertzenlaidt, seüffzen vnd klagen, Auch mit verderbung landt, leüth vnd vich, vnd was nit im Raub dahin gangen, ist man anderwerths drum komen.

Also ist die ganze gmain abermal in das eisserste verderben vnd in die höchst Armuth komen. Den man der veldt vnd gartenfrücht wenig genüessen kundt!

Es ist vnmöglich alles zu beschreiben, wie vnmenschlich, entsezlich, erbermlich vnd vnchristlich es ist zuegangen. Nur auf vnssere nachkomen in kürze ein wenig zum bericht eintragen. Gott der allmechtig verleihe es ins künftig besser! *B. C. D. F. G. I. K. L.*

1664.

a) Anno 1664, zur Früelings-Zeit, zoge der kayserliche veldt Marschalch graff de Susze (de Suche, de Souches) für die statt Neytra vnd beschust sie. Der Erbfeindt quitirt die statt, Reteriert sich ins schlosss, dem aber die kaisserliche Armee so starkh zu sezt, biss er einen freien Abzug begert, welchen man im aus gwissen Vrsachen gestattet.

Also verliessen die Türken Neytra wider, welches die Christen mit Accort von inen bekomen vnd die Türken, mit hinderlassung der im schlosss vorhanden Munition, frey sambt bey sich habenden güetern vnd personen, auch allen, die es mit inen hielten, ausziehen liessen vnd biss geen Newheüssl convoyirt. Der gestalt gieng es auch mit Lewenz.

Wurde auch von dem veldt Marschall de Suche erobert. Als er solches beschossen vnd stürmen lassen, der feindt es gesehen vnd den Ernst gemerkt, hat ers durch Accort aufgeben.

b) In disem 664 Jar, Monat Martj vnd April, da man gehofft zu Dechtiz etwas ins veldt zu bringen vnd zue säeen, kamen wider die Rauberischen hussären vnd namen vns 2 Rosss auf dem veldt aus dem pflueg hinwekh, Also, dass die vnserigen mit grosser gefar vnd schaden etwas somer frucht gesäot, biss in schnidt, doch aber vnder der Zeit offt aus den hauss flüchtig sein muesten, nit vor Türken, sonder vor kayserischen kriegsvolkh, biss sie den schnidt erraicht, in Hoffnung etwas zu geniessen. Da man aber hey vnd traidt das maist zu hauss brachte, kamen die kaysserischen kriegsleüth wider ins landt. Erstlich ein Regiment zu Dechtiz durchzogen. Was sy funden, geplündert, die Brüeder, die sie bekamen, vbel geschlagen vnd ausgezogen, vnd ein grossen Raub dauon bracht, die kranken aus den Beth geworffen, das Beth gwandt mit genomen, so das man das Haus durch den Sommer vnd herbst verlassen mueste. Da ist all ir Armuth, waz im hauss vnd noch im veldt war, im garten vnd wein gebürg, die ganze Zeit alle tag ohne Zal im raub gewesen, auch noch zwo khüe, die sy im türkenraub erhalten, von teütschen geraubt vnd hinwek genomen wurden. *B. C. D. F. G. I. K. L.*

c) In disem 664 Jar, den 30 Juny, ist Newserinwär in Crabaten mit sturmenter handt von Türken ein genomen worden. Von 1700 Man, so in der Vestung gewesen, sindt nit wol 500 mit dem leben dauon komen. *B. C. D. F. G. I. K. L.*

d) Den 13. Augustj kamen die sächsischen kriegsvölker auff Senitz, bey 500 Man; lagen also auff der Bränitscher herrschafft 11 wochen lang, die vnsser Hauss zu Sabatisch auch sehr vil kosteten vnd vns vil plags antheten. *B. C. D. G. I. K. L.*

e) In disem 664 Jar, den 28. septemb., do das kayserische Kriegsleger nachend auff Dechtiz zu ruekht, kamen vnuersehens 1000 (*B. C. F. K.:* 500) Teutsche vnd franzosische völker geen Guetwasser ins Dorff, raubten vnd plinderten nach irem gefallen, namen Trädt, hey, vnd waz sy funden, lärten den Leüthen die gruben aus, vnd wurde den vnsserigen auch ein Tristen hey wekh gefüert, die sy von Dechtiz in der flucht herauff abfüert haben, vnd hinter dem schlosss, da man vermaint hat, sicher zu sein, abermals 5 Rosss hinwekh genomen vnd den Fuerman (ein weil mitgenomen, vnd) vbel geschlagen. Hernach ist das Hauss zu Dechtiz noch alle weil in raub gelegen, dass sich Niemandt vor den Teütschen hat dörffen sehen lassen, biss vast der winter herzuckomen ist. Vnter dem ist vil Türaney fürgangen vnd geybt worden, welches iezt nit alles zu gedenken ist. Biss vnsere armen leüth, in grosser Armut, in das lär abgebrandt vnd verderbt hauss komen sein, die von dem feindt vberbliben, mussten sie vil Ongemach, darzue grossen hunger leiden! *B. C. D. F. G. I. K. L.*

f) In disem 664 Jar, den 11. october, kam Obrister Nicolaus vnd Obrister wachtmaister Stang geen lewär, vnd legen sich in vnsser hauss mit 55 pferdt vnd villen leüthen. Man musste inen alle tag 12 mezen habern geben, hey vnd strey genueg. Alten wein muesste man die halb zu 20 ₰ bezallen. Das wehret 8 tag lang, kostet also die gmain zu lewär in allen, sambt der Spentirung vber die 100 fl.

Den 17. Octobrs, wie die Teutschen wek waren, kamen die Franzosen. Da mueste man den hof zu lewär, do man abents gleich das allgemeine gebet sollt verrichten, quitiern vnd verlassen, vnd weil sie hernach wenig vnsser leüth funden, plünderten sie vnd theten vns mer mal vber die 100 fl. (*B. C. F. K. L.:* 1000 fl.) schaden in allerley im hauss.

Den 18. octobr. sein die sächsischen stukpferd in vnsser hauss geen Sabatisch glegt worden, kostet vns sehr vil, lagen da 17 tag mit 7 knecht vnd 14 pferdt.

Obgemelten tag kam ein Regiement Reiter, die herr graff von Nassaw comandirt hat. Lagen da biss auff den 22. diss, vns ohne sonderlichen schaden, Gott lob! ohne was man inen aus gueten willen gespendirt hat, vnd namen also iren weg geen schlossberg.

Den 5. Nouember sein die sächsischen Völker wider aus dem landt vnd haimb zuegangen. Da mueste man dem Obristen wachtmaister für des Obristen leütenants quartier geben, weil er nit da bliben: 25 fl. 50 kr. vnd dem forirer: 3 fl. für 7 knecht vnd 14 stuckh pferdt. Was für speiss vnd trankh vnd haber aufgangen ist, das triff an 46 fr.

Den 6. Nouember kam das Rabatische (Rabaichische) Regiment geen Lewär. Da haten die vnsserigen Niemandts, als ein Reiter zur Saluaquarti, kostet dennoch die gmain in allen vber die 23 fr. *B. C. D. F. G. I. K. L.*

g) In disen 664 Jar, den 24 December, vor mittag vmb 11 Vhr, ist ein Cometstern gesehen worden. Auch an vnderschiedlichen Orten sahe man in vil nacht vorher, seine bedeutung ist Gott bekannt! *B. C. D. F. G. I. K. L.*

1665.

a) Anno 1665, den 4 Januuary Abents vmb 6 Vhr, liess sich wider ein Comet sehen, mit einem spitzigen stral, der sich gegen den Morgen kert hat, man sahe in 14 tag alle Abent, seine bedeutung weiss allein Gott! *B. C. D. F. G. I. K. L.*

b) In disem 665 Jar, den 26 Martj nachmittag vmb 2 vhr, ist in vnsserer hueffschmidten zu sabatisch aus vnfürsichtigkeit ein fewer auskomen, dardurch nit allein die hueffschmidten, sonder auch die sichlschmidten, Raderhauss, Satler vnd Raderhütten, sambt etlichen kleinen hüttlein in den abgebranten Schuester-klingen-schmidt- vnd Messerer-gemeyern abgebrant. Doch sein die böden erhalten worden vnd ist kein bawern hauss abgebrent. Also ist der gmain zu Sabatisch hierdurch abermal ein merklicher schaden beschehen. Dann die zwey gebey, sichelschmidten vnd Raderhauss, waren noch New, welche die gmain in irer Noth vnd armuth mit grosser mich vnd Armuth gleich allerst erbaut hat. *B. C. D. F. G. I. K. L.*

c) Den 5 April, morgens frue vmb 3 Vhr, liess sich mermals ein Cometstern sehen, mit einem langen stral. Man hat in etlich tag gesehen. *B. C. D. F. G. I. K. L.*

d) In 1665 Jar, den 21. Aprillis sein die 2 Br. Christoff Baumhauer vnd Benjamin Polay in hollandt mit einander gesandt worden, allda vnssere Freundt vmb ein steuer ansprechen. Ir raiss ist nit vergebens gewesen, sunder des Gebons. *C.*

In disem 665 Jar, nach aussgestandtner grosser angst noth vnd armuth durch die ganze gmain des herren, (Neben vil 1000 (andere) armen menschen im landt, hoch vnd nidern standts, die mit vns in das gröste Ellent, Jamer vnd verderben komen sein durch den offt gemelten schnellen erschröcklichen Türken vnd Tattern krieg,) haben wir vns den 7. Aprill in vnsserer grossen Armuth zu Sabatisch versamlet, wie auch vor dissem schon zum etlichsten mal, vnd mit wolbedacht berathschlagt, wie wir doch vnssere armen witwen, vnd waissen vnderhalten vnd nehren werden, dero wir ein gueten tail durch die Ellende Zeit aus allen orten der gmain geen sabatisch zusamen gebracht haben.

So sind wir ains worden, die gmainden in Niderlandt vmb ein stewer anzusprechen. Also seindt die im rath des herren in hoher forchten Gottes, mit wolbedacht die 2 Brieder, Als: Christl Baumhawer vnd Beniam Poley, bede diener des worts Gotes, zu dem werke des herren erkendt vnd den 21. April von Sabatisch aussgesendt worden. Die seindt in hoher forcht Gottes vnter götlichen schuz hinaus geen Manhaimb in die pfalz, vnd von danen nach Amsterdam In Hollandt, Seelandt, Flandern vnd Friesslandt gezogen, daselbsten die gmainden vnd bruederschafften, mündlich vnd schrifftlich, von allen Eltesten vnsserer gmain, (neben dem Bericht, wie dan wir in die Eisserste Armueth, Ellend vnd Jamer komen sein vnd vns die höchste noth dahin verursachen), vmb hilff vnd stewer an zu sprechen, denen Auch Gott der herr ire Hertzen erweicht hat, dass sy vns, der gmain des herren, seindt zu hilff komen vnd vns einen gueten vorschub gethan. Gott sey Lob, Ehr vnd Preiss Ewiglichen Amen. *B. D. F. G. I. K. L.*

e) In disem 665 Jar, den 18 Juny Morgens frue vmb 4 Uhr, ist der Brueder Moses Bruckner, ein diener des worts, zu Trenschin im herren entschlaffen.

In disem 665 Jar, den 8 Augusty, hat vns der herr graff Nicolaus Palffy sein verödet hauss im markt zu Schatmansdorff[1] zu bauen vnd hernach zu bewohnen geben, da sich das vberblibne Völkl von kesselsdorff samlen, vnd widerumb mit vnd bei einander leben, haussen vnd wohnen solte. Der liebe Gott verleihe sein Gnadt darzue vnd bescher ein langwirigen friden. *B. C. D. F. G. I. K. L.*

f) Den 28 Octobris kamen die 2 Brüeder Christoff Baum-hawer vnd Beniam Poley von irer langen Raiss aus hollandt vnd andern orten mit gueter verrichtung, mit gueten Friden vnd sicherhait wider haimb. Darfür dem Herren zu danken, der sy also mit gueter sicherhait hieher gebracht hat. *B. D. F. G. I. K. L.*

g) Diese zwey Jar 1664 vnd 1665 war alles getraidt sehr Tewer, der metzen waiz, Senitzer mass, zu 3 fl. vnd drüber, der metzen korn zu 2 fl. 50 kr., der metzen gersten zu 2 fl., (der mezen habern zu 60 ₰.), der metzen Arbes vber die 3 fl. in kauff, ein par rohe Ochsenhäut waren zu 10 fl. vnd drüber in kauf. *B. C. D. F. G. I. K. L.* Finis Cod. *B.*

---

[1] Schatmansdorf = magyar. Csesztc, slav. Časta, ein slovakisches, schon im 14. und 15. Säculum oft genanntes Städtchen (oppidum) des Pressburger Comitates.

Dreizehntes Buch.

1666—1695.

[Die Zeit des beginnenden Verfalls der Gemeinde.]
Der grosse Türkenkrieg.

Sie werden euch überantworten für
Ire Rathhäusser, vnd man wirt euch für
Füersten vnd könige füeren vmb meinet
willen.   Mat. 10. b.

1665. (Lücke in allen Cod.)

1666.

a) Anno 1666 den fünften January hat es zu Sabatisch ein Regenbogen gehabt vmb 5 Vhr. *D. K.*

b) Anno 1666 den 7. May hat es ein grossen Roiffen gehabt (herwerts des Gebirgs, desgleichen in Märhern vnd Oesterreich). In Weingärten vnd an obstbäumen grossen schaden getan. *C.—G. I. K. L.*

c) In diesem 666 Jar, den 8ten Aug., ist der Br. Hans Blössing, ein alter D. des Euang. zu Sabatisch im Herrn entschlaffen. *C.—G. I. K. L.*

d) In dem 1666 Jar war ein sehr dürer vnd truckener Früeling vnd somer, das an vil orten alle sommerfrücht ausgestandten vnd ain tails gar nit aufgangen seindt.

Dessgleichen das wintergetraidt ist wegen grosser Dürre auch etwas hinden bliben, vnd nit zur völligen wachsung kommen. Es war so hart vnd dürr, daz man an manchen Orten gar nicht brachen (vnd ackern) kondte, daher alles getraidt auch desto tewerer in wert gehalten wurde, nemblich: der Metzen Waitz, Senitzer Mass, zu 18 β., ein Metzen Korn zu 13 β., ein Metzen Gersten zu 9 β. vnd ein Metzen Haber zu 7 β. im kauff gewesen. *C. D. F. G.—L.*

1667.

a) Anno 1667, den 8. Julius, ist der Br. Joseph Stamler, ein D. d. W. zu Alwintz im Herrn entschlaffen. *C. D. F. G.—L.*

b) In dem 667 Jar, den 19. Aug. Abents zwischen 4 vnd 5 Vhr, geschah zu Ungrischen Neustadt an der Wag ein schrecklicher Einschlag vom Himmel, gleichsam wie ein Schuss von ein Stuck, one Doner vnd one wetter am klaren himmel, vnd schlug auf den ring zwischen die Fratschelweiber. Aine blieb auf der Stelle todt, vnd zwo lagen auch für todt, jedoch mit Laben vnd zuesprechen haben sie sich wieder erholt. *C. D. F. I. K. L.*

1668.

a) Anno 1668 am Sonntag Letare, das ist den 11. Marty, Abendts um 7 Vhr liess sich zu Bodtok in Ober-Ungarn ein Cometstern sehen. Was er für eine Bedeutung bringt, wirt Gott bekant. *C. F. G. I. K.*

b) In disem 1668 Jar, den 5. Aprilis, ist der lieb Br. Esaias Weyh, ein [D. d. E. zu Alwintz im H. entschlaffen, seines Alters im 80 Jar, als D. d. Worts hat er gedient: 35 Jahr. *C. D. F. G.—L.* (Finis Cod. *I.*)

1669. (Lücke in allen Handschriften.)

1670.

Anno 1670[1] ist der Christof Hueter, (den mann auch Scheffmann[2] genent), zu Klein Nemscha entschlaffen. Er hat das schöne Liedt gemacht:

> ,Ach Gott was soll ich singen,
> Mein Harpffen will nit klingen.'
>
> (Cod. 203. VIII. c.)

---

[1] Dürfte richtiger 1570 lauten, da in Cod. 203 (und Cod. Eglauch) ,das Marterlied' vom Jahre 1567 dem Hueter zugeschrieben ist und seine Töne oder Weisen schon zu dieser Zeit dominirten.

[2] Christof Hueter oder Scheffmann ist auch der Verfasser 1. des schönen Liedes:

> ,Wo soll ich mich hinkeren — ich armes Brüederlein?
> Allain zu meinem herren, — zu Gott dem hailand mein.'
>
> (Cod. 203. 232. 612. VIII. c. 301 etc.)

Darüber Cod. 203:

> ,Der dises Liedt hat gsungen — in einem Thurn betracht,
> Mit David dem kunig frome, — hat er vil elender nacht,
> Wan er sich nider leget: — elendt war da sein bet,
> Armuet war sein hauptkissen, — gedult er überdeckht';

2. des ,Apostel- oder Marterliedes' (aus Eusebius, 57 Strophen) 1567: ,O reicher Gott im Himmelsthron — wir deine Kinder' (Cod. 203. 236. 194. 612. VIII. c.); 3. des Liedes: ,Geschichte Josephs' in Schiller's Ton (64 Strophen): ,Nun hörendt Gottes Wunder vil' (Cod. 232. 203. 192. VIII. g. 45); 4. hat er auch ,neu gesungen' das Lied ,Wolf und Bär': ,O Herr Gott mein Noth thu ich Dir klagen' (Cod. 203. 236. VIII. c., abgedruckt in Wakernagel's K. L. Nr. 1023, V. Bd.). Seine Weisen waren in der Gemeinde tonangebend.

1671.

a) Anno 1671, den 13. January, ist der Br. Georg Schulz, ein alter D. d. Worts, zu Sabatisch in II. entschlaffen. *C. D. F. G. L.*

b) Item am 8. Febr. hat man 9 Br. in den Dienst der Nothdurft fürgestellt zu Sabatisch, als: Joh. Benkert, (Hausshalter); Benj. Gebhart (Hausshalter), Wenzl Türk (Einkauffer); Georg Schulz (Einkauffer); Jakob Wetzstein (Ausgeber); Hans Lang, Schneider; Walser Wolmann, Kellner (Schneider *L.*); Esias Gädl (Glaidl, Glätl), fürgestellten Messerer, Ditrich Feyerschlag, schulmeister. *C. D. F. G. K. L.*

1672.

a) Anno 1672, den 6ten Febr. zwischen 11 vnd 12 Vhr in der nacht, ward zu Lewär von vnterschiedlichen persohnen ein wunderbarliches gesicht am Montschein gesehen,* neben des rechten Mondts corpus, am hellen Himmel, gleich als wenn der Mont vnder dem gewilkh durchscheinen wollte, vnd widerumb mit langen schwäff daran hanget, dessgleichen mit einem viertl Montschein. Sein Bedeutung ist allein dem lieben Gott bekandt. *C. D. F. G. K. L.*

b) In gemöldten 72 Jar, den 24. Febr., ist Hänsel Estras, Ein Dr. des W. und Brueder-schreiber, zu Sabatisch im II. entschlaffen. *C. D. F. G. K. L.*

c) Dessgleichen ist im 72 jar, den 10. augusty am tag lorentzy, ohngefahr vmb 3 Vhr nachmittag, ein entsetzliches wetter, mit grossen saussen, blitzen, schlossen, grossen regen (kommen), welches vil, alt vnd junge, nit leicht geschen, vnd kam alsdann hernach abents ein solcher überfluss des Wassers in schneller Eille, das die leut nicht alle genuegsam in (vnsern) stadl vnd sunst in die höche entweichen können, tails sich auf die (eingefallen) gebey gemacht (vnd salvirt) haben, gleichwol ein alte schwester übereilt vnd vmbkommen. Ist in Etlich tagen erst hernach im Mist gefunden worden. Vom vich vmbkommen 23 stuck, das Beste kue-vich, wie auch schwein, welches schnelle wasser vnser grosse (Ess) stuben biss an die mühl, dessgleichen die haffner-, tuechmacher-, säller-, weber- vnd woll-kammer, das schneider vnd Kürschner- (hauss), wie

---

* *G. L.:* vmb den montcorpus ein gelber cirkhl vnd ein kreutz mitten durch, gleichsam wie 4 montscheln.

auch (die Naderstuben), vnser Ross- vnd Küehställ vnd andere (notwendige) gebey verderbt vnd eingeworfen, (dardurch die gemain vnbeschreiblichen schaden erliten hat, hernach wenig aufenthalt vnd wonnung heten, also, daz irer vil, [die sich gar schlecht in dj armuet schicken kunten *C. L.*], vngeduldig worden, die gemain verlassen vnd davonzogen sein).

Es sein im markht auch auf die 41 heisser vnd yber die 40 Personen[a] vmbkommen vnd zu grundt gangen vnd sunst vil hin vnd her im landt grossen schaden geschehen. (*C. L.:* also, dass wir durch solche vnglückh in grosse armuet gerathen vnd wenig vermögen[b] vor vnser armes volkh erhalten kundten.) *C. D. F. G. K. L.*

1673.

a) Im 1673 jar, den 13. July, kam Herr Oberster Starnberg mit 4000 man zu Ross vnd Fuess vnd zwo Companj Crowathen, welche Senitz vnd andere Ort mer feindlich angesuecht.

Kam hernach mit allem volckh nach Sabatisch. Kostet der gemain abermals nit wenig. *C. L.*

b) Im 1673 jar Ist auch ein grosser schröckhen auf Bränischer Herrschafft gewesen, als Graff Obrister Starnberg mit 4000 Mann zu Ross vnd Fuess gehn Senitz kam, auch zwei Companien Crowathen, welche sich mit plindern vnd brenen seer feindlich bezaigten, auch bei 8 Persohnen aufgehenkht vnd Übel gemartert. Es kam auch das Collatische (*G.:* Colältische) Regiment Crowathen und lagen 3 Wochen auf der (bränischen) Herrschafft, Starnberg mit seinem volkh lagen zwar nur einmal auf der Herrschaft in Sabatisch, vnd wie wol sie vns in solchen lärmen schutzten vnd freundlich von vns zogen, kostet es vnss doch an Allerley spentirung nit wenig. *D. F. G. K.*

1674.

a) Anno 1674, den 27. January, Ist Mossy (Mose) Wirtz, Ein D. d. E. zu Manheim in der Statt, in der vnder-pfalz liegend, mit früdlichen hertzen im H. entschlaffen. *C. D. F. G. K. L.*

b) Item im 74 Jar, den 4. (*L.:* 6ten) Martj, kombt ein leüdenant mit 60 Man Moscetierer nach Sabatisch, auch ein

---

[a] *C. G. L.:* 50 Personen. — [b] *L.:* Wohnungen.

Jessowiter, sambt einem anderen pfaffen, welche erstlich den Br. Johannes Riegker (Rickher), wie auch seine Mitbrüeder vnd fürgestelten insonderhait, sowohl auch die vndergebnen Br. in werkstetten gefragt: wie ir Nam sej, wie viele kinder sie haben vnd ob sie sich zu der katholischen Reli(gi)on begeben wellen? Hernach also bald ein Jedlichen mit Namen aufgeschrieben, abtreten lassen vnd mit Moscetierer verwachen lassen, daz keiner mit dem andern hat reden sollen! Da der Jessowiter sambt seinen anhang nichts richten kundten, zogen sie widerumb nach abspeissung der 60 Soldaten, die vnss engstigten, widerumb den 7^{benten} mit grosser Freundtlichkeit aussen hoff, bedankhten sich der guetthat, die sie genossen, an statt dessen, daz sie uns geengstiget haben. *C. D. F. G. K. L.*

c) Anno 1674, den 11. Marty, weil der Georgius Selebschen, Ertzpischoff,[1] den Br. Johannes Riegker citirt, gieng er mit dem Br. B(enjam.) p(ollej) vnd J(ohannes) M(ilder), beide Diener des Worts, nach Presspurg in dess Büschoffs Hauss zu anderen luterischen vnd Caluinischen pfarrern, deren auf die 300 sambt den schulmästern waren, vnd dieweil man den luterischen vnd anderen, (ausser den Catolischen,) hat aussgeboten, auch dem Brueder Johanes Riegker angezaigt, daz es ein mall an dem sey: auss Ihro Kays. Mayst. Ernstlichen beuelch, dass, wer sich zu der Catolischen Religion nit bekennen wolle, das landt (Hungarn), wie auch alle Kays. landt vnd provintzen räumen miessste, vnd dero wegen vor Ettlichen pischoffen, Jessowitern vnd Münichen vns angezaigt: Wir Brüeder sollen vns hiemit erklären, ob wir den katolischen glauben annehmen wollen, vnd nach vielen gespräch, trohen, verhaissungen, linden vnd rauhen worten, (welches etliche tag nach einander gewerth), Entlich anzaigt, daz, wo wir Alte nit weichen wolten, zum wenigsten vnsere kinder tauffen lassen, welches wir aber nit bewilligen kundten, doch daneben vnderthenig gebeeten, vns mit vnsern alten vnd Jungen zu dulten; dan wir Jeder-

---

[1] Der königliche Kanzler (und Graner Erzbischof) Georg Szelepcsenyi, zu dieser Zeit Statthalter von Ungarn und von 1668—1685 Besitzer der mährischen Herrschaft Letovic, die er 1668 von der Gräfin Elisabeth von Nachod um 60.000 fl. rhein. erkaufte und auf welcher er 1683, vor den gegen Wien heranwogenden Türken eine Zufluchtsstätte suchend, anno 1685 im 93. Jahre seines Alters verschieden ist.

man nach Möglichkeit begeren zu dienen vnd vns mit Eren,
ohne schaden des lands nehren wollen, welches die geistlichen
vnd Herren vnd Graffen vnd Edelleudt nicht widersprochen
oder vns in etwas arges beschuldigen kunten, sunder Zeugnuss
gaben: sie seyen in allen zufrüden, Allein Nur, das wir sollen
sagen, dass wir Catolisch oder Römisch seyen vnd zu Ihrer
beicht gehn vnd vnser kinder tauffen lassen sollen!

Und da Br. Johannes Riegker mit seinen 2 Neben-
Brüedern widerumb weckh(ge)ferdigt waren, vnd haimb gehn
wolten, schickhet der Ertzpüschoff widervmb 2 Trabanten nach
Inen, die sie mit gewalt in die grosse kirchen triben, (gradt
am palmsontag, da der Ertzpüschoff selbs das ampt hete). Gedachten sie *(C. D. F. G. K. L.* [1]) allda noch zu raitzen vnd mit
irem pracht zu bewegen, ob sie von der warhait vnd des
glaubens grundt mechten abwendig gemacht werden, dan sie,
obgemeldete 3 Br., miten in der kirchen, vor allem volckh,
mit grossen laidt stehen muessten, aber im geringsten sich
nichts erjagen lassen wider des glaubens grundt, vnd vnverletzt am gewissen. Als der Erzpischoff sambt andern pischoffen
wider heimgefahren, muessten gemelte 3 Brüeder als hinter
dem wagen zwischen den Haydukhen biss ins bischoffs hoff
gehn, hernach abermalss villerlaj mit Inen gehandieret vnd
letzlich, sich zu erklären, vermant, dass wir Br. in 14 Tagen
eine gwisse antwort von vns geben sollen, was vnsser g'schlossner
Sinn seye, vnd dissmall in Früden haimgangen.

Da wir vns abermal versamlet, und in hocher forcht
gottes vnderredt, was vnd wan man vor allen Dingen zu ge-
horsamm seye (schuldig), ist Br. Johannes Riegker mehrmalss
sambt vorbemöldten 2 Brn. wider erkennt worden, dem Ertzpischoff der Eltesten Br. Sin vnd Mainung anstatt der gantzen
gemain auszzurichten, welches auch geschehen ist. Den 1. April
raisten gemöldte 3 brüeder ab, vnd kamen wider in des Ertz-
pischoffs hauss, anzuhören, ob man vns gnadt erzeigen, oder
aber das landt zu raumen ankündigen werde. (Da sind) die
Br. examinirt worden, vnd das etlich mal: Ob wir den nit von
vnssern harten Sin ablassen wolten, vnd da es mit Nein beantwortet (wart), hat der Leopolt Kolonitsch, Kamerpresident

---

[1] ,Noch einmal anzurennen vnd einen Versuech zu thun! Sein also un-
verletzt Gott lob dauon kommen.' *L.* (Excipit Cod. *L.*)

vnd pischoff zu Wienerisch-Neustatt, gefragt: Wie den vnsser
tauff sey. Da aber Br. Johannes Riegker geandwortet: Wir
tauffen im Namen Gottes des Vatters, vnd des Sons, vnd des
H. Geistes, da sprach der president Veberlaut: Es sey schon
recht, bleibt nur dabej, vnd könnt schon bleiben! Also seindt
wir vor dissmal im Friden heimkomen, dem Herrn im Himel
sei Ewig lob. [1]

Es seindt zwar in gemöldtem (Jar) vnsere leudt zu
Trentschin von vnderschidlichen persohnen, fiernemlich von
Jessowitern vnd andern angefochten worden, des glaubens
halber, daz sie sich auch nur richten vnd in die kirchen zur
beicht verfügen sollen, welches aber durch sonderbare Mittel
von Gott verhindert worden. Im sey Ewiges lob, vnd gebe
vns sein Gnade zu erkennen, das wir vor vil 1000^{end} vnsere
Ordnungen öffentlich halten kennen nach alten Brauch!

Also seindt wir in allen vnseren Wohnungen onverhindert
geblieben vnd in gueter Rueh vnd sicherheit disses Jar erhalten worden. Neben andern beschwerdten, welche, ohne des
landt-Volcks aufflag auf die Kaisserlichen, vnd einforderung

---

[1] Weniger glücklich kamen die lutherischen und reformirten Geistlichen
hinweg, die, mit Erlass vom Februar 1674 vor das ausserordentliche Tri-
bunal nach Pressburg citirt, daselbst, (nach Ribini: 250, nach M. d'Aubigné's
Geschichte der evangelischen Kirche in Ungarn, 1854: 300 Köpfe stark),
erschienen waren, um sich gegen die ihnen zur Last gelegten schweren
Anschuldigungen der Förderung des Aufruhrs und der Schmähung der
katholischen Kirche, sowie des Königs zu vertheidigen. Es gelang ihnen
nicht, sich zu rechtfertigen. Gleichwohl verschmähten sie bis auf 17, die
zum Katholicismus übertraten, die Annahme der drei Bedingungen ihrer
Amnestie, d. i. entweder katholisch zu werden, oder das Amt niederzu-
legen, oder auszuwandern. Die Widerspänstigen wurden als überwiesene
Rebellen in die Kerker von Eberhard, Leopoldstadt und Komorn gebracht,
41 der Hartnäckigsten auf die Galeeren Neapels geschickt, anno 1676
jedoch durch Vermittlung des holländischen Admirals Ruyter in Freiheit
gesetzt. Die Verwendung der schwedischen Krone für diese Unglücklichen
und die Hinweisung auf die im westphälischen Frieden den Evangelischen
zugesicherten Freiheiten wurde mit dem Bedeuten zurückgewiesen, dass
Ungarn nicht zum deutschen Reiche gehöre, dem Kaiser in seinen Ländern das Jus reformandi ebenso zustehe, wie einem anderen Regenten
in seinem Gebiete, und dass die protestantischen Geistlichen nicht aus
Hass gegen die evangelische Religion, sondern wegen des Verbrechens
der Rebellion gestraft wurden! (M. S.; vergl. ,Warhaft. Gerichts-Ansszug,
dass die in Hungarn vnkatholischen Prädicanten nicht in Ansehung der
Religion, sondern der Rebellion etc., gedr. zu Mayntz, 1675.')

durch die stuelbedienten, muesten zu glegner Zeit erlegt werden.
C. D. F. G. K.

1675.

a) Das Jahr 1675 fangt sich auch mit vill beschwerung vnd
kumernuss (an), welches wir allenthalben muessen empfinden,
mit grosser gewalthätigkeit von denen, die vnss billich solten
schützen, auch darumb sigl vnd brieff auffgericht vnd selbs
sambt Iren vorfahrern vnderschrieben, dennoch aber vnssern
gebürlichen lohn offtmals vorbehalten vnd grossen Onbül getrieben haben, welches wir arme leudt erduldten, vnd Gott
billich heimstellen muesten. *C. D. F. G. K.*

b) In gemelten Jar 75, den 10ten Juny, kam zu Sabatisch
widerumb ein erschröcklicher Regen, daz es schir ein gestalt
bekam, wie im 72 Jar, also daz wir vns alsobalt in die Höh
gsalvirt vnd dem wasser entrunnen sein. *C. D. F. G. K.*

c) Item den 2. July 75 kam abermals ein grosser Regen,
welcher ein ganzen tag vnd nacht gewehrt, darauss folgent
mermals ein grosses gewässer, daz es in vnsern Sabatischer
Hoff eingetrungen, daz wir kaum mit vnsern Ross, küh- vnd
schweinvich entflichen kunten. Seind vns damal Vber allen
angewendten Fleiss 14 Pfert ersoffen vnd die wiesen seer Vber-
schwemt vnd die Zain nidergerissen worden, (also daz wir gar
wenig heu bekamen.) Also kamen vnderschiedliche grosse
wasser disen Somer vnd fürnemblich, da das liebe geträdt hat
sollen zeitigen, hat es fast den gantzen Augustmonat angehalten
mit starken vnd stäten Regen, vnd ist ein Ansehen gewest,
als ob Gott der Herr die gantze welt widerumb durch ein
wasserguss wolte aussmachen vnd vertilgen, das hernach die
gärten- vnd Feldfrüchte, wie auch der wein weit herumb grossen
schaden erliten vnd das vass wein zu 65 fl. hat golten, Waitz
Kohrn u. d. g. Frucht sehr zu grundt gangen, vnd ob es wol
vorhin ein tröstliches ansehen gehabt vnd fast jederman gedacht, wir wollten Senitzer Mass waitz gar leicht zu 60 ℨ.
Korn zu 40 ℨ. zu kauffen bekomen, fil vns die Hoffnung doch
in bronen, also, daz wir schon im 9ber das Kohrn zu 22 groschen kauffen muessten, waitz zu 1 fl. 50 ℨ. Gersten, Haber,
Arbes seindt etwas besser geraten, doch aber die gersten zu
80 ℨ. Arbes zu 50 ℨ. Haber zu 35 ℨ. Zu dem, daz wir Br.
(zu Sabatisch) grosse Beschwerung haten wegen der coman-
tirten Völkher, die auf dem schloss Bränisch in der Besatzung

lagen, vnd wir in all ir brot backhen, vnd sonst in irer notturfft dienen muessten. *C. D. F. G. K.*

d) Anno 1675, den 13. Dez., ohngefär vmb 9 Vhr früe, hat es auch zu Sabatisch wettergeleuchtet, auch ein Regenbogen gehabt.

Etlich wol gesagt, das es donert hat. *C. D. F. G. K.*

1676.

a) Anno 1676[a] hat sich das Jar mit viler bekumernuss vnd müehsäligkeit angefangen vnd vntröstlich erzeigt, auch anfechtung in glaubenssachen bekomen vnd waren mermals auss Ertzpischöfflichen bevelch (den 7. Merz) nach Presspurg berueffen, (also wie vorhin beschehen,) vns zu engstigen, vnd hat ein ansehen gehabt, als sollte man vns mit ernst ausbieten, fürder im landt nit mer leiden. Haben abermals vill (*D.:* ain tail) Herrn vor vns geredt vnd gemittlet, doch aber hat es gott gewendt vnd ein stillstandt gemacht.

Den 20ten Merz kamen wir[b] in Gottes Namen wider heim. *C. D. F. G. K.*

b) Weil Graf Nicol. Palfy, Herr auf Biberspurg, vnser begert, vnd vorhin offt angehalten, auff sein grundt zu ziehen, (da vnsre vorfahren,[c] vor der Neuhäusler einname, vill Jar gehausset, weil aber der hoff dazumal zu Kesselsdorff abgebrannt, wie vor gemelt, [ist er] von derselben zeit bis dato vnbewont gewessen), Ist man entlich auss grossen Engsten, neben villen erbieten, vns zu schützen, im genannten 1676 Jar im Monat Juny, den 18ten, alda auffgezogen. Der Herr im Himel, vnser baumeister, geistlich vnd natürlich, füere in allen Dingen das werkh zu sein preis vnd Eere. Amen. *C. D. F. G. K.*

c) Es hat sich diss Jar mit grosser müehseligkeit, kampff vnd streidt geendet, absonderlich, weil die grossen Beschwerungen des landts wegen, der Akcise, nit allein vnsere Nachbawern, sondern auch vns betroffen. *C. D. F. G. K.*

1677.

a) In 1677 Jar, den 2. Mai, wardt widerumb ein Comet-Stern gesehen worden, zwischen Morgen vnd Mitternacht. Ist etlich wochen lang gstanden, *C. D. F. G. K.*, sein Stral zu mitternacht. *G.*

---

[a] *D. F.:* A° 1677. — [b] *G.:* kamen die 3 Brüeder. — [c] *K.:* voreltern.

b) Den 9. Juli regnet es vmb Mittag etlich vil tropffen bluet zu Seniz, habens etlich menschen gesehen. Sonst sein die Frücht im landt ziemlich wol geraten. Weil aber Kays. völkher im landt auf den besatzungen lagen, auch sonst auff vnd nider zugen, vnd in vorigen par Jaren die Frucht durch die kält vnd näss schäden erlitten, ist nit so gar wolfail* geworden, wie wir vns vorhin eingebildet. *C. D. F. G. K.*

c) Hat man sich diss Jar auch seer ein grossen kriegs besorgt, doch der Herr solchen bis hero aufgehalten. *C. D. F. G. K.*

d) Anno 1677, den 10ten Dec., ist der Br. Jakob Weiss, ein D. d. Worts, zu Sabatisch im H. entschlaffen. *C. D. G. K.*

1678.

a) Im J. 1678 im Jenner gab es grosse schnelle schnee-wasser. *C. F. G.*

b) Den 27. April ist ein schwester, Namens Susanna, (welche im 1663 Jar zu Kesselsdorff von Tatern gefangen vnd den Türken verkaufft, 15 Jar in der gefangenschafft zu Ofen hart gehalten wurdt), durch Gottes hülff mit etlicher mueh vnd spendirung von 150 fl. ausgelöst vnd vnverlezt an gewissen wider zur gemain gebracht worden. Dem Herrn sei die Ehr. *C. D. F. G. K.*

c) Im Juli kam ein gross wasser zu Sabatisch, welches auss einem strengen wetter entsprossen, vnd den vnsrigen Ihr maist vnd best Hew wegfletzet, daz sie hernach Mangel leyden vnd in winter Ire Schaf, ein tail Ross nach Lewär vnd St. Johann schicken muessten. Gegen die Erndt war ein heisser dürer Sommer, welcher in etlich Jaren nit so heiss vnd dürr gewesen. Die Sommerfrucht, wie auch obst, wenig oder gar nicht gerathen, aber waitz, Korn, wein etz. die Menige, vnd wurde der Wein, seiner güte halb, seer gerüembt, vor andern, die in vorigen Jaren gewachsen, auch waitz vnd Korn im leidlichen kauff gewesen.

Es vrsacht auch die seer grosse Dürre vnd hitz vnder den viech ein sterb, wie im 77 Jar, regirten auch vnterschid-liche krankheiten vnter den menschen, als rote vnd weisse

---

* nit so gar vil *C.*

Ruhr, harte vnd strenge Fieber, die Pest[1] vnd andere Seuchen. *C. D. F. G. K.*

d) Den 27. Aug. ist Jakob Wetzstein, Ausgeber vnd Diener der N., zu Sabatisch im H. entschlaffen. *C. D. F. G. K.*

e) Den 24. Sept. erhub sich ein schneller lärm wegen des hungrischen kriegsvolks, die fürgaben, das sie nichts anderst, als nur des landts Freyheit vnd gerechtigkeit zu erlangen suechten. Die komen mit grossen vngestimme auf der Woynitzer[2] herschaft eingefallen, vnder welchem kriegsvolkh auch Poläkhen, Tataren, Kossäckhen vnd andere böse völkher waren, raubten vnd plünderten vnterschidliche ort, schendeten weiber vnd jungfrawen erschröcklich, hernach die Fleckhen vmb gelt geplagt, da man es Inen gab, dennoch die orth eingeäschert. Ihr General war Gr. Teckhele[a] vnd Petróczj vnd ein frantzosischer vnd andere obristen, die das volckh regirten vnd mit grosser betrohung auff vnterschidliche Stett vnd Schlösser im landt schickten. Aus dieser betrohung vnd schnellen Einfall entstundt eine gross Forcht, also, daz auch wir vns der Forcht nit kundten erwehren, vns in die schlösser zu salviren, wie den sonderlich zu Levär. Weil sie in der Nähent auf irer Herrschaft kein ausflocht hatten, kamen sie mit vil fuhren vnd proviant auff Bränisch vnd Biberspurg gefaren, mit weib vnd kindt. Da muessten sie samt andern völkhern vber die 17[b] wochen in der Flucht sein, vnd hat solches schnelles Fliohen im Landt bej hoch vnd niderstandt vil 1000 gulden schaden verursacht, welches dan vnsern Leuten zu Levär, on andere ort, Etlich 100 fl. gekostet. Den sie muesten vor die Fahrzeug 5 fl. auch wol mer im weckfüeren geben. *C. D. F. G. K.*

Hernach als obgemelt hungrische kriegsvölkher die kay. Bergstätt mit sumt der Müntz eroberten vnd ein gross gut weckhnamen, auch vil kays. volkh zu schanden machten, zugen sie widerumb, vmb Ires vortl wegen, zuruck, vnd wurde es dissmal widerumb gähling still.

----

[a] *C. G.:* Deckely.   [b] *G.:* 7.

[1] Ueber die anno 1677 aus der Türkei nach Ungarn und von da in die Nachbarländer eingeschleppte Pest und ihre Vorheerungen im Jahre 1677 nnd 1678 siehe d'Elvert's Zusammenstellung im XV. Bande der Schriften der hist.-stat. Section, Brünn 1866, pag. 34—35.

[2] Woynitzer, d. i. Bajmocer Herrschaft im Neutraer Comitat, slav, Vojnice (nicht Bojnice) genannt,

Auch zogen vnsere Leut mit grossen vnkosten jedes wider
an sein Ort haim. *C. D. F. G. K.*

f) Item den 23ᵗᵉⁿ October[a] ist der Br. Andreas Rosenberger, ein D. d. W. zu Alvinz in Siebenbürgen im H. entschlaffen. *C. G.*

g) Den 6ᵗᵉⁿ Nov.[b] ist Jagel Gründler, ein alter fürnemer
Diener d. N. im Bränischen Läger im H. entschlaffen. *C. D.
F. G. K.*

h) Den 19. Dez., als die kays. Teutschen völkher vnd
Crowathen in die winter quartiere herauszogen, die armen leut
sehr beschwerten. Neben andern Contributionen kam auch ein
Compagnie Crowaten nach Sabatisch vnd fingen bejnah den
hoff anzutasten, Namen inen füer zu spoliren, aber gleichwohl
mit der Hilff gottes vnd spendirung abgelaint, hat aber vil
gekost. *C. D.F. G. K.*

1679.

a) Im 679 Jar, den 26ᵗᵉⁿ Januarj, ist Georg Schulz, einkauffer vnd D. d. N., zu Sabatisch im H. entschlaffen. *C. D.
F. G. K.*

b) Den 1. Juny hats ein schädlichs wetter, thät grossen
schaden in dem lieben geträdt vnd weingärten etc. erschlug
allerlej geflügel vnd hasen. In veld vnd wäldern theten die
wetter grossen schaden mit erschlagen vnd brennen (in märkten
vnd dörffern). Aber sunst war es ein guts jar, auch ein leid-
licher kauff gewesen, wie auch der wein, obwol man an theil
orten sauere trauben gehabt, ist doch der wein besser worden,
als man gemaint hat. *C. D. F. G. K.*

c) In diesem 1679 Jar sein wir Br. auch der onträglichen
last zu Kesselsdorff, Gott sei lob, wider loss geworden, nachdem Graff Niclas Palffy mit todt, den 6ᵗᵉⁿ Augustj, diese welt
verlassen, weil wir järlich mit 500 fl. zu bestehen oder zu geben
nicht vermochten. *C. D. F. G. K.*

d) Auch hat obgemeldtes 679 Jar die hitz dermassen zuegenommen, welches villeicht zu grossen krankheiten ein vrsach
gewesen. Dan es hat die pest vnd andere vbel seer grassirt,
vil 1000 menschen an solcher seuch schnell durch den todt
hingerissen, wie man den vor gewiss bezeugt, daz zu Wien
allein vber 20.000 Menschen gestorben sein, zu Pressburg vber

---

[a] *G.:* 23 Nonember. — [b] *D.:* 6ᵗᵉⁿ October.

11.000, also, daz man gar reichlich die Handt vnd straf gottes
gespirt, dieweil in werender zeit grosse laster vnd muetwillen
begangen worden vnd kaine besserung nit volget, daraus zu
schlüssen, das die straffen gottes in künfftig desto strenger ergehen werden. *C. D. F. G. K.*

e) Disses 679 Jar hat es offtmals seer schwere wetter
gehabt, welche grossen schaden theten mit Schlagen vnd brant,
aber sunst war es ein gutes, fruchtbares Jar, auch ein leidlichen
kauffs. *C.*

1680.

a) Im 1680 Jar, den 26. Januarj, kam eine Compagnie
Holstainischer Reiter in die Herrschaft Sabatisch in die Quartier, bei 100 Ross mit so vil Mann. Herr Graf Hans Sprintz-
feldt, oberster Wachtmaister loschirt in dem kastel, muest mit
36 Pferden verpflegt werden. *D. F. G. K.*

b) Im May, den 23ten, raisten die holstainischen völkher,
das Regiment ab, dj 8 wochen in der Herrschaft gelegen sein;
hat vns bar gelt gekostet 56 fl. ohne, was die handtwerckhsleut
vmbsonst haben müssen arbeiten vnd wir gespendirt haben.
D. F. G. K.

c) Den 29ten Julj hat Br. Andreas Winter (den) Josef
Kleger, schneider, in Siebenbürgen in Dienst des Worts erwelt vnd bestättiget, (in sein grossem Elendt vnd krankheit),
weil damals (von vns) nit möglich war hin vnd her zu reisen.
Wie offt sie begert haben, ionen zu hilff zu komen, hat es
nit sein können, der gefährlichen Zeit halb. *D. F. G. K.* Hat
aber nit lang bestandt gehabt mit dissem Josef Kleger. Hat sich
vbernommen vnd got verlassen, der gemain gut vnnützlich
verthan vnd verprasst, vnd ist aussgeschlossen worden. Ist bis
in das 4te Jar im Dienst gestanden. *D. K.*

d) Anno 1680, den 17. Aug., ist Andreas Winter, ein
Diener des Euangeliums, in Siebenbürgen im H. entschlaffen.
D. F. G. K.

e) In disem 1680 Jar, den 22 Apr., (ist) Br. Benjamin
Gebhart, ein D. d. N. zu Dechtitz im Herrn entschlafen.
C. D. F. G.

f) Den 16ten Aug. ist der Br. Benj. Poley (C.: ein D.
d. W.) mit fried. Herzen (an der Wassersucht) zu Sabatisch
im H. entschlaffen, vnd in Dienst des W. bis in die 24 Jar

eifrig gewesen, sich auch in die landt verwenden lassen. *C. D. F. G. K.*

g) In dem 80 Jar, den 23. Dez.[*] bei sonnenuntergang, liess sich ein schöne seyl sehen zum Abent bis vmb 8 Vhr ohngfär. Hat sein gang nach der Himelsstrassen. War zuvor, wie auch den gantzen tag, ein grosser windt, mit erscheinungen. Das Zeichen legt sich samt dem windt. Ist etlich wochen gstanden vnd weit gesehen worden.

Auch denselben tag ist ein zeichen gesehen worden (vber dem schwächhoffer weingebirg, *G.*) am Himel, gleich ainem vngrischen Flederwisch, gleich in der Farb, wie der Comet-stern.[1] *C. D. F. G. K.*

1681.

a) In dem 681 Jar, den 19. April, da sich der Tag vnd Nacht geschaiden hat, kam vnversehens im Markt zu Sabatisch ein Feuer aus, bej dem Herrn Nery Frantz, dadurch sein Hauss, (sambt allen Rossen vnd wägen), Herrn Meiden sein Hauss, etliche Nachbarn bis an vnsern hoff, alles in Feuer auffgangen. Ist durch seinem Gutscherknecht verwarlost worden, daz vnser sichelschmiedten schon an etlich ort hat angefangen zu brennen. Durch vnsere grosse bemühung aber vnd hilff der nachbarn erhalten worden. *D. E. G. K.*

b) Anno 1681, den 10. Febr. entschlieff im H. Br. Wenzl Türkh, Einkäuffer vnd D. d. N. zu Sabatisch. *D. G.*

c) In dem 81 Jar, den 4ten Aug. des Morgens ein wenig vor 6 Vhr, hat es zu Sabatisch ein Erdbiden gehabt. *C. D. F. G.*

d) In dem gemelten Tag 4ten Aug. zu Dechtiz zwei Erd-biden gehabt, der erst vmb 5 Vhr früe, der andere vmb 10 Uhr. *C. D. F. G. K.*

e) In dem 81 Jar, hat Ihr. kays. May. im April einen Landttag angestellt zu Ödenpurg,[2] der hat gewert bis in Christ-

---

[*] *D.:* 13ten Dezbr.

[1] Ueber diesen Kometstern findet sich in den Gesängen der Wiedertäufer ein (1681 gedrucktes) Lied von 12 Strophen: ,Von dem erschröcklichen vnd dergleichen niemals gesehen traurigen Cometstern, welcher gesehen wart Im 23. Dez. des 80 Jars. Im thon: Maria, Mueter vnd Helfferin.' (*G. J. X.* 10 in Gran.)

[2] Der Tökölysche Aufstand und die unter den Evangelischen, die sich ihm angeschlossen, gährende Unzufriedenheit bestimmte Leopold I., einen Landtag nach Oedenburg auf den 28. April 1681 anzuberaumen. Die

monat. Haben (da) vil wichtige sachen füergenommen, ist aber wenig drauss worden. *C. D. F. G. K.*

f) Den 13. Juny ist (I^{hr.} Excell. Herr General) Graff Esterhaissy Paul zu einem Palatinus erwelt vnd bestättigt worden zu Ödenburg. *C. D. F. G. K.*

g) In dem 81 Jar im Okt. Nov. Dez. hat die seuch zu Dechtitz vnder vnsern leuten, da irer wenig sein, zimlich seer grassirt, wie dan der (Br. Christoff Baumhauer), Hausshalter, auch mit (weib vnd kindt *C.*) auffgangen. *C. D. E. G. K.*

h) In dem 81 Jar den 13. Okt. zu Dechtiz Br. Christof Baumhauer im H. entschlaffen, (ein eifriger Br. *C.*), der sich vil vmb der gemain willen in die landten hat brauchen lassen. (War v̈ber die 60 J. seines Alters). Im Dienst des Worts hat er der Gemain 31 Jar^a mit treuen gedient. *C. D. F. G. K.*

i) In diesem 681 Jar, den 27. Novemb.^b zu Sabatisch des Palatinus Compagnj Neugeworbener Ungarn gelegen; kostet vns in Brot, wein, Bier vnd andern Zugehör sampt spondirung vil! Also hat sich das Jar geendet mit vil Müchsälligkeit, kampf vnd strait. *C. D. F. G. K.*

Evangelischen überreichten hier dem Könige eine fulminante Beschwerdeschrift über die ihnen bisher zu Theil gewordene Behandlung, mit der Bitte um Abhilfe. Allein sie erreichten nichts weiter, als die Gesetzartikel 25 und 26 vom Jahre 1681.

In dem ersteren wurde der Wiener Friedensschluss von 1606 6. August in Bezug auf die freie Religionsübung bestätigt, den exilirten Predigern freie Rückkehr gestattet und verordnet, dass die Evangelischen jene Ceremonien, die ihrer Confession widerstreiten, mitzumachen nicht verhalten sind und in ihrem Gottesdienste nicht beunruhigt werden sollen. Im Artikel 26 werden ihnen in jedem Comitate, (das nicht in türkischer Gewalt sich befinde), zwei Kirchen zum öffentlichen Gottesdienste eingeräumt, die von da an Articularkirchen hiessen. Woran die Evangelischen (und mit ihnen die Wiedertäufer, die den Artikel 26 mit für sich in Anspruch nahmen), Anstoss fanden, war der Beisatz: ,salvo tamen jure dominorum terrestrium' bei der Clausel: ,liberum religionis exercitium omnibus et ubique per regnum permittitur', ein Beisatz, der die Grundherren zu Gebietern über die Wahl der Religion ihrer Unterthanen machte. Der gegen den Artikel 25 eingelegte Protest der Evangelischen half nichts, und kaum hatten sie hie und da ihren Gottesdienst wieder eröffnet, wurde er ihnen mit Rescript vom 28. Juni 1682 untersagt und die eröffneten Kirchen zu schliessen angeordnet.

^a *C.*: 28 Jar. — ^b *C. G. K.*: 17ten October.

1682.

a) Anno 1682, den 2. Sept.,* kamen die Edelleut von den vmbliegenden stetten, Märkhten vnd Dörffern, den könig zu eeren, auffgesessen, den 23. ziehen sie nach Newstädtl, den 25. komen sie wider zuruck auf Sabatisch, den Tag auch wiederumb fort.

Durch grosses sauffen haben sie einander selbs vbel gehaut, wie auch in vnsser sichlschmiden alle Fenster eingeschlagen. *C. F. G.*

b) Den 9. Oktober kamen mermals 200 teutsche mit vil wägen vnd weibern, aber eilendts widervmb fort, one grossen schaden *C. D. F. G. K.*

c) Den 14. Oktober miessen mermals die Edlleuth insgesambt aufsitzen vnd mit ernst forth.

Den 24. kamen abermals Edlleuth von Neitra auss dem leger, den Herrn Graffen Zobor zu holen, sich on verzug auffzumachen, in's leger zu stellen.

Den 15. vnd 16. Nov. ist aber das vngrisch leger, Palatinuss Esterhassy Paul, mit allen Edelleuthen vnd seinem ganzen volck widervmb von einander zogen. *G.*

d) Den 11. Dez. A. 1682 kamen mehrmals 5 Compagnien teutscher Reiter (*D. K.:* 200 vnd widervmb 300). Ein wällischer Graff, wachtmaister, welcher den stab füeret, lag mit den sein hir, (zu Sabatisch), in der Kastel über nacht. (Ist nit ohne spendirung abgangen: *D. G. K.*) Die 4 Compagnien lagen in den Dörffern hervmb. Den 12. zogen sie nach schossberg. Wir muessten auch 2 Ross vnd wagen vorspannen. Ist vns gottlob wider heim kommen. Obgemelte 4 Companien zogen gen Angern vnd Wien zue. *G.*

e) Im 1682 Jar kriegsgelt geben, den 31. Dez. vnd durch's gantze Jar her: 122 fl. bis zum Jar .... mer geben: 166 fl. 50 ß. *C.* (Finis: Cod. *C.*)

1683.

a) 1683 den 17. Jänner kompt Herr Hauptmann Breüner (Preyer, Breuer) mit 200 Tragoner, lagen hier zu Sabatisch 2 nacht vnd 1 tag, gesteht vns abermal vil spentirung. Den 27. kompt ein (Hauptmann mit ein) Company Tragoner vom stirheimischen (Regiment), lagen in Sabatisch 1 tag vnd 2 Nacht,

* *C.:* 22. Sept.

abermal vil kost *(D. F. G. K.)*, raisten den 29ᵗᵉⁿ ab nach Pressburg zue. *G.*

b) In dissem 683 Jar, den 11. vnd 12. Febr.,ᵃ sein mermalss alle herren vnd Edlleuth auffgesessen Im Pressburger vnd Neitrer stuel, sambt Palatinuss *D. F. G. K.* Bei Seredy das gantze Leger, denen Töglischen vnd Türkhen widerstandt zu thuen *D. G. K.* General Lothringᵇ mit deutschen völckhern vor Neuheissl, in Willens einzunemmen; ist aber dissmal nichts drauss worden. Muesten vnverrichter sachen abziehen (den 24. vnd 25.).¹ *F. G.*

c) 1683 den 24. Juny hat der Türkisch kaysser durch den grossen Fessier, seinen Statthalter (Kara) Mustafa, mit einer schröcklichen macht die kaisserliche Ressidenz-Statt Wien belagert, welcher aber mit Gottes hilff, den 12. Sept. dermassen abgetrieben worden, daz ein schröcklichs guet, werckh vnd leut verblieben sein vnd nochmals bei Barkhain (Barckhan) Etlich 1000 man seiner besten verloren. Nachherwerts (sein) gleich (Etliche) füernemer Stett vnd schlösser erobert worden von Ihro Kays. Majestett. *D. F. G. K.*

d) 1683, Juli den 3. vnd 4. vnd 5. sein mermal alle Edelleut auss Ihrem leger von cinander. Inzwischen ist Wessprüm, Papa vnd Data von Türckhen vnd deckhlischenᶜ erobert vnd eingenomen worden, wie auch Raab dermalen belagert worden, wie auch in werender Zeit in Österreich, Jenseits der Thonaw biss an nacher Bruck an der Leitha, Mercklicher schaden mit brennen vnd blindern vollbracht. Ingleichen auf der vngarischen Seiten des Palathinus Güeter, mit Eissenstatt, hin vnd herwärts, biss nahent Kütze, aussgobrennt vnd verwüstet worden durch Vngarn, Türcken vnd Tattern. *D. F. G. K.*

ᵃ *D. K.:* den 11ᵗᵉⁿ vnd 12ᵗᵉⁿ Juny. — ᵇ *F.:* Luthering. — ᶜ *D.:* von türckhen, Tattern vnd Deckhelischen.

¹ Herzog Karl von Lothringen. Derselbe rückte den 3. Juni vor Neuhäusel und nahm die Vorschanzen im ersten Anlauf, ohne einen Mann zu verlieren. Am 9. Juni begann er Bresche zu schiessen und die Festung, namentlich aber die nach dem Erbauer Neuhäusels, Friedrich von Žerotin, benannte Bastion ‚Friedrichin‘ zu bombardiren, wodurch viele Gebäude in Brand gesetzt wurden. Die Belagerung aufzugeben und der gefährdeten Hauptstadt des Kaisers zu Hilfe zu eilen, nöthigte ihn jedoch der Anmarsch des Grossvezirs Kara Mustapha, der mit 180,000 Mann zur Eroberung Wiens heranrückte.

e) Im Juli, den 5. sein wir auss vnserm Hoff zu Sabatisch vnter das schloss Bränisch in vnsser leger in die Flucht
gezogen, mit vnseren lieben, weib vnd kindt.

Den 18ten kompt Betlon haissy mit 400ᵃ Vngarn, vnd
gehn vnder das Schloss Bränisch durch, vnd sein alle Herrn
Im schloss Bränisch geschazt worden. Wir Brüeder muesten
50 Par weisse Messer geben, wie auch dem Herrn im schloss
bares gelt, 50 fl., erlegen miessen. *D. E. G. K.*

Den 19. kamen 300 mit 2 Fanen gleich vnder das schloss,
4 Ross, welche weckh geschickt waren, Holz zu füeren, weckh
gonomen, aber mit grosser bit vnd vererung von 5 Par Messern
wider zurück geben. *D. F. G. K.*

f) Den 21. vnd 22ten July (1683) sein gemelte Vngarn
In Mähren gangen, Vngrisch Brodt [1] mit Mord vnd Raub vberfallen, vnd im Zuruckh-Raissen mermals in vnsern hoff 2 nacht
vnd 1 tag geblibon vnd alles verderbt, daz im geringsten nichts
mehr ist gewessen, als die lüren verderbten heusser; den 24ten
sein sie zu Dechtitz eingefallen, kamen allda von Lewär, grossen schaden gethan, Ross vnd leut mit sich gonommen, auch
vnser Müllner ainen, (ist) aber durch die bauern in Dechtitz,
welche inen widerstanden, wieder erledigt worden. Sein der
Vngern Etliche geblieben. *D. F. G. K.*

g) Den 26. (July) ist die vngarisch Salva guardj durch
die Grafenherschaft von Stamphen auss (nach) Blassenstein ab-
geschickt worden. Gleich denselben abent ist Br. (Jakob)
Kettenacker (hart gebunden vnd) vbel geschlagen worden,
vnd mit Niederhauen des Volkhs gedroht, vnd ein grosse
suma gelts von im (*G.:* vns) gefordert, (vns) vnmiglich zu
geben; aber durch gottes fiersorg vnd fierbitt gueter, Erlicher
Herrn Edelleuth abgehandlet, daz es bei 550 fl. geblieben, wie
auch ein Stuck blawes grätzisch (grätisch) tuech, wie auch
40 par Messer. *D. F. G. K.*

---

* *D. K.:* mit 100.
[1] Ueber diesen Ueberfall der Tökölyschen Freibenter und die Gräuelscenen,
die dabei verübt wurden, liegen uns umständliche Berichte vor: 1. in der
„Kronyka Uher. Brodu' (Boček-Sammlung im mähr. Landesarchive, im
Auszuge in Wolny's Kirchl. Top. III. Olmütz. Diöc. pag. 306); 2. in
„Monast. Morav.', T. III, im Raig. Archiv; 3. im „Gedenkbuch der Hrad.
Franziskaner', und 4. in d'Elvert's Zusammenstellung im XV. Bande der
Schriften der hist.-stat. Section, 1866, pag. 45—46 etr.

h) Den 29. (July) sein mermals 6000 Talbatschen [1] vnder dem schloss Bränisch vorbei (durch-) zogen vnd in Märhern gedruugen. Den 1ten Augusty besetzen 2 Capitain das schloss, nach Ihrer Ordnung; lagen bei 40 bei vns im lager, 2 nacht vnd 1 tag, den 3ten gehen sie wieder nach Strässnitz vnd Gallitz; *D. F. G. K.*, den 4 raisten obbemeldete 2 Capitain aus dem schloss Bränisch nach Gallitz vnd wardt den Luther'schen vnd Calvin'schen Ihre kirchen wider zurvck geben.[2] *G.*

i) Den 1ten Augusty ist auch der Einfall bei Weissschlössl oder Blassenstein von ihrem Läger vnd Braitenbruner kastel [3] geschehen, da vnsere Br. ir maiste sachen gehabt, ir maiste sachen geraubt samt Iren Handwerkzeug, wie auch den Essentrager vnd ein alten schuester vnd einen bader vnd schmidt nidergehaut vnd seer vil leut hart verwundt, vnss, den Brüedern, 3 Ross samt den wageu mitgenommen vnd sunsten bej 400 Stuck vich allerlei. *D. F. G. K.*

k) Den 1. Augusty kamen bei 120 Vngarn ins schloss Bränisch zur Besatzung, den gaben wir alle vnsere hüttel im schloss aus noth. Kostet wider vil bar schöue Messer. Den 8. Augusty Ist Türnauer Statt abgebrant durch vngarn vnd Türken; sein vil leut in Rauch vnd Feuer zu grundt gangen. *D. F. G. K.*

Den 12ten Augusty in Dechtitz 5 Häusser abgebrennt *(D. G.)* den 15ten vnd 16ten Augusty der gantze Hoff zu Dechtitz, (vnsser Hauss), durch Türcken vnd Tattern abgebrennt. (Bis auf's schuester-Hauss, kasten vnd schäfferstibl, ist gar wenig stehen blieben. *F.*) [1] *D. F. K.*

---

[1] Talpatschen == Iufauteristeu uder Fussvolk, Talpás, von dem magyarischen Talp = Sohle, Fuss.

[2] Diese Uebergabe geschah auf Grund des 26. Gesetzartikels vom 9. November 1681 durch königliche Commissäre, die in jedem Comitate, das nicht von Türken besetzt war, deu Evangelischeu zwei Kirchen, (Articularkirchen genannt), überwieseu. (V. Kuzmauy, Lehrb. des c. p. Kirchenrechtes, 1856.)

[3] Braitenbrun (slav. Soložnica, magyar. Szélyes Kút), ein slovakisches Dorf unterhalb der öden Burg Plassenstein.

[4] Cod. *G.* ergänzt dieses Datum also: ‚Den 15. Augustj d. j. schmiden, kohlhütten vnd dasselbige gantze gebey weckgebrennt; deu 16ten gegeu Abent Ist das Baderhauss, Schneiderhauss vnd selbig gantz gebey abbrunnen vnd wideramb zu Dechtitz die grosse stuben, haffnerhauss vnd badestädl vnd Press durch die Türken abbrennt.'

l) Den 17. Augustj ist Hanss Achholz, schmidt von Schatmansdorff, durch die Talpatschen erschossen worden. *D. F. G. K.*

m) Den 19. Augustj bringt Abraham, Hausshalter (von Lewär) alle Ihr Küehvich vnd schaf, 3 wägen, jeden mit 4 Ochsen bespannt. Den 2. guardy muesten wir geben 15 fl. gelt, vnd 3 bar perlenmueterne Messer. *D. F. K.*

n) Den 26. Augustj* (Graff) Töckhele zu Blassenstein, vnd selbiges schloss eingeraumbt; auch haben wir denselbigen tag vnsere leut vom gemeldten Blassenstein, aus irem läger, durch Töcklische* glaidt mit 40 Wägen zu vnss in das Bränische leger glücklich bracht. *D. E. G. K.*

o) Den 30. Augusty ist der Br. Jacobus Kettenacker ein D. d. E. im bränischen Läger im Herrn entschlaffen. Sein Alter ist 63 Jar, Im Dienst des W. ist er gestanden 32 Jahr. *D. E. G. K.*

p) Den 31ᵗᵉⁿ (Augusty) muesten wir (abermals *K.*) (im bränischen Leger) strafgelt geben, ohne einiger ᶜ vrsach, 12 fl., 3 bar schöne messer, vnd ain rothe hauben vmb 2 fl. 50 ₰., wegen wein ausgeben. *D. F. G. K.*

q) Im September, den 7ᵗᵉⁿ, Kamen Ettliche Fändl Vngarn vnd Türken Vber's Gebürg gen Senitz vnd Gallitz, (den Gallitzern zu Hilff. *G.*) *D. G. K.* Andere kamen durch den Förnwaldt, namen der Senitzer vnd Tschaitžower ¹ Ihr Herdvich, auch Ross, weck. *G.* Den 9. Sept. kamen sie, (die Türcken vnd Tattern),ᵈ von Gallitz wider zuruck *(D. F. G. K.)*, vnd namen vil leut auf der Bränischen Herrschaft ᵉ hinweckh, (was sie antraffen). *D. F. K.*

Den 10. (Sept.) muesten wir einen wagen geben mit 4 Rossen auf Gallitz, güeter vnd wein abholen, item namen die Türcken vil leit nachmittag bej Tschaisskowo, ¹ hin vnd her auf den Dörffern auch viel leut weg. Den 12. kommt Herr Kässky, gar spät, mit den weinen von Gallitz. *G.*

ᵃ *F.:* 12ᵗᵉⁿ Augustj. — ᵇ *D. G.:* Fürstliche. — ᶜ *F.:* ainerlej. — ᵈ *D.:* Türken vnd Ungarn. — ᵉ *D.:* auf den Dörffern vmb Sabatisch.

¹ Tschaitzowe, Tschaisskowe = Čáčov (magyar. Csacsó), Pfarrdorf mit 890 katholischen und evangelischen Einwohnern und mehreren Edelhöfen, ¹/₂ Stunde südöstlich von Senitz gelegen.

r) Den 12. Sept. kamen die Vngern aus Mähren zuruck, bringen 300 stück ͣ vich herüber. *D. F. G. K.* Den 13ᵗᵉⁿ kompt Herr Capithain Lantzj Istwan. Die Arme geht zuruck über's gebürg. *G.*

s) Den 16. diss schickten wir mermals vmb das ᵗbrig zeug (*F. G.:* auffs weissen schlössl), sein Etlich tag mit etlichen wägen die Furleut dorten verblieben, muesten lär komen. Wir muesten sie denoch bezahlen. *F.* Am 17. fällt das Weissschlössl widervmb, halten vnsere wägen mit allem auf. Kamen den 30ᵗᵉⁿ von Blassenstein lär heim. *G.*

t) Den 20. fällt Gallitz wider ab. Lissen die Vngern weckh auss der Stadt, kamen mit sack vnd pack zum schloss Bränisch (*F. G.*), Sylische Johann mit seiner Company. *G.* Den 21. (Sept.) gehn die Vngern (vnd Ir Herr Capitain Lantzi Istvan *G.*) mit sack vnd pack, zu Ross vnd Fuess, auss dem schloss Bränisch. *D. F. G. K.*

u) Item diss gemelten tag 21. Septb. brennen die Mährischen bauern die Gallitzer Vorstatt ab, samt ettlichen Dörffern, Gopschäner Mairhoff vnd stadl. *D. E. G. K.*

v) Den 24. kompt General Thiebenthal [1] mit 3000 vnd 500 zu ross vnd Fuess.

Ist gantz Sabatisch erfilt, die Kastel, der Markh vnd hoff. Den 25ᵗᵉⁿ schätzt Herr Generall Thiebenthal vnsere ganze herrschaft vmb 150 Taler.ᵇ Im ist geben worden: 4 Ochsen vnd 15 Eimer wein, vil 100 Laib brodt gen Sabatisch, ohne das, was auf den General-Tisch ist auffgangen, auf die Taffel, auch 2 Fass Bier, vnd hat vns auch nicht wenig gstanden in spendirung. *D. F. G. K.*

w) Den 25. vmb hohen mittag kamen wider (die) 2 Capithani (*G.:* Selische Jánosch vnd der Cabalan) mit den Bressoweer [2] Bawern vnd namen das schloss (Bränisch *D.*) mit Gewalt an sich (*D. F. K. G.*) den Herrn Schünder Georg, Burggraffen, namen sie (den 27. *G.*) in Arrest. *F. G. K.*

ͣ *F. G.:* gar vil 100 stück. — ᵇ *D.:* 550, *G.:* 450 Taler.

[1] Obrist Freiherr von Dippenthal, während der Belagerung von Wien durch die Türken Commandant der Landesvertheidigung von Mähren, deren er den 24. November 1683 enthoben wurde, um in Ungarn verwendet zu werden.

[2] Bressoweer, Bewohner des evangelischen Marktortes Březová, 1½ Stunden östlich von Senitz.

x) Den 26. kompt Herr Capithain Lantzi Istwan, auch Silische Janosch, von Holitsch, ist dort ainer tödtlich verwundet worden, auch wurden Ettliche Catolische Pfarrer arrestirt im schloss. Den 27. nimt Herr Capithain Lantzi 2 reiter, Herrn Georgisch Teschäntzki vnd Schänder Georg, Burggraffen, mit in's lager. *G.* Den 29. kamen die Hayduckhen widervmb in's schloss. *D. F. G.*

y) Den 30. September hat man das Bauernvolkh vnderm schloss Bränisch, vil 100 Mann, gemustert im wiesengrundt. Auch kamen an diesem Tag vnsere leut von (scharffen-[1] vnd) Blassenstein. Haben ihr übrig sachen müessen In stich lassen, vnd mit lären händen komen *(D. G. K.),* dennoch die fuhrleit bezahlen. *G. K.*

z) In October den 3ten raisten die Vngarn auss dem Schloss (Bränisch) *F. G.* Den 4. bringens vil vich: habens (bej Gallicz hervmb) dem Bauernvolckh, (den Mogrohainern *G.*),[2] weggenommen; haben auch Etliche gebunden mitbracht *F. G.* Den 6. October komt wider Capithain Lanczi mit vil fürnemen leuth *G.,* den 7. October wider ein Capithän mit 2 Compagnien Reiter; nachmittag geh'n sie auss dem schloss *(D. G. K.),* samt den bawern *(D. G.);* den 8. sein Sy mermal auf Sabatisch, haben 3 Crowathen gefangen, den 9. bringen Sy mermal einen verwundeten Crowathen *G.* Den 10. October geh'n die vngern mit 1 Fanen zu Fuess vnd 3 zu Ross (aus dem Schloss Bränisch), namen (den Herrn ire kutschen wegh, in vnserem leger *G.*), was inen gefallen. *D. F. G. K.*

aa) In diesem 1683 Jar, den 1. November, sein wir lewärer Br. vom Bränisch vnd Blassensteiner schloss wider haim In vnsser, (nit vom Feindt, sondern von vnseren stieffbrüedern,) geblündertes Hauss eingezogen *(D. F. G. K.),* haben dahaim, da wir in die Flucht gozuegen sein, verlassen: sechshalb muth

---

[1] Scharffenstein, magyar. Eleskö, jetzt eine Burgruine im weissen Gebirge, unweit von Sandorf, einst der Mittelpunkt der gleichnamigen Herrschaft, zu welcher St. Johann, St. Georg, St. Peter, Kuklo, Sekula und mehrere andere Dörfer gehörten. Anno 1683 gehörte sie zum grossen Theile der reichen Familie der Czobor.

[2] Mogrohainer, Bewohner des bei Skalitz liegenden Dorfes Mokry háj (Nassenhain).

Mehl, vnd 1½ Mueth kleibeu, 20 stückel Sauvich, vnd 1 Ross.
So sein etlich stieffbrüeder dahaim blieben, haben alles ver-
thon. Was sie nit haben kennen verprassen vnd versauffen,
haben sie verkaufft vnd ein schönes gelt bekomen, den armen
aber gestolen, Nit einmahl daran gedacht, daz wir einen so
erschröcklichen schaden haben erlitten! wie den schon ein tail
hingefahren, mit schröcken ein endt genommen. Gott sey ir
belohner vnd vergelter. *D. F. K.*

Da wir doch ein gross guet weckh auf Blassenstein vnd
Bränisch gefiert haben, aber gar wenig mehr zu Hauss bracht,
So haben wir wider gedacht anfangen zu hausen, In Hoffnung,
vnsere Herrschafft wirt auch mitleidig sein mit vns armen leuten,
vnd nit so vil von vns armen Handwerckhsleuten hinaus nemen,
habens aber nit erfaren.[1]

Über das in den 2 Monaten November vnd Dezember die
vnablässigen Züg, daz gantze Regimenter im Markh gelegen.
Hat vns arme leit die 2 monat kost: 200 + 61 fr. *D. F. G. K.*

Also hat sich das Jahr 1683 geendet, mit vil Jammer,
schröckhen, Angst, Ellendt, Noth vnd todt, (auch mit verderbung
von landt vnd reich *F.*), daz vil vnd offt ein ansehen hat ghabt,
als wen alles solt zu grundt gehen. (Etliche, nit wenig kinder
vnd alte leit, sehr erkrankht vnd mit todt abgangen. *G.*)

Was nit in raub Ist dahin gegangen, Ist man anderwerths
darvmb komen. Also ist die Gemain abermals in die Eüsserste
armueth gerathen vnd komen; den man der gärten vnd Feld-
früecht wenig geniessen kundt!

Es ist vnmöglich alles zu beschreiben, wie es sich jedes
vnd alles verloffen hat. Nur auff vnsere nachkommen ein wenig
zue berichten eintragen. *D. F. K.*

Absonderlich ist sonst ein guetes Jar gewessen. In schwär
trädt, haber, gersten, obst vnd wein Alles wol gerathen.
Der Metzen Khorn zu: 50 ₰., der Metzen Waitz zu: 13
vnd 14 groschen, gersten zu: 6, haber zu: 4 groschen, kochel-
speiss: in gar ein leicht gelt. Der Wein: der Eimer zu 14

---

[1] Wohl aber erhielten sie von ihrer Grundherrschaft (zu Lewar) einen
Zinsnachlass von 100 fl., in Anbetracht der 1683 durch Heresenyi erlittenen Drangsale, der sie presste und sogar auf seine Güter translociren
wollte, auch einige gefangen wegführen liess. (Supplikabescheid in
Lewar.)

vnd 15 schilling vnd so köstlicher Wein, daz in vil Jaren kein
solcher gewachsen ist. Haben heuer so schön trädt im Felt
samt der Sommerfrucht ghabt. Ist durch vnser Nachbarn fill,
das mäste tail, aussgesäet worden. *G.*

1684.

a) Ao. 1684, den 15. January : Br. Hanns Lang, Kelner
vnd Diener der N. zu Levär im H. entschlaffen. *D. F. G. K.*

b) Den 17. (January) kompt Hauptman Breüner (*D.:*
Breüer) mit 200 Tragonern (aus Mähren) auf Sabatisch, lagen
(da) bis 19, (der Hauptmann mit 100 Man in Markt). Kostet
vns abermals etliche Gulden. Im January kamen (auch) zu Lewär die völckher (*G.:*
Soldaten) in die Quartire, muesten (inen) alle Monat 40 fl.
geben. Blieben biss in die 5 Monat, muessen 200 fl. geben
ohne andern sachen.

Den 28. April ist ein Obrister-Leutenant bej vns im hoff
in die 3 Tag gelegen, kost vns 25 fl.; den 2. Mai kompt ein
Rittmeister auf Sabatisch mit 50 Crowathen, bleibt in Hoff
liegen über nacht, kostet vns etliche Gulden.

Den 24. Mai brechen die heissterischen Tragoner hier,
zu Sabatisch, auff, die im Quartier gelegen sein. Den 2. (Juny)
gehn zwo Regiment zu Senitz durch, (über den weissen Berg,)
Kostet vns etlich par schöne Messer. Den 3. Juny kompt das
Rabatische Regiment. Der stab bleibt bei vns über nacht,
stundt vns vil. *D. F. G. K.*

Den 4ten gehen sy dem weissen Berg zue. Ging ohne
spendirung nit ab. *G.*

c) Im 1684, den 14. Juny, Ist der Br. Tobias Braindl, ein
alter Diener d. E. zu Sabatisch im Herrn entschlaffen. *D. F.
G. K.* Im Dienst des W. ist er gestanden 26 Jar, seines Alters :
77 Jar. *G.*

d) Item den 18. Juny 1684 sein 7000 Polläcken zu Lewär
durchgangen, haben Salva quardi in hoff gehabt. Kost vnss
30 fl. *D. F. G. K.*, den 16. July kombt ein Reg. Tragoner von
Rohaitz herüber.

Ihr Marsch war gehn Presspurg, gstandt vnssre leit zu
St. Johannj vnd Lewär nit wenig *G.*, den 29ten kamen 3 Regimenter, General Caraffy mit den seinen in die Kastel Sabatisch; Tragoner *(D. F. G. K.)*, vnd gehen in die Zobórische

Herrschafft, alsdan ziehen sie übern pass bei Rohnitz. [1] *G.*
Kostet vns abermal vil. *D. F. K.* Den 1. Novembris kompt
1 Rittmaister mit seiner Companie, bleibt vber nacht. Kostet
vns 10 par schöner Messer, (ohne Hafnergschir vnd was in
Wein vnd andern ist auffgangen) *D. F. G. K.;* den 2. diss
kompt von den gontelischen [2] ein Rittmäster, bleibt mit etlichen
Reitern bis in den 11., kostet vns 15 par schöne messer, ohne
hoffnergschir. *G.*

e) In dissem 1684 Jar, den 15. November, Ist der Br.
Andreas Kuhn, ein D. d. E. zu Sabatisch im H. entschlaffen.
D. F. G. K.

f) In dissen 1684 haben wir Br. dem Herrn Obristen
Heisster zu Sabatisch in grosser Eil für sein Winterquartier
müessen geben: baargelt 300 fl., (ohne Messer, Haffnergeschir
vnd anderer spendirung; muesten kupfer, schmalz etc. zu gelt
machen, daz doch vnsere arme leuth grossen Mangel an dem
lieben brot g'habt haben; dan das gerät in ein hochen gelt
war, dennoch hat vns der liebe Gott ein ausskomen gemacht.)
D. F. G. K. Hat auch vnsere Leuth zu Lewär diss Jahr mit
der Völcker auf vnd abziehen vnd winterquartier fil gstanden. *G.*
1685.

a) 1685 den 18. Aug. sein die Türkhen bej Gran abermal geschlagen worden; den 19. Aug. Neuhoissl mit sturmender Hant erobert, alle Türken darin nidergehaut vnd vil Christen,
gefangene, drin ledig worden. *D. F. G. K.*

b) Item September, den 3ten, kompt her ein Regiments
Quartier-Mäster mit karilffischen Regruthen. Muesten 6 (*D.:* 3)
fr., 5 par schöne Messer (vnd Haffnergeschir für 3 fr.) geben
in Sabatisch.

Den 31. Oktober ist des Markhgraffen von Baden (Regiment) zu Fuss vnd Ross komen auff Sabatisch; bliben auf
vnser wisen, (auf des walners wison *G.*), vber nacht. Kostet
vns 10 par schöne Messer, (2 schöne löffl), etliche Gulden,
Essen vnd Trinken. Ging vil auf alten wein, (die Flaschen zu
füllen,) die Halbe zu 14 ꝕ., (1 fr. gelt der quardy, ohne
Haffnergschirr.) Da die Badischen wekgangen, so kompt (der)
Herzog von Lüneburg mit Etlichen 1000 Mann in die Herrschafft

---

[1] Rohaitz = Rohatec an der March in Mähren, nordöstlich von Göding.
[2] Gontelischen, vom Regimente Gondola.

(Bränisch); lagen (da) biss 25ᵗᵉⁿ, diss kostet vns auch vil. *D. F. G. K.* Theten vil schaden mit grueben-auslären. *D. G.*
c) In dem 1685 Jar traff grosse Trüebsal die Lewärer gmain. Erstlich von vnsern Herrn Graffen Uhlrich. Nimpt vns 10 Eimer wein auss dem keller, hat vns selbst kost 36 fr. 60 ♌. Vor dissem etlichmal gestrafft, daz wir wein aussgaben. Den 28. January hat er vns 2 wägen, 3 Egen, 3 pflueg, Joch vnd was dazu gehört, weckgenomen; ist Ꝟber 40 fr. Den 21. diss, biss auf den 25. (27.) Febr. hat er 15 Fuhren Hou auss der hütten gnomen, (so erschröcklich aufgeladen, das zu erbarmen ist gewesen anzuschauen). Ist kein Hilff nindert gewesen, haben mit schweren hertzen vnd nassen augen miessen zuschen, vnd gott vnsere not klagen. Über das alles, wo nur Soldaten sein komen, haben wir miessen vorspan geben.

Die Nachbarschaft ist starkh auf vns zogen, weil sie geschen, das mir Nindert keine Hilff nit haben. So sein vnsere Ochsen ganz verderbt worden. Die Obrigkeit hat bej vns (den Handwerksleuten *D.*) Ꝟbernatürlich hinausgnomen. Wen man es nit gschwindt geben hat, (haben sie) thürn vnd fenster eingeschlagen, bej schuester vnd schneider selbs genommen. (Hat nichts geholfen, kein guets wort.) Die ander obrigkeit hat auch wollen das Irig haben, Hauss-Zins, der schon versossen ist gewesen; hat antroffen achthalb 100 fr. Weil wir nun geschen, daz es mit vnsser wirthschaft Nimer angeth, vnd wir nit bestehen können, wegen mangel an leuten, (vnd so vil robot vnd grossen Hausszins,) Also ist der Obrigkeit daz vich an der schuld antragen worden! Ist vil red vnd widerred darum geschehen. Entlich hat sie es angenommen, aber nit mit vnssern nutzen, sondern wie es Inen gofallen hat, Ochsen (7) vnd 1 stier jedes vmb 10 fr., küoh (10), jede vmb 8 fr., schaaf sein gewesen 80, jedes vmb 1 fr.; zerbrochene glockhen vnd etwas kupffergeschirr verkaufft, macht 70 fr. *D. F. G. K.*

d) In dissem 685 Jar ist ein Ellendt Ꝟber das andere komen. Jeneral Tuff sein Obrister leitnambt, Ist im Markht gelegen, ein Adjuthant mit 2 Knechten vnd Rossen bej uns im Hoff, den gantzen winter. Hat vns vil kost. Haben in 7 Monaten 800 fr. bar gelt geben müessen, ohne die spendirung. *D. F. G. K.*

Den 26. October sein Völkher im Hoff Ꝟber nacht gelegen; hat vns 11 fr. 80 ♌. kost.

Den 27. Octob. sein 2 Regimenter Lüneburger biss in 2 tag hier gelegen, bar gelt in müessen geben 60 fr., Essen vnd Trinken hat vns kost: 54 fr., trifft 114 fr., haben dennoch geplindert nach irem gefallen. Zu dem allen hat sich kein Br. dürffen sehen lassen. *D. F. G. K.*

Den 1. November sein die Fränkischen bej vns gelegen. Hat vns kost: 18 fr.

Die Zug- vnd Monatsgelter haben vnss kost In dissem 1685 vnd 1686 jar im baarem gelt zu Lewär: 1037 fr. ohne spendirung. Also hat vns die höchste Noth gedruckht, daz wir der obrigkait haben haim gesagt: schenk, äcker, wisen vnd ein andern contrackht gemacht, daz ein Jeder für sich zahlen soll!!!![1]

So hat sich das 1685 Jar geendet mit vill erschröcklichen Beschwerungen vnd lasten. Gott verleih es künftig besser. *D. F. G. K.*

1686.

a) Den 15. Febr. hat man den Geörg Geyssy, (dazumal) Schulmäster in Siebenbürgen, zu Sabatisch zu einem Leerer (Diener d. W.) erwelt vnd in Dienst d. E. bestättigt, ob er gleich nit persönlich oder leiblich zugegen war; dan es damall vnmüglich zu raisen war, vnd sie ohne ein leerer gewesen sind. *D. F. G. K.*

b) In disem 1686 Ist Br. Johannes Hilscher, Ein D. d. E. zu Sabatisch im H. entschlaffen, *D. F. G. K.*, seines Alters 71 Jar. Im D. d. W. ist er gestanden 31 Jahr. *G.*

---

[1] ,Abermahls ein Riss in dem fürtrefflichen werck der vollkomenen Liebe vnd Gemainschaft aller Frommen'; eine Abweichung von der Grundsatzung der Gemeinde, ,die gemeinschaft zu halten und zwar nicht allein im geistlichen, sondern auch im zeitlichen'. Zu beweisen, dass auch die Gemeinschaft der zeitlichen Güter ,eine leer des Neuen Testaments sey, die von allen gläubigen erfordert werde', war Gegenstand zahlreicher Rechtfertigungsschriften der mährischen Täufer gegen die Angriffe anderer Wiedertäufer (z. B. der Schweizer Brüder), die das Sondereigenthum vertraten. So lange die Brüder an den Satzungen ihrer Väter — ,allen pforten der helle zu trotz' — festhielten, wuchs die Kraft und der Wohlstand der Gemeinde, so dass sie ,zu unterschiedlichen Zeiten 20 vnd mer Hausshaltungen hatten, manichmal an einem ort 3. 4. auch 600 Personen in ainer Haussbaltung bei einander wonten, vnzerbrochen in gueter ordnung'. Eigennutz, Geiz, Widerspänstigkeit und die leidige Noth lockerten auch hierin die Disciplin und führten allmälig den Verfall der Gemeinde herbei.

c) Im 1686 J., den 7. April vmb 7 Vhr nachmittag, hat der Oberstleitnand, der den winter bey vns zu Sabatisch in quartir gelegen (den) Bürschin Sigmundt, statthauptman zu Galitz, todt geschossen. Er aber, Oberstleitnand, ist selb 5ter todt g'schlagen worden von den gmain Stadtleithen vnder dem thor. *G.*

d) Im Mai den 18. kamen 2 kompany schwäbischer kraissvölckher, bis in den 20ten in markh gelegen; haben zimlichen schaden gethan; hat vns bej 6 Metzen Habern, 5 par schöne Messer, bar gelt: 4 fr. kost, mer 1 Metzen haber, 3 par messer *G.;* den 20. Maj kompt das Badische Regement auf Sabatisch, lagen auf vnser wisen, haben vil par schöne messer miessen geben, bar gelt 15 fr., wein: nach ihren gefallen. *D. F. G. K.* (Den 22. gehen sie weiter *G.*); den 21. komen die 2 kompany wider von Borowfske [1] zu vns, bleiben in der Kastel, biss in den 25ten diss, kosten vns vil. *G.* Den 23. diss gehn die Granatierer auch von vns, die ir winterquartier bej vns haten, haben vns zulezt grossen schröckhen gemacht, Br. Johannes Riegker geschlagen, Etlich Br. in Arrest gnomen, daz alles hat müessen aus dem Hoff entlauffen. Hat vil par schöne messer (vnd wein, nach irem gfallen), gstanden, daz der Zorn wider ist gestillt worden. Haben müessen fürspann vmbs gelt aufnemen. (Vnsser Ross, sambt dem Bauer sein, ist ausbliben. Haben dem Bauer 18 fr. vmb seins geben, Rossgeschirr samt Sattl guet machen müessen, hat auch 4 fr. antroffen.) Hat vns in allem Vber die 30 fr. (*G.:* 23) gestanden. *D. E. G. K.* Den 26ten gehen die bairischen [2] Völker, die zu Senitz durch den Winter gelegen sein, durch, Neustättl zue; den 30ten kamen die Lüneburgischen Fürsten mit 6000 zu Ross bej Senitz an. Hat vns nit wenig gestanden. Den 13. Juni der andere Lüneburgische Herzog gen Senitz mit sein völckhern. Den 14. gehn Sy dem weissen berg zue. Den 14. komen 6 kompany kundelischer, Herr Graf Strutz, Oberster wachtmüster, auf Senitz. Kostet vns 2 Eimer Rothen Wein ohne 9 halbj gueten weissen wein, 10 ʗ Kalbfleisch, 45 ß. Brot, Hüner, 9 Par messer, wagenrath. *G.*

---

[1] Borovce (Bory), Dorf bei Pystián, an der von Tyrnau gegen Neustadtl führenden Strasse.

[2] Bairische Kriegsvölker, die der Kurfürst Max, mit den kaiserlichen Truppen vereint, gegen die Türken führte.

e) Im 1686 Jar, den 2. Sept., hat Ihro Kays. May., sampt der Reichsvölkher hilff, die alte vnd woll berümbte königliche vngarische Residenz-Statt Ofen mit sturmender handt erobert, vil 1000 türkhen darin nidergehaut. Lagen davor 3 Monate, Juny, July, August. Sie war in Türkenhandt 146 Jar. Sein etlich könig davor zuogen, aber nichts ausgericht. *D. F. K.*

f) November, den 2ten kompt das (Carl) palfische Regiment auf Sabatisch, (den 4ten geh'n sie wider, Kostet vns 15 (13) Par schöne Messer, ohne andere spendirung. Wein, Brot, Fleisch vil aufgangen. *D. F. G. K.*

1687.

a) A. 1687, den 14. Mai (*F.:* 7. Mai), sein zu Sabatisch 7000 Moscetierer durchgangen. (Ging ohne spendirung nit hin); den 24. diss Ist das badische Regement durchgangen zu Ross vnd Fuess. (Die Offizier halten bej vnss Mittagsmal *G.*), hat vns bar gelt 17 fr. gstanden, ohne Messer vnd Haffnergschirr, (Wein, Brot, Haber, Fleisch. Der Wein war in hohen gelt). Den 26. sein mermal Heissterschc Regroten (Völkher) durchgangen. Muesten 6 par schöne Messer geben. Den 6. Juny (Heissterschc teutsche) Völckher durchgangen, bej Senitz (vnd Tschaisskowe) Nachtlager gehabt, den wir auch Messer vnd 1 Eimer wein geben muesten, ohne was sunst auffgangen. Item lag ein Oberster wachtmeister sambt seiner Frau bej vns (vber nacht) im hoff (zu Sabatisch, raisten nach Johannj auf Drössing zu). Ist vil aufgangen. Den 13. diss kamen die Truchsaissschen völkher, Regrothen 260 Man; der Rittmaister lag bej vns im hoff, in vnsern Stübl (zu Sabatisch) 2 nacht vnd tag, muesten im geben 12 par Messer, 4 Metzen Haber, den Metzen zu 22 gr., ohne was an wein abspeissung ist auffgangen. *D. F. G. K.* (Den 14. abgemaschirt nach Guetwasser. *G.*)

An demselben tag kamen die Mägischen [1] Regrothen, Tragoner, (lagen 2 nacht vnd 1 Tag.) Kostet vns 18 par Messer, 6 Metzen Haber, 3 Eimer wein, 40 laib brot, ohne was sie sunst getrunken vnd gespaist, auch geschirr für etliche Gulden. *D. F. G. K.* Den 26ten diss, kammen 300 Fuessgenger, den muesten wir 6 par weisse messer geben, wein 6 halbe. *D. G.*

Den 5. July (*F.:* 26. Juny) kamen 2 Companien Fuessvolckh (auf Sabatisch), Obristwachtmäster vnd 1 Hauptmann

---

[1] Meggau'sches Regiment.

zu vns in's Stibl, (das gantze volkh in Hoff); muest vnser
Kellner geben 4 Eimer in vössl, (2 im hoff austrunkhen, 2 Eimer
mitgenomen *D.*,) (v̈berdiss noch zween Eimer aussgsoffen,
hoffnergeschirr für 8 fr., weiss berlemuternj 4 par messer),
6 halbj Salz (auf den weg, zu 2 gr.), brot in allen 30 Laib.
D. F. G. K.
   b) Anno 1687. Br. Johannes Vrlab genommen zu L. W.
von der gemain, den 6. Augusti. *M. S.*
   c) Im 1687 J. den 8. Augustj, zu Abent vmb 10 Vhr,
Ist des lieb Br. Johannes Riegker, ein Diener des Euang.
vnd Vorstcher der gantzen gemain Gottes, mit gueten Verstandt,
im Frieden zu Sabatisch im Herrn entschlaffen. Die gemain
des Herrn hat er geregieret: 25 Jahr, soines Alters ist er gewesen 72 Jahr, im Dienst ist er gestanden 38 (*C.:* 39) Jar.
(Ist im vill kummerniss in seiner Regierung zu Handen gestossen.
G.) *D. F. G. K.*
   Als nun der liebe Gott den Br. Johannes Riegker [1] hat
hingenomen, so hat die Stell iniessen wider ersetzt werden.
   So haben sich die Br. des Worts, Diener der N. vnd
sunst mehr vertraute Br. zu Sabatisch in hoher Forcht gottes
versamlet. *D. F. G. K.* Den 19. kombt der Br. Caspar sambt
Darius Koller vnd allen fürgestellten: von Lewär, von Trenchin, die Dechtitzer, Kesselsdorfer, Schatmansdorffer, Johanisser
Brüeder, wo noch die vnsserigen versamlet waren, hin auf die
versamlung vnd haben sich in hoher Forcht gottes mit einander
vnterredt. *G.*
   So ist durch ain ainhellige erkandtnuss 1686, den 20. Augusty dem Br. Johannes Milter (Milder) der Dienst beuolhen

---

[1] ,An dissen thut auch g'langen — zu seiner Regierungszeit, Vill kommer,
angst vnd zwange, — durch villen krieg berait, so sich hat than verlauffen,
— durch List der alten Schlang, die vns hat wellen verjagen, — doch
hat Gott beistandt than. Als sich seine Zeit thet nahen, — als er ausgehen solt, auss disen Jamer-Tale, — die Brüeder bruft er balt, Tat sie
hertzlich vermanen, — erklärt sich gegen (sie), dass sie auch Sorge
tragen — woll fier die gmain des Herrn.' (,Väterlieds' Fortsetzung.)
   Caspar Eglauch bemerkt in seiner Chronik *(C.)* bei seinem Namen:
,Ist im in den 25 Jaren vil trüebsälliger Zeit zur Handt gestossen. Erstlich der Tatterkrieg, zum andern: daz gross wasser, ist auch vast der
halbe hoff zu grundt gangen, vnd was yetzt der krieg wider, der 1683
ist fürgangen, daz wir noch nit wissen, was er für ein endt wirt
bringen.' *C.*

vnd aufgeladen worden, als ein hirt vnd Bischoff für die gemain Sorge zu tragen (vnd) sein Fleiss zu erzeigen. *D. F. G. K.*

d) In dissem 687 Jar, den 9ten Dezember, sein Ihro Erzherzogl. Durchlaucht Printz Josephus auf dem Landtag zu Presspurg zum vngerischen könig gekrönt worden. *D. F. G. K.* Gott der Allmächtige geb im glück vnd segen, daz wir vnder seinem schutz möchten erhalten werden. *D. F. K.*

e) Den 30ten (Dezemb.) kompt die kaisserliche Artolerie auff Sabatisch, 160 Man, 2 Nächt 1 Tag, gesteht vns: 14 fr. *D. F. G. K.*

f) In dissen 687 Jar Ist der Lewärer Gmain auff Zug vnd Monatsgelter auffgangen 81 fr., ohne spendirung. *D. F. G. K.*

1688.

a) A. 1688, den 28. Märtz, zu Abent zwischen 3 vnd 4 Vhr, ist der liebe Br. Johannes Milter, ein D. d. E. vnd Vorsteher der Gemain gottes, zu Sabatisch im H. entschlaffen. Die Gemain hat er nit gar geregiert 33 wochen; sein Alter im 60 Jar, im D. d. W. hat er gedient 28 Jar.

In dem 688 Jar, den 3. May, kamen alle vertrauten Br. her auff Sabatisch zur Versamlung, (vnd) die weil damal nit mehr als zween Br. des worts waren, Br. Caspar Eglauch vnd Tobias Bersch, vnd 3 Diener der N., So ist durch die ainstim vnd zeugnuss, 1688 den 6. May, dem Br. Caspar Eglauch von den versameltn Br. die gemain beuolhen vnd aufgeladen worden als ein hirt vnd bischoff für sie zu sorgen. Item den 6. May 3 Br. vnd Diener des worts erwelt vnd in die versuechung gestellt (zu Sabatisch) als: Abraham Dambeckh, Hausshalter zu Sabatisch, Mathias Helm, sichelschmidt, Jonas Roth, klingenschmidt, beide von Lewär. Dissen gemelten tag, den 6. May: 7 Br. in Dienst d. N. erwelt vnd zu Sabatisch der gemain fürgestelt: Jacob Schmidt, fürgestelter Bader; Jacob Nutz, Messerer; Lorenz Scheterle, alle 3 von Sabatisch; Darius Koller, fürgestellter schneider von Lewär; Andreas Kuehn, fürgestelter schneider von Johannj; Johannes Horn, schuester von Kesselsdorf; Johannes Türckh, schuester von Dechtitz. *D. F. G. K.*

b) In dissem 1688 Jar, den 17. July nach Mittag, sind in einer stundt zu St. Johanny 2 erschröckliche wetter komen, das erste mit grossen stainwerffen, wie grosse Nossen, vnd erschröcklichem Donner vnd blitzen, Ist weiss, voll stain, im hoff Markt vnd Felt gelegen, daz vil Flügel vnd Hasen erschlagen hat. Das andere wetter, mit erschröcklichen Sturmwindt, blitz, vnd grossen Regen vnd Donner, hat vnsseren leiten im hoff vnd in der kastel vast alle Fenster eingeschlagen, die heisser verderbt (vnd im kastel auch grossen Schaden gethan). Im felt: was noch in felt vnd gärten war, (Haber, Gerste, Hanff etc.) auf vil meil wegs alles verderbt. (Ein Tail arme leit gar nichts im Felt bekamen.) Vnd ist so schön gestanden, daz nit besser zu wünschen war! *D. F. G. K.*

c) In dissem 688 Jar Ist in vnsser Lewärer Gmain ein grosser Marchstain veruckht worden.

Nachdem Leopolt Colonitsch, Cardinal, disser Zeit gerhabschaffter auf dem gut war, ist er selbs bej vns im hoff gewesen, (vns) auch angedeut wegen des kindttauffs. Ist noch ein weil still bliben. Nach dieser (Zeit) ist ein ernstlicher bevelch komen, vns vorgelesen worden! Wir es aber abgeschlagen. (Ist aber noch ein weil still gewesen). Nachdem ist widervmb ein bevelch komen. Wir aber sein auf vnsern Sinn bliben, (wir können es nit thun. *G.*) Nachdem ist wider ein ernstlich bevelch kommen vnd geboten worden, bey hoher geltstraff, daz kein kindt soll sterben, ohne der tauff. Ist auff der kanzl gemeldt worden: Es soll Mäniglich achtung geben, wenn ein bruederisch kindt stirbt ohne den tauff, vnd wer solches anmeldt, gelt anboten zu geben.[1] Vnser gspan, Görg Hertlowitsch (Hartluwich) ist ein guettes werckhzeug darzuo gwesen, auch mit namen genennt: ain Ödler (*C. G.*: Edler), auch etliche bei vns im hoff, die ire Kindter gern vnd willig haben tauffen lassen. Wir halten sie auch für vnsere Brüeder vnd schwestern! So haben die besodelten stiefbrüeder auch starkh drauff druckht, weil sie gesehen haben, daz ain tail nit welle angehn; haben schon brandtmal in iren gewissen empfunden, (der han im hertzen hat schon zu krähen angefangen vnd das herz zu zabeln,) daz sie nit recht dran sein, welches bej Gott ein schwere verantwortung sein wirt,

---

[1] ‚Temporibus piae memoriae Cardinalis à Kolonics Levardinii Anabaptistae Ecclesiam catholicam frequentare et conciones audire debuisse et tamen in secta sua perseverasse testantur seniores conversorum a. 1763.' (Bericht des Pressburger Vicegespanns Takats vom 17. März 1763 im ungarischen Statthaltereiarchiv.)

die so muetwilig hindan geh'n. So wir, die noch ein onwillen vnd gräul daran gehabt, vns seer bemüet bey der obrigkait, schriftlich vnd mündlich eingeben: wollen gern Hauss vnd hoff verlassen! Das haben sie gar nit wellen haben. Hat nun sein müessen! Wie dan vnsere stiefbrüeder Einer gar auff Wien mit seinen kindern ist, den Cardinal[1] zu ainem Gvater anzurueffen; vielleicht ghofft in der welt in gross ansehen zu komen. Der ist aber schon mit seiner pracht vnd gotlosigkeit hingefahren vnd Gott wird sein Belohner sein. Der weiss alles vnd sieht alles. *D. F. G. K.*

d) Anno 1688 hat Herr Georg von Illesházy vnseren Bruederhof zu Zoblhoff, den die Brüeder, armuthshalber, verlassen mussten, eingezogen vnd dem Emer. Jankovitsch verliehen. (Dubnicer Archiv.)

e) In disem 1688 Jar die Lewärer Gemain (an) Zug vnd Monatgelt geben, an 180 fr. *D. F. G. K.*

1689.

a) Anno 1689, den 15. Merz, sintd 3 Br. als: Abrah. Dambeck, Mathias Helm, Jonas Roth mit Auflegen der Eltesten Hendt im D. d. E. zu Sabatisch bestättigt worden.

In disem 689 J. hat die Sabatischer Gemain an zug u. Monatgeld . . 80 fr., die Lewärer 180 fr. geben. *D. F. G. K.*

1690.

Anno 1690 die Sabatischer gemain Zug und Monatgeld geben: 90 fr. (*G.:* 60 fr.), die Lewärer: 120 fr. *D. F. G. K.*

1691.

Anno 1691 den 29. Sept. Jakob Nutz, fürgestellter Messerer vnd D. d. N. zu Sabatisch im H. entschlaffen. In disem J. Sabatischer Gemain Zug vnd Monatsgeld geben: 60 fr. die Lewärer 181 fr. *D. F. G. K.*

---

[1] Leopold Kolonics war in seiner Jugend Soldat, entgiug der Vergiftung, die ihm bereitet war, und wurde Geistlicher, Bischof von Neustadt und ungarischer Kammerpräsident und als solcher Mitglied des im Jahre 1672,73 zu Pressburg tagenden Tribunals, 1695 endlich Erzbischof von Gran. Ein eifriger Propagator der katholischen Kirche, war er durch seine Energie und Stellung den Evangelischen verhasst; weniger den Wiedertäufern, denen gegenüber er sich ziemlich tolerant bewiesen, wie aus den Schriften der Letzteren zu ersehen ist.

1692.

a) Anno 1692. In Ober-Ungarn, da die Hayschrecken ain tail orten haben Ÿber handt genomen, Ja Feltfrüechte vnd getrüdt vnd grass, was sie antroffen, alles verzehrt, dadurch die grosse teuerung verursacht. *D. F. K.*

b) In den 1692, den 5. Juny, durch lange Belagerung wider erobert Ihro kays. May.: Grosswardein vnd Ÿbergeben worden. *D. F. G. K.*

c) Im 1692 Jar Sobotischer gemain an zug vnd Monatgeld geben: 54 fr., Lewürer gemain: 144 fr. *D. F. G. K.*

1693.

a) Im 1693 Jar, den 30. Merz, 2 Br. im Dienste d. W. erwelt vnd zu Lewär der Gemainde fürgestellt worden in der versuechung: Michael Koller von Lewör, Hauptrecht Kleinetter (*G.*: Kleinecker), schuester von Sabatisch, item 13 Br. in die Versuechung gestellt im Dienst der Notdurfft (*K.:* der welt): Jakob Eglauch, Einkauffer, Mathes Rader, Andreas Roth, (Messerer), Elias Kettenacker, (ein Hafner), alle 4 von Lewär, Christoff Spämer, (Hafner), Hansel Krist, (Hafner), beide von St. Johannj, Hans Keller, (Beutler), Tobias Ampsler, (Bader), Adam Scheterle, (Schuster), alle 3 von Sabatisch, Johannes Rieger, (Bader), Jakob Wirth, (Messerer), büde von Trenchin, Härich Sponer, (schneider) von Kesselsdorf, Mathins Baumgarten, (*K.:* Messerer) von Schattmansdorf. *D. F. G. K.*

b) In disem Jar hat der Graff Nicolaus Illeshazj den Brüdern zu Trenchin auf Fürbitt ires Eltesten Jacobus Wirth einen Nachlass am Zins gestattet. (Trentschiner Acten.)

c) Im 1693 Jar, den 18ten Dezember, Ist der lieb vnd getreue Brueder Caspar Eglauch, ein fromer eiffriger Diener des Euangelion vnd vorsteher der ganzen Gemain, zu Lewär im Herrn entschlaffen; der gemain des H. hat er im wort gottes gedient: 45 Jar, die gemain hat er als ein hirt vnd bischoff mit höchsten Fleiss vnd eiffer geregirt, 6¹ halb Jar, sein Alter war: 88 Jar.¹ *D. F. G. K.*

---

¹ Der anonyme Fortsetzer des ‚Väterliedes‘ weiss von ihm nichts weiter zu erzählen, als ‚dass er mit krafft. Fleiss vnd rechten ernst sein gemain geregiert vnd sie mit verständtnuss gefiert‘. Eglauch war, seiner Aufzeichnung zufolge (M. S.), geboren am 9. Jänner 1606, kam am 25. October 1647 in den Dienst des Wortes und wurde am 6. Mai 1688 Vorsteher der Brüder. Den Codex C. hat er vom Jahre 1674 6. Februar

d) Anno 1693 sabatischer gemain zug vnd Monatsgeld geben: 54 fr., läwarer gemain: ... fr. *G.*

e) In dissen 1693 Jar hat es an vnterschidlichen Orten so vil Heyschrocken geben, daz man tail orten mit stöckhen vnder sie geschossen, auch bej Lewär vnd Johannj hervmb finster voll, (das gantzo Felt mit Inen vberzogen *G.*), gewesen, daz, bej mans denkhon, bej vns nit gehört vnd gesehen. *D. F. G. K.*

1694.

a) Im 1694 Jar, den 10. Januarj, komen die Br. des Worts von Lewär, sampt den D. d. N., mit den Johanessern, vnd Dechtizern hieher auff Sabatisch zur Versamlung, vnd so ist durch ein einhellige stim vnd zeugnuss 1694, (den 10. January), dem Tobias Bersch die Gemain bevolhen vnd aufgeladen worden, als ein hirt vnd bischoff für sie sorg zu tragen. *D. F. G. K.*

b) In disem 1694 Jar, den 1. May, kamen die Br. von Lewär sampt den D. d. N. vnd von Kesselsdorff auf Sabatisch zur versamlung vnd sind den 2. May die 2 Br. Michel Koller vnd Hauptrecht Kleinetter (Kleincettler, Kleinecker) mit Auflogen der Eltesten Hendt (zu Sabatisch) bestättigt worden, (item 3 Br. im D. d. N. gestellt), als: Johannes Beller, Johannes Kellner, (schmidt), Georg Schulz, (Messerer), alle 3 von Sabatisch. *D. F. G. K.*

c) In dissem 1694. J., den 11. May (*D. G.*: 1ᵗᵉ) geht Georg Geissy in Siebenbürgen, der ir lehrer war bei etliche Jahr, (von irer Vestung *D. G. K.*) gen Clausenburg, in dem Namen: es hät in ein Herr gruefft, zudem hät er sonst mer zu thun. Mit faulen worten die Gemein hinders licht gefüert! Den 4ᵗᵉⁿ Juny kompt Görg Geyssy widor von Klaussenburg selbs 4ᵗᵉʳ seiner Freunde vnd 4 (5) Ross mit ein Wagen vnd einer Supplication von der Herrschafft, daz wir im solten passiren lassen, was er wirt aufladen vnd mit sich nemen, (der doch Nichts in die Gemain bracht hat! *D. G.*) vnd hat seinen Bundt (vnd die Gemain *G.*) verlassen, vnd ist zu Claussenburg der Arianer Ir pfaff worden, hat der gemain ir gut bei die 7 Jahr in Handten gehabt, mitgeprasst vnd seinen Freundten

---

angefangen, bis 1682 eigenhändig fortgesetzt und hie und da auch die früheren Jahresereignisse mit eingelegten Zetteln ergänzt. Eglauch war ein Würtemberger.

zuegesteckht, daz vnser kinder ain tail haben miessen betten gehn, vnd hat noch vil sachen, (der gemain gut,) verkaufft vnd der gemain gar nichts davon geben.

In sein Gottesdienst ganz lab (lauw) vnd kalt gewesen mit warnen vnd straffen, kein ban gebraucht. Wie offt er von den Brüedern ermahnt ist worden, hat nichts wöllen helffen. So hat in Gott fallen lassen, wie ein wormige bürn oder apfel, der selbs abfällt. Der liebe Gott sei sein beloner vnd vergelter!

So sein vnsere lieben Brüeder vnd mitglider in Siebenbürgen gantz waisslos gewesen vnd one ain hirten. So haben se die Br. heraussten bitten lassen, daz man inen sollt zu Hilff komen mit Einem lehrer, sunst sey es geschehen (mit Inen, komen D.) vmb alle Ire Freyheiten! So haben sich die Br. d. W. vnd der N. von allen Gemainden zu Sabatisch versamlet (in dem 1694 Jar), den 13ten Oktober, vnd haben sich mit einander vnterredt, was (bei der sach) zu thun ist. So hat man gefunden, es sei kein anderes Mittel nit, man muess ain oder 2 Br. abfertigen (vnd sie hinab schicken) auff der posst. Da ist Br. Joannes Roth, ein D. d. E. darzue erkannt worden, aber gar allein; vrsach: diewoil die posten vil gstehn, vnd der weg lang ist, vnd die gmain arm. Kundtens nit (wol) aussstehen, zween zu schickhen, (ausszustaffiren D. G. K.). So ist der Br. Joannes Roth den 29. Okt. zu Prosspurg bei dem posthauss auffgesessen, Im Namen Gottes sich auff den Weg gemacht, vnd den 9ten Nov. glücklich in Wintz zu vnseren Br. kommen, Jedes vnd alles eigentlich besehen, wie es sein Ampt zuestundt, vnd im von der gemain herauss bevolhen war.

Item hat der Br. Erstlich für sich genomen in diessem 1694 J., den 21. Nov: den Br. Michl Wipff, schuelmaister, ein D. d. W. erwelt vnd in die versuechung (der Gemain vor) gestelt in Siebenbürgen, Item gemelten tag 7 Br. im D. d. N. erwelt vnd der gemain in Siebenbürgen vorgestelt: Fridrich Müller, füergestelten Haffner, Eliess Wipff, fürgestellten Messerer; Michael Ecker, Miller; Tobias Wipf, Fischer; Jakob Holzbauer, Samuel Schaufelberger, füergestelten Rader, Walser Roman, schneider. So ist der Br. nahent bej 10 wochen bej Inen gewessen, sein Dienst verricht mit lehren, strafen, verbannen vnd auffnemen, wie es einem Euangelischen Diener zuesteht. So hat sich der Br. 1695 den 16. January (wider auf den weg gemacht, ist den 17ten) wider zu Mühlbach auff

der post aufgesessen, vnd den 22. January auf Dechtitz zu
vnssern leiten komen, vnd den 29ten hieher auff Sabatisch, dem
Herrn sei das lob vnd der Preiss geben, der seineu weg so
glücklich gesegnet hat, dass er in gsundt vnd frisch in disser
kalten vnd nassen winderlichen Zeit hin vnd her gefüert hat!
D. F. G. K.

d) Disse 2 Jar 1693 vnd 1694 waren 2 schwöre vnd
theuere Jahr vnd alles getränckh, wein, vnd was nur der Mensch
zu seines Lebens Mittel braucht, neben den schröcklicheu
gabungen vnd aufschlag des landts, züg, auff vnd nider im
hohen gelt. Der Metzen waitzen, Senitzer mass, zu: 3 fr. 50 S.
(*F.:* 3 fr.) vnd drüber, das korn: vber 2 fr. (*F.:* 2 fr. 12 kr.),
Gerste zu 1 Taler (2 fr.), haber: zu 1 fr., (Arbes vber 3 fr.),
Linsen, Brein, Haiden, schmalz, Salz, Stahl, Eisen, Häut, Inslet,
alles in hohen gelt. *D. F. G. K.*

Ein par Ochsenhäut zu 13—14 fr. der Centen Inslet zu
13—14 fr., ein par Küehäut zu 9—10 fr., Ein Centen wol vber
40 fr. Alles in hohen Gelt. *D. F. G. H.*

Im Juli 94 vor dem Neuen Wein, Ist der Eimer gewosen
zu (3 fr. vnd darüber auch zu) 4 vnd 5 fr. (vnd höher). In
disem 694 J. hat es (aber) sehr sauern wein (trauben) geben,
desswegen ist der 1693 höcher gehalten worden vmb soiner glüeto
wegen, (so) daz (der alte wein sehr aufgeschlagen hat, vnd)
im November, Dezember der Eimer zu 7 vnd 8 fr., (au manichen Orthen) auch höher gehalten worden, nach der halbj zu
14 vnd 15 S., (bei vns im Hoff) auch gar zu: 4 gr.

Also hat sich das 1694 Jar goendet mit vil vnd grosser
Müehsälligkeit, kampf vnd stroit vnd grossen boschwerungen.
Der liebe Gott geb es vns künfftig bossor! *D. F. G. K.* Excipit
Cod. *D. F. G. K.*

(Vierzehntes Buch.)

(1700—1792 [1855]).

(Fragmente und Regesten aus dieser Zeit.)

„Was die propheten sagen
vnd spricht der Heiligen Schrifft
von disen letzten tagen,
sich eben letz zutrifft:
Die liebe ist erkalt,
der Glaube hat kein gstalt,
der Abfall ist eröffnet,
der irthumb herrscht mit gwalt.‘
(Sundermann.)

Anno 1701.

Tod des Vorstehers Bersch. Bruder M. Helm ge wählt.

Tobias Bersch.

Blaidhait stiess Im zu handen,
Wie ich euch melden thue,
Achtzehn Jahr sich findten,
Hat allezeit sein gemain
Mit dem Wort Gottes gleret
Mit standhaftigem gemiet,
Die gmain hat er geregieret:
Sieben jar als ein hirt.

Nun ist sein Zeit auch komen,
Dass er abgeschaiden ist,
Als man, nach Ordnung geschriben,
Tausendt sieben hundert vnd nins.
Funftzig Jar hat er gedienet
Im wordt Gottes für war,
Sein Alter thet er bringen
Auf siben und sibuzig Jar.

Als nun disser hinguomen,
Wie obgemeldet ist,
Da haben alle fromen
Wol hie zu disser frist
Ir klag zu gott gefileret,
Der hat In zaiget an,
Dass solches ampt gebieret
Dem Mathias Helm mit Nam.

Disser war auch gezieret,
Mit Verstandt und waissbait,
Die gmain hat er geregieret
Mit rechter Beschaidenhait
Ins drey vnd zwanzigst Jar,
Dess haben wir zeugnuss gewiss,
Ein fromer man er war,
Aufrecht zu jeder frist

(Der anonyme Fortsetzer des „Väterliedes".)

1704.

Anno 1704 ward der Br. Jeremias Virt, ein Messerer vnd Diener der Notdurfft in Trenchin, von den Rakoczischen gefangen, als er gegen Tyrnau zog, allein auf Vorweisung eines Geleitsbriefes, den ihm Herr Alex. Luszinski, der Commandant der Rakoczischen Truppen, so in Trenchin lagen, ausgestellt hatte, wieder frei und konnte seines Weges weiter ziehen. (Trentschiner confisc. Brüderacten.)

1718.

Anno 1718 hat *a)* Jerem. Virt Namens der Br. die Stadtherrn von Trenchin um die Herabsetzung des Georgi- vnd Michaeli-Zinses, den die Br. für die Schusterstuben daselbst zu entrichten hatten, auf allerlei Wegen geboten, aber nichts können ausrichten, von wegen der Drangsale des Krieges, der die Gemeinde und Landschafft viel kostete. (Trentschiner confisc. Acten.) — *b)* In diesem Jar hat Graf Niclas Illesházi das ehemalige Haushaben der Br. zu Trenchin, das man sonst 'Habansky' nannte, vnd welches die Brüder in den vorigen Kriegsläufften, Armuthshalber, verlassen vnd aufgeben muessten, von dem Bétal um 180 f. wieder eingelöst, willens es den Brn. in Arrenda zu geben. (Archiv in Dubnic.)

1720.

Anno 1720 hat *a)* die Stadtobrigkeit von Trenchin die Br. daselbst zu Roboten vnd allerlei Dienstbarkeiten angehalten, was bisher ungewöhnlich gewesen. Es wurde jedoch eingestellt, durch Graf Nic. Illesházi, der die Stadtherrn erinnern liess, die auf seinen Gründen behausten Br. unbehelligt zu lassen, vnd die ihnen abgenommenen Sachen sofort zurückzustellen. (Archiv in Dubnic.) — *b)* 'In disem J. hab ich Ara Weny mein Katharein Erdnit geheyrat in Szobatisch.' (Cod. R.) — *c)* Anno 1720 taufte Bruder Mathias Helm in Levar (Gross-Schützen) den Joh. Hilscher, der ein Br. geworden war, vor der gantzen Gemain, indem er ihm Wasser auf das Haupt goss, vnd die Worte sprach: Ich taufe dich im Namen Gott des Vaters, des Sohnes vnd des h. Geistes. (Levarer confisc. Brüderacten.)

1722.

Anno 1722 bin ich, Johannes Mayer, gebürtig von Hildesheim, zu Halle in Sachsen in dem Saalflusse durch den Br. Fischer, ein Sattler und Lehrer der Taufgesinnten, (wieder) getauft worden, in Gegenwart vieler Personen, wobei der Taufende, indem er mich dreimal untertauchte, die Worte sprach: ,Ich taufe dich im Namen Gott des Vaters, des Sohnes vnd des heiligen Geistes.' (Mayer's Selbstbekenntniss, 1761.)

1723.

a) Den 1. Juli wurde in Levar die Rustikalkonskription vorgenommen vnd erhoben, was die Gemain der Br. in Gross vnd Klein Schützen an Grundstücken, Vieh etc. besitzt, vnd was sie an Zinsen zu entrichten hat. (Pressb. Cott. Archiv.) — *b)* Anno 1723 ist mein geliebter Vater, Jacob Müller, Gemain Eltester in Levar, im Herrn entschlafen. (Cod. X. 12 in Gran.)

1724.

a) Den 1. Febr. hat Herr Sigmund Graf von Kolonitsch, Erzbischof von Wien, den Brn. zu Levar alle ihre Freiheiten vnd Hausbriefe bestätiget vnd ihnen neue Handvesten ausgefertigt. (Levarer confisc. Brüderacten.) — *b)* Anno 1724 bin ich, Josef Poley, zu einem Diener der Notturfft erwält worden. (Cod. 224 Pos.)

c) Als auch an In (Br. Helm) gelanget
Krankheit, wie ich euch meld,
Hat er nit lang geharret,
Berueft die Brüeder balt,
Tat sie herzlich vermanen,
Mit ernst vnd eiffer schon,
Und thut sein ambt bevollen
Dem Brueder Jacob Wollman.

Und disses ist geschohen,
Als man gezelet hat:
Ain Tausent siben hundert
Fir vnd zwanzig, ich sag.
Der Gemain hat er gedienet
Biss sechs vnd dreissig Jar,
Sein gantzes alter eben,
Bracht siben vnd achtzig gar.

Ist also schlafen gangen,
Wie ich euch zeige an,
Alsdan hat angefangen
Brueder Jacob Wollman
Seine schäfflein zu waiden,
Mit sänftmietigen geist,
Suchet allzeit den friden,
Wie man das heut noch waiss.

Ellendt stiess Im zu handten,
Gleich in dem ersten Jar,
In Kumer angst vnd zwange,
Die gmain im flüchten war.
Doch ist zu hilff balt komen
Zu rechter weil vnd zeit,
Gott, der alle zeit den fromen
Hilfft auss Triebsäligkait.

Dafür er auch thät danken
Dem herrn im himmels thron,
Der vnss trewlich ist bejgstanden
Sambt allen fromen schon,
Vnd vns In seinem Bunde
Bissher erhalten hat,
Darumb sollen wir im allstundte
Danken für seine gnadt.

(Fortsetzung des ‚Väterliedes‘.)

1725.

Ein Neues trauriges Lied

von der Vervolgueng, so sich zu Gros-schitzen hat begeben

Im 1725. Jar.

Im thon: ‚Endlaubet Ist der walt‘ zu singen.

A(ndreas) ∿ C(illich).

79 Strophen.

(Aus Cod. *R.*, gekürzt.)

1. Mein geist lasst mich nit ruen, gewisslich zu aller stundt, ein neues lied zu singen, mit hertzen vnd mit mundt, wie es Jetz ist gangen, zu Schützen In der gmain, Triebsal hat angefangen, wol vmb des glaubens rain.

2. Nun hat es sich begeben, alss man geschrieben hatt, simhundert Jar, merk eben, wie es geschriben stadt, vnd weidter herrendt eben, die Jare alssogleich, wie da man hat geschriben, daz 5 vnd zwanstigst‘ gleich,

3. Den segsten Mertz, sein komen, zwen Jessowitter her, da hat man angefangen sich sorgen gar zu sehr, wass doch das solte werden, alhie zu diesser frist, das wil ich Jetzundt schreiben, habt acht auff mein bericht!

4. Den achten Mertz Ists gschehen, Merkt alle auff mit fleiss! da sein sie zu vnss komen, so gar mit falscher weiss, vnd haben vns all auff‘ geschrieben, so man vnd weibsperson, Alda ist es gebliben, ein wenig stille stan.

5. Die Zeit hat sich verloffen, biss auff den 10ten mertz,
der schlim mensch thedt nit schlaffen, schaudt, wo er vns ver-
letz! da hat er angefangen mit seinen wordten zardt, ob er
vns mechte fangen, vndt binden also hart.

6. Den er ist wol gesunnen allhier zu dieser frist, das
er vns mecht abfüeren, vom weg der warhait recht. Der das
hat angefangen, merket nur auff mit fleiss, ich sing auch seinen
Namen: herr Schäbenscheny[1] haisst.

7. Er hat im fürgenomen vnd gleich zu vnss geschickt:
es sollen balt herkommen etliche brüedter, das er sie bericht;
vnd als sie sein hinkomen zu Im Inss zimer hinein, da hat er
auffgedrungen, die falschen punkhteu sein:

8. Wir sollen vnss nid ferchten, Nur In die kirchen gon,
vndt vnsser klaine Kindter, Iu Ire Lehre thon. Da hat er angefangen mit seinen glatten wort, ob er vns mechte fangen,
merkht eben weidter fort.

9. Nun hatt es sich verzogen, biss den 13ten mertz, vmb
eilff vr formittage, Nemhs eines doch zu hertz! Do haben sie
wellen fangon, vnssern Eltesten guet, Jacob Pulman[2] haist sein
Namen,[3] wie ich euch melten thue.

10. Darnach wie wir gestandten, die gantze schützinger
gemain, vnd haben für in gestritten, wol vmb der wahrheit
rain, vnd sein hinundter gangen, für In sich geoffenbardt, die
hat er lassen einschlagen, wol in die bandten hart.

11. All da sein sie gesessen, die liebsten brüeder Mein,
vir vndt zwanzig tag, merkh eben, wie ich euch sage frei,
Alss nun die Zeit ist komen, hat man kein fleiss nit gspart,
wie wir In solten helffen, wol auss der gfonkhnus hart.

12. Da hat man müessen raissen nach Mudtern vnd
Preschborg, ain alten schotzherrn entgegen, Groff Adam, wie
Ich euch melt, vnd als man in hat g'fondten, vnd disse sach
vermelt, die Vns Ist auffgedrongen, bei einer straff mit gelt,

13. So hat er vns angeben vnd mit vnss mündtlich grabt,
wir sollen nach Wien raissen, mit hertzen vnverzagt, vnd Als

---

[1] Dass hier nicht Georg Szelepcsenyi (von Pohronč), der anno 1685 als
Primas von Ungarn gestorben ist, sondern ein herrschaftlicher Hofrichter
gemeint sei, liegt an der Hand.

[2] In der 48. Strophe: Bollmann (Wolmann, Wulman).

[3] ,Der ist vns virgestelledt, zu einem hirdten vnd lerer der gantzen gemain,
das er vns regiret fein.' (Strophe 48.)

wir sein hinkommen, zum schotzherrn, Kollonitz genandt,
der Jetz ein bischoff ware, bey kaissers hoff zu handt,

14. Der lasst vns nit vorkommen, als man ist komen hin,
daz man Im sag zur stondt, vnd Recht berichtet In, als er
doch nit solt glauben den falschen lugenwort, Wie man vnss
hat verlogen, merkt eben weidter fort.

15. Dann wir sein schon angeben, von Herrn Schawän-
schen, er hat vns ser verlogen, dass man vnss glaubt nit mer,
er hat gewiss balt g'schriben, ein langen briff erdacht, [1] das
man vns gar balte von hauss vnd hoff verjagt!

16. Vnd da es nit sein kenen, zu reden mit Im recht,
da sein sy abgezogen, vnd wider nach hauss geträcht, aldort
ist einer bliben, wie ich das melten wer, Johanes Maier, so
ist sein namen, Ein jonger braitiger.

17. Vnd da die zwen sein komen, mit grosser Traurigkait,
da lauffen wir zusamen, han grosses herzenlaidt, die weil der
Brueder drauss bliben, vnd noch gewartet aus, Weiss gott wiess
Im wirt gehen, Ob er noch kombt nach hauss!

18. Gott hat ein Mitl gschicket, das er Ist komen haim,
vnd hat vns wider gsehen beysamen in der gemain, aber kein
gnadt hat bekumen, von wegen vnser leit, [2] die in der gfencknuss seien, von wegen der warhait.

19. Jetz will ich noch mer singen, merkt Eben fleissig
auff, Als sich hat auch begeben in einer Nacht ein strait, da
sein sie zu vns komen mit rechter Raubersart, Helmair vnd
Jessuwidter, der fil dran schuldig wardt.

20. Vnd haben angefangen Im hoff herum zu gen, vnd
mit gewalt angfangen, die Thüren aufgesprengt. Alda Ist man
erschroken, vnd wurdten all verzagt, das man vns last nit
ruehen, vnd plagt vns in der Nacht.

21. Der diess hadt angefangen, will Ich euch melten thun,
Hellmair baisst sein namen, so gar ein schlimer man, der hat
sich gar versprochen vnd gwisslich das geredt! der Sathan soll
In hollen, wan wir mer haben plätz.

---

[1] Er habe unter Anderm nach Wien geschrieben, dass die Brüder (Wiedertäufer) das Castell (Schloss) in Gross-Schützen hätten ,steinen' wollen
und ihn gezwungen haben, zu flüchten. (Strophe 33—34.)

[2] ,Gott hat ein mittl gschiket, dass sie sein komen auss' (Strophe 39),
welches, wird nicht gesagt.

22. Derselbe thedt nit nachlassen, vnd tracht nur weidter fordt, wie er vns mecht ferfolckgen von hauss vnd hoff gar fordt. Nun hat es sich begeben, In einer kortzen Zeit, das wir sein aussgezogen, Mit grosser traurigkaidt,

23. Vnd den hoff gelassen In friden gottes sten, vnd nach Johanny zugen, Ein hübsches volck gar schön! Alltordt sein wir gebliben fümpff wochen wol, wie ich melt, In dissem Ellendt grosse, sey alles gott haim g'stellt!

24. Alss (da) sein hingekomen, die vorhin so schlim warn, Helmair vndt schawaschene zaig ich auch Jetzund an, die gaben vns guedte wordte, allhie zu disser Stundt, wir sollen nur vmbkehren vnd bleiben an vnser stell.

· 25. Darnach haben wir bald geglaubet, vnd vns gemachet auff vnd wider eingezugen In vnsre alten hauss, nach Schützen ich euch sage, da wir vorhin gewohnt. Dankht Gott mit Hertz vnd mundte, dass's bleibt in Kuestandt!

26. Nun ist Es bey vnss geschehen, dass da ein kleiner sturm kam, bald Über vns daher, der fanget zu saussen an, mit grossen Ernst vnd Macht, wol Übern Waitzenhauffen, die sprei er davon jagt!

27. Jeezt sing ich von den spreien, was doch die Selbig sein, die da nun hingeflogen, hinauss aus der gemain! das sein soliche Menschen, habt acht auf mein Bericht, die Gott nie haben erkennet, merkt eben weiter fort.

28. Nun sein von vnss aussgangen, gewiss vom rechten weg, biss eilff Seelen zusamen, die haben gesucht ein braiten steg, darauf sie wöllten wandlen (Lücke) vnd iren Muht er-füllen, in disser blinden welt.

29. Als wir acht Tag da waren, denkht Gott an seine wort, wie er sich hat verschworen, wirfft In [1] baldt auf das bett, vnd macht mit im ein endte, musst weg von disser welt! das Ist gewisslich gschehen, gantz Eillenss vnd gantz schnell.

30. Gott last mit Im nit schertzen! Merckht auff Ir gross vnd klain, Er kennt die Menschenhertzen, ob sie sein from vnd rain. Da er wird gwiss vergelten ein jecklichem nach seinen werckh, die er auf erdten hat gewirckhet,

Ach Mensch, hab auffgemerkh! (Cod. R. in fine.)

---

[1] Hellmeyer.

1733.

a) ‚In diesen (1733) Jar kam das erschröckliche mandat, daz wir die neugebornen Kinder nicht tauffen, sondern dem katholischen Pfarrer zum tauffen zu bringen haben, bei sonstiger schwerer Strafe vnd Busse. Da traten die Eltesten Vorsteher vnd Brüeder zu einer Beratung zusamen in Szobotist vnd beschlossen, nit ohne Gewissensbissen vnd Thränen, über den unerhörten zwang, in dem kein Ausweg vorhanden war der Tyranoy zu entgehen, den Mandaten folge zu leisten vnd zu gehorchen. Dardurch ward der 2te Markstein in der Gemain verruckt, da man von dem ersten Articel der Väter abging. Hat auch in der Gemain seit dem viel Zwispalt vnd Unflat gemacht, der noch zur Stunde besteht vnd schlechte früchte trägt.‘ (Zach. Walter's Selbstbekenntniss 1761.)

b) Anno 1733 (den 31. Juli) hat man zu Szobotist die neugebornen Kinder der Br. in die katholische Kirche zur Taufe zu tragen begonnen, (vnd solches bis 1761 den 20 Juni fortgesetzt); denn es kam vom Comitate in Neutra die Weisung, dass die neugebornen Kinder der Br. nach katholischen Brauche getaufft werden müssen. Viele gehorchten, viele kehrten sich nicht daran vnd liessen die von dem katholischen Pfarrer getauften durch ihre Vorsteher wieder taufen. (Verhör des Zach. Walter u. o. O. und Pfarrmatrikel in Sabatissch.)

1734.

a) In disem Jare erneuerte Graf Joseph Illešhazy den Br. in Trenchin die Arrenda des dortigen ‚Herrengartens‘. (Trentschiner confisc. Brüderacten.)

b) A° (1734) — — — — — — Jacob Wollmann.

Sein ampt tat er verwalten,
Wie sich's gebieret recht;
Mit sanftmüetigen gstalten,
Als ein getreuer knecht
Tedt er die gmain regieren
Biss In das zehondt Jar.
Sein alter hat sich zugen
Ius ein vnd virzigst zwar,

Im Dienst ist er gestandten
Firzehn gantze Jar,
Nun thät er auch zuelandten
Wol zue der fromen schar;

Darob thet er berueffen
Die Brüeder vnd sie verman,
Das sie in Forchten gottes
Wider solle halten an,

Bej Gott im himelsthrone,
Der wirt euch zaigen an,
Wieder ein fromen Mann,
Der wirt euch fieren schon!
Ist also abgeschaidten,
Mit seinen vättern nun
Ruet er in ewgen Fraiden,
Des wir kein Zweifel han.

Nun weil der auch hingenomen,
Wie schon gemeltet ist,
Hat man die wal fiergenumen,
Auff das zu jeder Frist
Die stell word erseczet,
Ist durch vil zeugen mundt
Diss ampt worden vbergeben
Dem Brueder Jörgen Frankh.

A° 1734 6/2.

Vnd solches ist geschehen
Im Jar des herrn gemain,
Als man nach ordnung zellet
Ain Taussendt siben hundert fein,
Fir vnd dreissig, merckh eben,
Den sechsten Hornung zwar.
Wünschen Im von gott dem herrn
Vill reichen segen berait,

Auch gab vnd hilff vermeren,
Damit zu seiner Zeit
Die gmain des Herrn bleib grünen
In fridt vnd ainigkeit,
In gerechtigkait vnd wunne,
Jetzt vnd zu aller Zeit.

(Fortsetzung des ‚Väterliedes'.)

1735.

‚Haben sich die Widersacher der Brüeder in Trenchin, als der Pfarrherr Martin Alex. Völtsey u. a. m. hoch vnd ernstlich bemüht, alle Brüeder von den Gründen des Grafen Illesházy wegzubringen vnd zu vertreiben. Es ist ihnen aber nicht gelungen, Dank der fürsorge guter Freunde, die für die Br. eintraten.' (Dubnicer Archiv.)

1736.

,In (diesem) Jar ist der Br. Zacharias Walter, seines Handwercks ein Schneider, in den Dienst des Euangelions gewählt vnd bestättigt worden zu Szabatisch. Derselbe hat der Gemain des Herrn im Dienst des Wortes gedient durch 10 Jare, ehe ihm dieselbe zu regieren ist anvertraut worden.' (Selbstbekenntniss desselben von 1761.)

h) Anno 1736, den 1ten Septembris, hat Graf Ladislaus von Kolonitsch den Br. in Gross-Schützen ihre Hausbrief erneuert vnd bestättigt. (Levar konfisc. Brüderacten.)

1740.

Am Tage Simon vnd Judä ist Johann Szupkovics, in Skalitz bei den Jesuitern katholisch geworden, desgleichen Johann Hilscher, den der Br. Math. Helm vor Jaren in die Gemainschaft aufgenomen hat. (Graner Primat. Archiv.)

1741.

Den 3. März ist der Br. Heinrich Schederle (Čzeterle) im Herrn entschlafen. Den 5. Märtz sind die Br. Josef Schmidt vnd Aron Egel von der Gemain geschickt worden wegen dem, dass wir 2 Hussären stellen solten vnter die Edelherrn wider den Brandenburger. (Zettel im Cod. *K.*)

1742.

1. Den 6ten vnd 7ten Merz ist ein So grosser Schne gefallen, das den gantzen winter kain solcher gewesen ist. Die armen leit haben nit gewisst, was sie mit Iren vieh thuen Sollten. *K.* (in fine.)

2. Den 3 mertz kamen 300 husairen zu vns auf Sabatisch, sprangen 10 Man in hoff herein, staillung (stallung) gesuecht, mit gueten worten bericht, weiter aussy geritten, zu Markt in die Gwartier. Den 4 Märtz sindt weitere 5 hundert haidtuckhen durch gezugen vmb 12 Vhr zu mittag nach Galicz; den 10 Märtz sein Husären bey vns durch, vnd geraubt, den 11 Märtz komen 600 Haidtugen auf sabatisch, den andern Tag weiter auf Galicz. (Cod. *F.* Fol. 258.)

3. Den 20. Märtz ist Michael Kuen vnd Zacharias Stutz aus Siebenbürgen kommen nach sabatisch. (Cod. *F.*)

1744.

Im Monat January hat sich ein kometstern sehen lassen. (Cod. *G. J.* VI. 24 in Gran.)

1746.

a) In diesem J. haben sich die Br. des Wortes vnd der Notturfft sambt den Hausshaltern vnd vielen andern Br. (zu Szabatišt) versamlet, vnd dem Br. Zacharias Walter, [1] Eltesten Diener des Wortes, die Gemain Gottes zu regieren aufgeladen. (Confisc. Brüderacten von 1761.)

b) In festo Sta Catharinae ist die Schwester Elisabet Tonkler bei den Jesuitern in Skalitz katolisch geworden. (Ebenda.)

1747.

Den ersten Junius am Fronleichnamstag seind zu Sobatisch zwei schwäre wetter mit starken Regen vnd prausen vnd stainwerfen (niedergangen), darauff ein Gusswasser komen ist vnd ainen grossen schaden geton in wiesen vnd äckern vnd weingärten. (Cod. *G.*)

1748.

a) Ist ein grosse vnainigkait zwischen zwo gemain geschehen. Das Gemaingut in Sabatisch ist in die Arendy geben worden dasselbigmal. (Cod. *G. J.* X. 9 in Gran.)

b) Sendschreiben des Zach. Walter vom 28ten Oktober 1748 an den (Mennonisten) Prädicanten Johannes Deknatel [2] in Amsterdam mit Anfragen über gewisse Punkte in Glaubensachen. (Confisc. Brüderacten von 1761.)

1749.

a) Den 20ten vnd 21ten Aug. Ist das vngeziffer, als Heuschrecken, zu vnss auf Levar ankomen, alss fliegender vnd so ein grosse menige, dass sie wie ein staub daher kumen sein, dass man nit hat künen durchsehen, aber one schaden mit

---

[1] Walter versah dieses Amt 16 Jahre. In dieser Zeit fand kein Uebertritt von Einheimischen zu der Gemeinde statt, denn es war verboten. Nur Ausländer, die sich zeitweise einfanden und den Taufbund eingingen, und der eigene Nachwuchs hielten die Gemeinde aufrecht. (Zach. Walter.)

[2] Deknatel beantwortete (ddo. Amsterdam 8. November 1749) diesen Schreiben, (wie: unbekannt), und ebenso den 12. Mai 1757 eine weitere Zuschrift Walter's vom 27. Jänner 1757; die letztere dahin: Er spende den Brüdern in Ungarn drei Exemplare seiner Ansprache an die Gemeinde zu Hildesheim bezüglich der Vereinigung der zerstreuten Brüder, stellt den Ungarischen die Mittheilung eines Katechismus in Aussicht und bedauert, dass sie seine Bibel zurückweisen, bereit, wenn sie es wünschen, eine neue Auflage zu veranstalten, mit Weglassung der auf S. Menno bezüglichen Stellen. (Confisc. Acten.)

gottes hilff vnd grossen geschray, mit schüssen, paucken, tromeln, gaisselkrachen biss vber die March abgetriben. (In Cod. *K*.)

b) Sendschreiben des Franz Simon Sporer, (Mennoniten Prädicanten) dto. Herrenhag 17ten Aug. 1749 an die Br. in Levar und deren Vorsteher: Heinrich Müller, worin sie beglückwünscht werden, dass es auch in Ungarn Brüder gebe. In Schlesien seien jüngst mehrere Gemeinden entstanden. Zum Schlusse die Bitte: ihm die Namen der Grundherren von Levar, St. Johann, Szobotišt, Trenchin, Albin (?) und Kesthely am Balaton bekannt zu geben. (Statthaltereiarchiv in Ofen.)

c) ,In diesem oder dem nächsten Jare ist auch in Trenchin den Br. das Taufen ihrer neugebornen Kinder durch die kathol. Priester angeordnet und befohlen worden.' (Joh. Mayer's Selbstbekenntniss, 1761.)

1750.

Schreiben des Fz. Sim. Sporer dto. Leidt in Holand, den 6ten Okt. 1750 an Zach. Walter, mit einer mennonist. Abhandlung über die Incarnation und Passion des Herrn. (Ung. Statthaltereiarchiv.)

1753.

a) Den 14ten Okt. hat sich mein Jacob Weny verehelichet mit der Frenn Schulzin von St. Johany. Gott geb Ihnen verstandt vnd weissheit glück vnd segen, daz sie ein christlich leben füeren mit einander. *R.*

b) In diesen Jar wurde in Sabatisch, im Brüederhofe, ob dem Gemainkeller der Thurm erbaut vnd mit einer köstlichen Vhr versehen. Hat die Gemain viel gekostet. (H. S. XIX und XXI.)

1754.

a) Visitationsprotocoll in der Szobotišt. Pfarre, dto. 30ten Sept. 1754 (latein.): Die Anabaptisten haben hier ein öffentliches Bethaus, in dem sie ihren Cultus ausüben, Dank der Indolenz der Grundherrn! Schon 1753 hatten sie sich auf dem Teritorio des Grafen J. Niary auch einen Thurm erbaut, und unterhalten 3 Diener des Wortes, als: Zacharias Walter, Georg Schulz und Aron Weny, von denen der Erste Senior genannt wird und sowol der hiesigen, sowie der Gemeinde in Siebenbürgen, vorgesetzt ist.

Die Gemeinde zählt im Gantzen in Szobotist 220 Seelen. Der Proselytenmacherei halten sie sich zwar fern, den Hebamen

derselben ist jedoch verboten, die kathol. Kirche zu betreten,
wenn sie die Kinder zur Taufe tragen. Die Feiertags-Ruhe
verletzen sie nur zu häufig. Ihre Todten bestatten sie in ihrem
Gemeindegarten, den sie ‚Todtengarten‘ nennen. Junge Leute
trinken bei ihnen nur Wasser, vom 20ᵗᵉⁿ Jare an auch Bier,
Wein nur die Alten und Kranke. Ausschreitungen sind unter
ihnen selten und hoch verpönt.

1756.

In diesem Jar kam der Bischof (Révay) auch nach Sobotisch, und als er vernam, dass die Br. in ihren Haushaben
mitunter so, wie vor, ihre Neugebornen dem kathol. Pfarrer
zur Taufe zu bringen unterlassen, erliess er ein scharfes Gebot,
dass sie dem Mandate nachzukommen haben, und dass sich
kein Br. unterfangen möge, die Getauften noch einmal zu
taufen. (Zach. Walter's Verhör.)

1757.

a) 18ᵗᵉⁿ Juny, dᵗᵒ Hartenberg, Schreiben des Mennonit.
Prädicanten Peter Weber in Hartenberg an Zach. Walter, in
Form einer Exhorte mit Gruss an die Brüeder im Lande und
einem (verschwundenen) Liede, dann der Bemerkung: von Deknatel [1] vernommen zu haben, dass man in Ungarn viele Bücher
einfüren könne, daher die Anfrage: ob er ihnen nicht den Katechismus und die Schriften S. Mennos senden soll. (Ung. Statthaltereiarchiv.)

b) Anno 1757. Wien 7ᵗᵉⁿ Sept. Verfassung und Einrich-
tungen den Taufergemeinden in Ungarn, (nach den Protocollar-
Aussagen des am 5ᵗᵉⁿ September 1757 auf der Reise nach
Deutschland und Holland zu Wien angehaltenen Bruders Johann
Mayer aus St. Johann): ‚Ich heisse Johann Maier, gebürtig
von Hildesheim, von Geburt lutherisch, nunmehr aber Wieder-

---

[1] Ueber J. Deknatel, den gelehrten und gefeierten Lehrer und Prediger
der Mennonitengemeinde zu Amsterdam, und seine Schriften sieh' S. Blau-
potten Cate: Geschiedenis der Doopsgezinden in Holland etc., Amsterdam
1847. II deel. bl. 36. 99. 129. 142. J. Deknatel hielt nach Cate auch:
‚vergadering met de Hernhutters‘. Unter seinen ad 1748 erwähnten
Schriften sind zu verstehen: 1. J. Deknatel, Anleitung zum christlichen
Glauben, Amsterdam 1756; 2. dessen Auszug von Menno Simon's Schriften,
Büdingen 1758, (beide aus dem Holländischen übersetzt), und 3. eine
Mennonitenbibel.

taufer oder sogenannter Habaner oder Bruder, sonst auch Tabak-Arendator bei Gf. Csobor in St. Johann.

Mein Vater J. R. Mayer war Lizentiat zu Hildesheim und starb vor 38 Jahren. Ich studierte die Humaniora zu Hildesheim, ging 1718 auf die Universität nach Witenberg und Halle, wo ich 6 Jahre verweilte. In Halle studierte ich Medizin. Hier wurde ich mit den Taufern bekannt und durch den Sattler Fischer, ihren Lehrer, für dieselben gewonnen. Zuvor bin ich bei den Indifferentisten gewesen, die keine ordentliche Kirche unter sich halten. Nach der Taufe gab ich die Medizin auf, und lernte ein Handwerk.

Ich fing mit beinernen Messern und Löffeln zu handeln. Die Mutter nahm das missfällig auf, und suchte mich abzuwenden. Ich aber blieb standhaft, ging nach Berlin und von da mit dem Wollhändler Zagel nach Ungarn auf gut Glück. Gegen Ende 1723 in Szobotisch angelangt, lernte ich die Kunst der dortigen Messerer kennen, gesellte mich zu den Brüedern und ergab mich vollends dem Handel mit Messern, Löffeln und Tabak, den ich seit 11 Jahren betreibe, seit 1724 in Gross Schützen, seit 1736 in St. Johann sesshaft.

Die Taufgesinnten werden nicht Wiedertaufer, sondern Brueder, in slavischer Sprache: Habaner genannt. Im Jahre 1752 bin ich von den 4 Gemeinden in den Dienst des Wortes für St. Johann erwählt worden, und habe denselben bis 1754 versehen, in diesem Jahre aber denselben abgelegt. Seit dieser Zeit ist kein Prediger zu St. Johann.

In Grossschützen (Levar) sind 2, Heinrich Müller und Jacob Pulmann; zu Szobotišt: der ältere Zacharias Walter, (ein Schneider), und Georg Scholz, (ein Messerer). Zu Trenchin gibt es keine Diener des Wortes. Die Brüeder gehen nach Szobotisch.

Die stärkste Gemeinde ist die Schützener, die kleinste: die zu St. Johann. Sie zählt nur 6 Familien.

Von Amsterdam kommen seit 8—10 Jahren öfters Zuschriften und Erbauungsbücher von dem dortigen Lehrer Decknatl, worauf der Elteste, Walter, geantwortet hat.

Durch Decknatl sind wir mit Peter Weber, Lehrer in Hartenberg bei Trinkheim in der untern Pfalz bekannt worden. Um zu ermitteln, wie die von Decknatel verheissenen

Bücher nach Ungarn zu bringen wären, bin ich nach Wien
gekommen, willens weiter nach Holland zu reisen, dabei Hartenberg zu berühren, und dort die Bereitung des Kappe-Tabaks
zu studieren. Ich verliess am 5. Sept. d. J. Wien, zu Fuss,
bin jedoch bei der Mariahilfer Linie angehalten und als passlos in das Rumorhaus gebracht worden.

Die Brüeder in Holland heissen nach dem eigentlichen
Namen: Mennonisten. Ihre Verfassung weicht jedoch in vielen
Punkten von jener ab, die ich vormahls in Halle und
Ungarn erlernt habe. Jene taufen nur die Erwachsenen.
In Ungarn dagegen fand ich es bei meiner Ankunft nicht
also. Hier pflegte der Elteste der Diener des Wortes den
10—12jährigen Kindern vor der versammelten Gemeinde die
Hände aufzulegen und zu sprechen: Ich taufe Dich im Namen
Gott d. V., d. S. und des heiligen Geistes, und so geschieht
es auch bei den Erwachsenen.

So lange ich bei der Gemeinde weilte, ist Niemand ein-
getreten, dagegen jährlich Ein oder der Andere abgefallen und
zur kath. Kirche übertreten. Die Gemeinde wird daher nur
noch durch die Kinder fortgepflanzt und erhalten.

So viel ich aus dem Munde der Eltesten vernommen,
pflegten die Brüeder in Ungarn und Siebenbürgen im vorigen
Seculo ihre Kinder selbst, nach ihrem Ritus zu taufen, und
hatten mit den Katholischen nicht die entfernteste Gemeinschaft. Diess änderte sich in diesem Jahrhundert. Denn es
kamen gemessene Befehle, dass die Kinder von dem kath.
Pfarrer zu taufen sind.

Ihre Todten begraben hingegen die Brüeder selbst. Eben
so werden die Brautleute durch den Eltesten kopulirt.

Die Brüeder sind verbunden jährlich einmahl zum Abendmahl zu gehen und zwar zu Ostern oder Pfingsten. Dasselbe
wird sub utraque aus den Händen des Eltesten, der zuvor mit
Auflegung der Hände und Beten dasselbe gesegnet, genommen.

Sie halten keine Beicht. Bei grossen Ärgernissen tritt
öffentliche Busse ein. Sie halten dafür: dass die guten Werke,
so fern sie mit Erhebung des Herzens zu Gott und sonstigen
Erfordernissen vereinigt sind, für sich selbst verdienstlich sind.

Die Gemeinschaft der Güter hat schon bei meiner
Ankunft in Ungarn nicht mehr bestanden und hat ungefähr im Jahre 1667 ganz aufgehört, dieweilen sie wegen

der Kriegsläufe nicht zu erhalten war. Sie lassen auch zu, dass jeder Mensch seinen freien Willen hat, sich zum Bösen oder zum Guten zu wenden, und glauben, dass Derjenige, so nicht in voller Gottseeligkeit stirbt, auf einige Zeit in einem dritten Orte eine Art von Reinigung auszustehen hat.

Christus ist den Br. das alleinige und einzige Oberhaupt der Kirche. Im Uibrigen halten sie sich allein an die Bibl, welche im Zweifel, dem Buchstaben nach, ihr Richter ist.

Sie haben geschriebene Lehrbücher. Die Schriften der Br. werden bei den Eltesten (Zach. Walter und Georg Müller) verwahrt.

Ihre Privilegien sind der Kammer wohl bekannt. Bis nun hat man den Br. nichts in den Weg gelegt. (Ofner Statthaltereiarchiv.)

c) Pressburg, 16. Nov., Weisung der kön. Statthalterei an das Pressburger Comitat:[1] über den obigen Joh. Mayer, der mit Briefen des Zach. Walter versehen, in Wien angehalten, allein über Verwendung seiner Obrigkeit wieder entlassen wurde, Nachforschungen zu pflegen, und bei dieser Gelegenheit den Senioren der Bruederschaft die Unterrichts- und andere Bücher, dogmatischen Inhaltes, sammt den allfälligen Correspondenzen abzunehmen; ferner soll erhoben werden, ob Mayer ‚wieder getauft‘, ob es andere thaten, ob Katholische in ihre Bruderschaft eintraten‘ und in welcher Form. Insbesondere soll man aber sicherstellen, was die Br. bei ihren Generalversammlungen vornehmen, wie oft und wo sie diese abhalten, worin ihr Gottesdienst besteht, wer sie kopulirt, wo sie und durch wen begraben werden, in welchem Verhältnisse sie zum Ortspfarrer stehen, wie viele Familien sie zählen, und welche Lehrer oder Prediger sie haben, ob sie kath. Dienstleute halten, und kraft welcher Concession sie sich in Levar und St. Johann niedergelassen haben. (Orig. latein. im ung. Statthaltereiarchiv.)

d) 1757, Sobotisch, 26ᵗᵉⁿ Okt.: Zacharias Walter eröffnet dem Mennonit. Prädicanten Peter Weber in Hartenberg, dass bei den Brüedern in Siebenbürgen ein gewisser Ruth der erste

---

[1] Gleiche Weisungen ergingen an die Comitate Neutra (wegen Sabatisch) und Trentschin, dann Aufforderungen an den Generalvicar (in Tyrnau) und den Bischof von Neutra, sich durch einen Diöcesanpriester an den Commissionen zu betheiligen.

Diener des Wortes sei, und dass diesem im Dienste der Br. Gor beigegeben ist. Die dortige Gemeinde sei jedoch klein und nicht viel grösser, als die zu St. Johann. (Sabatischer confisc. Brüderacten.)

e) 1757, 23./12., Hartenberg. Schreiben des Peter Weber, worin dieser sein Wohlgefallen ausdrückt, dass es auch in Ungarn Religions-Verwandte gibt und den Br. daselbst die Schriften des S. Menno zu senden sich erbietet, wenn sie dieselben wünschen. (Statthaltereiarchiv.)

1758.

a) Mandat der ung. Hofkanzlei dto. Wien 7. Sept. 1758 an die ung. Statthalterei: aufklärenden Bericht zu erstatten, was die Worte: ,in curia nostra Anabaptistica' in dem Interzessionsschreiben der Jurassoren Markovics und Zgurics, betreffend die Freilassung des Joh. Maier, zu bedeuten haben? (Statthaltereiarchiv.)

b) König. Erlass an das Neitraër Comitat vom 8ten November 1758: den Brn. zu Szobotist alle ketzerischen Bücher abzunehmen, und zur Prüfung vorzulegen. (Statthaltereiarchiv.)

c) Auszug aus dem Inquisitions-Protocolle der Trenchiner Comitats-Commission, vom 1ten Dez. 1758 (lat. im Trentschiner Stadtarchiv): Die Brüeder haben, (sagt Josef Penkert, ein Hafner, 63 J. alt, auf dem Grunde des Grafen Illeshazy wohnhaft,) in Trenchin keinen Senior oder Prediger. Sie versammeln sich an Sonn- und Feiertagen in meiner Wohnung, oder bei dem Christ. Sponer, wo dann der Weinschänker Tob. Omsler, der vor andern dazu geeignet ist, den Andächtigen die Bibel und die Euangelien liest. Gesänge und Gebete werden in den Privatstuben gehalten. Die Kinder werden daheim unterrichtet, mitunter in die kath. Schule geschickt.

Kommt die Zeit des Abendmahls, die man Brodbrechen (chlebolámánl) nennt, was zweimal im J. (zu Ostern und Pfingsten) eintritt, zieht man gegen Szobotist, wo dem Vorsteher zwar nicht gebeichtet, aber der begangene Fehler angezeigt, und Busse begehrt wird, die oft ½, ja auch ein gantzes Jahr zu tragen ist, und in der Ausschliessung von der geistl. Gemeinschaft besteht. Bei dem Brodbrechen nimmt der Elteste, nach vorausgegangener Predigt und Anrufung der Gnade Gottes, ein Kornbrod zur Hand, bricht es, nimmt selbst davon und reicht es dem nächsten Gläubigen, der sich selbst com-

munizirt und das Brod weiter reicht. So hält man es auch mit
dem Kelchtrinken. Was an Brod und Wein erübrigt, erhalten
die Armen! Die Kinder lässt man, wenn sie 7—9 Jahre alt
sind und für sich reden können, in Sobotisch von den Dienern
des Wortes taufen. Doch müssen sie die Taufe selbst begehren. Der Täufer spricht dabei in deutscher Sprache die
Worte: ‚Ich taufe dich im N. G. d. V. d. S. u. d. h. G.‘, wobei er dem Täufling Brunnenwasser, das ihm der Schulmeister
hinreicht, über das Haupt giesst. Der Fürgang ist bei Wöch-
nerinnen nicht üblich. Copulationen vollzieht der Diener des
Wortes in Sz. Hiebei reichen sich die Brautleute die Hände,
und Jener, seine Hände ob ihrem Haupte haltend, spricht zu
ihrem Bunde die Worte: Ich verbinde Euch hiermit im Namen
Gott d. V. d. S. u. d. h. G. Die Ehe ist jedoch auch bei uns
bis zum 4ten Grade excl. verboten. Die Todten werden in dem
Herrngarten von den Brn. selbst begraben, ohne Gesang, ohne
Geläute oder sonstigen Brauch.

Dermahlen zählt die Bruederschaft (in Trenchin) nur
147 Seelen. Der kath. Pfarrer wird nicht in Anspruch genommen. Wir leben von unserem Gewerbe, vom Handel und
Ackerbau. Reichthum besitzt keiner. So weit uns bekannt
ist, haben sich unsere Voreltern mit Bewilligung des Grafen
Illesházy zuerst in Soblahov und Teplitz, dann in Trenchin
niedergelassen, wo sie unter dem Protektorate dieser Familie,
mit einem deutschen Privilegium begabt, seit Jahren in Ruhe
leben. (Beigeschlossen ein Verzeichniss der den Br. abgenommenen Schriften ex 1622—52.)

1759.

a) Bericht des Trenchiner Vize-Gespanns Marschovsky
an die Statthalterei dto. Dubnic, 23./2.: Die Trenchiner Anabaptisten, so in der Vorstadt hausen, hätten bereits ihre Kinder,
darunter 7 von 2—10 Jahren taufen lassen, dass sie aber die
ihnen 1758 durch den Stuhlrichter Lukacsy und den Stadtpfarrer Völcsay abgenommenen Bücher und Schriften zurück-
verlangen. [1] (Statthaltereiarchiv.)

---

[1] Das Begehren wurde unterstützt durch einen Protest des Grafen Josef
Illesházy (1759), der die gewaltsame Wegnahme der Bücher auf seinem
Grund und Boden und gegen die Statthalterei-Verordnung, die nur die
dogmatischen Bücher zu confisciren gestattete, unternommen, übel-
nahm und die Rückstellung verlangte. (Dubnicer Archiv.)

b) Bericht der kais. kön. Direkt. Buchhaltung an die ungar. Hofkammer in Sachen der Siebenbürg'schen Wiedertäufer dto. Wien 9ten März 1759 des Inhalts: dass die dortigen Br. seit Anfang 1755 her, keine Toleranz-Steuer mehr ad cassam cammeralem entrichteten, noch entrichten. (Hofk. Arch.) *c)* Weisung der ungar. Statthalt. dto. Pressburg 14. Dez. 1759 an das Pressburger Comitat: bei den Anabaptisten in Levar und St. Johan eindringlich nach Büchern und Schriften der Secte zu forschen, und die Verdächtigen zur Censur einzuschicken, ferner zu ermitteln, was die Br. ihren Vorstehern und Dienern verabreichen. [1] (Pressburger Com.-Prot.)

d) ,Anno 1759: kamen neuerliche Mandate nach Trenchin, das Verbot enthaltend, die neugebornen Kinder sonst wo, als bei dem kath. Pfarrer taufen zu lassen.' (Ung. Statthaltereiarchiv.)

e) Bericht der Statth. an die k. ung. Hofkanzlei in Wien, über die Weisungen vom 8ten Nov. 1758 auf Grund der gepflogenen Erhebungen (lat. im ung. Statthaltereiarchiv): Man habe sichere Kunde, dass in Trenchin die Kinder nunmehr anstandslos getauft werden, in Folge der hinausgegebenen Weisung, dass sie ,absque rumore pulchra modalitate' nach kath. Ritus zu taufen, und nicht mehr gegen Szobotist zu führen sind. In Szobotist haben die Br. einen Superintendenten oder Vorsteher: Zach. Walter. Dem zur Seite steht Tobias Pulmon. Ein 2ter Minister ist Georg Schulz. In Levar bestehen 2 Lehrer: Heinrich Müller und Heinrich Pulmon, in St. Johann ist Joh. Maier ihr Prädicant gewesen, der jedoch nie getauft und sich ruhig verhalten habe.

Die Wahl der Vorsteher geschieht, wie in alten Zeiten. Zweimal im Jahre ist Brotbrechen in Szobotist oder Levar. Hier bestehen auch Oratorien, in welchen die Diener des Wortes die h. Schrift erklären, predigen, das Volk singen lassen und mit demselben beten. Zu Pfingsten und Ostern und Neujahr kommen sie aus Nah und Fern zusammen, um sich im Glauben zu stärken und das Fest des Herrn zu begehen. Sie kopuliren selbst, begraben ihre Todten selbst in den Gärten, ohne Sang und Klang.

---

[1] Die gleiche Verordnung erging an das Neutraer Comitat bezüglich der Brüder zu ,Sabatisch',

In Levar bezieht der ältere Prädicant (Müller) von den Brn. jährlich 30 fr. im Baren, der jüngere (Pulmon): 20 fr.

f) Der Pfarrer Joh. Filo von Szobotišt sollizitirt mittelst einer Vorstellung dto. Szobotišt 30./12. 1759 bei der Comitats-Deputation in Neitra: α) dass den W. Taufern in Szobot. die abgenommenen Schrioften (haeresum fomenta) nicht zurückgestellt, vielmehr auch jene, die sie an verschiedenen Orten verborgen halten, abgenommen werden mögen. β) Dieselben hätten an die Stelle des verstorbenen Dieners des Wortes, Georg Frank (?), den Heinrich Korn (Kuen) gewählt, entziehen sich der Jurisdiction des Pfarrers, und entrichten demselben weder den Zehnton noch sonstige Giebigkeiten. γ) Zur kath. Kirche kommen sie nie, meiden jede Berührung mit deren Priestern, senden auch ihre Kinder ohne Taufpathen zur Kirche. Seines Erachtens sollten sie zwangsweise vorhalten werden, zur Kirche zu kommen und die Satzungen der alten Kirche zu beobachten. δ) Das Oratorium wäre ihnen zu sperren, und zu verordnen, dass sie ihre Kinder in den Unterricht der kath. Priester schicken mögen, und dass dem Letztoren, an Sonn- und Feiertagen, auch die Erwachsenen beiwohnen sollen. (Orig. latein. in Ofen.)

1760.

a) Relation der Neitraër Comit. Commission dto. 9. April 1760 über die a. 1759 14./12. augeordneten Erhebungen: Man habe mit dem Dechant von Szenic, P. Nagy, in Szobotišt angelangt, den dortigen Br. Vorstehern Walter und Pulmon alle Schriften und Bücher abgenommen und dieselben verzeichnet. (Folgt das Verzeichniss.) Der Superintendent der Br. Zach. Walter beziehe wöchentlich 1 fr. 30 kr., dann 15 Pressburger Metzen Korn, nebst dem erforderlichen Holze. Er habe eine freie Wohnung, und ist von allen Abgaben und Lasten frei.

Seine Stellvertreter (actu: Tob. Pulmon und Heinrich Kuen, der 3te Minister, [dieser in Versuchung]), beziehen je 25 fr. jährlich. Die Gemeinde giebt auch ihnen freie Wohnung und hält sie von den Gemeinde-Lasten exemt, dessgleichen den Schulmeister, der kein Solär bezieht, sondern nur durch freiwillige Sammlungen erhalten wird.

Eine Stola besteht bei ihnen nicht. Von den Siebenbürg'-schen Brüdern habe man schon über 10 Jahre keine Kunde! Man wisse daher nicht wie sie es dort mit der Taufe etc. halten.

Vor 10 Jahren hatten sie gleiche Satzungen mit den Brüedern in Ungarn. (Lat. im Statthaltereiarchiv.)

b) Trenchin 11. Jänner 1760: Relation des Com. Vizegespanns an die Statth.: Er habe den Anabaptisten, gemäss Auftrages vom J. 1759, die konfiszirten Schriften zurückgestellt. (Statthaltereiarchiv.)

c) Erlass der ung. Hofkanzlei vom 31. Jänner 1760: dafür zu sorgen, dass allenthalben, wo die Br. wohnen, die neugebornen Kinder, ohne Unterschied, nach kathol. Ritus getauft, und zur Bekehrung der Irrgänger Missionäre auch dahin geschickt werden, wo sie bisher nicht bestehen. (Ung. Hofk.-Archiv.)

d) Ersuchschreiben der Statth. an den Bischof zu Neitra, den General-Vikar und den P. Jesuiten-Provinzial, dto. 11ten Febr. 1760: ut ad partes designatas Missionarios exmittant, qui proles Anabaptist. ut primum natae fuerint, per parochum loci baptizari curarent, ut taliter eliminentur sectae istius asseclae. [1] (Statthaltereiarchiv.)

e) Der Jes. Provinzial P. Ignat. Langetl berichtet dto. Wien 1. 3. 1760 der Statthalterey: α) den P. Emerich Rotari gegen Tyrnau und Szobotist entsendet zu haben, ,ad convertendos Anabaptistas.' (Statthaltereiarchiv.)

f) Relation der Pressburger Comit. Ablegaten an die Statthalterei, dto. Levar 12. März 1760 (im Pressburger Com.-Archiv): Am 10ten März in Levar eingetroffen, habe die Commission (Stuhlrichter Labaš, Dechant Caspar Hélmut [Pfarrer zu Stampfen], der Pfarrherr Sim. Krssal von Levar, und der Jurassor Paul Smrtics), das Werk der Inquisition sofort in Angriff genommen und den Brüdern daselbst die in der Anlage bezeichneten Handvesten und Urkunden (von 1585—1659) abgenommen. In Bezug auf die Stola vernam die Commission aus dem Munde der Senioren und Eltesten, dass die Br. dem Vorsteher H. Müller jährlich 30 fr., dem H. Pulmon 25 fr., und sonst keine Stola verabreichen. Bezüglich der Äcker, Wiesen und Exstirpaturen kontribuiren die Br. zu der kath. Gemeinde, bezüglich des Bruederhofes sind sie dem Grund-

---

[1] Mit Erlass vom 11. Februar 1760 wurde ferner den Comitaten zu Trentschin, Neitra und Pressburg aufgetragen, den Missionären jede Hilfe und Unterstützung angedeihen zu lassen.

herrn zinspflichtig. Den Zins, der auf die Diener des Worts entfallen würde, zahlt die Communität in die Renten.

g) Anno 1760, 12. 3., requirirt das Comitat zu Pressburg (ohne Erfolg) von dem Grafen Jos. Csobor, Herrn von St. Johann, Göding, etc., dann von dem Grafen L. von Kolonits in Levar, die in ihren Archiven etwa vorfindlichen, die W. Täufer betreffenden Verträge und Schirmbriefe. (Pressburger Com.-Archiv.)

h) ,Anno 1760, den 19ten Märzi, kam im Auftrage der Gespannschaft der Stuhlrichter Tomka nach Sobotisch, in Begleitung von Haiduken, mit einem Missionar, der ein Jesuit war. Mit ihnen erschien auch Graf Niary und viele aus dem Markte im Bruederhofe. Dem Br. Zacharias Walter wurden sofort die Schlüssel des Bethauses abgenomen und dem Missionar eingehändigt, der den durch den Gerichtsboten zusammgerufonen Brüdern als künftiger Predicant, der sie auf den Weg des Heiles und der Erlösung bringen werde, vorgestellt. Es wurde ihnen weiter eingeschärft: sich dem angeordneten Unterrichte nicht zu entziehen. Wer es dennoch thuen würde, werde strenge gestraft. Und sieh' da, es fanden sich viele, welche erschreckt zu dem Unterrichte gingen, den der Missionar am 19ten März in unserem Bethause eröffnete. Diejenigen, denen diess ein Gräuel war, entfernten sich in die Wälder und Gärten oder in die nächsten Dörfer, wurden aber gesucht, und, wenn sie betreten wurden, als Verächter königl. Mandate, hart gestraft.' (Notiz unter den confisc. Brüderacten von 1763.)

i) Bericht des Missionärs P. Emerich Rotari S. J. an den General-Vicar Jos. von St. Illonay dto. Szobotisch den 21./3. 1760: Er sei am St. Josefi Tage in Szob. eingetroffen, und von dem Stuhlrichter Tomka, in Vertretung des Vize-Gespanns in das Oratorium eingeführt worden. Als er es aber am 21./3. betrat und zu predigen begann, sei er von den W. Taufern mit dem Geschrei unterbrochen worden: dass sie von ihrem Glauben nicht lassen und seinen Predigten fern bleiben werden. Hoch der Königin! Würde Graf Niary denselben nicht drohend entgegengetreten sein, so wisse er nicht, was ihm geschehen wäre! An der Spitze der Rebellen sei Abraham Cseterle, ein Schuster, ihm zur Seite der Bader Joh. Schmidt und Tobias Pulmon, den sie einen Diener im Wort nennen, gestanden.

Bei dieser Sachlage trage er (Rotari) keine Hoffnung
eines Erfolges, wenn nicht für eine heilsame Massregelung der
Widerspänstigen gesorgt werde. Als eine solche Massregel
empfehle sich bei einem Völklein, das selbst Feuer
und Schwert zu fürchten verlernt hat: die Excedenten,
insoferne sie taugen, unter die Soldaten zu stecken.
(Graner Prim.-Archiv.)

k) Relation P. Em. Rotari's dto. Szobotišt 23. 3. 1760 an
das Neitraër Comitat: über seinen Empfang und die Unter-
brechung seiner Thätigkeit in Szobotišt: ‚Tota scena in tristis-
simum finem desiit.' Und doch habe er nichts vorgetragen,
was die Br. hätte verletzen können! Nicht genug an dem,
unumwunden zu erklären, dass sie bei keiner Predigt weiter
erscheinen werden, hätten sie auch am Passions-Sonntage im
Oratorio ihren Gottesdienst (‚sectae suae et contra inhibitionem
expressam') abgehalten, und auf die Vorstellungen des Grafen
Niary erwidert: Es sei Gott mehr als den Menschen Gehorsam
zu leisten. Aus dem Vorgange wolle das löb. Comitat ersehen,
dass mit gelinden Mitteln die Bekehrung der jeden Gehorsam
verweigernden Irrgänger, nicht erreicht werden wird. (Statthaltereiarchiv.)

l) Derselbe berichtet dem Gen. Vicar 28./3. 760: Die
Anabaptisten (in Szobotišt) hätten erklärt, der könig. Anordnung
dadurch, dass sie zweimal bei seiner Predigt erschienen, Genug
gethan zu haben. Von Frauen erscheine keine mehr im Oratorio, ebenso wenig eines ihrer Kinder. ‚Officia sua rursum
exercere praesumunt.' (Graner Prim.-Archiv.)

m) Majestätsgesuch der Szobotišter Brüeder dto. (29) März
1760: um Belassung bei ihrer bisherigen Religions-Uibung und
Entfernung des Missionars. (Lat. Copie im Statthaltereiarchiv
zu Ofen.) Aus den der Comit. Deputation überreichten Schriften wolle Ihre Maj. ersehen, wie die Brüeder seit mehr als
200 Jahren unter königl. Autorität, und von den Grundherrn
geschützt, in Ungarn ungestört wohnen und freie Religions-
Uibung haben. Stets hätten sie sich als treue und nützliche
Unterthanen erwiesen, zu des Landes Lasten nach Kräften
beigetragen, den Grundherrn das Ihre geleistet und durch ihre
Gewerbe und Manufacturen zum allgemeinen Besten ihr Schärf-
lein treulich beigetragen. Ihr Leben sei bekanntlich ein stilles,
der Ehrbarkeit und Frömmigkeit geweiht, ihr Cultus nichts

weniger als Anstoss und Ägerniss erregend. Der Artic. 26: 1635 [1] verbürge ihnen den ferneren Aufenthalt und die freie Religionsübung, deren sie sich seit jeher erfreuten. Sie können sich daher nicht für überzeugt halten, dass die Intention des kön. Mandats dahin gehe, dass ihre Predikanten entfernt, an deren Stelle kath. Priester eingeführt, und sie insgesammt katholisch werden sollen.

n) P. Emer. Rotari an den Gen. Vikar den 4./4. und 9./4. 760. Am 4. 4. habe er gepredigt, allein nur der Elteste ('Senior') habe geantwortet: 'So glauben wir.' Die Andern schwiegen. Sie sandten überdiess Ablegaten nach Wien, um die ergangenen Verfügungen rückgängig zu machen. Vier der Abgesandten kamen zurück, voll guter Hoffnung, und sprengten aus: die Kaiserin habe ihre Religionsübung weder verboten noch deren Beseitigung angeordnet! Zwölf der W. Täufer hätten sich kürzlich zur Panisation (Abendmahlsfeyer) gegen Levar begeben. (Graner Prim.-Archiv.)

o) Repräsentation der kön. Statth. an die Kaiserin dto. 28./4. 760 mit der Bitte, zu bewilligen, dass gegen den obstinaten Szobotišter Rebellen Abraham Caeterle, der sich gegen die könig. Mandate auflehnt, und böses Beispiel gibt, mit der actio Magistratualis vorgegangen werde. (Statthaltereiarchiv.)

p) Requisitorium der Statth. an den Gener. Vikar und den Bischof von Neitra dto. 6./5. 1760: nach Levar und Trenchin Missionäre abzufertigen. (Statthaltereiarchiv.)

q) Bericht des Gen. Vikars an die Statth. dto. 13./5. 760. (Statthaltereiarchiv.) Es sei P. Jgnaz Zunn gegen Levar entsendet und da von dem Vicegespann in seine Mission eingeführt worden. Der Letztere habe bei diesem Anlasse den Anabaptisten die Punkte, die sie zu beobachten hätten, (kommen sub 31./12. 760 vor), vorgelesen, und man könnte sich eines guten Erfolges versehen, wenn Walter's Machinationen nicht wären!

r) Erlass der Statthalterei vom 22. Mai 760, in Folge Weisung Kön. Maj. v. 19. 5. 760:

z) an das Neitraer Comitat: den Abr. Caeterle persönlich vorzuladen und ihm zu intimiren, sich der Durchführung der

---

[1] Art. 26: De Anabaptistis, si quidem ad tempus tollerandi fuerint, Status et Ordines severe cantum esse volunt, ne ullum Christianum recipere vel rebaptizare praesumant.

obrigkt. Anordnungen nicht zu widersetzen, widrigens er in Arrest gelegt werde: ‚usque ad saniora redierit'.

β) an den P. Jesuiten General: ‚ut ad antevertenda Anapaptistarum subterfugia', (deren jüngst 12 sich nach Levar geflüchtet, um dort das Abendmahl zu nehmen,) ‚ad Reliqua etiam loca', (als St. Johann, Trenchin.), ‚Missionarios, suaviter operantes exmittat.' (Statthaltereiarchiv.)

s) Der P. Jesu. Provinzial zeigt (1./6. 760) an, ausser den P. P. Rotari und Zann, zu dem Werke der Bekehrung der Anabap. auch den P. Math. Schorer (von Bösing) und den P. Motička (von Neusohl) entsendet zu haben. (Statthaltereiarchiv.)

t) Mandat der kön. Hofkanzlei an die Statth. dto. Wien 27. Mai 1760 mit der Weisung: den Anabaptisten in Szobotišt das Bethaus zurückzugeben, und ihre Bekehrung überhaupt mit gelinden Mitteln und mit Sanftmuth betreiben zu lassen. Denn es sei nicht im Sinne Ihrer kön. Maj. gelegen, dass die gedachten Sectirer ‚per amotionem concionatorum seu ademptionem oratoriorum, adeoque quadam vi adhibita ad amplectendam orthodoxam fidem pertrahantur'. Dieselben sollen vielmehr durch das Wort Gottes und andere sanftere geeignete Mittel in das Schoos der alten Kirche zurückgebracht werden. (Statthaltereiarchiv.)

In Folge dessen wurde dem Comitate unterm 29./5. 760 die Rückstellung des Oratoriums aufgetragen und verordnet, dass der Missionär ausserhalb desselben zu predigen, und die Kinder anderswo zu unterrichten habe. (Ebenda.)

u) Gutachten und Anträge der bei der Statthalterei fungirenden Religionskommission über die W. Täufer und deren Bekehrung, abgegeben Aᵒ 1760 an die kön. Hofkanzlei (Ihre Majestät). Die Anabapt. berufen sich auf Art. 26: 1635 und ein Privilegium Kais. Leopolds I.! Die Statth. hält jedoch dafür, dass diese Protectionales die W. Täufer zu dem publicum exercitium nicht autorisiren, sondern ihnen nur die ‚facultas artes suas pacifice exercendi' verliehen. Nach Art. 26: 1556 und 2: 1578 sind die Sectirer in Ungarn nicht zu dulden. Ihre Dogmata sind gefährlich und mit ihrer Handlungsweise, als dem Contribuiren zu den Landesbedürfnissen, ohnehin im Widerspruch. Für Levar wäre ein Missionär abzusenden, in St. Johann amtirt der P. Delpini ex S. J. im Zimmer des Richters, die Gemeinde sei jedoch stützig, halte Berathungen und gestatte den Kindern nicht in die Predigt zu gehen. Kein Gesetz (11 : 1548, 26: 1556, 2: 1575, 10: 1595, 1681) gestatte den Anabaptisten sich im Land anzusiedeln oder freie Religions Übung. Zach. Walter und Johannes Müller hätten sich gegen die weltlichen Gesetze vergangen; denn der Erstere gibt sich, ohne könig. Resolution, für einen Superintendenten aus, habe Lehrer und Priester eingesetzt, halte Visitationen und Convente ab, schliesse Ehen im verbotenen Grade, baue ohne h. Bewilligung Thürme, und lasse verbotene Bücher einschleppen! Obschon seit 1588 (?) im Frieden ihrer Beschäftigung nachgehend, und einst in ‚artificiis peritissimi‘, seien sie dermalen ‚vilis conditionis homines‘, die keine Steuern zum Kriege zahlen wollen, die Obrigkeit missachten, sich eine eigene Jurisdiction arrogiren, das Sakrament der Taufe missachten und die angebotene Gnade zurückweisen. Antrag: ‚E ditionibus Suae Majestatis ejiciendos disponere velle Sᵃ Majestas‘ oder mindestens zu verordnen: α) dass ihre Predikanten entfernt, ihre Stiftungen und Beneficien eingezogen und sequestrirt und ihre Diener des Wortes, („ne alii seducantur‘), in geistliche Häuser gebracht werden mögen und zwar: die von Levar zu den P. Franziskanern nach Malacka, die von Sobotischt in das St. Katharina Kloster, die Trenchiner zu den dortigen Piaristen. β) Dieselben seien unter die Jurisdiktion des Ortspfarrers zu stellen, die P. Missionäre in ihre Bethbäuser einzuführen, die Eltern anzuhalten ihre Kinder zu denselben zu schicken, γ) alle Bücher deren sie sich bedienen, sind ihnen abzunehmen und durch kath. zu ersetzen, δ) an die Stelle der bisherigen Hebammen sind kath. einzuführen, ε) die Widerspänstigen zu strafen, mit Ausschluss jedes Rekurses, ζ) die Sonder-Jurisdiktion des Seniors hat aufzuhören, die weltliche Gerichtsbarkeit in Allem einzutreten, η) dieselben sind gleichmässig, wie andere Unterthanen zu besteuern und zur Annahme der Einquartirung etc. zu verhalten, θ) ihre Gemeinschaft wäre aufzulösen, jedem einzelnen eine eigene Behausung zu gestatten, ι) Zach. Walter und Joh. Müller wären aus den Erbländern auszuweisen, wenn sie sich nicht den Anordnungen fügen, und binnen ½ Jahre Beweise einer geänderten Gesinnung geben, κ) alle W. Täufer, die Kinder inbegriffen, sind anzuhalten an Sonn und Feiertagen dem kath. Gottesdienste beizuwohnen, λ) die gleichen Verordnungen für

Siebenbürgen zu erlassen. (Concept im Archiv der ung. Statthalterei.)

v) Szobotišt den 3./6. P. Rotari dem Gen. Vikar: dass er bei seiner Predigt ausserhalb des Oratoriums nicht einen Einzigen Alten, nicht Einen Jüngling gesehen habe, und wenig Hoffnung auf Erfolg hegen könne. (Statthaltereiarchiv.)

w) Neitra 5./7. 760 Episcop. Nitriensis an die Statthalterei: der Jesuit. Missionär (P. Motička), so nach Trenchin geschickt sei, werde wenig ausrichten, wenn die dortigen Täufer nicht ,durioribus ad audiendum verbum adstricti fuerint modis'. (Statthalteroiarchiv.)

x) Erlass der kön. Hofkanzlei dto. Wien 20. November 1760: den P. Missionären in den Anabaptist.-Orten, während des Winters, die dortigen Oratorien ,pro dicendis sermonibus' einzuräumen. (Statthalterciarchiv.)

y) Bericht des Stuhlrichters J. Tomka und des Jurassors Joh. Ebergény an das Comitat dto. Csacsa 31./12. 1760. Sie hätten sich über Auftrag der k. Hofkanzlei (intimirt 23./12. 760) in den Brüderhof nach Szobotišt begeben, daselbst, den 24. 12, den Senior der Br. Zach. Walter, seinen Gehilfen Tob. Pulman und andere Brüder in das Oratorium berufen und ihnen in Gegenwart des Ortspfarrers Filo und der Repräsentanten des Grafen Niary: Mrázek und Tarnoczy den Tenor des Hofkanzlei Erlasses vorgelesen und in ,slavischer' Sprache erklärt, und hierauf den P. Emerich Rotari als künftigen Missionär vorgestellt, der sie ,ad ovile Christi' zurückzuführen habe. Es wurde ihnen zugleich eröffnet, dass sie seinen Vorträgen und Predigten stets beizuwohnen haben, und sich bei Strafe nicht unterstehen sollen, sich zu absentiren. Der Missionär habe ihnen ferner (,idiomate slavonico') auseinandergesetzt, wann die Predigt sein werde, und dass sie dabei insgesammt zu erscheinen haben. Wer ausbleibt, werde der Obrigkeit zur Ahndung angezeigt. Niemand dürfe den Prediger unterbrechen. Allfällige Fragen sind nach dem Vortrage zu stellen. Der Controlle wegen sind alle Täufer zu konscribiren. Den eigenen Gottesdienst abzuhalten sei ihnen strengstens verpönt. Nach dieser Erklärung versprach der Senior: Man werde den Mandaten Gehorsam leisten. Zum Einsager der vorzunehmenden Predigten wurde Johann Keller bestellt. Als aber Tags darauf (25./12. 760)

P. Rotari im Bethaus zu predigen begann, fand er nur 8 Zuhörer, am nächsten Tage blos 36, am 27./12.: 15, am 28./12.: 14 Männer und 5 Frauen. Von jungen Leuten erschien Niemand. Die Senioren hielten sich gleichfalls fern. (Statthaltereiarchiv.)

z) A° 1760. Gesuch der Szobotister Brüder, bei der Comit. Administration zu Neitra eingebracht, um Rückstellung der ihnen abgenommenen, und der kön. Statthalterei vorgelegten Schriften und Bücher. Den Brn. zu Levar habe man sie rückgestellt, die ihrigen sind noch ausständig. (Statthaltereiarchiv.)

1761.

a) Mandat der kön. Hofkanzlei dto. 8. Jänner 1761 ,Anabaptistarum Ministros et Seniores non quidem ex capite, quod anabaptist. sectam profiteantur, verum, quia contraventores C. Regiarum ordinationum et in statum publicum peccantes: ex modernis mansionum suarum locis ad collegia (Residentias) Soc. Jᵘ, sub secura custodia, transferendos, ibi denique asservandos et in verae fidei principiis debite erudiendos et taliter ad ejurandum, quod hactenus professi sunt, dogma convenientibus atque suavioribus quibusvis modis disponendos, Seren. Majestas jubere est dignata'. Demgemäss sei Zach. Walter ,Superintendens et Minister Szobotistensis', nach Ofen, Johannes Mayer von St. Johann nach Stuhlweissenburg, Heinrich Müller von Levar und Tobias Pulmon von Sobotist nach Komorn, Abraham Czeterle von Sobotist gegen Erlau, Heinrich Pulman von Levar nach Tyrnau, Tobias Omzler aus Trenchin nach Kaschau zu bringen und den dortigen P. Jesuiten zu übergeben. Denselben ist jeder Verkehr mit Aussen abzuschneiden, und der Unterhalt aus der Parochialkasse anzuweisen. Die Missionäre haben sich um die Bekehrung des Volkes alle Mühe zu geben. Die Oratorien sind den Täufern abzunehmen, die verdächtigen Bücher zu konfisciren, ihre Lehrer und Hebammen zu entfernen, und durch kathol. zu ersetzen. Die gesammte Brüderschaft ist unter die Jurisdiction des Ortspfarrers zu stellen etc. (Intimirt mit Statthaltereierlass vom 29. Jänner 1761 den Comitaten Pressburg, Neitra und Trentschin, den Ordinariaten zu Tyrnau und Neutra und dem P. Jesuit., Provinzial. Lat. im Statthaltereiarchiv, in den drei Com. Archiven und in Sabatisch.)

b) Bericht der Pressburger Comitats Commission[1] dto. **Malacka** 12./3. 1761 über die Durchführung des könig. Mandates vom 8ten Jänner 1761: Am 11. März in Levar eingetroffen habe man den Anabaptisten die Allh. Entschliessung eröffnet, dabei jedoch erfahren, dass Müller und Pulmon früh Morgens, vor Sonnenaufgang, nach Wien gereist sind, um dort Abhilfe zu suchen. Sie bei ihrer Rückkehr festzunehmen, sei jedoch dem Ortsrichter und dem judici ordinario aufgetragen. Das Oratorium wurde gesperrt, der Schlüssel dem P. Missionär übergeben, der Schulmeister abgesetzt, den Kindern der Besuch der katholischen Schule aufgetragen und der gantze Bruderhof unter die Jurisdiction des parochus loci gestellt. Von den vorgefundenen Büchern wurde ein Theil mit Beschlag belegt, (2 alte, 7 neue Testamente, 1 Conkordanz, Melisanders Gebetbuch, ein Andachtsbuch von Joh. Habermann und ein anabapt. Katechismus.) Von da sei man nach St. Johann gegangen, habe dort den Joh. Meyer in Gewahrsam genommen (12./3.) und sofort gegen Pressburg abführen lassen, im Uibrigen aber wie in Gross-Schützen verfahren. (Pressburger Com.-Archiv.)

c) ,Am 16 März (1761) hat sich in Levar das Trübsal der Frommen angehebt. Denn man hat an diesem Tage den Br. Heinrich Müller und Heinrich Pulmon, beide Diener des Wortes, gefangen genommen[2] um Gottes warheit willen. Den Müller hat man gegen Komorn,[3] den Pulmon nach Tyrnau[4] gebracht, und dort den Jesuitern übergeben. Haben von der Gemeinde herzlichen Abschaidt genomen und sie ermahnt, treu zu bleiben im Herrn.' (Aufzeichnung eines Br. in XIX.)

d) ,Es stet geschrieben: Der Teüfel wirdt etlich von euch in die Gfencknuss werffen, auf das ir versuecht werdent und werden trüebsal haben zehn tag. (Apoc. 2. b.)

---

[1] Sie bestand aus dem Jud. Nobil. Caspar Stirmensky, dem Dechant Helmuth und dem Geschwornen Hawar.

[2] Diese Verhaftung und Abführung ist mit jener des Walter, Tob. Pulmon, Kuen und Schmidt Gegenstand eines Liedes geworden, das 1761—1764 entstanden ist und im Ton des Andreas Ehrenpreis gesungen wurde, 38 Strophen zählt und (ohne Schluss) in einer Handschrift (in 4°) des evangelischen Lyceums zu Pressburg zu finden ist.

[3] Später, (laut Berichts des P. Provinzials vom 2. Mai), ,commodioris institutionis causa' nach Gran gebracht.

[4] Wo er am 18. März 1761 eintraf, wie der Generalvicar anzeigt.

‚Und so war es allzeit.

‚Am 21ᵗᵉⁿ Marzi hat man zu Sabatisch drei Brüeder aus-
gespähet, als Zacharias Walter, erwälten Diener Christj vnd
der Gemain Eltesten zu dieser Zeit, den Tobias Pulmon vnd
den Abram Czeterle. Den Zacharias hat man gefangen bis
ins tiefe Ungarn gen Ofen geschleppft, den Pulmon zum Müller
(nach Komorn) gebracht, den Czeterle gar nach Erlau, damit
die Jesuiter daselbst an ihnen ihre Kunst versuechen. Der Gott
aller Gnaden, der vns beruefft hat zu seiner ewigen herrlichkeit,
derselbig wöll sie kreftigen und gründen.‘ (Einlageblatt in
einer 1782 zu Sabatisch confiscirten Froschauer Bibl.)

e) Requisit. Schreiben der Statth. dto. 27./3. 761 an den
P. Provinzial S. J. dafür Sorge zu tragen, dass der 3ᵗᵉ der
Szobotišter Prädikanten, Heinrich Kuen, [1] welcher in Raab kon-
finirt werden soll, daselbst im Collegio der P. P. Jesuiten aufgenommen und ‚suavioribus modis et viis in principiis fidei
Rom. Cathol.‘ instruirt werde. Dessgleichen soll, laut Erlasses
vom 4./4. 761 in Ödenburg mit Heinrich Schmidt von Szobotišt geschehen. (Statthaltereiarchiv.)

f) Eröffnung des Neitraër Bischofs Grafen Emer. Esterhazy (dto. 10./4. 761 Radošnya) an die Statth., wie das Mandat
vom 29./1. 761 in Trenchin von den Anabapt. aufgenommen
wurde. Anfangs konsternirt, hätten sie sich nur zu bald ge-
fasst und erklärt: ‚malle se fortunarum omnium, quin et vitae
ipsius subire jacturam, quam ab opinionibus, quibus nutriti
sunt, avelli.‘ Seit 2. März mühe sich der Stadtpfarrer sammt
dem Jesuiten-Missionär P. Franz Kalatcy mit wenig Erfolg um
ihre Bekehrung. Nur Tobias Omsler habe sie, bezüglich seiner
Person, in Aussicht gestellt, als er am 24./3. gegen Kaschau
abgeführt wurde und die Gränze des Comitates hinter sich
hatte. (Statthaltereiarchiv.)

g) A° 1761. Den 25./4. ist Tob. Omsler und Christof
Sponer, den 12./4. Tobias Sponer, ein Jüngling von 18 Jahren,
den 19./4. Johannes Wirt, alle in Trenchin, katholisch geworden.
Ihre Frauen dagegen sind verstockt geblieben. (Prot. im Statthaltereiarchiv.)

---

[1] Heinrich Kuen wurde am 14. April eingeliefert und dem P. Rector Joh.
Thuroczy übergeben. (Relat. des Raaber Cottus.)

h) Latein. Bericht der zur Durchführung der kön. Mandate gegen Szobotišt entsendeten gemischten Commission, (bestehend aus dem Comit. Assessor Stefan Domkovics, dem Stuhlrichter Joan. Tomka, dem Cott. Jurassor Joann. Ebergény und dem Senitzer Pfarrherrn Joh. Nagy), de präs. 2ten Mai 1761. (Statthalterciarchiv.) Vize Gespann Tomka habe am 21. März 1761, als sie in Szobotišt ankamen, sofort die Br. zusammen rufen lassen, und ihnen die h. Entschliessung kundgemacht, dabei denselben die Folgen ihrer Widerspänstigkeit zu Gemüte geführt und sie versichert, dass man sich fürder unbedingten Gehorsams von ihnen versieht. Man habe sodann die Senioren und Diener des Wortes, Walter und Pulmon, so wie den Sprecher der Menge, Cseterle festgenommen und dem Comit. Beamten Fz. Kálman zur Ablieferung an ihren Bestimmungsort, wohin sie sofort im Geleite von 4 Heiducken abgeführt wurden, überwiesen. Das Bethaus wurde gesperrt, der Schlüssel dem P. Missionär übergeben, und den Brn. eingeschärft, dass sie künftighin seinen Predigten beizuwohnen und ihre Kinder in die Katechese zu schicken haben. Sie wurden weiters unter die Jurisdiktion des Ortsseelsorgers gestellt und zur Ablieferung ihrer Bücher aufgefordert. Auch wurde ihnen bedeutet, dass sie sich der eigenen Jurisdiktion zu enthalten und gleich anderen unadeligen Einwohnern des Marktes an den öffentlichen Lasten und Abgaben zu betheiligen haben. Ihr Schulmeister wurde abgeschafft, die Jugend in die kath. Schule verwiesen, den bestehenden Hebammen der Dienst untersagt. Allein kaum dass die Kundmachung beendet war, schrien die Täufer, Männer und Frauen, ‚nec velle, nec posse de Regula Dogmatis sui recedere'. Als Wortführer der Faktion erwiesen sich: Heinrich Kuen, Heinrich Schmidt, Jakob Walter, Tob. Pulmon d. j. und der Wundarzt Andr. Schmidt. Diese waren es, welche neben anderen laut schrien: dass sie lieber ihren Nacken unter das Schwert legen und das Leben verlieren, als dem kath. Pfarrer gehorchen und ihre Kinder in die kath. Schule schicken wollten!

i) Igz. Zann, Missionär in Levar, meldet den 12. 5. 1761 dem Gen. Vikar, (lat. im Statthalterciarchiv): ‚Levardienses anapatistae demum posita, quam simulabant animi lenitate, ferociam suam et obstinatam cordis duritiem palam fecerunt.' Denn am Pfingstmontage habe er sie alle, vor der Predigt bei

dem Oratorium seiner harrend, getroffen, und als er, nichts
dergleichen ahnend, die Pforte zu erschliessen sich anschickte,
hätten sie wie ein Mann geschrien, er möge das unterlassen;
denn sie hätten beschlossen, dass keiner von ihnen den Exer-
citien weiter beiwohnen dürfe, und dass es Zeit sei, den Verfolgungen ein Ende zu machen. Man werde sie bereit finden
lieber Kerker, Bande, Strafen, ja selbst den Tod zu erleiden,
als sich den ergangenen Verordnungen zu fügen! Weder
Drohungen noch Schmeicheleien verfangen bei ihnen, und so
sei wenig oder gar keine Hoffnung vorhanden zu ihrer Bekehrung, wenn nicht der harte Nacken derselben durch andere
Massregeln gebeugt wird. Ein geeignetes Mittel dazu wäre
die Einkerkerung eines oder des andern der Deputirten, die
heute (12. 5.) in ihrer Sache nach Wien gesandt wurden, („spe
recuperandae libertatis'). Vertraulich werde ihm angezeigt, dass
sie mit dem neugewählten Diener des Wortes („ministello') im
Walde bei Klein-Schützen das Brodbrechen gefeiert haben.

k) Statthalt. an die könig. Hofkanzl. 21. 5. 761: Heinrich
Schmidt weise in Ödenburg jede Belehrung und Umkehr zurück. (Statthaltereiarchiv.)

l) Relation der Pressb. Comit. Deputation dto. Le v a r
1. 6. 761 (lat. im Com.-Archiv). Die Anabaptisten des Marktes
hätten der Commission auf die Frage, ob sie den k. Anordnungen gehorchen wollten, erwiedert, der P. Missionär habe
sich schon über ein Jahr um ihre Bekehrung bemüht, bisher
aber Nichts zu Wege gebracht. Es sei daher kein Grund vorhanden ihn noch weiter anzuhören. Es komme ihnen zwar
schwer, den Anordnungen der Obrigkeit zu widerstehen, gleichwohl könnten sie es nicht über ihr Gewissen bringen, Jenen
fernerhin anzuhören, ihre Kinder zu ihm, oder in die kath.
Schule in den Unterricht zu schicken, die Frauen zum Fürgang anzuhalten u. dg. m. Ihr Entschluss sei ohne Anrathen
dritter Personen aus ihrem eigenen Willen und Antrieb hervor-
gegangen. Einen neuen Diener d. Evang. hätten sie nicht
gewählt, das Brotbrechen keineswegs abgehalten.

m) Relation des Pfarrers Joh. Filo und des P. Emer.
Rotari dto. Sobotisch 20. 6. 1761 an den Gener. Vikar in Tyrnau. Trotz wiederholter Weisungen und Belehrungen verharren
die Täufer in der Opposition, meiden seit Pfingsten die Predigten des Missionärs, halten ihre Kinder vom Kirchen- und

Schulbesuche ab, und weisen sie an, den kath. Priestern aus dem Wege zu gehen. Die ihnen verabreichten Erbauungsbücher schicken sie ungelesen zurück, bedienen sich ihrer alten Wehmütter und unterlassen den Fürgang. Die Renitentesten sind die Weiber. Einige derselben, und darunter insbesondere die Gattin des Zach. Walter, drohten, mit ihren Männern, falls sie abtrünnig werden sollten, nimmermehr Gemeinschaft zu pflegen. Aus diesem Grunde habe sich bereits (am 27./3.) die Gattin des Joh. Lang von diesem getrennt. Ermuntert werden sie dazu durch den Umstand, dass die zurückgebliebenen Frauen der Hinweggeführten von der Gemeinde erhalten werden. Es wäre angezeigt ihnen diese Pension einzustellen, und überhaupt das Vermögen der Communität, (als: die namhafte Mühle, das Schankhaus, [frequentatione nominatissimum], Weinund Obstgärten, Wiesen, Äcker, Herden) mit Sequester zu belegen, und die widerspänstigen Wöchnerinen durch Leibesstrafen zum Fürgang anzuhalten, oder durch Comitats-Trabanten vorzuführen. Laut Tauf-Matrik werden die Kinder derselben seit 31. 7. 1733 in der kath. Kirche getauft. (Lat. im Statthaltereiarchiv.)

n) Bericht des Gross-Schützner Pfarrers Sim. Krssal und des P. Ignaz Zann dto. Levar 20./6. 1761 an den Gen. Vikar: dass die Anabaptisten der kön. Resolution vom 8. 1. 761, (kundgemacht 12./3. 761), nicht im mindesten nachkommen, ja in allen Punkten derselben entgegen handeln. Der P. Missionär habe bei ihnen, obschon er seines Amtes mit Mass und Milde waltet, noch wenig Anklang und Gehör gefunden. Man meidet seine Nähe. Häufig müsse er sich sein Auditorium zusammensuchen und das Bethaus selbst erschliessen.

Am Pfingst-Montag erklärten sie ihm gerade zu: ihn nicht weiter anhören zu wollen und lieber in das Exil, in den Kerker oder den Tod zu gehen, als sich der Vergewaltigung des Regiments zu fügen, dessen Anordnungen den Grundsätzen ihres Glaubens und ihrer Gewissensfreiheit widerstreben. Dem Ortspfarrer wollen sie sich nur in Bezug auf die Taufvorname unterwerfen, in allem Uibrigen an ihren Satzungen halten. (Lat. im Statthaltereiarchiv.)

o) Bericht des Mart. Matulay, Pfarrers zu St. Johann und des dortigen Missionärs P. Theoph. Delpini S. J. dto. St. Johann 23./6. 1761 an den Gen. Vikar: Seit 12ten März, dem Tage

der Kundmachung des könig. Erlasses vom 8./1. 1761 und der
Abführung des Johannes Mayer nach Stuhlweissenburg, bis
zum 31. Mai d. J., an welchem Tage die W. Täufer den Gehorsam aufgekündigt hatten, habe Delpini kaum 10mal zu predigen vermocht, weil die Brüder stets abwesend waren. Hinter-
listig halten sie auch ihre Kinder von dem kathol. Unterricht
fern, vorgebend, dass sie vor dem 11. Jahr nicht unterrichts-
fähig sind. Im Uibrigen gehen sie mit den Levarern Hand in
Hand. Der ärgste Widersacher der Bekehrung sei Jacob Scholz
und sein Weib mit ihrem Anhang.

An Büchern habe man im Pfarr-Sprengel wenig vorge-
funden, wol deshalb, weil die Taufer Zeit fanden dieselben vor
der Ankunft der Commission zu verstecken. Es ist jedoch
Hoffnung vorhanden, dass in Kürze Einige der Wahrheit das
Zeugniss geben werden. In Bezug auf den Taufritus der Vorzeit bestättige Tobias Sponer, ein uralter Br.: Er sei in seinem
11. Jahre getauft worden, gleichzeitig mit vielen Anderen.
Nachdem er mehrere Fragen des Katechismus beantwortet,
und eine Anrede des Eltesten angehört, sei ihm von dem
Letzteren, und so jedem von ihnen, während sie vor ihm auf
den Knien lagen, Wasser auf das Haupt gegossen worden,
worauf Jener, die Hände auf das Haupt eines jeden legend,
bei jedem Einzelnen die Worte sprach: Ich taufe Dich im
Namen Gott des Vaters, des Sohnes und des heiligen Geistes.
(Lat. im Statthaltereiarchiv.)

p) Stuhlrichter Casp. Stermensky und Dechant Helmut
berichten dto. Malacka 25. 6. 1761 nach Pressburg (lat. im Com.-
Archiv): In Levar sei das Oratorium der W. Täufer gesperrt,
die Gemeinde ohne Minister, von Nachgiebigkeit keine Spur.
Die Todten begraben sie selbst, halten ihre Kinder vom kath.
Unterricht zurück, verschmähen den Dienst der kath. Wehmütter. Die ihrigen, weil sie geschickt sind, werden selbst
von Katholiken gesucht. Die Gemeindelasten tragen sie mit
den andern Insassen und fügen sich in die Aussprüche des
Ortsgerichtes.

q) Johannes Mayer von St. Johann bittet den Gen. Vikar
sub 30. Juni 1761, da er in die alte (kath.) Kirche zurückgekehrt sei, ihm seine Freilassung und die Bewilligung zur
Rückkehr in seine Familie zu erwirken. (Deutsch, Statthaltereiarchiv.)

r) Die Ablegaten des Pressb. Cottus berichten (dto. Levar 1., 7. 1761): Es sei allerdings richtig, dass die Mission des P. Zann in Gr. Schützen bisher wenig Erfolg hatte, unwahr jedoch, dass die W. Täufer im Walde bei Klein Schützen heimlich die Panisation abgehalten hätten. (Com.-Archiv.)

s) Szotyna den XXII July 1761: Der Jud. Nob. Fz. Medvecky und der Jurassor Kálmann berichten dem Neitraër Comitate: Sie hätten aus dem Munde des nach Szotyna vorgeladenen Richters, des Notars, und der Geschwornen von Szobotišt entnommen, dass die Br. anfangs zu dem angeordneten Unterrichte in das Oratorium gingen, seit geraumer Zeit jedoch nicht mehr erscheinen, dass sie auch ihre Kinder weder in die Katechese, noch in die kath. Schule schicken, sich, wie vor, der sectischen Hebammen bedienen, die kath. Bücher zurückweisen und sich lieber zerfleischen lassen, als zum Fürgange kommen wollen. Dem Pfarrer verweigern sie die Hand- und Zugrobot, wollen auch zu dem Botendienst und auf die Juncturen keine Beiträge leisten, und ihre Wiese („XXX falcatorum‘), so wie einen Acker von 30 Metzen, den Spitalgrund, und ihre Hausleute von der Conscription ausgeschieden sehen. Dem Ortsrichter leisten sie Gehorsam und erlegten ihm von den 95 fr., die sie vorher direkt an die Perceptoralkassa abzuführen pflegten: 30 fr. Den Tobias (recte Andreas) Schmidt habe man nach Kaschau determinirt, die übrigen Opponenten, (als: Andre Walter, Tobias Pulmon jun.) habe man nicht daheim getroffen. Auch sie sollen, sobald sie zurückkommen, festgenommen werden. (Lat. im Statthaltereiarchiv.)

t) P. Rector collegii Agriensis, Andr. Kövcr, meldet den 20./7. dem Erzbischof und den 6./8. 1761 der Statthalterei: der am 5. April 1761 nach Erlau gebrachte Abraham Cseterle habe, nach vieler Mühe und Arbeit, den 30. Juli seinen Irrthum abgeschworen! (Lat., Statthaltereiarchiv.)

u) P. Zann berichtet dto. Levar II* Aug. 1761 dem Ordinariate: Sein Verdacht, dass die W. Täufer in Schützen heimliche Conventicl abhalten, habe sich bestätigt. Denn er hätte sie am 2./8. überrascht, als sie unter dem Dache des Oratoriums, zahlreich versammelt, bei geschlossenen Thüren beteten. In der Meinung, dass einer der Ihrigen Einlass begehre, öffnete man ihm die Thür. Da lagen sie auf den Knien, die Hände gegen Himmel erhoben, und sprachen das Gebet, das Jakob

Cseterle hersagte. Obschon sie bei seinem Eintritte erschracken, so beendigten sie nichts desto weniger das Gebet, worin sie Gott um Erlösung aus den Drangsalen der Verfolgung baten, und sangen schliesslich zwei lutherische Lieder. Zur Rede gestellt, was sie da treiben, erklärten sie durch ihren Vorbeter, den Krügelmacher Cseterle: dass sie auch künftig, wie bisher, zum Gebete zusammen kommen werden. Jüngst hatten sie zwei Personen ritu suo begraben. Mit den Worten: ‚In nullo puncto imperata faciunt, catholicis insultant. Satis elucet, quam sterilis ager Domini mihi plantandus et rigandus obvenerit' schliesst Zann seinen Bericht, unter Anschluss des (deutschen) Gebetes, das dem besten Kanzelredner Ehre machen würde. (Statthalterei-archiv.)

v) Weisung der Statth. vom 7./8. 761 an das Pressb. Comit.: den Jakob Schulz [1] von St. Johann gegen Tyrnau zu den P. Jesuiten zu schaffen. (Pressb. Com.-Archiv.)

w) Literae Comitis Emerici Esterházy Epp. Nitrien. dto. 21. 8. 1761 an die kön. Statth. (Extract, lat. in meiner Sammlung): Aus den Fassionen der Anabapt. Minister Walter, Mayer und H. Pulmon ‚Consistorium meum adinvenit, Baptismum olim ab istis administrari solitum, omnino fuisse validum, utpote omnibus ad substantiam requisitis instructum.'

x) Erlass der k. Hofkanz. dto. Wien 24./8. 1761: Abraham Cseterle [2] habe vorläufig noch in Erlau zu verbleiben, es sei jedoch mit ihm suaviter umzugehen, und über sein Verhalten von 5 zu 5 Wochen Bericht zu erstatten. (Statthaltereiarchiv.)

y) Majestätsgesuch der Brüeder von Trencsin, Szobotišt, St. Johann und Gross-Schützen, präs. nach 25./8. 761, (deutsch, gleichzeitige Copie in m. S.): Ihre k. k. apost. Majestät habe den Befehl ertheilt, ‚womit unsere im Königr. Hung. ansassige Bruderschafft und geführte Glaubenslehre mittelst abzunehmender Bethäuser, dann Transferirung der Ältesten oder Lehrer in die Collegia S. J., zum Unterricht im kathol. Glauben,

---

[1] Er wurde flüchtig und darum am 19. August steckbrieflich verfolgt. ‚In vestitu ordinario Anabaptistarum, videlicet Germanico, atri, caerulei coloris incedit', heisst es unter Anderen in dem Steckbriefe. (Com.-Archiv.)

[2] Seine, sowie des Johann Mayer Freilassung wurde endlich mit Hofkanzlei-Erlass vom 18. September 1761 angeordnet, (Reduces vero ad missionarios inviantur), und am 2. October 1761 vollzogen. Sie wurden auf Kosten der Diöcesancasse in die Heimat befördert. (Statthaltereiarchiv.)

gänzlich ausgerottet werde. Bei dieser schmerzlichen Beschaffenheit möge es ihnen erlaubt sein, zu den bereits eingereichten Bittschriften und den darüber eingeholten Berichten der Statth. noch zu erwähnen, wienach es bereits über 200 Jahr, dass wir auss Mähren in Hungarn uns häuslich niederlassend, mit verschiedenen freien Künsten und Gewerben dann Handarbeit (vns) ruhig und friedlich ernähren, das schuldige Contributionale nebst sonstigen Landes-Anlagen, wie namhaft, so akkorat und willig jederzeit abgefürt, auch künftighin den lezten Kreutzer abzuzinsen, ja kraft Verbündnuss eben unserer Lehr: Leib und Leben vor das Allerhöchst Wohlsein darzureichen erbietig und bereit seynd. Ob unser Lebenswandel gottesförchtig, friedlich, ehrbar beschaffen, (wird) dem Ausspruch der gespannschafft überlassen. Nachdeme (wir) aber schmerzlich befahren, dass unsere älteren durch Lose gewählten Lehrer von Weib und unmündigen Kindern, ohnvermutet, abgesondert und zu den P. P. Jesuiten transferirt worden, jene in äusserster Noth und Bedrängnuss hinterlassend, auch jüngst und zwar den 30. (20.) Juni der Andrea Schmidt so doch kein Lehrer noch eine Lehre vorgetragen, in seiner Behausung urplötzlich aufgehoben und gefänglich hintan geführt worden ist, welches Schicksal, (wie zu vernehmen,) uns Armen leyder sämentlich bevorsteht; dahero eben Heinrich Schmidt, Tob. Pulmon und Jakob Walter bereits eine geraume Zeit im Flüchten herum zu wandern bemüssiget seyn, wo sie sich doch von Seite Kaiser Leopolds und Ihrer Majest. selbst bisher des gewünschten Schutzes erfreuten, versehen sie sich eines „allergnädigsten Befelchs", womit in hintansetzung aller gewaltsamkeit wir zur Annahme der kath. Religion angehalten und angefeyert werden mögen, wo entgegen das bissherige verfolg-verfahren mehr forcht und abscheu als Bekherung zum glauben in uns erweckt haben möchte! Euer k. k. apost. Majestät geruhen in Beherzigung der Beweg-Ursachen uns armen, nebst unserer glaubenslehre, nicht nur Allerhöchsten Gnaden-schutz zu gestatten, sondern auch, damit unsere Lehrer und Brüder wieder in Freiheit gestellt werden, allergnädigst Befehl zu ertheilen.'

y) Pfarrer Filo meldet den 9. Septb. 1761 dem Neitr. Comitate (lat. im Prim.-Archiv): Die Anabapt. sterben zu Sobot. ohne sich versehen zu lassen und begraben suo usu. Sie sind obstinater den je, und hart gegen die Abgefallenen, die sie von

der Communität ausschliessen. Sie haben noch eine Menge
Bücher im Versteck, namentlich bei Zach. Walter, Tob. Pulmon,
Andr. Schmidt, und dem Töpfer Jak. Müller. Ihren Gottes-
dienst halten sie ab in einem Presshause des Jak. Saitl.

z) Hofkanzlei-Erlass dto. Wien 10. Sept. 1761 an die
Statth.: Es möge an den 4 Wiedertäufer-Orten ein Stuhlrichter
oder sonst ein Commissär seinen Aufenthalt nehmen, die Zu-
sammentretungen der Br. überwachen, und dieselben, wenn
moderate Mittel nicht ausreichen, brachio satellitarum verhindern, zugleich aber auch darauf sehen, dass die Missionare
,debitos moderationis limites' in keinem Falle überschreiten.
Die sectischen Hebammen sind schlechtings durch katholische
zu ersetzen. (Com.-Archiv zu Pressburg.)

aa) Anzeige des P. Provinz. S. J. vom 29. 9. 761 an
die Statth. (Statthaltereiarchiv): Der steckbrieflich verfolgte
W. Täufer Jac. Schulz von St. Johann sei in Skalitz festgenommen, und in das dortige Jesuit. Colleg. gebracht worden,
habe sich aber von da heimlich entfernt, und gegen Mähren[1]
geflüchtet. (Statthaltereiarchiv.)

bb) Joh. Justus Heinrich Mayer von St. Johann, (derzeit
in Stuhlweissenburg), urgirt sub präs. 2./10. 761 bei der köng.
Statthalterei seine Freilassung, mit dem Beifügen, dass es ihm
gleich sei, ob er nach St. Johann oder einen beliebigen anderen
Ort gesendet werde, und unter Hinweisung auf den Umstand,
dass er am X^{ti} Himmelfahrtstage der h. Röm. Kirche einverleibt wurde, und dass ihm bei seiner Absendung gegen Stuhl-
Weissenburg von dem P. Missionär Delpini und dem Stuhlrichter zu Malacka gesagt wurde, sie würden, wenn er katholisch werde, Mittel schauen, dass er zu Hause bleibe. (Deutsch,
im Statthaltereiarchiv.)

cc) Der P. Jesuit. Provinzial Josef Kaller intimirt sub
28. Okt. 761 der Statthalt.: der Chyrurg Andr. Schmidt sei
am 12. Juli nach Kaschau in das Collegium gebracht worden.
Er besuche die Predigt, allein nur gezwungen. ,Homo pertinax,
Se prius, ait, omnia sua, vitam adeo ipsam remissurum, quam

---

[1] Auch sonst Viele entzogen sich der Abführung in die Correctionshäuser
durch die Flucht in die Wälder oder über die Grenze. (Statthaltereiarchiv.)

religionem suam'. ¹ Am 17. Okt. habe man den Heinrich
Schmidt von Gran gegen Ödenburg gebracht. Der behaupte:
man dürfe keine Religion missachten und Jeder möge in jener
beten, in welcher er geboren wurde! Obschon er Kost und
Pflege im Collegio tadellos findet, so will er nichts desto weniger
lieber in Szobotist von Brot und Wasser leben. ² Dagegen
habe Johannes Meyer am 18. Okt., nachdem er gebeichtet, und
die h. Communion empfangen, mit Reisegeld (3 fr.) ausgestattet,
in Begleitung eines Commissärs die Heimreise gegen St. Johann
angetretten (Statthaltereiarchiv). wo er Ende Okt. krank und
gebrochen ankam. (Ebenda.)

dd) Der Gen. Vikar an die Statthalterei, den 21. Nov.
761: Laut Eröffnung des P. Provinz. ex S. J. P. Fz. Ribicz
(dto. 17./11. 1761) sei nunmehr auch der in Comorn konfinirte
(Messerschmied) Tobias Pulmon zur Einsicht gelangt, und habe,
seine Gattin zu gleichem Schritte aneifernd, am 27. Sonntag
nach Pfingsten in der Jesuitenkirche zu Comorn öffentlich das
kath. Glaubensbekenntniss abgelegt. ³ (Statthaltereiarchiv.)

ee) Summarium aus den Relationen, welche A. aus den
Collegien und Missionen der P. P. S. Jesu de dato 17. Oct.
1761; B. von dem P. Emer. Rotari de präs. 28. Okt. 761;

---

¹ ,Pertinax haereticus', heisst es in der Relation des P. Rector Johann
Molnár an den Generalvicar ddo. Kaschau 7. September 1763 (im Statthaltereiarchiv), an dem sich P. Michalec und P. Carl Toiffel vergebens
abmühen. Derselbe stellt sich einfältig und spottet ihren Versuchen.
Man habe ihn frei im Hause herumgehen, später aber absperren und
mitunter fasten lassen, und ihm, was er am schwersten erträgt, jede Gelegenheit zur Arbeit entzogen und zwei Bücher abgenommen, ,sed frustra
fuerunt omnes eum convertendi conatus'. (in Kaschau). Aber auch er hat
schliesslich, laut Berichtes des P. Fodor Michael ddo. Erlau 18. Juni 1764,
gegen Erlau gebracht und durch P. Fischer bekehrt: ,Palinodiam cecinit',
worauf er, entlassen, nach Szobotist zurückkehrte. (Statthaltereiarchiv
zu Ofen.)
² Noch am 8. Mai 1763, ddo. Sopronii, meldet der dortige P. Rector Ernest
Abfalter: ,A. Episcopo. Rabulam hunc nec P. Sigismundi Schurian in-
stitutione commoveri potest, ut sectam suam abjuret.' Auch sonst seien
alle Versuche der PP. vergebens. ,Se in fide sua vivere et etiam martyrium mori velle ait.' Aber auch dieser ,conversus domum abiit'. Ende
Mai 1763. (Gran.)
³ In Folge dessen wurde ihm durch die Hofkanzlei, 18. Jänner 1762, die
Erlaubniss zur Rückkehr nach ,Sabatisch' (auf öffentliche Kosten) ertheilt,
wo er auch am 9. März eintraf. (Statthaltereiarchiv.)

C. von der Neitraër Comitats-Delegation dto. Sobotisch den 25. Okt. 761; D. von dem Trenchiner Pfarrer, Mart. Alex. Völcsey, Neitraër (Tit.) Canonicus, unterm 10. Nov. 761, und E. von der Pressburger Comit. Deputation, (bestehend aus dem Malacknër Dechant Helmut, den Pfarrherrn von Levar [Krssal] und St. Johann [Matulay], den beiden Missionären Zann und Delpini, dem Stuhlrichter Stirmensky und dem Jurassor Smrtics), dto. St. Johann 2. 10. 761, der könig. Statth. über die mit Erlass vom 31. Aug. 761 angeregten 31 Fragen erstattet wurden.

1. Es weilen dermal in den Collegien und Residenzen der P. P. Jesuiten, und zwar in Ofen: Zach. Walter seit 1./4. 1761, in Tyrnau: Heinrich Pulmon seit 17./3., in Stuhl-weissenburg: Joh. Mayer seit 17./3., in Comorn: Heinrich Müller und Tob. Pulmon seit 30. /3., in Gran: der obige Heinrich Müller seit 12. Mai (von Comorn transferrirt), in Raab: Heinrich Kuen, seit 14./4., zu Erlau: Abrah. Cseterle seit 6./4. 761 (A.); Andr. Schmidt zu Kaschau seit 18. Sept., Heinrich Schmidt (der Hafner): in Oedenburg (B.).

2. ,Veram fidem amplecti sunt': Johann Mayer in Stuhlw. am Tage X^u Himmelfahrt; zu Erlau Abraham Cseterle, den 30./7.; in Trenchin: Tob. Omsler, Christ. Sponer mit seinem Sohne und Jerem. Würth; in Levar nur die Else Pernhauer mit ihrem 9jähr. Töchterlein (A.); den 27. 3. 761: Johannes Lang in Sobotisch (B.).

3. In Trenchin und St. Johann haben die Br. kein Oratorium, in Levar ist es abgesperrt, den Schlüssel hat der Missionär (A.).

4. 5. In Trenchin erscheinen sie zwar bei den Predigten und Katechesen: ,sed omnia surda aure audiunt et absque fructu praetermittunt'; in Levar und St. Johann erscheint weder Jung noch Alt, in Szobotist seit 26. Apr. keine Seele (A. B.). ,Initio frequentaverunt, successive autem defecerunt' (A. B. C.).

6. 7. Der Parochial-Jurisdiktion unterwarfen sich nur die Trenchiner; die Levarer nur bezüglich der Taufe, eben so die von St. Johann (A. B.) und Szobotist, wo Zach. Walter erklärte: ,se in omnibus subesse velle parochis catholicis, exceptis iis, quae ad fidem pertinent' (A.)

8—20. Sie kopuliren und begraben ,per suos ministellos', in der letzteren Zeit meist heimlich, ,puerperas non introducunt'. Die Nottaufe verschmähen sie (A. B. C. 9). Obschon man ihnen

zu wiederholtenmahlen eine Menge Bücher abgenommen hat,
so sind deren noch viele vorhanden. ,Plurimas absconderunt
(*A. B.* 10). Trenchinienses libris cathol. utuntur, Szobotistienses,
Levardini et in S^{to} Joanne oblatos simpliciter respuunt' (*A. D.* 11).
In Levar wurde der Schulmeister abgesetzt. Sie unterrichten
nunmehr ihre Kinder zu Hause (*A. B. D.*) und weigern sich
dieselben in die kath. Schule und zur Kirche zu schicken
(*A. B.* 15). Sie haben mitunter heimliche Zusammenkünfte, so
in St. Johann: bei Ad. Würth, in Levar und Szobotist: hie und
da in Winkeln und Gärten, wo sie ihre Gebete abhalten (*A. B.*
16. 19. 20). Rathschläge für ihr Verhalten pflegen sie einzuholen bei Herrn Joh. Jeszenak und Herrn Michael Zarnoczay
(in Szenic), der ihnen die Instanz wegen der Toleranz verfasst
haben soll (*B. D.* 17). Von ihren Hebammen wollen sie sich
nicht trennen (*A. B.* 18). ,Quod Regiis dispositionibus circa
sectam suam non obtemperent, causa est: α) innata omnibus
sectariis pertinatia erroris, β) apud hos: ruditas magna, qua
persuadent sibi, se esse solos electos ad aeternam haereditatem,
γ) metus, ne, si catholici fiant, quoad onera omnia, instar igno-
bilium, tractentur, δ) juramentum praeterea et confoederatio,
qua se recens obstrixerunt, non deserendi communitatem suam,
ε) favor etiam patronum, et spes libertatis, si perseveraverint
et immutandi Decreti Regii (*A. E.* 11), η) vitae libertas et uxo-
rum retrectatio (*C*).

21—22. In Szobotist seien sie, so behaupte Zach. Walter,
bezüglich der Gemeindelasten gleich anderen Steuerpflichtigen
behandelt worden, in St. Johann dagegen exempt gewesen (*A.*).
In Trenchin: contribuunt Magistratui civico (*D.*), in St. Johann
sind sie insbesondere frei von der Zugrobot und von der Einquartirung (*A.*).

23—31. In Szobotist besitzt die Communität, (teste Zach.
Walter), educillum, molam, pratum, vineam, (pomerium), quae
omnia olim empta sunt parato aere, a fratribus Hollandis misso.
(In Levar und St. Johann besitzen sie kein Gemeingut.) *A.:*
Die Mühle ist eine herrschaftliche Zins-Mühle. Die Äcker
haben 90 Metzen im Ausmass, die Wiese 30 Falcat. Der
Weinberg 40 Fossor. Der Obstgarten ist bedeutend. An Schafen
besitzen sie 70 Stücke, dazu 6 Rosse. Ausserdem 3 grössere
Häuser (und 3 Häuschen für die minderen Gemeindediener).
In einem der Ersteren wohnt der Elteste, (Senior, Bischof) und

die Witwe seines † Vorgängers. *C.*: Das Gemeindegut wird durch einen Oeconomus, (derzeit Abraham Roth, vulgo Basterle), verwaltet, das Einkommen in 3 Theile getheilt. Der Eine dient zur Dotation der Minister und Lehrer, der 2te zur Erhaltung der Armen im Spital etc. dann der Witwen und Waisen, der 3te dient zur Berichtigung der Steuerquoten der verarmten Brüder *(A.).*

25. Privat- und Individual-Eigenthum besitzen sie in Levar, Szobotist und Trenchin, in Szobotist überdiess zusammen: 50 Metzen an Aeckern und 4 Weingärten, die einst der Communität gehörten und die sie im Zins besitzen. Zach. Walter bezog von der Gemeinde an Salar wöchentlich 1 fr. 30 kr. Rhein., das erforderliche Brennholz, für seinen Tisch das tägliche Brod und für Fleisch und Gemüse 30 kr. dann die bei Collecten einlangenden Gelder, die aber nie 6 fr. überstiegen [1] *(A. C. D.* 26. 30). Vom Vieh und liegenden Gründen contribuiren sie in die Gemeinde Cassa in Szobotist: 112 fr. 50 kr. Die Dicas führen sie an das Comitat ab, ebenso die Häuser- und Gewerbesteuer. Jeder Steuerpflichtige zahlt für sich. Die Frauen der confinirten Minister werden von der Gemeinde erhalten *(A. C. D. E.* 31). Als Ammen und Kindsfrauen sind die Frauen der Br. sehr beliebt und gesucht. Dermalen fungiren solche als Ammen in Wien bei den Grafen Kolonics, Würben und Traun, in Korlatkö und Tarnok bei den dortigen Grafen, in Bös bei dem Baron Amadé, in Bodok bei der Gräfin Berenyi, und an vielen anderen Orten *(A. C. E.).* (*A. — D.* lat. im Statthaltereiarchiv zu Ofen, *E.* im Com.-Archiv zu Pressburg.)

,A° 1761 schickte die kön. Hofkanzlei im Auftrage der Kaiserin und Königin einen Jesuiter an die zu Grossschützen, Sabbatisch, St. Johann und da herum wohnenden Brüder, sie von ihrem Glauben ab- und zum katholischen Glauben zu bekehren, als sie aber von ihrem Glauben nicht weichen wollten, sind sie in harte elende Gefängnisse und Klosterthürme gesperrt und so übel traktirt worden, dass viele darüber ihr

---

[1] *C.* fügt dem Obigen noch hinzu: ,Zach. Walter bezog jährlich c. 104 fr. im Baaren, Tob. Pulmon und Heinr. Kuen jährlich je 25 fr., und 15 Metzen Korn und 7½ Metzen Waitzen (nebst freier Wohnung).' *E.*: ,In Levar erhielt der 1te Minister 30 fr., der 2te 20 fr. Dem Schulmeister zahlte jedes Kind per Woche 3 Groschen. Auch er, sowie jeder der Minister, hatte Naturalwohnung.

Leben verloren. Darunter auch Heinrich Müller, ein eifriger
Lehrer und Diener des Wortes zu Schützen. Eine merkliche
Anzahl ist unter dem grossen Elend schwach geworden und
haben widerufen. Als sie aber frei geworden, hat manchen
seine That gereut und haben sich allmählig aus dem Lande zu
den Brüdern in Kleinrussland begeben, (dessgleichen A° 1784
in merklicher Anzahl, Männer und Frauen und Kinder, und
wurden daselbst mit vielen Freuden bey der Gemein auf und
angenommen'.) (Aufzeichnung unter den confisc. Levarer Acten.)

1762.

a) ,Den 29./1. 1762 starb bei den P. P. Jesuiten in Gran
Heinrich Müller von Levar, nachdem er 8 Monate in dem
Colleg verbrachte.' Derselbe wollte sich nicht bekehren. Er
starb, laut Berichts des P. Rektor, an der Apoplexie und wurde
extra cimeterium begraben. Er hatte im Hause eine eigene
Zelle, tria fercula täglich, Brot und Wein nebst Medicamenten.
Seine Verpflegung kostete 50 fr. Er hinterliess keine Schriften.
(Bericht des P. Rector Ad. Kereskeny an den Erzbischof dto.
Gran 30./1. 762 in Gran.)

b) Gutachten des Primas-Erzb. Barkóczy dto. Tyrnau
30. März 762 an die könig. Statthalterey, wie das Werck der
Bekehrung der Anabapt. gründlich durchzuführen wäre. (Orig.
lat. im Statthaltereiarchiv.) ,Clausis privatis eorum oratoriis
omni die Dominico et festo cogantur adire ecc. cath^cem ad au-
diendam concionem et catechesim. Fides enim ex auditu,
auditus autem per verbum X^ti. Cassentur, et ni abstineant,
proscribantur obstetrices anabaptisticae. Quoad omnes omnino
Parochialis jurisdictionis externae actus teneantur dependere
a Parocho loci. Priventur bonis communibus, adjumentum ad
sectam suam eis praebentibus, et constituatur Oeconomus, qui
Communia id genus bona administret, fructumque eorum dis-
penset in loci pauperes Catholicos, praecipue a secta Anabap.
ad fidem conversos. Comitatui mandandum: ut unum Judlium
in facie loci morari executionique praemissorum attendere ju-
beat, qui praevaricatores et, si tota communitas vel potior
pars deliquerit, primipilos setricis aut baculis pulsari, recidivos
compedibus vinciri et in carcerem conjectos, alternis diebus
jejunio macerari curet. Reliquis locorum incolis severe man-
detur, ut exmisso Judici Nob. viritim assistere teneantur. Posset

practerea ordinari, (pro acceleranda executione,), ut congruam subsistentiam Magistratus Deputatis Anabaptistae suo impendio praestent.'

c) Statthaltereierlass vom 17. Mai 1762 an das Neitraer Comitat. (Statthaltereiarchiv.) Mit Bedauern habe man erfahren, dass die bisherigen Dispositionen bei den Anabaptisten nichts nützen, dass diese den kön. Anordnungen keine Folge leisten, sich zu Szobotist, wie vordem, (bei Isak Baumgarten) versammeln und dort singen und beten, ihre eigenen Hebammen benützen, die Predigten und Katechesen des Missionärs meiden, die Wöchnerinen vom Fürgang abhalten, und neulich den † Sebast. Ruth zur Nachtzeit auf dem Gottesacker bestatteten, wobei ein Szobotister als Ministellus fungirt habe. Auftrag: α) diesen zu eruiren und sofort ohne Aufsehen zu den Jesuiten nach Comorn, den Isak Baumgarten aber in das Jesuiten Collegium nach Tyrnau bringen zu lassen, die übrigen Irrgänger aber ‚serie et destrictim admonere‘, die könig. Milde nicht zu missbrauchen, β) nach den hie und da verborgenen Büchern zu fahnden, und desshalb auch bei Jak. Seitl unverhofft nachzusehen, endlich im Nachhange zu der dem Comitate mit Erlass vom 17. Sept. 761 intimirten köng. Resolution vom 17. Sept. 1761 sich gegenwärtig zu halten, dass die Anabaptisten debito moderamine et absque tumultu zur Raison zu bringen sind, und dass sie in allem und Jedem den ergangenen Anordnungen sich zu fügen bequemen müssen!

d) Weisungen der Statth. vom 17. Mai 1762 an das Pressburger Comitat (im Com. Archiv) mit dem Ausdrucke, wie missliebig es erscheine, dass die bisherigen Erlässe (in Levar und St. Johann) wenig Erfolg hatten. Man höre, dass die Brüder daselbst fortwährend Convente halten, den Schulmeister wieder installirten, und ihre Hebammen nicht entfernen wollen etc. Auftrag: den Schulmeister festzunehmen und zu den P. P. Jesuiten nach Raab zu schicken, die härct. Hebammen durch kath. zu ersetzen. (Im Uibrigen die gleiche Anordnung wie sub *f.*)

e) Statth. Erlass vom 21./5. 1762: dass Heinrich Kuen, weil er in den Schoss der kath. Kirche (bei den P. P. Jesuiten zu Raab) zurückgekehrt ist, frei und ledig nach Szobotist zu entlassen und zu bringen sei. (Gran im Prim.-Archiv.)

f) Erlass der Statth. dto. Posonii 3. Juni 1762 (1.) an das Pressburger und (2.) an das Neitraër Comitat. (Im Statthalterei- und Pressburger Com.-Archiv.) ‚Caes. Reg. Maj. illibenter profecto intellexisse, Anabaptistas Levard. et Szobotist. se ulterius etiam conventicula sua et exercitium Dogmatis sui continuare atque etiam nunc omnia ferme in priori defectu constituisse‘, und dass sich bisher Niemand gefunden habe, ‚qui contumaces sectarios ad obediendum Iussis Regiis compellat‘. In Folge dessen verschärfte Weisung: nach der Anordnung vom 17. Sept. 1761 vorzugehen, an die Stelle des sect. Schullehrers einen kath. einzuführen, den Hebammen das Handwerk zu legen, jedoch möge der exponirte Commissarius ‚bona et convenienti modalitate corrigere et emendare‘.

g) Bericht des Stuhlrichters von Malacka, Cas. Stermensky dto. Malacka 10. Juni 1762: Inclytae Cottus (Poson.) Universitati (im Com.-Archiv). Er habe den Jurassor Smrtics nach Levar geschickt, um den Schullehrer gegen Raab zu bringen. Allein die dortigen Weiber machten einen solchen Tumult, dass er in Gefahr, misshandelt zu werden, die Festnehmung aufgeben und die Flucht ergreifen musste. Am 6./6. sei St. selbst nach Levar gekommen, habe sich in Begleitung des Dechants Helmut und der geistlichen Herrn von Levar und St. Johann in den Bruederhof begeben, wo er die Frauen antraf ‚lamentantes et ejulantes‘. Die Männer hielten sich verborgen. Seinen Versprechungen gelang es eine kleine Anzahl derselben endlich zusammen zu bringen und diesen habe er in deutscher Sprache die Frage gestellt: 1. Warum sie zu den Vorträgen des P. Missionärs nicht mehr kommen, 2. warum sie sich in Bezug auf Copulationen und Begräbnisse den Anordnungen des Ortspfarrers entziehen, 3. ob sie ihren Gottesdienst auch fernerhin aufrecht zu halten gedenken, 4. warum sie ihre Hebammen nicht verabschieden, 5. wie sich ihr Lehrer unterfangen konnte, die gesperrte Schule zu eröffnen und die Jugend darin zu unterrichten, 6. ob sie ihn zur Abführung in das Colleg. der P. P. Jesuiten nach Raab gestellig machen wollen und wo er actu verborgen sei. Die Antwort darauf sei gewesen: ad 1. an den Predigten des P. Missionärs hätten sie kein Gefallen, und obschon sie glauben, dass auch die Katholiken selig werden können, wollten sie doch bei dem Glauben, in dem sie geboren und erzogen wurden, bleiben, und lieber Hab und Leben lassen, als diesen verlassen und den Jesuiter fernerhin anhören; ad 2. die Jurisdiction des Pfarrers anzuerkennen wäre gegen ihre Glaubens Lehre; ad 3. zu ihrem Gottesdienste seien sie früher öfters zusammen gekommen, nunmehr halten sie ihre Andacht zu Hause; ad 4. ihre Hebammen nehmen sie in Anspruch, weil sie keine besseren haben. Sie werden übrigens auch von kathol. Frauen gerufen; ad 5. und 6. ihre Jugend werde jetzt durch einen Br. unterrichtet ,ne vagaretur'. Den Lehrer gestellig zu machen, sei ihnen unmöglich, weil er flüchtig, und sie seinen Aufenthalt nicht kennen. Zudem hätten sie schon Frauen genug daheim, die ihrer Gatten, und Kinder, die der Eltern beraubt sind. Die Jugend in die kathol. Schule zu schicken, würden sie sich nimmermehr bequemen. Es möge, wenn es nicht anders sein kann, jeder die Seinen daheim unterrichten. ,Argumentationes nostras surda aure excipiunt et omnes monitiones contemnunt.' Würde ich, (setzt der Stuhlrichter hinzu), cum neglectu vitae, in ihrer Mitte meinen Aufenthalt nehmen: nihil me effecturum sperem α) ,propter contemptum personae, β) propter non expertam vim et de non observantibus mandat. Reg. non subsequutam poenam, γ) quod semper bona modalitate, absque adhibita vi, cum ipsis agatur, δ) propter exulceratos contra P. Missionarium animos'. In gleicher Weise habe er am 8. Juni in St. Johann den Anabaptisten das hohe Intimat auseinandergesetzt. Obschon schweigsamer, als die Levard., erklärten auch sie im Einklange mit diesen, ,in dogmate suo ac praecedente consuetudine perseveraturos', und baten fortziehen zu dürfen, ,quo ipsis placeret'.

h) P. Valent. Kery, Rector S. J. in Tyrnau, meldet Archiepiscopo dto. 25./7. 762, dass Heinrich Pulmon, der seit 17. 3. 761 (!) im Collegio weilt, und von P. Huber fleissig unterrichtet wird, in seinem Irrthum unbeugsam sei. (Gran.)

ι) Relation der Pressb. Comit. Deputation an die Statthalterei dto. Malacka 2./8. 762, dass sich die Br. von Levar seit 25. Juni vom Hause fern halten, aus Furcht, gleich anderen, zu den P. P. Jes. abgeführt zu werden. Am 1./8. habe man abermals den Versuch gemacht, sie zu kapazitiren, allein umsonst. Die Hebammen sind entfernt, ein kathol. Schulmann, Andre, ein Lizent. Theologiae, ausgemittelt, mit 60 fr. Gehalt oder Bezug des Schulgeldes. (Pressburger Com.-Archiv.)

k) Gesuch der Brüeder von Trenchin, Szobotist, St. Johann und Levär de präs. 3. August 1762 bei ‚dem k. k. Hungarischen Hof-Consilium' überreicht, worin sie bitten, sich ihrer zu erbarmen in ihrer Noth, indem man nach ihnen fahndet, um ihrer noch mehr wegzuführen, wobei ihre Häuser veröden und sie demnächst armutshalber Zins und Gaben zu leisten ausser Stande sein werden. ‚Ihr fussfälliges Bitten' gehe daher dahin, ‚von ihnen die Verfolgung abzuziehen und Ihnen zu erlauben, bei ihrer Glaubens-Lehre und Ordnung zu verbleiben und ihren entführten Brüedern die Freiheit zu geben.' (Abschrift in meiner Sammlung.)

l) Königl. Resolution dto. Wien 2. Sept. 762 an die Statth. und von dieser mit Erlass vom 6ten Sept. 1762 den 3 Comitaten zu Neitra, Pressburg und Trenchin intimirt, des Inhalts: Es sei der Wille Ihr. Majestät, dass die Sectirer zu der Herde Xti zurückgebracht werden und sich den Landesgesetzen unterwerfen. Obschon mit Rekursen und Vorstellungen behelligt, sei Ihr. Maj. nicht gewillt, ‚in aliqua ratione recessum facere', vielmehr gesonnen, ‚salutarem scopum' mit energischen Mitteln anzustreben. Es werden darum *z)* die Vicegespane angewiesen: ‚praevaricatores coercendi', die Anabaptisten überhaupt zum Besuche der Kirche und der kath. Predigten zwangsweise anzuhalten, die Comunitäten, wenn die Execution schwer durchzuführen wäre, aufzulösen, und die Familien-Väter, die bisher gleichsam wie in einem Hause, in einer Familie lebten, von einander zu trennen, im Orte zu dislociren und in ihre Behausungen ‚facto cambio' andere Inwohnern einzulegen. Helfe auch diese Correction Nichts, sind ihre gemeinschaftlichen Grundstücke und Einkünfte, aus denen sie ihre Lehrer, Armen etc. erhalten, zu sequestriren. (Pressb. Com.-Archiv.)

m) Christoph Mayer S. J. Rector, Budae 18. Septb. 763. A. Episcopo: Zacharias Walter, der in dem Colleg. seit 1. 4. 1761 confinirt sei, verharre hartnäckig in seinem Irrglauben. Vergebens versuchte P. Hessl, ‚unser Sonntagsprediger', denselben abzubringen. Eben so wenig gelang es bisher dem P. Ignaz Hain, dem Minister des Collegiums, welcher 12 Jahre in Oberöstreich Missionär war. Walter erklärte, er wolle eher Alles leiden, und über sich ergehen lassen, als das Gelöbniss, das er zu Szobotist auf den Knien machte, brechen und treulos werden. [1] Fuit doctor Anabaptistarum annos 9, superintendens: annos 16. Est omni Rabino pertinacior', fügt der Bericht hinzu. (Orig. in Gran.)

n) Bericht des Trenchiner Vize-Gesp. Ordody: Archi-Episcopo dto. 27. September 1762, dass nur noch 16 Anabapt. in Cottu existiren, die Uibrigen schon A° 1761 kath. geworden sind. Verdienst der Jesuiten ‚et Judicis Curiae Regiae'. Drei der Renitenten habe er incarceriren lassen. ‚Territi tunt timore sequestrationis'.

Den 19. Oktober 762 meldet Ordody (de Also Liesko): dass in Trenchin bereits kein W. Täufer bestehe. (Gran.)

o) Relation des Pressburger Vice-Gesp. Franz Takacs an die Statth. dto. 14. Nov. 762. (Lat im Com.-Archiv.) Er habe in Folge Anordnung vom 6. April 762, am 30. Okt. zu St. Johann amtirend, bei den W. Täufern weder gute Worte noch Drohungen gespart, auf die Frage, ob sie nachgeben wollen, jedoch von der Mehrzahl zur Antwort erhalten: die herabgelangten Mandate seien ihrer Lehre zuwider, daher nicht zu befolgen. [2] Man möge mit ihnen machen, was man wolle, sie wären bereit, Alles über sich ergehen zu lassen. Auf diese Erklärung habe er dem Lichtenstein'schen Provisor die Translocation ihres Chorführers Ad. Wirth, welcher entflohen ist, aufgetragen und die Wöchnerinen Mayer und Egel mit Gewalt zum Fürgang führen lassen.

In Levar fand sich von den älteren Täufern keiner ein. Von den Jüngeren, die sich stellten, fing Joh. Keller an die Renitenz zu vertheidigen und die Versammlung erklärte: sich den Anordnungen nimmermehr zu fügen. Da habe er den

---

Keller verhaften lassen. Die herbeigelaufenen Weiber entrissen ihn aber den Händen der herrschaftlichen Haiducken und machten einen solchen Tumult, dass er (Vize-Gesp.) es rathsam fand, sich aus dem Staube zu machen.

1763.

a) Trenchinii III° Januari 763. Ausdruck der Anerkennung des Eifers, welchen der Vize-Gespann Christoph Ordody bei der Bekehrung der im Comitate ansässigen W. Täufer an den Tag gelegt hat, ausgesprochen in voller Comitatsversammlung und in das Protokol eingetragen. (Trentschiner Prot. Nr. 19.)

b) Szobot. den 15. Jänner 763. Gf. Jos. Niary, (Composessor von Berencs), an die Statth., bedauernd, dass die begonnene Bekehrung der Anabaptisten in Szobotist ins Stocken gerathen ist, und macht Propositionen bezüglich der ihnen abzunehmenden Gründe und Häuser und ihrer Translocirung, beifügend von dem Tardyschen Vorschlage abgehen zu wollen. (Statthalterei-Archiv.)

c) Szobotistii XX. Januarii 1763. Franc. Bacskady, Vice Comes Nitriens. Cottus: Reg. Loc. Consilio. (Im Statthaltereiarchiv.) Als er nach Szob. kam und die Wohnungen der Täufer verlassen fand, habe er den Flüchtigen nachforschen lassen und erfahren, dass sie nach Mähren, Wien und Pressburg geflohen sind, obschon sie von seiner Ankunft keine Kenntniss haben konnten, die nur den Grundherren bekannt war. Den zurückgebliebenen Frauen sei eröffnet worden, dass die Flüchtigen die Kosten der Commission zu tragen haben! Zur Predigt erschien weder Jung noch Alt. Die renitenten Frauen sofort zu züchtigen oder zu arrestiren, habe er nicht rathsam gefunden, dagegen die Transferirung der Häupter und von 12 Familienvätern ,ad domos aliorum colonorum' verfügt, und sich sodann auf den Heimweg gemacht.

d) Ein geharnischter Erlass der Statthalterei dto. III° Februarii 1763 an den obigen Vice Gesp. Bacskady, worin ihm die Oberflächlichkeit und Lässigkeit in der Behandlung der seit mehr als einem halben Jahr verschleppten Anabaptisten-Angelegenheit ernstlich gerügt, und in gemessenen Worten aufgetragen wird, sich zu rechtfertigen, warum er den an das Comitat ergangenen vielfachen und wiederholten Weisungen gar nicht oder so unvollständig (haud provide et exacte) nachgekommen ist. Derselbe habe sich sofort gegen Szobotist zu

verfügen, und in Gemässheit der (angeschlossenen) Instruktion[1]
zu operiren, und über die Ergebnisse von 14 zu 14 Tagen
Bericht zu erstatten. (Statthaltereiarchiv.)

e) Weisung der Statth. dto. 3. Febr. 1763 an die Comit.
Pressbg. und Neitra: Die von ihren (kath. gewordenen) Män-
nern aus Trenchin weggegangenen Frauen, die sich derzeit in
Levar (und zu Szobot. oder Miava aufhalten), aufzuheben und
unter sicherem Geleite nach Trenchin zurück zu senden.[2]
(Statthaltereiarchiv.)

f) Parochus Levard. Sim. Krssal A. Episcopo dto. 28. Feb.
1763, dass die W. T. vor der auf den 25./2. angesagten Commission in die Wälder flüchteten, nur wenige katholisch wurden,
und von Kindern nur 36 in der kath. Schule erscheinen. (Gran.)

g) Szobot. 2º Martii 763. Vicegespann Bacskady berichtet
der Statth. (Statthaltereiarchiv): Die W. Täufer, der Mehrzahl
nach flüchtig, verharren in ihrem Widerstande. Als er am
25./2. denjenigen, die er zusammentreiben konnte, in Gegenwart des Ortspfarrers und des Missionärs die Willensmeinung
der Regierung, (der Weisung vom 3./2. ‚satisfacturus‘), eröffnete
und dieselben aufforderte, am 29. 2. bei sonstiger Ahndung
bei der Predigt zu erscheinen, wagte es der Joh. Wolmann, zu
widersprechen, und wurde deshalb sofort arretirt. Am Sonntag
(27./2.) erschien Niemand in der Kirche, und als er sie deshalb

---

[1] Im Ganzen eine summarische Wiederholung der seit 2. September 1762
contra Wiedertäufer in Bezug auf deren Conversion erlassenen Verordnungen, mit der weiteren Weisung: alle Anabaptisten in ‚Sabatisch‘ zu
conscribiren und die Conscribirten zum Besuche der Messe und Predigt
anzuhalten, mit Androhung der Züchtigung Jener, die sich absentiren.
Der Friedhof derselben ist zu sperren und dem Volke zu eröffnen, dass
sie auf eine Wiederherstellung des Status quo nicht hoffen, Ihre Majestät
mit Recursen, denen stets ‚praesiora et severiora mandata‘ auf dem
Fusse folgten, nicht behelligen mögen. Es sind vertraute Personen aufzustellen, welche sie überwachen. Ihre Nachtwächter sind zu entfernen,
ihre Correspondenzen zu sequestriren, die Flüchtlinge zu strafen. Das
Auslaufen nach Levar und St. Johann ist bei Strafe zu verbieten. Sollte
endlich dieses Correctionsmittel nicht ausreichen, ‚communes fundi et bene-
ficia iisdem adimantur. Zu welchem Zwecke, habe Ihre Majestät angedeutet.

[2] Am 10. April 1763 zeigt der Vicegespann Ordody: Archiepiscopo an, dass
fünf der gedachten Frauen, (darunter die des Jeremias Wirt. des Jakob
Penkert und Tobias Omssler), zurückgekehrt und am 6. April 1763 ebenfalls katholisch geworden sind. (Gran.)

zu Rede stellte, hätten sie trotzig erwidert, auch fernerhin den
Anforderungen keine Folge leisten zu können. Wegen dieser
Missachtung kön. Mandate und der ‚protervugas et pervicaces
responsiones‘, die sie gaben, habe er 6 derselben, als: den
Josef Srpar, alias Dluhy (auch Keller genannt), Andreas Müller
(alias Fousaty), Tobias Wolmann (alias Lžičkar), Josef Polman,
den Isak Baumgarten und den Jakob Saitl, von den Weibern
aber die Gattinen [1] des Zacharias Walter, (so in Ofen weilt),
und des Heinrich Schmidt, (der in Ödenburg eingesperrt ist),
festnehmen und in Gewahrsam legen lassen. Hiedurch nichts
weniger als eingeschüchtert erschienen sie auch Tags darauf
in der Kirche nicht, sandten auch ihre Kinder nicht.

An verdächtigen Büchern wurden nur 2 Stück aufge-
trieben, die Schlüssel des Friedhofs dem kath. Pfarrer eingehändigt. Am 1./3. wurde ihnen endlich ihre Verlegung in
andere Häuser in Aussicht gestellt, was sie ‚surdis auribus‘
entgegen nahmen. Nur Joh. Kleineder protestirte gegen einen
solchen Gewaltact, und wurde sofort dem Büttl überliefert.
Von den Verhafteten wurden 4 (5) ins Comitatsgefängniss
gegen Neitra abgeführt, Margareth Ruth durch Haiducken zur
Kirche gebracht. Mit gelinden Mitteln komme man hier nicht
an's Ziel. Darum habe er am 2./3. mit der zwangsweisen
Transferrirung der Familien begonnen und auch die Wegname
ihres Gemeinde - Eigenthums sei unerlässlich. (Statthaltereiarchiv.)

h) Der Vizegespann des Pressburger Cottus berichtet den
4./3. 1763 dem Comitate, welche Bücher er in Levar konfiscirt,
und der Statth. eingesendet und welche er dem Missionär zur Re-
vision übergeben habe, (nach dem Verzeichnisse meist Bibeln
[Zwingli. und Luther.] und diverse Gesangbücher). Zulezt Bitte:
dem Bekehrten Tob. Sponer, der alt, gebrechlich und hilflos

---

[1] Laut Berichts des Pfarrers Filo, ddo. Sabatisch, 21. März 1763, Archiepiscopo, wurden diese Frauen, Susanna Walter und Margarethe Schmidt,
in die Correction nach Skalitz gebracht, wo sie am 17. April 1763 bei
den Jesuiten katholisch wurden. Ebenso sind die nach Neutra gebrachten
fünf ‚Sabatischer‘ Wiedertäufer Seidl, Baumgarten, Keller, Müller und
Tobias Pulmann, laut Bericht des Bacskady vom 17. April und des Pfarrers
Filo, in sich gegangen und haben am 16. April 1763 in des Ersteren
Gegenwart in der Franziskanerkirche zu Neutra das katholische Glaubensbekenntniss abgelegt. (Gran und Ofen.)

sei, sowie der bekehrten Witwe Robil in ihrer Armuth eine Subvention zukommen zu lassen. (Statthalteroiarchiv.)

i) Vizegesp. Bacskady 6ᵗᵒ Martii, der Statthalterei: Obschon er die widerspänstigen Sobotischer mit Gewalt („vinctos‘) in ihre neuen Behausungen abführen und daselbst bewachen liess, so seien sie ‚retractis vigiliis‘, sofort auf und davon gegangen, und halten sich versteckt. Uiber die konfiszirten Güter der Comunität habe er den Georg Filo zum Sequester bestolt. (Ebenda.)

k) Tyrnau 5./8. Mai 1763. P. Valent. Kery, Rector des dortigen Jes. Colleg. A. Episcopo: Henricum Pulmonem catholicae fidei tandam, (nach 2jähriger Dentention), munus dedisse. Dank den Bemühungen des P. Huber. (Gran.)

l) Cancellar. Franc. Esterházy. A. Episcopo. dto. Vienna 7./3. 1763: Die Anabaptisten hätten neuerdings bei Ihrer Maj. supplicirt und diese: deflexisset a pristina sua intentione‘, wenn nicht ‚nostra cooperatione‘ dem vorgebeugt worden wäre!! So bleibe es beim Alten! (Gran.)

m) Pfarrer und Dechant Helmut dto. Stampfen 14./3. 1763 A. Episcopo: Die Anabaptisten haben Ablegaten nach Wien geschickt, um Patronanzen zu suchen. Der Vize-Gespann liess einige Rebellen gefänglich gegen Somerein abführen, und andere, die zur Kirche zu kommen sich sträubten, mit Stockschlägen züchtigen. ‚Severe procedit!‘ (Gran.)

n) Die Religions-Commission der ung. Statthalterei, (Vorsitzender: Georg Klima, Bischof von Fünfkirchen), verordnet den 12. 3. 763, dass Tob. Sponer an das Waisen- und Versorgungshaus zu Pressburg, dessen Verwaltung den Kreuzherren mit dem rothen Stern anvertraut ist, zur Versorgung überwiesen werden soll. Für die Witwe Robil und ihre beiden Kinder dagegen möge der Vizegespann bei dem Graner Capitel, wo es Stiftungen zur Unterstützung armer Convertiten gebe, und ‚allenfalls bei der alma Confraternitas Sti. Stefani in Pressburg, ‚in pios hujusmodi usus errecta‘, um Unterstützung einschreiten. Der Statthalterei fehle es an einem Fonde für solche Zwecke.

Weiter soll in Pressburg nach den Frauen, die ihre in Trenchin katholisch gewordenen Männer verliessen, geforscht und Sorge getragen werden, dass sich die Letzteren (‚arresto soluti‘) nicht von Trenchin absentiren. (Statthaltereiarchiv.)

o) Vizegespann Fz. Takacs Consilio Loc. Tenentiali dto.
Levar 17. Martii 1763: Die Bekehrung nehme in Levar guten
Fortgang. Von den nach Pressburg abgeführten renitenten Levarern sind 6 katholisch geworden. Dagegen verweigerten die
St. Johanner die Unterwerfung, erklärten sich jedoch, bis auf
den Jakob Scholz, der abermals arrestirt wurde, zu Allem bereit, als Einige derselben scutica percussi sunt! Die gleiche
Züchtigung wurde in Levar Jenen zu Theil, die sich unbefugt
nach Klein-Schützen (und Szobotist) zurückzogen. Als man
endlich um Bedenkzeit bat, um sich mit den nach Wien entsendeten Deputirten[1] zu beraten, und die bewilligte Frist den
14., 3. ablief, erklärten sie ihre Unterwerfung und gingen sofort
(39 Männer) zur Kirche. An demselben Tage Nachmittags
kamen die Erwarteten von Wien zurück, und referirten: sie
hätten daselbst der Kaiserin, als sie mit dem Kronprinzen aus
dem Garten in die Burg zurückkehrte, die Instanz um Toleranz überreicht, allein von dem Hofkanzler nach 3 Tagen
durch den Secretär die Weisung erhalten, nach Hause zu gehen
und dort den Bescheid abzuwarten!

,Fürst Auersperg, der ihnen in Schönkirchen seine Verwendung bei dem Hofkanzler zugesagt, habe ihnen, als sie ihn
zu Wien begrüssten, rundweg erklärt: Er könne ihnen nicht
helfen und empfahl ihnen sich zu fügen. Von der Verhaftung
dieser Sendlinge habe man, obschon sie nach dem Erlasse
vom 7./3. Statt finden sollte, abgesehen, in Anbetracht dessen,
dass sie sich freiwillig einfanden, und Gehorsam gelobten.

Um die köng. Resolutionen nicht zu elludiren habe er
die Familienväter aus dem Bruderhof entfernen, und unter die
Oppidanen in kath. Häuser vertheilen lassen und alle Diejenigen, welche Gehorsam verhiessen, der anwesenden Geist-
lichkeit überwiesen, die renitenten Wöchnerinen aber mit Arrest
belegt. Nach dieser Vorlage sind schliesslich (17./3.), nachdem
auch Jak. Schulz den harten Sinn erweichte, ,omnes Anabaptistae in ovile X^{ti} reducti',[2] bis auf den Adam Wirth, der
in Somerein gefangen sitzt. (Statthaltereiarchiv.)

---

[1] Als: Josef Horn, Adam Müller, Andre Egel, Heinrich Horn, Adam Wirth
und Johann Pernhauser von Levar und Heiurich Müller von Sabatisch.
[2] Im gleichen Sinne meldet Pfarrer Matulay am 19. Jänner 1763 dem Ordinariate: ,Das opus Conversionis sei in St. Johann vollendet.' (Gran.)

p) Summe der Anabaptisten, welche sich A° 1763 bekehrt haben (ex Catalogo in Gran):
I. A die 11. Martii usque finem Aprilis: 1. in oppido Levard: verheirathete Männer: 68, (darunter Leute von 85 Jahren), Frauen: 31, junge ledige Leute: 37. 2. In oppido St. Joannis im Ganzen 79, darunter 50 Verheirathete. 4. In oppido Szobotist: 114. 4. In oppido Trenchinii: omnes. II. 17. Maji 1763: in Levar 144, in Szobotišt 137; (den 27. Mai 1763, laut Berichts des Pfarres Filo, bereits omnes [?]). *q)* Nicolai Schmidt S. J. Rectoris Jaurin. ralatio dto. Jaurin. 29. Martii 1763. A. Episcopo. (Gran.) Der in das Colleg. gebrachte Levarer Schulmeister Paul Ambsler, ‚homo pervicax‘, verharre in seinen Irrthümern, allen Lehren und Vorstellungen des deutschen Predigers P. Michael Hofmann zu Trotz! ‚Ich bleibe, so sagte er, wer und was ich bin. Hätte ich mich bekehren wollen, wäre ich nicht hier.‘ Die ihm gereichten Bücher würdigt er keines Blickes. [1] (Gran.)

r) Vice-Comes Nitriens. Joh. Tomka, Locumt. Consilio, dto. 31./3. 763. Um den Starrsinn und Ungehorsam in Szob. zu brechen, habe er zu Leibesstrafen greifen müssen. So habe Abrah. Roth, (alias Basterle), der ehemalige Ökonom der Br. erst nach dem Empfange von 3 Hieben (scutica) in die Kirche zu gehen versprochen. Unter 16 Vorgeladenen waren 2 Obstinate, der eine derselben, (Jak. Albrecht), erhielt 8 Hiebe, Johannes Schmidt,[2] der Sohn des Andr. Schmidt, 18 Stockstreiche, bevor er sich bequemte, den Besuch der Kirche zu geloben. Joh. Tonkler sei mit Weib und Kindern entflohen. (Gran.)

s) A. 1763 wurden bis zum 17. Mai unter die bekehrten Anabap., jussu A.-Ep., vertheilt an kathol. Büchern 400 Stück = 100 fr., an Geldunterstützungen in Szobot. allein 70 fr. (Gran.)

t) Der Gen. Vikar Gf. Fz. Berchtold verlangt dto. Tyrnau 18. Mai 763 Dispensen für die Pfarrer in Levar und St. Johann

---

[1] Allein schon den 20. Juni d. J. berichtet der P. Rector Archiepiscopo, dass er, (Ambster), ‚fidei cath. veritatem agnovisse‘. (Gran.)

[2] Laut eines einem Verwandten zugedachten Zettels ‚hat man drei stecken an ihm zerbrochen, und wies ihm ist bissl gehalten worden, hat mans ihm wider wollen so machen, bis er es gethan hat, und ist im ganzen Schützen und Szobotisch kein einziger Mann und auch kein Weib mehr, die es nicht schon hat miessen thun.‘ (In meiner Sammlung.)

zu den im verbotenen Grade eingegangenen Ehen der ‚Neubekehrten'. (Gran.)

u) 1763. Latein. Gesuch des Zach. Walter an Ihre Majestät lautend, um eine Unterstützung in der Armuth und Noth, in der er sich, alt und gebrochen, sammt seinem Weibe befinde. (Gran.)

Auf diese Instanz resolvirte Primas A.-Episc. unterm 21. Jänner 764, dass ihm ex cassa Pauperum eine Sustentation zu verabreichen sei. (Ibidem.)

1764.

a) Anno 1764 ist die Verfolgung auch über die Brüeder zu Wintz in Siebenbürgen vnd an einigen andern Orten angebrochen. Erstlich wurden sie mit Gefängnuss gequält, dass etliche sich weisen liessen und abfielen. Ihr Lehrer und Diener des Wortes, Namens Joseph Gor, wurde aber mit einigen Brüdern, die zu ihm standen und beständig blieben, des Landes verwiesen. Gott führte sie in die Wallachey, da sie einen Ort des Aufenthalts fanden. Dahin ist den auch eine merkliche Anzal der Brüder aus Siebenbürgen geflohen. Es folgte aber bald darauf der Krieg zwischen Russland und der Türkey. Da sie nun von den Wallachen beraubt vnd sehr vbel zugerichtet waren, wandte sich das arme elende Häuflein zu dem komandirenden Russisch-kais. General Feld Marschal Romanzow, welcher aus herzlichem Mitleiden sich der verjagten Leute annahm und sie bis hinter Baturin in Klein-Russland, auf seine Güter, in das Dorf Wischenkä am Flusse Desna [1] schickte und ihnen daselbst einen Strich Landes zum Ort ihres Aufenthalts übergab, woselbst sie in Frieden und Ruhe wohnten und wohin dann und wann sich noch eine merkliche Anzahl flüchtender Brüder eingefunden hat. (Aufzeichnungen eines unbekannten Bruders in den Levarer, anno 1782 confiscirten Schriften.)

b) Erlass der Statthalt. dto. 6. Febr. 764, dass die Communität der Neubekehrten (‚Neo-conversorum') zu Levar auf zwei Dicas reduzirt werden soll, wie es in früheren Zeiten der Fall war. (Pressburger Cott.-Arch.)

---

[1] Im jetzigen Gouvernement Tschernigoff. Nach 58 Jahren vertauschten sie dieses Asyl mit der Ansiedlung Hutersthal in Taurien.

1766.

a) Resolutio Regia ddo. II° Oct. 766 : ‚Ut omnis Singularitas Anabaptistarum (et distinctio a veteranis Catholicis) sufferatur, ut est: Vestitus virorum, v. g. uncatae caligae, calcei absque fibula, color vestitus profunde coeruleus, quali omnes utuntur. Veterani catholici pro habitatione per ipsos admittantur.' (Hofkanzlei.)

b) Statth. Erlass vom 2./10. 766, dass in Folge h. Auftrags (Ihr. Maj.) zu Levar, wie es in Szobotist geschah, ein Schulmeister für die Neubekehrten bestellt werden soll. Derselbe soll 60 fr. aus der Parochialkassa beziehen, und mit dem Missinär Hand in Hand gehen. Das dortige Oratorium soll zu einer Schule umgestaltet und der Grundherr, Gf. Kolonits, befragt werden, was er dazu beizutragen gedenkt. (Pressburger Com.-Arch.)

c) In diesem Jahre wurde unter den Neubekehrten zu Levar die Kapelle zur Mar. Heimsuchung errichtet. (XXIX.)

1767.

a) Graf Ladislaus von Kolonits eröffnet dem Pressburger Cottu (Vizegespann Labás) sub 24. Feber 1767 : Die angeregte Errichtung einer neuen Schule in Gross-Schützen sei ohne Ankauf der Nebengebäude unmöglich. Er habe nichts gegen den Ankauf, verwahre sich aber gegen jede Beitragsleistung. Denn er habe grosse Auslagen, keinen Kalk, keine Ziegelhütte, und nachdem der † Cardinal Kolonits zur Stiftung der Congregation des h. Stephan für die Neubekehrten 10,000 fr. gegeben hat, und die Levarer von dieser Stiftung bis nun gar nichts bezogen, so hoffe er von jeder Beisteuer befreit zu bleiben. (Pressb. Com.-Archiv.)

b) (Ungefär) in diesem Jahre wurde (von dem Missionär P. Mathias Schorer) in dem ehemaligen Brüederhofe zu Sobotist das Fundament zur Erbauung der h. Kreuz Capelle gelegt. (XXIX.)

1770.

Statthalterei an das Comitat zu Pressburg:

a) Den 23./3. 1770 : Die Neubekehrten in Levar, die sich laut Anzeige des Pfarrers, im Besuche der Kirche lässig erweisen, zu ihren Obliegenheiten anzuhalten.

b) Den 2./4. 1770 : Die neubekehrten Gewerbsleute von Levar und St. Johann in Zechen, ohne irgend eine Taxe, ein-

zureihen und zwar die Messerschmiede und Hafner in jene zu
Pressburg, die Andern nach Malacka und Stampfen, den 3 Wund-
arzten von Sobotišt aber die freie Ausübung ihrer Kunst mit
den Rechten anderer Magister zu gestatten. (Pressb. Com.-
Archiv.) Ihnen und den Neitraër und Trenchiner Convertiten
das begehrte eigene ‚Zechale privilegium‘ zu gestatten, halte
man dagegen nicht für angezeigt. (Statthaltereiarchiv.)

1771.

Beschwerde der Neubekehrten von Gross-Schützen gegen
die dortige Marktgemeinde, welche das Vieh der Ersteren von
der Mitweide ausschliesse, beliebig taxire, und von ihnen bald
70 bald 90 ϑ. per Stück abfordere! Erst mit Erlass der
Statth. vom 11./1. 1781 wurde entschieden, dass die Neubekehrten ‚antiquo jure‘ [1] utantur. (Com.-Archiv.)

1776.

Bericht des Stuhlrichters Ig. Igmondi dto. Posonii 9./1.
1776 auf die Anfrage der Statth., über das Zunftwesen der Neubekehrten: dass die Levarer Hafner, die sich gern Krügelmacher (amphorarii) nennen, so wie die dortigen Messerschmiede
bis nun keiner Zeche einverleibt sind, vielmehr eine eigene
Zeche haben wollen, da ihnen nach Pressburg zu gehen, be-
schwerlich fällt, bei ihrer Menge in Levar, Malacka, Stampfen,
Konya, Boloraz, Somolyan, Kossolna, Nahats, und Törling. In
Folge dessen wurden sie 22./2. zur Vorlegung des Entwurfes
ihrer Zunftartikel aufgefordert. (Pressb. Com.-Archiv.)

1778.

a) Befehl der Statth. an die Stuhlrichter dto. 4./3.: die
Neubekehrten zum Gehorsam gegen die Anordnungen der Missionäre anzuhalten. (Statthaltereiarchiv.)

b) Intimat der Statth. dto. 18./8. 778 an das Pressb. Comitat: dass es über Interposition Sr. Eminenz von der Errichtung einer Missionskapelle und einer Wohnung für den Missionär in St. Johann bis auf weiteres abzukommen habe.
(Cott. Pos.)

---

[1] Antiquitus, d. i. anno 1723 contribuirten nämlich die Levarer zu der
katholischen Gemeinde: 32 kr. von einem Pressburger Metzen Landes,
48 kr. von jeder Heufuhr, 36 kr. von jedem Pferde, Ochsen und von
jeder Melkkuh, 15 kr. von jeder Kalbin. (Pressburger Com.-Archiv.)

1780.

Majestätsgesuch des P. Heinrich (Ex-Jesuiten und Missionärs in Levar), dto präs. 25. Aug. 1780: um Schutz für die Neubekehrten im Neuhof bei Levar gegen die Bedrückungen der Gemeinde und den Gebrauch des Schimpfwortes ‚Habaner'. (Ung. Hofk.-Archiv.)

1781.

a) Statth. Erlass vom 11. Jänner 1781, die kön. Resolution bringend, dass die Neubekehrten bei ihren früheren Weiderechten (vide a. 1771) zu erhalten und nicht ferner Habaner zu nennen sind. (Pressb. Com.-Archiv und XXIX.)

b) ‚In diesem Jahr, bald nachdem das Toleranz-Edikt erschienen und bekannt geworden war, ging der Aufwiegler alles Abfalls zu Gross-Schützen, der Krügelmacher Josef Hörndl mit dem Patente von Haus zu Haus, und sprach: Seht Brüeder der Kayser will unserem Gewissen keinen Zwang anthun, da lest, und überlegt die Sache. Wolt ihr mit mir halten, so bin ich bereit der Erste dafür einzustehen und deshalb zum Kayser zu ziehen. Es haben auch die Abtrünigen und Scheinkatholiken von Levar und Szobotisch mittelst einer Instanz, die sie in Wien dem Kayser zu überreichen Mittel und Wege fanden, um Gewährung der Toleranz und freien Religionsübung gebeten, allein vergebens, wie die nachfolgenden Resolutionen zeigten. Dieser Hörndl, sonst auch Harich genannt, war es, welcher die Moskovitischen [1] W. Täufer eingeladen hat, Leute hereinzusenden, die sich des Volkes annehmen sollten.' (Epist. P. Heinrichs in Gran.)

1782.

a) Bericht des P. Heinrich dto. Levar 17./2. 1782. D. A.-Episcopo: dass die Neubekehrten nicht fasten, ketzerische Bücher lesen, die Kirche meiden, und sich auf die ihnen mit dem Toleranz-Patente gewährte Freiheit berufen. Er bitte, da seine Vorstellungen keinen Glauben finden, eine kais. Deklaration zu erwirken, aus welcher sie ersehen mögen, dass sie in dem Edicte nicht inbegriffen sind. (Gran.)

---

[1] Nämlich die in Klein-Russland, zu Wischenka, auf den Gütern des Fürsten Romanzow sesshaft gewordenen, vor Jahren aus Siebenbürgen ausgewanderten, und seitdem durch zeitweise Zuzüge aus Ungarn verstärkten Brüder.

b) Relation des Pfarrers Goldbach von Levar und des P. Heinrich dto. 3./3. 1782 über die zweifelhafte Haltung der Neubekehrten, mit der Bitte um Information,[1] wie man sich den ‚in fide catholica vaccilantibus' gegenüber zu verhalten habe. (Gran.).

c) ‚Den 3. Merz haben wir (zu Szobotisch) der vermeinten Geistlichen und Weltlichen Obrigkeit erklärt, dass wir in unsern Herzen beschlossen seyn, zu unserm wahren Glauben zu treten, von welchen wir seyn abgetrieben worden mit Schläg, Gefängniss, Strick und Band. Jezunder ist aber noch keine Leibstraf an uns komen, sondern (nur) Drohungen!' (Epis. Jak. Walter's: nach Wischenkä, Cop. in meiner Sammlung.)

d) (Sobotisch den 13. März 1782.) Jakob Albrecht, Richter der Neubekehrten zu Sobotisch, mit Heinrich Kuen, Tobias Pulmon, Jakob Müller, Abraham Zeterle, Johann Kleineder, Georg Keller, Georg Pulmon, Darius Kleineder, Georg Egel, und Johann Amsler im Namen Anderer beklagen in dieser an Se. Majestät gerichteten Eingabe: dass Mehrere aus ihrer Mitte oder Gemeinde nach der Kundmachung des Toleranz-Ediktes zu dem vorigen Wieder-Täufer Irrthum, den sie mit ihnen vor 18 Jahren abgeschworen hätten, zurückgekehrt sind. Die hier Unterzeichneten bestreiten die Richtigkeit der Gründe, mit welchen Jene ihren Abfall von der kath. Religion rechtfertigen wollen. Als: ‚1. dass sie zu dem kath. Glauben gezwungen wurden, und 2. dass es jezt erlaubt seye, jenen Glauben anzunehmen, welchen es beliebt', verdammen die Hauptlehren des Anabaptismus und bitten um Schutz wider die Abtrün-

---

[1] Die demselben gegebene Instruction des Cardinals, 22 Punkte enthaltend, milde und freisinnig, (ohne Datum), schliesst mit den Worten: ‚Fides est Donum Dei, proinde iis mediis, quae ad praetiosum hoc Donum impetrandum opportuna et congrua, utendum, non diversis ab hac salutari operatione. Coactio etenim Mancipia, non vero animas vincit.' ‚Insinuatam migrationem nollem impediri', heisst es darin weiter, ‚Asperitas coactis locum non habet, Institutio, opportuno et grato instituatur Modo, ne evadat onerosa. Praestat perversos homines abire. Ex suspicione nulli fiunt motus. Ad privatorum injurias vindicandas tertius ne influat. Qui excesserint, vel de neglectu convinci possunt, per Dominum vel Magistratum puniri procurentur. Deferatur jurisdictioni saeculari confiscatio librorum (et) conventicula turbari' etc. (Lat., Copie in meiner Sammlung.)

nigen, gegen die mit aller Schärfe vorzugehen sei. (Copie in meiner Sammlung, deutsch, Verfasser P. Heinrich.)

s) Sendschreiben des Jacob Walter von Sobotisch dto. Sobotisch den 27. Mai 1782, adressirt: ,An Herrn Antoni Russek in Diensten bei dem Russischen Gesandten Fürst Galliczin in Wien', mit dem Ersuchen ,diese Brief und Einlagen auf das baldest ins Russen zu überschicken' und zwar: 1. an Josef Gor, in Klein-Russland im Dorf Wischenkä:

,Ehrwürdiger Joseph Gor! Wir wünschen Euch und Eüren Mitdienern des Wort Gottes vnd den Brüedern der Gemeind in Moschkau Gnad und Fried von Gott Vater und J. X^{to} unserem Herrn Amen.

,Geliebte Br. und Freünd in J. X^{to} und in Gott Versamlete! Wir haben eine unaussprechliche Freud gehabt, wie wir aus eurem tröstlichen Schreiben gehört haben, dass unsere Herz-allerliebsten Br., mit welchen ich zu Wien war, von Gott geschickt, und auch wieder von dem Allmächtigen Gott zu seiner Gemein bracht worden seyn, für welches wir nicht genugsam danken können.

,Was wär es vns jezt für eine glückseelige Stundt, wenn vns jezt solche Helden zu Hilf kämen, in vnserem Kampf vnd Streit, den wir jezunder vor Augen haben. Ich berichte Euch Liebe Brüeder, dass ich in meinem Herzen gänzlich beschlossen bin, Euch mit der Hilf des Allerhöchsten nachzuziehen, mit Weib und Kindern. Wir hoffen kräftiglich, dass uns Gott wird zu Hilf kommen und uns erlösen von unserem Fall und Verderben der Seelen, dass wir wider werden können auferbaut werden.

,Liebe Br. es seynd schwere reissende Wölfe auferstanden, dass der Spruch an uns erfüllt wird, dass ein Br. dem andern wird zum Tod helfen. Den die, (so) unsere Vorsteher waren, als: Tobias Pulmon, Heinrich Kuen, Jak. Albrecht, Hensel Kleineder; die seyn jezunder die grössten Satanskinder, und trachten Tag und Nacht die Warheit unterzudrücken und das Licht auszulöschen; die seyn es, was den Sohn Gottes mit Füssen treten! Mein Tochtermann (zu mein grossen Herzen-·leid) ist auch einer von den Gottlosen, die die Warheit nit erkennen. Liebe Br., wenn wir alle eines Sinns und eines Wortes wären, ich hoffe, wir wären schon vom Kaiser frei gelassen worden. Weil aber die, (so) mit Blindheit geschlagen sind, Gott zu lästern nicht aufhören, und Tag und Nacht die Warheit unterzudrücken, vnd uns grosses Herzenleid zu(zu)- führen trachten, haben Sie dem Kaiser und auch in das Con- silium eine Instanz eingeben wider uns, das man vns nicht dulden soll, welches vns herzlich leid ist, dieweil Sie doch unsere Glaubens-Geschwister gewest. Wir aber hoffen zu Gott, dass er ihre Anschläg wird zu nichten machen.

,Liebe Br. Wir waren schon zweimal zu Wien, und haben uns ein Agent(en) aufgenommen, der soll für uns arbeiten, bei unserm Kaiser. Dieser hat uns gesagt, dass die Sache, dass wir könnten in Sobotisch bleiben, wird hart gehen, dass uns der Kaiser Siebenbürgen wird anweisen! Wir haben uns willig darein gegeben, um X^ti willen Alles zu verlassen, wenn wir nur mit Gott und seiner Gemeind könnten vereinbart werden. Berichte euch, dass von unsern Kaiser ist ausgangen: welche mit Gewissenszwang von ihrem Glauben sind abgetrieben wor- den, die können wider zu ihrem erkannten Glauben tretten. Dieses lautet aber auf die, welche seyn untern Ungarischen Recht, als Lutrisch und Kalvinisch und auch auf die, welche in Privilegien und Schutzbrief aufgenomen seyn. Wir haben auch Schutzbrief vom Kaiser Leopoldus. Einer ist zu Wien in dem Archiv, den andern haben wir. Also, meint der Agent, es wird uns auch geholfen. .Wir wissen aber noch nichts ge- wiss, dieweil es mit den lutrischen und kalvinischen zu End nicht komen ist. Amen.

,Wir alle zusamen, die wir vns Gott und seiner Gemain auf ein neues ergeben haben, ist die Zahl 30 Mannschaft mit Weib und Kindern, die lassen euch grüssen zu 1000 mal mit betrüebten und zerknirschten Herzen, wiewol wir alle zu Aschen geworden sein. Lieben Br. wir bitten, um Barmherzigkeit Gottes willen, uns zu Hilfe (zu) kommen mit trostreichen Schreiben und Vermahnungen und ist auch unser Bitt an Euch, wenn es möglich ist, bei eürem Gross-Fürst oder Kaiser mit einer Instanz (zu) erscheinen, wenn er, dieweil man uns hier nicht dulden will, von unserm Kaiser thät unterschiedliche Handwerker begeren, vnd uns gleich mit Namen „die man die Hutterischen" nennt.

,Wegen der Schitzinger (Levarer) berichte ich euch, dass sie sich auch vor der Obrigkeit erklärt haben, wie sie in ihrem Herzen beschlossen sein, zu ihrem bekannten Glauben zu tretten.

Dieweil Sie aber vernomen haben, dass es soll auf einen Abzug komen, und dass wir gesonnen seyn nach der Gemeinschaft, nach dem Band der Liebe zu trachten, so gehen einige hinter sich. Denn es ist ihnen fast leid um ihr Eigenthum, und warten, wie es mit uns wird auslaufen. Aber die Zäume sind zerrissen, wie bei uns in Sabatisch!'

Herzlieber Br. Gor, Euer Schreiben habe ich in grossen Freuden aufgenommen, dieweil ich vernommen hab, dass ihr mich gern mit leiblichen Augen sehen möchtet, wie mein Vater und Altvater. Ich hoffe zu mein Gott, er wird es mit mir anschicken. Ihr werdet es nicht übel aufnehmen, dass ich euch Brüeder nenne. Das macht mein aufrichtiges Herz gegen euch. Gott weiss, dass seit ich mit den Brüedern in Wien war, mein Herz und Gemüth allo Stunde bei euch ist. Waun ich im Kummer bin und mich erinnere, dass ihr im Namen des Herrn versammelt seyd, so wird es mir im Herzen gering. Hiemit seyd von mir Jakob Walter herzlich gegrüsst und Gott in seinen Schutz befohlen. Amen.'

2. Derselbe an Joannes Stoll in Wischenka, desselben Datums. ,Lieber Freund und Bruder. Aus Dein sehr trostreichen Schreiben hab ich wohl vernomen Deine gute Meinung. Berichte Dir auch, dass Dein Vetter zu Schützen, der Joseph Stoll, gäntzlich verfallen ist und nicht mehr im Sinn hat, vom Schlaf seines Verderbens aufzustehen. Er und auch der Jakob Müller, des Adam Müller sein Bruder, sind stinckende Böck in der Heerde, und trachten die warheit unterzudrucken auf alle weg und waiss. Lieber Johannes Stoll! Euer Br. Andreas Stoll lasst euch grüssen zu tausendmal und hat ein herzliches Verlangen euch mit leiblichen Augen noch einmal zu sehen. Der Johannes Koller, des Darius Koller, Schneiders sein Sohn, last euch auch grüssen, denn er hat euch auch mit leiblichen Augen gesehen, che ihr ins Siebenbürgen seyd. Er last bitten, ob nicht Etwas von seiner Freundschaft bei Eüch ist. Hiermit lassen euch grüssen alle, die sich Gott auf ein neües ergeben haben: Heinrich Schmid, Jakob Müller, Andreas Müller, Andreas Schmid, Abraham Baumgartner, Josef Tongler, Mathes Tongler, Jakob Schulz, (ich kann euch nicht alle beschreiben), mit meinen 2 Brüedern. Beschreibt mir die Strassen oder Städte, wo zu ihr gereist seyd, ob ihr auch auf Lemberg zu seyd. Lebet wol.' *J. W.*

Eingelegte Zettel an die Br. in Russland.

1. Des Paul Zeterle von Sobotisch an die Br. und den Lorenz Zeterle in Russland: ‚Meine herzlieben Freunde. Ich thue euch zu wissen, dass ich das Schreiben hab bekommen mit herzlicher Freud. Aber wie eine Freud wär es uns gewost, wenn die 2 ausgesandten Brüeder hätten können auf Sobotisch komen! Aber, wie wir es vernommen, halten wir es ihnen nicht für übel. Der Jakob Walter, des Zacharias sein Sohn, hat es uns allen, zu welchen er Vertrauen hat, ausgerichtet. Wir befehlen Gott diess unser Anliegen und ruffen ihn an früh und spät, dass er nicht wolle sein Angesicht von uns wenden; und wollen euch lieben Freunde gebeten haben, uns ins Gebeth einzuschliessen. Gott wolle uns ehender aus dem Irrthum helfen. Mein lieber Freund Lorenz Zeterle! Ich habe vernommen Deine paar Zeilen mit einer herzlichen Freud, und dabei Herzleid (gehabt), dass wir nichts haben gesehen von dem Stern, welcher vor Zeitfrist erschienen den 3 Königen und sollte unser Wegweiser sein zu dem Kindlein Jesu, namentlich, dass wir das Gesang mit unsern Kindlein auf die Weihnachten konnten singen. Ich Paul Zeterle, von Altvater ein Sohn von Josef Zeterle, des Handwerks ein Schmid zu Sabatisch und mein Ehetheil und 3 Schwestern und 5 Kinder tragen Verlangen, dass wir mit einander, mit Gottes hilf, werden kommen zu seiner Gemeinde. So ist unser Begehren früh und spat. Wir sind alle gesund.'

2. Des Jakob Schulz in Sobotisch an die Br. in Russland (ohne Datum). ‚Liebe Br. und Geschwistrige! Wir haben herzliches Verlangen aus dem verfallenen Babylon auszugehen und vom Schlaf der Sünde aufzustehen. [1] Gott wolle uns seines Geistes kraft ertheilen in unserer Schwachheit. Dan wir seyn schon gantz in der Wüsten erstarret und ich bin der Hoffnung gantz entfallen, dass wir möchten in Sobotisch erbauet werden. Denn wir haben unter vns Wölfe, die der Herde nicht schonen von unsern Bluetsfreunden. Liebe Br., schliesset uns in das Vorgebeth der Gemain. Wir werden keinen Fleiss sparen, auf ein Abzug oder wie es wird Gott schicken. Liebe Geschwistrige, jung und alt, seid von mir gegrüsst. Jak. Schulz

---

[1] Die gleiche Erklärung sandten, bereit, mit Weib und Kind (17 Köpfe) auszuziehen: Jakob Müller, Andreas Müller und Paul Saitl ans Sabatisch.

von Sobotisch.' (Orig. Hofk.-Archiv; gleichzeitige Abschrift in meiner Sammlung.)

e) ,In diesem (1782er) Jar erschienen die W. Taufer Glantzer und Müller aus Moskau, von Josef Hörndl brieflich berufen, bei den Neubekehrten. Sie gingen in der noch nicht abgeschaften Tracht der W. Täufer herum und waren mit einem Passe der Moskowitischen Gesandschaft versehen, darin stuendt, dass sie Unterthanen des Fürste Romanov von Wischenky aus Weiss-Russland wären und hinauf gehen ins Römische Reich, ihre Freunde zu besuchen. Sie gaben sich in Gross-Schützen für lutherisch aus, später aber warfen sie die Maske ab, und entwichen heimlich, nachdem sie den Samen des Unkrauts reichlich ausgestreut hatten, in Sobotisch, wo sie durch 2 Tage weilten und auf dem Gemeindekeller einen Conventicel abhielten, als auch in Klein-Schützen, wo sie, eingeführt von Heinrich Pulmon bei Elias Walter Unterschlupf fanden. Als sie abzogen, ¹ („die, qua me expulsi sunt",) nahmen sie mit sich vestem antiquam instructivam das ihnen Joh. Wirth überliess und caligas antiquas, die ihnen Heinr. Pulmon gab.' (P. Heinrichs Adnotationes in Gran.)

f) Pater Heinrich verkündigte (um diese Zeit) den abgefallenen W. Täufern zu Gross-Schützen öffentlich den endlichen Entschluss des Kaisers, der ihm durch den Card. Bathyani zugeschickt worden war, **dass sie als Wiedertäufer in den kais. Erblanden nicht geduldet werden sollen.** Allein sie schenkten ihm keinen Glauben, bis sie es aus dem Munde des Kaisers selbst hören würden, zu dem sie sich desshalb begaben. Die freundliche Aufname, die sie.in der Wiener Burg beim Kaiser fanden, lasst sie auf die Zukunft hoffen. (P. Heinrichs Adnotationes in Gran.)

g) Levar 8./6. 1782. Pfarrer Jos. Goldbach erschöpft sich, nicht ohne den P. Missionär der Lässigkeit anzuklagen, in Mitteln gegen die Härcsie der Schwankenden und schliesst mit dem ,primipili et incendiarii sunt amovendi.' (Gran.)

---

¹ Diese Brüder reclamirten im Namen der (ausgewanderten Siebenbürg.) Täufer anno 1783 das zurückgebliebene Eigenthum der Letzteren, das der Fiscus eingezogen hatte. Ein kaiserlicher Erlass verordnete, dass ihnen dasselbe mit 2130 fl. zu vergüten sei. (Ung. Hofkanzlei-Regist.)

h) P. Heinrich ‚Missionarius et Capellanus Levardini‘,
A.-Episcopo präs. 9. 6. 1782: Die ärgsten Rebellen in Levar
sind Joh. Peller, Elias Walter (ein Sohn des Zach. Walter),
und Josef Horn mit seinem Anhang. ‚Preces derident, ad-
monitiones fugiunt, sensum in pravum detorquent, declaratio-
nem Caesaris fictam esse asserunt, auctoritatem capitis ecclesiae
vile pendunt, sacerdotes sugillant, aut maledictis proscindere
continuant, divinis se subtrahunt‘ etc. Er habe dies dem Jud.
Nob. Igmondi angezeigt, dieser aber erklärt, so lange er keine
Weisungen ex Consilio erhalte, Nichts ‚efficaciter‘ vorkehren
zu können. (Gran.)

i) Joan. Arady, Canonicus Poson. etc., A.-Episcopo, dto.
13° Junii 1782. (Orig. lat. in Gran.) Er habe mit dem Dechant
in Malacka der Ursache des Abfalls in Gross-Schützen nach-
geforscht und gefunden, ‚dass der Grund zu der Bewegung
durch das Toleranzpatent, das in Östreich und Mähren elek-
trisch wirke und unter den Neubekehrten mit Jubel aufgenommen wurde, gegeben worden sei‘. Nicht ohne Einfluss auf
die Gährung unter den Neubekehrten sei auch die Persönlichkeit des Missionärs selbst, mit seinem zelo praefervido. Man
habe zu ihm kein Vertrauen und wolle keinen (Ex) Jesuiten.
(Gran.)

k) (Im Juny 1782) erklären 24 Neubekehrte von Levar,
Männer und Frauen, an ihrer Spitze Sebastian Keller, Josef
Stoll, Jak. Müller, Adam Kleineder und Darius Koller in einer
bei der Statthalterei überreichten Schrift: von der Instanz der
Toleranz-Werber nichts zu wissen, und im Schosse der kath.
Kirche verbleiben zu wollen. (Gran.)

l) Posonii XX° Junii 1782, Statthalterei an das Pressburger Comitat: die Levarer und Sobotischer Neubekehrten
hätten, das Toleranz-Patent missbrauchend, in Wien ein Gesuch
überreicht, worin sie bitten: ‚ut ad priorem sectarum suarum
statum libere redire queant.‘ Nachdem jedoch Viele der Treu-
Gebliebenen von den Abtrünnigen mancherlei Vexationen
ausgesetzt sind, und desshalb um Schutz baten, so ergehe die
Weisung: die Urheber und Rädelsführer der Bewegung aus-
zuforschen und die ‚excedentes et deflectentes ad debitam obe-
dientiam serie cohortari, domesticae paci Catholicorum pro-
spicere, et de effectu informare‘. (Pressb. Com.-Archiv.)

m) Szenitz 30¹⁰ Junij 782. Bessenak·Paul, Pfarrer zu
Szenitz: Generali Vicario: Das Beispiel zum Abfall habe in
Szobotisch Jacob Walter, der Sohn des alten ‚W. T.-Gross-
meisters‘, Zacharias W. gegeben. Derselbe habe über 79 Personen um sich gesammelt, bewerkstellige Deputationen nach
Wien, halte Nachts Conventikel ab, etc. Szob. zähle nur
wenige mehr, die der kath. Kirche treu sind! (Gran.)

n) Präs. 2° Julij 1782. P. Heinrich A.-Episcopo: dass er
bei den Schwankenden und Abtrünnigen zu Levar mit geistlichen Mitteln Nichts auszurichten vermöge, und bitte ‚secula-
ribus mediis‘ vorzugehen. (Gran.)

o) Posonii 8° Julij 1782. Statthalterei A.-Episcopo: ‚Ut
medio Diocoes. vir probus et discreti judicii ad errantes ex-
mittatur, qui cum magistratuali persona eos edoceat et in pace
persuadere sataget.‘ (Gran.)

p) Posonii 18./7. 1782. Statthalterei Cottui Posoniensi:
Mit Missfallen habe Se. Majestät aus dem Berichte des Comitates ersehen, dass die neubekehrten Anabaptisten, aus Anlass
des Toleranz-Edictes, zu ihrer alten Secte zurückkehren wollen.
Das seien ‚graves et animadversionis digni motus‘, die um so
weniger übersehen werden könnten, als damit Beleidigungen
gegen die Treugebliebenen verbunden sind, daher aufgetragen
wird, die (sub *l*) am 20./6. und 8./7. (sub *o*) angeordneten Erhebungen zu beschleunigen. (Com.-Archiv.)

q) Canonicus Nic. Konde (von Neitra) D.-Episcopo, die
24° Julij 1782: dass einige¹ apostatische W. Täufer, Männer
und Frauen (aus Szobotisch), bereits widerrufen haben (‚resi-
puere‘) und deshalb, nachdem sie die vorgeschriebenen Reverse
ausgestellt hatten, wieder aus dem Comit. Gefängnisse zu Neitra
frei entlassen wurden. (Gran: Idem berichtet der Obergespann
Gf. Forgach der Statthalterei.)

r) Posonii 6° Augusti 1782. A.-Episcopus dem Pfarrer
Goldbach in Levar: ‚Ne Apostatae inordinata inquisitione mo-
lestentur, neque per missionarium divexentur, sed cum man-
suetudine in sinum Ecc. recipiantur.‘ (Gran.)

---

¹ Darunter waren Heinrich Müller, Jakob Müller, Mathias Dengler, Paul
Caeterle und Johann Koller. Andere gaben ähnliche Reverse in Sabatisch ab; einige Levarer am 10. August in Pressburg.

s) ‚Anno 1782 die 15° Augusti haben die Levarer Anabaptisten vor Sr. Eminenz durch ihre Ablegaten die Versicherung abgegeben, dass sie das verlangte Glaubensbekenntniss ablegen werden.' (Prot. im Statthaltereiarchiv.)

t) Posonii 22° Aug. 1782. Statthalterei dem Neitraer Comitate: Sc. Majestät habe genehmigt, dass alle Dispositionen, welche das Comitat gegen die abgefallenen Anabaptisten ins Werk setzen wolle, vor der Execution der Statthalterei zu unterbreiten sind. (Gran.)

u) P. Heinrich A.-Episcopo, den 16. Sept. 1782: dass Josef Horn, Johann Peller, und Elias Walter, u. a. m., obschon sie Reversales ausstellten ‚in pristina obstinacitate' verharren. (Gran.)

v) Posonii 16° Sept. 1782. Jud. Nob. Stermensky mit dem Jurass. Makowicz melden dem Comitate: Nach zweimaligem Versuche in Levar die Anabaptisten zur Ruhe zu bringen, hätten sie die Versicherung erhalten: Wenn Se. Majestät ihrem Gesuche keine Folge geben sollte, so wollen sie katholisch bleiben. Allein, noch während des Zeugen-Verhörs widerriefen sie die obige Zusage und erklärten seriatim: ‚se in fide orthodoxa perseveraturos'. Die ärgsten Wühler sind: Josef Horn, Andr. Egel, Joh. Peller und Elias Walter. (Com.-Archiv.) (Darüber erging der Comitatbeschluss vom 16. September: concitatores severe commonendi.)

w) Posonii 30° Sept. 782, Repräsentation der Statth. (Religions-Rathes) an die kön. Hofkanzlei in Wien: dass laut Intimates des Card. Primas, in Szobotišt — mit Ausnahme des Joh. Koller — alle Wiedertäufer am 28. Aug. zur kath. Kirche zurückgekehrt sind, und am 8. Sept. d. J. insgesammt, bis auf den Jakob Walter, welcher flüchtig wurde, öffentlich widerrufen haben.

Damit verbunden: der (vom Kaiser am 18./10. 1782 genehmigte) Antrag, nach Walter zu fahnden, den Anabaptisten die härctischen Bücher insgesammt zu confisciren und durch katholische zu ersetzen. [1] (Hofk.-Archiv.)

x) Tyrnau 9. Okt. 782, Vorstellung des Gen. Vikars Nagy gegen die Zulassung des Bibellesens bei den Neubekehrten. Es hiesse damit denselben ‚cultrum ministrare'. (Gran.)

---

[1] Wurde den Comitaten Neutra und Pressburg, sowie dem Card.-Archiepiscopo mit Statthaltereierlass vom 28. October 1782 intimirt.

y) Deutscher Bericht eines Augenzeugen (von P. Heinrich oder vom Canon. Arady verfasst) über die Rückkehr der Levarer zur kath. Kirche (Copie in Gran, hier in den eingeklammerten Stellen ergänzt, nach dem im Statthaltereiarchive erliegenden lateinischen Berichte der Pressburger Comitats-Deputation ddo. 11. December 1782):

,Die zu Neulevard im Pressburger Kreise, jenseits des Gebirges befindlichen Anabaptisten hatten sich vor einiger Zeit zur katholischen Religion bekennet, allein unruhige Köpfe unter ihnen bemühten sich, solche wieder zu ihren alten Irrthümern zurückzubringen. Die in dem angenommenen katholischen Glauben wanckenden besannen sich endlich eines besseren, übergaben (15./8. 1782) im Namen der ganzen Gemeinde Sr. Hochfürstlichen Eminenz, Herrn Kardinal Primas eine Bittschrift, in der sie ihren Wankelmuth bereuten, und sich zur Ablegung des katholischen Glaubensbekenntnisses selbst anerboten. Zu der Zeit offenbarte es sich, dass eine Menge, anabaptistische Grundsätze enthaltende Bücher unter der Gemeinde des Ortes vorhanden waren und dass solche fleissig gelesen wurden.'

,Auf geschehene Anzeige erfolgte darüber die allerhöchste Entschliessung, dass solche Bücher in Gegenwart eines Abgeordneten von Seiten des Ordinariats und eines anderen von dem Comitate sollten aufgesucht und weggenommen werden. Nachdem die k. Statthalterei dem Herrn Kardinal Erzbischof dieses bekannt gemacht hatte, trug er dieses Geschäft dem dasigen Archidiakonats-Verweser und Canonikus des Pressburger Collegialstiftes Herrn Johann Nepomuk Arady auf, von Seite des löblichen Komitats aber wurde dazu der Stuhlrichter Paul Stermenzky und die Herrn Beisitzer Valentin Matejovics und Josef Helwar beordert.

,Diese kamen am 8. Dezember (des Jahres 1782) in der Pfarrei des Ortes zusammen, um ihre Aufträge zu erfüllen. Die Komitatsherrn liessen den Richter der Neubekehrten (Jos. Horn) vorrufen, dem der erzbischöfliche Bevollmächtigte, nach dem hierüber gepflogenen Einverständnisse, zuförderst die Ursache seiner Ankunft vortrug und verlangte, dass sämmtliche Personen, die im Glauben gewanket hätten, nachher aber zur Ablegung des Glaubensbekenntnisses bei Sr. hochfürstlichen Eminenz sich erboten hatten, den folgenden Morgen um 8 Uhr, auf das mit den Glocken gegebene Zeichen, in der

Kirche zusammen kommen möchten, um ihr Anerbieten zu erfüllen.

‚Zur gesetzten Zeit erschienen (9. X^{bris}) alle, zusammen an der Zahl 137 Personen; der erzbischöfliche Herr Abgeordnete in Begleitung des Herrn Pfarres (Josef Goldbach), des Kaplans der Neubekehrten (Josef Heinrich) und auch die Comitatsherrn begaben sich ebenfalls in die Kirche, in die zur Seite des hohen Altars für sie zubereiteten Bänke. Der Anfang dieser merckwürdigen Handlung wurde mit Absingung des Liedes: Herr ich glaube etc. gemacht. P. Emanuel Klamborg aus dem Franziskanerorden, Prediger in der St. Salvatorkirche zu Pressburg, bestieg hierauf die Kanzel und hielt eine erbauliche Rede über die Worte Pauli Röm. X, 10: „Da man im Herzen glaubt, gelangt man zur Gerechtigkeit, da man aber den Glauben mit dem Munde bekennet, wird man selig." Am Ende verlas er die Namen jener, welche sich zur Ablegung des Glaubensbekenntnisses erboten.

‚Der erzbischöfliche Bevollmächtigte begab sich in der gewöhnlichen Kirchenkleidung an den hohen Altar, liess durch den Herrn Pfarrer des Orts die, welche im Glauben gewanckt hatten, vor sich rufen, ihnen aber zuvor bekannt machen, dass keiner zur Ablegung des Bekenntnisses würde gezwungen, jeder freiwillig Vortretende aber gern dazu gelassen werden, und damit sie einsehen könnten, worin das abzulegende Bekenntniss bestehe, wurde es ihnen vor dem Zutritt deutlich und langsam von dem Pfarrer vorgelesen. Hierauf lass er auch die Namen aus dem Verzeichnisse nochmals vor. 6 und hernach auch 10 wurden zusammen hervorzutreten berufen, welche dann das abermals vorgelesene Glaubensbekenntniss stückweise nachsprachen. Am Schluss berührten sie mit der linken Hand eine brennend Wachskerzen, mit der rechten aber das Evangelienbuch, und unterzeichneten sogleich das hiezu eigens geschriebene Exemplar des Glaubensbekenntnisses durch Beisetzung ihres Namens oder eines Kreuzels, wenn sie nicht schreiben konnten.

‚Alle im Verzeichnisse bemerckten thaten diess, nur ein einziger (Andr. Egel), da er an das Aussprechen der Eidesformel kam: „Dieses Alles bekenne und glaube ich" etc. zog die Hand vom Evangelienbuche ab, und erklärte, dass er nicht schwören könne, weil er in seinem Gewissen nicht überzeugt wäre, dass es nützlich sei, die Heiligen anzurufen, und zulässlich die Bilder der Heiligen zu verehren, („et se optime recordari, quid sibi Imperator dixerit, dum de hoc merito cum Sa. Majestate locutus fuisset"). Der erzbischöfliche Bevollmächtigte sagte ihm hierauf mit aller Gelassenheit: er möchte bei diesen Umständen seine Zweifel einem Geistlichen vortragen, die Gründe dieser Lehren anhören und solche überlegen. Der nicht Ueberzeugte trat hierauf ab, seine Ehefrau aber und dessen beide Töchter blieben beim Altar. Auf die an sie gemachte Frage, ob sie wie ihr Mann und Vater, auch zweifelten und etwa abgehen wollten, entfernten sie sich nicht, sondern sprachen die Eidesformel, ohne Bedenken, nach.'

‚Da es zu spät war noch an diesem Tage von allen das Glaubensbekenntniss abzunehmen, so wurde den noch übrigen hiezu der folgende Tag anberaumt; da dann auch derjenige erschien, der Tages zuvor nicht überzeugt war, und versicherte, dass durch die ihm (durch den Capellan in Neuhof) vorgetragenen Gründe und gemachten Erklärungen der oberwähnten Artikel seine Zweifel gehoben wären, und er daher kein Bedenken nunmehr habe, gleich den Übrigen sein Bekenntniss durch den Eid zu bekräftigen, welches er auch that. (Nachdem alle das Glaubensbekenntniss abgelegt hatten, intonirte der Diözesan Delegirte feierlich das Te Deum laudamus.)

‚Am Nachmittage dieses Tages (X° Xbris) versammelten sich sämmtliche Herrn Deputirten abermals und die Komitatsherrn trugen den Neubekehrten die königl. Entschliessung wegen Uiberantwortung der ihre ehemalige Lehre enthaltenden Bücher vor. Der Herr Pfarrer redete ihnen gütlich zu und machte ihnen begreiflich, wie schädlich und unnütz diese Bücher nach dem abgelegten Bekenntniss des kathol. Glaubens für sie sein würden und dass deren Zurückhaltung sie in den Verdacht der Unaufrichtigkeit bei ihrer Glaubensänderung bringen müesste; er rieth daher, es zum Nachsuchen nicht kommen zu lassen, sondern die Bücher selbst herbeizubringen. Sie thaten es mit vielen Merckmalen der Aufrichtigkeit, brachten deren (am 10. und 11. Dez.) über 100 Stück (dem Canon. Arady) in den Pfarrhof, und unter diesen auch verschiedene, welche keine Irrlehren enthielten, letztere (57 Stück) bekamen sie nach dem Durchsehen sogleich zurück.'

z) Canonicus Arady beantragt (gegen Ende des J. 1782)
auf Grund der unter den Neubekehrten gemachten Erfahrungen
bei Sr. Eminenz dem Fürst-Erzbischof:

1) Jeden der Abgefallenen zu einer Erklärung, welche
Artikel der kath. Glaubenslehre er in Zweifel ziehe, aufzufordern,
nicht blos die Jugend, sondern auch die Erwachsenen zum
Besuche der Predigt und Christenlehre anzuhalten und die
Eltern zu bemüssigen, ihre Kinder täglich zur Schule und in
die Katechese zu schicken, ferner nach den häretischen Büchern,
deren sie noch eine Menge versteckt halten und fleissig benützen, bei den verdächtigen Besitzern Nachforschungen zu
veranlassen, oder von denselben mindestens ein eidesstättiges
Bekenntniss abzufordern, ob und wo sie derlei Bücher bergen.
Die auftauchenden Bücher, so wie jene, die nach Skalitz in
die Bibliothek der Ex Jesuiten geschafft wurden, und dort
nutzlos liegen, mögen dem Orts-Pfarrer überwiesen werden,
,quo is ex eorum fontibus contra ipsos Argumenta depromere,
errores edocere et vanitatem sectae eorum oculis exhibere
possit'. Es wären ihnen, falls Sne. Eminenz denselben überhaupt das Lesen der h. Schrift gestatten wolle, was mit küng.
Resolution Ihrem Ermessen anheim gestellt worden sei, emen-
dirte Ausgaben derselben in die Hand zu geben. Wäre weiter
,cum secta quoque usus vestium, obolendus' und daher zu
statuiren, ,ut si non grandaevi etiam senes, ut certe juvenes
ad normam reliquorum christianorum vestiantur'. Das Abhalten
heimlicher, und namentlich der nächtlichen Conventicel wäre
strengstens zu verbieten und die Administration der bisher
unverkürzt gebliebenen Communität den Abgefallenen insolange
vorzuenthalten, bis sie mit gantzen Hertzen der h. Mutterkirche
angehören. (Gran.)

In der Einbegleitung befürwortet Arady die Entfernung
des P. Capellanus der Neubekehrten, weil er, ,ut ex relatione
Parochi, Jud. Nobilium et propria didicerim experientia, non
habet synceram confidentiam conversorum', und empfiehlt denselben, da er bereits 16 Jahre in der Seelsorge arbeite, für
ein besseres Beneficium, an seine Stelle aber einen Diocesan-
Priester ,probae conversationis ac scientiae', der dem Pfarrer
cooperire. Demselben wären zu den 100 fr., die er aus der
Kolonics'schen Fundation bezieht, noch 50 fr. aus der Paro-
chial-Cassa anzuweisen. Die Versetzung wäre, um den Wider-

sachern des Capellans keinen Triumpf zu bereiten, beiläufig
nach ³/₁ Jahren einzuleiten, mit diesem Zeitpunckte aber der
Gebrauch der Capelle im Neuhof auf gewisse Tage zu be-
schräncken, damit sich die Neuhöfler an den Besuch der Pfarr-
kirche und den Verkehr mit den Pfarrlingen gewöhnen. Endlich
wäre zu wünschen, dass der Capellan (P. Heinrich), der eine
Menge häretischer Bücher besitzt, deren noch mehr aber an
die Bibliotek das chem. Pressb. Jesuiten Colleg. abgegeben hat,
(wo sind diese?), Bücher, von denen er sich aber nicht trennen
mag, Sr. Eminenz consigniren möge, damit sie nach seinem allen-
fälligen plötzlichen Tode nicht in unrechte Hände gelangen.
(Gran.)

2) Levardinii 17. Decemb. 1782. Pfarrer Jos. Goldbach
meldet A.-Episcopo: Er habe viele härotische Bücher zusam-
mengebracht, die er nach Pressburg bringen und dem Fürst-
erzb. familiari übergeben werde.¹ Er wünscht dagegen zur
Vertheilung unter die Neubekehrten andere, kath., dann,
dass die Cooperatoren unter den Letzteren wohnen mögen,
weil er als Pfarrer zu entfernt wohne, um in eigener Person
die Uiberwachung handhaben zu können. Auch beschwert er
sich über den P. Missionär, der eifersüchtig auf seine vermeint-
liche Jurisdiktion im Neuhofe, die Neubekehrten, die ohnehin
auf die Geistlichen nicht gut zu sprechen sind, von der Appel-
lation an den Pfarrer abhalte. (Gran.)

3) Pfarrer Josef Pauli von Szobotisch meldet den 18. Dec.
1782 Eminentissimo Principi, dass von den Abgefallenen ‚alii
in toto corde reversi sunt, alii vero tantum reversi putantur'.
Der P. Missionär Mathias Schorer sei den Rückfälligen, die
seine Entfernung so hitzig betreiben, unbequem, weil er ‚per-
vigil, ipsorum motus observat', und sie meinen, wenn irgend
ein ‚Peregrinus in Israel' substituirt würde, mit ihren Machinationen im Verborgenen zu bleiben. (Gran.)

4) Paul Besznak, Archidiakon und Pfarrer von Szenic,
berichtet (mit dem Stuhlrichter Tomka und dem Jurass. Koronthaly) sub 28° Decemb. 1782 an das Comitat: In Folge Weisung

---

¹ Derselbe übergab auch in der That am 29. Jänner 1783 fünfundfünfzig
Druckwerke und Handschriften, und im März 1783 zweiundzwanzig
weitere, diese zu Handen des Canonicus Arady, mit der Bemerkung:
‚alii jam combusti'. (Gran.)

Excelsi Consilii Reg. (vom 28./10. 1782), am 4./12. in Szobotišt erschienen, habe die Commission nur bei dem Wundarzt Andr. Schmied, und da nur 9 anrüchige Bücher und II. S. gefunden und mit Beschlag belegt (als: Adam Raisners Jerusalem, Sebast. Franks Wercke, Zürücher Bibeln und diverse Traktate im M. S.). Es solle aber fast in jedem Hause mindestens das Neue Testament (Editio sec. 16.) zu finden sein, das man ihnen vor der Hand gelassen habe. Jakob Walter ist flüchtig, schreibt aber seiner Gattin aus der Fremde. Diese will die Briefe verbrannt haben. Einer der Convertirten behauptet, dass er sich in Dlouha Pila in Schlesien aufhält. (Statthaltereiarchiv.)

1783.

a) Card. Bathiany beantragt (28./1. 1783) bei der Statthalterei: die Entfernung des Missionärs aus Levar und die Substituirung desselben durch einen kath. Diöcesanpriester. Dabei die Eröffnung, dass er auf eigene Kosten gute kath. Bücher zur Vertheilung an die Neubekehrten, und insbesondere an diejenigen, welche häretische abgaben, angeschafft, und weiter angeordnet habe, ‚ut Bibliae sacrae lectio et usus fiat cum competenti cautela'. (Gran.)

b) Bericht eines Ungenannten (Kanonik. Arady) (o. O. u. J.) an das Ordinariat: ‚Am 9./3. 783 kam der erzbischöfl. Bevollmächtigte abermals nach Neu-Levar und hat nicht nur jenen, die (am 10. 12. 1782) ihre Bücher übergeben hatten, sondern jedem Einwohner des Ortes, im Namen Sr. Eminenz, des H. Ordinarii, Belehrungs- und Erbauungsbücher ausgetheilt. [1] Jeder welcher akathol. Bibeln hergegeben hat, bekam eine katholische, ausserdem aber ein Gebet- und ein Gesangbuch. Die Lieder des Letzteren hatte schon Maria Theresia vor 4 Jahren bei einem ähnlichen Vorfalle selbst gewählt, das andere war ein Unterrichtsbuch, (Strauch's katechetische Betrachtungen und die Einleitung in die Erkenntniss der Gründe der Religion)'. [2] (Copie in Gran.)

---

[1] Laut Contestation der Comitats-Abgeordneten in Neu-Levar am 9. März 1783: Biblas integras 15, Gebetbücher 119, Betrachtungsbücher 119. (Gran.)

[2] Fast wörtlich gleichlautend berichtet Canonicus Kondé mit dem Pfarrer Bresznak (1783) über die Vertheilung in Sabatisch, nur dass hier das Unterrichtsbuch des Pressburger Domherrn Felbinger zur Vertheilung kam. (Gran.)

c) ‚Die Sobotischer unterschrieben zwar nach ihrem Abfalle einen Revers, dass sie bei der kath. Kirche verbleiben wollen, gleichwohl reichten sie darauf eine Instanz an den Kaiser ein, in welcher sie baten aus dem Lande ziehen zu dürfen und zwar gegen Moskau, weil man ihnen ihre freie Religions-Uibung nicht zulassen wolle und befehle: katholisch, lutherisch, kalvinisch oder Raitzisch zu werden. Ihre Absicht fortzuziehen verhehlen nicht im mindesten: Abraham Paumgarten, Andr. Schmidt, Heinr. Schmidt, Benj. Schmidt, Josef Tragacz u. v. a.‘ (P. Henirich's Adnot. in Gran.)

d) Den 11. März 1783 erklärten Mehrere der Szobotischer Neubekehrten, als: Andr. Müller (Richter), Hein. Schmidt, Jak. Albrecht, Joh. Kuller, Abr. Baumgarten, Andr. Ruth, Paul Cseterle und 12 Andere Sr. Emin. dem Cardinal: ‚dass keiner von ihnen die Instanz um Bewilligung zur Auswanderung unterschrieben, oder sich an derselben betheiligt habe, ausser etwa der flüchtige Jakob Walter, des Zach. Walter, vormals unseres Eltesten verlorner Sohn, der Übel ein Urquell‘. Sie widerrufen dieselbe, und begehren Bestrafung der Meineidigen. (Gran.)

e) Szobot. 4./4. 783. Pfarrer Jos. Pauli erbittet sich vom Ordinariate Bücher für die Neubekehrten als Ersatz für diejenigen, die sie in jüngster Zeit vom 1./2. bis 8./3. abgeliefert hatten. (Gran.)

f) Canonicus Arady beglückwünscht sub 24ᵃ April 1783 Se. Eminenz den Card. A.-Ep., dass nunmehr nicht allein die ‚vaccilantes Neo-Levardienses et Szobotistenses‘ in den Schafstall zurückgekehrt, sondern auch der Art im Glauben befestigt sind, ‚ut instantissime petant pabulum salutare‘. Um damit die Szobotister zu versehen beantragt derselbe:

ⲁ) nachdem die Hilfe der Katechet'schen Fundation in Wien, auf deren Capital Ungarn, im Sinne des Stifters doch zu ¼ Anspruch habe, zweifelhaft bleibt, von jenem Vorrathe an Büchern zu nehmen, den die seelige Kaiserin durch den Rath Török während der Sedisvacanz in die erzb. Bibliothek abgeben liess;

β) aus den reichhaltigen Bibliotheken der aufgelösten Klöster die entbehrlichen Bibeln und Erbau. Bücher zu requiriren;

γ) wenn diese Mittel nicht genehm wären, mit gewohnter Munificenz den Szob. zu Hilfe zu kommen; zum Theile die dortige Kirche, die jährlich 800 fr. an Einkünften bezieht, daher Etwas beizutragen vermag, in Anspruch zu nehmen. Die Resolutio A.-Epi. Card. dto. 10. 5. 783 war:

ad 1. Die Bücher, welche vorhanden waren, sind vergriffen.

ad 2. Diese haben schon ihre Bestimmung. Es erübrige daher nur 3. Zu diesem Ende gebe Se. Eminenz zur Anschaffung der Bücher aus eigenem Säckel 100 fr., 100 fr. habe die Szob. Kirchenkassa zu geben, und der hochw. Herr Probst von Pressburg die Anschaffung (wie in Levar) zu besorgen. (Gran.)

g) P. Mathias Schorer, capellanus Neo-Conv. in Levar, dto. Levar 9. Augusti 783. (Orig. lat. in Gran.) Mit Herzleid und Thränen im Auge berichte er, was ihm aus Szobotist, (seiner früheren Station), aus verlässlicher Quelle und von dem dortigen Missionär selbst, (P. Heinrich), eröffnet werde, nemlich, dass

α) vor 2 Wochen abermals 3 junge Leute (Andr. Wolmann, Zach. Titel und Johann Mendlik, der Letzte kath. Eltern Kind), abgefallen und entflohen sind, zweifelsohne verführt von Jak. Walter und dem Weibe des Josef Tongler;

β) habe man Briefe aufgefangen, die von Szobot. gegen Moskau adressirt waren, dessgleichen Briefe des Russischen Gesandtschafts-Bediensteten Russek von Jak. Walter, unter der Adresse des Ökonomen Jak. Schulz, desselben, der mit Abrah. Baumgarten offen erklärte, dass er auf Wunder nicht glaube. Auch wollen einige Malkontenten ihre Häuser verkaufen, ja verschleudern, ausstreuend, dass die Grundherrn ihren Abzug fördern, weil es sie nach ihren Liegenschaften gelüste;

γ) Jakob Walter soll mit Pässen abgegangen sein;

δ) giengen jüngst einige erwachsene Mädchen aus der Predigt und Katechese fort, und in die Predigt des Luther. Pastors, der ihnen besser gefallen habe;

ε) mit Büchern habe sich noch kein einziger der Apostaten freiwillig eingefunden, und den Levarern wird es sehr übel genommen, dass sie mit der Abgabe eilig waren! Aber auch diese hätten bei weitem nicht ihren Vorrath erschöpft;

ζ) sehr zu bedauern sei es, dass der Obergespann Gf. Forgacz dem Commissär Koronthaly, der sich der Sache so warm annahm, untersagte, sich in die Religionsangelegenheiten einzumengen;

η) seit 4 Wochen weile bei ihrem Sohne Elias im Neuhof auch die Mutter des Jak. Walter („linquosi profugae'). Sie schleicht im Hofe herum, zur Kirche kommt sie nie. Es wäre am besten, wenn sie ins Spital gebracht würde, ,ut ibi oret, et ad Templum eat'.

h) Posonii 18° August. Card. Erzbischof Bathiany bewilligt, dass dem Tobias Pulmon von Szobotist, ,quondam ministello II°, qua egeno et hyeme ineunte compresso', durch den Präfekten Boronkay eine Unterstützung verabreicht, und seine Familie der Bedrängniss entzogen werde. (Gran.)

i) Szobot. 14° Sept. 783. Pfarrer Pauli, P. Heinrich und Jud. Nob. Stermensky A.-Episcopo (Orig. Gran): Jakob Walter sei sammt seinem Weibe, dem Andr. Stoll, Laurenz Roth u. m. a. entflohen. Am 4. Sept. seien aber 2 der Flüchtlinge in Jägerndorf durch Grenzjäger angehalten und mittelst Laufzettels nach Szob. zurückgebracht worden. Es sei der ledige Andr. Pulmon und der 18jährige Franz Wetzl, der durch Ersteren zur Flucht nach Višenky verleitet wurde. Sie sammelten, (wie sie angeben), zu dem Ende Geld, verschafften sich Pässe und namen am 24./8. 1783 den Weg nach Mähren. Uiber Hradisch, Olmütz, Sternberg gelangten sie nach Jägerndorf, Willens zuerst nach Herrenhut zu gehen, wo ihnen eine Unterstützung in Aussicht gestellt wurde, und hier so lange zu bleiben, bis Andr. Titel und andere nachkommen. In Jägerndorf wurde ihnen der Pass abgenommen und zurück ging es wieder bis Napajedl, wo sie die Geleitschaft laufen liess. Aller Mittel entblösst, kamen sie, zum Schrecken ihrer Angehörigen, zurück. (Andr. Pulmon entfloh jedoch bald wieder und kam glücklich nach Višenky.)

k) Capell. Math. Schorer Lervardinii ultim Sept. 1783. A.-Episcopo: XX Anabapst. Levardin. jam fugisse ad Albam Russiam et quidem cum passualibus probabiliter datis ab Antonio Russek, cum quo illi colloquia et correspondentias habent. (Gran.)

1784.

a) P. Math. Schorer dto. Levardini 8° Junij 1784. Canonico Arady. Er habe leider von einer 3ten Flucht der W. Täufer zu melden. Denn es seien am 3. und 4. Juni d. J.

abermals 27 Personen aus Sobotist und Levar, und zwar am
hellichten Tag abgegangen, nachdem sie das Ihrige veräussert,
und zu Gelde gemacht, aber auch Schulden hinterlassen haben.
Andere, (mindestens 20 Köpfe), dürften folgen, namentlich die
Ökonomen der Communität von Szobotist sammt der Cassa,
aus der sie, wie es heisst, die Anderen unterstützten. Sie erhalten Briefe aus Russland, in welchen sie zur Auswanderung eingeladen werden und sprengen aus, hiezu vom Kaiser die Erlaubniss zu haben. Ohne Beistand der Grundherrn und der Comitate
Nichts dagegen auszurichten im Stande, bittet er α) um Rath
und Hilfe überhaupt, β) um Bescheid, was mit den konfiscirten
und in der Pfarrei erliegenden Büchern zu geschehen habe. Er
glaube, es wäre eines von jeder Species bei der Pfarre zu behalten, eines in die erzbisch. Bibliothek abzugeben, ,reliqui
comburendi'.

b) Das Neitraer Comitat meldet der Statthalterei unterm
7. Juli 1784, dass gegen 67 der neubekehrten Anabaptisten von
Szobotist nach Russland entflohen sind, und dass diese heimliche Auswanderung schon im J. 1783 begonnen hat. (Ofen.)

c) Szobot. 3./7° August 1784. Pfarrer Pauli A.-Episcopo:
dass abermals einige Anabaptisten abgefallen sind, andere ver-
führen oder insultiren und an ihrem Vermögen schädigen.
(13 derselben seien geradezu lutherisch geworden.) Bitte um
die Information, wie sich dem Abfalle gegenüber zu verhalten
wäre. (Gran.)

d) Card. Erzb. dto. Posonii 4ten Aug. 1784. Parocho Szobotist. I ,Anabaptistae, qui publice ediderunt professionem
Cath. fidei et ab hac recedunt, tractandi sunt velut Catholici
ad acatholicos deficientes apostatae, et ideo illos Rev. Vestra
per Magistratuales pro sex hebdomadarum instructione sibi
sisti petat. II contra seductores procuret Rev. Vestra Magi-
stratualem investigationem. III Injuriati denique suas injurias
vindicent in foro competenti'. (Orig. in Gran.)

e) Statthalt. Erlass vom 17. August 1784, Nr. 19378, (im
Pressb. Com.-Archiv und in Szobot.). Aus den Berichten des
Neitr. Cottus vom 7./7. 1784 habe Se. Majestät die Entweichung
von 67 Szob. Einwohnern nach Moskau ersehen und verlange
aus diesem Anlasse Berichterstattung darüber, wie es geschehen
konnte, dass man von dieser Auswanderung bisher nichts
wusste, und sie nicht sofort vereitelt hat, was die Veranlassung

derselben sei, wie sie und durch wen ins Werk gesetzt wurde, wie derselben ein Ende zu machen wäre, wo endlich das Wischenka liegt, und wie man Kunde erhielt, dass die Neubekehrten sich dahin geflüchtet haben. Uiber diese Punkte sieht die Statthalterei einem aufklärenden Berichte entgegen. *f.* 1) 1784. Den 23. Sept. Graf Chottek, böhm. Hofkanzler eröffnet der ungar. Hofkanzlei, dass Johann Koller, Heinrich Amsler und Tobias Wolmann, alle von Sobotisch, mit ihren Familien, (im gantzen 12 Personen), im Begriffe nach Russland auszuwandern, passlos in Jägerndorf angehalten und in Gewahrsam gebracht worden sind. (Einfache Note im ung. Hofkanzlei-Archiv.)

f. 2) (,Im Jahre 1783/84) zogen oder flüchteten über 56 Seelen nach Moskau. An ihrer Spitze Jakob Walter mit Weib und Kindern, Paul Schmidt, Andr, Kuller, Jakob Caederle u. s. w. Andere folgten nach, davon 1784: 12 Szobotister. Sie namen den Weg gegen Herrenhut, wurden in Jägerndorf angehalten und mit Schub zurück- und sofort in das Comitatsgefängniss nach Neutra gebracht. Unter diesen waren Heinrich Wolmann, Heinrich Amsler und Johann Koller mit Frauen und Kindern.' (Ex Benesii Lib. Memor.)

,Man ist zu Szobotisch haufenweise zu ihnen gegangen, hat ihnen öffentlich um die Wette Geld, Essen, Klaydung und Getränk zugetragen und zugesteckt, und sie für wahre Martyrer der Warheit ausgerufen, und ihnen zugesprochen, fest und steiff zu bleiben. Man werde ihnen nichts abgehen lassen. Ein Büblein des Joh. Koller fiel (in dem Tumult) vom Wagen und hat den Fuss gebrochen.' (P. Heinr. Adnot.)

g) Bruchstücke aus dem über Auftrag 1784 *e.* durch die gemischte Commission (Stuhlrichter Gg. Korontaly und den Szenitzer Dechant Beniovsky in Gegenwart des Pfarrers Pauli und des Missionärs P. Heinrich am 9. Okt. 1784 zu Szenitz gepflogenen Verhör. (Nach den Aufzeichnungen P. Heinrichs in Gran.) ,Heinrich Schmidt, der Stern aller Wiedertäufer, des Abfalles Rädelsführer, wollte anfangs keine Antwort geben, und von der bevorstehenden Auswanderung keine Kenntniss gehabt haben, obschon sein Sohn Bejamin der flüchtig gewordenen Kath. Wolmann das Haus abgekauft hat. Obgleich man ferner ihm und dem Josef Müller, (Krügelmacher), Andreas Müller, (Kürschner), Andr. Schmidt, (Bader), Josef Tongler

(Krügler) den Wahrheits-Eid abnahm, so waren ihre Antworten doch so abgezwickt und zweideutig, dass man nichts bestimmtes erfahren hätte, wenn es nicht anderweitig zu Tage gekommen wäre. Ja sie wurden von Angeklagten selbst zu Anklägern, schonten zwar den Pfarrer und Dechant, um so mehr zogen sie dagegen gegen P. Heinrich los. Sie gehe die Sache nichts an! Warum habe dieser und andere nicht ihre Schuldigkeit gethan, keinen guten Unterricht ertheilt, nicht Gottes Wort vorgetragen, sondern sich nur fort in Widerlegung ihrer angeblichen Irrthümer ergangen. . . . Er sei parteiisch und gebe ihnen, wie Andreas Müller angibt, Unterricht blos aus seinem Buche. Er sei ein Stumpfirer!

‚Ebenso wollte Andr. Schmidt von dem geplanten Auszuge nichts wissen, obschon alle Zusammenkünfte unter seinem Dache abgehalten wurden. Jakob Müller dagegen konnte nicht läugnen, weil sein Schreiben, nach Moskau gerichtet, vorgelegen ist.

‚Blos der W. Täufer Josef Tongler verschnappte sich und sagte, dass die Flüchtigen auf Herrnhut, wo vor 20 Jahren Josef Sekler gewesen, gezogen sind, um alldort das weitere Reisegeld biss auff Moskau zu erheben.‘

‚Als schlüsslich der Stuhlrichter Korontaly zu Szobotisch das Verbot publicirte, dass Niemand ohne Erlaubniss wegziehen, seine Sachen nicht verkaufen, nicht Geld in die Fremde tragen oder senden dürfe, und dass ein Jeder für den Nachbarn gut stehen müsse, der Richter Andreas Müller aber dieses Geboth weiter verlautbaren und überwachen solle, wurde er von Jakob Müller, dem Krügelmacher, in Gegenwart des P. Heinrich verlacht‘.

1785.
Statth. Erlass vom 18./7. 1785: Der Emigration der im Comitate ansässigen Wiedertäufer zu steuern, und die zu denselben ausgesandten die Auswanderung anrathenden Emissäre sofort festzunehmen. (Pressb. Com.-Archiv.)

1786.
‚Starb zu Sobotisch der alte Jakob Müller in der Ketzerei. Dieser Müller hat seiner Zeit, nach dem Abfalle, dem P. Schorer öffentlich erklärt, er habe ihn nur deshalb seiner Anhänglichkeit an die kath. Kirche versichert, um Ruhe zu haben. Im Herzen sei er dem Glauben seiner Väter immer treu geblieben.‘ (P. Heinrichs Adnot.)

1787.

,In diesem Jahr gingen die W. Täufer in Sobotisch, da der Pfarrer krank war, und desshalb in der Kirche keine slavische Predigt gehalten wurde, ohneweiters in die Predigt des luther. Ministers Jesovics in das neu erbaute Bethaus, dem P. Missionär zu Trotz, dessen Capelle, wo deutsch gepredigt und unterrichtet worden ist, gemieden wurde. Ja sie trugen sich in diesem Jahre ernstlich mit dem Gedanken herum, augsburgisch zu werden und frugen den Franz Korontaly um Rath, ob sie es thun sollen. (P. Heinrich's Adnot.)

1791.

General-Congregat.-Beschluss des Neitr. Cottus dto. 12. 1. 791: Den Gebrauch des Schimpfnamens ,Hábaner' zu verbieten und dem Grundherrn von Berencs (Szobotišt) aufzutragen, sich von jeder Prägravation der Neuhöfler (oder Neubekehrten) zu enthalten. (Com.-Archiv und Beneš. Memorab.)

1797.

Dto. 12. Nov. 1797. Stiftungs- und Donations-Brief des P. Josef Heinrich ,k. k. Missionars', womit er das Oratorium in Neuhof zu Szobotišt c. s. c. unter gewissen Bedingungen, als: der Erhaltung etc. der dortigen Communität überlässt. (Copie in Szobot.)

1855.

Den 15. März ist Jakob Walter, Ältester und Vorsteher der Gemain (zu Hutersthal), [1] mit friedlichen Hertzen im Herrn entschlaffen. Seines Alters war er: 86 Jar, Diener des Wortes: 6 Jar, Ältester und Vorsteher der gantzen gemain: 30 Jahr. (Schreiben seines Sohnes Jakob in Levar.)

---

[1] Hutersthal ≕ eine Colonie der einstigen mährisch-ungarischen Wiedertäufer im Gouvernement Taurien, Berdjansk'schen Kreises, nächst Halbstadt gelegen.

Der anno 1855 verstorbene ,Älteste' ist, dem obigen Schreiben zufolge, anno 1784 mit seinem Vater Jakob Walter, einem Sohne des Zacharias Walter, und mehreren Brüdern und Schwestern nach Klein-Russland gezogen. Dort wohnten sie 58 Jahre und zogen von da in das südliche Russland, in die Nähe des Asow'schen Meeres, wo die Regierung jeder ihrer Familien 60 Desetinen — 120 Morgen Landes überlassen hatte, um da eine Colonie zu gründen, die sie auch gründeten und ,Hutersthal' nannten. Daselbst wohnen sie seit 1852, mit allerlei Rechten ausgestattet, im Frieden und ziemlichem Wohlstand.

BEILAGEN.

I.

Das Gebet des Herrn.

1525. 1665. 1620. 1719.

(M. S. I. VIII. 1 Olomuc. M. S. V. F. Pestin. G. J. X. 10 Strigon.
I. K. 3 Brun.)

a) (1626. Hubmair's:) Vater vnser der du bist in den
himeln — Geheyliget werde dein nam — Zukume dein reych
— Dein will beschehe auff erden, als in den himeln — Gib
vns heüt vnser teglich brot — Vnd vergib vnns vnser schulden,
als wir vergeben vnsern schuldnern — Fiere vnns nit ein in
versuchung — Sunder erlöse vns von dem Ʊbel. Amen.

b) 1527. Leonhard Schiemer's und der Br.. in O. Osterr.:
Vater vnser der du bist in dem himel — geheiliget werdt dein
nam [1] — zukume vns dein reich — dein will gescheh [2] auf
erd, wie in himel — vnser teglich brot gib vns heut — vnd
vergib vns vnser schult, [3] wie wir vnsern schultidigern vergeben — nit einfier vns [4] in versuechung — sonder erlöss vns
vom Ʊbel. [5] Amen. (Cod. VIII. g. 39 Pest. — 235 f. 121 Pos.)

c) 1620: Unser Vatter, [6] der Du bist in dem Himmel
— Geheiligtt werde dein nam — zuckome uns dein Reich —
Dein will beschiich [7] auf erden, wie im himel — Gib vns heut
vnser tiglich brot [8] vnd [9] vergib vns vnsere schult, wie [10] wir
vergeben vnsern Schultnern [11] — für vns nit in versuechung
— Sunder [12] erlöss vns von dem Bösen [13] — dan [14] Dein ist das
Reich, die Kraft, [15] vnd die herrlichkait In Ewigkait. Amen.

---

[1] Haus Schlaffer 1528: dein Name sei heilig. [2] dein will, der gescheh
auf erden wie —. [3] als wir vergeben vnsern Schultnern. [4] füer vns nit
in —. [5] von deu Ʊhlen. Amen. [6] 1719: Vatter vnser. [7] gescheh. [8] vnsser
tüglichs brot gib vnss hout. [9] herr vergib. [10] als wir. [11] Schuldigern, herr!
[12] sunder herr! erlöss —. [13] von allem Übel. [14] herr dein ist —. [15] die Kraft,
die Macht vnd etc.

II.

Das sind die XII Artikel des Christlichen Glaubens:

1525 Hubmaier's:	1527 Leonh. Schiemer's, 1540 der Brüder:	der Brüder 1565. 1620. 1719:
I. Ich glaub, in got, allmechtigen vater, schöpffern der himelen vnd erden	I. Ich glaub in Gott vatter, allmechtigen Schöpffer himels vnd der erden[1]	I. Wir glauben in ain gott,[a] vnsern allmächtigen vater, der himml vnd erden erschaffen hat[b]
II. in Jesum Christum seinen ainigen (1527: aingebornen) Son vnsern herren,	II. vnd in Jesum Christum seinen aingebornen[2] sun, vnsern herrn,	II. vnd in Jesum Christum, sein aingebornen Sun, vnsern herren,
III. der empfangen ist von dem heiligen geyst,	III. der empfangen ist vom heilligen geist,	III. der empfangen ist vom heiligen geist,
IV. geboren aus Maria der Jungfrawen — geliten vnter Pontio Pilato, gekreutziget, gestorben, vnd begraben,	IV. geboren aus Maria der[3] Junkfrauen — gelitten vnder[4] Pontio Pilato, gecreützigt vnd gestorben vnd begraben,	IV. geboren von Maria der Jungfrawen, gelitten unter der gewalt Pilati,[c] gecreutziget, gestorben vnd begraben,
V. abgestigen zu den hellen, am dritten tag von den todten aufferstanden und	V. abgefaren[5] zu den hellen, am dritten tag erstandten von den todten.[6]	V. nidergestigen[d] zu den hellen, am dritten tag wider aufferstanden von den todten,
VI. auffgefaren in die himelen, da sitzt er zu der gerechten seines allmechtigen vaters,	VI. Auffgefaren in himel, sitzt zu der rechten handt Gottes des allmechtigen vatters,	VI. auffgestigen[e] geen himel, sizet zu der Gerechten[f] seines allmächtigen[g] vatters,
VII. dannber er künfftig ist zu richten die lebendigen vnd todten.	VII. dannen er künfftig ist zu Richten lebendig und todt.	VII. dannen er künfftig ist, der Lebendigen vnd Todten ein Richter.[h]

[a] 1620: in ain gott, [b] 1620. 1719: Wir glauben in Gott Vatter den allmächtigen Schopffer h. u. der Erden. [c] 1620. 1719: unter Pontio Pil. [d] 1620: abgefaren zur hellen, [e] 1620. 1719: auffgefaren. [f] 1620: da er sizet zu den Gerechten Gottes; 1719: zu der gerechten Hand Gottes. [g] 1719: himmlischen. [h] 1620: danen er künftig ist zu richten die —; 1719: wie die Katholischen.

[1] Um 1530 lautete einigen Wiedertäufern der Art. I: Ich glaub in Gott den allmächtigen Vater, der da ist ein erschaffer himls vnd der Erden. VII: von danen wir sein warten, ainen künfftigen richter d. l. u. t. IX: durch in erbauet ain christenliche kürchen, welches ist die gemainschafft der heiligen, darin ist (X.) vergebung der sünden. [2] 1530: ainigen, [3] 1719: rainen, [4] 1530: unter der gewalt Pilati, [5] 1530: niedergestigen, [6] 1530: sein Jüngern erschinen.

VIII. Ich glaub in den heyligen Geyst,
IX. ein heilige allgemaine christliche Kirchen, (das ist ein gemainschaft der heyligen vnd christglaubigen menschen),
X. Ablassung der sünden,
XI. die vrstend des fleysches,
XII. ein ewiges leben.

VIII. Ich glaub in den heiligen geist,
IX. ein heilige Christenliche kirch, (Gemeinschafft der Heiligen
X. Vergebung der sünden,
XI. aufferstehung des fleischs [1] vnd
XII. ein ewigs leben. [2]
Amen.

VIII. Wir glauben in den h. Geist, [a]
IX. durch in versamlet: ein heilige christliche Kirche, Gemeinschafft der Heiligen,
X. Vergebung der Sünden,
XI. Aufferstehung des Fleisches vnd
XII. ein [b] ewiges Leben. Amen. (1565.)

III.

(1550. 1559.) Das sein die heilligen zehen gebot, die got der herr den kindern Israël geben hat auff dem berg Sinay. Exod. 20.

I. Ich bin der herr, dein gott. [c] Du solt keine andern Götter vor mir haben. — II. Du solt den Namen gottes nit leichtfertig [d] neunen. — III. Du solt den Sabath oder feyertag heilligen. [e] — IV. Du solt vater vnd mueter ceren. [f] — V. Du solt nit tödten. — VI. Du solt nit eebrechen. — VII. Du solt nit stelen. — VIII. Du solt nit valsch zeugknus reden. [g] — IX. Du solt nit begeren deines negsten guets. [h] — X. Du solt dich nit lassen gelusten deines negsten weib [i] oder magd oder alles was sein ist. (Cod. Ritual 1599. Pos.) [3]

---

[a] 1620. 1719: Wir glauben auch in den h. geist, eine h. allgemeine christliche kirchen (1719: die da ist), Gemeinschaft der heiligen. [b] 1719: nach dissem leben. [c] ,der dich aus dem Egyptenland aus dem diensthauss gefüert hat. Du solt etc. [d] oder vnnützlich. [e] Gedenckh des Sabathtags, das du in heiligest. [f] auff das dir wol gehet vnd du lang lebest im landt, das dir der herr, dein gott, geben wirt. [g] wider dein nechsten. [h] hauss.
[i] noch sein knecht, noch sein magt, noch sein ochsen, noch sein essel, noch alles, was dein nechster hat.
[1] 1530: es wirt auch sein aufferstehung. [2] Darzu helff vns gott. Amen.
[3] Cod. VIII. 53. Olom. (16000 c.) u. V. F. Pest. (1620).

IV.

(1561.) Des Tauffens weis, oder wie man tauffen soll.

Die Diener des wortes gottes, so von der gemain darzu verordnet werden, die predigen das wort gottes, zaigen erstlich ainem sündigen menschen sein sündig leben an, vermanen in von demselben abzusteen, verkündigen im die buess, zaigen im dabei an, wie Christus den reuigen vnd buessthuenden sünder seine sündt vergebe, doch nur denjenigen, die ir sündlich leben bekennen, vom hertzen davon absteen, vnd nach dem willen gottes zu leben begeren.

Welche nun das also anzunemen vnd darnach zu leben bewilligen, reu vnd laid vber ire sündt haben, vnd zum zaichen ires reuigen lebens den bundt des Tauffs begeeren, die knient alsdan, vnd die gantze gemain, so vil zuegegen sein, nider, bittent gott den herren vmb vergebung der sündt, vnd der Diener (des W.) tauffet sie nochmals mit einem rainen wasser: im Namen Gott des Vaters, gott des sones vnd gott des heilligen geists. [1] (Hans Mändls 1561 zu Innsbruck abgelegte Rechenschaft. Cod. VIII g. 25 Pest. — 163 f. 217 Pos.)

---

[1] In gleicher Weise schildert ‚die Taufordnung' Ridemann's ‚Rechenschafft vnnser Religion vnd Leer' (1545—1565): Ausser den vor der ganzen Gemain (öffentlich) zu bejahenden Fragen wurde dem Täufling von dem Eltesten in geheimer Sitzung zu Gemüthe geführt: *a)* ‚Wer unrichtige Händel habe, die man in der welt straft, oder sich mit einer versprochen oder verhenkt hat, dass ers anzaig vnd Rat hab, dann wir wurden mit für in steen. *b)* Dass die, so sich in Dienst gottes begeben, werden Verfolgung vnd aller welt hass leiden müssen. *c)* Ein Jeder habe sich der brüederlichen Straf vnd anred zu untergeben vnd in den landten gebrauchen zu lassen. *d)* Dass niemandts nichts aigenes mer hab. Denn man schenkt vnd ergibt sich dem herren vnd seiner gemain mit Allem, was ainer hat. *e)* Dass man auch niemandt nichts widerzugeben schuldig sei' etc. In der Wesenheit stimmt die Taufordnung der Br. mit jener überein, welche Dr. Balth. Hubmaier 1527 in Nikolsburg eingeführt und veröffentlicht hat, betitelt: ‚Ein Form ze Tauffen im wasser die vnderrichteten im glauben. Dr. Balth. Hůbmör v. F. Nicolspurg 1527. 8.' (Kais. Hofbibl. 43. K. 96.)

V.
Vom Abentmal Christi.

(1529—1556.) Da Christus Brot nimet vnd seinen Jûngern gibet, wil er damit die gemainschafft soines leibs anzaigeu, vnd seinen Jûngern erkleren, das sy mit im ein leib, ein pflantz, ein gewechs vnd ein wessen, ein materi, substanz worden sein. (1. Cor. 10 b.) Also ist der tisch oder das brot vnd der trank des herren ein beweisung der gemainschafft seines leidens. (Peter Ridemann 1540.)

Des herren Abentmal ist ein hochfest der liebreichen holdseligen Erinnerung vnd gedechtnuss des bittern Leidens vnd sterbens vnsers Herren J. Ch., ein inbrunstige Danksagung für seine theuere Erlösung von vnser Sündt durch das Opfer seins heiligen leibs und bluets. (Cod. VIII. 53 Olom.).

1561. Form des Nachtmals Christi.

Wann wir das abentmal halten wellen, so halten wir es offenlich, das Menigclich, wor das wort hören oder sehen welle, darzue kumen möge. Da predigen die Diener ein tag oder drei zuuor das wort gottes, vnd erinnern, was dasselbig für ein gross, hochs, heilliges werk seie. Nachmalen halten wir, wie es Christus beuolhen vnd die Apostel geleent haben,[1] vnd daz es auch das ware, rechte Abentmal Christi sei.'[2] (Hans Mändl's Rechenschaft 1561.)

---

[1] Matth. 26. — Marc. 14. — Luc. 22. — 1 Corinth. 11. — Matth. 24. — Joh. 16. — Act. 1. — Matth. 28, 15. — Joh. 10. — Matth. 23 etc.

[2] In der Zeit der Blüthe der Gemeinde und des Kirchengesanges und selbst noch 1650 sang die Gemain bei dem Feste des ,Abentmals', unmittelbar vor dem Brotbrechen, das (Ridemann'sche) Lied: ,Wir glauben in den ainen Gott — vnd lieben in vom hertzen.' (Wackernagel's K. L. III. Nr. 597—598.) Nach dem ,Brodbrechen' folgte das Absingen des bekannten Liedes, ,so der Johannes Hut hat gemacht', (von Salminger und Wackernagel: K. L. III. Nr. 507), irrig dem Thom. Müntzer zugeschrieben: ,Wir danksagen dir, Herr got der eeren.' Nach dem Genusse des ,Kelches' folgte schliesslich das Lied (Cod. G. H. XI. 27 Gran): ,Do ward der ware Fels geschlagen.' — Wie es Hubmaier mit der Form des Nachtmals gehalten haben wollte, zeigt sein Büchlein: ,Ein Form des Nachtmals Christi. Dr. Balth. Hübmör v. F. 1527, 8º.' (Kais. Hofbibl. 40. Nr. 70.)

VI.

Vom Bann oder Ausschluss vnd Wiederaufnemen. (1529—1565.)

‚Thuet hinaus von euch was böss ist. (Paul. 1. Cor. 5 c.)
Darum wir mit anreden, warnen vnd strafen ob einander
wachen. Wo aber einer die Straff nit annemen, sondern verachten wolt, so wiert er vor die gemain gebracht, vnd so er
die nit hörett, so wiert er ausgeschlossen vnd verbannt, vnd
so er verbannt wiert, so haben wier nichts mit im zu schaffen,
cüssern vns aller seiner gemainschafft; doch vermanen wir in
zur buss.‘

Wenn nun einer ausgeschlossen wiert, so ist er so lang
gemiden, bis er rechtschaffene buess thuet vnd ein guete zeucknus von der gemain eines rechtschaffnen buessfertigen lebens
vborkomen, ja so lang, bis man spieret, das sich der herr
widerumb zu im genahent vnd in begnadet. Wenn solches
erkennt wiert, so beut Im die kürchen die handt, das er
wider von ir angenomen vnd ein glid der kürchen gezellt wiert.
Wie aber einer im Anfang durch zaichen, das ist den Tauf,
in die kürchen aufgenomen wiert, also muess er auch, nachdem er entfallen vnd von der gemain abgesindertt ist, wider
durch zaichen, das ist hendauflegen angenomen werden, welches durch ein Diener des Euangelij geschehen soll. (Rechenschafft vnnser Religion.)

Der selbe spricht: ‚Dieweil Dir Gott der herr ein buess-
fertig hertz geben hat, so leg ich Dir die hend auf zu einer
zeugnus, vnd verkündige Dir anstatt der gantzen gemain Gottes
im Namen Jesu Christj verseihung deiner sünden! Gott der
herr, der Dir durch Christum gnedig worden ist, wölle Dich
wiederumb einschreiben in daz buch des lebens, Dir gnad vnd
krafft geben vnd Dich fromb vnd trew erhalten bis ans end,
durch Jesum Christum. Amen.‘

‚Stee auf, vnd sündige hinfür nit mer, auf das Dir nit
ergeres widerfare.‘ (Cod. Ritual. 1599, Pos. Lyc.)

VII.

Gebete in Kreutz, Verfolgung vnd Tod.

1. Hans Schlaffer's (1528) ‚Gebet vnd Danksagung‘.

Allmächtiger, ewiger, barmherziger gott! Wir erkennen
vns als die schwachen, vnd bitten dich, du wöllest vns stärken
mit der krafft deines heiligen geists, das er auslösche in vns
alle menschliche forcht! Ewiger gott! wöllest vns verzeihen
vnsere sündt. Wir bitten Dich auch für all vnsere feindt,
Du wöllest in verzeihen, dan sy wissen nit, was sy thuen. Wir
bitten dich auch für alle guethertzigen Menschen, die da
hungert vnd durst nach der göttlichen Gerechtigkait, wöllest
sie ersättigen mit der speiss, die da bleibt in das ewige leben.
Ewiger himlischer vater! wir sagen dir Lob, daz du vns gne-
digelich bracht hast aus der Finsternus diser welt zu deinem
wunderbaren licht, welches du verborgen hast vor den Weisen
diser welt vnd haats geoffenbart deinen Kindern. Wir bitten
dich für alle Brüeder vnd Schwestern, wöllest sie erhalten in
deinem göttlichen Namen, damit sie wandlen in deinen geboten,
darin verharren biss ans endt, vnd ritterlich austrinken den
Kelch, den du vns einschenken wirst. Wir bitten dich auch
für alle Fürsten vnd Obrigkait vnd herrn, du wöllest sy er-
leuchten mit deiner göttlichen warhait, damit sy den gewalt
(Schwert), den sy von dir empfangen haben, mögen brauchen,
den frumen zu einem schutz vnd den bösen zu einer straff,
vnd sich nit vergreiffen an dem vnschuldigen bluet. Ewiger
Vater! wir bitten auch du wöllest vns sendten arbeiter in
deinen weinberg; dan die erndt ist gross, vnd der arbeiter
sind wenig. Wir bitten Dich für alle Sendpoten in der gantzen
welt, du wollest sy sterkhen mit der krafft deines heiligen
geists, das er auslösch in inen alle menschliche Forcht, damit
sie auskündten dein wort one forcht. Wöllest vns erhalten
in deinen göttlichen namen vnd nit lassen abwenden von Dir,
du brunen des lebendigen wassers, sonder vns beharren lassen
in dem waren glauben biss ans endt, das bitten wir dich durch
deinen lieben Sun Jesum Christum. Amen. (Cod. Michn. Lyc. Pos.)

652

2. Hans Schlaffer's: In Todesnöten,

(geschrieben am Abend vor seinem Abscheiden zu Schwatz, d. i. ‚Am Montag
nach Lichtmess‘ 1528.) (Gekürzt.)

Allmächtiger Gott! ich will annemen den kelch des hails
vnd deinen namen anrueffen, ja ich will Dir ein freywilliges
opfer geben vnd deinen namen bekennen, ich will Dir bezalen
mein schuld vor dem angesicht alles volks, vnd die dich förchten, werden schen, daz ich in dein wort gehoffet. Darum Allmächtiger Gott! erzaig dein krafft vnd grossmächtigkait in
meinem schwachen irdischen gefäss, darein Du den edlen schatz
gelegt vnd verborgen, den Du mir hast gezeigt. Lass mich
nun alles dess, so Du mir geben hast, costen mein schwachen
leib vnd mein elend leben; dan sunst hab ich nit mer. Ach
mein Gott! was not vnd stoss leid ich hie! Da erkenn ich
erst den grossen schaden vnd Fall Adams in mir, da erhebt
sich erst der gross streit des fleisches vnd geists mit einander,
welchen Nimandt, er hab es den erfaren, entdecken mag.
O mein Gott! wie wirt es noch ergehen. Nun aber Herr all
mein sorg, not vnd angst leg ich auf dich. Ich hab deine
hilff bisher mächtigelich empfunden. Die wirst Du biss ans
endt von mir nit nemen, sunder in der grossen not vnd schwachhait mir dein grösste hilff vnd sterk erzaigen, in meiner schmach
vnd schand dein herrlichkait ausskündtigen vnd in meinem
zeitlichen todt das ewig leben offenbaren allen denen, so sich
im glauben Christj Dir ergeben vnd in deinem willen verharren biss ans endt. Darumb kumb, o lieber Vater, kumb!
die grosse, angstlich not ist vorhanden, die gelegene zeit ist
hir. Halt Deine zusag vnd verhaissung, die du all deinen ausserwelten vnd glaubigen getan hast, daz du ja der armen helffer,
der betrüebten tröster, der schwachen sterk vnd krafft, der
verzagten ein hoffnung, der elenden zuflucht, der sterbenden,
(vmb deines namens vnd worts willen), ein schutz vnd schirm
alle zeit vnd ewigelich sein wilt. Strecke Dein handt von
oben herab ⸝ber vns¹ vnd erlöss vns aus der handt der fremb-

¹ ‚Vns‘, d. h. Schlaffer selbst und sein mitgehangener Br. Leonhart Frick,
† 3. Februar 1528 zu Schwatz. (Chron. 1528.)

den bösen kinder, deren gewalt ein gewalt ist der boshait.
Inmitten der höchsten trüebsal vnd not wirst du vns erlösen,
erledigen vnd lebendig machen! Vnsere seel ist betrüebt biss
in den todt, o vater! hilff vns auss diser stundt. Wir geen
dahin an Ölberg mit dem herren zu beten: O vater nit vnser,
sunder Dein will geschche. Hilff vns durch dise betrüebte
nacht zu deinem ewigen leben. Amen. (Schlaffer's Episteln
M. S. u. Cod. Michn. Lyc. Pos.)

---

3. Jacob Huter's: Rette vns o herr. (1535.)

(Cod. V. 9 Pest. Cod. 190 et 219 Pos.)

O Gott vom himel! verkürtz die tag des grossen trüebsals vmb deiner auserwelten willen, behüet vnd bewar, beschutz
vnd beschirm dein heiligs volk, erledig vnd errette sie von
iren feinden vnd widersachern, die inen tag vnd nacht nachstellen. Gott vom himel, lass dir das elendt, den schmertz-
vnd hertzenslaid vnd den grossen trüebsal der Elendten erbarmen. Kumb doch, Du barmhertziger Gott, eil vnd verzeuch
nit lenger mit deiner hilff vnd barmhertzigkait, vmb deines
kindts Jesu Christj vnd deines heiligen Namens willen, vnd
lass Dir dein heiligs volck erbarmen vnd beuolhen sein. Gib
im vnd vns allen dein göttlichen rat, ja die erkanndtnus, ge-
haimnus vnd die weisshait deines heiligen geists von oben
herab, auff das wir wissen, was wir thuen vnd lassen sollen,
vnd was dir gott im himel gefallt, wie wir leben, handlen
vnd wandlen sollen, auch alle ding in deiner forcht zu deinem
lob vnd preiss richten vnd regieren. O leit vnd füer vns
durch dein heiligen engel vnd gnadenreichen geist in alle warhait, vnd wo du hin wilt, daz wir Dir lob, preiss vnd vil frucht
möchten bringen, vnd Dir vnd Deinem volck auff das fleissigest
mögen dienen. O Gott vom himel! steig herab, stee deinem
volck bei, vnd lass es Dir beuolhen sein in allen dingen durch
Jesum Christum vnd seine grosse barmhertzigkait. Amen.

4. Gebet der A° 1540 auf dem Falkensteine gefangenen Brueder für die verfolgte Gemain.

(Cod. VIII. g. 27 Pest. und 190 F. 149 Pos.)

O Gott vom himel schaw auff das elendt deines armen heüffels iezt in den letzten tagen auff erden! Lass dichs von hertzen erbarmen vnd hilff in vmb deines heiligen grossen namens willen, den du in auffgesetzet hast zu bekennen, sterck sie, heiliger vatter, vnd bekreftige dein volck, streit Du selbst für sie, vnd sei ir hauptman! Lass dir sie vom gantzen hertzen beuolhen sein, geb in gedult vnd vberwindung in aller not vnd füer dein sach durch sie aus bis ans endt. Errett sie, du heiliger vatter, vnd behalt sie in deiner starken handt, lass sie Du, allerhöchster gott, nit zu schanden werden. Preiss durch sie dein heiligen Namen, vnd füer sie in deiner warhait bestendig bis ans endt!